Bestandssituation der Pflanzen und Tiere Sachsen-Anhalts

Bestandssituation der Pflanzen und Tiere Sachsen-Anhalts

Herausgegeben von Dieter Frank und Volker Neumann

31 Farbabbildungen

„Jedes Land hat dreierlei Reichtümer: materielle, kulturelle und biologische. Die beiden ersten verstehen wir sehr gut, denn sie sind die Grundlage unseres täglichen Lebens. Der Kern des Biodiversitätsproblems besteht darin, daß biologischer Reichtum sehr viel weniger ernst genommen wird. Das ist ein kapitaler strategischer Fehler, den man mit der Zeit mehr und mehr bedauern wird."

E. O. Wilson, 1992, S. 311

Titelfoto: Frühlings-Adonisröschen *(Adonis vernalis)*. Foto: D. Frank
Eichenzangenbock *(Rhagium sycophanta)*. Foto: V. Neumann

Diese Publikation entstand mit Unterstützung folgender Institutionen:
– Landesamt für Umweltschutz Sachsen-Anhalt
– Naturschutzbund Deutschland (NABU) Landesverband Sachsen-Anhalt e.V.
– Naturschutzbund Deutschland (NABU) Kreisverband Halle/Saalkreis e.V.
– Lotto-Toto GmbH Sachsen-Anhalt

Die Deutsche Bibliothek – CIP Einheitsaufnahme

Bestandssituation der Pflanzen und Tiere Sachsen-Anhalts / Dieter Frank & Volker Neumann (Hrsg.). – Stuttgart (Hohenheim) : Ulmer, 1999
(Naturschutzpraxis)
ISBN 3-8001-3368-7

Das Werk einschließlich aller seiner Teile ist urheberrechtlich geschützt.
Jede Verwertung außerhalb der engen Grenzen des Urheberrechtsgesetzes
ist ohne Zustimmung des Verlages unzulässig und strafbar.
Das gilt insbesondere für Vervielfältigungen, Übersetzungen,
Mikroverfilmungen und die Einspeicherung und Verarbeitung
in elektronischen Systemen.

© 1999 Verlag Eugen Ulmer GmbH & Co.
Wollgrasweg 41, 70599 Stuttgart (Hohenheim)
email: info@ulmer.de
Internet: www.ulmer.de
Printed in Germany
Herstellung: Gabriele Wieczorek
Einbandgestaltung: Alfred Krugmann, Freiberg a. Neckar
Satz: Hahn Medien GmbH, Kornwestheim
Druck: Gutmann, Talheim
Bindung: Riethmüller, Stuttgart

Inhalt

1	Einführung	7
2	Ziele und Grenzen der Beschreibung von Bestandssituation und -entwicklung	9
3	Nutzung von Kenntnissen über Bestandssituation und -entwicklung	11
4	Methodische Rahmenvorgaben	14
5	**Pflanzen**	17
5.1	Bestandsentwicklung der **Farn- und Blütenpflanzen** exkl. Brombeeren (**Pteridophyta et Spermatophyta** exkl. Rubus) (D. Frank unter Mitarbeit von S. Bräutigam, H. Herdam, H. Jage, S. Klotz, H. Korsch & E. Welk)	18
5.2	Bestandssituation der **Brombeeren (Rubus)** (G. Stohr, A. Pedersen & H. E. Weber)	121
5.3	Bestandssituation der **Moose (Bryophyta)** (L. Meinunger)	131
5.4	Checkliste der **Armleuchteralgen (Characeae)** (H. Dietze)	146
6	**Wirbeltiere**	148
6.1	Bestandsentwicklung der **Säugetiere** exkl. Fledermäuse (**Mammalia** exkl. Chiroptera) (J. Gahsche & J. Haferkorn)	149
6.2	Bestandsentwicklung der **Fledermäuse (Chiroptera)** (B. Ohlendorf)	155
6.3	Bestandsentwicklung der **Vögel (Aves)** (G. Dornbusch)	159
6.4	Bestandsentwicklung der **Kriechtiere (Reptilia)** (J. Buschendorf)	170
6.5	Bestandsentwicklung der **Lurche (Amphibia)** (F. Meyer)	172
6.6	Bestandsentwicklung der **Rundmäuler (Cyclostomata)** und **Fische (Pisces)** (O. Wüstemann & B. Kammerad)	175
7	**Wirbellose**	181
7.1	Bestandssituation der **Schwebfliegen (Diptera: Syrphidae)** (M. Jentzsch & F. Dziock)	182
7.2	Liste der **Langbeinfliegen (Diptera: Dolichopodidae)** (A. Stark)	190
7.3	Checkliste der **Raupenfliegen (Diptera: Tachinidae)** (J. Ziegler)	198
7.4	Bestandsentwicklung der **Schmetterlinge (Lepidoptera)** (T. Karisch unter Mitarbeit von H. Blackstein, K. Drechsler (†), J. Gelbrecht, N. Grosser, W. Heinicke, B. Heinze, M. Jung, F.-W. Könecke, H. Lemm, K. Lotzing, P. Schmidt, F. Schulz, P. Strobl, R. Sutter & M. Weidlich)	207
7.5	Bestandsentwicklung der **Schnabelfliegen (Mecoptera)** (W. Röhricht)	305
7.6	Bestandsentwicklung der **Bienen (Hymenoptera: Apoidea)** (M. Dorn & H. Ruhnke)	306
7.7	Bestandssituation der **Rüsselkäfer (Coleoptera: Curculionidae)** (K. Schneider)	318
7.8	Bestandsentwicklung der **Bockkäfer (Coleoptera: Cerambycidae)** (V. Neumann)	338
7.9	Bestandsentwicklung der **Buntkäfer (Coleoptera: Cleridae)** (V. Neumann)	347
7.10	Bestandsentwicklung der **Schröter (Coleoptera: Lucanidae)** (W. Malchau)	351
7.11	Bestandssituation der **Marienkäfer (Coleoptera: Coccinellidae)** (W. Witsack)	354
7.12	Bestandsentwicklung der **Glanz- oder Glattkäfer (Coleoptera: Phalacridae)** (K. Graser)	358
7.13	Bestandsentwicklung der **Rindenglanzkäfer (Coleoptera: Rhizophagidae)** (K. Graser)	361
7.14	Bestandsentwicklung der **Feuerkäfer (Coleoptera: Pyrochroidae)** (K. Graser)	363
7.15	Bestandssituation der **Weichkäfer** i.w.S. (**Cantharoidea** – Familien **Cantharidae, Lampyridae, Lycidae, Malachiidae, Melyridae, Omalisidae und Phloiophilidae**) (W. Witsack)	365
7.16	Bestandssituation der **Kurzflügler: Raubkäfer (Coleoptera, Staphylinidae)** (P. Scholze)	369
7.17	Bestandssituation der **Sandlaufkäfer und Laufkäfer (Coleoptera, Cicindelidae et Carabidae)** (P. Schnitter & M. Trost)	391

7.18	Bestandsentwicklung der **wasserbewohnenden Käfer (Coleoptera: Hydradephaga, Palpicornia et Dryopoidea)** (D. Spitzenberg)	407
7.19	Bestandsentwicklung der **Netzflügler** i.w.S. (**Neuropterida**) (W. Röhricht)	419
7.20	Bestandssituation der **Zikaden (Auchenorrhyncha)** (W. Witsack)	422
7.21	Bestandsentwicklung der **Heuschrecken (Saltatoria)** (M. Wallaschek unter Mitarbeit von G. Grein, T. Meineke, J. Müller, R. Schweigert, R. Steglich & M. Unruh)	432
7.22	Checkliste der **Schaben (Blattoptera)** (M. Wallaschek)	438
7.23	Checkliste der **Ohrwürmer (Dermaptera)** (M. Wallaschek)	440
7.24	Bestandsentwicklung der **Libellen (Odonata)** (J. Müller)	442
7.25	Bestandsentwicklung der **zehnfüßigen Krebse (Decapoda: Atyidae, Astacidae und Grapsidae)** (W. Wendt)	449
7.26	Checkliste der **Asseln (Isopoda)** (J. Haferkorn)	451
7.27	Bestandssituation der **Kiemenfüßer (Anostraca)** und ausgewählter Gruppen der **Blattfüßer (Phyllopoda)** (V. Neumann)	454
7.28	Bestandsentwicklung der **Weichtiere (Mollusca)** (G. Körnig)	457
8	Statistische Übersicht	467
9	Literatur zu den Kapiteln 1-3	468

1 Einführung

Zeit für Artenkenntnis?
Die Gegenwart ist geprägt durch umfassende Beeinflussung nahezu aller Bereiche der natürlichen Umwelt durch den Menschen. Nutzungsbedingte, wie auch verbleibende naturnahe Biotope werden immer gleichförmiger gestaltet. Viele Sonderstandorte und anthropogen gering beeinflußte Lebensräume wurden ebenso wie in traditioneller Weise genutzte Landschaften wurden in kurzer Zeit flächendeckend stark dezimiert bzw. vernichtet. Aufgrund der untrennbaren Einheit von Arten und ihren Lebensräumen ziehen massive Lebensraumveränderungen deutliche Reaktionen der Artzusammensetzung nach sich. Diese Veränderungen werden aber nur von wenigen Menschen wahrgenommen, da oft Spezialkenntnisse vorhanden sein müssen - oder aber zumindest ein Interesse an der heimischen Pflanzen- und Tierwelt bestehen muß.

Weit verbreitet ist die - oft von kommerziell orientierten Interessenvertretern propagierte - Auffassung, daß „unsere" Umwelt in der Hand der Menschen „perfekter funktioniert" und für alle Zeit regel- und beherrschbar sei. Auch die Organismen werden bezüglich ihrer Nutzbarkeit für den Menschen in wertvoll oder wertlos eingestuft. Im Rahmen der Globalisierung und Spezialisierung wird die Gruppe ehemals als wertvoll angesehener Arten eingeengt, traditionelles Wissen über die Verwendung heute nicht mehr genutzter Taxa geht oft verloren. Als „wertlos" angesehene Arten und Artengruppen, die zudem weder schön noch groß sind, haben geringe Chancen, in das öffentliche Bewußtsein zu gelangen. Deren Biologie, häufig gar ihre Existenz sind vielfach unerforscht.

Zur gleichen Zeit sind immer weniger Menschen in der Lage, die verschiedenen Lebewesen ihrer alltäglichen, meist urbanen Umwelt einer Art oder zumindest Artengruppe zuzuordnen. Insbesondere die städtische Bevölkerung hat, bedingt durch seltenen Kontakt mit der natürlichen Vielfalt, derzeit wesentlich geringere Kenntnisse über die Arten der heimischen Flora und Fauna wie auch deren Ökologie, als dies noch vor ein bis zwei Generationen der Fall war. Damals lebten mehr Menschen direkt von und in der Natur.

Im Rahmen der akademischen biologischen Ausbildung wird in Deutschland, wenn überhaupt ökosystemare Ausbildung stattfindet, besonderer Wert auf wenige, einfach bestimmbare Schlüsselarten gelegt. Dem von namhaften internationalen Wissenschaftlern in der Agenda „Systematik 2000" (vgl. STEININGER 1996) formulierten Anspruch, die biologische Vielfalt in einem Vierteljahrhundert zu erfassen, wird in Deutschland derzeit kaum Rechnung getragen. Eine möglichst umfassende Kenntnis der Vielfalt der Arten und ihrer individuellen Biologie, ihrer spezifischen ökologischen Ansprüche sowie ihrer Verbreitung ist jedoch notwendig, um die vielfältigen, oft wenig bekannten „Funktionen" auch seltenerer Arten in intakten Ökosystemen annähernd verstehen zu können.

Bemühungen um den Schutz der Natur sind langfristig nur dann erfolgreich, wenn die Organismenvielfalt und deren Lebensbedingungen bekannt sind. Bei sehr vielen Organismengruppen ist für Sachsen-Anhalt noch unbekannt, welche Arten vorhanden sind, bzw. ob schon alle Arten als solche erkannt und wissenschaftlich beschrieben sind.

Erforschung der Flora und Fauna in Sachsen-Anhalt
In den letzten Jahrzehnten haben sich auf dem Gebiet Sachsen-Anhalts zahlreiche Personen, in zumeist ehrenamtlicher Arbeit, der Beobachtung der Pflanzen und Tiere ihrer Heimat und der Erfassung von Artvorkommen zugewandt. In dieser Zeit konnten viele Arten im Gebiet nachgewiesen werden. Der Kenntnisstand ist bezüglich der einzelnen Artengruppen sehr unterschiedlich. Für manche Arten ist allein schon der sichere Nachweis des Vorkommens wissenschaftliches Neuland. Bis heute werden immer wieder für die Wissenschaft neue Taxa beschrieben, deren Erstfund aus Sachsen-Anhalt stammt (z.B. STARK 1996). Viele Arten sind hingegen bereits gut hinsichtlich ihrer Biologie und ihrer Verbreitung untersucht und in zahlreichen Publikationen beschrieben.

Die Erfassungstätigkeit war und ist vor allem im Einflußbereich der Universität Halle - im Süden Sachsen-Anhalts - besonders intensiv. Auch von anderen Lehreinrichtungen (Jena, Göttingen, Braunschweig, Potsdam, Berlin, Leipzig, neuerdings auch Bernburg und Magdeburg) gingen und gehen regelmäßig Initiativen zur faunistischen und floristischen Erforschung des Gebietes aus. Mit viel Sachverstand und Initiative beteiligten und beteiligen sich Spezialisten von Forschungs- und Züchtungsinstituten (Gatersleben, Quedlinburg, Halle, Leipzig, Magdeburg, Eberswalde) an der oft ehrenamtlichen Bearbeitung verschiedenster Artengruppen. Verdienstvolle und kontinuierliche Arbeit wurde und wird auch an den regionalen Museen der Region geleistet. Beispielsweise können die Museen in Dessau, Halberstadt, Köthen und Magdeburg auf lange Traditionen biologischer Forschung verweisen. Nicht zuletzt sind es initiativreiche Einzelpersonen unterschiedlichster Berufe (oft Lehrer, Apotheker), die Maßstäbe bei der Erforschung der lokalen Flora und Fauna setzen.

Seit der Gründung von Naturschutzinstitutionen bzw. -behörden (Institut für Landschaftsforschung und Naturschutz bis 1990; später Naturschutzbehörden der Landkreise und Regierungsbezirke, des zuständigen Ministeriums und des Landesamtes für Umweltschutz) bemühen sich diese insbesondere um die Inventarisierung von Arten in Schutzgebieten und die Erfassung der Vorkommen gefährdeter Taxa. Die Koordinierung landesweiter Arterfassungsprogramme erfolgt - zumeist unterstützt durch das Landesamt für Umweltschutz - durch ehrenamtliche Vereine. Genannt seien: der Ornithologenverband Sachsen-Anhalt, der Botanische Verein Sachsen-Anhalt, der Botanische Arbeitskreis Nordharz, der Arbeitskreis Heimischer Orchideen, der Landesfachausschuß Herpetologie, der Entomologenverband Sachsen-Anhalt und der Landesfachausschuß Mykologie.

Sowohl in der Vergangenheit als auch gegenwärtig regt die Vogelwelt die meisten Naturfreunde zur aktiven Beobachtungstätigkeit an. Nach der Fertigstellung des Brutvogelatlas des Süden Sachsen-Anhalts (GNIELKA & ZAUMSEIL 1997) wird derzeit intensiv an der Erfassung der Brutvögel der nördlichen Kreise des Bundeslandes gearbeitet. Konkrete Aussagen zur Bestandsdynamik können dem durch die Universität Halle getragenen „Monitoring Greifvögel und Eulen" entnommen werden (GEDEON 1994). Die Botaniker Sachsen-Anhalts bemühen sich um eine aktuelle Erfassung der Farn- und Blütenpflanzen (Nachweise ab 1992). Derzeit ist die Hälfte des Bundeslandes aktuell kartiert. Geplant ist ein aktueller Verbreitungsatlas, der Vergleiche zu BENKERT et al. (1998) zuläßt. Die Feinkartierung der Orchideen (KALLMEYER & ZIESCHE 1996) wird kontinuierlich fortgeschrieben. Für die Brombeeren liegt ein aktueller Verbreitungsatlas (PEDERSEN et al. 1999) vor. Mit der Fischfauna Sachsen-Anhalts (KAMMERAD et al. 1997) wurde ein aktueller, fundortgenauer Verbreitungsatlas mit allen Fischnachweisen (zumeist Elektrofischerei) herausgegeben. Die landesweite Erfassung der Herpetofauna fand 1999 ihren Abschluß. Ein Verbreitungsatlas ist in Vorbereitung. Der Landesfachausschuß Mykologie hat nach grundlegenden Recherchen in Archiven und Sammlungen eine Checkliste der Pilze vorgelegt (TÄGLICH et al. 1999).

Umfassender Erkenntnisgewinn über das Vorkommen terrestrischer Wirbelloser konnte und kann aus dem, vom Landesamt für Umweltschutz koordinierten, landesweiten faunistischen Erfassungsprogramm in Trockenrasen, Heiden und Mooren gezogen werden. Hier wurden u.a. aus Bodenfallenfängen nahezu alle Tiere der unterschiedlichsten Artengruppen durch Spezialisten determiniert. Die Ergebnisse werden zusammenfassend ausgewertet (SCHNITTER et al. in Vorb.). In Vorbereitung sind Landesfaunen für Laufkäfer, Bockkäfer und Eulenfalter.

Die vorliegende Übersicht zur Bestandssituation der Pflanzen und Tiere macht zahlreiche, bisher an unterschiedlichsten Stellen publizierte sowie unpublizierte Angaben allgemein verfügbar, fokussiert gleichzeitig den Blick auf die oft enormen Wissenslücken und regt (hoffentlich) zu intensiver Beschäftigung mit den jeweiligen Taxa an. Ein intensiver Rücklauf kritischer Anmerkungen kann zu einer besseren Kenntnis der jeweiligen Taxa führen. In jedem Falle wird sich hierdurch die allgemeine Sensibilität für Fragen des Naturschutzes, insbesondere des Artenschutzes, erhöhen.

Danksagung

Vorliegendes Buch ist das Ergebnis langjähriger gemeinsamer Bemühungen der Herausgeber, der Autoren und zahlreicher weiterer Personen und Einrichtungen, die hier nicht alle aufgeführt werden können.

Gedankt sei insbesondere den Mitarbeitern des Landesamtes für Umweltschutz Sachsen-Anhalt für ihre fachliche Beratung, Motivation sowie organisatorische und technische Unterstützung. In erster Linie möchten wir den Herren LEINE und Dr. HAFERKORN danken, die die mehrfache Durchsicht und Überarbeitung der Manuskripte auf sich nahmen. Wertvolle Unterstützung leisteten Frau und Herr DORNBUSCH, Herr ELLERMANN, Herr Dr. GEDEON, Frau HÜNIG, Frau KORES, sowie die Herren MAMMEN, Dr. PETERSON, Dr. SCHNITTER, SCHÖNBRODT, SCHUBOTH, TROST und Frau WALTHER.

Für die finanzielle Unterstützung der Drucklegung danken wir dem Landesverband Sachsen-Anhalt des Naturschutzbundes Deutschlands (NABU) und der Lotto-Toto-GmbH Sachsen-Anhalt.

Dem Verlag Eugen Ulmer, insbesondere der Lektorin Frau Dr. KNEISSLER, gebührt Dank für die Unterstützung und freundliche Beratung im Vorfeld der Drucklegung.

Dieter Frank, Volker Neumann

2 Ziele und Grenzen der Beschreibung von Bestandssituation und -entwicklung

Zielstellung der „Bestandssituation der Pflanzen und Tiere Sachsen-Anhalts"

Mit vorliegendem Werk werden insbesondere die Ziele verfolgt

- bisher nicht oder schwer zugängliches Wissen zum Vorkommen von Arten verschiedenster taxonomischer Gruppen aufzuarbeiten und den derzeitigen Kenntnisstand vergleichbar darzustellen,
- eine Übersicht über die in Sachsen-Anhalt nachgewiesenen Arten zu geben,
- wenn möglich, Aussagen zur Bestandssituation und Bestandsentwicklung zu treffen,
- Wissenslücken aufzuzeigen und zur Verringerung dieser anzuregen,
- eine Grundlage für die ganzheitliche Beurteilung unserer biotischen Umwelt bereitzustellen,
- eine Grundlage für die Einschätzung der aktuellen Gefährdung der Arten zu liefern.

Damit bildet die vorliegende Zusammenstellung die Basis für die ganzheitlich wertende Analyse von Artenlisten und Lebensräumen bei Planungen, für die Fortschreibung Roter Listen, für die Veranlassung von Artenhilfsprogrammen, für Biotopschutz- und Biotopmanagement-Konzepte und ist Anregung zu weiteren Untersuchungen. Es ersetzt keine Untersuchungen zur Biologie und Ökologie einzelner Arten und keine regionalen Bestandsanalysen.

Oft ist das Wissen aus jahrelanger Arbeit nicht publiziert. Wenn doch, veröffentlichen die jeweiligen Spezialisten in verschiedensten, oft schwer zugänglichen Quellen. Leider fehlte bisher eine übersichtliche Darstellung für Sachsen-Anhalt, welche sowohl dem erfahrenen Bearbeiter einer Artengruppe als Dokumentation des aktuellen Erfahrungsstandes dienen, als auch interessierten Naturfreunden erste Anregungen zur Beschäftigung mit unbekannten Taxa vermitteln kann.

Für gut untersuchte Artengruppen wie beispielsweise die Gefäßpflanzen oder die Wirbeltiere sind in der Literatur schon umfangreiche Arbeiten zur Biologie und Ökologie verfügbar, so daß auf diese Referenzwerke verwiesen werden kann. In der Regel ist auch die systematische Zuordnung und die Namensgebung in Referenzwerken ausführlich dargestellt.

Für viele Wirbellosengruppen ist hingegen nur sehr wenig zur Biologie, Ökologie und Verbreitung der Arten bekannt. Da diesbezügliche Erkenntnisse manchmal wissenschaftliches Neuland darstellen oder aber kaum zugänglich und zum Verständnis wichtig sind, werden sie in Ausnahmefällen hier in den Artkapiteln mit aufgeführt. Auch Namensgebung und Artabgrenzung werden in der Literatur oft sehr unterschiedlich gehandhabt. Deshalb wird hier in den Tabellen, wenn notwendig, auf die zum Verständnis wichtigen Synonyme verwiesen.

Zur Mitarbeit an diesem Werk konnten Spezialisten für 38 Artengruppen gewonnen werden, die meist über umfangreiche Geländeerfahrung und Literaturkenntnis verfügen. Teilweise konnten die Bearbeiter bei der Zusammenstellung der einzelnen Beiträge auf Hinweise und Kartierungsergebnisse aus den jeweiligen Fachgruppen und von zahlreichen hier nicht genannten, ehrenamtlich tätigen Naturfreunden zurückgreifen.

Aus den Überschriften der Einzelbeiträge sind bereits erste Hinweise auf den Kenntnisstand über die jeweilige Artengruppe ableitbar. Die inhaltliche Tiefe der Bearbeitung einer Artengruppe reicht von der Auflistung bisher bekannt gewordener Artnachweise über Beiträge mit Aussagen zur Bestandssituation einzelner Arten bis hin zu solchen mit Angaben zu Veränderungen der Bestandssituation.

Bei überdurchschnittlich gut untersuchten Artengruppen, wie z.B. den Vögeln oder den Farn- und Blütenpflanzen liegen auch gute Kenntnisse zum Einbürgerungsstatus vor. Nachweise von Irrgästen, unbeständigen Neophyten und ähnlichen Zufallsfunden konnten ausgegliedert werden und sind in der Regel hier nicht aufgeführt. Die Beiträge zu diesen Artengruppen sind somit keine vollständigen Floren-, bzw. Faunenlisten.

Grenzen der Beschreibung von Bestandssituation und -entwicklung

Selbst in Artengruppen, die scheinbar gut bekannt sind, finden sich viel zu oft Arten, deren Bestandssituation nicht eingeschätzt werden kann. Oft fehlen schon Angaben zur allgemeinen Biologie der Arten, insbesondere mangelt es an systematischen Erfassungen der Artvorkommen.

Sowohl die Gesamtartenlisten als auch die Angaben zu den einzelnen Arten widerspiegeln den derzeitigen Kenntnisstand. Dies schließt zukünftige Neufunde und neue Erkenntnisse zur Bestandssituation nicht aus.

Insbesondere konnten regionale Besonderheiten bei der zusammenfassenden Einschätzung von Bestandssituation, -entwicklung und Gefährdungsursachen nicht immer voll berücksichtigt werden. Die Bestandssituation wurde wenn möglich separat für die Naturräume Berg-, Hügel- bzw. Tiefland eingeschätzt. Spezifische Bindungen an Sonderlebensräume (Boden, Struktur, Wirt, u.a.) konnten nicht als Untergliederungskriterien berücksichtigt werden.

Die Artabgrenzung und Zuordnung der Taxa entsprechend aktueller Standards beeinflußte nicht nur die Aufnahme von Arten in die, bzw. Streichung aus der jeweilige(n) Floren- bzw. Faunenliste sondern auch die Verwendbarkeit vorhandener Unterlagen. Sowohl die Wahl des nomenklatorischen Standards als auch die Erfüllung des Kriteriums "eingebürgert" oblagen der Entscheidung des jeweiligen Autors.

Unter Beachtung dieser Rahmenbedingungen ist das Werk eine ergiebige Quelle beim Hinterfragen von Angaben zu einzelnen Arten wie auch zur Einschätzung des Artinventars eines Gebietes.

Die Einschätzung des Gesamtbestandes einer Art konnte nur für jene Taxa erfolgen, für die ausreichende Informationen vorliegen. Insbesondere bei vielen Wirbellosengruppen sind die Kenntnisse über einzelne Arten für eine Einstufung nicht ausreichend. Hierfür ist insbesondere die geringe Zahl von Spezialisten verantwortlich, die sich mit den jeweiligen Gruppen beschäftigt und deren Arten sicher determinieren kann.

3 Nutzung von Kenntnissen über Bestandssituation und -entwicklung

Umsetzung von Kenntnissen zur Bestandssituation

Das Bundesnaturschutzgesetz fordert, daß die Länder geeignete Maßnahmen zur Darstellung und Bewertung der unter dem Gesichtspunkt des Artenschutzes bedeutsamen Populationen treffen sollen. Das Gesetz zur Erhaltung der Biologischen Vielfalt unterstreicht gar die gesellschaftliche Verantwortung für alle Arten. Die gesellschaftliche Praxis hingegen kommt der Wahrnehmung von Fragen des Schutzes heimischer Arten wie auch deren allgemeine Berücksichtigung in Industrie, Land- und Forstwirtschaft sowie dem öffentlichen Handeln nur halbherzig nach. Erst durch die Zwänge zur Umsetzung der Fauna-Flora-Habitat-Richtlinie der EU ist der Schutz von Arten und ihren Lebensräumen wieder in das öffentliche Interesse gerückt.

Für den langfristigen Erhalt der biologischen Vielfalt sind vor allem folgende Rahmenbedingungen erforderlich, die heute leider nur ansatzweise gegeben sind:

Umweltbildung aller Bevölkerungsschichten
- Wirksame Vermittlung von Grundkenntnissen über die Arten, deren Biologie und Lebensräume erfolgt nicht nur in Schulen, sondern kontinuierlich durch die Vielfalt der Medien.
- Praktisches Naturerleben findet im täglichen Leben statt.
- Der Wert naturnaher Ökosysteme als Grundlage menschlichen Wirkens findet breite Akzeptanz.

Ausbildung und Wirken von Artspezialisten
- Kompetente Spezialisten für möglichst viele Artengruppen forschen und lehren kontinuierlich an Hoch- und Fachschulen insbesondere auf den Gebieten Taxonomie und Ökologie.
- Museen, Verbände und Behörden fördern die Vermittlung von Spezialwissen.

Gesellschaftliche Leitbilder zum Umgang mit Arten und Lebensräumen
- Verschiedenartige, naturbelassene Gebiete bieten Raum für natürliche Dynamik, sind Rückzugs- und Ausgangsgebiete für spezialisierte Arten/Taxa.
- Für nutzungsabhängige Lebensräume der Kulturlandschaft werden Strategien zu Erhalt und Förderung bzw. zum Auflassen dieser Lebensraumtypen erarbeitet.

Akzeptanz der biologischen Vielfalt als Wirtschaftsfaktor
- Erkennen, Erhalt und Förderung spezifischer Arten und Lebensräume im jeweiligen Wirkungsbereich gehören zum Selbstverständnis von Wirtschaft und öffentlicher Hand.
- Der wirtschaftlich relevante Wert verschiedenster langfristig intakter Ökosysteme wird in Strategien und Pläne von Wirtschaftsunternehmen und Verwaltungen einbezogen.
- Naturerleben, Erholung und intakte biologische Kreisläufe werden im privaten, wirtschaftlichen und öffentlichen Leben als kommerzielle Größe angesehen.

Weitgehende wirtschaftliche Selbständigkeit der Landschaftspflege
- Dienstleistungen zum Erkennen, Erhalten und Fördern spezifischer Arten und Lebensräumen sind selbständige Wirtschaftsbereiche.
- Für ausgewählte Gebiete der Kulturlandschaft finden Konzepte zur wirtschaftlichen Weiterführung traditioneller Nutzungsformen Anwendung.

Angaben zur Bestandssituation und -entwicklung in der Naturschutzpraxis

Soll bei Entscheidungen zu Maßnahmen, die den Naturhaushalt betreffen, die gesamte biologische Vielfalt in die Abwägung einbezogen werden, müssen umfassende Kenntnisse zum Vorkommen der Arten, ihrer Biologie und ihren ökologischen Ansprüchen verfügbar sein.

Die konkrete Bestandssituation eines Artvorkommens wird bislang meist danach beurteilt, ob diese Art in der Roten Liste aufgeführt ist oder nicht. Bei der systematischen Prüfung von Artenlisten auf "Rote-Liste-Arten" kommt es somit meist nur zu gelegentlichen "Treffern". In nachfolgende Betrachtungen werden nur wenige Informationsträger einbezogen. Das Vorkommen (bzw. Fehlen) einer Rote-Liste-Art beeinflußt die Bewertung einer Artenliste/Fläche in hohem Maße. Für Gebiete ohne Vorkommen von Arten der Roten Liste folgt daraus eine geringere Wertschätzung trotz gleicher oder gar in der Gesamtheit "wertvollerer" Artzusammensetzung.

Da Rote Listen laut Definition nur die aktuell gefährdeten oder aufgrund extremer Seltenheit potentiell gefährdeten Arten enthalten, sind deren Arten in der Regel nur selten anzutreffen. Sie sind somit zur quantitativ vergleichenden Einstufung einzelner Artenlisten/Flächen nur bedingt geeignet. Außerdem besteht die Möglichkeit falscher Ableitungen aufgrund unvollständiger Erfassung der „Spitzenarten".

Hohen Indikatorwert für gefährdete Ökosysteme haben Rote-Liste-Arten jedoch in Verbindung mit jenen Arten, die allgemein in der Region eine rückgängige (bis konstante) Bestandsentwicklung haben und zudem allgemein selten (bis verbreitet) sind (vgl. FRANK 1991). Die Wahrscheinlichkeit, mehrere Arten aus diesen Gruppen anzutreffen, ist wesentlich höher. Die Eignung zur qualitativ-vergleichenden Einschätzung einzelner Artenlisten/Flächen ist deutlich besser.

Für die praktische Naturschutzarbeit eröffnet sich mit dem hier vorgelegten Werk die Chance, bei der Beurteilung von Artvorkommen von der ausschließlichen Berücksichtigung des Vorkommens von Rote-Liste-Arten, wegzukommen und statt dessen eine möglichst ganzheitliche Beurteilung des Artbestandes vorzunehmen. Zwar war dies auch bisher unter Einbeziehung von kompetentem Sachverstand möglich - einem Sachverstand, auf den auch in Zukunft nicht verzichtet werden kann. Diese Übersicht liefert dafür aber zusätzlich noch eine umfassende, vergleichbare und nachvollziehbare Kriteriensammlung. Insbesondere ist es möglich, die Bedeutung von verbreiteten Arten mit rückgängiger Bestandsentwicklung oder seltenen Arten ohne Bestandsveränderungen besser hervorzuheben. Gleichzeitig können die im öffentlichen Bewußtsein bereits anerkannten Roten Listen gefährdeter Arten vom Ballast zusätzlicher Angaben entlastet und dadurch leichter verständlich werden.

Bei der Beurteilung von Lebensräumen anhand dort nachgewiesener Arten sollte möglichst nicht nur der Anteil gefährdeter, rückgängiger bzw. seltener Taxa einbezogen werden, sondern auch Bezug auf die Ökologie dieser Arten genommen werden. Nur durch das Wissen um die ökologischen Ansprüche der einzelnen Arten, können deren Beziehungen, die Konkurrenzverhältnisse und spezifische Ansprüche richtig eingeschätzt werden.

Für Naturschutzfragen besonders relevante ökologische Faktoren sind beispielsweise für die Pflanzen der Hemerobiegrad, der Nährstoff- und der Feuchtezeigerwert sowie sonstige Anpassungen an Extremwerte (vgl. FRANK 1991, ELLENBERG et al. 1992, KORNECK et al. 1996, SCHNITTLER et al. 1998).

Das Vorkommen mancher Wirbelloser ist hingegen unabhängig von den genannten Faktoren ausschließlich vom Vorhandensein spezifischer Strukturen abhängig.

Ungefährdete Arten
Als offensichtlich ungefährdet können die „in Ausbreitung" befindlichen Taxa und jene die „gemein", bzw. „häufig" sind, angesehen werden (vgl. FRANK & KLOTZ 1990, FRANK 1992).

Von den im Bezugsgebiet als „verbreitet" eingestuften Arten sind jene mit konstanter Bestandsentwicklung im Einzelfall die aktuelle Gefährdung zu prüfen. Verbreitete, seltene bzw. sehr seltene Arten mit konstanter oder rückgängiger Bestandsentwicklung, die keine Neubürger (N oder G) sind, sollten bei naturschutzfachlichen Betrachtungen grundsätzlich besondere Berücksichtigung finden.

Rote Listen
Rote Listen gefährdeter Arten haben sich seit ihrer Einführung in Deutschland in den 1970er Jahren (SUKOPP 1998) zu einem anerkannten Instrument für die praktische Naturschutzarbeit entwickelt. Ein solches Wahrnehmen und Akzeptieren von Problemen unserer lebenden Umwelt ist insbesondere in einer Zeit der zunehmenden Technisierung, Verstädterung und virtuellen Realitätsdarstellung von Bedeutung.

In diesem Zusammenhang sollte durch die Verfasser von Roten Listen (nachfolgend immer im Sinne "Roter Listen gefährdeter Arten" verwendet) besonderer Wert auf die Beibehaltung und Erweiterung dieser allgemeinen Akzeptanz Roter Listen durch Bürger, Naturnutzer, Verbände und Behörden gelegt werden. Die breite allgemeine Verständlichkeit wird insbesondere durch die Kontinuität der Bezugswerke gewährleistet. Ebenso von Bedeutung ist die allgemeine Anerkennung der Berufung von Rote-Liste-Autoren durch eine hierfür akzeptierte Gebietskörperschaft (Behörde, Verein).

Rote Listen sind Expertengutachten, welche regelmäßiger Fortschreibung bedürfen. Im Sinne der allgemeinen Verständlichkeit und Akzeptanz sollten Rote Listen grundsätzlich über einen längeren Zeitraum (mindestens 8-10 Jahre) gültig bleiben. Veränderte Neuauflagen, kurzfristige Fortschreibungen oder gar parallel veröffentlichte "Schattenlisten" erschweren die Anwendung dieser Listen. Für die Nutzer ist es schwer, das jeweils aktuelle Bezugswerk zu finden, es inhaltlich wahrzunehmen, und die inhaltliche Diskussion über Rote Listen mit weiteren Anwendern zu führen, da diese möglicherweise eine andere "Version" der jeweiligen Liste als "aktuell" führen. Für die breite Anwendung von Roten Listen ist es unerheblich, ob einzelne neue wissenschaftliche Erkenntnisse vorliegen, die bei der Fortschreibung eine Neueinstufung der Gefährdung zur Folge haben könnten. Die Beurteilung von Einzelfällen sollte grundsätzlich durch ausgewiesenes Fachpersonal erfolgen, dabei müssen natürlich neue wissenschaftliche Erkenntnisse berücksichtigt werden.

Um dies zu ermöglichen, wurden für Sachsen-Anhalt der bis dato bekannte Erkenntniszuwachs veröffentlicht (LAU 1996), ohne eine Neuauflage der Roten Listen zu veranlassen.

Rote Listen in Sachsen-Anhalt
Innerhalb der letzten sieben Jahre wurden als Ergebnis der Initiative vieler Artspezialisten zahlreiche Rote Listen für Sachsen-Anhalt, publiziert in vier Bänden (LAU 1992, 1993, 1995, 1998), erstellt. Voraussetzung hierfür war immer ein möglichst umfangreiches Studium der Bestandssituation der Arten der jeweiligen Gruppe. Die Bearbeiter konnten dabei auf sehr unterschiedliche Datengrundlagen zurückgreifen.

Im Ergebnis wurde der aktuelle Kenntnisstand über die gefährdeten Arten in Form eines Expertenvotums zusammengestellt.

Seitdem hat sich das Wissen über die Bestandssituation aufgrund weiterer kontinuierlicher Recherchen der Rote-Liste-Bearbeiter wie auch anderer Personen, die durch die Roten Listen zu eigenen Beobachtungen angeregt wurden, zumeist verbessert. Neue Erkenntnisse dürfen aber nicht automatisch zur baldmöglichen Fortschreibung der Roten Listen führen, da für potentielle Nutzer der aktuelle Stand nicht mehr nachzuvollziehen und Verwirrung unvermeidbar wäre. Eine Fortschreibung Roter Listen sollte frühestens nach etwa 10 Jahren erfolgen.

Die inzwischen relativ gute Datenlage zu verschiedenen Artengruppen ermöglicht es nun, eine aktuelle Zusammenfassung des Wissens über die Bestandssituation aller Taxa einer Artengruppe, nicht nur zu den gefährdeten Arten, zu erstellen. In den nachfolgenden Kapiteln finden sich bereits eine Vielzahl neuer Erkenntnisse, die sicher bei einer Fortschreibung der Roten Listen berücksichtigt werden, jedoch bereits jetzt für Fachstudien zur Verfügung stehen.

Für einige Arten sind Unterschiede zwischen der aktuellen Einstufung von Bestandssituation und -entwicklung einerseits und der Zuordnung zu Gefährdungskategorien der Roten Liste andererseits festzustellen. Dies ist entweder auf eine andere Gefährdungssituation zum Zeitpunkt der Drucklegung der jeweiligen Roten Liste oder auf Wissenszuwachs zurückzuführen. Nicht jede „Verbesserung" der Bestandseinschätzung einer Rote-Liste-Art verdient es, als Erfolg im Sinne der „Listen erfolgreich erhaltener oder geförderter Tier- und Pflanzenarten der Roten Listen" (Blaue Listen, GIGON et al. 1994, 1995) eingestuft zu werden. Oft handelt es sich um Kenntniszuwachs, veränderte Ansichten zur Einstufung des Gefährdungsgrades (KORNECK et al. 1996, SCHNITTLER & LUDWIG 1996, BINOT et al. 1998) oder um Fehleinstufungen des Rote-Liste-Status.

4 Methodische Rahmenvorgaben

Die Abgrenzung der Artengruppen erfolgte in der Regel entsprechend der Zugehörigkeit zu systematischen Gruppen. In einigen Fällen wurden ökologische Gruppen (gleicher Lebensraum) zusammengefaßt. Es konnten nur jene Taxa aufgenommen werden, für deren Darstellung kompetente Bearbeiter zur Verfügung standen.

Dem Werk liegen in der Regel keine abgeschlossenen Erfassungsprogramme zugrunde. Nur für die Orchideen (KALLMEYER & ZIESCHE 1996), Fische und Rundmäuler (KAMMERAD et al. 1997) und Brombeeren (PEDERSEN et al. 1999) wurden aktuelle Kartierungen mit gleichem zeitlichen und räumlichen Bezug vorgelegt.

Die einzelnen Artikel haben durchweg den Charakter von Expertengutachten, welche die Meinung der jeweiligen Autoren widerspiegeln. Damit wird ein Zeitdokument vorgelegt, welches den aktuellen Wissensstand zusammenfaßt sowie zur laufenden Fortschreibung, basierend auf hoffentlich umfangreichen und kontinuierlichen Untersuchungen zur Biologie, Ökologie und Verbreitung der Arten, anregen soll.

Die Artikel wurden entsprechend einer einheitlichen Vorgabe erstellt. Kern der Darstellungen sind die tabellarischen Auflistungen. Den Tabellen ist grundsätzlich die Gesamtartenliste der jeweiligen Gruppe mit dem Nachweises einer Gewährsperson (Zitat, Neunachweis, Sammlungsbeleg) zu entnehmen. Je nach Wissensstand werden die Themen "Bestandssituation", "Bestandsentwicklung", "Ursachen für Veränderungen", "mögliche Schutzmaßnahmen", "Status in der Roten Liste Sachsen-Anhalts", "Gesetzlicher Schutz", "Bemerkungen", "Wichtige Synonyme" hinzugefügt. Die Entscheidung über die Aufnahme entsprechender Spalten traf der jeweilige Autor. Erschien die Kenntnis über regionale Unterschiede ausreichend, wurden die Aussagen auch separat für die drei großen Landschaftsräume Sachsen-Anhalts (Tiefland, Hügelland bzw. Harz) getroffen. Nicht für jede Art war es möglich, Aussagen zu den genannten Kriterien zu treffen. An solchen Stellen bleibt die Tabelle leer.

Die nachfolgend für jeden Themenkreis aufgeführten Rahmenvorgaben und Typisierungen sowie deren Abkürzungen wurden möglichst einheitlich für alle Artengruppen verwendet. Ergänzende Festlegungen sind im einleitenden Text zu den einzelnen Artengruppen definiert.

Artauswahl

In den Listen sind in der Regel Arten, also Taxa mit Artrang aufgenommen. Wenn möglich und sinnvoll, wurden auch Unterarten (subspecies) einbezogen. Beide werden in diesem Kapitel nur als Art bezeichnet.

Aufgenommen sind alle in den heutigen Grenzen von Sachsen-Anhalt vorkommenden, oder in den letzten beiden Jahrhunderten ausgestorbenen indigenen Arten. Hierzu zählen einheimische, eingebürgerte [spontan bzw. subspontan (längere Zeit und mehrere Generationen selbständig) vorkommend], regelmäßig eingeschleppte (ephemere) sowie regelmäßig durchziehenden bzw. zeitweilig vorkommenden Arten.

Bei Wirbellosen kann schon ein einmaliger Nachweis einer nicht einheimischen Art Anlaß für die Aufnahme in die Liste sein.

Aktueller wissenschaftlicher Artname

Nomenklatorischer und systematischer Bezug bei der Abgrenzung und Benennung der Taxa ist möglichst ein derzeit allgemein anerkanntes Standardwerk. Die Artnamen sind alphabetisch geordnet. Der Name des Artbeschreibers wird bei Tieren in der Regel voll ausgeschrieben. Nur LINNÉ wird mit L. und FABRICIUS mit F. abgekürzt.

Bezugsraum (BR)

Befindet sich kein Eintrag in dieser Spalte, bedeutet es, daß sich die Angaben dieser Zeile auf das Gesamtgebiet (Bundesland Sachsen-Anhalt) beziehen. Wenn Unterschiede in der Bestandssituation zwischen den einzelnen Großlandschaften bekannt sind bzw. eine Art nicht in allen vorkommt, wurde der räumliche Bezug dieser Zeile auf eine der drei Großlandschaften beschränkt. Das gesamte Bundesland umfaßt etwa 738 Meßtischblatt-Quadranten (1/4 der topographischen Karten 1:25 000, Normalschnitt) und teilt sich wie folgt auf:

T   Tiefland, großflächig unter 100 m NN (weite Teile des Nordens und Ostens Sa.-Anh.) etwa 509 MTB-Quadranten

H   Hügelland, großflächig zw. 100 und 300 m NN (Randbereiche des Harzes, Unstrut-Triasland, Teile des Flechtinger Höhenzuges, des Flämings und der Dübener Heide) etwa 181 MTB-Quadranten

B   Bergland, großflächig über 300 m NN (nur Harz) etwa 48 MTB-Quadranten

Klammerangaben, z.B. (T), deuten auf wenige Vorkommen in anderen Landschaftsräumen hin.

Bestandssituation (BS)

Die Einschätzung der aktuellen Bestandssituation erfolgt innerhalb einer 5stufigen Skala.

A   Ausgestorben bzw. verschollen
ss   sehr selten
s   selten

v verbreitet (mäßig häufig)
h häufig
g gemein (sehr häufig)

Für manche Artengruppen wird eine reduzierte, dreistufige Skala (s, v, h) verwendet. Die Kriterien für die Zuordnung werden für die einzelnen Artengruppen jeweils präzisiert.

Bestandsentwicklung (BE)
Auch die Bestandsentwicklung wird einer 5-stufigen Skala folgend, eingestuft.
   ↗↗ stark zunehmend
   ↗ zunehmend
   0 konstant
   ↘ rückgängig
   ↘↘ stark rückgängig

Für manche Artengruppen wird eine reduzierte, dreistufige Skala (↗, 0, ↘) verwendet. Die Angaben beziehen sich in der Regel auf Veränderungen in den letzten zwei Jahrzehnten oder werden für die jeweilige Artengruppe gesondert definiert.

Ursachen für Veränderungen der Bestandssituation (UV)
Ursachen, die für die gesamte Artengruppe gelten sowie allgemein wirkende Faktoren (Eutrophierung, Sukzession, Nutzungsänderung/-aufgabe etc.), wurden nicht einzeln in der Tabelle, sondern zusammenfassend in der Einführung genannt
AN Beseitigung anthropogener Sonderstandorte
AU Aufhören von Bodenverwundungen
BA Bebauung, Zersiedelung der Landschaft
DO Verstädterung von Dörfern
EN Entwässerung, Melioration
EX Einführen von Exoten, Neophyten, Neozoen
HE Pestizidbehandlung, Herbizidbehandlung, Saatgutreinigung
NA natürliche arealbedingte Gefährdungsursachen
NM Nieder- und Mittelwaldbewirtschaftungsaufgabe
SA Sammeln, Fang, Abschuß
SO Beseitigung naturnaher Sonderstandorte
ST Störungen und Beunruhigungen
TO Alt- und Totholzbeseitigung, Beseitigung von Feldgehölzen
WA Gewässerausbau, -unterhaltung, -begradigung und -neuanlage
WI Gefährdung des Wirtes bzw. der Fraßpflanze

Status in der Roten Liste Sachsen-Anhalts (RL)
Hier werden die Angaben aus den Berichten des Landesamtes für Umweltschutz Sachsen-Anhalt (1992, 1993, 1995, 1998) unverändert übernommen. Die einzelnen Kategorien sind dort definiert.

0 Ausgestorben oder verschollen
1 Vom Aussterben bedroht
2 Stark gefährdet
3 Gefährdet
P Potentiell gefährdet
I Vermehrungsgäste
II Gefährdete Durchzügler, Überwinterer, Übersommerer, Wandertiere, Gäste etc.

Gesetzlicher Schutz (Ges.)
§ Bundesnaturschutzgesetz (bezogen auf EU-VO 338/97, EU-RL 92/43 und Bundesartenschutzverordnung)
  - § - besonders geschützte Art
  - **§** (fett) - streng geschützte Art
BK Berner Konvention
  - **BK** (fett) - besonders geschützte Art
BO Bonner Konvention
FFH FFH-Richtlinie der EU
  - FFH2 - Art im Anhang 2 (evtl. auch Anh. 4 und 5) aufgeführt
  - FFH4 - Art im Anhang 4 (evtl. auch Anh. 5) aufgeführt
  - FFH5 - Art nur im Anhang 5 aufgeführt
VO Vogelschutzrichtlinie
WA EU-VO zur Umsetzung des Washingtoner Artenschutzabkommens
  - WA-(A/B/C/D - erste Stelle) - Art im Anhang A,B,C oder D der EU-VO aufgeführt
  - WA-(1/2/3 - zweite Stelle) - Art im Anhang 1, 2 oder 3 des Washingtoner Artenschutzabkommens aufgeführt
  - WA-C(3) (zweite Stelle in Klammern) - betrifft Herkünfte aus anderen Ländern

Quellen
§ 1.) Gesetz über Naturschutz und Landschaftspflege (Bundesnaturschutzgesetz - BNatSchG) vom 12. März 1987 (BGBl. I S. 889), zuletzt geändert durch Drittes Gesetz zur Änderung des Bundesnaturschutzgesetz vom 26. August 1998 (BGBl. I S. 2481)
2.) Bundesartenschutzverordnung vom 18. September 1989. (BGBl. I S. 1677), berichtigt am 8.11.1989 (BGBl. I S. 2011), geändert am 6. Juni 1997 (BGBl. I S. 1327), geändert durch Verordnung zum Erlass von Vorschriften auf dem Gebiet des Artenschutzes sowie zur Änderung der Psittakoseverordnung und der Bundeswildschutzverordnung vom 14. Oktober 1999 (BGBl. 1999 I S. 1955), zuletzt berichtigt am 26. Oktober 1999 (BGBl. 1999 I S. 2073)
BK Übereinkommen über die Erhaltung der europäischen wildlebenden Pflanzen und Tiere und ihrer natürlichen Lebensräume. Vom 19. September

1979 (BGBl. 1984 II S. 618), Ergänzung der Anhänge in der Fassung der Bekanntmachung v. 23.9.1998 (BGBl. II 1998 S. 2654)

BO Übereinkommen zur Erhaltung der wandernden wildlebenden Tierarten. genehmigt durch Beschluß des Rates 82 D 461 79 A 623(1). Vom 24. Juni 1982 (Abl. Nr. L 210, S. 10), geändert durch: 98 D 145 vom 12.2.1998 (Abl. 1998 Nr. L 46, S. 6)

FFH Richtlinie 92/43/EWG des Rates vom 21. Mai 1992 zur Erhaltung der natürlichen Lebensräume sowie der wildlebenden Tiere und Pflanzen. (Abl. EG Nr. L 206/7 vom 22.7.1992), geändert durch Richtlinie 97/62/EG des Rates vom 27.10.1997 (Abl. EG Nr. L 305/42)

VO Richtlinie 79/409/EWG des Rates vom 2. April 1979 über die Erhaltung der wildlebenden Vogelarten. (Abl. EG Nr. L 103 vom 25.4.1979 S.1), zuletzt geändert durch Richtlinie 97/49/EG der Kommission vom 29.7.1997 (Abl. EG Nr. L 223 vom 13.8.1997 S.9)

WA Verordnung (EG) Nr. 338/97 des Rates vom 9. Dezember 1996 über den Schutz von Exemplaren wildlebender Tier- und Pflanzenarten durch Überwachung des Handels. (Abl. EG Nr. L 61/1 vom 3.3.1997, zuletzt geändert durch VO (EG) Nr. 2307/97 vom 18.11.1997, Abl. EG Nr. L 325/1)

Bemerkungen (Bem.)

Anmerkungen zur Verantwortlichkeit Sachsen-Anhalts für den Erhalt der Art beziehen sich in der Regel auf das Gesamtareal

- A Die Arealgrenze liegt in Sachsen-Anhalt.
- E Endemit
- R in Deutschland nur in Sachsen-Anhalt vorkommend
- V innerhalb Deutschlands liegt ein Verbreitungsschwerpunkt in Sachsen-Anhalt
- W Der/ein weltweiter Verbreitungsschwerpunkt liegt in Sachsen-Anhalt

Sonstige Anmerkungen:
- K neben indigenen bzw. alt eingebürgerte Vorkommen auch ephemere oder aus der Kultur verwilderte Vorkommen
- N in Sachsen-Anhalt nur Vorkommen, die sich nach 1500 angesiedelt haben
- G Gäste, Durchzügler, ephemere Arten

Nachweis

Angabe einer Gewährsperson für Fundortsangaben für Sachsen-Anhalt. Dies ist in der Regel das Zitat einer aktuellen Übersichtsarbeit (z.B.: HERDAM 1993). Falls dies nicht möglich oder sinnvoll ist, bezieht sich der Nachweis auf bisher nicht publizierte Neunachweise (z.B.: 1993 HERDAM) oder Sammlungsbelege (leg. HERDAM). Dieser Nachweis ist nicht automatisch Quelle der Einschätzung der Bestandssituation.

allgemein verwendete Abkürzungen:
- D Beleg im Museum für Naturkunde und Vorgeschichte Dessau
- H Beleg im Institut für Zoologie der Martin-Luther-Universität Halle
- coll. (Name) Beleg in der Sammlung von (Name)
- leg. (Name) Aufgesammelt von (Name)
- det. (Name) Bestimmt von (Name)

Wichtige Synonyme

Die Verwendung von Artnamen setzt eine eindeutige Zuordnung zu wichtigen Synonymen voraus. Dieses Werk bietet jedoch nicht ausreichend Platz, alle Synonyme aufzuführen. Deshalb mußten sich die Autoren auf ein bis zwei besonders wichtige beschränken. Die Angaben können sich in einer separaten Spalte oder einem extra Abschnitt befinden.

5 Pflanzen

In diesem Kapitel werden folgende Artengruppen behandelt:

5.1 Gefäßpflanzen

5.2 Brombeeren

5.3 Moose

5.4 Armleuchteralgen

Die umfangreiche Gruppe der Pilze wurde für diese Zusammenstellung nicht bearbeitet, da nahezu zeitgleich die umfassende Übersichtsarbeit „Checkliste der Pilze Sachsen-Anhalts" (TÄGLICH et al. 1999) als separate Publikation erschienen ist. Dort werden 3006 Arten aufgeführt.

5.1 Bestandsentwicklung der Farn- und Blütenpflanzen exkl. Brombeeren (Pteridophyta et Spermatophyta exkl. Rubus)

DIETER FRANK
unter Mitarbeit von S. BRÄUTIGAM, H. HERDAM, H. JAGE, S. KLOTZ, H. KORSCH & E. WELK

In der Florenliste für die Bundesrepublik Deutschland von KORNECK et al. (1996) werden 3319 Arten einschließlich 319 festeingebürgerter Neophyten aufgeführt. Die nachfolgende Zusammenstellung bezieht sich auf 2159 Arten. Darin enthalten sind 343 beständige Neophyten und 224 unbeständige Neophyten. 24 Sippen werden als Hybriden geführt. Nicht einbezogen wurden die im Kapitel 5.2 dieses Buches von STOHR et al. behandelten 105 Brombeersippen.

Bearbeitungsstand
Die systematische Erforschung des Artinventares der Farn- und Blütenpflanzen hat im Gebiet des heutigen Sachsen-Anhalt eine lange Tradition. Für den Harz wurde bereits 1588 die erste Gebietsflora der Welt, die "Sylva Hercynia" von J. THAL veröffentlicht (RAUSCHERT 1977). In der Folgezeit erschienen zahlreiche regionale Florenbearbeitungen. Besonders hervorzuheben sind die überregionalen Arbeiten von GARCKE (1848, 1856) und ASCHERSON (1859, 1864, 1898/1899). Lokale Florenwerke erstellten im vorigen Jahrhundert SPRENGEL (1806, 1807, 1811, 1832), WALLROTH (1815), ROTHER (1865), SCHWABE (1865), HAMPE (1873), SCHNEIDER (1877) und SCHULZ (1887). In den zwanziger und dreißiger Jahren dieses Jahrhunderts wurde die systematische Erfassung der Pflanzenverbreitung durch MATTFELD (Berlin) und später MEUSEL (Halle) organisiert. Viele Kartierungsergebnisse gingen in den Kriegsjahren verloren. Seit den fünfziger Jahren wurde die Erfassungstätigkeit insbesondere durch BUHL, RAUSCHERT, WEINERT und BENKERT organisiert. Regionale Zusammenstellungen spiegeln Teilergebnisse wider: JAGE (1962, 1963, 1964, 1967, 1968, 1974), MERTENS (1961), VOIGT (1980, 1982), WESTHUS (1986, 1987). An der Kartierung der nördlichen Gebiete Sachsen-Anhalts wirkten nur wenige Bearbeiter mit. Dementsprechend unterschiedlich ist der Bearbeitungsstand für Sachsen-Anhalt, der im ersten umfassenden Florenatlas für Ostdeutschland (BENKERT et al. 1996) dargestellt wird.

Für die vorliegende Zusammenstellung konnte insbesondere auf die aktuelle Gebietsflora des Nordharzes (HERDAM et al. 1993) und die zusammenfassende Darstellung der wichtigsten Ergebnisse der floristischen Kartierung in Ostdeutschland (BENKERT et al. 1996) zurückgegriffen werden. Da beide Werke auch eine umfangreiche Auswertung älterer Literatur vornehmen, kann auf die dortigen Literaturverzeichnisse verwiesen werden. Nicht alle Angaben zu Artvorkommen aus den vergangenen Jahrhunderten können heute vollständig nachvollzogen und verwendet werden. In einigen Fällen ist die Sippenabgrenzung nicht mit der heutigen Artauffassung vereinbar. Andererseits erlauben sehr unscharfe Ortsangaben manchmal keine nutzbare räumliche Zuordnung.

Manche alte Literaturangaben erscheinen aus heutiger Sicht zweifelhaft. Fragliche Angaben, heute im gesamten Bundesland ausgestorbener Arten, wurden in vorliegender Liste nicht aufgenommen. Zum Beispiel geben HOLL & HEYNOLD (1842), SCHÖNHEIT, SPRENGEL sowie VOGEL (1875) *Allium lineare* (= *A. strictum*) aus der Umgebung von Nebra an. Da sich diese Angaben weit ab von sonstigen Fundorten befinden, keine Belegexemplare vorliegen und das Artkonzept für diesen Verwandschaftskreis neu gefaßt wurde (vgl. FRIESEN 1987), ist das Vorkommen dieser Art in Sachsen-Anhalt als zweifelhaft einzustufen. Ebenfalls nicht aufgenommen wurden Arten wie beispielsweise *Cardaminopsis petraea,* von der zwar gleich hinter der Landesgrenze (NSG "Alter Stolberg") Vorkommen belegt sind, deren Angaben bei SCHWABE (1838), REICHENBACH (1842) oder durch STARKE (1886) aber angezweifelt werden müssen.

Für die Orchideen legten KALLMEYER & ZIESCHE (1996) eine aktuelle Übersicht vor. Eingeflossen sind neben weiteren aktuellen Gebietsbearbeitungen (z.B.: WÖLFEL 1992, SCHNELLE 1992, VOIGT 1996, HERDAM 1997, KLOTZ & STOLLE 1998) bisher nicht publizierte Ergebnisse aus naturschutzrelevanten Studien und der aktuellen floristischen Kartierung von Sachsen-Anhalt (FRANK 1996, 1997). Insbesondere sei an dieser Stelle allen Mitarbeitern an dieser Kartierung für ihre unermüdliche Geländearbeit und die Überlassung der Angaben zu Artvorkommen gedankt.

Artenliste
Die nomenklatorische und systematische Zuordnung folgt grundsätzlich WISSKIRCHEN & HAEUPLER (1998). In Ausnahmefällen, z.B. für Sippen, die in Sachsen-Anhalt gewöhnlich als Art kartiert wurden, bei WISSKIRCHEN & HAEUPLER hingegen als Kleinart oder Unterart geführt werden, wird ROTHMALER (1996, bzw. bei Kleinarten 1994) gefolgt. Dort zu Aggregaten zusammengefaßte Arten werden nach Möglichkeit aufgegliedert. Bei Vorliegen sicherer Nachweise von Kleinarten werden diese nicht im Aggregatzusammenhang sondern in alphabetischer Reihenfolge auf-

geführt, wobei in der letzten Spalte auf die Aggregatzugehörigkeit verwiesen wird. Eine Artbezeichnung ohne Zusatz "agg." bezieht sich hier grundsätzlich auf die Artauffassung im engeren Sinne.

Ist eine Artengruppe für das Gebiet offenbar unzureichend bearbeitet (z.B. *Potentilla argentea* agg., *Salicornia europaea* agg.), erfolgt i.d.R. keine Auflistung nachgewiesener Kleinarten. Wenn alle Kleinarten, deren Vorkommen im Gebiet möglich ist, in der Tabelle einzeln aufgeführt sind, wird das Aggregat nicht in einer zusätzlichen Zeile aufgeführt. Die zusätzliche Aufführung des agg. weist auf das Vorkommen nicht sicher einer Kleinart zuordenbarer Sippen hin. Nicht klar abgrenzbare Arten von in Sachsen-Anhalt aktuell vorkommenden Artengruppen (z.B. *Ribes spicatum, Tragopogon minor*) fanden in der Regel keine Berücksichtigung. Nur in Ausnahmefällen (z.B. *Potentilla collina* agg., *P. pusilla, Valeriana sambucifolia*) wurden Nachweise bestimmungskritischer Sippen, für die eingehende Bearbeitungen der Belege aus dem Gebiet fehlen, einbezogen.

Während BENKERT et al. (1996) insbesondere jene Arten behandeln, für die der Druck einer Verbreitungskarte sinnvoll und möglich war, werden hier möglichst alle eingebürgerten Arten (vgl. KOWARIK 1992), die derzeit zum Florenbestand Sachsen-Anhalts gehören und die in den letzten zwei Jahrhunderten als eingebürgert angesehen werden konnten, heute aber ausgestorben bzw. verschollen sind, aufgelistet. Eine Art wird dann als etabliert/eingebürgert angesehen, wenn sie mehrere Generationen im Gebiet ausgebildet hat und/oder spontane Vorkommen (aus Diasporen) über mehr als 25 Jahre Bestand haben. Unbeständige Neophyten sind nur dann aufgeführt, wenn sie regelmäßig nachgewiesen wurden. Insbesondere fanden jene Neophyten, von denen schon seit langer Zeit keine Vorkommen mehr nachgewiesen werden konnten, hier keine Erwähnung (z.B. Wollkämmerei Rodleben, Hafen Aken; vgl. ZOBEL 1905-1920). Kulturrelikte, die sich vom ursprünglichen Standort nicht ausbreiten (Ergasiolipophyten im Sinne von THELLUNG 1918/19) wurden nicht berücksichtigt, Kulturflüchtlinge (Ergasiophygophyten im Sinne von THELLUNG 1918/19) hingegen aufgenommen. Somit fehlen Verwilderungen, die sich ausschließlich auf Müllkippen oder unmittelbare Ausbringung von Gartenabfällen beschränken, in dieser Auflistung.

Unterarten wurden dann aufgeführt, wenn in Sachsen-Anhalt (nicht BRD) nur eine Unterart vorkommt und das Land besondere Verantwortung für den Erhalt dieser Sippe als einen Bestandteil der biologischen Vielfalt hat. Beispielsweise ist die Verantwortung der mitteldeutschen Region (siehe unten) für die Art *Biscutella laevigata* (Brillenschötchen) nur mit $V_g3;V_n2$, für die Unterart *Biscutella laevigata* ssp. *gracilis* hingegen mit $V_g5;V_n3$ einzuschätzen.

Hybriden erscheinen nur dann in der Tabelle, wenn sie als verbreitet einzustufen sind oder wenn stabile Hybriden in der Literatur üblicherweise artgleich behandelt werden. Bei manchen Sippen ist der Hybrid möglicherweise häufiger als die Elternarten (z.B. *Viola* x *bavarica, Nasturtium* x *sterile, Salix* x *rubens*).

Neu entstandene bzw. beschriebene Arten wurden dann in die Auflistung einbezogen, wenn sie morphologisch klar abgrenzbar sind und die Sippenabgrenzung allgemein anerkannt ist. Sippen, deren Artstatus und morphologische Abgrenzung noch nicht allgemein anerkannt sind, wurden nicht aufgeführt. Beispielsweise entsprechen viele Brennessel-Bestände, insbesondere in den Stromtälern, der Beschreibung von *Urtica galeopsiifolia* in ADLER et al. (1994). Da aber fließende Übergänge zu *Urtica dioica* bestehen, erscheint die taxonomische Zuordnung dieser Bestände noch nicht abschließend geklärt. Angaben zu Kleinarten apomiktisch entstandener Sippen wurden hier ebenfalls nicht übernommen.

Zu erwarten ist, daß möglicherweise übersehene Arten bestimmungskritischer Sippen zukünftig zum Bestand der Flora Sachsen-Anhalts gezählt werden können. So wurden erst vor kurzem einige bisher nicht erkannte Arten (z.B. *Festuca polesica* und *Luzula divulgata*) für Sachsen-Anhalt erstmals nachgewiesen. Seitdem konnten kontinuierlich neue Vorkommen festgestellt werden.

Die vorliegende Zusammenstellung ist somit keine Florenliste. Eine solche würde den Rahmen für eine handhabbare Übersicht innerhalb dieses Buches sprengen.

In die Rote Liste Sachsen-Anhalts von 1992 wurden auch Sippen aufgenommen, deren Angaben aus heutiger Sicht wahrscheinlich auf Fehlbestimmungen beruhen. Dazu gehört beispielsweise *Atriplex laciniata* (Synonym *A. sabulosa*), die von LEYSSER (1761, 1783), SPRENGEL (1806, 1832), REICHENBACH (1842), GARCKE (1848) und SCHÖNHEIT (1850) für den Salzigen See genannt wurde und nicht in der vorliegenden Liste aufgeführt ist. Ebenso sind *Allium kochii, Callitriche hermaphroditica, Cardaminopsis petraea, Carduus defloratus, Carex brunnescens, Diplotaxis viminea, Hieracium racemosum, Isoetes lacustris, Jasione laevis, Mibora minima, Ornithogalum orthophyllum* und *Subularia aquatica* hier nicht aufgelistet. Zur Unterscheidung von der ebenfalls fälschlicherweise in der Roten Liste angeführten *Salsola kali* ssp. *kali* wird hier speziell *Salsola kali* ssp. *tragus* angegeben. Auf die Abgrenzung von *Carex nigra* ssp. *nigra* wird aufgrund taxonomischer Unsicherheiten verzichtet.

Bezugsraum
Die Kenntnisse zur Verbreitung der Pflanzenarten in Sachsen-Anhalt sind in der Regel so gut, daß für das

Tiefland drei Regionen unterschieden werden können, anhand derer häufige Verbreitungsmuster besser beschrieben werden können.

Nur die Angaben zur Bestandssituation (BS) und Bestandsentwicklung (BE) beziehen sich auf den Bezugsraum in der Spalte BR. Mehrzeilige Angaben in allen anderen Spalten beziehen sich auf das Vorkommen der Art im gesamten Bundesland.

Bestandssituation
Während FRANK & KLOTZ (1990) die Bestandssituation und -entwicklung der in Ostdeutschland vorkommenden Pflanzen anhand einer kombinierten Skala darstellten, wird hier die Bestandsentwicklung unabhängig von der Bestandssituation eingestuft.

Einen guten Überblick über die Verbreitung der meisten Pflanzenarten in Sachsen-Anhalt bieten BENKERT et al. (1998). Allerdings können dort nicht immer Rückschlüsse auf die Aktualität von Vorkommen gezogen werden, da alle Angaben ab 1950 gleich dargestellt werden.

Die Einstufung der Bestandssituation im vorliegenden Beitrag bezieht sich auf aktuelle, d.h. in den letzten 20 Jahren beobachtete Vorkommen in einer bestimmten Anzahl von MTB-Quadranten des jeweiligen Naturraumes. Da keine Kartierung mit diesem zeitlichen Bezug vorliegt, erfolgte die Zuordnung entsprechend der Erfahrung der Bearbeiter.

Die Kategorie "ausgestorben" wurde nur für das gesamte Bundesland verwendet. Wenn eine Art in Teilgebieten ausgestorben ist wird dies aus Platzgründen dann nicht aufgeführt, wenn die Art in einem anderen Bezugsraum noch vorkommt.

Die Einstufung der Bestandssituation erfolgte anhand der Anzahl der besetzten MTB-Quadranten (Viertel der Topographischen Karte 1:25 000, Normalschnitt) wie folgt:

ss	-	bis 1% der Quadranten im Bezugsraum
s	-	2 bis 10% der Quadranten im Bezugsraum
v	-	11 bis 40% der Quadranten im Bezugsraum
h	-	41 bis 80% der Quadranten im Bezugsraum
g	-	über 80% der Quadranten im Bezugsraum

Bestandsentwicklung
Die Einschätzung der Bestandsentwicklung bezieht sich insbesondere auf die letzten zwei Jahrzehnte. Beispielsweise erfolgten die starken Rückgänge während der Industrialisierung der Landwirtschaft bereits in den 60er und 70er Jahren - nicht mehr so extrem in den letzten 20 Jahren. Durch neue Bewirtschaftungsformen haben sich inzwischen andere Sippen flächendeckend etabliert. Dörfliche Ruderalarten hingegen haben insbesondere in Laufe der "Verstädterung" der Dörfer innerhalb der letzten 20 Jahre starke Veränderungen erfahren.

Einige Arten, die während der flächendeckenden Intensivierung landwirtschaftlicher Produktion stark rückgängig waren und folgerichtig in die Roten Listen aufgenommen wurden, können die in Folge der derzeit geförderten Flächenstillegungen verbreiteten Brachäcker zur deutlichen Bestandsvermehrung nutzen (z.B. *Filago arvensis*).

Rote-Liste-Arten mit aktuell positiver Bestandsentwicklung werden, insbesondere wenn bewußtes Vorgehen der Menschen die Ursache hierfür ist, bei GIGON et al. (1995, 1996) in sogenannten "Blauen Listen" geführt.

Ursachen für Bestandsveränderung; Schutzmaßnahmen
Aufgeführt werden insbesondere die Ursachen für aktuellen Artenrückgang. Das heißt nicht, daß keine aktuellen Gefährdungen mehr durch in der Vergangenheit geschehene Maßnahmen, wie flächenhafte Grundwasserabsenkung, Trockenlegung von Mooren, oder Anbau von Nadelhölzern mehr ausgehen. Wichtigste allgemeine Ursachen für Bestandsveränderungen insbesondere in den 90er Jahren sind die Nutzungsaufgabe von Kulturflächen (Sukzession; insbesondere Trocken- und Halbtrockenrasen, mesophiles Grünland und Brachäcker) sowie die Uniformierung der Landschaft, Dörfer und Städte. Außerdem sind Reduzierung der Vielfalt landwirtschaftlicher Aktivitäten, Eutrophierung terrestrischer und aquatischer Lebensräume, Aufgabe militärischer Nutzungen, normgerechte Sanierung von Bergbaufolgelandschaften, zunehmende Versiegelung und Zersiedelung der Landschaft sowie Sortenreduzierung von besonderer Bedeutung.

Nur für wenige gefährdete Arten ist es sinnvoll, für den langfristigen Erhalt in unserer Region spezielle Schutzmaßnahmen einzuleiten. Da die meisten Bestandsveränderungen ursächlich im langfristigen, nutzungsbedingten Landschaftswandel begründet sind, ist der damit verbundene Artenrückgang durch Schutzmaßnahmen nicht aufzuhalten, höchstens zu verzögern. Die Durchführung traditioneller Nutzungsformen kann meist nur kleinräumig realisiert werden. Deshalb sind Konzepte zur langfristigen, effizienten Bündelung vorhandener Kapazitäten zur Landschaftspflege besonders wichtig. In begründeten Ausnahmefällen kann durch Artenhilfsprogramme oder spezielle Vermehrungskulturen für einzelne Arten (EBEL & RAUSCHERT 1982) der Grundstock für den weiteren Bestand vorhandener Populationen gelegt werden.

Das Verdrängen indigener Sippen durch expansive Neophyten ist - analog wie der Rückgang durch flächenhaften Nutzungswandel - durch Bekämpfungsmaßnahmen normalerweise nicht aufzuhalten sondern nur zu verzögern. Die ungewollte Expansion gebietsfremder Sippen kann nur im Vorfeld einer eventuellen Etablierung im Gebiet durch verantwortungsvollen Umgang mit entsprechenden Pflanzen vermieden werden.

Die Angaben zum Artenrückgang sind möglichst objektive Zustandsbeschreibungen. Ob daraus in Einzelfällen Schutzmaßnahmen abgeleitet werden sollten bedarf immer einer gesellschaftlichen Wertung dieses Rückganges. Als ungefährdet können zumindest jene 624 Arten angesehen werden, deren Vorkommen zumindest in einem Bezugsraum als gemein oder häufig eingeschätzt wird. Für weitere 514 Arten wird als höchste Häufigkeitskategorie "verbreitet" angegeben. Arten dieser Gruppe müssen bei rückgängiger Bestandsentwicklung durchaus auf eine Gefährdung der Bestände in ihrer genetischen Vielfalt geprüft werden.

Internationale Bedeutung der Gefäßpflanzen-Vorkommen in Sachsen-Anhalt (E. WELK)
Besonders auf regionaler Ebene ist es wichtig, Informationen zur Bedeutung heimischer Pflanzenvorkommen über die Landesgrenzen hinaus, bereitzustellen. Dabei konnten chorologische Sachverhalte meist nur in sehr einfacher Form berücksichtigt werden. Der auf AUHAGEN (1982) zurückgehende Ansatz, Daten der Gefährdung auf internationaler Ebene rechnerisch mit nationalen und regionalen zu verknüpfen, stellt in dieser Hinsicht keine ausreichende Grundlage dar (vgl. WELK & HOFFMANN 1998). Als erster für Gesamtdeutschland geltender Versuch in dieser Richtung kann die Einführung eines Symbols, das die internationale geographische "Verantwortlichkeit" ausdrücken soll, in die aktuelle Rote Liste gelten (SCHNITTLER et al. 1994, SCHNITTLER & LUDWIG 1996).

Neben der Bedeutung der im Bezugsraum vorkommenden Pflanzenbestände für das Gesamtareal ist bei Regionalisierungen auf Bundesland-Ebene auch der Anteil an den gesamten deutschen Vorkommen zu beachten. Hier bestehen enge Verflechtungen mit dem häufig geforderten naturräumlichen Bezug, da oft einzelne Bundesländer Arten in ungefährdeten Beständen beherbergen, die aus biogeographischen Ursachen in allen anderen Regionen sehr selten sind.

In einer Pilotstudie zur "Raumbedeutsamkeit der Vorkommen gefährdeter Tier- und Pflanzenarten in Mecklenburg-Vorpommern" (MÜLLER-MOTZFELD et al. 1997) wird die Arealanalyse, die den Chorotyp und die Arealeinbettung der im Bezugsraum auftretenden Vorkommen ermittelt, als Grundlage für eine Klassifizierung nach regionaler Verantwortlichkeit verwendet. Als Kategorien kommen dort nur Begriffe zur Anwendung, die signalisieren, auf welche Ebene ("Global", "Europa" [EU], "BRD", "Mecklenburg-Vorpommern") sich die Verantwortung bezieht, aber wertungsfrei bleiben.

Da für die erfolgreiche Anwendung und Umsetzung neuer naturschutzfachlicher Untersuchungen deutliche Prioritätensetzungen unerläßlich sind, wird hier nach einem Schema verfahren, das erlaubt, nachvollziehbare Einstufungen der Verantwortung zur Sicherung lokaler Artvorkommen für deren weltweiten Erhalt abzuleiten. Bisher konnte die sachsenanhaltinische Flora noch nicht vollständig evaluiert werden, doch wurden Schwerpunktvorkommen und gefährdete Arten bevorzugt berücksichtigt.

Grundlage der Ermittlung der Raumbedeutsamkeit von Gefäßpflanzenvorkommen in Sachsen-Anhalt sind zwei Betrachtungsebenen. Die internationale Verantwortlichkeit Deutschlands V_g (für global) wird mit Hilfe der in WELK & HOFFMANN (1998) vorgestellten chorologischen Datenbank zentraleuropäischer Gefäßpflanzen nach einem definierten Kriterienschlüssel festgestellt. Für den Schutz von Pflanzenvorkommen, für deren weltweiten Erhalt oder genetische Mannigfaltigkeit Deutschland höchste Verantwortung zukommt, sollte sich jedes Bundesland verpflichtet fühlen. Allerdings ist es ein gravierender Unterschied, ob sich diese hohe Schutzverantwortlichkeit auf die Gesamtfläche aller Bundesländer verteilt, oder auf ein enger begrenztes Territorium fokussiert.

In der zweiten Betrachtungsebene wurde die Raumbedeutsamkeit der sachsen-anhaltinischen Gefäßpflanzenvorkommen im gesamtdeutschen Rahmen V_n allein aus dem geographischen Flächenanteil am in Deutschland gelegenen Teilareal ermittelt.

Wegen der unterschiedlichen Bedeutung der beiden Einstufungsebenen sollte bei einer Bewertung der Verantwortung für regionale Artvorkommen der internationalen Verantwortlichkeit mehr Gewicht zugemessen werden. Für die Ermittlung der chorologisch-naturräumlichen Verantwortlichkeit auf Bundesebene wurde bewußt der Arealanteil an der "historischen Verbreitung und nicht die genaue Anzahl aktuell vorhandener Vorkommen berücksichtigt. Beispielsweise mag es auf den ersten Blick ungewöhnlich erscheinen, für Sachsen-Anhalt eine starke Verantwortlichkeit für hier längst erloschene Sippen (z.B. *Artemisia laciniata*, *Pseudolysimachion spurium*) zu konstatieren. Jedoch sollen dadurch regionalspezifische, oft naturräumlich bedingte Verbreitungsschwerpunkte deutlich gemacht werden. Diese Vorgehensweise ermöglicht zudem, einzuschätzen, wie schwerwiegend bisherige Verluste aus biogeographischer Sicht zu beurteilen sind.

Bemerkungen
Das Kürzel "N" wird in diesem Kapitel für in Sachsen-Anhalt eingebürgerte Neophyten, das Kürzel "G" für unbeständig vorkommende Neophyten verwendet. Bei einzelnen Sippen sind die indigenen Vorkommen

in Sachsen-Anhalt erloschen. Ausschließlich neophytische Vorkommen dieser Sippen werden ebenfalls mit N gekennzeichnet. Unbeständig vorkommende indigene bzw. archaeophytische Arten werden nicht speziell gekennzeichnet.

Oft ist es schwer, im Einzelfall den Status von Vorkommen einheimischer Arten, die aber häufig kultiviert wurden, festzustellen (z.B. ist die häufige *Taxus baccata* wohl nur im Bodetal indigen). Besonders kompliziert wird dies, wenn Kreuzungen mit Neophyten (z.B. *Centaurea x psammogena, Populus x canadensis*) auftreten und durch wiederholte Auskreuzung eine Elternart nach und nach verschwindet. Besonders schwierig sind beispielsweise die unter *Aquilegia vulgaris* erfaßten Bestände einzuordnen. Während sicher noch einzelne autochthone Sippen in Sachsen-Anhalt anzutreffen sind, wird die überwiegende Mehrzahl der Vorkommen aus Kreuzungen mit Kulturformen hervorgegangen sein, von denen nicht einmal die Elternarten bekannt sind. Ähnlich verhält es sich z.B. mit *Crataegus monogyna*. Für viele dieser spezifischen Einzelfälle steht in der Tabelle das Kürzel "K".

Viele Neophyten haben sich inzwischen ein neues synanthropes Areal aufgebaut. Deshalb erfolgen bei Neophyten in der Regel keine Angaben zum Areal. Die Kategorie V wurde nicht verwendet. Diesbezüglich wird auf die Spalte V_n verwiesen.

Nachweis
In der Spalte „Nachweis" wird grundsätzlich die Erwähnung in HERDAM et al. (1993) bzw. BENKERT et al. (1996) zitiert. Wurde eine Art dort nicht aufgeführt, findet sich in dieser Spalte ein möglichst aktuelles Zitat. Liegt noch kein Zitat vor oder soll auf eine aktuelle Vorkommensbestätigung hingewiesen werden, erfolgt die Nennung eines Beobachters.

Synonyme
In der Spalte "Synonyme, agg., Deutscher Name" wurden nur die wichtigsten, zum unmittelbaren Verständnis notwendigen Artbezeichnungen angeführt. Insbesondere wurde die Nachvollziehbarkeit der Sippenzuordnug in WISSKIRCHEN & HAEUPLER (1998) sowie ROTHMALER (1996, 1994) angestrebt. Bei WISSKIRCHEN & HAEUPLER (1998) kann ein umfangreiches Synonymverzeichnis nachgeschlagen werden. In dieser Spalte finden sich auch Informationen über die Zugehörigkeit zu Aggregaten (im Sinne von WISSKIRCHEN & HAEUPLER 1998). Der Hinweis auf Aggregate erfolgt nicht, wenn nur eine Art des Aggregates in Sachsen-Anhalt vorkommt. Für Hybriden erscheint hier ein Verweis auf die Elternarten. Der deutsche Name wurde in der Regel aus ROTHMALER (1996, 1994) übernommen. Außerdem werden von Wisskirchen und Haeupler (1998) in die jeweilige Art einbezogene, in Sachsen-Anhalt aber traditionell als eigene Arten angesprochene Species hier mit "incl. ..." aufgeführt.

Zusätzliche Abkürzungen in der Tabelle
Bezugsraum (BR)
T_L Tiefland, südlich Linie Braunschweig - Magdeburg - Dessau; im Gebiet vorwiegend Vorkommen von Lößböden
T_P Tiefland, nördlich Linie Braunschweig - Magdeburg - Dessau; im Gebiet vorwiegend Vorkommen von lößfreien Böden
T_S Tiefland, insbesondere in Stromtälern - im Gebiet vorwiegend Vorkommen von lößfreien Böden

Ursachen für Veränderungen (UV)
DY Unterbindung der natürlichen Dynamik
EU Eutrophierung
NI Nutzungsintensivierung, Nutzungsveränderung
NU Nutzungsaufgabe, Sukzession
RN Rückgang der Nutzung dieser Art
TR Betreten, Befahren
WV Wildverbiß und -fraß

Mögliche Schutzmaßnahmen (SM)
z Zulassen natürlicher Dynamik

Internationale Verantwortung der BR Deutschland für den Erhalt (Vg)
1 keine
2 keine besondere
3 gering
4 stark
5 besonders hoch

Anteil Sachsen-Anhalts am Artvorkommen in Deutschland (V_n)
1 0–9 %
2 10–32 %
3 33–74 %
4 75–99 %
5 100 % (endemisch nur in Sachsen-Anhalt)
+ aktueller Arealanteil größer
- aktueller Arealanteil geringer

Nachweis
B BENKERT et al. (1996)
H HERDAM et al. (1993)
K KALLMEYER & ZIESCHE (1996)
S KLOTZ & STOLLE (1998)

Literatur
ADLER, W., OSWALD, K., FISCHER, R. (1994): Exkursionsflora von Österreich. Ulmer, Stuttgart u. Wien.
ASCHERSON, P. (1859): Flora der Provinz Brandenburg, der Altmark und des Herzogthums Magdeburg. 3. Abtheilung. Specialflora von Magdeburg. Berlin.
ASCHERSON, P. (1864): Flora der Provinz Branden-

burg, der Altmark und des Herzogthums Magdeburg. 1. Abtheilung. Berlin.
ASCHERSON, P. (1866): Die wichtigeren vom August 1862 bis August 1866 entdeckten und bekannt gewordenen Fundorte in der Flora des Vereinsgebietes. Verh. Bot. Ver. Prov. Brandenburg 8, 105-177.
ASCHERSON, P., GRAEBNER, P. (1898/99): Flora des nordostdeutschen Flachlandes (außer Ostpreußen). Berlin.
AUHAGEN, A. (1982): Vorschlag für ein Bewertungsverfahren der Rote-Liste-Arten, aufgezeigt am Beispiel der Farn- und Blütenpflanzen von Berlin (West). Landschaftsentwicklung und Umweltforschung 11, 59-76.
BENKERT, D., FUKAREK, F., KORSCH, H. (1996): Verbreitungsatlas der Farn- und Blütenpflanzen Ostdeutschlands. Fischer, Jena.
BRUELHEIDE, H. (1995): Die Grünlandgesellschaften des Harzes und ihre Standortsbedingungen. Cramer, Berlin, Stuttgart (Dissertationes Botanicae 244).
BURKART, M. (1997): Einige bemerkenswerte Pflanzenfunde im Gebiet der unteren Havel aus den Jahren 1995 und 1996. Untere Havel - Naturkundliche Berichte 6/7, 46-51.
BURKART, M., KUMMER, V., FISCHER, W. (1995): Floristische Neu- und Wiederfunde im Gebiet der Unteren Havel. Mitt. flor. Kart. Halle 20, 24-36.
BURKART, M.: Die Grünlandvegetation der unteren Havelaue in synökologischer und syntaxonomischer Sicht. Archiv naturwissenschaftlicher Dissertationen 7.
DAMM, C., BURKART, M. (1995):*Carex bigelowii* TORR et SCHWEINITZ subsp. *rigida* SCHULZE-MOTEL und *Carex vaginata* TAUSCH am Brocken im Harz. Hercynia N.F. 29, 215-226.
DREYER, S. (1997): *Luzula divulgata* KIRSCHNER, eine wenig bekannte Art aus dem *Luzula campestris-multiflora*-Komplex. Mitt. florist. Kart. Sachsen-Anhalt (Halle) 2, 13-19.
EBEL, F., RAUSCHERT, S. (1982): Die Bedeutung botanischer Gärten für die Erhaltung gefährdeter und vom Aussterben bedrohter heimischer Pflanzenarten. Arch. Naturschutz und Landschaftsforschung 22(3), 187-199.
FISCHER, W. (1994): *Juncus atratus* und *Sagina nodosa* im Land Sachsen-Anhalt nachgewiesen - Beitrag zu einer reichen Florenstätte im Haveltal bei Vehlgast. Mitt. florist. Kart. Halle 19, 11-15.
FISCHER, W. (1999): Beiträge zur aktuellen Flora der Gegend um Havelberg. Mitt. florist. Kart. Sachsen-Anhalt (Halle) 4.
FISCHER, W., Kummer, V. (1993): Untere Havelniederung. Band 5 Flora. Unveröff. Mskr.
FRANK, D. (1996): Kartieranleitung zur aktuellen Erfassung der Farn- und Blütenpflanzen in Sachsen-Anhalt. Mitt. florist. Kart. Sachsen-Anhalt (Halle) 1, 9-14.
FRANK, D. (1997): Zum Stand der aktuellen floristischen Kartierung in Sachsen-Anhalt. Mitt. florist. Kart. Sachsen-Anhalt (Halle) 2, 31-35.
FRANK, D., HERDAM, H., JAGE, H., KLOTZ, S., RATTEY, F., WEGENER, U., WEINERT, E., WESTHUS, W. (1992): Rote Liste der Farn- und Blütenpflanzen des Landes Sachsen-Anhalt. Ber. Landesamt. Umweltsch. Sachsen-Anh. 1, 46-65.
FRANK, D., KLOTZ, S. (1990): Biologisch-ökologische Daten zur Flora der DDR. 2. neu bearb. Aufl. Halle. (Wiss. Beitr. Martin-Luther-Univ. Halle-Wittenb. 32 = P41).
GARCKE, A. (1848): Flora von Halle. 1. Theil Phanerogamen. Halle.
GARCKE, A. (1856): Flora von Halle. 2. Theil Kryptogamen nebst einem Nachtrage zu den Phanerogamen. Berlin.
GARVE, E. (1994): Atlas der gefährdeten Farn- und Blütenpflanzen in Niedersachsen und Bremen. Kartierung 1982-1992. Naturschutz Landschaftspfl. Niedersachs. 30(1-2), 1-895.
GIESE, W. (1936): Beiträge zur Flora von Magdeburg und Umgebung. 1. In Gebiet neu aufgefundene Pflanzen. Abh. Ber. Mus. Naturk. Vorgesch. Naturw. Ver. Magdeburg 6(3), 179-192.
GIGON, A., LANGENAUER, R., MEIER, C., NIEVERGELT, B. (1995): Listen erfolgreich erhaltener oder geförderter Tier- und Pflanzenarten der Roten Listen, ein neues Instrument des Technology Assessment ("Blaue Listen"). Schweiz. Wissenschaftsrat, Bern.
GIGON, A., LANGENAUER, R., MEIER, C. (1996): Blaue Listen der erfolgreich erhaltenen oder geförderten Arten der Roten Listen; Probleme und Chancen. Verh. Ges. Ökologie 25: 295-300.
GUTTE, P., KÖHLER, H.: (1973): Beitrag zur Flora von Mitteldeutschland, insbesondere zur Flora von Leipzig. Wiss. Z. Univ. Halle, Math.-Nat. 22(6), 7-17.
HAMPE, E. (1873): Flora Hercynica. Halle.
HEMPEL, W. (1979): Die Verbreitung der wildwachsenden Gehölze in Sachsen. Gleditschia 7, 43-72.
HERDAM, H. (1994a): Neufunde und Nachträge zu HERDAM et al.: Neue Flora von Halberstadt (1. Mitteilung). Mitt. Botan. Arbeitskreis Nordharz, Quedlinburg 1, 1-49.
HERDAM, H. (1994b): Neufunde und Nachträge zur "Neuen Flora von Halberstadt" 2. Mitteilung. Abh. Ber. Mus. Heineanum 2, 1-71.
HERDAM, H. (1996): Neufunde und Nachträge zur "Neuen Flora von Halberstadt" 3. Mitteilung. Abh. Ber. Mus. Heineanum 3, 9-65.
HERDAM, H. (1996): Anmerkungen zur Roten Liste der Farn- und Blütenpflanzen des Landes Sachsen-

Anhalt. In: Rote Listen Sachsen-Anhalt. Eine Bilanz. Ber. Landesamt. Umweltsch. Sachsen-Anh. 21, 16-22.

HERDAM, H. (1997a): Nachweise zur Flora Sachsen-Anhalts. Mitt. florist. Kart. Sachsen-Anhalt (Halle) 2, 39-52.

HERDAM, H. (1997b): Farn- und Blütenpflanzen (Pteridophyta et Spermatophyta). Arten- und Biotopschutzprogramm Sachsen-Anhalt. Landschaftsraum Harz. Ber. Landesamt. Umweltsch. Sachsen-Anh. Sonderh. 4/1997, 141-157.

HERDAM, H. (1998a): Neufunde und Nachträge zur "Neuen Flora von Halberstadt" 4. Mitteilung. Abh. Ber. Mus. Heineanum 4, 21-69.

HERDAM, H. (1998b): Nachweise zur Flora Sachsen-Anhalts. 2. Mitteilung. Mitt. florist. Kart. Sachsen-Anhalt (Halle) 3, 133-143.

HERDAM, H., KISON, H.-U., WEGENER, U., HÖGEL, C., ILLIG, W., BARTSCH, A., GROSS, A., HANELT, P. (1993): Neue Flora von Halberstadt. Quedlinburg.

HOFFMANN (1791): Deutschlands Flora oder botanisches Taschenbuch für das Jahr 1791. Erlangen.

HOLL, F., HEYNOLD, G. (1842): Flora von Sachsen. Dresden.

JAGE, H. (1962): Beitrag zur Kenntnis der Flora der Dübener Heide und der angrenzenden Auengebiete. Wiss. Z. Univ. Halle, Math.-Nat. 11(2), 179-192.

JAGE, H. (1963): Zweiter Beitrag zur Kenntnis der Flora der Dübener Heide und der angrenzenden Gebiete. Wiss. Z. Univ. Halle, Math.-Nat. 12(9), 695-706.

JAGE, H. (1964): *Lindernia dubia* auch in Deutschland. (Zur Flora und Vegetation des mittleren Elbtals und der Dübener Heide. 3. Mitt.) Wiss. Z. Univ. Halle, Math.-Nat. 13(9), 673-680.

JAGE, H. (1967): Vorarbeiten zu einer Flora der Dübener Heide und ihrer näheren Umgebung (4. Beitrag). Wiss. Z. Univ. Halle, Math.-Nat. 16(6), 851-861.

JAGE, H. (1968): Vorarbeiten zu einer Flora der Dübener Heide und ihrer näheren Umgebung 5. Beitrag. Verh. Bot. Ver. Prov. Brandenburg 105, 53-63.

JAGE, H. (1974): Vorarbeiten zu einer Flora der Dübener Heide und ihrer näheren Umgebung. 6. Beitrag. Verh. Bot. Ver. Prov. Brandenburg 109-111, 3-55.

JAGE, H. (1992): Floristische Besonderheiten im Wittenberg-Dessauer Elbtal. Ber. Landesamt. Umweltsch. Sachsen-Anh. 5, 60-69.

JAGE, H., JAGE, J. (1967): Zur Flora der Altmark. Verh. Bot. Ver. Prov. Brandenburg 104, 54-62.

JÄGER, E.J. (1987): Biologie, Chorologie und Ursachen des Reliktcharakters von *Artemisia laciniata* WILLD. und *A. rupestris* L. im hercynischen Gebiet. Hercynia N.F. 24, 425-435.

JOHN, H., STOLLE, J. (1998): Bemerkenswerte Funde in der Umgebung von Halle (S.). Mitt. florist. Kart. Sachsen-Anhalt 3, 145-157.

JOHN, H., ZENKER, E. (1978): Bemerkenswerte Pflanzenfunde in den Bezirken Halle und Magdeburg. Mitt. Flor. Kart. Halle 4(2), 36-55.

JOHN, H., ZENKER, E. (1985): Bemerkenswerte Pflanzenfunde in den Bezirken Halle und Magdeburg (3. Beitrag). Mitt. Flor. Kart. Halle 11 (1/2), 42-48.

JOHN, H., ZENKER, E. (1996): Funde und Beobachtungen von höheren Pflanzen im südlichen Sachsen-Anhalt. Mitt. florist. Kart. Sachsen-Anhalt (Halle) 1, 49-57.

KALLMEYER, H., ZIESCHE, H. (1996): Die Orchideen Sachsen-Anhalts. Fischer, Jena.

KEDING, A. (1995): Das Spatelblättrige Filzkraut *Filago pyramidata* L. nach 100 Jahren wiedergefunden. Mitt. Florist. Kart. Halle 20, 58.

KLOTZ, S. (1984): Phytoökologische Beiträge zur Charakterisierung und Gliederung urbaner Ökosysteme, dargestellt am Beispiel der Städte Halle und Halle-Neustadt. Diss. Halle.

KLOTZ, S., STOLLE, J. (1998): Farn- und Blütenpflanzen (Pteridophyta et Spermatophyta). Arten- und Biotopschutzprogramm Sachsen-Anhalt. Stadt Halle (Saale). Ber. Landesamt. Umweltsch. Sachsen-Anh. Sonderh. 4/1998, 155-168.

KORNECK, D., SCHNITTLER, M., VOLLMER, I. (1996): Rote Liste der Farn- und Blütenpflanzen (Pteridophyta et Spermatophyta) Deutschlands. In: Bundesamt für Naturschutz (Hrsg.): Rote Liste gefährdeter Pflanzen Deutschlands. Schriftenr. f. Vegetationskunde 28, 21-187.

KORSCH, H. (1996): Das *Ranunculus polyanthemos*-Aggregat in Sachsen-Anhalt. Mitt. florist. Kart. Sachsen-Anhalt (Halle) 1, 18-21.

KORSCH, H. (1997): Bemerkenswerte Funde aus Sachsen-Anhalt. Mitt. florist. Kart. Sachsen-Anhalt (Halle) 2, 59-62.

KORSCH, H. (1999): Zur Situation der Gerstensegge (*Carex hordeistichos* VILL.) in Thüringen. Haussknechtia 7, 69-74.

KOWARIK, I. (1992): Berücksichtigung von nichteinheimischen Pflanzenarten, von "Kulturflüchtlingen" sowie von Pflanzenvorkommen auf Sekundärstandorten bei der Aufstellung Roter Listen. Schriftenr. f. Vegetationskunde 23, 175-190.

KRUMBIEGEL, A., KLOTZ, S. (1995): Bestimmungsschlüssel spontan und synanthrop vorkommender Arten der Gattung *Echinops* in Mitteldeutschland. Flor. Rundbr. (Göttingen) 29(2), 109-246.

LEBENDER, A. (1998): Vegetations- und standortkundliche Untersuchungen an naturschutzrelevanten Arten in Tagebaufolgelandschaften am Beispiel der Ophioglossaceen als Grundlage für naturschutzfachliche Planungen. Dipl.-Arb. Bernburg.

LEYSSER, F.W. (1761): Flora Halensis exhibens plantas circa Halam Salicam crescentes. Halae Salicae.

LEYSSER, F.W. (1783): Flora Halensis exhibens plantas circa Halam Salicam crescentes secundum systema sexuale Linneanum distributas. Editio altera aucta et reformata. Halae Salicae.

MATTFELD, J. (1922): Die pflanzengeographische Kartierung Deutschlands. Verh. Bot. Ver. Prov. Brandenburg 64, 130-131.

MERTENS, F. (1961): Flora von Halberstadt. Vorkommen und Verbreitung der wildwachsenden Pflanzen des Nordharzvorlandes. Veröff. Städt. Mus. Halberstadt.

MÜLLER, J. (1994): *Festuca maritima* L. bei Halberstadt – ein unbekannter Neophyt mit vielen Namen. Abh. Ber. Mus. Heineanum (Halberstadt) 2, 73-73.

MÜLLER-MOTZFELD, G., SCHMIDT, J., BERG, C. (1997): Zur Raumbedeutsamkeit der Vorkommen gefährdeter Tier- und Pflanzenarten in Mecklenburg-Vorpommern. Mskr., Greifswald/Rostock.

RAUSCHERT, S. (1965): Zur Flora Thüringens und der nördlich angrenzenden Gebiete (zweiter Beitrag). Wiss. Z. Univ. Halle, Math.-Nat. 14(6), 494-498.

RAUSCHERT, S. (1977): Johannes Thal, Sylva Hercynica. Neu herausgegeben, ins Deutsche übersetzt, gedeutet und erklärt von Stephan Rauschert. Leipzig.

REICHENBACH, H.G.L. (1842): Flora saxonica. Die Flora von Sachsen, ein bot. Excursionsbuch für das Königreich Sachsen. Dresden, Leipzig.

ROST, S. (1996): Die Halbtrockenrasen des Elbingeröder Kalksteingebietes (Harz) im Rahmen ihrer Kontaktgesellschaften. Tuexenia 16, 403-432.

ROTHER, W. (1865): Flora von Barby und Zerbst. Verh. Bot. Ver. Prov. Brandenburg 7, 31-70.

ROTHMALER, W. (1994): Exkursionsflora von Deutschland. Band 4. Gefäßpflanzen: Kritischer Band. (Hrsg. SCHUBERT, R., VENT, W.) 8. Aufl. Fischer, Jena, Stuttgart.

ROTHMALER, W. (1996): Exkursionsflora von Deutschland. Band 2. Gefäßpflanzen: Grundband. (Hrsg. BÄßLER, M., JÄGER, E.J., WERNER, K.) 16. Aufl. Fischer, Jena, Stuttgart.

SCHNEIDER, L. (1877): Flora von Magdeburg mit Einschluss der Florengebiete von Bernburg u. Zerbst. Verlag Julius Springer, Berlin.

SCHNELLE, W. (1992): Verzeichnis der wildwachsenden Gefäßpflanzen von Zerbst und Umgebung. Förderverein Franciscum Zerbst, Zerbst.

SCHNITTLER, M., LUDWIG, G. (1996): Zur Methodik der Erstellung Roter Listen. Schriftenreihe f. Vegetationskunde 28, 709-739.

SCHNITTLER , M., LUDWIG, G., PRETSCHER, P., BOYE, P. (1994): Konzeption der Roten Listen der in Deutschland gefährdeten Tier- und Pflanzenarten – unter Berücksichtigung der neuen internationalen Kategorien. Natur u. Landsch. 69(10), 451-459.

SCHÖNHEIT, F.C.H. (1850): Taschenbuch der Flora Thüringens, zum Gebrauche bei Excursionen, die wildwachsenden und allgemeiner cultivirten phanerog. Gefässpflanzen. Rudolstadt.

SCHULZ, A. (1887): Die Vegetationsverhältnisse in der Umgebung von Halle. Mitt. Ver. Erdk. Halle 1887, 30-124.

SCHWABE, S. H. (1838, 1839): Flora Anhaltina. Bd. 1,2 Reimer, Berolini.

SCHWABE, S. H. (1860): Nachträge über die in Anhalt wachsenden Pflanzen, soweit sie in der Flora Anhaltina zu berücksichtigen sind. Verh. Naturhist. Ver. Anhalt Dessau 19, 16-22.

Flora von Anhalt. (ed. 2) Neubürger, Dessau.

SCHWABE, S. H. (1865): Flora von Anhalt. (ed. 2) Neubürger, Dessau.

SPRENGEL, K. (1806): Florae Halensis tentamen novum. Halae Saxonum.

SPRENGEL, K. (1807): Mantissa prima florae Halensis. Addita novarum plantarum centuria. Halae.

SPRENGEL, K. (1811): Observationes botanicae in floram Halensem. Mantissa secunda. Halae.

SPRENGEL, K. (1832): Flora Halensis. Editio secunda aucta et emendata. Halae.

SPRICK, P. (1998): Nachweise zur Flora Sachsen-Anhalts entlang der Schnellbahnstrecke Hannover – Berlin zwischen Drömling und Schönhauser Heide. Mitt. florist. Kart. Sachsen-Anhalt (Halle) 3, 159-173.

STARKE, K. (1886): Botanischer Wegweiser für die Umgegend von Weißenfels als Beitrag zur Förderung der Heimatkunde. Weißenfels.

STOOR, A.M., BOUDRIE, M., JÉRÔME, HORN, K., BENNERT H.W. (1996): *Diphasiastrum oellgaardii* (Lycopodiaceae, Pteridophyta), a new lycopod species from Central Europe and France. Feddes Repert. 107 (3/4), 149-157.

TÄUSCHER, L. (1998a): Veränderungen der Phytoplankton-Artstruktur und Wiederbesiedlung des Kamernschen Sees (Elb-Havel-Winkel) mit submersen Makrophyten als Zeichen der Reoligotrophierung. Untere Havel – Naturkundliche Berichte 8, 35-38.

TÄUSCHER, L. (1998b): Hydrobotanische und ökologische Untersuchungen an und in Gewässern des nördlichen Elb-Havel-Winkels. Untere Havel – Naturkundliche Berichte 8, 39-51.

THELLUNG, A. (1918/19): Zur Terminologie der Adventiv- und Ruderalfloristik. Allg. Bot. Zeitschr. 24/25 (9-12), 36-42.

VOGEL, H. (1875): Flora von Thüringen. Leipzig.

VOIGT, O. (1980, 1982): Flora von Dessau und Umgebung, 1. Teil, 2. Teil. Naturwiss. Beitr. Mus. Dessau, Sonderhefte, Dessau.

VOIGT, O. (1993): Flora von Dessau und Umgebung. 2. überarb. u. erg. Aufl., Naturwiss. Beitr. Mus. Dessau. Sonderheft, Dessau.

WALLROTH, F.W. (1815): Annus botanicus, sive supplementum tertium ad Curtii Sprengelii floram Halensem. Halae.

WEINERT, E. (1987): Bemerkungen zur *Senecio nemorensis*-Gruppe. Mitt. flor. Kart. Halle 13(1/2), 13-16.

WELK, E., HOFFMANN, M.H. (1998): Chorologische Datenbanken – grundlegende Voraussetzungen zur objektiven Evaluierung der Schutzrelevanz von Gefäßpflanzen. Z. Ökologie u. Naturschutz 7, 155-168.

WESTHUS, W. (1980): Botanische Flächennaturdenkmäler im Kreis Wolmirstedt - Teil 1. Naturschutzarbeit Bez. Halle u. Magdeburg 17 (2), 37-42.

WESTHUS, W. (1986): Flora des Kreises Wolmirstedt. Vorkommen und Verbreitung der wildwachsenden Pflanzen des Kreises Wolmirstedt. Teil 1. Wolmirstedter Beitr. (Kreismuseum) 10, 3-48.

WESTHUS, W. (1987): Flora des Kreises Wolmirstedt. Vorkommen und Verbreitung der wildwachsenden Pflanzen des Kreises Wolmirstedt. Teil 2. Wolmirstedter Beitr. (Kreismuseum) 12, 3-60.

WISSKIRCHEN, R., HAEUPLER, H. (1998): Standardliste der Farn- und Blütenpflanzen Deutschlands. Ulmer, Stuttgart.

WÖLFEL, U. (1992): Aktuelle Flora des Landkreises Bitterfeld. Landratsamt Bitterfeld, Bitterfeld.

WÖLFEL, U. (1997): Zur Flora von Bitterfeld und Umgebung (6. Beitrag). Mitt. florist. Kart. Sachsen-Anhalt (Halle) 2, 63-68.

ZAHN, K.-H. (1922-1938): *Hieracium*. In: ASCHERSON, P. & GRAEBNER, P.: Synopsis der Mitteleuropäischen Flora 12(1,2,3). Verlag Gebrüder Bornträger, Leipzig.

ZANDER, M. (1996): Zur genetischen Identifizierung der *Salix bicolor* EHRH. ex WILLD. - Vorkommen vom Brocken. Mitt. florist. Kart. Sachsen-Anhalt (Halle) 1, 31-37.

ZOBEL, A. (1909): Verzeichnis der im Herzogthume Anhalt und in dessen näherer Umgebung beobachteten Phanerogamen und Gefässkryptogamen. Teil 2. Dessau.

ZOBEL, A. (1920): Verzeichnis der im Herzogthume Anhalt und in dessen näherer Umgebung beobachteten Phanerogamen und Gefässkryptogamen. Teil 4. Hrsg. vom Ver. f. Landesk. u. Naturw. Dessau.

Anschriften der Verfasser

Dr. Dieter Frank
Fraunhoferstraße 5
D - 06118 Halle/S.

Dr. Siegfried Bräutigam
Staatl. Museum f. Naturkunde
PF 300154
D - 02806 Görlitz

Prof. Dr. Hagen Herdam
Am Lindenberg 17
D - 06493 Straßberg

Dr. Horst Jage
Waldsiedlung 15
D - 06901 Kemberg

Dr. Stefan Klotz
Umweltforschungszentrum Leipzig-Halle GmbH
Sektion Biozönoseforschung
Theodor-Lieser-Straße 4
D - 06120 Halle/S.

Dr. Heiko Korsch
Dorfstraße 58
D - 07646 Mörsdorf

Erik Welk
Institut für Geobotanik und Botanischer Garten
Neuwerk 21
D - 06108 Halle/S.

Art	BR	BS	BE	UV	SM	Vg	Vn	RL	Ges.	Bm	Nachweis	Synonyme, agg., Deutscher Name
Abies alba MILL., 1768	H,B	ss	0	NA WV	a	3	1			K	HEMPEL 1979,H,B	Weißtanne
Abutilon theophrasti MEDIK., 1787	T,H	ss				2	1			G	H,B	Samtpappel
Acer campestre L., 1753	T H,B	v h	0 0			2	1			K	H,B	Feld-Ahorn
Acer monspessulanum L., 1753	T	ss	0			3	1			N	S	Französischer Ahorn

Farn- und Blütenpflanzen (Pteridophyta et Spermatophyta)

Art	BR	BS	BE	UV	SM	Vg	Vn	RL	Ges.	Bm	Nachweis	Synonyme, agg., Deutscher Name
Acer negundo L., 1753	T H,B	v s	↗ 0			1	1			N	H,B	Eschen-Ahorn
Acer platanoides L., 1753		g	↗			3	1			K (N in T)	H,B	Spitz-Ahorn
Acer pseudoplatanus L., 1753		g	↗			3	1			K (N in T)	H,B	Berg-Ahorn
Acer tataricum L. 1753	T	s	↗			2	1			N	Klotz 1984	Tatarischer Ahorn
Aceras anthropophorum (L.) W.T. Aiton, 1814		ss		NU	t	2	1	1	§ WA-B2		B,K	Ohnhorn
Achillea collina Becker ex Rchb., 1832		s	0			3	1				H	(*A. millefolium* agg.) Hügel-Schafgarbe
Achillea millefolium L., 1753		g	0			2	1				H	(*A. millefolium* agg.) Gemeine Schafgarbe
Achillea nobilis L., 1753	T$_L$,H B	v v	↘ 0	NU AU	t	2	1	3			H,B	Edel-Schafgarbe
Achillea pannonica Scheele, 1845	T,H	v	0			2	3				H,B	(*A. millefolium* agg.) Ungarische Schafgarbe
Achillea ptarmica L., 1753	T,B H	h v	↘ ↘	EN NI	t	3	1	3			H,B	(*A. ptarmica* agg.) Sumpf-Schafgarbe
Achillea salicifolia Besser, 1812	T$_S$	ss				2	1			A	B	*A. cartilaginea* Ledeb., 1832, (*A. ptarmica* agg.) Weidenblatt-Schafgarbe
Achillea setacea Waldst. et Kit., 1801	(T$_L$,H)	v	0			3	4	3			H,B	(*A. millefolium* agg.) Feinblättrige Schafgarbe
Acinos arvensis (Lam.) Dandy, 1946	T,B H	v h	0 0			2	1				H,B	Gemeiner Steinquendel
Aconitum lycoctonum L., 1753	H B	s h	0 0				1		§		H,B	incl. *A. vulparia* Rchb., 1819, Gelber Eisenhut
Aconitum napellus L., 1753	(B)	s				2	1		§	N	H,B	Blauer Eisenhut
Aconitum variegatum L., 1753	H B	ss v	↘ 0				1	3	§		H,B	Bunter Eisenhut
Acorus calamus L., 1753	(T$_P$)	v	0			2	1			N	H,B	Kalmus
Acroptilon repens (L.) DC., 1838	T,H	s	↗			2	4			N	H,B	Kriechende Federblume
Actaea spicata L., 1753	T,H B	s h	0 0			2	1				H,B	Christophskraut
Adonis aestivalis L., 1762	T$_L$,B H	s v	↘↘ ↘↘	NI HE	t,a	2	1	3			H,B	Sommer-Adonisröschen
Adonis flammea Jacq., 1776	H	ss	↘	NI HE	t,a		1				H,B	Flammen-Adonisröschen
Adonis vernalis L., 1753	(T$_L$,H)	v	↘	NU NI	t	3	3	3	§ WA-D		H,B	Frühlings-Adonisröschen
Adoxa moschatellina L., 1753		v	0			2	1				H,B	Moschuskraut
Aegilops cylindrica Host, 1802		ss				1	2			G	1995 Nickolmann	Zylinder-Walch
Aegilops tauschii Cosson		ss				1	5?			G	H	*Ae. squarrosa* auct. non L. Sparriger Ziegenweizen
Aegopodium podagraria L., 1753		g	↗			2	1				H,B	Giersch

Art	BR	BS	BE	UV	SM	Vg	Vn	RL	Ges.	Bm	Nachweis	Synonyme, agg., Deutscher Name
Aesculus hippocastanum L., 1753		v	⌕			2	1			N	H	Gemeine Roßkastanie
Aethusa cynapium L., 1753		h	0			3	1				H,B	Hundspetersilie
Agrimonia eupatoria L., 1753	T,B H	h g	0 0			2	1				H,B	Kleiner Odermennig
Agrimonia procera WALLR., 1840		v	0			4	1	3			H,B	Großer Odermennig
Agrostemma githago L., 1753	T,H	s	0			3	1	1		K	H,B	Korn-Rade
Agrostis canina L., 1753	T,H B	v h	↷ 0	EU EN	t	2	1				H,B	(*A. canina* agg.) Sumpf-Straußgras
Agrostis capillaris L., 1753	T,H B	h g	0 0			2	1				H,B	*A. tenuis* SIBTH 1794 Rot-Straußgras
Agrostis gigantea ROTH, 1788	(T,H)	v	0			2	1				H,B	(*A. stolonifera* agg.) Riesen-Straußgras
Agrostis stolonifera L., 1753		g	0			2	1				H	(*A. stolonifera* agg.) Weißes Straußgras
Agrostis vinealis SCHREB., 1771	T H	v s	0 0			2	1				H,B	*A. coarctata* EHRH. ex HOFFM., 1800 (*A. canina* agg.), Schmalrispiges Straußgras
Ailanthus altissima (MILL.) SWINGLE, 1916	T H	v s	⌇ ⌇			1	1			N	H,B	Götterbaum
Aira caryophyllea L., 1753	T,H B	v s	0 0			2	1	3			H,B	Nelken-Haferschmiele
Aira praecox L., 1753	(T,H)	v	0			3	1	3			H,B	Frühe Haferschmiele
Ajuga chamaepitys (L.) SCHREB., 1773	(H)	v	↷	NI DY	t,z	2	1	2			H,B	Gelber Günsel
Ajuga genevensis L., 1753		v	0			3	1				H,B	Heide-Günsel
Ajuga pyramidalis L., 1753		ss		NU	t	2	1	1			H,B	Pyramiden-Günsel
Ajuga reptans L., 1753	T H,B	h g	0 0			2	1			K	H,B	Kriech-Günsel
Alcea rosea L., 1753	T,H	s	0			2	2			N	H	Stockrose
Alchemilla alpina L., 1753	B	ss				2	1			N	H	Alpen-Frauenmantel
Alchemilla glabra NEYGENF., 1821	B	v				2	1				H	(*A. vulgaris* agg.) Kahler Frauenmantel
Alchemilla glaucescens WALLR., 1840	H B	ss h	↷ ↷	NU NI	t	3	1	0			BRUEL-HEIDE 1995,H,B	*A. hybrida* auct. (*A. hybrida* agg.) Filz-Frauenmantel
Alchemilla micans BUSER, 1893	B	s				3	1				H	*A. gracilis* auct. non OPIZ (*A. vulgaris* agg.) Zierlicher Frauenmantel
Alchemilla monticola OPIZ, 1838	H B	ss g				2	1				H	*A. gracilis* OPIZ (*A. vulgaris* agg.), Bergwiesen-Frauenmantel
Alchemilla subcrenata BUSER, 1893	B	ss				2	1				H	(*A. vulgaris* agg.), Stumpfzähniger Frauenmantel
Alchemilla subglobosa C.G. WESTERL., 1907	B	ss				3	3				H	(*A. vulgaris* agg.), Kugeliger Frauenmantel
Alchemilla vulgaris L. s.str., 1753	B	v									H	*A. acutiloba* OPIZ, 1838 (*A. vulgaris* agg.), Spitzlappiger Frauenmantel

Art	BR	BS	BE	UV	SM	Vg	Vn	RL	Ges.	Bm	Nachweis	Synonyme, agg., Deutscher Name
Alchemilla vulgaris agg.	T H B	s h g	0 0 0			2	1				H,B	Gemeiner Frauenmantel
Alchemilla xanthochlora ROTHM., 1937	H B	ss s				3	1				H	(*A. vulgaris* agg.), Gelbgrüner Frauenmantel
Alisma gramineum LEJ., 1811	T$_S$	s	0			2	1	1			H,B	(*A. plantago-aquatica* agg.), Grasblättriger Froschlöffel
Alisma lanceolatum WITH., 1796	(T)	v	0			2	1				H,B	(*A. plantago-aquatica* agg.), Lanzett-Froschlöffel
Alisma plantago-aquatica L., 1753		h	0			2	1				H,B	(*A. plantago-aquatica* agg.) Gemeiner Froschlöffel
Alliaria petiolata (M. BIEB.) CAVARA et GRANDE, 1913		g	0			3	1				H,B	Knoblauchsrauke
Allium angulosum L., 1753	T$_S$ B	v ss	↘	WA NI	z,t	2	2	3	§		H,B	Kantiger Lauch
Allium carinatum L., 1753		ss		NI NU	t	2	1	0			HERDAM 1998a	Gekielter Lauch
Allium oleraceum L., 1753	T H,B	v h	0 0			2	1				H,B	Gemüse-Lauch
Allium paradoxum (M. BIEB.) G. DON, 1827	T H	ss ss	0			2	1			N	B	Seltsamer Lauch
Allium rotundum L., 1762	(H)	s	↘	NU	t	2	1	1			H,B	*A. scorodoprasum* ssp. *rotundum* (L.) STEARN, 1978, Runder Lauch
Allium sativum L., 1753		ss	0			1	1			G	H	Knoblauch
Allium schoenoprasum L., 1753	T H,B	v s	↗ 0			2	1			außerhalb T$_S$ N	H,B	Schnittlauch
Allium scorodoprasum L., 1753	T H B	v g s	↗ ↗ 0			3	3				H,B	*A. scorodoprasum* ssp. *scorodoprasum* Schlangen-Lauch
Allium senescens L., 1753	T$_L$ H,B	ss v	0 0			3	1		§		H,B	incl. *A. montanum* F.W. SCHMIDT, 1794 Berg-Lauch
Allium sphaerocephalon L., 1753		A		NU		3	1-	2			H,B	Kugelköpfiger Lauch
Allium ursinum L., 1753		v	0			3	1				H,B	Bären-Lauch
Allium vineale L., 1753	T,H	v	0			3	1				H,B	Weinberg-Lauch
Alnus alnobetula (EHRH.) K. KOCH, 1872		ss				2	1			N	H,B	*A. viridis* (CHAIX) DC., 1805, Grün-Erle
Alnus glutinosa (L.) P. GAERTN., 1790		g	0			2	1				H,B	Schwarz-Erle
Alnus incana (L.) MOENCH, 1794		v	0			2	1			N	H,B	Grau-Erle
Alopecurus aequalis SOBOL., 1799		v	0			2	1				H,B	Rotgelber Fuchsschwanz
Alopecurus geniculatus L., 1753		h	0			3	1				H,B	Knick-Fuchsschwanz
Alopecurus myosuroides HUDS., 1762	T,H B	s ss	↗			2	1				H,B	Acker-Fuchsschwanz
Alopecurus pratensis L., 1753		g	0			2	1				H,B	Wiesen-Fuchsschwanz

Art	BR	BS	BE	UV	SM	Vg	Vn	RL	Ges.	Bm	Nachweis	Synonyme, agg., Deutscher Name
Althaea hirsuta L., 1753		ss	↶	NI	t	2	1	0			H,B	Rauhhaar-Eibisch
Althaea officinalis L., 1753	(T)	v	↶	BA NI		3	3		§		H,B	Echter Eibisch
Alyssum alyssoides (L.) L., 1759	T H B	v h ss	↶ 0			2	1				H,B	Kelch-Steinkraut
Alyssum montanum L., 1753	(H)	v	↶	TR BA		3	2		§		H,B	Berg-Steinkraut
Alyssum murale WALDST. et KIT., 1799		ss				2	1			G	1997 HAACK	Mauer-Steinkraut
Amaranthus albus L., 1759	T,H	v	0			2	1			N	H,B	Weißer Fuchsschwanz
Amaranthus blitoides S. WATSON, 1877	T$_L$,H	s	↗			2	2			N	H,B	Westamerikan. Fuchsschwanz
Amaranthus blitum L., 1753	(T,H)	s	↶	NI EN	t	2	1				H,B	*A. lividus* L., 1753, Aufsteigender Fuchsschwanz
Amaranthus caudatus L., 1753	T	ss	0			1	1			G	HERDAM 1994b	Garten-Fuchsschwanz
Amaranthus crispus agg.	T	ss				2	3			G	B	incl. *A. crispus* (LESP. et THÉV.) N. TERRACC., 1890 incl. *A. standleyanus* PARODI ex COVAS, 1941 Krauser Fuchsschwanz
Amaranthus deflexus L., 1771	T	ss				2	2			G	B	Herabgebogener Fuchsschwanz
Amaranthus emarginatus MOQ. ex ULINE et W. BRAY, 1894	T$_S$	ss	0			2	1			N	B	*A. blitum* ssp. *emarginatus* (MOQ. ex ULINE et W. BRAY) CARRETERO et al., 1987, Ausgeranderter Fuchsschwanz
Amaranthus graecizans L., 1753	T	ss				2	1			G	B	*A. angustifolius* LAM., 1783, Griechischer Fuchsschwanz
Amaranthus hybridus agg.	T,H	v								N	B	incl. *A. bouchonii* THELL 1926, *A. cruentus* L. 1759, *A. hybridus* L. 1753, *A. hypochondriacus* L. 1753, *A. powellii* WATSON 1875 Grünähriger Fuchsschwanz
Amaranthus retroflexus L., 1753	T,H B	g s	↗ 0			1	1			N	H,B	Zurückgebogener Fuchsschwanz
Ambrosia artemisiifolia L., 1753	T H	s ss	0			2	1			N	H,B	Beifuß-Ambrosie
Ambrosia coronopifolia TORR. et A. GRAY, 1842		ss	0			2	1			N	BURKART et al. 1995	*A. psilostachya* auct. Ausdauernde Ambrosie
Ambrosia trifida L., 1753		ss				2	1	0		G	B	Dreispaltige Ambrosie
Amelanchier alnifolia (NUTT.) NUTT., 1834		ss				2	4			N	B	Erlen-Felsenbirne
Amelanchier lamarckii G.F. SCHROED., 1968	T	s				2	1			N	H	Kupfer-Felsenbirne
Amelanchier spicata (LAM.) K. KOCH, 1869		ss				2	1			N	B	Ährige Felsenbirne
Ammi majus L., 1753	T,H	ss				2	2			G	H,B	Große Knorpelmöhre

Art	BR	BS	BE	UV	SM	Vg	Vn	RL	Ges.	Bm	Nach-weis	Synonyme, agg., Deutscher Name
Ammophila arenaria (L.) LINK, 1827	T	ss				2	1			N	H,B	Gemeiner Strandhafer
Amorpha fruticosa L., 1753	T	s				1	2			N	H	Bastardindigo
Anacamptis pyramidalis (L.) RICH., 1817	H	ss	0	NU	t	2	1	1	§ WA-B2		H,B,K	Pyramiden-Spitzorchis
Anagallis arvensis L., 1753		g	0			2	1				H,B	Acker-Gauchheil
Anagallis foemina MILL., 1768	T_L H	v h	↷ ↷	NI NU	t		1	3			H,B	Blauer Gauchheil
Anagallis minima (L.) E.H.L. KRAUSE, 1901	T H	s ss	⚯	AU EU SO	t,z	3	2	2			H,B	*Centunculus minimus* L., 1753 Acker-Kleinling
Anchusa arvensis (L.) M. BIEB., 1808		h	0			2	1				H,B	Acker-Krummhals
Anchusa azurea MILL., 1768		ss				2	3			G	H,B	*A. italica* RETZ., 1779 Italienische Ochsenzunge
Anchusa officinalis L., 1753		v	0				1				H,B	Gebräuchliche Ochsenzunge
Andromeda polifolia L., 1753	T,B	ss	0	EN EU		2	1	2			H,B	Rosmarinheide
Androsace elongata L., 1763	T,H	ss	↷	AU NI	t,z	3	3	1		A	H,B	Verlängerter Mannsschild
Androsace septentrionalis L., 1753		A		AU		4	2-	0		B		Nördlicher Mannsschild
Anemone nemorosa L., 1753	T H,B	h g	0 0			3	1				H,B	Busch-Windröschen
Anemone ranunculoides L., 1753	T,H B	v h	0 0			3	1				H,B	Gelbes Windröschen
Anemone sylvestris L., 1753	T,B H	ss v	↷	NU		3	1	3	§	K	H,B	Großes Windröschen
Anethum graveolens L., 1753	T	v	0							G	H	Dill
Angelica archangelica L., 1753	(T_S,H)	v	⌀			2	1				H,B	Echte Engelwurz
Angelica palustris (BESSER) HOFFM., 1814		ss	↷	NU EN	t,a	3	2	1	§,BK FFH2		H,B	Sumpf-Engelwurz
Angelica sylvestris L., 1753		h	↷	NI EN		2	1				H,B	Wald-Engelwurz
Antennaria dioica (L.) P. GAERTN., 1791	T H B	s v h	⚯ ↷ 0	NU EU NI	t	2	1	2	§		H,B	Gemeines Katzenpfötchen
Anthemis arvensis L., 1753		v	↷	NI	t	2	1				H,B	Acker-Hundskamille
Anthemis austriaca JACQ., 1778		A				2	1			B		Österreichische Hundskamille
Anthemis cotula L., 1753		v	⌀			2	1				H,B	Stink-Hundskamille
Anthemis ruthenica M. BIEB., 1808	T H	s ss	⌀			3	1			N	H,B	Russische Hundskamille
Anthemis tinctoria L., 1753		v	↷	BA NI		2	1				H,B	Färber-Hundskamille
Anthericum liliago L., 1753	T H B	s v ss	↷ 0 0	NU EU		3	1		§		H,B	Große Graslilie

Art	BR	BS	BE	UV	SM	Vg	Vn	RL	Ges.	Bm	Nach-weis	Synonyme, agg., Deutscher Name
Anthericum ramosum L., 1753	T H B	s v ss	↶ 0 0	NU EU		3	1		§		H,B	Ästige Graslilie
Anthoxanthum alpinum Å. Löve et D. Löve, 1948	B	ss				2	1			N	B	(*A. odoratum* agg.) Alpen-Ruchgras
Anthoxanthum aristatum Boiss., 1842	T_P H	v ss	0 ↶			2	1			N	H,B	*A. puelii* Lecoq et Lamotte, 1847 Grannen-Ruchgras
Anthoxanthum odoratum L., 1753		h	↶	NI	t	2	1				H,B	(*A. odoratum* agg.) Gemeines Ruchgras
Anthriscus caucalis M. Bieb., 1808	T,H	v	⤴			2	2				H,B	Hunds-Kerbel
Anthriscus cerefolium (L.) Hoffm., 1814		ss				2	2			N	H,B	Garten-Kerbel
Anthriscus nitida (Wahlenb.) Hazsl., 1864	B	s	0			1	2				H,B	Glanz-Kerbel
Anthriscus sylvestris (L.) Hoffm., 1814		g	0			2	1				H,B	Wiesen-Kerbel
Anthyllis vulneraria L., 1753		v	↶	NI NU	t	3	1				H,B	Gemeiner Wundklee
Antirrhinum majus L., 1753		s				2	1			N	H	Garten-Löwenmaul
Apera spica-venti (L.) P. Beauv., 1812		g	⤴			2	1				H,B	Gemeiner Windhalm
Aphanes arvensis L., 1753	T,H B	h s	0 0			2	1				H,B	Gemeiner Ackerfrauenmantel
Aphanes inexspectata W. Lippert, 1984	T_P H,B	v ss	↶	NI NU HE	t	1	2				H,B	*A. australis* Rydb., 1908, Kleinfrüchtiger Ackerfrauenmantel
Apium graveolens L., 1753	T,H	s	↶	SO DY	z	3	2	(2)		K	H,B	Sellerie
Apium inundatum (L.) Rchb. f., 1863	T_P	ss				3	1	1	§		B	Untergetauchter Scheiberich
Apium repens (Jacq.) Lag., 1821		A		AU SO		5	2-	0	§,BK FFH2		H	Kriechender Scheiberich
Aquilegia vulgaris L., 1753	T H B	s v h	0 0 0			3	1	3	§	K	H,B	Gemeine Akelei
Arabidopsis thaliana (L.) Heynh., 1842		g	0			2	1				H,B	Acker-Schmalwand
Arabis alpina agg.		ss	0			2	1			N	H,S	incl. *A. caucasica* Willd., 1814, Alpen-Gänsekresse
Arabis auriculata Lam., 1783	H	s	0			3	2				H,B	*A. recta* Vill., 1788 Öhrchen-Gänsekresse
Arabis glabra (L.) Bernh., 1800	T,H B	v h	0 0			2	1				H,B	*Turritis glabra* L., 1753 Kahle Gänsekresse
Arabis hirsuta (L.) Scop., 1772	T H,B	s h	↶ 0	AU NU	t	2	1				H,B	(*A. hirsuta* agg.), Rauhhaarige Gänsekresse
Arabis nemorensis (Hoffm.) Koch, 1830	T	ss				3	1	0			B,1994 Jage	(*A. hirsuta* agg.) Hain-Gänsekresse
Arabis pauciflora (Grimm) Garcke, 1858	H	s	0			3	1	3			B	*A. brassica* (Leers) Rauschert, 1973 Kohl-Gänsekresse

Art	BR	BS	BE	UV	SM	Vg	Vn	RL	Ges.	Bm	Nachweis	Synonyme, agg., Deutscher Name
Arabis sagittata (BERTOL.) DC., 1815		A				3	1				H,B	(*A. hirsuta* agg.), Pfeilblättrige Gänsekresse
Arctium lappa L., 1753	T H B	h g v	0 0 0			2	1				H,B	Große Klette
Arctium minus (HILL) BERNH., 1800		h	0			2	1				H,B	Kleine Klette
Arctium nemorosum LEJ., 1833	T H,B	s h	0 0			3	1				H,B	Hain-Klette
Arctium tomentosum MILL., 1768	T H B	h g v	0 0 0			2	1				H,B	Filz-Klette
Arctostaphylos uva-ursi (L.) SPRENG., 1825	B	ss	0			3	1	P	§ WA-D		H,B	Echte Bärentraube
Arenaria serpyllifolia L., 1753		g	0			2	1				H,B	Quendel-Sandkraut
Aristolochia clematitis L., 1753	T,H	v	↶	NI NU	t	3	1	3		N	H,B	Osterluzei
Armeria elongata (HOFFM.) W.D.J. KOCH, 1823	T H	h v	0 0			3	1		§		H,B	*A. maritima* ssp. *elongata* (HOFFM.) BONNIER, 1927 Gemeine Grasnelke
Armeria halleri WALLR., 1844	(H)	v	0			4	3	3	§		H,B	*A. maritima* ssp. *halleri* (WALLR.) ROTHM., 1963, Hallers Grasnelke
Armeria maritima ssp. *hornburgensis* (SCHULZ) ROTHM., 1963	H	ss				5	5	1	§	ER	1997 SCHUBERT	*A. maritima* ssp. *halleri* (WALLR.) ROTHM., 1963 s. l. p.p. Hornburger Grasnelke
Armoracia rusticana P. GAERTN., B. MEY. et SCHERB., 1800		h	↗			2	1			N	H,B	Meerrettich
Arnica montana L., 1753	T B	ss v	↶ ↶	EU NU	t	4	2	2	§,FFH5 WA-D		H,B	Arnika
Arnoseris minima (L.) SCHWEIGGER et KOERTE, 1811	(T$_P$)	v	↶	EU NI NU	t	4	2	2			H,B	Lämmersalat
Arrhenatherum elatius (L.) P. BEAUV. ex J. et C. PRESL, 1819		g	↗			2	1				H,B	Glatthafer
Artemisia absinthium L., 1753	T,H B	h s	0 0			2	1				H,B	Wermut
Artemisia annua L., 1753	T$_S$ H	v s	↗ ↗			2	3			N	H,B	Einjähriger Beifuß
Artemisia austriaca JACQ., 1773	T,H	ss	0			2	2	3		N	B	Österreichischer Beifuß
Artemisia biennis WILLD., 1794	T$_S$ H	s ss	↗ ↗			1	3			N	H,B	Zweijähriger Beifuß
Artemisia campestris L., 1753	T,H B	h s	↶ 0	BA NU	t	2	1				H,B	Feld-Beifuß
Artemisia dracunculus L., 1753	T,H B	s ss	0 0			2	3			N	H,B	Estragon
Artemisia laciniata WILLD., 1843 (1803)		A		NA BA		4	3	0	§,BK FFH2	A	JÄGER 1987,H,B	Schlitzblättriger Beifuß

Art	BR	BS	BE	UV	SM	Vg	Vn	RL	Ges.	Bm	Nachweis	Synonyme, agg., Deutscher Name
Artemisia maritima L., 1753		A		AN		3	1				B	Strand-Beifuß
Artemisia pontica L., 1753	T	s	0			3	2	2			H,B	Pontischer Beifuß
Artemisia rupestris L., 1753		A		AN NI		4	3-	0	§		H,B	Felsen-Beifuß
Artemisia scoparia WALDST. et KIT., 1801	T	ss				3	1			G	GIESE 1936	Besen-Beifuß
Artemisia tournefortiana RCHB., 1824		ss				2	1			G	WÖLFEL 1997	Armenischer Beifuß
Artemisia vulgaris L., 1753		g	0			2	1				H,B	Gemeiner Beifuß
Arum maculatum L., 1753	T H,B	v h	0 0			3	1				H,B	Gefleckter Aronstab
Aruncus dioicus (WALTER) FERNALD, 1939	H,B	s	↶	SO		2	1	P		AK	H,B	*A. sylvestris* KOSTEL., 1844, Wald-Geißbart
Asarum europaeum L., 1753	T_L H,B	s h	0 0			3	1			K	H,B	Haselwurz
Asclepias syriaca L., 1753	T,H	ss				2	1			G	H,B	Seidenpflanze
Asparagus officinalis L., 1753	T,H B	h ss	0			2	1			K	H,B	Spargel
Asperugo procumbens L., 1753	T,H	v	↶	AN DO		3	1	3			H,B	Schlangenäuglein
Asperula arvensis L., 1753		A		NI		2	1	0			H,B	Acker-Meier
Asperula cynanchica L., 1753	T H B	v h s	0 0 0	HE							H,B	Hügel-Meier
Asperula tinctoria L., 1753	T,B H	ss v	↶ 0	EU NU	t	2	1	3			H,B	Fäber-Meier
Asplenium adiantum-nigrum L., 1753		A		SO		2	1	0			H,B	Schwarzstieliger Streifenfarn
Asplenium x alternifolium WULFEN, 1789	B	ss	↶	SO		3	1	3			H,B	*A. septentrionale x trichomanes* Deutscher Streifenfarn
Asplenium ceterach L., 1753		ss				3	1	0	§	A	B, 1995 LEHMANN	*Ceterach officinarum* WILLD., 1804, Milzfarn
Asplenium ruta-muraria L., 1753		v	↶	AN DO	a	2	1				H,B	Mauerraute
Asplenium scolopendrium L., 1753	T,H B	ss s	↶ ↶	AN SO				P	§		H,B	*Phyllitis scolopendrium* (L.) NEWMAN, 1844 Hirschzunge
Asplenium septentrionale (L.) HOFFM., 1796	T H B	ss s v	0 0 0			3	1				H,B	Nördlicher Streifenfarn
Asplenium trichomanes L., 1753	T H B	s v h	↶ ↶ 0	SO		3	1	3			H,B	Braunstieliger Streifenfarn
Asplenium viride HUDS., 1762		ss		SO		3	1	0		A	HERDAM 1996,H,B	Grünstieliger Streifenfarn
Aster alpinus L., 1753	B	ss	0			4	2	P	§	A	H,B	Alpen-Aster
Aster amellus L., 1753	(H)	ss	↶	NU	t	2	1	3	§	A	H,B	Berg-Aster
Aster laevis L., 1753		ss	↗			2	1			N	H,B	(*A. laevis* agg.) Glatte Aster

Art	BR	BS	BE	UV	SM	Vg	Vn	RL	Ges.	Bm	Nachweis	Synonyme, agg., Deutscher Name
Aster lanceolatus WILLD., 1803	T_S H	v ss	↗			2	1				N S	(*A. lanceolatus* agg.) Lanzett-Aster
Aster linosyris (L.) BERNH., 1800	T,B H	ss v	0			2	1	2			H,B	Goldhaar-Aster
Aster novae-angliae L., 1753	T	s	↗			2	1				G H,B	Neuengland-Aster
Aster novi-belgii L., 1753	(T)	v	↗			2	1				N H	(*A. novi-belgii* agg.) Neubelgien-Aster
Aster parviflorus NEES, 1818		s	↗			2	1				N H	*A. tradescantii* auct. *p.p.* (*A. lanceolatus* agg.) Kleinköpfige Aster
Aster x salignus WILLD., 1803		s	↗			4	1				N H	*A. lanceolatus x A. novi-belgii* (*A. novi-belgii* agg.), Weidenblatt-Aster
Aster tripolium L., 1753	T H	v s	↗ ↗			3	1				H,B	Strand-Aster
Aster x versicolor WILLD., 1803		s	↗				1				N	GRIESE 1936	*A. laevis x A. novi-belgii* (*A. laevis* agg.) Bunte Aster
Astragalus cicer L., 1753	T_L H	s v	0 0			2	1				H,B	Kicher-Tragant
Astragalus danicus RETZ., 1783	T_L H	s v	↶ 0	NU	t	3	3	3		A	H,B	Dänischer Tragant
Astragalus exscapus L., 1771	T_L,H	s	↶	NU BA	t	3	4	2		A	H,B	Stengelloser Tragant
Astragalus glycyphyllos L., 1753	T H,B	v h	0 0			2	1				H,B	Bärenschote
Astrantia major L., 1753	(H,B)	s	↶	NI		2	1	2		A (N in T)	H,B	Große Sterndolde
Athyrium distentifolium TAUSCH ex OPIZ, 1820	B	s	0			3	1		P		H,B	Gebirgs-Frauenfarn
Athyrium filix-femina (L.) ROTH, 1799	T H B	v h g	0 0 0			2	1				H,B	Gemeiner Frauenfarn
Atriplex hortensis L., 1753	(T)	s	↶	RN		1	1			G	H,B	Garten-Melde
Atriplex littoralis L., 1753		A		SO		3	1			G	B,1929 ZOBEL	Strand-Melde
Atriplex micrantha LEDEB., 1829	T H	v s	↝ ↝			2	3			G	H,B	*A. heterosperma* BUNGE, 1852, Verschiedensamige Melde
Atriplex oblongifolia WALDST. et KIT., 1809	T H B	v h s	↝ ↝ ↗			2	2				N H,B	Langblättrige Melde
Atriplex patula L., 1753		g	↗			2	1				H,B	Spreizende Melde
Atriplex pedunculata L., 1755	T	ss				3	2	2			H,B	*Halimione pedunculata* (L.) AELLEN, 1938 Salzmelde
Atriplex prostrata BOUCHER ex DC., 1805	T,H B	v s	↗ 0			2	1				H,B	*A. hastata* auct. non L (*A. prostrata* agg.) Spieß-Melde
Atriplex rosea L., 1763	T H	s v	↶ ↶	NI AU		2	2	3			H,B	Rosen-Melde
Atriplex sagittata BORKH., 1793	T,H B	g s	↗ ↗			3	2				H,B	*A. nitens* SCHKUHR, 1802, Glanz-Melde

Art	BR	BS	BE	UV	SM	Vg	Vn	RL	Ges.	Bm	Nachweis	Synonyme, agg., Deutscher Name
Atriplex tatarica L., 1753	T_L,H	v	0			2	4			N	H,B	Tataren-Melde
Atropa bella-donna L., 1753	(H,B)	v	0			2	1			A	H,B	Tollkirsche
Aurinia saxatilis (L.) Desv, 1815	T,H	s	0			3	1	3	§	N	H,B	*Alyssum saxatile* L.,1753 Felsen-Steinkraut
Avena fatua L., 1753	T,H B	h v	⌇ 0			2	1				H,B	Flug-Hafer
Avena sativa L., 1753		v				1	1			G	H	Saat-Hafer
Avena strigosa Schreb., 1771	T	s	0			2	1			G	H,B	*A. nuda* L., 1753 Sand-Hafer
Azolla filiculoides Lam., 1783	T	ss				2	2			G	S	Großer Algenfarn
Baldellia ranunculoides (L.) Parl., 1854	T	ss		EU		3	1	1			B	Igelschlauch
Ballota nigra L., 1753	T,H B	g v	0 0			2	1				H,B	Schwarznessel
Barbarea intermedia Boreau, 1840	T,H	ss				2	1			N	B	Mittlere Winterkresse
Barbarea stricta Andrz., 1821	T_S H,B	v ss	0			2	1				H,B	Steife Winterkresse
Barbarea vulgaris R. Br., 1812	T,H B	v h	0 0			2	1				H,B	Echte Winterkresse
Bassia laniflora (S.G. Gmel.) A.J. Scott, 1978		ss				4	1			G	John, Zenker 1996	*Kochia laniflora* (S.G. Gmel.) Borbás, 1900 Sand-Radmelde
Bassia scoparia (L.) A.J. Scott, 1978	T,H	v	⌇				2			N	H	*Kochia scoparia* (L.) Schrad., 1809, incl. *Kochia densiflora* Turcz. Sommerzypresse
Bellis perennis L., 1753		g	0			2	1				H,B	Gänseblümchen
Berberis thunbergii DC., 1821		ss								N	S	Thunberg-Berberitze
Berberis vulgaris L., 1753		v	0			2	1			K (N in T)	H,B	Gemeine Berberitze
Berteroa incana (L.) DC., 1821	T,H B	h s	0 0			2	1				H,B	Graukresse
Berula erecta (Huds.) Coville, 1893	(T,H)	v	0			2	1				H,B	Berle
Beta vulgaris L., 1753	(T,H)	ss				2	1			G	H	Runkelrübe
Betonica officinalis L., 1753	T,H B	v h	⤸ 0	NU	t	3	1	3			H,B	Heilziest
Betula carpatica Waldst. et Kit. ex Willd., 1805	B	ss	0								H	*Betula pubescens* ssp. *carpatica* (Waldst. et Kit. ex Willd.) Asch. et Graebn., 1898 Karpaten-Birke
Betula nana L., 1753	B	ss	⤸			3	1		§	N	H,B	Zwerg-Birke
Betula pendula Roth, 1788		g	0			2	1			K	H,B	Hänge-Birke
Betula pubescens Ehrh., 1791	T,H B	v h	0 0			2	1				H,B	*B. pubescens* ssp. *pubescens*, Moor-Birke
Bidens cernua L., 1753	T H,B	v s				2	1				H,B	Nickender Zweizahn

Farn- und Blütenpflanzen (Pteridophyta et Spermatophyta)

Art	BR	BS	BE	UV	SM	Vg	Vn	RL	Ges.	Bm	Nachweis	Synonyme, agg., Deutscher Name
Bidens connata H.L. Mühl. ex Willd., 1803	T_P	s				2	1			N	B	Verwachsenblättriger Zweizahn
Bidens frondosa L., 1753	T H,B	h v	⌇ ⌇			2	1			N	H,B	Schwarzfrüchtiger Zweizahn
Bidens radiata Thuill., 1799	T_S	v	↗			2	2				B	Strahlender Zweizahn
Bidens tripartita L., 1753		h	↘	EX		2	1				H,B	Dreiteiliger Zweizahn
Bifora radians M. Bieb., 1819		A				2	1			G	H,B	Strahlen-Hohlsame
Biscutella laevigata ssp. *gracilis* Mach.-Laur., 1926	T_S	s	⌇	TR NU	t	5	3	3	§		B	Zierliches Brillenschötchen
Bistorta officinalis Delarbre, 1800	T,H B	v g	↘ 0	NU EN NI	t	2	1	3			H,B	*Polygonum bistorta* L., 1753 Wiesen-Knöterich
Blechnum spicant (L.) Roth, 1794	T,H B	s v	↘ 0	EU		2	1	3			H,B	Rippenfarn
Blysmus compressus (L.) Panz. ex Link, 1827	T H	s ss	↘	NI EN	t	4	1	2			H,B	Flaches Quellried
Blysmus rufus (Huds.) Link, 1827		A		EN SO		2	2	0			H,B	Rotbraunes Quellried
Bolboschoenus maritimus (L.) Palla, 1905	T H	v s	0 0			2	1				H,B	Gemeine Strandbinse
Borago officinalis L., 1753		v								G	H	Borretsch
Bothriochloa ischaemum (L.) Keng, 1936	T_L H	v	0 0			2	2				H,B	Gemeines Bartgras
Botrychium lunaria (L.) Sw., 1802	T,H B	s v	↘ ↘	NI EU	t,z	3	1	3	§		H,B	Mondraute
Botrychium matricariifolium (A. Braun ex Döll) W.D.J. Koch, 1845	T	ss		NU	z	3	1	0	§,BK		B, Lebender 1998	Ästiger Rautenfarn
Botrychium simplex E. Hitchc., 1823		A		EU		3	1	0	§,BK FFH2		B	Einfacher Rautenfarn
Brachypodium pinnatum (L.) P. Beauv., 1812	T H B	v g h	0 0 0			2	1				H,B	Fieder-Zwenke
Brachypodium sylvaticum (Huds.) P. Beauv., 1812	T,B H	h g	↗ 0			3	1				H,B	Wald-Zwenke
Brassica elongata Ehrh., 1792	T_L,H	s	0			2	2			N	H,B	Langtraubiger Kohl
Brassica juncea (L.) Czern., 1859	T	ss				2	1			G	B	Ruten-Kohl
Brassica napus L., 1753		v				1	1			G	H	Raps
Brassica nigra (L.) W.D.J. Koch, 1833	(T_S)	v	↗			2	2			N	H,B	Schwarzer Senf
Brassica rapa L., 1753		ss				1	1			G	H	Rübsen
Briza maxima L., 1753		A								G	H	Großes Zittergras
Briza media L., 1753	T H,B	v h	↘ 0	NU	t	2	1				H,B	Gemeines Zittergras
Bromus arvensis L., 1753	T,H	s	0	EU NU	t	4	1	2			H,B	Acker-Trespe
Bromus benekenii (Lange) Trimen, 1872	T,H B	s v	0			3	1				H,B	(*B. ramosus* agg.), Benekens Wald-Trespe

Art	BR	BS	BE	UV	SM	Vg	Vn	RL	Ges.	Bm	Nachweis	Synonyme, agg., Deutscher Name
Bromus brachystachys HORNUNG, 1833		A		NI		5	4	0			H,B	Kurzährige Trespe
Bromus carinatus HOOK. et ARNOTT, 1840		ss	⤻			2	1			G	HERDAM 1994b	Plattähren-Trespe
Bromus commutatus SCHRAD., 1806	T,H	s	⤻	NI		3	1	2			H,B	(*B. racemosus* agg.) Wiesen-Trespe
Bromus erectus HUDS., 1762	T H B	v h s	⤻ ⤻ ⤻			3	1			K	H,B	Aufrechte Trespe
Bromus hordeaceus L., 1753		g	0			2	1				H	*B. mollis* L. 1762 (*B. hordeaceus* agg.) Weiche Trespe
Bromus inermis LEYSS., 1761	T,H B	h v	⤻ 0			2	1				H,B	Wehrlose Trespe
Bromus japonicus THUNB., 1784	T,H	s	⤻			2	2			N	H,B	Überhängende Trespe
Bromus lepidus HOLMBERG, 1924		A				2	1				H,B	(*B. hordeaceus* agg.) Zierliche Trespe
Bromus racemosus L., 1762		ss	⤻	EN NI	t	4	1	2		N	H,B	(*B. racemosus* agg.) Trauben-Trespe
Bromus ramosus HUDS., 1762	T,H B	s v	0 0			3	1				H,B	(*B. ramosus* agg.) Späte Wald-Trespe
Bromus secalinus L., 1753		s		NI		3	1	2			H,B	Roggen-Trespe
Bromus sterilis L., 1753	T H B	h g s	⤻ 0 0			3	1				H,B	Taube Trespe
Bromus tectorum L., 1753	T,H B	h	⤻ 0			2	1				H,B	Dach-Trespe
Bryonia alba L., 1753	T,H B	h ss				3	1				H,B	Weiße Zaunrübe
Bryonia dioica JACQ., 1774	T,H	v	⤻			2	1			N	H,B	Rotbeerige Zaunrübe
Buddleja davidii FRANCH., 1887	T	s	⤻			1	1			N	B	Chinesischer Sommerflieder
Bunias erucago L., 1753		A				2	2			G	B	Echte Zackenschote
Bunias orientalis L., 1753		v	⤻⤻			2	1			N	H,B	Orientalische Zackenschote
Bunium bulbocastanum L., 1753		ss									B	Erdkastanie
Bupleurum falcatum L., 1753	T$_L$,B H	s h	0 0			2	1				H,B	Sichel-Hasenohr
Bupleurum gerardii ALL., 1773	B	ss	⤻	NU	t,a	4	5	1		R	H,B	Jacquins Hasenohr
Bupleurum longifolium L., 1753	H,B	s	0			3	1	3			H,B	Langblättriges Hasenohr
Bupleurum rotundifolium L., 1753	T,H	ss	⤻	EU NU	t	3	2	1			H,B	Rundblättriges Hasenohr
Bupleurum tenuissimum L., 1753	T,H	ss	⤻	NI EN	t	3	3	2			H,B	Salz-Hasenohr
Butomus umbellatus L., 1753	T$_S$,H B	v ss	0			2	1			(N in B)	H,B	Schwanenblume
Calamagrostis arundinacea (L.) ROTH, 1788	T,H B	v g	0 0			2	1				H,B	Wald-Reitgras

Farn- und Blütenpflanzen (Pteridophyta et Spermatophyta)

Art	BR	BS	BE	UV	SM	Vg	Vn	RL	Ges.	Bm	Nachweis	Synonyme, agg., Deutscher Name
Calamagrostis canescens (WEBER) ROTH, 1789	T H	v ss	0 0			2	1				H,B	(*C. canescens* agg.) Sumpf-Reitgras
Calamagrostis epigejos (L.) ROTH, 1788		g	↷			2	1				H,B	Land-Reitgras
Calamagrostis phragmitoides HARTM., 1832	B	s				3	1				B	(*C. canescens* agg.) Purpur-Reitgras
Calamagrostis pseudophragmites (HALLER F.) KOEL., 1802	H	ss	0			3	1	1		A	H,B	Ufer-Reitgras
Calamagrostis pseudopurpurea GERSTL. ex O.R. HEINE, 1972		A				5	2	0			B	(*C. canescens* agg.) Sächsisches Reitgras
Calamagrostis stricta (TIMM) KOELER, 1802	T	ss		EN NI	t	2	1	0			BURKART 1997, B	Moor-Reitgras
Calamagrostis varia (SCHRAD.) HOST, 1809	H	ss				3	1	P			H,B	Berg-Reitgras
Calamagrostis villosa (CHAIX ex VILL.) J.F. GMEL., 1791	H B	s h	0 0			2	1			A	H,B	Wolliges Reitgras
Calamintha menthifolia HOST, 1831		A								N	B	*C. sylvatica* BROMF., 1845, Wald-Bergminze
Calendula arvensis L., 1763		A		EU NU		2	1	0		G	B	Acker-Ringelblume
Calendula officinalis L., 1753		s				1	1			G	H	Garten-Ringelblume
Calla palustris L., 1753	T_P	ss	↶	EN	g	3	1	1	§		H,B	Schlangenwurz
Callistephus chinensis (L.) NEES, 1832						1	1			G	H	Sommeraster
Callitriche cophocarpa SENDTNER, 1854	T,H	s				2	1	0			H	(*C. palustris* agg.), Stumpffrüchtiger Wasserstern
Callitriche hamulata KÜTZ. ex W.DJ.KOCH, 1835		v				3	1	3			H	(*C. palustris* agg.) Haken-Wasserstern
Callitriche palustris L., 1753	T,H	s				2	1	3			HERDAM 1998a	(*C. palustris* agg.) Sumpf-Wasserstern
Callitriche palustris agg.		h	0								H,B	Sumpf-Wasserstern
Callitriche platycarpa KÜTZ., 1831											H	(*C. palustris* agg.), Flachfrüchtiger Wasserstern
Callitriche stagnalis SCOP., 1772		v				3	1	3			H	(*C. palustris* agg.) Teich-Wasserstern
Calluna vulgaris (L.) HULL, 1808	T,H B	h g	0 0			2	1				H,B	Heidekraut
Caltha palustris L., 1753	T,H B	v h	↷ ↶	EN NI	g,t	2	1				H,B	Sumpf-Dotterblume
Calystegia pulchra BRUMMITT et HEYWOOD, 1960	T	ss	0			2	1			N	H	(*C. sepium* agg.) Schöne Zaunwinde
Calystegia sepium (L.) R. BR., 1810		g	↷			2	1				H,B	(*C. sepium* agg.) Echte Zaunwinde
Calystegia silvatica (KIT.) GRISEB., 1844	T	ss	0							N	H,B	(*C. sepium* agg.) Wald-Zaunwinde
Camelina alyssum (MILL.) THELL., 1906		A		NI HE		4	2	0			H,B	(*C. sativa* agg.) Gezähnter Leindotter
Camelina microcarpa ANDRZ., 1821	T H	v h	↶ ↶	NU BA	t						H,B	(*C. sativa* agg.), Kleinfrüchtiger Leindotter

Art	BR	BS	BE	UV	SM	Vg	Vn	RL	Ges.	Bm	Nachweis	Synonyme, agg., Deutscher Name
Camelina sativa (L.) CRANTZ, 1762		ss		NU				(0)			HERDAM 1996	(C. sativa agg.) Saat-Leindotter
Campanula bononiensis L., 1753		ss	↘	NU	t	3	2	2	§	A	H,B	Bologneser Glockenblume
Campanula cervicaria L., 1753	B	ss	↘	NI WV		2	1	1	§		H,B	Borstige Glockenblume
Campanula cochleariifolia LAM., 1785	B	ss				2	1			G	H	Zwerg-Glockenblume
Campanula glomerata L., 1753	T,B H	s v	↘	NU	t	2	1	3		K	H,B	Knäuel-Glockenblume
Campanula latifolia L., 1753	H B	ss v	0			2	1	3	§		H,B	Breitblättrige Glockenblume
Campanula medium L., 1753		ss				2	1			G	H	Marien-Glockenblume
Campanula patula L., 1753	T,H B	v h	↘ 0	NI	t	2	1				H,B	Wiesen-Glockenblume
Campanula persicifolia L., 1753	T H,B	v h	0 0			2	1			K	H,B	Pfirsichblättrige Glockenblume
Campanula rapunculoides L., 1753	T H B	v g h	0 0 0			3	1				H,B	Acker-Glockenblume
Campanula rapunculus L., 1753	T,H	s	↘	NU	t	2	1	P			H,B	Rapunzel-Glockenblume
Campanula rhomboidalis L., 1753	B	ss				2	1			G	HERDAM 1994b	Rautenblättrige Glockenblume
Campanula rotundifolia L., 1753	T H,B	h g	0 0			2	1				H,B	(C. rotundifolia agg.) Rundblättrige Glockenblume
Campanula scheuchzeri VILL., 1779	B	ss	0			2	1			N	H	(C. rotundifolia agg.) Scheuchzers Glockenblume
Campanula trachelium L., 1753		v	0			3	1				H,B	Nesselblättrige Glockenblume
Cannabis sativa L., 1753	T,H	s				2	1			G	H,B	Wilder Hanf
Capsella bursa-pastoris (L.) MED., 1792		g	↗			2	1				H,B	Gemeines Hirtentäschel
Caragana arborescens LAM., 1785	T	s	0							N	H	Gemeiner Erbsenstrauch
Cardamine amara L., 1753	T,H B	v h	↘ 0	WA EN	g	3	1				H,B	Bitteres Schaumkraut
Cardamine bulbifera (L.) CRANTZ, 1769	H B	ss g	0 0			2	1				H,B	Dentaria bulbifera L., 1753, Zwiebel-Zahnwurz
Cardamine dentata SCHULT., 1809	T	s	↘	NI	t			3			BURKART 1998	(C. pratensis agg.) Sumpf-Schaumkraut
Cardamine flexuosa WITH., 1796	T,H B	s h	0 0			2	1				H,B	Wald-Schaumkraut
Cardamine hirsuta L., 1753	T,H B	s v	↗ ↗			2	1			K	H,B	Viermänniges Schaumkraut
Cardamine impatiens L., 1753	T H B	s v h	↗↗ ↗ 0			2	1				H,B	Spring-Schaumkraut
Cardamine parviflora L., 1759	T_S	s	↘	WA DY	g,z	3	1	1			H,B	Kleinblütiges Schaumkraut

Art	BR	BS	BE	UV	SM	Vg	Vn	RL	Ges.	Bm	Nachweis	Synonyme, agg., Deutscher Name
Cardamine pratensis L., 1753		h	⟂	NI	t	2	1	3			H	(C. pratensis agg.) Wiesen-Schaumkraut
Cardaminopsis arenosa (L.) Hayek, 1908		v	⟂			3	1				H,B	Sand-Schaumkresse
Cardaminopsis halleri (L.) Hayek, 1908	T$_S$,H B	s v	0 0			2	1	3		A	H,B	Hallers Schaumkresse
Cardaria draba (L.) Desv., 1815	T H B	v g ss	⟂ ⟂			2	1			N	H,B	Pfeilkresse
Carduus acanthoides L., 1753	T H B	h g s	⟂ ⟂ 0			3	1				H,B	Stachel-Distel
Carduus crispus L., 1753		h	⟂			2	1				H,B	Krause Distel
Carduus nutans L., 1753		h	0			2	1				H,B	Nickende Distel
Carex acuta L., 1753	T,B H	h v	0 0			2	1				H,B	C. gracilis Curtis, 1783, Schlank-Segge
Carex acutiformis Ehrh., 1789		h	0			3	1				H,B	Sumpf-Segge
Carex appropinquata Schumach., 1801	T	s	⟂	NI EN	t	3	1	2			B	Schwarzschopf-Segge
Carex arenaria L., 1753	T$_P$	v	0			4	1				H,B	(C. arenaria agg.) Sand-Segge
Carex bigelowii ssp. rigida W. Schultze-Motel, 1968	B	ss				5	4	0		W	Damm, Burkart 1995,H,B	Starre Segge
Carex bohemica Schreb., 1772	T	ss		WA	z	4	1	3			B	Zypergras-Segge
Carex brizoides L., 1755	T H,B	v s	0 0			3	1				H,B	Zittergras-Segge
Carex buekii Wimm., 1857	T$_S$	ss	0			3	1	P			B	Banater Segge
Carex canescens L., 1753	T H B	v ss h	0 0 0			2	1				H,B	C. curta Good., 1794 Grau-Segge
Carex caryophyllea Latourr., 1785	T H,B	s h	⟂	NU NI	t	2	1				H,B	Frühlings-Segge
Carex cespitosa L., 1753	T	s		NU	t	2	1	2			H,B	Rasen-Segge
Carex davalliana Sm., 1800		A		EU EN		4	1	0			H,B	Torf-Segge
Carex demissa Hornem., 1806	T H B	s v h	⟂	EU EN	t	3	2	2			H	C. tumidicarpa Andersson, 1849, C. viridula ssp. oedocarpa (Andersson) B. Schmid, 1983 (C. flava agg.), Aufsteigende Gelbe Segge
Carex diandra Schrank, 1781		ss		EN NI	t	2	1	2			H,B	Draht-Segge
Carex digitata L., 1753	(H,B)	v	0			2	1				H,B	Finger-Segge
Carex dioica L., 1753		ss		EN		2	1	0			H,B	Zweihäusige Segge
Carex distans L., 1759	T H,B	v ss	⟂	NI EN	t	3	1	3			H,B	Entferntährige Segge
Carex disticha Huds., 1762		v	0			3	1				H,B	Zweizeilige Segge

Farn- und Blütenpflanzen (Pteridophyta et Spermatophyta)

Art	BR	BS	BE	UV	SM	Vg	Vn	RL	Ges.	Bm	Nachweis	Synonyme, agg., Deutscher Name
Carex echinata MURRAY, 1770	T H B	s ss h	↻ 0 0			2	1	3			H,B	Igel-Segge
Carex elata ALL., 1785		v	↻	WA	z	3	1				H,B	Steif-Segge
Carex elongata L., 1753	T,B H	v ss	↻	EN NI	g,t	2	1				H,B	Langährige Segge
Carex ericetorum POLLICH, 1777	T H	v s		NU	t	2	1	2			H,B	Heide-Segge
Carex flacca SCHREB., 1771		v		0		3	1				H,B	Blaugrüne Segge
Carex flava L., 1753	T H B	s ss s	↻ ↻ ↻	EN NI NU	t	3	1	3			H,B	(C. flava agg.) Echte Gelb-Segge
Carex guestphalica (BOENN. ex RCHB.) BOENN. ex O. LANG, 1843		ss				3	1				H	C. leersiana RAUSCHERT, 1973 (C. muricata agg.) Leers-Segge
Carex hartmanii CAJANDER, 1935	T	ss		EU NI	t	3	2	2			H,B	Hartmanns Segge
Carex hirta L., 1753		h		0		2	1				H,B	Behaarte Segge
Carex hordeistichos VILL., 1787		A		NU EN	t	3	1	0			KORSCH 1999	Gersten-Segge
Carex hostiana DC., 1813	T,H	ss	↻	EU NI	t	4	2	1			H,B	Saum-Segge
Carex humilis LEYSS., 1761	T,B H	s h	↻ 0			2	1			A	H,B	Erd-Segge
Carex lasiocarpa EHRH., 1784	T B	s ss	↻ ↻	EN NI	g,t	2	2	2			H,B	Faden-Segge
Carex lepidocarpa TAUSCH, 1834	(H,B)	ss				4	1	3			H,B	Carex viridula ssp. brachyrrhyncha (ČELAK.) B. SCHMID, 1983 (C. flava agg.), Schuppenfrüchtige Gelb-Segge
Carex ligerica J. GAY, 1838	T_S	v	0			3	2	3			B	(C. arenaria agg.) Französische Segge
Carex limosa L., 1753		A				2	1	0			B	Schlamm-Segge
Carex melanostachya M. BIEB. ex WILLD., 1805	T_S	s	↻	WA AU	t	3	4	2			B	Schwarzährige Segge
Carex montana L., 1753	T H,B	s v	↻ 0	NU	t	3	1				H,B	Berg-Segge
Carex muricata agg.											B	Sparrige Segge
Carex nigra (L.) REICHARD, 1778	T H B	v s h	↻ ↻ 0	EN NU NI	t	2	1	3			H,B	C. fusca auct. Wiesen-Segge
Carex ornithopoda WILLD., 1805	H	s	0			3	1	P		A	H,B	Vogelfuß-Segge
Carex otrubae PODP., 1922	T H B	v s ss	0			2	1	3			H,B	C. cuprina NENDTV., 1863, (C. vulpina agg.) Falsche Fuchs-Segge
Carex ovalis GOOD., 1794	T,H B	v h	0 0			2	1				H,B	C. leporina auct. Hasenpfoten-Segge
Carex pairae F. W. SCHULTZ, 1868						2	1				H	(C. muricata agg.) Pairas Segge
Carex pallescens L., 1753	T,H B	v h	0 0			2	1				H,B	Bleich-Segge

Art	BR	BS	BE	UV	SM	Vg	Vn	RL	Ges.	Bm	Nachweis	Synonyme, agg., Deutscher Name
Carex panicea L., 1753	T,H B	v g	⇘ 0			3	1				H,B	Hirse-Segge
Carex paniculata L., 1755	T,H B	v h	0 0	EN NU	g,t	3	1				H,B	Rispen-Segge
Carex pauciflora LIGHTF., 1777	B	ss	⇘	EU TR		3	1	1			H,B	Wenigblütige Segge
Carex pendula HUDS., 1762	H,B	ss	⇘	EN		3	1	P		A	H,B	Große Segge
Carex pilosa SCOP., 1772	H	ss				3	1	P			B	Wimper-Segge
Carex pilulifera L., 1753	T,H B	v g	0 0			4	1				H,B	Pillen-Segge
Carex praecox SCHREB., 1771	(T,H)	v	0			2	1	3			H,B	Frühe Segge
Carex pseudobrizoides CLAVAUD, 1873	T$_P$	s	0			5	2	3			B	(*C. arenaria* agg.) Reichenbachs Segge
Carex pseudocyperus L., 1753	T H B	v s ss	⇘ ⇘ ⇘	BA TR		3	1				H,B	Scheinzyper-Segge
Carex pulicaris L., 1753		ss	⇘⇘	EN		3	1	1			H,B	Floh-Segge
Carex remota L., 1754	T,H B	v g	0 0			3	1				H,B	Winkel-Segge
Carex riparia CURTIS, 1783		v	0			2	1				H,B	Ufer-Segge
Carex rostrata STOKES, 1787	T H B	v ss h	⇘ ⇘ 0	NI EU EN	t,z	2	1				H,B	Schnabel-Segge
Carex secalina WAHLENB., 1803	T,H	ss	0			4	3	1	BK	A	H,B	Roggen-Segge
Carex spicata HUDS., 1762		v	0			2	1				H	*C. contigua* HOPPE, 1833, Dichtährige Segge
Carex strigosa HUDS., 1778		A				3	1			G	H,B	Dünnährige Segge
Carex supina WAHLENB., 1803	T H	s v	⇘	NU	t	3	2	3			H,B	Steppen-Segge
Carex sylvatica HUDS., 1762	T,H B	v g	0 0			2	1				H,B	Wald-Segge
Carex tomentosa L., 1767	T,H B	s ss	⇘	NU NI	t	3	2	2			H,B	Filz-Segge
Carex umbrosa HOST, 1801		s	⇘	EU		5	1				H,B	Schatten-Segge
Carex vaginata TAUSCH, 1821	B	ss				4	4	0			DAMM, BURKART 1995,H,B	Scheiden-Segge
Carex vesicaria L., 1753		v	0			2	1				H,B	Blasen-Segge
Carex viridula MICHX., 1803	T,H	ss	⇘			2	1	3			H	*C. serotina* MÉRAT, 1821 *C. oederi* auct. (*C. flava* agg.), Späte Gelb-Segge
Carex vulpina L., 1753	T H,B	v ss				2	1	2			H,B	(*C. vulpina* agg.) Fuchs-Segge
Carlina acaulis L., 1753	H	v	⇘	NU	t	2	1	2	§	A	H,B	Silberdistel
Carlina vulgaris L., 1753	T H B	v g s	0 0 0			3	1				H,B	Golddistel
Carpinus betulus L., 1753	T H,B	h g	0 0			3	1				H,B	Weißbuche

Art	BR	BS	BE	UV	SM	Vg	Vn	RL	Ges.	Bm	Nach-weis	Synonyme, agg., Deutscher Name
Carum carvi L., 1753	T,H B	v h	↶ 0	NI EU	t	2	1	3			H,B	Wiesen-Kümmel
Castanea sativa MILL., 1768		ss				2	1			N	SCHNEL-LE 1992	Eß-Kastanie
Catabrosa aquatica (L.) P. BEAUV., 1812	T,H	s	↶	EN WA	g,t	3	2	1			H,B	Quellgras
Caucalis platycarpos L., 1753	T H B	s v ss	↶ ↶	EU HE NU	t	2	2	3		A	H,B	C. lappula (WEBER) GRANDE, 1918 Acker-Haftdolde
Centaurea calcitrapa L., 1753	T,H	ss	↶	NI		3	3	3		G	H,B	Stern-Flockenblume
Centaurea cyanus L., 1753		h	0			2	1				H,B	Kornblume
Centaurea diffusa LAM., 1785	T,H	s				2	2	3		N	H,B	Sparrige Flockenblume
Centaurea jacea L., 1753	T,B H	h g	0 0			2	1				H,B	Wiesen-Flockenblume
Centaurea montana L., 1753	H,B	s	0			2	1	0		N	H,B	Berg-Flockenblume
Centaurea nigra L., 1753		ss		NU		2	1	1		N	H,B	Schwarze Flockenblume
Centaurea nigrescens WILLD., 1803	T H	ss s				2	2	2		N	H,B	Schwärzliche Flockenblume
Centaurea phrygia L., 1753	H	ss	0			3	1			N	B	(C. phrygia agg.) Österreichische Flockenblume
Centaurea pseudophrygia C.A. MEY., 1845	H B	s h	↶	NI NU	t	2	1	3			H,B	(C. phrygia agg.), Perücken-Flockenblume
Centaurea scabiosa L., 1753	T,B H	v h	0 0			2	1				H,B	Skabiosen-Flockenblume
Centaurea solstitialis L., 1753	(T,H)	ss	↶			2	1			G	H,B	Sonnenwend-Flockenblume
Centaurea stoebe L., 1753	(T,H)	v	0			3	2				H,B	C. rhenana BOREAU, 1857, Rispen-Flockenblume
Centaurium erythraea RAFN, 1800	T,B H	v h	0 0			3	1		§		H,B	Echtes Tausendgüldenkraut
Centaurium littorale (TURNER) GILM., 1938	T	ss	↶	AN EN	t,z	2	1	2	§		H,B	Strand-Tausendgüldenkraut
Centaurium pulchellum (SW.) DRUCE, 1897	T,H B	v ss	↶ ↶	WA EN	z	2	2	3	§		H,B	Zierliches Tausendgüldenkraut
Centranthus ruber (L.) DC., 1805		ss				2	1			G	HERDAM 1994b	Spornblume
Cephalanthera damasonium (MILL.) DRUCE, 1906	T,B H	s v	↶ ↶	EU NM		2	1		§ WA-B2		H,B,K	Bleiches Waldvöglein
Cephalanthera longifolia (L.) FRITSCH, 1888	(H)	s	↶↶	EU NM		2	1	3	§ WA-B2		H,B,K	Langblättriges Waldvöglein
Cephalanthera rubra (L.) RICH., 1817	(H)	s	↶	EU NM		2	1	2	§ WA-B2		H,B,K	Rotes Waldvöglein
Cephalaria litvinovii BOBROV, 1932	H	ss								N	H	Litvinovs Schuppenkopf
Cerastium arvense L., 1753		g	0			2	1				H,B	Acker-Hornkraut
Cerastium brachypetalum DESP. ex PERS., 1805	H,B	s				2	1	P			H,B	Kleinblütiges Hornkraut

Art	BR	BS	BE	UV	SM	Vg	Vn	RL	Ges.	Bm	Nachweis	Synonyme, agg., Deutscher Name
Cerastium dubium (Bastard) Guépin, 1830	T$_S$	v	0	NI WA	z,t	3	3	P		A	B	Drüsiges Hornkraut
Cerastium glomeratum Thuill., 1799		v	0			2	1				H,B	Knäuel-Hornkraut
Cerastium glutinosum Fr., 1817		v	0			3	1				H,B	*C. pallens* F.W. Schultz, 1836 (*C. pumilum* agg.), Bleiches Zwerg-Hornkraut
Cerastium holosteoides Fr., 1817		g	0			2	1				H,B	*C. caespitosum* Asch., 1860 (*C. fontanum* agg.) Gemeines Hornkraut
Cerastium lucorum (Schur) Möschl, 1973	T	ss				3	2				Westhus 1980	*C. macrocarpum* auct. non Schur, (*C. fontanum* agg.), Großfrüchtiges Hornkraut
Cerastium pumilum Curtis, 1777	T,H B	h s	0 0			3	2				H,B	(*C. pumilum* agg.), Dunkles Zwerg-Hornkraut
Cerastium semidecandrum L., 1753	(T,H)	h	0			3	1				H,B	Sand-Hornkraut
Cerastium tomentosum L., 1753		v	0			2	1			N	H	Filziges Hornkraut
Ceratocapnos claviculata (L.) Lidén, 1984	T	v	⟲			2	1			N	B	*Corydalis claviculata* (L.) DC., 1805, Rankender Lerchensporn
Ceratocephala falcata (L.) Pers., 1805		A				3	1	0		G	B,1990 Friedrichs	Sichelfrüchtiges Hornköpfchen
Ceratophyllum demersum L., 1753	T H	v s				2	1				H,B	Gemeines Hornblatt
Ceratophyllum submersum L., 1763	T H	v s	↗			3	1				H,B	Zartes Hornblatt
Cerinthe minor L., 1753	H	s	0				1	0			B, 1995 Keding	Kleine Wachsblume
Chaenorhinum minus (L.) Lange, 1870		h	↗			3	1				H,B	*Micorrhinum minus* (L.) Fourr. 1869, Kleiner Orant
Chaerophyllum aureum L., 1762	T H B	s v h	0 0			3	1			(N in T)	H,B	Gold-Kälberkropf
Chaerophyllum bulbosum L., 1753	T,H B	h s	↗ 0			2	1				H,B	Rüben-Kälberkropf
Chaerophyllum hirsutum L., 1753	T H B	ss v g	0 0 0			2	1				H,B	Rauhhaariger Kälberkropf
Chaerophyllum temulum L., 1753		g	0			2	1				H,B	Taumel-Kälberkropf
Chamaecytisus supinus (L.) Link, 1831	T,H	ss				2	1			N	H,B	Kopf-Zwergginster
Chamaespartium sagittale (L.) Gibbs, 1968	T$_P$	s	↰	NU NI	t	3		2		A	B	*Genistella sagittalis* (L.) Gams, 1923, Flügelginster
Chamaesyce humifusa (Willd. ex Schlecht.) Prokh., 1927	(T)	ss				2	3			G	B	*Euphorbia humifusa* Willd. ex Schlecht., 1813, Niederliegende Wolfsmilch

Art	BR	BS	BE	UV	SM	Vg	Vn	RL	Ges.	Bm	Nachweis	Synonyme, agg., Deutscher Name
Chamaesyce maculata (L.) SMALL, 1903		ss								N	S, 1999 HANELT	*Euphorbia maculata* L., 1753 Gefleckte Wolfsmilch
Chelidonium majus L., 1753	g		0			2	1				H,B	Schöllkraut
Chenopodium album L., 1753	g		⟋			2	1				H	(*C. album* agg.) Weißer Gänsefuß
Chenopodium ambrosioides L., 1753	T	ss				4	1			G	B	Mexikanischer Tee
Chenopodium berlandieri MOQUIN-TANDON, 1849	T	ss								G	VOIGT 1993	Berlandiers Gänsefuß
Chenopodium bonus-henricus L., 1753		v	↶	DO AN	t	4	1				H,B	Guter Heinrich
Chenopodium botryodes SM., 1811	T	ss		SO AN	t	2	2	P			H,B	(*C. rubrum* agg.) Dickblättriger Gänsefuß
Chenopodium botrys L., 1753	T,H	ss ss				2	1			G	H,B	Klebriger Gänsefuß
Chenopodium capitatum (L.) ASCH., 1864	T,H	ss ss				2	1			G	H,B	Kopfiger Erdbeerspinat
Chenopodium ficifolium SM., 1800	T,H	v	⟋			2	3				H,B	Feigenblättriger Gänsefuß
Chenopodium foliosum ASCH., 1864	T,H	ss	↶	NU AU	t,z	2	2	2		N	H,B	Durchblätterter Erdbeerspinat
Chenopodium giganteum D. DON., 1825		ss								G	S	Riesen-Gänsefuß
Chenopodium glaucum L., 1753	T,H B	h s	0 0			2	1				H,B	Graugrüner Gänsefuß
Chenopodium hybridum L., 1753	T,H B	h s	0 0			2	1				H,B	Unechter Gänsefuß
Chenopodium murale L., 1753		ss	↶	DO AU	t	3	1	1			H,B	Mauer-Gänsefuß
Chenopodium opulifolium SCHRAD. ex W.D.J. KOCH et ZIZ, 1814	T,H	s	↶	NI		3	1	3			H,B	(*C. album* agg.) Schneeballblättriger Gänsefuß
Chenopodium polyspermum L., 1753		v	0								H,B	Vielsamiger Gänsefuß
Chenopodium probstii AELLEN, 1930	T	ss								N	B	Probsts Gänsefuß
Chenopodium pumilio R. BR., 1810		ss								G	S	Australischer Gänsefuß
Chenopodium rubrum L., 1753	T,H B	h s	0 0			2	1				H	(*C. rubrum* agg.) Roter Gänsefuß
Chenopodium schraderanum SCHULT., 1820	T	ss								G	VOIGT 1993	Schraders Gänsefuß
Chenopodium strictum ROTH, 1821	T,H	s	⟋							N	H,B	(*C. album* agg.) Gestreifter Gänsefuß
Chenopodium suecicum MURR, 1902	T	ss				3	1				H,B	*C. viride* auct. (*C. album* agg.), Grüner Gänsefuß
Chenopodium urbicum L., 1753	T,H	ss	↶	DO AN	t	3	2+	1			H,B	Straßen-Gänsefuß
Chenopodium vulvaria L., 1753	T,H	v	↶	DO AN	t	3	2+	2			H,B	Stink-Gänsefuß
Chimaphila umbellata (L.) BARTON, 1817	T$_P$	s	↶	EU EX	a	3	1	1	§		B	Dolden-Winterlieb

Art	BR	BS	BE	UV	SM	Vg	Vn	RL	Ges.	Bm	Nachweis	Synonyme, agg., Deutscher Name
Chionodoxa luciliae BOISS., 1844		s							§,BK	N	H	*Scilla luciliae* (BOISS.) SPETA, 1971, Schneestolz
Choenomeles speciosa (SWEET) NAKAI, 1929		ss								N	H	*Cydonia speciosa* SWEET 1818, Scheinquitte
Chondrilla juncea L., 1753	T,H	v	0			2	1				H,B	Großer Knorpellattich
Chrysanthemum segetum L., 1753		s	↘	NI HE	t,l	2	1	2			H,B	Saat-Wucherblume
Chrysosplenium alternifolium L., 1753	T,H B	v g	↘ 0	WA		2	1				H,B	Wechselblättriges Milzkraut
Chrysosplenium oppositifolium L., 1753	T,H B	ss g	↘ 0			2	1				H,B	Gegenblättriges Milzkraut
Cicendia filiformis (L.) DELARBRE, 1800		A		AU		3	1				B	Heide-Zindelkraut
Cicerbita alpina (L.) WALLR., 1822	B	s	0			2	1	P			H,B	*Mulgedium alpinum* (L.) LESS., 1832 Alpen-Milchlattich
Cicerbita macrophylla (WILLD.) WALLR., 1822	T	s	0			3	1			N	B	*Mulgedium macrophyllum* (WILLD.) DC, 1838 Großblättr. Milchlattich
Cichorium calvum ASCH., 1867	T	ss							G		BURKART et al. 1995	Kahle Wegwarte
Cichorium endivia L., 1753		ss							G		H	Endivie
Cichorium intybus L., 1753	T H B	h g v	0 0 0			3	1				H,B	Gemeine Wegwarte
Cicuta virosa L., 1753	T_P	v	↘	EN	g,z	3	1	2			H,B	Wasserschierling
Circaea alpina L., 1753	T H B	s ss h	↘ 0 0			2	1	3			H,B	Alpen-Hexenkraut
Circaea x intermedia EHRH., 1789	T H B	s ss h	0 0 0			4	1	3			H,B	*C. alpina x lutetiana* Mittleres Hexenkraut
Circaea lutetiana L., 1753		h	0			2	1				H,B	Großes Hexenkraut
Cirsium acaule SCOP., 1769	T H,B	v h	↘ 0	NU	t	3	1				H,B	Stengellose Kratzdistel
Cirsium arvense (L.) SCOP., 1772		g	↗			2	1				H,B	Acker-Kratzdistel
Cirsium canum (L.) ALL., 1785	T	ss				2	2	1		N	B	Graue Kratzdistel
Cirsium eriophorum (L.) SCOP., 1772	(H)	v	0			2	1				H,B	Wollkopf-Kratzdistel
Cirsium heterophyllum (L.) HILL., 1768		ss	0			3	1	1		(N)	H,B	*C. helenioides* auct. Verschiedenblättrige Kratzdistel
Cirsium oleraceum (L.) SCOP., 1769	T,H B	h g	↘ ↘	EN NI	t	2	1				H,B	Kohl-Kratzdistel
Cirsium palustre (L.) SCOP., 1772	T,H B	h g	↘ 0	EN NI	t	2	1				H,B	Sumpf-Kratzdistel
Cirsium tuberosum (L.) ALL., 1785	(T)	s	↘	NI NU	t	3	1	1			H,B	Knollen-Kratzdistel
Cirsium vulgare (SAVI) TEN., 1836		g	0			2	1				H,B	*C. lanceolatum* (L.) SCOP., 1772, Lanzett-Kratzdistel

Art	BR	BS	BE	UV	SM	Vg	Vn	RL	Ges.	Bm	Nachweis	Synonyme, agg., Deutscher Name
Citrullus lanatus (THUNB.) MATSUM. et NAKAI, 1916		ss								G	HERDAM 1994a	Wassermelone
Cladium mariscus (L.) POHL, 1809	(T)	ss				3	1	P			H,B	Binsen-Schneide
Claytonia perfoliata DONN ex WILLD., 1798	T,H	v	0			2	1			N	H,B	Tellerkraut
Clematis recta L., 1753	T$_S$	s	⇗	TR NI	t	2	1	2			B	Aufrechte Waldrebe
Clematis vitalba L., 1753	T H B	v h s	⇗ ⇗ 0			3	1				H,B	Gemeine Waldrebe
Clinopodium vulgare L., 1753	T H,B	v h	0 0			2	1				H,B	Wirbeldost
Cnidium dubium (SCHKUHR) THELL., 1926	T$_S$	v	⇘	WA NI	t,z	3	2	2			H,B	Brenndolde
Cochlearia danica L., 1753	T,H	ss	⇗			2	1		§	N	B	Dänisches Löffelkraut
Coeloglossum viride (L.) HARTM., 1820	B	ss	0	AB NU		2	1	1	§ WA-B2		H,B,K	Grüne Hohlzunge
Colchicum autumnale L., 1753	T,H B	v g	⇘	EN NI	t	2	1	3			H,B	Herbstzeitlose
Coleanthus subtilis (TRATT.) SEIDL, 1817	T$_S$	ss		WA	z	5	3	1	§,BK FFH2		B, 1999 AMARELL JAGE	Scheidenblütgras
Collomia grandiflora LINDL., 1828		A								N	H,B	Großblütige Leimsaat
Colutea arborescens L., 1753	T,H B	v ss	⇗							N	H,B	Gemeiner Blasenstrauch
Commelina communis L., 1762	T	ss								G	WÖLFEL 1992	Commeline
Conium maculatum L., 1753		v	⇗			2	1				H,B	Gefleckter Schierling
Conringia orientalis (L.) DUMORT., 1827	(H)	s	⇘	EU NU	t	2	1	1			H,B	Ackerkohl
Consolida ajacis (L.) SCHUR, 1853		s								G	H	*C. orientalis* (GAY ex GREN. et GODR.) SCHRÖDINGER, 1909 Garten-Rittersporn
Consolida hispanica (COSTA) GREUTER et BURDET, 1989	T	ss								G	1992 JASCHKE u. JAGE	*C. orientalis* auct. non (GAY ex GREN. et GODR.) SCHRÖDINGER, 1909, Orientalischer Rittersporn
Consolida regalis GRAY, 1821	T H B	v g ss	⇘ 0	NI HE		2	1				H,B	*Delphinium consolida* L., 1753 Feld-Rittersporn
Convallaria majalis L., 1753	T H B	v h g	0 0 0			3	1				H,B	Maiglöckchen
Convolvulus arvensis L., 1753		g	0			2	1				H,B	Acker-Winde
Conyza canadensis (L.) CRONQUIST, 1943	T,H B	g v	⇗ 0			1	1			N	H,B	*Erigeron canadensis* L., 1753, Kanadisches Berufkraut

Art	BR	BS	BE	UV	SM	Vg	Vn	RL	Ges.	Bm	Nachweis	Synonyme, agg., Deutscher Name
Corallorrhiza trifida Châtel., 1760	B	ss				2	1	1	§ WA-B2		H,B,K	Korallenwurz
Coriandrum sativum L., 1753		ss								G	H	Koriander
Corispermum leptopterum (Asch.) Iljin, 1929	T,H	v	⤴			2	1			N	H,B	Schmalflügliger Wanzensame
Cornus alba L., 1767	T,H	s	0							N	H	Weißer Hartriegel
Cornus mas L., 1753		v	0			2	1	3		A,K,(N in T$_L$)	H,B	Kornelkirsche
Cornus sanguinea L., 1753		h	0			3	1			K	H,B	Blutroter Hartriegel
Cornus sericea L., 1771		S	⤴							N	H	Weißer Hartriegel
Coronilla coronata L., 1759	H	ss		NU EU	t	3	1	2		A	H,B	Berg-Kronwicke
Coronilla vaginalis Lam., 1786	H	ss	⤸	NU EU		2	1	P		A	B	Scheiden-Kronwicke
Coronopus didymus (L.) Sm., 1800	T	s				2	1			N	H,B	Zweiknotiger Krähenfuß
Coronopus squamatus (Forssk.) Asch., 1860	T H B	v h ss	⤸ ⤸	DO AN BA	t	4	2				H,B	Gemeiner Krähenfuß
Corrigiola litoralis L., 1753	T$_S$	v	0			3	1	3			B	Hirschsprung
Corydalis cava (L.) Schweigg. et Körte, 1811	T H,B	v h	0 0			3	1				H,B	Hohler Lerchensporn
Corydalis intermedia (L.) Mérat, 1812		v	0			3	1				H,B	Mittlerer Lerchensporn
Corydalis pumila (Host) Rchb., 1832	T,H	v	0			4	3			A	H,B	Zwerg-Lerchensporn
Corydalis solida (L.) Clairv., 1811	(T)	s				2	1			N	H,B	Finger-Lerchensporn
Corylus avellana L., 1753		g	0			2	1				H,B	Gemeine Haselnuß
Corynephorus canescens (L.) P. Beauv., 1812	(T$_P$) H	h s	0 0			3	1				H,B	Silbergras
Cosmos bipinnatus Cav., 1791		ss								G	H	Kosmee, Schmuckblume
Cotoneaster acuminatus Lindl. 1821	T	ss								N	S	Spitzblättrige Zwergmispel
Cotoneaster acutifolius Turcz.	T	ss								N	S	Peking-Zwergmispel
Cotoneaster adpressus Bois, 1904	H	ss								N	Herdam 1998a	Spalier-Zwergmispel
Cotoneaster bullatus Bois, 1904	T	ss								N	S	Runzel-Zwergmispel
Cotoneaster dielsianus Pritz., 1900	T	ss								N	S	Diels Zwergmispel
Cotoneaster horizontalis Decne., 1879	T,H	ss								N	S	Fächer-Zwergmispel
Cotoneaster integerrimus Medik., 1793	T,H B	s v	0 0			2	1		§		H,B	Gemeine Zwergmispel
Cotoneaster roseus Edgew.	T	ss								N	S	Rosarote Zwergmispel

Art	BR	BS	BE	UV	SM	Vg	Vn	RL	Ges.	Bm	Nachweis	Synonyme, agg., Deutscher Name
Cotoneaster simonsii BAKER, 1869	T	ss								N	S	Steife Zwergmispel
Crassula aquatica (L.) SCHÖNLAND, 1890	A			WA EU		2	2	0			B	Wasser-Dickblatt
Crassula tillaea LEST.-GARL., 1903	A			AU		3	2	0			B	Moos-Dickblatt
Crataegus crus-galli L., 1753	T	ss				2	1			N	S	Hahnendorn
Crataegus laevigata (POIR.) DC., 1825		v	0			4	1				H	Zweigriffliger Weißdorn
Crataegus x macrocarpa HEGETSCHW., 1840		h									H	*C. laevigata x rhipidophylla*, Großfrüchtiger Weißdorn
Crataegus x media BECHST., 1797		s									1998 HELLWIG	*C. laevigata x monogyna*, Mittlerer Weißdorn
Crataegus monogyna JACQ., 1775		h				3	1			K	H	Eingriffliger Weißdorn
Crataegus rhipidophylla GAND., 1871		s									HERDAM 1997, H	Großkelchiger Weißdorn
Crataegus x subsphaericea GAND., 1871		v									H	*C. x kyrtostyla* auct, *C. monogyna x rhipidophylla*, Verschiedenzähniger Weißdorn
Crepis biennis L., 1753		h	0			3	1				H,B	Wiesen-Pippau
Crepis capillaris (L.) WALLR., 1840		v	0			3	1				H,B	Kleinköpfiger Pippau
Crepis foetida L., 1753	T,H	s	⟋			2	1	2			H,B	Stink-Pippau
Crepis mollis (JACQ.) ASCH., 1864	T$_L$,H B	ss v	⟍	EU NI	t	5	1	3		A	H,B	Weicher Pippau
Crepis paludosa (L.) MOENCH, 1794	T,H B	v g	⟍	EN NI	t	2	1				H,B	Sumpf-Pippau
Crepis praemorsa (L.) WALTHER, 1802	H,B	ss	⟍	EU NU		2	1	2			H,B	Abbiß-Pippau
Crepis setosa HALLER F., 1797		ss						0		G	1996 JAGE,H,B	Borsten-Pippau
Crepis tectorum L., 1753	(T,H)	v	0			2	1				H,B	Mauer-Pippau
Crocus albiflorus KIT., 1814						2	1		§	N	S	*C. vernus* ssp. *albiflorus* (KIT.) ASCH. et GRAEBN., 1906, Weißer Krokus
Crocus flavus WESTON, 1771									§	N	S	*C. luteus* LINK, Gold-Krokus
Crocus napolitanus MORD. LAUN et LOISEL., 1817									§	N	H	*C. vernus* (L.) HILL. 1756 ssp. *vernus* Frühlings-Krokus
Crocus tommasinianus HERB., 1847									§	N	S	Tommasins Krokus
Cruciata glabra (L.) EHREND., 1958	T	ss				2	2			N	H,B	Kahles Kreuzlabkraut
Cruciata laevipes OPIZ, 1852	T H,B	v h	0 0			2	1				H,B	Gewimpertes Kreuzlabkraut
Crypsis alopecuroides (PILL. et MITT.) SCHRADER, 1806	T$_S$	ss								G	JAGE in VOIGT 1993	Dorngras

Art	BR	BS	BE	UV	SM	Vg	Vn	RL	Ges.	Bm	Nachweis	Synonyme, agg., Deutscher Name
Cucubalus baccifer L., 1753	T_S	v	0			2	1	3			H,B	Taubenkropf
Cuscuta campestris YUNCK., 1932	T_S	s	↗			2	3			N	H,B	Amerikanische Grob-Seide
Cuscuta epilinum WEIHE, 1824	A			NI HE		5	1	0			H,B	Lein-Seide
Cuscuta epithymum (L.) L., 1774		v	↘	NU NI	t	2	1				H,B	Quendel-Seide
Cuscuta europaea L., 1753		v		0		2	1				H,B	Hopfen-Seide
Cuscuta gronovii WILLD. ex ROEM. & SCHULT., 1820		ss							G		H	Gronovius' Seide
Cuscuta lupuliformis KROCK., 1787	T_S	v				2	1	3			B	Baum-Seide
Cuscuta trifolii BAB. et GIBSON 1843		ss				1	2		G		H	*C. epithymum* ssp. *trifolii* (BAB. et GIBSON) BERHER 1887, Klee-Seide
Cyclamen coum MILL. 1768	H	ss							§,BK WA-B2	N	H	Kaukasus-Alpenveilchen
Cymbalaria muralis GAERTN., MEY. et SCHERB., 1800		v	↘	AN DO				3		N	H,B	Zimbelkraut
Cynodon dactylon (L.) PERS., 1805	T H	s ss	↗							N	H,B	Hundszahn
Cynoglossum germanicum JACQ., 1767	H,B	ss				3	1	P			H,B	Deutsche Hundszunge
Cynoglossum officinale L., 1753	T,B H	v h	0 0			2	1				H,B	Echte Hundszunge
Cynosurus cristatus L., 1753		v	↘	NI		3	1				H,B	Weide-Kammgras
Cynosurus echinatus L., 1753		A				2	2		G		H,B	Igel-Kammgras
Cyperus flavescens L., 1753		A		WA DY	z	2	1	0			H,B	Gelbliches Zypergras
Cyperus fuscus L., 1753	T H	v ss	0			2	1	2			H,B	Braunes Zypergras
Cyperus michelianus (L.) LINK, 1827	T_S	ss	↘	DY WA	z	4	5	1		R	B,JAGE 1992	*Dichostylis micheliana* (L.) NEES, 1835, Michelis Zwergzypergras
Cypripedium calceolus L., 1753	(H)	s	↘	EU SA DY		2	1	3	§,BK FFH2 WA-A2		H,B,K	Frauenschuh
Cystopteris fragilis (L.) BERNH., 1805	T,H B	v h	↘ 0	AN SO		2	1				H,B	Zerbrechlicher Blasenfarn
Cytisus nigricans L., 1753	T	ss								N	H,B	*Lembotropis nigricans* (L.) GRISEB., 1843 Schwärzender Geißklee
Cytisus scoparius (L.) LINK, 1822	T,H B	v h	0 0								H,B	*Sarothamnus scoparius* (L.) W.D.J. KOCH, 1835, Besenginster
Dactylis glomerata L., 1753		g	0			2	1		K		H	(*D. glomerata* agg.) Gemeines Knaulgras

Art	BR	BS	BE	UV	SM	Vg	Vn	RL	Ges.	Bm	Nachweis	Synonyme, agg., Deutscher Name
Dactylis polygama Horv., 1774	T H,B	v h	0 0			5	2				H,B	*D. aschersoniana* Graebner 1899 (*D. glomerata* agg.) Wald-Knaulgras
Dactylorhiza incarnata (L.) Soó, 1962		s	0			3	2		§ WA-B2		H,B,K	Steifblättriges Knabenkraut
Dactylorhiza maculata agg.	T,H B	v g	↯ 0	EN EU	g		3		§ WA-B2		H,B,K	Geflecktes Knabenkraut
Dactylorhiza majalis (Rchb.) Hunt et Summerh., 1965	T H B	v s g	↯ ↯ ↯	EU NU EN	t		3		§ WA-B2		H,B,K	Breitblättriges Knabenkraut
Dactylorhiza sambucina (L.) Soó, 1962	A					3		0	§ WA-B2	A	H,B,K	Holunder-Knabenkraut
Danthonia decumbens (L.) DC., 1805	T,H B	v g	↯ 0	NU	t	3	1				H,B	Dreizahn
Daphne mezereum L., 1753	T H B	s v g	0 0 0			3	1		§		H,B	Seidelbast
Datura stramonium L., 1753	(T,H)	v	0			2	1				H,B	Weißer Stechapfel
Daucus carota L., 1753	T,H B	g h	0 0			2	1				H,B	Wilde Möhre
Delphinium elatum L. 1753		ss							§	G	H	Hoher Rittersporn
Deschampsia cespitosa (L.) P. Beauv., 1812		g	↗			2	1				H,B	Rasen-Schmiele
Deschampsia flexuosa (L.) Trin., 1836	T H B	h v g	↗ 0 0			2	1				H,B	*Avenella flexuosa* (L.) Drejer, 1838 Schlängel-Schmiele
Descurainia sophia (L.) Prantl, 1891		g	↗			3	1				H,B	Sophienrauke
Dianthus armeria L., 1753	T H B	ss s v	↯ ↯ ↯	NU NI	t	3	1	3	§		H,B	Rauhe Nelke
Dianthus carthusianorum L., 1753	T,H B	h v	0 0			4	1		§		H,B	Karthäuser-Nelke
Dianthus deltoides L., 1753	T,H B	v g	↯ 0	NI		2	1		§		H,B	Heide-Nelke
Dianthus gratianopolitanus Vill., 1789	B	ss	0			5	1	P	§		H,B	Pfingst-Nelke
Dianthus plumarius L., 1753		ss							§	N	H	Feder-Nelke
Dianthus seguieri Vill. 1786	T	ss				3	1	1	§		B	Busch-Nelke
Dianthus superbus L., 1755	T,H B	s v	↯ ↯	EU NU	t	2	1	3	§		H,B	Pracht-Nelke
Dicentra eximia Torr.		ss								N	H	Herzblume
Dictamnus albus L., 1753	(H)	v	↯	NU NI	t	2	2	3	§	A	H,B	Diptam
Digitalis grandiflora Mill., 1768	T,H B	s v				2	1	3	§		H,B	Großblütiger Fingerhut
Digitalis lanata Ehrh., 1792		ss								G	H	Wolliger Fingerhut
Digitalis purpurea L., 1753	T,H B	v g	↗ 0			2	1			N	H,B	Roter Fingerhut

Art	BR	BS	BE	UV	SM	Vg	Vn	RL	Ges.	Bm	Nach-weis	Synonyme, agg., Deutscher Name
Digitaria ischaemum (SCHREB. ex SCHWEIGG.) SCHREB. ex MÜHL., 1817	T H	v s	0			2	1	3			H,B	Kahle Fingerhirse
Digitaria sanguinalis (L.) SCOP., 1771	T H	v s	0			2	1				H,B	Blutrote Fingerhirse
Diphasiastrum alpinum (L.) HOLUB, 1975	B	ss	↷	EU AU	1	3	1	1	§ FFH5	A	H,B	*Lycopodium alpinum* L., 1753 (*D. complanatum* agg.), Alpen-Flachbärlapp
Diphasiastrum complanatum (L.) HOLUB, 1975	T,B	ss	↷	EU DY AU	z	2	1	2	§ FFH5		H,B	*Lycopodium complanatum* L., 1753 (*D. complanatum* agg.) Gemeiner Flachbärlapp
Diphasiastrum issleri (ROUY) HOLUB, 1975	B	ss	↷	EU		5	1	1	§ FFH5		H,B	*Lycopodium issleri* (ROUY) DOMIN, 1937 (*D. complanatum* agg.) Isslers Flachbärlapp
Diphasiastrum oellgaardii A.M. STOOR et al., 1996	B	ss				5	5		§ FFH5		STOOR et al. 1996	(*D. complanatum* agg.) Oellgaards Flachbärlapp
Diphasiastrum tristachyum (PURSH) HOLUB, 1975	B	ss	↷	EU AU	1	4	1	0	§ FFH5		H,B	*Lycopodium tristachyum* PURSH, 1814 (*D. complanatum* agg.) Zypressen-Flachbärlapp
Diphasiastrum zeilleri (ROUY) HOLUB, 1975	T	ss	↷	EU AU	1	4	1	2	§ FFH5		H,B	*Lycopodium zeilleri* (ROUY) GREUT. et BURD., 1980 (*D. complanatum* agg.), Zeillers Flachbärlapp
Diplotaxis muralis (L.) DC., 1821	(T,H)	v	↷	AN DO	t	3	1	3		N	H,B	Mauer-Doppelsame
Diplotaxis tenuifolia (L.) DC., 1821	T H	v g	↗ 0			3	1			N	H,B	Schmalblättriger Doppelsame
Dipsacus fullonum L., 1753	T,B H	v h	0 0								H,B	*D. sylvestris* HUDS., 1762, Wilde Karde
Dipsacus laciniatus L., 1753		ss	0					1		G	H,B	Schlitzblatt-Karde
Dipsacus pilosus L., 1753	T,H B	s ss	0					3			H,B	*Virga pilosa* (L.) HILL., 1768 Behaarte Schuppenkarde
Doronicum columnae TEN., 1811		s	0			2	1			G	S	Herzblättrige Gemswurz
Doronicum orientale HOFFM., 1808		s								G	H	Orient-Gemswurz
Doronicum pardalianches L., 1753		s	0			2	1			G	B	Kriechende Gemswurz
Dorycnium herbaceum VILL., 1779	H	ss				3	1				HERDAM 1998b	Krautiger Backenklee
Draba muralis L., 1753		ss				2	2	P			H,B	Mauer-Felsenblümchen
Dracocephalum ruyschiana L., 1753		A		NI NM		4	3	0	§,BK		H,B	Nordischer Drachenkopf
Drosera intermedia HAYNE, 1798	T,H	ss	↷	AU BA		2	1	1	§		B	Mittlerer Sonnentau
Drosera longifolia L., 1753		A				2	1	0	§		B	*D. anglica* HUDS., 1778 Langblättriger Sonnentau

Art	BR	BS	BE	UV	SM	Vg	Vn	RL	Ges.	Bm	Nachweis	Synonyme, agg., Deutscher Name
Drosera rotundifolia L., 1753	T,B H	s ss	↶	EN AU		3	1	2	§		H,B	Rundblättriger Sonnentau
Dryopteris affinis (LOWE) FRASER-JENK., 1979	B	ss	0			3	1			A	H,B	*D. pseudomas* (WOLL.) HOLUB et POUZAR, 1967 (*D. filix-mas* agg.), Spreuschuppiger Wurmfarn
Dryopteris carthusiana (VILL.) H. P. FUCHS, 1959		h	0			2	1				H	(*D. carthusiana* agg.) Dorniger Wurmfarn
Dryopteris cristata (L.) A. GRAY, 1848	T	s	↶	EN BA		2	1	2	§		H,B	Kamm-Wurmfarn
Dryopteris dilatata (HOFFM.) A. GRAY, 1848	T,H B	v h	0 0			3	1				H,B	(*D. carthusiana* agg.) Breitblättriger Wurmfarn
Dryopteris expansa (C. PRESL) FRASER-JENK. et JERMY, 1977	B	s	0			2	1	2			H,B	*D. assimilis* S. WALKER, 1961 (*D. carthusiana* agg.) Blaugrüner Wurmfarn
Dryopteris filix-mas (L.) SCHOTT, 1834	T,H B	v g	0 0			2	1				H	(*D. filix-mas* agg.) Gemeiner Wurmfarn
Duchesna indica (ANDREWS) FOCKE, 1888		s	↗							N	H	Indische Scheinerdbeere
Echinochloa crus-galli (L.) P. BEAUV. 1812	T,H	h	↗								H,B	Gemeine Hühnerhirse
Echinochloa muricata (P. BEAUV.) FERNALD, 1915	T$_S$	v	↗							N	1998 AMARELL 1999 JAGE	Stachelfrüchtige Hühnerhirse
Echinocystis lobata (MICHX.) TORR. et A. GRAY, 1840	T,H	s	0							N	B	Gelappte Stachelgurke
Echinops bannaticus ROCHEL ex SCHRADER, 1827	T	ss	0							N	KRUMBIEGEL, KLOTZ 1995	*E. ritro* auct. Banater Kugeldistel
Echinops exaltatus SCHRAD., 1809	T	ss	0							N	S	Hohe Kugeldistel
Echinops sphaerocephalus L., 1753	T,B H	v h	↗ ↗							N	H,B	Große Kugeldistel
Echium vulgare L., 1753		g	0			3	1				H,B	Gemeiner Natterkopf
Elaeagnus angustifolia L., 1753	T,H	v	↗							N	H	Schmalblättrige Ölweide
Elaeagnus commutata BERNH. ex RYDB. 1918	H	ss								N	H	Silber-Ölweide
Elatine alsinastrum L., 1753	(T)	ss		NI	t	2	1	0			H,B,1992 HERDAM	Quirl-Tännel
Elatine hexandra (LAPIERRE) DC., 1807	T	ss		NI	t	3	1	1			B	Sechsmänniges Tännel
Elatine hydropiper L., 1753	T	ss		EN NI	t	2	1	3			B	Wasserpfeffer-Tännel
Elatine triandra SCHKUHR, 1791	T	ss		NI	t	3	1	1			H,B	Dreimänniges Tännel
Eleocharis acicularis (L.) ROEM. et SCHULT., 1817	T$_P$ H	v ss	0			3	1	3			H,B	Nadel-Sumpfsimse
Eleocharis mamillata LINDB. F., 1902	T	ss				2	1	1			B	(*E. palustris* agg.) Zitzen-Sumpfsimse

Art	BR	BS	BE	UV	SM	Vg	Vn	RL	Ges.	Bm	Nach-weis	Synonyme, agg., Deutscher Name
Eleocharis multicaulis (SM.) DESV., 1818	T	ss				2	1				H,B	Vielstengelige Sumpfsimse
Eleocharis ovata (ROTH) ROEM. et SCHULT., 1817	T$_P$	s				2	1	2			H,B	Ei-Sumpfsimse
Eleocharis palustris (L.) ROEM. et SCHULT., 1817		h	↘	EN NI		2	1				H	(*E. palustris* agg.) Gemeine Sumpfsimse
Eleocharis parvula (ROEM. et SCHULT.) LINK ex BLUFF, NEES et SCHAUER, 1836	A					3	1	0			B	Kleine Sumpfsimse
Eleocharis quinqueflora (HARTMANN) O. SCHWARZ, 1949	A			EN		3	1	0			H,B	Wenigblütige Sumpfsimse
Eleocharis uniglumis (LINK) SCHULT., 1824	T H,B	v s	↘ ↘	EN NI		2	1				H,B	(*E. palustris* agg.) Einspelzige Sumpfsimse
Elodea canadensis MICHX., 1803	T H,B	v s	0 0			2	1			N	H,B	Kanadische Wasserpest
Elsholtzia ciliata (THUNB.) HYL., 1941	A							0		G	H	Echte Kamminze
Elymus caninus (L.) L., 1755	T H,B	v h	0 0			2	1				H,B	*Roegneria canina* (L.) NEVSKI, 1934 Hundsquecke
Elymus hispidus (OPIZ) MELDERIS, 1978	T$_L$,H	s	0			3	3	2			H,B	*Elytrigia intermedia* (HOST) NEVSKI, 1936 Graugrüne Quecke
Elymus repens (L.) GOULD, 1947		g	↗			2	1				H,B	*Agropyron repens* (L.) P. BEAUV., 1812, *Elytrigia repens* (L.) NEVSKI, 1933, Gemeine Quecke
Empetrum nigrum L., 1753	B	ss	0			2	1	3			H,B	Gemeine Krähenbeere
Epilobium angustifolium L., 1753		g	0			2	1				H,B	Schmalblättriges Weidenröschen
Epilobium ciliatum RAF., 1808		h	⌇⌇			1	1			N	H,B	*E. adenocaulon* HAUSSKN., 1879, Drüsiges Weidenröschen
Epilobium collinum C.C. GMEL., 1826	(B)	v	0			2	1	3			H,B	Hügel-Weidenröschen
Epilobium hirsutum L., 1753		h	0			2	1				H,B	Rauhhaariges Weidenröschen
Epilobium lamyi F. W. SCHULTZ, 1844		v	0			2	1				H,B	*E. tetragonum* ssp. *lamyi* (F.W.SCHULZ) NYMAN, 1879, Graugrünes Weidenröschen
Epilobium lanceolatum SEBAST. et MAURI, 1818	A					2	1	0			H,B	Lanzett-Weidenröschen
Epilobium montanum L., 1753	T,H B	v g	0 0			3	1				H,B	Berg-Weidenröschen
Epilobium obscurum SCHREB., 1771	T,H B	s ss	↘ ↘	EN NI	t	3	1	2			H,B	Dunkelgrünes Weidenröschen
Epilobium palustre L., 1753	T,H B	v h	↘ 0	EN NI	t	2	1				H,B	Sumpf-Weidenröschen
Epilobium parviflorum SCHREB., 1771		h	0			3	1				H,B	Kleinblütiges Weidenröschen

Art	BR	BS	BE	UV	SM	Vg	Vn	RL	Ges.	Bm	Nachweis	Synonyme, agg., Deutscher Name
Epilobium roseum SCHREB., 1771		v		EN NI	t	3	1				H,B	Rosenrotes Weidenröschen
Epilobium tetragonum L., 1753 s. str		h	0			3	1				H,B	*E. adnatum* GRISEB., 1852, Vierkantiges Weidenröschen
Epimedium alpinum L., 1753		A				2				G	H	Sockenblume
Epipactis atrorubens (HOFFM.) BESSER, 1809	T$_L$ H,B	s v	⌐			3	1		§ WA-B2		H,B,K	Braunroter Sitter
Epipactis helleborine (L.) CRANTZ, 1769		v	0			2	1		§ WA-B2		H,K	(*E. helleborine* agg.) Breitblättriger Sitter
Epipactis leptochila (GODFERY) GODFERY, 1921	T H	ss s	0 0			3	1		§ WA-B2		H,B,K	(*E. helleborine* agg.) Schmallippiger Sitter
Epipactis microphylla (EHRH.) SW., 1800	H	v	0			4	2	P	§ WA-B2	A	H,B,K	Kleinblättriger Sitter
Epipactis muelleri GODFERY, 1921	H	s	0					1	§ WA-B2	A	H,B,K	(*E. helleborine* agg.) Müllers Sitter
Epipactis palustris (L.) CRANTZ, 1769	T H,B	s ss	⌐			3	1	2	§ WA-B2		H,B,K	Sumpf-Sitter
Epipactis purpurata SM., 1828	T H B	s v ss	0 0 0			3	1	3	§ WA-B2		H,B,K	Violetter Sitter
Epipogium aphyllum SW., 1814	B	ss				3	1	P	§ WA-B2		H,B,K	Widerbart
Equisetum arvense L., 1753		g	0			2	1				H,B	Acker-Schachtelhalm
Equisetum fluviatile L., 1753	T,H B	v h	0 0			2	1				H,B	Teich-Schachtelhalm
Equisetum hyemale L., 1753	T,B H	s ss	↷			2	1	3			H,B	Winter-Schachtelhalm
Equisetum palustre L., 1753		h	0			2	1				H,B	Sumpf-Schachtelhalm
Equisetum pratense EHRH., 1784	T,B	s	0			2	1	2			H,B	Wiesen-Schachtelhalm
Equisetum ramosissimum DESF., 1799		ss				3	1	0			B, 1996 SCHNELLE	Ästiger Schachtelhalm
Equisetum sylvaticum L., 1753	T H B	v ss h	0 0 0			2	1				H,B	Wald-Schachtelhalm
Equisetum telmateia EHRH., 1783		A				3	1	P		A	B	Riesen-Schachtelhalm
Equisetum variegatum SCHLEICH. ex WEBER et D. MOHR, 1807		ss				2	1	0			1996 KÖHLER, 1996 JACOB	Bunter Schachtelhalm
Eragrostis albensis H. SCHOLZ, 1995	T$_S$	v	∽∽			5	3			W	B	Elb-Liebesgras
Eragrostis cilianensis (ALL.) VIGNOLO ex JANCH., 1907		A						0		G	H,B	*E. megastachya* (KOELER) LINK, 1827 Großes Liebesgras
Eragrostis minor HOST, 1809	T,H	v	⌐			2	1			N	H,B	Kleines Liebesgras
Eragrostis pilosa (L.) P. BEAUV., 1812		A								G	H	Behaartes Liebesgras

Art	BR	BS	BE	UV	SM	Vg	Vn	RL	Ges.	Bm	Nachweis	Synonyme, agg., Deutscher Name
Eranthis hyemalis (L.) SALISB., 1807	T,H	v	0					3		N	H,B	Winterling
Erica tetralix L., 1753	T	v	↘	EU		2	1	2			B	Glocken-Heide
Erigeron acris L., 1753	T,B H	v h	0 0			2	1				H,B	Scharfes Berufkraut
Erigeron annuus (L.) PERS., 1807	T,H	v	↗			2	1			N	H,B	Feinstrahl-Berufkraut
Eriophorum angustifolium HONCK., 1782	T H B	v s h	↘ ↘ 0	EN EU NU	g,t	2	1	3			H,B	Schmalblättriges Wollgras
Eriophorum gracile W.D.J. KOCH ex ROTH, 1800		A				3	1	0			H,B	Zierliches Wollgras
Eriophorum latifolium HOPPE, 1800	T,H B	ss v	↘ ↘	EN EU	g	3	1	2			H,B	Breitblättriges Wollgras
Eriophorum vaginatum L., 1753	T,B H	s ss	↘	EU EN		2	1	3			H,B	Scheidiges Wollgras
Erodium cicutarium (L.) L'HÉR., 1789	T,H B	g v	0 0			2	1				H,B	Gemeiner Reiherschnabel
Erophila verna (L.) DC., 1821		g	0			3	1				H,B	Frühlings-Hungerblümchen
Eruca sativa MILL., 1768	T,H	s							G		H,B	Öl-Rauke
Erucastrum gallicum (WILLD.) O.E. SCHULZ, 1916	T,H	v				3	2			N	H,B	Französische Hundsrauke
Erucastrum nasturtiifolium (POIR.) O.E. SCHULZ, 1916		A									Herb. JE	Stumpfkantige Hundsrauke
Eryngium campestre L., 1753	(T,H)	h	0			2	1			§	H,B	Feld-Mannstreu
Eryngium planum L., 1753		s							G		H	Flachblättriger Mannstreu
Erysimum cheiranthoides L., 1753	T H,B	h v	0 0			2	1				H,B	Acker-Schöterich
Erysimum cheiri (L.) CRANTZ, 1769		ss		AN		2	1	0		N	H	*Cheiranthus cheiri* L., 1753, Goldlack
Erysimum crepidifolium RCHB., 1823	(H)	v	0			5	2			W	H,B	Gänsesterbe
Erysimum hieraciifolium L., 1755		v	0			2	1				H,B	*E. virgatum* ROTH, 1797, *E. strictum* P. GAERTN., B. MEY. et SCHERB., 1800 (*E. hieraciifolium* agg.) Ruten-Schöterich
Erysimum marschallianum ANDRZ. ex DC., 1819		s									H,B	*E. durum* J. et C. PRESL, 1822, (*E. hieraciifolium* agg.), Harter Schöterich
Erysimum odoratum EHRH., 1792		ss				2	1		K (N in T)		H,B	Duft-Schöterich
Erysimum repandum L., 1753	T,H	s	↗							N	H,B	Spreiz-Schöterich
Eschscholzia californica CHAM., 1820		ss							G		S	Kalifornischer Kappenmohn
Euonymus europaeus L., 1753		h	0			3	1				H,B	L., 1753, Europäisches Pfaffenhütchen

Art	BR	BS	BE	UV	SM	Vg	Vn	RL	Ges.	Bm	Nachweis	Synonyme, agg., Deutscher Name
Eupatorium cannabinum L., 1753	T H,B	h v	↗ 0			3	1				H,B	Kunigundenkraut, Wasserdost
Euphorbia cyparissias L., 1753		g	0			3	1				H,B	Zypressen-Wolfsmilch
Euphorbia dulcis L., 1753	T,H B	v ss	0 0			2	1	2			H,B	Süße Wolfsmilch
Euphorbia esula L., 1753	T,H B	h s	0 0			3	1				H,B	(*E. esula* agg.) Esels-Wolfsmilch
Euphorbia exigua L., 1753	(T_L) H B	v h s	0 0 0			3	1				H,B	Kleine Wolfsmilch
Euphorbia falcata L., 1753	H	ss				2	1	0			B	Sichel-Wolfsmilch
Euphorbia helioscopia L., 1753		g	0			2	1				H,B	Sonnenwend-Wolfsmilch
Euphorbia lathyris L., 1753		v	0							G	H,B	Spring-Wolfsmilch
Euphorbia palustris L., 1753	T_S	v	↶	EN NI	t,g	2	2	3	§		H,B	Sumpf-Wolfsmilch
Euphorbia peplus L., 1753	T H B	h g s	0 0 0			2	1				H,B	Garten-Wolfsmilch
Euphorbia platyphyllos L., 1753	T,H	ss	↶	NI DO	t			2		A	H,B	Breitblättrige Wolfsmilch
Euphorbia seguieriana NECK., 1770	H	v	↶	NU BA	t	2	1	3			B	Steppen-Wolfsmilch
Euphorbia waldsteinii (SOJÁK) A.R. SM., 1981	T,H	s						3		N	H,B	*E. virgata* WALDST. et KIT., 1804 (*E. esula* agg.), Ruten-Wolfsmilch
Euphrasia nemorosa agg.	H	ss									HERDAM 1994a	Hain-Augentrost
Euphrasia rostkoviana HAYNE, 1825		v	↶	NI NU	t	3	1	3			H,B	*E. officinalis* ssp. *rostkoviana* (HAYNE) TOWNS.,1884 Großblütiger Augentrost
Euphrasia stricta D. WOLFF ex J. F. LEHMANN, 1809	T H,B	v v	0	NU	t	3	1				H,B	Steifer Augentrost
Fagopyrum esculentum MOENCH, 1794		ss								G	H,B	Echter Buchweizen
Fagopyrum tataricum (L.) P. GAERTN., 1790		A								G	H,B	Tataren-Buchweizen
Fagus sylvatica L., 1753	T H,B	h g	0 0			4	1			K	H,B	Rotbuche
Falcaria vulgaris BERNH., 1800	T H B	h g s	0 0 0			2	1				H,B	Sichelmöhre
Fallopia baldschuanica (REGEL) HOLUB, 1971	T,H	s	0							N	H	*F. aubertii* (L. HENRY) HOLUB, 1971 Silberregen
Fallopia convolvulus (L.) Á. LÖVE, 1970		g	0			2	1				H,B	Gemeiner Windenknöterich
Fallopia dumetorum (L.) HOLUB, 1971		v	0			2	1				H,B	Hecken-Windenknöterich

Art	BR	BS	BE	UV	SM	Vg	Vn	RL	Ges.	Bm	Nachweis	Synonyme, agg., Deutscher Name
Fallopia japonica (HOUTT.) RONSE DECR., 1988		v	⤴							N	H,B	*Reynoutria japonica* HOUTT., 1777, Japanischer Staudenknöterich
Fallopia sachalinensis (F. SCHMIDT) RONSE DECR., 1988	T,B H	s v	⤴ ⤴							N	H,B	*Reynoutria sachalinensis* (F. SCHMIDT) NAKAI, 1919, Sachalin-Staudenknöterich
Festuca altissima ALL., 1789	T H B	ss v h	0 0			3	1				H,B	*F. sylvatica* (POLLICH) VILL., 1787 Wald-Schwingel
Festuca arundinacea SCHREB., 1771		v	⤴			3	1				H,B	Rohr-Schwingel
Festuca brevipila TRACEY, 1977	T H,B	h s	⤴			2	1			K	H,B	*F. trachyphylla* (HACK.) KRAJINA, 1930 (*F. ovina* agg.), Rauhblatt-Schwingel
Festuca filiformis POURR., 1788	T H	v ss	0			3	1				H,B	*F. tenuifolia* SIBTH., 1794 (*F. ovina* agg.) Haar-Schwingel
Festuca gigantea (L.) VILL., 1787	T,H B	h g	0 0			3	1				H,B	Riesen-Schwingel
Festuca guestfalica BOENN. ex RCHB., 1831	H,B	ss				2	1				HERDAM 1994b	*F. lemanii* auct. (*F. ovina* agg.), Harter Schaf-Schwingel
Festuca heterophylla LAM., 1779	T H,B	s v	0 0			3	1				H,B	Verschiedenblättriger Schwingel
Festuca ovina L., 1753		h	0			2	1				H,B	(*F. ovina* agg.), Echter Schaf-Schwingel
Festuca pallens HOST, 1802	T$_L$ H,B	s v	0 0			4	2				H,B	(*F. ovina* agg.) Blau-Schwingel
Festuca polesica ZAPAL., 1904	T$_P$	s	0			3	1			A	1997 NICKOLMANN	(*F. ovina* agg.) Dünen-Schwingel
Festuca pratensis HUDS., 1762		h	0			2	1			K	H,B	Wiesen-Schwingel
Festuca psammophila (HACK. ex ČELAK.) FRITSCH, 1897	T$_P$	s	0			4	2	3		A	B	(*F. ovina* agg.) Sand-Schwingel
Festuca pseudovina HACK. ex WIESB., 1880	T,H	v	0			3	3			A	H,B	*Festuca valesiaca* ssp. *parviflora* (HACK.) TRACEY, 1977 (*F. ovina* agg.), Falscher Schaf-Schwingel
Festuca rubra agg.		g	0			2	1			K	H,B	Rot-Schwingel
Festuca rupicola HEUFF., 1858	T H B	v h s	0 0 0			2	2				H,B	*F. sulcata* (HACK.) NYMAN, 1882 (*F. ovina* agg.), Furchen-Schwingel
Festuca valesiaca SCHLEICH. ex GAUDIN s.str., 1811	(T$_L$,H)	v	0			2	3			A	H,B	*Festuca valesiaca* ssp. *valesiaca* (*F. ovina* agg.) Walliser-Schwingel
Filago arvensis L., 1753	(T,H)	v	⤴			3	1	2			H,B	Acker-Filzkraut
Filago gallica L. 1753		A									SCHÖNHEIT 1850	Französisches Filzkraut
Filago lutescens JORD., 1846	T,H	s				4	1	2			H,B	(*F. vulgaris* agg.) Gelbliches Filzkraut

Art	BR	BS	BE	UV	SM	Vg	Vn	RL	Ges.	Bm	Nach-weis	Synonyme, agg., Deutscher Name
Filago minima (SM.) PERS., 1807	T,H	v	0			3	1				H,B	Zwerg-Filzkraut
Filago pyramidata L., 1753	H	ss				2	2	0			KEDING 1995, B	(*F. vulgaris* agg.) Spatelblättriges Filzkraut
Filago vulgaris LAM., 1779	(T,H)	s	↷	AU NI NU	t	3	1	1			H,B	*F. germanica* L., 1763 (*F. vulgaris* agg.) Deutsches Filzkraut
Filipendula ulmaria (L.) MAXIM., 1879		h	0			2	1				H,B	Großes Mädesüß
Filipendula vulgaris MOENCH, 1794		v	0			2	1				H,B	Kleines Mädesüß
Foeniculum vulgare MILL., 1768		s	0							N	H	Fenchel
Forsythia x intermedia ZAB., 1885										N	S	*F. suspensa x viridissima*, Hybrid-Forsythie
Forsythia suspensa (THUNB.) VAHL		s								N	H	Hängende Forsythie
Forsythia viridissima LINDL.										N	S	Dunkelgrüne Forsythie
Fragaria x ananassa (DUCHESNE) DECAISNE et NAUDIN, 1872		v	0							N	H	*F. x magna* auct. non THUILL., 1799, *F. chiloënsis x virginiana* Garten-Erdbeere
Fragaria moschata (DUCHESNE) WESTON, 1771	(T$_L$) H,B	s v	↷ ↷	NU NI	t	2	3				H,B	Zimt-Erdbeere
Fragaria vesca L., 1753	T H,B	v g	↷ 0			2	1				H,B	Wald-Erdbeere
Fragaria viridis (DUCHESNE) WESTON, 1771	T,H B	v s	0 0			2	1				H,B	Knack-Erdbeere
Frangula alnus MILL., 1768		h	0			2	1				H,B	Faulbaum
Fraxinus excelsior L., 1753		g	0			2	1				H,B	Gemeine Esche
Fraxinus ornus L., 1753		ss				2	1			G	S	Blumen-Esche
Fraxinus pennsylvanica MARSHALL, 1785	T	v	0			2	3			N	B	Rot-Esche
Fritillaria meleagris L., 1753	T	ss		NU	t	3	1	1	§		B	Schachblume
Fumana procumbens (DUNAL) GREN. et GODR., 1847	(H)	s	↷	NU	t	3	2	3		A	H,B	Zwerg-Sonnenröschen
Fumaria capreolata L., 1753		A								G	H,B	Ranken-Erdrauch
Fumaria officinalis L., s.str. 1753	T,H B	g v	0 0			2	1				H,B	*F. officinalis* ssp. *officinalis*, Gemeiner Erdrauch
Fumaria parviflora LAM., 1788	T$_L$,H	ss	↷	NU HE	t	3	3	2			H,B	(*F. parviflora* agg.) Kleinblütiger Erdrauch
Fumaria rostellata KNAF, 1846	H	ss				2	0				KORSCH 1997,H,B	Schnabel-Erdrauch
Fumaria schleicheri SOY.-WILL., 1828	T$_L$,H	ss				2	1	1			B	Schleichers Erdrauch
Fumaria schrammii (ASCH.) VELEN., 1891	T,H	s				2	1				H	*F. vaillantii* ssp. *schrammii* (ASCH.) NYMAN, 1878 (*F. parviflora* agg.) Schramms Erdrauch

Art	BR	BS	BE	UV	SM	Vg	Vn	RL	Ges.	Bm	Nach-weis	Synonyme, agg., Deutscher Name
Fumaria vaillantii LOISEL. s.str., 1809	T,H	v	0			3	1				H	*F. vaillantii* ssp. *vail-lantii* (*F. parviflora* agg.) Vaillants Erdrauch
Fumaria wirtgenii W.D.J. KOCH, 1845	(T,H)	v	0								H	*F. officinalis* ssp: *wirt-genii* (ASCH.) NYMAN, 1878, Wirtgens Erdrauch
Gagea bohemica (ZAUSCHN.) SCHULT. et SCHULT. F., 1829	T$_L$,H B	v ss	0				3	(2)		A	H,B	Felsen-Goldstern
Gagea lutea (L.) KER GAWL., 1809	T,H B	v h	0 0			2	1				H,B	Wald-Goldstern
Gagea minima (L.) KER GAWL., 1816	T$_L$,H	s	↶			3	3	2			H,B	Zwerg-Goldstern
Gagea pomeranica RUTHE, 1893		ss									H	Pommerscher Goldstern
Gagea pratensis (PERS.) DUMORT., 1827	T,H B	v ss	0 0			3	1				H,B	Wiesen-Goldstern
Gagea spathacea (HAYNE) SALISB., 1806		s	0			4	1	3			H,B	Scheiden-Goldstern
Gagea villosa (M. BIEB.) SWEET, 1826	T,H	v	↶	NI NU	t	3	1	3			H,B	Acker-Goldstern
Gaillardia aristata PURSH, 1814	T	ss									HERDAM 1994b	*G. grandiflora* hort. non VAN HOUTTE
Galanthus nivalis L., 1753		v	↗			2	1		§,FFH5 WA-B2	N	H,B	Schneeglöckchen
Galega officinalis L., 1753	T H	s ss	0					3		N	H,B	Echte Geißraute
Galeopsis angustifolia HOFFM., 1804	(T$_L$),B H	s v	↶ 0	NI HE	t	3	1	3			H,B	(*G. ladanum* agg.) Schmalblättr. Hohlzahn
Galeopsis bifida BOENN., 1824	(T$_P$),B H	v s	0 0			2	1				H,B	Kleinblütiger Hohlzahn
Galeopsis ladanum L., 1753	T,B H	v s	↶ ↶	NI HE	t	2	1	3			H,B	(*G. ladanum* agg.) Acker-Hohlzahn
Galeopsis pubescens BESSER, 1809	T,H B	s v	0 0			2	1			A	H,B	Weichhaariger Hohlzahn
Galeopsis segetum NECK., 1770	T	ss	0			2	1	0			HERDAM 1997,H,B	Saat-Hohlzahn
Galeopsis speciosa MILL., 1768	(T$_P$) H B	v s g	0 0 0			2	1				H,B	Bunter Hohlzahn
Galeopsis tetrahit L., 1753		g	↗			2	1				H	Stechender Hohlzahn
Galinsoga ciliata (RAF.) S.F. BLAKE, 1922	T,H B	h s	↗ 0			1	1			N	H,B	Zottiges Franzosenkraut
Galinsoga parviflora CAV., 1795	T,H B	g v	0 0			1	1			N	H,B	Kleinblütiges Franzosenkraut
Galium album MILL., 1768		g	0			2	1				H,B	(*G. mollugo* agg.) Weißes Labkraut
Galium aparine L., 1753		g	↗			2	1				H,B	(*G. aparine* agg.) Kletten-Labkraut
Galium boreale L., 1753		v	↶	NU	t	2	1				H,B	Nordisches Labkraut
Galium glaucum L., 1753	(T$_L$) H,B	s v	0 0			3	1				H,B	Blaugrünes Labkraut

Art	BR	BS	BE	UV	SM	Vg	Vn	RL	Ges.	Bm	Nachweis	Synonyme, agg., Deutscher Name
Galium odoratum (L.) SCOP., 1771	T,H B	v g	0 0			2	1				H,B	Waldmeister
Galium palustre L. s.l., 1753	T,B H	h v	0 0			2	1				H,B	Sumpf-Labkraut
Galium parisiense L., 1753	(H)	ss		NU HE		3	3	1			H,B,1992 HERDAM	Pariser Labkraut
Galium x pomeranicum RETZ., 1795		v									H	*G. x ochroleucum* WOLFF *G. album x verum*
Galium pumilum MURRAY s.str., 1770	T,H B	v h	0 0			3	1				H	(*G. pusillum* agg.) Heide-Labkraut
Galium rotundifolium L., 1753	T_P,H B	s v	0 0					3		A	H,B	Rundblatt-Labkraut
Galium saxatile L., 1753	T,H B	v g	0 0								H,B	*G. harcynicum* WEIGEL, 1772, Harz-Labkraut
Galium spurium L., 1753	T,B H	s v	⟋ ⟋			2	1				H,B	(*G. aparine* agg.), Kleinfrücht. Kletten-Labkraut
Galium sylvaticum L., 1762	T,H B	v h	0 0			3	1				H,B	Wald-Labkraut
Galium tricornutum DANDY, 1957	T_L H	ss s	↷ ↷	EU HE		3	1	2			H,B	Dreihörniges Labkraut
Galium uliginosum L., 1753	T,H B	v h	0								H,B	Moor-Labkraut
Galium valdepilosum HEINR. BRAUN, 1886	B	ss	0			3	1				H,B	(*G. pusillum* agg.) Mährisches Labkraut
Galium verrucosum HUDS., 1767		A						0		G	H,B	Anis-Labkraut
Galium verum L., 1753		g	0			2	1				H	(*G. verum* agg.) Echtes Labkraut
Galium wirtgenii F.W. SCHULTZ, 1852		s				3	1				1997 JOHN	(*G. verum* agg.) Wirtgens Labkraut
Genista anglica L., 1753	T_P	v	↷	NU	t	2	1	2		A	B	Englischer Ginster
Genista germanica L., 1753	T,H B	v h	↷ 0			3	1	3			H,B	Deutscher Ginster
Genista pilosa L., 1753		v	↷	NU	t	3	1	3			H,B	Haar-Ginster
Genista tinctoria L., 1753	T H B	v h g	0 0 0			2	1				H,B	Färber-Ginster
Gentiana asclepiadea L., 1753	B	ss	0			2	1		§	N	H	Schwalbenwurz-Enzian
Gentiana cruciata L., 1753	T,H	ss	0			2	1	2	§		H,B	Kreuz-Enzian
Gentiana lutea L., 1753	B	ss	0			2	1		§,FFH5 WA-D	N	H,B	Gelber Enzian
Gentiana pneumonanthe L., 1753	T	s	↷↷	NI EU	t	3	1	2	§		H,B	Lungen-Enzian
Gentiana punctata L., 1753		ss	0			2	1		§	N	H	Tüpfel-Enzian
Gentiana verna L., 1753		A				2	1-	0	§		H,B	Frühlings-Enzian
Gentianella amarella agg.		A				3	2-	1	§		H,B	incl. *G. uliginosa* (WILLD.) BÖRNER, 1912 Bitterer Enzian

Art	BR	BS	BE	UV	SM	Vg	Vn	RL	Ges.	Bm	Nachweis	Synonyme, agg., Deutscher Name
Gentianella baltica (MURB.) BÖRNER 1912	H,B	s	↶	NI EU EN		4	1	2	§		H,B	*G. campestris* ssp. *baltica* (MURB.) Å. LÖVE et D. LÖVE, 1961 Baltischer Enzian
Gentianella campestris L. s.str., 1753	H,B	ss	↶	NU	t	2	1	1	§		H	*G. campestris* ssp. *campestris*, Feld-Enzian
Gentianella ciliata (L.) BORKH., 1796	T_L,B H	s v	0 ↶	NU NI	t	3	1	3	§		H,B	Fransen-Enzian
Gentianella germanica (WILLD.) BÖRNER, 1912	T_L,B H	s v	↶ ↶	NU NI	t	3	1	3	§		H,B	Deutscher Enzian
Geranium columbinum L., 1753		v	0			3	1				H,B	Tauben-Storchschnabel
Geranium dissectum L., 1755		v	0			2	1				H,B	Schlitzblättriger Storchschnabel
Geranium divaricatum EHRH., 1792		A								G	B	Spreizender Storchschnabel
Geranium lucidum L., 1753	T_L,H B	ss s	0 0			3	2	3			H,B	Glänzender Storchschnabel
Geranium macrorrhizum L., 1753		ss				2	1			G	HERDAM 1996	Felsen-Storchschnabel
Geranium molle L., 1753	T,H B	h v	↗ 0			2	1				H,B	Weicher Storchschnabel
Geranium palustre L., 1756	T H B	v h g	↶ 0 0	NI	t	2	1				H,B	Sumpf-Storchschnabel
Geranium phaeum L., 1753		s						3		(N in T,H)	H,B	Brauner Storchschnabel
Geranium pratense L., 1753	T H,B	v h	0 0			2	1				H,B	Wiesen-Storchschnabel
Geranium pusillum BURM. F., 1759	T,H B	g v	0 0			2	1				H,B	Zwerg-Storchschnabel
Geranium pyrenaicum BURM. F., 1759	T,B H	v h	↗ ↗			2	1			N	H,B	Pyrenäen-Storchschnabel
Geranium robertianum L., 1753		g	0			2	1				H,B	Ruprechtskraut
Geranium rotundifolium L., 1753		ss				2	1	0		N	H	Rundblättriger Storchschnabel
Geranium sanguineum L., 1753	T H,B	s v	↶ ↶	NU BA	t	2	1			K	H,B	Blut-Storchschnabel
Geranium sylvaticum L., 1753	H B	s h	0 0			2	1				H,B	Wald-Storchschnabel
Geum montanum L., 1753		A				2	1			N?	H,B	Berg-Nelkenwurz
Geum rivale L., 1753	T H B	v s g	↶ ↶ 0	NI EN NU	t	2	1	3			H,B	Bach-Nelkenwurz
Geum urbanum L., 1753		g	0			2	1				H,B	Echte Nelkenwurz
Gladiolus palustris GAUDIN, 1828		A				3	2	0	§		B	Sumpf-Siegwurz
Glaucium corniculatum (L.) RUDOLPH, 1781	T,H	ss				2	2	P			H,B	Roter Hornmohn
Glaucium flavum CRANTZ, 1763	T,H	s	↶	AN		2	2	3		N	H,B	Gelber Hornmohn

Art	BR	BS	BE	UV	SM	Vg	Vn	RL	Ges.	Bm	Nachweis	Synonyme, agg., Deutscher Name
Glaux maritima L., 1753	T H	v ss	↶	AN NI		3	2	3			H,B	Milchkraut
Glechoma hederacea L., 1753		g	0			2	1				H,B	Gundermann
Gleditsia triacanthos L., 1753	T	ss								G	S	Gleditschie
Globularia punctata LAPEYR., 1813	T,H	ss	0			2	1	3	§	A	B	*G. bisnagarica* L.,1753 Echte Kugelblume
Glyceria declinata BRÉB., 1859		s				3	1	2			H,B	(*G. fluitans* agg.) Blaugrüner Schwaden
Glyceria fluitans (L.) R. BR., 1810	T,B H	h v	0 0			2	1				H,B	(*G. fluitans* agg.) Flutender Schwaden
Glyceria maxima (HARTM.) HOLMB., 1919	T,B H	h v	0 0			2	1				H,B	Wasser-Schwaden
Glyceria notata CHEVALL., 1827		v	0			2	1				H,B	*G. plicata* (FR.) FR., 1842 (*G. fluitans* agg.) Falt-Schwaden
Glycine max (L.) MERRILL, 1917	T	ss								G	S	Sojabohne
Gnaphalium sylvaticum L., 1753	T,H B	v g	⇗ 0			2	1				H,B	Wald-Ruhrkraut
Gnaphalium uliginosum L., 1753	T,H B	h g	0 0			2	1				H,B	Sumpf-Ruhrkraut
Goodyera repens (L.) R. BR., 1813	T	ss	↶	NU	t	2	1	2	§ WA-B2		H,B,K	Kriechendes Netzblatt
Gratiola officinalis L., 1753	T$_S$	v	↶	NI DY	t,z	3	1	2	§		H	Gottes-Gnadenkraut
Groenlandia densa (L.) FOURR., 1869	T	ss				4	1	0		N	H,B,1995 FRIEDRICHS	Fischkraut
Guizotia abyssinica (L. F.) CASS., 1829		ss								G	H,B	Ramtillkraut
Gymnadenia conopsea (L.) R. BR., 1813	H B	v s	0 0			3	1	3	§ WA-B2		H,B,K	Große Händelwurz
Gymnadenia odoratissima (L.) RICH. 1817		A				3	1	0	§ WA-B2		H,B,K	Duft-Händelwurz
Gymnocarpium dryopteris (L.) NEWMAN, 1851	T,H B	v g	0 0			2	1				H,B	Eichenfarn
Gymnocarpium robertianum (HOFFM.) NEWMAN, 1851		s	↶	SO		2	1	3			H,B	Ruprechtsfarn
Gypsophila fastigiata L., 1753	H	s	0			2	1	3	§	A	B	Ebensträußiges Gipskraut
Gypsophila muralis L., 1753	T H,B	s ss	↶	DY EU	t,z	3	1	2			H,B	Acker-Gipskraut
Gypsophila paniculata L., 1753	T,H	s	0			2	2	3		N	H,B	Schleier-Gipskraut
Gypsophila perfoliata L., 1753	T$_L$	v	⇗			2	4			N	B	Durchwachsenblättr. Gipskraut
Gypsophila scorzonerifolia SER., 1824	T,H	s	⇗			2	3			N	H,B	Schwarzwurzelblättriges Gipskraut
Hedera helix L., 1753		g	0			2	1			K	H,B	Efeu
Helianthemum apenninum (L.) MILL., 1768	H	ss	0	NU AB		4	2	3	§	A	B	Apenninen-Sonnenröschen

Art	BR	BS	BE	UV	SM	Vg	Vn	RL	Ges.	Bm	Nachweis	Synonyme, agg., Deutscher Name
Helianthemum canum (L.) BAUMG., 1816	T H	ss s	0			4	3	3	§	A	H,B	Graues Sonnenröschen
Helianthemum nummularium (L.) MILL., 1768	T H B	v h g	↻ ↻ 0	NU BA NI	t	2	1				H,B	incl. *H. ovatum* (VIV.) DUNAL, 1824, Gemeines Sonnenröschen
Helianthus annuus L., 1753		v	0							G	H	Sonnenblume
Helianthus x laetiflorus PERS. 1807	T,H	v	⤴							N	S	*H. rigidus x tuberosus* Bastard-Sonnenblume
Helianthus tuberosus L., 1753	T,H	s				3	1			N	H	Topinambur
Helichrysum arenarium (L.) MOENCH, 1794	T,H	h	⤴			2	1		§		H,B	Sand-Strohblume
Helictotrichon pratense (L.) BESSER, 1828	T,B H	v h	↻ 0	NU	t	3	1				H,B	*Avenula pratensis* (L.) DUMORT., 1868 Echter Wiesenhafer
Helictotrichon pubescens (HUDS.) PILG., 1938	T H,B	v h	↻ 0	NU	t	2	1				H,B	*Avenula pubescens* (HUDS.) DUMORT., 1868 Flaumiger Wiesenhafer
Helleborus foetidus L., 1753	H	s	0			2	1		§	N	H,B	Stinkende Nieswurz
Helleborus viridis L.,1753	B	ss							§		H,B	Grüne Nieswurz
Hemerocallis fulva (L.) L., 1762		ss	⤴							G	H	Rotgelbe Taglilie
Hemerocallis lilioasphodelus L., 1753		ss	⤴							G	H	Gelbe Taglilie
Hepatica nobilis SCHREB., 1771	T H B	s h g	↻ 0 0			2	1		§		H,B	Leberblümchen
Heracleum mantegazzianum SOMMIER et LEVIER, 1895		v	⤴			1	1			N	H,B	Riesen-Bärenklau
Heracleum sphondylium L., 1753		g	0			3	1				H,B	Wiesen-Bärenklau
Herminium monorchis (L.) R. BR., 1813	H	ss	0			3	1	1	§ WA-B2		H,B,K	Einknolle
Herniaria glabra L., 1753		v	0			2	1				H,B	Kahles Bruchkraut
Herniaria hirsuta L., 1753	H	ss	0			2	1	0		G	H,B,1995 HERDAM	Behaartes Bruchkraut
Hesperis matronalis L., 1753		v	⤴			2	1			N	H,B	Nachtviole
Hibiscus trionum L., 1753		ss								G	H	Gelbe Stundenblume
Hieracium alpinum L., 1753 ssp. *alpinum*	B	ss	↻			3	1	1		A	H	Alpen-Habichtskraut
Hieracium amplexicaule L., 1753	H,B	ss	0			2	1	P		N	H,B	Stengelumfassendes Habichtskraut
Hieracium anchusoides (ARV.-TOUV.) ST.-LAG., 1877		A				3	2			A	ZAHN 1930	(zizianum > pilosella) Ochsenzungenblättriges Habichtskraut
Hieracium aurantiacum L., 1753	T,H B	s v	⤴ 0			3	1			N	H,B	Orangerotes Habichtskraut

Art	BR	BS	BE	UV	SM	Vg	Vn	RL	Ges.	Bm	Nachweis	Synonyme, agg., Deutscher Name
Hieracium bauhini SCHULT., 1809 ssp. *bauhini* s.l.		s				3	1	3		A	H,B	Ungarisches Habichtskraut
Hieracium bifidum KIT. ex HORNEM., 1815	H,B	s				3	1			A	H,B	Gabeliges Habichtskraut
Hieracium bifurcum M. BIEB., 1808		A				2	2			A	H,ZAHN 1929	(*echioides* ≤ *pilosella*) Gegabeltes Habichtskraut
Hieracium bocconei GRISEB., 1852 ssp. *bocconei*	B	ss				2	2			N	H	(*alpinum - lachenalii*) Boccones Habichtskraut
Hieracium brachiatum BERTOL. ex DC., 1815		s				3	1				ZAHN 1929	(*piloselloides* < *pilosella*), Gabelästiges Habichtskraut
Hieracium caesium (FR.)FR., 1848 ssp. *caesium*	B	s				3	2	P		A	H,B	Blaugraues Habichtskraut
Hieracium caespitosum DUMORT., 1827		v				3	1	3			H,B	*H. pratense* TAUSCH, 1828 Wiesen-Habichtskraut
Hieracium calodon TAUSCH ex PETER, 1884	T	ss				3	1			A	1987 JEHLÍK	(*echioides - piloselloides*) Schönhaariges Habichtskraut
Hieracium chlorocephalum UECHTR. ssp. *stygium* (UECHTR.) ZAHN	B	ss				1	5			N	1993 BRÄUTIGAM	Düsteres Habichtskraut
Hieracium cinereiforme MEISSNER et ZAHN, 1923	T	ss				5	3			A	H	(*fallax* ≤ *pilosella*) Aschgraues Habichtskr.
Hieracium cymosum L., 1763						3	1	3		A	H,B	Trugdoldiges Habichtskraut
Hieracium densiflorum TAUSCH, 1828	H	ss				3	1			A	ZAHN 1930	(*bauhini - cymosum*) *H. tauschii* ZAHN, 1923 Dichtblütiges Habichtskr.
Hieracium diaphanoides LINDEB., 1873		s				3	1				H ZAHN 1934	(*murorum > lachenalii*) Durchscheinendes Habichtskraut
Hieracium echioides LUMN., 1791	T,H	s				3		P		A	H,B	Natternkopf-Habichtskraut
Hieracium fallaciforme LITV. et ZAHN, 1911		A				5	2			A	ZAHN 1929	(*fallax > pilosella*) *H. fuckelianum* TOUTON et ZAHN, 1923 Fuckels Habichtskraut
Hieracium fallax WILLD., 1809	T,B H	s v	0 0			3	2			A	H,ZAHN 1929	(*echioides - cymosum*) Täuschendes Habichtskr.
Hieracium flagellare WILLD., 1814		s				3	1				ZAHN 1929	(*caespitosum - pilosella*), Ausläuferreiches Habichtskraut
Hieracium floribundum WIMM. et GRAB., 1829	TB	ss				3	1			A	H ZAHN 1929	(*caespitosum - lactucella*), Reichblütiges Habichtskraut
Hieracium glaucinum JORD., 1848	H,B	v				3	1				H ZAHN 1931	(*schmidtii – murorum*) *H. praecox* SCH. BIP., 1851, Frühblühendes Habichtskraut
Hieracium gombense LAGG. et CHRIST., 1863 ssp. *weitfeldense* MURR.	B	ss				1	5			N	H	Gombenser Habichtskraut

Art	BR	BS	BE	UV	SM	Vg	Vn	RL	Ges.	Bm	Nachweis	Synonyme, agg., Deutscher Name
Hieracium intybaceum ALL., 1773	B	ss				2	3			N	H	Zichorien-Habichtskraut
Hieracium kalksburgense WIESB., 1883	A					3	1			A	H	(*cymosum < pilosella*) *H. laschii* F.W. SCHULTZ et SCH. BIP. ex ZAHN, 1923, Kalksburger Habichtskraut
Hieracium lachenalii C.C. GMEL., 1808		h	0			3	1				H,B	Gewöhnliches Habichtskraut
Hieracium lactucella WALLR., 1822		s	✧✧			4	1	2			H,B	*H. auricula* auct. non L. Öhrchen-Habichtskraut
Hieracium laevigatum WILLD., 1803		h	0			3	1				H,B	Glattes Habichtskraut
Hieracium leptophyton NÄGELI et PETER, 1885	T,B	s				3	1			A	ZAHN 1929	(*bauhini > pilosella*) Zartes Habichtskraut
Hieracium longisquamum PETER, 1884	A					3	1	1		A	ZAHN 1922	(*peleterianum - pilosella*) *H. pachylodes* NÄGELI et PETER, 1885, Langschuppiges Habichtskraut
Hieracium maculatum SCHRANK, 1789	T,H B	s v				3	1				ZAHN 1934	(*glaucinum ≥ lachenalii*) Geflecktes Habichtskraut
Hieracium murorum L., 1753		h	0			3	1				H,B	*H. sylvaticum* (L.)L., 1759, Wald-Habichtskr.
Hieracium nigrescens WILLD., 1803 ssp. *bructerum* (FR.) ZAHN	B	ss	✧			5	5	1		E	H	(*alpinum ≥ murorum*) Brocken-Habichtskraut
Hieracium norvegicum FR., 1848	H,B	ss	0			3	3	P		A	H ZAHN 1937	incl. *H. calocymum* ZAHN, 1905, Norwegisches Habichtskraut
Hieracium onosmoides FR., 1848	H,B	s	0			3	2			A	ZAHN 1931	(*schmidtii > lachenalii*) Lotwurzblättriges Habichtskraut
Hieracium pallidiflorum JORDAN ex ASCH., 1854 ssp. *huteri* (HAUSM.) ZAHN	B	ss				1	5			N	H	Blaßblütiges Habichtskraut
Hieracium peleterianum MÉRAT, 1812	H	ss	✧			3	1	1		A	ZAHN 1930	Peletiers Habichtskraut
Hieracium picroides VILL., 1812	B	ss	⇗			2	2			N	H	(*prenanthoides - intybaceum*), Bitterkrautartiges Habichtskraut
Hieracium pilosella L., 1753		g	0			2	1				H,B	Kleines Habichtskraut
Hieracium piloselloides VILL., 1779	T,B H	s v				3	1	3			H,B	Florentiner Habichtskraut
Hieracium rohacsense KIT., 1863	B	ss				2	2			N	1993 BRÄUTIGAM	(*alpinum < bifidum*) Vorarlberg-Habichtskraut
Hieracium rothianum WALLR., 1822		s				3	2			A	H,ZAHN 1929	(*echoides > pilosella*) Roths Habichtskraut
Hieracium sabaudum L., 1753		h	0			3	1				H,B	Savoyer Habichtskraut
Hieracium saxifragum FR., 1848	H,B	ss				3	2			A	ZAHN 1931	(*schmidtii - lachenalii*) Steinbrech-Habichtskraut

Art	BR	BS	BE	UV	SM	Vg	Vn	RL	Ges.	Bm	Nachweis	Synonyme, agg., Deutscher Name
Hieracium schmidtii TAUSCH, 1828	H B	s v	0 0			3	2			A	H,B	*H. pallidum* BIV.-BERN. F., 1838, Blasses Habichtskraut
Hieracium schultesii F.W. SCHULTZ, 1842	H,B	A				3	1				H,ZAHN 1924	(*lactucella - pilosella*) Schultes Habichtskraut
Hieracium sommerfeltii LINDEB., 1872	T	ss				3	4	P		A	H	(*caesium - schmidtii*) *H. canescens* auct., Graugrünes Habichtskraut
Hieracium stoloniflorum WALDST. et KIT., 1812		s				3	1			N	ZOBEL 1920	(*aurantiacum < pilosella*), Läuferblütiges Habichtskraut
Hieracium umbellatum L., 1753		h	0			2	1				H,B	Dolden-Habichtskraut
Hieracium vulgatum FR., 1819	T,H B	s v				3	1				H ZAHN 1935	(*bifidum ≤ lachenalii*) *H. laevicaule* JORD., 1848, Dünnstengeliges Habichtskraut
Hieracium wiesbaurianum UECHTR., 1879	H B	ss s				3	1			A	H,ZAHN 1931	Wiesbaurs Habichtskraut
Hieracium zizianum TAUSCH, 1828	T,H	s				3	1	3		A	H,ZAHN 1930	(*piloselloides – cymosum*) Ziz' Habichtskraut
Hierochloe odorata (L.) P. BEAUV., 1812	T$_P$	ss	0			2	1	1		A	B	Duft-Mariengras
Himantoglossum hircinum (L.) SPRENG., 1826	H	ss				2	1	0	§ WA-B2	A	H,B,K	Bocks-Riemenzunge
Hippocrepis comosa L., 1753	(H)	v	0			2	1			A	H,B	Hufeisenklee
Hippophae rhamnoides L., 1753	T,H B	v ss	↗			2	1			N	H,B	Sanddorn
Hippuris vulgaris L., 1753	T H,B	v ss	↘ ↘	DY WA	z	2	1	2		K	H,B	Tannenwedel
Hirschfeldia incana (L.) LAGR.-FOSS., 1847	T	s	0			2	1			N	B	Bastardsenf
Holcus lanatus L., 1753		g	0			3	1				H,B	Wolliges Honiggras
Holcus mollis L., 1759	T H B	h v g	↗ ↗ ↗			3	1				H,B	Weiches Honiggras
Holosteum umbellatum L., 1753	T,H B	h s	0 ↘	AU NU	t	2	1				H,B	Spurre
Hordelymus europaeus (L.) JESSEN ex HARZ, 1885	T H B	ss v g	0 0 0			3	1				H,B	Waldgerste
Hordeum jubatum L., 1753	(T)	v	↗			1	1			N	H,B	Mähnen-Gerste
Hordeum murinum L., 1753	T H B	h g s	↗ 0 0			2	1				H,B	Mäuse-Gerste
Hordeum secalinum SCHREB., 1771	T H	s ss	↘	NU NI	t	3	1	2			H,B	*H. nodosum* auct. Wiesen-Gerste
Hordeum vulgare L., 1753		v								G	H	Mehrzeilige Gerste

Art	BR	BS	BE	UV	SM	Vg	Vn	RL	Ges.	Bm	Nach-weis	Synonyme, agg., Deutscher Name
Hornungia petraea (L.) RCHB., 1837	(H)	s	↻	AN AU		3	3	2			H,B	Zwerg-Steppenkresse
Hottonia palustris L., 1753	(T)	v	0			3	1	3	§		H,B	Wasserfeder
Humulus lupulus L., 1753	T,H B	h v	0 0			2	1				H,B	Hopfen
Huperzia selago (L.) BERNH. ex SCHRANK et MART., 1829	T,H B	ss v	↻ 0			2	1	3	§		H,B	*Lycopodium selago* L., 1753 Tannen-Teufelsklaue
Hyacinthoides non-scripta (L.) CHOUARD ex ROTHM., 1944	T,H	ss	0						§	N	H	*Scilla non-scripta* (L.) HOFFMANNS. et LINK, 1803, Hasenglöckchen
Hydrocharis morsus-ranae L., 1753	(T$_P$)	v	↻	EU BA		4	1	2			H,B	Froschbiß
Hydrocotyle vulgaris L., 1753	(T$_P$)	v	↻	NI WA	t	3	1	3			H,B	Wassernabel
Hymenolobus procumbens (L.) NUTT., 1838	(T$_L$) H	s ss	↗			4	4	2		A	H,B	*Capsella procumbens* (L.) FR., 1832, Salztäschel
Hyoscyamus niger L., 1753	T H B	v h ss	0 0			2	1				H,B	Bilsenkraut
Hypericum elegans STEPH. ex WILLD., 1802	T,H	ss	0			3	3	3			B	Zierliches Hartheu
Hypericum hirsutum L., 1753		v	0			2	1				H,B	Rauhhaariges Hartheu
Hypericum humifusum L., 1753	T,B H	v s	0 0			3	1	3			H,B	Liegendes Hartheu
Hypericum maculatum CRANTZ, 1763	T,H B	v g	↻ ↻	NU NI	t	2					H,B	Kanten-Hartheu
Hypericum montanum L., 1755	T H,B	v h	↻ 0	NI		3					H,B	Berg-Hartheu
Hypericum perforatum L., 1753		g	0			2					H,B	Tüpfel-Hartheu
Hypericum pulchrum L., 1753	T,H B	s ss	↻			2				A	H,B	Schönes Hartheu
Hypericum tetrapterum FR., 1823		v	↻	NI WA	t	3					H,B	Flügel-Hartheu
Hypochoeris glabra L., 1753	T H	s ss	↻ ↻↻	EU NI	t	3	1	2			H,B	Kahles Ferkelkraut
Hypochoeris maculata L., 1753		s	↻	NU	t	2	1	3			H,B	Geflecktes Ferkelkraut
Hypochoeris radicata L., 1753	T,H B	h g	0 0			3					H,B	Gemeines Ferkelkraut
Hyssopus officinalis L., 1753	T H	ss s	0 0							N	H,B	Ysop
Iberis amara L., 1753	(H)	ss	0			2	2			G	H,B	Bittere Schleifenblume
Iberis umbellata L., 1753										G	S	Doldige Schleifenblume
Ilex aquifolium L., 1753	T H,B	s ss	0 ↗			2	1		§	AK (N in H,B)	H,B	Stechpalme
Illecebrum verticillatum L., 1753	T$_P$,H	s	↻↻	AU NI	t	3	2-	2			B	Knorpelmiere
Impatiens glandulifera ROYLE, 1834		v	↻↻							N	H,B	Drüsiges Springkraut

Art	BR	BS	BE	UV	SM	Vg	Vn	RL	Ges.	Bm	Nachweis	Synonyme, agg., Deutscher Name
Impatiens noli-tangere L., 1753	T,H B	v g	0 0								H,B	Echtes Springkraut
Impatiens parviflora DC., 1824		h	⬈							N	H,B	Kleines Springkraut
Inula britannica L., 1753	T$_S$ H	v ss	⬋	NI NU	t	2	1	3			H,B	Wiesen-Alant
Inula conyzae (GRIESS.) MEIKLE, 1985	T H B	v g v	0 ⬈			2	1				H,B	*Inula conyza* DC., 1836 Dürrwurz
Inula germanica L., 1753	T H	ss s	0 0			3	3	2	§		H,B	Deutscher Alant
Inula helenium L., 1753	T,H	s	0							N	H,B	Echter Alant
Inula hirta L., 1753	(H)	v	0			2	2				H,B	Rauhhaariger Alant
Inula salicina L., 1753		v	0			2	1				H,B	Weidenblättriger Alant
Iris aphylla L., 1753	H	s	⬋	NU AN	t	4	4	1	§		H,B	Nacktstengel-Schwertlilie
Iris germanica L., 1753		v	⬈			2	1		§	N	H	Deutsche Schwertlilie
Iris pseudacorus L., 1753	T H,B	h v	0 0			2	1		§		H,B	Wasser-Schwertlilie
Iris pumila L., 1753	T,H	ss	⬋	AN				3	§	N	H	Zwerg-Schwertlilie
Iris sambucina L., 1759		A							§	G	H	Holunder-Schwertlilie
Iris sibirica L., 1753	T,B H	v ss	⬋	NI NU	t	3	1	2	§		B	Sibirische Schwertlilie
Isatis tinctoria L., 1753	T,H B	s ss	0			2	1	3			H,B	Färber-Waid
Isolepis fluitans (L.) R. BR., 1810	T$_P$	ss	0			2	1	2			B	*Scirpidiella fluitans* (L.) RAUSCHERT, 1983, *Eleogiton fluitans* (L.) LINK, 1827 Flutende Tauchsimse
Isolepis setacea (L.) R. BR., 1810	T H B	s ss v	⬋ ⬋ ⬋	DY NU BA		3	1	3			H,B	Schuppensimse
Iva xanthiifolia NUTT., 1818	T,H	s	⬈							N	H,B	Rispenkraut, Ive
Jasione montana L., 1753	T H B	h v s	⬋ ⬋ ⬋	NU BA AU	t	2	1				H,B	Berg-Sandköpfchen
Jovibarba globifera (L.) J. PARN., 1990	B	ss	0			2	1	1	§	N	H,B	*J. sobolifera* (SIMS) OPIZ, 1852, Sprossender Donarsbart
Juglans regia L., 1753	T	s	0							N	H	Echte Walnuß
Juncus acutiflorus EHRH. ex HOFFM., 1791	T H B	v s h	0 0 0			3	1				H,B	Spitzblütige Binse
Juncus alpinus VILL., 1787	T	ss	⬋	EN NI	t			2			H,B	*J. alpinoarticulatus* auct. non CHAIX, Alpen-Binse
Juncus articulatus L., 1753	T,H B	h g	0 0			2	1				H,B	*J. supinus* MOENCH Glieder-Binse
Juncus atratus KROCK., 1787	T$_S$	ss	0			3	3	0			FISCHER 1994,H,B	Schwarzblütige Binse
Juncus bufonius L., 1753	T,H B	h g	0 0			2	1				H	(*J. bufonius* agg.) Kröten-Binse

Art	BR	BS	BE	UV	SM	Vg	Vn	RL	Ges.	Bm	Nach-weis	Synonyme, agg., Deutscher Name
Juncus bulbosus L., 1753	T H B	v s h	⤴ ⤴ 0	DY BA EN	z,t	2	1				H,B	Zwiebel-Binse
Juncus capitatus WEIGEL, 1772	T$_P$	s	⤴	NI AU		4	1	2			H,B	Kopf-Binse
Juncus compressus JACQ., 1762	T H,B	h v	0 0			2	1				H,B	(*J. compressus* agg.), Zu-sammengedrückte Binse
Juncus conglomeratus L., 1753	T H B	h v g	0 0 0			2	1				H,B	Knäuel-Binse
Juncus effusus L., 1753	T,B H	g h	⤴ 0			2	1				H,B	Flatter-Binse
Juncus filiformis L., 1753	(T$_P$,B)	v	⤴	EN NI	t	2	1	3			H,B	Faden-Binse
Juncus gerardii LOISEL., 1809	T,H	s	0			2	1				H,B	(*J. compressus* agg.) Salz-Binse
Juncus inflexus L., 1753	T H,B	v h	⤴ 0			2	1				H,B	Blaugrüne Binse
Juncus ranarius PERR. et SONG., 1860	T,H B	s ss	⤴	NU AN	t			3			H,B	(*J. bufonius* agg.) Frosch-Binse
Juncus squarrosus L., 1753	T B	s v	⤴ 0	NU	t	3	1				H,B	Sparrige Binse
Juncus subnodulosus SCHRANK, 1789	T,H	s	⤴	NU EN	t	3	1	3			H,B	*J. obtusiflorus* HOFFM. 1791, Stumpfblütige Binse
Juncus tenageia EHRH., 1782	T$_P$	ss				3	2	1			H,B	Sand-Binse
Juncus tenuis WILLD., 1799		v	⤴			2	1			N	H,B	Zarte Binse
Juniperus communis L., 1753		s	⤴			2	1			K	H,B	Gemeiner Wacholder
Jurinea cyanoides (L.) RCHB., 1831	T$_S$ H	ss s	0			4	2	2	§,BK FFH2	A	H,B	Silberscharte
Kerria japonica (L.) DC., 1818		ss								G	H	Japanisches Goldrös-chen
Kickxia elatine (L.) DUMORT., 1827	T,H B	v ss	⤴	NI NU	t	3	1	3			H,B	Echtes Tännelkraut
Kickxia spuria (L.) DUMORT., 1827	(T$_L$),H	s	⤴	NI NU	t	2	1	2			H,B	Unechtes Tännelkraut
Knautia arvensis (L.) COULT., 1823		g	0			2	1				H,B	Acker-Witwenblume
Koeleria glauca (SPRENG.) DC., 1813	T$_P$	s	0			2	1	2		A	H,B	Blaugrünes Schiller-gras
Koeleria macrantha (LEDEB.) SCHULT., 1824	T H B	v h s	0 0 0			2	1				H,B	*K. cristata* PERS., 1805 (*K. pyramidata* agg.) Zierliches Schillergras
Koeleria pyramidata (LAM.) P. BEAUV., 1812		v	0			3	1				H,B	(*K. pyramidata* agg.) Großes Schillergras
Laburnum anagyroides MEDIK., 1787	T$_L$ H	s v	⤴ ⤴							N	H,B	Goldregen
Lactuca perennis L., 1753	H,B	ss	⤴	NU	t	2	1	2		A	H,B	Blauer Lattich
Lactuca quercina L., 1753	H B	v s	0			3	3	3		A	H,B	Eichen-Lattich
Lactuca saligna L., 1753		A				3	2-	0			H,B	Weidenblättriger Lattich
Lactuca sativa L., 1753		ss								G	H	Grüner Salat

Art	BR	BS	BE	UV	SM	Vg	Vn	RL	Ges.	Bm	Nachweis	Synonyme, agg., Deutscher Name
Lactuca serriola L., 1756	T,H B	g v	⟋ ⟋			2	1				H,B	Kompaß-Lattich
Lactuca tatarica (L.) C.A. MEYER, 1831	T	ss	↶	AN						N	B	Tataren-Lattich
Lactuca virosa L., 1753	T H B	ss s v	0 0 0			2	1			A	H,B	Gift-Lattich
Lagurus ovatus L., 1753	T	ss								G	VOIGT 1993	Samtgras
Lamium album L., 1753		g	0								H,B	Weiße Taubnessel
Lamium amplexicaule L., 1753	T,H B	g v	0 0			2	1				H,B	Stengelumfassende Taubnessel
Lamium confertum FR., 1846		A				3	3				H,B	*L. molucellifolium* auct. Mittlere Taubnessel
Lamium galeobdolon (L.) L., 1759	T H B	v h g	0 0 0			3	1				H,B	*Galeobdolon luteum* HUDS., 1778 (*L. galeobdolon* agg.), Goldnessel
Lamium hybridum VILL. s.l. p.p., 1786	T	ss	0								H,B	*L. incisum* WILLD., 1800, *L. purpureum* var. *incisum* (WILLD.) PERS., 1806 Eingeschnittene Taubnessel
Lamium maculatum L., 1763	T H,B	h g	0 0			2	1				H,B	Gefleckte Taubnessel
Lamium montanum (PERS.) HOFFM. ex KABATH, 1846	B	s									1998 KORSCH	*Galeobdolon montanum* (PERS.) PERS. ex RCHB., 1832 (*L. galeobdolon* agg.), Goldnessel
Lamium purpureum L., 1753		g	0			2	1				H,B	*L. purpureum* var. *purpureum*, Purpurrote Taubnessel
Lappula deflexa (WAHLENB.) GARCKE, 1863	B	ss				4	2	1		A	H,B	*Hackelia deflexa* (WAHLENB.) OPIZ, 1839 Herabgebogene Hackelie
Lappula squarrosa (RETZ.) DUMORT., 1827	T_L H B	s v ss	↶ ↶	AN NU AU	t	2	2				H,B	Kletten-Igelsame
Lapsana communis L., 1753		g	0			2	1				H,B	Gemeiner Rainkohl
Larix decidua MILL., 1768		s								G	H	Europäische Lärche
Laserpitium latifolium L., 1753	(H,B)	v	0			2	2			A	H,B	Breitblättriges Laserkraut
Laserpitium prutenicum L., 1753	T,H	ss	↶			3	1	1			H,B	Preußisches Laserkraut
Lathraea squamaria L., 1753	T H B	s h g	0 0 0			3	1				H,B	Schuppenwurz
Lathyrus aphaca L., 1753	T,H	ss				2	1	1			H,B	Ranken-Platterbse
Lathyrus heterophyllus L., 1753	(B)	ss	↶			2	2	1			H,B	Verschiedenblättr. Platterbse
Lathyrus hirsutus L., 1753	T,H	ss				3	1			G	H,B	Rauhhaarige Platterbse
Lathyrus latifolius L., 1753		v	⟋			2	1			N	H,B	Breitblättrige Platterbse
Lathyrus linifolius (REICHARD) BÄSSLER, 1971	T,H B	v g	0 0			3	1				H,B	Berg-Platterbse

Art	BR	BS	BE	UV	SM	Vg	Vn	RL	Ges.	Bm	Nachweis	Synonyme, agg., Deutscher Name
Lathyrus niger (L.) BERNH., 1800	T H,B	s v	0 0			2	1				H,B	Schwarze Platterbse
Lathyrus nissolia L., 1753	T,H	ss	0			2	1			G	H,B	Gras-Platterbse
Lathyrus odoratus L. 1753										G	S	Gartenwicke
Lathyrus palustris L., 1753	T$_S$	v	⇘	NI	t	3	1	2	§		H,B	Sumpf-Platterbse
Lathyrus pratensis L., 1753		g	0			2	1				H,B	Wiesen-Platterbse
Lathyrus sativus L., 1753		A								G	H	Saat-Platterbse
Lathyrus sylvestris L., 1753	T,H B	v h	0			3	1				H,B	Wald-Platterbse
Lathyrus tuberosus L., 1753	T,B H	v g	0 0			2	1				H,B	Erdnuß-Platterbse
Lathyrus vernus (L.) BERNH., 1800	T H B	s h g	0 0 0			2	1				H,B	Frühlings-Platterbse
Lavandula angustifolia MILL., 1768										G	S	Lavendel
Lavatera thuringiaca L., 1753	T$_L$ H	s v	⇘ ⇘	BA NU		3	3			A	H,B	Thüringer Strauchpappel
Ledum palustre L., 1753	T$_P$	s	⇘	NU		2	1	1	§		B	Sumpf-Porst
Leersia oryzoides (L.) SW., 1788	T$_P$ H	s ss	0			3	1	1			H,B	Wilder Reis
Legousia hybrida (L.) DELARBRE, 1800		A				3	1	1			H,B	Kleinblütiger Frauenspiegel
Legousia speculum-veneris (L.) CHAIX, 1785	T,H	ss				3	1	1			H,B	Echter Frauenspiegel
Lemna gibba L., 1753	T H B	v s ss	0 0			2	1				H,B	Bucklige Wasserlinse
Lemna minor L., 1753	T H,B	g h	0			2	1				H,B	Kleine Wasserlinse
Lemna trisulca L., 1753	T H,B	v s	0 0			2	1				H,B	Untergetauchte Wasserlinse
Lemna turionifera LANDOLT, 1975	T	ss								N	1994 HELD; TÄUSCHER 1998b	Rote Wasserlinse
Leontodon autumnalis L., 1753		g	0			2	1				H,B	Herbst-Löwenzahn
Leontodon hispidus L., 1753	T,H B	v g	⇘ 0	NU	t	3	1				H,B	Rauher Löwenzahn
Leontodon saxatilis LAM., 1779	T H	s ss	⇘⇘	NU AN	t	2	1				H,B	*L. taraxacoides* (VILL.) MÉRAT, 1831 Nickender Löwenzahn
Leonurus cardiaca L., 1753	T,H B	v ss	⇘	DO BA	t	3	1	3			H,B	Herzgespann
Leonurus marrubiastrum L., 1753	T$_S$	v	↗			2	3				H,B	Katzenschwanz
Lepidium campestre (L.) R. BR., 1812	T,H B	v ss	0 0			3	1				H,B	Feld-Kresse
Lepidium densiflorum SCHRAD., 1832	T	s								N	B	Dichtblütige Kresse
Lepidium graminifolium L., 1759	H	ss								G	H	Grasblättrige Kresse

Art	BR	BS	BE	UV	SM	Vg	Vn	RL	Ges.	Bm	Nach-weis	Synonyme, agg., Deutscher Name
Lepidium latifolium L., 1753	T$_S$ H	s ss	⌀			3	3			N	H,B	Breitblättrige Kresse
Lepidium neglectum THELL., 1904	T,H	ss								G	H,B	Verkannte Kresse
Lepidium perfoliatum L., 1753	(T)	ss				2	1			G	H,B	Durchwachsenblättrige Kresse
Lepidium ruderale L., 1753	T,H B	g v	0 0								H,B	Schutt-Kresse
Lepidium sativum L., 1753		s								G	H	Garten-Kresse
Lepidium virginicum L., 1753	T	s								G	H,B	Virginische Kresse
Leucanthemum ircutianum DC., 1838	T,H B	v	0 0								ROST 1996	(*L. vulgare* agg.) Fettwiesen-Margerite
Leucanthemum maximum (RAM.) DC., 1838	H	ss								G	HERDAM 1996	Große Margerite
Leucanthemum vulgare LAM. s.str., 1779			0			2	1				H,B	*Chrysanthemum leucanthemum* L., 1753 (L. *vulgare* agg.), Magerwiesen-Margerite
Leucojum vernum L., 1753	T H B	s v h	0 0			2	1	3	§		H,B	Märzbecher
Levisticum officinale W.D.J. KOCH, 1824		ss								G	H	Garten-Liebstöckel
Leymus arenarius (L.) HOCHST., 1848	T	s				3	1			N	B	*Elymus arenarius* L.,1753, Strandroggen
Ligusticum mutellina (L.) CRANTZ, 1767	B	ss								N	H	Alpen-Mutterwurz
Ligustrum vulgare L., 1753	T,B H	v g	0 0							(N in T$_P$) K	H,B	Liguster
Lilium bulbiferum L., 1753		ss	0			2	1	1	§	N	H,B	Feuer-Lilie
Lilium candidum L., 1753		ss								G	H	Weiße Lilie
Lilium martagon L., 1753	T H B	s h g	0 0 0			2	1		§		H,B	Türkenbund-Lilie
Limosella aquatica L., 1753	T,B H	v s	⌀ ⌀	AN BA		2	1	3			H,B	Schlammling
Linaria arvensis (L.) DESF., 1798		A				3	1	0			H,B	Acker-Leinkraut
Linaria dalmatica (L.) MILL., 1768	T	s	0			2	2			G	WÖLFEL 1992	(*L. genistifolia* agg.) Dalmatisches Leinkraut
Linaria repens (L.) MILL., 1768	T	s				2	2	0		G	H,B	Streifen-Leinkraut
Linaria spartea (L.) CHAZ., 1790	T$_P$	s				2	3			N	B	Ruten-Leinkraut
Linaria vulgaris MILL., 1768		g	0			2	1				H,B	Gemeines Leinkraut
Lindernia dubia (L.) PENNELL, 1935	T$_S$	s	⌀			2	4	P		N	B	Großes Büchsenkraut
Lindernia procumbens (KROCK.) BORBÁS, 1881	T$_S$	ss	⌀	DY WA		3	2	1	§,BK FFH4	A	B,JAGE 1992	Liegendes Büchsenkraut
Linnaea borealis L., 1753		A				3	1	1	§		H,B	Moosglöckchen

Art	BR	BS	BE	UV	SM	Vg	Vn	RL	Ges.	Bm	Nachweis	Synonyme, agg., Deutscher Name
Linum austriacum L., 1753	(H)	v	0			2	1		§	N	H,B	(*L. perenne* agg.) Österreichischer Lein
Linum catharticum L., 1753	T H,B	v g	0 0			2	1				H,B	Purgier-Lein
Linum leonii F.W. SCHULTZ, 1838	H	ss	0			3	1	P	§		H,B	(*L. perenne* agg.) Lothringer Lein
Linum tenuifolium L., 1753		A				2	1	2	§		H,B	Schmalblättriger Lein
Linum usitatissimum L., 1753		s								G	H	Saat-Lein
Liparis loeselii (L.) RICH., 1817	T	ss						1	§,BK FFH2 WA-A2		1997 REUTER	Sumpf-Glanzkraut
Listera cordata (L.) R. BR., 1813	B	ss						1	§ WA-B2		H,B,K	Kleines Zweiblatt
Listera ovata (L.) R. BR., 1813	T H,B	v h	↘ 0	EU		2	1		§ WA-B2		H,B,K	Großes Zweiblatt
Lithospermum arvense L., 1753	T H B	v h ss	0 ↘	NI NU AU	t	2	1				H,B	*Buglossoides arvensis* (L.) I. M. JOHNST., 1954 Acker-Steinsame
Lithospermum officinale L., 1753	T,H B	s ss	↘	BA		2	1	3			H,B	Echter Steinsame
Lithospermum purpurocaeruleum L., 1753	H B	v ss	0 0			2	1				H,B	*Buglossoides purpurocaerulea* (L.) I. M. JOHNST., 1954 Purpurblauer Steinsame
Littorella uniflora (L.) ASCH., 1864	B	s	0			3	1	2			H,B	Strandling
Lobularia maritima (L.) DESV., 1815	T	ss								G	VOIGT 1993	Silberkraut
Lolium multiflorum LAM., 1779	T,B H	v h	0 0							N	H,B	Welsches Weidelgras
Lolium perenne L., 1753		g	0			2	1			K	H,B	Deutsches Weidelgras
Lolium remotum SCHRANK, 1789		A		NI HE		4	2	1			H,B, 1985 JAGE	(*L. temulentum* agg.) Lein-Lolch
Lolium temulentum L., 1753		A		HE		3	2	0			H,B	(*L. temulentum* agg.) Taumel-Lolch
Lonicera caprifolium L., 1753	T H	s v	0							K	H,B	Jelängerjelieber
Lonicera periclymenum L., 1753		v	0			3	1				H,B	Deutsches Geißblatt
Lonicera tatarica L., 1753	T,H	v	0							N	H	Tataren-Heckenkirsche
Lonicera xylosteum L., 1753	T H B	s h g	0 0 0			2	1				H,B	Rote Heckenkirsche
Lotus corniculatus L., 1753		g	0			2	1				H,B	(*L. corniculatus* agg.) Gemeiner Hornklee
Lotus pedunculatus CAV. 1793	T,H B	v g	0 0			3	1				H,B	*L. uliginosus* SCHKUHR, 1796, Sumpf-Hornklee
Lotus tenuis WALDST. et KIT. ex WILLD., 1809	T H	s ss	0			2	2				H,B	*L. glaber* MILL., 1768 (*L. corniculatus* agg.) Salz-Hornklee
Ludwigia palustris (L.) ELLIOTT, 1817	T	ss				3	1+	1			B	Heusenkraut
Lunaria annua L., 1753	T,H	v				3	1			N	H	Einjähriges Silberblatt

Art	BR	BS	BE	UV	SM	Vg	Vn	RL	Ges.	Bm	Nachweis	Synonyme, agg., Deutscher Name
Lunaria rediviva L., 1753	H B	ss h	0 0			4	1		§		H,B	Ausdauerndes Silberblatt
Lupinus luteus L., 1753	T	s								G	H	Gelbe Lupine
Lupinus polyphyllus LINDL., 1827	T,H B	v h	⟲ ⟲							N	H,B	Stauden-Lupine
Luronium natans (L.) RAF., 1840	T$_P$	ss				3	1	0	§,BK FFH2		H,B,1999 BURKART	Froschkraut
Luzula campestris (L.) DC., 1805	T,H B	h g	⟲ ⟲	NU	t	3	1				H,B	(*L. campestris* agg.) Gemeine Hainsimse
Luzula congesta (THUILL.) LEJ., 1811	T,H	ss									HERDAM 1994b	(*L. campestris* agg.) Kopfige Hainsimse
Luzula divulgata KIRSCHNER, 1980		ss	0			3	3				DREYER 1997	(*L. campestris* agg.) Schlanke Feld-Hainsimse
Luzula luzuloides (LAM.) DANDY et WILM., 1938	T H B	s v g	0 0 0			3	1				H,B	Schmalblättrige Hainsimse
Luzula multiflora (EHRH.) LEJ., 1811	T,H B	v g	0 0			2	1				H,B	(*L. campestris* agg.) Vielblütige Hainsimse
Luzula pallidula KIRSCHNER, 1990	T,H	ss									H,B	*L. pallescens* auct. non SW., 1814 (*L. campestris* agg.), Bleiche Hainsimse
Luzula pilosa (L.) WILLD., 1809	T H B	v h g	0 0 0			2	1				H,B	Haar-Hainsimse
Luzula sudetica (WILLD.) SCHULT., 1814	B	ss				2	1				H,B	(*L. campestris* agg.) Sudeten-Hainsimse
Luzula sylvatica (HUDS.) GAUDIN, 1811	T,H B	ss h	0 0			2	1				H,B	Wald-Hainsimse
Lycium barbarum L., 1753	T H B	v h ss	⟲ ⟲ ⟲							N	H,B	Gemeiner Bocksdorn
Lycium chinense MILL., 1768	T	s	⟲							N	B	Chinesischer Bocksdorn
Lycopersicon esculentum MILL., 1768	T,H	v	⟲							N	H	Tomate
Lycopodiella inundata (L.) HOLUB, 1964	T	ss	⟲	EU DY	z		1		§ FFH5		H,B	*Lycopodium inundatum* L., 1753, Gemeiner Moorbärlapp
Lycopodium annotinum L., 1753	T H B	s ss v	⟲	EU DY AU	z	2	1	3	§ FFH5		H,B	Sprossender Bärlapp
Lycopodium clavatum L., 1753	T$_P$,H B	s h	⟲ 0	EU NU		3	1	3	§,FFH5 WA-D		H,B	Keulen-Bärlapp
Lycopus europaeus L., 1753		g	0			2	1				H,B	Ufer-Wolfstrapp
Lycopus exaltatus EHRH., 1782		A		BA		3	3	0			B	Hoher Wolfstrapp
Lysichiton americanum HULTÉN et ST.JOHN, 1932	B	ss								N	HERDAM 1994a	Amerikanische Scheinkalla
Lysimachia nemorum L., 1753	T H B	ss s h	⟲ ⟲ 0			3	1				H,B	Hain-Gilbweiderich
Lysimachia nummularia L., 1753	T H,B	h g	0 0			2	1				H,B	Pfennig-Gilbweiderich

Art	BR	BS	BE	UV	SM	Vg	Vn	RL	Ges.	Bm	Nachweis	Synonyme, agg., Deutscher Name
Lysimachia punctata L., 1753	T,H B	s v	0 0							N	H,B	Drüsiger Gilbweiderich
Lysimachia thyrsiflora L., 1753	T_P	v	∽	EN EU	g	2	1	3			B	Strauß-Gilbweiderich
Lysimachia vulgaris L., 1753	T H B	h v g	0 0 0			2	1				H,B	Gemeiner Gilbweiderich
Lythrum hyssopifolia L., 1753	T_S H	s ss	∽	AU DY		2	1	2			H,B	Ysop-Blutweiderich
Lythrum salicaria L., 1753	T,H B	h v	0 0			2	1				H,B	Gemeiner Blutweiderich
Macleaya cordata (WILLD.) R. BR., 1826		s							G		HERDAM 1994b	Herz-Federmohn
Mahonia aquifolium (PURSH) NUTT., 1818	T H B	v h ss	∽∽ ∽∽ ∽∽							N	H	Mahonie
Maianthemum bifolium (L.) F.W. SCHMIDT, 1794	T,H B	v g	0 0			2	1				H,B	Schattenblume
Malus domestica BORKH., 1803		v	0							N	H	Kultur-Apfel
Malus sylvestris MILL., 1768	T,H B	v h	0 0			2	1				H,B	Wild-Apfel
Malva alcea L., 1753	T,H B	v s	∽	AN AU		3	1				H,B	Siegmarswurz
Malva mauritiana L., 1753	T	s							G		S	*M. sylvestris* ssp. *mauritiana* (L.) BOISS. ex COUTINHO, 1913, Wilde Malve
Malva moschata L., 1753	T,H B	v h	0 0			2	1				H,B	Moschus-Malve
Malva neglecta WALLR., 1824	T,H B	g h	∽ 0	DO NU	t	2	1				H,B	Weg-Malve
Malva pusilla SM., 1795	T H	s v	∽ ∽∽	DO NU	t	2	1	2			H,B	Kleinblütige Malve
Malva sylvestris L. s.str., 1753	T,H B	h v	0 0			2	1				H,B	*M. sylvestris* ssp. *sylvestris*, Wilde Malve
Marrubium peregrinum L., 1753	H	ss	∽	NU NA	m	4	3	1			B	Kreta-Andorn
Marrubium vulgare L., 1753	T H	s v	∽ ∽	NU DO	t	3	2+				H,B	Gemeiner Andorn
Matricaria discoidea DC., 1838		g	0	AN DO NU	t	2	1			N	H,B	*Chamomilla suaveolens* (PURSH) RYDB., 1916 Strahlenlose Kamille
Matricaria recutita L., 1753	T,H B	h v	0 0			2	1				H,B	*Chamomilla recutita* (L.) RAUSCHERT, 1974 Echte Kamille
Matteuccia struthiopteris (L.) TOD., 1866	T,H B	ss s				2	1	3	§	N	H,B	Straußfarn
Medicago arabica (L.) HUDS., 1762		A							G		H,B	Arabischer Schneckenklee
Medicago falcata L., 1753	T H B	v g s	0 0 0			2	1				H,B	(*M. sativa* agg.) Sichel-Luzerne
Medicago lupulina L., 1753	T H,B	h g	0 0			2	1				H,B	Hopfenklee

Art	BR	BS	BE	UV	SM	Vg	Vn	RL	Ges.	Bm	Nachweis	Synonyme, agg., Deutscher Name
Medicago minima (L.) L., 1754	T H B	s v ss	↶ ↶	EU NU	t	2	1	3		A	H,B	Zwerg-Schneckenklee
Medicago nigra (L.) Krocker		A								G	H,B	Rauher Schneckenklee
Medicago x varia Martyn, 1792	T,H B	h s	↗ 0							N	H,B	(*M. sativa* agg.) Bastard-Luzerne
Melampyrum arvense L., 1753	T H B	s v ss	↶ ↶	NU NI	t	2	1	2			H,B	Acker-Wachtelweizen
Melampyrum cristatum L., 1753	T$_S$ H B	s v ss	↶ ↶	NI NU	t	2	1	2		A	H,B	Kamm-Wachtelweizen
Melampyrum nemorosum L., 1753	T,H B	v v	0 0			2	1	3			H,B	Hain-Wachtelweizen
Melampyrum pratense L., 1753	T,H B	v g	0 0			2	1				H,B	Wiesen-Wachtelweizen
Melampyrum sylvaticum L., 1753	B	h	0			2	1				H,B	Wald-Wachtelweizen
Melica ciliata L., 1753	T$_L$ H	ss v	0			2	1			A	H,B	(*M. ciliata* agg.) Wimper-Perlgras
Melica nutans L., 1753	T H,B	v g	0 0			2	1				H,B	Nickendes Perlgras
Melica picta K. Koch, 1848	T$_L$ H B	ss v s	0 0 0			3	2			A	H,B	Buntes Perlgras
Melica transsilvanica Schur, 1866	T$_L$ H B	ss v s	0 0 0			2	1			A	H,B	(*M. ciliata* agg.) Siebenbürgener Perlgras
Melica uniflora Retz., 1779	T,H B	v g	0 0			3	1				H,B	Einblütiges Perlgras
Melilotus albus Medik., 1787	T,H B	g h	0 0			2	1				H,B	Weißer Steinklee
Melilotus altissimus Thuill., 1799	T,H	ss				3	1	3			H,B	Hoher Steinklee
Melilotus dentatus (Waldst. et Kit.) Pers., 1807	T$_L$,H	s	0			2	3				H,B	Salz-Steinklee
Melilotus officinalis (L.) Lam., 1779	T,B H	h g	0 0			2	1				H,B	Echter Steinklee
Melittis melissophyllum L., 1753	T$_L$,H	s	0			2	1	2	§		B	Immenblatt
Mentha aquatica L., 1753		h	0			2	1				H,B	Wasser-Minze
Mentha arvensis L., 1753	T H,B	h g	0 0			2	1				H,B	Acker-Minze
Mentha longifolia (L.) Huds., 1762		v				2	1				H,B	(*M. spicata* agg.) Roß-Minze
Mentha x piperita agg.	T,H	s	0							N	H,B	Pfeffer-Minze
Mentha pulegium L., 1753	T$_S$	s	↶	DY		3	1	2			H,B	Polei-Minze
Mentha spicata L., 1753		s	0							N	H,B	*M. viridis* (L.) L., 1763, (*M. spicata* agg.), Grüne Minze
Mentha suaveolens Ehrh., 1792	T,H	s				3	1				H,B	(*M. spicata* agg.) Rundblättrige Minze

Art	BR	BS	BE	UV	SM	Vg	Vn	RL	Ges.	Bm	Nachweis	Synonyme, agg., Deutscher Name
Mentha x verticillata agg.		v	0								H,B	*M. arvensis x M. spec.* Quirl-Minze
Mentha x villosa HUDS., 1778		ss								G	H, SPRICK 1998	*M. spicata x suaveolens*, (*M. spicata* agg.) Breitblättrige Minze
Menyanthes trifoliata L., 1753	T H B	v ss h	⚘ ⚘	NU EU	t	2	1	3	§ WA-D		H,B	Fieberklee
Mercurialis annua L., 1753	T,B H	v g	0 0			2	1				H,B	Einjähriges Bingelkraut
Mercurialis perennis L., 1753	T H B	v h g	0 0 0			2	1				H,B	Ausdauerndes Bingelkraut
Mespilus germanica L., 1753	T H	ss s	⚘	NU RN	a			2		N	H,B	Deutsche Mispel
Meum athamanticum JACQ., 1776	H B	ss h	0 0			3	1				H,B	Bärwurz
Milium effusum L., 1753		h	0			2	1				H,B	Wald-Flattergras
Mimulus guttatus DC., 1813		s	0					1		N	H,B	Gelbe Gauklerblume
Mimulus moschatus DOUGLAS ex LINDL., 1828	A									G	H,B	Moschus-Gauklerblume
Minuartia hybrida (VILL.) SCHISCHK., 1936	A					2	1	0			H,B	Schmalblättrige Miere
Minuartia verna ssp. *hercynica* (WILLK.) O. SCHWARZ, 1949	H B	v s	0			5	3	3			H,B	Frühlings-Miere
Minuartia viscosa (SCHREB.) SCH. et THELL., 1907	T,H	ss	⚘	NU AU		3	2	1			H,B	Klebrige Miere
Misopates orontium (L.) RAF., 1840		s	⚘	HE NI		2	1	1			H,B	Feldlöwenmaul
Moehringia trinervia (L.) CLAIRV., 1811	T H,B	h g	0 0			3	1				H,B	Dreinervige Nabelmiere
Moenchia erecta (L.) P. GAERTN., B. MEY. et SCHERB., 1799	A					2	1	0			B	Aufrechte Weißmiere
Molinia arundinacea SCHRANK, 1789											HAMPE 1873	(*M. caerulea* agg.) Rohr-Pfeifengras
Molinia caerulea (L.) MOENCH, 1794	T,B H	h v	0 0			2	1				H,B	(*M. caerulea* agg.), Gewöhnliches Pfeifengras
Moneses uniflora (L.) A. GRAY, 1848	T H	s ss	⚘ ⚘	EU		2	1	2			H,B	Moosauge
Monotropa hypophegea WALLR., 1822		s	0								H	(*M. hypopitys* agg.) Buchenspargel
Monotropa hypopitys L., 1753	T,H B	v h	0 0			2	1				H	(*M. hypopitys* agg.) Fichtenspargel
Montia fontana L., 1753	T$_P$,B	s	⚘	EN EU		2	1	2			H,B	Quellkraut
Muscari botryoides (L.) MILL., 1768		ss	⚘			2	1	0	§	nur noch N	S,H,B	Kleine Traubenhyazinthe
Muscari comosum (L.) MILL., 1768	T$_L$ H	ss s	⚘ ⚘	NU	t			3	§		H,B	Schopf-Traubenhyazinthe

Art	BR	BS	BE	UV	SM	Vg	Vn	RL	Ges.	Bm	Nach-weis	Synonyme, agg., Deutscher Name
Muscari neglectum GUSS. ex TEN., 1842	T H	s v						(3)	§		H,B	incl. *M. racemosum* (L.) MILL., 1768, Übersehene Traubenhyazinthe
Muscari tenuiflorum TAUSCH, 1841	T_L H	ss s	↷ ↷	NU	t	3	4	3	§		H,B	Schmalblütige Traubenhyazinthe
Mycelis muralis (L.) DUM., 1827	T H,B	v g	0 0			3	1				H,B	Mauerlattich
Myosotis alpestris F.W. SCHMIDT, 1794		s								G	H	(*M. sylvatica* agg.) Alpen-Vergißmeinnicht
Myosotis arvensis (L.) HILL, 1764		g	0			2	1				H,B	Acker-Vergißmeinnicht
Myosotis discolor PERS., 1797	T H B	v s ss	↷ ↷ ↷	AU NU	t	3	1	3			H,B	Buntes Vergißmeinnicht
Myosotis laxa LEHM., 1818	T,B H	v s									H,B	*M. caespitosa* SCHULTZ, 1819, (*M. scorpioides* agg.) Rasen-Vergißmeinnicht
Myosotis nemorosa BESSER, 1821	(B)	v	0								H,B	(*M. scorpioides* agg.) Hain-Vergißmeinnicht
Myosotis ramosissima ROCHEL ex SCHULT., 1814		v	0			3	1				H,B	Rauhes Vergißmeinnicht
Myosotis scorpioides L., 1773	T H B	h s v	0 0 0			2	1				H,B	incl. *M. laxiflora* RCHB. p.p., 1822, incl. *M. palustris* HILL p.p., 1770 (*M. scorpioides* agg.) Sumpf-Vergißmeinnicht
Myosotis sparsiflora J.C. MIKAN ex POHL, 1806	(T_S) H	v s	0 0			2	3			A	H,B	Zerstreutblättriges Vergißmeinnicht
Myosotis stricta LINK ex ROEM. et SCHULT., 1819	T,H B	h v	0			2	1				H,B	Sand-Vergißmeinnicht
Myosotis sylvatica EHRH. ex HOFFM., 1791	T,H B	v h				2	1			K	H,B	(*M. sylvatica* agg.) Wald-Vergißmeinnicht
Myosurus minimus L., 1753	T,H B	v s	↷ ↷	NI AU		2	1				H,B	Mäuseschwänzchen
Myrica gale L., 1753	T_P	ss				2	1				B	Gagelstrauch
Myriophyllum alterniflorum DC., 1815	T_P	ss	↷	EU		3	1				B	Wechselblütiges Tausendblatt
Myriophyllum heterophyllum MICHX., 1803	T_L	ss	0							N	B	Verschiedenblättriges Tausendblatt
Myriophyllum spicatum L., 1753	T,H B	v s	↷			2	1	3			H,B	Ähren-Tausendblatt
Myriophyllum verticillatum L., 1753	T H	v s	↷			2	1	3			H,B	Quirl-Tausendblatt
Myrrhis odorata (L.) SCOP., 1771	(B)	ss								N	H,B	Süßdolde
Najas marina L., 1753		A				2	1	0			B	Großes Nixkraut
Najas minor ALL., 1773	T_S	s		DY	z	2	2	1			B	Kleines Nixkraut
Narcissus poeticus L., 1753		v	↗						§	N	H	Weiße Narzisse
Narcissus pseudonarcissus L., 1753	(T,H)	v	0						§	N	H	Osterglocke
Nardus stricta L., 1753	T H B	v s g	↷ ↷ ↷	EU NU	t	2	1				H,B	Borstgras

Art	BR	BS	BE	UV	SM	Vg	Vn	RL	Ges.	Bm	Nachweis	Synonyme, agg., Deutscher Name
Narthecium ossifragum (L.) HUDS., 1762	A								§		SCHWABE 1860	Beinbrech
Nasturtium microphyllum BOENN. ex RCHB., 1832		v	↘	WA EU							H	(*N. officinale* agg.) Braune Brunnenkresse
Nasturtium officinale R. BR., 1812		s	↘	WA EU				3			H	(*N. officinale* agg.) Gemeine Brunnenkresse
Neottia nidus-avis (L.) RICH., 1817	T H,B	s v	↘ 0			3	1		§ WA-B2		H,B,K	Nestwurz
Nepeta cataria L., 1753	T H	s v	↘	DO AN		3	1	3			H,B	Echte Katzenminze
Nepeta x faassenii BERGM. ex STEARN, 1950	T	s	0							N	S	*N. mussinii* hort. non SPRENG. ex HENCKEL 1806 *N. mussinii x nepetella* L., 1759, Mussins Katzenminze
Nepeta nuda L., 1753	H	ss				2	2			N	H,B	*N. pannonica* L., 1753 Pannonische Katzenminze
Neslia paniculata (L.) DESV., 1815		v	↘	NU AU	t	3	1	3			H,B	Finkensame
Nicandra physalodes (L.) P. GAERTN., 1791	T,H	ss	0							N	H,B	Giftbeere
Nicotiana rustica L., 1753	T	s								G	H	Bauern-Tabak
Nicotiana tabacum L., 1753	T	s								G	S	Virginischer Tabak
Nigella arvensis L., 1753	T,H	s	↘	NU HE	t	2	1	2		A	H,B	Acker-Schwarzkümmel
Nigella damascena L., 1753	T,H	ss								G	H	Braut in Haaren
Nonea lutea (DESR.) DC., 1805	T	ss								G	S	Gelbes Mönchskraut
Nonea pulla (L.) DC., 1805	(T$_L$) H	s h	↘ ↘	NU	T	3	3				H,B	Braunes Mönchskraut
Nonea rosea (M. BIEB.) LINK, 1821	B	ss								G	H	Rosenrotes Mönchskraut
Nuphar lutea (L.) SIBTH. et SM., 1809	T H B	v s ss	↘ ↘	WA		2	1		§		H,B	Große Mummel
Nuphar pumila (TIMM) DC., 1821	A					2	1	0	§		B	Zwerg-Mummel
Nymphaea alba L., 1753	T H,B	v s	↘ ↘	WA		3	1		§	K	H,B	Weiße Seerose
Nymphoides peltata (S.G. GMEL.) KUNTZE, 1891		ss				2	1	0	§	nur noch N	H,B	Seekanne
Odontites luteus (L.) CLAIRV., 1811	(H)	v	↘	NU AU	t	3	1	3		A	H,B	*Orthanthella lutea* (L.) RAUSCHERT, 1983 Gelber Zahntrost
Odontites vernus (BELLARDI) DUMORT., 1827	T,H B	v s									H	(*O. vernus* agg.) Acker-Zahntrost
Odontites vulgaris MOENCH, 1794		h	0								H	(*O. vernus* agg.) Roter Zahntrost
Oenanthe aquatica (L.) POIR., 1798	T H,B	v s	0 ↘	NI DY	z	2	1				H,B	Wasserfenchel
Oenanthe fistulosa L., 1753	T H,B	v ss	↘ ↘	NI DY	z	3	1	2			H,B	Röhrige Pferdesaat

Art	BR	BS	BE	UV	SM	Vg	Vn	RL	Ges.	Bm	Nachweis	Synonyme, agg., Deutscher Name
Oenothera oakesiana (A.GRAY) ROBBINS ex S. WATSON et COULT s.l., 1890 (sensu DIETRICH)	T	s	0							N	VOIGT 1993	Incl. *O. ammophila* FOCKE, 1906 Sand-Nachtkerze
Oenothera biennis L. s.l., 1753 (sensu DIETRICH)	T,H B	h v	0 0							N	B	Incl.: *O. biennis* L.,1753, *O. chicaginensis* DE VRIES ex RENN.et CLELAND, 1934, *O. rubricaulis* KLEB., 1914 Gemeine Nachtkerze
Oenothera glazioviana MICHELI s.l., 1875 (sensu DIETRICH)										N	H	Incl.: *O. erythrosepala* (BORBÁS) BORBÁS, 1903 Rotkelchige Nachtkerze
Oenothera parviflora L. s.l., 1759 (sensu DIETRICH)	T$_P$,H	s								N	B, (H)	Kleinblütige Nachtkerze
Oenothera villosa THUNB. s.l., 1794 (sensu. DIETRICH)										N	VOIGT 1993, HERDAM 1994a	Incl.: *O. canovierens* STEELE, 1911, *O. depressa* E. GREENE, 1891, *O. renneri* H. SCHOLZ, 1956, Graublättrige Nachtkerze
Omphalodes scorpioides (HAENKE) SCHRANK, 1812	T,H	s	0			3	3	1			H,B	Wald-Gedenkemein
Omphalodes verna MOENCH, 1794	T,H	ss								N	H,B	Frühlings-Gedenkemein
Onobrychis arenaria (KIT.) DC., 1825	T$_L$ H	ss s	↘ ↘	NI		3	2	3			H,B	Sand-Esparsette
Onobrychis viciifolia SCOP., 1772	T,B H	s h	0 0							N	H	Saat-Esparsette
Ononis arvensis L., 1759		A								G	H,B	(*O. spinosa* agg.) Bocks-Hauhechel
Ononis repens L., 1753	T H B	v g s	0 0 0			3	1				H,B	(*O. spinosa* agg.) Kriechende Hauhechel
Ononis spinosa L., 1753	T H B	v g s	0 0 0			2	1				H,B	(*O. spinosa* agg.) Dornige Hauhechel
Onopordum acanthium L., 1753	T H B	h g s	↗ ↗							K	H,B	Eselsdistel
Ophioglossum vulgatum L., 1753	T,B H	v s	↘ ↘	EU NU		3	1	2			H,B	Natternzunge
Ophrys apifera HUDS., 1762	H	v	↗			4	1	3	§ WA-B2		H,B,K	Bienen-Ragwurz
Ophrys insectifera L., 1753	H	v	0			3	1	3	§ WA-B2		H,B,K	Fliegen-Ragwurz
Ophrys sphegodes MILL., 1768	H	ss				3	1	1	§ WA-B2	A	B,K	Spinnen-Ragwurz
Orchis coriophora L., 1753		A				2-	0		§ WA-B2		H,B,K	Wanzen-Knabenkraut
Orchis mascula (L.) L., 1755	T H B	s v g	0 0 0			3	1	3	§ WA-B2		H,B,K	Stattliches Knabenkraut
Orchis militaris L., 1753	T,B H	ss v	↘	NU	t			3	§ WA-B2		H,B,K	Helm-Knabenkraut

Art	BR	BS	BE	UV	SM	Vg	Vn	RL	Ges.	Bm	Nachweis	Synonyme, agg., Deutscher Name
Orchis morio L., 1753	T H	s ss	↺			4	2	2	§ WA-B2		H,B,K	Kleines Knabenkraut
Orchis pallens L., 1771	H	s	0				2	2	§ WA-B2		H,B,K	Blasses Knabenkraut
Orchis palustris JACQ., 1786	(T)	ss	0					1	§ WA-B2	A	H,B,K	Sumpf-Knabenkraut
Orchis purpurea HUDS., 1762	T,B H	ss v	0 0					3	§ WA-B2		H,B,K	Purpur-Knabenkraut
Orchis tridentata SCOP., 1772	H	s	0					2	§ WA-B2	A	H,B,K	*O. variegata* ALL., 1785 Dreizähniges Knabenkr.
Orchis ustulata L., 1753	H,B	ss						1	§ WA-B2	A	H,B,K	Brand-Knabenkraut
Oreopteris limbosperma (BELLARDI ex ALL.) HOLUB, 1969	T,H B	s v	↺ 0					3			H,B	*Lastrea limbosperma* (BELLARDI ex ALL.) HOLUB et POUZAR, 1961, *Thelypteris limbosperma* (BELLARDI ex ALL.) H.P. FUCHS, 1958, Bergfarn
Origanum vulgare L., 1753	T H,B	s h	0 0			2	1				H,B	Gemeiner Dost
Orlaya grandiflora (L.) HOFFM., 1814		A				3	1	0		A	H,B	Strahlen-Breitsame
Ornithogalum angustifolium BOREAU, 1847	T	v	0								1999 HERRMANN	(*O. umbellatum* agg.) Schmalblättriger Dolden-Milchstern
Ornithogalum boucheanum (KUNTH) ASCH. 1866	T	ss								N	FISCHER 1999	(*O. nutans* agg.) Bouchés Milchstern
Ornithogalum nutans L., 1753	T H	s ss	↺				1	3		N	H	(*O. nutans* agg.) Nickender Milchstern
Ornithogalum umbellatum L., 1753	T,H	v	0								H	(*O. umbellatum* agg.) Dolden-Milchstern
Ornithopus perpusillus L., 1753	T H	v s	0 0			2	1				H,B	Vogelfuß
Ornithopus sativus BROT., 1804		s								G	1989 JAGE	Serradella
Orobanche alba STEPHAN ex WILLD., 1800		A				2	1	0			H,B	Quendel-Sommerwurz
Orobanche alsatica KIRSCHL., 1836	H	ss				3	1	1			B	Elsässer Sommerwurz
Orobanche arenaria BORKH., 1794	(H)	ss	↺			4	1	1			H,B	*O. laevis* L., 1753 Sand-Sommerwurz
Orobanche artemisiae-campestris VAUCHER ex GAUDIN, 1829		A				2	1	0			H,B	*O. loricata* RCHB., 1831 Panzer-Sommerwurz
Orobanche caryophyllacea SM., 1798	T,B H	ss s	↺			2	1	3			H,B	*O. vulgaris* POIR., 1798 Gemeine Sommerwurz
Orobanche elatior SUTTON, 1798	H	ss				2	1	P			H,B	*O. major* auct. Große Sommerwurz
Orobanche hederae VAUCHER ex DUBY, 1828	T,H	ss	0			3	1			N	H,B	Efeu-Sommerwurz
Orobanche lucorum F.W. SCHULTZ, 1830	T$_L$	ss				3	1			G	B	Berberitzen-Sommerwurz
Orobanche lutea BAUMG., 1816	(H)	v	↺	EU				3			H,B	*O. rubens* WALLR., 1822 Gelbe Sommerwurz

Art	BR	BS	BE	UV	SM	Vg	Vn	RL	Ges.	Bm	Nachweis	Synonyme, agg., Deutscher Name
Orobanche minor SM., 1797		A				2	1	0		G	H,B	Kleine Sommerwurz
Orobanche picridis F.W. SCHULTZ, 1830		A				3	2	0			H,B	Bitterkraut-Sommerwurz
Orobanche purpurea JACQ., 1762	H	s	↶	EU		3	2	P			H,B	Violette Sommerwurz
Orobanche ramosa L., 1753	H	ss				2	1	0		G	H,B	Ästige Sommerwurz
Orobanche rapum-genistae THUILL., 1799		A				2	1				H,B	Ginster-Sommerwurz
Orobanche reticulata WALLR., 1825	H,B	s	↶			2	1	2			H,B	Distel-Sommerwurz
Orthilia secunda (L.) HOUSE, 1921	T,H B	s v	↶ ↶	EU		2	1				H,B	Birngrün
Osmunda regalis L., 1753	T H	s ss	↶	EN EU		3	1	1	§	AK	H,B	Königsfarn
Oxalis acetosella L., 1753	T,H B	v g	0 0			2	1				H,B	Wald-Sauerklee
Oxalis corniculata L., 1753	T,H	v	⚡							N	H,B	Gehörnter Sauerklee
Oxalis dillenii JACQ., 1794	T,H	ss	⚡							N	H,B	Dillenius' Sauerklee
Oxalis stricta L., 1753		h	0							N	H,B	*O. fontana* BUNGE, 1833 Europäischer Sauerklee
Oxytropis pilosa (L.) DC., 1802	T_L H	ss s	↶ ↶	NU	t	3	2	2	§		H,B	Zottige Fahnenwicke
Pachysandra terminalis SIEB. et ZUCC.		ss								G	S	Ysander
Panicum capillare L., 1753	T_P	s	⚡							N	B	Haar-Hirse
Panicum miliaceum L., 1753		s								G	H	Echte Hirse
Papaver argemone L., 1753	T,H B	h v	0 0			3	1				H,B	Sand-Mohn
Papaver dubium L., 1753	T,H B	h v	0 0			3	1				H,B	Saat-Mohn
Papaver hybridum L., 1753	T_L H	s v	↶ ↶	AN NI		2	2	2			H,B	Bastard-Mohn
Papaver orientale L. 1753		s								G	H	Orientalischer Mohn
Papaver rhoeas L., 1753	T H,B	h g	0 0			2	1				H,B	Klatsch-Mohn
Papaver somniferum L., 1753	T,H	v	0							G	H	Schlaf-Mohn
Parietaria judaica L., 1756		A		BA				1		N	JOHN, STOLLE 1998	Ausgebreitetes Glaskraut
Parietaria officinalis L., 1753	T H	s v	↶ ↶	BA			2				H,B	Aufrechtes Glaskraut
Parietaria pensylvanica HL MÜHL. ex WILLD., 1806	T	ss								G	B	Pennsylvanisches Glaskraut
Paris quadrifolia L., 1753	T,H B	v h	0 0			2	1				H,B	Einbeere
Parnassia palustris L., 1753	T,H B	s ss	↶ ↶	EN EU		3	1	2	§		H,B	Sumpf-Herzblatt

Art	BR	BS	BE	UV	SM	Vg	Vn	RL	Ges.	Bm	Nachweis	Synonyme, agg., Deutscher Name
Parthenocissus inserta (KERN.) FRITSCH, 1922		v	⚦							N	H	Fünfblättrige Zaunrebe
Parthenocissus tricuspidata (SIEB. et ZUCC.) PLANCH., 1887	T	ss	0							G	H	Kletterwein
Pastinaca sativa L., 1753	T,B H	h g	0 0			2	1				H,B	Pastinak
Pedicularis palustris L., 1753		ss	↷	EN NU	t	2	1	1	§		H,B	Sumpf-Läusekraut
Pedicularis sylvatica L., 1753	T H B	s ss h	↷ ↷ 0	EN NU EU	t	3	1	2	§		H,B	Wald-Läusekraut
Pentaglottis sempervirens (L.) L.H. BAILEY, 1949	T	ss	0							G	S	Immergrüne Pentaglottis
Peplis portula L., 1753	T,B H	v ss	↷	DY AU	z	2	1	3			H,B	Sumpfquendel
Persicaria amphibia (L.) DELARBRE, 1800		h	0								H,B	*Polygonum amphibium* L., 1753, Wasser-Knöterich
Persicaria dubia (STEIN) FOURR., 1869		s	0								H,B	*Polygonum mite* SCHRANK, 1789 Milder Knöterich
Persicaria hydropiper (L.) DELARBRE, 1800	T,B H	h v	0 0								H,B	*Polygonum hydropiper* L., 1753, Pfeffer-Knöterich
Persicaria lapathifolia (L.) DELARBRE, 1800		g	0								H,B	*Polygonum lapathifolium* L., 1753 Ampfer-Knöterich
Persicaria maculosa GRAY, 1821	T,H B	g h	0 0								H,B	*Polygonum persicaria* L., 1753, Floh-Knöterich
Persicaria minor (HUDS.) OPIZ, 1852	T H,B	v s	0								H,B	*Polygonum minus* HUDS., 1762, Kleiner Knöterich
Petasites albus (L.) GAERTN., 1791	H B	s h	0 0			2	1				H,B	Weiße Pestwurz
Petasites hybridus (L.) GAERTN., B. MEY. et SCHERB., 1801	T H B	v h g	0 0 0			2	1			K	H,B	Gemeine Pestwurz
Petasites spurius (RETZ.) RCHB., 1831	T$_S$	s	0			2	2	2			H,B	Filzige Pestwurz
Petrorhagia prolifera (L.) P.W. BALL et HEYWOOD, 1964	T,H B	v ss	↷	NU AU	t	2	1				H,B	Sprossendes Nelkenköpfchen
Petrorhagia saxifraga (L.) LINK, 1831	T,H	ss				2	1	1		G	H	Felsennelke
Petroselinum crispum (MILL.) A.W. HILL., 1925		s								G	H	Petersilie
Peucedanum cervaria (L.) LAPEYR., 1813	T H,B	s v	0			2	1	3		A	H,B	Hirschwurz
Peucedanum officinale L., 1753	T,H	s	↷	DY NI	z,t	2	1	2		A	H,B	Echter Haarstrang
Peucedanum oreoselinum (L.) MOENCH, 1794	T H B	v s ss	↷ ↷	NU	t	2	1	3		A	H,B	Berg-Haarstrang
Peucedanum ostruthium (L.) KOCH, 1824	B	s				2	1	2		N	H,B	Meisterwurz

Art	BR	BS	BE	UV	SM	Vg	Vn	RL	Ges.	Bm	Nachweis	Synonyme, agg., Deutscher Name
Peucedanum palustre (L.) MOENCH, 1794	T H	v ss	0			2	1	3			H,B	Sumpf-Haarstrang
Phacelia tanacetifolia BENTHAM, 1835		v	0							G	H,B	Phazelie
Phalaris arundinacea L., 1753		g	↗			2	1				H,B	Rohr-Glanzgras
Phalaris canariensis L., 1753		s	0							G	H,B	Kanariengras
Phalaris paradoxa L., 1763	H	ss								G	H	Sonderbares Glanzgras
Phegopteris connectilis (MICHX.) WATT, 1867	T,H B	s h	0 0					3			H,B	*Thelypteris phegopteris* (L.) SLOSS., 1917 Buchenfarn
Philadelphus coronarius L., 1753		s								N	H	Pfeifenstrauch
Phleum alpinum L., 1753	B	ss	0			2	1			N	HERDAM 1994a	Alpen-Lieschgras
Phleum bertolonii DC., 1813	H	ss									H	*P. nodosum* auct. (*P. pratense* agg.) Knotiges Lieschgras
Phleum paniculatum HUDS., 1762	H	ss				2	1				H,B	Rispen-Lieschgras
Phleum phleoides (L.) H. KARST., 1881	T,B H	s v				2	1				H,B	Steppen-Lieschgras
Phleum pratense L., 1753		g	0			2	1			K	H	(*P. pratense* agg.) Wiesen-Lieschgras
Phlomis tuberosa L., 1753		A				4	5				GRIESE 1936	Knollen-Brandkraut
Phlox paniculata L., 1753		s								G	H	Rispen-Phlox
Phragmites australis (CAV.)TRIN. ex STEUD., 1841	T,H B	g v	0 0			2	1				H,B	Schilf
Physalis alkekengi L., 1753	T,H	s	↘	NU	t			3		K	H,B	Wilde Blasenkirsche
Physalis franchetii MASTERS, 1894		s	0							N	H	Lampionpflanze
Phyteuma nigrum F.W. SCHMIDT, 1794	T H B	ss s v	0 0 0			5	1	2		A	H,B	Schwarze Teufelskralle
Phyteuma orbiculare L., 1753	T,H B	ss v	↘ ↘	NU	t	2	1	2		A	H,B	Kopfige Teufelskralle
Phyteuma spicatum L., 1753	T H B	s h g	0 0 0			4	1				H,B	Ährige Teufelskralle
Phytolacca esculenta VAN HOUTTE, 1848	T,H	s	0							N	H	*P. acinosa* auct., Asiatische Kermesbeere
Picea abies (L.) H. KARST., 1881	T,H B	v g	0 0					(2)		K	H,B	Gemeine Fichte
Picris echioides L., 1753	T,H	ss								G	H,B	Natternkopf-Bitterkraut
Picris hieracioides L., 1753	T,B H	v g	↗ ↗			2	1				H,B	Gemeines Bitterkraut
Pilularia globulifera L., 1753	T$_P$	ss	↘	EU		3	1	1			B	Pillenfarn
Pimpinella anisum L., 1753		A								G	H	Anis

Art	BR	BS	BE	UV	SM	Vg	Vn	RL	Ges.	Bm	Nachweis	Synonyme, agg., Deutscher Name
Pimpinella major (L.) HUDS., 1762		v									H,B	Große Pimpinelle
Pimpinella nigra MILL., 1768	T_P	s	0					3			H,B	(*P. saxifraga* agg.) Schwarze Pimpinelle
Pimpinella saxifraga L., 1753	T H,B	h g	0 0								H,B	(*P. saxifraga* agg.) Kleine Pimpinelle
Pinguicula vulgaris L., 1753	T,H B	ss s		EU EN		3	1	2	§		H,B	Echtes Fettkraut
Pinus nigra J.F. ARNOLD, 1785		ss	↗							N	H	Schwarz-Kiefer
Pinus strobus L., 1753		s								G	S	Weymouths-Kiefer
Pinus sylvestris L., 1753	T,H B	h g	0 0								H,B	Wald-Kiefer
Pisum sativum L., 1753		ss								G	H	Erbse
Plantago coronopus L., 1753		A				2	1	0			B, JAGE, JAGE 1967	Krähenfuß-Wegerich
Plantago intermedia GILIB., 1806	T,H	v	0								H	*P. major* ssp. *intermedia* (GILIB.) LANGE, 1859 Kleiner Wegerich
Plantago lanceolata L., 1753		g	0			2	1				H,B	Spitz-Wegerich
Plantago major L. s.str., 1753		g	0			2	1				H,B	Breit-Wegerich
Plantago maritima L., 1753	T H	s ss				3	2	2			H,B	Strand-Wegerich
Plantago media L., 1753	T H,B	h g	0 0			2	1				H,B	Mittlerer Wegerich
Plantago winteri WIRTG. ex GEISENH., 1881	T,H	s						2			H	*P. major* ssp. *winteri* (WIRTG. ex GEISENH.) W. LUDW., 1956, Salzwiesen-Breitwegerich
Platanthera bifolia (L.) RICH., 1817	T,B H	s v	↷ 0	NU		3	1	3	§ WA-B2		H,B,K	Weiße Waldhyazinthe
Platanthera chlorantha (CUSTER) RCHB., 1828	T,B H	ss s	0 0			3	1	3	§ WA-B2		H,B,K	Grünliche Waldhyazinthe
Platanus x hispanica MILLER ex MÜNCHH., 1770	T	s								N	S	*P. occidentalis* x *orientalis*, Bastard-Platane
Poa alpina L., 1753	B	ss				2	1			N	H	Alpen-Rispengras
Poa angustifolia L., 1753	T,B H	v h	0 0			2	1				H	(*P. pratensis* agg.) Schmalblättriges Wiesen-Rispengras
Poa annua L., 1753		g	0			2	1				H,B	(*P. annua* agg.) Einjähriges Rispengras
Poa badensis HAENKE ex WILLD., 1797	(H)	v	0			4	3	3			H,B	Badener Rispengras
Poa bulbosa L., 1753	T,H	v	0			3	1				H,B	Zwiebel-Rispengras
Poa chaixii VILL., 1786	T,H B	s g	0			3	1			(N in T)	H,B	*P. sudetica* HAENKE, 1791, Wald-Rispengras
Poa compressa L., 1753	T,H B	h v	0 0			2	1				H,B	Platthalm-Rispengras
Poa humilis EHRH. ex HOFFM., 1800	T H B	v ss s	0 0 0								H	*P. subcaerulea* SM., 1802, *P. irrigata* LINDM., 1905 (*P. pratensis* agg.), Bläuliches Wiesen-Rispengras

Art	BR	BS	BE	UV	SM	Vg	Vn	RL	Ges.	Bm	Nachweis	Synonyme, agg., Deutscher Name
Poa nemoralis L., 1753	T H,B	h g	0			2	1				H,B	Hain-Rispengras
Poa palustris L., 1759		v	0			2	1				H,B	Sumpf-Rispengras
Poa pratensis L., 1753		g	0			2	1				H	(*P. pratensis* agg.) Gewöhnliches Wiesen-Rispengras
Poa remota FORSELLES, 1807	T,B H	ss s				2	1	3			H,B	Entferntähriges Rispengras
Poa supina SCHRAD., 1806	B	v	0			2	1				H,B	(*P. annua* agg.) Läger-Rispengras
Poa trivialis L., 1753		g	0			2	1				H,B	Gemeines Rispengras
Polemonium caeruleum L., 1753	T,H B	ss v	↷ ↷			2	1	0	§	K	H,B	Himmelsleiter
Polycarpon tetraphyllum (L.) L., 1759		A				2	1			G	H	Nagelkraut
Polycnemum arvense L., 1753		A				3	2	0			H,B	Acker-Knorpelkraut
Polycnemum majus A. BRAUN, 1841		A						0			H,B	Großes Knorpelkraut
Polygala amarella CRANTZ, 1769	(H)	s	↷			2	1	3			H,B	Sumpf-Kreuzblümchen
Polygala comosa SCHKUHR, 1796	(T$_L$) H,B	s v	↷ ↷	NU	t	2	1				H,B	Schopf-Kreuzblümchen
Polygala oxyptera RCHB., 1823	(H,B)	v	↷	NU	t						H	*Polygala vulgaris* ssp. *oxyptera* (RCHB.) SCHÜBL. et MARTENS, 1834, Spitzflügeliges Kreuzblümch.
Polygala serpyllifolia HOST, 1797		ss	↷			3	1	0		A	H,B	Quendel-Kreuzblümchen
Polygala vulgaris L. s.str., 1753	T,H B	v g	↷ 0	NU	t	2	1				H,B	Gemeines Kreuzblümchen
Polygonatum multiflorum (L.) ALL., 1785	T H,B	v h	0 0			2	1				H,B	Vielblütige Weißwurz
Polygonatum odoratum (MILL.) DRUCE, 1906		v	0			2	1				H,B	*P. officinale* ALL. Salomonssiegel
Polygonatum verticillatum (L.) ALL., 1785	(B)	g	0			2	1				H,B	Quirl-Weißwurz
Polygonum aviculare agg.		g	0			2	1				H,B	Vogel-Knöterich
Polypodium interjectum SHIVAS, 1961	H,B	ss	0								H,B	(*P. vulgare* agg.) Gesägter Tüpfelfarn
Polypodium vulgare L., 1753	T H B	v s g	↷ 0 0	AN EU		2	1				H,B	(*P. vulgare* agg.), Gewöhnlicher Tüpfelfarn
Polystichum aculeatum (L.) ROTH, 1799	T,H B	ss v	↷			2	1	3	§		H,B	Dorniger Schildfarn
Polystichum lonchitis (L.) ROTH, 1799	B	ss	0			2	1	1	§		H,B	Lanzen-Schildfarn
Populus alba L., 1753	T,H B	v s	↗ ↗							N	H,B	Silber-Pappel
Populus x canadensis MOENCH, 1785	T,H B	h s	↗ ↗							N	H	*P. deltoides x nigra* Kanadische Pappel
Populus x canescens (AITON) SM., 1804		ss								N	H	*P. alba x tremula* Grau-Pappel

Art	BR	BS	BE	UV	SM	Vg	Vn	RL	Ges.	Bm	Nachweis	Synonyme, agg., Deutscher Name
Populus nigra L., 1753	(T)	s	↷	EX		3	2	1		K	H,B	Schwarz-Pappel
Populus tremula L., 1753		g	0			2	1			K	H,B	Espe
Portulaca oleracea L., 1753	(T$_S$) H	v s	0 0			2	1			N?	H,B	Gemüse-Portulak
Potamogeton acutifolius LINK, 1818	T$_P$	s	↷	EU WA		4	1	3			H,B	Spitzblättriges Laichkraut
Potamogeton alpinus BALB., 1804	T$_P$	s	↷	EU WA		3	1	2			H,B	Alpen-Laichkraut
Potamogeton x angustifolius J. PRESL, 1821	T	ss		EU WA				0			H,B 1994 HERDAM	*P. x zizii* W.D.J. KOCH ex ROTH, 1827, *P. lucens x gramineus*, Schmalblättriges Laichkraut
Potamogeton berchtoldii FIEBER, 1838	T H,B	s ss	↷	EU WA		3	1	3			H,B	(*P. pusillus* agg.) Berchtolds Laichkraut
Potamogeton coloratus HORNEM., 1813		A				3	1	0			H,B	Gefärbtes Laichkraut
Potamogeton compressus L., 1753		A						0			H,B	Flachstengliges Laichkraut
Potamogeton crispus L., 1753		v	0			2	1				H,B	Krauses Laichkraut
Potamogeton filiformis PERS., 1805		A				2	1				B	Faden-Laichkraut
Potamogeton friesii RUPR., 1845	T	ss		EU WA		3	1	0			H,B,TÄUSCHER 1998a	*P. mucronatus* SOND., 1851, Stachelspitziges Laichkraut
Potamogeton gramineus L., 1753	T,B	ss	↷	EU WA		3	1	2			H,B	Gras-Laichkraut
Potamogeton lucens L., 1753	T,B H	v s	↷ ↷	EU WA		2	1	3			H,B	Spiegelndes Laichkraut
Potamogeton natans L., 1753	T,B H	v s	0 0			2	1				H,B	Schwimmendes Laichkraut
Potamogeton x nitens WEBER, 1787		A				1		0			B	*P. gramineus x perfoliatus*, Glanz-Laichkraut
Potamogeton nodosus POIR., 1816		A				2	1	0			H,B	Knoten-Laichkraut
Potamogeton obtusifolius MERT. et W.D.J. KOCH, 1823	T H,B	s ss	↷	EU WA		3	1	3			H,B	Stumpfblättriges Laichkraut
Potamogeton pectinatus L., 1753	T,H	v	↗			2	1				H,B	Kamm-Laichkraut
Potamogeton perfoliatus L., 1753	T$_P$	s	↷	EU WA		2	1				H,B	Durchwachsenes Laichkraut
Potamogeton polygonifolius POURR., 1788		ss	↷					1			H,B	Knöterich-Laichkraut
Potamogeton praelongus WULFEN, 1805	T	ss		EU WA		3	1	0			H,B, GARVE 1994	Gestrecktes Laichkraut
Potamogeton pusillus L., 1753	T H	s ss	↷	EU WA		2	1	3			H,B	*P. panormitanus* BIV., 1838, (*P. pusillus* agg.) Zwerg-Laichkraut
Potamogeton rutilus WOLFG., 1827		A				5	2-	0			B	Rötliches Laichkraut
Potamogeton trichoides CHAM. et SCHLTDL., 1827	T H	s ss	↷	EU WA				3			H,B	Haarblättriges Laichkraut

Art	BR	BS	BE	UV	SM	Vg	Vn	RL	Ges.	Bm	Nachweis	Synonyme, agg., Deutscher Name
Potentilla alba L., 1753	T H,B	s v	↷ ↷	NU	t	2	1	3		A	H,B	Weißes Fingerkraut
Potentilla anglica LAICHARD., 1790	T$_P$ H B	s ss v	0 0			3	1	3			H,B	Englisches Fingerkraut
Potentilla anserina L., 1753		g	0			2	1				H,B	Gänse-Fingerkraut
Potentilla argentea agg.		g	0			2	1				B	*P. argentea* L. s.l., 1753 Silber-Fingerkraut
Potentilla collina agg.						3	1				H,B	*P. collina* WIBEL s.l., 1799 Hügel-Fingerkraut
Potentilla erecta (L.) RAEUSCH., 1797	T,H B	v g	0 0			2	1				H,B	Tormentill, Blutwurz
Potentilla heptaphylla L., 1755	T,B H	s h	↷ 0	NU	t	3	1				H,B	Rötliches Fingerkraut
Potentilla incana P. GAERTN., B. MEY. et SCHERB., 1800	T H B	s h ss	0 0 0			2	1			A	H,B	*P. arenaria* P. GAERTN., B. MEY. et SCHERB., 1800, Sand-Fingerkraut
Potentilla inclinata VILL., 1788	T	ss				2	1			N	B; JOHN, ZENKER 1978	Graues Fingerkraut
Potentilla intermedia L., 1767	T	ss	0							N	H,B	Mittleres Fingerkraut
Potentilla norvegica L., 1753	T H,B	s ss	0					2			H,B	Norwegisches Fingerkraut
Potentilla palustris (L.) SCOP., 1771	T,B H	v ss	↷ ↷	EU EN				3			H,B	*Comarum palustre* L., 1753, Sumpf-Blutauge
Potentilla pusilla HOST, 1831	H,B	ss									H; JOHN, ZENKER 1978	(*P. verna* agg.) Flaum-Fingerkraut
Potentilla recta L., 1753	T,B H	s v	0 0							N	H,B	Aufrechtes Fingerkraut
Potentilla reptans L., 1753	T,H B	g h	0 0								H,B	Kriechendes Fingerkraut
Potentilla rupestris L., 1753	H,B	ss	↷			3	1	2			H,B	Felsen-Fingerkraut
Potentilla sterilis (L.) GARCKE, 1856	H B	v h	0 0							A	H,B	Erdbeer-Fingerkraut
Potentilla supina L., 1753	T,H B	v ss	↷	DY	z			3			H,B	Niedriges Fingerkraut
Potentilla tabernaemontani ASCH., 1891	T H B	v g h	0 0 0								H,B	*P. neumanniana* RCHB., 1832 (*P. verna* agg.) Frühlings-Fingerkraut
Prenanthes purpurea L., 1753	H,B	ss	0					P		A	H,B	Hasenlattich
Primula elatior (L.) HILL, 1765	T H B	s v h	0 0 0					§			H,B	Hohe Schlüsselblume
Primula veris L., 1753	T H B	v h g	0 0 0					§			H,B	Wiesen-Schlüsselblume
Primula vulgaris HUDS., 1762	T,H	s	0			2	1	§		N	H,B	Schaftlose Primel

Art	BR	BS	BE	UV	SM	Vg	Vn	RL	Ges.	Bm	Nach-weis	Synonyme, agg., Deutscher Name
Prunella grandiflora (L.) SCHOLLER, 1775	T_L,B H	s h	⇆ ⇆	NU	t						H,B	Großblütige Braunelle
Prunella laciniata (L.) L., 1763	H	ss		EU NU				2		A	H,B	Weiße Braunelle
Prunella vulgaris L., 1753	T H,B	h g	0 0								H,B	Gemeine Braunelle
Prunus avium L., 1755		h	0			3	1			K	H,B	*Cerasus avium* (L.) MOENCH, 1794 Süß-Kirsche
Prunus cerasifera EHRH., 1785	T,H	s	0							G	H	Kirschpflaume
Prunus cerasus L., 1753	(T,H)	v	0			1	1			N	H,B	*Cerasus vulgaris* MILL., 1768, Sauer-Kirsche
Prunus domestica L., 1753	T,H	v	0							N	H	incl. *P. insititia* L., 1755, Pflaume
Prunus fruticosa PALL., 1784	(H)	s	⇆	NU BA	t	3	3	3			H,B	*Cerasus fruticosa* PALL. 1784 Steppen-Kirsche
Prunus mahaleb L., 1753	(T,H)	v	↗			2	1			N	H,B	*Cerasus mahaleb* (L.) MILL., 1768 Steinweichsel
Prunus padus L., 1753	T,B H	h v	0 0							K	H,B	*Padus avium* MILL., 1768, Gewöhnliche Traubenkirsche
Prunus serotina EHRH., 1788	(T,H)	v	↯↯							N	H,B	*Padus serotina* (EHRH.) BORKH., 1797 Späte Traubenkirsche
Prunus spinosa L., 1753		g	0								H,B	Schlehe
Pseudofumaria lutea (L.) BORKH., 1797		s	0							N	H,B	*Corydalis lutea* (L.) DC., 1805, Gelber Lerchensporn
Pseudognaphalium luteo-album (L.) HILLIARD et B.L. BURTT, 1981	T	ss	⇆⇆	AU NI DY	t,z	2	2	1			H,B	*Gnaphalium luteoalbum* L., 1753 Gelbweißes Ruhrkraut
Pseudolysimachion longifolium (L.) OPIZ, 1852	T_S H,B	v ss	⇆	DY NU	t,z	2	2	3	§		H,B	*Veronica longifolia* L., 1753, Langblättriger Blauweiderich
Pseudolysimachion spicatum (L.) OPIZ, 1852	T,B H	s v	⇆ ⇆	NU	t			3	§		H,B	*Veronica spicata* L.,1753, Ähriger Blauweiderich
Pseudolysimachion spurium (L.) OPIZ, 1852		A		NU SA		4	4	0			H,B	*P. paniculatum* (L.) HARTL, 1966 Unechter Blauweiderich
Pseudorchis albida (L.) Å. et D. LÖVE, 1969		A						0	§ WA-B2		H,B,K	*Leucorchis albida* (L.) E. MEY., 1839 Weißzunge
Psyllium arenarium (WALDST. et KIT.) MIRB. 1805	T	s	0							N	H,B	*Plantago arenaria* WALDST. et KIT., 1801, *Plantago indica* L, 1759 Sand-Flohsame
Pteridium aquilinum (L.) KUHN, 1879		v	0								H,B	Adlerfarn
Puccinellia distans (JACQ.) PARL., 1850	T H B	v g s	↯↯ ↗ ↗								H,B	(*P. distans* agg.), Gemeiner Salzschwaden

Art	BR	BS	BE	UV	SM	Vg	Vn	RL	Ges.	Bm	Nachweis	Synonyme, agg., Deutscher Name
Puccinellia limosa (SCHUR) E. HOLMB., 1920	T	ss				3	3	P			B	(*P. distans* agg.) Sumpf-Salzschwaden
Pulicaria dysenterica (L.) BERNH., 1800	T,H	v	⟲					3			H,B	Großes Flohkraut
Pulicaria vulgaris GAERTN., 1791	T_S H	v ss	0			3	1	2			H,B	Kleines Flohkraut
Pulmonaria angustifolia L., 1753	H	s	⟲			3	2	1	§		H,B	Schmalblättriges Lungenkraut
Pulmonaria obscura DUMORT., 1865	T H,B	v g	0 0								H	(*P. officinalis* agg.) Dunkles Lungenkraut
Pulmonaria officinalis L., 1753		s								N	H	(*P. officinalis* agg.) Echtes Lungenkraut
Pulsatilla alba RCHB., 1832	B	ss	⟲			4	3+	1	§	A	H,B	*P. alpin*a ssp. *alba* (RCHB.) DOMIN, 1935 Brockenanemone
Pulsatilla pratensis (L.) MILL., 1768	T H B	s v ss	⟲ ⟲ ⟲	NU	t	2	1	2	§	A	H,B	Wiesen-Kuhschelle
Pulsatilla vernalis (L.) MILL., 1768		A				3	1	0	§		B	Frühlings-Kuhschelle
Pulsatilla vulgaris MILL., 1768	T H	s v	⟲ ⟲	NU	t	3	1	2	§		H,B	Gemeine Kuhschelle
Puschkinia scilloides ADAMS	(H)	ss								G	H	Puschkinie
Pyracantha coccinea ROEM., 1847	H	ss								N	H	Feuerdorn
Pyrola chlorantha SW., 1810	T_P H	s ss	⟲	EU		2	1	2			H,B	Grünblütiges Wintergrün
Pyrola media SW., 1804		A				3	1	1			H,B	Mittleres Wintergrün
Pyrola minor L., 1753	T H B	s v h	⟲ ⟲ ⟲	EU							H,B	Kleines Wintergrün
Pyrola rotundifolia L., 1753	H,B	s	⟲	EU		3	1	3			H,B	Rundblättriges Wintergrün
Pyrus communis L., 1753		h	0							N	H	(*P. communis* agg.) Kultur-Birne
Pyrus pyraster BURGSD., 1787		v	⟲	NU BA						K	H,B	(*P. communis* agg.) Wild-Birne
Quercus cerris L., 1753		ss								G	S	Zerr-Eiche
Quercus petraea LIEBL., 1784	T H,B	v g	0 0								H,B	Trauben-Eiche
Quercus robur L., 1753		g	0								H,B	Stiel-Eiche
Quercus rubra L., 1753		v	⟲							N	H,B	Rot-Eiche
Radiola linoides ROTH, 1788	(T)	ss	⟲	DY SO		4	1	1			H,B	Zwerglein
Ranunculus acris L., 1753		g	0								H,B	Scharfer Hahnenfuß
Ranunculus aquatilis L., 1753	T H,B	v s	⟲ ⟲	WA				3			H	(*R. aquatilis* agg.), Gemeiner Wasserhahnenfuß
Ranunculus arvensis L., 1753	(T,H)	s	⟲	NU NI	t	2	1	2			H,B	Acker-Hahnenfuß
Ranunculus auricomus agg.	T,H B	h g	0 0				2				H,B	Goldschopf-Hahnenfuß

Art	BR	BS	BE	UV	SM	Vg	Vn	RL	Ges.	Bm	Nachweis	Synonyme, agg., Deutscher Name
Ranunculus baudotii GODR., 1840		A						0			H,B	*Ranunculus peltatus* ssp. *baudotii* (GODR.)C.D.K. COOK, 1984, (*R. aquatilis* agg.), Brackwasser-Wasserhahnenfuß
Ranunculus bulbosus L., 1753	T,H B	h g	0 0								H,B	Knolliger Hahnenfuß
Ranunculus circinatus SIBTH., 1794	T H	v s	⌇ ⌇	WA							H,B	Spreizender Wasserhahnenfuß
Ranunculus ficaria L., 1753		g	0			3	1				H,B	Scharbockskraut
Ranunculus flammula L., 1753	T H B	v s g	0 0								H,B	Brennender Hahnenfuß
Ranunculus fluitans LAM., 1779	T,H B	s v	⌇	WA				2			H,B	Flutender Wasserhahnenfuß
Ranunculus hederaceus L., 1753	(T_P)	ss	⌇	WA		2	1	1			B	Efeu-Wasserhahnenfuß
Ranunculus illyricus L., 1753	T,H	s	⌇	NU	t	3	4	2			H,B	Illyrischer Hahnenfuß
Ranunculus lanuginosus L., 1753	T H B	s v g	0 0			4	1				H,B	Wolliger Hahnenfuß
Ranunculus lingua L., 1753	T H,B	v s	⌇ ⌇	NU EU	t	2	1	2	§		H,B	Zungen-Hahnenfuß
Ranunculus nemorosus DC., 1817	H B	s v	0 0					3			B	*R. tuberosus* LAPEYR., 1813 (*R. polyanthemos* agg.) Hain-Hahnenfuß
Ranunculus peltatus SCHRANK s.str., 1789	T H,B	h s	⌇ ⌇	WA				3			HERDAM 1997	(*R. aquatilis* agg.) Schild-Wasserhahnenfuß
Ranunculus penicillatus (DUMORT.) BAB., 1874	T	ss	⌇					3			WÖLFEL 1997	(*R. aquatilis* agg.), Gemeiner Wasserhahnenfuß
Ranunculus platanifolius L., 1767	B	v	0					3			H,B	Platanen-Hahnenfuß
Ranunculus polyanthemoides BOREAU, 1857	B	s									HERDAM 1994b	(*R. polyanthemos* agg.) Schmalblättriger Hahnenfuß
Ranunculus polyanthemophyllus W. KOCH et HESS, 1955	B	ss									HERDAM 1996	(*R. polyanthemos* agg.) Schlitzblatt-Hahnenfuß
Ranunculus polyanthemos L., 1753	T H	v s	⌇ 0			2	2	3			KORSCH 1996,H,B	(*R. polyanthemos* agg.) Vielblütiger Hahnenfuß
Ranunculus psilostachys GRISEB. 1843	(T)	ss								G	NICKOLMANN, WALTHER 1994	Kahlähriger Hahnenfuß
Ranunculus repens L., 1753		g	0								H,B	Kriechender Hahnenfuß
Ranunculus sardous CRANTZ, 1763	T,H	s	⌇	NU EN				3			H,B	Rauher Hahnenfuß
Ranunculus sceleratus L., 1753	T,H B	h s	0 0								H,B	Gift-Hahnenfuß
Ranunculus trichophyllus CHAIX, 1785	T,H	v	⌇	WA				2			H,B	(*R. aquatilis* agg.), Haarblättr. Wasserhahnenfuß

Art	BR	BS	BE	UV	SM	Vg	Vn	RL	Ges.	Bm	Nachweis	Synonyme, agg., Deutscher Name
Raphanus raphanistrum L., 1753	T,H B	h v	↘ ↘	HE NI		2	1				H,B	Hederich
Raphanus sativus L., 1753		v								G	H	Radieschen
Rapistrum perenne (L.) ALL., 1785	T$_L$ H	s v	↘↘ ↘	AN		2	3	3		A	H,B	Stauden-Windsbock
Rapistrum rugosum (L.) ALL., 1785		s								N	H,B	Runzliger Windsbock
Reseda lutea L., 1753	T H B	v g s	0 0 0								H,B	Gelbe Resede
Reseda luteola L., 1753	T H B	v g s	0 0 0								H,B	Färber-Resede
Rhamnus cathartica L., 1753		h	0								H,B	Purgier-Kreuzdorn
Rheum rhabarbarum L., 1753		s	0							G	H	Rhabarber
Rhinanthus alectorolophus (SCOP.) POLLICH, 1777	(B)	v	0					3		A	H,B	*R. hirsutus* LAM., 1779 Zottiger Klappertopf
Rhinanthus angustifolius C.C. GMEL., 1806		v	↘	NU NI EU	t	3	1	3			H,B	*R. serotinus* (SCHÖNH.) SCHINZ et THELL., 1914 Großer Klappertopf
Rhinanthus glacialis PERSONNAT, 1863	B	ss				3	1	0			H,B	Begrannter Klappertopf
Rhinanthus minor L., 1756	T,H B	v g	↘ 0	NU NI	t			3			H,B	Kleiner Klappertopf
Rhododendron luteum SWEET, 1830	H	ss	0							G	H	Gelbe Azalee
Rhus hirta (L.) SUDW., 1892		s	0							N	H,B	*R. typhina* L., 1756 Essigbaum
Rhynchospora alba (L.) VAHL, 1805	T	ss	↘	EU EN		4	1	1			B	Weißes Schnabelried
Rhynchospora fusca (L.) W.T. AITON, 1810		A		EU EN		3	1	0			B	Braunes Schnabelried
Ribes alpinum L., 1753	T H B	s v h	0 0 0							K	H,B	Alpen-Johannisbeere
Ribes aureum PURSH, 1814		ss	↗							G	H	Gold-Johannisbeere
Ribes nigrum L., 1753	T,H B	v s	↘ ↘							K	H,B	Schwarze Johannisbeere
Ribes rubrum agg.		v	0							K	B	Rote Johannisbeere
Ribes sanguineum PURSH, 1814		s								G	H	Blut-Johannisbeere
Ribes uva-crispa L., 1753	T H,B	h g	0 0							K	H,B	Stachelbeere
Robinia pseudoacacia L., 1753	T,H B	g s	↗ 0							N	H,B	Robinie, Falsche Akazie
Rorippa amphibia (L.) BESSER, 1821	T H,B	v s	0 0								H,B	Wasserkresse
Rorippa anceps (WAHLENB.) RCHB., 1837	T$_S$	s	0								H,B	Niederliegende Sumpfkresse

Art	BR	BS	BE	UV	SM	Vg	Vn	RL	Ges.	Bm	Nachweis	Synonyme, agg., Deutscher Name
Rorippa x armoracioides (TAUSCH) FUSS	T_S	s					3				B	*R. austriaca x R. sylvestris*, Meerrettichblättrige Sumpfkresse
Rorippa austriaca (CRANTZ) BESSER, 1821	T_S	v	0								H,B	Österreichische Sumpfkresse
Rorippa palustris (L.) BESSER, 1821		h	0								H,B	Gemeine Sumpfkresse
Rorippa pyrenaica (L.) RCHB., 1838	T_S	ss	↘				2	1			B	Pyrenäen-Sumpfkresse
Rorippa sylvestris (L.) BESSER, 1821	T,H B	h v	0								H,B	Wilde Sumpfkresse
Rosa agrestis SAVI, 1798	T_L H	ss s	↘ ↘	NI NU	t					A	H,B	Acker-Rose
Rosa arvensis HUDS., 1762	H	ss						0			H,B,1997 KEDING	Kriechende Rose
Rosa blanda AITON 1789	T	ss								N	GUTTE, KÖHLER 1973	Labrador-Rose
Rosa caesia SM., 1812	H,B	s									H	Lederblättrige Rose
Rosa canina L., 1753		g	0								H,B	Hunds-Rose
Rosa corymbifera BORKH., 1790	T,B H	s v	0 0								H,B	*R. obtusifolia* DESV., 1809, Hecken-Rose
Rosa dumalis BECHST., 1810	T H,B	s v	0								H	*R. vosagiaca* DÉSÉGL., 1874, Vogesen-Rose
Rosa elliptica TAUSCH, 1819	T H	s h	0 0			3	1				H	Elliptische Rose
Rosa gallica L., 1753	T,B H	ss s	↘ ↘	NI NU	t,z	2	1	2		A	H,B	Essig-Rose
Rosa glauca POURR., 1788	T,B H	s v	↗ ↗					3		N	H	*R. rubrifolia* VILL.,1788 Rotblättrige Rose
Rosa inodora FR., 1814	T H	s v	0 0								WÖLFEL 1997	Duftarme Rose
Rosa jundzillii BESSER, 1816	H,B	ss	↘	NI NU	t			3		A	H,B	*R. trachyphylla* RAU, 1816 Rauhblättrige Rose
Rosa majalis HERRM., 1762		A						P		G	H,B	Zimt-Rose
Rosa micrantha BORRER ex SM., 1812	H	s				2	1	3			H,B	Kleinblütige Rose
Rosa multiflora THUNB., 1784		s								N	H	Büschel-Rose
Rosa pseudoscabriuscula (R. KELLER) HENKER et G. SCHULZE, 1993	T,B	ss									WÖLFEL 1997	*R. scabriuscula* auct. non SM. 1808 Falsche Filzrose
Rosa rubiginosa L., 1771	T,B H	s h	0 0								H,B	Wein-Rose
Rosa rugosa THUNB., 1784		v	↗							N	H,B	Kartoffel-Rose
Rosa sherardii DAVIES, 1813	T,H	ss						3			H,B	Sherards Rose
Rosa spinosissima L., 1753	T,H	ss	0							N	H,B	*R. pimpinellifolia* L., 1759, Pimpinell-Rose

Art	BR	BS	BE	UV	SM	Vg	Vn	RL	Ges.	Bm	Nachweis	Synonyme, agg., Deutscher Name
Rosa subcanina (H. CHRIST) R. KELLER, 1891	T H B	v h s	0 0 0								WÖLFEL 1997	Falsche Hunds-Rose
Rosa subcollina (H. CHRIST) R. KELLER, 1891	T,H B	v s	0 0								WÖLFEL 1997	Falsche Hecken-Rose
Rosa tomentella LÉMAN, 1818	T,H	ss						3			H,B	*R. obtusifolia* auct. non DESV. Stumpfblättrige Rose
Rosa tomentosa SM., 1800	T,H B	s ss	0	NI NU	t,z			3			H	Filz-Rose
Rosa villosa L., 1753	T,H	ss						3		N	H	Apfel-Rose
Rubia tinctorum L., 1753		A							G		H	Färber-Röte
Rudbeckia hirta L., 1753		ss	0						G		H,B	Rauhhaariger Sonnenhut
Rudbeckia laciniata L., 1753	(T)	s	⟲							N	H,B	Schlitzblättriger Sonnenhut
Rumex acetosa L., 1753		g	0								H,B	Wiesen-Sauerampfer
Rumex acetosella L., 1753		g	0								H	incl. *R. angiocarpus* auct., incl. *R. tenuifolius* (WALLR.) Å. LÖVE, 1941 Kleiner Sauerampfer
Rumex aquaticus L., 1753	T,H B	s v	⟲ ⟲	WA EN				3			H,B	Wasser-Ampfer
Rumex arifolius ALL., 1773	B	ss	0					P		A	H,B	*R. alpestris* auct. Gebirgs-Sauerampfer
Rumex conglomeratus MURRAY, 1770		v	0								H,B	Knäuel-Ampfer
Rumex crispus L., 1753		g	0								H,B	Krauser Ampfer
Rumex hydrolapathum HUDS., 1778	T,H	v	0								H,B	Fluß-Ampfer
Rumex longifolius DC., 1815	H	ss								N	1998 JOHN	Gemüse-Ampfer
Rumex maritimus L., 1753		v	0								H,B	Strand-Ampfer
Rumex obtusifolius L., 1753		g	⟲								H,B	Stumpfblättriger Ampfer
Rumex palustris SM., 1800	(T)	v	0								H,B	Sumpf-Ampfer
Rumex patientia L., 1753	T	ss	0				2	3		N	H,B	Ewiger Spinat
Rumex pseudoalpinus HÖFFT, 1826	B	ss	0							N	H	*R. alpinus* L., 1759 Alpen-Ampfer
Rumex sanguineus L., 1753	T,H B	v h	0 0								H,B	Blut-Ampfer
Rumex scutatus L., 1753	H	ss							G		H	Schild-Sauerampfer
Rumex stenophyllus LEDEB., 1830	T$_S$	s	⟲				3	3		N	B	Schmalblättriger Ampfer
Rumex thyrsiflorus FINGERH., 1829	T H	h v	⟲ 0								H,B	Rispen-Sauerampfer
Rumex triangulivalvis (DANSER) RECH. F., 1936	T	ss							G		B	*R. salicifolius* var. *triangulivalvis* (DANSER) HICKMAN, 1984 Weidenblatt-Ampfer
Ruppia maritima L., 1753		A				3	1	0			H,B	Meeres-Salde

Art	BR	BS	BE	UV	SM	Vg	Vn	RL	Ges.	Bm	Nachweis	Synonyme, agg., Deutscher Name
Ruta graveolens L., 1753	(H)	s	0					2			H,B	Wein-Raute
Sagina apetala ARD., 1764	T,H	ss						2			H,B	*S. ciliata* FR., 1816 (*S. apetala* agg.) Wimper-Mastkraut
Sagina maritima G. DON, 1810		A						0			ASCHERSON 1866	Strand-Mastkraut
Sagina micropetala RAUSCHERT, 1969	T,H	s	↘	NI AU				3			H,B	(*S. apetala* agg.) Aufrechtes Mastkraut
Sagina nodosa (L.) FENZL, 1833	T	ss	↘	AU NU		3	1	0			FISCHER 1994,H,B	Knotiges Mastkraut
Sagina procumbens L., 1753	T,H B	v h	0 0								H,B	Liegendes Mastkraut
Sagittaria sagittifolia L., 1753	T H	v ss	↘	WA				3			H,B	Pfeilkraut
Salicornia europaea agg.	T,H	s	↗					(3)			B	Gemeiner Queller
Salix acutifolia WILLD., 1806	T	ss								N	H	Spitzblättrige Weide
Salix alba L., 1753	T,H B	h v	0 0								H,B	Silber-Weide
Salix aurita L., 1753	T H B	v s g	0 0 0								H,B	Ohr-Weide
Salix bicolor WILLD., 1796	B	ss		BA NA		4	4+	0		K	ZANDER 1996,H,B	Zweifarben-Weide
Salix caprea L., 1753	T,H B	h g	0 0								H,B	Sal-Weide
Salix cinerea L., 1753		h	0			3	1				H,B	Grau-Weide
Salix daphnoides VILL., 1779	T,H	s								N	H,B	Reif-Weide
Salix dasyclados WIMM., 1849		ss								N	FISCHER, KUMMER 1993	Filzast-Weide
Salix eleagnos SCOP., 1772		ss								N	H,B	Lavendel-Weide
Salix fragilis agg.		h	0								B	incl. *S. x rubens* SCHRANK, 1789, *S alba x fragilis,* Bruch-Weide
Salix helvetica VILL. 1789	B	ss	↗							N	H	Schweizer Weide
Salix myrsinifolia SALISB., 1796		ss						0		N	HERDAM 1996,H,B	Schwarz-Weide
Salix pentandra L., 1753	T H,B	v s	↘								H,B	Lorbeer-Weide
Salix purpurea L., 1753	T,H B	v h	0 0								H,B	Purpur-Weide
Salix repens L., 1753	T,B H	v ss	↘ ↘	NU	t			2			H,B	(*S. repens* agg.) Kriech-Weide
Salix rosmarinifolia L., 1753		A									ZOBEL 1909	(*S. repens* agg.)
Salix triandra L., 1753		v	0								H,B	Mandel-Weide
Salix viminalis L., 1753		v	0								H,B	Korb-Weide
Salsola kali ssp. *tragus* (L.) ČELAK., 1871	T,H	h	↗↗							N	H	*S. kali* ssp. *ruthenica* Soó, 1951, Ruthenisches Salzkraut
Salvia aethiopis L., 1753		A						1		N	H	Silberblatt-Salbei

Art	BR	BS	BE	UV	SM	Vg	Vn	RL	Ges.	Bm	Nachweis	Synonyme, agg., Deutscher Name
Salvia nemorosa L., 1762	T_L H	s v	↘ ↘	NU	t						H,B	Steppen-Salbei
Salvia officinalis L., 1753	H	s						3		N	H	Echter Salbei
Salvia pratensis L., 1753	T H B	v g s	0 0 0								H,B	Wiesen-Salbei
Salvia verticillata L., 1753	(T_L) H	v v	0 0					3		N	H,B	Quirl-Salbei
Salvinia natans (L.) ALL., 1785	T_S	s	↘	WA EU		2	2	2	§,BK	A	B	Gemeiner Schwimmfarn
Sambucus ebulus L., 1753	T_L H	ss s	↘ ↘	AN						N	H,B	Zwerg-Holunder
Sambucus nigra L., 1753		g	↗								H,B	Schwarzer Holunder
Sambucus racemosa L., 1753	T H B	s v g	↗ ↗ 0								H,B	Hirsch-Holunder
Samolus valerandi L., 1753	T H	s ss	↘	AN DY	z	3	2	2			H,B	Salzbunge
Sanguisorba minor SCOP. s.str., 1772	T H B	v g h	0 0 0								H,B	Kleiner Wiesenknopf
Sanguisorba muricata GREMLI, 1874		s	↗							G	S	*Sanguisorba minor* ssp. *polygama* (WALDST. et KIT.) HOLUB., 1978, Höckerfrüchtiger Wiesenknopf
Sanguisorba officinalis L., 1753	T H B	v s h	↘ ↘ ↘	NI	t			3			H,B	Großer Wiesenknopf
Sanicula europaea L., 1753	T H,B	v h	0 0								H,B	Sanikel
Saponaria ocymoides L., 1753	H	ss			2					G	H	Rotes Seifenkraut
Saponaria officinalis L., 1753	T,H B	h v	↗ ↗								H,B	Echtes Seifenkraut
Saxifraga granulata L., 1753	T,H B	h g	0 0						§		H,B	Körnchen-Steinbrech
Saxifraga rosacea MOENCH, 1794	B	v	0					3	§		H,B	*S. decipiens* EHRH., 1790, Rasen-Steinbrech
Saxifraga tridactylites L., 1753		v	↗								H,B	Finger-Steinbrech
Scabiosa canescens WALDST. et KIT., 1801	T H B	s h ss	↘ ↘	NU	t	5	2	3		A	H,B	Graue Skabiose
Scabiosa columbaria L., 1753	T H,B	s h	0 0								H,B	Tauben-Skabiose
Scabiosa ochroleuca L., 1753	T H B	v g s	0 0 0			2	4			A	H,B	Gelbe Skabiose
Scandix pecten-veneris L., 1753	T,H	ss				3	1	1			H,B	Venuskamm
Scheuchzeria palustris L., 1753		A				3	1		§		H,B	Blasenbinse
Schoenoplectus lacustris (L.) PALLA, 1888	T,H B	v s	0 0								H,B	(*S. lacustris* agg.) Gemeine Teichsimse

Art	BR	BS	BE	UV	SM	Vg	Vn	RL	Ges.	Bm	Nach-weis	Synonyme, agg., Deutscher Name
Schoenoplectus supinus (L.) PALLA, 1888		A						0			H,B	Liegende Teichsimse
Schoenoplectus tabernaemontani (C.C. GMEL.) PALLA, 1888	T,H B	v ss	0 0								H,B	(*S. lacustris* agg.) Salz-Teichsimse
Schoenus ferrugineus L., 1753		A				3	1	0			B	Rostrotes Kopfried
Schoenus nigricans L., 1753	H	ss				3	1	1			H,B	Schwarzes Kopfried
Scilla amoena L., 1753		ss							§	N	H	Schöner Blaustern
Scilla bifolia L., 1753	T,H	ss						P	§	AK	H,B	Zweiblättriger Blaustern
Scilla siberica HAW., 1804	T,H	s	⚲						§	N	H,B	Sibirischer Blaustern
Scilla vindobonensis SPETA 1974	T$_S$	ss	⚲			2	1		§		B	Wiener Blaustern
Scirpoides holoschoenus (L.) SOJÁK, 1972	T	ss	⚲	AU		3	3-	1			B	Incl. *Holoschoenus vulgaris* LINK, 1827 Gemeine Kugelsimse
Scirpus radicans SCHKUHR, 1793	T$_S$	ss	⚲	DY	z	2	1	1			H,B	Wurzelnde Simse
Scirpus sylvaticus L., 1753	T,H B	v g	⚲ 0								H,B	Wald-Simse
Scleranthus annuus L., 1753	T,B H	g h	0 0								H,B	(*S. annuus* agg.) Einjähriger Knäuel
Scleranthus perennis L., 1753		v	⚲								H,B	Ausdauernder Knäuel
Scleranthus polycarpos L., 1756	T, H B	v s	0 0					3			H,B	(*S. annuus* agg.) Triften-Knäuel
Scleranthus verticillatus TAUSCH, 1829	H	ss						1			H,B	(*S. annuus* agg.) Quirl-Knäuel
Sclerochloa dura (L.) P. BEAUV., 1812	T$_S$ H	ss s	⚲	AN		3	2	3			H,B	*Poa dura* (L.) SCOP., 1771, Hartgras
Scolochloa festucacea (WILLD.) LINK, 1827	T$_P$	ss				2	1			A	B	Schwingelschilf
Scorzonera hispanica L., 1753	(H)	s				3	2	3	§	K	H,B	Garten-Schwarzwurzel
Scorzonera humilis L., 1753	T	s	⚲	EU NU		3	1	1	§		H,B	Niedrige Schwarzwurzel
Scorzonera laciniata L., 1753	T$_L$ H	s v	⚲ ⚲	NU EU	t			3			H,B	*Podospermum laciniatum* (L.) DC., 1805, Schlitzblättriger Stielsame
Scorzonera parviflora JACQ., 1776	T$_L$,H	ss	⚲			3	3	2			B	Kleinblütige Schwarzwurzel
Scorzonera purpurea L., 1753	H	ss	⚲	NU		3	3-	3	§		H,B	Violette Schwarzwurzel
Scrophularia nodosa L., 1753	T,H B	h g	0 0								H,B	Knoten-Braunwurz
Scrophularia umbrosa DUMORT., 1827		v		EN NU							H,B	Flügel-Braunwurz
Scrophularia vernalis L., 1753	T,H	ss								N	H,B	Frühlings-Braunwurz
Scutellaria altissima L., 1753	H	ss						3		N	H,B	Hohes Helmkraut

Art	BR	BS	BE	UV	SM	Vg	Vn	RL	Ges.	Bm	Nachweis	Synonyme, agg., Deutscher Name
Scutellaria galericulata L., 1753	T H B	h v g	0 0 0								H,B	Gemeines Helmkraut
Scutellaria hastifolia L., 1753	T$_S$	v	↶	DY NI	t,z	3	2	2			H,B	Spießblättriges Helmkraut
Scutellaria minor HUDS., 1762		A				2	1	1			B	Kleines Helmkraut
Secale cereale L., 1753		v	0						G		H	Roggen
Securigera varia (L.) LASSEN, 1989	(T,H)	v	0			2	1		K		H,B	*Coronilla varia* L., 1753, Bunte Kronwicke
Sedum acre L., 1753		g	0								H,B	Scharfer Mauerpfeffer
Sedum album L., 1753		s	↶	AN						N	H,B	Weiße Fetthenne
Sedum hispanicum L., 1755	T	ss							G		VOIGT 1993	Spanische Fetthenne
Sedum maximum (L.) HOFFM., 1791		h	0								H	(*S. telephium* agg.) Große Fetthenne
Sedum rupestre L., 1753		v	0								H,B	*S. reflexum* L., 1755 Felsen-Fetthenne
Sedum sexangulare L., 1753		v	0								H,B	*S. mite* GILIB., 1781 Milder Mauerpfeffer
Sedum spurium M. BIEB., 1808		v	⇗							N	H,B	Kaukasus-Fetthenne
Sedum telephium L., 1753	T$_S$	s	0	DY	z			3			H	(*S. telephium* agg.) Purpur-Fetthenne
Sedum villosum L., 1753		A				3	1				H,B	Behaarte Fetthenne
Selaginella selaginoides (L.) P. BEAUV., 1804		A						0		A	H,B	Borniger Moosfarn
Selinum carvifolia (L.) L., 1762		v	↶	EU NU				3			H,B	Kümmel-Silge
Sempervivum arachnoideum L., 1753	T,H	ss							§	G	HERDAM 1994a	Spinnweben-Hauswurz
Sempervivum tectorum L., 1753		s	↶	AN RN				3	§	N	H,B	Dach-Hauswurz
Senecio aquaticus HILL, 1761	(T$_S$)	v	↶	EU NU	t			3			H,B	(*S. aquaticus* agg.) Wasser-Greiskraut
Senecio erraticus BERTOL., 1810	T$_S$,H	ss						2			H,B	(*S. aquaticus* agg.), Spreizblättriges Greiskraut
Senecio erucifolius L., 1753	T H B	s v ss									H,B	Raukenblättriges Greiskraut
Senecio germanicus WALLR., 1822	H	ss									WEINERT 1987	*S. nemorensis* L. p.p., 1753 (*S. nemorensis* agg.), Deutsches Hain-Greiskraut
Senecio hercynicus HERBORG, 1987	B	v	0					3			H	*S. nemorensis* L. p.p., 1753 (*S. nemorensis* agg.), Gewöhnliches Hain-Greiskraut
Senecio inaequidens DC., 1837	(T)	s	⇗⇗							N	B	Schmalblättriges Greiskraut
Senecio jacobaea L., 1753	T H,B	s h	0 0								H,B	Jakobs-Greiskraut
Senecio ovatus (P. GAERTN., B. MEY. et SCHERB.) WILLD., 1803	T H B	v h g	0 0 0							(N in T$_P$)	H,B	*S. fuchsii* C.C. GMEL., 1808 (*S. nemorensis* agg.) Fuchssches Greiskraut

Art	BR	BS	BE	UV	SM	Vg	Vn	RL	Ges.	Bm	Nachweis	Synonyme, agg., Deutscher Name
Senecio paludosus L., 1753	T$_S$	s	↘			3	1	1				H,B	Sumpf-Greiskraut
Senecio sarracenicus L., 1753	T$_S$	ss				3	1	1				H,B	S. fluviatilis WALLR., 1841, Fluß-Greiskraut
Senecio sylvaticus L., 1753	T,H B	v g	0 0									H,B	Wald-Greiskraut
Senecio vernalis WALDST. et KIT., 1800	T H B	h g	↗ 0 0							N		H,B	Frühlings-Greiskraut
Senecio viscosus L.,1753		h	0									H,B	Klebriges Greiskraut
Senecio vulgaris L.,1753		g	0									H,B	Gemeines Greiskraut
Serratula tinctoria L., 1753	T,H B	v v	↘ ↘	NU	t	4	1	3				H,B	Färber-Scharte
Seseli annuum L., 1753	T$_L$,H	s	↘	NU	t	2	1	2				H,B	Steppen-Sesel
Seseli hippomarathrum JACQ., 1762	(H)	v	↘	NU TR	t	3	4	2				H,B	Pferde-Sesel
Seseli libanotis (L.) KOCH, 1824	H,B	s	0					2				H,B	Libanotis pyrenaica (L.) BOURGEAU, 1879 Berg-Heilwurz
Seseli osseum CRANTZ	T$_L$	ss	0							N		JOHN, ZENKER 1996	S. elatum ssp. osseum (CRANTZ) P.W. BALL, 1968
Sesleria albicans KIT. ex SCHULT., 1814	H B	v s	0 0							A		H,B	S. varia auct. Kalk-Blaugras
Setaria italica (L.) P. BEAUV., 1812		s	0								G	H	Kolbenhirse
Setaria pumila (POIR.) ROEM. et SCHULT., 1817	T,H	v	↘	NI NU								H,B	Fuchsrote Borstenhirse
Setaria verticillata (L.) P. BEAUV., 1812	T,H	v						2				H,B	S. decipiens K.F. SCHIMP., 1861, S. verticilliformis DUMORT, 1829, Klebgras
Setaria viridis (L.) P. BEAUV., 1812	(T,H)	h	↗									H,B	Grüne Borstenhirse
Sherardia arvensis L., 1753	T H B	v h ss	↘ ↘ ↘	NI NU HE	t			3				H,B	Ackerröte
Sigesbeckia serrata DC., 1836		A									G	B	S. cordifolia auct. Siegesbeckie
Silaum silaus (L.) SCHINZ et THELL., 1915	T,H B	v ss	↘ ↘	NU DY	t,z			3				H,B	Silau
Silene armeria L., 1753		ss						0			G	H,B,1997 KORSCH	Nelken-Leimkraut
Silene conica L., 1753		ss				2	1				G	B	Kegel-Leimkraut
Silene coronaria (L.) CLAIRV., 1811		s									G	H	Lychnis coronaria (L.) DESR., 1792 Kronen-Lichtnelke
Silene dichotoma EHRH., 1792		ss	0								G	H,B	Gabel-Leimkraut
Silene dioica (L.) CLAIRV., 1811	T,H B	v g	0 0									H,B	Rote Lichtnelke
Silene flos-cuculi (L.) CLAIRV., 1811	T,H B	h g	↘ ↘	NI EN	t	2	1					H,B	Lychnis flos-cuculi L.,1753 Kuckucks-Lichtnelke
Silene gallica L., 1753		A									G	H	Französisches Leimkraut

Art	BR	BS	BE	UV	SM	Vg	Vn	RL	Ges.	Bm	Nachweis	Synonyme, agg., Deutscher Name
Silene latifolia POIR., 1789		g									H,B	*S. pratensis* (RAFN) GODR., 1847, *S. alba* (MILL.) E.H.L. KRAUSE, 1893, Weiße Lichtnelke
Silene noctiflora L., 1753	T,B H	v g	0 0								H,B	Acker-Lichtnelke
Silene nutans L., 1753	T,H B	v h	0 0								H,B	Nickendes Leimkraut
Silene otites (L.) WIBEL, 1799	T,H	v	↗	NU BA	t	2	2	3			H,B	Ohrlöffel-Leimkraut
Silene pendula L., 1753		A							G		H	Hängendes Leimkraut
Silene viscaria (L.) BORKH., 1793	T,H B	s h	↗ 0	NU		2	1	3			H,B	*Lychnis viscaria* L., 1753, Pechnelke
Silene vulgaris (MOENCH) GARCKE, 1869	T H,B	h g	0 0					3			H,B	Taubenkropf
Silybum marianum (L.) P. GAERTN., 1791	T,H	s	0			2	3			N	H,B	Mariendistel
Sinapis alba L., 1753		s	↗			2	2		G		H,B	Weißer Senf
Sinapis arvensis L., 1753	T,B H	h g	0 0								H,B	Acker-Senf
Sisymbrium altissimum L., 1753	T,H B	h s	↗ 0							N	H,B	Hohe Rauke
Sisymbrium austriacum JACQ., 1775	H	ss						P			B	Österreichische Rauke
Sisymbrium irio L., 1753	T,H	ss							G		H,B	Glanz-Rauke
Sisymbrium loeselii L., 1755	T H B	v h s	↗ ↗ ↗							N	H,B	Lösels Rauke
Sisymbrium officinale (L.) SCOP., 1772		g	0								H,B	Wege-Rauke
Sisymbrium orientale L., 1756	T,H	ss	0						G		H,B	Orientalische Rauke
Sisymbrium strictissimum L., 1753		ss						1			H,B	Steife Rauke
Sisymbrium volgense M. BIEB. ex E. FOURN., 1865	T H	s ss	0							N	H,B	Wolga-Rauke
Sium latifolium L., 1753	T,H	v	0					3			H,B	Breitblättriger Merk
Smyrnium perfoliatum L., 1753		ss								N	RAUSCHERT 1965	Stengelumfassende Gelbdolde
Solanum alatum MOENCH, 1794	T	ss	↗	NI HE		3			G		H,B	*S. villosum* ssp. *alatum* (MOENCH) EDMONDS, 1977, Rotbeeriger Nachtschatten
Solanum cornutum LAM., 1794		A							G		H	*S. rostratum* DUN., Stachel-Nachtschatten
Solanum dulcamara L., 1753	T,H B	g v	↗ 0								H,B	Bittersüßer Nachtschatten
Solanum nigrum L., 1753	T,H B	h s	0 0								H,B	Schwarzer Nachtschatten
Solanum physalifolium RUSBY, 1896	T H	s ss	↗					3		N	H,B	*S. nitidibaccatum* BITTER, 1912, Argentinischer Nachtschatten

Art	BR	BS	BE	UV	SM	Vg	Vn	RL	Ges.	Bm	Nachweis	Synonyme, agg., Deutscher Name
Solanum sisymbriifolium LAM., 1794	T	ss								G	VOIGT 1993	Raukenblättriger Nachtschatten
Solanum triflorum NUTT., 1818		A								G	VOIGT 1993	Dreiblütiger Nachtschatten
Solanum tuberosum L., 1753		v								G	H	Kartoffel
Solanum villosum MILL., 1768	T	ss	↶	NI HE				2		N	H,B	*S. luteum* Mill., 1768 Gelber Nachtschatten
Solidago canadensis L., 1753	T H B	h h s	↗ ↗↗ 0							N	H,B	Kanadische Goldrute
Solidago gigantea AITON, 1789	T,H B	v s	↗ 0							N	H,B	Riesen-Goldrute
Solidago graminifolia (L.) SALISB., 1796	T	ss								G	S	Grasblättrige Goldrute
Solidago virgaurea L., 1753	T,H B	v g	0 0								H,B	Gemeine Goldrute
Sonchus arvensis L., 1753		g	0									H,B	Acker-Gänsedistel
Sonchus asper (L.) HILL, 1769		h	0									H,B	Rauhe Gänsedistel
Sonchus oleraceus L., 1753		g	0									H,B	Kohl-Gänsedistel
Sonchus palustris L., 1753	T,H	s	↗	EN								H,B	Sumpf-Gänsedistel
Sorbaria sorbifolia (L.) A. BRAUN, 1860		ss								N	H	Fiederspiere
Sorbus aria (L.) CRANTZ, 1763		s										H,B	Mehlbeere
Sorbus aucuparia L., 1753	T,H B	h g	0 0									H,B	Eberesche
Sorbus domestica L., 1753	H	s	0					3		AK	H,B	Speierling
Sorbus intermedia (EHRH.) PERS., 1807		s								N	H,B	Schwedische Mehlbeere
Sorbus torminalis (L.) CRANTZ, 1763	T H B	ss h v	0 0 0									H,B	Elsbeere
Sorghum halepense (L.) PERS., 1805	T	s								G	S	Wilde Mohrenhirse
Sparganium emersum REHMANN, 1872	T,B H	v ss						3				H,B	Einfacher Igelkolben
Sparganium erectum L., 1753	T,B H	h v	0 0									H,B	Ästiger Igelkolben
Sparganium natans L., 1753	T	s	↶	WA EU		3	1	3				H,B	*S. minimum* WALLR., 1840, Zwerg-Igelkolben
Spergula arvensis L., 1753		h	↶	NI HE								H,B	Acker-Spark
Spergula morisonii BOREAU, 1847	T H,B	v s	0 0									H,B	Frühlings-Spark
Spergula pentandra L., 1753	T H,B	ss s	0 0			2	1	2				H,B	Fünfmänniger Spark
Spergularia echinosperma (ČELAK.) ASCH. et GRAEBN., 1893	T_S	s	0			4	1	P		A	B	Igelsamige Schuppenmiere

Art	BR	BS	BE	UV	SM	Vg	Vn	RL	Ges.	Bm	Nachweis	Synonyme, agg., Deutscher Name
Spergularia media (L.) C. PRESL, 1826	T_L H	s ss	0			3	4	2			H,B	*S. maritima* (ALL.) CHIOV., 1912, Flügelsamige Schuppenmiere
Spergularia rubra (L.) J. et C. PRESL, 1819	T,B H	h v	0 0			4	2				H,B	Rote Schuppenmiere
Spergularia salina J. et C. PRESL, 1819	T,H	s	0			3	2				H,B	Salz-Schuppenmiere
Spergularia segetalis (L.) G. DON F., 1831		A				3	1	0			H,B	Saat-Schuppenmiere
Spinacia oleracea L., 1753		ss								G	H	Spinat
Spiraea alba DU ROI, 1772		ss				2	2			N	HERDAM 1994a	Weißer Spierstrauch
Spiraea billardii HÉRINCQ, 1855		v	⤴							N	H,B	*Spirea salicifolia* auct. p.p., Bastard-Spierstrauch
Spiraea japonica L. F., 1781		ss								G	HERDAM 1994b	Japanischer Spierstrauch
Spiraea x vanhouttei (BRIOT) ZABEL, 1884		s								N	H	*S. cantoniensis x trilobata* Belgischer Spierstrauch
Spiranthes spiralis (L.) CHEVALL., 1827	H	s	∽	NU EU	t			2	§ WA-B2		H,B,K	Herbst-Wendelorchis
Spirodela polyrhiza (L.) SCHLEID., 1839	T H B	v s ss	0 0				2				H,B	Teichlinse
Stachys alpina L., 1753	B	ss								N	H,B	Alpen-Ziest
Stachys annua (L.) L., 1763	T H	ss s	∽ ∽			2	1	1			H,B	Einjähriger Ziest
Stachys arvensis (L.) L., 1763		s	∽	HE NI		3	1	2			H,B	Acker-Ziest
Stachys byzantina K. KOCH, 1848		s								N	H	*S. lanata* JACQ., 1881 Woll-Ziest
Stachys germanica L., 1753	T H	s v	0 0					3			H,B	Deutscher Ziest
Stachys palustris L., 1753		g	0				2	3			H,B	Sumpf-Ziest
Stachys recta L., 1767	T,B H	s h	0								H,B	Aufrechter Ziest
Stachys sylvatica L., 1753	T H,B	h g	0 0								H,B	Wald-Ziest
Stellaria alsine GRIMM, 1767	T H B	v s g	0 0 0								H,B	*S. uliginosa* MURRAY, 1770 Quell-Sternmiere
Stellaria aquatica (L.) SCOP., 1771	T H B	h g v	0 0 0								H,B	*Myosoton aquaticum* (L.) MOENCH, 1794 Wasserdarm
Stellaria crassifolia EHRH., 1784		A				3	1				H,B	Dickblättrige Sternmiere
Stellaria graminea L., 1753	T,H B	v g	0								H,B	Gras-Sternmiere
Stellaria holostea L., 1753	T H,B	h g	0 0								H,B	Echte Sternmiere
Stellaria media (L.) VILL., 1789		g	0								H	(*S. media* agg.) Gewöhnliche Vogelmiere
Stellaria neglecta WEIHE, 1825		v	0								H	(*S. media* agg.) Auwald-Vogelmiere

Art	BR	BS	BE	UV	SM	Vg	Vn	RL	Ges.	Bm	Nachweis	Synonyme, agg., Deutscher Name
Stellaria nemorum L., 1753	T,H B	v g	0 0								H,B	Hain-Sternmiere
Stellaria pallida (DUMORT.) CRÉPIN, 1866	T,H	h	0								H	(*S. media* agg.) Bleiche Vogelmiere
Stellaria palustris EHRH. ex HOFFM., 1791	T,B H	v ss	↘	EN NI	t	3	1				H,B	*S. glauca* WITH., 1796 Graugrüne Sternmiere
Stipa borysthenica KLOKOV ex PROKUDIN, 1951		A				3	2-	0	§	A	B	(*S. pennata* agg.) Sand-Federgras
Stipa capillata L., 1762	T H B	s v ss	↘ ↘	NU BA	t	3	1	3	§	A	H,B	Pfriemengras
Stipa dasyphylla (ČERNJAEV ex LINDEM.) TRAUTV., 1884	H	ss				4	5	1	§	AR	B, 1993 FALKE	(*S. pennata* agg.) Weichhaariges Federgras
Stipa pennata L., 1753	T,B H	s v	↘ ↘	NU	t	2	2	3	§	A	H,B	*S. joannis* ČELAK., 1884 (*S. pennata* agg.) Echtes Federgras
Stipa pulcherrima K. KOCH, 1848	H	s	0			3	2	2	§	A	H,B	(*S. pennata* agg.) Großes Federgras
Stipa splendens TRIN.		ss	0			2	5			N	H	*Achnatherum splendens* (TRIN.) NEVSKI, 1937 Glanz-Federgras
Stipa tirsa STEVEN, 1857	H	ss	0			3	3	2	§	A	H,B	*S. stenophylla* (ČERNJAEV ex LINDEM.) TRAUTV., 1884 (*S. pennata* agg.) Roßschweif-Federgras
Stratiotes aloides L., 1753	T	v	↘	DY	z	3	1	2	§		H,B	Krebsschere, Wasseraloë
Suaeda maritima (L.) DUMORT., 1827	T H	s ss	↗					2			H,B	Strand-Sode
Succisa pratensis MOENCH, 1794	T,H B	v h	↘ 0					3			H,B	Teufelsabbiß
Symphoricarpos albus (L.) S.F. BLAKE, 1914		h	↗			1	1			N	H,B	*S. rivularis* SUKSD., 1927, Schneebeere
Symphoricarpos orbiculatus MOENCH	T	ss								N	H	Korallenbeere
Symphytum asperum agg.		v	↗							G	H,B	Incl. *S. x uplandicum* NYMAN 1854 Futter-Beinwell
Symphytum officinale L., 1753	T,H B	g h	0 0								H,B	Gemeiner Beinwell
Symphytum tuberosum L., 1753	T_S	ss	0					0			B,1997 JOHN, ZENKER	Knoten-Beinwell
Syringa vulgaris L., 1753		v	↗							N	H,B	Gemeiner Flieder
Tagetes patula L.		s								G	HERDAM 1994b	Studentenblume
Tanacetum balsamita L., 1753		A								G	B	Balsamkraut
Tanacetum corymbosum (L.) SCH. BIP., 1844	T H,B	s h	0								H,B	*Chrysanthemum corymbosum* L., 1753 Ebensträußige Margerite

Art	BR	BS	BE	UV	SM	Vg	Vn	RL	Ges.	Bm	Nachweis	Synonyme, agg., Deutscher Name
Tanacetum macrophyllum (WALDST. et KIT.) SCH. BIP., 1844	T	ss	0							N	H,B	Großblättrige Margerite
Tanacetum partheniifolium (WILLD.) SCH. BIP., 1844	T	ss								G	B	Staubiges Mutterkraut
Tanacetum parthenium (L.) SCH. BIP., 1844		v	↶	AN RN				3		N	H,B	Gewöhnliches Mutterkraut
Tanacetum vulgare L., 1753		g	0								H,B	Rainfarn
Taraxacum laevigatum agg.	T,B H	v h	0 0								H,B	T. sect. *Erythrosperma* (H.LINDB.)DAHLST., 1921 p.p. Rotfrüchtige Kuhblume
Taraxacum officinale agg.		g	0								H,B	T. sect. *Ruderalia* KIRSCHNER, H. ØLLG. et ŠTĚPÁNEK, 1987 p.p., T. sect. *Hamata*, H. ØLLG. 1983 p.p., T. sect. *Celtica* A.J. RICHARDS, 1985 p.p. Gemeine Kuhblume
Taraxacum palustre agg.	T	v	↶	DY AU	z	4	1	1			H,B	T. sect. *Palustria* DAHLST., 1928, Sumpf-Kuhblume
Taraxacum subalpinum HUDZIOK, 1965	T$_S$	s									B	T. sect. *Palustria* DAHLST., 1928, Kleinköpfige Sumpf-Kuhblume
Taxus baccata L., 1753	T H,B	v v	↗ 0			4	1	2	§	K (N in T)	H,B	Eibe
Teesdalia nudicaulis (L.) R. BR., 1812	(T$_P$) H	h s	0 0			3	1	3			H,B	Bauernsenf
Telekia speciosa (SCHREB.) BAUMG., 1816		s	0							N	H,B	Telekie
Tephroseris helenitis (L.) B. NORD., 1978	A							3		A	H,B	*Senecio helenitis* (L.) SCHINZ et THELL., 1908 Spatelblättriges Greiskraut
Tephroseris integrifolia (L.) HOLUB, 1973	H	ss	↶	NU		3	3	2			H,B	*Senecio integrifolius* (L.) CLAIRV., 1811, Steppen-Greiskraut
Tephroseris palustris (L.) FOURR., 1868	T H	s ss	↶ ↶	EU NU NI	t			2		A	H,B	*Senecio congestus* (R. BR.) DC., 1838 Moor-Greiskraut
Tetragonia tetragonioides (PALL.) O. KUNTZE, 1891	T	ss								G	VOIGT 1993	Neuseelandspinat
Tetragonolobus maritimus (L.) ROTH, 1788	(T$_L$),H	s	↶			3	1	3			H,B	Spargelerbse
Teucrium botrys L., 1753	(H)	v	0					3			H,B	Trauben-Gamander
Teucrium chamaedrys L., 1753	(H)	v	0							A	H,B	Edel-Gamander
Teucrium montanum L., 1753	(H)	v	0							A	H,B	Berg-Gamander
Teucrium scordium L., 1753	(T)	s	↶	DY	z	3	1	1			H,B	Lauch-Gamander
Teucrium scorodonia L., 1753	T,H B	s v	↗ 0								H,B	Salbei-Gamander
Thalictrum aquilegifolium L., 1753	T,H	ss	↶	NU	t			2		AK (N in T)	H,B	Akelei-Wiesenraute

Art	BR	BS	BE	UV	SM	Vg	Vn	RL	Ges.	Bm	Nachweis	Synonyme, agg., Deutscher Name
Thalictrum flavum L., 1753	T$_S$ H	v s	↶	DY NU	t,z			3			H,B	Gelbe Wiesenraute
Thalictrum lucidum L., 1753	T$_S$ H	s ss	↶↶	DY NU	t,z	2	3	2		A	H,B	Glanz-Wiesenraute
Thalictrum minus L., 1753	(T,H)	v	↶	NU	t						H,B	Kleine Wiesenraute
Thalictrum simplex L., 1767	(T)	ss	↶	NU	t	3	2	(3)			H,B	Einfache Wiesenraute
Thelypteris palustris SCHOTT, 1834	T H	v ss	↶ ↶	EN DY	z	3	1	3			H,B	*Lastrea thelypteris*(L.)C. PRESL, 1836, Sumpffarn
Thesium alpinum L., 1753	T,B	ss	↶	NU	t	2	1	2			H,B	Alpen-Vermeinkraut
Thesium bavarum SCHRANK, 1786	H B	v s	↶	NU	t					A	H,B	Bayrisches Vermeinkraut
Thesium ebracteatum HAYNE, 1800		A				2	2-	0	§,BK FFH2		B	Vorblattloses Vermeinkraut
Thesium linophyllon L., 1753	T,B H	ss v	↶ ↶	NU	t	3	1	3		A	H,B	Mittleres Vermeinkraut
Thesium pyrenaicum POURR., 1788	H B	ss v	↶	NU	t	3	1	2			H,B	Wiesen-Vermeinkraut
Thlaspi arvense L., 1753		g	0								H,B	Acker-Hellerkraut
Thlaspi caerulescens J. et C. PRESL, 1819	T H B	s ss v	0 0 0			3	1	3		A	H,B	*T. alpestre* L., 1763 Gebirgs-Täschelkraut
Thlaspi montanum L., 1753	H	ss	0			5	1	P		A	B	Berg-Täschelkraut
Thlaspi perfoliatum L., 1753	T$_S$ H B	s v ss	0 0 0			2	1				H,B	Durchwachsenblättriges Täschelkraut
Thymelaea passerina (L.) COSS. et GERM., 1859		A				3	1	0			H,B	Acker-Spatzenzunge
Thymus praecox OPIZ, 1824	T$_L$,B H	s h	0 0							A	H,B	Frühblühender Thymian
Thymus pulegioides L., 1753	T H B	v h g	0 0 0								H,B	Gemeiner Thymian
Thymus serpyllum L., 1753	(T,H)	v	0							A	H,B	Sand-Thymian
Thymus vulgaris L., 1753	T,H	ss								G	H	Echter Thymian
Tilia cordata MILL., 1768		g	0							K	H,B	Winter-Linde
Tilia platyphyllos SCOP., 1771	T H,B	v h	0 0							K	H,B	Sommer-Linde
Tofieldia calyculata (L.) WAHLENB., 1812		A				2	1	0			B	Simsenlilie
Tordylium maximum L., 1753		ss					3-	P			H,B	Große Zirmet
Torilis arvensis (HUDS.) LINK, 1821	(H)	s	0					1			H,B	Feld-Klettenkerbel
Torilis japonica (HOUTT.) DC., 1830		g	0								H,B	Gemeiner Klettenkerbel
Torilis nodosa (L.) P. GAERTN,. 1788		ss								G	HOFFMANN 1791	Knotiger Klettenkerbel
Tragopogon dubius SCOP., 1772		v	0								H,B	Großer Bocksbart

Art	BR	BS	BE	UV	SM	Vg	Vn	RL	Ges.	Bm	Nach-weis	Synonyme, agg., Deutscher Name
Tragopogon orientalis L., 1753	(T,H)	v	0								H,B	*T. pratensis* ssp. *orientalis* (L.) ČELAK., 1871 Orientalischer Bocksbart
Tragopogon pratensis L. s.str., 1753		g	0								H	Wiesen-Bocksbart
Trapa natans L., 1753	T$_S$	s	↷	DY	z	3	2	1	§,BK		H,B	Wassernuß
Trichophorum alpinum (L.) PERS., 1805	A			EN		2	1	0			H,B	*Baeothryon alpinum* (L.) EGOROVA, 1971 Alpen-Haarsimse
Trichophorum cespitosum (L.) HARTM., 1849	B	ss	0			2	1	3			H,B	*Baeothryon cespitosum* (L.) DIETR., 1833 Rasige Haarsimse
Trientalis europaea L., 1753	T,H B	s h	0 0								H,B	Siebenstern
Trifolium alpestre L., 1763	T H B	s v h	0 0 0								H,B	Wald-Klee
Trifolium arvense L., 1753	T H B	g h v	0 0 0								H,B	Hasen-Klee
Trifolium aureum POLLICH, 1777	T H B	s v h	0 0 0					3			H,B	Gold-Klee
Trifolium campestre SCHREB., 1804	T H B	h g v	0 0 0								H,B	Feld-Klee
Trifolium dubium SIBTH., 1794		h	0								H,B	Kleiner Klee
Trifolium fragiferum L., 1753	T,H	v	↷	NU DY	t			3			H,B	Erdbeer-Klee
Trifolium hybridum L., 1753		h	0								H,B	Schweden-Klee
Trifolium incarnatum L., 1753		s	0							G	H	Inkarnat-Klee
Trifolium medium L., 1759	T,H B	v g	0 0								H,B	Zickzack-Klee
Trifolium montanum L., 1753	T H B	s v h	↷ ↷ 0	NU	t						H,B	Berg-Klee
Trifolium ochroleucon HUDS., 1762	A					2	1	0			H,B	Gelblichweißer Klee
Trifolium patens SCHREB., 1804	A									G	H	Spreiz-Klee
Trifolium pratense L., 1753		g	0								H,B	Rot-Klee
Trifolium repens L., 1753		g	0								H,B	Weiß-Klee
Trifolium resupinatum L., 1753										G	H	Persischer Klee
Trifolium retusum L., 1753	A					4	4-	1			B	Kleinblütiger Klee
Trifolium rubens L., 1753	H B	v s	↷			3	1	2			H,B	Langähriger Klee
Trifolium spadiceum L., 1755	B	v	↷	EN NU	t	3	1	2			H,B	Moor-Klee
Trifolium striatum L., 1753		s	↷	AU	t	3	1	2			H,B	Streifen-Klee

Art	BR	BS	BE	UV	SM	Vg	Vn	RL	Ges.	Bm	Nachweis	Synonyme, agg., Deutscher Name
Triglochin maritimum L., 1753	T,H	s	↶	AN DY	t,z	3	2	3			H,B	Strand-Dreizack
Triglochin palustre L., 1753		v	↶	EU NI	t	3	1	3			H,B	Sumpf-Dreizack
Tripleurospermum maritimum (L.) W.D.J. KOCH, 1845	T	ss									H	*Matricaria maritima* L., 1753 ssp maritima (*T. maritimum* agg.) Küsten-Kamille
Tripleurospermum perforatum (MÉRAT) LAINZ, 1893	T	g	0								H	*Matricaria maritima* ssp. *inodora* (K. KOCH) SÓO, 1941, *Tripleurospermum inodorum* (K. KOCH) SCH. BIP., 1844, (*T. maritimum* agg.) Geruchlose Kamille
Trisetum flavescens (L.) P. BEAUV., 1812	T H B	v h g	0 0								H,B	Gold-Grannenhafer
Triticum aestivum L., 1753		v							G		H	Saat-Weizen
Trollius europaeus L., 1753	T,H B	s h	↶ ↶	EN NU	t	2	1	3	§	K	H,B	Trollblume
Tuberaria guttata (L.) FOURR., 1868	A					4	2-	0			B	Geflecktes Sandröschen
Tulipa gesneriana L., 1753		s							G		H	Garten-Tulpe
Tulipa sylvestris L., 1753	T H	s v	0					3	§	N	H,B	Wilde Tulpe
Turgenia latifolia (L.) HOFFM., 1814	A					3	1	0		G	H,B	*Caucalis latifolia* L., 1767, Turgenie
Tussilago farfara L., 1753		g	0								H,B	Huflattich
Typha angustifolia L., 1753		v	0								H,B	Schmalblättriger Rohrkolben
Typha latifolia L., 1753		h	0								H,B	Breitblättriger Rohrkolben
Typha laxmannii LEPECH., 1801	T	ss								G	1997 KÜHN, Herb.LZ	Laxmanns Rohrkolben
Ulex europaeus L., 1753	T,H	s	0							N	H,B	Stechginster
Ulmus glabra HUDS., 1762	T,H B	v g	0 0								H,B	Berg-Ulme
Ulmus laevis PALL., 1784	T,H B	v ss	0 0								H,B	Flatter-Ulme
Ulmus minor MILL., 1768	T,H B	h s	0 ↶			3	1				H,B	Feld-Ulme
Urtica dioica L., 1753		g	↗								H,B	Große Brennessel
Urtica kioviensis ROGOW., 1843	T_S	ss	0				2	P		A	B	Röhricht-Brennessel
Urtica pilulifera L., 1753	A					2	3	0		G	H,B	Pillen-Brennessel
Urtica urens L., 1753	T,H B	g v	↶ ↶	DO AU	t						H,B	Kleine Brennessel
Utricularia australis R. BR., 1810	T_P H	s ss	↶ ↶	EU EN		3	1	2			H,B	(*U. vulgaris* agg.), Südlicher Wasserschlauch
Utricularia intermedia HAYNE, 1800	T	ss		EU EN		3	1				B	(*U. intermedia* agg.) Mittlerer Wasserschlauch
Utricularia minor L., 1753	T	s	↶	EU EN		4	1	2			H,B	Kleiner Wasserschlauch

Art	BR	BS	BE	UV	SM	Vg	Vn	RL	Ges.	Bm	Nachweis	Synonyme, agg., Deutscher Name
Utricularia ochroleuca R.W. HARTM., 1857	T	ss		EU EN					§		B	(*U. intermedia* agg.) Ockergelber Wasserschlauch
Utricularia vulgaris L., 1753	(T)	s	↶	EU EN		2	1	2			H,B	(*U. vulgaris* agg.), Gemeiner Wasserschlauch
Vaccaria hispanica (MILL.) RAUSCHERT, 1965		A				3	2-	0			H,B	Saat-Kuhnelke
Vaccinium myrtillus L., 1753	T,H B	v g	0 0								H,B	Heidelbeere, Blaubeere
Vaccinium oxycoccos L., 1753	T H,B	s ss	↶ ↶	EN EU		3	1	3			H,B	*Oxycoccus palustris* PERS., 1805 Gemeine Moosbeere
Vaccinium uliginosum L., 1753	T,B	s	↶	EU EN				3			H,B	Rauschbeere, Trunkelbeere
Vaccinium vitis-idaea L., 1753	T H B	s ss h	0 ↶ 0	EU				3			H,B	Preiselbeere
Valeriana dioica L., 1753	T,H B	v g	↶ ↶	EN NI							H,B	Kleiner Baldrian
Valeriana officinalis L., 1753		v	0								H	*V. exaltata* J.C. MIKAN, 1809, (*V. officinalis* agg.), Echter Baldrian
Valeriana procurrens WALLR., 1840		s									H	*V. repens* HOST, 1827 (*V. officinalis* agg.) Kriechender Baldrian
Valeriana sambucifolia J.C. MIKAN ex POHL, 1809		ss						3			H	(*V. officinalis* agg.), Holunderblättriger Baldrian
Valeriana wallrothii KREYER, 1930	H,B	s	0								H	(*V. officinalis* agg.) Hügel-Baldrian
Valerianella carinata LOISEL., 1810	(H)	s	↶	HE NU	t			1			H,B	Gekieltes Rapünzchen
Valerianella dentata (L.) POLLICH, 1776	T,B H	s v	↶ ↶	HE NU	t			3			H,B	Gezähntes Rapünzchen
Valerianella locusta (L.) LATERR., 1821	T,B H	v h	0 0								H,B	Gemeines Rapünzchen
Valerianella rimosa BASTARD, 1814	T	ss	↶↶	HE NU	t	3	1	0			H,B,1995 KEDING	Gefurchtes Rapünzchen
Ventenata dubia (LEERS) COSS., 1855	H	ss				3	1	0			H,B	Schmielenhafer
Verbascum blattaria L., 1753	T_S	s	↶	NI WA		2	2	3			H,B	Motten-Königskerze
Verbascum densiflorum BERTOL., 1810	T,H B	v h	↗ ↗								H,B	Großblütige Königskerze
Verbascum lychnitis L., 1753	T H B	v h s	0 0 0								H,B	Mehlige Königskerze
Verbascum nigrum L., 1753	T,H B	v h	0 0								H,B	Schwarze Königskerze
Verbascum phlomoides L., 1753	T,H B	s ss	↶	NI							H,B	Windblumen-Königskerze
Verbascum phoeniceum L., 1753	T,H	s	↶	NU BA	t	3	3	3			H,B	Purpur-Königskerze
Verbascum thapsus L., 1753		v	0								H,B	Kleinblütige Königskerze

Art	BR	BS	BE	UV	SM	Vg	Vn	RL	Ges.	Bm	Nachweis	Synonyme, agg., Deutscher Name
Verbena officinalis L., 1753	T H B	v g s	0 0 0					3			H,B	Echtes Eisenkraut
Veronica agrestis L., 1753		v									H,B	Acker-Ehrenpreis
Veronica anagallis-aquatica L., 1753	(T,H)	v	0								H,B	(*V. anagallis-aquatica* agg.) Blauer Wasser-Ehrenpreis
Veronica anagalloides GUSS., 1826	T	ss				2	1				B	(*V. anagallis-aquatica* agg.) Schlamm-Ehrenpreis
Veronica arvensis L., 1753		g	0								H,B	Feld-Ehrenpreis
Veronica austriaca L., 1759	H	ss									H,B	(*V. austriaca* agg.), Österreichischer Ehrenpreis
Veronica beccabunga L., 1753	T,H B	v g	0 0								H,B	Bach-Ehrenpreis
Veronica catenata PENNELL, 1921	T	v	0					3			H,B	(*V. anagallis-aquatica* agg.) Roter Wasser-Ehrenpreis
Veronica chamaedrys L., 1753		g	0								H,B	Gamander-Ehrenpreis
Veronica dillenii CRANTZ, 1769		s	↘	NU AU	t	2	1	3		A	H,B	(*V. verna* agg.) Dillenius'-Ehrenpreis
Veronica filiformis SM., 1791		s	↗							N	H,B	Faden-Ehrenpreis
Veronica fruticans JACQ., 1762	B	ss	0			3	1			N	H	Felsen-Ehrenpreis
Veronica hederifolia L., 1753		g	0								H,B	Efeu-Ehrenpreis
Veronica montana L., 1755	T,H B	s v	0 0								H,B	Berg-Ehrenpreis
Veronica officinalis L., 1753	T,H B	v g	0 0								H,B	Echter Ehrenpreis
Veronica opaca FR., 1819	T$_L$,H	ss				4	2	2			H,B	Glanzloser Ehrenpreis
Veronica peregrina L., 1753		ss								N	H,B	Fremder Ehrenpreis
Veronica persica POIR., 1808	T H B	h g v	0 0 0							N	H,B	Persischer Ehrenpreis
Veronica polita FR., 1819	T H B	v h s	0 0 0								H,B	Glanz-Ehrenpreis
Veronica ponae GOUAN, 1773	B	ss								G	HERDAM 1994b	
Veronica praecox ALL., 1789	(T$_L$) H	v h	0 0			2					H,B	Früher Ehrenpreis
Veronica prostrata L., 1762		v	↘	NU BA	t	2	2	3		A	H,B	(*V. austriaca* agg.) Liegender Ehrenpreis
Veronica scutellata L., 1753	T H B	v s h	↘ ↘ 0	NI EN NU	t			3			H,B	Schild-Ehrenpreis
Veronica serpyllifolia L., 1753	T,H B	v g	0 0								H,B	Quendel-Ehrenpreis
Veronica teucrium L., 1762	T,B H	s v	↘ ↘	NI NU	t						H,B	(*V. austriaca* agg.) Großer Ehrenpreis

Art	BR	BS	BE	UV	SM	Vg	Vn	RL	Ges.	Bm	Nach-weis	Synonyme, agg., Deutscher Name
Veronica triphyllos L., 1753	T H	h v	0 0								H,B	Dreiteiliger Ehrenpreis
Veronica urticifolia JACQ., 1773	B	ss	0							N	H	Nesselblättriger Ehrenpreis
Veronica verna L., 1753		v	↘	NU AU	t			3			H,B	(*V. verna* agg.) Frühlings-Ehrenpreis
Viburnum lantana L., 1753	T,B H	s v	0							KA	H,B	Wolliger Schneeball
Viburnum opulus L., 1753	T H,B	h g	0 0								H,B	Gemeiner Schneeball
Vicia angustifolia L., 1754		h	0								H,B	(*V. sativa* agg.) Schmalblättrige Wicke
Vicia articulata HORNEM., 1807	A					2	1			G	H,B	Einblütige Wicke
Vicia cassubica L., 1753	T H B	v s ss	↗ ↗ 0			3	1	3			H,B	Kassuben-Wicke
Vicia cordata WULFEN ex HOPPE	T	ss								G	VOIGT 1993	V. sativa ssp. cordata (WULFEN ex HOPPE) ASCH. et GRAEBN., 1909 (V. sativa agg.)
Vicia cracca L., 1753		g	0								H,B	(*V. cracca* agg.) Vogel-Wicke
Vicia dasycarpa TEN., 1830	T	s								G	B	*V. villosa* ssp. *varia* (HOST) CORB., 1893 Falsche Vogel-Wicke
Vicia dumetorum L., 1753	H,B	v	↘	NU				3			H,B	Hecken-Wicke
Vicia faba L., 1753	(T)	ss								G	H	Acker-Wicke
Vicia grandiflora SCOP., 1772	T,H	s	0							N	H,B	Großblütige Wicke
Vicia hirsuta (L.) GRAY, 1821		h	0								H,B	Rauhhaar-Wicke
Vicia lathyroides L., 1753	T H B	v s ss	↘ ↘	NU AU	t			2			H,B	Platterbsen-Wicke
Vicia lutea L., 1753		ss								N	B	Gelbe Wicke
Vicia melanops SIBTH. et SM., 1813	T	ss								G	JOHN, ZENKER 1996	Grünblütige Wicke
Vicia pannonica CRANTZ, 1769	T,H	s	0							N	H,B	Pannonische Wicke
Vicia parviflora CAV., 1801		ss								G	H,B	(*V. tetrasperma* agg.) Zierliche Wicke
Vicia pisiformis L., 1753	H B	v s	0 0					3			H,B	Erbsen-Wicke
Vicia sativa L., 1753	T	s								G	H	(*V. sativa* agg.) Saat-Wicke
Vicia sepium L., 1753	T H,B	h g	0 0								H,B	Zaun-Wicke
Vicia sylvatica L., 1753	H B	v h	0 0								H,B	Wald-Wicke
Vicia tenuifolia ROTH s.str., 1788	T H B	s h v	0 0 0								H,B	(*V. cracca* agg.), Schmalblättrige Vogel-Wicke

Farn- und Blütenpflanzen (Pteridophyta et Spermatophyta)

Art	BR	BS	BE	UV	SM	Vg	Vn	RL	Ges.	Bm	Nachweis	Synonyme, agg., Deutscher Name
Vicia tetrasperma (L.) SCHREB., 1771	T,B H	h g	0 0								H	(*V. tetrasperma* agg.) Viersamige Wicke
Vicia villosa ROTH s.str., 1793	T H,B	h v	↗ ↗							N	H,B	*V. villosa* ssp. *villosa* Zottel-Wicke
Vinca major L., 1753	T	ss	0							N	S	Großes Immergrün
Vinca minor L., 1753	T H,B	v h	0 0							N	H,B	Kleines Immergrün
Vincetoxicum hirundinaria MEDIK., 1790	T H B	s h v	0 0 0								H,B	*Cynanchum vincetoxicum* (L.) PERS., 1805 Schwalbenwurz
Viola arvensis MURRAY, 1770		g	0								H,B	Feld-Stiefmütterchen
Viola x bavarica SCHRANK, 1789		h									H; NEUFFER et al. 1999	*V. x dubia* WIESB., 1886, *V. reichenbachiana x riviniana* Bastard-Wald-Veilchen
Viola canina L., 1753	T,H B	v h	↶ 0	NI NU	t						H,B	Hunds-Veilchen
Viola collina BESSER, 1816	H	ss	0	NU		2	1	0			H,B,1995 KEDING	Hügel-Veilchen
Viola elatior FR., 1828	T$_S$	ss	↶	NI EN	t	3	2	2			H,B	Hohes Veilchen
Viola hirta L., 1753	T H B	v g h	0 0 0								H,B	Rauhhaar-Veilchen
Viola mirabilis L., 1753	H B	v s	0 0								H,B	Wunder-Veilchen
Viola odorata L., 1753	T,H B	h s	↗ 0							N	H,B	März-Veilchen
Viola palustris L., 1753	T H B	v ss h	↶ ↶ 0	EN EU	g						H,B	Sumpf-Veilchen
Viola persicifolia SCHREB., 1771	T$_S$	v	↶	NI EU	t	3	2	2			H,B	*V. stagnina* KIT. ex SCHULT., 1814 Gräben-Veilchen
Viola pumila CHAIX, 1785	T$_S$	s	↶	DY EN	z	3	2	2			H,B	Niedriges Veilchen
Viola reichenbachiana BOREAU, 1857	T H,B	h g	0 0								H,B	Wald-Veilchen
Viola riviniana RCHB., 1823	T H,B	v h	0 0								H,B	Hain-Veilchen
Viola rupestris F.W. SCHMIDT, 1791	(T$_L$) H B	s v ss	↶↶ ↶↶	TR NU	t	2	1	3			H,B	Sand-Veilchen
Viola suavis M. BIEB., 1819	T,H	ss	0			3	2	3		N	1997 ZIMMERMANN, THIEL	*V. sepincola* JORD., 1849 Blau-Veilchen
Viola tricolor L., 1753	T,H B	v h	0 0								H	Wildes Stiefmütterchen
Viola uliginosa BESSER, 1809		A		NA		4	2	0			B	Moor-Veilchen
Viola x wittrockiana GAMS, 1925		s	0						G		H	*V. hortensis* auct., Garten-Stiefmütterchen

Art	BR	BS	BE	UV	SM	Vg	Vn	RL	Ges.	Bm	Nachweis	Synonyme, agg., Deutscher Name
Viscum album L. s.str., 1753	T,H B	v s	0 0								H,B	*V. album* ssp. *album*, Laubholz-Mistel
Viscum laxum BOISS. et REUT., 1842	T H	v s	0 0			3					B	*V. album* ssp. *austriacum* (WIESB.) VOLLM., 1914 Nadelholz-Mistel
Vitis vinifera L., 1753		ss								G	H	Weinrebe
Vulpia bromoides (L.) GRAY, 1821	T,H	s	↶			2					H,B	Trespen-Federschwingel
Vulpia myuros (L.) C.C. GMEL., 1805	T H	s v	0 0								H,B	Mäuseschwanz-Federschwingel
Vulpia unilateralis (L.) STACE, 1978	T	ss								G	H	*Festuca maritima* L., 1753 Strand-Federschwingel
Woodsia ilvensis (L.) R. BR., 1815	B	ss	0		3	1	1	§		A	H,B	Rostroter Wimperfarn
Xanthium albinum (WIDDER) H. SCHOLZ, 1960	(T$_S$)	v	↗							N	H,B	*X. riparium* ITZIGS. et HERTZSCH, 1854 Elb-Spitzklette
Xanthium spinosum L., 1753	A									G	H,B	Dornige Spitzklette
Xanthium strumarium L., 1753	A			BA				1			H,B	Gemeine Spitzklette
Xeranthemum annuum L., 1753		ss								G	JÄGER in HERDAM 1994a,B	Einjährige Spreublume
Zannichellia palustris L., 1753	(T,H)	s	↶	EN	g	2	1				H,B	Sumpf-Teichfaden
Zea mays L., 1753										G	H	Mais

Hinweise auf Synonyme

Achillea cartilaginea → *Achillea salicifolia*
Achnatherum splendens → *Stipa splendens*
Aconitum vulparia → *Aconitum lycoctonum*
Aegilops squarrosa → *Aegilops tauschii*
Agropyron caninum → *Roegneria canina*
Agropyron intermedium → *Elymus hispidus*
Agropyron repens → *Elymus repens*
Agrostis coarctata → *Agrostis vinealis*
Agrostis tenuis → *Agrostis capillaris*
Alchemilla acutiloba → *Alchemilla vulgaris*
Alchemilla gracilis → *Alchemilla micans*
Alchemilla hybrida → *Alchemilla glaucescens*
Allium montanum → *Allium senescens*
Alnus viridis → *Alnus alnobetula*
Alyssum saxatile → *Aurinia saxatilis*
Amaranthus angustifolius → *Amaranthus graecizans*
Amaranthus bouchonii → *Amaranthus hybridus* agg.
Amaranthus chlorostachys → *Amaranthus hybridus*
Amaranthus cruentus → *Amaranthus hybridus* agg.
Amaranthus hypochondriacus → *Amaranthus hybridus* agg.
Amaranthus lividus → *Amaranthus blitum*
Amaranthus paniculatus → *Amaranthus cruentus*
Amaranthus patulus → *Amaranthus hybridus* agg.
Amaranthus powellii → *Amaranthus hybridus* agg.
Amaranthus standleyanus → *Amaranthus crispus* agg.
Ambrosia psilostachya → *Ambrosia coronopifolia*
Anchusa italica → *Anchusa azurea*
Anthoxanthum puelii → *Anthoxanthum aristatum*
Aphanes australis → *Aphanes inexspectata*
Aphanes microcarpa → *Aphanes inexspectata*
Arabis brassica → *Arabis pauciflora*
Arabis caucasica → *Arabis alpina* agg.
Arabis recta → *Arabis auriculata*
Aruncus sylvestris → *Aruncus dioicus*
Aster tradescantii → *Aster parviflorus*
Atriplex hastata → *Atriplex prostrata*
Atriplex triangularis → *Atriplex prostrata*
Atriplex heterosperma → *Atriplex micrantha*
Atriplex nitens → *Atriplex sagittata*
Avena nuda → *Avena strigosa*
Avenella flexuosa → *Deschampsia flexuosa*
Avenochloa pratensis → *Helictotrichon pratense*
Avenochloa pubescens → *Helictotrichon pubescens*
Avenula pratensis → *Helictotrichon pratense*
Avenula pubescens → *Helictotrichon pubescens*
Baeothryon alpinum → *Trichophorum alpinum*
Baeothryon cespitosum → *Trichophorum cespitosum*
Bromus mollis → *Bromus hordeaceus*
Buglossoides arvensis → *Lithospermum arvense*
Buglossoides purpurocaerulea → *Lithospermum purpurocaeruleum*
Crocus luteus → *Crocus flavus*
Calamintha sylvatica → *Calamintha menthifolia*

Capsella procumbens → *Hymenolobus procumbens*
Carex contigua → *Carex spicata*
Carex cuprina → *Carex otrubae*
Carex curta → *Carex canescens*
Carex fusca → *Carex nigra* ssp. *nigra*
Carex gracilis → *Carex acuta*
Carex leersii → *Carex guestphalica*
Carex polyphylla → *Carex guestphalica*
Carex leersiana → *Carex guestphalica*
Carex leporina → *Carex ovalis*
Carex tumidicarpa → *Carex demissa*
Carex viridula ssp. *oedocarpa* → *Carex demissa*
Carex viridula ssp. *brachyrrhyncha* → *Carex lepidocarpa*
Caucalis lappula → *Caucalis platycarpos*
Caucalis latifolia → *Turgenia latifolia*
Centaurea rhenana → *Centaurea stoebe*
Centunculus minimus → *Anagallis minima*
Cerastium caespitosum → *Cerastium holosteoides*
Cerastium macrocarpum → *Cerastium lucorum*
Cerastium pallens → *Cerastium glutinosum*
Cerasus avium → *Prunus avium*
Cerasus fruticosa → *Prunus fruticosa*
Cerasus mahaleb → *Prunus mahaleb*
Cerasus vulgaris → *Prunus cerasus*
Ceterach officinarum → *Asplenium ceterach*
Chamaecytisus hirsutus → *Chamaecytisus supinus*
Chamomilla recutita → *Matricaria recutita*
Chamomilla suaveolens → *Matricaria discoidea*
Cheiranthus cheiri → *Erysimum cheiri*
Chenopodium viride → *Chenopodium suecicum*
Chrysanthemum leucanthemum → *Leucanthemum vulgare*
Cirsium helenioides → *Cirsium heterophyllum*
Cirsium lanceolatum → *Cirsium vulgare*
Comarum palustre → *Potentilla palustris*
Coronilla varia → *Securigera varia*
Corydalis claviculata → *Ceratocapnos claviculata*
Corydalis lutea → *Pseudofumaria lutea*
Crataegus x kyrtostyla → *Crataegus x subsphaericea*
Cydonia speciosa → *Choenomeles speciosa*
Cynanchum vincetoxicum → *Vincetoxicum hirundinaria*
Dactylis aschersoniana → *Dactylis polygama*
Dentaria bulbifera → *Cardamine bulbifera*
Dichostylis micheliana → *Cyperus michelianus*
Dipsacus pilosus → *Virga pilosa*
Dipsacus sylvestris → *Dipsacus fullonum*
Drosera anglica → *Drosera longifolia*
Dryopteris assimilis → *Dryopteris expansa*
Dryopteris pseudomas → *Dryopteris affinis*
Echinops ritro → *Echinops bannaticus*
Eleogiton fluitans → *Isolepis fluitans*
Elymus arenarius → *Leymus arenarius*
Elytrigia intermedia → *Elymus hispidus*
Elytrigia repens → *Elymus repens*
Epilobium adenocaulon → *Epilobium ciliatum*
Epilobium adnatum → *Epilobium tetragonum*
Eragrostis megastachya → *Eragrostis cilianensis*
Erigeron canadensis → *Conyza canadensis*
Erysimum durum → *Erysimum marschallianum*
Erysimum strictum → *Erysimum hieraciifolium*
Erysimum suffruticosum → *Erysimum cheiri*
Erysimum virgatum → *Erysimum hieraciifolium*
Euphorbia humifusa → *Chamaesyce humifusa*
Euphorbia maculata → *Chamaesyce maculata*
Euphorbia virgata → *Euphorbia waldsteinii*
Euphrasia micrantha → *Euphrasia nemorosa* agg.
Evonymus europaea → *Euonymus europaeus*
Fallopia aubertii → *Fallopia baldschuanica*
Festuca lemanii → *Festuca guestfalica*
Festuca maritima → *Vulpia unilateralis*
Festuca sulcata → *Festuca rupicola*
Festuca sylvatica → *Festuca altissima*
Festuca tenuifolia → *Festuca filiformis*
Festuca trachyphylla → *Festuca brevipila*
Filago germanica → *Filago vulgaris*
Fragaria x magna → *Fragaria x ananassa*
Galeobdolon luteum → *Lamium galeobdolon*
Galeobdolon montanum → *Lamium montanum*
Galium harcynicum → *Galium saxatile*
Galium x ochroleucum → *Galium x pomeranicum*
Genistella sagittalis → *Chamaespartium sagittale*
Gentianella uliginosa → *Gentianella amarella* agg.
Globularia bisnagarica → *Globularia punctata*
Gnaphalium luteoalbum → *Pseudognaphalium luteoalbum*
Hackelia deflexa → *Lappula deflexa*
Halimione pedunculata → *Atriplex pedunculata*
Helianthemum ovatum → *Helianthemum nummularium*
Hieracium auricula → *Hieracium latucella*
Hieracium calocymum → *Hieracium norvegicum*
Hieracium canescens → *Hieracium sommerfeltii*
Hieracium wallrothianum → *Hieracium sommerfeltii*
Hieracium fuckelianum → *Hieracium fallaciniforme*
Hieracium laevicaule → *Hieracium vulgatum*
Hieracium laschii → *Hieracium kalksburgense*
Hieracium pachylodes → *Hieracium longisquamum*
Hieracium pratense → *Hieracium caespitosum*
Hieracium sylvaticum → *Hieracium murorum*
Hieracium tauschii → *Hieracium densiflorum*
Holoschoenus vulgaris → *Scirpoides holoschoenus*
Inula conyza → *Inula conyzae*
Jovibarba sobolifera → *Jovibarba globifera*
Juncus alpinoarticulatus → *Juncus alpinus*
Kochia laniflora → *Bassia laniflora*
Kochia scoparia → *Bassia scoparia*
Koeleria cristata → *Koeleria macrantha*
Lamium intermedium → *Lamium molucellifolium*
Lamium molucellifolium → *Lamium confertum*
Lastrea limbosperma → *Oreopteris limbosperma*
Lembotropis nigricans → *Cytisus nigricans*
Leontodon taraxacoides → *Leontodon saxatilis*
Leucorchis albida → *Pseudorchis albida*
Libanotis pyrenaica → *Seseli libanotis*
Lotus glaber → *Lotus tenuis*
Lotus uliginosus → *Lotus pedunculatus*
Luzula pallescens → *Luzula pallidula*
Lychnis coronaria → *Silene coronaria*
Lychnis flos-cuculi → *Silene flos-cuculi*
Lychnis viscaria → *Silene viscaria*
Lycopodium alpinum → *Diphasiastrum alpinum*
Lycopodium complanatum → *Diphasiastrum complanatum*
Lycopodium innundatum → *Lycopodiella inundata*
Lycopodium issleri → *Diphasiastrum issleri*
Lycopodium tristachyum → *Diphasiastrum tristachyum*
Lycopodium zeilleri → *Diphasiastrum zeilleri*
Matricaria maritima p.p. → *Tripleurospermum maritimum*

Matricaria maritima p.p. → *Tripleurospermum perforatum*
Mentha viridis → *Mentha spicata*
Mulgedium alpinum → *Cicerbita alpina*
Mulgedium macrophyllum → *Cicerbita macrophylla*
Muscari racemosum → *Muscari neglectum*
Myosotis caespitosa → *Myosotis laxa*
Myosotis laxiflora → *Myosotis scorpioides*
Myosotis palustris → *Myosotis scorpioides*
Myosoton aquaticum → *Stellaria aquatica*
Nepeta mussinii → *Nepeta x faassenii*
Nepeta pannonica → *Nepeta nuda*
Oenothera ammophila → *Oenothera oakesiana*
Oenothera canovierens → *Oenothera villosa*
Oenothera chicaginensis → *Oenothera biennis*
Oenothera depressa → *Oenothera villosa*
Oenothera erythrosepala → *Oenothera glazioviana*
Oenothera pycnocarpa → *Oenothera biennis*
Oenothera renneri → *Oenothera villosa*
Oenothera rubricaulis → *Oenothera biennis*
Orchis variegata → *Orchis tridentata*
Orobanche apiculata → *Orobanche minor*
Orobanche laevis → *Orobanche arenaria*
Orobanche loricata → *Orobanche artemisiae-campestris*
Orobanche major → *Orobanche elatior*
Orobanche rubens → *Orobanche lutea*
Orobanche vulgaris → *Orobanche caryophyllacea*
Orthanthella lutea → *Odontites luteus*
Oxalis fontana → *Oxalis stricta*
Oxycoccus palustris → *Vaccinium oxycoccos*
Padus avium → *Prunus padus*
Padus serotina → *Prunus serotina*
Phleum nodosum → *Phleum bertolonii*
Phyllitis scolopendrium → *Asplenium scolopendrium*
Phytolacca acinosa → *Phytolacca esculenta*
Plantago arenaria → *Psyllium arenarium*
Plantago indica → *Psyllium arenarium*
Poa dura → *Sclerochloa dura*
Poa irrigata → *Poa humilis*
Poa subcaerulea → *Poa humilis*
Poa sudetica → *Poa chaixii*
Podospermum laciniatum → *Scorcorena laciniata*
Polygonatum officinale → *Polygonatum odoratum*
Polygonum amphibium → *Persicaria amphibia*
Polygonum bistorta → *Bistorta officinalis*
Polygonum hydropiper → *Persicaria hydropiper*
Polygonum lapathifolium → *Persicaria lapathifolia*
Polygonum minus → *Persicaria minor*
Polygonum mite → *Persicaria dubia*
Polygonum persicaria → *Persicaria maculosa*
Potamogeton panormitanus → *Potamogeton pusillus*
Potamogeton mucronatus → *Potamogeton friesii*
Potamogeton x zizii → *Potamogeton x angustifolius*
Potentilla arenaria → *Potentilla incana*
Potentilla neumanniana → *Potentilla tabernaemontani*
Potentilla verna → *Potentilla tabernaemontani*
Prunus insititia → *Prunus domestica*
Pseudolysimachion paniculatum → *Pseudolysimachion spurium*
Ranunculus tuberosus → *Ranunculus nemorosus*
Reynoutria japonica → *Fallopia japonica*
Reynoutria sachalinensis → *Fallopia sachalinensis*
Rhinanthus hirsutus → *Rhinanthus alectorolophus*
Rhinanthus serotinus → *Rhinanthus angustifolius*
Rhus typhina → *Rhus hirta*
Roegneria canina → *Elymus caninus*
Rosa pimpinellifolia → *Rosa spinosissima*
Rumex angiocarpus → *Rumex acetosella*
Rumex alpestris → *Rumex arifolius*
Rumex alpinus → *Rumex pseudoalpinus*
Rumex salicifolius → *Rumex triangulivalvis*
Rumex tenuifolius → *Rumex acetosella*
Sagina ciliata → *Sagina apetala*
Salix x rubens → *Salix fragilis* agg.
Sarothamnus scoparius → *Cytisus scoparius*
Saxifraga decipiens → *Saxifraga rosacea*
Scilla luciliae → *Chinodoxa luciliae*
Scilla non-scripta → *Hyacinthoides non-scripta*
Scirpidiella fluitans → *Isolepis fluitans*
Sedum mite → *Sedum sexangulare*
Sedum reflexum → *Sedum rupestre*
Senecio congestus → *Tephroseris palustris*
Senecio fluviatilis → *Senecio sarracenicus*
Senecio fuchsii → *Senecio ovatus*
Senecio helenitis → *Tephroseris helenitis*
Senecio integrifolius → *Tephroseris integrifolia*
Senecio tubicaulis → *Tephroseris palustris*
Sesleria varia → *Sesleria albicans*
Setaria decipiens → *Setaria verticillata*
Setaria verticilliformis → *Setaria verticillata*
Sigesbeckia cordifolia → *Sigesbeckia serrata*
Silene pratensis → *Silene latifolia*
Silene alba → *Silene latifolia*
Solanum luteum → *Solanum villosum*
Solanum miniatum → *Solanum alatum*
Solanum nitidibaccatum → *Solanum physalifolium*
Solanum rostratum → *Solanum cornutum*
Sparganium minimum → *Sparganium natans*
Spergularia maritima → *Spergularia media*
Spiraea salicifolia → *Spiraea billardii*
Stachys lanata → *Stachys byzantina*
Stellaria glauca → *Stellaria palustris*
Stellaria uliginosa → *Stellaria alsine*
Stipa joannis → *Stipa pennata*
Stipa stenophylla → *Stipa tirsa*
Symphoricarpos rivularis → *Symphoricarpos albus*
Symphytum x uplandicum agg. → *Symphytum asperum* agg.
Thelypteris limbosperma → *Oreopteris limbosperma*
Thelypteris phegopteris → *Phegopteris connectilis*
Thlaspi alpestre → *Thlaspi caerulescens*
Tripleurospermum inodorum → *Tripleurospermum perforatum*
Turritis glabra → *Arabis glabra*
Valeriana exaltata → *Valeriana officinalis*
Valeriana repens → *Valeriana procurrens*
Veronica longifolia → *Pseudolysimachion longifolium*
Veronica paniculata → *Pseudolysimachion spurium*
Veronica spicata → *Pseudolysimachion spicatum*
Vicia tenuissima → *Vicia parviflora*
Viola sepincola → *Viola suavis*
Viola stagnina → *Viola persicifolia*
Xanthium riparium → *Xanthium albinum*

Hinweise auf deutsche Namen

Ackerfrauenmantel → *Aphanes*
Ackerkohl → *Conringia*
Ackerröte → *Sherardia*
Adlerfarn → *Pteridium*
Adonisröschen → *Adonis*
Ahorn → *Acer*
Akelei → *Aquilegia*
Alant → *Inula*
Algenfarn → *Azolla*
Alpenveilchen → *Cyclamen*
Ambrosie → *Ambrosia*
Ampfer → *Rumex*
Andorn → *Marrubium*
Anis → *Pimpinella*
Apfel → *Malus*
Arnika → *Arnica*
Aronstab → *Arum*
Aster → *Aster*
Augentrost → *Euphrasia*
Azalee → *Rhododendron*
Backenklee → *Dorycnium*
Baldrian → *Valeriana*
Balsamkraut → *Tanacetum*
Bärenklau → *Heracleum*
Bärentraube → *Arctostaphylos*
Bärlapp → *Lycopodium*
Bartgras → *Bothriochloa*
Bärwurz → *Meum*
Bastardindigo → *Amorpha*
Bauernsenf → *Teesdalia*
Beifuß → *Artemisia*
Beinbrech → *Narthecium*
Beinwell → *Symphytum*
Berberitze → *Berberis*
Bergfarn → *Oreopteris*
Bergminze → *Calamintha*
Berle → *Berula*
Berufkraut → *Conyza, Erigeron*
Besenginster → *Cytisus*
Bilsenkraut → *Hyoscyamus*
Bingelkraut → *Mercurialis*
Binse → *Juncus*
Birke → *Betula*
Birne → *Pyrus*
Birngrün → *Orthilia*
Bitterkraut → *Picris*
Blasenbinse → *Scheuchzeria*
Blasenfarn → *Cystopteris*
Blasenkirsche → *Physalis*
Blasenstrauch → *Colutea*
Blaugras → *Sesleria*
Blaustern → *Scilla*
Blauweiderich → *Pseudolysimachion*
Blutweiderich → *Lythrum*
Bocksbart → *Tragopogon*
Bocksdorn → *Lycium*
Bokharaklee → *Melilotus*
Borretsch → *Borago*
Borstenhirse → *Setaria*
Borstgras → *Nardus*
Brandkraut → *Phlomis*
Braunelle → *Prunella*
Braunwurz → *Scrophularia*
Breitsame → *Orlaya*
Brenndolde → *Cnidium*
Brennessel → *Urtica*
Brillenschötchen → *Biscutella*
Brockenanemone → *Pulsatilla*
Bruchkraut → *Herniaria*
Brunnenkresse → *Nasturtium*
Buchenfarn → *Phegopteris*

Buchenspargel → *Monotropa*
Büchsenkraut → *Lindernia*
Buchweizen → *Fagopyrum*
Christophskraut → *Actaea*
Commeline → *Commelina*
Dickblatt → *Crassula*
Dill → *Anethum*
Diptam → *Dictamnus*
Distel → *Carduus*
Donarsbart → *Jovibarba*
Doppelsame → *Diplotaxis*
Dorngras → *Crypsis*
Dost → *Origanum*
Drachenkopf → *Dracocephalum*
Dreizack → *Triglochin*
Dreizahn → *Danthonia*
Eberesche → *Sorbus*
Efeu → *Hedera*
Ehrenpreis → *Veronica*
Eibe → *Taxus*
Eibisch → *Althaea*
Eiche → *Quercus*
Eichenfarn → *Gymnocarpium*
Einbeere → *Paris*
Einknolle → *Herminium*
Eisenhut → *Aconitum*
Eisenkraut → *Verbena*
Elsbeere → *Sorbus*
Endivie → *Cichorium*
Engelwurz → *Angelica*
Enzian → *Gentiana, Gentianella*
Erbse → *Pisum*
Erbsenstrauch → *Caragana*
Erdbeere → *Fragaria*
Erdbeerspinat → *Chenopodium*
Erdkastanie → *Bunium*
Erdrauch → *Fumaria*
Erle → *Alnus*
Esche → *Fraxinus*
Eselsdistel → *Onopordum*
Esparsette → *Onobrychis*
Espe → *Populus*
Essigbaum → *Rhus*
Eß-Kastanie → *Castanea*
Fahnenwicke → *Oxytropis*
Färber-Waid → *Isatis*
Faulbaum → *Frangula*
Federblume → *Acroptilon*
Federgras → *Achnatherum, Stipa*
Federmohn → *Macleaya*
Federschwingel → *Vulpia*
Feldlöwenmaul → *Misopates*
Felsenbirne → *Amelanchier*
Felsenblümchen → *Draba*
Felsennelke → *Petrorhagia*
Fenchel → *Foeniculum*
Ferkelkraut → *Hypochoeris*
Fetthenne → *Sedum*
Fettkraut → *Pinguicula*
Feuerdorn → *Pyracantha*
Fichte → *Picea*
Fichtenspargel → *Monotropa*
Fieberklee → *Menyanthes*
Fiederspiere → *Sorbaria*
Filzkraut → *Filago*
Fingerhirse → *Digitaria*
Fingerhut → *Digitalis*
Fingerkraut → *Potentilla*
Finkensame → *Neslia*
Fischkraut → *Groenlandia*
Flachbärlapp → *Diphasiastrum*

Flattergras → *Milium*
Flieder → *Syringa*
Flockenblume → *Centaurea*
Flohkraut → *Pulicaria*
Flohsame → *Plantago*
Flügelginster → *Chamaespartium*
Forsythie → *Forsythia*
Franzosenkraut → *Galinsoga*
Frauenfarn → *Athyrium*
Frauenmantel → *Alchemilla*
Frauenschuh → *Cypripedium*
Frauenspiegel → *Legousia*
Froschbiß → *Hydrocharis*
Froschkraut → *Luronium*
Froschlöffel → *Alisma*
Fuchsschwanz → *Alopecurus, Amaranthus*
Gagelstrauch → *Myrica*
Gamander → *Teucrium*
Gänseblümchen → *Bellis*
Gänsedistel → *Sonchus*
Gänsefuß → *Chenopodium*
Gänsekresse → *Arabis*
Gänsesterbe → *Erysimum*
Gauchheil → *Anagallis*
Gauklerblume → *Mimulus*
Gedenkemein → *Omphalodes*
Geißbart → *Aruncus*
Geißblatt → *Lonicera*
Geißklee → *Cytisus*
Geißraute → *Galega*
Gelbdolde → *Smyrnium*
Gemswurz → *Doronicum*
Gerste → *Hordeum*
Giersch → *Aegopodium*
Giftbeere → *Nicandra*
Gilbweiderich → *Lysimachia*
Ginster → *Genista*
Gipskraut → *Gypsophila*
Glanzgras → *Phalaris*
Glanzkraut → *Liparis*
Glaskraut → *Parietaria*
Glatthafer → *Arrhenatherum*
Gleditschie → *Gleditsia*
Glockenblume → *Campanula*
Golddistel → *Carlina*
Goldlack → *Erysimum*
Goldnessel → *Lamium*
Goldregen → *Laburnum*
Goldröschen → *Kerria*
Goldrute → *Solidago*
Goldstern → *Gagea*
Götterbaum → *Ailanthus*
Gottes-Gnadenkraut → *Gratiola*
Grannenhafer → *Trisetum*
Graslilie → *Anthericum*
Grasnelke → *Armeria*
Graukresse → *Berteroa*
Grausenf → *Hirschfeldia*
Greiskraut → *Senecio, Tephroseris*
Gundermann → *Glechoma*
Günsel → *Ajuga*
Guter Heinrich → *Chenopodium*
Haarsimse → *Trichophorum*
Haarstrang → *Peucedanum*
Habichtskraut → *Hieracium*
Hackelie → *Lappula*
Hafer → *Avena*
Haferschmiele → *Aira*
Haftdolde → *Caucalis*
Hahnendorn → *Crataegus*

Hahnenfuß → *Ranunculus*
Hainsimse → *Luzula*
Händelwurz → *Gymnadenia*
Hanf → *Cannabis*
Hartgras → *Sclerochloa*
Hartheu → *Hypericum*
Hartriegel → *Cornus*
Haselnuß → *Corylus*
Haselwurz → *Asarum*
Hasenglöckchen → *Hyacinthoides*
Hasenlattich → *Prenanthes*
Hasenohr → *Bupleurum*
Hauhechel → *Ononis*
Hauswurz → *Sempervivum*
Hederich → *Raphanus*
Heidekraut → *Calluna, Erica*
Heidelbeere → *Vaccinium*
Heilwurz → *Seseli*
Heilziest → *Betonica*
Hellerkraut → *Thlaspi*
Helmkraut → *Scutellaria*
Herzblatt → *Parnassia*
Herzblume → *Dicentra*
Herzgespann → *Leonurus*
Heusenkraut → *Ludwigia*
Hexenkraut → *Circaea*
Himmelsleiter → *Polemonium*
Hirschsprung → *Corrigiola*
Hirschwurz → *Peucedanum*
Hirschzunge → *Asplenium*
Hirse → *Panicum*
Hirtentäschel → *Capsella*
Hohlsame → *Bifora*
Hohlzahn → *Galeopsis*
Hohlzunge → *Coeloglossum*
Holunder → *Sambucus*
Honiggras → *Holcus*
Hopfen → *Humulus*
Hopfenklee → *Medicago*
Hornblatt → *Ceratophyllum*
Hornklee → *Lotus*
Hornköpfchen → *Ceratocephala*
Hornkraut → *Cerastium*
Hornmohn → *Glaucium*
Hufeisenklee → *Hippocrepis*
Huflattich → *Tussilago*
Hühnerhirse → *Echinochloa*
Hundskamille → *Anthemis*
Hundspetersilie → *Aethusa*
Hundsquecke → *Roegneria*
Hundsrauke → *Erucastrum*
Hundszahn → *Cynodon*
Hundszunge → *Cynoglossum*
Hungerblümchen → *Erophila*
Igelkolben → *Sparganium*
Igelsame → *Lappula*
Igelschlauch → *Baldellia*
Immenblatt → *Melittis*
Immergrün → *Vinca*
Jelängerjelieber → *Lonicera*
Johannisbeere → *Ribes*
Kälberkropf → *Chaerophyllum*
Kalmus → *Acorus*
Kamille → *Matricaria, Tripleurospermum*
Kammgras → *Cynosurus*
Kamminze → *Elsholtzia*
Kanariengras → *Phalaris*
Kappenmohn → *Eschscholzia*
Karde → *Dipsacus*
Kartoffel → *Solanum*
Katzenminze → *Nepeta*
Katzenpfötchen → *Antennaria*

Katzenschwanz → *Leonurus*
Kerbel → *Anthriscus*
Kermesbeere → *Phytolacca*
Kiefer → *Pinus*
Kirsche → *Prunus*
Kirschpflaume → *Prunus*
Klappertopf → *Rhinanthus*
Klebgras → *Setaria*
Klee → *Trifolium*
Kleinling → *Anagallis*
Klette → *Arctium*
Klettenkerbel → *Torilis*
Knabenkraut → *Dactylorhiza*
Knabenkraut → *Orchis*
Knäuel → *Scleranthus*
Knaulgras → *Dactylis*
Knoblauchsrauke → *Alliaria*
Knorpelkraut → *Polycnemum*
Knorpellattich → *Chondrilla*
Knorpelmiere → *Illecebrum*
Knorpelmöhre → *Ammi*
Knöterich → *Bistorta, Persicaria, Polygonum*
Kohl → *Brassica*
Kolbenhirse → *Setaria*
Königsfarn → *Osmunda*
Königskerze → *Verbascum*
Kopfried → *Schoenus*
Korallenbeere → *Symphoricarpus*
Korallenwurz → *Corallorrhiza*
Koriander → *Coriandrum*
Kornblume → *Centaurea*
Kornelkirsche → *Cornus*
Korn-Rade → *Agrostemma*
Kosmee → *Cosmos*
Krähenbeere → *Empetrum*
Krähenfuß → *Coronopus*
Kratzdistel → *Cirsium*
Krebsschere → *Stratiotes*
Kresse → *Lepidium*
Kreuzblümchen → *Polygala*
Kreuzdorn → *Rhamnus*
Kreuzlabkraut → *Cruciata*
Krokus → *Crocus*
Kronwicke → *Securigera*
Krummhals → *Anchusa*
Kugelblume → *Globularia*
Kugeldistel → *Echinops*
Kugelsimse → *Scirpoides*
Kuhblume → *Taraxacum*
Kuhnelke → *Vaccaria*
Kuhschelle → *Pulsatilla*
Kümmel → *Carum*
Labkraut → *Galium*
Laichkraut → *Potamogeton*
Lämmersalat → *Arnoseris*
Lampionpflanze → *Physalis*
Lärche → *Larix*
Laserkraut → *Laserpitium*
Lattich → *Lactuca*
Lauch → *Allium*
Läusekraut → *Pedicularis*
Lavendel → *Lavandula*
Leberblümchen → *Hepatica*
Leimkraut → *Silene*
Leimsaat → *Collomia*
Lein → *Linum*
Leindotter → *Camelina*
Leinkraut → *Linaria*
Lerchensporn → *Ceratocapnos, Corydalis, Pseudofumaria*
Lichtnelke → *Silene*
Liebesgras → *Eragrostis*

Liebstöckel → *Levisticum*
Lieschgras → *Phleum*
Liguster → *Ligustrum*
Lilie → *Lilium*
Linde → *Tilia*
Löffelkraut → *Cochlearia*
Löwenmaul → *Antirrhinum*
Löwenzahn → *Leontodon*
Lungenkraut → *Pulmonaria*
Lupine → *Lupinus*
Luzerne → *Medicago*
Mädesüß → *Filipendula*
Mahonie → *Mahonia*
Maiglöckchen → *Convallaria*
Mais → *Zea*
Malve → *Malva*
Mannsschild → *Androsace*
Mannstreu → *Eryngium*
Margerite → *Leucanthemum, Tanacetum*
Mariendistel → *Silybum*
Mariengras → *Hierochloe*
Märzbecher → *Leucojum*
Mastkraut → *Sagina*
Mauerlattich → *Mycelis*
Mauerpfeffer → *Sedum*
Mäuseschwänzchen → *Myosurus*
Meerrettich → *Armoracia*
Mehlbeere → *Sorbus*
Meier → *Asperula*
Meisterwurz → *Peucedanum*
Melde → *Atriplex*
Merk → *Sium*
Mexikanischer Tee → *Chenopodium*
Miere → *Minuartia*
Milchkraut → *Glaux*
Milchlattich → *Cicerbita*
Milchstern → *Ornithogalum*
Milzfarn → *Asplenium*
Milzkraut → *Chrysosplenium*
Minze → *Mentha*
Mispel → *Mespilus*
Mistel → *Viscum*
Mohn → *Papaver*
Möhre → *Daucus*
Mohrenhirse → *Sorghum*
Mönchskraut → *Nonea*
Moorbärlapp → *Lycopodiella*
Moosauge → *Moneses*
Moosbeere → *Vaccinium*
Moosfarn → *Selaginella*
Moosglöckchen → *Linnaea*
Moschuskraut → *Adoxa*
Mummel → *Nuphar*
Mutterwurz → *Ligusticum*
Nabelmiere → *Moehringia*
Nachtkerze → *Oenothera*
Nachtschatten → *Solanum*
Nachtviole → *Hesperis*
Nadelröschen → *Fumana*
Nagelkraut → *Polycarpon*
Narzisse → *Narcissus*
Natterkopf → *Echium*
Natternzunge → *Ophioglossum*
Nelke → *Dianthus*
Nelkenköpfchen → *Petrorhagia*
Nelkenwurz → *Geum*
Nestwurz → *Neottia*
Netzblatt → *Goodyera*
Nieswurz → *Helleborus*
Nixkraut → *Najas*
Ochsenzunge → *Anchusa*
Odermennig → *Agrimonia*

Ohnhorn → *Aceras*
Ölweide → *Elaeagnus*
Orant → *Chaenorhinum*
Osterluzei → *Aristolochia*
Pachysander → *Pachysandra*
Pappel → *Populus*
Pastinak → *Pastinaca*
Pechnelke → *Silene*
Perlgras → *Melica*
Pestwurz → *Petasites*
Petersilie → *Petroselinum*
Pfaffenhütchen → *Euonymus*
Pfeifengras → *Molinia*
Pfeifenstrauch → *Philadelphus*
Pfeilkraut → *Sagittaria*
Pfeilkresse → *Cardaria*
Pfriemengras → *Stipa*
Pfriemenkresse → *Subularia*
Phazelie → *Phacelia*
Pillenfarn → *Pilularia*
Pimpinelle → *Pimpinella*
Pippau → *Crepis*
Platane → *Platanus*
Platterbse → *Lathyrus*
Portulak → *Portulaca*
Preiselbeere → *Vaccinium*
Puschkinie → *Puschkinia*
Quecke → *Elymus*
Queller → *Salicornia*
Quellgras → *Catabrosa*
Quellkraut → *Montia*
Quellried → *Blysmus*
Radieschen → *Raphanus*
Radmelde → *Bassia*
Ragwurz → *Ophrys*
Rainkohl → *Lapsana*
Ramtillkraut → *Guizotia*
Rapünzchen → *Valerianella*
Rauke → *Eruca, Sisymbrium*
Rauschbeere → *Vaccinium*
Raute → *Ruta*
Rautenfarn → *Botrychium*
Reiherschnabel → *Erodium*
Reis → *Leersia*
Reitgras → *Calamagrostis*
Resede → *Reseda*
Rhabarber → *Rheum*
Riemenzunge → *Himantoglossum*
Ringelblume → *Calendula*
Rippenfarn → *Blechnum*
Rispengras → *Poa*
Rispenkraut → *Iva*
Rittersporn → *Consolida, Delphinium*
Robinie → *Robinia*
Roggen → *Secale*
Rohrkolben → *Typha*
Rose → *Rosa*
Rosmarinheide → *Andromeda*
Roßfenchel → *Silaum*
Roßkastanie → *Aesculus*
Rotbuche → *Fagus*
Röte → *Rubia*
Ruchgras → *Anthoxanthum*
Ruhrkraut → *Gnaphalium, Pseudognaphalium*
Runkelrübe → *Beta*
Ruprechtsfarn → *Gymnocarpium*
Salbei → *Salvia*
Salde → *Ruppia*
Salomonsiegel → *Polygonatum*
Salzbunge → *Samolus*
Salzkraut → *Salsola*
Salzmelde → *Atriplex*

Salzschwaden → *Puccinellia*
Salztäschel → *Hymenolobus*
Samtpappel → *Abutilon*
Sanddorn → *Hippophae*
Sandköpfchen → *Jasione*
Sandkraut → *Arenaria*
Sandröschen → *Tuberaria*
Sanikel → *Sanicula*
Sauerampfer → *Rumex*
Sauerklee → *Oxalis*
Schachblume → *Fritillaria*
Schachtelhalm → *Equisetum*
Schafgarbe → *Achillea*
Scharbockskraut → *Ranunculus*
Scharte → *Serratula*
Schattenblume → *Maianthemum*
Schaumkraut → *Cardamine*
Schaumkresse → *Cardaminopsis*
Scheiberich → *Apium*
Scheidenblütgras → *Coleanthus*
Scheinerdbeere → *Duchesna*
Scheinkalla → *Lysichiton*
Scheinquitte → *Choenomeles*
Schierling → *Conium*
Schildfarn → *Polystichum*
Schilf → *Phragmites*
Schilfschwingel → *Scolochloa*
Schillergras → *Koeleria*
Schlammling → *Limosella*
Schlangenäuglein → *Asperugo*
Schlangenwurz → *Calla*
Schlehe → *Prunus*
Schleifenblume → *Iberis*
Schlüsselblume → *Primula*
Schmalwand → *Arabidopsis*
Schmiele → *Deschampsia*
Schmielenhafer → *Ventenata*
Schnabelried → *Rhynchospora*
Schneckenklee → *Medicago*
Schneeball → *Viburnum*
Schneebeere → *Symphoricarpos*
Schneeglöckchen → *Galanthus*
Schneestolz → *Chinodoxa*
Schneide → *Cladium*
Schöllkraut → *Chelidonium*
Schöterich → *Erysimum*
Schuppenkarde → *Dipsacus*
Schuppenkopf → *Cephalaria*
Schuppenmiere → *Spergularia*
Schuppensimse → *Isolepis*
Schuppenwurz → *Lathraea*
Schwaden → *Glyceria*
Schwalbenwurz → *Vincetoxicum*
Schwanenblume → *Butomus*
Schwarzkümmel → *Nigella*
Schwarznessel → *Ballota*
Schwarzwurzel → *Scorzonera*
Schwertlilie → *Iris*
Schwimmfarn → *Salvinia*
Schwingel → *Festuca*
Seekanne → *Nymphoides*
Seerose → *Nymphaea*
Segge → *Carex*
Seide → *Cuscuta*
Seidelbast → *Daphne*
Seidenpflanze → *Asclepias*
Seifenkraut → *Saponaria*
Sellerie → *Apium*
Senf → *Sinapis*
Serradella → *Ornithopus*
Sesel → *Seseli*
Sichelmöhre → *Falcaria*
Siebenstern → *Trientalis*

Siegesbeckie → *Sigesbeckia*
Siegmarswurz → *Malva*
Siegwurz → *Gladiolus*
Silberblatt → *Lunaria*
Silberdistel → *Carlina*
Silbergras → *Corynephorus*
Silberkraut → *Lobularia*
Silberregen → *Fallopia*
Silberscharte → *Jurinea*
Silge → *Selinum*
Simse → *Scirpus*
Simsenlilie → *Tofieldia*
Sitter → *Epipactis*
Skabiose → *Scabiosa*
Sockenblume → *Epimedium*
Sode → *Suaeda*
Sojabohne → *Glycine*
Sommeraster → *Callistephus*
Sommerflieder → *Buddleja*
Sommerwurz → *Orobanche*
Sommerzypresse → *Bassia*
Sonnenblume → *Helianthus*
Sonnenhut → *Rudbeckia*
Sonnenröschen → *Helianthemum*
Sonnentau → *Drosera*
Sophienrauke → *Descurainia*
Spargel → *Asparagus*
Spargelerbse → *Tetragonolobus*
Spark → *Spergula*
Spatzenzunge → *Thymelaea*
Speierling → *Sorbus*
Spierstrauch → *Spiraea*
Spinat → *Spinacia*
Spitzklette → *Xanthium*
Spitzorchis → *Anacamptis*
Spornblume → *Centranthus*
Spreublume → *Xeranthemum*
Springkraut → *Impatiens*
Spurre → *Holosteum*
Srauchpappel → *Lavatera*
Stachelgurke → *Echinocystis*
Staudenknöterich → *Fallopia*
Stechapfel → *Datura*
Stechginster → *Ulex*
Stechpalme → *Ilex*
Steinbrech → *Saxifraga*
Steinklee → *Melilotus*
Steinkraut → *Aurinia*
Steinquendel → *Acinos*
Steinsame → *Lithospermum*
Steppenkresse → *Hornungia*
Sterndolde → *Astrantia*
Sternmiere → *Stellaria*
Stiefmütterchen → *Viola*
Stielsame → *Scorconera*
Stockrose → *Alcea*
Storchschnabel → *Geranium*
Strandbinse → *Bolboschoenus*
Strandhafer → *Ammophila*
Strandling → *Littorella*
Strandroggen → *Leymus*
Straußfarn → *Matteuccia*
Straußgras → *Agrostis*
Streifenfarn → *Asplenium*
Strohblume → *Helichrysum*
Studentenblume → *Tagetes*
Stundenblume → *Hibiscus*
Sumpf-Dotterblume → *Caltha*
Sumpffarn → *Thelypteris*
Sumpfkresse → *Rorippa*
Sumpf-Porst → *Ledum*
Sumpfquendel → *Peplis*
Sumpfsimse → *Eleocharis*

Süßdolde → *Myrrhis*
Tabak → *Nicotiana*
Taglilie → *Hemerocallis*
Tännel → *Elatine*
Tännelkraut → *Kickxia*
Tannenwedel → *Hippuris*
Täschelkraut → *Thlaspi*
Taubenkropf → *Cucubalus*
Taubnessel → *Lamium*
Tauchsimse → *Isolepis*
Tausendblatt → *Myriophyllum*
Tausendgüldenkraut → *Centaurium*
Teichfaden → *Zannichellia*
Teichlinse → *Spirodela*
Teichsimse → *Schoenoplectus*
Telekie → *Telekia*
Tellerkraut → *Claytonia*
Teufelsabbiß → *Succisa*
Teufelsklaue → *Huperzia*
Teufelskralle → *Phyteuma*
Thymian → *Thymus*
Tollkirche → *Atropa*
Tomate → *Lycopersicon*
Topinambur → *Helianthus*
Tormentill → *Potentilla*
Tragant → *Astragalus*
Traubenhyazinthe → *Muscari*
Traubenkirsche → *Prznus*
Trespe → *Bromus*
Trollblume → *Trollius*
Tulpe → *Tulipa*
Tüpfelfarn → *Polypodium*
Turgenie → *Turgenia*
Ulme → *Ulmus*
Veilchen → *Viola*
Venuskamm → *Scandix*
Vergißmeinnicht → *Myosotis*
Vermeinkraut → *Thesium*
Vogelbeere → *Sorbus*
Vogelfuß → *Ornithopus*
Wacholder → *Juniperus*
Wachsblume → *Cerinthe*

Wachtelweizen → *Melampyrum*
Waldgerste → *Hordelymus*
Waldhyazinthe → *Platanthera*
Waldrebe → *Clematis*
Waldvöglein → *Cephalanthera*
Walnuß → *Juglans*
Wanzensame → *Corispermum*
Wasserdarm → *Myosoton*
Wasserdost → *Eupatorium*
Wasserfeder → *Hottonia*
Wasserfenchel → *Oenanthe*
Wasserhahnenfuß → *Ranunculus*
Wasserkresse → *Rorippa*
Wasserlinse → *Lemna*
Wassernabel → *Hydrocotyle*
Wassernuß → *Trapa*
Wasserpest → *Elodea*
Wasserschierling → *Cicuta*
Wasserschlauch → *Utricularia*
Wasserstern → *Callitriche*
Wegerich → *Plantago*
Wegwarte → *Cichorium*
Weide → *Salix*
Weidelgras → *Lolium*
Weidenröschen → *Epilobium*
Weinrebe → *Vitis*
Weißbuche → *Carpinus*
Weißdorn → *Crataegus*
Weißmiere → *Moenchia*
Weißtanne → *Abies*
Weißwurz → *Polygonatum*
Weißzunge → *Leucorchis*
Weizen → *Triticum*
Wendelorchis → *Spiranthes*
Wermut → *Artemisia*
Wicke → *Vicia*
Widerbart → *Epipogium*
Wiesenhafer → *Avenochloa*
Wiesenknopf → *Sanguisorba*
Wiesenraute → *Thalictrum*
Wimperfarn → *Woodsia*
Winde → *Convolvulus*

Windenknöterich → *Fallopia*
Windhalm → *Apera*
Windröschen → *Anemone*
Windsbock → *Rapistrum*
Wintergrün → *Pyrola*
Winterkresse → *Barbarea*
Winterlieb → *Chimaphila*
Winterling → *Eranthis*
Wirbeldost → *Clinopodium*
Witwenblume → *Knautia*
Wolfsmilch → *Euphorbia, Chamaesyce*
Wolfstrapp → *Lycopus*
Wollgras → *Eriophorum*
Wucherblume → *Chrysanthemum*
Wundklee → *Anthyllis*
Wurmfarn → *Dryopteris*
Ysop → *Hyssopus*
Zackenschote → *Bunias*
Zahntrost → *Odontites*
Zahnwurz → *Cardamine*
Zaunrebe → *Parthenocissus*
Zaunrübe → *Bryonia*
Zaunwinde → *Calystegia*
Zeitlose → *Colchicum*
Ziegenweizen → *Aegilops*
Ziest → *Stachys*
Zimbelkraut → *Cymbalaria*
Zindelkraut → *Cicendia*
Zirmet → *Tordylium*
Zittergras → *Briza*
Zweiblatt → *Listera*
Zweizahn → *Bidens*
Zwenke → *Brachypodium*
Zwergginster → *Chamaecytisus*
Zwerglein → *Radiola*
Zwergmispel → *Cotoneaster*
Zwergzypergras → *Dichostylis*
Zwetschge → *Cerasus*
Zypergras → *Cyperus*

5.2 Bestandssituation der Brombeeren (Rubus)

GERRIT STOHR, ANFRED PEDERSEN & HEINRICH E. WEBER

In der Inventarliste für die Gefäßpflanzenkartierung Sachsen-Anhalts werden die Vertreter der Gattung *Rubus* unter vier Namen aufgeführt. Davon gehören *R. caesius* und das Aggregat *R. fruticosus* zur Untergattung Rubus. Diese wird in drei Sektionen gegliedert: Sekt. Rubus, Sekt. Corylifolii und Sekt. Caesii mit nur 1 Art (*R. caesius*). Die beiden ersten Sektionen werden in der Kartierungsliste zu dem genannten Aggregat *R. fruticosus* zusammengefaßt. Neuerdings ist eine Teilung in zwei Aggregate üblich: in das Aggregat *R. fruticosus*, die eigentlichen Brombeeren und in das Aggregat *R. corylifolius*, die Haselblatt-Brombeeren, die aus genetisch stabilisierten Kreuzungen von Arten der Sektion Rubus mit *R. caesius* hervorgegangen sind. Beide Sektionen lassen sich ziemlich leicht voneinander unterscheiden, sollten also auch wie in anderen Bundesländern und in der Bundesliste bei der Gefäßpflanzenkartierung Sachsen-Anhalts getrennt erfaßt werden.

Unter dem Aggregat *R. fruticosus* der Inventarliste werden zahlreiche Arten zusammengefaßt, die zum großen Teil nur Spezialisten bekannt sind. Die Schwierigkeiten dieser Pflanzengruppe liegen darin, daß nicht selten Pflanzen gefunden werden, die als Spontanhybriden und deren Abkömmlinge singuläre Biotypen ohne taxonomischen Wert darstellen. Sie sind unbestimmbar, da sie keiner Art zugeordnet werden können und deshalb auch fast nie in einen Bestimmungsschlüssel aufgenommen werden.

Trotz der genannten Schwierigkeiten zeigten in den letzten Jahren immer mehr Botaniker und Naturfreunde Interesse an dieser Pflanzengruppe und haben sich zu Brombeerspezialisten (Batologen) entwickelt. Damit wurde eine über den Rahmen der Gefäßpflanzenkartierung hinausgehende Spezialkartierung der Brombeeren möglich. Diese *Rubus*-Kartierungen laufen seit einigen Jahrzehnten in mehreren europäischen Ländern und konnten zum Teil bereits abgeschlossen werden. Das gilt auch für einige Bundesländer und Landesteile Deutschlands (Übersicht bei WEBER 1992, 1998a).

Brombeerkartierung in Sachsen-Anhalt
Die seit einigen Jahren von den Verfassern in Sachsen-Anhalt durchgeführte Brombeerkartierung konnte 1997 abgeschlossen werden (PEDERSEN et al. 1999). An der Kartierung beteiligten sich neben den Verfassern auch E. WALSEMANN (Mölln), H. HENKER (Neukloster), W. JANSEN (Itzehoe) und H. KIESEWETTER (Crivitz). Ihnen sei an dieser Stelle für ihre Mitarbeit gedankt.

Seit 1992 erfolgte die Kartierung auf der Grundlage der topographischen Karten 1:25.000 (TK 25; Kartenschnitt entspricht dem der Meßtischblätter) im Viertelquadranten-Raster. In jedem Viertelquadrant wurden zwei bis drei, selten mehr Stellen aufgesucht, an denen Brombeeren zu erwarten waren. Damit konnten die Rasterfelder zwar nur stichprobenartig erfaßt werden, ein Vergleich mit intensiver kartierten Feldern zeigte aber, daß durch geschickte Auswahl weniger Stellen die Brombeerarten eines Feldes fast vollständig erfaßt wurden. Trotzdem können - besonders in brombeer- oder waldreichen Gebieten - bei gründlicher Nachsuche bisweilen noch weitere Arten gefunden werden.

Kartiert wurden alle Arten der Untergattung Rubus. Von den Kulturarten (*R. allegheniensis*, *R. armeniacus* und *R. laciniatus*) wurden nur verwilderte Vorkommen notiert. Die zu anderen Untergattungen gehörenden Arten *R. idaeus* und *R. saxatilis* werden bei der allgemeinen Gefäßpflanzenkartierung erfaßt.

Im Normalfall wurden pro Viertelquadrant 5-7 Arten, in brombeerreichen Gebieten 10-16 Arten gefunden. Pro Meßtischblatt kommt man auf 15-20, in reichen Gebieten auf 23-28 Arten. Bei diesen Artenzahlen wurden *R. caesius* und verwilderte Kulturarten - meist handelt es sich um *R. armeniacus* - ausgeklammert.

Die Kartierung erbrachte:
1.) Weitere Fundorte von Arten, die bereits früher aus dem Gebiet bekannt waren und deren Literaturangaben als zuverlässig gelten können oder von denen Herbarbelege geprüft werden konnten.
2.) Zahlreiche Arten wurden für das Land Sachsen-Anhalt neu nachgewiesen und ihre aktuelle Verbreitung festgestellt.
3.) Entdeckt wurden einige noch unbeschriebene Sippen mit einem Verbreitungsgebiet, dessen Größe eine Neubeschreibung als Art rechtfertigt.

Insgesamt wurden 98 Arten ermittelt. Davon gehören 60 und zwei Unterarten zur Sektion Rubus, 36 zur Sektion Corylifolii (36,7%) und eine zur Sektion Caesii. Dazu kommt noch die Hybride *R.* x *pseudidaeus* (*R. caesius* x *idaeus*). Drei Arten aus der Sektion Rubus sind verwilderte Kulturarten.

Bereits vor 1900 wurden für das Gebiet des heutigen Landes Sachsen-Anhalt 32 Arten und die Hybride *R.* x *pseudidaeus* angegeben oder sind durch Herbarexemplare belegt. Weitere 11 Arten sind aus dieser Zeit belegt, jedoch erst von WEBER in jüngster Zeit richtig bestimmt worden. Einige Belege davon gehören zu den erst in den letzten Jahren neu beschriebenen Arten. Bis auf eine Art konnten bei der Kartierung alle früher bekannten Arten wieder gefunden werden. Außerdem wurden 54 Arten und zwei Unterarten sowie von RANFT (1985) eine Art neu nachgewiesen. Von 1985 bis 1995 sind sechs auch in Sachsen-Anhalt vorkommende Arten neu beschrieben worden: *R. orthostachyoides* (WEBER 1985), *R. haesitans* (MARTENSEN & PEDERSEN 1987), *R. wessbergii* (PEDERSEN & MARTENSEN 1987), *R. visurgianus* (WEBER 1988c) *R. grossus* (WEBER 1989) und *R. josefianus* (WEBER 1993). Seit 1996 wurden fünf weitere, auch in Sachsen-Anhalt vorkommende Arten neu beschrieben (*R. curvaciculatus* (WEBER 1996a), *R. meierottii* (WEBER 1996c), *R. exstans* (STOHR et al. 1997), *R. glossoides* und *R. stohrii* (WEBER 1998a). Sie sind oft schon bei der Kartierung anderer Länder als eigenständige Sippen erkannt worden. Doch gaben bei den beiden letztgenannten Arten erst zahlreiche Funde in Sachsen-Anhalt den Anstoß zur Neubeschreibung. Für zwei Arten (*R. aphananthus* und *R. dravaenopolabicus*) ist demnächst eine bereits lange geplante Neubeschreibung vorgesehen.

Nach der Liste der von STOHR et al. (1990) für Sachsen-Anhalt genannten Arten sind inzwischen weitere 42 dazugekommen. Darunter befinden sich neun, die bereits früher für Sachsen-Anhalt angegeben worden sind und erst nach 1990 bestätigt werden konnten (*R. camptostachys*, *R. chlorothyrsos*, *R. cimbricus*, *R. circipanicus*, *R. montanus*, *R. opacus*, *R. senticosus*, *R. silvaticus* und *R. vulgaris*). Fast alle bislang in Sachsen-Anhalt als *R. dethardingii* bezeichneten Funde gehören zu der inzwischen bei WEBER (1996a) als *R. curvaciculatus* WALSEMANN ex H.E. WEBER davon abgetrennten Art.

Gefährdung
Wie bei WEBER (1986) und STOHR et al. (1990) bereits dargelegt, kann der Gefährdungsgrad für die meisten Brombeerarten wegen des zu kurzen Beobachtungszeitraumes nicht eingeschätzt werden. Eine Angabe über potentielle Gefährdung wegen Seltenheit ist jedoch für die betreffenden Arten möglich. Das Beispiel von *R. constrictus* in Niedersachsen (PEDERSEN & WEBER 1993) und in Sachsen (RANFT 1995) hat jedoch gezeigt, daß diese Art trotz damals viel geringerer Durchforschung der betreffenden Gebiete um die Jahrhundertwende viel häufiger als bei der heute um ein Vielfaches intensiveren Rasterkartierung gefunden wurde und daher seitdem sehr stark zurückgegangen sein muß. Die Vorkommen an den ehemaligen Fundorten waren, im Gegensatz zu vielen anderen Brombeerarten, meist erloschen.

In der Roten Liste der Brombeeren Westfalens (WEBER 1986), einem der brombeerreichsten Gebiete Europas, werden 33 Arten aufgeführt, die auch in Sachsen-Anhalt vorkommen. Davon sind hier jedoch nur zwölf Arten als potentiell gefährdet (P) und eine (der oben genannte *R. constrictus*) als stark gefährdet (2) einzustufen. In der folgenden Tabelle ist der Gefährdungsgrad der Brombeeren gemäß der Roten Liste der Farn- und Blütenpflanzen des Landes Sachsen-Anhalt (FRANK et al. 1992) angegeben. Die Kartierungsergebnisse machen jedoch zahlreiche Änderungen notwendig.

Beispielsweise konnten vier der fünf als „ausgestorben bzw. verschollen" (0) eingestuften Arten wieder nachgewiesen werden. Als einzige Art bleibt der von SAGORSKY (WEBER 1979b) bei Wethau (Naumburg) 1885 gesammelte *R. mollis* weiterhin verschollen.

Verbreitung der Brombeeren in Sachsen-Anhalt
Erläuterungen über die Verbreitung der einzelnen Arten in Sachsen-Anhalt findet man bei PEDERSEN et al. (1999). An dieser Stelle sollen lediglich einige häufiger vorkommende Verbreitungstendenzen und Verbreitungsmuster genannt werden.

Fast gleichmäßig über das ganze Land verbreitet sind 21 Arten. Jedoch nur zwei von ihnen kommen in allen Landesteilen häufiger vor. So ist beispielsweise *R. caesius* fast überall gemein, nur in der westlichen Hälfte von der Altmark bis in den Harz lockern die Vorkommen etwas auf. Ziemlich häufig über das ganze Land ist *R. armeniacus* verbreitet und weist nur einige kleinere und eine größere Lücke im Harz mit nur einem Vorkommen auf. Diese Art wurde als Obststrauch schon seit dem vorigen Jahrhundert in Mitteleuropa häufig kultiviert und ist vielerorts verwildert. Die Verbreitung der anderen Arten hat mehr oder weniger große Lücken, die besonders die Ackerlandschaften, das mitteldeutsche Trockengebiet und die Flußauen betreffen.

Im gesamten Tiefland häufig bis zerstreut sind weitere 21 Arten. Einige dringen bis in das Hügelland um Haldensleben - Altenhausen vor. Andere kommen zusätzlich im südwestlichen bis südlichen Hügelland meist weniger häufig vor. Die Hauptverbreitung reicht südlich etwa bis zur Linie Oebisfelde - Haldensleben - Aken - Bitterfeld oder bis in die Dübener Heide.

Auf die nördliche Hälfte des Landes beschränken sich 27 Arten. Davon kommen mit Schwerpunkt in der Altmark zwölf, ausschließlich in der Altmark sieben Arten und eine Unterart vor.

Nur im Hügelland des südlichen Landesteiles kommen acht Arten vor, die höchstens noch einzelne Fundorte im Tiefland haben.

Auf den östlichen Mittelteil etwa östlich der Linie Stackelitz - Aken - Landsberg konzentrieren sich sieben Arten, die meist außerhalb dieses Gebietes im Norden und Süden noch einzelne Vorkommen besitzen.

Im Harz (Bergland) kommen insgesamt 35 Arten vor. Zwei von ihnen beschränken sich in Sachsen-Anhalt gänzlich auf den Harz. So wachsen *R. lividus* selten im Unterharz und *R. infestus* nur am nördlichen Harzrand. Vier weitere Arten zeigen im Harz einen Verbreitungsschwerpunkt.

Auffällige regionale Häufungen (Teilareale) besitzen 19 Arten. So konzentrieren sich auf die nordwestliche Altmark *R. nuptialis*, auf den Osten der nördlichen Landeshälfte *R. adspersus*, *R. gratus*, *R. circipanicus* und *R. vestitus*, auf den Westen die einzige bisher für endemisch gehaltene Regionalart Sachsen-Anhalts *R. glaucovirens* (inzwischen sind isolierte Vorkommen in Berlin und Thüringen bekannt geworden). Zwei Zentren bilden im Westen der nördlichen Landeshälfte sowie im Harz oder im nördlichen Harzvorland *R. camptostachys*, *R. leptothyrsos*, *R. loehrii* und *R. maassii*. Weiterhin zeigen eine Häufung im östlichen Mittelteil des Landes *R. fasciculatiformis*, *R. glossoides* und *R. nemorosoides*, im Harz *R. pedemontanus*, *R. hercynicus* und *R. infestus*, um Halle *R. tuberculatus* und im äußersten Süden *R. dollnensis* und *R. condensatus*.

Selten sind mit 3-5 Fundorten im Gebiet sechs Arten und eine Unterart: *R. constrictus* im Süden und im östlichen Mittelteil, *R. goniophorus* und *R. integribasis* im östlichen Mittelteil, *R. lividus* im Harz, *R. ferocior*, *R. vigorosus* und *R. nessensis* subsp. *scissoides* in der Altmark.

Sehr selten sind mit nur 1-2 Fundorten 13 Arten: *R. atrichantherus* und *R. fioniae* in der nordwestlichen Altmark, *R. arrhenii*, *R. chloocladus*, *R. chlorothyrsos*, *R. dethardingii*, *R. elegantispinosus* und *R. wahlbergii* im Norden, *R. bertramii* im östlichen Mittelteil, *R. macrothyrsus* im westlichen Mittelteil am nördlichen Harzrand und *R. canescens*, *R. hallandicus* und *R. josefianus* im Süden.

Die Areale von 14 Arten erstrecken sich über Sachsen-Anhalt und weitere große Gebiete. Dagegen erreichen in Sachsen-Anhalt 61 Arten ihre Arealgrenze. Einige davon sowie weitere, insgesamt 50 Arten, besitzen hier disjunkte (isolierte) Vorkommen.

Da die meisten Brombeerarten an wintermildes Klima gebunden sind, liegt deren Hauptverbreitungsgebiet bevorzugt im atlantisch-subatlantischem Bereich und damit im westlichen bis nordwestlichen, weniger häufig auch im nördlichen Mitteleuropa. Einige von ihnen gelangen etwa aus westlicher bis nördlicher Richtung bis nach Sachsen-Anhalt - vor allem in die atlantisch getönte Altmark - und erreichen hier ihre Ost-, Südost- oder Südgrenze (36 Arten und 2 Unterarten). Einige im südlichen bis östlichen, teilweise auch bis zum westlichen Mitteleuropa verbreitete Arten erreichen in Sachsen-Anhalt allerdings auch ihre Nord- bis Westgrenze (13 Arten). Bei wenigen Arten, deren Verbreitung vom östlichen über das südliche bis zum westlichen, teilweise auch bis zum nördlichen Mitteleuropa reicht, kommt es sogar zu einer Nordostgrenze (5 Arten).

Anmerkungen zur Tabelle

In die folgende Tabelle (Checkliste) wurden alle in Sachsen-Anhalt wild oder verwildert vorkommende Arten der Gattung *Rubus* aufgenommen. Dagegen beziehen sich der Text und die weiter oben genannten Zahlenangaben nur auf die Arten der Untergattung Rubus.

In der Tabelle wird in der Spalte „Nachweis" nach Möglichkeit der Erstnachweis für Sachsen-Anhalt genannt. Von den älteren Angaben wurde nur auf jene Bezug genommen, die durch eine eindeutige Beschreibung oder einen Herbarbeleg gesichert sind. Die Herbarbelege wurden alle von WEBER überprüft.

Die in der Spalte „Nachweis" genannten Erstfunde der Verfasser wurden bei der Kartierung ermittelt. Meist liegt dafür ein Herbarbeleg vor, insbesondere dann, wenn die Art nicht mit sicher erkannt wurde. In diesen Fällen hat fast immer WEBER durch seine Bestimmung den Nachweis gesichert. Deshalb wird gegebenenfalls neben dem Finder auch der Bestimmer zitiert.

Die von PEDERSEN gesammelten Belege werden in C und zum Teil auch in Herb. WEBER, die von STOHR gesammelten Belege in BHU oder in Herb. STOHR und zum Teil auch in Herb. WEBER und die von WEBER gesammelten Belege in Herb. WEBER und bei Neubeschreibungen in den dort zitierten Herbarien aufbewahrt. Herbarien werden mit den international üblichen Abkürzungen nach HOLMGREN et al. (1990) zitiert.

Nicht selten liegt der Erstnachweis einer Art zeitlich vor ihrer Neubeschreibung. In diesen Fällen konnten die zunächst nicht oder falsch bestimmten Funde später anhand von Herbarbelegen nach der Neubeschreibung den entsprechenden Arten zugeordnet werden.

Zusätzliche Abkürzungen in der Tabelle
Nachweis:
PE.   A. PEDERSEN
ST.   G. STOHR
We.   H.E. WEBER

B	Herbarium Berlin	M	Herbarium München
BHU	Herbarium Humboldt-Univ. Berlin		
BREM	Herbarium Bremen		

Bemerkungen (Bm):
D   Disjunktion (isoliertes Vorkommen) in Sachsen-Anhalt

C	Herbarium Koppenhagen
HAN	Herbarium Hannover
HBG	Herbarium Hamburg
K	Herbarium Kew
KIEL	Herbarium Kiel
LD	Herbarium Lund
LE	Herbarium St. Petersburg

Synonyme; Deutscher Name:
B.   Brombeere
HB.   Haselblatt-Brombeere

Literatur

ASCHERSON, P. (1864): Flora der Provinz Brandenburg, der Altmark und des Herzogthums Magdeburg. 3. Abtheilung. Specialflora von Magdeburg. *Rubus* S. 36. Berlin.

FRANK, D, HERDAM, H., JAGE, H., KLOTZ, S., RATTEY, F., WEGENER, U., WEINERT, E., WESTHUS, W. (1992): Rote Liste der Farn- und Blütenpflanzen des Landes Sachsen-Anhalt. Ber. Landesamt. Umweltsch. Sachsen-Anhalt 1, 44-63.

FOCKE, W.O. (1877): Synopsis Ruborum Germaniae. V+434 S. Bremen.

GELERT, O. (1896): Brombeeren aus der Provinz Sachsen. Verh. Bot. Ver. Prov. Brandenburg 38, 106-114.

HAMPE, E. (1873): Flora Hercynica. Gen. *Rubus*, S. 82-85. Halle.

HERDAM, H. (1995): Neue Flora von Halberstadt. Brombeere, *Rubus* L. S.162-167, 336. 2. Aufl. Quedlinburg.

HOLMGREN, P.K., HOLMGREN, N.H., BARNETT, L.C. (1990). Index Herbariorum. I. Ed. 8. 693 S. New York Botanical Garden. Bronx, New York.

HÜLSEN, R. (1898): Über die Ergebnisse meiner Exkursion zur Erforschung der *Rubus*-Formen. Verh. Bot. Ver. Prov. Brandenburg 40, XXX - XXXIV.

KRAUSE, E.H.L. (1884): Rubi Berolinenses. Verh. Bot. Ver. Prov. Brandenburg 26, 1-23.

MAASS, G. (1870): *Rubus glaucovirens*, eine neue Magdeburgische Brombeere. Verh. Bot. Ver. Prov. Brandenburg 12, 162-163.

MAASS, G. (1898): 258. *Rubus*. In: ASCHERSON, P., GRAEBNER, P. (1898-99): Flora des Nordostdeutschen Flachlandes. S. 393-405. Borntraeger, Berlin.

MARTENSEN, H.O., PEDERSEN, A. (1987): *Rubus gothicus* och närstående arter. Svensk Bot. Tidskr. 81, 257-271.

MARTENSEN, H.O., PEDERSEN, A., WEBER, H.E. (1983): Atlas der Brombeeren von Dänemark, Schleswig-Holstein und dem benachbarten Niedersachsen. (Gattung *Rubus* L. Sektionen Rubus und Corylifolii). Beih. Schriftenreihe Natursch. Landschaftspfl. Nieders. 5, 1-150. Hannover.

MATZKE-HAJEK (1993): Die Brombeeren (*Rubus fruticosus*-Agg.) der Eifel und der Niederrheinischen Bucht. Decheniana. Beih. 32, 1-212.

MATZKE-HAJEK (1996): Die Verbreitung der Brombeeren (*Rubus* L. Subgen. Rubus) im Bergischen Land (Nordrhein-Westfalen). Jahresber. Naturwiss. Vereins Wuppertal 49, 44-120.

PEDERSEN, A., MARTENSEN, H.O. (1987): *Rubus wessbergii* og *Rubus egregiusculus*, nye regionalarter i Brombærrenes Sekt. *Corylifolii*. Flora og Fauna 93(1-2), 3-8.

PEDERSEN, A., WEBER, H.E. (1993): Atlas der Brombeeren von Niedersachsen und Bremen (Gattung *Rubus* L. subgenus Rubus). Naturschutz Landschaftspfl. Niedersachs. 28, 1-202. Hannover.

PEDERSEN, A., STOHR, G., WEBER, H.E. (1999): Atlas der Brombeeren von Sachsen-Anhalt (Gattung *Rubus* L. subgenus Rubus). Mitt. Florist. Kart. Sachsen-Anhalt Sonderheft 1, 1-128.

RANFT, M. (1985): Zur *Rubus*-Flora des Harzes (Friedrichsbrunn und Umgebung). Mitt. Florist. Kartier. Halle 11, 77-79. Halle(Saale).

RANFT, M. (1995): Die Gattung *Rubus* L. in Sachsen. Abh. Ber. Naturkundemus. Görlitz 68(6), 1-44.

SCHNEIDER, L. (1877): Flora von Magdeburg, mit Einschluß des Florengebietes von Bernburg und Zerbst. Rubus, S. 75-78. Berlin.

STOHR, G. (1989): Floristische Notizen über die *Rubus*-Sippen in Brandenburg und benachbarten Gebieten. Gleditschia 17, 27-63, Berlin.

STOHR, G., FUKAREK, F., HENKER, H., RANFT, M. (1990): Die *Rubus*-Arten der DDR und ihr Gefährdungsgrad. Gleditschia 18, 245-261, Berlin.

STOHR, G., WALSEMANN, E., PEDERSEN, A. (1997): *Rubus exstans* WALSEMANN & STOHR, eine neue Haselblattbrombeere im norddeutschen Tiefland. Osnabrücker Naturwiss. Mitt. 23, 315-326.

WEBER, H.E. (1979a): *Rubus tuberculatus* BAB. neu für das europäische Festland. Drosera 79, 1-8, Oldenburg.

WEBER, H.E. (1979b): Beitrag zur Kenntnis der Rubi sect. Corylifolii (FOCKE) FRID. in Bayern und an-

grenzenden Gebieten. Ber. Bayer. Bot. Ges. 50, 5-22.
WEBER, H.E. (1981): Revision der Sektion Corylifolii (Gattung *Rubus*, Rosaceae) in Skandinavien und im nördlichen Mitteleuropa. Sonderbände Naturwiss. Vereins Hamburg 4, 229 S. Parey, Hamburg, Berlin.
WEBER, H.E. (1984): Zur Kenntnis des *Rubus gracilis* J. & C. PRESL und nahestehender Sippen. Feddes Repert. 95, 601-620, Berlin.
WEBER, H.E. (1985): Rubi Westfalici. Die Brombeeren Westfalens und des Raumes Osnabrück (*Rubus* L. Subgenus Rubus).Abh. Westf. Mus. Naturkd. 47(3), 1-452 Münster (Westfalen).
WEBER, H.E. (1986): Rote Liste der Brombeeren Westfalens mit grundsätzlichen Bemerkungen zur Bewertung apomiktischer Sippen beim Artenschutz. Abh. Westf. Mus. Naturkd. 48(2-3), 187-202. Münster (Westfalen).
WEBER, H.E. (1988a): *Rubus dollnensis* SPRIBILLE, eine vorzugsweise im östlichen Mitteleuropa verbreitete, bislang verkannte Art. Feddes Repert. 99, 81-86, Berlin.
WEBER, H.E. (1988b): Die Gattung *Rubus* L. in Berlin (West). Verh. Berl. Bot. Ver. 6, 47-79.
WEBER, H.E. (1988c): Ergänzungen zur *Rubus*-Flora in Nordwestdeutschland. Osnabrücker Naturwiss. Mitt. 14, 139-156.
WEBER, H.E. (1989): Bislang unbeachtete *Rubus*-Arten in Bayern und angrenzenden Gebieten. Ber. Bayer. Bot. Ges. 60, 5-20.
WEBER, H.E. (1992): Kartierung der Brombeeren (Gattung *Rubus* L. Subgen. Rubus) in Deutschland und angrenzenden Ländern. Flor. Rundbr. 26, 116-124.
WEBER, H.E. (1993):*Rubus josefianus*, eine neue *Rubus*-Art in Böhmen und Bayern. Preslia 65, 21-25.
WEBER, H.E. (1995): *Rubus* L. In HEGI, G., Illustrierte Flora von Mitteleuropa IV/2A. 3. Aufl., 284-595. Blackwell Wissenschafts-Verlag, Berlin etc.
WEBER, H.E. (1996a): Mitteilungen zur Brombeerflora Mittel- und Nordeuropas. Osnabrücker Naturwiss. Mitt. 22, 111-121.
WEBER, H.E. (1996b): Neue oder wenig bekannte Brombeerarten (Rosaceae, *Rubus* L.) in Bayern und darüber hinausgehenden Verbreitungsgebieten. Ber. Bayer. Bot. Ges. 66/67, 27-45.
WEBER, H.E. (1996c): Beitrag zur Brombeerflora von Nordbayern. Ber. Bayer. Bot. Ges. 66/67, 175-192.
WEBER, H.E. (1998a): Zwei neue *Rubus*-Arten aus Mittel- und Ostdeutschland. Feddes Repert. 109, 369-377, Berlin.
WEBER, H.E. (1998b): Bislang nicht typisierte Namen von *Rubus*-Arten in Mitteleuropa. Feddes Repert. 109, 393-406, Berlin.

Anschriften der Verfasser

Anfred Pedersen
Platanvej 15
DK - 4760 Vordingborg

Dr. Gerrit Stohr
Schicklerstr. 13
D - 16225 Eberswalde

Prof. Dr. Dr. Heinrich E. Weber
Am Bühner Bach 12
D - 49565 Bramsche

Art	BR	BS	RL	Bm	Nachweis	Synonyme/Deutscher Name
Rubus adspersus WEIHE ex H.E. WEBER, 1973	T	v	P	D	1982 ST. det. W.	*R. carpinifolius* WEIHE, 1824, non J. et C. PRESL, 1822 Hainbuchenblättrige B.
Rubus allegheniensis PORTER, 1896	T B	s ss		N	1985 ST.	Allegheny-B.
Rubus aphananthus WALSEMANN et STOHR, ined.	T	v		A	1992, PE., ST.	Kleinblütige B.
Rubus armeniacus FOCKE, 1874	T,H B	h ss		N	MAASS 1898	Armenische B., Garten-B.
Rubus arrhenii LANGE, 1859	T	ss		D	1993 ST.	Arrhenius' B.
Rubus atrichantherus E.H.L. KRAUSE, 1890	T	ss		D	1993 PE., ST., det. ST.	Kahlmännige B.
Rubus balticus (FOCKE) E.H.L. KRAUSE, 1890	T	s		A	1993 PE., ST., det. ST.	Baltische B.
Rubus bertramii G. BRAUN, 1877	T	ss		D	1995 PE., det. WE.	Bertrams B.
Rubus caesius L., 1753		g			ASCHERSON 1864	Kratzbeere, Ackerbeere
Rubus calvus H.E. WEBER, 1982	T	v	P	A	1987 ST, det. WE.	Kahlköpfige HB.
Rubus camptostachys G. BRAUN, 1881	T,H	s		A,D	MAASS 1898, als *R. nemorosus ciliatus* (C)	*R. ciliatus* LINDEBERG, 1885 Bewimperte HB.
Rubus canescens DE CANDOLLE, 1813	H	ss		D	1997 ST.	*R. tomentosus* BORKHAUSEN, 1794, p.p., Filz-B.
Rubus chloocladus W.C.R. WATSON, 1956	T,H	ss		D	1990 ST., det. WE.	*R. pubescens* WEIHE non RAFINESQUE, 1811, Grünästige B.
Rubus chlorothyrsos FOCKE, 1871	H	ss	0	D	1894 GELERT (LD), det. WE.	Grünsträußige B.
Rubus cimbricus FOCKE, 1886	T,H	s		A,D	GELERT 1896	Cimbrische B.
Rubus circipanicus E.H.L. KRAUSE, 1889	T	v	0	A	1894 GELERT als *R. megapolitanicus* E.HL. KRAUSE (C), det. WE.	*R. rhombifolius* auct., non WEIHE, 1824 Circipanier B.
Rubus condensatus P.J. MÜLLER, 1858	T H	ss s		A,D	1993 PE., ST., det. WE.	Gedrängtblütige B.
Rubus constrictus P.J. MÜLLER et LEFEVRE, 1859	T H	ss s		D	1996 ST., det. WE.	*R. vestii* FOCKE, 1877 Zusammengezogene B.
Rubus curvaciculatus WALSEMANN ex H.E. WEBER, 1996		v	P		1986 ST. als *R. dethardingii*, det. ST.	Krummstachlige HB.
Rubus decurrentispinus H.E. WEBER, 1981	T H	s ss	P	A,D	1986 ST., det. WE.	Herablaufendstachlige HB.
Rubus dethardingii E.H.L. KRAUSE, 1880	T	ss	P	D	1994 PE.	Dethardings HB.
Rubus divaricatus P.J. MÜLLER, 1858	T	v	P	A	GELERT 1896	*R. nitidus* WEIHE et NEES, 1822, p.p., typo excl., Glanz-B.
Rubus dollnensis SPRIBILLE, 1900	H	s		A	1996 ST., det. JANSEN	Drüsenborstige HB.
Rubus dravaenopolabicus WALSEMANN et STOHR, ined.	T	s		A	1987 ST., det. WE.	Drawänopolaben B.
Rubus elegantispinosus (SCHUMACHER) H.E. WEBER, 1974	T	ss		D	1994 PE.	Schlankstachlige B.
Rubus exstans WALSEMANN et STOHR, 1997	T	v		A,D	1982 ST., det. MARTENSEN	Ragende HB.
Rubus fabrimontanus SPRIBILLE, 1905	T H	h v	P		1869 MAASS als *R. dumetorum* var. *ferox* (B), det. WE.	*R. oreogeton* auct., non FOCKE 1877, quoad typum Schmiedeberger HB.
Rubus fasciculatiformis H.E. WEBER, 1979	T H,B	v s		A,D	1992 PE., det. WE.	Falsche Büschelblütige HB.

Art	BR	BS	RL	Bm	Nachweis	Synonyme/Deutscher Name
Rubus fasciculatus P.J. MÜLLER, 1858		v	P	A	GELERT 1896	*R. ambifarius* P.J. MÜLLER, 1860, Büschelblütige HB.
Rubus ferocior H.E. WEBER, 1977	T	ss	P	A	1986 ST.	*R. ferox* WEIHE, 1824, non VEST, 1821, Wildere HB.
Rubus fioniae K.FRIDERICHSEN ex NEUMAN, 1887	T	ss		A	1992 PE.	Fünen-HB.
Rubus franconicus H.E. WEBER, 1979	T,H B	v ss	P	A	1987 ST., det. WE.	Fränkische HB.
Rubus geniculatus KALTENBACH, 1845	T	v		D	1987 ST., det. WE.	Gekniete B.
Rubus glaucovirens MAASS, 1870	T	v	P		MAASS 1870	Blaugrüne B.
Rubus glossoides H.E. WEBER et STOHR, 1998	T H	v ss		A,D	1993 PE., det. WE.	Zungenförmige HB.
Rubus goniophorus H.E. WEBER, 1978	T	ss		D	1996 ST., det. WE.	Winkel-B.
Rubus gothicus K. FRIDERICHSEN ex E.H.L. KRAUSE, 1888		v			1875 MAASS als *R. caesius* x *radula* (M), det. WE.	*R. acuminatus* LINDEBERG, 1885, non SMITH, 1815 Gotische HB.
Rubus grabowskii WEIHE, 1827		v			1872 v. HOLLE als *R. thyrsoideus* (HAN), det. WE.	*R. thyrsanthus* (FOCKE) FOERSTER, 1878 Grabowskis B.
Rubus gracilis J. et C. PRESL, 1822 ssp. *gracilis*	T H,B	h s			1873 MAASS (BREM, C, HBG), det. WE.	*R. villicaulis* KOEHLER ex WEIHE et NEES, 1825 Wollstengel-B.
Rubus gracilis ssp. *insularis* (F. ARESCHOUG) H.E. WEBER, 1984	T	v	P	A	1992 PE.	*R. insularis* ARESCHOUG, 1881
Rubus gratus FOCKE, 1875	T	v		A	1894 GELERT (C)	Angenehme B.
Rubus grossus H.E. WEBER, 1989	T H B	ss v s		A,D	1995 PE., WE.	Grobe HB.
Rubus hadracanthos G. BRAUN, 1881		v			1992 PE.	Dickstachlige HB.
Rubus haesitans MARTENSEN et WALSEMANN, 1987	T,H	s	P	D	1988 ST., det. WE.	Unentschlossene HB.
Rubus hallandicus (GABRIELSSON ex F. ARESCHOUG) NEUMAN, 1888	H	ss		D	1996 ST., det. WE.	Halland-HB.
Rubus hercynicus G. BRAUN, 1877	T H B	ss s v		A,D	GELERT 1896	Harzer B.
Rubus hevellicus (E.H.L. KRAUSE) E.H.L. KRAUSE, 1889	T H	s v	P	A	1992 PE.	Heveller HB.
Rubus horridus K.F. SCHULTZ, 1819	T H,B	s v	P	A	1987 ST.	Schreckliche HB.
Rubus hypomalacus FOCKE, 1877	T	s	P	A	1988 ST., det. WE.	Samtblättrige B.
Rubus idaeus L., 1753		h			ASCHERSON 1864	Himbeere
Rubus infestus WEIHE, 1824	H,B	v	P	A	FOCKE 1877	*R. taeniarum* LINDEBERG, 1858, Feindl. B.
Rubus integribasis P.J. MÜLLER et BOULAY, 1866	T	ss		D	1995 PE., det. WE.	Große Sparrige B.
Rubus josefianus H.E. WEBER, 1993	H	ss		A	1996 PE., det. WE.	Holubs HB.
Rubus koehleri WEIHE 1825	T,H	s		A	GELERT 1896	Köhlers B.

Art	BR	BS	RL	Bm	Nachweis	Synonyme/Deutscher Name
Rubus laciniatus WILLDENOW, 1806	T H,B	v s		N	HÜLSEN 1898	Schlitzblättrige B.
Rubus lamprocaulos G. BRAUN, 1877	T H	h s		A	1895 GELERT (LD)	*R. serrulatus* LINDEBERG, 1885, Feingesägte HB.
Rubus langei G. JENSEN ex K. FRIDERICHSEN et GELERT, 1885	T	v		A	1875 MAASS als *R. villicaulis* var. *rectangulatus* (B), det. WE.	*R. villicaulis* ssp. *rectangulatus* MAASS ex FOCKE 1877 Langes B.
Rubus leptothyrsos G. BRAUN, 1877		v		A	1872 v. HOLLE als *R. villicaulis* (HAN), det. WE.	Dünnrispige B.
Rubus leuciscanus E.H.L. KRAUSE, 1890	T H,B	v s		A	1986 ST.	Plötzensee-HB.
Rubus lidforssii (GELERT) LANGE, 1897	T H	ss s		D	1992 PE.	Lidforss' HB.
Rubus lividus G. BRAUN, 1877	B	ss		D	1872 v. HOLLE als *R. bellardii* (HAN), det. WE.	Bleigraue B.
Rubus loehrii WIRTGEN, 1856	H B	v ss		D	1992 PE.	Löhrs B.
Rubus maassii FOCKE ex BERTRAM, 1876	T,B H	v h		A,D	1872 v. HOLLE indet. (HAN), det. WE.	Maaßens B.
Rubus macrophyllus WEIHE et NEES, 1824	T	s	P	A	1992 PE.	Großblättrige B.
Rubus macrothyrsus LANGE, 1871	H	ss		D	1994 PE.	Schmalsträußige B.
Rubus meierottii H.E. WEBER, 1996	T	ss		D	1996 ST., det. WE.	Meierotts B.
Rubus mollis J. et C. PRESL, 1822	H	A		0	1885 SAGORSKY als *R. caesius* x *tomentosus* (M), det. WE.	Weiche HB.
Rubus montanus LIBERT ex LEJEUNE, 1813		v		A	1870 MAASS (B)	*R. candicans* auct. non WEIHE ex REICHENBACH, 1832, Mittelgebirgs-B.
Rubus nemoralis P.J. MÜLLER, 1858	T,H	v		A	1884 GELERT (C), det. WE.	*R. selmeri* LINDEBERG, 1884 Hain-B.
Rubus nemorosoides H.E. WEBER, 1978	T,H	v		D	1995 PE., det. WE.	Falsche Hain-HB.
Rubus nemorosus HAYNE et WILLDENOW, 1811	T,H	v		A	GELERT 1896, als *R. balfourianus* var. *fischii*	*R. B.alfourianus* BLOXAM ex BABINGTON, 1847 Hain-HB.
Rubus nessensis HALL, 1794 ssp. *nessensis*		v			GELERT 1896	*R. suberectus* G. ANDERSON ex SMITH, 1824 Halbaufrechte B., Fuchsbeere
Rubus nessensis ssp. *scissoides* H.E. WEBER, 1973	T	s	P	D	1988 ST.	
Rubus nuptialis H.E. WEBER, 1973	T	v	P	A,D	1986 ST., det. WE.	Hochzeits-B.
Rubus odoratus L., 1753	H	ss		N	HERDAM 1995	Zimthimbeere
Rubus opacus FOCKE, 1875	T H	v ss		0	A,D	GELERT 1896	Dunkle B.
Rubus orthostachyoides H.E. WEBER, 1986		v	P	A	1978 BUHL (Herb. BUHL, WE), det. WE.	Geradachsenförmige HB.
Rubus orthostachys G. BRAUN, 1881	T H	s h		A	1984 RANFT, RANFT 1985	Geradachsige HB.
Rubus pallidus WEIHE, 1825		s		A,D	1992 PE.	Bleiche B.

Art	BR	BS	RL	Bm	Nachweis	Synonyme/Deutscher Name
Rubus pedemontanus PINKWART, 1898	T,H B	ss h		A,D	1872 v. HOLLE (HAN)	*R. bellardii* sensu WEIHE, 1825, typo excl. Träufelspitzen-B.
Rubus placidus H.E. WEBER, 1979	T H	h ss		A,D	GELERT 1896, als *R. balfourianus* v. *rosea* FRIDERICHSEN et GELERT	*R. ciliatus* LINDEBERG var. *roseus* (FRIDERICHSEN et GELERT) C.E. GUSTAFSSON Friedliche HB.
Rubus platyacanthus P.J. MÜLLER et LEFEVRE, 1859	T H,B	v ss	P	A,D	1907 HÜLSEN als *R. carpinifolius* (B), det. WE.	Breitstachlige B.
Rubus plicatus WEIHE et NEES, 1822	T H,B	g v			1977 ST.	*R. fruticosus* L.1753, nomen ambiguum, Falten-B.
Rubus x *pseudidaeus* (WEIHE) LEJEUNE, 1825	T,H B	v ss			MAASS in SCHNEIDER 1877 als *R. idaeus* x *caesius*	*R. caesius* x *idaeus*
Rubus pyramidalis KALTENBACH, 1845	T H	v ss		A,D	GELERT 1896	Pyramiden-B.
Rubus radula WEIHE, 1824		v			HAMPE 1873	Raspel-B.
Rubus rudis WEIHE, 1825		v		A,D	1985 ST.	Rauhe B.
Rubus saxatilis L., 1753		v	3		MAASS in SCHNEIDER 1877	Steinbeere
Rubus schleicheri WEIHE ex TRATTINNICK, 1823		v	P	A	MAASS 1870	Schleichers B.
Rubus sciocharis (SUDRE) W.C.R. WATSON, 1946	T	v		A,D N	1993 PE.	*R. sciaphilus* J. LANGE, 1883, non P.J. MÜLLER et LEFEVRE, 1859, Schattenlieb. B.
Rubus scissus W.C.R. WATSON, 1937	T	v		A	1870 MAASS (K, LE)	*R. fissus* auct., non LINDLEY, 1835, Eingeschnittene B.
Rubus senticosus KÖHLER ex WEIHE, 1829	T H	v ss	P	D	GELERT 1896	*R. montanus* WIRTGEN, 1856, non LIBERT ex LEJEUNE, 1813, Dichtstachlige B.
Rubus silvaticus WEIHE et NEES, 1825	T B	v ss	0	A,D	1878 SCHULTZE (KIEL), det. WE.	Wald-B.
Rubus sorbicus H.E. WEBER, 1980	T H	s ss		A,D	1996 PE., ST., det. WE.	Sorbische B.
Rubus sprengelii WEIHE, 1819	T,H B	v s		A,D	1884 MAASS (B), det. WE.	Sprengels B.
Rubus stohrii H.E. WEBER et RANFT, 1998	T H B	h v ss		A,D	1994 ST., det. WE.	Stohrs B.
Rubus sulcatus VEST, 1821		v	P	A	1873 MAASS (Herb. Gymnasium Kirn, Bad Kreuznach), det. WE.	Gefurchte B.
Rubus tuberculatus BABINGTON, 1860	T,B H	ss v		D	1986 ST., det. WE.	Höckerige HB.
Rubus vestitus WEIHE, 1825	T	s		D	1994 ST.	Samt-B.
Rubus vigorosus P.J. MÜLLER et WIRTGEN, 1860	T	ss	P	A	1986 ST.	*R. affinis* WEIHE et NEES, 1822, p.p., typo excl., Üppige B.
Rubus visurgianus H.E. WEBER, 1988	T,H	v	P	A,D	1987 ST., det. WE.	Weser-HB.
Rubus vulgaris WEIHE et NEES, 1824	T,H	s		A	GELERT 1896, als *R. vulgaris* var. *viridis*	Gewöhnliche B.

Art	BR	BS	RL	Bm	Nachweis	Synonyme/Deutscher Name
Rubus wahlbergii ARRHENIUS, 1839	H	ss	P	D	GELERT 1896	Wahlbergs HB.
Rubus walsemannii H.E. WEBER, 1982	T H B	v s ss	P	A,D	1986 ST., det. WE.	Walsemanns HB.
Rubus wessbergii A. PEDERSEN et WALSEMANN, 1987	T	s	P	A	1988 ST.	Wessbergs HB.

Hinweise auf Synonyme

Rubus acuminatus → *Rubus gothicus*
Rubus affinis → *Rubus vigorosus*
Rubus ambifarius → *Rubus fasciculatus*
Rubus balfourianus → *Rubus nemorosus*
Rubus bellardii → *Rubus pedemontanus*
Rubus caesius x *idaeus* → *Rubus* x *pseudidaeus*
Rubus candicans → *Rubus montanus*
Rubus carpinifolius → *Rubus adspersus*
Rubus ciliatus → *Rubus camptostachys*
Rubus ciliatus var. *roseus* → *Rubus placidus*
Rubus dethardingii agg. → *Rubus curvaciculatus*
Rubus ferox → *Rubus ferocior*
Rubus fissus → *Rubus scissus*
Rubus fruticosus → *Rubus plicatus*
Rubus insularis → *Rubus gracilis* ssp. *insularis*

Rubus montanus → *Rubus senticosus*
Rubus nitidus → *Rubus divaricatus*
Rubus oreogeton → *Rubus fabrimontanus*
Rubus pubescens → *Rubus chloocladus*
Rubus rhombifolius → *Rubus circipanicus*
Rubus sciaphilus → *Rubus sciocharis*
Rubus selmeri → *Rubus nemoralis*
Rubus serrulatus → *Rubus lamprocaulos*
Rubus suberectus → *Rubus nessensis* ssp. *nessensis*
Rubus taeniarum → *Rubus infestus*
Rubus thyrsanthus → *Rubus grabowskii*
Rubus tomentosus → *Rubus canescens*
Rubus villicaulis → *Rubus gracilis* ssp. *gracilis*
Rubus villicaulis ssp. *rectangulatus* → *Rubus langei*

5.3 Bestandssituation der Moose (Bryophyta)

LUDWIG MEINUNGER

Die vorgelegte Liste basiert auf den Unterlagen für einen Verbreitungsatlas der Moose Deutschlands. Die Literatur wurde vollständig ausgewertet. Außer eigenen Geländebeobachtungen sind Daten zahlreicher Mitarbeiter eingearbeitet (vgl. MEINUNGER 1995).

Die den einzelnen Arten zugeordneten Häufigkeitsangaben sind als recht grobe Annäherungen zu betrachten. Dies gilt insbesondere für die Kategorie "v" (verbreitet). Neben Arten, die zerstreut für das ganze Gebiet angegeben wurden, sind hier auch solche aufgenommen, die in bestimmten Teilen verbreitet sind, im übrigen Gebiet fehlen. So sind z.B. *Acaulon triquetrum* und *Phascum floerkeanum* in den Trockengebieten östlich des Harzes bis in die Magdeburger Gegend ziemlich häufig, während sie im übrigen Gebiet vollständig fehlen. Zahlreiche Gesteinsmoose, z.B. *Hedwigia ciliata* oder *Racomitrium heterostichum*, sind im Harz verbreitet bis häufig und finden sich sonst nur noch an den sehr wenigen verbliebenen Findlingsresten im Flachland. Eine ganze Reihe hier als selten geführter Arten war in der Vergangenheit verbreitet bis teilweise häufig. Dies gilt besonders für viele Epiphyten und Wassermoose. Andererseits ist damit zu rechnen, daß bei genauerer Durchforschung des Gebietes etliche verschollene Arten vgl. MEINUNGER (1995) wiedergefunden werden. So waren *Drepanocladus revolvens* oder *Orthotrichum affine* in früheren Zeiten weit verbreitet und häufig; heute sind sie selten.

Die Arten *Cinclidium stygium* SW. und *Orthotrichum gymnostomum* BRID. wurden versehentlich in die Rote Liste (MEINUNGER 1995) aufgenommen. Eine nochmalige Überprüfung ergab, daß die alten Standortangaben bereits außerhalb von Sachsen-Anhalt liegen. Beide Arten sind deshalb in vorliegender Liste nicht enthalten.

Einige Angaben in der älteren Literatur sind bis heute zweifelhaft geblieben. Bevor sie endgültig als Bürger von Sachsen-Anhalt anerkannt werden können, müßten dazu entweder richtige Belege aufgefunden oder die Art am Standort wieder bestätigt werden.

Die Nomenklatur der Liste richtet sich nach FRAHM & FREY (1992), obwohl dieses Werk in mancher Hinsicht nicht mehr dem neuesten Stand entspricht. Wir beziehen uns trotzdem darauf, da das Buch noch im Handel ist, die meisten wichtigen Synonyme enthält und damit die Vergleichbarkeit mit der Roten Liste der Moose Sachsen-Anhalts (MEINUNGER 1995) gewährleistet ist.

Hinweis auf Synonyme
Amblystegium saxatile SCHIMP.
→ *Campylium radicale* (P. BEAUV.) GROUT

Zusätzliche Abkürzungen in der Tabelle
Nachweis:

B	BAUMANN, K., Göttingen: Aktuelle Nachweise 1994-1998
BN	BRUGGEMANN-NANNENGA, M.A. (1982)
FR	FRÖHNER, S., Nossen: Aktueller Nachweis 1980
FV	FRISVOLL, A.A. (1983)
K	KISON, U., Quedlinburg: Aktuelle Nachweise 1990-1996
M	MEINUNGER, L. und SCHRÖDER, W. Aktuelle Nachweise 1992-1998
MA	MARSTALLER, R., Jena: Aktuelle Nachweise 1970-1995
MK	MÖNKEMEYER, W. (1927)
MÜ	MÜLLER, F., Dresden: Aktuelle Nachweise 1985-1998
P	PODPERA, J. (1954)
R	REIMERS, H. (1940)
RA	RAUSCHERT, S., Halle: Nachweise 1960-1975
WA	WARNSTORF, C. (1916)
Z	ZÜNDORF, H.-J., Jena: Aktuelle Nachweise 1980-1995

Literatur

BRUGGEMANN-NANNENGA, M.A. (1982): The section *Pachylomidium* (genus *Fissidens*). III. Proc. Konikl. Nederland. Akad. Wetensch., Ser C, 85, 59-104.

FRAHM, J.-P. (1979): Verbreitungskarten von Moosen in Deutschland I. Amblyodon, Catoscopium, Meesia. Herzogia 5, 119-161.

FRAHM, J.-P., FREY, W. (1992); Moosflora. 3. überarbeitete Auflage. Ulmer Verlag, Stuttgart.

FRISVOLL, A.A. (1983): A taxonomic revision of the *Racomitrium canescens* group (Bryophyta, Grimmiales). Gunneria (Trondheim) 41, 1-181.

HAMPE, E. (1873): Flora Hercynica oder die Aufzählung der im Harzgebiete wildwachsenden Gefaeßpflanzen, nebst einem Anhange, enthaltend die Laub- und Lebermoose. Schwetschkescher Verlag, Halle.

LOESKE, L. (1903): Moosflora des Harzes. Borntraeger, Leipzig.
MEINUNGER, L (1995); Rote Liste der Moose des Landes Sachsen-Anhalt. Ber. Landesamt. Umweltsch. Sachsen-Anhalt 18, 50-60.
MÖNKEMEYER, W. (1927): Die Laubmoose Europas. Andreales – Bryales. 1. Aufl. In: RABENHORST, L.: Kryptogamenflora von Deutschland, Österreich und der Schweiz IV. Akad. Verlagsges., Leipzig.
NÖRR, M. (1969): Die Moosvegetation des Naturschutzgebietes Bodetal. Hercynia N.F. 6, 345-435.
PODPERA, J. (1954): Conspectus Muscorum Europaeorum. Českoslov. Akademia Ved., Prag.
REIMERS, H. (1940): Geographische Verbreitung der Moose im südlichen Harzvorland (Nordthüringen) mit einem Anhang über die Verbreitung bemerkenswerter Flechten. Hedwigia 79, 175-373.
RÖLL, J. (1915): Die Thüringer Torfmoose und Laubmoose und ihre geographische Verbreitung. Mitt. Thüring. Bot. Ver. N.F. 32, 1-287.
VANA, J. (1974): Studien über die Jungermannioideae (Hepaticae). 6. Jungermannia subg. Solenostoma: Europäische und nordamerikanische Arten. Folia Geobot. Phytotax. (Praha) 9, 369-423.
WARNSTORF, C. (1916): Bryophyta nova europaea et exotica. Hedwigia 57, 62-131.

Anschrift des Verfassers
Dr. Ludwig Meinunger
Ludwigstädter Str. 51
D - 96337 Ludwigstadt-Ebersdorf

Art	BS	RL	Ges.	Nachweis
Abietinella abietina (HEDW.) FLEISCH.	v	3		M
Acaulon muticum (HEDW.) C. MÜLLER	v	3		M
Acaulon triquetrum (SPRUCE) C. MÜLL.	v	3		M
Aloina aloides (K.F. SCHULTZ) KINDB.	s	3		M
Aloina ambigua (B. et S.) LIMPR.	v			M
Aloina brevirostris (HOOK. et GREV.) KINDB.	s	P		M
Aloina rigida (HEDW.) LIMPR.	v			M
Amblyodon dealbatus (HEDW.) B. et S.	A	0		HAMPE 1873
Amblystegiella confervoides (BRID.) LOESKE	s	3		M
Amblystegiella jungermannioides (BRID.) GIAC.	s	P		M
Amblystegiella subtilis (HEDW.) LOESKE	s	3		M
Amblystegium confervoides (BRID.) B., S. et G.	s			M
Amblystegium kochii B., S. et G.	v	3		M
Amblystegium serpens (HEDW.) B., S. et G.	g			M
Amblystegium varium (HEDW.) LINDB.	v			M
Amphidium mougeotii (B. et S.) SCHIMP.	s	3		M
Anastrepta orcadensis (HOOK.) SCHIFFN	s	P		M
Anastrophyllum minutum (SCHREB.) SCHUST.	v			M
Anastrophyllum saxicola (SCHRAD.) SCHUST.				LOESKE 1903
Andreaea rothii WEB. et MOHR	A	0		LOESKE 1903
Andreaea rupestris HEDW.	v	3		M
Anomodon attenuatus (HEDW.) HOOK. et TAYL.	v	3		M
Anomodon longifolius (BRID.) HARTM.	s	3		M
Anomodon viticulosus (HEDW.) HOOK. et TAYL.	v	3		M
Anthoceros agrestis PATON	v	3		M
Antitrichia curtipendula (HEDW.) BRID.	s	1		M
Archidium alternifolium (HEDW.) SCHIMP.		0		LOESKE 1903
Asterella gracilis (F. WEB.) UNDERW.		0		HAMPE 1873
Asterella saccata (WAHLENB.) EVANS	ss	0		R
Athalamia hyalina (SOMMERF.) HATT.	s	2		RA
Atrichum angustatum (BRID.) B. et S.	s	P		M
Atrichum tenellum (RÖHL.) B. et S.	v	3		M

Moose (Bryophyta)

Art	BS	RL	Ges.	Nachweis
Atrichum undulatum (HEDW.) P. BEAUV.	g			M
Aulacomnium androgynum (HEDW.) SCHWAEGR.	h			M
Aulacomnium palustre (HEDW.) SCHWAEGR.	v	3		M
Barbilophozia attenuata (MART.) LOESKE	v			M
Barbilophozia barbata (SCHREB.) LOESKE	v	3		M
Barbilophozia floerkei (WEB. et MOHR) LOESKE	v			M
Barbilophozia hatcheri (EVANS) LOESKE	s	3		M
Barbilophozia kunzeana (HÜB.) K. MÜLL.		P		LOESKE 1903
Barbilophozia lycopodioides (WALLR.) LOESKE	s			M
Barbula acuta (BRID.) BRID.	v	3		M
Barbula convoluta HEDW.	h			M
Barbula cordata (JUR.) BRAITHW.		0		LOESKE 1903
Barbula fallax HEDW.	v			M
Barbula ferruginascens STIRT.	s			M
Barbula hornschuchiana K.F. SCH.	h			M
Barbula reflexa (BRID.) BRID.	s	3		M
Barbula revoluta BRID.	s	3		M
Barbula rigidula (HEDW.) MILDE	v			M
Barbula sinuosa (MITT.) GRAV.	s	3		M
Barbula spadicea (MITT.) BRAITHW.	s	3		M
Barbula tophacea (BRID.) MITT.	v	3		M
Barbula trifaria (HEDW.) MITT.	v			M
Barbula unguiculata HEDW.	h			M
Barbula vinealis ssp. *vinealis* BRID.	s			M
Barbula vinealis ssp. *cylindrica* (TAYL.) BOUV.	v			M
Bartramia halleriana HEDW.	s	3		M
Bartramia ithyphylla BRID.	s	3		M
Bartramia pomiformis HEDW.	v	3		M
Bazzania tricrenata (WAHLENB.) LINDB.		0		LOESKE 1903
Bazzania trilobata (L.) S.F. GRAY	v			M
Blasia pusilla L.	v	3		M
Blepharostoma trichophyllum (L.) DUM.	v			M
Blindia acuta (HEDW.) B., S. et G.	ss			MÜ
Brachydontium trichodes (WEB.) MILDE		0		LOESKE 1903
Brachythecium albicans (HEDW.) B., S. et G.	h			M
Brachythecium campestre (C. MÜLL.) B., S. et G.	A	0		LOESKE 1903
Brachythecium curtum (LINDB.) LINDB.	v			M
Brachythecium glareosum (SPRUCE) B., S. et G.	v			M
Brachythecium mildeanum (SCHIMP.) SCHIMP. ex. MILDE	v			M
Brachythecium plumosum (HEDW.) B., S. et G.	v	3		M
Brachythecium populeum (HEDW.) B., S. et G.	h			M
Brachythecium reflexum (STARKE) B., S. et G.	v			M
Brachythecium rivulare B., S. et G.	h			M
Brachythecium rutabulum (HEDW.) B., S. et G.	g			M
Brachythecium salebrosum (WEB. et MOHR) B., S. et G.	h			M
Brachythecium starkei (BRID.) B., S. et G.	v			M
Brachythecium velutinum (HEDW.) B., S. et G.	h			M
Bryoerythrophyllum recurvirostrum (HEDW.) CHEN	v			M
Bryum algovicum SENDTN. ex. C. MÜLL.	v	3		M
Bryum alpinum WITH.	s	P		M
Bryum argenteum HEDW.	g			M
Bryum barnesii WOOD ex. SCHIMP.	h			M

Art	BS	RL	Ges.	Nachweis
Bryum bicolor DICKS.	h			M
Bryum bimum (BRID.) LILJ.	v			M
Bryum caespiticium HEDW.	h			M
Bryum capillare HEDW.	h			M
Bryum creberrimum TAYL.				M
Bryum elegans NEES ex. BRID.	s	3		M
Bryum flaccidum BRID.	h			M
Bryum funckii SCHWAEGR.	s	3		M
Bryum gemmiferum WILCZ. et DEMAR.	v			M
Bryum inclinatum (BRID.) BLAND.	v	3		M
Bryum intermedium (BRID.) BLAND.	v	3		M
Bryum klinggraeffii SCHIMP.	h			M
Bryum knowltonii BARNES	s	2		M
Bryum microerythrocarpum C. MÜLL. et KINDB.	v			M
Bryum pallens SW.	v	3		M
Bryum pallescens SCHLEICH. ex. SCHWAEGR.	v			M
Bryum pseudotriquetrum (HEDW.) GAERTN.	v	3		M
Bryum radiculosum BRID.	s	3		MÜ
Bryum rubens MITT.	h			M
Bryum ruderale CRUNDW. et NYH.	v			M
Bryum turbinatum (HEDW.) TURN.		0		LOESKE 1903
Bryum uliginosum (BRID.) B., S. et G.		0		LOESKE 1903
Bryum violaceum CRUNDW. et NYH.	v			M
Bryum weigelii SPRENG.		0		LOESKE 1903
Buxbaumia aphylla HEDW	v	3		M
Buxbaumia viridis (MOUG. ex. LAM. et DC.) BRID. ex. MOUG.		0	§,BK FFH2	LOESKE 1903
Calliergon cordifolium (HEDW.) KINDB.	v			M
Calliergon giganteum (SCHIMP.) KINDB.	s	2		M
Calliergon sarmentosum (WAHLENB.) KINDB.	ss	0		1996 PREUßING
Calliergon stramineum (BRID.) KINDB.	v	3		M
Calliergon trifarium (WEB. et MOHR) KINDB.		0		LOESKE 1903
Calliergonella cuspidata (HEDW.) LOESKE	h			M
Calypogeia azurea STOTLER et CROTZ.	v			M
Calypogeia fissa (L.) RADDI	v			M
Calypogeia integristipula STEPH.	v			M
Calypogeia muelleriana (SCHIFFN.) K. MÜLL.	h			M
Calypogeia neesiana (MASS. et CARREST.) K. MÜLL.	s			M
Calypogeia sphagnicola (H. ARN. et J. PERSS.) K. MÜLL.	s	P		M
Campylium calcareum CRUNDW. et NYH.	v	3		M
Campylium chrysophyllum (BRID.) J. LANGE	v	3		M
Campylium elodes (LINDB.) KINDB.		0		LOESKE 1903
Campylium halleri (HEDW.) LINDB.		0		LOESKE 1903
Campylium polygamum (B., S. et G.) J. LANGE et C. JENS.	s	2		M
Campylium radicale (P. BEAUV.) GROUT	s	3		M
Campylium stellatum (HEDW.) J. LANGE et C. JENSEN	v	2		M
Campylopus brevipilus B., S. et G.	s	0		R
Campylopus flexuosus (HEDW.) BRID.	v			M
Campylopus fragilis (BRID.) B., S. et G.	A	0		LOESKE 1903
Campylopus introflexus (HEDW.) BRID.	h			M
Campylopus pyriformis (K.F. SCHULTZ) BRID.	v			M
Campylostelium saxicola (WEB. et MOHR) B., S. et G.		0		LOESKE 1903

Art	BS	RL	Ges.	Nachweis
Cephalozia bicuspidata (L.) Dum	h			M
Cephalozia catenulata (Hüb.) Lindb.				Loeske 1903
Cephalozia connivens (Dicks.) Lindb.	v	3		M
Cephalozia lammersiana (Hüb.) Spruce	v			M
Cephalozia lunulifolia (Dum.) Dum.	v	3		M
Cephalozia macrostachya Kaal.	s	P		M
Cephalozia pleniceps (Aust.) Lindb.	s	2		M
Cephaloziella divaricata (Sm.) Schiffn.	h			M
Cephaloziella hampeana (Nees) Schiffn.	s			M
Cephaloziella rubella (Nees) Warnst.	h			M
Cephaloziella stellulifera (Tayl.) Schiffn.	s			M
Ceratodon purpureus (Hedw.) Brid.	g			M
Chandonanthus setiformis (Ehrh.) Lindb.	s	P		M
Chiloscyphus pallescens (Ehrh.) Dum.	s			M
Chiloscyphus polyanthos (L.) Corda	v			M
Cinclidotus aquaticus (Hedw.) B. et S.	s	0		P
Cinclidotus fontinaloides (Hedw.) P. Beauv.	s	2		M
Cirriphyllum crassinervium (Tayl.) Loeske et Fleisch.	v	3		M
Cirriphyllum piliferum (Hedw.) Grout	h			M
Cirriphyllum reichenbachianum (Hüb.) Wijk et Marg.	s	3		M
Cirriphyllum tenuinerve (Lindb.) Wijk et Marg.	s	P		M
Cladopodiella fluitans (Nees) Buch		P		Loeske 1903
Cladopodiella francisci (Hook.) Buch	s	P		MÜ
Clasmatodon parvulus (Hampe) Sull.	A	0		MK
Climacium dendroides (Hedw.) Web. et Mohr	v	3		M
Cololejeunea calcarea (Lib.) Schiffn.		0		Loeske 1903
Conocephalum conicum (L.) Lindb.	v			M
Coscinodon cribrosus (Hedw.) Spruce	v	3		M
Cratoneuron filicinum (Hedw.) Spruce	h			M
Cratoneurum commutatum (Hedw.) G. Roth	s	3		M
Ctenidium molluscum (Hedw.) Mitt.	v	3		M
Cynodontium bruntonii (Sm.) B., S. et G.	v	3		M
Cynodontium polycarpon (Hedw.) Schimp.	v			M
Cynodontium strumiferum (Hedw.) Lindb.	v			M
Cynodontium tenellum (B., S. et G.) Limpr.		0		Loeske 1903
Dichodontium pellucidum (Hedw.) Schimp.	v	3		M
Dicranella cerviculata (Hedw.) Schimp.	v			M
Dicranella crispa (Hedw.) Schimp.		0		Loeske 1903
Dicranella heteromalla (Hedw.) Schimp.				M
Dicranella howei Ren et Card.	s	P		M
Dicranella palustris (Dicks.) Crundwell ex. E. Warb.	s	3		M
Dicranella rufescens (Dicks.) Schimp.	v			M
Dicranella schreberiana (Hedw.) Dix.	h			M
Dicranella staphylina H. Whiteh.	h			M
Dicranella subulata (Hedw.) Schimp.		0		Loeske 1903
Dicranella varia (Hedw.) Schimp.	h			M
Dicranodontium denudatum (Brid.) Britt	v			M
Dicranoweisia cirrata (Hedw.) Lindb ex. Milde	v			M
Dicranoweisia crispula (Hedw.) Milde		0		Loeske 1903
Dicranum bonjeanii De Not.	v	2		M
Dicranum fulvum Hook.		0		Loeske 1903
Dicranum fuscescens Sm.	v			M

Art	BS	RL	Ges.	Nachweis
Dicranum majus SM.	s	3		M
Dicranum polysetum SW.	h			M
Dicranum scoparium HEDW.	h			M
Dicranum spurium HEDW.	v	2		M
Dicranum tauricum SAP.	v			M
Dicranum undulatum BRID.	s	P		M
Diphyscium foliosum (HEDW.) MOHR	v	3		M
Diplophyllum albicans (L.) DUM.	v			M
Diplophyllum obtusifolium (HOOK.) DUM.	v	3		M
Diplophyllum taxifolium (WAHLENB.) DUM.	s	P		M
Discelium nudum (DICKS.) BRID.	s	3		M
Distichium capillaceum (HEDW.) B., S. et G.	s	3		M
Ditrichum flexicaule (SCHWAEGR.) HAMPE	v	3		M
Ditrichum heteromallum (HEDW.) BRITT.	v			M
Ditrichum lineare (SW.) LINDB.	v			M
Ditrichum pallidum (HEDW.) HAMPE	s	3		M
Ditrichum pusillum (HEDW.) HAMPE	v			M
Drepanocladus aduncus (HEDW.) WARNST.	h			M
Drepanocladus capillifolius (WARNST.) WARNST.		0		LOESKE 1903
Drepanocladus exannulatus (B., S. et G.) WARNST.	v	3		M
Drepanocladus fluitans (HEDW.) WARNST.	v	3		M
Drepanocladus lycopodioides (BRID.) WARNST.		0		LOESKE 1903
Drepanocladus pseudostramineus (C. MÜLL.) G. ROTH	s	3		M
Drepanocladus revolvens (SW.) WARNST.		0		LOESKE 1903
Drepanocladus sendtneri (SCHIMP. ex. H. MÜLL.) WARNST.		2		LOESKE 1903
Drepanocladus vernicosus (MITT.) WARNST.		0	§,BK FFH2	LOESKE 1903
Encalypta ciliata HEDW.		0		LOESKE 1903
Encalypta rhaptocarpa SCHWAEGR.		0		LOESKE 1903
Encalypta streptocarpa HEDW.	v			M
Encalypta vulgaris HEDW.	v	3		M
Enthostodon fascicularis (HEDW.) C. MÜLL.		0		LOESKE 1903
Entodon concinnus (DE NOT.) PAR.	s	3		M
Ephemerum cohaerens (HEDW.) HAMPE		0		LOESKE 1903
Ephemerum minutissimum LINDB.	v			M
Ephemerum recurvifolium (DICKS.) BOUL.	s	3		M
Ephemerum serratum (HEDW.) HAMPE	s			M
Ephemerum sessile (BRUCH) C. MÜLL.		0		LOESKE 1903
Ephemerum stellatum PHILIB.	ss	P		M
Eucladium verticillatum (BRID.) B., S. et G.	s	2		M
Eurhynchium angustirete (BROTH.) T. KOP.	v			M
Eurhynchium hians (HEDW.) SANDE LAC.	h			M
Eurhynchium praelongum (HEDW.) B., S. et G.	h			M
Eurhynchium pulchellum (HEDW.) JENN.	v	3		M
Eurhynchium pumilum (WILS.) SCHIMP.	s	3		M
Eurhynchium schleicheri (HEDWFIL.) JUR.	v	3		M
Eurhynchium speciosum (BRID.) JUR.	s	3		M
Eurhynchium striatum (HEDW.) SCHIMP.	h			M
Fissidens adianthoides HEDW.	v	2		M
Fissidens bryoides HEDW.	v			M
Fissidens crassipes WILS. ex. B., S. et G.	s	3		M
Fissidens cristatus WILS. ex. MITT.	v			M

Moose (Bryophyta)

Art	BS	RL	Ges.	Nachweis
Fissidens exiguus SULL.		0		RÖLL 1915
Fissidens exilis HEDW.	v	3		M
Fissidens incurvus STARKE ex. RÖHL.	s	3		M
Fissidens minutulus SULL.	s	3		M
Fissidens osmundioides HEDW.		0		LOESKE 1903
Fissidens pusillus (WILS.) MILDE	v	3		M
Fissidens rufulus B., S. et G.	s	0		BN
Fissidens taxifolius HEDW.	h			M
Fissidens viridulus (SW.) WAHLENB.	v	3		M
Fontinalis antipyretica HEDW.	v	3		M
Fontinalis hypnoides HARTM.	ss	0		MÜ
Fontinalis squamosa HEDW.	s	2		M
Fossombronia foveolata LINDB.	s	2		M
Fossombronia pusilla (L.) NEES	s	0		M
Fossombronia wondraczekii (CORDA) DUM.	v			M
Frullania dilatata (L.) DUM.	v	2		M
Frullania fragilifolia (TAYL.) GOTT.		0		LOESKE 1903
Frullania tamarisci (L.) DUM.	s	2		M
Funaria hygrometrica HEDW.	g			M
Funaria muehlenbergii TURN.		0		LOESKE 1903
Funaria pulchella PHILIB.	ss	1		M
Geocalyx graveolens (SCHRAD.) NEES		0		LOESKE 1903
Grimmia affinis HORNSCH.	v	3		M
Grimmia anodon B. et S.		0		LOESKE 1903
Grimmia atrata MIELICHH. ex. HOPPE et HORNSCH.				WA
Grimmia crinita BRID.	ss	1		MA
Grimmia decipiens (K.F. SCHULTZ) LINDB.		0		LOESKE 1903
Grimmia donniana SM.	s	P		M
Grimmia elatior BRUCH ex. BALS et DE NOT.		0		LOESKE 1903
Grimmia funalis (SCHWAEGR.) B., S. et G.		0		HAMPE 1873
Grimmia hartmannii SCHIMP.	v			M
Grimmia incurva SCHWAEGR.	s	P		M
Grimmia laevigata (BRID.) BRID.	v	3		M
Grimmia montana B. et S.	v	3		M
Grimmia muehlenbeckii HUSN.	s	3		M
Grimmia orbicularis BRUCH ex. WILS.	s	3		M
Grimmia ovalis (HEDW.) LINDB.	s	3		M
Grimmia plagiopodia HEDW.	ss	1		MA
Grimmia pulvinata (HEDW.) SM.	g			M
Grimmia tergestina TOMM. ex. B., S. et G.	s	P		MA
Grimmia torquata GREV.		0		HAMPE 1873
Grimmia trichophylla GREV.	v	3		M
Gymnocolea inflata (HUDS.) DUM.	v	3		M
Gymnomitrium concinnatum (LIGHTF.) CORDA	s	P		M
Gymnomitrium obtusum (LINDB.) PEARS.	s	P		M
Gymnostomum aeruginosum SM.	s	3		M
Gymnostomum calcareum NEES et HORNSCH.		0		LOESKE 1903
Gymnostomum viridulum BRID.	s	P		Z
Gyroweisia tenuis (HEDW.) SCHIMP.	v	3		M
Harpanthus flotovianus (NEES) NEES		0		LOESKE 1903
Harpanthus scutatus (WEB. et MOHR) SPRUCE		0		LOESKE 1903
Hedwigia ciliata (HEDW.) P. BEAUV.	v	3		M

Art	BS	RL	Ges.	Nachweis
Helodium blandowii (WEB. et MOHR) WARNST.	s	1		M, MÜ
Heterocladium dimorphum (BRID.) B., S. et G.		2		LOESKE 1903
Heterocladium heteropterum B., S. et G.	v	3		MÜ
Heterophyllium haldianum (GREV.) FLEISCH.	s	3		M
Homalia trichomanoides (HEDW.) BRID.	v	3		M
Homalothecium lutescens (HEDW.) ROBINS.	v			M
Homalothecium nitens (HEDW.) ROBINS.	s	1		K, M
Homalothecium philippeanum (SPUCE) B.S.G.				LOESKE 1903
Homalothecium sericeum (HEDW.) B., S. et G.	v			M
Homomallium incurvatum (BRID.) LOESKE	v			M
Hookeria lucens (HEDW.) SM.		0		LOESKE 1903
Hygroamblystegium fluviatile (HEDW.) LOESKE	v	3		M
Hygroamblystegium tenax (HEDW.) JENN.	v	3		M
Hygrohypnum duriusculum (DE NOT.) JAMIESON		0		LOESKE 1903
Hygrohypnum eugyrium (SCHIMP.) BROTH.		0		LOESKE 1903
Hygrohypnum luridum (HEDW.) JENN.	v	3		M
Hygrohypnum ochraceum (TURN. ex. WILS.) LOESKE	v	3		M
Hylocomium brevirostre (BRID.) B., S. et G.	s	1	§	NÖRR 1969
Hylocomium splendens (HEDW.) B., S. et G.	v	3	§	M
Hylocomium umbratum (HEDW.) B., S. et G.	ss	P	§	M
Hymenostylium recurvirostrum (HEDW.) DIX.	s	P		M
Hypnum cupressiforme HEDW.	h			M
Hypnum jutlandicum HOLMEN et WARNCKE	h			M
Hypnum lacunosum (BRID.) HOFFM. ex. BRID.	h			M
Hypnum lindbergii MITT.	v	3		M
Hypnum mamillatum (BRID.) LOESKE	v			M
Hypnum pallescens (HEDW.) P. BEAUV.		0		LOESKE 1903
Hypnum pratense (RABENH.) W. KOCH ex. HARTM.		0		LOESKE 1903
Hypnum reptile MICHX.	s	3		M
Isopaches bicrenatus (SCHMID.) BUCH	v			M
Isopterygium elegans (BRID.) LINDB.	h			M
Isothecium alopecuroides (DUBOIS) ISOV.	v			M
Isothecium holtii KINDB.	s	P		M
Isothecium myosuroides BRID.	v	3		M
Jamesoniella autumnalis (DC.) STEPH.		2		LOESKE 1903
Jungermannia atrovirens DUM.	s	3		M
Jungermannia caespiticia LINDENB.	v	3		M
Jungermannia confertissima NEES	ss	0		VANA 1974
Jungermannia gracillima SM.	v			M
Jungermannia hyalina LYELL	s	1		M
Jungermannia leiantha GROLLE	v	3		M
Jungermannia obovata NEES	s	P		M
Jungermannia pumila WITH.	s	2		M
Jungermannia sphaerocarpa HOOK.	v	3		M
Kiaeria blyttii (B., S. et G.) BROTH	s	P		MÜ
Kiaeria starkei (WEB. et MOHR)		P		LOESKE 1903
Kurzia pauciflora (DICKS.) GROLLE	s	0		MÜ
Kurzia sylvatica (EVANS) GROLLE		0		LOESKE 1903
Leiocolea badensis (GOTT.) JÖRG.	v	3		M
Leiocolea collaris (NEES) SCHLJAK.	v	3		M
Lejeunea cavifolia (EHRH.) LINDB.	v			M
Lepidozia reptans (L.) DUM.	h			M

Art	BS	RL	Ges.	Nachweis
Leptobryum pyriforme (HEDW.) WILS.	v			M
Leptodictyum riparium (HEDW.) WARNST.	h			M
Leptodontium flexifolium (DICKS.) HAMPE		0		LOESKE 1903
Leskea polycarpa HEDW.	v	3		M
Leskeella nervosa (BRID.) LOESKE		0		LOESKE 1903
Leskuraea mutabilis (BRID.) LINDB. ex. I. HAG.		0		LOESKE 1903
Leucobryum glaucum (HEDW.) ANGSTR.	h		§,FFH5	M
Leucodon sciuroides (HEDW.) SCHWAEGR.	v	3		M
Lophocolea bidentata (L.) DUM.	h			M
Lophocolea heterophylla (SCHRAD.) DUM.	h			M
Lophocolea minor NEES	v			M
Lophozia capitata (HOOK.) MACOUN		0		LOESKE 1903
Lophozia excisa (DICKS.) DUM.	v			M
Lophozia incisa (SCHRAD.) DUM.	v	3		M
Lophozia longidens (LINDB.) MAC.	s			M
Lophozia longiflora (NEES) SCHIFFN.	s			M
Lophozia obtusa (LINDB.) EVANS	s	3		M
Lophozia perssonii BUCH et S. ARN.	s			MÜ
Lophozia sudetica (NEES) GROLLE	v			M
Lophozia ventricosa (DICKS.) DUM.	v			M
Lophozia wenzelii (NEES) STEPH.	v			M
Lunularia cruciata (L.) DUM.	v			M
Mannia fragrans (BALBIS) FRYE et CLARK	s	2		M
Marchantia polymorpha L.	h			M
Marsupella emarginata (EHRH.) DUM.	v	3		M
Marsupella funckii (WEB. et MOHR) DUM.		0		LÖSKE 1903
Marsupella sprucei (LIMPR.) H. BERN		0		LOESKE 1903
Meesia triqueta (RICHTER) ANGSTR.	ss	0		FRAHM 1979
Meesia uliginosa HEDW.	ss	0		FRAHM 1979
Metzgeria conjugata LINDB.	v	3		M
Metzgeria furcata (L.) DUM.	v	3		M
Metzgeria pubescens (SCHRANK) RADDI	s	P		M
Mnium hornum HEDW.	h			M
Mnium marginatum (DICKS.) P. BEAUV.	v	3		M
Mnium spinosum (VOIT) SCHWAEGR.		2		LOESKE 1903
Mnium spinulosum B., S. et G.		0		LOESKE 1903
Mnium stellare HEDW.	v	3		M
Mylia anomala (HOOK.) S. GRAY	s	P		M
Mylia taylori (HOOK.) S. GRAY	s	P		M
Nardia geoscyphus (DE NOT.) LINDB.	v			M
Nardia scalaris S. GRAY	h			M
Neckera complanata (HEDW.) HÜB.	v	3		M
Neckera crispa HEDW.	v	3		M
Neckera pennata HEDW.		0		LOESKE 1903
Neckera pumila HEDW.		0		LOESKE 1903
Nowellia curvifolia (DICKS.) MITT.	s			M
Octodiceras fontanum (B. PYL.) LINDB.	s	3		MA
Odontoschisma denudatum (MART.) DUM.		0		LOESKE 1903
Odontoschisma sphagni (DICKS.) DUM.	s	P		M
Oligotrichum hercynicum (HEDW.) LAM. et DC.	v			M
Orthodicranum flagellare (HEDW.) LOESKE	v	3		M
Orthodicranum montanum (HEDW.) LOESKE	h			M

Art	BS	RL	Ges.	Nachweis
Orthodontium lineare SCHWAEGR.	h			M
Orthothecium intricatum (HARTM.) B., S. et G.	s	P		M
Orthotrichum affine BRID.	v	3		M
Orthotrichum anomalum HEDW.	h			M
Orthotrichum cupulatum BRID.	v	3		M
Orthotrichum diaphanum BRID.	h			M
Orthotrichum lyellii HOOK. et TAYL.	s	2		M
Orthotrichum obtusifolium BRID.	s	2		M
Orthotrichum pallens BRUCH ex. BRID.		0		LOESKE 1903
Orthotrichum patens BRUCH ex. BRID.		0		LOESKE 1903
Orthotrichum pumilum Sw.	v	3		M
Orthotrichum rivulare TURN.		0		LOESKE 1903
Orthotrichum rupestre SCHLEICH ex. SCHWAEGR.		0		LOESKE 1903
Orthotrichum speciosum NEES	s	2		M
Orthotrichum stramineum HORNSCH. ex. BRID.	s	2		M
Orthotrichum striatum HEDW.		0		LOESKE 1903
Orthotrichum tenellum BRUCH ex. BRID.		0		LOESKE 1903
Orthotrichum urnigerum MYR.		0		LOESKE 1903
Oxystegus tenuirostris (HOOK. et TAYL.) A.J.E. SMITH	s	3		M
Pallavicinia lyellii (HOOK.) CARRUTH	s	1		M
Paludella squarrosa (HEDW.) BRID.		0		LOESKE 1903
Paraleucobryum longifolium (HEDW.) LOESKE	v	3		M
Pedinophyllum interruptum (NEES) KAAL.	s	P		M
Pellia endiviifolia (DICKS.) DUM.	v			M
Pellia epiphylla (L.) CORDA	h			M
Pellia neesiana (GOTT.) LIMPR.	s			M
Phaeoceros carolinianus (MICHX.) PROSK.	v	3		M
Phascum curvicolle HEDW.	v	3		M
Phascum cuspidatum HEDW.	h			M
Phascum floerkeanum WEB. et MOHR	v	3		M
Philonotis arnellii HUSN.	s	3		M
Philonotis caespitosa JUR.	v	3		M
Philonotis calcarea (B. et S.) SCHIMP.	s	2		M
Philonotis fontana (HEDW.) BRID.	v	3		M
Philonotis marchica (HEDW.) BRID.	s	0		MÜ
Philonotis seriata MITT.		P		LOESKE 1903
Physcomitrella patens (HEDW.) B., S. et G.	v	3		M
Physcomitrium eurystomum SENDTN.		0		LOESKE 1903
Physcomitrium pyriforme (HEDW.) BRID.	v			M
Physcomitrium sphaericum (LUDW.) BRID.		0		LOESKE 1903
Plagiobryum zierii (HEDW.) LINDB.	ss	P		M
Plagiochila asplenioides (L.) DUM.	v			M
Plagiochila porelloides (TORREY ex. NEES) LINDENB.	v			M
Plagiomnium affine (BLAND.) T. KOP.	h			M
Plagiomnium cuspidatum (HEDW.) T. KOP.	v			M
Plagiomnium elatum (B. et S.) T. KOP.	v	3		M
Plagiomnium ellipticum (BRID.) T. KOP.	v	3		M
Plagiomnium medium (B. et S.) T. KOP.	s	2		M
Plagiomnium rostratum (SCHRAD.) T. KOP.	v			M
Plagiomnium undulatum (HEDW.) T. KOP.	h			M
Plagiopus oederiana (Sw.) CRUM et ANDERSON		0		LOESKE 1903
Plagiothecium cavifolium (BRID.) IWATS.	h			M

Art	BS	RL	Ges.	Nachweis
Plagiothecium curvifolium SCHLIEPH. ex. LIMPR.	g			M
Plagiothecium denticulatum (HEDW.) B., S. et G.	h			M
Plagiothecium laetum B., S. et G.	h			M
Plagiothecium latebricola B., S. et G.	v	3		M
Plagiothecium nemorale (MITT.) JAEG.	v			M
Plagiothecium ruthei LIMPR.	v			M
Plagiothecium succulentum (WILS.) LINDB.	h			M
Plagiothecium undulatum (HEDW.) B., S. et G.	v	3		M
Plasteurhynchium striatulum (SPRUCE) FLEISCH.	ss	P		M
Platygyrium repens (BRID.) B., S. et G.	v	3		M
Pleuridium acuminatum LINDB.	v			M
Pleuridium palustre (B. et S.) B., S. et G.	s	3		MÜ
Pleuridium subulatum (HEDW.) RABENH.	v			M
Pleurochaete squarrosa (BRID.) LINDB.	s	P		M
Pleurozium schreberi (BRID.) MITT.	h			M
Pogonatum aloides (HEDW.) P. BEAUV.	v			M
Pogonatum nanum (HEDW.) P. BEAUV.	v	3		M
Pogonatum urnigerum (HEDW.) P. BEAUV.	v			M
Pohlia andalusica (HOEHNEL) BROTH.	s	3		M
Pohlia annotina (HEDW.) LINDB.	v			M
Pohlia bulbifera (WARNST.) WARNST.	v	3		M
Pohlia camptotrachela (REN. et CARD.) BROTH.	v			M
Pohlia carnea (SCHIMP.) LINDB.	v			M
Pohlia cruda (HEDW.) LINDB.	v	3		M
Pohlia drummondii (C. MÜLL.) ANDR.	s	3		M
Pohlia elongata HEDW.	s	2		M
Pohlia filum (SCHIMP.) MART.		0		LOESKE 1903
Pohlia lescuriana (SULL.) GROUT	v	3		M
Pohlia lutescens (LIMPR.) LINDB. fil.	v			M
Pohlia nutans (HEDW.) LINDB.	g			M
Pohlia obtusifolia (BRID.) L. KOCH		0		LOESKE 1903
Pohlia proligera (LINDB. ex. BREIDL.) LINDB. ex. H. ARN.	s	3		M
Pohlia sphagnicola (B., S. et G.) BROTH.	A	0		LOESKE 1903
Pohlia wahlenbergii (WEB. et MOHR) ANDREWS	v			M
Polytrichum alpinum HEDW.	s	P		M
Polytrichum commune HEDW.	v	3		M
Polytrichum formosum HEDW.	g			M
Polytrichum juniperinum HEDW.	h			M
Polytrichum longisetum SW. ex. BRID.	v	3		M
Polytrichum pallidisetum FUNCK	s	3		M
Polytrichum piliferum HEDW.	h			M
Polytrichum strictum BRID.	v	P		M
Porella arboris-vitae (WITH.) GROLLE		0		LOESKE 1903
Porella cordaeana (HÜB.) MOORE	s			M
Porella platyphylla (L.) PFEIFF.	v	3		M
Pottia bryoides (DICKS.) MITT.	v	3		M
Pottia caespitosa (BRUCH ex. BRID.) C. MÜLL.	s	P		MA
Pottia davalliana (SM.) C. JENS.	v	3		M
Pottia heimii (HEDW.) HAMPE	s	P		M
Pottia intermedia (TURN.) FÜRNR.	v			M
Pottia lanceolata (HEDW.) C. MÜLL.	v			M
Pottia mutica VENT.	s	3		MA

Art	BS	RL	Ges.	Nachweis
Pottia starckena (HEDW.) C. MÜLL.		0		LOESKE 1903
Pottia truncata (HEDW.) B. et S.	h			M
Preissia quadrata (SCOP.) NEES	s	3		M
Pseudephemerum nitidum (HEDW.) REIM.	v			M
Pseudobryum cinclidioides (HÜB.) T. KOP.	s	2		M
Pseudoleskea incurvata (HEDW.) LOESKE		0		LOESKE 1903
Pseudoleskeella catenulata (SCHRAD.) KINDB.	ss	P		M
Pterigynandrum filiforme HEDW.	v	3		M
Pterogonium gracile (HEDW.) SM.		0		LOESKE 1903
Pterygoneurum lamellatum (LINDB.) JUR.	ss	1		M
Pterygoneurum ovatum (HEDW.) DIX.	v			M
Pterygoneurum subsessile (BRID.) JUR.	v	3		M
Ptilidium ciliare (L.) HAMPE	v			M
Ptilidium pulcherrimum (G. WEB.) VAINIO	v			M
Ptilium crista-castrensis (HEDW.) DE NOT.	v	3		M
Pylaisia polyantha (HEDW.) SCHIMP.	v	2		M
Pyramidula tetragona (BRID.) BRID.		0		LOESKE 1903
Racomitrium aciculare (HEDW.) BRID.	v	3		M
Racomitrium affine (SCHLEICH. ex. WEB. et MOHR) LINDB.	s	P		M
Racomitrium aquaticum (SCHRAD.) BRID.	s	2		M
Racomitrium canescens (HEDW.) BRID.	v	3		FV, M
Racomitrium elongatum FRISVOLL	v	3		FV, M
Racomitrium ericoides (BRID.) BRID.	s	0		FV
Racomitrium fasciculare (HEDW.) BRID.	v	3		M
Racomitrium heterostichum (HEDW.) BRID.	v	3		M
Racomitrium lanuginosum (HEDW.) BRID.	v	3		M
Racomitrium microcarpon (HEDW.) BRID.	s	P		M
Racomitrium sudeticum (FUNCK) B. et S.	s	P		M
Radula complanata (L.) DUM.	v	3		M
Radula lindenbergiana GOTT		0		LOESKE 1903
Reboulia hemisphaerica (L.) RADDI	s	2		M
Rhabdoweisia crispata (DICKS.) LINDB.	s	1		M
Rhabdoweisia fugax (HEDW.) B., S. et G.	s	3		M
Rhizomnium pseudopunctatum (B., S. et G.) T. KOP.		0		LOESKE 1903
Rhizomnium punctatum (HEDW.) T. KOP.	h			M
Rhodobryum ontariense (KINDB.) KINDB.	s	P		MA
Rhodobryum roseum (HEDW.) LIMPR.	v	3		M
Rhynchostegiella tenella (DICKS.) LIMPR.	s	3		M
Rhynchostegium confertum (DICKS.) B., S. et G.	v			M
Rhynchostegium megapolitanum (WEB. et MOHR) B., S. et G.	v			M
Rhynchostegium murale (HEDW.) B., S. et G.	h			M
Rhynchostegium riparioides (HEDW.) CARD.	v	3		M
Rhynchostegium rotundifolium (BRID.) B., S. et G.	s	0		R
Rhytidiadelphus loreus (HEDW.) WARNST.	v			M
Rhytidiadelphus squarrosus (HEDW.) WARNST.	g			M
Rhytidiadelphus subpinnatus (LINDB.) T. KOP.	s	3		MÜ
Rhytidiadelphus triquetrus (HEDW.) WARNST.	v	3		M
Rhytidium rugosum (HEDW.) KINDB.	v	3		M
Riccardia chamaedryfolia (WITH.) GROLLE	v	3		M
Riccardia incurvata LINDB.	v	3		M
Riccardia latifrons (LINDB.) LINDB		0		LOESKE 1903
Riccardia multifida (L.) S.F. GRAY	v	3		M

Moose (Bryophyta)

Art	BS	RL	Ges.	Nachweis
Riccardia palmata (HEDW.) CARRUTH		0		LOESKE 1903
Riccardia pinguis (L.) S.F. GRAY	v			M
Riccia bifurca HOFFM.	v	3		M
Riccia canaliculata HOFFM.	s	3		M
Riccia cavernosa HOFFM.	v	3		M
Riccia ciliata HOFFM		0		LOESKE 1903
Riccia ciliifera LINK	s	3		RA, M
Riccia fluitans L.	v	3		M
Riccia glauca L.	v			M
Riccia hubeneriana LINDENB.	s	2		LOESKE 1903
Riccia sorocarpa BISCH.	h			M
Riccia warnstorfii LIMPR.	v	3		M
Ricciocarpos natans (L.) CORDA	v	3		M
Saelania glaucescens (HEDW.) BROTH.		0		LOESKE 1903
Sanionia uncinata (HEDW.) LOESKE	v			M
Scapania aequiloba (SCHWAEGR.) DUM.	s	P		M
Scapania aspera H. BERN.	s	0		M
Scapania compacta (ROTH) DUM.	ss	P		M
Scapania curta (MART.) DUM.	v			M
Scapania cuspiduligera (NEES) K. MÜLL.		0		LOESKE 1903
Scapania irrigua (NEES) DUM.	v	3		M
Scapania lingulata BUCH	s	3		M
Scapania mucronata BUCH	s	3		M
Scapania nemorea (L.) GROLLE	v	3		M
Scapania paludicola LOESKE		0		LOESKE 1903
Scapania scandica (ARN. et BUCH) MACV.	v			M
Scapania umbrosa (SCHRAD.) DUM.	s	P		M
Scapania undulata (L.) DUM.	v			M
Schistidium apocarpum (HEDW.) B. et S.	h			M
Schistidium confertum (FUNCK) B., S. et G.		0		LOESKE 1903
Schistidium flaccidum (DE NOT.) OCHYRA		0		LOESKE 1903
Schistidium rivulare (BRID.) PODP.	v	3		M
Schistidium strictum (TURN) LOESKE	v	3		M
Schistidium trichodon (BRID.) POELT	s	P		M
Schistostega penneta (HEDW.) WEB. et MOHR	v	3		M
Scleropodium purum (HEDW.) LIMPR.	h			M
Scorpidium scorpioides (HEDW.) LIMPR.	ss	0		B
Seligeria calcarea (HEDW.) B., S. et G.	s	3		M
Seligeria donniana (SM.) C. MÜLL.	s	3		M
Seligeria pusilla (HEDW.) B., S. et G.	v	3		M
Seligeria recurvata (HEDW.) B., S. et G.	s	3		M
Seligeria trifaria (BRID.) LINDB.		0		LOESKE 1903
Sharpiella seligeri (BRID.) IWATS	h			M
Sharpiella striatella (BRID.) IWATS		0		LOESKE 1903
Sphagnum angustifolium (C. JENS. ex. RUSS.) C. JENS.	v		§,FFH5	M
Sphagnum auriculatum SCHIMP.	v		§,FFH5	M
Sphagnum balticum (RUSS.) RUSS. ex. C. JENS.		P	§,FFH5	LOESKE 1903
Sphagnum capillifolium (EHRH.) HEDW.	v		§,FFH5	M
Sphagnum centrale C. JENS.			§,FFH5	LOESKE 1903
Sphagnum compactum LAM. et DC.	v	3	§,FFH5	M
Sphagnum contortum K.F. SCHULTZ	s	1	§,FFH5	M
Sphagnum cuspidatum EHRH. ex HOFFM.	v	P	§,FFH5	M

Art	BS	RL	Ges.	Nachweis
Sphagnum fallax (KLINGGR.) KLINGGR.	v		§,FFH5	M
Sphagnum fimbriatum WILS.	h		§,FFH5	M
Sphagnum flexuosum DOZY et MOLK.	v	3	§,FFH5	M
Sphagnum fuscum (SCHIMP.) KLINGGR.	s	P	§,FFH5	M
Sphagnum girgensohnii RUSS.	v		§,FFH5	M
Sphagnum imbricatum RUSS.		0	§,FFH5	LOESKE 1903
Sphagnum inundatum RUSS.	v	3	§,FFH5	M
Sphagnum lindbergii SCHIMP. ex. LINDB.		P	§,FFH5	LOESKE 1903
Sphagnum magellanicum BRID.	v	3	§,FFH5	M
Sphagnum molle SULL	s	P	§,FFH5	M
Sphagnum obtusum WARNST.		0	§,FFH5	LOESKE 1903
Sphagnum palustre L.	h		§,FFH5	M
Sphagnum papillosum LINDB.	v	3	§,FFH5	M
Sphagnum quinquefarium (LINDB. ex. BRAITHW.) WARNST.	v		§,FFH5	M
Sphagnum riparium ANGSTR.	s	3	§,FFH5	M
Sphagnum rubellum WILS.	s	P	§,FFH5	M
Sphagnum russowii WARNST.	v		§,FFH5	M
Sphagnum squarrosum CROME	v		§,FFH5	M
Sphagnum subnitens RUSS. et WARNST.		2	§,FFH5	LOESKE 1903
Sphagnum subsecundum NEES	s	3	§,FFH5	M
Sphagnum tenellum (BRID.) BORY		P	§,FFH5	LOESKE 1903
Sphagnum teres (SCHIMP.) ANGSTR.	v	2	§,FFH5	M
Sphagnum warnstorfii RUSS.	s	1	§,FFH5	B
Splachnum ampullaceum HEDW.	s	P		M
Splachnum sphaericum HEDW.	s	P		M
Splachnum vasculosum HEDW.				LOESKE 1903
Targionia hypophylla L.		0		LOESKE 1903
Taxiphyllum wissgrillii (GAROV.) WIJK et MARG.	v	3		M
Tayloria serrata (HEDW.) B. et S.	A	0		LOESKE 1903
Tayloria tenuis (DICKS.) SCHIMP.	s	P		M
Tetraphis pellucida HEDW.	h			M
Tetraplodon angustatus (HEDW.) B., S. et G.	ss	P		FR, M
Tetraplodon mnioides (HEDW.) B., S. et G.		0		LOESKE 1903
Tetrodontium repandum (FUNCK) SCHWAEGR.		0		LOESKE 1903
Thamnobyum alopecurum (HEDW.) GANG.	v	3		M
Thuidium delicatulum (HEDW.) MITT.	v			M
Thuidium philibertii LIMPR.	v			M
Thuidium recognitum (HEDW.) LINDB.	s			M
Thuidium tamariscinum (HEDW.) B., S. et G.	h			M
Timmia austriaca HEDW.	ss	P		NÖRR 1969
Tortella bambergeri (SCHIMP.) BROTH.	s	P		M
Tortella inclinata (HEDW. fil.) LIMPR.	v	3		M
Tortella tortuosa (HEDW.) LIMPR.	v	3		M
Tortula aestiva (HEDW.) P. BEAUV.	v			M
Tortula brevissima SCHIFFN.	ss	P		M
Tortula intermedia (BRID.) DE NOT.	s	3		M
Tortula laevipila (BRID.) SCHWAEGR.		0		LOESKE 1903
Tortula latifolia BRUCH ex. HARTM.	v	3		M
Tortula muralis HEDW.	g			M
Tortula papillosa WILS.		0		LOESKE 1903
Tortula revolvens (SCHIMP.) G. ROTH	s	P		M, MA
Tortula ruraliformis (BESCH.) GROUT.	v	3		M

Art	BS	RL	Ges.	Nachweis
Tortula ruralis (HEDW.) GAERTN.	h			M
Tortula subulata HEDW.	v	3		M
Tortula virescens (DE NOT.) DE NOT.	v	3		M
Trematodon ambiguus (HEDW.) HORNSCH.		0		LOESKE 1903
Trichocolea tomentella (EHRH.) DUM.	v	3		M
Trichodon cylindricus (HEDW.) SCHIMP.	h			M
Trichostomum crispulum BRUCH	v	3		M
Trichostomum triumphans DE NOT.	s	P		MA
Trichostomum viridulum BRUCH	s	3		M
Tritomaria exsecta (SCHRAD.) LOESKE		0		LOESKE 1903
Tritomaria exsectiformis (BREIDL.) LOESKE	v			M
Tritomaria quinquedentata (HUDS.) BUCH	v			M
Ulota bruchii HORNSCH. ex BRID.	v	2		M
Ulota coarctata (P. BEAUV.) HAMMAR		0		LOESKE 1903
Ulota crispa (HEDW.) BRID.		0		LOESKE 1903
Ulota drummondii (HOOK. et GREV.) BRID.		0		HAMPE 1873
Ulota hutchinsiae (SM.) HAMMAR		0		LOESKE 1903
Weissia brachycarpa (NEES et HORNSCH.) C. MÜLL.	v			M
Weissia condensa (VOIT.) LINDB.	ss	P		MA
Weissia controversa HEDW.	v			M
Weissia crispata (NEES et HORNSCH) C. MÜLL.	s	3		M
Weissia longifolia MITT.	v	3		M
Weissia rostellata (BRID.) LINDB.		0		LOESKE 1903
Weissia rutilans (HEDW.) LINDB.		0		LOESKE 1903
Weissia squarrosa (NEES et HORNSCH.) C. MÜLL.		0		LOESKE 1903
Zygodon viridissimus (DICKS.) BRID.	v	2		MÜ

5.4 Checkliste der Armleuchteralgen (Characeae)

HOLM DIETZE

Diese grazile, an Schachtelhalme erinnernde Pflanzenfamilie ist weitgehend aus dem Blickwinkel der Botaniker ausgeblendet. Die Verschmutzung vieler Gewässer hat zu ihrem offensichtlichen Rückgang keinen unerheblichen Beitrag geleistet. Wir stehen heute vor der Aufgabe einer allgemeinen Bestandserfassung und der damit verbundenen Einschätzung der Bestandssituation.

Die oft dichten Characeenrasen erscheinen von weitem oft als Hornkrautbestände. Ein Betrachten des Einzelexemplares zeigt aber die Unterschiede. Ein dünner Stengel, der abwechselnd aus Internodialzellen (langgestreckte Zellen zwischen den quirligen "Blattansätzen") und Knotenzellen (an ihnen entspringen die wirtelig gestellten "Blätter") gebildet ist. Die als Blätter bezeichneten Kurztriebe haben ein begrenztes Wachstum. In den von ihnen gebildeten Blattachseln entspringen die dem Hauptstamm gleichenden Zweige. Ein wichtiges Merkmal ist die Stengelberindung. Die als Röhrenzellen bezeichneten Zellen haben ihren Ursprung an den Knotenzellen. Sie wachsen aufwärts bzw. abwärts und umschließen die Internodialzellen. Die als Rindenzellen bezeichneten Röhrenzellen wiederholen das Baumuster der Internodial- und Knotenzellen. Es bietet sich uns ein Anblick wie bei einem Schachtelhalmstengel mit seinen Stengelrillen.

An den Blattknoten befinden sich die Geschlechtsorgane. Die männlichen Antheridien sind kleine, stecknadelkopfgroße orange bis rote rundliche Gebilde. Die als Sporenknöspchen bezeichneten weiblichen Oogonien haben eine eiförmige Gestalt und bestehen aus einer Eizelle und 5 diese spiralig umlaufenden Hüllzellen. Am Scheitel befindet sich ein Krönchen, das entweder aus 5 (z.B. *Nitella*) oder 10 (z.B. *Chara*) Zellen besteht.

Die Fundorte weisen auf eine bearbeiterbezogene Verteilung hin. Es ist damit zu rechnen, daß bei einer vermehrten Beachtung der Armleuchteralgen, bislang weiße Flecken getilgt werden können. Die Fundstellen von *Chara vulgaris* weisen immer einen kalkhaltigen Boden der Gewässer auf. Bei *Chara fragilis* konnte das bei den Vorkommen in der Elb- und Havelaue nicht festgestellt werden. Das deckt sich auch mit der von ELLENBERG (1996) getroffenen Zuordnung von *Ch. fragilis* als Charakterart der säureertragenden Gesellschaft des *Nitelletalia flexilis*.

Wichtige Synonyme
Aus praktischer Sicht muß auf ein wichtiges Synonym hingewiesen werden:
Chara globularis THUILL., 1799
    → *Chara fragilis* DESV. in LOIS., 1810

Literatur

ELLENBERG, H. (1996): Vegetation Mitteleuropas mit den Alpen. 5. Aufl., Ulmer, Stuttgart.

DIETZE, H. (1998); Rote Liste der Armleuchteralgen des Landes Sachsen-Anhalt. Ber. Landesamt. Umweltsch. Sachsen-Anhalt 30, 18-20.

KRAUSE, W. (1969): Zur Characeenvegetation der Oberrheinebene. Arch. Hydrobiol., Suppl. 35, 202-235.

KRAUSE, W. (1983): Zum Formenkreis der *Chara aspera* WILLD. in Bayern. Ber. Bayer. Bot. Ges. 54, 151-160.

KRAUSE, W. (1997): Süßwasserflora von Mitteleuropa. Begr. v. A. PASCHER. Bd. 18 Charales. Fischer, Jena u.a.

MELZER, A. (1993): Die Makrophytenvegetaation des Hufeisensees bei Halle. Manuskript. TU München, Iffeldorf.

MIGULA, D.W. (1922): Meeresalgen u. Armleuchtergewächse. Franckh`sche Verlagshandlung, Stuttgart.

ROTHMALER, W. (1984): Exkursionsflora. Bd. 1. 2. Aufl., Volk und Wissen, Berlin.

WINTER, U., KUHBIER, K., KIRST, G.O. (1987): Characeen-Gesellschaften im oligohalinen Kuhgrabensee und benachbarten Gewässern. Abh. Naturwiss. Ver. Bremen 40, 381-394.

Anschrift des Verfassers
Holm Dietze
Belkauer Weg 18
D - 39579 Uenglingen

Art	RL	Nachweis
Chara contraria A. Br. ex Kütz., 1845	1	Melzer 1993
Chara delicatula C.A. Ag., 1824	1	Melzer 1993
Chara fragilis Desv. in Lois., 1810	P	Melzer 1993, 1992-98 Dietze
Chara hispida (L.) Hartm., 1820	3	Melzer 1993, 1992-98 Dietze
Chara rudis A. Br., ex v. Leonh. 1857	1	Melzer 1993
Chara tomentosa L., 1753	1	Melzer 1993
Chara vulgaris L., 1753	P	Melzer 1993, 1992-98 Dietze
Nitella flexilis (L.) Ag., 1824	1	Melzer 1993
Nitella opaca (Bruz.) Ag., 1824	2	Melzer 1993, 1992-98 Dietze
Nitellopsis obtusa (Desv.) Grov., 1919	2	Melzer 1993, 1992-98 Dietze

6 Wirbeltiere

In diesem Kapitel werden folgende Artengruppen behandelt:

6.1 Säugetiere exkl. Fledermäuse

6.2 Fledermäuse

6.3 Vögel

6.4 Kriechtiere

6.5 Lurche

6.6 Rundmäuler und Fische

6.1 Bestandsentwicklung der Säugetiere exkl. Fledermäuse (Mammalia exkl. Chiroptera)

JAN GAHSCHE & JÖRG HAFERKORN

Der Kenntnisstand zur Verbreitung von Säugetieren ist allgemein im Vergleich zu anderen Wirbeltiergruppen, z.B. Vögel und Lurche, gering. Dies liegt an ihrer heimlichen und oft nächtlichen Lebensweise. Ihre Vorkommen werden selbst in dicht besiedelten Gebieten häufig erst durch Zufallsfänge oder Verkehrsopfer registriert (z.B. Iltis, Steinmarder). Das Wissen über die Verbreitung der Säugetiere bildet in Sachsen-Anhalt in dieser Hinsicht keine Ausnahme.

Weltweit sind ca. 4600 Säugetierarten (ANGERMANN 1995) bekannt. Die Säugetierfauna Sachsen-Anhalts umfaßt ohne die Fledermäuse 59 Arten und Unterarten, einschließlich vier ausgestorbener Arten: Wisent (*Bison bonasus*), Luchs (*Lynx lynx*), Europäischer Nerz (*Mustela lutreola*) und Braunbär (*Ursus arctos*). Die beiden weltweit seit Jahrhunderten ausgerotteten Taxa Auerochse (*Bos primigenius*) und Wildpferd (*Equus caballus*) finden in der vorliegenden Tabelle keine Berücksichtigung. Zusätzlich muß die Alpenspitzmaus (*Sorex alpinus*) als verschollen eingestuft werden, die in ihrem einzigen Verbreitungsgebiet in Sachsen-Anhalt, dem Oberharz, seit 1954 nicht mehr nachgewiesen werden konnte (GAHSCHE 1991, 1993). Elch (*Alces alces*) und Wolf (*Canis lupus*) treten heute als sporadische Zuwanderer in Sachsen-Anhalt auf. Seehund (*Phoca vitulina*) und Kegelrobbe (*Halichoerus grypus*) sind sehr seltene, auf das Elbe-Flußsystem beschränkte Irrgäste. Mit Mufflon (*Ovis ammon musimon*), Damhirsch (*Cervus dama*), Marderhund (*Nyctereutes procyonoides*), Waschbär (*Procyon lotor*), Mink (*Mustela vison*), Nutria (*Myocastor coypus*), Bisamratte (*Ondatra zibethicus*) und Wildkaninchen (*Oryctolagus cuniculus*) sind acht Säugetierarten in Sachsen-Anhalt allochthon (eingebürgert bzw. eingewandert). Nicht als allochthon eingestuft wurden Arten, die bereits mit der menschlichen Besiedlung, spätestens mit dem Beginn des Ackerbaus in das Gebiet von Sachsen-Anhalt kamen. Dies betrifft die Ratten, die Hausmäuse und den Hamster (Gattungen *Rattus*, *Mus* und *Cricetus*).

Einige Säugetiere wurden aus jagdlichen Motiven ausgesetzt (z.B. Damhirsch, Mufflon), oder konnten aus entfernteren Gebieten, in denen sie ebenfalls aktiv angesiedelt wurden, einwandern (z.B. Marderhund, Waschbär im Harz), andere entkamen aus Farmen (z.B. Waschbär, Mink) oder wurden in Zeiten wirtschaftlicher Umbrüche ausgesetzt (z.B. Nutria).

Wildkatze und Gartenschläfer haben innerhalb Sachsen-Anhalts ihren Verbreitungsschwerpunkt im Harz. Dieses Gebirge stellt im hercynischen Raum neben dem Kyffhäuser das klassische Verbreitungsgebiet sowie im nördlichen Mitteleuropa das östlichste Vorkommen der Wildkatze dar.

Die Mittlere Elbe war lange Zeit das letzte Rückzugsgebiet des Elbebibers (*Castor fiber albicus*). Der Elbebiber hat seinen Verbreitungsschwerpunkt in Sachsen-Anhalt mit ca. 1760 Tieren (HEIDECKE 1996) und besiedelt heute wieder nahezu alle verfügbaren Lebensräume im Flach- und Hügelland.

Der gefährdete Fischotter zeigt in den letzten Jahren leichte Ausbreitungstendenzen. Heute kann diese Art wieder nahezu am gesamten sachsen-anhaltinischen Elbelauf nachgewiesen werden (EBERSBACH et al. 1998).

Die Nordische Wühlmaus (*Microtus oeconomus*) hat ihre südwestliche Verbreitungsgrenze an der Nordostgrenze Sachsen-Anhalts, die durch zahlreiche Gewöllefunde und zwei Fallenfänge belegt ist (JORGA & ERFURT 1987). Im Rahmen von Vorarbeiten für das Arten- und Biotopschutzprogramm „Elbe" gelangen 1998 zwei weitere Fallenfänge auf einer Seggenwiese in der Nähe des Schollener Sees.

Für die Sumpfspitzmaus (*Neomys anomalus*) existiert in der Literatur für Sachsen-Anhalt eine ungeklärte Angabe von 1932 bei Osterwieck, die in der Tabelle nicht berücksichtigt wird.

Trotz der Fülle von regional- oder artspezifischen Schriften gibt es nur wenige zusammenfassende Arbeiten über die Säugetierfauna des Landes. Erste Aufzeichnungen mit Beiträgen zur Säugetierfauna Sachsen-Anhalts fertigten SAXESEN (1834), BLASIUS (1857), SCHULZE (1890a, 1890b) sowie TASCHENBERG (1909, 1918) an.

Gesamtdarstellungen zur Verbreitung und zu den Bestandstrends können einigen neueren Übersichtsarbeiten zur ostdeutschen Säugetierfauna entnommen werden. Verbreitungskarten zur Kleinsäugerfauna der ehemaligen DDR erstellten ERFURT & STUBBE (1986) auf der Grundlage von Literaturdaten, Fallenfängen und durch Untersuchungen von Gewöllen einheimischer Eulen. STUBBE & STUBBE (1994, 1995) publizierten Verbreitungskarten und zum vorliegenden Beitrag ähnliche Tabellen zur Bestandssituation und -entwicklung der Säugetierarten der östlichen deutschen Bundesländer.

Aus Sachsen-Anhalt liegen eine Reihe von Publikationen vor, die entweder die Säugetierfauna einzelner Regionen vollständig darstellen oder sich mit der Bestandsentwicklung einzelner Arten beschäftigen (z.B. Wildkatze, Elbebiber, Fischotter, Mufflon, Alpenspitzmaus). In diesem Zusammenhang muß auf die Erstellung von Arten- und Biotopschutzprogrammen für einzelne Regionen Sachsen-Anhalts verwiesen werden, in denen die Säugetierfauna jeweils in einem eigenen Kapitel mit Punktkarten und Artenlisten dargestellt wird. Arten- und Biotopschutzprogramme liegen bereits für den Landschaftsraum Harz und die Stadt Halle (Saale) vor (GAHSCHE 1997, HAFERKORN 1998).

Ein Zentrum der Säugetierforschung ist das Zoologische Institut der Universität Halle. Hier befindet sich die Landessammelzentrale für Totfunde der vom Aussterben bedrohten Wirbeltierarten. In Halle wird derzeit an einem Handbuch der Säugetiere der östlichen Bundesländer Deutschlands gearbeitet (STUBBE 1998, mdl. Mitt.). Darüber hinaus konnten einzelne Arten (z.B. Hamster, Fischotter, Biber, Iltis, Stein- und Baummarder) im Rahmen von Diplomarbeiten bearbeitet werden (SELUGA 1996, WEIDLING 1996, HAUER 1996, SCHUMACHER 1995, EBERSBACH 1992).

Exakte Angaben zur Bestandsentwicklung vieler Arten fehlen. Anhaltspunkte lassen die Abschuß- und Fangstatistiken der jagdbaren Arten zu. Bei aller Unsicherheit und Kritik an diesem Zusammenhang ermöglichen die Abschußzahlen zumindest einen groben Überblick zur Bestandsentwicklung der jagdbaren Arten, sofern Schwankungen im Jagdverhalten berücksichtigt werden (z.B. Veränderungen bzw. Aussetzungen von Abschußprämien, Bestandsschonungen, Aussetzungen von Nutrias in Folge der wirtschaftlichen Veränderungen nach der deutschen Einheit).

Aus Sachsen-Anhalt liegen einige Untersuchungen über lange Zeiträume zur Dynamik von Kleinsäugergesellschaften vor. HAFERKORN et al. (1993) fingen über einen Zeitraum von fünf Jahren Kleinsäuger im Biosphärenreservat „Mittlere Elbe", HAFERKORN & LANGE (1991) führten neun Jahre lang monatliche Abfänge in zwei Auwäldern bei Bernburg durch. Die längste publizierte Serie veröffentlichten STUBBE & STUBBE (1991) aus dem Laubwaldgebiet Hakel (über fünfzehn Jahre mit monatlichen Abfängen).

Diese Untersuchungen zeigen die hohe Dynamik der Abundanzen bei Kleinsäugern, die verläßliche Aussagen über generelle Bestandstrends nahezu unmöglich machen. Beispielsweise schwankten die jährlichen Maximalabundanzen bei der Rötelmaus (*Clethrionomys glareolus*) in Saaleauwäldern zwischen einzelnen Jahren bis zum 22-fachen Wert (HAFERKORN & LANGE 1991).

HEIDECKE (1992) zählte zur Säugetierfauna Sachsen-Anhalts 72 Arten und nahm davon 57% in die Rote Liste auf. Die gefährdetste Gruppe sind die Insektenfresser, 90% von ihnen stehen in der Roten Liste.

Die Gefährdung von Säugetieren ist heute unmittelbar mit negativen Veränderungen der Qualität ihrer Lebensräume verbunden. In unserem Jahrhundert vollzog sich ein tiefgreifender und schnell voranschreitender Strukturwandel (z.B. Urbanisierung, industriemäßige Landwirtschaft, moderne Infrastruktur). Die heimischen Säugetiere stehen einem permanent voranschreitenden Lebensraumverlust und einer damit einhergehenden Nahrungsverknappung gegenüber.

Die Säugetiere werden wegen ihrer komplexen Lebensraumansprüche durch die Zerschneidung der Landschaft gefährdet. Durch die zunehmende Fragmentierung (z.B. Straßenbau) verringern sich die besonders wertvollen und ruhigen Kernbereiche zusammenhängender Biotope überproportional. Mit zunehmender Verkehrsdichte erhöht sich die Zahl der Verkehrsopfer. Besonders gefährdet sind die mobilsten Tiere aus den Populationen, Männchen während der Reproduktionszeit und Jungtiere auf der Suche nach eigenen Revieren.

Auf schlechte Wassergüte in den Fließgewässern reagieren insbesondere semiaquatische Säugetiere negativ, die tierische Nahrung aus dem Wasser benötigen (z.B. Fischotter). Der Biozideinsatz in der Landwirtschaft verringert das Nahrungsangebot an Arthropoden, die beispielsweise für die Ordnung der Insektenfresser die Nahrungsgrundlage darstellen. In wie weit Biozide direkte negative Wirkungen auf Kleinnager haben (z.B. den Feldhamster) ist noch in der Diskussion.

Säugetierschutz ist in erster Linie Lebensraumschutz. Dazu gehört der Schutz ihres direkt besiedelten Habitates mit Nahrungs-, Reproduktions-, Wohn- und Überwinterungsmöglichkeiten (z.B. Anlage von Bauen). Ziel für jeden nachhaltig betriebenen Säugetierschutz ist die Erhaltung überlebensfähiger, sich selbst reproduzierender Populationen. Nachzuchten und Auswilderungen sollten, wenn überhaupt, nur Ausnahmen für Bestandsgründungen bzw. –aufstockungen sein und nur in Gebieten erfolgen, die dauerhafte Ansiedlungen ermöglichen.

Die großen Flächenansprüche vieler Säugetiere erfordern die Passierbarkeit von Wanderwegen für den notwendigen Individuenaustausch. Auf den Wanderwegen muß die Zahl der Barrieren (z.B. Zäune, Mauern, tote Fließgewässerabschnitte) und Tierfallen (z.B. Verkehrswege, Betongräben) möglichst gering gehalten werden. Neu erbaute Durchlässe unter Verkehrswegen sind so großzügig zu gestalten, daß sie von den Tieren angenommen werden, dies betrifft insbesondere Unterführungen von Fließgewässern.

Wichtige Synonyme
Aus praktischer Sicht muß auf zwei wichtige Synonyme hingewiesen werden:
Felis lynx (L., 1758)
→ *Lynx lynx* L., 1758
Pitymys subterraneus (DE SÉLYS LONGCHAMPS, 1836)
→ *Microtus subterraneus* (DE SÉLYS LONGCHAMPS, 1836)

Zusätzliche Abkürzungen in der Tabelle
Bemerkungen (Bm):

lo	lokal häufig infolge menschlicher Aktivitäten (jagdliche Bewirtschaftung, Aussetzungen)
syn	synanthrop, Verbreitungsschwerpunkt in menschlichen Siedlungen
N	allochthon, eingebürgerte bzw. eingewanderte Arten

Nachweis:
E   ERFURT, STUBBE 1986
S   STUBBE, STUBBE 1995

Danksagung
Für wertvolle Hinweise zur Tabelle danken wir Herrn Prof. Dr. MICHAEL STUBBE und Herrn Dr. DIETRICH HEIDECKE sehr herzlich.

Literatur

ANGERMANN, R. (1995): Säugetiere - Mammalia. In: SENGLAUB, K., HANNEMANN, H.-J., KLAUSNITZER, B. (Hrsg.): Exkursionsfauna von Deutschland. Bd 3. Wirbeltiere. 12. Aufl., Gustav Fischer, Jena, Stuttgart, 358-456.

BLASIUS, J.H. (1857): Naturgeschichte der Säugethiere Deutschlands und der angrenzenden Länder von Mitteleuropa. Friedrich Vieweg und Sohn, Braunschweig.

BUTZECK, S., STUBBE, M., PIECHOCKI, R. (1988a): Beiträge zur Geschichte der Säugetierfauna der DDR. Teil 1: Der Braunbär Ursus arctos Linnè, 1758. Hercynia N. F. 25(1), 27-59.

BUTZECK, S., STUBBE, M., PIECHOCKI, R. (1988b): Beiträge zur Geschichte der Säugetierfauna der DDR. Teil 2: Der Luchs (Lynx lynx Linnè 1758). Hercynia N. F. 25(2), 144-168.

BUTZECK, S., STUBBE, M., PIECHOCKI, R. (1988c): Beiträge zur Geschichte der Säugetierfauna der DDR. Teil 3: Der Wolf Canis lupus L., 1758. Hercynia N. F. 25(3), 278-317.

EBERSBACH, H. (1992): Zur Ökologie ausgewählter Musteliden-Arten in den östlichen Ländern Deutschlands. Diplomarb. Univ. Halle.

EBERSBACH, H., HAUER, S., THOM, I., REIßMANN, K. (1998): Untersuchungen und Dokumentation der Verbreitung von Fischotter und Biber im Bearbeitungsgebiet "ABSP Elbe". unveröff. Manuskript.

ERFURT, J., STUBBE, M. (1986): Die Areale ausgewählter Kleinsäugerarten in der DDR. Hercynia N. F. 23(3), 257-304.

GAHSCHE, J. (1991): Zur Kleinsäugerfauna des Oberharzes. Säugetierkdl. Inf. 3(15), 265-276.

GAHSCHE, J. (1993): Die Alpenspitzmaus (Sorex alpinus) im Harz. Säugetierkdl. Inf. 3(18), 601-609.

GAHSCHE, J. (1997): Säugetiere exkl. Fledermäuse (Mammalia exkl. Chiroptera). In: Arten- und Biotopschutzprogramm Sachsen-Anhalt, Landschaftsraum Harz. Ber. Landesamt. Umweltsch. Sachsen-Anhalt Sonderheft 4/1997, 244-254.

HAFERKORN, J. (1998): Säugetiere exkl. Fledermäuse (Mammalia exkl. Chiroptera). In: Arten- und Biotopschutzprogramm Sachsen-Anhalt, Stadt Halle (Saale).Ber. Landesamt. Umweltsch. Sachsen-Anhalt. Sonderheft 4/1998, 303-309.

HAFERKORN, J., LANGE, U. (1991): Neunjährige Untersuchungen zur Dynamik von Kleinnagern (Muridae, Arvicolidae) in der Saaleaue bei Bernburg. Säugetierkd. Inf. 3, 249-260.

HAFERKORN, J., STUBBE, M., PACHINGER, K. (1993): Abundanzdynamik von Kleinsäugern und Hochwassereinfluß in einem Elbeauwald. Arch. für Nat.-Lands. 32, 227-241.

HAUER, S. (1996): Untersuchungen zur Bewertung von Fischotterhabitaten. Diplomarb. Univ. Halle.

HEIDECKE, D. (1992): Rote Liste der Säugetiere des Landes Sachsen-Anhalt. Ber. Landesamt. Umweltsch. Sachsen-Anhalt 1, 9-12.

HEIDECKE, D. (1996): Mitteilungen aus dem Arbeitskreis Biberschutz 1/96.

JORGA, W., ERFURT, J. (1987): Zur Verbreitungsgrenze der Nordischen Wühlmaus (Microtus oeconomus) in der DDR. Säugetierkd. Inf. 2, 415-422.

PUCEK, Z. (1986): Bison bonasius (Linnaeus, 1758) - Wisent. In: NIETHAMMER, J., KRAPP, F. (Hrsg.): Handbuch der Säugetiere Europas. Bd. 2/II Paarhufer. AULA-Verlag, Wiesbaden, S. 278-315.

SAXESEN, F.W.R. (1834): Von den Thieren und Pflanzen des Harzgebirges und der Jagd. In: ZIMMERMANN, C.: Das Harzgebirge. Darmstadt, 215-278.

SCHULZE, E. (1890a): Verzeichnis der Säugetiere von Sachsen-Anhalt, Braunschweig, Hannover und Thüringen. Zeitschr. Naturw. 63, 97-112.

SCHULZE, E. (1890b): Faunae Hercynicae Mammalia. Schr. d. Naturwiss. Vereins d. Harzes 5, 21-35.

SCHUMACHER, A. (1996): Der Elbebiber (Castor fiber albicus MATSCHIE, 1907) in Sachsen-Anhalt: Populationstrends und Habitatbewertung. Diplomarb. Univ. Halle.

SELUGA, K. (1996): Untersuchungen zu Bestandssituation und Ökologie des Feldhamsters, Cricetus cricetus L., 1758, in den östlichen Bundesländern Deutschlands. Diplomarb. Univ. Halle.

STUBBE, A., STUBBE, M. (1991): Langzeitdynamik der Kleinsäugergesellschaft des Hakelwaldes. Populationsökologie von Kleinsäugerarten. Wiss. Beitr. Univ. Halle 1990/34 (P 42), 231-265.

STUBBE, M. (1993): Mustela lutreola (LINNÈ, 1761) - Europäischer Nerz. In: STUBBE, M., KRAPP, F. (Hrsg.): Handbuch der Säugetiere Europas. Bd. 5/II Raubsäuger (Teil II). AULA-Verlag, Wiesbaden, 627-653.

STUBBE, M., STUBBE, A. (1994): Säugetierarten und deren feldökologischen Forschung im östlichen Deutschland. Tiere im Konflikt, 1-52.

STUBBE, M., STUBBE, A. (1995): Säugetierarten und deren feldökologische Erforschung im östlichen Deutschland. In: STUBBE, M., STUBBE, A., HEIDECKE, D. (Hrsg.): Methoden feldökologischer Säugetierforschung 1. Wiss. Beitr. Univ. Halle, 407-454.

TASCHENBERG, O. (1909): Die Tierwelt. In: ULE, W. (Hrsg.): Heimatkunde des Saalkreises einschließlich des Stadtkreises Halle und des Mannsfelder Seekreises. Verlag der Buchhandlung des Waisenhauses, Halle.

TASCHENBERG, O. (1918): Faunistische Ergänzungen meiner Bearbeitung der Zoologie in Ules "Heimatkunde des Saalkreises einschließlich des Stadtkreises Halle und des Mannsfelder Seekreises". Leopoldina 54, 68-72.

WEIDLING, A. (1996): Zur Ökologie des Feldhamsters Cricetus cricetus L., 1758 im Nordharzvorland - unter besonderer Berücksichtigung des Bestandsrückgangs. Diplomarb. Univ. Halle.

Anschriften der Verfasser

Jan Gahsche
lutra – Fachbüro für Naturschutz und landschaftsökologische Forschung
Förstgener Str. 9
D - 02906 Klitten OT Tauer

Dr. Jörg Haferkorn
Schützenhofstr. 90
D - 07743 Jena

Art	BR	BS	BE	UV	SM	RL	Ges.	Bm	Nachweis	Deutscher Name
Alces alces (L., 1758)		A		BA,SA	a,as	II		BK	S	Elch
Apodemus agrarius (PALLAS, 1771)		v					§		E	Brandmaus
Apodemus flavicollis (MELCHIOR, 1834)		g					§		E	Gelbhalsmaus
Apodemus sylvaticus (L., 1758)		g					§		E	Waldmaus
Arvicola terrestris (L., 1758)		h							E	Schermaus
Bison bonasus (L., 1758)		A		BA,SA ST	a,as	0			PUCEK 1986	Wisent
Canis lupus L., 1758		A		BA,SA	a,as	0	§,BK,FFH2 WA-A1		BUTZECK et al. 1988c	Wolf
Capreolus capreolus (L., 1758)		g	0					BK	S	Reh
Castor fiber L., 1758	T	s	↗	WA	as,g	2	§,BK,FFH2	V	S	Biber
Cervus dama L., 1758		v	↘					BK	lo,N	S	Damhirsch
Cervus elaphus L., 1758	T,H B	v h	↘					BK	lo	S	Rothirsch
Clethrionomys glareolus (SCHREBER, 1780)		g	0							E	Rötelmaus

Säugetiere exkl. Fledermäuse (Mammalia exkl. Chiroptera)

Art	BR	BS	BE	UV	SM	RL	Ges.	Bm	Nachweis	Deutscher Name
Cricetus cricetus L., 1758	T	ss	⤳	HE,BA	a,as,t	3	§,**BK**,FFH4	V	S	Feldhamster
Crocidura leucodon (HERMANN, 1780)	T,H B	v s				3	§,BK		E	Feldspitzmaus
Crocidura russula (HERMANN, 1780)		v				3	§,BK	syn	E	Hausspitzmaus
Crocidura suaveolens (PALLAS, 1811)	T,H	ss				P	§,BK		E	Gartenspitzmaus
Eliomys quercinus (L., 1766)	B	ss				P	§,BK	A	S	Gartenschläfer
Erinaceus europaeus L., 1758		h	⤳	BA		3	§,BK		S	Braunbrust-Igel
Felis silvestris SCHREBER, 1777	H,B	s		BA,SA ST	a,as	1	§,**BK**,FFH4 WA-A2	V,A	S	Wildkatze
Glis glis (L., 1766)		s				3	§,BK		E	Siebenschläfer
Halichoerus grypus (F., 1791)	T	ss				II	§,BK,FFH2 BO	G	HEIDECKE 1992	Kegelrobbe
Lepus europaeus PALLAS, 1778		v	⤳	BA	a,as,t	2	BK		S	Feldhase
Lutra lutra (L., 1758)	T H,B	ss A		WA BA	a,as g	1	§,**BK**,FFH2 WA-A1		S	Fischotter
Lynx lynx L., 1758		A		BA,SA ST	a,as	0	§,**BK**,FFH2 WA-A2		BUTZECK et al. 1988b	Luchs
Martes foina (ERXLEBEN, 1777)		h	⤴				BK		S	Steinmarder
Martes martes (L., 1758)		s		BA,SA		2	BK,FFH5		S	Baummarder
Meles meles (L., 1758)		v	⤴			3	BK		S	Dachs
Micromys minutus (PALLAS, 1771)		v				3	§		E	Zwergmaus
Microtus agrestis (L., 1761)		h	0						E	Erdmaus
Microtus arvalis (PALLAS, 1779)	T,H B	h	0						E	Feldmaus
Microtus oeconomus (PALLAS, 1776)	T	ss				2	§,BK	A	E	Nordische Wühlmaus
Microtus subterraneus (DE SÉLYS LONGCHAMPS, 1836)		ss				2	§	A	E	Kleinäugige Wühlmaus
Mus domesticus RUTTY, 1772		h	0					syn	S	Westliche Hausmaus
Mus musculus L., 1758		h	0					syn	S	Hausmaus
Muscardinus avellanarius (L., 1758)	H,B	s		BA	a,t	1	§,BK		E	Haselmaus
Mustela erminea L., 1758		v	⤳	BA			BK		S	Hermelin
Mustela lutreola (L., 1761)		A		WA BA SA		0	§,**BK**,FFH2		STUBBE 1993	Europäischer Nerz
Mustela nivalis L., 1766		v	⤳	BA		3	BK		S	Mauswiesel
Mustela putorius L., 1758		v	⤳	BA WA	g	2	BK,FFH5		S	Waldiltis
Mustela vison SCHREBER, 1777		v	⤴					N	S	Mink, Amerikanischer Nerz

Säugetiere exkl. Fledermäuse (Mammalia exkl. Chiroptera)

Art	BR	BS	BE	UV	SM	RL	Ges.	Bm	Nachweis	Deutscher Name
Myocastor coypus (MOLINA, 1782)		s	↗					lo,N syn	S	Nutria
Neomys fodiens (PENNANT, 1771)		s	↘	WA	g	3	§,BK		E	Wasserspitzmaus
Nyctereutes procyonoides (GRAY, 1834)	T	s	↗					N	S	Marderhund
Ondatra zibethicus (L., 1766)	T,H B	h v						N	S	Bisamratte
Oryctolagus cuniculus (L., 1758)	T,H	s	↘↘		t			N	S	Wildkaninchen
Ovis ammon musimon (PALLAS, 1811)		v	↘				BK	lo,N	S	Mufflon
Phoca vitulina L., 1758	T	ss				II	BK,FFH2 BO	G	HEIDECKE 1992	Seehund
Procyon lotor (L., 1758)		s	↗					N	S	Waschbär
Rattus norvegicus (BERKENHOUT, 1769)	T,H B	g v	0					syn	E	Wanderratte
Rattus rattus (L., 1758)		ss				2	§	syn	E	Hausratte
Sciurus vulgaris L., 1758		v	0				§,BK		S	Eichhörnchen
Sorex alpinus SCHINZ, 1837	B	A		SO	a	P	§,BK		GAHSCHE 1993	Alpenspitzmaus
Sorex araneus L., 1758		v					§,BK		E	Waldspitzmaus
Sorex coronatus MILLET, 1828		ss				P	§,BK	A	E	Schabracken-spitzmaus
Sorex minutus L., 1766		h				3	§,BK		E	Zwergspitzmaus
Sus scrofa L., 1758		h							S	Wildschwein
Talpa europaea L., 1758		g				3	§		E	Europäischer Maulwurf
Ursus arctos L., 1758		A		BA,SA	a,as	0	§,BK,FFH2 WA-A1/2		BUTZECK et al. 1988a	Braunbär
Vulpes vulpes (L., 1758)		g	↗						S	Rotfuchs

Hinweise auf deutsche Namen

Alpenspitzmaus → *Sorex alpinus*
Biber → *Castor fiber*
Bisamratte → *Ondatra zibethicus*
Brandmaus → *Apodemus agrarius*
Braunbär → *Ursus arctos*
Dachs → *Meles meles*
Eichhörnchen → *Sciurus vulgaris*
Elch → *Alces alces*
Erdmaus → *Microtus agrestis*
Feldhamster → *Cricetus cricetus*
Feldhase → *Lepus europaeus*
Feldmaus → *Microtus arvalis*
Feldspitzmaus → *Crocidura leucodon*
Fischotter → *Lutra lutra*
Fuchs → *Vulpes vulpes*
Gartenschläfer → *Eliomys quercinus*
Gartenspitzmaus → *Crocidura suaveolens*
Gelbhalsmaus → *Apodemus flavicollis*
Haselmaus → *Muscardinus avellanarius*
Hausmaus → *Mus*
Hausspitzmaus → *Crocidura russula*
Hermelin → *Mustela erminea*
Hirsch → *Cervus*
Igel → *Erinaceus europaeus*
Iltis → *Mustela putorius*
Kegelrobbe → *Halichoerus grypus*
Luchs → *Lynx lynx*
Marder → *Martes*
Marderhund → *Nyctereutes procyonoides*
Maulwurf → *Talpa europaea*
Mauswiesel → *Mustela nivalis*
Mink → *Mustela vison*
Mufflon → *Ovis ammon musimon*
Nerz → *Mustela*
Nutria → *Myocastor coypus*
Ratte → *Rattus*
Reh → *Capreolus capreolus*
Rötelmaus → *Clethrionomys glareolus*
Rotfuchs → *Vulpes vulpes*
Schabrackenspitzmaus → *Sorex coronatus*
Schermaus → *Arvicola terrestris*
Seehund → *Phoca vitulina*
Siebenschläfer → *Glis glis*
Waldiltis → *Mustela putorius*
Waldmaus → *Apodemus sylvaticus*
Waldspitzmaus → *Sorex araneus*
Waschbär → *Procyon lotor*
Wasserspitzmaus → *Neomys fodiens*
Wildkaninchen → *Oryctolagus cuniculus*
Wildkatze → *Felis silvestris*
Wildschwein → *Sus scrofa*
Wisent → *Bison bonasus*
Wolf → *Canis lupus*
Wühlmaus → *Microtus*
Zwergmaus → *Micromys minutus*
Zwergspitzmaus → *Sorex minutus*

6.2 Bestandsentwicklung der Fledermäuse (Chiroptera)

Bernd Ohlendorf

In der vorliegenden Arbeit wird der nomenklatorischen Auffassung von Lina 1998 gefolgt. Zum gegenwärtigen Zeitpunkt sind in Sachsen-Anhalt 18 Fledermausarten rezent nachgewiesen, eine Art ist ausgestorben. Aufgrund der abwechslungsreichen Morphologie und kleinklimatischer Besonderheiten bestehen Unterschiede in der vertikalen Verbreitung und Häufigkeit der Fledermausarten. Im Harz sind 2 Arten ausgestorben/verschollen, 7 Arten sehr selten, 5 Arten selten und nur 5 Arten verbreitet.

Im Tief- und Hügelland stellt sich die Bestandssituation so dar: 1 Art ist ausgestorben, 5 Arten sind sehr selten, 5 Arten selten und 5 Arten verbreitet. Lediglich 3 Arten können als häufig eingestuft werden. Fünf der in Sachsen-Anhalt vorkommenden Arten (Kleine Hufeisennase, Mausohr, Bechstein-, Teich- und Mopsfledermaus) sind in der FFH-Richtlinie aufgelistet. Für diese Arten wurden (mit Ausnahme der Teichfledermaus) spezielle Schutzmaßnahmen eingeleitet.

Anmerkungen zu ausgewählten Arten
Die Kleine Hufeisennase (*Rhinolophus hipposideros*) ist aus dem Harz gänzlich verschwunden, hat jedoch ihren Bestand im Süden Sachsen-Anhalts bei Freyburg/Unstrut stabilisiert. Durch Artenhilfsmaßnahmen wurden seit 1994 eine Reproduktionsstätte und ein Dutzend Felsquartiere hergerichtet und vor Unbefugten geschützt (Ohlendorf 1997a, Stratmann & Schober 1997).

Der Bestand des Mausohrs (*Myotis myotis*), dessen Ruhequartiere sich vielfach im Gebälk von Dachstühlen befinden, hatte in den 70er Jahren (wohl bedingt durch den Einsatz DDT- und PCB-haltiger Holzschutzmittel) seinen Tiefststand erreicht. Seit 1972 sind DDT-Präparate in Deutschland weitgehend verboten. Ende der 80er Jahre erholten sich die Bestände des Mausohrs wieder (Ohlendorf & Scheidt 1996). Die eingesetzten Präparate wirken aber aufgrund der Persistenz der Wirkstoffe noch heute in den Dachstühlen nachhaltig negativ auf die Fledermausbestände. Neueste Untersuchungen (Nagel 1998) zeigen, daß unsere Fledermäuse nach wie vor hohen DDT- und PCB-Konzentrationen ausgesetzt sind.

Über das Vorkommen der Teichfledermaus (*Myotis dasycneme*) im Gebiet ist wenig bekannt. Die Art wurde erst kürzlich in einem Winterquartier im Harz für Sachsen-Anhalt wiederentdeckt (Ohlendorf 1998a). Es wird vermutet, daß sie sich im Sommer auch im Bereich der Elbeniederungen aufhält.

Die Mopsfledermaus (*Barbastella barbastellus*) hat in Sachsen-Anhalt Verbreitungsschwerpunkte im Gipskarst des Südharzvorlandes, in der Letzling-Colbitzer Heide, im Raum Zerbst, auf der Querfurter Platte und um Dessau. Als Spaltenspezialist hat die Art ihre Tagesverstecke hinter Borke. Im Wirtschaftswald gibt es jedoch kaum alte Bäume mit aufgeplatzter Borke. Großflächige Waldschutzgebiete ohne oder zumindest mit eingeschränkter Nutzung sind langfristig die einzige Möglichkeit, die Mopsfledermaus sowie die meisten anderen heimischen Fledermausarten zu erhalten.

Abendsegler (*Nyctalus noctula*), Kleiner Abendsegler (*Nyctalus leisleri*) und Rauhhautfledermaus (*Pipistrellus nathusii*) bevorzugen ebenfalls Waldgebiete. Sie gehören zu den wandernden Arten, deren Sommer- und Wintereinstandsgebiete mehrere 100 km voneinander entfernt sind. Alle drei Arten haben in Sachsen-Anhalt einen Verbreitungs- und Reproduktionsschwerpunkt für Mitteleuropa. Die Männchen übersommern in Sachsen-Anhalt und besetzen Paarungsplätze, die von durchziehenden Weibchen in Paarungsgesellschaften angenommen werden (Ohlendorf & Scheidt 1996, Ohlendorf & Ohlendorf 1998). Durch Sachsen-Anhalt verlaufen ca. 60% der mitteleuropäischen saisonalen Wanderungen der Rauhhautfledermaus (Ohlendorf et al. i. Dr. b). Für Abendsegler und Rauhhautfledermaus sind auch vereinzelte Überwinterungen aus Sachsen-Anhalt belegt. Monitoringprogramme werden insbesondere für Abendsegler, Kleinen Abendsegler und Rauhhautfledermaus durchgeführt, da Sachsen-Anhalt große Verantwortung für die Vorkommen dieser Arten in Europa hat.

Als besonders kritisch ist die Bestandssituation der Zwergfledermaus (*Pipistrellus pipistrellus*) einzuschätzen, die am stärksten von Sanierungsarbeiten im Siedlungsraum beeinträchtigt wird. In Deutschland sind zwei Ruftypen der Art bekannt: 45 und 55 KHz (Helversen 1989). Gegenwärtig werden Untersuchungen zur innerartlichen Differenzierung der Zwergfledermaus durchgeführt (Barlow & Jones 1996). Bis zur endgültigen Klärung des Artstatus von *Pipistrellus pipistrellus* wird dieses Nomen für die in Sachsen-Anhalt lebenden Populationen der Zwergfledermaus weiter verwendet.

Die Nordfledermaus (*Eptesicus nilssonii*), eine für den Harz typische Art, ist stark bedroht, da sie als Fassadenfledermaus (und Felsspaltenbewohner) ähnlich der Zwergfledermaus zunehmend in Quartiernot gerät.

Die Fledermausfauna Sachsen-Anhalts ist stark gefährdet, zumal nach 1990 ein starker Bau- und Sanierungsboom eingesetzt hatte. Dabei wurde die nachhaltige Sicherung der Fledermausbestände kaum berücksichtigt. Häufige Arten wie die Zwergfledermaus (*P. pipistrellus*) die Breitflügelfledermaus (*E. serotinus*) oder das Braune Langohr (*P. auritus*) sind besonders in Siedlungsräumen stark gefährdet. Die Lebensmöglichkeiten waldbewohnender Arten hängen vor allem vom Vorhandensein verschiedenster Baumhöhlentypen ab. Für die Überwinterung der an Felsquartiere angepaßten Arten ist der Schutz von Höhlen, Stollen, Kellern und Bunkern von Bedeutung.

Zusätzliche Abkürzungen in der Tabelle
Nachweis:
  Oh   Ohlendorf

Literatur

BARLOW, K.E., JONES, G. (1996): Morphological differences between two cryptic species of *Pipistrellus pipistrellus*. Abstract. VII. Europ. Bat Res. Symposium, Veldhoven.

BOYE, P., HUTTERER, R., BENKE, H. (1998): Rote Liste der Säugetiere (Mammalia). (Bearbeitungsstand: 1997). In: BINOT, M., BLESS, R., BOYE, P., GRUTTKE, H., PRETSCHER, P. (Hrsg.): Rote Liste gefährdeter Tiere Deutschlands. Schriftenr. Landschaftspfl. u. Natursch., 55, 33-39.

GÜNTHER, E., HELLMANN, M., OHLENDORF, B. (1991): Fund je einer Wochenstuben-Gesellschaft der Bechsteinfledermaus (*Myotis bechsteini*) und des Kleinabendseglers (*Nyctalus leisleri*) sowie zur Besiedlung von Spechthöhlen in naturnahen Laubwäldern des nordöstlichen Harzes durch Fledermäuse. Nyctalus (N.F.) 4, 7-16.

HAHN, S., VOLLMER, A., HEISE, U., MEYER, U., MEYER, H.J. (i. Dr.): Erste Erkenntnisse zum Vorkommen der Mopsfledermaus (*Barbatella barbastellus*) im Regierungsbezirk Dessau (Sachsen-Anhalt). Tagungsbd. "Zur Situation der Mopsfledermaus in Europa" Mansfeld, den 5.-7. September 1997., Arbeitskreis Fledermäuse Sachsen-Anhalt e.V.

HEIDECKE, D., BERGMANN, A. (1989): Ergebnisse zwölfjähriger Beringungsarbeit in einem *Myotis nattereri* – Winterquartier. Wiss. Beitr. Uni. Halle 20, 355-368.

HEIDECKE, D., STUBBE, M. (1992): Rote Liste der Säugetiere des Landes Sachsen-Anhalt. Ber. Landesamt. Umweltsch. Sachsen-Anhalt, 1, 9-12.

HELVERSEN, O. VON (1989): Bestimmungsschlüssel für die europäischen Fledermäuse nach äußeren Merkmalen. Myotis 27, 41-60.

LINA, P.H.C. (1998): Spelling and quoting of scientific names of European Bat species. Reference Centre for Bat Studies and Conservation.

NAGEL, A. (1998): Die Belastung einheimischer Fledermäuse mit Chlorkohlenwasserstoffen. Beitr. Akad. Natur- u. Umweltsch. Baden-Württemberg 26, 95-130.

OHLENDORF, B. (1983a): Die Große Bartfledermaus *Myotis brandti* (EVERSMANN 1845), ein fester Bestandteil der Harzer Fauna. Nyctalus (N.F.) 2, 577-584.

OHLENDORF, B. (1983b): Die Zwergfledermaus *Pipistrellus pipistrellus* (SCHREBER 1774), ein Faunenelement des Harzes. Nyctalus (N.F.) 2, 587-593.

OHLENDORF, B. (1989a): Autökologische Betrachtungen über *Myotis nattereri*, KUHL 1818, in Harzer Winterquartieren. Wiss. Beitr. Univ. Halle 20, 203-221.

OHLENDORF, B. (1989b): Zur Verbreitung der beiden Abendseglerarten *Nyctalus noctula* (SCHREBER, 1774) und *Nyctalus leisleri* (KUHL, 1818) im Harz. Nyctalus (N.F.) 2, 247-257.

OHLENDORF, B. (1989c): Zur Verbreitung und Biologie der Nordfledermaus (*Eptesicus nilssoni* KEYSERLING & BLASIUS) in der DDR. European Bat Research 1987. Charles Univ. Press, Praha, 609-615.

OHLENDORF, B. (1990): Wiederfunde Harzer Bartfledermäuse (*Myotis mystacinus* und *Myotis brandti*) und Bemerkungen zum Wanderverhalten und zum Alter der beiden Arten. Nyctalus (N.F.) 3, 119-124.

OHLENDORF, B. (1997a): Zur Regression der Kleinen Hufeisennase *Rhinolophus hipposideros* in Sachsen-Anhalt. Tagungsbd. "Zur Situation der Hufeisennasen in Europa" Nebra, den 26.-28. Mai 1995. Arbeitskreis Fledermäuse Sachsen-Anhalt e. V., 109-114.

OHLENDORF, B. (1997b): Fledermäuse (Chiroptera). In: Arten und Biotopenschutzprogramm Sachsen-Anhalt Landschaftsraum Harz. Ber. Landesamt. Umweltsch. Sachsen-Anhalt, Sonderheft 4/1997, 255-261.

OHLENDORF, B. (1998a): Zweifarbfledermaus *Vespertilio murinus* und Teichfledermaus *Myotis dasycneme*, zwei wiederentdeckte Faunenelemente des Harzes und des Harzvorlandes. Abh. Ber. Mus. Heineanum 4: 109 –112.

OHLENDORF, B. (1998b): Beobachtungen an interspezifischen Reproduktionsgesellschaften von Fledermäusen (*Myotis brandtii, Pipistrellus nathusii* und *Pipistrellus pipistrellus*) in Sachsen-Anhalt. Abh. Ber. Mus. Heineanum 4, 113-126.

OHLENDORF, B. (i. Dr./a): Zur korrekten Schreibweise der naturwissenschaftlichen Namen europäischer Fledermausarten. Nyctalus (N.F.).

OHLENDORF, B. (i. Dr./b): Monitoring Rauhhautfledermaus *Pipistrellus nathusii* in Sachsen-Anhalt. Nyctalus (N.F.).

OHLENDORF, B. (i. Dr./c): Zum Vorkommen der Mopsfledermaus *Barbastella barbastellus* in Sachsen-Anhalt. Tagungsbd. "Zur Situation der Mopsfledermaus in Europa" Mansfeld, den 5.-7. September 1997., Arbeitskreis Fledermäuse Sachsen-Anhalt e. V.

OHLENDORF, B., OHLENDORF, L. (1996): Zur Erfassung und Bestandssituation der Fledermäuse in Sachsen-Anhalt. Ber. Landesamt. Umweltsch. Sachsen-Anhalt 21, 26-35.

OHLENDORF, B., OHLENDORF, L. (1998): Zur Wahl der Paarungsquartiere und zur Struktur der Haremsgesellschaften des Kleinabendseglers (*Nyctalus leisleri*) in Sachsen-Anhalt. Nyctalus (N.F.) 6, 476-491.

OHLENDORF, B., SCHEIDT, W. (1996): Zur Fledermausfauna im Stadtforst Halberstadt unter besonderer Beachtung des Kleinen Abendseglers *Nyctalus leisleri* (KUHL 1818). Abh. Ber. Mus. Heineanum 3, 113-128.

OHLENDORF, B., STRAUBE, C. (1998): Zur cavernicolen Fledermausfauna von Rübeland und Umgebung. Ber. Landesamt. Umweltsch. Sachsen-Anhalt, Sonderheft 3/1998, 49-55.

OHLENDORF, B., BUSSE, P., LEUTHOLT, E., HECHT, B., LEUPOLD, D. (i. Dr./a): Reproduktion des Abendseglers *(Nyctalus noctula)* in Sachsen-Anhalt. Nyctalus (N.F.).

OHLENDORF, B., HECHT, D., LEUPOLT, B., LEUTHOLD, E., BUSSE, P., OHLENDORF, L. (i. Dr./b): Zum Vorkommen der Rauhhautfledermaus *Pipistrellus nathusii* in Sachsen-Anhalt. Nyctalus (N.F.).

UNRUH, M. STUBBE, M. (1989): Die Fledermausfauna des Kreises Zeitz unter besonderer Berücksichtigung des Mausohrs (*Myotis myotis* BORCKH.) in den Jahren 1980-1986. Wiss. Beitr. Univ. Halle 1989/20 (P 36), 157-176.

STRATMANN, B., SCHOBER, W. (1997): Zur Situation der Kleinen Hufeisennase im Saale-Unstrut-Trias-Land. Tagungsbd. "Zur Situation der Hufeisennasen in Europa" Nebra, den 26.-28. Mai 1995. Arbeitskreis Fledermäuse Sachsen-Anhalt e. V., 143-146.

Anschrift des Verfassers
Arbeitskreis Fledermäuse Sachsen-Anhalt e.V.
Bernd Ohlendorf
Bienenkopf 91 e
D - 06507 Stecklenberg

Art	BR	BS	BE	UV	SM	RL	Ges.	Bm	Nachweis	Deutscher Name
Barbastella barbastellus (SCHREBER, 1774)	T,H B	s ss	0 0	DO HE SO	as,a	1	§,BK FFH2 BO	W	HAHN et al. i. Dr., OH. i. Dr./c	Mopsfledermaus
Eptesicus nilssonii (KEYSERLING et BLASIUS, 1839)	T,H B	ss v	↘ ↘	DO ST	m	P	§,BK BO	W	OH. 1989c, OH., STRAUBE 1998	Nordfledermaus
Eptesicus serotinus (SCHREBER, 1774)	T,H B	v s	↘ ↘	DO HE ST	m	3	§,BK BO	V	OH., OH. 1996	Breitflügel-fledermaus
Myotis bechsteinii (KUHL, 1817)	T,H B	ss s	↘ ↘	SO AO	as,a	1	§,BK FFH2 BO	W	GÜNTHER et al. 1991	Bechstein-fledermaus
Myotis brandtii (EVERSMANN, 1845)	T,H B	v s	↗ ↗	SO AO EN	s	1	§,BK BO	V	OH. 1983a, OH. 1998b	Große Bart-fledermaus
Myotis dasycneme (BOIE, 1825)	T,B	ss	0			II	§,BK FFH2 BO	G	OH. 1998a	Teichfledermaus

Fledermäuse (Chiroptera)

Art	BR	BS	BE	UV	SM	RL	Ges.	Bm	Nachweis	Deutscher Name
Myotis daubentonii (KUHL, 1817)	T,H B	h v	0 0	WA HE SO	m	3	§,BK BO	V	OH., OH. 1996	Wasser-fledermaus
Myotis myotis (BORKHAUSEN, 1797)	T,H B	v s	↗ ↗	HE ST SO	a	1	§,BK FFH2 BO	V	UNRUH et al. 1989, OH., OH. 1996	Mausohr
Myotis mystacinus (KUHL, 1817)		ss	↷	SO AO ST	as	2	§,BK BO	V	OH. 1983c, OH., OH. 1996	Kleine Bart-fledermaus
Myotis nattereri (KUHL, 1817)	T,H B	v s	0 0	SO AO ST TO	m	2	§,BK BO	V	HEIDECKE, BERGMANN 1989, OH. 1989a	Fransen-fledermaus
Nyctalus leisleri (KUHL, 1817)	T,H B	s v	0 0	SO, AO TO	as,a	P	§,BK BO	W	OH. 1989b, OH., SCHEIDT 1996	Kleiner Abendsegler
Nyctalus noctula *(SCHREBER, 1774)*	T,H B	v ss	0 0	SO AO TO	m	3	§,BK BO	V	OH., OH. 1996, OH. et al. i. Dr./a	Abendsegler
Pipistrellus nathusii (KEYSERLING et BLASIUS, 1839)	T B	s ss	0 0	SO TO EN	as,G	II	§,BK BO	A	OH. et al. i. Dr./b, OH. i. Dr./b	Rauhhaut-fledermaus
Pipistrellus pipistrellus (SCHREBER, 1774)	T,H B	h v	↶ ↶	DO HE	m	3	§,BK BO	V	OH. 1983b, OH., OH. 1996	Zwergfledermaus
Plecotus auritus (L., 1758)	T,H B	h v	0 0	DO HE ST	m	3	§,BK BO		OH., OH. 1996	Braunes Langohr
Plecotus austriacus (FISCHER, 1829)	T,H B	s ss	0 0	DO HE ST	m	3	§,BK BO	V	OH., OH. 1996, OH. 1997b	Graues Langohr
Rhinolophus ferrumequinum *(SCHREBER, 1774)*		A				0	§,BK FFH2 BO		OH. 1997a	Große Hufeisennase
Rhinolophus hipposideros (BECHSTEIN, 1800)	H B	ss A	0	HE ST, NA	a	1	§,BK FFH2 BO	A	OH. 1997a, STRATMANN, SCHOBER 1997	Kleine Hufeisennase
Vespertilio murinus L., 1758	T,H B	s ss	0 0	ST	m	P	§,BK BO		OH. 1998a	Zweifarb-fledermaus

6.3 Bestandsentwicklung der Vögel (Aves)

GUNTHARD DORNBUSCH

Zoogeographisch betrachtet liegt Sachsen-Anhalt in der Westpalaearktis. Areal, Bestand und Dynamik sind bei Vogelarten großräumig zu sehen und mindestens im Rahmen Europas sowie auch darüber hinaus zu bewerten (TUCKER & HEATH 1994). Die Bestandsentwicklung von Brut- und Gastvögeln in Sachsen-Anhalt vollzieht sich eingebunden in großräumige Bestandsveränderungen.

Wesentliche Einflüsse auf die Vögel haben Entwässerung und Eutrophierung, Nutzungsintensivierung und Bebauung der Landschaft, anthropogene Störungen und Nutzungsregelungen, Fremdstoffwirkungen und Technisierung. Bei bestimmten Arten führen diese Einflüsse zu ungünstiger Bestandsentwicklung, Siedlungsdichteveränderungen, Lebensstätteneinbußen, bestandsbedrohten Populationen oder Arealeinbußen. Sie können letztendlich das teilweise oder völlige Verschwinden einer Art bewirken.

Die gegenwärtige Avifauna des Landes hat sich langfristig in enger Beziehung zur Entwicklung der Kulturlandschaft in Mitteleuropa herausgebildet. In steigendem Maße wirken jedoch anthropogene Einflüsse unmittelbar auf die Fauna ein und führen zu Faunenveränderungen. Die Ursachen für die Veränderungen der Areal- und Bestandssituation sind bei Vögeln in der Regel komplex, auch in Beziehung zu ihrer Zugehörigkeit zu einem bestimmten Faunentyp, und werden deshalb nicht bei den einzelnen Arten ausgewiesen. Sie wirken oft auf eine Artengruppe oder darüber hinaus auf umfassendere Vogelgemeinschaften. Des weiteren reicht das Jahresverbreitungsgebiet der Zugvogelarten über das Areal und meist auch über die Westpalaearktis hinaus bis Afrika und Indien. Das hat gleichermaßen Bedeutung für Bestandsveränderungen und deren Ursachen wie für Schutzstrategien unter internationalen Gesichtspunkten.

In Sachsen-Anhalt wurden bisher mindestens 350 Vogelarten beobachtet. Von 210 Arten sind Brutvorkommen bekannt geworden. Etwa 40% der Brutvogelarten haben Eingang in die Rote Liste der Vögel des Landes Sachsen-Anhalt gefunden (DORNBUSCH 1992).

Nachfolgende Artenliste ersetzt keine Checkliste, deren Anliegen u.a. auch die Dokumentation belegter Vorkommen von Ausnahmeerscheinungen ist. Der Schutz letzterer innerhalb von Sachsen-Anhalt ist jedoch für die Populationsentwicklung dieser Arten kaum von Bedeutung. Deshalb wurden in die Artenliste neben den Brutvögeln nur regelmäßige Durchzügler und Wintergäste, Arten, die im Rahmen des internationalen Vogelschutzes besonderer Aufmerksamkeit bedürfen, die beispielsweise als weltweit bedroht ausgewiesen sind (COLLAR et al. 1994) und Gastvögel (G), die als ehemalige Brutvögel oder ausnahmsweise als Vermehrungsgäste vorgekommen sind, aufgenommen. Alle übrigen als Gäste auftretenden Arten bleiben unberücksichtigt.

Die relative Häufigkeit wird in Anlehnung an NICOLAI (1993) angegeben. Als Häufigkeitsstufen wurden:

ss	1–25
s	251–2.500
v	2.501–25.000
g	>25.000

Brutpaare oder Gastvogelindividuen gewählt und sehr geringe Rasterfrequenzen besonders berücksichtigt.

Die Grundlage der Liste ist vielen Avifaunisten zu verdanken, deren Daten Eingang in Avifaunen und Zeitschriften gefunden haben. Einer ersten Gebietsavifauna von BORCHERT (1927) sind in neuerer Zeit mehrere Regionalfaunen gefolgt, die Aussagen für fast alle Kreise des Landes enthalten, für diese Übersicht jedoch nicht alle zitiert werden können.

Für gute Beratung, Quellenhinweise und Angaben zur Bestandssituation wird Dr. MAX DORNBUSCH, für Unterstützung bei der Manuskriptgestaltung PETRA DORNBUSCH und für die avifaunistischen Grundlagen allen Avifaunisten Sachsen-Anhalts herzlich gedankt.

Zusätzliche Abkürzungen in der Tabelle
Bemerkungen (Bm):
　EB　Ehemaliger Brutvogel
　BG　Brutgast
Nachweis:
　N　NICOLAI 1993
　BM　BRIESEMEISTER et al.

Literatur

BALSCHUN, D. (1980): Rotfußfalkenbrut im Gebiet der Mansfelder Seen (Bezirk Halle). Falke 27, 18-21.

BARTHEL, P.H. (1994): Bemerkenswerte Beobachtungen. Wegzug 1994. Limicola 8, 319-330.

BARTHEL, P.H., Deutsche Seltenheitenkommission (1995): Seltene Vogelarten in Deutschland 1993. Limicola 9, 77-110.

BORCHERT, W. (1927): Die Vogelwelt des Harzes, seines nordöstlichen Vorlandes und der Altmark. Abh. Ber. Mus. Nat.-Heim.kd. Magdeburg 4, 566-582.

BRIESEMEISTER, E., STEIN, H., SEELIG, K.J. (1987): Avifaunistische Übersicht über die Nonpasseriformes für das Gebiet des Ornithologischen Arbeitskreises "Mittelelbe - Börde". Teil 1. Magdeburg.

BRIESEMEISTER, E., STEIN, H., SEELIG, K.J. (1988): Avifaunistische Übersicht über die Nonpasseriformes für das Gebiet des Ornithologischen Arbeitskreises "Mittelelbe - Börde". Teil 2. Magdeburg.

COLLAR, N.J., CROSBY, M.J., STATTERSFIELD, A.J. (1994): Birds to Watch 2. The World List of Threatened Birds. BirdLife Conserv. Ser. 4. Cambridge.

DORNBUSCH, G. (1995): Zur Bestandserfassung ausgewählter Vogelarten in Sachsen-Anhalt 1994. Apus 9(2/3), 99-104.

DORNBUSCH, M. (1992): Rote Liste der Vögel des Landes Sachsen-Anhalt. Ber. Landesamt. Umweltsch. Sachsen-Anhalt 1, 13-15.

GLUTZ VON BLOTZHEIM, U.N., BAUER, K.M., BEZZEL, E. (1971 u. 1973): Handbuch der Vögel Mitteleuropas. Bd. 4 u. 5. Akad. Verl.Ges., Frankfurt/M.

GNIELKA, R. (1983, 1984): Natur und Umwelt. Avifauna von Halle und Umgebung. Teil 1 u. 2. Halle/S.

GNIELKA, R. (1989): Avifaunistischer Jahresbericht 1983 für den Bezirk Halle. Apus 7(3), 97-112.

GNIELKA, R., ZAUMSEIL, J. (1997): Atlas der Brutvögel Sachsen-Anhalts. Kartierung des Südteils von 1990-1995. Halle/Saale.

GÜNTHER, E., HELLMANN, M., LYHS, H. (1978): Bruten der Kolbenente *(Netta rufina)* und der Schnatterente *(Anas strepera)* im südlichen Harzvorland. Orn. Jber. Mus. Heineanum 3, 63-65.

GÜNTHER, E., HELLMANN, M. (1993): Birkenzeisig *(Carduelis flammea)* als Brutvogel auf dem Brocken. Orn. Jber. Mus. Heineanum 11, 109-110.

HAENSEL, J., HANDTKE, K., KÖNIG, H., SCHNEIDER, R. (1964): Der Einfluß der Vernässungserscheinungen 1961 auf die Vogelwelt im Großen Bruch bei Oschersleben/Bode. Beitr. Vogelk. 9, 409-419.

HAMPE, H. (1992): Brutnachweis der Schellente an der Mittelelbe bei Dessau. Apus 8(3), 128.

HAMPE, H. (1997): Zwergschnäpper brütete in der Mosigkauer Heide. Apus 9(6), 292-293.

HELLMANN, M., GÜNTHER, E., OHLENDORF, B. (1992): Zum Vorkommen der Ringdrossel *(Turdus torquatus)* im Hochharz. Orn. Jber. Mus. Heineanum 10, 107-116.

HUYSKENS, P.R.G. (1986): Het Europese Rietganzenprobleem *Anser fabalis*. Oriolus 52(3/4), 105-256.

KEIL, D. (1995): Der Bienenfresser, Brutvogel im Landkreis Hettstedt. Apus 9(1), 1-5.

KLAUS, S. (1995): Haselhuhn, *Bonasa bonasia* (L.) im Südharz ausgewildert. Thür. Orn. Mitt. 45, 111.

KOLBE, H. (1970): Limikolendurchzug im Mennewitzer Teichgebiet. Apus 2(3), 115-130.

KUMMER, J., MÜLLER, M., STEIN, H. (1973): Zur Avifauna des Schollener Sees und seiner Umgebung. Naturk. Jber. Mus. Heineanum 8, 31-77.

LIEDEL, K. (1970): Das Vorkommen der Wassertreter in den Bezirken Halle und Magdeburg. Apus 2(2), 54-65.

NICOLAI, B. (1993): Atlas der Brutvögel Ostdeutschlands. Fischer, Jena, Stuttgart.

NICOLAI, B., BRIESEMEISTER, E., STEIN, H., SEELIG, K.J. (1982): Avifaunistische Übersicht über die Passeriformes für das Gebiet des Ornithologischen Arbeitskreises "Mittelelbe - Börde". Magdeburg.

PRIGGE, R. (1965): Zwergseeschwalben, *Sterna albifrons*, brüteten an der Mittelelbe. Beitr. Vogelk. 11, 198-199.

RHEINWALD, G. (1993): Atlas der Verbreitung und Häufigkeit der Brutvögel Deutschlands. Kartierung um 1985. Schriftenr. DDA 12. Bonn.

ROCHLITZER, R. (1993): Die Vogelwelt des Gebietes Köthen. Köthen.

SCHÖNFELD, M. (1992): Zur Situation des Sprossers im mittleren und südlichen Sachsen-Anhalt. Apus 8(1), 20-21.

SCHWARZE, D. (1995): Weißkopf-Ruderente bei Roßlau. Apus 9(1), 59-60.

STEIN, H. (1992): Nachweis eines Seidensängers in Sachsen-Anhalt. Apus 8(1), 21-22.

STUBBE, M., WEBER, M., HOFMANN, T., HERMANN, S. (1996): Der Zwergadler *Hieraaetus pennatus* als neuer Brutvogel in Deutschland. Limicola 10, 171-177.

TODTE, I. (1995): Zum Vorkommen der Bartmeise in Sachsen-Anhalt. Apus 9(2/3), 74-82.

TODTE, I., BOUDA, K.H. (1996): Beobachtungen an der ersten Brut des Purpurreihers *Ardea purpurea* in Sachsen-Anhalt. Limicola 10, 192-196.

WADEWITZ, M. (1992): Wiederbesiedlung des nordöstlichen Harzvorlandes (Sachsen-Anhalt) durch den Uhu *(Bubo bubo)*. Orn. Jber. Mus. Heineanum 10, 3-19.

ZANG, H., KUNZE, P. (1996): Die Brutvorkommen des Mittelsägers *Mergus serrator* an der Oker im nördlichen Harzvorland (Niedersachsen). Orn. Jber. Mus. Heineanum 14, 1-9.

Anschrift des Verfassers
Gunthard Dornbusch
Staatliche Vogelschutzwarte Steckby
Zerbster Str. 7
D - 39264 Steckby

Art	BS	BE	SM	RL	Ges.	Bm	Nachweis	Deutscher Name
Accipiter gentilis (L., 1758)	v	0			§,**BK**,WA-A2 BO,VO		N	Habicht
Accipiter nisus (L., 1758)	s	↶		3	§,**BK**,WA-A2 BO,VO		N	Sperber
Acrocephalus arundinaceus (L., 1758)	v	↶↶	as	3	§,BK,BO,VO		N	Drosselrohrsänger
Acrocephalus paludicola (VIEILLOT, 1817)	ss	0		0	§,BK,BO,VO	G,EB	BORCHERT 1927	Seggenrohrsänger
Acrocephalus palustris (BECHSTEIN, 1798)	h	0			§,BK,BO,VO		N	Sumpfrohrsänger
Acrocephalus schoenobaenus (L., 1758)	v	↶↶	as	3	§,BK,BO,VO		N	Schilfrohrsänger
Acrocephalus scirpaceus (HERMANN, 1804)	h	↶			§,BK,BO,VO		N	Teichrohrsänger
Actitis hypoleucos (L., 1758)	s	↶	as	3	§,BK,BO,VO		N	Flußuferläufer
Aegithalos caudatus (L., 1758)	h	0			§,BK,VO		N	Schwanzmeise
Aegolius funereus (L., 1758)	s	0	as,t	P	§,**BK**,WA-A2 VO		N	Rauhfußkauz
Aix galericulata (L., 1758)	ss	↗			BK,BO,VO		BM 1987	Mandarinente
Alauda arvensis L., 1758	g	↶	t		§,BK,VO		N	Feldlerche
Alcedo atthis (L., 1758)	s	↶	as	3	§,**BK**,VO		N	Eisvogel
Alopochen aegyptiacus (L., 1766)	ss	↗			BK,WA-C(3) BO,VO	G,BG	GNIELKA et al. 1997	Nilgans
Anas acuta L., 1758	ss	↶	as		BK,WA-C(3) BO,VO		N	Spießente
Anas clypeata L., 1758	s	0	as		BK,WA-C(3) BO,VO		N	Löffelente
Anas crecca L., 1758	s	0			BK,WA-C(3) BO,VO		N	Krickente
Anas penelope L., 1758	v	0			BK,WA-C(3) BO,VO	G	BM 1987	Pfeifente
Anas platyrhynchos L., 1758	g	0			BK,BO,VO		N	Stockente
Anas querquedula L., 1758	s	↶	as		§,BK,BO WA-A(3),VO	V	N	Knäkente
Anas strepera L., 1758	ss	0	as	P	BK,BO,VO		N	Schnatterente
Anser albifrons (SCOPOLI, 1769)	h	↗	as,t		BK,BO,VO	G	BM 1987	Blässgans
Anser anser (L., 1758)	v	↗	as		BK,BO,VO	A	N	Graugans
Anser brachyrhynchus BAILLON, 1833	s	0			BK,BO,VO	G	BM 1987	Kurzschnabelgans

Vögel (Aves)

Art	BS	BE	SM	RL	Ges.	Bm	Nachweis	Deutscher Name
Anser erythropus (L., 1758)	ss	↘			**BK**,BO,VO	G	ROCHLITZER 1993	Zwerggans
Anser fabalis (LATHAM, 1787)	g	↗	as,t		BK,BO,VO	G	HUYSKENS 1986	Saatgans
Anthus campestris (L., 1758)	v	↘	t	3	§,**BK**,VO		N	Brachpieper
Anthus cervinus (PALLAS, 1811)	s	0			§,**BK**,VO	G	ROCHLITZER 1993	Rotkehlpieper
Anthus pratensis (L., 1758)	h	0	t		§,**BK**,VO		N	Wiesenpieper
Anthus spinoletta (L., 1758)	v	0			§,**BK**,VO	G	N	Bergpieper
Anthus trivialis (L., 1758)	g	0			§,**BK**,VO		N	Baumpieper
Apus apus (L., 1758)	h	0	as,l		§,**BK**,VO		N	Mauersegler
Aquila chrysaetos (L., 1758)	ss	0		0	§,**BK**,WA-A2 BO,VO	G,EB	BM 1987	Steinadler
Aquila clanga PALLAS, 1811	ss	0			§,**BK**,WA-A2 BO,VO	G	BORCHERT 1927	Schelladler
Aquila pomarina C.L. BREHM, 1831	ss	0	a,as	1	§,**BK**,WA-A2 BO,VO	A	N	Schreiadler
Ardea cinerea L., 1758	v	↗	a,as		BK,VO		N	Graureiher
Ardea purpurea L., 1766	ss	0	as		§,**BK**,BO,VO	G,BG	TODTE et al. 1996	Purpurreiher
Arenaria interpres (L., 1758)	s	0			§,**BK**,BO,VO	G	ROCHLITZER 1993	Steinwälzer
Asio flammeus (PONTOPPIDAN, 1763)	ss	↘	as	2	§,**BK**,WA-A2 VO		N	Sumpfohreule
Asio otus (L., 1758)	v	0			§,**BK**,WA-A2 VO		N	Waldohreule
Athene noctua (SCOPOLI, 1769)	ss	↘↘	a,as t,l	1	§,**BK**,WA-A2 VO		N	Steinkauz
Aythya ferina (L., 1758)	v	↘			BK,BO,VO		N	Tafelente
Aythya fuligula (L., 1758)	s	0			BK,BO,VO		N	Reiherente
Aythya marila (L., 1761)	s	0			BK,BO,VO	G	BM 1987	Bergente
Aythya nyroca (GÜLDENSTÄDT, 1769)	ss	0	as	0	§,**BK**, BO,VO WA-A(3)		N	Moorente
Bombycilla garrulus (L., 1758)	v	0			§,**BK**,VO	G	NICOLAI et al. 1982	Seidenschwanz
Botaurus stellaris (L., 1758)	s	↘	as	2	§,**BK**,BO,VO		N	Rohrdommel
Branta bernicla (L., 1758)	ss	0			BK,BO,VO	G	BM 1987	Ringelgans
Branta canadensis (L., 1758)	s	↗			BK,BO,VO	G	BM 1987	Kanadagans
Branta leucopsis (BECHSTEIN, 1803)	s	↗			BK,BO,VO	G	BM 1987	Weißwangengans
Branta ruficollis (PALLAS, 1769)	ss	0			§,**BK**,WA-A2 BO,VO	G	BM 1987	Rothalsgans
Bubo bubo (L., 1758)	ss	↗	a,as	1	§,**BK**,WA-A2 VO		WADEWITZ 1992	Uhu
Bucephala clangula (L., 1758)	v	0	l		BK,BO,VO	G,BG	HAMPE 1992	Schellente
Burhinus oedicnemus (L., 1758)	ss	0		0	§,**BK**,BO,VO	G,EB	N	Triel
Buteo buteo (L., 1758)	h	0			§,**BK**,WA-A2 BO,VO		N	Mäusebussard
Buteo lagopus (PONTOPPIDAN, 1763)	v	0	as		§,**BK**,WA-A2 BO,VO	G	BM 1987	Rauhfußbussard
Calcarius lapponicus (L., 1758)	s	0			§,**BK**,VO	G	NICOLAI et al. 1982	Spornammer

Art	BS	BE	SM	RL	Ges.	Bm	Nachweis	Deutscher Name
Calidris alba (PALLAS, 1764)	ss	0			§,**BK**,BO,VO	G	ROCHLITZER 1993	Sanderling
Calidris alpina (L., 1758)	v	0	as		§,**BK**,BO,VO	G	BM 1988	Alpenstrandläufer
Calidris canutus (L., 1758)	s	0			§,**BK**,BO,VO	G	BM 1988	Knutt
Calidris ferruginea (PONTOPPIDAN, 1763)	s	0			§,**BK**,BO,VO	G	BM 1988	Sichelstrandläufer
Calidris minuta (LEISLER, 1812)	v	0	as		§,**BK**,BO,VO	G	BM 1988	Zwergstrandläufer
Calidris temminckii (LEISLER, 1812)	s	0			§,**BK**,BO,VO	G	BM 1988	Temminckstrand-läufer
Caprimulgus europaeus L., 1758	v	⚘	as	2	§,**BK**,VO		N	Ziegenmelker
Carduelis cannabina (L., 1758)	g	⚘			§,**BK**,VO		N	Bluthänfling
Carduelis carduelis (L., 1758)	g	0			§,**BK**,VO		N	Stieglitz
Carduelis chloris (L., 1758)	g	⚘			§,**BK**,VO		N	Grünfink
Carduelis flammea (L., 1758)	ss	⚘			§,**BK**,VO		GÜNTHER et al. 1993	Birkenzeisig
Carduelis flavirostris (L., 1758)	v	0			§,**BK**,VO	G	NICOLAI et al. 1982	Berghänfling
Carduelis spinus (L., 1758)	v	0			§,**BK**,VO		N	Erlenzeisig
Carpodacus erythrinus (PALLAS, 1770)	ss	⚘			§,**BK**,VO		N	Karmingimpel
Certhia brachydactyla C.L. BREHM, 1820	h	0			§,**BK**,VO		N	Gartenbaumläufer
Certhia familiaris L., 1758	h	0			§,**BK**,VO		N	Waldbaumläufer
Cettia cetti (TEMMINCK, 1820)	ss	0	as		§,**BK**,BO,VO	G,BG	STEIN 1992	Seidensänger
Charadrius dubius SCOPOLI, 1786	v	⚘			§,**BK**,BO,VO		N	Flußregenpfeifer
Charadrius hiaticula L., 1758	s	0	as	P	§,**BK**,BO,VO	G,BG	ROCHLITZER 1993	Sandregenpfeifer
Charadrius morinellus L., 1758	ss	0			§,**BK**,BO,VO	G	ROCHLITZER 1993	Mornellregen-pfeifer
Chlidonias niger (L., 1758)	s	⚘	a,as,l	1	§,**BK**,BO,VO	V	N	Trauersee-schwalbe
Ciconia ciconia (L., 1758)	v	⚘	a,as t,l	3	§,**BK**,BO,VO	V	N	Weißstorch
Ciconia nigra (L., 1758)	ss	⚘	a,as	1	§,**BK**,WA-A2 BO,VO		DORNBUSCH 1995	Schwarzstorch
Cinclus cinclus (L., 1758)	s	0	as	3	§,**BK**,VO		N	Wasseramsel
Circaetus gallicus (J.F. GMELIN, 1788)	ss	0			§,**BK**,WA-A2 BO,VO	G	BM 1987	Schlangenadler
Circus aeruginosus (L., 1758)	v	⚘	as		§,**BK**,WA-A2 BO,VO	V	N	Rohrweihe
Circus cyaneus (L., 1766)	ss	⚘	a,as	1	§,**BK**,WA-A2 BO,VO		N	Kornweihe
Circus macrourus (S.G. GMELIN, 1771)	ss	0			§,**BK**,WA-A2 BO,VO	G,BG	GLUTZ et al. 1971	Steppenweihe
Circus pygargus (L., 1758)	ss	⚘	a,as	1	§,**BK**,WA-A2 BO,VO		N	Wiesenweihe
Clangula hyemalis (L., 1758)	s	0			BK,BO,VO	G	BM 1987	Eisente
Coccothraustes coccothraustes (L., 1758)	h	0			§,**BK**,VO		N	Kernbeißer
Columba livia f. *domestica* J.F. GMELIN, 1789	h	0			VO		N	Straßentaube

Art	BS	BE	SM	RL	Ges.	Bm	Nachweis	Deutscher Name
Columba oenas L., 1758	v	⇗			BK,VO		N	Hohltaube
Columba palumbus L., 1758	g	⇗			VO		N	Ringeltaube
Coracias garrulus L., 1758	ss	⇖	as	1	§,**BK**,BO,VO		N	Blauracke
Corvus corax L., 1758	v	⇗			BK,VO		N	Kolkrabe
Corvus corone cornix L., 1758	h	0			§,VO	A	N	Nebelkrähe
Corvus corone corone L., 1758	h	0			§,VO	A	N	Rabenkrähe
Corvus frugilegus L., 1758	v	⇘	a,as	3	§,VO		N	Saatkrähe
Corvus monedula L., 1758	v	⇘	a,l	3	§,VO		N	Dohle
Coturnix coturnix (L., 1758)	v	⇖	as,t	3	BK,BO,VO		N	Wachtel
Crex crex (L., 1758)	s	⇖	a,as,t	1	§,**BK**,VO		N	Wachtelkönig
Cuculus canorus L., 1758	h	0			§,**BK**,VO		N	Kuckuck
Cygnus bewickii YARRELL, 1830	v	⇗	as		BK,BO,VO	G	BM 1987	Zwergschwan
Cygnus cygnus (L., 1758)	v	⇗	as		§,**BK**,BO,VO	G	BRIESE-MEISTER et al. 1987	Singschwan
Cygnus olor (J.F. GMELIN, 1789)	v	0			BK,BO,VO		N	Höckerschwan
Delichon urbica (L., 1758)	g	0			§,**BK**,VO		N	Mehlschwalbe
Dendrocopos major (L., 1758)	g	0			§,**BK**,VO		N	Buntspecht
Dendrocopos medius (L., 1758)	v	0	as	3	§,**BK**,VO		N	Mittelspecht
Dendrocopos minor (L., 1758)	v	0			§,**BK**,VO		N	Kleinspecht
Dryocopus martius (L., 1758)	v	0			§,**BK**,VO		N	Schwarzspecht
Emberiza citrinella L., 1758	g	⇘			§,**BK**,VO		N	Goldammer
Emberiza hortulana L., 1758	v	⇖	as,t	2	§,**BK**,VO	V	N	Ortolan
Emberiza schoeniclus (L., 1758)	h	0			§,**BK**,VO		N	Rohrammer
Eremophila alpestris (L., 1758)	v	0	as		§,**BK**,VO	G	NICOLAI et al. 1982	Ohrenlerche
Erithacus rubecula (L., 1758)	g	0			§,**BK**,BO,VO		N	Rotkehlchen
Falco columbarius L., 1758	s	0	as		§,**BK**,WA-A2 BO,VO	G	BM 1987	Merlin
Falco peregrinus TUNSTALL, 1771	ss	⇗	a,as,l	1	§,**BK**,WA-A1 BO,VO		N	Wanderfalke
Falco subbuteo L., 1758	s	⇘	as	3	§,**BK**,WA-A2 BO,VO		N	Baumfalke
Falco tinnunculus L., 1758	v	⇘			§,**BK**,WA-A2 BO,VO		N	Turmfalke
Falco vespertinus L., 1766	ss	0	as	I	§,**BK**,WA-A2 BO,VO	G,BG	BALSCHUN 1980	Rotfußfalke
Ficedula albicollis (TEMMINCK, 1815)	ss	0			§,**BK**,BO,VO	G,BG	GNIELKA 1983	Halsband-schnäpper
Ficedula hypoleuca (PALLAS, 1764)	g	0			§,**BK**,BO,VO		N	Trauerschnäpper
Ficedula parva (BECHSTEIN, 1794)	ss	0			§,**BK**,BO,VO		GNIELKA et al. 1997	Zwergschnäpper
Fringilla coelebs L., 1758	g	0			§,**BK**,VO		N	Buchfink
Fringilla montifringilla L., 1758	h	0			§,**BK**,VO	G	NICOLAI et al. 1982	Bergfink
Fulica atra L., 1758	h	⇘			BK,VO		N	Bläßhuhn
Galerida cristata (L., 1758)	v	⇖			§,**BK**,VO		N	Haubenlerche
Gallinago gallinago (L., 1758)	v	⇘	a,as,t	3	§,**BK**,BO,VO		N	Bekassine
Gallinago media (LATHAM, 1787)	ss	0		0	§,**BK**,BO,VO	G,EB	ROCHLITZER 1993	Doppelschnepfe
Gallinula chloropus (L., 1758)	v	⇘			§,**BK**,VO		N	Teichhuhn

Art	BS	BE	SM	RL	Ges.	Bm	Nachweis	Deutscher Name
Garrulus glandarius (L., 1758)	h	0			§,VO		N	Eichelhäher
Gavia arctica (L., 1758)	s	0			§,BK,BO,VO	G	BM 1987	Prachttaucher
Gavia stellata (PONTOPPIDAN, 1763)	ss	0			§,BK,BO,VO	G	BM 1987	Sterntaucher
Glaucidium passerinum (L., 1758)	ss	↗	a,as		§,BK,WA-A2 VO		BARTHEL et al. 1995	Sperlingskauz
Grus grus (L., 1758)	s	↗	a,as	1	§,BK,WA-A2 BO,VO	A	N	Kranich
Haematopus ostralegus L., 1758	ss	↗	as	P	§,BK,VO		N	Austernfischer
Haliaeetus albicilla (L., 1758)	ss	↗	a,as	1	§,BK,WA-A1 BO,VO	A	DORNBUSCH 1995	Seeadler
Hieraaetus pennatus (J.F. GMELIN, 1788)	ss	↗	a,as		§,BK,WA-A2 BO,VO	G,BG	STUBBE et al. 1996	Zwergadler
Himantopus himantopus (L., 1758)	ss	0	as	I	§,BK,BO,VO	G,BG	N	Stelzenläufer
Hippolais icterina (VIEILLOT, 1817)	g	↘			§,BK,BO,VO		N	Gelbspötter
Hirundo rustica L., 1758	g	↘			§,BK,VO		N	Rauchschwalbe
Ixobrychus minutus (L., 1766)	ss	↘↘	as	1	§,BK,BO,VO		N	Zwergdommel
Jynx torquilla L., 1758	v	↘↘		3	§,BK,VO		N	Wendehals
Lanius collurio L., 1758	h	↘			§,BK,VO		N	Neuntöter
Lanius excubitor L., 1758	s	↘↘	as	2	§,BK,VO		N	Raubwürger
Lanius minor J.F. GMELIN, 1788	A			0	§,BK,VO	EB	N	Schwarzstirnwürger
Lanius senator L., 1758	ss	↘	as	I	§,BK,VO		N	Rotkopfwürger
Larus argentatus PONTOPPIDAN, 1763	ss	↗			VO		GNIELKA 1989	Silbermöwe
Larus canus L., 1758	v	↗	as		BK,VO		N	Sturmmöwe
Larus fuscus L., 1758	s	0			VO	G	BM 1988	Heringsmöwe
Larus marinus L., 1758	ss	0			VO	G	BM 1988	Mantelmöwe
Larus melanocephalus TEMMINCK, 1820	ss	0	s	P	BK,BO,VO		GNIELKA et al. 1997	Schwarzkopfmöwe
Larus michahellis J.F. NAUMANN, 1840	ss	↗			VO		GNIELKA et al. 1997	Mittelmeer-Weißkopfmöwe
Larus minutus PALLAS, 1776	s	0	s		BK,VO	G,BG	KUMMER et al. 1973	Zwergmöwe
Larus ridibundus L., 1766	h	↘	as		BK,VO		N	Lachmöwe
Limicola falcinellus (PONTOPPIDAN, 1763)	ss	0			§,BK,BO,VO	G	ROCHLITZER 1993	Sumpfläufer
Limosa lapponica (L., 1758)	s	0			§,BK,BO,VO	G	BM 1988	Pfuhlschnepfe
Limosa limosa (L., 1758)	ss	↘	a,as,t	1	§,BK,BO,VO		N	Uferschnepfe
Locustella fluviatilis (WOLF, 1810)	s	↗	as	3	§,BK,BO,VO		N	Schlagschwirl
Locustella luscinioides (SAVI, 1824)	s	0	as	P	§,BK,BO,VO		N	Rohrschwirl
Locustella naevia (BODDAERT, 1783)	h	0			§,BK,BO,VO		N	Feldschwirl
Loxia curvirostra L., 1758	v	0			§,BK,VO		N	Fichtenkreuzschnabel
Lullula arborea (L., 1758)	v	↘	as,t		§,BK,VO	V	N3	Heidelerche
Luscinia luscinia (L., 1758)	ss	0		0	§,BK,BO,VO	G,EB	SCHÖNFELD 1992	Sprosser
Luscinia megarhynchos C.L. BREHM, 1831	h	0			§,BK,BO,VO	V	N	Nachtigall

Art	BS	BE	SM	RL	Ges.	Bm	Nachweis	Deutscher Name
Luscinia svecica cyanecula (MEISNER, 1804)	ss	0	as	2	§,**BK**,BO,VO		N	Weißstern-Blaukehlchen
Luscinia svecica svecica (L., 1758)	ss	0		2	§,**BK**,BO,VO	G	ROCHLITZER 1993	Rotstern-Blaukehlchen
Lymnocryptes minimus (BRÜNNICH, 1764)	s	0	as		§,**BK**,BO,VO	G	KOLBE 1970	Zwergschnepfe
Lyrurus tetrix (L., 1758)	ss	↘	a,as	1	**BK**,VO		N	Birkhuhn
Melanitta fusca (L., 1758)	s	0			**BK**,BO,VO	G	BM 1987	Samtente
Melanitta nigra (L., 1758)	s	0			**BK**,BO,VO	G	BM 1987	Trauerente
Mergus albellus L., 1758	s	0			**BK**,BO,VO	G	BM 1987	Zwergsäger
Mergus merganser L., 1758	v	↘	as,l	I	**BK**,BO,VO	G,BG	ROCHLITZER 1993	Gänsesäger
Mergus serrator L., 1758	ss	0	as		**BK**,BO,VO		ZANG et al. 1996	Mittelsäger
Merops apiaster L., 1758	ss	↗	as	I	§,**BK**,BO,VO		KEIL 1995	Bienenfresser
Miliaria calandra (L., 1758)	v	↘↘	as,t	3	§,**BK**,VO		N	Grauammer
Milvus migrans (BODDAERT, 1783)	v	↘	as	3	§,**BK**,WA-A2 BO,VO	V	N	Schwarzmilan
Milvus milvus (L., 1758)	v	0	a,as	3	§,**BK**,WA-A2 BO,VO	W	N	Rotmilan
Motacilla alba L., 1758	h	↘			§,**BK**,VO		N	Bachstelze
Motacilla cinerea TUNSTALL, 1771	v	0	as		§,**BK**,VO		N	Gebirgsstelze
Motacilla flava L., 1758	h	↘	t		§,**BK**,VO		N	Schafstelze
Muscicapa striata (PALLAS, 1764)	h	↘			§,**BK**,BO,VO		N	Grauschnäpper
Netta rufina (PALLAS, 1773)	ss	↘	as	P	**BK**,BO,VO		GÜNTHER et al. 1978	Kolbenente
Nucifraga caryocatactes (L., 1758)	s	0	as	P	§,**BK**,VO		N	Tannenhäher
Numenius arquata (L., 1758)	s	↘	a,as,t	2	§,**BK**,BO,VO		N	Großer Brachvogel
Numenius phaeopus (L., 1758)	s	0			§,**BK**,BO,VO	G	BM 1988	Regenbrachvogel
Nycticorax nycticorax (L., 1758)	ss	0	as		§,**BK**,VO	G,BG	HAENSEL et al. 1964	Nachtreiher
Oenanthe oenanthe (L., 1758)	h	↘	t,l		§,**BK**,BO,VO		N	Steinschmätzer
Oriolus oriolus (L., 1758)	h	↘			§,**BK**,VO		N3	Pirol
Otis tarda L., 1758	ss	↘↘	a,as t,m	1	§,**BK**,WA-A2 BO,VO	V,A	N	Großtrappe
Oxyura jamaicensis (J.F. GMELIN, 1789)	ss	↗			**BK**,BO,VO	G	BARTHEL 1994	Schwarzkopf-Ruderente
Oxyura leucocephala (SCOPOLI, 1769)	ss	0			§,**BK**,WA-A2 BO,VO	G	SCHWARZE 1995	Weißkopf-Ruderente
Pandion haliaetus (L., 1758)	ss	↗	a,as,l	1	§,**BK**,WA-A2 BO,VO		DORNBUSCH 1995	Fischadler
Panurus biarmicus (L., 1758)	ss	↗	as	P	§,**BK**,BO,VO		TODTE 1995	Bartmeise
Parus ater L., 1758	g	0			§,**BK**,VO		N	Tannenmeise
Parus caeruleus L., 1758	g	0			§,**BK**,VO		N	Blaumeise
Parus cristatus L., 1758	h	↘			§,**BK**,VO		N	Haubenmeise
Parus major L., 1758	g	0			§,**BK**,VO		N	Kohlmeise
Parus montanus CONRAD, 1827	h	↗			§,**BK**,VO		N	Weidenmeise
Parus palustris L., 1758	h	↘			§,**BK**,VO		N	Sumpfmeise
Passer domesticus (L., 1758)	g	↘			§,VO		N	Haussperling

Art	BS	BE	SM	RL	Ges.	Bm	Nachweis	Deutscher Name
Passer montanus (L., 1758)	g	↯↯			§,BK,VO		N	Feldsperling
Perdix perdix (L., 1758)	v	↯↯	as,t	3	BK,VO		N	Rebhuhn
Pernis apivorus (L., 1758)	v	↯	as	3	§,BK,WA-A2 BO,VO		N	Wespenbussard
Phalacrocorax carbo (L., 1758)	s	↯	a,as		§,BK,VO		N	Kormoran
Phalaropus lobatus (L., 1758)	ss	0			§,BK,BO,VO	G	LIEDEL 1970	Odinshühnchen
Phasianus colchicus L., 1758	h	0			BK,VO		N	Fasan
Philomachus pugnax (L., 1758)	ss	0	as	I	§,BK,BO,VO		N	Kampfläufer
Phoenicurus ochruros (S.G. GMELIN, 1774)	g	0			§,BK,BO,VO		N	Hausrotschwanz
Phoenicurus phoenicurus (L., 1758)	h	↯↯			§,BK,BO,VO		N	Gartenrotschwanz
Phylloscopus collybita (VIEILLOT, 1817)	g	0			§,BK,BO,VO		N	Zilpzalp
Phylloscopus sibilatrix (BECHSTEIN, 1793)	g	0			§,BK,BO,VO		N	Waldlaubsänger
Phylloscopus trochiloides (SUNDEVALL, 1837)	ss	0			§,BK,BO,VO	G	BARTHEL et al. 1995	Grünlaubsänger
Phylloscopus trochilus (L., 1758)	g	0			§,BK,BO,VO		N	Fitis
Pica pica (L., 1758)	h	0			§,VO		N	Elster
Picus canus J.F. GMELIN, 1788	v	↯			**§,BK**,VO	A	N	Grauspecht
Picus viridis L., 1758	v	↯↯			**§,BK**,VO		N	Grünspecht
Plectrophenax nivalis (L., 1758)	s	0			§,**BK**,VO	G	NICOLAI et al. 1982	Schneeammer
Pluvialis apricaria (L., 1758)	v	0	as		§,BK,BO,VO	G	BM 1988	Goldregenpfeifer
Pluvialis squatarola (L., 1758)	s	0			§,BK,BO,VO	G	BM 1988	Kiebitzregenpfeifer
Podiceps auritus (L., 1758)	s	0			§,BK,BO,VO	G	BM 1987	Ohrentaucher
Podiceps cristatus (L., 1758)	v	0			BK,VO		N	Haubentaucher
Podiceps grisegena (BODDAERT, 1783)	s	0	as	P	§,BK,BO,VO		N	Rothalstaucher
Podiceps nigricollis C.L. BREHM, 1831	ss	↯	as	P	§,**BK**,VO		N	Schwarzhalstaucher
Porzana parva (SCOPOLI, 1769)	ss	↯	as	2	§,BK,BO,VO		N	Kleines Sumpfhuhn
Porzana porzana (L., 1766)	s	↯	as	2	§,BK,BO,VO		N	Tüpfelsumpfhuhn
Porzana pusilla (PALLAS, 1776)	ss	0	as	I	§,BK,BO,VO	G,BG	GLUTZ et al. 1973	Zwergsumpfhuhn
Prunella modularis (L., 1758)	g	0			§,**BK**,VO		N	Heckenbraunelle
Pyrrhula pyrrhula (L., 1758)	h	↯			§,**BK**,VO		N	Gimpel
Rallus aquaticus L., 1758	v	0	as		§,**BK**,VO		N	Wasserralle
Regulus ignicapillus (TEMMINCK, 1820)	h	0			§,BK,BO,VO		N	Sommer-Goldhähnchen
Regulus regulus (L., 1758)	g	0			§,BK,BO,VO		N	Winter-Goldhähnchen
Remiz pendulinus (L., 1758)	v	↯			§,**BK**,VO	V	N	Beutelmeise
Riparia riparia (L., 1758)	h	↯	a,as,l	3	§,**BK**,VO		N	Uferschwalbe
Saxicola rubetra (L., 1758)	v	↯↯	t		§,BK,BO,VO		N	Braunkehlchen
Saxicola torquata (L., 1766)	s	↯	as	P	§,BK,BO,VO		N	Schwarzkehlchen
Scolopax rusticola L., 1758	v	0			BK,BO,VO		N	Waldschnepfe
Serinus serinus (L., 1766)	h	↯			§,**BK**,VO		N	Girlitz
Sitta europaea L., 1758	g	0			§,**BK**,VO		N	Kleiber

Art	BS	BE	SM	RL	Ges.	Bm	Nachweis	Deutscher Name
Somateria mollissima (L., 1758)	s	0			BK,BO,VO	G	BM 1987	Eiderente
Sterna albifrons PALLAS, 1764	s	0		0	§,**BK**,BO,VO	G,EB	PRIGGE 1965	Zwergseeschwalbe
Sterna hirundo L., 1758	ss	0	as	3	§,**BK**,BO,VO		N	Fluß-Seeschwalbe
Streptopelia decaocto (FRIVALDSZKY, 1838)	h	0			BK,VO		N	Türkentaube
Streptopelia turtur (L., 1758)	h	↘			§,**BK** WA-A(3),VO		N	Turteltaube
Strix aluco L., 1758	h	0			§,**BK**,WA-A2 VO		N	Waldkauz
Sturnus vulgaris L., 1758	g	↘			§,VO		N	Star
Sylvia atricapilla (L., 1758)	g	↗			§,**BK**,BO,VO		N	Mönchsgrasmücke
Sylvia borin (BODDAERT, 1783)	g	0			§,**BK**,BO,VO		N	Gartengrasmücke
Sylvia communis LATHAM, 1787	g	↕			§,**BK**,BO,VO		N	Dorngrasmücke
Sylvia curruca (L., 1758)	g	0			§,**BK**,BO,VO		N	Zaungrasmücke
Sylvia nisoria (BECHSTEIN, 1795)	v	↘	as	3	§,**BK**,BO,VO	A	N	Sperbergrasmücke
Tachybaptus ruficollis (PALLAS, 1764)	v	↘			§,**BK**,VO		N	Zwergtaucher
Tadorna tadorna (L., 1758)	s	↗	as	P	**BK**,BO,VO		N	Brandgans
Tetrao urogallus L., 1758	ss	↗	a,as,m	1	BK,VO		N	Auerhuhn
Tetrastes bonasia (L., 1758)	ss	0	a,as,m	0	BK,VO		KLAUS 1995	Haselhuhn
Tetrax tetrax (L., 1758)	A			0	§,**BK**,WA-A2 VO	EB	BORCHERT 1927	Zwergtrappe
Tringa erythropus (PALLAS, 1764)	v	0	as		§,**BK**,BO,VO	G	BM 1988	Dunkler Wasserläufer
Tringa glareola L., 1758	v	0	as		§,**BK**,BO,VO	G	BM 1988	Bruchwasserläufer
Tringa nebularia (GUNNERUS, 1767)	v	0	as		§,**BK**,BO,VO	G	BM 1988	Grünschenkel
Tringa ochropus L., 1758	s	0	as	3	§,**BK**,BO,VO		N	Waldwasserläufer
Tringa totanus (L., 1758)	ss	↘	a,as,t	1	§,**BK**,BO,VO		N	Rotschenkel
Troglodytes troglodytes (L., 1758)	g	0			§,**BK**,VO		N	Zaunkönig
Turdus iliacus L., 1766	h	0			§,**BK**,BO,VO	G	NICOLAI et al. 1982	Rotdrossel
Turdus merula L., 1758	g	↘			§,**BK**,BO,VO		N	Amsel
Turdus philomelos C.L. BREHM, 1831	g	0			§,**BK**,BO,VO		N	Singdrossel
Turdus pilaris L., 1758	v	0			§,**BK**,BO,VO		N	Wacholderdrossel
Turdus torquatus L., 1758	ss	↗	as	P	§,**BK**,BO,VO		HELLMANN et al. 1992	Ringdrossel
Turdus viscivorus L., 1758	h	0			§,**BK**,BO,VO		N	Misteldrossel
Tyto alba (SCOPOLI, 1769)	v	↘	a,l	3	§,**BK**,WA-A2, VO		N	Schleiereule
Upupa epops L., 1758	s	↕	a,as,l	1	§,**BK**,VO	V	N	Wiedehopf
Vanellus vanellus (L., 1758)	h	↕	a,as,t		§,**BK**,BO,VO		N	Kiebitz

Vögel (Aves)

Hinweise auf deutsche Namen

Adler → *Aquila, Circaetus, Haliaeetus, Hieraaetus, Pandion*
Ammer → *Calcarius, Emberiza, Miliaria, Plectrophenax*
Amsel → *Turdus merula*
Auerhuhn → *Tetrao*
Austernfischer → *Haematopus*
Bachstelze → *Motacilla alba*
Baumläufer → *Certhia*
Bekassine → *Gallinago gallinago*
Bienenfresser → *Merops*
Birkhuhn → *Lyrurus*
Blaukehlchen → *Luscinia*
Blauracke → *Coracias*
Brachvogel → *Numenius*
Braunkehlchen → *Saxicola rubetra*
Bussard → *Buteo, Pernis*
Dohle → *Corvus monedula*
Doppelschnepfe → *Gallinago media*
Drossel → *Turdus*
Eichelhäher → *Garrulus*
Eisvogel → *Alcedo*
Elster → *Pica*
Ente → *Aix, Anas, Aythya, Bucephala, Clangula, Melanitta, Netta, Oxyura, Somateria*
Falke → *Falco*
Fasan → *Phasianus*
Fink → *Fringilla, Carduelis*
Gans → *Alopochen, Anser, Branta, Tadorna*
Gebirgsstelze → *Motacilla cinerea*
Gelbspötter → *Hippolais*
Gimpel → *Pyrrhula*
Girlitz → *Serinus*
Goldhähnchen → *Regulus*
Grasmücke → *Sylvia*
Großtrappe → *Otis*
Grünschenkel → *Tringa nebularia*
Habicht → *Accipiter gentilis*
Hänfling → *Carduelis*
Haselhuhn → *Tetrastes*
Heckenbraunelle → *Prunella*
Kampfläufer → *Philomachus*

Karmingimpel → *Carpodacus*
Kauz → *Aegolius, Athene, Glaucidium*
Kernbeißer → *Coccothraustes*
Kiebitz → *Vanellus s*
Kleiber → *Sitta*
Knutt → *Calidris canutus*
Kolkrabe → *Corvus corax*
Kormoran → *Phalacrocorax*
Krähe → *Corvus*
Kranich → *Grus*
Kreuzschnabel → *Loxia*
Kuckuck → *Cuculus*
Laubsänger → *Phylloscopus*
Lerche → *Alauda, Eremophila, Galerida, Lullula*
Mauersegler → *Apus*
Meise → *Aegithalos, Panurus, Parus, Remiz*
Merlin → *Falco columbarius*
Milan → *Milvus*
Möwe → *Larus*
Nachtigall → *Luscinia megarhynchos*
Neuntöter → *Lanius collurio*
Odinshühnchen → *Phalaropus*
Ortolan → *Emberiza hortulana*
Pieper → *Anthus*
Pirol → *Oriolus*
Rebhuhn → *Perdix*
Regenpfeifer → *Charadrius, Pluvialis*
Reiher → *Ardea, Nycticorax*
Rohrdommel → *Botaurus*
Rohrsänger → *Acrocephalus*
Rotkehlchen → *Erithacus*
Rotschenkel → *Tringa totanus*
Rotschwanz → *Phoenicurus*
Säger → *Mergus*
Sanderling → *Calidris alba*
Schafstelze → *Motacilla flava*
Schleiereule → *Tyto*
Schnäpper → *Ficedula, Muscicapa*
Schnepfe → *Limosa, Lymnocryptes, Scolopax*
Schwalbe → *Delichon, Hirundo, Riparia*
Schwan → *Cygnus*

Schwarzkehlchen → *Saxicola torquata*
Schwirl → *Locustella*
Seeschwalbe → *Chlidonias, Sterna*
Seidensänger → *Cettia*
Seidenschwanz → *Bombycilla*
Specht → *Dendrocopos, Dryocopus, Picus*
Sperber → *Accipiter nisus*
Sperling → *Passer*
Sprosser → *Luscinia luscinia*
Star → *Sturnus*
Steinschmätzer → *Oenanthe*
Steinwälzer → *Arenaria*
Stelzenläufer → *Himantopus*
Stieglitz → *Carduelis carduelis*
Storch → *Ciconia*
Strandläufer → *Calidris*
Sumpfhuhn → *Porzana*
Sumpfläufer → *Limicola*
Sumpfohreule → *Asio flammeus*
Tannenhäher → *Nucifraga*
Taube → *Columba, Streptopelia*
Taucher → *Gavia, Podiceps, Tachybaptus*
Teichhuhn → *Gallinula*
Triel → *Burhinus*
Uferläufer → *Actitis*
Uhu → *Bubo*
Wachtel → *Coturnix*
Wachtelkönig → *Crex*
Waldohreule → *Asio otus*
Wasseramsel → *Cinclus*
Wasserläufer → *Tringa*
Wasserralle → *Rallus*
Weihe → *Circus*
Wendehals → *Jynx*
Wiedehopf → *Upupa*
Würger → *Lanius*
Zaunkönig → *Troglodytes*
Zeisig → *Carduelis*
Ziegenmelker → *Caprimulgus*
Zwergdommel → *Ixobrychus*
Zwergtrappe → *Tetrax*

6.4 Bestandsentwicklung der Kriechtiere (Reptilia)

JÜRGEN BUSCHENDORF

Die Kartierung von Reptilienvorkommen ist infolge der versteckten und solitären Lebensweise der einheimischen Arten schwierig. Bis Ende der 70er Jahre erfolgte die Erfassung von Reptiliennachweisen auf dem Territorium des jetzigen Bundeslandes Sachsen-Anhalt nur sporadisch. Ab 1978 wurden die Beobachtungen im südlichen Teil (ehemaliger Bezirk Halle) und ab 1979 im nördlichen Teil (ehemaliger Bezirk Magdeburg) systematischer durchgeführt und die Daten zentral zusammengetragen. Erste zusammenfassende Darstellungen dieser Beobachtungen publizierten BUSCHENDORF (1984) sowie GASSMANN (1984). In den Herpetofaunen einiger Kreise sind Angaben zu Häufigkeit und Verbreitung von Reptilien enthalten (UNRUH 1980, GRÖGER & BECH 1986, BERG et al. 1988). Nach einer Stagnation in den Jahren 1990 bis 1992 stieg die Anzahl von Publikationen und unveröffentlichten Arbeiten (z.B. Kartierungen im Rahmen von UVS) wieder an. Die für die Bestandsanalyse herangezogenen Daten stammen hauptsächlich aus dem Zeitraum nach 1980.

Trotz ausgedehnter herpetofaunistischer Aktivitäten in einigen Landesteilen gibt es in Sachsen-Anhalt noch Gebiete, aus denen kaum Beobachtungsdaten vorliegen. Das betrifft vor allem einige Flachlandbereiche, so Teile der Altmark, der Querfurter Platte und des Weißenfelser Ackerlandes.

Der im gesamten Bundesland zu konstatierende Rückgang aller Reptilienarten ist in erster Linie auf die Vernichtung bzw. durch andere anthropogene Einflüsse verursachte qualitative Verschlechterung der Habitate zurückzuführen. Das betrifft sowohl feuchte Lebensstätten bevorzugende Arten (Sumpfschildkröte, Ringelnatter, Waldeidechse) als auch Arten, die mehr oder weniger xerotherme Biotope benötigen (Zauneidechse, Glattnatter, Kreuzotter). Die Aufgabe traditioneller Landnutzungsformen wurde für manche Art problematisch, so weisen großflächig verbuschte Halbtrockenrasen einen Rückgang der Zauneidechsen- bzw. Glattnatterpopulationen auf. Für den Rückgang von Kreuzotter und Ringelnatter ist auch die Verfolgung durch den Menschen von Bedeutung. In erster Linie ist davon die Kreuzotter betroffen, doch infolge Verwechslung mit dieser auch die Ringelnatter.

Unklarheit besteht über derzeitige Vorkommen der Europäischen Sumpfschildkröte in Sachsen-Anhalt. Mit Ausnahme des Biosphärenreservates Mittlere Elbe (DORNBUSCH 1991) konnten in den letzten zwei Jahrzehnten in den einstigen Verbreitungsgebieten dieser Art keine Nachweise von Exemplaren autochthoner Populationen mehr erfolgen.

Besondere Schwierigkeiten bereitet die Einschätzung der Schlingnatter, da sie sich durch ihr Verhalten und ihre Färbung meist der Beobachtung entzieht.

Sehr differenziert ist die Entwicklung der Ringelnatter-Populationen einzuschätzen. Während stellenweise infolge Vernichtung von Gewässern und Trockenlegung von Feuchtgebieten starke Rückgänge zu verzeichnen sind, nimmt die Häufigkeit der Art in anderen Landesteilen zu. So hält ihre seit längerem im Harz beobachtete Ausbreitungstendenz offensichtlich noch an (KNOLLE & BUSCHENDORF 1992), was auch für bestimmte Gebiete im planaren Bereich zutrifft (NEUMANN & BUSCHENDORF 1995).

Um den weiteren Rückgang der einheimischen Reptilien aufzuhalten, sind in erster Linie landschaftsverändernde Maßnahmen, welche die Lebensbedingungen der Arten beeinträchtigen, zu verhindern. Stellenweise können durch die Unterschutzstellung von Lebensräumen Populationen erhalten bzw. stabilisiert werden, insbesondere in Feuchtgebieten und auf Trocken- und Halbtrockenrasen.

Literatur

BERG, J., JAKOBS, W., SACHER, P. (1988): Lurche und Kriechtiere im Kreis Wittenberg. Schriftenreihe des Museums für Natur und Völkerkunde Wittenberg.

BUSCHENDORF, J. (1984): Lurche und Kriechtiere des Bezirkes Halle. Naturschutzarbeit in den Bezirken Halle und Magdeburg 21 (1), 3-28.

BUSCHENDORF, J., UTHLEB, H. (1992): Rote Liste der Amphibien und Reptilien des Landes Sachsen-Anhalt. Ber. Landesamt. Umweltsch. Sachsen-Anhalt 1, 19-21.

DORNBUSCH, M. (1991): Kriechtiere und Lurche. In: Das Biosphärenreservat Mittlere Elbe. Naturschutz im Land Sachsen-Anhalt 28(1/2), 53-54.

GASSMANN, F.H. (1984): Lurche und Kriechtiere des Bezirkes Magdeburg. Naturschutzarbeit in den Bezirken Halle und Magdeburg 21(1), 29-56.

GRÖGER, R., BECH, R. (1986): Lurche und Kriechtiere des Kreises Bitterfeld. Bitterf. Heimatbl. H. 6.

KNOLLE, F., BUSCHENDORF, J. (1992): Zur Situation der Kriechtiere (Reptilia) am und im Harz. Mitt. Naturw. Ver. Goslar 3, 131-169.

NEUMANN, V., BUSCHENDORF, J. (1995): Zum Vorkommen der Ringelnatter (*Natrix natrix* (L.)) im Stadtgebiet von Halle (Saale) und Umgebung. Hercynia N.F. 29, 335-348.

UNRUH, M. (1980): Lurche und Kriechtiere im Kreis Zeitz. Schriftenreihe Museum Zeitz H. 11.

Anschrift des Verfassers
Dr. Jürgen Buschendorf
Ahornring 61
D - 06184 Zwintschöna

Art	BR	BS	BE	UV	SM	RL	Ges.	Nachweis	Deutscher Name
Anguis fragilis fragilis L., 1758	T H,B	h v	↘ 0	BA,TO	t		§,BK	BUSCHENDORF 1984	Blindschleiche
Coronella austriaca LAURENTI, 1768	T H,B	ss s	↘↘ ↘	BA,SO ST	a,as t	2	§,BK FFH4	BERG et al. 1988	Schlingnatter, Glattnatter
Emys orbicularis L., 1758	T	ss	↘↘	WA,EN ST	a,as g	0	§,BK FFH2	DORNBUSCH 1991	Europäische Sumpfschildkröte
Lacerta agilis agilis L., 1758	T H B	h v s	↘ ↘ 0	DO,BA TO	t		§,BK FFH4	KNOLLE, BUSCHENDORF 1992	Zauneidechse
Lacerta viridis viridis (LAURENTI, 1768)		A		NA		0	§,BK FFH4	BUSCHENDORF 1984	Smaragdeidechse
Lacerta vivipara JACQUIN, 1787	T H B	s v h	↘ 0 0	BA,TO EN	g	P	§,BK	GASSMANN 1984	Waldeidechse
Natrix natrix natrix (L., 1758)	T,H B	v v	↘ ↗	WA,EN SA	g	3	§,BK	NEUMANN, BUSCHENDORF 1995	Ringelnatter
Vipera berus berus (L., 1758)	T H,B	ss s	↘↘ ↘	BA,SO SA,ST	a,as t	1	§,BK	BUSCHENDORF 1984	Kreuzotter

6.5 Bestandsentwicklung der Lurche (Amphibia)

Frank Meyer

In Sachsen-Anhalt kommen mit Ausnahme des Alpensalamanders (*Salamandra atra*) und der Gelbbauchunke (*Bombina variegata*) alle in Deutschland autochthonen Amphibienarten vor. Als allochthone Art besitzt der aus dem jugoslawischen Karst eingeführte Grottenolm (*Proteus anguis*) eine auf wenige Harzhöhlen beschränkte, punktartige Verbreitung. Entsprechend der naturräumlichen Gliederung und den jeweiligen Habitatansprüchen ergeben sich artspezifisch differenzierte Verbreitungsbilder. Von zoogeographischer Bedeutung ist die Arealgrenze für eine Reihe colliner Arten, die im Süd- und Ostharz (Fadenmolch, Geburtshelferkröte) sowie im Bereich von Vorposten in der Altmark (Feuersalamander, Bergmolch) verläuft. Die Rotbauchunke erreicht in Sachsen-Anhalt ihre westliche Verbreitungsgrenze und besitzt vor allem im mittleren Elbtal kopfstarke Vorkommen mit gesamtstaatlicher Bedeutung. Für einige Arten (Springfrosch, Kleiner Wasserfrosch) bestehen noch erhebliche Erfassungs- und Kenntnisdefizite bezüglich ihrer Verbreitung. Generell ist für die meisten Arten der aktuelle Bestandstrend schwer einschätzbar, was auf das weitgehende Fehlen gesicherter historischer, quantitativer Daten mit flächenscharfer Zuordnung zurückzuführen ist. Teilweise spielen dabei auch methodische Schwierigkeiten beim Nachweis (z.B. Wassermolche) sowie Fehlbestimmungen (Wasser- und Braunfrösche) eine Rolle. Für die meisten Lurche ist eine rückläufige Zahl von Fundpunkten mit teilweise stark sinkenden Individuenzahlen zu verzeichnen. Dieser Trend ist insbesondere bei den euryöken, früheren Massenarten Grasfrosch und Erdkröte besorgniserregend, die im Vergleich zu ohnehin selteneren Arten besonders schwere Bestandseinbußen hinnehmen mußten. Entsprechenden Novellierungsbedarf hinsichtlich der Gefährdungseinschätzung formulieren Buschendorf & Meyer (1996).

Die Hauptursache für die zumeist negative Bestandsentwicklung der meisten Amphibienarten ist in dem fortschreitenden Ausmaß von Habitatveränderung oder -verlust im Rahmen der Landnutzung zu sehen. Dabei spielen folgende Faktoren eine herausragende Rolle:

- Verlust an natürlicher Dynamik und Entfunktionalisierung der Auen durch wasserbauliche Maßnahmen an Fließgewässern (Begradigung, Uferverbau, Verrohrung);
- Beseitigung oder Vermüllung stehender Laichgewässer (insbesondere der Kleingewässer) sowie Beeinträchtigung durch Fischbesatz;
- Verschlechterung der Wassergüte durch Eutrophierung, Versauerung, Streusalze, Biozidrückstände;
- intensive Nutzung der Landhabitate (vor allem der Feuchtgebiete) durch Land- und Forstwirtschaft, damit verbunden: Strukturverarmung (Flurbereinigung, Melioration, Monokulturen) und massiver Einsatz von Agrochemikalien (direkte Vergiftung und Gefährdung der Nahrungsgrundlage);
- zunehmender Flächenverbrauch und großflächige Versiegelung der Landschaft, v.a. im suburbanen Raum (Gewerbe, Industrie, Wohnbebauung, Erholung).

Einige Arten führen jährlich ausgeprägte Wanderungen zwischen den einzelnen Teillebensräumen (Laichgewässer, Sommer- und Winterlebensraum) durch, wobei insbesondere Verkehrstrassen zunehmend als Migrationsbarrieren wirken. Die wachsende Fragmentierung der Landschaft und Unpassierbarkeit der Interhabitaträume führen zu einem verminderten Individuenaustausch zwischen den (Sub-) Populationen und zu genetischer Isolation. Ein nachhaltiger und effizienter Schutz von Amphibien in der Kulturlandschaft ist daher nur durch einen strikten Habitatschutz und die dauerhafte Sicherung der Wanderwege vorstellbar. Amphibienschutzeinrichtungen an Straßen und die Anlage von Ersatzlaichgewässern müssen als therapeutische Maßnahmen und nicht als vorrangiger Gegenstand von Schutzbestrebungen gewertet werden. Für ausgewählte stark gefährdete Arten, für welche das Land Sachsen-Anhalt vor allem aus arealkundlicher Sicht eine besondere Verantwortung trägt, sollten Artenhilfsprogramme erarbeitet und schnellstmöglich umgesetzt werden. Zu diesen zählt an erster Stelle die Rotbauchunke, die insbesondere außerhalb der großen Stromauen einen stark rückläufigen Bestandstrend mit einer zunehmenden Zahl lokaler Extinktionen aufweist.

Zusätzliche Abkürzungen in der Tabelle
Ursachen für Veränderungen der Bestandssituation (UV):
  SV   Verluste durch Straßenverkehr

Literatur

BUSCHENDORF, J. (1984): Kriechtiere und Lurche des Bezirkes Halle. Darstellung des gegenwärtigen Kenntnisstandes der Verbreitung. Naturschutzarb. Bez. Halle Magdeb. 21, 3-28.

BUSCHENDORF, J., MEYER, F. (1996): Rote Liste der Amphibien und Reptilien des Landes Sachsen-Anhalt - Einstufungskriterien, Novellierungsbedarf und Umsetzung im Naturschutzvollzug. Ber. Landesamt. Umweltsch. Sachsen-Anhalt 21, 36-45.

BUSCHENDORF, J., UTHLEB, H. (1992): Rote Liste der Amphibien und Reptilien des Landes Sachsen-Anhalt. Ber. Landesamt. Umweltsch. Sachsen-Anhalt 1, 19-21.

GAßMANN, F.H. (1984): Kriechtiere und Lurche des Bezirkes Magdeburg. Darstellung des gegenwärtigen Kenntnisstandes der Verbreitung. Naturschutzarb. Bez. Halle Magdeb. 21, 29-56.

JAKOBS, W. (1985): Die Amphibienfauna im Fläming des Kreises Wittenberg. Naturschutzarb. Bez. Halle Magdeb. 22, 25-29.

MEYER, F. (1993): Die Herpetofauna des NSG Brandberge in Halle (Saale): Bestand, Gefährdung und Schutz. Naturschutz im Land Sachsen-Anhalt, 30, 17-20.

MEYER, F. (1997): Lurche (*Amphibia*). Ber. Landesamt Umweltsch. Sachsen-Anhalt, Sonderheft 1, 221-228.

MEYER, F., KNAPP, R., STÜMPEL, N. (1997): Verbreitung und Erfassungsstand des Springfrosches (*Rana dalmatina* BONAPARTE, 1840) in Sachsen-Anhalt und Südost-Niedersachsen. Hercynia, N.F., 30, 287-302.

SACHER, P. (1987): Mehrjährige Beobachtungen an einer Population der Knoblauchkröte (*Pelobates fuscus*). Hercynia, N.F., 24, 142-152.

UNRUH, M. (1998): Zur Herpetofauna des Burgenlandkreises. Vorkommen und Bestandssituation der Lurche und Kriechtiere. Saale-Unstrut-Jahrbuch, 3, 5-13.

ZUPPKE, U. (1995): Die aktuelle Situation der Amphibienfauna des Naturparkes Drömling (Sachsen-Anhalt). Beitr. Naturk. Nieders., 48, 89-131.

Anschrift des Verfassers
Frank Meyer
Kleine Ulrichstr. 31
D - 06108 Halle (Saale)

Art	BR	BS	BE	UV	RL	Ges.	Bm	Nachweis	Deutscher Name
Alytes obstetricans (LAURENTI, 1768)	H,B	v	↶	AU	P	§,BK FFH4	A	MEYER 1997	Geburtshelferkröte
Bombina bombina (L., 1761)	T	v	↶↶	WA,EN	3	§,BK FFH2	V	GAßMANN 1984	Rotbauchunke
Bufo bufo (L., 1758)	T H,B	v h	↶↶ ↶	SV,BA		§,BK		BUSCHEN- DORF 1984	Erdkröte
Bufo calamita LAURENTI, 1768	T,H	v	↶	AN,AU	2	§,BK FFH4		MEYER 1993	Kreuzkröte
Bufo viridis LAURENTI, 1768	T,H	v	↶	AN,AU	3	§,BK FFH4	V	UNRUH 1998	Wechselkröte
Hyla arborea (L., 1758)	T,H	s	↶	SA	3	§,BK FFH4		GAßMANN 1984	Laubfrosch
Pelobates fuscus (LAURENTI, 1768)	T,H	v			P	§,BK FFH4		SACHER 1987	Knoblauchkröte
Rana arvalis NILSSON, 1842	T,H	v	↶↶	EN		§,BK FFH4		ZUPPKE 1995	Moorfrosch
Rana dalmatina BONAPARTE, 1840	T,H	s			1	§,BK FFH4		MEYER et al. 1997	Springfrosch
Rana kl. *esculenta* L., 1758	T,H	h	0			§,BK FFH5		JAKOBS 1985	Wasserfrosch, Teichfrosch
Rana lessonae (CAMERANO, 1882)	T	s			P	§,BK FFH4		JAKOBS 1985	Kleiner Wasser- frosch
Rana ridibunda PALLAS, 1771	T	v	↶	WA		§,BK FFH5		GAßMANN 1984	Seefrosch
Rana temporaria L., 1758	T H,B	v h	↶↶ ↶	EN,BA,SV		§,BK FFH5		BUSCHEN- DORF 1984	Grasfrosch
Salamandra salamandra (L., 1758)	T H,B	ss v	0	WA,TO,SA	P	§,BK	A	MEYER 1997	Feuersalamander
Triturus alpestris (LAURENTI, 1768)	T H,B	ss v	↶		P	§,BK	A	MEYER 1997	Bergmolch
Triturus cristatus (LAURENTI, 1768)	T,H	v	↶		2	§,BK FFH2		UNRUH 1998	Kammolch
Triturus helveticus (RAZOUMOWSKI, 1789)	H,B	v	↶		3	§,BK	A	MEYER 1997	Fadenmolch
Triturus vulgaris (L., 1758)	T,H	h	↶			§,BK		BUSCHEN- DORF 1984	Teichmolch

6.6 Bestandsentwicklung der Rundmäuler (Cyclostomata) und Fische (Pisces)

OTFRIED WÜSTEMANN & BERND KAMMERAD

Mit mehr als 20.000 Arten sind die Fische die formenreichste Gruppe der Wirbeltiere. Ein Drittel aller Fischarten lebt im Süßwasser. Im Laufe der Evolution mußten sich die Fische, wie alle anderen Lebewesen, an die wechselnden Lebensbedingungen anpassen oder starben aus. Seit wenigen Jahrhunderten tritt nun aber der Mensch als neuer naturbeeinflussender Faktor immer mehr in Erscheinung. Er bestimmt zunehmend die dynamischen Prozesse der natürlichen aquatischen Systeme. Die dadurch ausgelöste plötzliche Veränderung der Umweltbedingungen übersteigt oft die auf erdgeschichtliche Zeiträume ausgerichtete Anpassungsfähigkeit vieler Fischarten. Artenrückgang und sogar das Aussterben von Arten sind die Folge. Schutzmaßnahmen und Renaturierungsprogramme sollen diese negative Entwicklung aufhalten. Viele dieser Maßnahmen kommen nur langsam voran, unter anderem auch, weil allzu oft die Kenntnisse über Biologie, Verbreitung und Gefährdung der Fischarten lückenhaft sind oder sogar ganz fehlen (nach PEDROLI et al. 1991).

Mit der vorliegenden Einschätzung zur Bestandssituation der Rundmäuler und Fische im Land Sachsen-Anhalt, die im wesentlichen auf neueren Untersuchungen basiert, soll ein Teil dieser Wissenslücke geschlossen und so ein Beitrag zum Erhalt unserer heimischen Fischfauna geleistet werden.

In der Einschätzung zur Bestandsentwicklung wird versucht, momentane Trends bzw. langfristig sich ankündigende Bestandsveränderungen zu dokumentieren. Dazu wurde das vorhandene Datenmaterial kritisch geprüft und mit eigenen Beobachtungen verknüpft. Da aber die Artengruppe Fische, als wirtschaftlich und angelsportlich genutzte Tiergruppe derzeit einer nicht kontrollierbaren Veränderung durch "Bewirtschaftungsmaßnahmen" unterliegt, sind Bestandsentwicklungen bei vielen Fischarten, besonders den angelsportlich bzw. wirtschaftlich interessanten Arten, nur schwer abzuschätzen und hängen wohl zum großen Teil von dem verantwortungsbewußten Handeln der örtlichen Fischereiberechtigten ab.

Nach BLESS et al. (1994) wurden in den deutschen Binnengewässern ca. 70 Arten Fische und Rundmäuler nachgewiesen. Eine exakte Zahlenangabe ist nicht möglich, da die taxonomische Zuordnung noch nicht abgeschlossen ist. In der vorliegenden Checkliste erfolgte die taxonomische Zuordnung der Arten in Anlehnung an KOTTELAT (1997). Unter Berücksichtigung dieser Bedingungen umfaßt die aktuelle Fauna der Fische und Rundmäuler in Sachsen-Anhalt derzeit 48 Taxa, wovon 41 einheimisch und 7 aus Nordamerika bzw. Asien eingeführt worden sind. 10 Arten sind in den letzten 150 Jahren ausgestorben. Um der besonderen Bedeutung und Wertigkeit der Forellen innerhalb der Ichthyofauna des Landes gerecht zu werden, wurden deren ökologische Formen Bachforelle (Salmo trutta fario) und Meerforelle (Salmo trutta trutta) in der vorliegenden Checkliste als eigenständige Positionen aufgenommen. Eine Sonderstellung nimmt der Karpfen ein. Der ursprünglich in Europa und Asien beheimatete Karpfen hat sich während der Eiszeit in wärmere Regionen zurückgezogen und wurde wahrscheinlich erst während der Christianisierung durch Mönche in seiner domestizierten Form wieder in Sachsen-Anhalt eingebürgert. Der Schneider (*Alburnoides bipunctatus*) und die Nase (*Chondrostoma nasus*) wurden zwar in der vorliegenden Artenliste als in Sachsen-Anhalt ausgestorben eingestuft, neuere Nachforschungen haben aber ergeben, daß die Zuordnung zur ursprünglichen Fischfauna dieses Gebietes sehr unsicher ist. Demgegenüber war es notwendig, Fischarten, wie den Maifisch *(Alosa alosa)*, die Finte *(Alosa fallax)* und die Flunder *(Platichthys flesus)* in die sachsen-anhaltinische Fischfauna einzubeziehen (WÜSTEMANN 1996). Erst 1998 gelang der Nachweis des Weißflossigen Gründlings (Gobio albipinnatus) in der Stromelbe im Land Sachsen-Anhalt (NELLEN et al. 1999).

Besonders die Anlage von Staustufen in den größeren Flüssen seit Ende des letzten Jahrhunderts hat die Wanderrouten der marin-limnischen Wanderfischarten unterbrochen und zum Aussterben einiger Arten in Sachsen-Anhalt geführt. Es handelt sich namentlich um das Meerneunauge *(Petromyzon marinus)*, den Stör *(Acipenser sturio)*, den Maifisch *(Alosa alosa)*, die Finte *(Alosa fallax)*, den Nordseeschnäpel *(Coregonus oxyrhynchus)*, den Lachs *(Salmo salar)* und die Meerforelle *(Salmo trutta trutta)*.

Insgesamt gesehen liegt der Schwerpunkt der Gefährdung im Bereich der Arten der Fließgewässer und hier besonders der Arten, die zur Fortpflanzung unverschmutzten Kies oder andere Hartsubstrate benötigen. Arten mit unspezialisierten Habitatansprüchen sind in der Regel weniger gefährdet. Die wichtigsten Gefährdungsursachen für die Fischfauna der Binnengewässer in Sachsen-Anhalt sind:

- die Belastung der Gewässer mit Nähr- und Schadstoffen aller Art,
- Gewässerunterhaltungsmaßnahmen und bauliche Eingriffe in die Fließgewässer sowie
- die unkontrollierte Wasserentnahme (ZUPPKE et al. 1992).

Als bedrohlich für die heimische Fischfauna haben sich in den letzten Jahren insbesondere auch falsche fischereiliche Bewirtschaftungsmaßnahmen erwiesen. Sie führen einerseits zur Veränderung des natürlichen Artenspektrums und beeinträchtigen andererseits die genetische Eigenständigkeit lokaler Populationen, die optimal an die herrschenden Umweltbedingungen angepaßt sind. Besonders unkontrollierter Besatz mit Prädatoren (z.B. Aal und Hecht) oder Konkurrenzarten wirkt sich häufig und speziell für Kleinfische bestandsgefährdend aus. Hinzu kommt die Konkurrenz bei der Suche nach Nahrung und Unterständen. Außerdem können durch bestandsstützende Maßnahmen bei einzelnen Arten aktuelle Gefährdungen autochthoner Populationen kaschiert werden.

Während sich die derzeit in Sachsen-Anhalt abzeichnende Verringerung der direkten Belastung der Fließgewässer durch industrielle oder kommunale Abwässer langfristig positiv auf die Arten der Fließgewässer auswirken wird, ist bei Arten der Stillgewässer durch fortschreitende Eutrophierung und falsche fischereiliche Bewirtschaftungsmaßnahmen eine Verschlechterung der Bestandssituation zu erkennen.

Wichtige Synonyme

Aus praktischer Sicht muß auf einige wichtige Synonyme hingewiesen werden:

Aristichthys nobilis (RICHARDSON, 1845)
→ *Hypophthalmichthys nobilis* (RICHARDSON, 1845)
Coregonus lavaretus oxyrhynchus (L., 1758)
→ *Coregonus oxyrhynchus* (L., 1758)
Ictalurus nebulosus (LESUER, 1819)
→ *Ameiurus nebulosus* (LESUEUR, 1819)
Noemacheilus barbatulus (L., 1758)
→ *Barbatula barbatula* (L., 1758)
Salmo gairdneri (RICHARDSON, 1836)
→ *Oncorhynchus mykiss* (WALBAUM, 1792)

Zusätzliche Abkürzungen in der Tabelle

Ursachen für Veränderungen der Bestandssituation (UV):
FF Übermäßiger Besatz mit Freßfeinden und/oder Nahrungs- und Habitatkonkurrenten

Gesetzlicher Schutz (Ges.):
FG Fangverbot laut FischO LSA

Bemerkungen (Bm):
B Bestände werden durch Besatzmaßnahmen gestützt
BM Bestände gehen überwiegend auf Besatzmaßnahmen zurück.
C sich selbständig vermehrende Bestände in LSA nicht bekannt
D neben autochthonen Vorkommen auch durch Besatz eingebürgerte Populationen
NA aus Nordamerika bzw. Asien eingebürgerte Art
U Ausbreitung der Art ist aus ökologischen Gründen unerwünscht

Nachweis:
Fauna Fischfauna Sachsen-Anhalts
Wü WÜSTEMANN

Literatur

ARNOLD, A. (1990): Eingebürgerte Fischarten. Neue Brehm-Bücherei, A. Ziemsen Verl., Lutherstadt Wittenberg.

BAUCH, G. (1957): Der Elbelachs *(Salmo salar* L.), sowie Biologie und wirtschaftliche Bedeutung. Z. Fischerei N.F. 6, 241-250.

BLESS, R., LELEK, A., WATERSTRAAT, A. (1994): Rote Liste und Artenverzeichnis der in Deutschland in Binnengewässern vorkommenden Rundmäuler und Fische (Cyclostomata & Pisces). In: NOWAK, E., BLAB, J. et al.: Rote Liste der gefährdeten Wirbeltiere in Deutschland, Kilda-Verlag, Greven, 137-156.

JÜRGENS, W. (1939): Die Fischfauna der Gegend von Magdeburg. Abh. Mus. Natur Heimatkunde Naturwiss. Ver. Magdeburg 7(1), 99-109.

KAMMERAD, B., ELLERMANN, S., MENCKE, J., WÜSTEMANN, O., ZUPPKE, U. (1997): Die Fischfauna von Sachsen-Anhalt - Verbreitungsatlas (Hrsg.): Ministerium für Raumordnung, Landwirtschaft und Umwelt des Landes Sachsen-Anhalt - 1. Aufl.

KISKER, G. (1926): Die Fischerei in der mittleren Elbe. Z. f. Fischerei 24, 9-15.

KLUGE, M. (1899): Unsere Elbefische. Vortrag (Mskr.) gehalten im Naturwissenschaftlichen Verein zu Magdeburg.

KLUGE, M. (1900): Unsere Elbefische. Vortrag gehalten im Naturwissenschaftlichen Verein zu Magdeburg. Fabersche Buchdruckerei Magdeburg. 24 S.

KLUGE, M. (1904a): Zum Neunaugenfang am Cracauer Elbewehr bei Magdeburg. Fischereizeitung, Neudamm 7, 485-489.

KLUGE, M. (1904b): Zum Störfang am Cracauer Wehr in Magdeburg. Fischereizeitung, Neudamm 7, 153-155/187-188.

KLUGE, M. (1928): Unsere Elbefische. Vortrag (Mskr.) gehalten im Naturwissenschaftlichen Verein zu Magdeburg.

KOTTELAT, M. (1997): European freshwater fishes - An heuristic checkliste of the freshwater fishes of Europa (exklusive of former USSR), with an introduction for non-systematists and comments on nomenclature and conservation. Biologia Bratislava 52/Supplement 5, 1-127.

NELLEN, W., THIEL, R., GINER, R. (1999): Ökologische Zusammenhänge zwischen Fischgemeinschaften und Lebensraumstrukturen der Elbe BMBF Projekt 0339578, Sachstandsbericht 1997 - 1999. Universität Hamburg Institut für Hydrobiologie und Fischereiwissenschaft.

PEDROLI, J-C., ZAUGG, B., KIRCHHOFER, A. (1991): Verbreitungsatlas der Fische und Rundmäuler der Schweiz. Schweizer Zentrum für die kartographische Erfassung der Fauna (SZKF), Documenta Faunistica Helvetiae 11 (1991), Neuchatel.

WÜSTEMANN, O. (1996): Rote Liste der Fischarten Sachsen-Anhalt - Erkenntniszuwachs, Entwicklungstendenzen und Vorschläge zum Status sowie zu Maßnahmen des Fischartenschutzes. Ber. Landesamt. Umweltsch. Sachsen-Anhalt, 21, 46-51.

WÜSTEMANN, O. (1993): Untersuchungen zu Verbreitung, Häufigkeit und Gefährdung der Rundmäuler (Cyclostomata), Fische (Pisces) und Krebse (Dcapoda) im Landkreis Wernigerode als Grundlage für den Fischartenschutz. Dipl. Arbeit, Humboldt-Universität Berlin.

WÜSTEMANN, O., KAMMERAD, B. (1995): Der Hasel. Neue Brehm Bücherei, Wetarp Wissenschaften, Magdeburg.

ZUPPKE, U., WÜSTEMANN, O., MENCKE, J. (1992): Rote Liste der Fische und Rundmäuler des Landes Sachsen-Anhalt. Ber. Landesamt. Umweltsch. Sachen-Anhalt, 1, 19-21.

Anschrift der Verfasser

Otfried Wüstemann
Försterbergstr. 5 A
D - 38875 Sorge

Bernd Kammerad
Plantage 2a
D - 38820 Halberstadt

Art	BR	BS	BE	UV	SM	RL	Ges.	Bm	Nachweis	Deutscher Name
Abramis ballerus (L., 1758)		s	0	WA	g	2	BK	V	Fauna	Zope
Abramis bjoerkna (L., 1758)		g	↗						Fauna	Güster
Abramis brama (L., 1758)		h	↗						Fauna	Blei, Brachsen, Brassen
Acipenser sturio L., 1758		A		SA WA	a,g	0	§,BK FFH2 WA-A1 FG		KLUGE 1904b	Stör
Alburnoides bipunctatus (BLOCH, 1782)		A		WA	g,m	0	BK,FG		Fauna	Schneider
Alburnus alburnus (L., 1758)		v	↘	FF,WA	g	3			Fauna	Ukelei
Alosa alosa (L., 1758)		A		WA SA	a,g		FFH2 BK,FG		KLUGE 1899	Maifisch, Alse
Alosa fallax (LACEPEDE, 1803)		A		SA WA	a,g		FFH2 BK,FG		KLUGE 1928	Finte
Ameiurus nebulosus (LESUEUR, 1819)		s	↗					NA,U N	ARNOLD 1990	Zwergwels, Katzenwels
Anguilla anguilla (L., 1758)	T,H B	v s	↘ ↗	WA SA	g			B,D M,B,U	Fauna Fauna	Aal
Aspius aspius (L., 1758)		s	↗	SA WA	a,g	1	BK FFH2		WÜ 1996	Rapfen
Barbatula barbatula (L., 1758)	T H,B	s v	↗ 0	FF,WA FF,WA	g g	3	FG		Fauna Wü 1993	Schmerle
Barbus barbus (L., 1758)		ss	↗	WA	a,g m,as	1	FFH5 FG	D	Fauna	Barbe
Carassius auratus gibelio (BLOCH, 1782)		h	↗					U	Fauna	Giebel, Silber-karausche
Carassius carassius (L., 1758)		v	↘		a,l,m	3			Fauna	Karausche
Chondrostoma nasus (L., 1758)		A		WA		0	BK,FG		JÜRGENS 1939	Nase
Cobitis taenia (L., 1758)		s	0	FF,WA	a,g,as	1	BK,FG FFH2		Wü 1996	Steinbeißer
Coregonus albula (L., 1758)	T H,B	ss ss	0 0		m m	P	BK FFH5	BM,B BM	Fauna Wü 1993	Kleine Maräne
Coregonus lavaretus (L., 1758)	T	ss	0	SA	m	P	BK,FG FFH5	BM,G	Fauna	Große Maräne
Coregonus oxyrhynchus (L., 1758)		A		SA WA	a,g,m	0	§,BK FFH2		KLUGE 1900	Nordsee-, Elbeschnäpel
Cottus gobio L., 1758	T H B	A ss s	↘ 0	WA FF,WA FF,WA	a,g a,g,as a,g,as	1	FFH2 FG		Fauna Fauna Wü 1993	Groppe, Westgroppe, Mühlkoppe
Ctenopharyngodon idella (VALENCIENNES, 1844)		v	↘					NA,B C,U	Fauna	Graskarpfen, Grasfisch
Cyprinus carpio L., 1758		g	0					B	Fauna	Karpfen
Esox lucius (L., 1758)	T,H B	v s	↘ ↗	EN WA	g,m			B BM,U	Fauna Wü 1993	Hecht
Gasterosteus aculeatus L., 1758		v	0						Fauna	Dreistachliger Stichling

Art	BR	BS	BE	UV	SM	RL	Ges.	Bm	Nachweis	Deutscher Name
Gobio albipinnatus (LUKÁCS,1933)	F	s	+	WA	g		BK FFH2		NELLEN 1999	Weißflossiger Gründling
Gobio gobio (L., 1758)		g	⤴						Fauna	Gründling
Gymnocephalus cernuus (L., 1758)	T	v	0	FF,SA	g	3			Fauna	Kaulbarsch
	H,B	s	⤴	WA				BM,U	Fauna	
Hypophthalmichthys molitrix (VALENCIENNNES, 1844)		s	⤵					NA,B C,U	Fauna	Silberkarpfen
Hypophthalmichthys nobilis (RICHARDSON, 1845)		ss	⤵⤵					NA,B C,U	Fauna	Marmorkarpfen
Lampetra fluviatilis (L., 1758)		ss	0	WA	a,g	1	§,BK FFH2 FG		KLUGE 1904a	Flußneunauge
Lampetra planeri (BLOCH, 1784.)	T,H	s	⤵	EN,FF WA	a,g,as	2	§,BK FFH2 FG		Fauna	Bachneunauge
	B	s	⤵	FF,WA	a,g,as				WÜ 1993	
Lepomis gibbosus (L., 1758)		ss	0					NA,U	ARNOLD 1990	Sonnenbarsch
Leucaspius delineatus (HECKEL, 1843)		s	⤵	EN,FF WA	1	3	BK,FG		Fauna	Moderlieschen
Leuciscus cephalus (L., 1758)		v	0	WA	g	3			Fauna	Döbel
Leuciscus idus (L., 1758)		v	⤴	WA	g	3			Fauna	Aland
Leuciscus leuciscus (L., 1758)	T,H	v	0	WA	g,m	3			WÜ, KAMMERAD 1995	Hasel
	B	v	0	WA						
Lota lota (L., 1758)	T,H	s	⤵	WA	a,g m,as	2			Fauna	Quappe
Misgurnus fossilis (L., 1758)		s	0	FF,WA	a,g,as	2	BK,FG FFH2		WÜ 1996	Schlammpeitzger
Oncorhynchus mykiss (WALBAUM, 1792)	T	s	0					NA,B C,U	Fauna	Regenbogenforelle
	H,B	v	0					NA,B C,U	Fauna	
Osmerus eperlanus (L., 1758)	T	ss		WA				G	Fauna	Stint
Perca fluviatilis L., 1758		g	0					U	Fauna	Flußbarsch
Petromyzon marinus L., 1758		A		WA	a,g	0	§,BK FFH2 FG		KLUGE 1904a	Meerneunauge
Phoxinus phoxinus (L., 1758)	T	ss	⤵⤵	FF,WA	a,g m,as	2	FG		Fauna	Elritze
	H,B	s	⤴	FF,WA	a,g,as				WÜ 1993	
Platichthys flesus (L., 1758)		A						G	JÜRGENS 1939	Flunder
Pungitius pungitius (L., 1758)		s	0	EN,FF					Fauna	Neunstachliger Stichling
Rhodeus sericeus amarus (BLOCH, 1782.)		ss	⤵	FF,WA SA	a,g m,as	2	BK,FG FFH2		Fauna	Bitterling
Rutilus rutilus (L., 1758)		g	0						Fauna	Plötze, Rotauge
Salmo salar L., 1758		A		WA SA	a,g,m	0	BK,FG FFH2		BAUCH 1957	Lachs

Art	BR	BS	BE	UV	SM	RL	Ges.	Bm	Nachweis	Deutscher Name
Salmo trutta L., 1758 (stationäre Bachform)	T,H	s	↘	FF,WA EN,EX	a,g m,as	3		D	Fauna	Bachforelle
	B	v	0	FF,WA EX	a,g m,as				WÜ 1993	
Salmo trutta L., 1758 (marine Wanderform)		A		WA SA	a,g,m	0	FG		BAUCH 1957	Meerforelle
Salvelinus fontinalis (MITCHELL, 1815)		ss	↗					NA,B C,U	WÜ 1993	Bachsaibling
Scardinius erythrophthalmus (L., 1758)		s	0	WA	g				Fauna	Rotfeder
Silurus glanis L., 1758	T	ss	↗	WA	a,g m,as	1	BK,FG	B,D	Fauna	Wels
Stizostedion lucioperca (L., 1758)	T H,B	v s	0 ↗					D BM,BU	Fauna Fauna	Zander
Thymallus thymallus (L., 1758)	T H,B	ss s	↗ ↗	WA	a,g	2	BK FFH5	BM D	Fauna Fauna	Äsche
Tinca tinca (L., 1758)		v	↘					D	Fauna	Schleie
Vimba vimba (L., 1758)		ss	↗	WA	a,g	1	BK,FG		Fauna	Zährte, Rußnase

Hinweise auf deutsche Namen

Aal → *Anguilla anguilla*
Äsche → *Thymallus thymallus*
Aland → *Leuciscus idus*
Alse → *Alosa alosa*
Bachsaibling → *Salvelinus fontinalis*
Barbe → *Barbus barbus*
Bitterling → *Rhodeus sericeus amarus*
Blei → *Abramis brama*
Brachsen → *Abramis brama*
Brassen → *Abramis brama*
Döbel → *Leuciscus cephalus*
Elritze → *Phoxinus phoxinus*
Finte → *Alosa fallax*
Flunder → *Platichthys flesus*
Flußbarsch → *Perca fluviatilis*
Forelle → *Salmo, Oncorhynchus*
Giebel → *Carassius auratus gibelio*
Graskarpfen → *Ctenopharyngodon idella*
Groppe → *Cottus*
Gründling → *Gobio*
Güster → *Abramis bjoerkna*

Hasel → *Leuciscus leuciscus*
Hecht → *Esox lucius*
Karausche → *Carassius carassius*
Karpfen → *Cyprinus carpio*
Katzenwels → *Ameiurus nebulosus*
Kaulbarsch → *Gymnocephalus cernuus*
Lachs → *Salmo salar*
Maifisch → *Alosa alosa*
Maräne → *Coregonus*
Marmorkarpfen → *Hypophthalmichthys nobilis*
Moderlieschen → *Leucaspius delineatus*
Mühlkoppe → *Cottus gobio*
Nase → *Chondrostoma nasus*
Neunauge → *Lampetra, Petromyzon*
Plötze → *Rutilus rutilus*
Quappe → *Lota lota*
Rapfen → *Aspius aspius*
Rotauge → *Rutilus rutilus*
Rotfeder → *Scardinius erythrophthalmus*
Rußnase → *Vimba vimba*

Schlammpeitzger → *Misgurnus fossilis*
Schleie → *Tinca tinca*
Schmerle → *Barbatula barbatula*
Schnäpel → *Coregonus*
Schneider → *Alburnoides bipunctatus*
Silberkarausche → *Carassius auratus gibelio*
Silberkarpfen → *Hypophthalmichthys molitrix*
Sonnenbarsch → *Lepomis gibbosus*
Steinbeißer → *Cobitis taenia*
Stichling → *Gasterosteus, Pungitius*
Stint → *Osmerus eperlanus*
Stör → *Acipenser sturio*
Ukelei → *Alburnus alburnus*
Wels → *Silurus glanis*
Zährte → *Vimba vimba*
Zander → *Stizostedion lucioperca*
Zope → *Abramis ballerus*
Zwergwels → *Ameiurus nebulosus*

7 Wirbellose

In diesem Kapitel werden folgende Artengruppen behandelt:

7.1 Schwebfliegen

7.2 Langbeinfliegen

7.3 Raupenfliegen

7.4 Schmetterlinge

7.5 Schnabelfliegen

7.6 Bienen

7.7 Rüsselkäfer

7.8 Bockkäfer

7.9 Buntkäfer

7.10 Schröter

7.11 Marienkäfer

7.12 Glanz- oder Glattkäfer

7.13 Rindenglanzkäfer

7.14 Feuerkäfer

7.15 Weichkäfer

7.16 Kurzflügler

7.17 Sandlaufkäfer und Laufkäfer

7.18 Wasserbewohnende Käfer

7,19 Netzflügler

7.20 Zikaden

7.21 Heuschrecken

7.22 Schaben

7.23 Ohrwürmer

7.24 Libellen

7.25 Zehnfüßige Krebse

7.26 Asseln

7.27 Kiemenfüßer und Blattfüßer

7.28 Weichtiere

7.1 Bestandssituation der Schwebfliegen (Diptera: Syrphidae)

MATTHIAS JENTZSCH & FRANK DZIOCK

In der Bundesrepublik Deutschland wurden bislang 440 Schwebfliegenarten nachgewiesen (SSYMANK et al. 1999). Aufgrund von Neufunden oder der Beschreibung neuer Arten (z.B. VUJIC´ & CLAUSSEN 1994) kann sich diese Zahl noch erhöhen. Andererseits ist ein Artenschwund aufgrund unterschiedlichster Gefährdungsursachen für viele Arten, z.B. durch Verlust der Lebensräume, zu befürchten. Schon deshalb ist eine gezielte und flächendeckende Erfassung dieser Dipteren dringend erforderlich.

Innerhalb der aktuellen Grenzen Sachsen-Anhalts wurden bislang 247 Spezies nachgewiesen. Dabei kann auch auf Untersuchungen aus den Jahren 1910 bis 1930 zurückgegriffen werden (LASSMANN 1912, 1934, RAPP 1942). Diese betreffen jedoch nur den südwestlichen Landesteil etwa ab Halle.

Erst in den 60er und den darauf folgenden Jahren wurden wieder, quasi im "Einzugsbereich" der Halleschen Universität und der Pädagogischen Hochschule Halle-Kröllwitz, Schwebfliegen erfaßt (BITTMANN et al. 1990, GROSSER & KLAPPERSTÜCK 1977, HEESE 1970).

Mittlerweile liegen auch zahlreiche Daten aus dem Landkreis Sangerhausen und aus Halle-Neustadt vor (JENTZSCH 1991, 1992, RÖHRICHT & UTHLEB 1992). Darüber hinaus wurde die Datenmenge durch gezielte Untersuchungen der oberen Naturschutzbehörde gemeinsam mit den Naturschutzstationen des Regierungspräsidiums Halle erweitert (BOCK et al. 1994, JENTZSCH 1997a, 1997b, 1999). Daneben liegen auch einzelne Daten aus dem Saalkreis (GROSSER 1988, KIEFER 1993) und von der Mittleren Elbe vor (DZIOCK in Vorb. b).

Es kann eingeschätzt werden, daß der Erfassungsgrad der genannten Regionalfaunen zufriedenstellend ist. Dagegen stellen der Hoch- und Nordharz sowie die Magdeburger Börde derzeit komplett "weiße Flecken" bezüglich der Schwebfliegennachweise dar.

Die relative Fülle historischer und aktueller Daten aus jeweils gleichen Gebieten des Regierungsbezirkes Halle lassen Bestandstrends erahnen. So konnten 46 Arten nach 1960 nicht mehr nachgewiesen werden und müssen daher derzeit für den südlichen Teil des Landes Sachsen-Anhalt als ausgestorben bzw. verschollen gelten (JENTZSCH 1998a). Andererseits wurden in den letzten Jahren zahlreiche für Sachsen-Anhalt neue Arten gefunden. Nachweise von *Chalcosyrphus femoratus*, *Trichopsomyia lucida*, *Cheilosia cynocephala* u.a. sind überregional von Bedeutung. Neben der bisher festgestellten Artenfülle mag auch dies ein Hinweis darauf sein, daß Sachsen-Anhalt mit seiner wertvollen Naturraumausstattung eine sehr mannigfaltige Syrphidenfauna beherbergt.

Wichtige Synonyme
Aus praktischer Sicht muß auf einige häufig verwendete Synonyme hingewiesen werden:

Brachymia berberina (F., 1805)
→ *Criorhina berberina* (F., 1805)
Brachymyia floccosa (MEIGEN, 1822)
→ *Criorhina floccosa* (MEIGEN, 1822)
Eupeodes OSTEN-SACKEN, 1877
→ *Metasyrphus* MATSUMURA, 1917
Eurimyia lineata (F., 1787)
→ *Anasimyia lineata* F., 1787
Heringia RONDANI, 1856
→ *Neocnemodon* GOFFE, 1944
Platycheirus ambiguus (FALLÉN, 1817)
→ *Pachysphyria ambigua* (FALLÉN, 1817)

Die Nomenklatur richtet sich nach SSYMANK et al. (1999). Für *Baccha obscuripennis* und *Pipiza notata* bestehen unterschiedliche Auffassungen hinsichtlich des Artstatus.

Literatur

BITTMANN, J., BÖHM, M., HOFMANN, G., SCHUBERT, H., STERNER, K., SCHNEIDER, K. (1990): Zur Arthropodenfauna von Habitatinseln in der Agrarlandschaft. Hercynia N.F. 27, 9-18.

BOCK, H., DOEGE, K., JENTZSCH, M., NEEF, W., PIETSCH, T., WOLTER, H. (1994): Bestandserfassung ökologisch wertvoller Bereiche eines ehemaligen sowjetischen Militärflugplatzes im Regierungsbezirk Halle. Natursch. im Land Sachsen-Anhalt 3(2), 19-32.

BUTTSTEDT, L., JENTZSCH, M. (1998): Zur Flora, Fauna und Gebietsausstattung des Naturschutzgebietes "Hackpfüffler See" und seiner Umgebung. Natursch. im Land Sachsen-Anhalt 35(1), 3-10.

DORNBUSCH, G. (1991): Wirbellose Tiere. In: REICHHOFF, L. et al.: Das Biosphärenreservat Mittlere Elbe. Natursch. im Land Sachsen-Anhalt 28(1/2), 55-61.

DZIOCK, F. (in Vorb. a): Schwebfliegen (Diptera, Syrphidae) der Sammlung Victor von Röder in den

Entomologischen Sammlungen der Martin-Luther-Universität Halle-Wittenberg.

DZIOCK, F. (in Vorb. b): Schwebfliegen (Insecta, Diptera, Syrphidae). In: Arten- und Biotopschutzprogramm Sachsen-Anhalt. Elbe. Ber. Landesamt. Umweltsch. Sachsen-Anhalt.

GROSSER, N. (1988): Schwebfliegen (Syrphidae). In: EBEL, F., SCHÖNBRODT, R. (Hrsg.): Pflanzen- und Tierarten der Naturschutzobjekte im Saalkreis. Teil 1, Rat des Saalkreises, Halle, S. 40.

GROSSER, N., KLAPPERSTÜCK, J. (1977): Ökologische Untersuchungen an Syrphiden zweier Agrobiozönosen. Hercynia N.F. 14, 124-144.

HEESE, W. (1970): Über die Saisondynamik von Schwebfliegen (Diptera, Syrphidae) im Raum von Halle/S. unter besonderer Berücksichtigung der Beziehung zu Kiefernlachniden. Dipl.-Arb., Halle-Wittenberg.

JENTZSCH, M. (1990): Pipiza austriaca MEIGEN, 1822 (Diptera, Syrphidae) bei Halle. Ent. Nachr. Ber. 34, 184.

JENTZSCH, M. (1991): Schwebfliegen-Fauna einer Feldhecke in der Goldenen Aue. Ent. Nachr. Ber. 35, 193-196.

JENTZSCH, M. (1992): Zur Schwebfliegenfauna von Halle-Neustadt (Dipt., Syrphidae). Ent. Nachr. Ber. 36, 167-173.

JENTZSCH, M. (1997a): Schwebfliegennachweise aus dem Horletal im Südostharz (Dipt., Syrphidae). Ent. Mitt. Sachsen-Anhalt 5, 20-25.

JENTZSCH, M. (1997b): Zur Schwebfliegenfauna des NSG "Nordfeld Jaucha" und seiner Umgebung. unveröff. Manuskript.

JENTZSCH, M. (1997c): *Merodon rufus* MG., 1838 (Dipt., Syrphidae) im NSG "Neue Göhle". Ent. Nachr. Ber. 41, 205-206.

JENTZSCH, M. (1997d): Schwebfliegen-Nachweise im Naturschutzgebiet "Forstwerder". Ent. Nachr. Ber. 41, 165-205.

JENTZSCH, M. (1998a): Rote Liste der Schwebfliegen des Landes Sachsen-Anhalt. Ber. Landesamt. Umweltsch. Sachsen-Anhalt. 30, 69-75.

JENTZSCH, M. (1998b): Schwebfliegennachweise aus den Naturschutzgebieten Hasenwinkel, Hirschrodaer Graben, Stachelroder Tal und Lohtal sowie Zeitzer Forst. unveröff. Manuskript.

JENTZSCH, M. (1999): Schwebfliegen aus der Roten Welle bei Sandersleben. Ent. Mitt. Sachsen-Anhalt, im Druck.

KIEFER, E. (1993): Schwebfliegen (Syrphidae). In: EBEL, F., SCHÖNBRODT, R. (Hrsg.): Pflanzen- und Tierarten der Naturschutzobjekte im Saalkreis. 2. Ergänzungsband. LRA Saalkreis, Halle, S. 21.

LASSMANN, R. (1912): II. Beitrag zur Hallischen Dipteren-Fauna: Die *Syrphus*-Arten. Mitt. Ent. Ges. Halle 3/4, 59-61.

LASSMANN, R. (1934): Beitrag zur Dipterenfauna von Halle und Umgebung. Mitt. Ent. Ges. Halle 13, 9-23.

PELLMANN, H. (1998): Die Gattung *Brachyopa* MEIGEN, 1822 (Insecta, Diptera, Syrphidae) in entomologischen Sammlungen sächsischer Museen und die Möglichkeit der Artunterscheidung anhand der Genitalien der Männchen. Studia dipterologica 5(1): 95-112.

RAPP, O. (1942): Die Natur der mitteldeutschen Landschaft Thüringen. Die Fliegen Thüringens unter besonderer Berücksichtigung der faunistisch-ökologischen Geographie. Selbstverlag, Erfurt.

RÖHRICHT, W., UTHLEB, H. (1992): Interessante Syrphiden-Funde aus Halle-Neustadt (Diptera, Syrphidae). Ent. Nachr. Ber. 36, 60-61.

SSYMANK, A., DOCZKAL, D., BARKEMEYER, W., CLAUSSEN, C., LÖHR, P.-W., SCHOLZ, A. (1999): Syrphidae. – In: SCHUMANN, H., BÄHRMANN, R., STARK, A. (Hrsg.): Entomofauna Germanica 2 – Checkliste der Dipteren Deutschlands. Studia dipterologica Suppl. 2: 195-203.

VUJIĆ, A., CLAUSSEN, C. (1994): *Cheilosia orthotrichia*, spec. nov., eine weitere Art aus der Verwandtschaft von *Cheilosia canicularis* aus Mitteleuropa. Spixiana 17, 261-267.

Anschrift der Verfasser

Dr. Matthias Jentzsch
Stollenweg 21
D-06179 Langenbogen
e-mail: matthias.jentzsch@t-online.de

Dipl. Biol. Frank Dziock
Umweltforschungszentrum Leipzig-Halle GmbH
Projektbereich Naturnahe Landschaften
und Ländliche Räume
Permoser Str. 15
D-04318 Leipzig
e-mail: dziock@pro.ufz.de

Art	BS	RL	Nachweis	Synonyme
Anasimyia interpuncta (HARRIS, 1776)	s	2	BOCK et al. 1994	
Anasimyia lineata F., 1787	ss	3	DZIOCK in Vorb. b	*Eurimyia lineata* (F., 1787)
Anasimyia transfuga (L., 1758)	s	3	GROSSER, KLAPPERSTÜCK 1977	
Arctophila superbiens (MÜLLER, 1776)	ss	1	JENTZSCH 1997a	*A. fulva* (HARRIS, 1780)
Baccha elongata (F., 1775)	h		JENTZSCH 1997a	
Baccha obscuripennis MEIGEN, 1822	ss		1992 SCHNITTER	
Blera fallax (L., 1758)	A	0	RAPP 1942	
Brachymyia berberina (F., 1805)	ss	3	DZIOCK in Vorb. b	*Criorhina berberina* (F., 1805)
Brachymyia floccosa (MEIGEN, 1822)	ss	2	JENTZSCH 1998b	*Criorhina floccosa* (MEIGEN, 1822)
Brachyopa bicolor (FALLÉN, 1817)	ss	2	DZIOCK in Vorb. b	
Brachyopa insensilis COLLIN, 1939	v		DZIOCK in Vorb. b	
Brachyopa panzeri GOFFE, 1945	ss	1	DZIOCK in Vorb. b	
Brachyopa pilosa COLLIN, 1939	ss	2	DZIOCK in Vorb. b	
Brachyopa scutellaris ROBINEAU-DESVOIDY, 1843	ss	2	DZIOCK in Vorb. b	
Brachyopa vittata ZETTERSTEDT, 1843	ss		PELLMANN 1998	
Brachypalpoides lentus (MEIGEN, 1822)	ss	2	DZIOCK in Vorb. b	
Brachypalpus laphriformis (FALLÉN, 1816)	ss	1	DZIOCK in Vorb. b	
Brachypalpus valgus (PANZER, 1798)	ss	1	DZIOCK in Vorb. b	
Caliprobola speciosa (ROSSI, 1790)	A	0	RAPP 1942	
Callicera rufa SCHUMMEL, 1842	A	0	LASSMANN 1934	
Ceriana conopsoides (L., 1758)	A	0	RAPP 1942	
Chalcosyrphus femoratus (L., 1758)	ss	1	JENTZSCH 1998b	*C. curvipes* (LOEW, 1854)
Chalcosyrphus nemorum (F., 1805)	v		JENTZSCH 1998b	
Chalcosyrphus piger (F., 1794)	A	0	LASSMANN 1934	
Chalcosyrphus valgus (GMELIN, 1790)	A		DZIOCK in Vorb. b	*C. femoratus* auct., nec L. 1758
Cheilosia albipila MEIGEN, 1838	s	3	JENTZSCH 1999	
Cheilosia albitarsis (MEIGEN, 1822)	h		JENTZSCH 1997a	
Cheilosia antiqua (MEIGEN, 1822)	A	0	LASSMANN 1934	
Cheilosia barbata LOEW, 1857	s		JENTZSCH 1997b	
Cheilosia canicularis (PANZER, 1801)	v		JENTZSCH 1997a	
Cheilosia carbonaria EGGER, 1860	h		JENTZSCH 1997b	
Cheilosia chlorus (MEIGEN, 1822)	v		JENTZSCH 1997b	
Cheilosia cynocephala LOEW, 1840	ss	1	JENTZSCH 1997d	
Cheilosia fasciata SCHINER et EGGER, 1853	A	0	LASSMANN 1934	
Cheilosia flavipes (PANZER, 1798)	s	2	GROSSER, KLAPPERSTÜCK 1977	
Cheilosia fraterna (MEIGEN, 1830)	s	3	JENTZSCH 1997b	
Cheilosia gigantea (ZETTERSTEDT, 1838)	ss	2	DZIOCK in Vorb. b	
Cheilosia grisella BECKER, 1894	s	3	JENTZSCH 1997a	
Cheilosia grossa (FALLÉN, 1817)	ss	3	GROSSER 1988	
Cheilosia illustrata (HARRIS, 1780)	A	0	RAPP 1942	
Cheilosia impressa LOEW, 1840	s		JENTZSCH 1997b	
Cheilosia lasiopa KOWARZ, 1885	ss	3	DZIOCK in Vorb. b	*C. honesta* auct., nec RONDANI, 1868
Cheilosia latifrons (ZETTERSTEDT, 1843)	v	2	JENTZSCH 1998b	*C. intonsa* LOEW, 1857
Cheilosia lenis BECKER, 1894	s	P	JENTZSCH 1999	
Cheilosia longula (ZETTERSTEDT, 1838)	s	3	JENTZSCH 1997b	
Cheilosia mutabilis (FALLÉN, 1817)	v	3	JENTZSCH 1999	
Cheilosia nigripes (MEIGEN, 1822)	s	.	GROSSER 1988	

Art	BS	RL	Nachweis	Synonyme
Cheilosia orthotricha VUJIC´ et CLAUSSEN, 1994	s		JENTZSCH 1997a	
Cheilosia pagana (MEIGEN, 1822)	v		JENTZSCH 1999	
Cheilosia praecox (ZETTERSTEDT, 1843)	s	3	JENTZSCH 1999	
Cheilosia proxima (ZETTERSTEDT, 1843)	s	P	JENTZSCH 1997a	
Cheilosia scutellata (FALLÉN, 1817)	v		JENTZSCH 1997b	
Cheilosia soror (ZETTERSTEDT, 1843)	s	3	GROSSER 1988	*C. rufipes* (PREYSSLER, 1793)
Cheilosia variabilis (PANZER, 1798)	v		JENTZSCH 1999	
Cheilosia velutina LOEW, 1840	s	3	JENTZSCH 1992	
Cheilosia vernalis (FALLÉN, 1817)	h		JENTZSCH 1999	
Cheilosia vicina (ZETTERSTEDT, 1849)	v		JENTZSCH 1999	*C. nasutula* BECKER, 1894
Cheilosia vulpina (MEIGEN, 1822)	s	P	JENTZSCH 1999	
Chrysogaster solstitialis (FALLÉN, 1817)	v		JENTZSCH 1999	
Chrysotoxum arcuatum (L., 1758)	v	3	JENTZSCH 1998b	*C. festivum* auct., nec L., 1758
Chrysotoxum bicinctum (L., 1758)	v		BOCK et al. 1994	
Chrysotoxum cautum (HARRIS, 1776)	h		JENTZSCH 1997b	
Chrysotoxum fasciatum (MÜLLER, 1764)	s		DZIOCK in Vorb. b	*C. arcuatum* auct., nec L., 1758
Chrysotoxum intermedium MEIGEN, 1822	A	0	RAPP 1942	
Chrysotoxum lineare (ZETTERSTEDT, 1819)	A	0	DZIOCK in Vorb. a	
Chrysotoxum octomaculatum CURTIS, 1837	A	0	RAPP 1942	
Chrysotoxum vernale LOEW, 1841	v	P	JENTZSCH, 1995	
Chrysotoxum verralli COLLIN, 1940	s	3	BOCK et al. 1994	
Criorhina asilica (FALLÉN, 1816)	ss	2	DZIOCK in Vorb. b	
Criorhina pachymera EGGER, 1858	ss	1	DZIOCK in Vorb. b	
Criorhina ranunculi (PANZER, 1804)	A	0	RAPP 1942	
Dasysyrphus albostriatus (FALLÉN, 1817)	h		RÖHRICHT, UTHLEB 1992	
Dasysyrphus hilaris (ZETTERSTEDT, 1843)	s		DZIOCK in Vorb. b	
Dasysyrphus tricinctus (FALLÉN, 1817)	v	P	JENTZSCH 1997b	
Dasysyrphus venustus (MEIGEN, 1822)	v		DZIOCK in Vorb. b	
Didea alneti (FALLÉN, 1817)	s	2	HEESE 1970	
Didea fasciata MACQUART, 1834	A	0	LASSMANN 1934	
Didea intermedia LOEW, 1854	ss	P	GROSSER, KLAPPERSTÜCK 1977	
Doros profuges (HARRIS, 1780)	ss	1	DZIOCK in Vorb. b	*D. conopseus* (F., 1775)
Epistrophe diaphana (ZETTERSTEDT, 1843)	A	0	LASSMANN 1934	
Epistrophe eligans (HARRIS, 1780)	h		JENTZSCH 1999	
Epistrophe grossulariae (MEIGEN, 1822)	s	3	HEESE 1970	
Epistrophe melanostoma (ZETTERSTEDT, 1843)	v	3	JENTZSCH 1998b	
Epistrophe nitidicollis (MEIGEN, 1822)	v	P	RÖHRICHT, UTHLEB 1992	
Epistrophella euchroma (KOWARZ, 1885)	ss	2	JENTZSCH 1999	
Episyrphus balteatus (DE GEER, 1776)	g		JENTZSCH 1997b	
Eristalinus aeneus (SCOPOLI, 1763)	h		JENTZSCH, 1990	*Lathyrophthalmus aeneus* (SCOPOLI, 1763)
Eristalinus sepulchralis (L., 1758)	g		JENTZSCH 1992	
Eristalis abusiva COLLIN, 1931	v		RÖHRICHT, UTHLEB 1992	
Eristalis alpina (PANZER, 1798)	ss	1	DZIOCK in Vorb. a	
Eristalis arbustorum (L., 1758)	g		JENTZSCH 1997b	

Art	BS	RL	Nachweis	Synonyme
Eristalis cryptarum (F., 1794)	A	0	Rapp 1942	
Eristalis horticola (De Geer, 1776)	s		Jentzsch, 1986	
Eristalis interrupta (Poda, 1761)	h		Jentzsch 1997b	*E. nemorum* auct., nec L., 1758
Eristalis intricaria (L., 1758)	v	3	Jentzsch 1997b	
Eristalis jugorum Egger, 1858	s		Jentzsch 1999	
Eristalis pertinax (Scopoli, 1763)	h		Jentzsch 1999	
Eristalis picea (Fallén, 1817)	ss	1	Dziock in Vorb. b	
Eristalis similis Fallén, 1817	s		Jentzsch 1993	*E. pratorum* Meigen, 1822
Eristalis tenax (L., 1758)	g		Jentzsch 1997b	
Eumerus ornatus Meigen, 1822	s	1	Jentzsch 1999	
Eumerus sabulonum (Fallén, 1817)	A	0	Rapp 1942	
Eumerus sogdianus Stackelberg, 1952	s	2	Jentzsch, 1991	
Eumerus strigatus (Fallén, 1817)	h		Jentzsch 1999	
Eumerus tricolor (F., 1798)	A	0	Rapp 1942	
Eumerus tuberculatus Rondani, 1857	v		Jentzsch 1994	
Eupeodes corollae (F., 1794)	g		Jentzsch 1997b	
Eupeodes latifasciatus (Macquart, 1829)	s	P	Jentzsch 1997b	
Eupeodes lundbecki (Soot-Ryen, 1946)	s	2	Grosser 1988	
Eupeodes luniger (Meigen, 1822)	v		Bittmann et al. 1990	
Eupeodes nielseni (Dusek et Laska, 1976)	ss	1	Grosser 1988	
Eupeodes nitens (Zetterstedt, 1843)	s	2	Heese 1970	
Fagisyrphus cinctus (Fallén, 1817)	s	3	Heese 1970	*Meligramma cincta* (Fallén, 1817)
Ferdinandea cuprea (Scopoli, 1763)	s	2	Jentzsch 1998b	
Ferdinandea ruficornis (F., 1775)	ss	0	Dziock in Vorb. b	
Hammerschmidtia ferruginea (Fallén, 1817)	A	0	Dziock in Vorb. a	
Helophilus hybridus Loew, 1846	v	3	Dziock in Vorb. b	
Helophilus pendulus (L., 1758)	g		Jentzsch 1997b	
Helophilus trivittatus (F., 1805)	v		Jentzsch 1997b	
Heringia brevidens (Egger, 1865)	ss	1	Dziock in Vorb. a	
Heringia heringi (Zetterstedt, 1843)	s	2	Jentzsch 1992	
Heringia latitarsis (Egger, 1865)	ss	1	Heese 1970	
Heringia pubescens (Delucchi et Pschorn-Walcher, 1955)	s	P	Jentzsch 1997a	
Heringia vitripennis (Meigen, 1822)	s	3	Röhricht, Uthleb 1992	
Ischyrosyrphus glaucius (L., 1758)	A	0	Rapp 1942	
Lapposyrphus lapponicus (Zetterstedt, 1838)	s	3	Heese 1970	
Lejogaster tarsata (Megerle in Meigen, 1822)	A	0	Rapp 1942	*Lejogaster splendida* (Megerle in Meigen, 1822)
Lejops vittatus (Meigen, 1822)	s	1	Jentzsch 1997b	
Leucozona lucorum (L., 1758)	s	3	Jentzsch 1997b	
Mallota cimbiciformis (Fallén, 1817)	A	1	Dziock in Vorb. a	
Mallota fuciformis (F., 1794)	A	0	Rapp 1942	
Megasyrphus erraticus (L., 1758)	A	0	Rapp 1942	*M. annulipes* (Zetterstedt, 1838)
Melangyna lasiophthalma (Zetterstedt, 1843)	s	2	Grosser 1988	
Melangyna quadrimaculata (Verrall, 1873)	A	0	Rapp 1942	
Melangyna umbellatarum (F., 1794)	s	2	Jentzsch 1997b	

Art	BS	RL	Nachweis	Synonyme
Melanogaster aerosa (LOEW, 1843)	ss	2	DZIOCK in Vorb. a	*Chrysogaster macquarti* auct., nec LOEW, 1843
Melanogaster hirtella (LOEW, 1843)	s	3	DZIOCK in Vorb. a	
Melanogaster nuda (MACQUART, 1829)	s	3	JENTZSCH 1991	*Chrysogaster viduata* auct., nec L., 1758; *Chrysogaster lucida* (SCOPOLI, 1763) nomen dubium
Melanostoma mellinum (L., 1758)	g		JENTZSCH 1997b	
Melanostoma scalare (F., 1794)	h		JENTZSCH 1997b	
Meligramma guttata (FALLÉN, 1817)	A	0	LASSMANN 1934	
Meligramma triangulifera (ZETTERSTEDT, 1843)	ss	2	RÖHRICHT, UTHLEB 1992	
Meliscaeva auricollis (MEIGEN, 1822)	s	3	JENTZSCH 1997d	
Meliscaeva cinctella (ZETTERSTEDT, 1843)	v		JENTZSCH 1997a	
Merodon avidus (ROSSI, 1790)	s	3	DZIOCK in Vorb. b	*M. spinipes* (F., 1794)
Merodon equestris (F., 1794)	v		JENTZSCH 1997b	
Merodon rufus MEIGEN, 1838	s	2	JENTZSCH 1997c	
Mesembrius peregrinus (LOEW, 1846)	ss		JENTZSCH 1998b	
Microdon devius (L., 1761)	A	0	RAPP 1942	
Microdon eggeri MIK, 1897	s		DZIOCK in Vorb. b	
Microdon mutabilis (L., 1758)	A	0	LASSMANN 1934	
Myathropa florea (L., 1758)	h		JENTZSCH 1997d	
Myolepta dubia (F., 1805)	ss		DZIOCK in Vorb. b	*M. luteola* (GMELIN, 1790): praeocc.
Myolepta obscura BECHER, 1882	A	0	DZIOCK in Vorb. a	
Myolepta potens (HARRIS, 1780)	A	0	DZIOCK in Vorb. a	
Myolepta vara (PANZER, 1798)	ss	1	DZIOCK in Vorb. b	
Neoascia annexa (MÜLLER, 1776)	A	0	RAPP 1942	*N. floralis*: SACK, 1929, nec (MEIGEN, 1822)
Neoascia interrupta (MEIGEN, 1822)	s	2	JENTZSCH 1997b	
Neoascia meticulosa (SCOPOLI, 1763)	s	P	JENTZSCH 1997a	*N. aenea* (MEIGEN, 1822); *N. dispar* (MEIGEN, 1822)
Neoascia obliqua COE, 1940	v	P	JENTZSCH 1999	*N. floralis* (MEIGEN, 1822)
Neoascia podagrica (F., 1775)	h		JENTZSCH, 1996	
Neoascia tenur (HARRIS, 1780)	v		JENTZSCH, 1991	*N. dispar* SACK, 1929 (partim), nec (MEIGEN, 1822)
Neoascia unifasciata (STROBL, 1898)	ss	1	JENTZSCH, 1995	
Orthonevra brevicornis (LOEW, 1843)	ss	2	DZIOCK in Vorb. b	
Orthonevra elegans (MEIGEN, 1822)	A	0	LASSMANN 1934	
Orthonevra intermedia LUNDBECK, 1916	ss		JENTZSCH 1998b	
Paragus finitimus GOELDLIN DE TIEFENAU, 1971	s	2	BITTMANN et al. 1990	
Paragus haemorrhous MEIGEN, 1822	s	3	JENTZSCH 1997b	
Paragus majoranae RONDANI, 1857	ss	1	JENTZSCH 1997a	
Paragus tibialis (FALLÉN, 1817)	v	2	GROSSER 1988	
Parasyrphus annulatus (ZETTERSTEDT, 1838)	s		DZIOCK in Vorb. b	
Parasyrphus lineola (ZETTERSTEDT, 1843)	s	3	HEESE 1970	
Parasyrphus macularis (ZETTERSTEDT, 1843)	s	2	HEESE 1970	
Parasyrphus punctulatus (VERRALL, 1873)	s		DZIOCK in Vorb. b	
Parasyrphus vittiger (ZETTERSTEDT, 1843)	s	3	HEESE 1970	

Art	BS	RL	Nachweis	Synonyme
Parhelophilus frutetorum (F., 1775)	s	2	Dziock in Vorb. b	
Parhelophilus versicolor (F., 1794)	v	3	Jentzsch 1997b	
Pelecocera tricincta Meigen, 1822	A	0	Lassmann 1934	
Pipiza austriaca Meigen, 1822	v	P	Jentzsch 1990, 1997b	
Pipiza bimaculata Meigen, 1822	v	P	Jentzsch 1999	
Pipiza festiva Meigen, 1822	v	3	Jentzsch 1999	
Pipiza lugubris (F., 1775)	s	2	Bock et al. 1994	
Pipiza luteitarsis Zetterstedt, 1843	v	3	Jentzsch, 1991	
Pipiza noctiluca (L., 1758)	v	P	Jentzsch 1999	
Pipiza notata Meigen, 1822	s		Jentzsch 1992	
Pipiza quadrimaculata (Panzer, 1804)	s	3	Jentzsch 1999	
Pipizella annulata (Macquart, 1829)	v	3	Röhricht, Uthleb 1992	
Pipizella divicoi (Goeldlin, 1974)	ss	1	Dziock in Vorb. a	
Pipizella pennina (Goeldlin, 1974)	A	0	Dziock in Vorb. a	
Pipizella viduata (L., 1758)	h		Jentzsch 1997b	*P. varipes* (Meigen, 1822)
Pipizella virens (F., 1805)	v		Jentzsch 1992	
Platycheirus albimanus (F., 1781)	h		Jentzsch 1997b	*P. cyaneus* (Müller, 1764) ?
Platycheirus ambiguus (Fallén, 1817)	A	0	Rapp 1942	*Pachysphyria ambigua* (Fallén, 1817)
Platycheirus angustatus (Zetterstedt, 1843)	v		Jentzsch 1997a	
Platycheirus clypeatus (Meigen, 1822)	h		Jentzsch 1997b	
Platycheirus europaeus Goeldlin de Tiefenau, Maibach et Speight, 1990	s	3	Dziock in Vorb. b	
Platycheirus fulviventris (Macquart, 1829)	s	2	Jentzsch, 1990	
Platycheirus manicatus (Meigen, 1822)	g		Jentzsch 1997b	
Platycheirus occultus Goeldlin de Tiefenau, Maibach et Speight, 1990	ss	3	Dziock in Vorb. b	
Platycheirus parmatus Rondani, 1857	ss		Grosser 1988	
Platycheirus peltatus (Meigen, 1822)	h		Jentzsch 1997b	
Platycheirus scambus (Staeger, 1843)	v	3	Jentzsch 1992	
Platycheirus scutatus (Meigen, 1822)	h		Jentzsch 1997b	
Platycheirus tarsalis (Schummel, 1836)	s	1	Heese 1970	
Pocota personata (Harris, 1780)	ss	1	Dziock in Vorb. b	
Psilota anthracina Meigen, 1822	A	0	Lassmann 1934	
Pyrophaena granditarsa (Forster, 1771)	s	2	Jentzsch 1992	
Pyrophaena rosarum (F., 1787)	s	3	Dziock in Vorb. b	
Rhingia campestris Meigen, 1822	v		Jentzsch 1997a	*R. austriaca* Meigen, 1830
Scaeva pyrastri (L., 1758)	g		Jentzsch 1997b	
Scaeva selenetica (Meigen, 1822)	s	P	Heese 1970	
Sericomyia lappona (L., 1758)	A	0	Lassmann 1934	
Sericomyia silentis (Harris, 1776)	A	0	Rapp 1942	
Sphaerophoria batava Goeldlin de Tiefenau, 1974	s	3	Jentzsch 1997b	
Sphaerophoria interrupta (F., 1805)	v	P	Bittmann et al. 1990	*S. menthastri* (L., 1758)
Sphaerophoria rueppellii (Wiedemann, 1830)	h		Jentzsch 1991	
Sphaerophoria scripta (L., 1758)	g		Jentzsch 1997b	
Sphaerophoria taeniata (Meigen, 1822)	s	3	Jentzsch 1997b	
Sphegina clunipes (Fallén, 1816)	s		Jentzsch 1997b	

Art	BS	RL	Nachweis	Synonyme
Sphiximorpha subsessilis (ILLIGER in ROSSI, 1807)	A	0	LASSMANN 1934	
Spilomyia diophthalma (L., 1758)	A	0	DZIOCK in Vorb. a	
Syritta pipiens (L., 1758)	g		JENTZSCH 1997b	
Syrphus ribesii (L., 1758)	g		JENTZSCH 1997b	
Syrphus torvus OSTEN-SACKEN, 1875	h		JENTZSCH 1997b	
Syrphus vitripennis MEIGEN, 1822	g		JENTZSCH 1999	
Temnostoma bombylans (F., 1805)	ss	2	JENTZSCH 1998b	
Temnostoma meridionale KRIVOSHEINA et MAMAEV, 1962	ss	1	DZIOCK in Vorb. a	
Temnostoma vespiforme (L., 1758)	ss	3	DZIOCK in Vorb. b	
Trichopsomyia flavitarsis (MEIGEN, 1822)	ss	1	GROSSER, KLAPPERSTÜCK 1977	
Trichopsomyia lucida (MEIGEN, 1822)	ss	1	JENTZSCH 1997b	
Triglyphus primus LOEW, 1840	v	2	JENTZSCH 1992	
Tropidia fasciata MEIGEN, 1822	A	0	LASSMANN 1934	
Tropidia scita (HARRIS, 1780)	v		JENTZSCH 1997b	
Volucella bombylans (L., 1758)	s	2	DORNBUSCH 1991	
Volucella inanis (L., 1758)	s	2	DZIOCK in Vorb. B	
Volucella inflata (F., 1794)	ss	1	DZIOCK in Vorb. B	
Volucella pellucens (L., 1758)	h		JENTZSCH 1999	
Volucella zonaria (PODA, 1761)	A	0	RAPP 1942	
Xanthandrus comtus (HARRIS, 1780)	v	2	JENTZSCH, 1993	
Xanthogramma festivum (L., 1758)	v		JENTZSCH 1999	*X. citrofasciatum* (DE GEER, 1776)
Xanthogramma laetum (F., 1794)	ss		JENTZSCH 1998b	*Olbiosyrphus laetus* (F., 1794)
Xanthogramma pedissequum (HARRIS, 1776)	h		JENTZSCH 1997b	*X. ornatum* (MEIGEN, 1822)
Xylota abiens (MEIGEN, 1822)	ss	1	HEESE 1970	
Xylota florum (F., 1805)	A	0	LASSMANN 1934	
Xylota ignava (PANZER, 1798)	A	0	LASSMANN 1934	
Xylota segnis (L., 1758)	v		JENTZSCH 1999	
Xylota sylvarum (L., 1758)	s	2	JENTZSCH 1998b	

7.2 Liste der Langbeinfliegen (Diptera: Dolichopodidae)

ANDREAS STARK

Mit insgesamt 356 Arten zählen die Dolichopodiden zu den artenreichsten der insgesamt 117 in Deutschland heimischen Familien von Zweiflüglern (SCHUMANN et al. 1999).

Für die Langbeinfliegen des Landes Sachsen-Anhalt liegt seit nunmehr 6 Jahren eine Rote Liste vor (STARK 1993). Seinerzeit wurde bereits auf den unzureichenden Kenntnisstand des Arteninventars unseres Bundeslandes, aber auch der Habitatansprüche vieler Spezies verwiesen. Mittlerweile hat sich die für die Fauna Sachsen-Anhalts registrierte Anzahl von Dolichopodidenarten auf 219 erhöht. Das sind ca. 61% der insgesamt in Deutschland bisher nachgewiesenen Arten (BELLSTEDT et al. 1999). Dies ist ein bemerkenswert hoher Prozentsatz, wenn man berücksichtigt, daß von den Arten der deutschen Fauna einige nur die Hochgebirgsregion oder - im Falle der thalassobionten Vertreter - nur die Meeresküsten besiedeln. Mit zunehmendem Kenntnisstand ist zu erwarten, daß die Anzahl der im Gebiet heimischen Dolichopodiden-Arten auf etwa 250 steigen wird.

Mit 210 Arten bewegt sich die Anzahl der im benachbarten Thüringen registrierten Dolichopodidenarten in vergleichbarer Größenordnung (BELLSTEDT 1997).

Kürzlich erschien auch eine Rote Liste der Dolichopodiden der Bundesrepublik (BELLSTEDT & WAGNER 1998).

Die derzeit verfügbaren Informationen reichen bei weitem noch nicht aus, um über die Bestandssituation der Langbeinfliegenarten Sachsen-Anhalts fundiert Auskunft geben zu können. Nachfolgend sollen jedoch einige Aspekte zum Kenntnisstand, zur Gefährdung und zum Schutz der Langbeinfliegenfauna in unserem Bundesland Erwähnung finden.

Viele Vertreter der Dolichopodidae besitzen zumindest im Larvenstadium eine enge Bindung an aquatische oder semiaquatische Lebensräume. Folgerichtig findet man die Imagines am ehesten in der Nähe von Gewässern. Dabei werden die Uferzonen von Flüssen und Bächen genauso besiedelt wie die von Teichen und Seen. Besonders hohe Artendichten oder aber sehr spezifische Zönosen können Übergangs- und Verlandungsbiotope wie z.B. Sümpfe, Moore und auch Feuchtwiesen aufweisen. Periodische Gewässer wie z.B. Regentümpel oder Pfützen sind Habitate von oftmals speziell angepaßten Dolichopodidenarten. Schließlich seien noch die wassergefüllten oder zumindest wasserbeeinflußten Baumhöhlen bzw. Schleim- und Saftflüsse an Bäumen als Habitat von Dolichopodiden genannt (*Achalcus*-, *Hercostomus*-, *Neurigona*- und *Systenus*- Arten). Am weitesten unabhängig von „tropfbarem" Wasser ist die artenreiche Gattung *Medetera*, in der die Larven vieler Spezies, soweit man weiß, in den Gängen von holzbewohnenden Käfern - vornehmlich der Familie Scolytidae - Jagd auf deren Larven machen. Die Imagines laufen in charakteristischer Weise auf der Rinde ihrer Brutbäume umher. Andere *Medetera*-Arten, sowie solche der Gattung *Chrysotus* besiedeln mit Vorliebe Trocken- und Halbtrockenrasen (BÄHRMANN 1993). Die Dolichopodiden - Fauna dieser Lebensräume ist in Sachsen-Anhalt sehr gut erfaßt. Dafür sind zwei Gründe zu nennen. Zum einen wurden die Langbeinfliegen in die Auswertung der Fänge im Rahmen des Projektes „Faunistische Erfassungen in ausgewählten Trockenrasen und Zwergstrauchheiden des Landes Sachsen-Anhalt" einbezogen (vgl. SCHNITTER & TROST 1997). Zum anderen sei erwähnt, daß in den strukturell durchaus mit Mesobrometen vergleichbaren Getreidefeldern im Mitteldeutschen Trockengebiet in den letzten Jahren zahlreiche synökologisch ausgerichtete Forschungsprojekte bearbeitet wurden (WETZEL 1995).

Aus den bisher kaum besammelten Gebieten des Elbtals und der Dübener Heide, liegt inzwischen umfangreiches Material aus aktuellen Untersuchungen - z.B. aus Malaisefallenfängen im Biosphärenreservat „Mittlere Elbe" - vor. Die Fänge sind jedoch noch nicht vollständig ausgewertet.

Es ist zu erwarten, daß die Arealgrenze einiger Spezies mit eher nördlichem Verbreitungsschwerpunkt im Bereich der Mittleren Elbe liegt. Die Vermutung, daß einzelne Arten, die bislang nur oder vornehmlich aus der Berliner Gegend bekannt waren (GERSTÄCKER 1864, NEGROBOV & STACKELBERG 1971), auch im Westen Sachsen-Anhalts heimisch sind, hat sich z.B. im Falle von *Thrypticus intercedens* NEGROBOV, 1967 bereits bestätigt.

Die Existenz einer Vielzahl z.T. großflächiger Binnenlandsalzstellen ist eine Besonderheit unseres Bundeslandes, aus der auch eine hohe Verantwortung für den Biotop- und Artenschutz mit überregionaler bis bundesweiter Bedeutung erwächst (STARK 1996). Es seien hier die Salzstellen von Hecklingen und Sülldorf genannt aber auch der Saalkreis und das Mansfelder Land mit dem Gebiet um den „Salzigen See" das mit fast 100 Arten eine Mannigfaltigkeit an Dolichopodiden aufweist, die als einzigartig zu bezeichnen ist (STARK, unpubl.).

Einen Schwerpunkt der faunistischen Arbeit der letzten Jahre bildete der Harz. Die Flußtäler von Bode, Warmer Bode und Selke aber auch kleinere Bachläufe wie Leine und Eine, mit z.T. noch naturnahem Verlauf, erwiesen sich als Lokalitäten mit einer großen Anzahl bemerkenswerter Spezies. Aus diesen Aufsammlungen stammen einige aktuelle und neue Nachweise von Langbeinfliegen für Sachsen-Anhalt. Ihr Vorkommen ist größtenteils mit den naturnahen Gegebenheiten verbunden. Ausgedehnte Kies- und Schotterbänke in den Tälern von Warmer Bode und Selke, weiträumige Feuchtwiesen im Überflutungsbereich der Selke, frei mäandrierende Bachläufe der Leine mit Erlenbrüchen und Milzkrautgesellschaften im Quellbereich wie sie deutschlandweit nur noch in geringer Zahl und kleinflächig anzutreffen sind, sind der Lebensraum seltener, oftmals stenöker Dolichopodidenarten (z.B. *Hercostomus caudatus, H. sahlbergi, Rhaphium discigerum, Rh. patulum* und *Tachytrechus genualis*). Aus dem Bereich des Nationalparkes Hochharz liegen ebenfalls Angaben zur Dolichopodidenfauna vor (STARK & BÄHRMANN 1992, STARK 1999), z.B. die bemerkenswerte Art *Campsicnemus alpinus* von den Zwergstrauchheiden der Brockenkuppe.

Die größten Defizite des Kenntnisstandes liegen bei den Genera *Hydrophorus, Medetera, Systenus, Tachytrechus* und *Thrypticus. Thrypticus*-Arten minieren als Larven in verschiedenen Monokotyledonen, insbesondere in *Phragmites*. Eine Nachsuche an geeigneten Orten läßt den Nachweis weiterer *Thrypticus*-Spezies im Gebiet als möglich erscheinen. Vertreter der Gattung *Nematoproctus* sind nur historisch belegt, dürften jedoch bei einer Intensivierung der Sammeltätigkeit noch nachweisbar sein.

Die Präsenz zahlreicher Spezies eignet sich sehr gut zur Bewertung der Biotopqualität. Die ökologische Potenz einzelner Arten und damit deren Habitatpräferenzen scheinen sehr eng bzw. speziell zu sein. Mittlerweile kennt man die Habitatansprüche mancher Arten ziemlich genau und das Vorkommen bestimmter Spezies in Feuchtbiotopen erlaubt Aussagen zu Alter und Genese des Gebietes. Einige reagieren äußerst sensibel auf die Veränderung abiotischer Faktoren, z.B. des Salzgehaltes der Substrate, in denen sich die Larven entwickeln. Aber auch ohne detaillierte Kenntnis der Bionomie und Autökologie der in Rede stehenden Spezies kann man Aussagen treffen, da sie im gesamten Bundesgebiet immer nur sehr vereinzelt und dann in vergleichbaren Biotopen gefunden worden sind. Tatsächlich finden sie bei der Bewertung z.B. von Landbewirtschaftungsmaßnahmen zunehmend Berücksichtigung (HILDEBRANDT 1995). Ihre bioindikatorische Potenz wird jedoch in der umwelt- bzw. naturschutzfachlichen Praxis bei weitem nicht ausgeschöpft.

Auch bezüglich der methodischen Handhabbarkeit haben diese Dipteren Vorteile aufzuweisen. Mit einigen gezielten Kescherschlägen an geeigneten Stellen kann man sich sehr schnell einen Überblick über das momentane Artenspektrum verschaffen und so Aussagen zur Biotopqualität treffen. Detaillierte Informationen kann man mittels Malaisefallen sowie Gelb- oder Weißschalen gewinnen.

Bei der Erarbeitung von Arten- und Biotopschutzprogrammen für den Landschaftsraum Harz und die Stadt Halle (S.) fanden die Langbeinfliegen ebenfalls Berücksichtigung (STARK 1997, STARK 1998).

Leider ist es nicht möglich, die Langbeinfliegen mit nur einem „Standardwerk" zu determinieren. Zudem sind die Auffassungen einzelner Autoren zum Status mancher Arten durchaus verschieden.

Die Bearbeitungen der Dolichopodidenfaunen Frankreichs (PARENT 1938) und Großbritanniens (D´ASSIS FONSECA 1978) sind zur Bestimmung des Großteils der einheimischen Arten geeignet. Zu empfehlen sind weiterhin die bislang erschienenen Teile zu den Dolichopodiden im „LINDNER" (NEGROBOV 1979, NEGROBOV & STACKELBERG 1971, STACKELBERG 1930, 1934). Für einzelne Gattungen oder Artengruppen liegen moderne Bearbeitungen vor, ohne deren Einbeziehung die Determination der einheimischen Spezies nicht möglich ist (z.B. POLLET 1990, 1996).

Die nachfolgende Tabelle enthält auch bisher nicht publizierte Artvorkommen aus Sachsen-Anhalt mit Angabe der Sammlung, in der sich Belegexemplare befinden. In den meisten Fällen ist die letzte verfügbare publizierte Quelle zitiert. Ausgewertet wurden zudem die Sammlungen des Zoologischen Instituts der Martin-Luther-Universität Halle (leg. v. RÖDER, leg. O. TASCHENBERG) und des Deutschen Entomologischen Instituts Eberswalde (DEI). Die Präparate der v. RÖDERschen Sammlung sind z.T. sehr nachlässig etikettiert (STARK 1996). Nur dann, wenn bevorzugte Exkursionsziele v. RÖDERS aus den Etiketten zumindest erahnt werden konnten, und zudem ein Vorkommen der betreffenden Spezies im Gebiet anzunehmen ist, wurden diese in die Liste aufgenommen.

Zu den Anmerkungen in der Tabelle

[1] Die bei STARK & POLLET (1993) unter *Rhapium caliginosum* geführten Nachweise gehören zu *Rh. zetterstedti* (sensu D´ASSIS FONSECA 1978 und NEGROBOV 1979).

[2] Durch ein Versehen des zweiten Mitautors ist *Syntormon fuscipes* bei BELLSTEDT, STARK & MEYER (1999) als Synonym von *S. pumilus* (MEIGEN, 1824) angegeben worden. Bei erstgenanntem Taxon handelt es sich jedoch um eine valide Spezies, zu der wiederum *Syntormon spicatus* (LOEW, 1857) synonym ist.

Zusätzliche Abkürzungen in der Tabelle

Nachweis:
* Material stammt aus den vom Landesamt für Umweltschutz veranlaßten faunistischen Untersuchungen (SCHNITTER & TROST, 1997)

Danksagung

Die Datengrundlage der vorliegenden Liste konnte durch den Zugang zu Aufsammlungen einiger Fachkollegen wesentlich erweitert werden. Insbesondere Herrn Prof. Dr. R. BÄHRMANN (Jena) und Herrn R. BELLSTEDT bin ich zu großem Dank für die Überlassung von Daten aus ihren Aufsammlungen verpflichtet.

Herrn Dr. P. SACHER (Nationalpark Hochharz) und Herrn F. MENZEL, Deutsches Entomologisches Institut (DEI) Eberswalde, verdanke ich wertvolles Material aus dem Harz.

Auf die Aktivitäten von Herrn F. DZIOCK (UfZ Leipig) gehen die hinsichtlich der Dolichopodiden überaus lohnenden Aufsammlungen an der Mittleren Elbe zurück.

Die Herren Dr. P. SCHNITTER und M. TROST vom Landesamt für Umweltschutz des Landes Sachsen-Anhalt haben mit dem Programm der faunistischen Untersuchungen in ausgewählten Biotoptypen einen maßgeblichen Beitrag zur Erweiterung des Kenntnisstandes über die Artenvielfalt in unserem Bundesland geleistet. Ihnen und den zahlreichen, namentlich nicht genannten Helfern vor Ort möchte ich an dieser Stelle besonders danken.

Literatur

BÄHRMANN, R. (1993): Zur ökologischen Einnischung einheimischer Dolichopodiden-Arten (Diptera, Dolichopodidae). Dtsch. ent. Z. N.F. 40(2), 221-243.

BELLSTEDT, R. (1997): Checklist der Langbeinfliegen (Diptera, Dolichopodidae) Thüringens (Stand: 1.10.97). In: HARTMANN, M., BELLSTEDT, R. (Hrsg.): Check-Listen Thüringer Insekten 5, 59-67.

BELLSTEDT, R., WAGNER, R. (1998): Rote Liste der Langbeinfliegen (Dolichopodidae). In: BINOT, M., BLESS, R., BOYE, P., GRUTTKE, H., PRETSCHER, P. (Hrsg.): Rote Liste gefährdeter Tiere Deutschlands. Schriftenreihe für Landschaftspflege und Naturschutz. Heft 55, 73-76.

BELLSTEDT, R., STARK, A., MEYER, H. (1999): Familie Dolichopodidae. In: SCHUMANN, H., BÄHRMANN, R., STARK, A. (Hrsg.): Fauna Germanica 2. Checkliste der Dipteren Deutschlands. Studia dipterologica. Supplement 2, 92-99. Ampyx-Verlag, Halle.

D'ASSIS FONSECA, E.C.M. (1978): Diptera Orthorrhapha Brachycera: Dolichopodidae. Handbooks for the Identification of British Insects 9(5), 1-90.

GERSTÄCKER, A. (1864): Übersicht der in der Umgegend Berlins bis jetzt beobachteten Dolichopoden. Stettiner Ent. Zeitung 25, 20-48.

HILDEBRANDT, J. (1995): Erfassung von terrestrischen Wirbellosen in Feuchtgrünlandflächen im norddeutschen Raum - Kenntnisstand und Schutzkonzepte. Z. Ökol. Natursch. 4, 181-201.

NEGROBOV, O.P. (1979): Dolichopodidae. In: Lindner, E. (Hrsg.): Die Fliegen der palaearktischen Region 4(5), Lieferung 322, Schweizerbart, Stuttgart, 475-530.

NEGROBOV, O.P., STACKELBERG, A.A. (1971): Dolichopodidae.- In: LINDNER, E. (Hrsg.): Die Fliegen der palaearktischen Region 4(5) Lieferung 284, Schweizerbart, Stuttgart, 238-256.

PARENT, O. (1938): Diptères Dolichopodides. Faune de France 35, Paris, 1-720.

POLLET, M. (1990): Phenetic and ecological relationships between species of the subgenus *Hercostomus* (*Gymnopternus*) in western Europe with the description of two new species (Diptera: Dolichopodidae). – Systematic Ent. 15: 359-382.

POLLET, M. (1996): Systematic revision and phylogeny of the Palaearctic species of the genus *Achalcus* LOEW (Diptera: Dolichopodidae) with the description of four new species. Systematic Ent. 21, 353-386.

SCHNITTER, P., TROST, M. (1997): Zum Projekt „Faunistische Erfassungen in ausgewählten Trockenrasen und Zwergstrauchheiden des Landes Sachsen-Anhalt". Untere Havel. Naturkundl. Ber. Heft 6/7, 64-69.

SCHUMANN, H., BÄHRMANN, R., STARK, A. (Hrsg.) (1999): Fauna Germanica 2. Checkliste der Dipteren Deutschlands. – Studia dipterologica. Supplement 2, 1-354. Ampyx-Verlag, Halle

STACKELBERG, A.A. (1930): Dolichopodidae.- In: LINDNER, E. (Hrsg.): Die Fliegen der palaearktischen Region 4(5) Lieferung 51, 1-64. Schweizerbart, Stuttgart

STACKELBERG, A.A. (1934): Dolichopodidae.- In: LINDNER, E. (Hrsg.): Die Fliegen der palaearktischen Region 4(5) Lieferung 82, 129-176.

STARK, A. (1993): Rote Liste der Langbeinfliegen des Landes Sachsen-Anhalt. Ber. Landesamt. Umweltsch. Sachsen-Anhalt 9, 73-76.

STARK, A. (1995): Zu Leben und Werk des Dipterologen VIKTOR VON RÖDER (1841-1910). Studia dipterologica 2: 131-152.

STARK, A. (1996): Besonderheiten der Dipterenfauna Sachsen-Anhalts - eine Herausforderung für den Natur- und Umweltschutz. – Ber. Landesamt. Umweltsch. Sachsen-Anhalt 21, 100-108.

STARK, A. (1997): Langbeinfliegen (Diptera: Dolichopodidae). In: Arten- und Biotopschutzprogramm Sachsen-Anhalt. Landschaftsraum Harz. Ber. Landesamt. Umweltsch. Sachsen-Anhalt Sonderheft 4/1997, 209-212, 357.

STARK, A. (1998): Langbeinfliegen (Dolichopodidae). In: Arten- und Biotopschutzprogramm Sachsen-Anhalt. Stadt Halle (Saale). Ber. Landesamt. Umweltsch. Sachsen-Anhalt. Sonderheft 4/1998, 235-239, 398-399

STARK, A. (1999): Zweiflügler der Überfamilie Empidoidea (Diptera, Brachycera) aus dem Nationalpark Hochharz. Abh. Ber. Naturkd. Mus. Naturkd. Magdeburg. Sonderheft (im Druck).

STARK, A., BÄHRMANN, R. (1992): Der Brocken, ein besonderes Refugium für Dipteren-Arten. Ent. Nachr. 36(3), 203-208.

STARK, A., POLLET, M. (1993): Dolichopodidae.- In: EBEL. F., SCHÖNBRODT, R.: Pflanzen- und Tierarten der Naturschutzobjekte im Saalkreis. 2. Ergänzungsband, Landratsamt Saalkreis Halle/Saale, 21-23.

WETZEL, Th. (1995): Integrierter Pflanzenschutz und Agroökosysteme. Steinbeis-Transferzentrum Integrierter Pflanzenschutz und Ökosysteme Halle (Saale), Pausa (Vogtland).

Anschrift des Verfassers
Dr. Andreas Stark
Seebener Str. 190
D - 06114 Halle (Saale)

Art	RL	Bm	Nachweis
Achalcus bimaculatus POLLET, 1996			POLLET 1996
Achalcus cinereus (HALIDAY, 1851)			POLLET 1996
Achalcus flavicollis (MEIGEN, 1824)	P		POLLET 1996
Achalcus melanotrichus MIK, 1878	3		STARK 1998
Achalcus thalhammeri LICHTWARDT, 1913	2		POLLET 1996
Anepsiomyia flaviventris (MEIGEN, 1824)	P	Bodetal oberh. Treseburg	coll. STARK *
Argyra argentina (MEIGEN, 1824)	P	Salziger See	coll. STARK
Argyra argyria (MEIGEN, 1824)			STARK 1997
Argyra atriceps LOEW, 1857	3		STARK, POLLET 1993
Argyra auricollis (MEIGEN, 1824)	3		STARK 1997
Argyra confinis (ZETTERSTEDT, 1849)	3		STARK 1997
Argyra diaphana (F., 1775)			STARK 1998
Argyra elongata (ZETTERSTEDT, 1843)	3		STARK, POLLET 1993
Argyra grata LOEW, 1857			STARK, POLLET 1993
Argyra hoffmeisteri (LOEW, 1850)	0	Selketal und Sternhaus	coll. H, leg. V. RÖDER
Argyra leucocephala (MEIGEN, 1824)	P		STARK, POLLET 1993
Argyra vestita (WIEDEMANN, 1817)			STARK 1998
Asyndetus latifrons (LOEW, 1857)	3		STARK, POLLET 1993
Campsicnemus alpinus (HALIDAY, 1833)			STARK 1999
Campsicnemus armatus (ZETTERSTEDT, 1849)		Hecklingen b. Stassfurt	coll. STARK
Campsicnemus curvipes (F., 1823)			STARK, POLLET 1993
Campsicnemus loripes (HALIDAY, 1832)			STARK 1997
Campsicnemus lumbatus LOEW, 1857			STARK 1998
Campsicnemus magius (LOEW, 1845)	3		STARK, POLLET 1993
Campsicnemus marginatus LOEW, 1857			STARK 1997

Art	RL	Bm	Nachweis
Campsicnemus picticornis (ZETTERSTEDT, 1843)			STARK 1998
Campsicnemus pumilio (ZETTERSTEDT, 1843)	0		LOEW 1864b
Campsicnemus scambus (FALLÉN, 1823)			STARK 1998
Chrysotimus flaviventris (VON ROSER, 1840)		Kellerberge bei Gardelegen	coll. STARK *
Chrysotimus molliculus (FALLÉN, 1823)			STARK 1998
Chrysotus cilipes MEIGEN, 1824		Helsunger Bruch	coll. BÄHRMANN
Chrysotus cupreus (MEIGEN, 1827)		Seeben bei Halle	coll. STARK
Chrysotus gramineus (FALLÉN, 1823)			STARK 1998
Chrysotus laesus (WIEDEMANN, 1817)			STARK 1998
Chrysotus neglectus (WIEDEMANN, 1817)			STARK 1998
Chrysotus palustris VERRALL, 1876	2		STARK, POLLET 1993
Chrysotus pulchellus KOWARZ, 1874	P		STARK, POLLET 1993
Chrysotus suavis LOEW, 1857			STARK, POLLET 1993
Cyrturella albosetosus (STROBL, 1909)		Helsunger Bruch	coll. BÄHRMANN
Diaphorus oculatus (FALLÉN, 1823)			STARK 1997
Diaphorus winthemi MEIGEN, 1824	0		LOEW 1864b
Dolichopus acuticornis (WIEDEMANN, 1817)	3		STARK 1998
Dolichopus agilis MEIGEN, 1824			STARK 1998
Dolichopus apicalis ZETTERSTEDT, 1849	2		STARK 1998
Dolichopus arbustorum STANNIUS, 1831	P		LASSMANN 1934
Dolichopus argyrotarsus WAHLBERG, 1815	P		STARK 1997
Dolichopus atratus MEIGEN, 1824	P		STARK 1997
Dolichopus atripes MEIGEN, 1824	P		LASSMANN 1934
Dolichopus austriacus PARENT, 1927	2		STARK, POLLET 1993
Dolichopus brevipennis MEIGEN, 1824			STARK, POLLET 1993
Dolichopus calinotus LOEW, 1871		Salziger See	coll. STARK
Dolichopus campestris MEIGEN, 1824			STARK 1997
Dolichopus cilifemoratus MACQUART, 1827	P	Steckby	coll. STARK, leg. DZIOCK
Dolichopus claviger STANNIUS, 1831			STARK, POLLET 1993
Dolichopus clavipes HALIDAY, 1832	P		STARK, POLLET 1993
Dolichopus cruralis WAHLBERG, 1850	P		BELLSTEDT, BÄHRMANN 1989
Dolichopus diadema HALIDAY, 1832	3		STARK, POLLET 1993
Dolichopus excisus LOEW, 1859	3	Hakel	coll. v. RÖDER
Dolichopus festivus HALIDAY, 1832		Steckby	coll. STARK, leg. DZIOCK
Dolichopus genicupallidus BECKER, 1889			STARK 1997
Dolichopus hilaris LOEW, 1862	P	Frose	coll. H, leg. v. RÖDER
Dolichopus latilimbatus MACQUART, 1827	P		STARK 1998
Dolichopus latipennis FALLÉN, 1823	2		STARK, POLLET 1993
Dolichopus lepidus STAEGER, 1842	P		STARK 1999
Dolichopus linearis MEIGEN, 1824	P		STARK 1998
Dolichopus longicornis STANNIUS, 1831			STARK 1998
Dolichopus longitarsis STANNIUS, 1831	P		STARK 1997
Dolichopus migrans ZETTERSTEDT, 1834	P	Genthin	coll. H, leg. v. RÖDER
Dolichopus nigricornis MEIGEN, 1824			STARK 1999
Dolichopus nitidus FALLÉN, 1823	P	Steckby	coll. STARK, leg. DZIOCK
Dolichopus notatus STAEGER, 1842		Salziger See	coll. STARK
Dolichopus nubilus MEIGEN, 1824			STARK, POLLET 1993
Dolichopus pennatus MEIGEN, 1824			STARK 1998
Dolichopus picipes MEIGEN, 1824	P		LOEW 1857
Dolichopus planitarsis FALLÉN, 1823	P		STARK 1997
Dolichopus plumipes (SCOPOLI, 1763)			STARK 1998

Art	RL	Bm	Nachweis
Dolichopus plumitarsis FALLÉN, 1823	3		LAßMANN 1934
Dolichopus popularis WIEDEMANN, 1817			STARK 1997
Dolichopus rupestris HALIDAY, 1833	3		BELLSTEDT, BÄHRMANN 1989
Dolichopus sabinus HALIDAY, 1838	3		STARK, POLLET 1993
Dolichopus signifer HALIDAY, 1838	2		STARK, POLLET 1993
Dolichopus simplex MEIGEN, 1824	3		LAßMANN 1934
Dolichopus subpennatus D'ASSIS FONSECA, 1976	P		STARK 1997
Dolichopus tanythrix LOEW, 1869	P		STARK, BÄHRMANN 1992
Dolichopus trivialis HALIDAY, 1832			STARK 1997
Dolichopus ungulatus (L., 1758)			STARK 1998
Dolichopus urbanus MEIGEN, 1824		Luppbode bei Allrode	coll. STARK *
Dolichopus vitripennis MEIGEN, 1824	P		STARK 1997
Hercostomus aerosus (FALLÉN, 1823)			STARK, POLLET 1993
Hercostomus assimilis (STAEGER, 1842)	P		STARK 1998
Hercostomus blankaartensis POLLET, 1990	3		STARK, POLLET 1993
Hercostomus brevicornis (STAEGER, 1842)			STARK 1997
Hercostomus caudatus (LOEW, 1859)			STARK 1997
Hercostomus celer (MEIGEN, 1824)			STARK, POLLET 1993
Hercostomus chalybeus (WIEDEMANN, 1817)			STARK 1998
Hercostomus chrysozygos (WIEDEMANN, 1817)			STARK 1998
Hercostomus fulvicaudis (HALIDAY, 1851)			STARK 1998
Hercostomus germanus (WIEDEMANN, 1817)		Rübeland	coll. STARK *
Hercostomus gracilis (STANNIUS, 1831)	3		STARK, POLLET 1993
Hercostomus longiventris (LOEW, 1857)			STARK 1997
Hercostomus metallicus (STANNIUS, 1831)	P		STARK, POLLET 1993
Hercostomus nanus (MACQUART, 1827)			STARK 1998
Hercostomus nigrilamellatus (MACQUART, 1827)		Schielo	coll. STARK
Hercostomus nigripennis (FALLÉN, 1823)			LOEW 1857
Hercostomus nigriplantis (STANNIUS, 1831)		Salziger See	coll. STARK
Hercostomus plagiatus (LOEW, 1857)	3		STARK, POLLET 1993
Hercostomus praeceps LOEW, 1869	P		STARK, POLLET 1993
Hercostomus rusticus (MEIGEN, 1824)	P		STARK 1998
Hercostomus sahlbergi (ZETTERSTEDT, 1838)			STARK 1997
Hercostomus silvestris POLLET, 1990	3		STARK, POLLET 1993
Hercostomus vivax (LOEW, 1857)			STARK 1997
Hydrophorus albiceps FREY, 1915			STARK 1997
Hydrophorus bipunctatus (LEHMANN, 1822)	3		STARK 1998
Hydrophorus litoreus FALLÉN, 1823	3	Libbesdorf bei Dessau	coll. STARK
Hydrophorus praecox LEHMANN, 1822)	3		STARK, POLLET 1993
Hypophyllus crinipes (STAEGER, 1842)			STARK 1997
Hypophyllus discipes (GERMAR, 1817)	P		STARK 1997
Hypophyllus obscurellus (FALLÉN, 1823)			STARK, POLLET 1993
Lamprochromus elegans (MEIGEN, 1830)			STARK 1997
Lamprochromus strobli PARENT, 1925	P		BELLSTEDT 1984
Liancalus virens (SCOPOLI, 1763)	3	Allrode	coll. STARK
Medetera ambigua (ZETTERSTEDT, 1843)	P	Hoym	coll. H, leg. v. RÖDER
Medetera annulitarsus VON ROSER, 1840		Kellerberge b. Gardelegen	coll. STARK *
Medetera dendrobaena KOWARZ, 1877			STARK 1997
Medetera diadema (L., 1767)			STARK 1998
Medetera dichrocera KOWARZ, 1877			STARK 1997

Art	RL	Bm	Nachweis
Medetera glauca LOEW, 1869			STARK 1997
Medetera infumata LOEW, 1857			STARK 1999
Medetera jacula (FALLÉN, 1823)			STARK 1998
Medetera micacea LOEW, 1857			STARK 1998
Medetera mixta NEGROBOV, 1967		Salziger See	coll. STARK
Medetera muralis MEIGEN, 1824			STARK 1998
Medetera obscura (ZETTERSTEDT, 1838)	P		LASSMANN 1934
Medetera pallipes (ZETTERSTEDT, 1843)			STARK 1998
Medetera petrophila KOWARZ, 1877			STARK 1997
Medetera petrophiloides PARENT, 1925			STARK 1998
Medetera plumbella MEIGEN, 1824			STARK, POLLET 1993
Medetera senicula KOWARZ, 1877		Teutschenthal	coll. STARK
Medetera tenuicauda LOEW, 1857			LOEW 1864a
Medetera tristis (ZETTERSTEDT, 1838)			STARK 1997
Medetera truncorum MEIGEN, 1824			STARK 1998
Melanostolus nigricilius (LOEW, 1871)	3		STARK, POLLET 1993
Micromorphus albipes (ZETTERSTEDT, 1843)			STARK, POLLET 1993
Nematoproctus distendens (MEIGEN, 1824)		Dessau	coll. STARK
Nematoproctus longifilus LOEW, 1857	3		LOEW 1864b
Nematoproctus praetextus LOEW, 1869		Halle	coll. H, leg. O. TASCHENBERG
Neurigona erichsoni (ZETTERSTEDT, 1843)	P		LASSMANN 1934
Neurigona lineata (OLDENBERG, 1904)			OLDENBERG 1904
Neurigona pallida (FALLÈN, 1823)			STARK 1998
Neurigona quadrifasciata (F., 1781)			STARK 1998
Neurigona suturalis (FALLÉN, 1823)	P		STARK 1998
Poecilobothrus ducalis (LOEW, 1857)	P		STARK, POLLET 1993
Poecilobothrus fumipennis (STANNIUS, 1831)			STARK 1998
Poecilobothrus nobilitatus (L., 1767)			STARK 1998
Rhaphium antennatum (CARLIER, 1835)	P		STARK, POLLET 1993
Rhaphium auctum LOEW, 1857	0		LOEW 1857b
Rhaphium commune (MEIGEN, 1824)			STARK 1998
Rhaphium crassipes (MEIGEN, 1824)	P		STARK, POLLET 1993
Rhaphium discigerum STENHAMMAR, 1851			STARK 1997
Rhaphium elegantulum (MEIGEN, 1824)	P	Langenbogen	coll. STARK
Rhaphium ensicorne MEIGEN, 1824	P		STARK, POLLET 1993
Rhaphium fasciatum MEIGEN, 1824		Luppbode b. Allrode	coll. STARK *
Rhaphium fascipes (MEIGEN, 1824)	P		STARK 1998
Rhaphium fissum LOEW, 1850	P		STARK 1998
Rhaphium gravipes WALKER, 1851	0		coll. H, leg. v. RÖDER
Rhaphium laticorne (FALLÈN, 1823)			STARK, POLLET 1993
Rhaphium longicorne (FALLÈN, 1823)			STARK 1997
Rhaphium macrocerum MEIGEN, 1824	P		STARK, POLLET 1993
Rhaphium micans (MEIGEN, 1824)	P		STARK 1998
Rhaphium monotrichum LOEW, 1850			STARK 1998
Rhaphium nasutum (FALLÈN, 1823)			STARK, POLLET 1993
Rhaphium patulum (RADDATZ, 1873)			STARK 1997
Rhaphium penicillatum LOEW, 1850	3		STARK 1997
Rhaphium praerosum LOEW, 1850			STARK 1997
Rhaphium riparium (MEIGEN, 1824)			STARK 1998
Rhaphium rivale (LOEW, 1869)	P		STARK 1997
Rhaphium suave LOEW, 1859	0		STARK 1997

Art	RL	Bm	Nachweis
Rhaphium zetterstedti (PARENT, 1925) [1]			STARK 1998
Schoenophilus versutus (HALIDAY, 1851)			LOEW 1864b
Sciapus albifrons (MEIGEN, 1830)	3		STARK 1998
Sciapus basilicus MEUFFELS et GROOTAERT, 1990		Teutschenthal	coll. STARK
Sciapus contristans (WIEDEMANN, 1817)	3		LASSMANN 1934
Sciapus longulus (FALLÉN, 1823)			STARK 1998
Sciapus nervosus (LEHMANN, 1822)	P		LASSMANN 1934
Sciapus platypterus (F., 1805)			STARK 1998
Sciapus wiedemanni (FALLÉN, 1823)	P		STARK 1998
Sciapus zonatulus (ZETTERSTEDT, 1843)	P		STARK, POLLET 1993
Sybistroma nodicornis (MEIGEN, 1824)	3		STARK 1998
Sympycnus aeineicoxa (MEIGEN, 1824)			STARK 1998
Sympycnus cirripes (HALIDAY, 1851)			STARK 1997, coll. BÄHRMANN
Sympycnus desoutteri PARENT, 1925			STARK 1998
Sympycnus pulicarius (FALLÉN, 1823)			STARK 1998
Syntormon aulicus (MEIGEN, 1824)	P		BELLSTEDT 1984
Syntormon bicolorellus (ZETTERSTEDT, 1843)			STARK 1998
Syntormon filiger VERRALL, 1912	3		STARK 1998
Syntormon fuscipes (VON ROSER, 1840) [2]	3		STARK 1997
Syntormon monilis (HALIDAY, 1851)			STARK 1998
Syntormon pallipes (F., 1794)			STARK 1998
Syntormon pumilus (MEIGEN, 1824)			STARK 1998
Syntormon punctatus (ZETTERSTEDT, 1843)	3		STARK 1997
Syntormon rufipes (MEIGEN, 1824)			STARK 1997
Syntormon sulcipes (MEIGEN, 1824)	0		STARK 1997
Syntormon tarsatus (FALLÉN, 1823)	3		STARK, POLLET 1993
Systenus bipartitus (LOEW, 1850)	0	Hoym	coll. H, leg. V. RÖDER
Systenus leucurus LOEW, 1859			STARK 1997
Systenus pallipes (V. ROSER, 1840)	3	Hoym	coll. H, leg. V. RÖDER
Tachytrechus genualis LOEW, 1857	P		LOEW 1857
Tachytrechus notatus (STANNIUS, 1831)	P		STARK, POLLET 1993
Teuchophorus calcaratus (MEIGEN, 1827)			STARK 1998
Teuchophorus monacanthus LOEW, 1859			STARK 1998
Teuchophorus signatus (ZETTERSTED, 1849)			STARK, POLLET 1993
Teuchophorus simplex MIK, 1881	P	Gimritz	coll. STARK
Teuchophorus spinigerellus (ZETTERSTEDT, 1843)			STARK 1998
Thrypticus intercedens NEGROBOV, 1967		Steckby	coll. STARK, leg. DZIOCK
Thrypticus nigricauda WOOD, 1913		Salziger See	coll. STARK
Thinophilus flavipalpis (ZETTERSTEDT, 1843)	3		STARK, POLLET 1993
Thinophilus ruficornis (HALIDAY, 1838)	3		STARK, POLLET 1993
Xanthochlorus ornatus (HALIDAY, 1832)			STARK, POLLET 1993
Xanthochlorus tenellus (WIEDEMANN, 1817)		Salziger See	coll. STARK

7.3 Checkliste der Raupenfliegen (Diptera: Tachinidae)

Joachim Ziegler

Gegenwärtig sind etwa 120.000 Arten aus der Insektenordnung der Zweiflügler (Fliegen und Mücken) bekannt. Innerhalb der Fliegen bilden die Tachinidae oder Raupenfliegen die umfangreichste Familie. Sie schließt weltweit über 8.000 Arten ein. In Deutschland wurden bisher 494 Raupenfliegenarten nachgewiesen (Tschorsnig & Ziegler 1999).

Die Larven der Tachinidae entwickeln sich als hochadaptierte Parasitoide im Körper von Gliedertieren (ganz überwiegend von Insekten). Häufig sind Schmetterlingsraupen die Wirte. Aber auch in Blattwespen- und Schnakenlarven sowie in Larven oder Imagines von Käfern, Wanzen, Heuschrecken, Ohrwürmern und sogar in Hundertfüßern leben die Larven einiger Raupenfliegenarten. Außerhalb Mitteleuropas ist das Wirtsspektrum noch breiter.

Die in Schadinsekten parasitierenden Arten sind auch wirtschaftlich von Bedeutung. Wenn ihnen im Rahmen von integrativen Pflanzenschutzstrategien Wirkungsmöglichkeiten erhalten bleiben, sind sie in Land- und Forstwirtschaft sowie im Gartenbau als Parasitoide solcher bekannten Schädlinge wie Schwammspinnern, Nonnen, Erdeulen, Getreidewanzen, Frostspannern, Kiefernblattwespen, Kiefernspannern, Kiefernblattwespen, Kiefernspannern, Kiefereulen und vielen anderen von Nutzen. Extensivierungsmaßnahmen wie Verzicht auf Pestizide, Erhaltung oder Schaffung von naturnahen blütenreichen Waldsäumen, Hecken und Ackerrandstreifen sowie standortgerechte Mischwälder in der Forstwirtschaft nutzen auch den Raupenfliegen. Der direkte Einsatz von Tachiniden bei der biologischen Bekämpfung von eingeschleppten Schadinsekten hat vor allem in Nordamerika einen bedeutenden Umfang erreicht.

Aus ökologischer Sicht nehmen die Raupenfliegen eine exponierte Stellung innerhalb des Beziehungsgefüges von natürlichen und naturnahen Ökosystemen ein. Bemerkenswert ist ihr großer Artenreichtum und die Besiedlung aller bedeutenden terrestrischen Lebensräume. Darüber hinaus sind die Tachinidae mit dem üblichen Methodenspektrum gut erfaßbar und die Bestimmung der mitteleuropäischen Arten ist mit den Tabellen von Tschorsnig & Herting (1994) leichter geworden.

Die Lebensweise als Parasitoide und ihre deshalb oft sehr spezifischen Ansprüche lassen sie als geeignete Gruppe für Umweltbewertungen erscheinen. Leider ist der gegenwärtige Kenntnisstand ihrer Autökologie noch unzureichend. Ebenso ist es auf Grund der schlechten Datenlage und der extrem kleinen Zahl von Spezialisten zur Zeit nicht möglich, eine Bestandsentwicklung in Sachsen-Anhalt abzuschätzen. Als ein Beitrag zur Verbesserung dieser Situation wird die nachfolgende Zusammenstellung gegeben.

Die hier vorgelegte Liste ist die erste Gesamtdarstellung der Raupenfliegen-Fauna des Landes Sachsen-Anhalt. Sie enthält 263 sicher nachgewiesene Arten. Bereits 1888 wurde von Stein das Ergebnis einer Aufsammlung publiziert, die er bei Genthin zusammengetragen hat. Die in ihr enthaltenen Angaben sind in das posthum erschienene Bestimmungswerk von Stein (1924) in erweiterter und korrigierter Form eingegangen. Das Material der Sammlung Paul Stein (* 1852, † 1921) befindet sich heute im Museum für Naturkunde der Humboldt-Universität zu Berlin und wurde dort teilweise in die Hauptsammlung eingeordnet. Etwa zur gleichen Zeit hat von Röder (*1841, † 1910) eine bedeutende Dipterensammlung zusammengetragen, die auch Material aus der Umgebung seines Wohnsitzes Hoym und aus dem Harz enthält. Es existiert aber keine zusammenfassende Publikation über seine eigenen Aufsammlungen. Dagegen hat von Röder 1886 zwei kurze Artenlisten zur Dipteren-Fauna von Dessau publiziert. Diese Angaben basieren auf dem Material von Amelang und Engel und enthalten nur wenige Tachinidae. Die Sammlung Victor von Röder wird im Institut für Zoologie der Martin-Luther-Universität Halle-Wittenberg aufbewahrt.

Die Checkliste folgt in der verwendeten Nomenklatur weitgehend Tschorsnig & Ziegler (1999), berücksichtigt aber keine Unterfamilien. Die Ergebnisse der Revision der Siphonini durch Andersen (1996) sind eingearbeitet. Nur der Name *Siphona geniculata* wird im gebräuchlichen Sinne verwendet. Die Synonymisierung durch Andersen (1996) wird nicht übernommen.

In der Spalte "Nachweis" ist die jeweils jüngste Literaturstelle mit einem Nachweis der Art aus Sachsen-Anhalt genannt.

Synonyme sind in der Checkliste der Dipteren Deutschlands (Tschorsnig & Ziegler 1999) und bei Herting & Dely-Draskovits (1993) genannt. In der vorliegenden Liste werden Synonyme nur vermerkt, wenn die verwendeten Namen von diesen Quellen abweichen oder nicht mit den Bezeichnungen übereinstimmen, die in den unter "Nachweis" zitierten Literaturstellen verwendet wurden.

Literatur

ANDERSEN, S. (1996): The Siphonini (Diptera: Tachinidae) of Europe. Fauna Entomologica Scandinavica 33, 148 S.

BÄHRMANN, R. (1989): Zur Kenntnis der in der DDR vorhandenen Dipteren-Sammlungen. Ent. Nachr. Ber. 33(2), 75-78.

HERTING, B. (1984): Catalogue of Palearctic Tachinidae (Diptera). Stuttgarter Beitr. Naturkd. (A) 369, 1-228.

HERTING, B., DELY-DRASKOVITS, Á. (1993): Family Tachinidae. In: SOÓS, A., PAPP, L.: Catalogue of Palaearctic Diptera. Anthomyiidae - Tachinidae 13, 118-458, Budapest.

RÖDER, V. VON (1886a): Uebersicht der in der Umgegend von Dessau durch Herrn G. AMELANG gesammelten Dipteren. Korrespondenz-Blatt des Ent. Ver. zu Halle 1(2), 11-12/20-21.

RÖDER, V. von (1886b): Nachtrag zu der Uebersicht der in der Umgegend von Dessau gesammelten Dipteren (Gesammelt von Herrn E. ENGEL - Dessau). Korrespondenz-Blatt des Ent. Ver. zu Halle 1(4), 25-26.

STARK, A. (1995): Zu Leben und Werk des Dipterologen VICTOR VON RÖDER (1841-1910). Studia dipterologica 2(1), 131-152.

STEIN, P. (1888): Die Tachininen und Anthomyinen der Umgegend Genthins. Beitrag zur Dipterenfauna der Prov. Sachsen. Ent. Nachr. 14, 211-219.

STEIN, P. (1924): Die verbreitetsten Tachiniden Mitteleuropas nach ihren Gattungen und Arten. Archiv für Naturgeschichte 90(A)(6), 271 S.

TSCHORSNIG, H.-P., HERTING, B. (1994): Die Raupenfliegen (Diptera: Tachinidae) Mitteleuropas: Bestimmungstabellen und Angaben zur Verbreitung und Ökologie der einzelnen Arten. Stuttgarter Beitr. Naturkd. (A) 506, 1-170.

TSCHORSNIG, H.-P., ZIEGLER, J. (1999): Tachinidae. In SCHUMANN, H., BÄHRMANN, R., STARK, A. (Hrsg.): Checkliste der Dipteren Deutschlands. Studia dipterologica Supplement 2. 204-214.

ZIEGLER, J. (1983a): Faunistische Notizen zu Raupenfliegen (Dipt., Tachinidae), 2. Umgebung von Naumburg/Saale. Ent. Nachr. Ber. 27, 132-133.

ZIEGLER, J. (1983b): Zur Kenntnis der Wirtsbeziehungen einheimischer Raupenfliegen (Dipt., Tachinidae), 3. Beitrag. Ent. Nachr. Ber. 27, 278-279.

ZIEGLER, J. (1984a): Raupenfliegen aus der Umgebung von Dessau (Dipt., Tachinidae). Dtsch. Ent. Z., N.F., 31, 41-68.

ZIEGLER, J. (1984b): Erstnachweis von *Siphona rossica* MESNIL in der DDR durch einen Fund im Harz. Informationsblatt der Fachgruppe Entomologie Magdeburg, 47, 12.

ZIEGLER, J. (1986): Faunistische Notizen zu Raupenfliegen (Dipt., Tachinidae), 5. Leinatal im Thüringer Wald. Ent. Nachr. Ber. 30, 121-123.

ZIEGLER, J. (1987): Zur Kenntnis der Wirtsbeziehungen einheimischer Raupenfliegen (Dipt., Tachinidae), 5. Beitrag. Ent. Nachr. Ber. 31, 83-84.

ZIEGLER, J. (1993a): Tachinidae. In: MENZEL, F., BÄHRMANN, R. (Hrsg.): Zweiflügler (Diptera) Ostdeutschlands. Kritische Liste ausgewählter Familien. Nova Supplementa Entomologica 5, 70-82.

ZIEGLER, J. (1993b): Raupenfliegen aus der Umgebung von Magdeburg (Diptera, Tachinidae). Beitr. Ent. 43, 393-415.

ZIEGLER, J. (1994): Die Arten der Gattung *Phasia*, Untergattung *Hyalomya* R.-D., in Mitteleuropa (Diptera, Tachinidae). Studia dipterologica 1(2), 157-180.

ZIEGLER, J. (1996): *Campylocheta fuscinervis* auctorum - ein Artenkomplex (Dipt., Tachinidae). Studia dipterologica 3(2), 311-322.

ZIEGLER, J. (1998): Rote Liste der Raupenfliegen des Landes Sachsen-Anhalt. Ber. Landesamt. Umweltsch. Sachsen-Anhalt 30, 66-68.

ZIEGLER, J. (in Vorber.): Bemerkenswerte Raupenfliegen (Diptera, Tachinidae) aus dem Bundesland Sachsen-Anhalt. Ent. Nachr. Ber.

Anschrift des Autors
Dr. Joachim Ziegler
Deutsches Entomologisches Institut
PF 100238
D - 16202 Eberswalde

Art	RL	Nachweis	Synonyme
Acemya acuticornis (MEIGEN, 1824)		ZIEGLER 1993b	*Acemyia acuticornis* (MEIGEN, 1824)
Actia crassicornis (MEIGEN, 1824)		STEIN 1924	
Actia lamia (MEIGEN, 1838)		ZIEGLER 1993b	
Actia pilipennis (FALLÉN, 1810)		ZIEGLER 1993b	
Actia resinellae (SCHRANK, 1781)		ZIEGLER (i.Vorb.)	*Actia nudibasis* STEIN, 1924
Admontia blanda (FALLÉN, 1820)		ZIEGLER 1984a	*Trichoparia blanda* (FALLÉN, 1820)
Admontia seria (MEIGEN, 1824)		STEIN 1924	*Trichoparia decorata* (ZETTERSTEDT, 1849)
Aplomya confinis (FALLÉN, 1820)		ZIEGLER 1993b	*Aplomyia confinis* (FALLÉN, 1820)
Appendicia truncata (ZETTERSTEDT, 1838)		ZIEGLER 1993b	
Athrycia curvinervis (ZETTERSTEDT, 1844)		ZIEGLER 1993b	
Athrycia trepida (MEIGEN, 1824)		ZIEGLER 1993b	
Bactromyia aurulenta (MEIGEN, 1824)		ZIEGLER 1993b	
Baumhaueria goniaeformis (MEIGEN, 1824)	0	STEIN 1924	
Belida angelicae (MEIGEN, 1824)		STEIN 1924	*Ceromasia angelicae* (MEIGEN, 1824)
Bessa parallela (MEIGEN, 1824)		ZIEGLER 1993b	
Bessa selecta (MEIGEN, 1824)		ZIEGLER 1993b	
Billaea triangulifera (ZETTERSTEDT, 1844)		ZIEGLER (i.Vorb.)	
Bithia glirina (RONDANI, 1861)	3	ZIEGLER 1993b	
Bithia spreta (MEIGEN, 1824)		ZIEGLER 1993b	
Blepharipa pratensis (MEIGEN, 1824)		STEIN 1924	*Sturmia scutellata* (ROBINEAU-DESVOIDY, 1830)
Blepharipa schineri (MESNIL, 1939)		ZIEGLER (i.Vorb.)	
Blepharomyia angustifrons HERTING, 1971		STEIN 1924	*Blepharomyia pagana* (MEIGEN) sensu STEIN, 1924
Blepharomyia pagana (MEIGEN, 1824)		ZIEGLER 1983b	
Blondelia inclusa (HARTIG, 1838)		ZIEGLER 1993b	
Blondelia nigripes (FALLÉN, 1810)		ZIEGLER 1993b	
Brachicheta strigata (MEIGEN, 1824)		ZIEGLER 1993b	*Brachychaeta strigata* (MEIGEN, 1824)
Brullaea ocypteroidea ROBINEAU-DESVOIDY, 1863	3	ZIEGLER 1993b	
Buquetia musca ROBINEAU-DESVOIDY, 1847		ZIEGLER 1993b	
Campylocheta fuscinervis (STEIN, 1924)		ZIEGLER 1984a	*Campylochaeta fuscinervis* (STEIN, 1924)
Campylocheta inepta (MEIGEN, 1824)		ZIEGLER 1984a	*Campylochaeta inepta* (MEIGEN, 1824)
Campylocheta praecox (MEIGEN, 1824)		ZIEGLER 1993b	*Campylochaeta praecox* (MEIGEN, 1824)
Carcelia bombylans ROBINEAU-DESVOIDY, 1830		ZIEGLER 1984a	
Carcelia gnava (MEIGEN, 1824)		ZIEGLER 1993b	
Carcelia falenaria (RONDANI, 1859)	1	STEIN 1924	*Carcelia phalaenaria* (BRAUER et BERGENSTAMM, 1889)
Carcelia laxifrons VILLENEUVE, 1912		ZIEGLER 1993b	
Carcelia lucorum (MEIGEN, 1824)		ZIEGLER 1993b	
Carcelia puberula MESNIL, 1941		ZIEGLER 1993b	
Carcelia rasa (MACQUART, 1849)		ZIEGLER 1993b	
Carcelia rasella BARANOV, 1931		ZIEGLER 1984a	
Catharosia pygmaea (FALLÉN, 1815)		STEIN 1924	
Ceromasia rubrifrons (MACQUART, 1834)		ZIEGLER 1984a	
Ceromya flaviceps (RATZEBURG, 1844)		STEIN 1924	*Actia flaviceps* STEIN, 1924
Ceromya silacea (MEIGEN, 1824)		STEIN 1924	*Actia silacea* (MEIGEN, 1824)
Chetogena obliquata (FALLÉN, 1810)		ZIEGLER 1984a	*Chaetogena obliquata* (FALLÉN, 1810)

Art	RL	Nachweis	Synonyme
Cinochira atra ZETTERSTEDT, 1845		STEIN 1924	
Cistogaster globosa (F., 1775)		ZIEGLER 1993b	
Clytiomya continua (PANZER, 1798)		ZIEGLER 1993b	*Clytiomyia continua* (PANZER, 1798)
Compsilura concinnata (MEIGEN, 1824)		ZIEGLER 1993b	
Cylindromyia auriceps (MEIGEN, 1838)		ZIEGLER 1993b	
Cylindromyia brassicaria (F., 1775)		ZIEGLER 1984a	
Cylindromyia interrupta (MEIGEN, 1824)		ZIEGLER 1993b	
Cylindromyia pusilla (MEIGEN, 1824)		ZIEGLER 1993b	
Cyrtophleba ruricola (MEIGEN, 1824)		ZIEGLER 1984a	
Cyzenis albicans (FALLÉN, 1810)		ZIEGLER 1993b	
Dexia rustica (F., 1775)		ZIEGLER 1984a	
Dexiosoma caninum (F., 1781)		STEIN 1924	
Dinera carinifrons (FALLÉN, 1817)		ZIEGLER 1993b	
Dinera ferina (FALLÉN, 1817)		ZIEGLER 1984a	
Dinera grisescens (FALLÉN, 1817)		ZIEGLER 1993b	
Drino galii (BRAUER et BERGENSTAMM, 1891)		ZIEGLER (i.Vorb.)	
Drino gilva (HARTIG, 1838)		STEIN 1924	*Sturmia gilva* (HARTIG, 1838)
Drino inconspicua (MEIGEN, 1830)		ZIEGLER 1993b	
Drino lota (MEIGEN, 1824)		STEIN 1924	*Exorista lota* (MEIGEN, 1824)
Dufouria chalybeata (MEIGEN, 1824)		ZIEGLER 1993b	
Dufouria nigrita (FALLÉN, 1810)		ZIEGLER 1993b	
Dufouria occlusa (ROBINEAU-DESVOIDY, 1863)	1	STEIN 1924	*Pseudoptilops nitida* (BRAUER et BERGENSTAMM, 1891)
Ectophasia crassipennis (F., 1794)		ZIEGLER 1984a	
Ectophasia oblonga (ROBINEAU-DESVOIDY, 1830)		ZIEGLER (i.Vorb.)	
Elfia zonella (ZETTERSTEDT, 1844)		ZIEGLER (i.Vorb.)	
Eliozeta pellucens (FALLÉN, 1820)		ZIEGLER 1993b	*Heliozeta pellucens* (FALLÉN, 1820)
Eloceria delecta (MEIGEN, 1824)		ZIEGLER (i.Vorb.)	
Elodia ambulatoria (MEIGEN, 1824)		STEIN 1924	*Arrhinomyia cloacellae* KRAMER, 1910
Elodia morio (FALLÉN, 1820)		STEIN 1924	Arrhinomyia tragica (MEIGEN, 1824)
Entomophaga nigrohalterata (VILLENEUVE, 1921)		ZIEGLER (i.Vorb.)	
Epicampocera succincta (MEIGEN, 1824)		ZIEGLER 1993b	
Eriothrix argyreatus (MEIGEN, 1824)	1	STEIN 1924	*Eriothrix appenina* (RONDANI) sensu STEIN, 1924
Eriothrix prolixa (MEIGEN, 1824)	2	STEIN 1924	
Eriothrix rufomaculatus (DE GEER, 1776)		ZIEGLER 1993b	
Erycia fatua (MEIGEN, 1824)		ZIEGLER 1984a	
Erycia festinans (MEIGEN, 1824)	3	ZIEGLER 1984a	
Erycia furibunda (ZETTERSTEDT, 1844)	3	ZIEGLER 1984a	
Erycilla ferruginea (MEIGEN, 1824)		ZIEGLER 1993b	
Erycilla rufipes (BRAUER et BERGENSTAMM, 1891)	2	STEIN 1924	*Ceromasia rutila* f. *rufipes* BRAUER et BERGENSTAMM, 1891
Erythrocera nigripes (ROBINEAU-DESVOIDY, 1830)		STEIN 1924	*Pexomyia rubrifrons* (PERRIS, 1852)
Estheria bohemani (RONDANI, 1862)		STEIN 1924	
Estheria petiolata (BONSDORFF, 1866)		ZIEGLER 1984a	
Estheria picta (MEIGEN, 1826)		ZIEGLER 1993b	
Eumea linearicornis (ZETTERSTEDT, 1844)		ZIEGLER 1993b	
Eumea mitis (MEIGEN, 1824)		ZIEGLER 1993b	

Art	RL	Nachweis	Synonyme
Eurithia anthophila (ROBINEAU-DESVOIDY, 1830)		ZIEGLER 1993b	
Eurithia connivens (ZETTERSTEDT, 1844)		ZIEGLER 1993b	
Eurithia consobrina (MEIGEN, 1824)		ZIEGLER 1993b	
Eurithia intermedia (ZETTERSTEDT, 1844)	1	STEIN 1924	*Platychira conjugata* (ZETTERSTEDT, 1852)
Eurysthaea scutellaris (ROBINEAU-DESVOIDY, 1848)		ZIEGLER 1993b	
Exorista grandis (ZETTERSTEDT, 1844)		ZIEGLER 1984a	
Exorista larvarum (L., 1758)		ZIEGLER 1993b	
Exorista mimula (MEIGEN, 1824)		ZIEGLER 1993b	
Exorista rustica (FALLÉN, 1810)		ZIEGLER 1993b	
Fausta nemorum (MEIGEN, 1824)		STEIN 1924	
Frontina laeta (MEIGEN, 1824)		ZIEGLER 1984a	
Germaria angustata (ZETTERSTEDT, 1844)	3	ZIEGLER (i.Vorb.)	
Gastrolepta anthracina (MEIGEN, 1826)		ZIEGLER 1993b	
Gonia capitata (DE GEER, 1776)		STEIN 1924	
Gonia distinguenda HERTING, 1963	3	ZIEGLER 1993b	
Gonia divisa MEIGEN, 1826		ZIEGLER 1993b	
Gonia ornata MEIGEN, 1826		ZIEGLER 1993b	
Gonia picea (ROBINEAU-DESVOIDY, 1830)		ZIEGLER 1993b	
Gonia vacua MEIGEN, 1826	3	ZIEGLER (i.Vorb.)	
Goniocera versicolor (FALLÉN, 1820)		STEIN 1924	*Actia versicolor* (FALLÉN, 1820)
Graphogaster nigrescens HERTING, 1971	3	ZIEGLER 1993b	
Gymnocheta viridis (FALLÉN, 1810)		ZIEGLER 1993b	*Gymnochaeta viridis* (FALLÉN, 1810)
Gymnosoma clavatum (ROHDENDORF, 1947)		ZIEGLER 1984a	*Gymnosoma clavata* (ROHDENDORF, 1947)
Gymnosoma costatum (PANZER, 1800)	3	ZIEGLER 1993b	
Gymnosoma dolycoridis DUPUIS, 1961	3	ZIEGLER 1993b	
Gymnosoma nitens MEIGEN, 1824		ZIEGLER 1993b	
Gymnosoma nudifrons HERTING, 1966		ZIEGLER 1993b	
Gymnosoma rotundatum (L., 1758)		ZIEGLER 1993b	
Hebia flavipes ROBINEAU-DESVOIDY, 1830		ZIEGLER 1993b	
Hemimacquartia paradoxa BRAUER et BERGENSTAMM, 1893		STEIN 1924	
Hubneria affinis (FALLÉN, 1810)		ZIEGLER 1984a	*Huebneria affinis* (FALLÉN, 1810)
Istocheta hemichaeta (BRAUER ET BERGENSTAMM, 1889)	3	STEIN 1924	*Hyperecteina hemichaeta* (BRAUER et BERGENSTAMM, 1889)
Lecanipa bicincta (MEIGEN, 1824)		ZIEGLER 1993b	
Leucostoma simplex (FALLÉN, 1815)		ZIEGLER 1993b	
Ligeria angusticornis (LOEW, 1847)		ZIEGLER 1993b	
Linnaemya impudica (RONDANI, 1859)		ZIEGLER 1984a	*Linnaemyia impudica* (RONDANI, 1859)
Linnaemya olsufjevi (ZIMIN, 1954)	3	ZIEGLER 1984a	*Linnaemyia olsufjevi* ZIMIN, 1954
Linnaemya picta (MEIGEN, 1824)		ZIEGLER 1984a	*Linnaemyia picta* (MEIGEN, 1824)
Linnaemya tesselans (ROBINEAU-DESVOIDY, 1830)		ZIEGLER 1993b	*Linnaemyia tesselans* (ROBINEAU-DESVOIDY, 1830)
Linnaemya vulpina (FALLÉN, 1810)		ZIEGLER 1993b	*Linnaemyia vulpina* (FALLÉN, 1810)
Loewia foeda (MEIGEN, 1824)		STEIN 1924	
Loewia phaeoptera (MEIGEN, 1824)		ZIEGLER 1984a	
Lydella grisescens ROBINEAU-DESVOIDY, 1830		ZIEGLER 1993b	

Art	RL	Nachweis	Synonyme
Lydella ripae BRISCHKE, 1885	3	ZIEGLER (i.Vorb.)	*Ceromasia lepida* (MEIGEN) sensu STEIN, 1924
Lydella stabulans (MEIGEN, 1824)		ZIEGLER 1993b	
Lydina aenea (MEIGEN, 1824)		ZIEGLER 1993b	
Lypha dubia (FALLÉN, 1810)		ZIEGLER 1993b	
Lypha ruficauda (ZETTERSTEDT, 1838)	2	STEIN 1924	*Eversmannia ruficauda* (ZETTERSTEDT, 1838)
Macquartia dispar (FALLÉN, 1820)		ZIEGLER 1993b	
Macquartia grisea (FALLÉN, 1810)		ZIEGLER 1993b	
Macquartia nudigena MESNIL, 1972		STEIN 1924	*Macquartia buccalis* (ROBINEAU-DESVOIDY) sensu STEIN, 1924
Macquartia pubiceps (ZETTERSTEDT, 1845)		ZIEGLER 1984a	
Macquartia tenebricosa (MEIGEN, 1824)		ZIEGLER 1993b	
Macroprosopa atrata (FALLÉN, 1810)		ZIEGLER 1984a	
Masicera pavoniae (ROBINEAU-DESVOIDY, 1830)		STEIN 1924	*Masicera pratensis* (MEIGEN) sensu STEIN, 1924
Masicera silvatica (FALLÉN, 1810)		ZIEGLER 1993b	
Masicera sphingivora (ROBINEAU-DESVOIDY, 1830)		ZIEGLER 1984a	
Medina collaris (FALLÉN, 1820)		ZIEGLER 1993b	
Medina luctuosa (MEIGEN, 1824)		ZIEGLER 1984a	
Medina melania (MEIGEN, 1824)		ZIEGLER 1993b	
Medina multispina (HERTING, 1966)		ZIEGLER (i.Vorb.)	
Medina separata (MEIGEN, 1824)		ZIEGLER 1993b	
Meigenia dorsalis (MEIGEN, 1824)		ZIEGLER 1993b	
Meigenia incana (FALLÉN, 1810)		ZIEGLER 1993b	
Meigenia mutabilis (FALLÉN, 1810)		ZIEGLER 1993b	
Microsoma exigua (MEIGEN, 1824)		ZIEGLER 1993b	*Microsoma exigua* (MEIGEN, 1824)
Mintho rufiventris (FALLÉN, 1817)		ZIEGLER 1993b	
Myxexoristops blondeli (ROBINEAU-DESVOIDY, 1830)		ZIEGLER 1993b	
Nemorilla floralis (FALLÉN, 1810)		ZIEGLER 1993b	
Nemorilla maculosa (MEIGEN, 1824)		ZIEGLER 1993b	
Nowickia ferox (PANZER, 1809)		ZIEGLER 1993b	
Ocytata pallipes (FALLÉN, 1820)		ZIEGLER 1993b	
Opesia cana (MEIGEN, 1824)		STEIN 1924	*Xysta cana* (MEIGEN, 1824)
Oswaldia muscaria (FALLÉN, 1810)		ZIEGLER 1993b	
Oswaldia spectabilis (Meigen, 1824)		STEIN 1924	*Ceromasia albisquama* (ZETTERSTEDT, 1844)
Pales pavida (MEIGEN, 1824)		ZIEGLER 1993b	
Panzeria laevigata (MEIGEN, 1838)		ZIEGLER 1993b	*Ernestia laevigata* (MEIGEN, 1838)
Panzeria puparum (F., 1794)		ZIEGLER 1993b	*Ernestia puparum* (F., 1794)
Panzeria rudis (FALLÉN, 1810)		ZIEGLER 1993b	*Ernestia rudis* (FALLÉN, 1810)
Panzeria vagans (MEIGEN, 1824)	1	STEIN 1924	*Ernestia vagans* (MEIGEN, 1824)
Parasetigena silvestris (ROBINEAU-DESVOIDY, 1863)		ZIEGLER 1984a	
Paratryphera barbatula (RONDANI, 1859)		STEIN 1924	*Exorista nemestrina* (MEIGEN) sensu STEIN, 1924
Pelatachina tibialis (FALLÉN, 1810)		ZIEGLER 1993b	
Peleteria popelii (PORTSHINSKY, 1882)	2	STEIN 1924	*Peletieria popelii* (PORTSHINSKY, 1882)
Peleteria rubescens (ROBINEAU-DESVOIDY, 1830)		ZIEGLER 1993b	
Periarchiclops scutellaris (FALLÉN, 1820)		STEIN 1924	*Prosopaea scutellaris* (FALLÉN, 1820)

Art	RL	Nachweis	Synonyme
Peribaea setinervis (THOMSON, 1869)		ZIEGLER 1993b	*Peribaea fissicornis* (STROBL, 1909)
Peribaea longirostris ANDERSEN, 1996		ANDERSEN 1996	
Peribaea tibialis (ROBINEAU-DESVOIDY, 1851)		ZIEGLER 1993b	
Periscepsia carbonaria (PANZER, 1798)		ZIEGLER 1993b	
Pexopsis aprica (MEIGEN, 1824)	2	STEIN 1924	
Phania curvicauda (FALLÉN, 1820)		ZIEGLER 1993b	
Phania funesta (MEIGEN, 1824)		ZIEGLER 1993b	
Phania incrassata PANDELLÉ, 1894		ZIEGLER 1993b	
Phasia aurigera (EGGER, 1860)	3	ZIEGLER (i.Vorb.)	
Phasia barbifrons (GIRSCHNER, 1887)		ZIEGLER 1993b	
Phasia hemiptera (F., 1794)		ZIEGLER 1984a	
Phasia karczewskii (DRABER-MOŃKO, 1965)	3	ZIEGLER (i.Vorb.)	
Phasia obesa (F., 1798)		ZIEGLER 1993b	
Phasia pusilla MEIGEN, 1824		ZIEGLER 1993b	
Phebellia glauca (MEIGEN, 1824)		STEIN 1924	*Exorista glauca* (MEIGEN, 1824)
Phebellia nigripalpis (ROBINEAU-DESVOIDY, 1847)		ZIEGLER 1984a	
Phebellia stulta (ZETTERSTEDT, 1844)		ZIEGLER 1993b	
Phebellia villica (ZETTERSTEDT, 1838)		ZIEGLER 1993b	
Phorocera assimilis (FALLÉN, 1810)		ZIEGLER 1993b	
Phorocera grandis (RONDANI, 1859)	3	ZIEGLER 1984a	
Phorocera obscura (FALLÉN, 1810)		ZIEGLER 1993b	
Phryno vetula (MEIGEN, 1824)		ZIEGLER 1993b	
Phryxe erythrostoma (HARTIG, 1838)		ZIEGLER 1993b	
Phryxe heraclei (MEIGEN, 1824)		ZIEGLER 1993b	
Phryxe magnicornis (ZETTERSTEDT, 1838)		ZIEGLER 1993b	
Phryxe nemea (MEIGEN, 1824)		ZIEGLER 1993b	
Phryxe vulgaris (FALLÉN, 1810)		ZIEGLER 1993b	
Phyllomya volvulus (F., 1794)		ZIEGLER 1984a	
Picconia incurva (ZETTERSTEDT, 1844)		STEIN 1924	*Neaeropsis incurva* (ZETTERSTEDT, 1844)
Platymya fimbriata (MEIGEN, 1824)		ZIEGLER 1993b	
Policheta unicolor (FALLÉN, 1820)		ZIEGLER 1984a	*Perichaeta unicolor* (FALLÉN, 1820)
Prosena siberita (F., 1775)		ZIEGLER 1993b	
Pseudopachystylum gonioides (ZETTERSTEDT, 1838)		STEIN 1924	*Pseudopachystylum goniaeoides* (ZETTERSTEDT, 1838)
Pseudoperichaeta nigrolineata (WALKER, 1853)		ZIEGLER 1993b	
Ptesiomyia alacris (MEIGEN, 1824)	3	ZIEGLER 1984a	
Ramonda latifrons (ZETTERSTEDT, 1844)		ZIEGLER 1993b	
Ramonda prunaria (RONDANI, 1861)		ZIEGLER 1993b	
Ramonda prunicia (HERTING, 1969)		ZIEGLER 1993b	
Ramonda spathulata (FALLÉN, 1820)		ZIEGLER 1984a	
Redtenbacheria insignis EGGER, 1861	3	STEIN 1924	
Rhaphiochaeta breviseta (ZETTERSTEDT, 1838)		ZIEGLER 1993b	
Rondania cucullata ROBINEAU-DESVOIDY, 1850		ZIEGLER 1993b	
Rondania fasciata (MACQUART, 1834)		ZIEGLER 1984a	
Senometopia confundens (RONDANI, 1859)	1	STEIN 1924	*Carcelia flavicans* (MACQUART) sensu STEIN, 1924
Senometopia pollinosa (MESNIL, 1941)		ZIEGLER 1993b	
Senometopia separata (RONDANI, 1859)		STEIN 1924	*Carcelia separata* (RONDANI, 1859)
Siphona abdominalis (ROBINEAU-DESVOIDY, 1830)		ZIEGLER 1993b	*Ceranthia abdominalis* (ROBINEAU-DESVOIDY, 1830)

Art	RL	Nachweis	Synonyme
Siphona collini MESNIL, 1960		ZIEGLER 1993b	
Siphona confusa MESNIL, 1961		ZIEGLER 1993b	*Siphona mesnili* ANDERSEN, 1982
Siphona flavifrons STAEGER, 1849		ZIEGLER 1986	
Siphona geniculata (DE GEER, 1776)		ZIEGLER 1993b	
Siphona hungarica ANDERSEN, 1984	3	ANDERSEN 1996	
Siphona maculata STAEGER, 1849		ZIEGLER 1993b	
Siphona pauciseta RONDANI, 1865		ZIEGLER 1993b	
Siphona rossica MESNIL, 1960	3	ZIEGLER 1984b	
Siphona setosa MESNIL, 1960	3	ZIEGLER 1993	
Siphona siphonoides (STROBL, 1898)	3	ZIEGLER (i.Vorb.)	*Ceranthia siphonoides* (STROBL,1898)
Siphona variata ANDERSEN, 1982		ZIEGLER 1993b	*Siphona confusa* (MESNIL) sensu ANDERSEN, 1982
Smidtia amoena (MEIGEN, 1824)		ZIEGLER 1984a	*Timavia amoena* (MEIGEN, 1824)
Smidtia conspersa (MEIGEN, 1824)		ZIEGLER 1993b	
Solieria fenestrata (MEIGEN, 1824)		ZIEGLER 1993b	
Solieria inanis (FALLÉN, 1810)		ZIEGLER 1984a	
Solieria pacifica (MEIGEN, 1824)		ZIEGLER 1993b	
Spallanzania hebes (FALLÉN, 1820)	3	STEIN 1924	*Cnephalia bucephala* (MEIGEN, 1824)
Strongygaster celer (MEIGEN, 1828)		STEIN 1924	*Tamiclea celer* (MEIGEN, 1828)
Strongygaster globula (MEIGEN, 1824)		HERTING 1984	
Sturmia bella (MEIGEN, 1824)		ZIEGLER 1993b	
Tachina fera (L., 1761)		ZIEGLER 1993b	
Tachina grossa (L., 1758)	2	STEIN 1924	*Echinomyia grossa* (L., 1758)
Tachina lurida (F., 1781)		ZIEGLER 1993b	
Tachina magnicornis (ZETTERSTEDT, 1844)		ZIEGLER 1993b	
Tachina ursina MEIGEN, 1824		ZIEGLER 1993b	
Thelaira nigripes (F., 1794)		ZIEGLER 1993b	
Thelymorpha marmorata (F., 1805)		STEIN 1924	*Histochaeta marmorata* (F., 1805)
Thelymyia saltuum (MEIGEN, 1824)		STEIN 1924	
Tlephusa cincinna (RONDANI, 1859)	2	STEIN 1924	*Exorista cincinna* RONDANI, 1859
Triarthria setipennis (FALLÉN, 1810)		ZIEGLER 1993b	
Trixa conspersa (HARRIS, 1776)		ZIEGLER 1993b	
Vibrissina turrita (MEIGEN, 1824)		ZIEGLER 1984a	
Voria ruralis (FALLÉN, 1810)		ZIEGLER 1993b	
Winthemia cruentata (RONDANI, 1859)		ZIEGLER 1987	
Winthemia erythrura (MEIGEN, 1838)		ZIEGLER 1993b	
Winthemia quadripustulata (F., 1794)		ZIEGLER 1993b	
Winthemia variegata (MEIGEN, 1824)		ZIEGLER 1993b	
Zaira cinerea (FALLÉN, 1810)		ZIEGLER 1993b	
Zenillia libatrix (PANZER, 1798)		STEIN 1924	*Exorista libatrix* (PANZER, 1798)
Zeuxia cinerea MEIGEN, 1826	3	ZIEGLER 1993b	
Zophomyia temula (SCOPOLI, 1763)		ZIEGLER 1993b	

Hinweise auf Synonyme

Acemyia acuticornis → *Acemya acuticornis*
Actia flaviceps → *Ceromya flaviceps*
Actia nudibasis → *Actia resinellae*
Actia silacea → *Ceromya silacea*
Actia versicolor → *Goniocera versicolor*
Aplomyia confinis → *Aplomya confinis*
Arrhinomyia cloacellae → *Élodia ambulatoria*
Arrhinomyia tragica → *Elodia morio*
Blepharomyia pagana → *Blepharomyia angustifrons*

Brachychaeta strigata → *Brachicheta strigata*
Campylochaeta fuscinervis → *Campylocheta fuscinervis*
Campylochaeta inepta → *Campylocheta inepta*
Campylochaeta praecox → *Campylocheta praecox*
Carcelia flavicans → *Senometopia confundens*
Carcelia phalaenaria → *Carcelia falenaria*
Carcelia separata → *Senometopia separata*
Ceranthia abdominalis → *Siphona abdominalis*
Ceranthia siphonoides → *Siphona siphonoides*

Ceromasia albisquama → *Oswaldia spectabilis*
Ceromasia angelicae → *Belida angelicae*
Ceromasia lepida → *Lydella ripae*
Ceromasia rutila f. *rufipes* → *Erycilla rufipes*
Chaetogena obliquata → *Chetogena obliquata*
Clytiomyia continua → *Clytiomya continua*
Cnephalia bucephala → *Spallanzania hebes*
Echinomyia grossa → *Tachina grossa*
Eriothrix appenina → *Eriothrix argyreatus*
Ernestia laevigata → *Panzeria laevigata*
Ernestia puparum → *Panzeria puparum*
Ernestia rudis → *Panzeria rudis*
Ernestia vagans → *Panzeria vagans*
Eversmannia ruficauda → *Lypha ruficauda*
Exorista cincinna → *Tlephusa cincinna*
Exorista glauca → *Phebellia glauca*
Exorista libatrix → *Zenillia libatrix*
Exorista lota → *Drino lota*
Exorista nemestrina → *Paratryphera barbatula*
Gymnochaeta viridis → *Gymnocheta viridis*
Gymnosoma clavata → *Gymnosoma clavatum*
Heliozeta pellucens → *Eliozeta pellucens*
Histochaeta marmorata → *Thelymorpha marmorata*
Huebneria affinis → *Hubneria affinis*
Hyperecteina hemichaeta → *Istocheta hemichaeta*
Linnaemyia impudica → *Linnaemya impudica*

Linnaemyia olsufjevi → *Linnaemya olsufjevi*
Linnaemyia picta → *Linnaemya picta*
Linnaemyia tesselans → *Linnaemya tesselans*
Linnaemyia vulpina → *Linnaemya vulpina*
Macquartia buccalis → *Macquartia nudigena*
Masicera pratensis → *Masicera pavoniae*
Microsoma exigua → *Microsoma exigua*
Neaeropsis incurva → *Picconia incurva*
Peletieria popelii → *Peleteria popelii*
Peribaea fissicornis → *Peribaea setinervis*
Perichaeta unicolor → *Policheta unicolor*
Pexomyia rubrifrons → *Erythrocera nigripes*
Platychira conjugata → *Eurithia intermedia*
Prosopaea scutellaris → *Periarchiclops scutellaris*
Pseudopachystylum goniaeoides → *Pseudopachystylum gonioides*
Pseudoptilops nitida → *Dufouria occlusa*
Siphona confusa → *Siphona variata*
Siphona mesnili → *Siphona confusa*
Sturmia gilva → *Drino gilva*
Sturmia scutellata → *Blepharipa pratensis*
Tamiclea celer → *Strongygaster celer*
Timavia amoena → *Smidtia amoena*
Trichoparia blanda → *Admontia blanda*
Trichoparia decorata → *Admontia seria*
Xysta cana → *Opesia cana*

7.4 Bestandsentwicklung der Schmetterlinge (Lepidoptera)*

Timm Karisch
unter Mitarbeit von H. Blackstein, K. Drechsler (†), J. Gelbrecht, N. Grosser, W. Heinicke, B. Heinze, M. Jung, F.-W. Könecke, H. Lemm, K. Lotzing, P. Schmidt, F. Schulz, P. Strobl, R. Sutter & M. Weidlich

Die Schmetterlinge gehören zu jenen Insektengruppen, die in großen Artenzahlen in vielen terrestrischen Lebensräumen anzutreffen sind. Die Larven der Schmetterlinge (Raupen) ernähren sich meist phytophag. Viele Imagines konsumieren Nektar. So bestimmen Vegetationszusammensetzung und -struktur eines Lebensraumes wesentlich die Zusammensetzung der Schmetterlingsfauna, ohne daß dabei das bloße Vorhandensein potentieller Habitatstrukturen bzw. Futterpflanzen auf das tatsächliche Vorkommen der diese präferierenden Arten schließen läßt.

Die lepidopterologische Forschungstätigkeit auf dem Territorium des heutigen Sachsen-Anhalt hat eine lange Tradition, deren Kenntnis wichtig ist, möchte man mehr über die Gründe wissen, weshalb heute für manche Taxa unter den Schmetterlingen genauere, für andere Gruppen aber nur sehr wenige Angaben zu Bestandesentwicklung oder Bestandessituation gemacht werden können. Es ist dies jedoch nicht der Platz, einen umfassenden Abriß jener Forschungsgeschichte zu geben.

Die ersten Veröffentlichungen über Schmetterlinge stammen aus dem 18. Jahrhundert. Mitte des 19. Jahrhunderts erschienen die ersten umfassenderen Lokalfaunen (z.B. Stange (1859) für Halle (S.) und Umgebung, Richter (1849) für Dessau und Umgebung, Wilde (1860) für den Raum Zeitz). Auch das Werk von Speyer & Speyer (1858, 1862) verzeichnet viele Nachweise, insbesondere aus dem Harz sowie dem südlichen Sachsen-Anhalt. Als weitere wichtige Schmetterlingsverzeichnisse für Teile des heutigen Sachsen-Anhalt seien genannt: Fischer (1886) - Grafschaft Wernigerode, Reinecke (1905) - nordöstlicher Harzrand, Bornemann (1912) - Magdeburg und Harz, Stange (1916) - Halle (S.), Bauer (1917) - Umgebung von Naumburg. Schließlich veröffentlicht Rapp (1936) zahlreiche Fundmeldungen von Petry (†1932), die von Sachsen-Anhalt besonders den Harz betreffen.

Eine kritische Aufarbeitung erfahren viele historische Literaturangaben sowie Aufzeichnungen Dutzender Entomologen für den südlichen Bereich Sachsen-Anhalts und den Harz durch das ausgezeichnete Werk Bergmanns (1951-1955) über die Großschmetterlinge Mitteldeutschlands.

An jüngeren Arbeiten wären unter vielen anderen zu nennen: Wolter (1960, 1961) - Querfurt, Patzak (1969) - nordöstliches Harzvorland, Schadewald (1994) - Umgebung von Zeitz, Kellner (1995) - Umgebung von Dessau, Grosser (1983-1997) - Dübener Heide, Heinze (1997) - Umgebung von Havelberg sowie die unter intensiver Mitarbeit vieler, meist ehrenamtlicher Lepidopterologen entstandenen „Beiträge zur Insektenfauna der DDR" (siehe Literaturverzeichnis).

Arbeiteten im vorigen Jahrhundert die Entomologen noch ziemlich universell über alle Schmetterlingsgruppen, so greift zu Beginn des 20. Jahrhunderts eine zunehmende Spezialisierung um sich. Das Hauptaugenmerk liegt nun, insbesondere nach Erscheinen des Bestimmungswerkes von Seitz (1909-1915), auf den sogenannten Großschmetterlingen. Doch auch diese werden aufgrund von Schwierigkeiten bei der Erfassung nachtaktiver Tiere sowie von Determinationsproblemen nicht gleichmäßig behandelt. Favorit sind die „Tagfalter" (Papilionoidea und Hesperiidae). Ihnen folgen einige der meist attraktiv gezeichneten bzw. in der Körpergröße auffallenden Spinner (Bombyces) und Schwärmer (Sphingidae), jenen mit Abstand die Eulenfalter (Noctuidae), dann, wiederum mit Abstand, die Spanner (Geometridae) und schließlich noch einige Familien (z.B. Sackträger, Psychidae oder Glasflügler, Sesiidae), die kaum beachtet wurden. Jenes Bild zeigt sich bei den Großschmetterlingen auch heute noch, wenngleich insbesondere zu den letztgenannten Familien verstärkt Untersuchungen im Land Sachsen-Anhalt (Lemm, Stadie) erfolgten. Überproportional häufen sich die Daten bei den Tagfaltern, welche eine beliebte Organismengruppe bei der Erarbeitung verschiedenster Gutachten mit ökologischer Ausrichtung wurden. Am schlechtesten ist der Kenntnisstand zur Verbreitung bzw. Bestandsentwicklung der sogenannten Kleinschmetterlinge. Eine Reihe von Familien erfuhr eine Bearbeitung im Rahmen der DDR-Insektenfaunen. Insbesondere Angaben aus dem vorhandenen Samm-

---

* unserem Kollegen Konrad Drechsler († 25.02.1999) gewidmet

lungsmaterial wurde dazu veröffentlicht. Doch reichen die Daten oft nur aus, um das reine Vorkommen einer Art auf dem Territorium des Landes zu konstatieren. Weitergehende Aussagen zu Verbreitung oder Bestandsveränderungen sind, wenn überhaupt, nur punktuell möglich.

In den letzten 50 Jahren beschäftigten sich nur wenige Lepidopterologen mit Freilandarbeiten an Kleinschmetterlingen auf dem Gebiet des heutigen Sachsen-Anhalt (SOFFNER †, MÜLLER †, EICHLER †, SUTTER, JUNG, KARISCH), so daß die Situation kaum besser geworden ist. Dank des freundlichen Entgegenkommens von GAEDIKE, Eberswalde, der die Daten aus einem geplanten Verzeichnis der Schmetterlinge Deutschlands zur Verfügung stellte, war es möglich, in vorliegendem Verzeichnis auch jene Kleinschmetterlingsfamilien zu berücksichtigen, die im Rahmen der „DDR-Fauna" bzw. „Fauna Ostdeutschlands" noch nicht bearbeitet wurden. Die meisten Angaben zum Vorkommen dieser Spezies stammen von SUTTER, Bitterfeld. Weitergehende Literaturangaben und historisches Sammlungsmaterial konnten nicht vollumfänglich berücksichtigt werden, so daß hier später noch Arten nachzutragen sind, die in Sachsen-Anhalt schon nachgewiesen wurden, von deren Auftreten wir aber derzeit keine Kenntnis (mehr) haben.

Der dargestellte Wissensstand spiegelt sich auch im hier vorgelegten Verzeichnis wider. Während bei einzelnen Tagfaltern recht verläßliche Angaben zur Bestandsentwicklung möglich sind, mußte auf diese schon bei den anderen Großschmetterlingsfamilien verzichtet werden. Hier sind wir schon glücklich, etwas über die Bestandssituation überhaupt sagen zu können.

Die Skala zur Einschätzung der Bestandssituation (sehr selten, selten, verbreitet und häufig) wurde hauptsächlich angewendet, um zu verdeutlichen, inwieweit eine Art in Sachsen-Anhalt allgemein verbreitet ist. Nur sekundär kann damit verdeutlicht werden, in welcher Individuenzahl die Art an Plätzen ihres Vorkommens nachgewiesen wurde. Folgerichtig wurden Arten, die in Sachsen-Anhalt nur von einem oder zwei aktuellen Fundorten bekannt ist, dort aber in sehr großer Zahl angetroffen werden, als sehr selten bzw. selten eingestuft. Auf die Anwendung der Kategorie „gemein" wurde verzichtet, da eine wirklich flächendeckende Verbreitung einer Art und ihre Häufigkeit an allen Orten nur für sehr wenige Arten nachgewiesen oder gemutmaßt werden kann.

Fehlende Angaben in den Spalten Bestandssituation, Bestandsentwicklung, Ursachen für Veränderungen, Schutzmaßnahmen bedeuten immer nur, daß der Kenntnisstand zum Vorkommen der jeweiligen Art keine präzisen Aussagen erlaubt. So kann die jeweilige Art durchaus auch ohne entsprechende Notiz gegenwärtig einen dramatischen Bestandsrückgang erfahren und - wäre dieser bekannt - würden Schutzmaßnahmen dringend erforderlich sein, um das Überleben der Art zu sichern. Einige Anhaltspunkte dazu kann die Einstufung der Arten in die Rote Liste der Schmetterlinge Sachsen-Anhalts (GROSSER et al. 1993) bieten. Die dort sichtbaren hohen Gefährdungsgrade bei den gut bekannten Tagfaltern zeigen deutlich, daß bei den weniger bekannten Schmetterlingsfamilien von einer aktuellen Bestandsbedrohung einer ganzen Reihe weiterer Arten ausgegangen werden muß.

Eine ausführliche Darstellung der Gefährdungsursachen geben GROSSER et al. (1993). Im wesentlichen zählen dazu:

1. Veränderungen bzw. Beendigung land- und forstwirtschaftlicher Nutzungsformen (u.a. Weidenutzung von Mähwiesen, Aufgabe der Beweidung (dadurch ungestörte Sukzession zu Vorwaldstadien) oder verstärkte Beweidung von Trocken- und Magerrasen, Ausräumung von Strukturelementen in der Agrarlandschaft, Forstnutzung im Hochwaldbetrieb bei Aufgabe der Niederwaldbewirtschaftung, Aufforstung mit standortfremden Gehölzen, Entfernung sogen. Forstunkräuter aus Wäldern und Waldsäumen, Aufforstung bisher anders bewirtschafteter Flächen);

2. Eintrag von Nährstoffen, Schadstoffen und Pestiziden in naturnahe Flächen (z.B. durch intensive Düngung auf angrenzenden Flächen, Lufteintrag von Nährstoffen aus industriellen bzw. landwirtschaftlichen Emissionen, Vernichtung von Flechtenbewuchs durch industrielle Schadstoffe);

3. Meliorationsmaßnahmen (z.B. Entwässerungen, Bewässerungen, großflächige Absenkungen oder Anhebungen des Grundwasserspiegels [z.B. durch Tagebaubetrieb, Stauwerke, Tagebauflutungen], Störungen in Wasserfluß bzw. Jahresrhythmik von Wasserspiegelschwankungen an Flußläufen durch Ausbaumaßnahmen);

4. Habitatzerstörungen (u.a. durch Bergbau, Urbanisierung und Zersiedlung der Landschaft, Deponien, Sportanlagen, Habitatszerschneidung, -verkleinerung oder -zerstörung durch Verkehrswegebau mit Isolationserscheinungen, weitere Inanspruchnahme von Aueflächen);

5. Klimatische Veränderungen;

6. Arealregressionen;

7. Sammeln von Insekten (bei extrem standorttreuen Arten mit äußerst geringen Populationsdichten).

Aufgrund der Artenfülle werden Schutzmaßnahmen nur in wenigen Fällen auf den Erhalt einer einzelnen Art ausgerichtet sein. Sie sollten immer der Förderung lebensraumcharakteristischer, gefährdeter

Artengruppen dienen. Die Ausweisung solcher lebensraumtypischer Artengruppen ist bisher allerdings kaum erfolgt. Hier besteht noch großer Bedarf an einer naturschutzorientierten Grundlagenforschung.

Die Nomenklatur der Schmetterlinge richtet sich im vorliegenden Verzeichnis bis auf wenige Ausnahmen nach KARSHOLT & RAZOWSKI (1996). Wichtige Synonyme, insbesondere für die Benutzung der Werke von LERAUT (1980) und KOCH (1984) werden mit angegeben. KARSHOLT & RAZOWSKI (1996) folgend, werden die Endungen der Epitheta wie in den Urbeschreibungen angegeben und nicht entsprechend der Forderungen des International Code of Zoological Nomenclature (ICZN) grammatikalisch dem Gattungsnamen angeglichen aufgeführt. Ebenso wird die Empfehlung 22 A (3) des ICZN, Daten von Beschreibungen in eckige Klammern zu setzen, wenn sie nur über indirekte Nachweise ermittelt werden können, nicht berücksichtigt.

Für die in der Rote Liste der Schmetterlinge Sachsen-Anhalts (GROSSER et al. 1993) aufgeführten *Dahlica nickerlii* (HEINEMANN, 1870), *Hipparchia fagi* (SCOPOLI, 1763) und *Pyrgus alveus* (HÜBNER, 1803) s. str. bleiben die Meldungen aus Sachsen-Anhalt zweifelhaft bzw. sind sie auf Fehldeterminationen zurückzuführen. Jene Arten sind darum im Verzeichnis nicht enthalten.

Manuskriptschluß 20.12.1998.

Zusätzliche Abkürzungen in der Tabelle

Art, Synonym:
    D. et S.   DENIS et SCHIFFERMÜLLER

Nachweis:
BERGM.	BERGMANN
G.H.	GAEDIKE, HEINICKE
G.P.	GAEDIKE, PETERSEN
H.N.	HEINICKE, NAUMANN
P. et al.	PETERSEN et al.
P.G.	PEDERSEN, GAEDIKE
REINH.	REINHARDT
SCHI.	SCHINTLMEISTER

Literatur

BAUER, E. (1917): Beitrag zur Mikrolepidopteren-Fauna von Naumburg a. S. Mitt. Ent. Ges. Halle a. S. 11, 3-71.

BERGMANN, A. (1951-1955): Die Großschmetterlinge Mitteldeutschlands. Bände 1-5., Urania Verlag, Jena.

BUSCHENDORF, J., KLOTZ, S. (Hsg.) (1995): Geschützte Natur in Halle (Saale). Flora und Fauna der Schutzgebiete. Teil I. Fauna der Schutzgebiete. Umweltamt, Halle (Saale).

BORNEMANN, G. (1912): Verzeichnis der Großschmetterlinge aus der Umgebung von Magdeburg und des Harzgebietes. Druck R. Zacharias, Magdeburg.

EBERT, G., RENNWALD, E. (1993): Die Schmetterlinge Baden-Württembergs. Band 1 und 2: Tagfalter. Ulmer, Stuttgart.

EITSCHBERGER, U., STEINIGER, H. (1996): Papilionidae und Pieridae 1995. Atalanta 27(3/4), 485-493.

ERLACHER, S.-I., GELBRECHT, J. (1994): Zum gegenwärtigen Kenntnisstand des Vorkommens von *Eupithecia innotata* (HUFNAGEL, 1767) und *Eupithecia ochridata* PINKER, 1968 in Ostdeutschland (Lep., Geometridae). Ent. Nachr. Ber. 39(2), 115-120.

FIBIGER, M., HACKER, H. (1990): Systematic List of the Noctuidae of Europe. Esperiana 2, 1-109.

FISCHER, H. (1886): Beiträge zur Kenntnis der Makrolepidopterenfauna der Grafschaft Wernigerode. Schr. Naturw. Ver. d. Harzes Wernigerode 1, 1-37.

FRIESE, G. (1969): Beiträge zur Insekten-Fauna der DDR: Lepidoptera - Argyresthiidae. Beitr. Ent. 19(7/8), 693-752.

FRIESE, G. (1973): Beiträge zur Insektenfauna der DDR: Lepidoptera - Ethmiidae. Beitr. Ent. 23(5/8), 291-312.

GAEDIKE, R. (1968): Beiträge zur Insekten-Fauna der DDR: Lepidoptera - Epermeniidae. Beitr. Ent. 18(3/8), 300-310.

GAEDIKE, R. (1970): Beiträge zur Insekten-Fauna der DDR: Lepidoptera - Acrolepiidae. Beitr. Ent. 20(3/4), 209-222.

GAEDIKE, R. (1978): Beiträge zur Insektenfauna der DDR: Lepidoptera - Douglasiidae. Beitr. Ent. 28(1), 211-216.

GAEDIKE, R. (1980): Beiträge zur Insektenfauna der DDR: Lepidoptera - Pyraustinae. Beitr. Ent. 30(1), 41-120.

GAEDIKE, R. (1990): Beiträge zur Insektenfauna der DDR: Lepidoptera - Tortricidae (Tribus Archipini). Beitr. Ent. 40(1), 63-111.

GAEDIKE, R., HEINICKE, W, (1999): Verzeichnis der Schmetterlinge Deutschlands. - Ent. Nachr. Ber., Beiheft 5.

GAEDIKE, R., PETERSEN, G. (1985): Beiträge zur Insektenfauna der DDR: Lepidoptera - Phycitidae. Faun. Abh. Staatl. Mus. Tierk. Dresden 13(4), 55-107.

GELBRECHT, J., MÜLLER, B. (1986): Über das Auftreten von *Rhodometra sacraria* (L., 1767) in der

DDR im Jahre 1983 (Lepidoptera, Geometridae). Ent. Nachr. Ber. 30(4), 175-177.

GROSSER, N. (1983): Die Großschmetterlinge der Dübener Heide. 1. Tagfalter - Diurna. Hercynia, N. F. 20(1), 1-37.

GROSSER, N. (1989): Die Großschmetterlinge der Dübener Heide. 2. Schwärmer und Spinner - Sphinges et Bombyces. Hercynia, N. F. 26(1), 129-156.

GROSSER, N. (1995): Die Großschmetterlinge der Dübener Heide. 3. Eulenfalter - Noctuidae (nebst addenda et corrigenda zu den Tagfaltern, Schwärmern und Spinnern). Veröff. Naturkundemus. Leipzig 13, 52-95.

GROSSER, N. (1997): Die Großschmetterlinge der Dübener Heide. 4. Spanner - Geometridae (nebst addenda et corrigenda zu den Tagfaltern, Schwärmern, Spinnern und Eulen). Veröff. Naturkundemus. Leipzig 15, 55-91.

GROSSER, N., DRECHSLER, K., EICHLER, F., GELBRECHT, J., HEINICKE, W., KARISCH, T., SCHMIDT, P., SUTTER, R., WEIDLICH M. (1993): Rote Liste der Schmetterlinge der Landes Sachsen-Anhalt. Ber. Landesamt. Umweltsch. Sachsen-Anhalt 9, 60-72.

HANNEMANN, H.-J. (1961): Kleinschmetterlinge oder Microlepidoptera. I. Die Wickler (s. str.) (Tortricidae). In: DAHL, F.: Die Tierwelt Deutschlands und der angrenzenden Meeresteile. 48. Teil., Gustav Fischer, Jena.

HEINICKE, W. (1993): Vorläufige Synopsis der in Deutschland beobachteten Eulenfalterarten mit Vorschlag für eine aktualisierte Eingruppierung in die Kategorien der "Roten Liste" (Lepidoptera, Noctuidae). Ent. Nachr. Ber. 37(2), 73-121.

HEINICKE, W. (1994): Zur Verbreitung der Bandeule *Noctua janthe* BKH. (Lep., Noctuidae) in den östlichen Bundesländern Deutschlands. Ent. Nachr. Ber. 38(4), 221-225.

HEINICKE, W. (1995): Vorläufige Synopsis der in Deutschland beobachteten Spinner- und Schwärmerarten (Lep., Bombyces et Sphingidae). Ent. Nachr. u. Ber. 39(3), 97-108.

HEINICKE, W., NAUMANN, C. (1980-1982): Beiträge zur Insektenfauna der DDR: Lepidoptera - Noctuidae. Beitr. Ent. 30 (2), 385-448, 31(1), 83-174, (2), 341-448, 32(1), 39-188.

HEINZE, B. (1993): Zur Schmetterlingsfauna von Havelberg und Umgebung (Lepidoptera). Familien: Lymantriidae (Schadspinner), Drepanidae (Sichelflügler), Notodontidae (Zahnspinner). Untere Havel, Naturkundl. Ber., Heft 2, 24-30.

HEINZE, B. (1995): Zur Schmetterlingsfauna (Lepidoptera) von Havelberg und Umgebung - Familien: Sphingidae (Schwärmer), Cymatophoridae (Eulenspinner). Untere Havel, Naturkundl. Ber., Heft 4, 47-50.

HEINZE, B. (1996): Zur Schmetterlingsfauna (Lepidoptera) von Havelberg und Umgebung - Familien Arctiidae (Bären), Lasiocampidae (Glucken) und Cossidae (Holzbohrer). Untere Havel, Naturkundl. Ber, Heft 5, 57-61.

HEINZE, B. (1997): Die Großschmetterlinge von Havelberg und Umgebung (Macrolepidoptera). Ent. Mitt. Sachsen-Anhalt 5(2), 3-13.

HUEMER, P., TARMANN, G. (1993): Die Schmetterlinge Österreichs (Lepidoptera). Tiroler Landesmuseum Ferdinandeum, Innsbruck.

JUNG, M. (1988): Bemerkenswerte Mikrolepidopterenfunde aus dem Nordharz und Vorland (Lep.). Ent. Nachr. Ber. 32(3), 113-115.

JUNG, M. (1998): Bemerkenswerte Macrolepidopterenfunde in den nördlichen Teilen des Harzes und im nördlichen Harzvorland (Lep.). Faunistische Notizen 639. Ent. Nachr. Ber. 42(1/2): 94-95.

JUPE, H. (1968): Die Makrolepidopteren-Fauna des Naturschutzgebietes "Harslebener Berge" im Nordharz-Vorland und ihre Beziehungen zu dessen Pflanzengesellschaften. Hercynia, N. F. 5(5), 97-180.

KALLIES, A. (1997): Synopsis der in der Bundesrepublik Deutschland nachgewiesenen Glasflügler-Arten (Lep., Sesiidae). Ent. Nachr. Ber. 41(2), 107-111.

KARISCH, T. (1992): Untersuchungen zur Struktur der Lepidopterenfauna ausgewählter Phytozönosen im Nationalpark Hochharz. Ergebnisse 1989-1991. unveröff. Manuskr.

KARISCH, T. (1993): Wickler der Sandtrockenrasen bei Halle (Saale)-Nietleben und ihre Bedeutung für den Naturschutz. Naturschutz im Land Sachsen-Anhalt 30(8), 23-30.

KARISCH, T. (1994a): Ökologische Voruntersuchungen an der Elbe von der Grenze zur CR bis Tangermünde. Abschlußbericht i. A. BfN, unveröff.

KARISCH, T. (1994b): *Xestia agathina* (DUPONCHEL, 1827) (Lepidoptera, Noctuidae) in der Colbitz-Letzlinger Heide (Sachsen-Anhalt) gefunden. Naturw. Beitr. Mus. Dessau, 8, 101.

KARISCH, T. (1995): Die Schmetterlinge der Fichtenwälder des Hochharzes (Insecta: Lepidoptera). Faunist. Abh. Staatl. Mus. Tierkunde Dresden 20(7), 89-132.

KARISCH, T. (1997): Schmetterlinge (Lepidoptera). In: Arten- und Biotopschutzprogramm Sachsen-Anhalt. Landschaftsraum Harz. Ber. Landesamt. Umweltsch. Sachsen-Anhalt, Sonderheft. 4/1997, 199-209, 351-357.

KARISCH, T. (i. Dr.): Schmetterlinge der Moore des Brockengebietes (Lepidoptera). Hercynia, N. F.

KARSHOLT, O. et al. (1985): Katalog over de danske Sommerfugle. Entomol. Medd. 52(2-3), 1-163.
KARSHOLT, O., RAZOWSKI, J. (1996): The Lepidoptera of Europe. Apollo Books, Stenstrup.
KEIL, T. (1993): Beiträge zur Insektenfauna Ostdeutschlands: Lepidoptera - Zygaenidae. Ent. Nachr. Ber. 37(3), 145-198.
KELLNER, J. (1995): Die Großschmetterlingsfauna von Dessau und Umgebung. Naturw. Beitr. Naturkundemus. Dessau, Sonderheft 1995.
KOCH, M. (1984): Wir bestimmen Schmetterlinge. Neumann, Radebeul.
LERAUT, P. (1980): Liste systématique et synonymique des Lépidoptères de France, Belgique et Corse. Alexanor, Suppl., Paris.
PATZAK, H. (1965): Zur Verbreitung einiger Microlepidopteren in Mitteldeutschland. Dt. Ent. Zschr., N. F. 12(IV/V), 379-381.
PATZAK, H. (1969): Die Großschmetterlinge des nordöstlichen Harzvorlandes. Abh. Ber. Naturkd. Vorgesch. Magdeburg 11(5), 179-218.
PATZAK, H. (1974): Beiträge zur Insektenfauna der DDR: Lepidoptera - Coleophoridae. Beitr. Ent. 24(5/8), 153-278.
PATZAK, H. (1978): Beiträge zur Insektenfauna der DDR: Lepidoptera, Nachträge 2. Ent. Ber. 22(3): 111-114.
PATZAK, H. (1986): Beiträge zur Insektenfauna der DDR: Lepidoptera – Gracillariinae (Insecta). Faun. Abh. Staatl. Mus. Tierk. Dresden 13(7), 123-171.
PATZAK, H. (1987): Ergänzungen und Berichtigungen zur Coleophoriden-Fauna der DDR, 2 (Lepidoptera, Coleophoridae). Ent. Nachr. Ber. 31(3), 123-124.
PETERSEN, G. (1969): Beiträge zur Insekten-Fauna der DDR: Lepidoptera - Tineidae. Beitr. Ent. 19(3/6), 311-388.
PETERSEN, G. (1973): Beiträge zur Insektenfauna der DDR: Lepidoptera -Galleriidae. Beitr. Ent. 23(5/8), 313-324.
PETERSEN, G., GAEDIKE, R. (1983): Beiträge zur Insektenfauna der DDR: Lepidoptera, Nachträge 3 (Epermeniidae, Tineidae, Acrolepiidae, Crambidae, Pyralidae, Pyraustinae, Scopariinae). Ent. Nachr. Ber. 27(1), 1-8.
PETERSEN, G., GAEDIKE, R. (1987): Beiträge zur Insektenfauna der DDR: Lepidoptera Nachträge 4 (Tineidae, Acrolepiidae, Crambidae, Galleriidae, Pyralidae s. str., Douglasiidae, Pyraustinae, Scopariinae, Phycitinae). Ent. Nachr. Ber. 31(1), 29-36.
PETERSEN, G., FRIESE, G., G. RINNHOFER, G. (1973): Beiträge zur Insektenfauna der DDR: Lepidoptera - Crambidae. Beitr. Ent. 23(1), 4-55.
POOLE, R.W. (1989): Noctuidae. In: HEPPNER, J.B.: Lepidopterorum Catalogus (New Series). Fasc. 118. E.J. Brill, Leiden, New York, Kobenhavn, Köln.
PRÖSE, H. (1987): "Kleinschmetterlinge": Wissensstand, Erhebungen und Artenschutzproblematik. Schriftenreihe Bayer. Landesamt f. Umweltschutz 77, 37-102.
RAPP, O. (1936): Beitrag zur Schmetterlingsfauna des Harzes. Beobachtungen von Prof. Dr. Arthur Petry, Nordhausen, † 1932. Kommission bei Hans Goecke, Krefeld, Erfurt.
REINECKE, W. (1905): Verzeichnis der Großschmetterlinge des nordöstlichen Harzrandes. Selbstverl. Ent. Ver. Quedlinburg u. Umg., Quedlinburg.
REINHARDT, R. (1983): Beiträge zur Insektenfauna der DDR: Lepidoptera – Rhopalocera et Hesperiidae. 2. Nemeobiidae - Nymphalidae sowie Lycaenidae und Hesperiidae. Ent. Nachr. Ber. 26 (Beiheft 2), 1-95.
REINHARDT, R., KAMES, P. (1982): Beiträge zur Insektenfauna der DDR: Lepidoptera - Rhopalocera et Hesperiidae. 1. Allgemeiner Teil, Papilionidae - Pieridae - Satyridae. Ent. Nachr. Ber. 26 (Beiheft 1), 1-83.
REINHARDT, R. (1995): Die Tagfalter der Bundesrepublik Deutschland - eine Übersicht in den Bundesländern (Lep.). Ent. Nachr. u. Ber. 39(3): 109-132.
RICHTER, E. (1849): Fortsetzung der um Dessau gefundenen Lepidopteren. Microlepidoptera. Stettiner Ent. Ztg. 10, 349-351.
RINNHOFER, G. (1975): Beiträge zur Insektenfauna der DDR: Lepidoptera – Pyralidae (s. str.). Beitr. Ent. 25(2), 227-238.
RINNHOFER, G. (1980): Beiträge zur Insektenfauna der DDR: Lepidoptera - Scopariinae. Beitr. Ent. 30(1), 121-136.
RINNHOFER, G. (1988): Beiträge zur Insektenfauna der DDR: Lepidoptera - Nymphulinae, Schoenobiinae, Acentropidae. Beitr. Ent. 38(1),169-182.
SCHADEWALD, G. (1994): Die Großschmetterlinge der Umgebung von Zeitz (Sachsen-Anhalt). Mitt. Internat. Ent. Ver., Suppl. 2, 3-88.
SCHELLHORN, S. (1989): Der "Alte Weinberg" - ein interessanter Biotop in Mansfeld. Faunistische Notizen 352. Ent. Nachr. Ber. 33(2), 94.
SCHINTLMEISTER, A. (1987): Beiträge zur Insektenfauna der DDR: Lepidoptera - Notodontidae. Beitr. Ent. 37(1), 35-82.
SCHMIDT, P. (1991): Beiträge zur Insektenfauna der DDR: Lepidoptera - Arctiidae, Nolidae, Ctenuchidae, Drepanidae, Cossidae und Hepialidae. Beitr. Ent. 41(1), 123-236.
SEITZ, A. (1909-1915): Die Großschmetterlinge der Erde. I. Abteilung: Die Großschmetterlinge des

Palaearktischen Faunengebietes. Band 1-4. Verlag Alfred Kernen, Stuttgart.

SOBCZYK, T. (1998): Synopsis der in der Bundesrepublik Deutschland nachgewiesenen Sackträger-Arten (Lep., Psychidae). Ent. Nachr. Ber. 42(1/2), 61-71.

SOFFNER, J. (1954): Bemerkenswerte Schmetterlingsfunde aus der Staßfurter Gegend und dem Harz. Ent. Z. 64 (1): 11-13.

SPEYER, A., SPEYER, A. (1858): Die geographische Verbreitung der Schmetterlinge Deutschlands und der Schweiz. 1. Teil. Die Tagfalter, Schwärmer und Spinner. Verlag von Wilhelm Engelmann, Leipzig.

SPEYER, A., SPEYER, A. (1862): Die geographische Verbreitung der Schmetterlinge Deutschlands und der Schweiz. 2. Teil. Die Noctuinen im weiteren Sinne. Verlag von Wilhelm Engelmann, Leipzig.

STADIE, D. (1998): *Chamaesphecia dumonti* (LE CERF, 1922) – ein neuer Glasflügler für die Fauna Thüringens und Sachsen-Anhalts (Lep., Sesiidae). Ent. Nachr. Ber. 42(3): 167-169.

STANGE, A. (1869): Verzeichniss der Schmetterlinge der Umgegend von Halle an der Saale. Verlag Eduard Kummer, Leipzig.

STANGE, G. (1916): Beitrag zur Hallenser Lepidopteren-Fauna. Mitt. Ent. Ges. Halle a. S., 10, 50-59.

SÜSSMUTH, T., KARISCH, T. (1998): Schmetterlinge (Lepidoptera). In: Arten- und Biotopschutzprogramm Sachsen-Anhalt. Stadt Halle (Saale). Ber. Landesamt. Umweltsch. Sachsen-Anhalt, Sonderheft. 4/1998, 255-263, 402-412.

SUTTER, R. (1990): Beiträge zur Insektenfauna der DDR: Lepidoptera - Alucitidae. Beitr. Ent. 40(1), 113-119.

SUTTER, R. (1991a): Beiträge zur Insektenfauna der DDR: Lepidoptera - Pterophoridae. Beitr. Ent. 41(1), 27-121.

SUTTER, R. (1991b): *Nemapogon falstriella* BANG-HAAS neu für Deutschland (Lep., Tineidae). Faunistische Notizen 429. Ent. Nachr. Ber. 35(3), 204.

SUTTER, R. (1994a): Beiträge zur Insektenfauna Ostdeutschlands: Lepidoptera - Scythrididae. Beitr. Ent. 44(2), 261-318.

SUTTER, R. (1994b): Seltene Microlepidoptera im Gebiet der unteren Mulde (Sachsen-Anhalt). Faunistische Notizen 521. Ent. Nachr. Ber. 38(2), 134-135.

WILDE, O. (1860): Zur Falterfauna von Zeitz (Reg.-Bez. Merseburg). Z. Ges. Naturwiss. Halle 16, 301-324.

WOLTER, G. (1960): Beitrag zur Schmetterlingsfauna des Kreises Querfurt. Ent. Ber. 4(2/3), 57-60, (4), 109-116.

WOLTER, G. (1961): Beitrag zur Schmetterlingsfauna des Kreises Querfurt. Ent. Ber. 5(1/2), 17-21.

Anschrift der Verfasser

Timm Karisch
Museum für Naturkunde und Vorgeschichte
Askanische Straße 32
D - 06842 Dessau

Hans Blackstein
Buckower Weg 1
D - 14715 Steckelsdorf

Prof. Dr. Konrad Drechsler (†)

Dr. Jörg Gelbrecht
Gerhard-Hauptmann-Straße 28
D - 15711 Königs Wusterhausen

Prof. Dr. Norbert Grosser
Fachhochschule Erfurt
Fachbereich Landschaftsarchitektur
Leipziger Straße 77
D - 99085 Erfurt

Wolfgang Heinicke
Heinrichstraße 35
D - 07545 Gera

Bernd Heinze
Lindenstraße 16
D - 39539 Havelberg

Manfred Jung
Hauptstraße 26a
D - 38822 Athenstedt

Walter Könecke
Kuhlenschlag 17
D - 39576 Stendal

Holger Lemm
August-Bebel-Straße 26
D - 06618 Naumburg

Klaus Lotzing
Straße der Deutschen Einheit 7
D - 39418 Staßfurt

Dr. Peter Schmidt
Lessingstraße 10
D - 06886 Lutherstadt Wittenberg

Friedrich Schulz
Dorfstraße 14
D - 39579 Möllendorf

Peter Strobl
Hans-Holbein-Straße 3
D - 39576 Stendal

Reinhard Sutter
Leinestraße 25
D - 06749 Bitterfeld

Dr. Michael Weidlich
Landesumweltamt Brandenburg
Naturschutzstation Wirchensee
D - 15898 Treppeln

Art	BR	BS	BE	UV	SM	RL	Ges.	Bm	Nachweis	Synonym, Deutscher Name
Abraxas grossulariata (L., 1758)	T,H	v							coll. D	Stachelbeerspanner
Abrostola asclepiades (D. et S., 1775)		s				2			HEINICKE 1993	
Abrostola tripartita (HUFNAGEL, 1766)		v							HEINICKE 1993	*triplasia* auct., nec L., 1758
Abrostola triplasia (L., 1758)		h							HEINICKE 1993	*trigemina* WERNEBURG, 1864
Acanthopsyche atra (L., 1767)						1			1992 WEIDLICH	
Acasis viretata (HÜBNER, 1799)		v							KELLNER 1995	
Acentria ephemerella (D. et S., 1775)									RINNHOFER 1988	*nivea* OLIVIER, 1791
Acherontia atropos (L., 1758)								G	BERGM. 1953	Totenkopf
Achroia grisella (F., 1794)									PETERSEN 1973	Kleine Wachsmotte
Achyla flavicornis (L., 1758)	T	h							BERGM. 1953	Wollbeinspinner
Acleris abietana (HÜBNER, 1822)									BAUER 1917	
Acleris aspersana (HÜBNER, 1817)									coll. D	
Acleris bergmanniana (L., 1758)									KARISCH 1992	
Acleris comariana (LIENIG et ZELLER, 1846)									coll. SUTTER	
Acleris cristana (D. et S., 1775)									RICHTER 1849	
Acleris emargana F., 1775)									coll. SUTTER	
Acleris ferrugana (D. et S., 1775)									RICHTER 1849	
Acleris forsskaleana (L., 1758)									KARISCH 1994a	
Acleris hastiana (L., 1758)									RAPP 1936	
Acleris holmiana (L., 1758)									KARISCH 1994a	
Acleris hyemana (HAWORTH, 1811)									RICHTER 1849	
Acleris kochiella (GOEZE, 1783)									G.H. 1999	
Acleris laterana F., 1794)									coll. SUTTER	
Acleris literana (L., 1758)									BAUER 1917	
Acleris logiana (CLERCK, 1759)									RICHTER 1849	
Acleris lorquiniana (DUPONCHEL, 1835)									coll. SUTTER	
Acleris notana (DONOVAN, 1806)									KARISCH 1994a	
Acleris permutana (DUPONCHEL, 1836)									RICHTER 1849	
Acleris quercinana (ZELLER, 1849)									G.H. 1999	
Acleris rhombana (D. et S., 1775)									KARISCH 1994a	
Acleris roscidana (HÜBNER, 1822)									RICHTER 1849	
Acleris scabrana (D. et S., 1775)									coll. SUTTER	
Acleris shepherdana (STEPHENS, 1852)									coll. BLACKSTEIN	
Acleris sparsana (D. et S., 1775)									RAPP 1936	
Acleris variegana (D. et S., 1775)									KARISCH 1994a	
Acompsia cinerella (CLERCK, 1759)									G.H. 1999	

Schmetterlinge (Lepidoptera)

Art	BR	BS	BE	UV	SM	RL	Ges.	Bm	Nachweis	Synonym, Deutscher Name
Acontia lucida (HUFNAGEL, 1766)		A				0	§		HEINICKE 1993	Malveneule
Acosmetia caliginosa (HÜBNER, 1813)	T,H	ss				1	§		HEINICKE 1993	Scharteneule
Acrobasis consociella (HÜBNER, 1813)									G.P. 1985	
Acrobasis obtusella (HÜBNER, 1796)									G.P. 1985	
Acrobasis sodalella ZELLER, 1848									G.P. 1985	
Acrocercops brongniardella (F., 1798)									PATZAK 1986	
Acrolepia autumnitella CURTIS, 1838									GAEDIKE 1970	*pygmeana* HAWORTH, 1811
Acrolepiopsis assectella (ZELLER, 1839)									GAEDIKE 1970	
Acronicta aceris (L., 1758)		h							HEINICKE 1993	Ahorneule, Roßkastanieneule
Acronicta alni (L., 1767)		v							HEINICKE 1993	Erleneule
Acronicta auricoma (D. et S., 1775)		v							HEINICKE 1993	
Acronicta cuspis (HÜBNER, 1813)		s				2			HEINICKE 1993	
Acronicta euphorbiae (D. et S., 1775)		s				1			HEINICKE 1993	
Acronicta leporina (L., 1758)		h							HEINICKE 1993	Pudel
Acronicta megacephala (D. et S., 1775)		h							HEINICKE 1993	Aueneule
Acronicta menyanthidis (ESPER, 1789)		ss				1			HEINICKE 1993	
Acronicta psi (L., 1758)		h							HEINICKE 1993	Pfeileule
Acronicta rumicis (L., 1758)		h							HEINICKE 1993	Ampfereule
Acronicta strigosa (D. et S., 1775)	T	ss				1			HEINICKE 1993	
Acronicta tridens (D. et S., 1775)		s				2			HEINICKE 1993	
Actebia praecox (L., 1758)	T,H	s				2			HEINICKE 1993	
Actinotia polyodon (CLERCK, 1759)		v							HEINICKE 1993	
Adaina microdactyla (HÜBNER, 1813)									SUTTER 1991a	
Adela croesella (SCOPOLI, 1763)									BAUER 1917	
Adela cuprella (D. et S., 1775)									RAPP 1936	
Adela mazzolella (HÜBNER, 1796)									G.H. 1999	
Adela reaumurella (L., 1758)									coll. D	
Adela violella (D. et S., 1775)									BAUER 1917	
Adoxophyes orana (FISCHER VON RÖSLERSTAMM, 1834)									GAEDIKE 1990	*reticulana* HÜBNER, 1813
Adscita geryon (HÜBNER, 1808-1813)	H,B	s				1	§		KEIL 1993	
Adscita globulariae (HÜBNER, 1793)		A				0	§		KEIL 1993	
Adscita statices (L., 1758)		v					§		KEIL 1993	Gemeines Grünwidderchen
Adscita subsolana (STAUDINGER, 1862)	H,B	A				0	§		KEIL 1993	
Aedia funesta (ESPER, 1766)		v				3			HEINICKE 1993	Trauereule
Aethalura punctulata (D. et S., 1775)		h							coll. D	
Aetheria bicolorata (HUFNAGEL, 1766)		h							HEINICKE 1993	

Schmetterlinge (Lepidoptera)

Art	BR	BS	BE	UV	SM	RL	Ges.	Bm	Nachweis	Synonym, Deutscher Name
Aetheria dysodea (D. et S., 1775)		v				P			HEINICKE 1993	*spinaciae* VIEWEG, 1790
Aethes beatricella (WALSINGHAM, 1898)		ss							coll. EICHLER	
Aethes cnicana (WESTWOOD, 1854)		v							KARISCH 1992	
Aethes flagellana (DUPONCHEL, 1836)		s							coll. JUNG	
Aethes francillana (F., 1794)		v				3			coll. SUTTER	
Aethes hartmanniana (CLERCK, 1759)		v							KARISCH 1993	
Aethes kindermanniana (TREITSCHKE, 1830)		s				2			KARISCH 1993	
Aethes margaritana (HAWORTH, 1811)		v							KARISCH 1993	
Aethes rubigana (TREITSCHKE, 1830)		h							KARISCH 1994a	
Aethes smeathmanniana F., 1781)		h							KARISCH 1993	
Aethes tesserana (D. et S., 1775)		v							KARISCH 1993	
Aethes triangulana (TREITSCHKE, 1835)	T	ss				1			KARISCH 1994a	
Aethes williana (BRAHM, 1791)		s				3			KARISCH 1993	
Agapeta hamana (L., 1758)		h							KARISCH 1993	
Agapeta zoegana (L., 1767)		v							KARISCH 1994a	
Agdistis adactyla (HÜBNER, 1819)						1			SUTTER 1991a	
Aglais urticae (L., 1758)		h	0						REINH. 1983	Kleiner Fuchs
Aglia tau (L., 1758)	H,B	v							BERGM. 1953	Nagelfleck
Aglossa pinguinalis (L., 1758)									RINNHOFER 1975	
Agnathosia mendicella (D. et S., 1775)									G.H. 1999	
Agonopterix alstroemeriana (CLERCK, 1759)									coll. D	
Agonopterix angelicella (HÜBNER, 1813)									G.H. 1999	
Agonopterix arenella (D. et S.,1775)									coll. D	
Agonopterix assimilella (TREITSCHKE, 1832)									G.H. 1999	
Agonopterix atomella (D. et S.,1775)									STANGE 1869	
Agonopterix capreolella (ZELLER, 1839)									BAUER 1917	
Agonopterix cnicella (TREITSCHKE, 1832)									BAUER 1917	
Agonopterix conterminella (ZELLER, 1839)									STANGE 1869	
Agonopterix curvipunctosa (HAWORTH, 1811)									G.H. 1999	
Agonopterix heracliana (L., 1758)									G.H. 1999	
Agonopterix kaekeritziana (L.,1767)									coll. D	
Agonopterix laterella (D. et S., 1775)									STANGE 1869	
Agonopterix liturosa (HAWORTH, 1811)									coll. D	
Agonopterix nervosa (HAWORTH, 1811)									G.H. 1999	
Agonopterix ocellana (F., 1775)									G.H. 1999	

Art	BR	BS	BE	UV	SM	RL	Ges.	Bm	Nachweis	Synonym, Deutscher Name
Agonopterix propinquella (TREITSCHKE, 1835)									coll. D	
Agonopterix purpurea (HAWORTH, 1811)									G.H. 1999	
Agonopterix putridella (D. et S., 1775)									STANGE 1869	
Agonopterix scopariella (HEINEMANN, 1870)									G.H. 1999	
Agonopterix selini (HEINEMANN, 1870)									G.H. 1999	
Agonopterix subpropinquella (STAINTON, 1849)									G.H. 1999	
Agriopis aurantiaria (HÜBNER, 1799)		v							coll. D	
Agriopis bajaria (D. et S., 1775)		s				3			coll. D	
Agriopis leucophaearia (D. et S., 1775)		h							coll. D	
Agriopis marginaria (F., 1777)		v							coll. D	
Agriphila deliella (HÜBNER, 1813)									SUTTER 1994b	
Agriphila geniculea (HAWORTH, 1811)									P. et AL. 1973	
Agriphila inquinatella (D. et S.,1775)									P. et AL. 1973	
Agriphila poliellus (TREITSCHKE, 1832)									P. et AL. 1973	
Agriphila selasella (HÜBNER, 1813)									P. et AL. 1973	
Agriphila straminella (D. et S.,1775)		h							P. et AL. 1973	
Agriphila tristella (D. et S., 1775)		h							P. et AL. 1973	
Agrius convolvuli (L., 1758)								G	BERGM. 1953	Windenschwärmer
Agrochola circellaris (HUFNAGEL, 1766)		h							HEINICKE 1993	Ulmen-Herbsteule
Agrochola helvola (L., 1758)		h							HEINICKE 1993	Weiden-Herbsteule
Agrochola laevis (HÜBNER, 1803)		s				2			HEINICKE 1993	Graue Wollschenkeleule
Agrochola litura (L., 1758)		h							HEINICKE 1993	
Agrochola lota (CLERCK, 1759)		v							HEINICKE 1993	
Agrochola lychnidis (D. et S., 1775)		h							HEINICKE 1993	
Agrochola macilenta (HÜBNER, 1809)		h							HEINICKE 1993	
Agrochola nitida (D. et S., 1775)		s				3			HEINICKE 1993	
Agrolamprotes micella (D. et S., 1775)									G.H. 1999	
Agrotera nemoralis (SCOPOLI, 1763)									GAEDIKE 1980	
Agrotis cinerea (D. et S., 1775)	T H	s v				3			H.N. 1980-1982	
Agrotis clavis (HUFNAGEL, 1766)		v							HEINICKE 1993	*corticea* D. et S., 1775
Agrotis crassa (HÜBNER, 1803)	T,H	s				2			HEINICKE 1993	
Agrotis exclamationis (L., 1758)		h							HEINICKE 1993	Gemeine Graseule
Agrotis ipsilon HUFNAGEL, 1766		h						G	HEINICKE 1993	Ypsiloneule
Agrotis segetum (D. et S., 1775)		h							HEINICKE 1993	Saateule
Agrotis vestigialis (HUFNAGEL, 1766)	T H	v s							H.N. 1980-1982	Kiefernsaateule

Art	BR	BS	BE	UV	SM	RL	Ges.	Bm	Nachweis	Synonym, Deutscher Name
Alcis bastelbergeri (HIRSCHKE, 1908)	H,B	v							JUNG 1998	*maculata* STAUDINGER, 1892
Alcis repandata (L., 1758)		h							coll. D	
Aleimma loeflingiana (L., 1758)		h							KARISCH 1993	
Aleucis distinctata (HERRICH-SCHÄFFER, 1839)		s							BERGM. 1955	
Allophyes oxyacanthae (L., 1758)		h							HEINICKE 1993	Weißdorneule
Alsophila aceraria (D. et S., 1775)		v							coll. D	*quadripunctaria* ESPER, 1800
Alsophila aescularia (D. et S., 1775)		h							coll. D	Kreuzflügel
Altenia scriptella (HÜBNER, 1796)									BAUER 1917	
Alucita grammodactyla ZELLER, 1841									SUTTER 1990	
Alucita hexadactyla (L., 1758)									SUTTER 1990	
Alucita huebneri (WALLENGREN, 1859)									SUTTER 1990	
Amata phegea (L., 1758)		h					3	§	SCHMIDT 1991	Weißfleckwidderchen
Amblyptilia acanthadactyla (HÜBNER, 1813)							0		SUTTER 1991a	
Ammoconia caecimacula (D. et S., 1775)		v					3		HEINICKE 1993	
Amphipoea fucosa (FREYER, 1830)		h							HEINICKE 1993	
Amphipoea oculea (L., 1761)		v							HEINICKE 1993	
Amphipyra berbera svenssoni FLETCHER, 1968		v							HEINICKE 1993	
Amphipyra perflua (F., 1787)		ss					1		HEINICKE 1993	
Amphipyra pyramidea (L., 1758)		h							HEINICKE 1993	Pyramideneule
Amphipyra tragopoginis (CLERCK, 1759)		h							HEINICKE 1993	Dreipunkteule
Anacampsis blattariella (HÜBNER, 1796)									G.H. 1999	
Anacampsis obscurella (D. et S., 1775)									BAUER 1917	*subsequella* HÜBNER, 1796
Anacampsis populella (CLERCK, 1759)									G.H. 1999	
Anacampsis scintilella (FISCHER VON RÖSLERSTAMM, 1841)									BAUER 1917	
Anacampsis timidella (WOCKE, 1887)									STANGE 1916	*quercella* CHRÉTIEN, 1907
Anania funebris (STRÖM, 1768)									GAEDIKE 1980	
Anania verbascalis (D. et S., 1775)									SUTTER 1994b	
Anaplectoides prasina (D. et S., 1775)		v							HEINICKE 1993	Grüne Heidelbeereule
Anarsia lineatella (ZELLER, 1839)									G.H. 1999	
Anarsia spartiella (SCHRANK, 1802)									G.H. 1999	
Anarta cordigera (THUNBERG, 1788)		A					0	§	HEINICKE 1993	Moorbunteule
Anarta myrtilli (L., 1761)		s					1		HEINICKE 1993	Heidekrauteulchen
Anchinia cristalis (SCOPOLI, 1763)									G.H. 1999	
Ancylis achatana (D. et S., 1775)									KARISCH 1993	
Ancylis apicella (D. et S., 1775)									RAPP 1936	
Ancylis badiana (D. et S., 1775)									KARISCH 1994a	
Ancylis comptana (FRÖLICH, 1828)									KARISCH 1993	Erdbeerwickler

Art	BR	BS	BE	UV	SM	RL	Ges.	Bm	Nachweis	Synonym, Deutscher Name
Ancylis diminutana (HAWORTH, 1811)									RAPP 1936	
Ancylis geminana (DONOVAN, 1806)									RAPP 1936	
Ancylis laetana (F., 1775)									BAUER 1917	
Ancylis mitterbacheriana (D. et S., 1775)									KARISCH 1994a	
Ancylis myrtillana (TREITSCHKE, 1830)									RAPP 1936	
Ancylis obtusana (HAWORTH, 1811)									coll. SUTTER	
Ancylis tineana (HÜBNER, 1799)									RICHTER 1848	
Ancylis uncella (D. et S., 1775)									BAUER 1917	
Ancylis unculana (HAWORTH, 1811)									RICHTER 1849	
Ancylis unguicella (L., 1758)									RICHTER 1849	
Ancylis upupana (TREITSCHKE, 1835)									coll. JUNG	
Ancylosis oblitella (ZELLER, 1848)									G.P. 1985	
Anerastia lotella (HÜBNER, 1813)									G.P. 1985	
Angerona prunaria (L., 1758)		h							coll. D	Schlehenspanner
Anthocharis cardamines (L., 1758)		h	⤴						REINH., KAMES 1982	Aurorafalter
Anthophila fabriciana (L., 1767)									coll. D	
Anticlea badiata (D. et S., 1775)	H	v							coll. D	
Anticlea derivata (D. et S., 1775)		s							1992 GELBRECHT	
Anticollix sparsata (TREITSCHKE, 1828)		s				3			coll. D	
Antispila metalella (D. et S., 1775)									G.H. 1999	
Antitype chi (L., 1758)		v				P			HEINICKE 1993	Graueule
Antonechloris smaragdaria (F., 1787)		A				0			BERGM. 1955	Smaragdspanner
Apamea anceps (D. et S., 1775)		h							HEINICKE 1993	*sordida* sensu BORKHAUSEN, 1792
Apamea crenata (HUFNAGEL, 1766)		h							HEINICKE 1993	*rurea* F., 1775 Graseule
Apamea epomidion (HAWORTH, 1809)		s				3			HEINICKE 1993	*hepatica* auct.; *characterea* D. et S., 1775
Apamea furva (D. et S., 1775)		v				P			HEINICKE 1993	
Apamea illyria FREYER, 1846	H,B	v							HEINICKE 1993	
Apamea lateritia (HUFNAGEL, 1766)		h							HEINICKE 1993	Ziegelrote Graseule
Apamea lithoxylea (D. et S., 1775)		v							HEINICKE 1993	
Apamea monoglypha (HUFNAGEL, 1766)		h							HEINICKE 1993	Wurzelfresser
Apamea oblonga (HAWORTH, 1809)	T,H	v							HEINICKE 1993	Auen-Graswurzeleule
Apamea ophiogramma (ESPER, 1794)		v							HEINICKE 1993	
Apamea platinea (TREITSCHKE, 1825)	H	ss				1			HEINICKE 1993	Platineule
Apamea remissa (HÜBNER, 1809)		h							HEINICKE 1993	*obscura* HAWORTH, 1809
Apamea rubrirena (TREITSCHKE, 1825)	B	v				P			HEINICKE 1993	Hartgraseule
Apamea scolopacina (ESPER, 1788)		v							HEINICKE 1993	
Apamea sordens (HUFNAGEL, 1766)		h							HEINICKE 1993	*basilinea* D. et S., 1775
Apamea sublustris (ESPER, 1788)		v							HEINICKE 1993	
Apamea unanimis (HÜBNER, 1813)		v				3			HEINICKE 1993	

Art	BR	BS	BE	UV	SM	RL	Ges.	Bm	Nachweis	Synonym, Deutscher Name
Apatura ilia (D. et S., 1775)		v				3	§		REINH. 1983	Kleiner Schillerfalter
Apatura iris (L., 1758)	T,H B	s v	↶			2	§		REINH. 1983	Großer Schillerfalter
Apeira syringaria (L., 1758)		s							coll. D	Geißblatt-Buntspanner
Aphantopus hyperantus (L., 1758)		h	0						REINH., KAMES 1982	Schornsteinfeger
Aphelia paleana (HÜBNER, 1793)									GAEDIKE 1990	
Aphelia unitana (HÜBNER, 1799)									GAEDIKE 1990	
Aphelia viburnana (D. et S., 1775)									GAEDIKE 1990	
Aphomia sociella (L., 1758)									PETERSEN 1973	
Aplasta ononaria (FUESSLY, 1783)		s				3			coll. D	Hauhechelspanner
Aplocera efformata (GUENÉE, 1857)		h							coll. D	
Aplocera plagiata (L., 1758)		h							coll. D	Grauspanner
Aplocera praeformata (HÜBNER, 1826)	H,B	v							KELLNER 1995	
Apocheima hispidaria (D. et S., 1775)		v							coll. D	
Apocheima pilosaria (D. et S., 1775)		h							coll. D	*A. pedaria* F., 1787 Schneespanner
Apodia bifractella (DUPONCHEL, 1843)									BAUER 1917	
Apoda limacodes (HUFNAGEL, 1766)		h							PATZAK 1969	Große Schildmotte
Apodia martinii PETRY, 1911									BAUER 1917	
Apomyelois bistriatella (HULST, 1887)									SUTTER 1994b	
Apomyelois ceratoniae (ZELLER, 1839)									G.P. 1985	
Aporia crataegi (L., 1758)		v							EITSCHBERGER, STEINIGER 1996	Baumweißling
Aporophyla lutulenta (D. et S., 1775)		A				0			HEINICKE 1993	Graue Glattrückeneule
Aporophyla nigra (HAWORTH, 1809)	T	ss				2	§		HEINICKE 1993	Schwarze Glattrückeneule
Apotomis betuletana (HAWORTH, 1811)									RAPP 1936	
Apotomis capreana (HÜBNER, 1817)									STANGE 1916	
Apotomis sauciana (FRÖLICH, 1828)									RAPP 1936	
Apotomis semifasciana (HAWORTH, 1811)									coll. JUNG	
Apotomis sororculana (ZETTERSTEDT, 1839)									KARISCH 1994a	
Apotomis turbidana (HÜBNER, 1825)									BAUER 1917	
Aproaerema anthyllidella (HÜBNER, 1813)									G.H. 1999	
Apterona helicoidella (VALLOT, 1827)					P				1992 WEIDLICH	*helix* SIEBOLD, 1850
Araschnia levana (L., 1758)		h	↗						REINH. 1983	Landkärtchen
Archanara algae (ESPER, 1789)		s				2			HEINICKE 1993	
Archanara dissoluta (TREITSCHKE, 1825)	H	s				2			HEINICKE 1993	
Archanara geminipuncta (HAWORTH, 1809)	T,H	v				3			HEINICKE 1993	Zweipunkt-Schilfeule

Art	BR	BS	BE	UV	SM	RL	Ges.	Bm	Nachweis	Synonym, Deutscher Name
Archanara sparganii (ESPER, 1790)	T,H	v				3			HEINICKE 1993	Rohrkolbeneule
Archiearis notha (HÜBNER, 1803)		s							BERGM. 1955	Mittleres Jungfernkind
Archiearis parthenias (L., 1761)		v							coll. D	Großes Jungfernkind
Archinemapogon yildizae KOCAK, 1981									PETERSEN 1969	*laterella* THUNBERG, 1794
Archips betulana (HÜBNER, 1787)									GAEDIKE 1990	
Archips crataegana (HÜBNER, 1799)		h							GAEDIKE 1990	
Archips oporana (L., 1758)		v							GAEDIKE 1990	Kiefernnadelwickler
Archips podana (SCOPOLI, 1763)		h							GAEDIKE 1990	
Archips rosana (L., 1758)									GAEDIKE 1990	
Archips xylosteana (L., 1758)		h							GAEDIKE 1990	
Arctia caja (L., 1758)		h					§		SCHMIDT 1991	Brauner Bär
Arctia festiva (HUFNAGEL, 1766)		A				0	§		SCHMIDT 1991	*hebe* L., 1767 Englischer Bär
Arctia villica (L., 1758)		A				0	§		SCHMIDT 1991	Schwarzer Bär
Arctornis l-nigrum (O.F. MÜLLER, 1764)	T,H	v				3			BERGM. 1953	Schwarzes L
Arenostola semicana (ESPER, 1798)	T H	v ss							H.N. 1980-1982	*phragmitidis* HÜBNER, 1803
Argynnis adippe (D. et S., 1775)		v				3	§		REINH. 1983	Feuriger Perlmutterfalter
Argynnis aglaja (L., 1758)		v				3	§		REINH. 1983	Großer Perlmutterfalter
Argynnis niobe (L., 1758)		s				1	§		REINH. 1983	Mittlerer Perlmutterfalter
Argynnis paphia (L., 1758)		v					§		REINH. 1983	Kaisermantel
Argyresthia albistria (HAWORTH, 1828)									FRIESE 1969	
Argyresthia bergiella RATZEBURG, 1840									FRIESE 1969	
Argyresthia bonnetella (L., 1758)									FRIESE 1969	*cornella* F., 1775, *curvella* auct., nec L., 1761
Argyresthia brockeella (HÜBNER, 1813)		h							FRIESE 1969	
Argyresthia conjugella ZELLER, 1839									FRIESE 1969	
Argyresthia curvella (L., 1761)									FRIESE 1969	*arcella* F., 1775, *cornella* auct., nec F., 1775
Argyresthia fundella (FISCHER VON RÖSLERSTAMM, 1835)									FRIESE 1969	
Argyresthia glaucinella (ZELLER, 1839)									FRIESE 1969	
Argyresthia goedartella (L., 1758)		h							FRIESE 1969	
Argyresthia pruniella (CLERCK, 1759)									FRIESE 1969	
Argyresthia pulchella LIENIG et ZELLER, 1846									G.H. 1999	
Argyresthia pygmaeella (D. et S., 1775)									FRIESE 1969	*rudolphella* ESPER, 1791
Argyresthia retinella (ZELLER, 1839)									FRIESE 1969	
Argyresthia semifusca (HAWORTH, 1828)									FRIESE 1969	

Art	BR	BS	BE	UV	SM	RL	Ges.	Bm	Nachweis	Synonym, Deutscher Name
Argyresthia semitestacella (CURTIS, 1833)									FRIESE 1969	
Argyresthia sorbiella (TREITSCHKE, 1833)									FRIESE 1969	
Argyresthia spinosella STAINTON, 1849									FRIESE 1969	*mendica* auct., nec HÜBNER, 1796
Argyrotaenia ljungiana (THUNBERG, 1797)									GAEDIKE 1990	*pulchellana* HAWORTH, 1811
Arichanna melanaria (L., 1758)	T	ss						§	1992 GELBRECHT	Rauschbeerspanner
Aricia agestis (D. et S., 1775)		v							REINH. 1983	*astrarche* BERGSTRÄSSER, 1799; Kleiner Sonnenröschen-Bläuling
Aricia artaxerxes (F., 1793)	H,B	s				1			REINH. 1983	Großer Sonnenröschen-Bläuling
Aricia eumedon (ESPER, 1780)	H	A							REINH. 1983	Storchschnabel-Bläuling
Aristotelia brizella (TREITSCHKE, 1833)									G.H. 1999	
Aristotelia ericinella (ZELLER, 1839)									G.H. 1999	
Aroga flavicomella (ZELLER, 1839)									BAUER 1917	
Aroga velocella (ZELLER, 1839)									G.H. 1999	
Artiora evonymaria (D. et S., 1775)	H	ss				1		§	1993 LEMM	Pfaffenhütchen-Wellrandspanner
Ascotis selenaria (D. et S., 1775)	T	ss				P			1992 GELBRECHT	
Aspilapteryx limosella (DUPONCHEL, 1844)									PATZAK 1986	
Aspilapteryx tringipennella (ZELLER, 1839)									PATZAK 1986	
Aspitates gilvaria (D. et S., 1775)	H,B	v				3			BERGM. 1955	
Assara terebrella (ZINCKEN, 1818)									G.P. 1985	
Asteroscopus sphinx (HUFNAGEL, 1766)		h							HEINICKE 1993	Sphinxeule
Asthena albulata (HUFNAGEL, 1767)		s							BERGM. 1955	
Asthena anseraria (HERRICH-SCHÄFFER, 1855)		s				3			KELLNER 1995	
Atethis pallustris (HÜBNER, 1808)		ss				1			HEINICKE 1993	
Atethmia ambusta (D. et S., 1775)		ss				1			HEINICKE 1993	
Atethmia centrago (HAWORTH, 1809)	T	ss				1			HEINICKE 1993	
Athrips mouffetella (L., 1758)									G.H. 1999	
Atolmis rubricollis (L., 1758)		v				3			SCHMIDT 1991	
Atremaea lonchoptera STAUDINGER, 1871									SOFFNER, 1954	
Atypha pulmonaris (ESPER, 1790)	H	ss				2			HEINICKE 1993	
Auchmis detersa (ESPER, 1787)		A				0			HEINICKE 1993	Berberitzeneule
Augasma aeratella (ZELLER, 1839)									PATZAK 1974	
Autographa bractea (D. et S., 1775)						3			HEINICKE 1993	
Autographa gamma (L., 1758)		h							HEINICKE 1993	Gammaeule
Autographa jota (L., 1758)	T,H	ss				1			HEINICKE 1993	
Autographa pulchrina (HAWORTH, 1809)	T H,B	v h							H.N. 1980-1982	
Axylia putris (L., 1761)		h							HEINICKE 1993	

Art	BR	BS	BE	UV	SM	RL	Ges.	Bm	Nachweis	Synonym, Deutscher Name
Bacotia claustrella (BRUAND, 1845)						2			1992 WEIDLICH	*sepium* SPEYER, 1846
Bactra furfurana (HAWORTH, 1811)									coll. BLACKSTEIN	
Bactra lancealana (HÜBNER, 1799)									KARISCH 1994a	
Bactra lacteana (CARADJA, 1916)									G.H. 1999	
Bactra robustana (CHRISTOPH, 1872)									coll. JUNG	
Batia internella JÄCKH, 1972									coll. D	
Batrachedra pinicolella (ZELLER, 1839)									BAUER 1917	
Batrachedra praeangusta (HAWORTH, 1828)									BAUER 1917	
Bembecia albanensis (REBEL, 1918)									KALLIES 1997	
Bembecia ichneumoniformis (D. et S., 1775)									BERGM. 1953	
Bembecia megillaeformis (HÜBNER, 1813)									BERGM. 1953	
Bena bicolorana (FUESSLY, 1775)		s				3			HEINICKE 1993	Großer Kahnspinner
Bisigna procerella (D. et S., 1775)									G.H. 1999	
Biston betularia (L., 1758)		h							coll. D	Birkenspanner
Biston strataria (HUFNAGEL, 1767)		h							coll. D	Pappelspanner
Blastesthia turionella (L., 1758)									BAUER 1917	Kiefernknospenwickler
Blastobasis phycidella (ZELLER, 1839)									G.H. 1999	
Blastodacna atra (HAWORTH, 1828)									G.H. 1999	
Blepharita satura (D. et S., 1775)		h							HEINICKE 1993	
Bohemannia pulverosella (STAINTON, 1849)									RAPP 1936	
Boloria aquilonaris STICHEL, 1908	B	s	↩			1		§	REINH. 1983	*arsilache* HÜBNER, 1786, Hochmoor-Perlmutterfalter
Boloria dia (L., 1767)		s	0			2		§	REINH. 1983	Magerrasen-Perlmutterfalter
Boloria euphrosyne (L., 1758)	H,B	s				2		§	REINH. 1983	Silberfleck-Perlmutterfalter
Boloria selene (D. et S., 1775)		v	0			P		§	REINH. 1983	Braunfleckiger Perlmutterfalter
Borkhausenia fuscescens (HAWORTH, 1828)									G.H. 1999	
Borkhausenia minutella (L., 1758)									G.H. 1999	
Brachionycha nubeculosa (ESPER, 1785)		s				2			HEINICKE 1993	
Brachmia blandella (F., 1798)									G.H. 1999	
Brachylomia viminalis (F., 1776)		v							HEINICKE 1993	
Brenthis ino (ROTTEMBURG, 1775)		v	0			2			REINH. 1983	Mädesüß-Perlmutterfalter
Brintesia circe (F., 1775)		ss					§	G	REINH., KAMES 1982	Weißer Waldportier
Bryotropha affinis (HAWORTH, 1828)									G.H. 1999	
Bryotropha boreella (DOUGLAS, 1851)									RAPP 1936	
Bryotropha desertella (DOUGLAS, 1850)									STANGE 1916	

Art	BR	BS	BE	UV	SM	RL	Ges.	Bm	Nachweis	Synonym, Deutscher Name
Bryotropha senectella (ZELLER, 1839)									G.H. 1999	
Bryotropha similis (STAINTON, 1854)									G.H. 1999	
Bryotropha terrella (D. et S., 1775)									G.H. 1999	
Bryotropha umbrosella (ZELLER, 1839)									RAPP 1936	
Bucculatrix artemisiella HERRICH-SCHÄFFER, 1855									G.H. 1999	
Bucculatrix bechsteinella (BECHSTEIN et SCHARFENBERG, 1805)									G.H. 1999	
Bucculatrix cidarella ZELLER, 1839									G.H. 1999	
Bucculatrix cristatella ZELLER, 1839									G.H. 1999	
Bucculatrix frangutella (GOEZE, 1783)									G.H. 1999	
Bucculatrix maritima (STAINTON, 1851)									G.H. 1999	
Bucculatrix nigricomella (ZELLER, 1839)									G.H. 1999	
Bucculatrix noltei PETRY, 1912									G.H. 1999	
Bucculatrix thoracella (THUNBERG, 1794)									G.H. 1999	
Bucculatrix ulmella ZELLER, 1848									G.H. 1999	
Bupalus piniarius (L., 1758)	T H,B	h s							coll. D	Kiefernspanner
Cabera exanthemata (SCOPOLI, 1763)		h							coll. D	
Cabera pusaria (L., 1758)		h							coll. D	
Cadra figulilella (GREGSON, 1871)								G	G.P. 1985	
Calamia tridens (HUFNAGEL, 1766)				v					HEINICKE 1993	*virens* L., 1767 Grüneule
Calamotropha paludella (HÜBNER, 1824)									P. et AL. 1973	
Calliergis ramosa (ESPER, 1786)		ss				1			HEINICKE 1993	
Callimorpha dominula (L., 1758)		h							SCHMIDT 1991	Schönbär
Callistege mi (CLERCK, 1759)		h							HEINICKE 1993	Scheck-Tageule
Callisto denticulella (THUNBERG, 1794)									PATZAK 1986	
Callitearia pudibunda (L., 1758)		h							BERGM. 1953	Buchenstreckfuß
Callophrys rubi (L., 1758)		h			P				REINH. 1983	Brombeerzipfelfalter
Callopistria juventina (STOLL, 1782)	T,H	s			P				HEINICKE 1993	Adlerfarneule
Calophasia lunula (HUFNAGEL, 1766)				v					HEINICKE 1993	Möndcheneule
Caloptilia alchimiella (SCOPOLI, 1763)									PATZAK 1986	
Caloptilia azaleella (BRANTS, 1913)									PATZAK 1986	
Caloptilia betulicola (M. HERING, 1928)									PATZAK 1986	
Caloptilia elongella (L., 1761)									PATZAK 1986	
Caloptilia falconipennella (HÜBNER, 1813)									PATZAK 1986	

Art	BR	BS	BE	UV	SM	RL	Ges.	Bm	Nachweis	Synonym, Deutscher Name
Caloptilia hemidactylella (D. et S., 1775)									PATZAK 1986	
Caloptilia populetorum (ZELLER, 1839)									SUTTER 1994b	
Caloptilia robustella JÄCKH, 1972									PATZAK 1986	
Caloptilia roscipennella (HÜBNER, 1796)									PATZAK 1986	
Caloptilia rufipennella (HÜBNER, 1796)									PATZAK 1986	
Caloptilia semifascia (HAWORTH, 1828)									PATZAK 1986	
Caloptilia stigmatella (F., 1781)									PATZAK 1986	
Calospilos sylvata (SCOPOLI, 1763)		v							coll. D	
Calybites phasianipennella (HÜBNER, 1813)									PATZAK 1986	
Calyciphora albodactylus (F., 1794)						0			SUTTER 1991a	*xerodactylus* ZELLER, 1841
Calyptra thalictri (BORKHAUSEN, 1790)		A					§		HEINICKE 1993	Wiesenrauten-Kapuzeneule
Campaea honoraria (D. et S., 1775)	H	s				3			JUNG 1998	
Campaea margaritata (L., 1767)		h							coll. D	
Camptogramma bilineata (L., 1758)		h							coll. D	Gelber Linienspanner
Canephora unicolor (HUFNAGEL, 1766)						3			1992, WEIDLICH	*hirsuta* PODA, 1761
Capperia celeusi (SCHMID, 1887)						1			SUTTER 1991a	
Capperia lorana (FUCHS, 1895)						0			SUTTER 1991a	
Capperia trichodactyla (D. et S., 1775)						1			SUTTER 1991a	
Capua vulgana (FRÖLICH, 1828)		h							GAEDIKE 1990	
Caradrina morpheus (HUFNAGEL, 1766)		h							HEINICKE 1993	
Carcharodus alceae (ESPER, 1780)		v				3	§		REINH. 1983	Malven-Dickkopffalter
Carcina quercana (F., 1775)									coll. D	
Carsia sororiata imbutata (HÜBNER, 1813)	B	ss				1	§		KARISCH (i. Dr.)	Moosbeeren-Grauspanner
Carterocephalus palaemon (PALLAS, 1771)		v	0						REINH. 1983	Gelbwürfeliger Dickkopffalter
Carterocephalus silvicolus (MEIGEN, 1829)	T	ss				1			HEINZE 1996	Gelber Dickkopffalter
Caryocolum alsinella (ZELLER, 1868)									G.H. 1999	
Caryocolum blandella (DOUGLAS, 1852)									G.H. 1999	
Caryocolum cassella (WALKER, 1864)									G.H. 1999	
Caryocolum fischerella (TREITSCHKE, 1833)									G.H. 1999	
Caryocolum huebneri (HAWORTH, 1828)									G.H. 1999	
Caryocolum junctella (DOUGLAS, 1851)									G.H. 1999	

Tafel 1
Oben links: *Scutellaria hastifolia* (Spießblättriges Helmkraut). Foto: D. Frank.
Oben rechts: *Centaurea pseudophrygia* (Perücken-Flockenblume). Foto: D. Frank.
Unten links: *Erica tetralix* (Glocken-Heide) und *Ledum palustre* (Sumpfporst). Foto: D. Frank.
Unten rechts: *Polytrichum commune* (Gemeines Haarmützenmoos). Foto: D. Frank.

Tafel 2
Oben: *Myocaster coypus* (Nutria). Foto: J. Haferkorn.
Unten: *Passer montanus* (Feldsperling). Foto: F. C. Robiller.

Tafel 3
Nyctalus noctula (Abendsegler). Foto: B. Ohlendorf.

Tafel 4
Oben: *Bufo calamita* (Kreuzkröte). Foto: F. Meyer.
Unten: *Anguis fragilis fragilis* (Blindschleiche). Foto: D. Kothe.

Tafel 5
Oben: *Silurus glanis* (Wels). Foto: S. Ellermann.
Unten: *Anodonta anatina* (Entenmuschel). Foto: S. Ellermann.

Tafel 6
Oben: *Sybistroma nodicornis* (Langbeinfliege). Foto: A. Stark.
Unten: *Nowickia ferox* (Raupenfliege). Foto: J. Ziegler.

Tafel 7
Oben: *Boloria aquilonaris* (Hochmoor-Perlmutterfalter). Foto: T. Karisch.
Unten: *Deilephila porcellus* (Kleiner Weinschwärmer). Foto: D. Frank.

Tafel 8
Oben: *Thyreus orobatus* (Fleckenbiene), an einer Pflanze festgebissen schlafend.
Foto: E. Weigand.
Unten: *Phyllobius pyri* (Brennnesselrüssler). Foto: W. Wendt.

Tafel 9
Oben: *Akimerus schafferi* (Breitschulterbock). Foto: V. Neumann.
Unten: *Xylotrechus arvicola* (Sauerkirschen-Widderbock). Foto: V. Neumann.

Tafel 10
Oben: *Trichodes apiarius* (Bienenwolf). Foto: V. Neumann.
Mitte: *Dorcus parallelopipedus* (Balkenschröter). Foto: W. Wendt.
Unten: *Pyrochroa serraticornis* (Feuerkäfer). Foto: V. Neumann.

Tafel 11
Oben: *Cicindela campestris* (Feld-Sandlaufkäfer). Foto: V. Neumann.
Unten: *Cantharis rustica* (Weichkäfer). Foto: D. Frank.

Tafel 12
Episyrphus balteatus (Schwebfliege). Foto: D. Kothe.

Tafel 13
Oben: *Euroleon nostras* (Gefleckte Ameisenjungfer). Foto: W. Wendt.
Unten: *Cicadetta montana* (Bergzikade). Foto: V. Neumann.

Tafel 14
Stethophyma grossum (Sumpfschrecke). Foto: W. Wendt.

Tafel 15
Aeshna affinis (Südliche Mosaikjungfer). Foto: J. Müller.

Tafel 16
Oben: *Astacus astacus* (Edelkrebs). Foto: S. Ellermann.
Unten: *Siphonophanes grubei* (Handköpfchen). Foto: V. Neumann.

Art	BR	BS	BE	UV	SM	RL	Ges.	Bm	Nachweis	Synonym, Deutscher Name
Caryocolum kroesmanniella (HERRICH-SCHÄFFER, 1854)									G.H. 1999	
Caryocolum proxima (HAWORTH, 1828)									G.H. 1999	
Caryocolum tischeriella (ZELLER, 1839)									G.H. 1999	
Caryocolum tricolorella (HAWORTH, 1812)									G.H. 1999	
Caryocolum vicinella (DOUGLAS, 1851)									G.H. 1999	
Cataclysme riguata (HÜBNER, 1813)	H	ss							1992 GELBRECHT	
Cataclysta lemnata (L., 1758)									RINNHOFER 1988	
Catarhoe cuculata (HUFNAGEL, 1767)		h							coll. D	
Catarhoe rubidata (D. et S., 1775)		v							PATZAK 1969	
Catephia alchymista (D. et S., 1775)	T,H	s				2			HEINICKE 1993	Weißes Ordensband
Catocala elocata (ESPER, 1787)		s				2		§	HEINICKE 1993	Pappelkarmin
Catocala fraxini (L., 1758)		v				3		§	HEINICKE 1993	Blaues Ordensband
Catocala fulminea (SCOPOLI, 1763)	T	s				2		§	HEINICKE 1993	Gelbes Ordensband
Catocala nupta (L., 1767)		h						§	HEINICKE 1993	Rotes Ordensband
Catocala promissa (D. et S., 1775)		v						§	HEINICKE 1993	Kleiner Eichenkarmin
Catocala sponsa (L., 1767)		v						§	HEINICKE 1993	Eichenkarmin
Catoptria conchella (D. et S., 1775)									P. et AL. 1973	
Catoptria falsella (D. et S., 1775)									P. et AL. 1973	
Catoptria fulgidella (HÜBNER, 1813)									P. et AL. 1973	
Catoptria lythargyrella (HÜBNER, 1796)									P. et AL. 1973	
Catoptria margaritella (D. et S., 1775)									P. et AL. 1973	
Catoptria myella (HÜBNER, 1796)									P. et AL. 1973	
Catoptria osthelderi (DE LATTIN, 1950)									P.G. 1983	
Catoptria permutatellus (HERRICH-SCHÄFFER, 1848)									P. et AL. 1973	
Catoptria pinella (L., 1758)									P. et AL. 1973	
Catoptria verellus (ZINCKEN, 1817)									P. et AL. 1973	
Cauchas fibulella (D. et S., 1775)									G.H. 1999	
Cauchas rufifrontella (TREITSCHKE, 1833)									G.H. 1999	
Cauchas rufimitrella (SCOPOLI, 1763)									G.H. 1999	
Cedestis gysseleniella (ZELLER, 1839)									G.H. 1999	
Cedestis subfasciella (STEPHENS, 1834)									G.H. 1999	
Celaena haworthii (CURTIS, 1829)		ss				1			HEINICKE 1993	Haworths Wieseneule
Celaena leucostigma (HÜBNER, 1808)		v							HEINICKE 1993	
Celastrina argiolus (L., 1758)		h							REINH. 1983	Faulbaum-Bläuling
Celypha cespitana (HÜBNER, 1817)									RICHTER 1849	
Celypha lacunana (D. et S., 1775)		h							KARISCH 1994a	

Art	BR	BS	BE	UV	SM	RL	Ges.	Bm	Nachweis	Synonym, Deutscher Name
Celypha rivulana (Scopoli, 1763)									Richter 1849	
Celypha rosaceana (Schläger, 1847)									coll. Sutter	*purpureana* Haworth, 1811
Celypha rufana (Scopoli, 1763)									Bauer 1917	
Celypha rurestrana (Duponchel, 1843)									Bauer 1917	
Celypha striana (D. et S., 1775)									coll. D	
Celypha umbrosana (Freyer, 1842)									Richter 1849	
Celypha woodiana (Barret, 1882)									coll. Blackstein	
Cephalispheira ferrugella (D. et S., 1775)									G.H. 1999	
Cephimallota crassiflavella Bruand, 1851									G.H. 1999	*simplicella* Zeller, 1852
Cepphis advenaria (Hübner, 1790)		v				3			coll. D	
Cerapteryx graminis (L., 1758)		h							Heinicke 1993	Dreizack-Graseule
Cerastis leucographa (D. et S., 1775)		v							Heinicke 1993	
Cerastis rubricosa (D. et S., 1775)		h							Heinicke 1993	
Cerura erminea (Esper, 1783)	T,H	ss				1			Schi. 1987	Hermelinspinner,
Cerura vinula (L., 1758)		h				3			Schi. 1987	Großer Gabelschwanz
Chamaesphecia dumonti (Le Cerf, 1922)									Stadie 1998	Ziest-Glasflügler
Chamaesphecia empiformis (Esper, 1783)									Bergm. 1953	
Chamaesphecia leucopsiformis (Esper, 1800)									Bergm. 1953	
Chamaesphecia tenthrediniformis (D. et S., 1775)									Kallies 1997	
Charanyca trigrammica (Hufnagel, 1766)		h							Heinicke 1993	Dreilinieneule
Charissa obscurata (D. et S., 1775)		v							Patzak 1969	
Charissa pullata (D. et S., 1775)	H	ss				1			1992 Gelbrecht	
Chazara briseis (L., 1764)	H	v				3	§		Reinh., Kames 1982	Berghexe
Chelis maculosa (Gerning, 1780)		ss				1	§		Schmidt 1991	Fleckenbär
Chersotis cuprea (D. et S., 1775)		A				0			Heinicke 1993	
Chersotis multangula (Hübner, 1803)	H,B	ss				2			Heinicke 1993	
Chesias legatella (D. et S., 1775)		v				P			coll. D	
Chesias rufata (F., 1775)		ss				0			Heinze 1997	
Chilo phragmitella (Hübner, 1810)									Karisch 1994a	
Chilodes maritima (Tauscher, 1806)		s				2			Heinicke 1993	
Chionodes continuella (Zeller, 1839)									G.H. 1999	
Chionodes distinctella (Zeller, 1839)									G.H. 1999	
Chionodes electella (Zeller, 1839)									Bauer 1917	
Chionodes fumatella (Douglas, 1850)									G.H. 1999	
Chloantha hyperici (D. et S., 1775)	H	s				P			Heinicke 1993	Johanniskrauteule
Chlorissa cloraria (Hübner, 1813)		A				0			Kellner 1995	
Chlorissa viridata (L., 1758)		ss				1			coll. D	

Schmetterlinge (Lepidoptera)

Art	BR	BS	BE	UV	SM	RL	Ges.	Bm	Nachweis	Synonym, Deutscher Name
Chloroclysta citrata (L., 1761)		v							Kellner 1995	
Chloroclysta miata (L., 1758)	B	ss				1			Bergm. 1955	
Chloroclysta siterata (Hufnagel, 1767)		s				3			Kellner 1995	
Chloroclysta truncata (Hufnagel, 1767)		h							coll. D	
Chloroclystis v-ata (Haworth, 1809)		h							coll. D	*coronata* Hübner, 1813
Choreutis pariana (Clerck, 1759)									G.H. 1999	
Choristoneura diversana (Hübner, 1817)									Gaedike 1990	
Choristoneura hebenstreitella (Müller, 1764)									Gaedike 1990	
Chortodes fluxa (Hübner, 1809)		h							Heinicke 1993	
Chortodes pygmina (Haworth, 1809)		v				3			Heinicke 1993	
Chrysocrambus craterella (Scopoli, 1763)									P. et al. 1973	
Chrysoesthia drurella (F., 1775)									G.H. 1999	
Chrysoesthia sexguttella (Thunberg, 1794)									G.H. 1999	
Chrysoteuchia culmella (L., 1758)									P. et al. 1973	
Cidaria fulvata (Forster, 1771)		h							coll. D	Rosenspanner
Cilix glaucata (Scopoli, 1763)		h							Schmidt 1991	Silberspinner
Cleora cinctaria (D. et S., 1775)		v							Bergm. 1955	
Cleorodes lichenaria (Hufnagel, 1767)		A					0	§	1992 Gelbrecht	Grüner Rindenflechten-Spanner
Clepsis consimilana (Hübner, 1817)									Gaedike 1990	
Clepsis pallidana (F., 1776)									Gaedike 1990	
Clepsis rogana (Guenée, 1845)									Gaedike 1990	
Clepsis senecionana (Hübner, 1819)									Gaedike 1990	
Clepsis spectrana (Treitschke, 1830)		h							Gaedike 1990	
Clostera anachoreta (D. et S., 1775)	T	v					P		Schi. 1987	
Clostera anastomosis (L., 1758)	T	v					P		Schi. 1987	
Clostera curtula (L., 1758)		h					P		Schi. 1987	Erpelschwanz
Clostera pigra (Hufnagel, 1766)		v					P		Schi. 1987	
Cnaemidophorus rhododactyla (D. et S., 1775)									Sutter 1991a	
Cnephasia alticolana (Herrich-Schäffer, 1851)									coll. Jung	
Cnephasia asseclana (D. et S., 1775)									coll. Sutter	*virgaureana* Treitschke, 1835
Cnephasia communana (Herrich-Schäffer, 1851)									Karisch 1994a	
Cnephasia ecullyana Réal, 1951									Sutter 1984	*tyrrhaenica* Amsel, 1952
Cnephasia genitalana Pierce et Metcalfe, 1915									Patzak 1965	
Cnephasia incertana (Treitschke, 1835)									Karisch 1993	

Art	BR	BS	BE	UV	SM	RL	Ges.	Bm	Nachweis	Synonym, Deutscher Name
Cnephasia longana (HAWORTH, 1811)									coll. SUTTER	
Cnephasia pasiuana (HÜBNER, 1799)									BAUER 1917	
Cnephasia stephensiana (DOUBLEDAY, 1849)									KARISCH 1994a	
Cochylidia implicitana (WOCKE, 1856)		h							KARISCH 1993	
Cochylidia moguntiana (RÖSSLER, 1864)		ss				1			coll. SUTTER	
Cochylidia rupicola (CURTIS, 1834)		A				0			coll. EICHLER	
Cochylimorpha alternana (STEPHENS, 1834)		v							coll. PATZAK	
Cochylimorpha hilarana (HERRICH-SCHÄFFER, 1851)		ss				0			coll. STROBL	
Cochylimorpha straminea (HAWORTH, 1811)		v				2			KARISCH 1993	
Cochylis dubitana (HÜBNER, 1799)		s							BAUER 1917	
Cochylis flaviciliana (WESTWOOD, 1854)		s				1			KARISCH 1993	
Cochylis hybridella (HÜBNER, 1813)		h							coll. PATZAK	
Cochylis nana (HAWORTH, 1811)		v							coll. SUTTER	
Cochylis posterana ZELLER, 1847		h							KARISCH 1994a	
Cochylis roseana (HAWORTH, 1811)		A				0			BAUER 1917	
Coenobia rufa (HAWORTH, 1809)	T,H	ss				1			HEINICKE 1993	
Coenonympha arcania (L., 1761)		h					§		REINH., KAMES 1982	Perlgrasfalter
Coenonympha glycerion (BORKHAUSEN, 1788)	T B	s A	!			2	§		REINH., KAMES 1982	*iphis* D. et S., 1775 Rostbraunes Wiesenvögelchen
Coenonympha hero (L., 1761)		A				0	§,BK FFH4		REINH., KAMES 1982	Wald-Wiesenvögelchen
Coenonympha pamphilus (L., 1758)		h	0				§		REINH., KAMES 1982	Kleiner Heufalter, Kälberauge
Coenonympha tullia (O.F. MÜLLER, 1764)		ss				1	§		REINH., KAMES 1982	*tiphon* ROTTEMBURG, 1775 Großer Heufalter
Coleophora adjunctella HODGKINSON, 1882									PATZAK 1974	
Coleophora adspersella BENANDER, 1939									PATZAK 1974	
Coleophora ahenella HEINEMANN, 1876									PATZAK 1974	
Coleophora albella (THUNBERG, 1788)									G.H. 1999	*leucapennella* HÜBNER, 1827
Coleophora albicostella (DUPONCHEL, 1843)									PATZAK 1974	
Coleophora albidella (D. et S., 1775)									PATZAK 1974	
Coleophora albitarsella ZELLER, 1849									PATZAK 1974	
Coleophora alcyonipennella (KOLLAR, 1832)									PATZAK 1987	

Art	BR	BS	BE	UV	SM	RL	Ges.	Bm	Nachweis	Synonym, Deutscher Name
Coleophora alnifoliae BARASCH, 1934									PATZAK 1974	
Coleophora alticolella ZELLER, 1849									PATZAK 1974	
Coleophora anatipennella (HÜBNER, 1796)									PATZAK 1974	*bernoulliella* GOEZE, 1783
Coleophora argentula (STEPHENS, 1834)									PATZAK 1974	
Coleophora artemisicolella BRUAND, 1855									PATZAK 1974	
Coleophora artemisiella SCOTT, 1861									PATZAK 1974	
Coleophora auricella (F., 1794)									PATZAK 1974	
Coleophora badiipennella (DUPONCHEL, 1843)									PATZAK 1974	
Coleophora ballotella (FISCHER VON RÖSLERSTAMM, 1839)									PATZAK 1974	
Coleophora betulella HEINEMANN, 1876									PATZAK 1974	
Coleophora bilineatella ZELLER, 1849									PATZAK 1974	
Coleophora binderella (KOLLAR, 1832)									PATZAK 1974	
Coleophora binotapennella (DUPONCHEL, 1843)									G.H. 1999	
Coleophora caelebipennella ZELLER, 1839									PATZAK 1974	
Coleophora caespititiella ZELLER, 1839									PATZAK 1974	
Coleophora chalcogrammella ZELLER, 1839									PATZAK 1974	
Coleophora clypeiferella HOFMANN, 1871									PATZAK 1974	
Coleophora colutella (F., 1794)									PATZAK 1974	*crocinella* TENGSTRÖM, 1848 *serenella* DUPONCHEL, 1843
Coleophora conspicuella ZELLER, 1849									PATZAK 1974	
Coleophora conyzae ZELLER, 1868									PATZAK 1974	
Coleophora coracipennella (HÜBNER, 1796)									PATZAK 1974	
Coleophora coronillae ZELLER, 1849									PATZAK 1974	
Coleophora cratipennella (CLEMENS, 1864)									PATZAK 1974	*tamesis* WATERS, 1929
Coleophora curricipennella ZELLER, 1839									PATZAK 1974	
Coleophora deauratella LIENIG et ZELLER, 1846									PATZAK 1974	
Coleophora directella ZELLER, 1849									PATZAK 1978	
Coleophora discordella ZELLER, 1849									PATZAK 1974	
Coleophora flavipennella (DUPONCHEL, 1843)									PATZAK 1974	

Art	BR	BS	BE	UV	SM	RL	Ges.	Bm	Nachweis	Synonym, Deutscher Name
Coleophora frischella (L., 1758)									G.H. 1999	*alcyonipennella* auct., nec KOLLAR, 1832
Coleophora fuscocuprella HERRICH-SCHÄFFER, 1854									PATZAK 1974	
Coleophora galbulipennella ZELLER, 1838									PATZAK 1974	*otitae* ZELLER, 1839
Coleophora gallipennella (HÜBNER, 1796)									PATZAK 1974	
Coleophora genistae STAINTON, 1857									SUTTER 1994b	
Coleophora glaucicolella WOOD, 1892									PATZAK 1974	
Coleophora glitzella HOFMANN, 1869									PATZAK 1974	
Coleophora granulatella ZELLER, 1849									PATZAK 1974	
Coleophora gryphipennella (HÜBNER, 1796)									PATZAK 1974	
Coleophora hydrolapathella M. HERING, 1924									PATZAK 1974	
Coleophora ibipennella ZELLER, 1849									PATZAK 1974	
Coleophora kuehnella (GOEZE, 1783)									PATZAK 1974	*palliatella* ZINCKEN, 1813
Coleophora laricella (HÜBNER, 1817)									PATZAK 1974	
Coleophora lassella STAUDINGER, 1859									G.H. 1999	
Coleophora limosipennella (DUPONCHEL, 1843)									PATZAK 1974	
Coleophora lineola (HAWORTH, 1828)									PATZAK 1974	
Coleophora lithargyrinella ZELLER, 1849									PATZAK 1974	
Coleophora lixella ZELLER, 1849									PATZAK 1974	
Coleophora lusciniaepennella (TREITSCHKE, 1833)									PATZAK 1974	*viminetella* ZELLER, 1849
Coleophora lutipennella (ZELLER, 1838)									PATZAK 1974	
Coleophora mayrella (HÜBNER, 1813)									PATZAK 1974	*spissicornis* HAWORTH, 1828
Coleophora millefolii ZELLER, 1849									PATZAK 1974	
Coleophora milvipennis ZELLER, 1839									PATZAK 1974	
Coleophora motacillella ZELLER, 1849									PATZAK 1974	
Coleophora niveicostella ZELLER, 1839									PATZAK 1974	
Coleophora niveistrigella WOCKE, 1876									PATZAK 1974	
Coleophora nutantella MÜHLIG et FREY, 1857									G.H. 1999	*silenella* sensu PATZAK, 1974
Coleophora obscenella HERRICH-SCHÄFFER, 1855									PATZAK 1974	*virgaureae* STAINTON, 1857

Schmetterlinge (Lepidoptera)

Art	BR	BS	BE	UV	SM	RL	Ges.	Bm	Nachweis	Synonym, Deutscher Name
Coleophora ochrea (HAWORTH, 1828)									PATZAK 1974	
Coleophora ochripennella ZELLER, 1849									PATZAK 1974	
Coleophora orbitella ZELLER, 1849									PATZAK 1974	
Coleophora ornatipennella (HÜBNER, 1796)									PATZAK 1974	
Coleophora otidipennella (HÜBNER, 1817)									PATZAK 1974	*murinipennella* DUPONCHEL, 1844
Coleophora paripennella ZELLER, 1839									G.H. 1999	
Coleophora partitella ZELLER, 1839									G.H. 1999	
Coleophora pennella (D. et S., 1775)									PATZAK 1974	*onosmella* BRAHM, 1791
Coleophora peribenanderi TOLL, 1943									PATZAK 1974	
Coleophora prunifoliae DOETS, 1944									PATZAK 1974	
Coleophora pyrrhulipennella ZELLER, 1839									PATZAK 1974	
Coleophora salicorniae HEINEMANN et WOCKE, 1876									PATZAK 1974	
Coleophora saponariella HEEGER, 1848									PATZAK 1974	
Coleophora saturatella STAINTON, 1850									G.H. 1999	*bilineatella* auct., nec ZELLER, 1849
Coleophora saxicolella (DUPONCHEL, 1843)									PATZAK 1974	*annulatella* sensu PIERCE et METCALFE, 1935
Coleophora scabrida TOLL, 1959									G.H. 1999	
Coleophora serpylletorum O. HERING, 1889									PATZAK 1974	
Coleophora serratella (L., 1761)									PATZAK 1974	
Coleophora serratulella HERRICH-SCHÄFFER, 1855									PATZAK 1974	
Coleophora siccifolia STAINTON, 1856									PATZAK 1974	
Coleophora solitariella ZELLER, 1849									PATZAK 1974	
Coleophora spinella (SCHRANK, 1802)									PATZAK 1974	*cerasivorella* PACKARD, 1870
Coleophora squalorella ZELLER, 1849									PATZAK 1974	
Coleophora sternipennella (ZETTERSTEDT, 1839)									PATZAK 1974	
Coleophora striatipennella NYLANDER, 1848									PATZAK 1974	
Coleophora succursella HERRICH-SCHÄFFER, 1855									G.H. 1999	
Coleophora sylvaticella WOOD, 1892									PATZAK 1974	
Coleophora taeniipennella HERRICH-SCHÄFFER, 1861									PATZAK 1974	

Art	BR	BS	BE	UV	SM	RL	Ges.	Bm	Nachweis	Synonym, Deutscher Name
Coleophora tanaceti MÜHLIG, 1865									PATZAK 1974	
Coleophora therinella TENGSTRÖM, 1848									PATZAK 1974	
Coleophora trifariella ZELLER, 1849									G.H. 1999	
Coleophora trifolii (CURTIS, 1832)									PATZAK 1974	
Coleophora trigeminella FUCHS, 1881									PATZAK 1974	
Coleophora trochilella (DUPONCHEL, 1843)									PATZAK 1974	
Coleophora unipunctella ZELLER, 1845									PATZAK 1974	
Coleophora versurella ZELLER, 1849									PATZAK 1974	
Coleophora vestianella (L., 1758)									PATZAK 1974	
Coleophora vibicella (HÜBNER, 1813)									PATZAK 1974	
Coleophora vibicigerella ZELLER, 1839									PATZAK 1974	
Coleophora violacea (STRÖM, 1783)									PATZAK 1974	*hornigi* TOLL, 1952
Coleophora vitisella GREGSON, 1856									PATZAK 1974	
Coleophora vulnerariae ZELLER, 1839									G.H. 1999	
Coleophora zelleriella HEINEMANN, 1854									PATZAK 1974	
Coleotechnites piceaella (KEARFOTT, 1903)									G.H. 1999	
Colias alfacariensis RIBBE, 1905	H	v				3	§		REINH., KAMES 1982	*australis* VERITY 1914 Südlicher Heufalter
Colias croceus (FOURCROY, 1785)							§	G	REINH., KAMES 1982	Postillon, Wander-Gelbling
Colias hyale (L., 1758)		h	↘				§		REINH., KAMES 1982	Goldene Acht Weißklee-Gelbling
Colias myrmidone (ESPER, 1780)							§	G	REINH. 1995	Regensburger Gelbling
Colobochyla salicalis (D. et S., 1775)		v				3			HEINICKE 1993	
Colocasia coryli (L., 1758)		h							HEINICKE 1993	Haseleule
Colostygia olivata (D. et S., 1775)	B	s				3			1997 KRAUSE	
Colostygia pectinataria (KNOCH, 1781)		h							coll. D	
Colotois pennaria (L., 1761)		h							coll. D	
Comibaena bajularia (D. et S., 1775)		h							coll. D	*pustulata* HUFNAGEL, 1767, Pustelspanner
Conistra erythrocephala (D. et S., 1775)		s				2			HEINICKE 1993	
Conistra ligula (ESPER, 1791)		s				2			HEINICKE 1993	
Conistra rubiginea (D. et S., 1775)		v							HEINICKE 1993	
Conistra rubiginosa (SCOPOLI, 1763)		h							HEINICKE 1993	*vau-punctatum* ESPER, 1786
Conistra vaccinii (L., 1761)		h							HEINICKE 1993	Braune Heidelbeereule
Conobathra repandana (F., 1798)									G.P. 1985	
Conobathra tumidana (D. et S., 1775)									G.P. 1985	
Coscinia cribraria (L., 1758)	T H	h s				3			SCHMIDT 1991	Weißer Grasbär
Cosmardia moritzella (TREITSCHKE, 1835)									G.H. 1999	

Art	BR	BS	BE	UV	SM	RL	Ges.	Bm	Nachweis	Synonym, Deutscher Name
Cosmia affinis (L., 1767)		v							HEINICKE 1993	
Cosmia diffinis (L., 1767)		v				3			HEINICKE 1993	Weißflecken-Ulmeneule
Cosmia pyralina (D. et S., 1775)		h							HEINICKE 1993	
Cosmia trapezina (L., 1758)		h							HEINICKE 1993	Trapezeule
Cosmiotes freyerella (HÜBNER, 1825)									G.H. 1999	
Cosmiotes consortella (STAINTON, 1851)									G.H. 1999	
Cosmopterix lienigiella (LIENIG et ZELLER, 1846)									G.H. 1999	
Cosmopterix scribaiella (ZELLER, 1850)									G.H. 1999	
Cosmorhoe ocellata (L., 1758)		h							coll. D	
Cosmotriche lobulina (D. et S., 1775)	B	s				2			KARISCH 1992	*lunigera* ESPER, 1784 Mondfleckglucke
Cossus cossus (L., 1758)		h							SCHMIDT 1991	Weidenbohrer
Costaconvexa polygrammata (BORKHAUSEN, 1794)	T,H	s				2			coll. D	
Crambus ericella (HÜBNER, 1813)									P. et AL. 1973	
Crambus hamella (THUNBERG, 1788)									P. et AL. 1973	
Crambus lathoniellus (ZINCKEN, 1817)		h							P. et AL. 1973	*nemorella* HÜBNER, 1813
Crambus pascuella (L., 1758)									P. et AL. 1973	
Crambus perlella (SCOPOLI, 1763)		h							P. et AL. 1973	
Crambus pratella (L., 1758)									P. et AL. 1973	
Crambus silvella (HÜBNER, 1813)									P. et AL. 1973	
Crambus uliginosellus (ZELLER, 1850)									P. et AL. 1973	
Craniophora ligustri (D. et S., 1775)		v							HEINICKE 1993	Ligustereule
Crassa tinctella (HÜBNER, 1796)									BAUER 1917	
Crassa unitella (HÜBNER, 1796)									G.H. 1999	
Crocallis elinguaria (L., 1758)		h							coll. D	
Crocallis tusciaria (BORKHAUSEN, 1793)		s							coll. D	Waldreben-Schmuckspanner
Cryphia algae (F., 1775)		v							HEINICKE 1993	
Cryphia domestica (HUFNAGEL, 1766)		s				2			HEINICKE 1993	Kleine Flechteneule
Cryphia ereptricula (TREITSCHKE, 1825)		ss				1			HEINICKE 1993	
Cryphia fraudatricula (HÜBNER, 1803)		v				P			HEINICKE 1993	
Cryphia muralis (FORSTER, 1771)	H,B	ss				0			HEINICKE 1993	Mauerflechteneule
Cryphia raptricula (D. et S., 1775)		v							HEINICKE 1993	
Cryptoblabes bistriga (HAWORTH, 1811)									P.G. 1987	
Cucullia absynthii (L., 1761)	T,H	v					§		HEINICKE 1993	Wermutmönch
Cucullia argentea (HUFNAGEL, 1766)	T	s				2	§		HEINICKE 1993	Silbermönch
Cucullia artemisiae (HUFNAGEL, 1766)		h					§		HEINICKE 1993	Beifußmönch
Cucullia asteris (D. et S., 1775)		ss				2	§		HEINICKE 1993	Asternmönch
Cucullia campanulae FREYER, 1831	H	ss					§		HEINICKE 1993	
Cucullia chamomillae (D. et S., 1775)		v				3	§		HEINICKE 1993	

Art	BR	BS	BE	UV	SM	RL	Ges.	Bm	Nachweis	Synonym, Deutscher Name
Cucullia fraudatrix EVERSMANN, 1837		v						§	HEINICKE 1993	
Cucullia lactucae (D. et S., 1775)		s				3		§	HEINICKE 1993	Lattichmönch
Cucullia lucifuga (D. et S., 1775)		ss				1		§	HEINICKE 1993	
Cucullia tanaceti (D. et S., 1775)		v				3		§	HEINICKE 1993	
Cucullia umbratica (L., 1758)		h						§	HEINICKE 1993	Schattenmönch
Cupido argiades (PALLAS, 1771)		ss	✧						REINH. 1983	Kurzschwänziger Bläuling
Cupido minimus (FUESSLY, 1775)		v				3			REINH. 1983	Zwergbläuling
Cybosia mesomella (L., 1758)		h							SCHMIDT 1991	Flechtenbär
Cyclophora albipunctata (HUFNAGEL, 1767)		h							coll. D	*pendularia* auct.
Cyclophora annularia (F., 1775)		v							coll. D	*annulata* SCHULZE, 1775
Cyclophora linearia (HÜBNER, 1799)		v							coll. D	
Cyclophora pendularia (CLERCK, 1759)	T	ss				1			coll. D	*orbicularia* HÜBNER, 1799
Cyclophora porata (L., 1767)		v							coll. D	
Cyclophora punctaria (L., 1758)		h							coll. D	
Cyclophora quercimontaria (BASTELBERGER, 1897)	H	ss				1			BERGM. 1955	
Cyclophora ruficiliaria (HERRICH-SCHÄFFER, 1855)		ss				1			BERGM. 1955	
Cydia amplana (HÜBNER, 1799)									KARISCH 1994a	
Cydia caecana (SCHLÄGER, 1847)									KARISCH 1993	
Cydia compositella (F., 1775)									KARISCH 1993	
Cydia conicolana (HEYLAERTS, 1874)									STANGE 1916	
Cydia coniferana (SAXEN, 1840)									RAPP 1936	
Cydia coronillana (LIENIG et ZELLER, 1846)									BAUER 1917	
Cydia cosmophorana (TREITSCHKE, 1835)									RAPP 1936	
Cydia discretana (WOCKE, 1861)									BAUER 1917	
Cydia fagiglandana (ZELLER, 1841)		h							BAUER 1917	Buchenwickler
Cydia fissana (FRÖLICH, 1828)									BAUER 1917	
Cydia funebrana (TREITSCHKE, 1835)		h							BAUER 1917	Pflaumenwickler
Cydia inquinatana (HÜBNER, 1799)									BAUER 1917	
Cydia janthinana (DUPONCHEL, 1835)									BAUER 1917	
Cydia jungiella (CLERCK, 1759)									KARISCH 1994a	
Cydia lathyrana (HÜBNER, 1813)									RAPP 1936	
Cydia microgrammana (GUENÉE, 1845)									coll. SUTTER	
Cydia nigricana (F., 1794)									coll. SUTTER	*rusticella* CLERCK, 1759, Olivenbrauner Erbsenwickler
Cydia orobana (TREITSCHKE, 1830)									BAUER 1917	
Cydia pactolana (ZELLER, 1840)									STANGE 1916	*pinetana* SCHLÄGER, 1847, Olivenbrauner Fichtenrindenwickler
Cydia pallifrontana (LIENIG et ZELLER, 1846)									coll. JUNG	Apfelwickler, Obstmade

Art	BR	BS	BE	UV	SM	RL	Ges.	Bm	Nachweis	Synonym, Deutscher Name
Cydia pomonella (L., 1758)		h							Karisch 1994a	
Cydia splendana (Hübner, 1799)		h							Karisch 1994a	*penkleriana* D. et S., 1775, Eichelwickler
Cydia strobilella (L., 1758)									Karisch 1994a	
Cydia succedana (D. et S., 1775)									Bauer 1917	
Cydia tenebrosana (Duponchel, 1843)									Bauer 1917	
Cymatophorima diluta (D. et S., 1775)		v							Heinze 1995	
Cynaeda dentalis (D. et S., 1775)									Gaedike 1980	
Dahlica fumosella (Heinemann, 1870)									Sobczyk 1998	
Dahlica lichenella (L., 1761)									Sobczyk 1998	
Dahlica sauteri (Hättenschwiler, 1977)									Sobczyk 1998	
Dahlica triquetrella (Hübner, 1812)									1992 Weidlich	
Daphnis nerii (L., 1758)								G	Bornemann 1912	Oleanderschwärmer
Deilephila elpenor (L., 1758)		h							Patzak 1969	Mittlerer Weinschwärmer
Deilephila porcellus (L., 1758)		h							Bergm. 1953	Kleiner Weinschwärmer
Deileptenia ribeata (Clerck, 1759)	B	s							Kellner 1995	
Deltote bankiana (F., 1775)		h							Heinicke 1993	*olivana* D. et S., 1775 Silbereulchen
Deltote deceptoria (Scopoli, 1763)		h							Heinicke 1993	
Deltote uncula (Clerck, 1759)		v							Heinicke 1993	
Dendrolimus pini (L., 1758)	T H,B	v s							Bergm. 1953	Kiefernspinner
Denisia albimaculea (Haworth, 1828)									G.H.,1999	
Denisia augustella (Hübner, 1796)									G.H. 1999	
Denisia similella (Hübner, 1796)									G.H. 1999	
Denisa stipella (L., 1758)									Bauer 1917	
Depressaria albipunctella (D. et S., 1775)									G.H. 1999	
Depressaria badiella (Hübner, 1796)									Bauer 1917	
Depressaria beckmanni Heinemann, 1870									G.H. 1999	
Depressaria chaerophylli Zeller, 1839									G.H. 1999	
Depressaria daucella (D. et S., 1775)									G.H. 1999	*rubricella* D. et S., 1775
Depressaria depressana (F., 1775)									coll. D	
Depressaria douglasella Stainton, 1849									G.H. 1999	
Depressaria eremitella Stainton, 1849									G.H. 1999	
Depressaria olerella Zeller, 1854									G.H. 1999	
Depressaria pastinacella (Duponchel, 1838)									G.H. 1999	

Art	BR	BS	BE	UV	SM	RL	Ges.	Bm	Nachweis	Synonym, Deutscher Name
Depressaria pulcherrimella STAINTON, 1849									G.H. 1999	
Depressaria ultimella STAINTON, 1849									STANGE 1916	
Diachrysia chrysitis (L., 1758)		h							HEINICKE 1993	Messingeule
Diachrysia chryson (ESPER, 1789)								G	HEINICKE 1993	Goldfleck-Wasserdosteule
Diachrysia tutti (KOSTROWICKI, 1961)		h							HEINICKE 1993	
Diacrisia sannio (L., 1758)		h							SCHMIDT 1991	Rotrandbär
Diaphora mendica (CLERCK, 1759)		h							SCHMIDT 1991	Graubär
Diarsia brunnea (D. et S., 1775)		h							HEINICKE 1993	
Diarsia dahlii (HÜBNER, 1813)		ss				1			HEINICKE 1993	Dahls Moorheideneule
Diarsia florida (F. SCHMIDT, 1859)		ss				1			HEINICKE 1993	
Diarsia mendica (F., 1775)		h							HEINICKE 1993	*festiva* D. et S., 1775
Diarsia rubi (VIEWEG, 1790)		h							HEINICKE 1993	
Diasemia reticularis (L., 1761)									GAEDIKE 1980	*litterata* SCOPOLI, 1763
Dicallomera fascelina (L., 1758)	T,H	s				3			BERGM. 1953	
Dichelia histrionana (FRÖLICH, 1828)									GAEDIKE 1990	
Dichomeris alacella (ZELLER, 1839)									G.H. 1999	
Dichomeris derasella (D. et S., 1775)									BAUER 1917	*fasciella* HÜBNER, 1796
Dichomeris marginella (F., 1791)									G.H. 1999	
Dichomeris ustalella (F., 1794)									G.H. 1999	
Dichonia aprilina (L., 1758)		s				2			HEINICKE 1993	Grüne Eicheneule
Dichonia convergens (D. et S.,1775)	H	s				2			HEINICKE 1993	
Dichrorampha acuminatana (LIENIG et ZELLER, 1846)									coll. SUTTER	
Dichrorampha agilana (TENGSTRÖM, 1848)									RAPP 1936	
Dichrorampha alpinana (TREITSCHKE, 1830)									RAPP 1936	
Dichrorampha cacaleana (HERRICH-SCHÄFFER, 1851)									RAPP 1936	
Dichrorampha consortana (STEPHENS, 1852)									STANGE 1916	
Dichrorampha flavidorsana KNAGGS, 1867									coll. SUTTER	
Dichrorampha gueneeana OBRAZTSOV, 1953									coll. SUTTER	
Dichrorampha obscuratana WOLFF, 1955									coll. SUTTER	
Dichrorampha petiverella (L., 1758)									KARISCH 1993	
Dichrorampha plumbagana (TREITSCHKE, 1830)									RAPP 1936	
Dichrorampha plumbana (SCOPOLI, 1763)									KARISCH 1993	
Dichrorampha sedatana BUSCK, 1906									KARISCH 1993	
Dichrorampha sequana (HÜBNER, 1799)									RAPP 1936	
Dicycla oo (L., 1758)	T,H	s				2			HEINICKE 1993	Eichen-Nulleneule

Schmetterlinge (Lepidoptera)

Art	BR	BS	BE	UV	SM	RL	Ges.	Bm	Nachweis	Synonym, Deutscher Name
Digitivalva granitella (TREITSCHKE, 1833)									GAEDIKE 1970	
Digitivalva perlepidella (STAINTON, 1849)									GAEDIKE 1970	
Digitivalva pulicariae (KLIMESCH, 1956)									P.G. 1987	
Digitivalva reticulella (HÜBNER, 1796)									GAEDIKE 1970	
Digitivalva valeriella (SNELLEN, 1878)									GAEDIKE 1970	
Diloba caeruleocephala (L., 1758)		v							HEINICKE 1993	
Dioryctria abietella (D. et S., 1775)									G.P. 1985	Fichtenzapfenzünsler
Dioryctria simplicella HEINEMANN, 1863									G.P. 1985	*mutatella* FUCHS, 1903
Dioryctria schuetzeella FUCHS, 1899									G.P. 1985	
Dioryctria sylvestrella (RATZEBURG, 1840)									G.P. 1985	*splendidella* HERRICH-SCHÄFFER, 1848
Dipleurina lacustrata (PANZER, 1804)									RINNHOFER 1980	*crataegella* HÜBNER, 1796
Diplodoma laichartingella (GOEZE, 1783)						2			1992 WEIDLICH	*herminata* GEOFFROY, 1786
Discestra microdon (GUENÉE, 1852)	H	s					P		HEINICKE 1993	*marmorosa* BORKHAUSEN, 1792
Discestra trifolii (HUFNAGEL, 1766)		h							HEINICKE 1993	Kleefeldeule
Discoloxia blomeri (CURTIS, 1832)	B	ss				1			BERGM. 1955	
Diurnea fagella (D. et S., 1775)									coll. D	
Diurnea lipsiella (D. et S., 1775)									coll. D	*phryganella* HÜBNER, 1796
Dolicharthria punctalis (D. et S., 1775)									GAEDIKE 1980	
Doloploca punctulana (D. et S., 1775)									PATZAK 1965	
Donacaula forficella (THUNBERG, 1794)									RINNHOFER 1988	
Donacaula mucronella (D. et S., 1775)									RINNHOFER 1988	
Drepana curvatula (BORKHAUSEN, 1790)		h							SCHMIDT 1991	Erlensichler
Drepana falcataria (L., 1758)		h							SCHMIDT 1991	Birkensichler
Drymonia dodonea (D. et S., 1775)		h							SCHI. 1987	
Drymonia obliterata (ESPER, 1785)	H,B	s				2			SCHI. 1987	*melagona* BORKHAUSEN, 1790
Drymonia querna (D. et S., 1775)		v							SCHI. 1987	
Drymonia ruficornis (HUFNAGEL, 1766)	T,H B	h s							SCHI. 1987	
Drymonia velitaris (HUFNAGEL, 1766)	T	ss				0			SCHI. 1987	
Dryobotodes eremita (F., 1775)	T H,B	v ss				3			H.N., 1980-1982	*protea* D. et S., 1775
Dypterygia scabriuscula (L., 1758)		v							HEINICKE 1993	
Dysauxes ancilla (L., 1767)	H,B	ss	↶			2			SCHMIDT 1991	Braunes Fleckenwidderchen

Art	BR	BS	BE	UV	SM	RL	Ges.	Bm	Nachweis	Synonym, Deutscher Name
Dyscia fagaria (THUNBERG, 1784)	T	ss					§		HEINZE 1997	Heidekraut-Fleckenspanner
Dystebenna stephensi (STAINTON, 1849)									G.H. 1999	
Eana argentana (CLERCK, 1759)	B	s							KARISCH 1992	
Eana incanana (STEPHENS, 1852)									PATZAK 1965	
Eana osseana (SCOPOLI, 1763)	B	s							PATZAK 1965	
Eana penziana (THUNBERG et BECKLIN, 1791)									RAPP 1936	
Earias clorana (L., 1761)		v							HEINICKE 1993	Weidenkahneule
Earias vernana (F., 1787)	T	ss				1			HEINICKE 1993	
Ebulea crocealis (HÜBNER, 1796)									GAEDIKE 1980	
Ecliptopera capitata (HERRICH-SCHÄFFER, 1839)		v				P			coll. D	
Ecliptopera silaceata (D. et S., 1775)		h							coll. D	
Ecpyrrhorrhoe rubiginalis (HÜBNER, 1796)									KARISCH 1994a	
Ectoedemia albifasciella (HEINEMANN, 1871)									G.H. 1999	
Ectoedemia argyropeza (ZELLER, 1839)									G.H. 1999	
Ectoedemia atrifrontella (STAINTON, 1851)									G.H. 1999	
Ectoedemia hannoverella (GLITZ, 1872)									G.H. 1999	
Ectoedemia longicaudella KLIMESCH, 1953									G.H. 1999	
Ectoedemia occultella (L., 1767)									G.H. 1999	*argentipedella* ZELLER, 1839
Ectoedemia sericopeza (ZELLER, 1839)									G.H. 1999	
Ectoedemia subbimaculella (HAWORTH, 1828)									G.H. 1999	
Ectoedemia turbidella (ZELLER, 1848)									G.H. 1999	
Ectoedemia weaveri (STAINTON, 1855)									RAPP 1936	
Ectropis crepuscularia (D. et S., 1775)		h							coll. D	
Ectropis extersaria (HÜBNER, 1799)		v							coll. D	
Egira conspicillaris (L., 1758)		v							HEINICKE 1993	
Eidophasia messingiella (FISCHER VON RÖSLERSTAMM, 1840)									G.H. 1999	
Eilema complana (L., 1758)		h							SCHMIDT 1991	
Eilema depressa (ESPER, 1787)		v				3			SCHMIDT 1991	*deplana* ESPER, 1787 Nadelholz-Flechtenbär
Eilema griseola (HÜBNER, 1803)		v				3			SCHMIDT 1991	Erlen-Flechtenbär
Eilema lurideola (ZINCKEN, 1817)		h							SCHMIDT 1991	
Eilema lutarella (L., 1758)		h							SCHMIDT 1991	Dotterbär
Eilema pygmaeola pallifrons (ZELLER, 1849)		s				3			SCHMIDT 1991	

Art	BR	BS	BE	UV	SM	RL	Ges.	Bm	Nachweis	Synonym, Deutscher Name
Eilema sororcula (HUFNAGEL, 1766)		v				3			SCHMIDT 1991	Frühlings-Flechtenbär
Elachista adscitella STAINTON, 1851									G.H. 1999	
Elachista albidella (NYLANDER, 1848)									G.H. 1999	
Elachista albifrontella (HÜBNER, 1817)									G.H. 1999	
Elachista alpinella STAINTON, 1854									G.H. 1999	
Elachista anserinella ZELLER, 1839									BAUER 1917	
Elachista apicipunctella STAINTON, 1849									G.H. 1999	
Elachista argentella (CLERCK, 1759)									G.H. 1999	
Elachista atricomella STAINTON, 1849									G.H. 1999	
Elachista bedellella (SIRCOM, 1848)									G.H. 1999	
Elachista bisulcella (DUPONCHEL, 1843)									G.H. 1999	
Elachista chrysodesmella ZELLER, 1850									G.H. 1999	
Elachista collitella (DUPONCHEL, 1843)									G.H. 1999	
Elachista dispilella ZELLER, 1839									G.H. 1999	
Elachista dispilella ZELLER, 1839									BAUER 1917	
Elachista gangabella ZELLER, 1850									G.H. 1999	
Elachista herrichii FREY, 1859									BAUER 1917	
Elachista humilis ZELLER, 1850									G.H. 1999	
Elachista kilmunella STAINTON, 1849									G.H. 1999	
Elachista lastrella CHRÉTIEN, 1896									G.H. 1999	
Elachista luticomella ZELLER, 1839									G.H. 1999	
Elachista megerlella (HÜBNER, 1810)									RAPP 1936	
Elachista monosemiella (RÖSSLER, 1881)									G.H. 1999	
Elachista poae STAINTON, 1855									G.H. 1999	
Elachista pollinariella ZELLER, 1839									G.H. 1999	
Elachista pomerana FREY, 1870									G.H. 1999	
Elachista pullicomella ZELLER, 1839									G.H. 1999	
Elachista quadripunctella (HÜBNER, 1810)									RAPP 1936	
Elachista regificella SIRCOM, 1849									G.H. 1999	
Elachista revinctella ZELLER, 1850									G.H. 1999	
Elachista rufocinerea (HAWORTH, 1828)									G.H. 1999	
Elachista subalbidella SCHLÄGER, 1847									G.H. 1999	
Elachista subnigrella DOUGLAS, 1853									G.H. 1999	
Elachista subocellea (STEPHENS, 1834)									G.H. 1999	
Elachista unifasciella (HAWORTH, 1828)									G.H. 1999	
Elachista utonella (FREY, 1856)									G.H. 1999	

Art	BR	BS	BE	UV	SM	RL	Ges.	Bm	Nachweis	Synonym, Deutscher Name
Elaphria venustula (HÜBNER, 1790)		v							HEINICKE 1993	
Elatobia fuliginosella (LIENIG et ZELLER, 1846)									P.G. 1987	
Electrophaes corylata (THUNBERG, 1792)		v							coll. D	
Elegia similella (ZINCKEN, 1818)									SUTTER 1994b	
Elophila nymphaeata (L., 1758)									RINNHOFER 1988	
Elophos dilucidaria (D. et S., 1775)	B	ss				2			1992 GELBRECHT	
Elophos vittaria mendicaria (HERRICH-SCHÄFFER, 1852)	B	ss				1			KARISCH 1995	*sordaria mendicaria* HERRICH-SCHÄFFER, 1852
Ematurga atomaria (L., 1758)		v							coll. D	Heidespanner
Emmelia trabealis (SCOPOLI, 1763)		v				3			HEINICKE 1993	
Emmelina monodactyla (L., 1758)									SUTTER 1991a	
Emmetia angusticolella (DUPONCHEL, 1843)									G.H. 1999	
Emmetia gaunacella (DUPONCHEL, 1842)									G.H. 1999	
Emmetia heinemanni (WOCKE, 1871)									G.H. 1999	
Emmetia marginea (HAWORTH, 1828)									G.H. 1999	
Enargia palaeacea (ESPER, 1788)		v							HEINICKE 1993	
Enarmonia formosana (SCOPOLI, 1763)									KARISCH 1993	
Endothenia ericetana (HUMPHREYS et WESTWOOD, 1854)									BAUER 1917	
Endothenia gentianaeana (HÜBNER, 1799)									coll. SUTTER	
Endothenia nigricostana (HAWORTH, 1811)									STANGE 1916	
Endothenia oblongana (HAWORTH, 1811)									BAUER 1917	
Endothenia pullana (HAWORTH, 1811)									KARISCH 1994a	
Endothenia quadrimaculana (HAWORTH, 1811)									KARISCH 1994a	
Endotricha flammealis (D. et S., 1775)									RINNHOFER 1975	
Endromis versicolora (L., 1758)	T,H	v					P		BERGM. 1953	Birkenspinner, Scheckflügel
Endrosis sarcitrella (L., 1758)									G.H. 1999	
Ennomos alniaria (L., 1758)		v							coll. D	
Ennomos autumnaria (WERNEBURG, 1859)		v							coll. D	Zackenspanner, Herbstlaubspanner
Ennomos erosaria (D. et S., 1775)		v							coll. D	
Ennomos fuscantaria (HAWORTH, 1809)		v							coll. D	
Ennomos quercinaria (HUFNAGEL, 1767)		v				3			PATZAK 1969	
Entephria caesiata (D. et S., 1775)	B	s				3			KARISCH 1995	
Epagoge grotiana (F., 1781)									GAEDIKE 1990	
Epermenia chaerophyllella (GOEZE, 1776)									GAEDIKE 1968	

Art	BR	BS	BE	UV	SM	RL	Ges.	Bm	Nachweis	Synonym, Deutscher Name
Epermenia illigerella (Hübner, 1813)									Gaedike 1968	
Epermenia pontificella (Hübner, 1796)									Gaedike 1968	
Epermenia profugella (Stainton, 1856)									Gaedike 1968	
Ephestia elutella (Hübner, 1796)									G.P. 1985	Heumotte, Kakaomotte
Ephestia kuehniella Zeller, 1879									G.P. 1985	Mehlmotte
Epiblema confusana (Herrich-Schäffer, 1856)									coll. Jung	
Epiblema costipunctana (Haworth, 1811)									coll. Jung	
Epiblema foenella (L., 1758)									Karisch 1993	
Epiblema grandaevana (Lienig et Zeller, 1846)									Patzak 1965	
Epiblema graphana (Treitschke, 1835)									coll. Sutter	
Epiblema hepaticana (Treitschke, 1835)									Rapp 1936	
Epiblema junctana (Herrich-Schäffer, 1856)									coll. Sutter	
Epiblema obscurana (Herrich-Schäffer, 1851)									Bauer 1917	
Epiblema scutulana (D. et S., 1775)									Bauer 1917	
Epiblema similana (D. et S., 1775)									Bauer 1917	*asseclana* sensu Hübner, 1799
Epiblema simploniana (Duponchel, 1835)									Rapp 1936	
Epiblema sticticana (F., 1794)									Karisch 1993	*farfarae* Fletcher, 1938
Epiblema turbidana (Treitschke, 1835)									Rapp 1936	
Epicallima formosella (D. et S., 1775)									G.H. 1999	
Epichnopterix plumella (D. et S., 1775)							3		1992 Weidlich	
Epichnopterix sieboldi (Reutti, 1853)							0		1992 Weidlich	
Epilecta linogrisea (D. et S., 1775)	T	s					3		Heinicke 1993	Silbergraue Bandeule
Epinotia abbreviana (F., 1794)									Karisch 1994a	
Epinotia bilunana (Haworth, 1811)									coll. D	
Epinotia brunnichana (L., 1767)									Richter 1849	
Epinotia caprana (F., 1798)									coll. Sutter	
Epinotia demarniana (Fischer von Röslerstamm, 1840)									Stange 1916	
Epinotia granitana (Herrich-Schäffer, 1851)									Rapp 1936	
Epinotia hungaricana (Herrich-Schäffer, 1851)									Bauer 1917	
Epinotia immundana (Fischer von Röslerstamm, 1839)									Karisch 1994a	

Art	BR	BS	BE	UV	SM	RL	Ges.	Bm	Nachweis	Synonym, Deutscher Name
Epinotia maculana (F., 1775)									KARISCH 1994a	
Epinotia nanana (TREITSCHKE, 1835)									KARISCH 1994a	
Epinotia nisella (CLERCK, 1759)									KARISCH 1994a	
Epinotia pygmaeana (HÜBNER, 1799)									RAPP 1936	
Epinotia ramella (L., 1758)									BAUER 1917	
Epinotia rubiginosana (HERRICH-SCHÄFFER, 1851)									coll. SUTTER	
Epinotia signatana (DOUGLAS, 1845)									coll. SUTTER	
Epinotia solandriana (L., 1758)									RAPP 1936	
Epinotia sordidana (HÜBNER, 1824)									KARISCH 1994a	
Epinotia subocellana (DONOVAN, 1806)									RAPP 1936	
Epinotia tedella (CLERCK, 1759)									KARISCH 1993	Fichtennestwickler
Epinotia tenerana (D. et S., 1775)									RAPP 1936	
Epinotia tetraquetrana (HAWORTH, 1811)									RAPP 1936	
Epinotia trigonella (L., 1758)									coll. SUTTER	*stroemiana* F., 1781
Epione repandaria (HUFNAGEL, 1767)		v							coll. D	
Epione vespertaria (L., 1767)		A				0			KELLNER 1995	*parallelaria* D. et S., 1775
Epipsilia latens (HÜBNER, 1809)	H,B	ss				2			HEINICKE 1993	
Epirrhoe alternata (O.F. MÜLLER, 1764)		h							coll. D	
Epirrhoe galiata (D. et S., 1775)		v							coll. D	
Epirrhoe hastulata (HÜBNER, 1790)		ss				1			BERGM. 1955	
Epirrhoe molluginata (HÜBNER, 1813)	B	s							KARISCH 1995	
Epirrhoe rivata (HÜBNER, 1813)		v							PATZAK 1969	
Epirrhoe tristata (L., 1758)		h							coll. D	
Epirrita autumnata (BORKHAUSEN, 1794)		v							coll. D	
Epirrita christyi (ALLEN, 1906)		v							BERGM. 1955	
Epirrita dilutata (D. et S., 1775)		h							coll. D	
Episcythrastis tetricella (D. et S., 1775)									G.P. 1985	
Episema glaucina (ESPER, 1789)	T	ss				2			H.N. 1980-1982	Graslilien-Zwiebeleule
Erannis defoliaria (CLERCK, 1759)		h							coll. D	Großer Frostspanner
Erebia aethiops (ESPER, 1777)	H	v	0			2	§		REINH., KAMES 1982	Waldteufel
Erebia epiphron (KNOCH, 1783)		A				0	§		REINH., KAMES 1982	
Erebia ligea (L., 1758)	B	v	↷			3	§		REINH., KAMES 1982	
Erebia medusa (D. et S., 1775)		s	0			2	§		REINH., KAMES 1982	
Eremobia ochroleuca (D. et S., 1775)	T,H	ss				2			HEINICKE 1993	
Eremobina pabulatricula (BRAHM, 1791)		ss				1	§		HEINICKE 1993	
Eriocrania cicatricella (ZETTERSTEDT, 1839)									coll. SUTTER	

Schmetterlinge (Lepidoptera)

Art	BR	BS	BE	UV	SM	RL	Ges.	Bm	Nachweis	Synonym, Deutscher Name
Eriocrania semipurpurella (STEPHENS, 1835)									coll. SUTTER	
Eriocrania subpurpurella (HAWORTH, 1828)									coll. SUTTER	
Eriogaster catax (L., 1758)		A					§,BK FFH2		1998 SCHMIDT	Hecken-Wollafter
Eriogaster lanestris (L., 1758)		ss					1		BERGM. 1953	Wollafter
Eriogaster rimicola (D. et S., 1775)		A					0	§	BERGM. 1953	Eichen-Wollafter
Eriopsela quadrana (HÜBNER, 1813)									RAPP 1936	
Eriopygodes imbecilla (F., 1794)		A					0		HEINICKE 1993	Braune Berggraseule
Erynnis tages (L., 1758)	T,B H	v h	0				P		REINH. 1983	Grauscheckiger Dickkopffalter
Ethmia bipunctella (F., 1775)									FRIESE 1973	
Ethmia pusiella (L., 1758)									FRIESE 1973	
Ethmia quadrillella (GOEZE, 1783)									FRIESE 1973	*funerella* F., 1787
Ethmia terminella FLETCHER, 1938									FRIESE 1973	
Etiella zinckenella (TREITSCHKE, 1832)									G.P. 1985	
Eublemma minutata (F., 1794)	T,H	s					2		HEINICKE 1993	*noctualis* HÜBNER, 1796, Zwergeulchen
Eucalybites auroguttella (STEPHENS, 1835)									PATZAK 1986	
Eucarta amethystina (HÜBNER, 1803)	T,H	ss					1	§	HEINICKE 1993	Ametysteule
Euchalcia consona (F., 1787)	H	s					3	§	HEINICKE 1993	
Euchalcia modestoides POOLE, 1989		A					0		G HEINICKE 1993	*modesta* HÜBNER, 1786, Lungenkraut-Silbereule
Euchoeca nebulata (SCOPOLI, 1763)		v							coll. D	
Euclidia glyphica (L., 1758)		h							HEINICKE 1993	Braune Tageule
Eucosma aemulana (SCHLÄGER, 1849)									RICHTER 1849	
Eucosma albidulana (HERRICH-SCHÄFFER, 1851)									STANGE 1916	
Eucosma aspidiscana (HÜBNER, 1817)									BAUER 1917	
Eucosma balatonana (OSTHELDER, 1937)									coll. SUTTER	*fulvana* auct., nec STEPHENS, 1834
Eucosma campoliliana (D. et S., 1775)									coll. D	
Eucosma cana (HAWORTH, 1811)									KARISCH 1994a	
Eucosma conterminana (HERRICH-SCHÄFFER, 1851)									KARISCH 1994a	
Eucosma hohenwartiana (D. et S., 1775)									KARISCH 1994a	
Eucosma lacteana (TREITSCHKE, 1835)									PATZAK 1965	*maritima* HUMPHREYS et WESTWOOD, 1845
Eucosma metzneriana (TREITSCHKE, 1830)									KARISCH 1993	
Eucosma obumbratana (LIENIG et ZELLER, 1846)									BAUER 1917	*expallidana* auct., nec HAWORTH, 1811

Schmetterlinge (Lepidoptera)

Art	BR	BS	BE	UV	SM	RL	Ges.	Bm	Nachweis	Synonym, Deutscher Name
Eucosma pupillana (CLERCK, 1759)									RICHTER 1849	
Eucosma catoptrana (REBEL, 1903)									RAPP 1936	*rubescana* CONSTANT, 1895
Eucosma scutana (CONSTANT, 1893)									BAUER 1917	
Eucosmomorpha albersana (HÜBNER, 1813)									RAPP 1936	
Eudemis porphyrana (HÜBNER, 1799)									coll. SUTTER	
Eudemis profundana (D. et S., 1775)									KARISCH 1994a	
Eudonia mercurella (L., 1758)									RINNHOFER 1980	
Eudonia murana (CURTIS, 1827)									RINNHOFER 1980	
Eudonia sudetica (ZELLER, 1839)									RINNHOFER 1980	
Eudonia truncicolella (STAINTON, 1849)									RINNHOFER 1980	
Eugnorisma depuncta (L., 1761)	B	s							HEINICKE 1993	
Eugraphe sigma (D. et S., 1775)		s				3			HEINICKE 1993	
Eulamprotes atrella (D. et S., 1775)									G.H. 1999	
Eulamprotes superbella (ZELLER, 1839)									G.H. 1999	
Eulamprotes unicolorella (DUPONCHEL, 1843)									G.H. 1999	
Eulamprotes wilkella (L., 1758)									G.H. 1999	
Euleioptilus carphodactyla (HÜBNER, 1813)									SUTTER 1991a	
Euleioptilus didactylites (STRÖM, 1783)									SUTTER 1991a	*scarodactyla* HÜBNER, 1813
Euleioptilus distinctus (HERRICH-SCHÄFFER, 1855)						2			SUTTER 1991a	
Euleioptilus tephradactylus (HÜBNER, 1813)						1			SUTTER 1994b	
Eulia ministrana (L., 1758)									RAPP 1936	
Eulithis mellinata (F., 1787)		v							coll. D	
Eulithis populata (L., 1758)		h							coll. D	
Eulithis prunata (L., 1758)		h							coll. D	
Eulithis pyraliata (D. et S., 1775)		h							coll. D	
Eulithis testata (L., 1761)		s				1			coll. D	
Euphydryas aurinia (ROTTEMBURG, 1775)		ss	⚭		a	1	§,**BK** FFH2		REINH. 1983	Goldener Scheckenfalter
Euphydryas maturna (L., 1758)		ss	⚭		a	1	§ FFH2		REINH. 1983	Eschen-Scheckenfalter
Euphyia biangulata (HAWORTH, 1809)	B	s				2			BERGM. 1955	*picata* HÜBNER, 1813
Euphyia frustata (TREITSCHKE, 1828)	B	ss				1			BERGM. 1955	
Euphyia unangulata (HAWORTH, 1809)		h							coll. D	
Eupithecia abbreviata (STEPHENS, 1831)		v							KELLNER 1995	
Eupithecia abietaria (GOEZE, 1781)		s							KELLNER 1995	*pini* RETZIUS, 1783
Eupithecia absinthiata (CLERCK, 1759)		h							PATZAK 1969	
Eupithecia actaeata (WALDERDORFF, 1869)	B	ss				1			BERGM. 1955	

Art	BR	BS	BE	UV	SM	RL	Ges.	Bm	Nachweis	Synonym, Deutscher Name
Eupithecia analoga europaea LEMPKE, 1969		ss							PATZAK 1969	*bilunulata* auct., nec ZETTERSTEDT, 1839
Eupithecia assimilata (DOUBLEDAY, 1856)		v							coll. D	
Eupithecia centaureata (D. et S., 1775)		h							coll. D	
Eupithecia denotata (HÜBNER, 1813)		v							KELLNER 1995	
Eupithecia distinctaria HERRICH-SCHÄFFER, 1852		ss				1			KELLNER 1995	
Eupithecia dodoneata (GUENÉE, 1857)		v							KELLNER 1995	
Eupithecia egenaria (HERRICH-SCHÄFFER, 1848)		v				P			KELLNER 1995	
Eupithecia exiguata (HÜBNER, 1813)		ss				3			BERGM. 1955	
Eupithecia extraversaria (HERRICH-SCHÄFFER, 1852)		ss				3			BERGM. 1955	
Eupithecia goossensiata (MABILLE, 1869)		ss							coll. D	
Eupithecia haworthiata (DOUBLEDAY, 1856)		s							BERGM. 1955	
Eupithecia icterata (DE VILLERS, 1789)		h							coll. D	
Eupithecia immundata (LIENIG et ZELLER, 1846)	H	ss							BERGM. 1955	
Eupithecia impurata (HÜBNER, 1813)	H,B	ss				1			BERGM. 1955	Gebänderter Glockenblumen-Blütenspanner
Eupithecia indigata (HÜBNER, 1813)		ss							coll. D	
Eupithecia innotata (HUFNAGEL, 1767)		h							coll. D	
Eupithecia insigniata (HÜBNER, 1790)		ss				0			BERGM. 1955	
Eupithecia intricata arceuthata (FREYER, 1942)		v							coll. D	
Eupithecia inturbata (HÜBNER, 1817)		s				3			coll. D	
Eupithecia irriguata (HÜBNER, 1813)		A				0			BERGM. 1955	
Eupithecia lanceata (HÜBNER, 1825)		s							KARISCH 1995	
Eupithecia lariciata (FREYER, 1841)		h							KARISCH 1995	
Eupithecia linariata (D. et S., 1775)		v							coll. D	
Eupithecia millefoliata (RÖSSLER, 1866)		v							KELLNER 1995	
Eupithecia nanata (HÜBNER, 1813)		v				P			coll. D	
Eupithecia ochridata PINKER, 1968		v							ERLACHER, GELBRECHT 1994	
Eupithecia pimpinellata (HÜBNER, 1813)		s							coll. D	
Eupithecia plumbeolata (HAWORTH, 1809)		s							KELLNER 1995	
Eupithecia pulchellata (STEPHENS, 1831)	H,B	v				P			KARISCH 1995	
Eupithecia pusillata (D. et S., 1775)		ss							BERGM. 1955	*sobrinata* HÜBNER, 1817

Schmetterlinge (Lepidoptera)

Art	BR	BS	BE	UV	SM	RL	Ges.	Bm	Nachweis	Synonym, Deutscher Name
Eupithecia pygmaeata (HÜBNER, 1799)	B	ss				2			BERGM. 1955	*palustraria* DOUBLEDAY, 1850; *pygmaearia* BOISDUVAL, 1840
Eupithecia pyreneata MABILLE, 1871	H,B	ss				1			BERGM. 1955	
Eupithecia satyrata (HÜBNER, 1813)		v							KELLNER 1995	
Eupithecia selinata HERRICH-SCHÄFFER, 1861		ss				P			GROSSER et al. 1993	
Eupithecia semigraphata BRUAND, 1851	H,B	ss				1			1992 GELBRECHT	
Eupithecia simpliciata (HAWORTH, 1809)		v							coll. D	*subnotata* HÜBNER, 1813
Eupithecia sinousaria (EVERSMANN, 1848)		s							PATZAK 1969	
Eupithecia subfuscata (HAWORTH, 1809)		h							coll. D	*castigata* HÜBNER, 1813
Eupithecia subumbrata (D. et S., 1775)		v							KARISCH 1995	
Eupithecia succenturiata (L., 1758)		h							coll. D	
Eupithecia tantillaria (BOISDUVAL, 1840)		h							coll. D	
Eupithecia tenuiata (HÜBNER, 1813)		v							BERGM. 1955	
Eupithecia tripunctaria (HERRICH-SCHÄFFER, 1852)		v							coll. D	
Eupithecia trisignaria (HERRICH-SCHÄFFER, 1848)	H	s				P			BERGM. 1955	
Eupithecia valerianata (HÜBNER, 1813)		ss				3			coll. D	
Eupithecia venosata (F., 1787)		v							coll. D	
Eupithecia virgaureata (DOUBLEDAY, 1861)		h							coll. D	
Eupithecia vulgata (HAWORTH, 1809)		h							coll. D	
Euplagia quadripunctaria (PODA, 1761)	H,B	s				3		FFH2	SCHMIDT 1991	Spanische Flagge
Euplexia lucipara (L., 1758)		h							HEINICKE 1993	Purpur-Glanzeule
Euplocamus anthracinalis (SCOPOLI, 1763)									PETERSEN 1969	
Eupoecilia ambiguella (HÜBNER, 1796)		s				2			BAUER 1917	Traubenwickler
Eupoecilia angustana (HÜBNER, 1799)		h				P			coll. PATZAK	
Eupoecilia sanguisorbana (HERRICH-SCHÄFFER, 1856)		ss							coll. D	
Euproctis chrysorrhoea (L., 1758)		h							BERGM. 1953	Goldafter
Euproctis similis (FUESSLY, 1775)		h							BERGM. 1953	Schwan
Eupsilia transversa (HUFNAGEL, 1766)		h							HEINICKE 1993	*satellitia* L., 1767 Satellit-Eule
Eurhodope rosella (SCOPOLI, 1763)									G.P. 1985	
Eurois occulta (L., 1758)		v				P			HEINICKE 1993	Graue Heidelbeereule
Eurrhypara hortulata (L., 1758)		h							GAEDIKE 1980	Brennesselzünsler
Eurrhypis pollinalis (D. et S., 1775)									GAEDIKE 1980	
Eustroma reticulatum (D.et S., 1775)	B	s				2			coll. D	Netzspanner

Art	BR	BS	BE	UV	SM	RL	Ges.	Bm	Nachweis	Synonym, Deutscher Name
Euthrix potatoria (L., 1758)	T,H B	h s							BERGM. 1953	Grasglucke, Graselefant
Euxoa aquilina (D. et S., 1775)		h							HEINICKE 1993	Getreideeule
Euxoa cursoria (HUFNAGEL, 1766)	T	ss				1			HEINICKE 1993	
Euxoa lidia (STOLL, 1782)		A				0		§	HEINICKE 1993	Schwärzliche Erdeule
Euxoa nigricans (L., 1761)		v							HEINICKE 1993	
Euxoa obelisca (D. et S., 1775)		v							HEINICKE 1993	
Euxoa tritici (L., 1761)		h							HEINICKE 1993	Weizeneule
Euzophera cinerosella (ZELLER, 1839)									G.P. 1985	
Euzophera fuliginosella (HEINEMANN, 1865)									G.P. 1985	
Euzophera pinguis (HAWORTH, 1811)									G.P. 1985	
Evergestis extimalis (SCOPOLI, 1763)									GAEDIKE 1980	
Evergestis forficalis (L., 1758)									GAEDIKE 1980	
Evergestis frumentalis (L., 1761)									GAEDIKE 1980	
Evergestis limbata (L., 1767)									GAEDIKE 1980	
Evergestis pallidata (HUFNAGEL, 1767)									GAEDIKE 1980	
Exaeretia allisella STAINTON, 1849									G.H. 1999	
Exoteleia dodecella (L., 1758)									G.H. 1999	
Fagivorina arenaria (HUFNAGEL, 1767)		A				0		§	BERGM. 1955	Rotbuchen-Rindenflechtenspanner
Falcaria lacertinaria (L., 1758)		h							SCHMIDT 1991	Eidechsenschwanz
Falseuncaria degreyana (MCLACHLAN, 1869)		ss							coll. BLACKSTEIN	
Falseuncaria ruficiliana (HAWORTH, 1811)		s				3			PATZAK 1965	
Filatima spurcella (HERRICH-SCHÄFFER, 1854)									G.H. 1999	
Friedlanderia cicatricella (HÜBNER, 1824)									P. et AL. 1973	
Furcula bicuspis (BORKHAUSEN, 1790)		v					P		SCHI. 1987	Birkengabelschwanz
Furcula bifida (BRAHM, 1787)		h							SCHI. 1987	Kleiner Gabelschwanz
Furcula furcula (CLERCK, 1759)		h							SCHI. 1987	
Galleria mellonella (L., 1758)									PETERSEN 1973	Große Wachsmotte
Gastropacha populifolia (ESPER, 1781)	T	ss				1		§	BERGM. 1953	Große Pappelglucke
Gastropacha quercifolia (L., 1758)		v					P	§	BERGM. 1953	Kupferglucke
Geina didactyla (L., 1758)							P		SUTTER 1991a	
Gelechia asinella (HÜBNER, 1796)									G.H. 1999	
Gelechia cuneatella DOUGLAS, 1852									G.H. 1999	
Gelechia muscosella ZELLER, 1839									G.H. 1999	
Gelechia nigra (HAWORTH, 1828)									G.H. 1999	
Gelechia rhombella (D. et S., 1775)									G.H. 1999	
Gelechia rhombelliformis STAUDINGER, 1870									G.H. 1999	
Gelechia sabinella ZELLER, 1839									G.H. 1999	
Gelechia scotinella HERRICH-SCHÄFFER, 1854									G.H. 1999	

Art	BR	BS	BE	UV	SM	RL	Ges.	Bm	Nachweis	Synonym, Deutscher Name
Gelechia sororculella (HÜBNER, 1817)									G.H. 1999	
Gelechia turpella (D. et S., 1775)									G.H. 1999	
Geometra papilionaria (L., 1758)		h							coll. D	Grünes Blatt
Gibberifera simplana (FISCHER VON RÖSLERSTAMM, 1836)									coll. D	
Glaucopsyche alexis (PODA, 1761)		A				0	§		REINH. 1983	*cyllarus* ROTTEMBURG, 1775, Alexis-Bläuling
Gluphisia crenata (ESPER, 1785)		v							SCHI. 1987	
Glyphipterix equitella (SCOPOLI, 1763)									G.H. 1999	
Glyphipterix haworthana (STEPHENS, 1834)									G.H. 1999	
Glyphipterix simpliciella (STEPHENS, 1834)									G.H. 1999	
Glyphipterix thrasonella (SCOPOLI, 1763)									G.H. 1999	
Gnophos furvatus (D. et S., 1775)	H	s				2			BERGM. 1955	
Gonepteryx rhamni (L., 1758)		h	♂						REINH., KAMES 1982	Zitronenfalter
Gortyna borelii lunata FREYER, 1839	H	ss				0	§		HEINICKE 1993	Haarstrang-Wurzeleule
Gortyna flavago (D. et S., 1775)		v							HEINICKE 1993	Kletteneule
Gracillaria syringella (F., 1794)									PATZAK 1986	Fliedermotte
Graphiphora augur (F., 1775)		h							HEINICKE 1993	Parklandeule
Gymnancyla hornigii (LEDERER, 1852)									G.P. 1985	
Gymnoscelis rufifasciata (HAWORTH, 1809)		h							coll. D	
Gynaephora selenitica (ESPER, 1789)	H	ss				2			BERGM. 1953	Ginsterstreckfuß
Gynnidomorpha alismana (RAGONOT, 1883)		h			P				KARISCH 1994a	
Gynnidomorpha permixtana (D. et S., 1775)		A				0			BAUER 1917	
Gypsonoma aceriana (DUPONCHEL, 1843)									coll. JUNG	
Gypsonoma dealbana (FRÖLICH, 1828)									KARISCH 1994a	
Gypsonoma minutana (HÜBNER, 1799)									BAUER 1917	
Gypsonoma oppressana (TREITSCHKE, 1835)									RICHTER 1849	
Gypsonoma sociana (HAWORTH, 1811)									KARISCH 1994a	
Habrosyne pyritoides (HUFNAGEL, 1766)		h							HEINZE 1995	*derasa* L., 1767 Achatspinner
Hada plebeja (L., 1761)		h							HEINICKE 1993	*nana* HUFNAGEL, 1766
Hadena albimacula (BORKHAUSEN, 1792)		ss				1			HEINICKE 1993	
Hadena bicruris (HUFNAGEL, 1766)		h							HEINICKE 1993	
Hadena compta (D. et S., 1775)		h							HEINICKE 1993	Nelkeneule

Schmetterlinge (Lepidoptera)

Art	BR	BS	BE	UV	SM	RL	Ges.	Bm	Nachweis	Synonym, Deutscher Name
Hadena confusa (HUFNAGEL, 1766)		v				P			HEINICKE 1993	*nana* ROTTEMBURG, 1776, Kleine Nelkeneule
Hadena filigrama (ESPER, 1788)		ss				1			HEINICKE 1993	*filograna* ESPER, 1788
Hadena irregularis (HUFNAGEL, 1766)		ss				1	§		HEINICKE 1993	Gipskraut-Kapseleule
Hadena perplexa (D. et S., 1775)		v							HEINICKE 1993	*lepida* ESPER, 1790
Hadena rivularis (F., 1775)		v							HEINICKE 1993	
Hamearis lucina (L., 1758)	H	v				3			REINH. 1983	Perlbinde
Haplotinea ditella (PIERCE et DIAKONOFF, 1938)									G.H. 1999	
Haplotinea insectella (F., 1794)									PETERSEN 1969	
Harpella forficella (SCOPOLI, 1763)									coll. D	
Harpyia milhauseri (F., 1775)		h				P			SCHI. 1987	Pergamentspinner
Hedya dimidiana (CLERCK, 1759)									KARISCH 1994a	
Hedya nubiferana (HAWORTH, 1811)		h							KARISCH 1993	*dimidioalba* RETZIUS, 1783, Grauer Knospenwickler
Hedya ochroleucana (FRÖLICH, 1828)									BAUER 1917	
Hedya pruniana (HÜBNER, 1799)									RAPP 1936	
Hedya salicella (L., 1758)		h							KARISCH 1994a	
Heinemannia festivella (D. et S., 1775)									G.H. 1999	
Helcystogramma lineolella (ZELLER, 1839)									G.H. 1999	
Helcystogramma lutatella (HERRICH-SCHÄFFER, 1854)									G.H. 1999	
Helcystogramma rufescens (HAWORTH, 1828)									G.H. 1999	
Helicoverpa armigera (HÜBNER, 1808)								G	HEINICKE 1993	
Heliophobus reticulata (GOEZE, 1781)		h							HEINICKE 1993	
Heliothela wulfeniana (SCOPOLI, 1763)									JUNG 1988	*atralis* HÜBNER, 1796
Heliothis maritima bulgarica (DRAUDT, 1938)		s				2		G	HEINICKE 1993	Schuppenmieren-Blüteneule
Heliothis ononis (D. et S., 1775)								G	HEINICKE 1993	
Heliothis peltigera (D. et S., 1775)								G	HEINICKE 1993	
Heliothis viriplaca (HUFNAGEL, 1766)		v				3			HEINICKE 1993	*dipsacea* L., 1767 Kardeneule
Hellinsia osteodactylus (ZELLER, 1841)									SUTTER 1991a	
Hemaris fuciformis (L., 1758)		s				2	§		BERGM. 1953	Hummelschwärmer
Hemaris tityus (L., 1758)	H	s				1	§		BERGM. 1953	Skabiosenschwärmer
Hemistola chrysoprasaria (ESPER, 1794)		v							coll. D	*biliosata* DE VILLERS, 1789
Hemithea aestivaria (HÜBNER, 1799)		v							coll. D	
Hepialus humuli (L., 1758)		v							SCHMIDT 1991	Hopfenspinner
Herminia grisealis (D. et S., 1775)		h							HEINICKE 1993	*nemoralis* F., 1775
Herminia tarsicrinalis (KNOCH, 1782)		h							HEINICKE 1993	

Schmetterlinge (Lepidoptera)

Art	BR	BS	BE	UV	SM	RL	Ges.	Bm	Nachweis	Synonym, Deutscher Name
Hesperia comma (L., 1758)		s	⟆			P			REINH. 1983	Kommafalter,
Heterogenea asella (D. et S., 1775)		s				2			BERGM. 1953	Kleine Schildmotte
Heteropterus morpheus (PALLAS, 1771)	T	v	⟆			P			REINH. 1983	Hüpferling, Spiegelchen
Hipparchia alcyone (D. et S., 1775)	T	s	⟆			1	§		REINH., KAMES 1982	*hermione* L., 1764 Kleiner Waldportier
Hipparchia semele (L., 1758)		v				P			REINH., KAMES 1982	Rostbinde
Hipparchia statilinus (HUFNAGEL, 1766)	T	s				1	§		REINH., KAMES 1982	Eisenfarbener Samtfalter
Hippotion celerio (L., 1758)								G	BERGM. 1953	Großer Weinschwärmer
Hofmannophila pseudospretella (STAINTON, 1849)									coll. D	
Homoeosoma nebulella (D. et S., 1775)									G.P. 1985	
Homoeosoma nimbella (DUPONCHEL, 1837)									G.P. 1985	
Hoplodrina ambigua (D. et S., 1775)		v							HEINICKE 1993	
Hoplodrina blanda (D. et S., 1775)		v							HEINICKE 1993	
Hoplodrina octogenaria (GOEZE, 1781)		h							HEINICKE 1993	*alsines* BRAHM, 1791
Hoplodrina respersa (D. et S., 1775)		s				3			HEINICKE 1993	
Hoplodrina superstes (OCHSENHEIMER, 1816)	H	s				2			HEINICKE 1993	
Horisme aquata (HÜBNER, 1813)	H	ss				0			1998 SCHMIDT	
Horisme corticata (TREITSCHKE, 1835)		v							coll. D	
Horisme tersata (D. et S., 1775)		s							BUSCHENDORF, KLOTZ 1995	
Horisme vitalbata (D. et S., 1775)		v							coll. D	
Hydraecia micacea (ESPER, 1789)		h							HEINICKE 1993	Markeule
Hydraecia petasitis DOUBLEDAY, 1847		s				2			HEINICKE 1993	Pestwurzeule
Hydrelia flammeolaria (HUFNAGEL, 1767)		h							coll. D	
Hydrelia sylvata (D. et S., 1775)	B	ss				1			1992 GELBRECHT	*testacearia* DONOVAN, 1810
Hydriomena furcata (THUNBERG, 1784)		h							coll. D	
Hydriomena impluviata (D. et S., 1775)		h							coll. D	*coerulata* F., 1777
Hylaea fasciaria (L., 1758)		v							coll. D	
Hyles euphorbiae (L., 1758)	T,H	h					§		BERGM. 1953	Wolfsmilchschwärmer
Hyles gallii (ROTTEMBURG, 1775)		v				P	§		BERGM. 1953	Labkrautschwärmer
Hyles livornica (ESPER, 1780)							§	G	BERGM. 1953	Linienschwärmer
Hyloicus pinastri (L., 1758)		h							BERGM. 1953	Kiefernschwärmer
Hypatima rhomboidella (L., 1758)									G.H. 1999	
Hypena crassalis (F., 1787)		v				2			HEINICKE 1993	*fontis* THUNBERG, 1788, Samteule
Hypena obesalis TREITSCHKE, 1829		A							HEINICKE 1993	
Hypena proboscidalis (L., 1758)		h							HEINICKE 1993	Nesselschnabeleule

Art	BR	BS	BE	UV	SM	RL	Ges.	Bm	Nachweis	Synonym, Deutscher Name
Hypena rostralis (L., 1758)		v							Heinicke 1993	
Hypenodes humidalis Doubleday, 1850	T	ss				1			Heinicke 1993	*turfosalis* Wocke, 1850
Hyphantria cunea (Drury, 1773)								G	Schmidt 1991	
Hyphoraia aulica (L., 1758)		ss				1	§		Schmidt 1991	Hofdame
Hypochalcia ahenella (D.et S.,1775)									G.P. 1985	
Hypomecis punctinalis (Scopoli, 1763)		h							coll. D	
Hypomecis roboraria (D.et S.,1775)		h							coll. D	
Hyponephele lycaon (Rottemburg, 1774)	T	s				2			Reinh., Kames 1982	Kleines Ochsenauge
Hyppa rectilinea (Esper, 1788)	T,H B	ss v				3			Karisch 1995	Stricheule
Hypsopygia costalis (F., 1775)									Rinnhofer 1975	Heuzünsler
Idaea aureolaria (D. et S., 1775)		A				0			1992 Gelbrecht	
Idaea aversata (L., 1758)		h							coll. D	
Idaea biselata (Hufnagel, 1767)		v							coll. D	
Idaea contiguaria (Hübner, 1799)	H,B	ss				1	§		Bergm. 1955	*eburnata* Wocke, 1850
Idaea deversaria (Herrich-Schäffer, 1847)		s							coll. D	
Idaea dilutaria (Hübner, 1799)		s				2			Bergm. 1955	
Idaea dimidiata (Hufnagel, 1767)		v							coll. D	
Idaea emarginata (L., 1758)		v							coll. D	
Idaea fuscovenosa (Goeze, 1781)		v							coll. D	
Idaea humiliata (Hufnagel, 1767)		v							coll. D	
Idaea inquinata (Scopoli, 1763)		v							coll. D	
Idaea moniliata (D. et S., 1775)	T,H	s				2			coll. D	
Idaea muricata (Hufnagel, 1767)		v							coll. D	
Idaea ochrata (Scopoli, 1763)		h							coll. D	
Idaea pallidata (D. et S., 1775)		ss				1			Bergm. 1955	
Idaea rufaria (Hübner, 1799)		s				3			Bergm. 1955	
Idaea rusticata (D. et S., 1775)		ss				P			1992 Gelbrecht	
Idaea seriata (Schrank, 1802)		v							Patzak 1969	
Idaea serpentata (Hufnagel, 1767)	H,B	s				3			coll. D	
Idaea straminata (Borkhausen, 1794)		v							coll. D	*inornata* Haworth, 1809
Idaea sylvestraria Hübner, 1799	T,H	v							coll. D	
Idia calvaria (D. et S., 1775)		A				0			Heinicke 1993	
Inachis io (L., 1758)		h	⌔						Reinh. 1983	Tagpfauenauge
Incurvaria koerneriella (Zeller, 1839)									Rapp 1936	
Incurvaria masculella (D.et S.,1775)									G.H. 1999	
Incurvaria oehlmanniella (Hübner, 1796)									G.H. 1999	
Incurvaria pectinea Haworth, 1828									Rapp 1936	
Incurvaria praelatella (D.et S.,1775)									G.H. 1999	
Infurcitinea albicomella (Stainton, 1851)									G.H. 1999	
Infurcitinea ignicomella (Heydenreich, 1851)									Petersen 1969	

Art	BR	BS	BE	UV	SM	RL	Ges.	Bm	Nachweis	Synonym, Deutscher Name
Iphiclides podalirius (L., 1758)	H	v				2	§		REINH., KAMES 1982	Segelfalter
Ipimorpha contusa (FREYER, 1849)		A				0			HEINICKE 1993	
Ipimorpha retusa (L., 1761)		v							HEINICKE 1993	
Ipimorpha subtusa (D. et S., 1775)		v							HEINICKE 1993	
Isophrictis anthemidella (WOCKE, 1881)									G.H. 1999	
Isophrictis striatella (D.et S., 1775)									G.H. 1999	
Isotrias rectifasciana (HAWORTH, 1811)									KARISCH 1993	
Issoria lathonia (L., 1758)		h	⇗						REINH. 1983	Kleiner Perlmutterfalter
Isturgia roraria (F., 1776)	T,H	ss							coll. D	
Itame brunneata (THUNBERG, 1784)		v							coll. D	*fulvaria* DE VILLERS, 1789
Jodia croceago (D. et S., 1775)		A				0			HEINICKE 1993	Eichen-Safraneule
Jodis lactearia (L., 1758)		v				P			PATZAK 1969	
Jodis putata (L., 1758)		v				P			KELLNER 1995	
Khorassania compositella (TREITSCHKE, 1835)									G.P. 1985	
Korscheltellus fusconebulosa (DE GEER, 1778)	T,H B	ss v				3			SCHMIDT 1991	
Korscheltellus lupulinus (L., 1758)		v							SCHMIDT 1991	Kleiner Hopfenspinner
Lacanobia aliena (HÜBNER, 1809)		v				3			HEINICKE 1993	
Lacanobia contigua (D.et S., 1775)		v							HEINICKE 1993	
Lacanobia oleracea (L., 1758)		h							HEINICKE 1993	Gemüseeule
Lacanobia splendens (HÜBNER, 1808)	T	s				3			HEINICKE 1993	
Lacanobia suasa (D. et S., 1775)		h							HEINICKE 1993	*dissimilis* KNOCH, 1781
Lacanobia thalassina (HUFNAGEL, 1766)		h							HEINICKE 1993	
Lacanobia w-latinum (HUFNAGEL, 1766)		v							HEINICKE 1993	*genistae* BORKHAUSEN, 1792, Ginstereule
Laelia coenosa (HÜBNER, 1808)		A							KELLNER 1995	Gelbbein
Lampronia capitella (CLERCK, 1759)									G.H. 1999	
Lampronia corticella (L., 1758)									G.H. 1999	*rubiella* BJERKANDER, 1781
Lampronia flavimitrella (HÜBNER, 1817)									RAPP 1936	
Lampronia luzella (HÜBNER, 1817)									G.H. 1999	
Lampronia morosa ZELLER, 1852									BAUER 1917	
Lampronia rupella (D. et S., 1775)									G.H. 1999	
Lampropteryx otregiata (METCALFE, 1917)	B	ss							coll. JUNG	
Lampropteryx suffumata (D. et S., 1775)	H,B	v							coll. D	
Lamprosticta culta (D. et S., 1775)		A					§		HEINICKE 1993	Obsthaineule
Lamprotes c-aureum (KNOCH, 1781)		A				0			HEINICKE 1993	Goldenes C
Laothoe populi (L., 1758)		h							BERGM. 1953	Pappelschwärmer
Larentia clavaria (HAWORTH, 1809)		s				2			coll. D	
Lasiocampa quercus (L., 1758)		s				1			BERGM. 1953	Eichenspinner

Art	BR	BS	BE	UV	SM	RL	Ges.	Bm	Nachweis	Synonym, Deutscher Name
Lasiocampa trifolii (D. et S., 1775)		h							Bergm. 1953	Kleespinner
Lasiommata maera (L., 1758)	H B	s v	↘ 0			2			Reinh., Kames 1982	Rispenfalter
Lasiommata megera (L., 1767)		v	↘						Reinh., Kames 1982	Mauerfuchs
Lasionycta proxima (Hübner, 1809)	H,B	v				P			Heinicke 1993	
Laspeyria flexula (D. et S., 1775)		v							Heinicke 1993	Nadelwald-Flechteneule
Lathronympha strigana (F., 1775)									Karisch 1993	
Lemonia dumi (L., 1761)		ss				2	§		Bergm. 1953	Habichtskrautspinner
Leptidea sinapis (L., 1758)		v	0			P			Reinh., Kames 1982	Senfweißling
Leucodonta bicoloria (D.et S.,1775)		v				P			Schi. 1987	Weißer Zahnspinner
Leucoma salicis (L., 1758)		h							Heinze 1993	Pappelspinner, Atlas
Leucoptera laburnella (Stainton, 1851)									Bauer 1917	
Leucoptera spartifoliella (Hübner, 1813)									G.H. 1999	
Leucoptera sinuella (Reutti, 1853)									G.H. 1999	
Leucospilapteryx omissella (Stainton, 1848)									Patzak 1986	
Ligdia adustata (D. et S., 1775)		h							coll. D	
Limenitis camilla (L., 1764)		s	0			2	§		Reinh. 1983	Kleiner Eisvogel
Limenitis populi (L., 1758)		s	↘			2	§		Reinh. 1983	Großer Eisvogel
Limnaecia phragmitella Stainton, 1851									coll. D	
Lithomoia solidaginis (Hübner, 1803)		s				2			Heinicke 1993	
Lithophane furcifera (Hufnagel, 1766)		v				3			Heinicke 1993	
Lithophane ornitopus (Hufnagel, 1766)	T,H	h							Heinicke 1993	
Lithophane semibrunnea (Haworth, 1809)		ss				1			Heinicke 1993	
Lithophane socia (Hufnagel, 1766)		ss				1			Heinicke 1993	
Lithosia quadra (L., 1758)		v				3			Schmidt 1991	Würfelmotte
Lithostege farinata (Hufnagel, 1767)		v				2			Kellner 1995	Mehlspanner
Lithostege griseata (D. et S., 1775)		s				2			Kellner 1995	
Lobesia abscisana (Doubleday, 1849)	T	h							Karisch 1994a	
Lobesia botrana (D. et S., 1775)									coll. Sutter	
Lobesia reliquana (Hübner, 1825)									Stange 1916	
Lobophora halterata (Hufnagel, 1767)		h							coll. D	Lappenspanner
Lomaspilis marginata (L., 1758)		h							coll. D	
Lomographa bimaculata (F., 1775)		v							coll. D	
Lomographa temerata (D.et S.,1775)		h							coll. D	
Lopinga achine (Scopoli, 1763)		A				0	§,BK FFH4		Reinh., Kames 1982	Bacchantin
Loxostege sticticalis (L., 1761)									Gaedike 1980	

Art	BR	BS	BE	UV	SM	RL	Ges.	Bm	Nachweis	Synonym, Deutscher Name
Loxostege turbidalis (TREITSCHKE, 1829)									GAEDIKE 1980	
Lozotaenia forsterana (F., 1781)									GAEDIKE 1990	
Luperina nickerlii (FREYER, 1845)	T,H	v				2			HEINICKE 1993	Nickerlis Graswurzeleule
Luperina testacea (D. et S., 1775)		h							HEINICKE 1993	
Luperina zollikoferi (FREYER, 1836)								G	HEINICKE 1993	
Luquetia lobella (D. et S., 1775)									G.H. 1999	
Lycaena alciphron (ROTTEMBURG, 1775)	T,H	s				1	§		REINH. 1983	Blaulila-Feuerfalter, Violetter Feuerfalter
Lycaena dispar rutilus WERNEBURG, 1864	T	ss				1	§,BK FFH2		REINH. 1983	Großer Feuerfalter
Lycaena helle (D. et S., 1775)		A				0	§		REINH. 1983	*amphidamas* ESPER, 1780, Blauschillernder Feuerfalter
Lycaena hippothoe (L., 1761)		s				2	§		REINH. 1983	Rotlila-Feuerfalter, Lilagold-Feuerfalter
Lycaena phlaeas (L., 1761)		h					§		REINH. 1983	Kleiner Feuerfalter
Lycaena tityrus (PODA, 1761)		v	0				§		REINH. 1983	*dorilis* ROTTEMBURG, 1775 Schwefelvögelchen
Lycaena virgaureae (L., 1758)		v	0			3	§		REINH. 1983	Dukatenfalter, Dukaten-Feuerfalter
Lycia hirtaria (CLERCK, 1759)		h							coll. D	
Lycia pomonaria (HÜBNER, 1790)		ss				2			PATZAK 1969	
Lycia zonaria (D. et S., 1775)		ss				1			PATZAK 1969	Trockenrasen-Spinnerspanner
Lycophotia molothina (ESPER, 1789)	T	ss				1			HEINICKE 1993	Graue Besenheideeule
Lycophotia porphyrea (D.et S.,1775)		v							HEINICKE 1993	
Lygephila craccae (D. et S., 1775)	H,B	s				2			HEINICKE 1993	
Lygephila pastinum (TREITSCHKE, 1826)		v							HEINICKE 1993	Wickeneule
Lygephila viciae (HÜBNER, 1822)	H,B	ss				1			HEINICKE 1993	
Lymantria dispar (L., 1758)		h					P		BERGM. 1953	Schwammspinner
Lymantria monacha (L., 1758)		h							BERGM. 1953	Nonne
Lyonetia clerckella (L., 1758)									G.H. 1999	
Lythria cruentaria (HUFNAGEL, 1767)	T,H	v							coll. D	*purpurata* L., 1758, *rotaria* F., 1798 Purpurspanner
Lythria purpuraria (L., 1758)		ss				2			coll. D	Vogelknöterich-Purpurbindenspanner
Macaria alternata (D. et S., 1775)		h							coll. D	
Macaria artesiaria (D. et S., 1775)	T	s				2			coll. D	
Macaria clathrata (L., 1758)		h							coll. D	Gitterspanner
Macaria glarearia (BRAHM, 1791)	H	s				3			BERGM. 1955	
Macaria liturata (CLERCK, 1759)		h							coll. D	Veilgrauer Kiefernspanner
Macaria notata (L., 1758)		h							coll. D	
Macaria signaria (HÜBNER, 1809)	B	v							coll. D	
Macaria wauaria (L., 1758)		h							coll. D	

Art	BR	BS	BE	UV	SM	RL	Ges.	Bm	Nachweis	Synonym, Deutscher Name
Macdunnoughia confusa (STEPHENS, 1850)		h							HEINICKE 1993	
Macrochilo cribrumalis (HÜBNER, 1793)	T,H	s				2			HEINICKE 1993	
Macroglossum stellatarum (L., 1758)								G	PATZAK 1969	Taubenschwänzchen
Macrothylacia rubi (L., 1758)		h							SCHELLHORN 1989	Brombeerspinner
Maculinea alcon (D. et S., 1775)		A				0	§		REINH. 1983	Lungenenzian-Ameisen-Bläuling
Maculinea arion (L., 1758)		s				2	§,BK FFH4		REINH. 1983	Schwarzfleckiger Ameisen-Bläuling
Maculinea nausithous (BERGSTRÄSSER, 1779)		s				1	§,BK FFH2		REINH. 1983	arcas ROTTEMBURG, 1775, Dunkler Wiesenknopf-Ameisen-Bläuling
Maculinea rebeli (HIRSCHKE, 1904)	H	A					§		REINH. 1995	Rebels Enzianbläuling
Maculinea teleius (BERGSTRÄSSER, 1779)		ss				1	§,BK FFH2		REINH. 1983	Euphemus HÜBNER, 1800, Heller Wiesenknopf-Ameisen-Bläuling
Malacosoma castrensis (L., 1758)		s				3	§		JUPE 1968	Wolfsmilchspinner
Malacosoma neustria (L., 1758)		v							BERGM. 1953	Ringelspinner
Mamestra brassicae (L., 1758)		h							HEINICKE 1993	Kohleule
Maniola jurtina (L., 1758)		h	♂						REINH., KAMES 1982	Großes Ochsenauge
Marasmarcha lunaedactyla (HAWORTH, 1811)									SUTTER 1991a	
Mecyna flavalis (D. et S., 1775)									GAEDIKE 1980	
Meessia vinctella (HERRICH-SCHÄFFER, 1850)									PETERSEN 1969	vinculella HERRICH-SCHÄFFER, 1850
Megalophanes viciella (D.et S.,1775)		A				0			1992 WEIDLICH	
Meganephria bimaculosa (L., 1767)	H	ss				2	§		HEINICKE 1993	Zweifleckige Plumpeule
Meganola albula (D. et S., 1775)	T,H	h		Wi					HEINICKE 1993	
Meganola strigula (D. et S., 1775)	T,H	v		Wi		3			HEINICKE 1993	
Meganola togatulalis (HÜBNER, 1796)	T	ss	↶	Wi		P			HEINICKE 1993	
Melanargia galathea (L., 1758)		h	♂						REINH., KAMES 1982	Damenbrett
Melanchra persicariae (L., 1761)		h							HEINICKE 1993	Flohkrauteule
Melanchra pisi (L., 1758)		h							HEINICKE 1993	Erbseneule
Melanthia procellata (D.et S.,1775)		h							BUSCHENDORF, KLOTZ 1995	
Melissoblaptes zelleri J. DE JOANNIS, 1932									PETERSEN 1973	
Melitaea cinxia (L., 1758)	T H,B	v s				3			REINH. 1983	Wegerich-Scheckenfalter
Melitaea diamina (LANG, 1789)		ss				1			REINH. 1983	dictynna ESPER, 1779, Baldrian-Scheckenfalter
Melitaea didyma (ESPER, 1779)		A				1			REINH. 1983	Feuriger Scheckenfalter
Melitaea phoebe (D. et S., 1775)		A				0			REINH. 1983	Flockenblumen-Scheckenfalter

Art	BR	BS	BE	UV	SM	RL	Ges.	Bm	Nachweis	Synonym, Deutscher Name
Mellicta athalia (ROTTEMBURG, 1775)		v	0			2			REINH. 1983	Gemeiner Scheckenfalter
Mellicta aurelia (NICKERL, 1850)		ss				1			REINH. 1983	Ehrenpreis-Scheckenfalter
Mendesia farinella (THUNBERG, 1794)									G.H. 1999	
Merrifieldia baliodactylus ZELLER, 1841						3			SUTTER 1991a	
Merrifieldia leucodactylus (D. et S., 1775)									SUTTER 1991a	
Merrifieldia spilodactylus CURTIS, 1827						0			SUTTER 1991a	
Mesapamea didyma (ESPER, 1788)		h							HEINICKE 1993	*secalella* REMM, 1983
Mesapamea secalis (L., 1758)		h							HEINICKE 1993	Getreidewurzeleule
Mesogona acetosella (D. et S., 1775)	H	s				2			HEINICKE 1993	Eichenbuschwald-Winkeleule
Mesogona oxalina (HÜBNER, 1803)		ss				1			HEINICKE 1993	Auenwald-Winkeleule
Mesoleuca albicillata (L., 1758)		h							coll. D	Himbeerspanner
Mesoligia furuncula (D. et S., 1775)		h							HEINICKE 1993	*bicoloria* DE VILLERS, 1789
Mesoligia literosa (HAWORTH, 1809)		s				P			HEINICKE 1993	
Mesophleps silacella (HÜBNER, 1796)									BAUER 1917	
Metendothenia atropunctana (ZETTERSTEDT, 1839)									KARISCH 1993	
Metriotes lutarea (HAWORTH, 1828)									PATZAK 1974	
Metzneria ehikeella GOZMANY, 1954									G.H. 1999	
Metzneria lappella (L., 1758)									G.H. 1999	
Metzneria metzneriella (STAINTON, 1851)									G.H. 1999	
Metzneria paucipunctella (ZELLER, 1839)									BAUER 1917	
Metzneria santolinella (AMSEL, 1936)									G.H. 1999	
Micropterix aruncella (SCOPOLI, 1763)									G.H. 1999	
Micropterix aureatella (SCOPOLI, 1763)									G.H. 1999	
Micropterix calthella (L., 1761)									G.H. 1999	
Micropterix thunbergella (F., 1787)									BAUER 1917	
Micrurapteryx kollariella (ZELLER, 1839)									PATZAK 1986	
Miltochrista miniata (FORSTER, 1771)		h							SCHMIDT 1991	Rosenmotte
Mimas tiliae (L., 1758)		h							BERGM. 1953	Lindenschwärmer
Minoa murinata (SCOPOLI, 1763)		h							coll. D	Mausspanner
Minois dryas (SCOPOLI, 1763)	T,H	A				0			REINH., KAMES 1982	Blauäugiger Waldportier
Minucia lunaris (D. et S., 1775)	T,H	s				1			HEINICKE 1993	Braunes Ordensband

Art	BR	BS	BE	UV	SM	RL	Ges.	Bm	Nachweis	Synonym, Deutscher Name
Mirificarma interupta (CURTIS, 1827)									G.H. 1999	
Mirificarma lentiginosella (ZELLER, 1839)									G.H. 1999	
Mirificarma maculatella (HÜBNER, 1796)									BAUER 1917	
Mirificarma mulinella (ZELLER, 1839)									G.H. 1999	
Mniotype adusta (ESPER, 1790)		s				2			HEINICKE 1993	
Moma alpium (OSBECK, 1778)		v				3			HEINICKE 1993	Orion
Mompha conturbatella (HÜBNER, 1819)									G.H. 1999	
Mompha divisella HERRICH-SCHÄFFER, 1854									G.H. 1999	
Mompha divisella HERRICH-SCHÄFFER, 1854									STANGE 1916	
Mompha epilobiella (D. et S., 1775)									G.H. 1999	*fulvescens* HAWORTH, 1828
Mompha idaei (ZELLER, 1839)									G.H. 1999	
Mompha lacteella (STEPHENS, 1834)									G.H. 1999	
Mompha langiella (HÜBNER, 1796)									G.H. 1999	*epilobiella* ROEMER, 1794
Mompha locupletella (D.et S.,1775)									G.H. 1999	
Mompha miscella (D. et S., 1775)									G.H. 1999	
Mompha propinquella (STAINTON, 1851)									G.H. 1999	
Mompha raschkiella (ZELLER, 1839)									G.H. 1999	
Mompha sturnipennella (TREITSCHKE, 1833)									G.H. 1999	*nodicolella* FUCHS, 1902
Mompha subbistrigella (HAWORTH, 1828)									G.H. 1999	
Mompha terminella (HUMPHREYS et WESTWOOD, 1845)									G.H. 1999	
Monochroa conspersella (HERRICH-SCHÄFFER, 1854)									G.H. 1999	
Monochroa cytisella (CURTIS, 1837)									STANGE 1869	
Monochroa divisella (DOUGLAS, 1850)									G.H. 1999	
Monochroa hornigi (STAUDINGER, 1883)									G.H. 1999	
Monochroa lucidella (STEPHENS, 1834)									G.H. 1999	
Monochroa lutulentella (ZELLER, 1839)									G.H. 1999	
Monochroa niphognatha GOZMANY, 1953									G.H. 1999	
Monochroa rumicetella (O. HOFMANN, 1868)									G.H. 1999	

Art	BR	BS	BE	UV	SM	RL	Ges.	Bm	Nachweis	Synonym, Deutscher Name
Monochroa tenebrella (HÜBNER, 1817)									G.H. 1999	
Monopis fenestratella (HEYDEN, 1863)									PETERSEN 1969	
Monopis imella (HÜBNER, 1813)									PETERSEN 1969	
Monopis laevigatella (D. et S., 1775)									PETERSEN 1969	*rusticella* HÜBNER, 1796
Monopis monachella (HÜBNER, 1796)									PETERSEN 1969	
Monopis obviella (D. et S., 1775)									PETERSEN 1969	*ferruginella* HÜBNER, 1813
Monopis weaverella (SCOTT, 1858)									PETERSEN 1969	
Mormo maura (L., 1758)		ss				1			HEINICKE 1993	Schwarzes Ordensband
Morophaga choragella (D. et S., 1775)									PETERSEN 1969	*boleti* F., 1777
Mutuuraia terrealis (TREITSCHKE, 1829)									GAEDIKE 1980	
Myelois circumvoluta (FOURCROY, 1785)									G.P. 1985	*cribrumella* auct.; *cribrella* HÜBNER, 1796
Mythimna albipuncta (D. et S., 1775)		h							HEINICKE 1993	Weißfleckeule
Mythimna comma (L., 1761)		h							HEINICKE 1993	Komma-Eule
Mythimna conigera (D. et S., 1775)		h							HEINICKE 1993	
Mythimna ferrago (F., 1787)		h							HEINICKE 1993	*lythargyria* ESPER, 1788
Mythimna flammea (CURTIS, 1828)		A				0			GROSSER et al. 1983	Striemen-Schilfeule
Mythimna impura (HÜBNER, 1808)		h							HEINICKE 1993	
Mythimna l-album (L., 1767)		h							HEINICKE 1993	Weißes L
Mythimna obsoleta (HÜBNER, 1803)		v							HEINICKE 1993	
Mythimna pallens (L., 1758)		h							HEINICKE 1993	Weißadereule
Mythimna pudorina (D. et S., 1775)		v							HEINICKE 1993	
Mythimna scirpi (DUPONCHEL, 1836)	H,B	v							HEINICKE 1993	
Mythimna straminea (TREITSCHKE, 1825)		s				3			HEINICKE 1993	
Mythimna turca (L., 1761)	T,H	v				3			HEINICKE 1993	Marbeleule
Mythimna unipuncta (HAWORTH, 1809)							G		HEINICKE 1993	
Mythimna vittelina (HÜBNER, 1808)							G		HEINICKE 1993	
Naenia typica (L., 1758)		v				P			HEINICKE 1993	Buchdruckereule
Narycia duplicella (GOEZE, 1783)									1992, WEIDLICH	*monilifera* GEOFFROY, 1785
Nascia cilialis (HÜBNER, 1796)									P.G. 1987	
Nebula tophaceata (D. et S., 1775)	B	ss				P			BERGM. 1955	
Nemapogon clematella (F., 1781)									PETERSEN 1969	
Nemapogon cloacella (HAWORTH, 1828)									PETERSEN 1969	
Nemapogon falstriella (BANG-HAAS, 1881)									SUTTER 1991	
Nemapogon fungivorella (BENANDER, 1939)									PETERSEN 1969	
Nemapogon gliriellus (HEYDEN, 1865)									P.G. 1983	
Nemapogon granella (L., 1758)									PETERSEN 1969	

Art	BR	BS	BE	UV	SM	RL	Ges.	Bm	Nachweis	Synonym, Deutscher Name
Nemapogon inconditella (LUCAS, 1956)									SUTTER, 1994b	
Nemapogon nigrabella (ZELLER, 1839)									PETERSEN 1969	
Nemapogon picarella (CLERCK, 1759)									PETERSEN 1969	
Nemapogon ruricolella (STAINTON, 1849)									G.H. 1999	
Nemapogon variatella (CLEMENS, 1859)									PETERSEN 1969	*personella* PIERCE et METCALFE, 1934
Nemapogon wolffiella KARSHOLT et SCHMIDT NIELSEN, 1976									G.H. 1999	
Nematopogon adansoniella (DE VILLERS, 1789)									STANGE 1869	*panzerella* F., 1794
Nematopogon magna (ZELLER, 1878)									G.H. 1999	
Nematopogon metaxella (HÜBNER, 1813)									G.H. 1999	
Nematopogon pilella (D.et S.,1775)									STANGE 1869	
Nematopogon robertella (CLERCK, 1759)									G.H. 1999	
Nematopogon schwarziellus ZELLER, 1839									RAPP 1936	
Nematopogon swammerdamella (L., 1758)									coll. D	
Nemaxera betulinella (F., 1787)									PETERSEN 1969	
Nemophora cupriacella (HÜBNER, 1819)									BAUER 1917	
Nemophora degeerella (L., 1758)									G.H. 1999	
Nemophora fasciella (F., 1775)									G.H. 1999	
Nemophora metallica (PODA, 1761)									G.H. 1999	
Nemophora ochsenheimerella (HÜBNER, 1813)									G.H. 1999	
Neofaculta ericetella (GEYER, 1832)									KARISCH 1995	
Neofaculta infernella (HERRICH-SCHÄFFER, 1854)									KARISCH 1995	
Neofriseria peliella (TREITSCHKE, 1835)									G.H. 1999	
Neosphaleroptera nubilana (HÜBNER, 1799)									KARISCH 1993	
Neozephyrus quercus (L., 1758)		v				P			REINH. 1983	Eichenzipfelfalter
Nephopterix angustella (HÜBNER, 1796)									G.P. 1985	
Niditinea fuscella (L., 1758)									PETERSEN 1969	*fuscipunctella* HAWORTH, 1828
Niditinea piercella (BENTINCK, 1935)									PETERSEN 1969	
Noctua comes (HÜBNER, 1813)		h							HEINICKE 1993	
Noctua fimbriata (SCHREBER, 1759)		h							HEINICKE 1993	Gelbe Bandeule
Noctua interjecta (HÜBNER, 1803)		v							HEINICKE 1993	
Noctua janthe (BORKHAUSEN, 1792)		ss							HEINICKE 1994	
Noctua janthina (D. et S., 1775)		h							HEINICKE 1993	
Noctua orbona (HUFNAGEL, 1766)		v							HEINICKE 1993	

Schmetterlinge (Lepidoptera)

Art	BR	BS	BE	UV	SM	RL	Ges.	Bm	Nachweis	Synonym, Deutscher Name
Noctua pronuba (L., 1758)		h							HEINICKE 1993	Hausmutter
Nola aerugula (HÜBNER, 1793)	T	s		Wi		P	§		HEINICKE 1993	*N. centonalis* HÜBNER, 1796
Nola cicatricalis (TREITSCHKE, 1835)	T	A		Wi		P	§		HEINICKE 1993	
Nola confusalis (HERRICH-SCHÄFFER, 1847)	T,H	s		Wi		2	§		HEINICKE 1993	
Nola cucullatella (L., 1758)	T	h		Wi			§		HEINICKE 1993	Kapuzenbärchen
Nomophila noctuella (D. et S., 1775)									GAEDIKE 1980	
Nonagria typhae (THUNBERG, 1784)		v				P			HEINICKE 1993	Gemeine Schilfeule
Nothocasis sertata (HÜBNER, 1817)	B	s				2			BERGM. 1955	
Nothris verbascella (D. et S., 1775)									Bauer 1917	
Notocelia cynosbatella (L., 1758)									coll. BLACKSTEIN	
Notocelia incarnatana (HÜBNER, 1800)									coll. BLACKSTEIN	
Notocelia roborana (D. et S., 1775)									KARISCH 1994a	
Notocelia trimaculana (HAWORTH, 1811)									KARISCH 1994a	
Notocelia uddmanniana (L., 1758)									KARISCH 1993	
Notodonta dromedarius (L., 1767)		h							SCHI. 1987	Erlenzahnspinner, Dromedarspinner
Notodonta torva (HÜBNER, 1809)		ss				2			SCHI. 1987	*tritophus* sensu ESPER, 1786
Notodonta tritophus (D. et S., 1775)		h				P			SCHI. 1987	*phoebe* SIEBERT, 1790
Notodonta ziczac (L., 1758)		h							SCHI. 1987	Zickzackspinner
Nudaria mundana (L., 1761)	H,B	s				1			SCHMIDT 1991	
Nyctegretis lineana (SCOPOLI, 1786)									G.P. 1985	*achatinella* HÜBNER, 1824
Nycteola asiatica (KRULIKOVSKY, 1904)								G	HEINICKE 1993	
Nycteola degenerana (HÜBNER, 1799)		A				0	§		HEINICKE 1993	
Nycteola revayana (SCOPOLI, 1772)		v				P			HEINICKE 1993	
Nymphalis antiopa (L., 1758)		v				P	§		REINH. 1983	Trauermantel
Nymphalis polychloros (L., 1758)		v	↘			3	§		REINH. 1983	Großer Fuchs
Nymphalis xanthomelas (ESPER, 1781)		A					§	G	REINH. 1983	Östlicher Großer Fuchs
Nymphula stagnata (DONOVAN, 1806)									RINNHOFER 1988	
Ochlodes venata (BREMER et GREY, 1853)		h							REINH. 1983	*sylvanus* ESPER, 1779; Rostfarbiger Dickkopffalter
Ochromolopis ictella (HÜBNER, 1813)									GAEDIKE 1968	
Ochropacha duplaris (L., 1761)		v							HEINZE 1995	
Ochropleura plecta (L., 1761)		h							HEINICKE 1993	
Ochsenheimeria taurella (D. et S., 1775)									G.H. 1999	
Ochsenheimeria urella FISCHER VON RÖSLERSTAMM, 1842									G.H. 1999	
Ochsenheimeria vacculella FISCHER VON RÖSLERSTAMM, 1842									G.H. 1999	

Schmetterlinge (Lepidoptera)

Art	BR	BS	BE	UV	SM	RL	Ges.	Bm	Nachweis	Synonym, Deutscher Name
Ocneria rubea (D. et S., 1775)		A						§	1998 SCHMIDT	Rostspinner
Ocnerostoma friesei SVENSSON, 1966									G.H. 1999	
Ocnerostoma piniariella ZELLER, 1847									G.H. 1999	
Odezia atrata (L., 1758)	T,H B	ss s				P			HEINZE 1997	Schwarzspanner
Odonestis pruni (L., 1758)		s					3		BERGM. 1953	Pflaumenglucke, Feuerglucke
Odontopera bidentata (CLERCK, 1759)	T,H B	s h							KARISCH 1995	Doppelzahnspanner
Odontosia carmelita (ESPER, 1799)		v				P			SCHI. 1987	
Oegoconia deauratella (HERRICH-SCHÄFFER, 1854)									G.H. 1999	
Oegoconia quadripuncta (HAWORTH, 1828)									RAPP 1936	
Oecophora bractella (L., 1758)									coll. D	
Oidaematophorus lithodactyla (TREITSCHKE, 1833)							1		SUTTER 1991a	
Olethreutes arcuella (CLERCK, 1759)									KARISCH 1993	
Oligia fasciuncula (HAWORTH, 1809)		h							HEINICKE 1993	
Oligia latruncula (D. et S., 1775)		h							HEINICKE 1993	
Oligia strigilis (L., 1758)		h							HEINICKE 1993	Halmeulchen
Oligia versicolor (BORKHAUSEN, 1792)		v							HEINICKE 1993	
Olindia schumacherana (F., 1787)									RAPP 1936	
Oncocera semirubella (SCOPOLI, 1763)									G.P. 1985	
Operophtera brumata (L., 1758)		h							coll. D	Gemeiner Frostspanner
Operophtera fagata (SCHARFENBERG, 1805)	H,B	v							coll. D	Buchenfrostspanner
Opigena polygona (D. et S., 1775)		v							HEINICKE 1993	
Opisthograptis luteolata (L., 1758)		h							coll. D	Gelbspanner
Opsibotys fuscalis (D. et S., 1775)									GAEDIKE 1980	
Opostega salaciella (TREITSCHKE, 1833)									G.H. 1999	
Orgyia antiqua (L., 1758)		h							HEINZE 1993	Bürstenbinder
Orgyia recens (HÜBNER, 1819)		ss					2	§	BERGM. 1953	*gonostigma* auct. Eckfleck
Oria musculosa (HÜBNER, 1808)	H,B	v				P			HEINICKE 1993	
Ornixola caudulatella (ZELLER, 1839)									PATZAK 1986	
Ortholepis betulae (GOEZE, 1778)									G.P. 1985	
Orthonama vittata (BORKHAUSEN, 1794)		v					3		coll. D	*lignata* HÜBNER, 1799
Orthopygia glaucinalis (L., 1758)									RINNHOFER 1975	
Orthosia cerasi (F., 1775)		h							HEINICKE 1993	*stabilis* D. et S., 1775; Gemeine Kätzcheneule
Orthosia cruda (D. et S., 1775)		h							HEINICKE 1993	*pulverulenta* ESPER, 1786, Kleine Kätzcheneule

Schmetterlinge (Lepidoptera)

Art	BR	BS	BE	UV	SM	RL	Ges.	Bm	Nachweis	Synonym, Deutscher Name
Orthosia gothica (L., 1758)		h							Heinicke 1993	
Orthosia gracilis (D. et S., 1775)		h							Heinicke 1993	
Orthosia incerta (Hufnagel, 1766)		h							Heinicke 1993	
Orthosia miniosa (D. et S., 1775)	T,H	v				3			Heinicke 1993	
Orthosia munda (D. et S., 1775)		v							Heinicke 1993	
Orthosia opima (Hübner, 1809)		ss				1			Heinicke 1993	Moorheiden-Frühlingseule
Orthosia populeti (F., 1781)		v							Heinicke 1993	*populi* Ström, 1783
Orthotaelia sparganella (Thunberg, 1794)									G.H. 1999	
Orthotaenia undulana (D. et S., 1775)									Richter 1849	
Ostrinia nubilalis (Hübner, 1796)		h							Gaedike 1980	Maiszünsler
Ostrinia palustralis (Hübner, 1796)	T	s							Gaedike 1980	
Ourapteryx sambucaria (L., 1758)		h							coll. D	Nachtschwalben-schwanz
Ovendenia lienigianus (Zeller, 1852)						2			Sutter 1991a	
Oxyptilus chrysodactylus (D. et S., 1775)									Sutter 1991a	
Oxyptilus distans (Zeller, 1847)						1			Sutter 1991a	
Oxyptilus parvidactylus (Haworth, 1811)									Sutter 1991a	
Oxyptilus pilosellae (Zeller, 1841)									Sutter 1991a	
Oxyptilus tristis (Zeller, 1839)						1			Sutter 1991a	
Pachetra sagittigera (Hufnagel, 1766)		h							Heinicke 1993	*fulminea* F., 1777
Pachycnemia hippocastanaria (Hübner, 1799)	T,H	s				2			coll. D	
Pachythelia villosella (Ochsenheimer, 1810)						1			1992 Weidlich	
Palpita unionalis (Hübner, 1796)									Gaedike 1980	
Pammene albuginana (Guenée, 1845)									G.H. 1999	
Pammene argyrana (Hübner, 1799)									Karisch 1994a	
Pammene aurana (F., 1775)									coll. Sutter	
Pammene aurita Razowski, 1992									coll. Jung	*aurantiana* Staudinger, 1871
Pammene fasciana (L., 1761)									Patzak 1965	
Pammene gallicana (Guenée, 1845)									coll. Jung	
Pammene gallicolana (Zeller, 1846)									Bauer 1917	
Pammene germmana (Hübner, 1799)									Richter 1849	
Pammene inquilana Fletcher, 1938									coll. Sutter	
Pammene obscurana (Stephens, 1834)									coll. Sutter	
Pammene regiana (Zeller, 1849)									coll. Sutter	
Pammene rhediella (Clerck, 1759)									Karisch 1993	
Pammene spiniana (Duponchel, 1843)									Richter 1849	
Pammene splendidulana (Guenée, 1845)									Bauer 1917	

Art	BR	BS	BE	UV	SM	RL	Ges.	Bm	Nachweis	Synonym, Deutscher Name
Pammene suspectana (LIENIG et ZELLER, 1846)									coll. SUTTER	
Pancalia leuwenhoekella (L., 1761)									G.H. 1999	
Pancalia schwarzella (F., 1798)									G.H. 1999	*latreillella* CURTIS, 1830
Pandemis cerasana (HÜBNER, 1786)		h							GAEDIKE 1990	
Pandemis cinnamomeana (TREITSCHKE, 1830)									GAEDIKE 1990	
Pandemis corylana (F., 1794)		h							GAEDIKE 1990	
Pandemis dumetana (TREITSCHKE, 1835)									GAEDIKE 1990	
Pandemis heparana (D. et S., 1775)		h							GAEDIKE 1990	
Panemeria tenebrata (SCOPOLI, 1763)		h							HEINICKE 1993	
Panolis flammea (D. et S., 1775)		h							HEINICKE 1993	Kieferneule, Forleule
Panthea coenobita (ESPER, 1785)	T H,B	s v				3			H.N. 1980-1982	Klosterfrau, Mönch
Papestra biren (GOEZE, 1781)	T,H B	ss v				2			H.N. 1980-1982	*glauca* HÜBNER, 1809
Papilio machaon L., 1758		h						§	REINH., KAMES 1982	Schwalbenschwanz
Parachronistis albiceps (ZELLER, 1839)									G.H. 1999	
Paracolax tristalis (F., 1794)		v				3			HEINICKE 1993	*derivalis* HÜBNER, 1796; *glaucinalis* auct.
Paracorsia repandalis (D.et S., 1775)									GAEDIKE 1980	
Paradiarsia glareosa (ESPER, 1788)	T	s				3			HEINICKE 1993	
Paradrina clavipalps (SCOPOLI, 1763)		v							HEINICKE 1993	Eindringling
Paradrina selini (BOISDUVAL, 1840)		v							HEINICKE 1993	
Paralispa gularis (ZELLER, 1877)									PETERSEN 1973	Samenzünsler
Paramesia gnomana (CLERCK, 1759)									GAEDIKE 1990	
Paranthrene tabaniformis (ROTTEMBURG, 1775)									BERGM. 1953	Bremsenschwärmer
Parapoynx stratiotata (L., 1758)									RINNHOFER 1988	
Pararge aegeria (L., 1758)		v							REINH., KAMES 1982	Waldbrettspiel
Parascotia fuliginaria (L., 1761)		v							HEINICKE 1993	Pilzeule
Parasemia plantaginis (L., 1758)	H B	s v				3			SCHMIDT 1991	Wegerichbär
Parastichtis suspecta (HÜBNER, 1817)		v							HEINICKE 1993	*iners* TREITSCHKE, 1825
Parastichtis ypsillon (D. et S., 1775)		h							HEINICKE 1993	*fissipuncta* HAWORTH, 1809
Paraswammerdamia albicapitella (SCHARFENBERG, 1805)									G.H. 1999	
Paraswammerdamia lutarea (HAWORTH, 1828)									G.H. 1999	

Schmetterlinge (Lepidoptera)

Art	BR	BS	BE	UV	SM	RL	Ges.	Bm	Nachweis	Synonym, Deutscher Name
Paratalanta hyalinalis (HÜBNER, 1796)									GAEDIKE 1980	
Paratalanta pandalis (HÜBNER, 1825)									GAEDIKE 1980	
Parectopa ononidis (ZELLER, 1839)									PATZAK 1986	
Pareulype berberata (D. et S., 1775)		v							BUSCHENDORF, KLOTZ 1995	
Parnassius mnemosyne (L., 1758)	H,B	ss	ᘑ		m,t	1	§,BK FFH4		REINH., KAMES 1982	Schwarzer Apollo
Parocneria detrita (ESPER, 1785)	T,H	ss				1	§		BERGM. 1953	Rußspinner
Parornix anglicella (STAINTON, 1850)									PATZAK 1986	
Parornix anguliferella (ZELLER, 1847)									PATZAK 1986	
Parornix betulae (STAINTON, 1854)									PATZAK 1986	
Parornix carpinella (FREY, 1861)									PATZAK 1986	
Parornix devoniella (STAINTON, 1850)									PATZAK 1986	
Parornix fagivora (FREY, 1861)									PATZAK 1986	
Parornix finitimella (ZELLER, 1850)									PATZAK 1986	
Parornix scoticella (STAINTON, 1850)									PATZAK 1986	
Parornix torquillella (ZELLER, 1850)									PATZAK 1986	
Pechipogo strigilata (L., 1758)		v							HEINICKE 1993	*barbalis* CLERCK, 1759
Pediasia aridella (THUNBERG, 1788)									P. et AL. 1973	
Pediasia contaminella (HÜBNER, 1796)									P. et AL. 1973	
Pediasia fascelinella (HÜBNER, 1813)									P. et AL. 1973	
Pediasia luteella (D. et S., 1775)									P. et AL. 1973	
Pelochrista caecimaculana (HÜBNER, 1799)									BAUER 1917	
Pelochrista decolorana (FREYER, 1840)									KARISCH 1994a	
Pelochrista infidana (HÜBNER, 1824)									coll. SUTTER	
Pelochrista mollitana (ZELLER, 1847)									BAUER 1917	*commodestana* RÖSSLER, 1877
Pelosia muscerda (HUFNAGEL, 1766)	T	v				2			SCHMIDT 1991	
Pelosia obtusa (HERRICH-SCHÄFFER, 1847)	T	ss				2			SCHMIDT 1991	
Pelurga comitata (L., 1758)		h							coll. D	Meldenspanner
Pempelia obductella (ZELLER, 1839)									G.P. 1985	
Pempelia palumbella (D.et S., 1775)									G.P. 1985	
Pempeliella dilutella (HÜBNER, 1796)									G.P. 1985	
Pempeliella ornatella (D.et S., 1775)									G.P. 1985	
Pennisetia hylaeiformis (LASPEYRES, 1801)									BERGM. 1953	Himbeerglasflügler
Pennithera firmata (HÜBNER, 1822)	T	ss				0			HEINZE 1997	
Perconia strigillaria (HÜBNER, 1787)	T,H	ss				2			KELLNER 1995	
Peribatodes rhomboidaria (D. et S., 1775)		h							BERGM. 1955	
Peribatodes secundaria (D. et S., 1775)	T,H B	s h							KARISCH 1995	
Pericallia matronula (L., 1758)		A				0	§		SCHMIDT 1991	Augsburger Bär

Art	BR	BS	BE	UV	SM	RL	Ges.	Bm	Nachweis	Synonym, Deutscher Name
Periclepsis cinctana (D.et S., 1775)									GAEDIKE 1990	
Peridea anceps (GOEZE, 1781)		h							SCHI. 1987	Eichenzahnspinner
Peridroma saucia (HÜBNER, 1808)								G	HEINICKE 1993	
Perinephela lancealis (D.et S., 1775)									GAEDIKE 1980	
Periphanes delphinii (L., 1758)	H	ss				1	§		HEINICKE 1993	Rittersporneule
Perizoma affinitata (STEPHENS, 1831)	H,B	s				3			1992 GELBRECHT	
Perizoma albulata (D. et S., 1775)		s							1992 GELBRECHT	
Perizoma alchemillatum (L., 1758)		h							coll. D	
Perizoma bifaciatum (HAWORTH, 1809)		ss				2			coll. D	
Perizoma blandiatum (D.et S., 1775)		s				1			coll. D	
Perizoma didymata (L., 1758)		h							coll. D.	
Perizoma flavofasciata (THUNBERG, 1792)		v							coll. D	
Perizoma hydrata (TREITSCHKE, 1829)		A				0			BERGM. 1955	
Perizoma lugdunaria (HERRICH-SCHÄFFER, 1855)	T	s				2			coll. D	
Perizoma minorata (TREITSCHKE, 1828)	H,B	ss				0			BERGM. 1955	
Perizoma parallelolineata (RETZIUS, 1783)		s				2			BERGM. 1955	
Perizoma sagittatum (F., 1787)	T	ss				1			KELLNER 1995	
Perizoma verberatum (SCOPOLI, 1763)	B	s				1			1992 GELBRECHT	
Petrophora chlorosata (SCOPOLI, 1763)		v							coll. D	
Pexicopia malvella (HÜBNER, 1805)									G.H. 1999	
Phalacropterix graslinella (BOISDUVAL, 1852)						0			1992 WEIDLICH	
Phalera bucephala (L., 1758)		h							SCHI. 1987	Mondvogel
Phalonidia affinitana (DOUGLAS, 1846)	T	A				0			coll. SOFFNER	
Phalonidia curvistrigana (STAINTON, 1859)		ss							coll. JUNG	
Phalonidia gilvicomana (ZELLER, 1847)		A				0			BAUER 1917	
Phalonidia manniana (FISCHER VON RÖSLERSTAMM, 1839)		v				P			coll. SUTTER	
Phaulernis fulviguttella (ZELLER, 1839)									GAEDIKE 1968	
Pheosia gnoma (F., 1777)		h							SCHI. 1987	*dictaeoides* ESPER, 1789 Birkenzahnspinner
Pheosia tremula (CLERCK, 1759)		h							SCHI. 1987	Pappelzahnspinner
Phiaris bipunctana (F., 1794)									RAPP 1936	
Phiaris metallicana (HÜBNER, 1799)									RICHTER 1849	
Phiaris miccana (D. et S., 1775)									RAPP 1936	*olivana* TREITSCHKE, 1830
Phiaris palustrana (LIENIG et ZELLER, 1846)									coll. SUTTER	
Phiaris schulziana (F., 1777)									RAPP 1936	

Art	BR	BS	BE	UV	SM	RL	Ges.	Bm	Nachweis	Synonym, Deutscher Name
Phiaris stibiana (GUENÉE, 1845)									G.H. 1999	
Phiaris umbrosana (FREYER, 1842)									G.H. 1999	
Phibalapteryx virgata (HUFNAGEL, 1767)	H	s				2			coll. D	
Philedone gerningana (D.et S., 1775)									GAEDIKE 1990	
Philereme transversata (HUFNAGEL, 1767)		v							coll. D	Kreuzdornspanner
Philereme vetulata (D. et S., 1775)		v							coll. D	
Phlogophora meticulosa (L., 1758)		h							HEINICKE 1993	Achateule
Phlogophora scita (HÜBNER, 1790)	B	ss				1			HEINICKE 1993	Smaragdeule
Phlyctaenia coronata (HUFNAGEL, 1767)									GAEDIKE 1980	
Phlyctaenia perlucidalis (HÜBNER, 1809)									GAEDIKE 1980	
Phlyctaenia stachydalis (GERMAR, 1821)									GAEDIKE 1980	
Photedes captiuncula (TREITSCHKE, 1825)	H,B	s				P			HEINICKE 1993	Grashalden-Haineulchen
Photedes minima (HAWORTH, 1809)		v				3			HEINICKE 1993	Schmieleneule
Phragmataecia castaneae (HÜBNER, 1790)	T,H	s				3			SCHMIDT 1991	Rohrbohrer
Phragmatobia fuliginosa (L., 1758)		h							SCHMIDT 1991	Rostbär, Zimtbär
Phragmatobia luctifera (D. et S., 1775)		s				2			SCHMIDT 1991	*caesarea* GOEZE, 1781; Kaiserbär
Phragmitiphila nexa (HÜBNER, 1808)	T	s				2			HEINICKE 1993	Wasserschwaden-Röhrichteule
Phtheochroa rugosana (HÜBNER, 1799)		s				2			coll. D	
Phycita roborella (D. et S., 1775)		h							G.P. 1985	
Phycitodes albatella pseudonimbella (BENTINCK, 1936)									G.P. 1985	
Phycitodes binaevella (HÜBNER, 1813)									G.P. 1985	
Phycitodes maritima (TENGSTRÖM, 1848)									P.G. 1987	*carlinella* HEINEMANN, 1865
Phyllocnistis saligna (ZELLER, 1839)									BAUER 1917	
Phyllocnistis unipunctella (STEPHENS, 1834)									G.H. 1999	
Phyllodesma ilicifolia (L., 1758)		A				0	§		GROSSER et al. 1993	Blaubeerglucke, Weidenglucke
Phyllodesma tremulifolia (HÜBNER, 1810)		v				3	§		BERGM. 1953	Eichenglucke
Phyllonorycter acerifoliella (ZELLER, 1839)									G.H. 1999	*sylvella* HAWORTH, 1828
Phyllonorycter blancardella (F., 1781)									G.H. 1999	
Phyllonorycter cavella (ZELLER, 1846)									G.H. 1999	
Phyllonorycter connexella (ZELLER, 1846)									G.H. 1999	

Art	BR	BS	BE	UV	SM	RL	Ges.	Bm	Nachweis	Synonym, Deutscher Name
Phyllonorycter coryli (Nicelli, 1851)									G.H. 1999	
Phyllonorycter corylifoliella (Hübner, 1796)									G.H. 1999	
Phyllonorycter cydoniella (D. et S., 1775)									G.H. 1999	
Phyllonorycter dubitella (Herrich-Schäffer, 1855)									G.H. 1999	
Phyllonorycter emberizaepenella (Bouché, 1834)									G.H. 1999	
Phyllonorycter esperella (Goeze, 1783)									G.H. 1999	
Phyllonorycter froelichiella (Zeller, 1839)									G.H. 1999	
Phyllonorycter geniculella (Ragonot, 1874)									G.H. 1999	
Phyllonorycter harrisella (L., 1761)									G.H. 1999	
Phyllonorycter hilarella (Zetterstedt, 1839)									G.H. 1999	
Phyllonorycter heegeriella (Zeller, 1846)									G.H. 1999	
Phyllonorycter insignitella (Zeller, 1846)									G.H. 1999	
Phyllonorycter junoniella (Zeller, 1846)									Rapp 1936	
Phyllonorycter kleemannella (F., 1791)									G.H. 1999	
Phyllonorycter lantanella (Schrank, 1802)									Stange 1869	
Phyllonorycter lautella (Zeller, 1846)									G.H. 1999	
Phyllonorycter leucographella (Zeller, 1850)									G.H. 1999	
Phyllonorycter maestingella (Müller, 1764)									G.H. 1999	
Phyllonorycter mespilella (Hübner, 1805)									G.H. 1999	
Phyllonorycter muelleriella (Zeller, 1839)									G.H. 1999	
Phyllonorycter nicellii (Stainton, 1851)									Rapp, 1936	
Phyllonorycter nigrescentella (Logan, 1851)									G.H. 1999	
Phyllonorycter oxyacanthae (Frey, 1856)									G.H. 1999	
Phyllonorycter pastorella (Zeller, 1846)									G.H. 1999	
Phyllonorycter platani (Staudinger, 1870)									G.H. 1999	
Phyllonorycter populifoliella (Treitschke, 1833)									G.H. 1999	
Phyllonorycter quercifoliella (Zeller, 1839)									G.H. 1999	

Art	BR	BS	BE	UV	SM	RL	Ges.	Bm	Nachweis	Synonym, Deutscher Name
Phyllonorycter rajella (L., 1758)									G.H. 1999	
Phyllonorycter roboris (ZELLER, 1839)									G.H. 1999	
Phyllonorycter sagitella (BJERKANDER, 1790)									G.H. 1999	
Phyllonorycter salictella (ZELLER, 1846)									G.H. 1999	
Phyllonorycter saportella (DUPONCHEL, 1840)									G.H. 1999	*hortella* auct., nec F., 1794
Phyllonorycter schreberella (F., 1781)									G.H. 1999	
Phyllonorycter scopariella (ZELLER, 1846)									G.H. 1999	
Phyllonorycter sorbi (FREY, 1855)									G.H. 1999	
Phyllonorycter spinicolella (ZELLER, 1846)									G.H. 1999	*pomonella* auct., nec ZELLER, 1846; *deflexella* STAINTON, 1851; *cerasicolella* HERRICH-SCHÄFFER, 1855; *mahalebella* MÜHLIG, 1863
Phyllonorycter stettinensis (NICELLI, 1852)									G.H. 1999	
Phyllonorycter strigulatella (LIENIG et ZELLER, 1846)									G.H. 1999	
Phyllonorycter tenerella (DE JOANNIS, 1915)									G.H. 1999	
Phyllonorycter tristrigella (HAWORTH, 1828)									G.H. 1999	
Phyllonorycter ulmifoliella (HÜBNER, 1817)									G.H. 1999	
Phylloporia bistrigella (HAWORTH, 1828)									G.H. 1999	
Phymatopus hecta (L., 1758)		v				3			SCHMIDT 1991	
Phytometra viridaria (CLERCK, 1759)		s				2			HEINICKE 1993	
Pieris brassicae (L., 1758)		h							REINH., KAMES 1982	Großer Kohlweißling
Pieris napi (L.,1758)		h							REINH., KAMES 1982	Grünader-Weißling, Rapsweißling
Pieris rapae (L., 1758)		h							REINH., KAMES 1982	Kleiner Kohlweißling
Piniphila bifasciana (HAWORTH, 1811)									coll. D	*decrepitana* HERRICH-SCHÄFFER, 1848
Plagodis dolabraria (L., 1767)		v							coll. D	
Plagodis pulveraria (L., 1758)	H,B	v				P			BERGM. 1955	
Planeta pauperana (DUPONCHEL, 1842)									KARISCH 1993	
Platyptilia calodactyla (D. et S., 1775)						3			SUTTER 1991a	
Platyptilia capnodactyla (ZELLER, 1841)						P			SUTTER 1991a	
Platyptilia farfarella (ZELLER, 1867)									SUTTER 1991a	

Art	BR	BS	BE	UV	SM	RL	Ges.	Bm	Nachweis	Synonym, Deutscher Name
Platyptilia gonodactyla (D. et S., 1775)									Sutter 1991a	
Platyptilia nemoralis (Zeller, 1841)									Sutter 1991a	
Platyptilia pallidactyla (Haworth, 1811)									Sutter 1991a	
Platyptilia tetradactyla (L., 1758)									Sutter 1991a	*ochrodactyla* (D. et S., 1775)
Platytes alpinella (Hübner, 1813)									P. et al. 1973	
Platytes cerussella (D. et S., 1775)									P. et al. 1973	
Plebeius argus (L., 1758)		v				2		§	Reinh. 1983	Heidebläuling, Argus-Bläuling
Plebeius idas (L., 1761)		s				2		§	Reinh. 1983	Ginster-Bläuling
Plebeius optilete (Knoch, 1781)		A						§	Reinh. 1983	Hochmoor-Bläuling
Plemyria rubiginata (D.et S.,1775)		v							coll. D	
Pleuroptya ruralis (Scopoli, 1763)									Gaedike 1980	
Pleurota aristella schlaegeriella Zeller, 1887									coll. D	
Pleurota bicostella (Clerck, 1759)									coll. D	
Plodia interpunctella (Hübner, 1813)									G.P. 1985	Dörrobstmotte
Plusia festucae (L., 1758)		s							Heinicke 1993	
Plusia putnami gracilis (Lempke, 1966)		v							Heinicke 1993	
Plutella porrectella (L., 1758)									G.H. 1999	
Plutella xylostella (L., 1758)		h							coll. D	
Poecilocampa populi (L., 1758)		v							Bergm. 1953	Kleine Pappelglucke
Polia bombycina (Hufnagel, 1766)		h							Heinicke 1993	*advena* D. et S., 1775
Polia hepatica (Clerck, 1759)		v				3			Heinicke 1993	*tincta* Brahm, 1791
Polia nebulosa (Hufnagel, 1766)		h							Heinicke 1993	
Polychrysia moneta (F., 1787)		s				3			Heinicke 1993	Goldige Eisenhut-Höckereule
Polygonia c-album (L., 1758)		h	0						Reinh. 1983	C-Falter, Weißes C
Polymixis flavicincta (D.et S.,1775)		A				0			Heinicke 1993	
Polymixis gemmea (Treitschke, 1825)		v						§	Heinicke 1993	
Polymixis polymita (L., 1761)		A				0		§	Heinicke 1993	Olivbraune Steineule
Polymixis xanthomista (Hübner, 1819)		A				0			Heinicke 1993	
Polyommatus amandus (Schneider, 1792)	T	v	0			3		§	Reinh. 1983	Vogelwicken-Bläuling
Polyommatus bellargus (Rottemburg, 1775)		v				3		§	Reinh. 1983	Himmelblauer Bläuling
Polyommatus coridon (Poda, 1761)		v	♂			P		§	Reinh. 1983	Silbergrüner Bläuling
Polyommatus damon (D.et S.,1775)	H	A						§	Reinh. 1983	Weißdolch-Bläuling
Polyommatus daphnis (D. et S., 1775)		A						§	G	Reinh. 1983	*meleager* Esper, 1779 Zahnflügel-Bläuling
Polyommatus dorylas (D. et S., 1775)	H,B	s				2		§	Reinh. 1983	*hylas* Esper, 1793 Wundklee-Bläuling
Polyommatus icarus (Rottemburg, 1775)		h	0					§	Reinh. 1983	Gemeiner Bläuling, Hauhechel-Bläuling

Art	BR	BS	BE	UV	SM	RL	Ges.	Bm	Nachweis	Synonym, Deutscher Name
Polyommatus semiargus (ROTTEMBURG, 1775)		v				3	§		REINH. 1983	Rotklee-Bläuling
Polyommatus thersites (CANTENER, 1834)		s					§		REINH. 1983	Esparsetten-Bläuling
Polyploca ridens (F., 1787)	T	s				3			BERGM. 1953	
Polypogon tentacularia (L., 1758)		v							HEINICKE 1993	
Pontia edusa (F., 1777)		v							REINH., KAMES 1982	Resedaweißling
Porrittia galactodactyla (D. et S., 1775)						0			SUTTER 1991a	
Povolnya leucapennella (STEPHENS, 1835)									PATZAK 1986	
Prays fraxinella (BJERKANDER, 1784)									G.H. 1999	
Prays ruficeps (HEINEMANN, 1870)									G.H. 1999	
Prochoreutis myllerana (F., 1794)									coll. D	
Prodotis stolida (F., 1775)								G	HEINICKE 1993	
Prolita sexpunctella (F., 1794)									RAPP 1936	*virgella* THUNBERG, 1794
Prolita solutella (ZELLER, 1839)									STANGE 1869	
Proserpinus proserpina (PALLAS, 1772)		v				3	§,BK FFH4		BERGM. 1953	Nachtkerzen-schwärmer
Protodeltote pygarga (HUFNAGEL, 1766)		h							HEINICKE 1993	
Protolampra sobrina (DUPONCHEL, 1843)		ss				1			HEINICKE 1993	
Proutia betulina (ZELLER, 1839)									1992 WEIDLICH	
Psammotis pulveralis (HÜBNER, 1796)									GAEDIKE 1980	
Pseudargyrotoza conwagana (F., 1775)									GAEDIKE 1990	
Pseudatemelia elsae SVENSSON, 1982									G.H. 1999	
Pseudatemelia flavifrontella (D. et S., 1775)									BAUER 1917	
Pseudatemelia josephinae (TOLL, 1956)									G.H. 1999	
Pseudeustrotia candidula (D. et S., 1775)		A				0			HEINICKE 1993	
Pseudohadena immunda (EVERSMANN, 1842)								G	HEINICKE 1993	
Pseudohermenias abietana (F., 1787)									KARISCH 1992	
Pseudoips prasinana (L., 1758)		v				3			HEINICKE 1993	*fagana* F., 1781 Kleiner Kahnspinner, Jägerhütchen
Pseudopanthera macularia (L., 1758)	T H,B	s v							BERGM. 1955	Pantherspanner
Pseudophilotes baton (BERGSTRÄSSER, 1779)	H	s				3	§		REINH. 1983	Graublauer Bläuling
Pseudopostega crepusculella (ZELLER, 1839)									G.H. 1999	

Art	BR	BS	BE	UV	SM	RL	Ges.	Bm	Nachweis	Synonym, Deutscher Name
Pseudosciaphila branderiana (L., 1758)									RAPP 1936	
Pseudoswammerdamia combinella (HÜBNER, 1786)									G.H. 1999	
Pseudotelphusa scalella (SCOPOLI, 1763)									G.H. 1999	
Pseudoterpna pruinata (HUFNAGEL, 1767)		v							coll. D	
Psoricoptera gibbosella (ZELLER, 1839)									G.H. 1999	
Psyche casta (PALLAS, 1767)									1992 WEIDLICH	Gemeiner Sackträger
Psyche crassiorella (BRUAND, 1851)							2		1992 WEIDLICH	
Pterapherapteryx sexalata (RETZIUS, 1783)		v							coll. D	
Pterophorus pentadactyla (L., 1758)									SUTTER 1991a	
Pterostoma palpinum (CLERCK, 1759)		h							SCHI. 1987	Schnauzenspinner
Pterotopteryx dodecadactyla (HÜBNER, 1813)									SUTTER 1990	
Ptilocephala muscella (D. et S., 1775)									SOBCZYK 1998	
Ptilodon capucina (L., 1758)		h							SCHI. 1987	*camelina* L., 1758 Kamelspinner
Ptilodon cucullina (D. et S., 1775)		v							SCHI. 1987	*cuculla* ESPER, 1786 Ahornspinner
Ptilophora plumigera (D.et S., 1775)	H,B	s					P		SCHI. 1987	
Ptocheuusa inopella (ZELLER, 1839)									G.H. 1999	
Ptycholoma lecheana (L., 1758)									GAEDIKE 1990	
Ptycholomoides aeriferanus (HERRICH-SCHÄFFER, 1851)									GAEDIKE 1990	
Puengeleria capreolaria (D. et S., 1775)	B	s					1		KARISCH 1995	
Pyla fusca (HAWORTH, 1811)									G.P. 1985	
Pyralis farinalis (L., 1758)									RINNHOFER 1975	Mehlzünsler
Pyrausta aerealis (HÜBNER, 1793)									GAEDIKE 1980	
Pyrausta aurata (SCOPOLI, 1763)									GAEDIKE 1980	
Pyrausta cingulata (L., 1758)									GAEDIKE 1980	
Pyrausta despicata (SCOPOLI, 1763)									GAEDIKE 1980	*caespitalis* D. et S., 1775
Pyrausta nigrata (SCOPOLI, 1763)									GAEDIKE 1980	
Pyrausta obfuscata (SCOPOLI, 1763)									GAEDIKE 1980	
Pyrausta porphyralis (D.et S., 1775)									GAEDIKE 1980	
Pyrausta purpuralis (L., 1758)									GAEDIKE 1980	
Pyrausta sanguinalis (L., 1767)									GAEDIKE 1980	
Pyrgus amoricanus (OBERTHÜR, 1910)	H	ss					0	§	REINH. 1983	Zweibrütiger Würfel-Dickkopffalter
Pyrgus carthami (HÜBNER, 1813)	H	ss					1	§	REINH. 1983	Steppenheide-Würfel-Dickkopffalter
Pyrgus malvae (L., 1758)		v					P	§	REINH. 1983	Kleiner Würfel-Dickkopffalter
Pyrgus serratulae (RAMBUR, 1840)	H	s					2	§	REINH. 1983	Schwarzbrauner Würfel-Dickkopffalter

Art	BR	BS	BE	UV	SM	RL	Ges.	Bm	Nachweis	Synonym, Deutscher Name
Pyrgus trebevicensis (WARREN, 1926)		ss					§		1997 SCHÖNBORN	Warrens Würfel-Dickkopffalter
Pyronia tithonus (L., 1771)	T	s				2			REINH., KAMES 1982	Rostbraunes Ochsenauge
Pyrrhia umbra (HUFNAGEL, 1766)		v							HEINICKE 1993	
Recurvaria leucatella (CLERCK, 1759)									G.H. 1999	
Recurvaria nanella (D. et S., 1775)									G.H. 1999	
Retinia resinella (L., 1758)									RAPP 1936	Kiefernharzgallenwickler
Rhagades pruni (D. et S., 1775)		v				3	§		KEIL 1993	
Rheumaptera cervinalis (SCOPOLI, 1763)		s							KELLNER 1995	Berberitzenspanner
Rheumaptera hastata (L., 1758)		ss				2			BERGM. 1955	Speerspitzenspanner, Lanzenspanner
Rheumaptera subhastata (NOLCKEN, 1870)	B	ss				0			BERGM. 1955	
Rheumaptera undulata (L., 1758)		v							KELLNER 1995	Wellenspanner
Rhigognostis annulatella (CURTIS, 1832)									G.H. 1999	
Rhigognostis incarnatella (STEUDEL, 1873)									G.H. 1999	
Rhinoprora chloerata (MABILLE, 1870)		s							BERGM. 1955	
Rhinoprora debiliata (HÜBNER, 1817)		s				3			BERGM. 1955	
Rhinoprora rectangulata (L., 1758)		h							coll. D	
Rhizedra lutosa (HÜBNER, 1803)	T,H	h							HEINICKE 1993	
Rhodometra sacraria (L., 1767)								G	GELBRECHT MÜLLER, 1986	
Rhodostrophia vibicaria (CLERCK, 1759)		v							coll. D	Rotbandspanner
Rhopobota myrtillana (HUMPHREYS et WESTWOOD, 1845)									RAPP 1936	*vacciniana* LIENIG et ZELLER, 1846
Rhopobota naevana (HÜBNER, 1817)									RICHTER 1849	*unipunctana* HAWORTH, 1811
Rhopobota stagnana (D.et S., 1775)									coll. D	
Rhopobota ustomaculana (CURTIS, 1831)									RAPP 1936	
Rhyacia lucipeta (D. et S., 1775)	H,B	ss				1			HEINICKE 1993	Glänzende Erdeule
Rhyacia simulans (HUFNAGEL, 1766)		v							HEINICKE 1993	
Rhyacionia buoliana (D.et S.,1775)									BAUER 1917	Kieferntriebwickler
Rhyacionia duplana (HÜBNER, 1813)									BAUER 1917	
Rhyacionia pinicolana (DOUBLEDAY, 1849)									PATZAK 1965	
Rhyacionia pinivorana (LIENIG et ZELLER, 1846)									coll. SUTTER	
Rhyparia purpurata (L., 1758)		v				3	§		SCHMIDT 1991	Purpurbär
Rivula sericealis (SCOPOLI, 1763)		h							HEINICKE 1993	Seideneulchen

Art	BR	BS	BE	UV	SM	RL	Ges.	Bm	Nachweis	Synonym, Deutscher Name
Roeslerstammia pronubella (D. et S., 1775)									G.H. 1999	
Rusina ferruginea (ESPER, 1785)		h							HEINICKE 1993	Schatteneule
Sabra harpagula (ESPER, 1786)		s				3			SCHMIDT 1991	
Salebriopsis albicilla (HERRICH-SCHÄFFER, 1849)									G.P. 1985	
Saturnia pavonia (L., 1758)	T,H B	v s					P		BERGM. 1953	Kleines Nacht-pfauenauge
Satyrium ilicis (ESPER, 1779)		s				1			REINH. 1983	Brauner Eichen-Zipfelfalter
Satyrium pruni (L., 1758)		s				3			REINH. 1983	Pflaumen-Zipfelfalter
Satyrium spini (D. et S., 1775)		s				2			REINH. 1983	Schlehen-Zipfelfalter
Satyrium w-album (KNOCH, 1782)		s				3			REINH. 1983	Weißes W, Ulmen-Zipfelfalter
Scardia tessulatella (LIENIG et ZELLER, 1846)									PETERSEN 1969	
Schiffermuelleria schaefferella (L., 1758)									G.H. 1999	
Schinia scutosa (D. et S., 1775)								G	HEINICKE 1993	
Schoenobius gigantella (D. et S., 1775)									RINNHOFER 1988	
Schrankia costaestrigalis (STEPHENS, 1834)	T,H	ss				1			HEINICKE 1993	
Schrankia taenialis (HÜBNER, 1809)	H	s				2			HEINICKE 1993	
Sciota adelphella (FISCHER VON RÖSLERSTAMM, 1836)									G.P. 1985	
Sciota hostilis (STEPHENS, 1834)									G.P. 1985	
Sciota rhenella (ZINCKEN, 1818)									G.P. 1985	
Scoliopteryx libatrix (L., 1758)		h							HEINICKE 1993	Krebssuppe, Zimteule
Scolitantides orion (PALLAS, 1771)	H,B	A				0		§	REINH. 1983	Fetthennen-Bläuling
Scoparia ambigualis (TREITSCHKE, 1829)									RINNHOFER 1980	
Scoparia ancipitella (LA HARPE, 1855)									RINNHOFER 1980	*ulmella* KNAGGS, 1867
Scoparia basistrigalis KNAGGS, 1866									RINNHOFER 1980	
Scoparia pyralella (D. et S., 1775)									RINNHOFER 1980	
Scoparia subfusca HAWORTH, 1811									RINNHOFER 1980	
Scopula decorata (D. et S., 1775)		ss				0		§	BERGM. 1955	Thymian-Steppenrasenspanner
Scopula floslactata (HAWORTH, 1809)		v							coll. D	
Scopula immorata (L., 1758)		h							coll. D	
Scopula immutata (L., 1758)		h							coll. D	
Scopula incanata (L., 1758)		h							coll. D	
Scopula marginepunctata (GOEZE, 1781)		h							coll. D	
Scopula nemoraria (HÜBNER, 1799)		A				0			BERGM. 1955	
Scopula nigropunctata (HUFNAGEL, 1767)		v							coll. D	
Scopula ornata (SCOPOLI, 1763)		v				3			coll. D	

Art	BR	BS	BE	UV	SM	RL	Ges.	Bm	Nachweis	Synonym, Deutscher Name
Scopula rubiginata (HUFNAGEL, 1767)		v							coll. D	
Scopula ternata (SCHRANK, 1802)	H,B	s				P			KARISCH 1995	
Scopula umbelaria (HÜBNER, 1813)	H	ss				2			BERGM. 1955	
Scopula virgulata (D. et S., 1775)		A				0			KELLNER 1995	
Scotopteryx bipunctaria (D. et S., 1775)	H	v				P			PATZAK 1969	
Scotopteryx chenopodiata (L., 1758)		h							coll. D	
Scotopteryx coarctaria (D. et S., 1775)	T	ss				1	§		1992 GELBRECHT	Ginsterheiden-Wellenstriemenspanner
Scotopteryx luridata (HUFNAGEL, 1767)		s							coll. D	*plumbaria* F., 1775
Scotopteryx moeniata (SCOPOLI, 1763)	T	s				2			coll. D	
Scotopteryx mucronata (SCOPOLI, 1763)		v							coll. D	
Scrobipalpa acuminatella (SIRCOM, 1850)									G.H. 1999	
Scrobipalpa artemisiella (TREITSCHKE, 1833)									G.H. 1999	
Scrobipalpa atriplicella (FISCHER VON RÖSLERSTAMM, 1841)									G.H. 1999	
Scrobipalpa nitentella (FUCHS, 1902)									G.H. 1999	
Scrobipalpa obsoletella (FISCHER VON RÖSLERSTAMM, 1841)									G.H. 1999	
Scrobipalpa pauperella (HEINEMANN, 1870)									G.H. 1999	
Scrobipalpa proclivella (FUCHS, 1886)									G.H. 1999	
Scrobipalpa psilella (HERRICH-SCHÄFFER, 1854)									STANGE 1869	
Scrobipalpa salinella (ZELLER, 1847)									G.H. 1999	
Scrobipalpa tussilaginis (FREY, 1867)									G.H. 1999	
Scythris bifissella (HOFMANN, 1889)									SUTTER 1994a	
Scythris braschiella (HOFMANN, 1897)									SUTTER 1994a	
Scythris cicadella (ZELLER, 1839)									SUTTER 1994a	
Scythris cuspidella (D. et S., 1775)									SUTTER 1994a	
Scythris dissimilella (HERRICH-SCHÄFFER, 1855)									SUTTER 1994a	
Scythris fallacella (SCHLÄGER, 1847)									SUTTER 1994a	
Scythris flavilaterella (FUCHS, 1886)									G.H. 1999	
Scythris inspersella (HÜBNER, 1817)									SUTTER 1994a	
Scythris knochella (F., 1794)									SUTTER 1994a	
Scythris laminella (D. et S., 1775)									SUTTER 1994a	
Scythris limbella (F., 1775)									SUTTER 1994a	*chenopodiella* HÜBNER, 1813
Scythris noricella (ZELLER, 1843)	.								SUTTER 1994a	

Art	BR	BS	BE	UV	SM	RL	Ges.	Bm	Nachweis	Synonym, Deutscher Name
Scythris picaepennis (HAWORTH, 1828)									SUTTER 1994a	
Scythris potentillella (ZELLER, 1847)									SUTTER 1994a	
Scythris scopolella (L., 1767)									G.H. 1999	*trigutella* DUPONCHEL, 1839
Sedina buettneri (E. HERING, 1858)	T	ss				1			HEINICKE 1993	Büttners Schrägflügeleule
Selagia argyrella (D. et S., 1775)									G.P. 1985	
Selagia spadicella (HÜBNER, 1796)									G.P. 1985	
Selenia dentaria (F., 1775)		h							coll. D	*bilunaria* ESPER, 1795
Selenia lunularia (HÜBNER, 1788)	H	s				3			PATZAK 1969	*lunaria* D. et S., 1775
Selenia tetralunaria (HUFNAGEL, 1767)		h							coll. D	Mondfleckspanner
Selenodes karelica (TENGSTRÖM, 1845)									RAPP 1936	*textana* FRÖLICH, 1828
Semioscopis oculella (THUNBERG, 1794)									G.H. 1999	
Semioscopis steinkellneriana (D. et S., 1775)									G.H. 1999	
Sesia apiformis (CLERCK, 1759)									BERGM. 1953	Hornissenschwärmer
Sesia bembeciformis (HÜBNER, 1806)									BERGM. 1953	*crabroniformis* LEWIN, 1797
Sesia melanocephala DALMAN, 1816									BERGM. 1953	
Setina irrorella (L., 1758)		v				3		§	SCHMIDT 1991	
Shargacucullia lychnitis (RAMBUR, 1833)		A				0		§	HEINICKE 1993	
Shargacucullia scrophulariae (D. et S., 1775)		s				1		§	HEINICKE 1993	
Shargacucullia verbasci (L., 1758)		v				P		§	HEINICKE 1993	Brauner Mönch
Sideridis albicolon (HÜBNER, 1813)		v				3			HEINICKE 1993	
Siederia pineti (ZELLER, 1852)						P			1992 WEIDLICH	
Simyra albovenosa (GOEZE, 1781)		v							HEINICKE 1993	Goezes Röhrichteule
Simyra nervosa (D. et S., 1775)		ss				1		§	HEINICKE 1993	Weißgraue Schrägflügeleule
Siona lineata (SCOPOLI, 1763)		v							coll. D	
Sitochroa palealis (D. et S., 1775)									GAEDIKE 1980	
Sitochroa verticalis (L., 1758)									GAEDIKE 1980	
Smerinthus ocellata (L., 1758)		h							BERGM. 1953	Abendpfauenauge
Sophronia humerella (D. et S., 1775)									BAUER 1917	
Sophronia semicostella (HÜBNER, 1813)									G.H. 1999	
Sophronia sicariella (ZELLER, 1839)									G.H. 1999	
Sorhagenia lophyrella (DOUGLAS, 1846)									G.H. 1999	
Sorhagenia rhamniella (ZELLER, 1839)									G.H. 1999	
Spaelotis ravida (D. et S., 1775)	T,H	v				3			HEINICKE 1993	
Sparganothis pilleriana (D. et S., 1775)									BAUER 1917	
Spatalia argentina (D. et S., 1775)		A				0			SCHI. 1987	Silberfleckspinner
Sphinx ligustri (L., 1758)		v				P			BERGM. 1953	Ligusterschwärmer

Art	BR	BS	BE	UV	SM	RL	Ges.	Bm	Nachweis	Synonym, Deutscher Name
Spialia sertorius (HOFFMANNSEGG, 1804)	H	v				3			REINH. 1983	*sao* HÜBNER, 1803 Roter Würfel-Dickkopffalter
Spilonota laricana (HEINEMANN, 1863)									coll. JUNG	Lärchennadelwickler
Spilonota ocellana (D. et S., 1775)									KARISCH 1994a	Roter Knospenwickler
Spilosoma lubricipeda (L., 1758)		h							SCHMIDT 1991	*menthastri* D. et S., 1775 Weiße Tigermotte
Spilosoma luteum (HUFNAGEL, 1766)		h							SCHMIDT 1991	Gelbe Tigermotte
Spilosoma urticae (ESPER, 1789)	T H,B	h s							SCHMIDT 1991	Nesselbär
Spiris striata (L., 1758)	T	v				3			SCHMIDT 1991	Strohhütchen, Gestreifter Grasbär
Spudaea ruticilla (ESPER, 1791)		ss				1	§		GROSSER et al. 1993	
Spodoptera exigua (HÜBNER, 1808)								G	HEINICKE 1993	
Spodoptera litura (F., 1775)								U	HEINICKE 1996	
Stathmopoda pedella (L., 1761)									G.H. 1999	
Staurophora celsia (L., 1758)	T H	v ss				3			H. N. 1980-1982	Malachiteule
Stauropus fagi (L., 1758)		h							SCHI. 1987	Buchenspinner
Stenolechia gemmella (L., 1758)									G.H. 1999	
Stenolechoides pseudogemmella ELSNER, 1996									G.H. 1999	
Stenoptilia annadactyla SUTTER, 1988									SUTTER 1991a	
Stenoptilia bipunctidactyla (SCOPOLI, 1763)									SUTTER 1991a	
Stenoptilia gratiolae GIBEAUX et NEL, 1989						1			SUTTER 1994b	*paludicola* WALLENGREN, 1859
Stenoptilia pelidnodactyla (STEIN, 1837)									SUTTER 1991a	
Stenoptilia pterodactyla (L., 1761)									SUTTER 1991a	
Stenoptinea cyneimarmorella (MILLIÈRE, 1854)									SUTTER 1994b	*angustipennis* HERRICH-SCHÄFFER, 1854
Stephensia brunnichella (L., 1767)									BAUER 1917	
Sterrhopterix fusca (HAWORTH, 1809)						3			1992 WEIDLICH	*hirsutella* sensu HÜBNER, 1796
Sterrhopterix standfussi (WOCKE, 1851)	B	ss				0			1992 WEIDLICH	
Stictea mygindiana (D. et S., 1775)									RAPP 1936	
Stigmella hemargyrella (KOLLAR, 1832)									BAUER 1917	
Stigmella ruficapitella (HAWORTH, 1828)									G.H. 1999	
Stigmella samiatella (ZELLER, 1839)									G.H. 1999	
Stigmella sorbi (STAINTON, 1861)									RAPP 1936	
Stigmella tityrella (STAINTON, 1854)									G.H. 1999	
Strophedra nitidana (F., 1794)									BAUER 1917	
Strophedra weirana (DOUGLAS, 1850)									G.H. 1999	

Art	BR	BS	BE	UV	SM	RL	Ges.	Bm	Nachweis	Synonym, Deutscher Name
Swammerdamia caesiella (Hübner, 1796)									G.H. 1999	
Swammerdamia pyrella (Villers, 1789)									G.H. 1999	
Synansphecia muscaeformis (Esper, 1783)									Bergm. 1953	
Synansphecia triannuliformis (Freyer, 1845)									Kallies 1997	
Synanthedon andrenaeformis (Laspeyres, 1801)									Bergm. 1953	
Synanthedon conopiformis (Esper, 1782)									Bergm. 1953	
Synanthedon culiciformis (L., 1758)									Bergm. 1953	Birkenglasflügler
Synanthedon formicaeformis (Esper, 1783)									Bergm. 1953	
Synanthedon myopaeformis (Borkhausen, 1789)									Bergm. 1953	Apfelglasflügler
Synanthedon scoliaeformis (Borkhausen, 1789)									Bergm. 1953	
Synanthedon spheciformis (D. et S., 1775)									Bergm. 1953	Erlenglasflügler
Synanthedon stomoxiformis (Hübner, 1790)									Bergm. 1953	
Synanthedon tipuliformis (Clerck, 1759)									Bergm. 1953	Johannisbeerglasflügler
Synanthedon vespiformis (L., 1761)									Bergm. 1953	Eichenglasflügler
Synaphe punctalis (F., 1775)									Rinnhofer 1975	*S. angustali*s D. et S., 1775; Fettzünsler
Syncopacma cinctella (Clerck, 1759)									Stange 1869	
Syncopacma cincticulella (Bruand, 1850)									Stange 1869	
Syncopacma coronillella (Treitschke, 1833)									Bauer 1917	
Syncopacma larseniella Gozmany, 1957									G.H. 1999	
Syncopacma patruella (Mann, 1857)									G.H. 1999	
Syncopacma taeniolella (Zeller, 1839)									G.H. 1999	
Syndemis musculana (Hübner, 1799)									Gaedike 1990	
Syngrapha interrogationis (L., 1758)	B	ss				1			Heinicke 1993	Rauschbeeren-Silbereule
Syngrapha microgamma (Hübner, 1823)		A				0	§		Heinicke 1993	Moor-Goldeule
Synopsia sociaria (Hübner, 1799)		A				P	§		1992 Gelbrecht	Heidekraut-Buntstreifenspanner
Taleporia tubulosa (Retzius, 1783)									1992 Weidlich	
Teleiodes alburnella (Zeller, 1843)									G.H. 1999	

Art	BR	BS	BE	UV	SM	RL	Ges.	Bm	Nachweis	Synonym, Deutscher Name
Teleiodes decorella (HAWORTH, 1812)									G.H. 1999	
Teleiodes fugacella (ZELLER, 1839)									G.H. 1999	
Teleiodes fugitivella (ZELLER, 1839)									G.H. 1999	
Teleiodes luculella (HÜBNER, 1813)									G.H. 1999	
Teleiodes notatella (HÜBNER, 1813)									G.H. 1999	
Teleiodes paripunctella (THUNBERG, 1794)									G.H. 1999	
Teleiodes proximella (HÜBNER, 1796)									G.H. 1999	
Teleiodes sequax (HAWORTH, 1828)									G.H. 1999	
Teleiodes vulgella (D. et S., 1775)									G.H. 1999	
Teleiodes wagae (NOWICKI, 1860)									G.H. 1999	
Teleiopsis diffinis (HAWORTH, 1828)									G.H. 1999	
Telephila schmidtiellus (HEYDEN, 1848)									BAUER 1917	
Tephrina murinaria (D. et S., 1775)		s							BERGM. 1955	
Tephronia sepiaria (HUFNAGEL, 1767)		A				0	§		1992 GELBRECHT	Totholzflechtenspanner
Tethea ocularis (L., 1767)	T	h							BERGM. 1953	
Tethea or (D. et S., 1775)		h							HEINZE 1995	Wollrückenspinner
Tetheella fluctuosa (HÜBNER, 1803)	H,B	v							BORNEMANN 1912	
Thalera fimbrialis (SCOPOLI, 1763)		h							coll. D	
Thalpophila matura (HUFNAGEL, 1766)		v							HEINICKE 1993	
Thaumetopoea pinivora (TREITSCHKE, 1834)	T	s				2			1992 KÖNECKE	Kiefernprozessionsspinner
Thaumetopoea processionea (L., 1758)	T,H	s							BERGM. 1953	Eichenprozessionsspinner
Thecla betulae (L., 1758)		v				P			REINH. 1983	Nierenfleck, Nierenfleck-Zipfelfalter
Thera juniperata (L., 1758)		v							coll. D	
Thera obeliscata (HÜBNER, 1787)		h							coll. D	
Thera variata (D. et S., 1775)	H,T B	s h							KARISCH, 1995	
Thera vetustata (D. et S., 1775)	H	A							BERGM. 1955	*stragulata* HÜBNER, 1809
Theria primaria (HAWORTH, 1809)		s				3			1992 GELBRECHT	
Theria rupicapraria (D. et S., 1775)		v				3			1992 GELBRECHT	
Thiodia citrana (HÜBNER, 1799)									KARISCH 1993	
Thiodia trochilana (FRÖLICH, 1828)									RICHTER 1849	Angabe fraglich
Thiotricha subocellea (STEPHENS, 1834)									BAUER 1917	
Thisanotia chrysonuchella (SCOPOLI, 1763)									P. et AL. 1973	
Tholera cespitis (D. et S., 1775)		h							HEINICKE 1993	Bergraseneule
Tholera decimalis (PODA, 1761)		h							HEINICKE 1993	*popularis* F., 1775 Große Raseneule
Thumata senex (HÜBNER, 1808)	T	v				3			SCHMIDT 1991	Rundflügelbär
Thyatira batis (L., 1758)		h							HEINZE 1995	Roseneule

Art	BR	BS	BE	UV	SM	RL	Ges.	Bm	Nachweis	Synonym, Deutscher Name
Thymelicus acteon (ROTTEMBURG, 1775)		v							REINH. 1983	Mattscheckiger Braun-Dickkopffalter
Thymelicus lineola (OCHSENHEIMER, 1808)		h	0						REINH. 1983	Schwarzkolbiger Braun-Dickkopffalter
Thymelicus sylvestris (PODA, 1761)		h							REINH. 1983	Braunkolbiger Braun-Dickkopffalter
Thyris fenestrella (SCOPOLI, 1763)	H	ss				1			HEINICKE 1995	
Timandra griseata (PETERSEN, 1902)		h							coll. D	Ampferspanner
Tinagma balteolella (FISCHER VON RÖSLERSTAMM, 1840)									GAEDIKE 1978	
Tinagma ocnerostomella (STAINTON, 1850)									GAEDIKE 1978	
Tinagma perdicella ZELLER, 1839									GAEDIKE 1978	
Tinea columbariella WOCKE, 1877									PETERSEN 1969	
Tinea dubiella STAINTON, 1859									P.G. 1987	
Tinea pallescentella STAINTON, 1851									PETERSEN 1969	
Tinea pellionella L., 1758									PETERSEN 1969	
Tinea semifulvella HAWORTH, 1828									PETERSEN 1969	
Tinea steueri PETERSEN, 1966									P.G. 1987	
Tinea translucens MEYRICK, 1917									PETERSEN 1969	*metonella* PIERCE et METCALFE, 1934
Tinea trinotella THUNBERG, 1794									PETERSEN 1969	
Tineola bisselinella (HUMMEL, 1823)									PETERSEN 1969	
Tischeria ekebladella (BJERKANDER, 1795)									coll. D	
Tortricodes alternella (D.et S.,1775)									KARISCH 1992	
Tortrix viridana (L., 1758)		h							KARISCH 1993	Eichenwickler
Trachea atriplicis (L., 1758)		v							HEINICKE 1993	Grüne Meldeneule
Trachycera advenella (ZINCKEN, 1818)									G.P. 1985	
Trachycera legatea (HÜBNER, 1796)									G.P. 1985	
Trachycera marmorea (HAWORTH, 1811)									G.P. 1985	
Trachycera suavella (ZINCKEN, 1818)									G.P. 1985	
Trachysmia inopiana (HAWORTH, 1811)		s							coll. D	
Trachysmia pulvillana (HERRICH-SCHÄFFER, 1851)		s							KARISCH 1993	
Trachysmia schreibersiana (FRÖLICH, 1828)		A				0			coll. PATZAK	
Triaxomasia caprimulgella (STAINTON, 1851)									PETERSEN 1969	
Triaxomera fulvimitrella (SODOFFSKY, 1830)									PETERSEN 1969	
Triaxomera parasitella HÜBNER, 1796)									PETERSEN 1969	
Trichiura crataegi (L., 1758)	T,H	s				P			KARISCH 1997	Weißdornspinner
Trichiura crataegi ariae (HÜBNER, 1824)	B	ss								
Trichophaga tapetzella (L., 1758)									PETERSEN 1969	

Art	BR	BS	BE	UV	SM	RL	Ges.	Bm	Nachweis	Synonym, Deutscher Name
Trichopteryx carpinata (BORKHAUSEN, 1794)		s							coll. D	
Trichopteryx polycommata (D. et S., 1775)		A				0			BERGM. 1955	
Trichosea ludifica (L., 1758)		A				0	§		HEINICKE 1993	Gelber Hermelin
Trifurcula cryptella (STAINTON, 1856)									G.H. 1999	
Trifurcula immundella (ZELLER, 1839)									G.H. 1999	
Triodia sylvina (L., 1761)		h							SCHMIDT 1991	
Triphosia dubitata (L., 1758)		s							coll. D	Höhlenspanner
Trisateles emortualis (D.et S.,1775)		v							HEINICKE 1993	
Tyria jacobaeae (L., 1758)		s				3			SCHMIDT 1991	Blutbär
Tyta luctuosa (D. et S., 1775)		h							HEINICKE 1993	
Udea alpinalis (D. et S., 1775)	B	ss							GAEDIKE 1980	
Udea decrepitalis (HERRICH-SCHÄFFER, 1848)									GAEDIKE 1980	
Udea elutalis (D. et S., 1775)									GAEDIKE 1980	
Udea ferrugalis (HÜBNER, 1796)									GAEDIKE 1980	
Udea fulvalis (HÜBNER, 1809)									GAEDIKE 1980	
Udea lutealis (HÜBNER, 1809)									GAEDIKE 1980	
Udea nebulalis (HÜBNER, 1796)									GAEDIKE 1980	
Udea olivalis (D. et S., 1775)									GAEDIKE 1980	
Udea prunalis (D. et S., 1775)									GAEDIKE 1980	
Uresiphita gilvata (F., 1794)									GAEDIKE 1980	*polygonalis* D. et S., 1775, *limbalis* D. et S., 1775
Utetheisa pulchella (L., 1758)								G	SCHMIDT 1991	Punktbär
Valeria jaspidea (DE VILLERS, 1789)		A				0	§		HEINICKE 1993	Schlehen-Jaspiseule
Valeria oleagina (D. et S., 1775)		A				0	§		H.N. 1981	Olivgrüne Schmuckeule
Vanessa atalanta (L., 1758)		h							REINH. 1983	Admiral
Vanessa cardui (L., 1758)		h							REINH. 1983	Distelfalter
Vanessa indica (HERBST, 1794)		A						G	REINH. 1983	
Venusia cambrica (CURTIS, 1839)	B	ss				1			BERGM. 1955	
Watsonalla binaria (HUFNAGEL, 1767)		h							SCHMIDT 1991	
Watsonalla cultraria (F., 1775)		h							SCHMIDT 1991	Buchensichler
Witlesia pallida (CURTIS, 1827)									RINNHOFER 1980	
Xanthia aurago (D. et S., 1775)		v							HEINICKE 1993	
Xanthia citrago (L., 1758)		v							HEINICKE 1993	
Xanthia gilvago (D. et S., 1775)		v				3			HEINICKE 1993	
Xanthia icteritia (HUFNAGEL, 1766)		h							HEINICKE 1993	*fulvago* L., 1761 Gemeine Gelbeule
Xanthia ocellaris (BORKHAUSEN, 1792)		v							HEINICKE 1993	
Xanthia sulphurago (D.et S.,1775)		A				0	§		HEINICKE 1993	*fulvago* CLERCK, 1759
Xanthia togata (ESPER, 1788)		h							HEINICKE 1993	*lutea* STRÖM, 1783 Weidengelbeule
Xanthocrambus saxonellus (ZINCKEN, 1821)									P. et AL. 1973	

Art	BR	BS	BE	UV	SM	RL	Ges.	Bm	Nachweis	Synonym, Deutscher Name
Xanthorhoe biriviata (BORKHAUSEN, 1794)		v							coll. D	
Xanthorhoe designata (HUFNAGEL, 1767)		v							coll. D	
Xanthorhoe ferrugata (CLERCK, 1759)		h							coll. D	
Xanthorhoe fluctuata (L., 1758)		h							coll. D	
Xanthorhoe incursata (HÜBNER, 1813)	B	ss				2			KARISCH 1995	
Xanthorhoe montanata (D. et S., 1775)		h							coll. D	
Xanthorhoe quadrifasciata (CLERCK, 1759)		h							coll. D	
Xanthorhoe spadicearia (D. et S., 1775)		h							coll. D	
Xestia agathina (DUPONCHEL, 1827)	T	ss							KARISCH 1994b	Heidekraut-Bodeneule
Xestia ashworthii candelarum (STAUDINGER, 1871)		ss				1			HEINICKE 1993	
Xestia baja (D. et S., 1775)		h							HEINICKE 1993	
Xestia castanea (ESPER, 1798)		ss				1			HEINICKE 1993	Ginsterheiden-Bodeneule
Xestia c-nigrum (L., 1758)		h							HEINICKE 1993	Schwarzes C
Xestia ditrapezium (D. et S., 1775)	T H,B	s v							H.N. 1980-1982	
Xestia rhomboidea (ESPER, 1790)		v							HEINICKE 1993	
Xestia sexstrigata (HAWORTH, 1809)		h							HEINICKE 1993	*umbrosa* HÜBNER, 1813
Xestia speciosa (HÜBNER, 1813)	B	ss				0			HEINICKE 1993	
Xestia triangulum (HUFNAGEL, 1766)		h							HEINICKE 1993	
Xestia xanthographa (D.et S.,1775)		h							HEINICKE 1993	
Xylena exsoleta (L., 1758)		v				P			HEINICKE 1993	Gemeines Moderholz
Xylena vetusta (HÜBNER, 1813)		v				P			HEINICKE 1993	Braunes Moderholz
Xylocampa areola (ESPER, 1789)		ss				1			HEINICKE 1993	
Yigoga forcipula (D. et S., 1775)		A				0		§	HEINICKE 1993	Felsgeröllhalden-Erdeule
Yponomeuta cagnagella (HÜBNER, 1813)									G.H. 1999	
Yponomeuta evonymella (L., 1758)									G.H. 1999	
Yponomeuta irrorella (HÜBNER, 1796)									G.H. 1999	
Yponomeuta malinella ZELLER, 1838									G.H. 1999	
Yponomeuta padella (L., 1758)									G.H. 1999	
Yponomeuta plumbella (D. et S., 1775)									G.H. 1999	
Yponomeuta rorrella (HÜBNER, 1796)									G.H. 1999	
Yponomeuta sedella TREITSCHKE, 1832									G.H. 1999	
Ypsolopha alpella (D. et S., 1775)									G.H. 1999	
Ypsolopha asperella (L.,1761)									BAUER 1917	

Art	BR	BS	BE	UV	SM	RL	Ges.	Bm	Nachweis	Synonym, Deutscher Name
Ypsolopha dentella (F., 1775)									G.H. 1999	
Ypsolopha horridella (TREITSCHKE, 1835)									G.H. 1999	
Ypsolopha lucella (F., 1775)									G.H. 1999	
Ypsolopha mucronella (SCOPOLI, 1763)									G.H. 1999	
Ypsolopha nemorella (L., 1758)									G.H. 1999	
Ypsolopha paranthesella (L., 1761)									G.H. 1999	
Ypsolopha persicella (F., 1787)									G.H. 1999	
Ypsolopha scabrella (L., 1761)									G.H. 1999	
Ypsolopha sequella (CLERCK, 1759)									G.H. 1999	
Ypsolopha sylvella (L., 1767)									G.H. 1999	
Ypsolopha ustella (CLERCK, 1759)									G.H. 1999	
Ypsolopha vittella (L., 1758)									G.H. 1999	
Zanclognatha lunalis (SCOPOLI, 1763)		s				3			HEINICKE 1993	*tarsiplumalis* HÜBNER, 1796
Zanclognatha tarsipennalis TREITSCHKE, 1835		v							HEINICKE 1993	
Zanclognatha zelleralis (WOCKE, 1850)		ss				1			HEINICKE 1993	*tarsicristalis* HERRICH-SCHÄFFER, 1851
Zeiraphera griseana (HÜBNER, 1799)									PATZAK 1965	*diniana* GUENÉE, 1845
Zeiraphera isertana (F., 1794)									KARISCH 1994a	
Zeiraphera ratzeburgiana (SAXESEN, 1840)									coll. JUNG	
Zeiraphera rufimitrana (HERRICH-SCHÄFFER, 1851)									coll. SUTTER	Rotköpfiger Tannenwickler
Zeuzera pyrina (L., 1761)		h							SCHMIDT 1991	Blausieb
Zophodia grossulariella (HÜBNER, 1809)									G.P. 1985	*convolutella* HÜBNER, 1796
Zygaena carniolica (SCOPOLI, 1763)	T,B H	s v					P	§	KEIL 1993	Esparsetten-Widderchen
Zygaena ephialtes (L., 1767)	T,H	v					3	§	KEIL 1993	Veränderliches Widderchen
Zygaena filipendulae (L., 1758)		v						§	KEIL 1993	Gemeines Blutströpfchen
Zygaena transalpina hippocrepidis (HÜBNER, 1799)	H	s					3	§	KEIL 1993	Hufeisenklee-Widderchen
Zygaena lonicerae (SCHEVEN, 1777)		s					2	§	KEIL 1993	Klee-Widderchen
Zygaena loti (D. et S., 1775)	T,B H	s v					P	§	KEIL 1993	*Achilleae* ESPER, 1781 Beilfleck-Widderchen
Zygaena minos (D. et S., 1775)		s					1	§	KEIL 1993	*Diaphana* STAUDINGER, 1887, Bibernell-Widderchen
Zygaena osterodensis (REISS, 1921)	H	s					1	§	KEIL 1993	*scabiosae* auct., nec SCHEVEN 1777; Platterbsen-Widderchen
Zygaena purpuralis (BRÜNNICH, 1763)		s					3	§	KEIL 1993	Thymian-Widderchen
Zygaena trifolii (ESPER, 1783)		v					3	§	KEIL 1993	Kleewidderchen

Art	BR	BS	BE	UV	SM	RL	Ges.	Bm	Nachweis	Synonym, Deutscher Name
Zygaena viciae (D. et S., 1775)	v						§		KEIL 1993	*meliloti* ESPER, 1793 Kleines Fünffleck-Widderchen

Hinweise auf Synonyme

achatinella HÜBNER, 1824 (*Nyctegretis*) → *Nyctegretis lineana*
achilleae ESPER, 1781 (*Zygaena*) → *Zygaena loti*
adippe D. et S., 1775 (*Fabriciana*) → *Argynnis adippe*
adusta ESPER, 1790 (*Blepharita*) → *Mniotype adusta*
advena D. et S., 1775 (*Aplecta*) → *Polia bombycina*
aglaja L., 1758 (*Mesoacidalia*) → *Argynnis aglaja*
alciphron ROTTEMBURG, 1775 (*Chrysophanus, Heodes*) → *Lycaena alciphron*
alcyone D. et S., 1775 (*Satyrus*) → *Hipparchia alcyone*
alcyonipennella auct., nec KOLLAR, 1832 → *Coleophora frischella*
aliena HÜBNER, 1809 (*Mamestra, Polia*) → *Lacanobia aliena*
alismana RAGONOT, 1883 (*Phalonidia*) → *Gynnidomorpha alismana*
alsines BRAHM, 1791 (*Hoplodrina*) → *Hoplodrina octogenaria*
alternana STEPHENS, 1834 (*Stenodes*) → *Cochylimorpha alternana*
alternata D. et S., 1775 (*Semiothisa*) → *Macaria alternata*
amandus SCHNEIDER, 1792 (*Lycaena, Plebicula*) → *Polyommatus amandus*
amphidamas ESPER, 1780 (*Chrysophanus*) → *Lycaena helle*
angustipennis HERRICH-SCHÄFFER, 1854 (*Celestica*) → *Stenoptinea cyneimarmorella*
annulata SCHULZE, 1775 (*Cosymbia, Cyclophora*) → *Cyclophora annularia*
annulatella sensu PIERCE et METCALFE, 1935 (*Coleophora*) → *Coleophora saxicolella*
aquilionaris STICHEL, 1908 (*Clossiana*) → *Boloria aquilionaris*
arcas ROTTEMBURG, 1775 (*Lycaena*) → *Maculinea nausithous*
arcella F., 1775 (*Argyresthia*) → *Argyresthia curvella*
argentipedella ZELLER, 1839 (*Trifurcula*) → *Ectoedemia occultella*
ariae HÜBNER, 1824 (*Trichiura*) → *Trichiura crataegi ariae*
arsilache HÜBNER, 1786 (*Argynnis*) → *Boloria aquilionaris*
artesiaria D. et S., 1775 (*Semiothisa*) → *Macaria artesiaria*
asseclana sensu HÜBNER, 1799 (*Epiblema*) → *Epiblema similana*
astrarche BERGSTRÄSSER, 1799 (*Lycaena*) → *Aricia agestis*
athalia ROTTEMBURG, 1775 (*Mellicta*) → *Melitaea athalia*
atralis HÜBNER, 1796 (*Heliothela*) → *Heliothela wulfeniana*
aurantiana STAUDINGER, 1871 (*Pammene*) → *Pammene aurita*
aurinia ROTTEMBURG, 1775 (*Eurodryas, Melitaea*) → *Euphydryas aurinia*
australis VERITY, 1914 (*Colias*) → *Colias alfacariensis*
barbalis CLERCK, 1759 (*Pechipogon*) → *Pechipogo strigilata*
basilinea D. et S., 1775 (*Parastichtis*) → *Apamea sordens*
baton BERGSTRÄSSER, 1779 (*Philotes*) → *Pseudophilotes baton*
bellargus ROTTEMBURG, 1775 (*Lycaena, Lysandra*) → *Polyommatus bellargus*
bergiella RATZEBURG, 1840 (*Blastotere*) → *Argyresthia bergiella*
bernoulliella GOEZE, 1783 (*Coleophora*) → *Coleophora anatipennella*
bicolorana FUESSLY, 1775 (*Hylophilina*) → *Bena bicolorana*
bicoloria DE VILLERS, 1789 (*Oligia*) → *Mesoligia furuncula*
bifasciana HAWORTH, 1811 (*Olethreutes*) → *Piniphila bifasciana*
bilineatella auct., nec ZELLER, 1849 (*Coleophora*) → *Coleophora saturatella*
biliosata DE VILLERS, 1789 (*Hemistola*) → *Hemistola chrysoprasaria*

bilunaria ESPER, 1795 (*Selenia*) → *Selenia dentaria*
bilunulata auct., nec ZETTERSTEDT, 1839 → *Eupithecia analoga europaea*
binaria HUFNAGEL, 1767 (*Drepana*) → *Watsonalla binaria*
biren GOEZE, 1781 (*Mamestra*) → *Papestra biren*
boleti F., 1777 (*Morophaga*) → *Morophaga choragella*
caesarea GOEZE, 1781 (*Arctinia, Phragmatobia*) → *Phragmatobia luctifera*
caespitalis D. et S., 1775 (*Pyrausta*) → *Pyrausta despicata*
calvaria D. et S., 1775 (*Epizeuxis*) → *Idia calvaria*
camelina L., 1758 (*Lophopteryx*) → *Ptilodon capucina*
candidula D. et S., 1775 (*Deltote, Deltotes, Eublemma, Eustrotia, Unca*) → *Pseudeustrotia candidula*
cardui L., 1758 (*Cynthia, Pyrameis*) → *Vanessa cardui*
carlinella HEINEMANN, 1865 (*Phycitodes*) → *Phycitodes maritima*
castigata HÜBNER, 1813 (*Eupithecia*) → *Eupithecia subfuscata*
celsia L., 1758 (*Calotaenia*) → *Staurophora celsia*
centonalis HÜBNER, 1796 (*Celama*) → *Nola aerugula*
cerasicolella HERRICH-SCHÄFFER, 1855 (*Lithocolletis, Phyllonorycter*) → *Phyllonorycter spinicolella*
cerasivorella PACKARD, 1870 (*Coleophora*) → *Coleophora spinella*
characterea D. et S., 1775 (*Apamea*) → *Apamea epomidion*
chenopodiella HÜBNER, 1813 (*Scythris*) → *Scythris limbella*
clathrata L., 1758 (*Semiothisa*) → *Macaria clathrata*
clavipalpis SCOPOLI, 1763 (*Caradrina*) → *Paradrina clavipalpis*
coerulata F., 1777 (*Cidaria*) → *Hydriomena impluviata*
commodestana RÖSSLER, 1877 (*Pelochrista*) → *Pelochrista mollitana*
consona F., 1787 (*Phytometra*) → *Euchalcia consona*
convultella HÜBNER, 1796 (*Zophodia*) → *Zophodia grossulariella*
coridon PODA, 1761 (*Lycaena, Lysandra*) → *Polyommatus coridon*
cornella auct., nec F., 1775 (*Argyresthia*) → *Argyresthia curvella*
cornella F., 1775 (*Argyresthia*) → *Argyresthia bonnetella*
curvella auct., nec L., 1761 (*Argyresthia*) → *Argyresthia bonnetella*
coronata HÜBNER, 1813 (*Chloroclystis*) → *Chloroclystis v-ata*
corticea D. et S., 1775 (*Agrotis*) → *Agrotis clavis*
crabroniformis Lewin, 1797 (*Sphecia*) → *Sesia bembeciformis*
crataegella HÜBNER, 1796 (*Eudonia, Witlesia*) → *Dipleurina lacustrata*
cribrella HÜBNER, 1796 (*Myelois*) → *Myelois circumvoluta*
cribrumella auct. (*Myelois*) → *Myelois circumvoluta*
crocinella TENGSTRÖM, 1848 (*Coleophora*) → *Coleophora colutella*
cuculla ESPER, 1786 (*Lophopteryx*) → *Ptilodon cucullina*
cultraria F., 1775 (*Drepana*) → *Watsonalla cultraria*
cupriacella HÜBNER, 1819 (*Adela*) → *Nemophora cupriacella*
cyllarus ROTTEMBURG, 1775 (*Lycaena*) → *Glaucopsyche alexis*
cytisella CURTIS, 1837 (*Paltodora*) → *Monochroa cytisella*
debiliata HÜBNER, 1817 (*Chloroclystis*) → *Rhinoprora debiliata*
decreptana HERRICH-SCHÄFFER, 1848 (*Olethreutes*) → *Piniphila bifasciana*
deflexella STAINTON, 1851 (*Lithocolletis, Phyllonorycter*) → *Phyllonorycter spinicolella*
deplana ESPER, 1787 (*Lithosia*) → *Eilema depressa*

derasa L., 1767 (*Habrosyne*) → *Habrosyne pyritoides*
dervialis HÜBNER, 1796 (*Herminia, Paracolax*) → *Paracolax tristalis*
detrita ESPER, 1785 (*Ocneria*) → *Parocneria detrita*
dia L., 1767 (*Argynnis, Clossiana*) → *Boloria dia*
diaphana STAUDINGER, 1887 (*Mesembrynus, Zygaena*) → *Zygaena minos*
dictaeoides ESPER, 1789 (*Pheosia*) → *Pheosia gnoma*
dictynna ESPER, 1779 (*Melitaea*) → *Melitaea diamina*
dilucidaria D. et S., 1775 (*Catascia, Gnophos*) → *Elophos dilucidaria*
dimidioalba RETZIUS, 1783 (*Hedya*) → *Hedya nubiferana*
diniana GUENÉE, 1845 (*Zeiraphera*) → *Zeiraphera griseana*
dipsacea L., 1767 (*Chloridea, Heliothis*) → *Heliothis viriplaca*
dissimilis KNOCH, 1781 (*Mamestra, Polia*) → *Lacanobia suasa*
distans ZELLER, 1847 (*Crombrugghia*) → *Oxyptilus distans*
distinctus HERRICH-SCHÄFFER, 1855 (*Leioptilus*) → *Euleioptilus distinctus*
dominula L., 1758 (*Panaxia*) → *Callimorpha dominula*
dorilis ROTTEMBURG, 1775 (*Chrysophanus*) → *Lycaena tityrus*
dorylas D. et S., 1775 (*Plebicula*) → *Polyommatus dorylas*
eburnata WOCKE, 1850 (*Sterrha*) → *Idaea contiguaria*
epilobiella ROEMER, 1794 (*Mompha*) → *Mompha langiella*
euphemus HÜBNER, 1800 (*Lycaena*) → *Maculinea teleius*
euphorbiae D. et S., 1775 (*Acronycta, Apatele*) → *Acronicta euphorbiae*
euphrosyne L., 1758 (*Argynnis, Clossiana*) → *Boloria euphrosyne*
expallidana auct., nec HAWORTH, 1811 (*Eucosma*) → *Eucosma obumbratana*
fagana F., 1781 (*Bena, Pseudoips*) → *Pseudoips prasinana*
farfarae FLETCHER, 1938 (*Epiblema*) → *Epiblema sticticana*
fasciella HÜBNER, 1796 (*Dichomeris*) → *Dichomeris derasella*
ferruginella HÜBNER, 1813 (*Monopis*) → *Monopis obviella*
festiva D. et S., 1775 (*Rhyacia*) → *Diarsia mendica*
festiva HUFNAGEL, 1766 (*Ammobiota*) → *Arctia festiva*
filograna ESPER, 1788 (*Hadena*) → *Hadena filigrama*
filigrama ESPER, 1788 (*Harmodia*) → *Hadena filigrama*
firmata HÜBNER, 1822 (*Cidaria, Thera*) → *Pennithera firmata*
fissipuncta HAWORTH, 1809 (*Sidemia*) → *Parastichtis ypsillon*
flammea CURTIS, 1828 (*Senta*) → *Mythimna flammea*
fontis THUNBERG, 1788 (*Bomolocha*) → *Hypena crassalis*
forcipula D. et S., 1775 (*Ochropleura*) → *Yigoga forcipula*
fritillarius auct., nec PODA, 1761 [= *fritillarius* PODA sensu GROSSER et al. 1993] (*Pyrgus*) → *Pyrgus carthami*
fulminea F., 1777 (*Pachetra*) → *Pachetra sagittigera*
fulminea SCOPOLI, 1763 (*Ephesia*) → *Catocala fulminea*
fulvago CLERCK, 1759 (*Xanthia*) → *Xanthia sulphurago*
fulvago L., 1761 (*Cosmia*) → *Xanthia icteritia*
fulvana auct., nec STEPHENS, 1834 (*Eucosma*) → *Eucosma balatonana*
fulvaria DE VILLERS, 1789 (*Itame*) → *Itame brunneata*
fulvescens HAWORTH, 1828 (*Mompha*) → *Mompha epilobiella*
funerella F., 1787 (*Ethmia*) → *Ethmia quadrillella*
fuscipunctella HAWORTH, 1828 (*Niditinea*) → *Niditinea fuscella*
genistae BORKHAUSEN, 1792 (*Mamestra, Polia*) → *Lacanobia w-latinum*
glarearia BRAHM, 1791 (*Semiothisa*) → *Maccaria glarearia*
glauca HÜBNER, 1809 (*Polia*) → *Papestra biren*
glaucinalis auct. (*Paracolax*) → *Paracolax tristalis*
gonostigma auct. (*Orgyia*) → *Orgyia recens*
hebe L., 1767 (*Arctia*) → *Arctia festiva*
helix SIEBOLD, 1850 (*Apterona*) → *Apterona helicoidella*
hepatica auct. (*Parastichtis*) → *Apamea epomidion*
herminata GEOFFROY, 1786 (*Diplodoma*) → *Diplodoma laichartingella*

hermione L., 1764 (*Hipparchia*, nec *Satyrus*) → *Hipparchia alcyone*
hilarana HERRICH-SCHÄFFER, 1851 (*Stenodes*) → *Cochylimorpha hilarana*
hippothoe L., 1761 (*Chrysophanus, Palaeochrysophanus*) → *Lycaena hippothoe*
hirsuta PODA, 1761 (*Canephora, Lepidopsyche*) → *Canephora unicolor*
hirsutella sensu HÜBNER, 1796 (*Sterrhopteryx, Sterrhopterix*) → *Sterrhopterix fusca*
hornigi TOLL, 1952 (*Coleophora*) → *Coleophora violacea*
hortella auct., nec F., 1794 (*Lithocolletis*) → *Phyllonorycter saportella*
hylas ESPER, 1793 (*Lycaena*) → *Polyommatus dorylas*
hyperici D. et S., 1775 (*Actinotia*) → *Chloantha hyperici*
idas L., 1761 (*Lycaeides*) → *Plebeius idas*
ilicis ESPER, 1779 (*Nordmannia, Thecla*) → *Satyrium ilicis*
iners TREITSCHKE, 1825 (*Amathes*) → *Parastichtis suspecta*
inornata HAWORTH, 1809 (*Sterrha*) → *Idaea straminata*
iphis D. et S., 1775 (*Coenonympha*) → *Coenonympha glycerion*
latens HÜBNER, 1809 (*Rhyacia*) → *Epipsilia latens*
laterella THUNBERG, 1794 (*Archinemapogon*) → *Archinemapogon yildizae*
latreillella CURTIS, 1830 (*Pancalia*) → *Pancalia schwarzella*
lepida ESPER, 1790 (*Harmodia*) → *Hadena perplexa*
leucapennella HÜBNER, 1827 (*Coleophora*) → *Coleophora albella*
lidia STOLL, 1782 [= *lidia* CRAMER, 1782 sensu GROSSER et al., 1993] (*Meseuxoa*) → *Euxoa lidia*
lienigianus ZELLER, 1852 (*Leioptilus*) → *Ovendenia lienigianus*
lignata HÜBNER, 1799 (*Cidaria*) → *Orthonama vittata*
limbalis D. et S., 1775 (*Uresiphita*) → *Uresiphita gilvata*
litterata SCOPOLI, 1763 (*Diasemia*) → *Diasemia reticularis*
liturata CLERCK, 1759 (*Semiothisa*) → *Macaria liturata*
lunalis SCOPOLI, 1763 (*Herminia*) → *Zanclognatha lunalis*
lunaria D. et S., 1775 (*Selenia*) → *Selenia lunularia*
lunigera ESPER, 1784 (*Cosmotriche, Selenephera*) → *Cosmotriche lobulina*
lutea STRÖM, 1783 (*Cosmia*) → *Xanthia togata*
lychnitis RAMBUR, 1833 (*Cucullia*) → *Shargacucullia lychnitis*
lythargyria ESPER, 1788 (*Hyphilare*) → *Mythimna ferrago*
maculata STAUDINGER, 1892 (*Alcis, Boarmia*) → *Alcis bastelbergeri*
mahalebella MÜHLIG, 1863 (*Lithocolletis*) → *Phyllonorycter spinicolella*
maritima HUMPHREYS et WESTWOOD, 1845 (*Eucosma*) → *Eucosma lacteana*
marmorosa BORKHAUSEN, 1792 (*Discestra, Scotogramma*) → *Discestra microdon*
maturna L., 1758 (*Hypodryas, Melitaea*) → *Euphydryas maturna*
melagona BORKHAUSEN, 1790 (*Ochrostigma*) → *Drymonia obliterata*
meleager ESPER, 1779 (*Lycaena*) → *Polyommatus daphnis*
meliloti ESPER, 1793 (*Thermophila, Zygaena*) → *Zygaena viciae*
mendica auct., nec HÜBNER, 1796 (*Argyresthia*) → *Argyresthia spinosella*
mendicaria HERRICH-SCHÄFFER, 1852 (*Catascia*) → *Elophos vittaria mendicaria*
menthastri D. et S., 1775 (*Spilosoma*) → *Spilosoma lubricipeda*
menyanthidis ESPER, 1789 (*Acronycta, Apatele*) → *Acronicta menyanthidis*
metonella PIERCE et METCALFE, 1934 (*Tinea*) → *Tinea translucens*
modesta HÜBNER, 1786 (*Euchalcia, Phytometra*) → *Euchalcia modestoides*
molothina ESPER, 1789 (*Rhyacia, Xestia*) → *Lycophotia molothina*
monilifera GEOFFROY, 1785 (*Narycia*) → *Narycia duplicella*

murinipennella DUPONCHEL, 1844 *(Coleophora)* → *Coleophora otidipennella*
mutatella FUCHS, 1903 *(Dioryctria)* → *Dioryctria simplicella*
nana HUFNAGEL, 1766 *(Polia)* → *Hada plebeja*
nana ROTTEMBURG, 1776 *(Harmodia)* → *Hadena confusa*
nemoralis F., 1775 *(Herminia, Zanclognatha)* → *Herminia grisealis*
nemorella HÜBNER, 1813 *(Crambus)* → *Crambus lathoniellus*
niobe L., 1758 *(Fabriciana)* → *Argynnis niobe*
nivea OLIVIER, 1791 *(Acentria)* → *Acentria ephemerella*
noctualis HÜBNER, 1796 *(Eublemma, Porphyrinia)* → *Eublemma minutata*
nodicolella FUCHS, 1902 *(Mompha)* → *Mompha sturnipennella*
notata L., 1758 *(Semiothisa)* → *Macaria notata*
nymphaeata L., 1758 *(Nymphula)* → *Elophila nymphaeata*
obscura HAWORTH, 1809 *(Parastichtis)* → *Apamea remissa*
ochrodactyla D. et S., 1775 *(Platyptilia)* → *Platyptilia tetradactyla*
olivana D. et S., 1775 *(Eustrotia)* → *Deltote bankiana*
olivana TREITSCHKE, 1830 *(Olethreutes)* → *Phiaris miccana*
onosmella BRAHM, 1791 *(Coleophora)* → *Coleophora pennella*
orbicularia HÜBNER, 1799 *(Cosymbia)* → *Cyclophora pendularia*
otitae ZELLER, 1839 *(Coleophora)* → *Coleophora galbulipennella*
pabulatricula BRAHM, 1791 *(Apamea, Pabulatrix, Parastichtis)* → *Eremobina pabulatricula*
palliatella ZINCKEN, 1813 *(Coleophora)* → *Coleophora kuehnella*
paludicola WALLENGREN, 1859 *(Stenoptilia)* → *Stenoptilia gratiolae*
palustraria DOUBLEDAY, 1850 *(Eupithecia)* → *Eupithecia pygmaeata*
panzerella F., 1794 *(Nematopogon)* → *Nematopogon adansoniella*
parallelaria D. et S., 1775 *(Epione)* → *Epione vespertaria*
pavonia L., 1758 *(Eudia)* → *Saturnia pavonia*
pedaria F., 1787 *(Phigalia)* → *Apocheima pilosaria*
pendularia auct. *(Cosymbia)* → *Cyclophora albipunctata*
penkleriana D. et S., 1775 *(Cydia, Laspeyresia)* → *Cydia splendana*
permixtana D. et S., 1775 *(Phalonidia)* → *Gynnidomorpha permixtana*
personella PIERCE et METCALFE, 1934 *(Nemapogon)* → *Nemapogon variatella*
phegea L., 1758 *(Syntomis)* → *Amata phegea*
phoebe SIEBERT, 1790 *(Notodonta)* → *Notodonta tritophus*
phragmitidis HÜBNER, 1803 *(Arenostola)* → *Arenostola semicana*
phryganella HÜBNER, 1796 *(Diurnea)* → *Diurnea lipsiella*
picata HÜBNER, 1813 *(Cidaria)* → *Euphyia biangulata*
pinetana SCHLÄGER, 1847 *(Cydia)* → *Cydia pactolana*
pini RETZIUS, 1783 *(Eupithecia)* → *Eupithecia abietaria*
plumbaria F., 1775 *(Ortholitha)* → *Scotopteryx luridata*
polygonalis D. et S., 1775 *(Uresiphita)* → *Uresiphita gilvata*
pomonella auct., nec ZELLER, 1846 *(Lithocolletis)* → *Phyllonorycter spinicolella*
popularis F., 1775 *(Tholera)* → *Tholera decimalis*
populi STRÖM, 1783 *(Monima)* → *Orthosia populeti*
praecox L., 1758 *(Ochropleura, Rhyacia)* → *Actebia praecox*
prasinana L., 1758 *(Hylophila)* → *Pseudoips prasinana*
prasinana L., 1758 *(Bena, nec Pseudoips)* → *Bena bicolorana*
protea D. et S., 1775 *(Dryobotodes)* → *Dryobotodes eremita*
proxima HÜBNER, 1809 *(Hada, Polia)* → *Lasionycta proxima*
pruni L., 1758 *(Fixenia, Strymonidia, Thecla)* → *Satyrium pruni*
pudibunda L., 1758 *(Dasychira, Elkneria)* → *Calliteara pudibunda*
pulchellana HAWORTH, 1811 *(Argyrotaenia)* → *Argyrotaenia ljungiana*
pullatus D. et S., 1775 *(Gnophos)* → *Charissa pullata*
pulverulenta ESPER, 1786 *(Monima)* → *Orthosia cruda*
purpurata L., 1758 *(Lythria)* → *Lythria cruentaria*
purpureana HAWORTH, 1811 *(Celypha)* → *Celypha rosaceana*
pustulata HUFNAGEL, 1767 *(Comibaena)* → *Comibaena bajularia*
pygmaearia BOISDUVAL, 1840 *(Eupithecia)* → *Eupithecia pygmaeata*
pygmeana HAWORTH, 1811 *(Acrolepia)* → *Acrolepia autumnitella*
pygmina HAWORTH, 1809 *(Arenostola, Photedes)* → *Chortodes pygmina*
quadripunctaria ESPER, 1800 *(Alsophila)* → *Alsophila aceraria*
quadripunctaria PODA, 1761 *(Callimorpha, Panaxia)* → *Euplagia quadripunctaria*
quercella CHRÉTIEN, 1907 *(Anacampsis)* → *Anacampsis timidella*
quercus L., 1758 *(Quercusia)* → *Neozephyrus quercus*
reticulana HÜBNER, 1813 *(Adoxophyes)* → *Adoxophyes orana*
rotaria F., 1798 *(Lythria)* → *Lythria cruentaria*
rubescana CONSTANT, 1895 *(Eucosma)* → *Eucosma catoptrana*
rubiella BJERKANDER, 1781 *(Lampronia)* → *Lampronia corticella*
rubricella D. et S., 1775 *(Depressaria)* → *Depressaria daucella*
rudolphella ESPER, 1791 *(Argyresthia)* → *Argyresthia pygmaeella*
rurea F., 1775 *(Parastichtis)* → *Apamea crenata*
rusticella CLERCK, 1759 *(Laspeyresia)* → *Cydia nigricana*
rusticella HÜBNER, 1796 *(Monopis)* → *Monopis laevigatella*
sao HÜBNER, 1803 *(Hesperia)* → *Spialia sertorius*
satellitia L., 1767 *(Eupsilia)* → *Eupsilia transversa*
scabiosae auct., nec SCHEVEN, 1777 *(Silvicola, Zygaena)* → *Zygaena osterodensis*
scarodactyla HÜBNER, 1813 *(Leioptilus)* → *Euleioptilus scarodactyla*
scriptella HÜBNER, 1796 *(Teleiodes)* → *Altenia scriptella*
scrophulariae D. et S., 1775 *(Cucullia)* → *Shargacucullia scrophulariae*
secalella REMM, 1983 *(Mesapamea)* → *Mesapamea didyma*
selene D. et S., 1775 *(Argynnis, Clossiana)* → *Boloria selene*
selini BOISDUVAL, 1840 *(Caradrina)* → *Paradrina selini*
semiargus ROTTEMBURG, 1775 *(Cyaniris, Lycaena)* → *Polyommatus semiargus*
sepium SPEYER, 1846 *(Bacotia)* → *Bacotia claustrella*
serenella DUPONCHEL, 1843 *(Coleophora)* → *Coleophora colutella*
signaria HÜBNER, 1809 *(Semiothisa)* → *Macaria signaria*
silenella sensu PATZAK, 1974 *(Coleophora)* → *Coleophora nutantella*
simplicella ZELLER, 1852 *(Cephimallota)* → *Cephimallota crassiflavella* BRUAND, 1851
smaragdaria F., 1787 *(Euchloris, Thetidia)* → *Antonechloris smaragdaria*
sobrina DUPONCHEL, 1843 *(Cerastis, Paradiarsia)* → *Protolampra sobrina*
sobrinata HÜBNER, 1817 *(Eupithecia)* → *Eupithecia pusillata*
solutella ZELLER, 1839 *(Lita)* → *Prolita solutella*
sordarius mendicarius HERRICH-SCHÄFFER, 1852 *(Catascia, Gnophos)* → *Elophos vittaria mendicaria*
sordida sensu BORKHAUSEN, 1792 *(Parastichtis)* → *Apamea anceps*
sphinx HUFNAGEL, 1766 *(Brachionycha)* → *Asteroscopus sphinx*
spilodactylus CURTIS, 1827 *(Pterophorus, Wheeleria)* → *Merrifieldia spilodactylus*
spinaciae VIEWEG, 1790 *(Hadena, Polia)* → *Aetheria dysodea*
spini D. et S., 1775 *(Strymonidia, Thecla)* → *Satyrium spini*
spissicornis HAWORTH, 1828 *(Coleophora)* → *Coleophora mayrella*
splendens HÜBNER, 1808 *(Mamestra, Polia)* → *Lacanobia splendens*
splendidella HERRICH-SCHÄFFER, 1848 *(Dioryctria)* → *Dioryctria sylvestrella*
stabilis D. et S., 1775 *(Monima, Orthosia)* → *Orthosia cerasi*
stipella L., 1758 *(Schiffermuelleria)* → *Denisia stipella*
stragulata HÜBNER, 1809 *(Cidaria, Thera)* → *Thera vetustata*

straminea HAWORTH, 1811 (*Stenodes*) → *Cochylimorpha straminea*
strigosa D. et S., 1775 (*Acronycta, Apatele*) → *Acronicta strigosa*
stroemiana F., 1781 (*Epinotia*) → *Epinotia trigonella*
subnotata HÜBNER, 1813 (*Eupithecia*) → *Eupithecia simpliciata*
subocellea STEPHENS, 1834 (*Reuttia*) → *Thiotricha subocellea*
subsequella HÜBNER, 1796 (*Anacampsis*) → *Anacampsis obscurella*
sulphurago D. et S., 1775 (*Cosmia*) → *Xanthia sulphurago*
sylvanus ESPER, 1779 (*Augiades*) → *Ochlodes venata*
sylvella HAWORTH, 1828 (*Lithocolletis, Phyllonorycter*) → *Phyllonorycter acerifoliella*
tamesis WATERS, 1929 (*Coleophora*) → *Coleophora cratipennella*
tarsicristalis HERRICH-SCHÄFFER, 1851 (*Zanclognatha*) → *Zanclognatha zelleralis*
tarsiplumalis HÜBNER, 1796 (*Zanclognatha*) → *Zanclognatha lunalis*
tephradactylus HÜBNER, 1813 (*Leioptilus*) → *Euleioptilus tephradactylus*
testacearia DONOVAN, 1810 (*Hydrelia*) → *Hydrelia sylvata*
textana FRÖLICH, 1828 (*Froelichia*) → *Selenodes karelica*
tincta BRAHM, 1791 (*Aplecta*) → *Polia hepatica*
tinctella HÜBNER, 1796 (*Tichonia*) → *Crassa tinctella*
tiphon ROTTEMBURG, 1775 (*Coenonympha*) → *Coenonympha tullia*
tityrus PODA, 1761 (*Heodes*) → *Lycaena tityrus*
tridens D. et S., 1775 (*Acronycta, Apatele*) → *Acronicta tridens*
trigemina WERNEBURG, 1864 (*Abrostola*) → *Abrostola triplasia*
trigutella DUPONCHEL, 1839 (*Scythris*) → *Scythris scopolella*
triplasia auct., nec L., 1758 (*Abrostola*) → *Abrostola tripartita*
tristis ZELLER, 1839 (*Crombrugghia*) → *Oxyptilus tristis*
tritophus D. et S., 1775 (*Tritophia*) → *Notodonta tritophus*
tritophus sensu ESPER, 1786 (*Notodonta*) → *Notodonta torva*
turfosalis WOCKE, 1850 (*Hypenodes, Schrankia*) → *Hypenodes humidalis*
tyrrhaenica AMSEL, 1952 (*Cnephasia*) → *Cnephasia ecullyana*
ulmella KNAGGS, 1867 (*Scoparia*) → *Scoparia ancipitella*
umbrosa HÜBNER, 1813 (*Rhyacia*) → *Xestia sexstrigata*
unicolor HUFNAGEL, 1766 (*Lepidopsyche*) → *Canephora unicolor*
unipunctana HAWORTH, 1811 (*Rhopobota*) → *Rhopobota naevana*
vacciniana LIENIG et ZELLER, 1846 (*Rhopobota*) → *Rhopobota myrtillana*
vau-punctatum ESPER, 1786 (*Conistra*) → *Conistra rubiginosa*
verbasci L., 1758 (*Cucullia*) → *Shargacucullia verbasci*
viminetella ZELLER, 1849 (*Coleophora*) → *Coleophora lusciniaepennella*
vinculella HERRICH-SCHÄFFER, 1850 (*Meessia*) → *Meessia vinctella*
virens L., 1767 (*Calamia*) → *Calamia tridens*
virgaureae L., 1758 (*Chrysophanus, Heodes*) → *Lycaena virgaureae*
virgaureae STAINTON, 1857 (*Coleophora*) → *Coleophora obscenella*
virgaureana TREITSCHKE, 1835 (*Cnephasia*) → *Cnephasia asseclana*
virgella THUNBERG, 1794 (*Lita*) → *Prolita sexpunctella*
w-album KNOCH, 1782 (*Strymonidia, Thecla*) → *Satyrium w-album*
wauaria L., 1758 (*Itame*) → *Macaria wauaria*
xerodactylus ZELLER, 1841 (*Calyciphora*) → *Calyciphora albodactylus*
zelleralis WOCKE, 1850 (*Herminia, Polypogo*) → *Zanclognatha zelleralis*

Hinweise auf deutsche Namen

Achateule → *Phlogophora meticulosa*
Achatspinner → *Habrosyne*
Adlerfarneule → *Callopistria*
Admiral → *Vanessa atalanta*
Ahorneule → *Acronicta aceris*
Ahornspinner → *Ptilodon cucullina*
Ameisen-Bläuling → *Maculinea*
Amethysteule → *Eucarta*
Ampfereule → *Acronicta rumicis*
Ampferspanner → *Timandra*
Apfelwickler → *Cydia pallifrontana*
Atlas → *Leucoma*
Aueneule → *Acronicta leporina*
Aurorafalter → *Anthocharis*
Bacchantin → *Lopinga*
Bär → *Arctia, Cybosia, Diacrisia, Diaphora, Parasemia, Pericallia, Phragmatobia, Rhyparia, Spilosoma, Thumata, Tyria, Utetheisa*
Bandeule, Gelbe → *Noctua fimbriata*
Berberitzeneule → *Auchmis*
Berberitzenspanner → *Rheumaptera cervinalis*
Berghexe → *Chazara*
Birkensichler → *Drepana falcataria*
Birkenspanner → *Biston betularia*
Birkenspinner → *Endromis*
Bläuling → *Aricia, Celastrina, Cupido, Glaucopsyche, Plebeius, Polyommatus, Pseudophilotes*
Blausieb → *Zeuzera*

Bremsenschwärmer → *Paranthrene*
Brombeerspinner → *Macrothylacia*
Buchdruckereule → *Naenia*
Buchensichler → *Watsonalla*
Buchenspinner → *Stauropus*
Buchenstreckfuß → *Callitearia*
Buchenwickler → *Cydia fagiglandana*
Bürstenbinder → *Orgyia antiqua*
C-Falter → *Polygonia*
Damenbrett → *Melanargia*
Dickkopffalter → *Carcharodus, Carterocephalus, Erynnis, Hesperia, Ochlodes, Thymelicus*
Distelfalter → *Vanessa cardui*
Dörrobstmotte → *Plodia*
Doppelzahnspanner → *Odontopera*
Dotterbär → *Eilema lutarella*
Dreilinieneule → *Charanyca*
Dreipunkteule → *Amphipyra tragopoginis*
Dromedarspinner → *Notodonta dromedarius*
Eckfleck → *Orgyia recens*
Eichenspinner → *Lasiocampa quercus*
Eichelwickler → *Cydia, Tortrix*
Eicheneule → *Dichonia*
Eidechsenschwanz → *Falcaria lacertinaria*
Eindringling → *Paradrina*
Eisvogel → *Limenitis*
Erbseneule → *Melanchra pisi*
Erdbeerwickler → *Ancylis*
Erleneule → *Acronicta alni*
Erlensichler → *Drepana curvatula*

Erlenzahnspinner → *Notodonta dromedarius*
Erpelschwanz → *Clostera*
Feuerfalter → *Lycaena*
Fichtennestwickler → *Epinotia*
Flechtenbär → *Eilema*
Flechteneule → *Cryphia, Laspeyria*
Fliedermotte → *Gracillaria*
Flohkrauteule → *Melanchra persicariae*
Forleule → *Panolis*
Frostspanner → *Erannis, Operophtera*
Fuchs → *Aglais, Lasiommata, Nymphalis*
Gabelschwanz → *Cerura, Furcula*
Gammaeule → *Autographa*
Gelbbein → *Laelia*
Gelbeule → *Xanthia*
Gelber Linienspanner → *Camptogramma*
Gelbling → *Colias*
Gelbspanner → *Opisthograptis*
Gemeiner Sackträger → *Psyche*
Gemüseeule → *Lacanobia oleracea*
Getreideeule → *Euxoa aquilina*
Getreidewurzeleule → *Mesapamea*
Ginstereule → *Lacanobia w-latinum*
Ginsterstreckfuß → *Gynaephora*
Gitterspanner → *Macaria clathrata*
Glasflügler → *Chamaesphecia, Pennisetia, Synanthedon*
Glucke → *Cosmotriche, Euthrix, Gastropacha, Odonestis, Phyllodesma, Poecilocampa*
Goldafter → *Euproctis chrysorrhoea*

Schmetterlinge (Lepidoptera)

Goldene Acht → *Colias hyale*
Grasbär → *Coscinia, Spiris*
Graselefant → *Euthrix*
Graseule → *Agrotis, Apamea, Cerapteryx*
Graueule → *Antitype*
Grauer Knospenwickler → *Hedya nubiferana*
Grauspanner → *Aplocera*
Grünes Blatt → *Geometra*
Grüneule → *Calamia*
Grünwidderchen → *Adscita*
Habichtskrautspinner → *Lemonia*
Halmeulchen → *Oligia*
Haseleule → *Colocasia*
Hauhechelspanner → *Aplasta*
Hausmutter → *Noctua pronuba*
Heidekrauteulchen → *Anarta myrtilli*
Heidelbeereule → *Anaplectoides, Conistra, Eurois*
Heidespanner → *Ematurga*
Herbsteule → *Agrochola*
Herbstlaubspanner → *Ennomos*
Hermelinspinner → *Cerura erminea*
Heufalter → *Coenonympha, Colias*
Heumotte → *Ephestia elutella*
Himbeerspanner → *Mesoleuca*
Höhlenspanner → *Triphosia*
Hofdame → *Hyphoraia*
Hopfenspinner → *Hepialus, Korscheltellus*
Hornissenschwärmer → *Sesia*
Hüpferling → *Heteropterus*
Hummelschwärmer → *Hemaris fuciformis*
Jägerhütchen → *Pseudoips*
Johanniskrauteule → *Chloantha*
Jungfernkind → *Archiearis*
Kälberauge → *Coenonympha pamphilus*
Kätzcheneule → *Orthosia*
Kahnspinner → *Bena, Pseudoips*
Kaisermantel → *Argynnis paphia*
Kakaomotte → *Ephestia elutella*
Kamelspinner → *Ptilodon capucina*
Kapuzenbärchen → *Nola*
Kardeneule → *Heliothis*
Karmin → *Catocala*
Kiefereule → *Panolis*
Kiefernharzgallenwickler → *Retinia*
Kiefernknospenwickler → *Blastesthia*
Kiefernnadelwickler → *Archips*
Kiefernsaateule → *Agrotis vestigialis*
Kiefernschwärmer → *Hyloicus*
Kiefernspanner → *Bupalus, Macaria*
Kiefernspinner → *Dendrolimus*
Kieferntriebwickler → *Rhyacionia*
Kleefeldeule → *Discestra*
Kleespinner → *Lasiocampa trifolii*
Kletteneule → *Gortyna*
Klosterfrau → *Panthea coenobita*
Knospenwickler → *Hedya, Spilonota*
Kohleule → *Mamestra*
Komma-Eule → *Mythimna comma*
Kommafalter → *Hesperia*
Krebssuppe → *Scoliopteryx*
Kreuzdornspanner → *Philereme*
Kreuzflügel → *Alsophila*
Labkrautschwärmer → *Hyles gallii*

Lärchennadelwickler → *Spilonota laricana*
Landkärtchen → *Araschnia*
Lanzenspanner → *Rheumaptera hastata*
Lappenspanner → *Lobophora*
Ligustereule → *Craniophora*
Ligusterschwärmer → *Sphinx*
Lindenschwärmer → *Mimas*
Linienschwärmer → *Hyles livornica*
Linienspanner → *Camptogramma*
Malachiteule → *Staurophora*
Malveneule → *Acontia*
Marbeleule → *Mythimna turca*
Markeule → *Hydraecia micacea*
Mausspanner → *Minoa*
Mehlmotte → *Ephestia kuehniella*
Mehlspanner → *Lithostege*
Meldeneule → *Trachea*
Meldenspanner → *Pelurga*
Messingeule → *Diachrysia*
Mönch → *Cucullia, Panthea, Shargacucullia*
Möndcheneule → *Calophasia*
Moderholz → *Xylena*
Mondfleckspanner → *Selenia*
Mondvogel → *Phalera*
Moorbunteule → *Anarta cordigera*
Nachtschwalbenschwanz → *Ourapteryx sambucaria*
Nagelfleck → *Aglia*
Nelkeneule → *Hadena*
Nesselschnabeleule → *Hypena proboscidalis*
Netzspanner → *Eustroma*
Nonne → *Lymantria monacha*
Ochsenauge → *Hyponephele, Maniola, Pyronia*
Oleanderschwärmer → *Daphnis*
Olivenbrauner Erbsenwickler → *Cydia nigricana*
Olivenbrauner Fichtenrindenwickler → *Cydia pactolana*
Ordensband → *Catephia, Catocala, Minucia, Mormo*
Orion → *Moma*
Pantherspanner → *Pseudopanthera*
Pappelschwärmer → *Laothoe*
Pappelspanner → *Biston stratia*
Pappelspinner → *Leucoma*
Parklandeule → *Graphiphora*
Pergamentspinner → *Harpyia*
Perlbinde → *Hamearis*
Perlgrasfalter → *Coenonympha arcania*
Perlmutterfalter → *Argynnis, Boloria, Brenthis, Issoria*
Pestwurzeule → *Hydraecia petasitis*
Pfauenauge → *Inachis, Saturnia, Smerinthus*
Pfeileule → *Acronicta psi*
Pflaumenspanner → *Angerona*
Pflaumenwickler → *Cydia funebrana*
Pilzeule → *Parascotia*
Postillon → *Colias croceus*
Prozessionsspinner → *Thaumetopoea*
Pudel → *Acronicta leporina*
Purpur-Glanzeule → *Euplexia*
Purpurspanner → *Lythria*

Pustelspanner → *Comibaena*
Pyramideneule → *Amphipyra pyramidea*
Raseneule → *Tholera*
Rauschbeerspanner → *Arichanna*
Ringelspinner → *Malacosoma neustria*
Rispenfalter → *Lasiommata maera*
Rittersporneule → *Periphanes*
Rohrbohrer → *Phragmataecia*
Rohrkolbeneule → *Archanara sparganii*
Roseneule → *Thyatira*
Rosenmotte → *Miltochrista*
Rosenspanner → *Cidaria*
Roßkastanieneule → *Acronicta aceris*
Rostbinde → *Hipparchia*
Rotbandspanner → *Rhodostrophia*
Roter Knospenwickler → *Spilonota ocellana*
Rotköpfiger Tannenwickler → *Zeiraphera*
Rußspinner → *Parocneria*
Saateule → *Agrotis segetum*
Samteule → *Hypena crassalis*
Satellit-Eule → *Eupsilia*
Skabiosenschwärmer → *Hemaris tityus*
Scharteneule → *Acosmetia*
Schatteneule → *Rusina*
Scheckflügel → *Endromis*
Scheckenfalter → *Euphydryas, Melitaea, Mellicta*
Schildmotte → *Apoda Heterogenea*
Schilfeule → *Archanara, Nonagria*
Schillerfalter → *Apatura*
Schlehenspanner → *Angerona*
Schlehenspinner → *Orgyia antiqua*
Schnauzenspinner → *Pterostoma*
Schneespanner → *Apocheima*
Schönbär → *Callimorpha*
Schornsteinfeger → *Aphantopus*
Schwalbenschwanz → *Papilio*
Schwammspinner → *Lymantria dispar*
Schwan → *Euproctis similis*
Schwarzes L → *Arctornis*
Schwarzspanner → *Odezia*
Schwefelvögelchen → *Lycaena tityrus*
Segelfalter → *Iphiclides*
Seideneulchen → *Rivula*
Silbereulchen → *Deltote*
Silberfleckspinner → *Spatalia*
Silberspinner → *Cilix*
Silbervögelchen → *Coenonympha*
Smaragdeule → *Phlogophora scita*
Smaragdspanner → *Antonechloris*
Schmieleneule → *Photedes*
Spanische Flagge → *Euplagia*
Speerspitzenspanner → *Rheumaptera hastata*
Sphinxeule → *Asteroscopus*
Spiegelchen → *Heteropterus*
Stachelbeerspanner → *Abraxas*
Stahlmotte → *Lithosia*
Stricheule → *Hyppa*
Strohhütchen → *Spiris*
Schwarzes C → *Xestia*
Tageule → *Callistege, Euclidia glyphica*
Taubenschwänzchen → *Macroglossum*
Tigermotte → *Spilosoma*
Totenkopf → *Acherontia*

303

Trapezeule → *Cosmia*
Traubenwickler → *Eupoecilia*
Trauereule → *Aedia*
Trauermantel → *Nymphalis antiopa*
Wachsmotte → *Achroia, Galleria*
Waldbrettspiel → *Pararge*
Waldportier → *Brintesia, Hipparchia, Minois*
Waldteufel → *Erebia*
Weidenbohrer → *Cossus*
Weidenkahneule → *Earias*
Weinschwärmer → *Deilephila, Hippotion*
Weißadereule → *Mythimna pallens*
Weißdorneule → *Allophyes*
Weißdornspinner → *Trichiura*
Weißes C → *Polygonia*
Weißes L → *Mythimna l-album*
Weißes W → *Satyrium w-album*
Weißfleckeule → *Mythimna albipuncta*
Weißling → *Aporia, Leptidea, Pieris, Pontia*
Weizeneule → *Euxoa tritici*
Wellenspanner → *Rheumaptera undulata*
Wickeneule → *Lygephila*
Widderchen → *Adscita, Amata, Zygaena*
Wiesenvögelchen → *Coenonympha*
Windenschwärmer → *Agrius*
Wolfsmilchschwärmer → *Hyles euphorbiae*
Wolfsmilchspinner → *Malacosoma castrensis*
Wollafter → *Eriogaster*
Wollbeinspinner → *Achyla*
Wollrückenspinner → *Tethea*
Würfel-Dickkopffalter → *Pyrgus, Spialia*
Würfelmotte → *Lithosia*
Wurzelfresser → *Apamea monoglypha*
Ypsiloneule → *Agrotis ipsilon*
Zackenspanner → *Ennomos*
Zahnspinner → *Leucodonta, Peridea, Pheosia*
Zickzackspinner → *Notodonta ziczac*
Zimteule → *Scoliopteryx*
Zipfelfalter → *Callophrys, Neozephyrus, Satyrium, Thecla*
Zitronenfalter → *Gonepteryx*
Zünsler → *Dioryctria, Eurrhypara, Hypsopygia, Ostrinia, Paralispa, Pyralis, Synaphe*
Zwergeulchen → *Eublemma*

7.5 Bestandsentwicklung der Schnabelfliegen (Mecoptera)

Wieland Röhricht

Am 01. August 1998 verstarb völlig unerwartet der Vater der ostdeutschen Neuropterologie, Herr Dr. rer. nat. Erich Kleinsteuber. Ohne seine umfassende Vorarbeit wäre der Beitrag nicht möglich gewesen. Seinem Gedenken sei daher diese Arbeit gewidmet.

Als Grundlagen für die vorliegende Bestandseinschätzung dienten neben der Auswertung publizierter Nachweise von Schnabelfliegen, insbesondere in Röhricht (1996), eine in den letzten Jahren erfolgte Durchsicht verschiedener Sammlungen (Halle/Saale, Berlin), Mitteilungen von Nachweisen durch T. Karisch, E. Kleinsteuber †, J. Müller und P. Sacher, sowie vor allem eigene Aufsammlungen.

Die Mecoptera sind durchweg schlecht erforscht. Für ganz Sachsen-Anhalt gilt, daß die Aussagen mit äußerster Vorsicht zu verwenden sind, da insgesamt sehr wenige Daten vorliegen. Zitiert ist in jedem Falle der letzte, bzw. sicherste Nachweis der Art. Allgemein kann jedoch festgestellt werden, daß keine Skorpionsfliege der Gattung *Panorpa* als wirklich im Bestand bedroht bezeichnet werden kann. Gleiches gilt nach bisherigem Überblick auch für die Winterhafte (*Boreus* spp.). Allein sind die vorliegenden Daten durchweg dürftig, so daß die hier skizzierte Einschätzung folgt.

Von J. Müller wird ebenfalls *Panorpa vulgaris* Imhoff & Labram 1845 für das Gebiet gemeldet. Für das Gebiet Sachsen-Anhalts wird von mir, verschiedenen Autoren folgend, zwischen *Panorpa communis* und *P. vulgaris* nicht auf Artniveau unterschieden.

Die Nomenklatur der Mecoptera folgt Devetak (1988), die Angaben zur Gefährdung im Land Sachsen-Anhalt sind Röhricht (1995) entnommen.

Literatur

Devetak, D. (1988): The distribution of scorpionflies (Mecoptera, Insecta) in Slovenia. Biol. vestnik 36(2), 1-12.

Röhricht, W. (1995): Rote Liste der Schnabelfliegen (Mecoptera) des Landes Sachsen-Anhalt. Ber. Landesamt. Umweltsch. Sachsen-Anhalt 18, 35-36.

Röhricht, W. (1996): Netzflügler und Schnabelfliegen aus Mitteldeutschland. Naturwiss. Beitr. Mus. Dessau 9, 44/135-156.

Rostock, M. (1881): Verzeichnis der Neuropteren Deutschlands (1), Oesterreichs (2) und der Schweiz (3). Ent. Nachr. Stettin 7, 217-228.

Anschrift des Verfassers
Wieland Röhricht
Straße 43 Nr. 48
D - 13125 Berlin

Art	BS	BE	UV	SM	RL	Nachweis
Bittacus hageni Brauer, 1860	A		SO, NA	as	0	Rostock 1881
Bittacus italicus (O.F. Müller, 1766)	A		SO	as	0	Rostock 1888
Boreus hyemalis (L., 1767)	v	0				Röhricht 1996
Boreus westwoodi Hagen, 1866	s					Sacher 1994
Panorpa alpina Rambur, 1842	s					Röhricht 1996
Panorpa cognata Rambur, 1842	s				3	Röhricht 1996
Panorpa communis L., 1758	g	0			-	Röhricht 1996
Panorpa germanica L., 1758	v	0				Röhricht 1996

7.6 Bestandsentwicklung der Bienen (Hymenoptera: Apoidea)

Manfred Dorn & Haike Ruhnke

Bienen sind licht- und wärmeliebende obligatorische Blütenbesucher. Als Bestäuber haben sie neben ihrer ökologischen auch eine beachtenswerte wirtschaftliche Bedeutung. Eine umfassende Darstellung ihrer Rolle im Ökosystem, ihrer Lebensweise, Verbreitung und Gefährdung gab Westrich (1989) unter besonderer Berücksichtigung des Landes Baden-Württemberg. Ihren Umweltansprüchen entsprechend nehmen die Artenzahlen in Europa, so auch in Sachsen-Anhalt, von Norden nach Süden zu. Für Sachsen-Anhalt wurden insgesamt 384 Arten nachgewiesen.

Faunenübersichten liegen weder für das Land insgesamt, noch für seine Großlandschaften vor. Der Grad der faunistischen Bearbeitung ist vor allem im Norden des Landes äußerst gering, so daß sich die nachstehenden Wertungen fast ausschließlich auf die Gebiete der Regierungsbezirke Halle und Dessau beziehen. Auf Angaben zur Bestandsentwicklung und deren Ursachen sowie zu daraus abzuleitenden möglichen Schutzmaßnahmen wurde bewußt verzichtet, weil fundierte Aussagen dazu insbesondere bei seltenen Arten erst nach mehrmaliger Kontrolle der ehemaligen Sammelgebiete im mittleren Saaletal und Niederen Fläming sowie unter Einbeziehung des Nordens Sachsen-Anhalts zu erwarten sind.

Als Datengrundlage dienten ältere Literaturhinweise in Taschenberg (1866) für den Raum Halle, Friese (1883), Blüthgen (1925) für den Raum Naumburg-Weißenfels, Rapp (1945) für die nördlichen an Thüringen angrenzenden Landesteile Sachsen-Anhalts sowie für den Zeitraum nach 1945 Parré (1964) für den Raum Staßfurt, Dorn (1977-93) für Halle und den Saalkreis, Donath (1990) für den Harz, Karl (1994) für das Gebiet der Mittelelbe sowie eine Reihe nicht veröffentlichter Diplomarbeiten, Forschungsberichte und Fundlisten. Einige Angaben wurden Stoeckhert (1954) entnommen.

Ausgewertet wurde weiterhin Sammlungsmaterial in: coll. Taschenberg (1854-1929), coll. Köller (1895-1979), coll. Somburg (1907-1978) und umfangreiche Arbeitssammlungen von Forschungsgruppen im Institut für Zoologie der Martin-Luther-Universität Halle-Wittenberg, Material der coll. Heidenreich (1881-1964) und coll. Wallis (1906-1981) im Museum für Naturkunde und Vorgeschichte Dessau, der Sammlung Bleyl (1907-1995) jetzt im Deutschen Entomologischen Institut Eberswalde sowie Fanggut, das uns zahlreiche Entomologen freundlicherweise zur Auswertung überlassen haben (u.a. W. Bäse, C. Kornmilch, M. Trost, R. Winter). Herr A. Dudler übermittelte uns aktuelle Fangdaten.

Für die Einschätzung der Bestandssituation wurde das aktuelle Vorkommen der Arten in drei gut untersuchten Schutzgebieten: dem Landschaftsschutzgebiet "Dübener Heide", dem Biosphärenreservat "Mittlere Elbe" und dem Naturpark "Unteres Saaletal" sowie auf mehreren Versuchsflächen im Stadtgebiet Halle und im Saalkreis herangezogen.

Die Bestandssituation wird folgendermaßen definiert:

A Die Art gilt als verschollen, sie wurde seit 1970 nicht mehr im Landesgebiet nachgewiesen.

ss Die Art wurde auch nach 1970 nur von einem oder von wenigen Standorten im Land gemeldet. Ihr aktuelles Vorkommen ist belegt oder sehr wahrscheinlich.

s Die Art wurde nach 1970 an wenigen Standorten im Land nachgewiesen, ihr aktuelles Vorkommen ist belegt.

v Das aktuelle Vorkommen der Art ist aus zahlreichen Untersuchungsgebieten in verschiedenen Landesteilen bekannt.

h Die Art wurde aktuell in der Mehrzahl der Untersuchungsgebiete in Anzahl nachgewiesen. Sie bildet häufig größere Nestaggregationen.

g Die Art wurde in allen untersuchten Gebieten, einschließlich im menschlichen Siedlungsbereich in Anzahl nachgewiesen. Hierzu zählen zahlreiche Kulturfolger.

Hummeln (*Bombus spp.*) sowie Pelz- und Mauerbienenarten, wie *Anthophora plumipes* (syn. *A. acervorum*) und *Osmia bicornis* (syn. *O. rufa*) wurden zeitweise in großem Umfang zu Bestäubungszwecken gehalten. Auch von der (autochthonen) Luzerne-Blattschneiderbienenart (*Megachile rotundata*) wurden seit 1973 zu Bestäubungszwecke größere Mengen Kokonmaterial aus den USA und Kanada eingeführt und im Raum Halle vermehrt.

Andrena anthrisci Blüthgen wurde nicht in die Tabelle aufgenommen, da der taxonomische Status umstritten ist (Schmid-Egger & Scheuchl 1997). Beim Nachweis der Holzbiene (*Xylocopa violacea*) handelt es sich vermutlich um ein mit Holz eingeschlepptes Tier. Die Honigbiene (*Apis mellifera* L.) wurde in der Tabelle nicht berücksichtigt.

Die verwendete Nomenklatur folgt Rasmont et al. (1995) und Westrich & Dathe (1997). Zum bekannten Grundlagenwerk von Westrich (1989) ergeben sich bereits auf der Gattungsebene wesentliche Unterschiede. So werden die Arten folgender Gattungen neu zugeordnet:

Chelostoma → *Osmia*
Heriades → *Osmia*
Psithyrus → *Bombus*
Tetralonia → *Eucera*
Trachusa → *Anthidium*

Nomenklatorische Veränderungen innerhalb der Arten sind der Spalte Synonyme zu entnehmen. Eine Gesamtübersicht geben WESTRICH & DATHE (1997).

Die Determination erfolgte nach DATHE (1980), EBMER (1969, 1970, 1971), MAUSS (1990), SCHEUCHL (1995, 1996), SCHMID-EGGER & SCHEUCHL (1997) SCHMIEDEKNECHT (1930) und WARNCKE (1992).

Als Nachweis wurde von allen RL-Arten das jüngste Literaturzitat oder, soweit den Autoren entsprechende Daten vorlagen, der Name des Sammlers und das Jahr des jüngsten Nachweises genannt. Vorrang erhielten dabei Veröffentlichungen, auch wenn sie teilweise um wenige Jahre älter waren als unveröffentlichte Daten.

Belege für das Vorkommen der Art im Land Sachsen-Anhalt befinden sich in den Sammlungen im Institut für Zoologie der Martin-Luther-Universität Halle-Wittenberg und im Museum für Naturkunde und Vorgeschichte Dessau.

Literatur

BLÜTHGEN, P. (1925): Beiträge zur Kenntnis der Hymenopterenfauna des Saaletales (Hym.). Stettiner Ent. Ztg. 85, 137-171.

BLÜTHGEN, P. (1961): Über den Rückgang der Mörtelbiene (*Chalicodoma parietina* GEOFFR. 1785) (*muraria* auct.) in Mitteldeutschland. Mitteilungsblatt für Insektenkunde 5, 49-52, 73-77.

DATHE, H.H. (1980): Die Arten der Gattung *Hylaeus* F. in Europa (Hymenoptera, Apoidea, Colletidae). Mitt. Zool. Mus. Berlin 50(2), 207-294.

DONATH, H. (1990): Ein Beitrag zur Hummelfauna des Harzes. Naturschutzarbeit in den Bezirken Halle und Magdeburg 27(1), 27-32.

DORN, M. (1969): Erneuter Nachweis von *Camptopoeum frontale* (F.) im Raum Halle/Saale (Hym., Apoidea). Dtsch. Ent. Z. N.F. 16, 55-57.

DORN, M. (1977): Ergebnisse faunistisch-ökologischer Untersuchungen an solitären Apoidea (Hymenoptera) im Botanischen Garten der Martin-Luther-Universität in Halle (Saale). Hercynia N.F. 14(2), 196-211.

DORN, M. (1993a): Bienen (Apoidea). In: EBEL, F., SCHÖNBROT, R. (Hrsg.): Arbeiten aus dem Naturpark "Unteres Saaletal". Heft 2, Rote-Liste-Arten der Naturschutzobjekte im Saalkreis. Verband zur Landschaftspflege und Einrichtung eines Naturparks "Unteres Saaletal" e.V., Landratsamt des Saalkreises, Landesamt für Umweltschutz Sachsen-Anhalt.

DORN, M. (1993b): Rote Liste der Wildbienen des Landes Sachsen-Anhalt. Ber. Landesamt. Umweltsch. Sachsen-Anhalt 9, 53-59.

DORN, M. (1996): Wildbienen - Hymenoptera: Apoidea. In: WALLASCHEK, M., BLISS, P., SCHÖPKE, H., WITSACK, W. (Hrsg.): Beiträge zur Erfassung der Biodiversität im Unteren Saaletal. Phytozönosen, Pflanzenarten und Tierarten von Landschaftselementen der Halleschen Kuppenlandschaft. Arbeiten aus dem Naturpark "Unteres Saaletal" 3, 202 S.

DORN, M. (1998): Wildbienen (Apoidea). In: Arten- und Biotopschutzprogramm Sachsen-Anhalt Stadt Halle (Saale). Ber. Landesamt Umweltsch. Sachsen-Anhalt Sonderheft 4/1998, 248-255, 400-401.

DORN, M., RUHNKE, H. (im Druck): Die Wildbienen des Botanischen Gartens der Martin-Luther-Universität Halle-Wittenberg (Hymenoptera: Apidae). Hercynia.

DORN, M., WEBER, D. (1988): Die Luzerne-Blattschneiderbiene und ihre Verwandten in Mitteleuropa. Die Neue Brehm-Bücherei 582, Ziemsen-Verl., Wittenberg.

EBMER, P.A.W. (1969): Die Bienen des Genus *Halictus* LATR. s.l. im Großraum von Linz (Hymenoptera, Apidae). Teil I. Naturkundl. Jahrb. Stadt Linz: 133-183.

EBMER, P.A.W. (1970): Die Bienen des Genus *Halictus* LATR. s.l. im Großraum von Linz (Hymenoptera, Apidae). Teil II. Naturkundl. Jahrb. Stadt Linz: 19-82.

EBMER, P.A.W. (1971): Die Bienen des Genus *Halictus* LATR. s.l. im Großraum von Linz (Hymenoptera, Apidae). Teil III. Naturkundl. Jahrb. Stadt Linz: 63-156.

FRIESE, H. (1883): Beitrag zur Hymenopteren-Fauna des Saalethals. Z. Naturw. 55, 185-218.

KARL, H. (1994): Analyse der Stechimmenfauna (*Hymenoptera aculeata*) als Grundlage für die Pflege und Entwicklung von Mager- und Trockenrasenstandorten im Biosphärenreservat "Mittlere Elbe". Diplomarbeit Universität Hamburg.

MAUSS, V. (1990): Bestimmungsschlüssel für die Hummeln der Bundesrepublik Deutschland. Dt. Jugendb. Naturbeob., Hamburg.

PARRÉ, F. (1964): Bienen aus Staßfurt und ein neuer Fundort zweier seltener Hymenopterenarten aus Sachsen-Anhalt. Ent. Z. 74, 97-100.

RAPP, O. (1945): Die Bienen Thüringens unter besonderer Berücksichtigung der faunistisch-oekologischen Geographie. 2. Aufl., Museum für Naturkunde, Erfurt.

RASMONT, P., EBMER, P.A., BANASZAK, J., VANDEN, G. v. D. (1995): Hymenoptera Apoidea Gallica:

Liste taxonomique des abeilles de France, de Belgique, de Suisse et du Grand-Duché de Luxembourg. Bulletin Soc. Ent. France 100, 1-98.

RUHNKE, H. (1998): Zur Verbreitung, Bionomie und Gefährdung der Blattschneiderbiene *Megachile genalis* MOR. (Hymenoptera: Megachilidae). Diplomarbeit Martin-Luther-Universität Halle-Wittenberg.

SCHEUCHL, E. (1995): Illustrierte Bestimmungstabellen der Wildbienen Deutschlands und Österreichs. Band I: Schlüssel der Gattungen und der Arten der Familie Anthophoridae. Eigenverlag, Velden.

SCHEUCHL, E. (1996): Illustrierte Bestimmungstabellen der Wildbienen Deutschlands und Österreichs. Band II: Megachilidae-Melittidae. Eigenverlag, Velden.

SCHMID-EGGER, C., SCHEUCHL, E. (1997): Illustrierte Bestimmungstabellen der Wildbienen Deutschlands und Österreichs unter Berücksichtigung der Arten der Schweiz. Band III: Schlüssel der Arten der Familie Andrenidae. Eigenverlag, Velden/Vils.

SCHMIEDEKNECHT, O. (1930): Die Hymenopteren Nord- und Mitteleuropas mit Einschluß von England, Südschweiz, Südtirol und Ungarn nach ihren Gattungen und zum großen Teil auch nach ihren Arten analytisch bearbeitet. 2., gänzlich umgearbeitete Auflage, Gustav Fischer, Jena.

STOECKHERT, F.K. (1954): Fauna Apoideorum Germaniae. Abh. bayer. Akad. Wiss. N.F. 65, 1-87.

TASCHENBERG, E. (1866): Hymenopteren Deutschlands. Verl. Heinsius, Bremen.

WARNCKE, K. (1992): Die westpaläarktischen Arten der Bienengattung *Sphecodes* LATR. (Hymenoptera, Apidae, Halictinae). 52. Ber. Naturf. Ges. Augsburg: 9-64.

WESTRICH, P. (1989): Die Wildbienen Baden-Württembergs. Teil I u. II, Eugen Ulmer, Stuttgart.

WESTRICH, P., DATHE, H.H. (1997): Die Bienenarten Deutschlands (Hymenoptera, Apoidea): Ein aktualisiertes Verzeichnis mit kritischen Anmerkungen. Mitt. Ent. Ver. Stuttgart 32, 1-56.

Anschriften der Verfasser

Dr. Manfred Dorn
Andersenstr. 13
D - 06126 Halle (Saale)

Dipl.-Biol.
Haike Ruhnke
Schwetschke Str. 14
D - 06110 Halle (Saale)

Art	BS	RL	Ges.	Nachweis	Synonyme
Ammobates punctatus (F., 1804)	ss	1	§	KARL 1994	
Andrena agilissima (SCOPOLI, 1770)	s	2	§	DORN 1998	
Andrena alfkenella PERKINS, 1914	v	P	§	DORN 1993a	
Andrena apicata SMITH, 1847		2	§	BLÜTHGEN 1925	*A. batava* PÉREZ, 1902
Andrena argentata SMITH, 1844		2	§	RAPP 1945	
Andrena assimilis RADOSZKOWSKI, 1876	ss	1	§	WESTRICH, DATHE 1997	
Andrena barbareae PANZER, 1805	A		§	RAPP 1945	*A. cineraria* (L., 1758) p.p.
Andrena barbilabris (KIRBY, 1802)	s	P	§	DORN 1998	*A. sericea* (CHRIST, 1791)
Andrena bicolor F., 1775	h		§	DORN 1996	*A. gwynana* (KIRBY, 1802)
Andrena bimaculata (KIRBY, 1802)	ss	2	§	leg. DORN 1991	
Andrena chrysopus PÉREZ, 1903	s	2	§	DORN 1998	
Andrena chrysopyga SCHENCK, 1853	ss	1	§	DORN 1993a	
Andrena chrysosceles (KIRBY, 1802)	v		§	DORN, RUHNKE (im Druck)	
Andrena cineraria (L., 1758)	v	P	§	KARL 1994	
Andrena clarkella (KIRBY, 1802)		1	§	DORN 1998	
Andrena coitana (KIRBY, 1802)		1	§	RAPP 1945	
Andrena combinata (CHRIST, 1791)	ss	2	§	leg. DORN 1985	
Andrena congruens SCHMIEDEKNECHT, 1883	ss		§	leg. RUHNKE 1998	*A. confinis* STOECKHERT, 1930
Andrena curvungula THOMSON, 1870	s	2	§	DORN 1998	
Andrena denticulata (KIRBY, 1802)	s	2	§	KARL 1994	
Andrena distinguenda SCHENCK, 1871	s	2	§	leg. DORN 1985	
Andrena dorsata (KIRBY, 1802)	g		§	DORN 1998	*A. propinqua* SCHENCK, 1853
Andrena eximia SMITH, 1847	A	0	§	RAPP 1945	

Art	BS	RL	Ges.	Nachweis	Synonyme
Andrena falsifica PERKINS, 1915	v		§	DORN 1996	
Andrena ferox SMITH, 1847	A	0	§	RAPP 1945	
Andrena flavipes PANZER, 1799	g		§	DORN 1998	
Andrena florea F., 1793	s	P	§	leg. DORN 1995	
Andrena floricola EVERSMANN, 1852	v		§	DORN 1996	
Andrena florivaga EVERSMANN, 1852	s	1	§	DORN 1998	*A. molhusina* BLÜTHGEN, 1914
Andrena fucata SMITH, 1847	v		§	DORN 1998	
Andrena fulva (MÜLLER, 1766)	v		§	DORN 1998	*A. armata* (GMELIN, 1790)
Andrena fulvago (CHRIST, 1791)	s	3	§	DORN 1993a	
Andrena fuscipes (KIRBY, 1802)	v	2	§	KARL 1994	
Andrena gelriae VAN DER VECHT, 1927	ss		§	leg. DORN 1997	
Andrena gravida IMHOFF, 1832	v		§	DORN 1996	
Andrena haemorrhoa (F., 1781)	g		§	DORN 1998	*A. albicans* auct.
Andrena hattorfiana (F., 1775)	s	3	§	DORN 1998	
Andrena helvola (L., 1758)	v		§	DORN 1996	
Andrena humilis IMHOFF, 1832	v	3	§	leg. DORN 1997	
Andrena hypopolia SCHMIEDEKNECHT, 1883	ss	0	§	leg. DORN 1997	
Andrena intermedia THOMSON, 1870	ss		§	leg. DORN 1994	
Andrena labialis (Kirby, 1802)	s	3	§	DORN 1993a	
Andrena labiata F., 1781	v		§	leg. RUHNKE 1998	*A. cingulata* (F., 1775)
Andrena lapponica ZETTERSTEDT, 1838	v	3	§	DORN 1977	
Andrena lathyri ALFKEN, 1899	ss	3	§	leg. DORN 1984	
Andrena lepida SCHENCK, 1861	ss		§	leg. DORN 1978	*A. separanda* SCHMIEDEKNECHT, 1883
Andrena marginata F., 1777	s	2	§	DORN 1993a	
Andrena minutula (KIRBY, 1802)	g		§	DORN 1996	
Andrena minutuloides PERKINS, 1914	v		§	DORN 1996	
Andrena mitis SCHMIEDEKNECHT, 1883	ss	2	§	DORN 1993a	
Andrena morio BRULLÉ, 1832		1	§	leg. BLEYL 1961	
Andrena nana (KIRBY, 1802)		1	§	RAPP 1945	
Andrena nanaeformis NOSKIEWICS, 1925	A	0	§	STOECKHERT 1954	
Andrena nasuta GIRAUD, 1862	ss	0	§	leg. BLEYL 1976	
Andrena nigriceps (KIRBY, 1802)	A	0	§	RAPP 1945	
Andrena nigroaenea (KIRBY, 1802)	h		§	DORN 1998	
Andrena nitida (MÜLLER, 1776)	g		§	DORN 1998	*A. pubescens* OLIVIER, 1789
Andrena nitidiuscula SCHENCK, 1853	ss	P	§	leg. DORN 1985	
Andrena niveata FRIESE, 1887	s	3	§	DORN 1993a	
Andrena nycthemera IMHOFF, 1868		2	§	STOECKHERT 1954	
Andrena ovatula (KIRBY, 1802)	v		§	DORN 1996	*A. albofasciata* THOMSON, 1870
Andrena pandellei PÉREZ, 1895	s	2	§	KARL 1994	
Andrena pilipes F., 1781	v	3	§	DORN 1993a	*A. carbonaria* auct.
Andrena polita SMITH, 1847	ss	2	§	DORN 1993a	
Andrena potentillae PANZER, 1809	s	1	§	DORN 1998	
Andrena praecox (SCOPOLI, 1763)	v		§	DORN 1996	
Andrena proxima (KIRBY, 1802)	ss	3	§	leg. DORN 1997	
Andrena pusilla PÉREZ, 1903	v	P	§	DORN 1993a	*A. spreta* ssp. *pusilla* PÉREZ, 1903
Andrena rosae PANZER, 1801	ss	3	§	leg. BLEYL 1976	
Andrena ruficrus NYLANDER, 1848	ss		§	leg. DORN 1994	
Andrena rufizona IMHOFF, 1834	A	0	§	RAPP 1945	

Art	BS	RL	Ges.	Nachweis	Synonyme
Andrena saxonica STOECKHERT, 1935	A		§	STOECKHERT 1954	
Andrena schencki MORAWITZ, 1866		1	§	leg. SOMBURG 1955	*A. labiata* SCHENCK, 1851
Andrena scotica PERKINS, 1916	v		§	DORN 1996	*A. jacobi* PERKINS, 1921
Andrena semilaevis PEREZ, 1903	v		§	DORN 1996	*A. saundersella* PERKINS, 1914
Andrena similis SMITH, 1849	ss		§	leg. DUDLER 1995	
Andrena simillima SMITH, 1851	A		§	STOECKHERT 1954	
Andrena strohmella STOECKERT, 1928	v		§	DORN 1996	
Andrena subopaca NYLANDER, 1848	v		§	DORN 1996	
Andrena thoracica (F., 1775)		1	§	leg. HEIDENREICH 1952	
Andrena tibialis (KIRBY, 1802)	g		§	DORN 1996	
Andrena vaga PANZER, 1799	s	3	§	KARL 1994	*A. ovina* KLUG, 1810
Andrena varians (KIRBY, 1802)	v	P	§	DORN 1998	
Andrena ventralis IMHOFF, 1832	s	3	§	DORN 1993a	
Andrena viridescens VIERECK, 1916	ss	2	§	DORN 1993a	*A. cyanescens* NYLANDER, 1852
Andrena wilkella (KIRBY, 1802)	v	3	§	DORN 1993a	
Anthidium byssinum (PANZER, 1798)	s	3	§	leg. DORN 1997	*Trachusa byssina* (PANZER, 1798)
Anthidium manicatum (L., 1758)	v		§	DORN 1998	
Anthidium oblongatum (ILLIGER, 1806)	s	P	§	leg. DORN 1995	
Anthidium punctatum LATREILLE, 1809	s	3	§	KARL 1994	
Anthidium scapulare (LATREILLE, 1809)	ss	1	§	leg. DORN 1996	*A. lituratum* (PANZER, 1801)
Anthidium strigatum (PANZER, 1805)	v	3	§	KARL 1994	
Anthophora aestivalis (PANZER, 1801)	s	3	§	DORN 1993a	
Anthophora bimaculata (PANZER, 1798)	s	3	§	KARL 1994	
Anthophora furcata (PANZER, 1798)	s	3	§	DORN 1993a	
Anthophora plagiata (ILLIGER, 1806)	A	0	§	DORN 1998	*A. parietina* (F., 1793)
Anthophora plumipes (PALLAS, 1772)	g		§	DORN 1998	*A. acervorum* (L., 1758)
Anthophora quadrifasciata (VILLERS, 1789)	A	0	§	TASCHENBERG 1866	
Anthophora quadrimaculata (PANZER, 1798)	v	P	§	DORN 1993a	*A. vulpina* (PANZER, 1798)
Anthophora retusa (L., 1758)			§	leg. WALLIS 1965	
Biastes emarginatus (SCHENCK, 1853)		1	§	BLÜTHGEN 1925	
Biastes truncatus (NYLANDER, 1848)		1	§	RAPP 1945	
Bombus barbutellus (KIRBY, 1802)	s	1	§	leg. RUHNKE 1995	*Psithyrus barbutellus* (KIRBY, 1802)
Bombus bohemicus SEIDL, 1838	v		§	DORN 1996	*Psithyrus bohemicus* (SEIDL, 1838)
Bombus campestris (PANZER, 1801)	s	2	§	leg. RUHNKE 1998	*Psithyrus campestris* (PANZER, 1801)
Bombus confusus SCHENCK, 1861	ss	1	§	leg. DORN 1984	
Bombus cryptarum (F., 1775)			§	leg. DORN 1983	
Bombus distinguendus MORAWITZ, 1869	s	2	§	leg. RUHNKE 1995	
Bombus hortorum (L., 1761)	v	P	§	DORN 1996	
Bombus humilis ILLIGER, 1806	s	3	§	leg. RUHNKE 1997	
Bombus hypnorum (L., 1758)	v	P	§	DORN 1998	
Bombus lapidarius (L., 1758)	g		§	DORN 1996	
Bombus lucorum (L., 1761)	g		§	DORN 1996	
Bombus muscorum (L., 1758)	s	2	§	KARL 1994	

Bienen (Hymenoptera: Apoidea)

Art	BS	RL	Ges.	Nachweis	Synonyme
Bombus norvegicus (Sparre-Schneider, 1918)	ss		§	leg. Trost 1998	*Psithyrus norvegicus* Sparre-Schneider, 1918
Bombus pascuorum (Scopoli, 1763)	g		§	Dorn 1998	
Bombus pomorum (Panzer, 1805)	s	2	§	leg. Ruhnke 1994	
Bombus pratorum (L., 1761)	v	P	§	Dorn 1998	
Bombus quadricolor (Lepeletier, 1832)	A	0	§	Rapp 1945	*Psithyrus meridionalis* Richards, 1928
Bombus ruderarius (Müller, 1776)	h	P	§	Dorn 1996	
Bombus ruderatus (F., 1775)	ss	1	§	leg. Ruhnke 1994	
Bombus rupestris (F., 1793)	g		§	Dorn 1996	*Psithyrus rupestris* (F., 1793)
Bombus soroeensis (F., 1777)	ss	2	§	leg. Ruhnke 1998	
Bombus subterraneus (L., 1758)		2	§	Rapp 1945	
Bombus sylvarum (L., 1761)	h	P	§	Karl 1994	
Bombus sylvestris (Lepeletier, 1832)	s	2	§	Donath 1990	*Psithyrus sylvestris* (Lepeletier, 1832)
Bombus terrestris (L., 1758)	g		§	Dorn 1996	
Bombus vestalis (Geoffroy, 1785)	h		§	Dorn 1996	*Psithyrus vestalis* (Geoffroy in Fourcroy, 1785)
Bombus veteranus (F., 1793)		2	§	Friese 1883	
Bombus wurflenii Radoszkowski, 1859		2	§	Rapp 1945	
Camptopoeum frontale (F., 1804)	ss	2	§	Dorn 1993a	
Ceratina cyanea (Kirby, 1802)	v		§	Dorn 1996	
Coelioxys afra Lepeletier, 1841	s	1	§	leg. Ruhnke 1998	
Coelioxys aurolimbata Förster, 1853	s	2	§	leg. Dorn 1983	
Coelioxys brevis Eversmann, 1852	ss	1	§	Dorn 1993a	
Coelioxys conica (L., 1758)	s		§	Dorn, Ruhnke (im Druck)	*C. quadridentata* (L., 1761)
Coelioxys conoidea (Illiger, 1806)	s	2	§	Karl 1994	
Coelioxys echinata Förster, 1853	s	2	§	leg. Ruhnke 1995	*C. rufocaudata* Smith, 1854
Coelioxys elongata Lepeletier, 1841	s	3	§	Dorn 1993a	
Coelioxys inermis (Kirby, 1802)	v	3	§	Dorn 1993a	*C. acuminata* Nylander, 1852
Coelioxys mandibularis Nylander, 1852	s		§	Ruhnke 1998	
Coelioxys rufescens Lepeletier, 1825	s	2	§	leg. Dorn 1976	
Colletes cunicularius (L., 1761)	s	3	§	Dorn 1996	
Colletes daviesanus Smith, 1846	g		§	Dorn 1998	
Colletes fodiens (Geoffroy, 1785)	v	3	§	Dorn 1998	
Colletes marginatus Smith, 1846	ss	0	§	Dorn 1998	
Colletes similis Schenck, 1853	v	P	§	Dorn 1993a	
Colletes succinctus (L., 1758)	v	2	§	Dorn 1993a	
Dasypoda argentata (Panzer, 1809)	ss	1	§	Dorn 1998	
Dasypoda hirtipes (F., 1793)	h	P	§	Dorn 1993a	
Dioxys tridentata (Nylander, 1848)	A	0	§	Rapp 1945	
Dufourea dentiventris (Nylander, 1848)	ss	2	§	leg. Dorn 1996	
Dufourea halictula Nylander, 1852	A		§	leg. Heidenreich 1950	*D. minuta* (Lepeletier, 1841)
Dufourea inermis (Nylander, 1848)	s	2	§	Dorn 1993a	
Dufourea minuta Lepeletier, 1841	s	2	§	leg. Dorn 1971	*D. vulgaris* Schenck 1861
Epeoloides coecutiens (F., 1775)	s	2	§	leg. Dorn 1993	
Epeolus cruciger (Panzer, 1799)	ss	1	§	Karl 1994	
Epeolus variegatus (L., 1758)	s	3	§	Karl 1994	
Eucera dentata Germar, 1839	A		§	Friese 1921	*Tetralonia dentata* (Klug, 1835)

Art	BS	RL	Ges.	Nachweis	Synonyme
Eucera interrupta BAER, 1850	ss	1	§	leg. RUHNKE 1998	
Eucera longicornis (L., 1758)	s	3	§	DORN 1998	*E. tuberculata* (F., 1793)
Eucera macroglossa ILLIGER, 1806	s	2	§	DORN 1993a	*Tetralonia macroglossa* (ILLIGER, 1806), *Tetralonia malvae* auct.
Eucera nigrescens PEREZ, 1879	v	3	§	DORN 1993a	*E. tuberculata* auct.
Halictus confusus SMITH, 1853	v	2	§	KARL 1994	*H. perkinsi* BLÜTHGEN, 1925
Halictus eurygnathus BLÜTHGEN, 1931	v		§	DORN 1996	
Halictus leucaheneus EBMER, 1972	v	3	§	DORN 1993a	*H. fasciatus* auct.
Halictus maculatus SMITH, 1848	h		§	DORN 1998	
Halictus quadricinctus (F., 1776)	v	2	§	DORN 1993a	
Halictus rubicundus (CHRIST, 1791)	h		§	DORN 96	
Halictus semitectus MORAWITZ, 1873	ss	0	§	leg. DORN 1994	
Halictus sexcinctus (F., 1775)	s	1	§	KARL 1994	
Halictus simplex BLÜTHGEN, 1923	v	P	§	DORN 1993a	
Halictus smaragdulus VACHAL, 1895	ss	1	§	DORN 1996	
Halictus subauratus (ROSSI, 1792)	v		§	DORN 1998	
Halictus tumulorum (L., 1758)	g		§	DORN 1998	
Hylaeus angustatus (SCHENCK, 1861)	h		§	DORN, RUHNKE (im Druck)	
Hylaeus annularis (KIRBY, 1802)	v		§	DORN, RUHNKE (im Druck)	
Hylaeus brevicornis NYLANDER, 1852	v		§	DORN 1996	
Hylaeus clypearis (SCHENCK, 1853)	s	2	§	leg. RUHNKE 1998	
Hylaeus communis NYLANDER, 1852	v		§	DORN, RUHNKE (im Druck)	
Hylaeus confusus NYLANDER, 1852	h		§	DORN, RUHNKE (im Druck)	
Hylaeus cornutus CURTIS, 1831	s	P	§	DORN 1993a	
Hylaeus difformis EVERSMANN, 1852	ss		§	leg. BALDOVSKI 1995	
Hylaeus gibbus SAUNDERS, 1850	v	3	§	leg. DORN 1985	
Hylaeus gracilicornis (MORAWITZ, 1867)	s	P	§	DORN 1993a	
Hylaeus gredleri FÖRSTER, 1871	s		§	DORN, RUHNKE (im Druck)	
Hylaeus hyalinatus SMITH, 1843	h		§	DORN, RUHNKE (im Druck)	
Hylaeus lepidulus COCKERELL, 1924			§	leg. BALDOVSKI 1984	*Hylaeus paulus* BRIDWELL, 1919 (DATHE, schriftl. Mitt. 1999)
Hylaeus leptocephalus (MORAWITZ, 1871)	v	3	§	DORN 1993a	
Hylaeus moricei (FRIESE, 1898)	ss		§	leg. DORN 1997	
Hylaeus nigritus (F., 1798)	v	3	§	DORN 1993a	
Hylaeus pectoralis FÖRSTER, 1871	ss	1	§	DORN 1977	
Hylaeus pictipes NYLANDER, 1852	s	2	§	leg. DORN 1997	
Hylaeus punctulatissimus SMITH, 1843	s	2	§	DORN 1977	
Hylaeus signatus (PANZER, 1798)	v		§	DORN 1998	*H. pratensis* (GEOFFROY, 1785)
Hylaeus sinuatus (SCHENCK, 1853)	s	3	§	DORN 1993a	*H. minutus* (F., 1793)
Hylaeus styriacus FÖRSTER, 1871	s	3	§	DORN 1977	
Hylaeus variegatus (F., 1798)	v		§	DORN 1998	
Lasioglossum aeratum (KIRBY, 1802)	v	P	§	DORN 1996	*L. viridiaeneus* (BLÜTHGEN, 1918)
Lasioglossum albipes (F., 1781)	v		§	DORN 1996	
Lasioglossum brevicorne (SCHENCK, 1868)	s	1	§	KARL 1994	
Lasioglossum calceatum (SCOPOLI, 1763)	g		§	DORN 1996	
Lasioglossum clypeare (SCHENCK, 1853)	s	2	§	DORN 1993a	

Art	BS	RL	Ges.	Nachweis	Synonyme
Lasioglossum convexiusculum (SCHENCK, 1853)	s	3	§	DORN 1993a	
Lasioglossum costulatum (KRIECHBAUMER, 1873)	ss	1	§	leg. RUHNKE 1998	
Lasioglossum fratellum (PÉREZ, 1903)	s	P	§	DORN 1993a	
Lasioglossum fulvicorne (KIRBY, 1802)	g		§	DORN 1998	
Lasioglossum griseolum (MORAWITZ, 1872)	ss	1	§	DORN 1993a	
Lasioglossum intermedium (SCHENCK, 1868)		3	§	STOECKHERT 1954	
Lasioglossum interruptum (PANZER, 1798)	s	3	§	DORN 1993a	
Lasioglossum laeve (KIRBY, 1802)	ss	1	§	DORN 1998	
Lasioglossum laevigatum (KIRBY, 1802)	v		§	DORN 1996	
Lasioglossum laticeps (SCHENCK, 1868)	h		§	DORN 1998	
Lasioglossum lativentre (SCHENCK, 1853)	s	3	§	DORN 1977	
Lasioglossum leucopus (KIRBY, 1802)	h		§	DORN 1996	
Lasioglossum leucozonium (SCHRANK, 1781)	g		§	DORN 1998	
Lasioglossum limbellum (MORAWITZ, 1876)	ss	2	§	DORN 1993a	
Lasioglossum lineare (SCHENCK, 1868)	s		§	DORN 1996	
Lasioglossum lissonotum (NOSKIEWICZ, 1926)		1	§	RAPP 1945	
Lasioglossum lucidulum (SCHENCK, 1861)	v		§	DORN 1998	
Lasioglossum majus (NYLANDER, 1852)		1	§	RAPP 1945	
Lasioglossum malachurum (KIRBY, 1802)	v		§	DORN 1998	
Lasioglossum marginellum (SCHENCK, 1853)	ss	1	§	leg. RUHNKE 1998	
Lasioglossum minutissimum (KIRBY, 1802)	s	3	§	leg. DORN 1989	
Lasioglossum minutulum (SCHENCK, 1853)	v		§	DORN, RUHNKE (im Druck)	
Lasioglossum morio (F., 1793)	g		§	DORN 1996	
Lasioglossum nitidiusculum (KIRBY, 1802)	h		§	DORN 1996	
Lasioglossum nitidulum (F., 1804)	v	P	§	DORN 1993a	L. continentale (BLÜTHGEN, 1944)
Lasioglossum pallens (BRULLÉ, 1832)	s	2	§	KARL 1994	
Lasioglossum parvulum (SCHENCK, 1853)	v		§	DORN, RUHNKE (im Druck)	L. minutulum (SCHRANK, 1781)
Lasioglossum pauxillum (SCHENCK, 1853)	g		§	DORN 1998	
Lasioglossum politum (SCHENCK, 1853)	v		§	DORN 1998	
Lasioglossum punctatissimum (SCHENCK, 1853)	v	3	§	KARL 1994	
Lasioglossum puncticolle (MORAWITZ, 1872)	A		§	BLÜTHGEN 1925	
Lasioglossum pygmaeum (SCHENCK, 1853)	s	3	§	DORN 1993a	
Lasioglossum quadrinotatulum (SCHENCK, 1853)	s	1	§	KARL 1994	
Lasioglossum quadrinotatum (KIRBY, 1802)	v		§	DORN 1996	
Lasioglossum quadrisignatum (SCHENCK, 1853)	ss	2	§	DORN 1993a	

Art	BS	RL	Ges.	Nachweis	Synonyme
Lasioglossum rufitarse (ZETTERSTEDT, 1838)	v		§	DORN, RUHNKE (im Druck)	
Lasioglossum semilucens (ALFKEN, 1914)	v		§	DORN, RUHNKE (im Druck)	
Lasioglossum setulosum (STRAND, 1909)	A		§	STOECKHERT 1954	
Lasioglossum sexnotatum (KIRBY, 1802)	v	2	§	DORN 1993a	*L. nitidum* (PANZER, 1798)
Lasioglossum sexstrigatum (SCHENCK, 1868)	v	2	§	leg. DORN 1997	
Lasioglossum subfasciatum (IMHOFF, 1832)	v		§	DORN 1996	
Lasioglossum tarsatum (SCHENCK, 1868)	A		§	leg. HEIDENREICH 1953	
Lasioglossum tricinctum (SCHENCK, 1874)	s	3	§	DORN 1993a	
Lasioglossum villosulum (KIRBY, 1802)	h		§	DORN 1996	
Lasioglossum xanthopus (KIRBY, 1802)	v		§	DORN 1996	
Lasioglossum zonulum (SMITH, 1848)	v		§	DORN, RUHNKE (im Druck)	
Macropis europaea WARNCKE, 1973	s	3	§	leg. DORN 1995	*M. labiata* (F., 1804)
Macropis fulvipes (F., 1804)	s	1	§	DORN 1998	
Megachile alpicola ALFKEN, 1924	s	1	§	DORN 1998	
Megachile apicalis SPINOLA, 1808	ss	1	§	DORN 1998	
Megachile centuncularis (L., 1758)	h		§	DORN 1998	
Megachile circumcincta (KIRBY, 1802)	v		§	DORN 1998	
Megachile ericetorum LEPELETIER, 1841	v	P	§	DORN 1993a	
Megachile genalis MORAWITZ, 1880	s	2	§	RUHNKE 1998	
Megachile lagopoda (L., 1761)	s	3	§	DORN 1993a	
Megachile lapponica THOMSON, 1872	s	2	§	KARL 1994	
Megachile leachella CURTIS, 1828	s		§	leg. DORN 1984	*M. argentata* (F., 1793)
Megachile ligniseca (KIRBY, 1802)	s	3	§	KARL 1994	
Megachile maritima (KIRBY, 1802)	s	2	§	KARL 1994	
Megachile parietina (GEOFFROY, 1785)	A	0	§	PARRÉ 1964	*Chalicodoma muraria* auct.
Megachile pilidens ALFKEN, 1924	v	P	§	DORN 1993a	
Megachile rotundata (F., 1787)	s	P	§	DORN, WEBER 1988	*M. pacifica* PANZER, 1798
Megachile versicolor SMITH, 1844	h		§	DORN 1996	
Megachile willughbiella (KIRBY, 1802)	h		§	DORN 1998	
Melecta albifrons (FORSTER, 1771)	h		§	DORN, RUHNKE (im Druck)	*M. punctata* (F., 1775)
Melecta luctuosa (SCOPOLI, 1770)	ss	1	§	leg. DORN 1994	
Melitta haemorrhoidalis (F., 1775)	v		§	DORN 1996	
Melitta leporina (PANZER, 1799)	v		§	DORN 1996	
Melitta nigricans ALFKEN, 1905	ss	1	§	leg. DORN 1997	
Melitta tricincta KIRBY, 1802	s	3	§	DORN 1998	
Melitta wankowiczi (RADOSZKOWSKI, 1891)		1	§	WESTRICH, DATHE 1997	
Nomada alboguttata HERRICH-SCHÄFFER, 1839	s	3	§	KARL 1994	
Nomada argentata HERRICH-SCHÄFFER, 1839		2	§	leg. HEIDENREICH 1951	
Nomada armata HERRICH-SCHÄFFER, 1839	ss	2	§	leg. DORN 1997	
Nomada atroscutellaris STRAND, 1921		2	§	RAPP 1945	
Nomada bifasciata OLIVIER, 1811	v		§	DORN 1998	
Nomada braunsiana SCHMIEDEKNECHT, 1882		1	§	RAPP 1945	
Nomada castellana DUSMET, 1913	ss		§	leg. DORN 1975	

Art	BS	RL	Ges.	Nachweis	Synonyme
Nomada conjungens HERRICH-SCHÄFFER, 1839	ss	1	§	leg. DORN 1994	
Nomada distinguenda MORAWITZ, 1874		1	§	RAPP 1945	
Nomada emarginata MORAWITZ, 1877		2	§	RAPP 1945	
Nomada errans LEPELETIER, 1841	A		§	RAPP 1945	
Nomada fabriciana (L., 1767)	h		§	DORN 1996	
Nomada ferruginata (L., 1767)	s	2	§	DORN 1993a	*N. xanthosticta* (KIRBY, 1802)
Nomada flava PANZER, 1798	v		§	DORN 1998	
Nomada flavoguttata (KIRBY, 1802)	h		§	DORN 1996	
Nomada flavopicta (KIRBY, 1802)	v	3	§	KARL 1994	
Nomada fucata PANZER, 1798	h		§	DORN 1998	
Nomada fulvicornis (F., 1793)	v	3	§	DORN 1993a	*N. lineola* PANZER, 1798
Nomada furva PANZER, 1798	A	0	§	RAPP 1945	
Nomada fuscicornis NYLANDER, 1848	s	3	§	DORN 1993a	
Nomada goodeniana (KIRBY, 1802)	v		§	DORN 1998	
Nomada guttulata SCHENCK, 1861	v	2	§	Karl 1994	
Nomada italica DALLA TORRE et FRIESE 1894	A		§	STOECKHERT 1954	
Nomada lathburiana (KIRBY, 1802)	v	3	§	KARL 1994	
Nomada leucophthalma (KIRBY, 1802)	ss	2	§	KARL 1994	
Nomada marshamella (KIRBY, 1802)	h		§	DORN 1998	
Nomada mutabilis MORAWITZ, 1870	A		§	RAPP 1945	
Nomada mutica MORAWITZ, 1872		1	§	RAPP 1945	
Nomada nobilis HERRICH-SCHÄFFER, 1839	A		§	WESTRICH, DATHE 1997	
Nomada panzeri LEPELETIER, 1841	v		§	DORN 1998	*N. ruficornis* auct. non (L., 1758)
Nomada piccioliana MAGRETTI, 1883		2	§	WESTRICH, DATHE 1997	
Nomada pleurosticta HERRICH-SCHÄFFER, 1839	A		§	STOECKHERT 1954	
Nomada rhenana MORAWITZ, 1872	A		§	RAPP 1945	
Nomada roberjeotiana PANZER, 1799	v		§	leg. DORN 1997	
Nomada ruficornis (L., 1758)	v		§	DORN 1998	*N. bifida* THOMSON, 1872
Nomada rufipes F., 1793	s	3	§	leg. DORN 1993	
Nomada sexfasciata PANZER, 1799	s	2	§	leg. DORN 1977	
Nomada sheppardana (KIRBY, 1802)	ss	2	§	leg. DORN 1994	
Nomada signata JURINE, 1807	s	2	§	KARL 1994	
Nomada similis MORAWITZ, 1872	ss	1	§	leg. DORN 1993	
Nomada stigma F., 1804	s	2	§	leg. RUHNKE 1998	*N. cinnabarina* MORAWITZ, 1870
Nomada striata F., 1793	v	3	§	leg. DORN 1985	*N. hillana* (KIRBY, 1802)
Nomada succincta PANZER, 1798	v	3	§	KARL 1994	*N. fulvicornis* auct. non (F., 1793)
Nomada villosa THOMSON, 1870	A		§	RAPP 1945	
Nomada zonata PANZER, 1798	v	2	§	KARL 1994	
Osmia adunca (PANZER, 1798)	h		§	DORN 1998	
Osmia andrenoides SPINOLA, 1808	ss	2	§	leg. SCHNEIDER 1997	
Osmia anthocopoides (SCHENCK, 1853)	h	3	§	DORN 1993a	*O. caementaria* GERSTÄCKER, 1869
Osmia aurulenta (PANZER, 1799)	v		§	DORN 1998	
Osmia bicolor (SCHRANK, 1781)		3	§	RAPP 1945	
Osmia bicornis (L., 1758)	g		§	DORN 1998	*O. rufa* (L., 1758)

Art	BS	RL	Ges.	Nachweis	Synonyme
Osmia brevicornis (F., 1798)	v	P	§	leg. DORN 1987	*O. atrocoerulea* SCHILLING, 1849
Osmia caerulescens (L., 1758)	v		§	DORN 1998	*O. aenea* (L., 1761)
Osmia campanularum (KIRBY, 1802)	v		§	DORN 1998	*O. florisomnis* auct. non (L., 1758)
Osmia cantabrica (BENOIST, 1935)	A		§	leg. HEIDENREICH 1950	*O. distinctum* (STOECKHERT, 1929)
Osmia claviventris (THOMSON, 1872)	v	2	§	KARL 1994	*O. leucomelana* auct. non (KIRBY, 1802)
Osmia cornuta (LATREILLE, 1805)	s	2	§	leg. DORN 1984	
Osmia florisomnis (L., 1758)	v	3	§	DORN 1993a	*O. maxillosum* (L., 1767), *Chelostoma florisomne* (L., 1758)
Osmia inermis (ZETTERSTEDT, 1838)	A		§	STOECKHERT 1954	
Osmia leaiana (KIRBY, 1802)	s	2	§	KARL 1994	
Osmia leucomelana (KIRBY, 1802)	v	2	§	DORN 1993a	*O. parvula* DUFOUR et PERRIS, 1890
Osmia mitis NYLANDER, 1852		2	§	RAPP 1945	
Osmia mustelina GERSTÄCKER, 1869		2	§	leg. WALLIS 1967	*O. emarginata* auct.
Osmia niveata (F., 1804)	ss	2	§	leg. RUHNKE 1998	*O. fulviventris* (PANZER, 1798)
Osmia papaveris (LATREILLE, 1799)	s	1	§	KARL 1994	
Osmia parietina CURTIS, 1828	ss		§	leg. DORN 1994	
Osmia pilicornis SMITH, 1846		2	§	RAPP 1945	
Osmia rapunculi (LEPELETIER, 1841)	v		§	DORN 1998	*O. fuliginosum* (PANZER, 1798)
Osmia ravouxi PÉREZ, 1902	ss	2	§	leg. DUDLER 1995	
Osmia rufohirta LATREILLE, 1811		2	§	RAPP 1945	
Osmia spinulosa (KIRBY, 1802)	h		§	DORN 1998	
Osmia tridentata DUFOUR et PERRIS, 1840	s	3	§	DORN 1993a	
Osmia truncorum (L., 1758)	v		§	DORN 1998	*Heriades truncorum* (L., 1758)
Osmia uncinata GERSTÄCKER, 1869	s	2	§	KARL 1994	
Panurgus banksianus (KIRBY, 1802)	v	P	§	leg. DORN 1993	
Panurgus calcaratus (SCOPOLI, 1763)	g		§	DORN 1998	
Rhophitoides canus (EVERSMANN, 1852)	s	2	§	DORN 1993a	
Rophites algirus PÉREZ, 1895	A	0	§	RAPP 1945	*R. trispinosus* PÉREZ, 1903
Rophites quinquespinosus SPINOLA, 1808	s	2	§	DORN 1993a	
Sphecodes albilabris (F., 1793)	s	2	§	KARL 1994	*S. fuscipennis* (GERMAR, 1819)
Sphecodes crassus THOMSON, 1870	v		§	DORN 1998	
Sphecodes croaticus MEYER, 1922	A		§	STOECKHERT 1954	
Sphecodes ephippius (L., 1767)	h		§	DORN 1996	*S. divisus* (KIRBY, 1802)
Sphecodes ferruginatus VON HAGENS, 1882	v		§	DORN 1996	
Sphecodes geoffrellus (KIRBY, 1802)	v		§	DORN 1998	*S. fasciatus* HAGENS, 1882
Sphecodes gibbus (L., 1758)	v		§	DORN 1998	
Sphecodes hyalinatus VON HAGENS, 1882	v		§	DORN 1998	
Sphecodes longulus VON HAGENS, 1882	v		§	leg. DORN 1996	
Sphecodes miniatus VON HAGENS, 1882	v		§	leg. DORN 1987	
Sphecodes monilicornis (KIRBY, 1802)	h		§	DORN 1998	
Specodes niger VON HAGENS, 1874	ss		§	leg. DORN 1995	
Sphecodes pellucidus SMITH, 1845	s	3	§	leg. DORN 1994	
Sphecodes puncticeps THOMSON, 1870	v		§	DORN 1998	
Sphecodes reticulatus THOMSON, 1870	s	3	§	KARL 1994	
Sphecodes rubicundus VON HAGENS, 1882		2	§	RAPP 1945	

Art	BS	RL	Ges.	Nachweis	Synonyme
Specodes ruficrus (ERICHSON, 1835)	A		§	leg. KÖLLER 1949	
Sphecodes rufiventris (PANZER, 1798)	ss		§	leg. RUHNKE 1998	*S. subovalis* SCHENCK, 1893
Sphecodes spinulosus VON HAGENS, 1875	s	2	§	leg. DORN 1975	
Stelis breviuscula (NYLANDER, 1848)	s	3	§	leg. DORN 1972	
Stelis minima SCHENCK, 1861	s		§	leg. KORNMILCH 1993	
Stelis minuta LEPELETIER et SERVILLE, 1825	s	2	§	leg. KORNMILCH 1993	
Stelis nasuta (LATREILLE, 1809)	A	0	§	RAPP 1945	
Stelis odontopyga NOSKIEWICZ, 1926	s	2	§	DORN 1993a	
Stelis ornatula (KLUG, 1807)	s	2	§	DORN 1993a	
Stelis phaeoptera (KIRBY, 1802)	s	2	§	leg. KORNMILCH 1993	
Stelis punctulatissima (KIRBY, 1802)	v	3	§	DORN 1993a	
Stelis signata (LATREILLE, 1809)	ss	1	§	leg. BÄSE 1984	
Systropha curvicornis (SCOPOLI, 1770)	s	2	§	DORN 1993a	
Thyreus orbatus LEPELETIER, 1841	s	2	§	DORN 1993a	
Xylocopa violacea (L., 1758)		0	§	leg. EBEL 1973	

Hinweise auf Synonyme

Andrena albicans → *Andrena haemorrhoa*
Andrena albofasciata → *Andrena ovatula*
Andrena armata → *Andrena fulva*
Andrena batava → *Andrena apicata*
Andrena carbonaria → *Andrena pilipes*
Andrena cineraria → *Andrena barbareae*
Andrena cingulata → *Andrena labiata*
Andrena confinis → *Andrena congruens*
Andrena cyanescens → *Andrena viridescens*
Andrena gwynana → *Andrena bicolor*
Andrena jacobi → *Andrena scotica*
Andrena labiata → *Andrena schencki*
Andrena molhusina → *Andrena florivaga*
Andrena ovina → *Andrena vaga*
Andrena propinqua → *Andrena dorsata*
Andrena pubescens → *Andrena nitida*
Andrena saundersella → *Andrena semilaevis*
Halictus perkinsi → *Halictus confusus*
Heriades truncorum → *Osmia truncorum*
Hylaeus minutus → *Hylaeus sinuatus*
Hylaeus paulus → *Hylaeus lepidulus*
Hylaeus pratensis → *Hylaeus signatus*
Lasioglossum continentale → *Lasioglossum nitidulum*
Lasioglossum minutulum → *Lasioglossum parvulum*
Lasioglossum nitidum → *Lasioglossum sexnotatum*
Lasioglossum viridiaeneus → *Lasioglossum aeratum*
Macropis labiata → *Macropis europaea*
Megachile argentata → *Megachile leachella*
Megachile pacifica → *Megachile rotundata*
Melecta punctata → *Melecta albifrons*
Nomada bifida → *Nomada ruficornis*
Nomada cinnabarina → *Nomada stigma*
Nomada fulvicornis → *Nomada succincta*
Nomada hillana → *Nomada striata*
Nomada lineola → *Nomada fulvicornis*
Nomada ruficornis → *Nomada panzeri*
Nomada xanthosticta → *Nomada ferruginata*
Osmia aenea → *Osmia caerulescens*
Osmia atrocoerulea → *Osmia brevicornis*
Osmia caementaria → *Osmia anthocopoides*
Osmia distinctum → *Osmia cantabrica*
Osmia emarginata → *Osmia mustelina*

Andrena separanda → *Andrena lepida*
Andrena sericea → *Andrena barbilabris*
Andrena spreta ssp. *pusilla* → *Andrena pusilla*
Anthidium lituratum → *Anthidium scapulare*
Anthophora acervorum → *Anthophora plumipes*
Anthophora parietina → *Anthophora plagiata*
Anthophora vulpina → *Anthophora quadrimaculata*
Chalicodoma muraria → *Megachile parietina*
Chelostoma florisomne → *Osmia florisomnis*
Coelioxys acuminata → *Coelioxys inermis*
Coelioxys quadridentata → *Coelioxys conica*
Coelioxys rufocaudata → *Coelioxys echinata*
Dufourea minuta → *Dufourea halictula*
Dufourea vulgaris → *Dufourea minuta*
Eucera tuberculata → *Eucera nigrescens*
Eucera tuberculata → *Eucera longicornis*
Halictus fasciatus → *Halictus leucaheneus*
Osmia florisomnis → *Osmia campanularum*
Osmia fuliginosum → *Osmia rapunculi*
Osmia fulviventris → *Osmia niveata*
Osmia leucomelana → *Osmia claviventris*
Osmia maxillosum → *Osmia florisomnis*
Osmia parvula → *Osmia leucomelana*
Osmia rufa → *Osmia bicornis*
Psithyrus barbutellus → *Bombus barbutellus*
Psithyrus bohemicus → *Bombus bohemicus*
Psithyrus campestris → *Bombus campestris*
Psithyrus meridionalis → *Bombus quadricolor*
Psithyrus norvegicus → *Bombus norvegicus*
Psithyrus rupestris → *Bombus rupestris*
Psithyrus sylvestris → *Bombus sylvestris*
Psithyrus vestalis → *Bombus vestalis*
Rophites trispinosus → *Rophites algirus*
Sphecodes divisus → *Sphecodes ephippius*
Sphecodes fasciatus → *Sphecodes geoffrellus*
Sphecodes fuscipennis → *Sphecodes albilabris*
Sphecodes subovalis → *Sphecodes rufiventris*
Tetralonia dentata → *Eucera dentata*
Tetralonia macroglossa → *Eucera macroglossa*
Tetralonia malvae → *Eucera macroglossa*
Trachusa byssina → *Anthidium byssinum*

7.7 Bestandssituation der Rüsselkäfer (Coleoptera: Curculionidae)

KARLA SCHNEIDER

Mit etwa 12.000 Arten gehören die Rüsselkäfer zu den artenreichsten Käferfamilien in Mitteleuropa. Weltweit stellen sie mit rund 50.000 Arten die umfangreichste Käferfamilie dar. Charakteristisch für sie ist die schnautzenförmige Verlängerung des Kopfes. Die in Mitteleuropa beheimateten Arten sind nicht sehr groß und eher unauffällig (1,3-20 mm). Rüsselkäfer leben phytophag und ernähren sich von fast allen Pflanzenteilen. Nur wenige unserer mitteleuropäischen Pflanzen werden von ihnen nicht befallen. Häufig gibt es eine oligophage oder monophage Bindung an die Pflanzen. Die Imagines bevorzugen meist die oberirdischen Teile der Pflanzen als Nahrung, während die Larven hauptsächlich im Inneren des Pflanzenkörpers leben. Die land- und forstwirtschaftliche Bedeutung dieser Käferfamilie ist beträchtlich. Rüsselkäfer können auch Extremhabitate wie Salzstellen und stehende Gewässer besiedeln.

Die Rüsselkäfer sind in Sachsen-Anhalt derzeit mit 709 Arten vertreten. Das entspricht rund 79% der etwa 900 in Deutschland bisher nachgewiesenen Arten. Die geringe Bearbeiterzahl, der große Artenreichtum, aber vor allem die spezielle Lebensweise vieler Arten sind der Grund dafür, daß nicht alle Gebiete von Sachsen-Anhalt gut durchforscht sind. Zahlreiche Arten sind oft nur direkt an der Entwicklungspflanze zu finden. Häufig leben sie sehr versteckt bzw. sind dämmerungs- oder nachtaktiv. Außerdem sind viele Arten unauffällig gefärbt und dadurch schlecht sichtbar. Als Schutz vor natürlichen Feinden gibt es Fall- und Todstellreflexe, die das Auffinden zusätzlich erschweren. Gezielte faunistische Untersuchungen sind noch im gesamten Gebiet nördlich von Magdeburg notwendig.

Grundlagen für die vorliegende Checkliste bilden die Faunenverzeichnisse von RAPP (1934) und BORCHERT (1951) sowie die Beiträge zur Insektenfauna der DDR von DIECKMANN (1972, 1974, 1977, 1980, 1983, 1986, 1988). Außerdem wurden die Fangdaten aus der eigenen Sammlung (fast 20 Jahre Sammlungstätigkeit im Raum Halle, der Dübener Heide und auf Trockenrasenstandorten in ganz Sachsen-Anhalt) und Angaben aus den Sammlungen der anderen Bearbeiter der Roten-Liste der Rüsselkäfer von Sachsen-Anhalt (1995) herangezogen (P. SCHOLZE, L. BEHNE, M. JUNG). Zusätzlich wurden Meldungen Dritter für die Einschätzung der gegenwärtigen Bestandssituation mit eingearbeitet (W. BÄSE, K. GRASER, M. GRUSCHWITZ, M. HUTH und P. STROBL). Neuere Literaturangaben von SCHNEIDER (1984, 1987), JUNG (1982), DIECKMANN (1990) und SCHOLZE (1991) wurden ebenso verwendet.

Die Nomenklatur richtet sich nach LOHSE & LUCHT (1994), da es seit dem Erscheinen des Bestimmungswerkes "Die Käfer Mitteleuropas" von FREUDE et al. (1981, 1983) viele neue taxonomische Erkenntnisse gibt. Zahlreiche nomenklatorische Änderungen wurden notwendig. In der vorliegenden Checkliste sind in der Spalte „Synonyme" nur die nomenklatorischen Veränderungen zwischen FREUDE et al. (1981, 1983) und dem 3. Supplementband "Die Käfer Mitteleuropas" von LOHSE & LUCHT (1994) aufgenommen worden.

Von den 709 Rüsselkäferarten, die nach dem derzeitigen Stand für das Land Sachsen-Anhalt registriert wurden, müssen 419 als gefährdet eingestuft werden, was ca. 59% aller Arten entspricht, 43 Arten gelten als ausgestorben bzw. verschollen (aktueller Stand, neu eingestufte Arten konnten in der Roten Liste noch nicht berücksichtigt werden).

Gefährdungen werden vorwiegend verursacht durch:
- veränderte Habitatstrukturen
- Nährstoffeintrag durch die Luft
- Beweidung
- Zersiedlung oder Versiegelung der Landschaft
- Verbuschung bzw. Aufforstung von Heiden und Bergwiesen
- Beeinträchtigung bzw. Beseitigung von Feuchtgebieten, Mooren und Salzstellen
- andere Ursache (Industrie und Landwirtschaft).

Zur Einschätzung der Bestandssituation wurden die nachgewiesenen Arten in drei Häufigkeitskategorien eingeteilt. Diese Eingruppierung für ganz Sachsen-Anhalt ist sehr problematisch, da immer die allgemeine Verbreitung, die ökologische Potenz und das Verhalten der Tiere sowie ihre Bindung an die Wirts- und/oder Entwicklungspflanze berücksichtigt werden muß. Unter diesen Vorbehalten können 145 Arten (20,4%) als häufig bzw. gemein (h), 318 Arten (44,8%) als verbreitet (v) und 203 Arten (28,6%) als selten (s) eingestuft werden

Es besteht noch Mangel an intensiver, zielgerichteter und flächendeckender Suche. Die Arten sind oft diskontinuierlich in den Lebensgemeinschaften verteilt, auch wenn deren Entwicklungspflanzen vielleicht regelmäßig und häufig vorkommen. Wir finden z.B. Arten, die ausschließlich im Harz verbreitet sind

(2,2%) oder ihren Verbreitungsschwerpunkt nur auf Trockenrasenstandorten haben, dort aber häufig sind.

Massenwechselerscheinungen können ebenfalls eine Rolle spielen. So muß eine Art nicht ausgestorben sein, auch wenn sie letztmalig vor 50 Jahren gemeldet wurde.

Für Sachsen-Anhalt gelten laut Roter Liste von 1995 41 Arten (5,8%) als ausgestorben bzw. verschollen (RL 0), da ihre Funde mehr als 50 Jahre zurückliegen. 89 Arten (12,7%) sind vom Aussterben bedroht (RL 1). Dies sind Arten, die nur in Einzelvorkommen oder wenigen, isolierten und kleinen Populationen auftreten. 109 Arten (15,5%) sind stark gefährdet (RL 2), 118 Arten (16,8%) sind gefährdet (RL 3) und 55 Arten sind (7,8%) sind potentiell gefährdet (RL P).

Erläuterungen zur Tabelle
Bestandsituation (BS):
A - ausgestorbene bzw. verschollene Art, letzter Nachweis im Gebiet vor mehr als 50 Jahre
s - sehr selten bis selten
v - verbreitet, aber nur mäßig häufig
h - häufig bis gemein, weit verbreitet
Nachweis:
Im Wesentlichen wurde auf Veröffentlichungen von BORCHERT und DIECKMANN zurückgegriffen.
Alle anderen Arten, bei denen keine neueren Veröfenlichungen für Sachsen-Anhalt vorliegen, wurden mit Angaben zu der Sammlung belegt, in der sie sich derzeit befinden. z.B.:
coll. BEHNE, leg. 1985 - Sammlung von L. Behne, gesammelt 1985

Literatur

BORCHERT, W. (1951): Die Käferwelt des Magdeburger Raumes. Magdeburger Forschungen, Bd. 2, Mitteldeutsche Druckerei und Verlagsanstalt GmbH, Halle (Saale).

DIECKMANN, L. (1961): Zur Biologie und Verbreitung deutscher Rüsselkäfer. Ent. Blätter 57, 58-75.

DIECKMANN, L. (1963): Die mitteleuropäischen Arten der Gattung *Nanophyes* SCHÖNH. nebst einer neuen Art aus Bulgarien (Coleoptera, Curculionidae). Reichenbachia, Staatl. Mus. f. Tierkunde Dresden 1(23), 169-194.

DIECKMANN, L. (1972): Beiträge zur Insektenfauna der DDR: Coleoptera - Curculionidae: Ceutorhynchinae. Beitr. Ent. Berlin 22, 3-128.

DIECKMANN, L. (1974): Beiträge zur Insektenfauna der DDR: Coleoptera - Curculionidae: (Rhinomacerinae, Rhynchitinae, Attelabinae, Apoderinae). Beitr. Ent. Berlin 24, 5-54.

DIECKMANN, L. (1977): Beiträge zur Insektenfauna der DDR: Coleoptera - Curculionidae: (Apioninae). Beitr. Ent. Berlin 27, 7-143.

DIECKMANN, L. (1980): Beiträge zur Insektenfauna der DDR: Coleoptera - Curculionidae: (Brachycerinae, Otiorhynchinae, Brachyderinae). Beitr. Ent. Berlin 30, 145-310.

DIECKMANN, L. (1982a): Die mitteleuropäischen *Leucosomus*-Arten (Coleoptera, Curculionidae). Ent. Nachr. Ber. 26(4), 145-150.

DIECKMANN, L. (1982b): *Acalles*-Studien (Coleoptera, Curculionidae). Ent. Nachr. Ber. 26(5), 195-209.

DIECKMANN, L. (1983a): *Acalles suturatus* n. sp. aus der Verwandtschaft von *A. roboris* CURTIS (Col., Curculionidae). Ent. Nachr. Ber. 27(2), 67-69.

DIECKMANN, L. (1983b): Beiträge zur Insektenfauna der DDR: Coleoptera - Curculionidae: (Tanymecinae, Leptopiinae, Cleoninae, Tanyrhynchinae, Cossoninae, Raymondionyminae, Bagoinae, Tanysphyrinae). Beitr. Ent. Berlin 33, 257-381.

DIECKMANN, L. (1986): Beiträge zur Insektenfauna der DDR: Coleoptera - Curculionidae: (Erirhinae). Beitr. Ent. Berlin 36, 119-181.

DIECKMANN, L. (1988): Beiträge zur Insektenfauna der DDR: Coleoptera - Curculionidae: (Ellescini, Acalyptini, Tychiini, Anthonomini, Curculionini). Beitr. Ent. Berlin 38, 365-468.

DIECKMANN, L. (1990a): Revision der *Smicronyx reichi*-Gruppe (Coleoptera, Curculionidae). Beitr. Ent. Berlin 40, 279-286.

DIECKMANN, L. (1990b): Revision der mitteleuropäischen Arten der *Bagous collignensis*-Gruppe (Insecta, Coleoptera, Curculionidae: Bagoinae). Reichenbachia, Staatl. Mus. f. Tierkunde Dresden 27(27), 141-145.

FREUDE, H., HARDE, K.W., LOHSE, G.A. (1981): Die Käfer Mitteleuropas. Bd. 10, Goecke & Evers, Krefeld.

FREUDE, H., HARDE, K.W., LOHSE, G.A. (1983): Die Käfer Mitteleuropas. Bd. 11, Goecke & Evers, Krefeld.

JUNG, M. (1982): Zur Rüsselkäferfauna des Nordharzes und seines Vorlandes. Ent. Nachr. Ber. 26 (6), 269-270.

LOHSE, G.A., LUCHT, W.H. (1994): Die Käfer Mitteleuropas, Abschnitt 1: Systematik Bd. 14, 3. Supplement-Band, Goecke & Evers, Krefeld.

RAPP, O. (1934): Die Käfer Thüringens unter besonderer Berücksichtigung der faunistisch-oekologischen Geographie. Die Natur der mitteldeutschen Landschaft Thüringen, Bd. 2, im Selbstverlag, Erfurt.

SCHOLZE, P. (1991): Zu Vorkommen und Verbreitung von Rüsselkäfern (Col., Curculionidae) in Nordharz und Vorland. Ent. Nachr. Ber. 35(2), 73-81.

SCHNEIDER, K. (1984): Verteilungsmuster von Curculioniden (Coleoptera-Insecta) in einem Transekt unterschiedlich immissionsbelasteter Kiefernforste der Dübener Heide. Hercynia, N.F. 21(2), 162-178.

SCHNEIDER, K. (1987): Beitrag zur Curculioniden- und Coccinellidenfauna der Naturschutzgebiete Großer und Kleiner Hakel. Hercynia, (N.F.) 24(1), 56-68.

SCHNEIDER, K., SCHOLZE, P., BEHNE, L., JUNG, M. (1995): Rote Liste der Rüsselkäfer des Landes Sachsen-Anhalt. Ber. Landesamt. Umweltsch. Sachsen-Anhalt 18, 13-23.

Anschrift der Verfasserin
Dr. Karla Schneider
Martin-Luther-Universität Halle-Wittenberg
Institut für Zoologie
Domplatz 4
D - 06122 Halle (Saale)

Art	BR	BS	RL	Bm	Nachweis	Synonyme
Acalles camelus (F., 1792)		v	3		coll. H	
Acalles commutatus DIECKMANN, 1982		v	3		DIECKMANN 1982b	
Acalles echinatus (GERMAR, 1824)		v	3		DIECKMANN 1982b	
Acalles hypocrita BOHEMAN, 1837		v	2		coll. H	
Acalles roboris CURTIS, 1834		v	3		DIECKMANN 1983a	
Acallocrates denticollis (GERMAR, 1824)		A	0		BORCHERT 1951	
Acalyptus carpini (F., 1792)		v	3		DIECKMANN 1977	
Acanephodus onopordi (KIRBY, 1808)		h			DIECKMANN 1977	Apion onopordi (KIRBY, 1808)
Aizobius sedi GERMAR, 1818		v	2		DIECKMANN 1977	Apion sedi (GERMAR, 1818)
Alophus triguttatus (F., 1775)		h			coll. H	
Amalorrhynchus melanarius (STEPHENS, 1831)		v	2		DIECKMANN 1972	
Amalus scortillum (HERBST, 1795)		v	3		BORCHERT 1951	
Anoplus plantaris (NAEZEN, 1794)		h			coll. H	
Anoplus roboris SUFFRIAN, 1840		h			coll. H	
Anoplus setulosus KIRSCH, 1870		s	1		coll. H	
Anthonomus bituberculatus THOMSON, 1868		v	3		DIECKMANN 1988	
Anthonomus conspersus DESBROCHERS, 1868		h	2		DIECKMANN 1988	
Anthonomus germanicus DIECKMANN, 1968		s	2		DIECKMANN 1988	
Anthonomus humeralis (PANZER, 1795)		v			DIECKMANN 1988	
Anthonomus pedicularius (L., 1758)		h			DIECKMANN 1988	
Anthonomus phyllocola (HERBST, 1795)		h			DIECKMANN 1988	Anthonomus varians (PAYKULL, 1792)
Anthonomus pinivorax SILFVERBERG, 1977		s	2		DIECKMANN 1988	Anthonomus pubescens (PAYKULL, 1792)
Anthonomus piri KOLLAR, 1837		v	3		DIECKMANN 1988	
Anthonomus pomorum (L., 1758)		v			DIECKMANN 1988	
Anthonomus rubi (HERBST, 1795)		h			DIECKMANN 1988	
Anthonomus rufus GYLLENHAL, 1836		v	3		DIECKMANN 1988	
Anthonomus ulmi (DE GEER, 1775)		v	P		DIECKMANN 1988	
Apion cruentatum WALTON, 1844		v			DIECKMANN 1977	
Apion frumentarium L., 1758		h			DIECKMANN 1977	Apion miniatum (GERMAR, 1833)
Apion haematodes KIRBY, 1808		h			DIECKMANN 1977	Apion frumentarium (PAYKULL, 1800)
Apion rubens STEPHENS, 1839		v			DIECKMANN 1977	

Art	BR	BS	RL	Bm	Nachweis	Synonyme
Apion rubiginosum GRILL, 1893		v	3		DIECKMANN 1977	*Apion sanguineum* (DE GEER, 1775)
Apoderus coryli (L., 1758)		h			DIECKMANN 1974	
Apoderus erythropterus (GMELIN, 1790)		A	0		DIECKMANN 1974	
Argoptochus quadrisignatus (BACH, 1856)		v	2		DIECKMANN 1980	
Aspidapion aeneum (F., 1775)		v			DIECKMANN 1977	*Apion aeneum* (F., 1775)
Aspidapion radiolus (MARSHAM, 1802)		v	P		DIECKMANN 1977	*Apion radiolus* (MARSHAM, 1802)
Aspidapion validum (GERMAR, 1817)		A	0		DIECKMANN 1977	*Apion validum* (GERMAR, 1817)
Attelabus nitens (SCOPOLI, 1763)		h			DIECKMANN 1974	
Auletobius sanguisorbae (SCHRANK, 1798)		A	0		DIECKMANN 1974	
Auleutes epilobii (PAYKULL, 1800)		v			DIECKMANN 1972	
Bagous angustus SILFVERBERG, 1977		v	3		DIECKMANN 1983b	*Bagous cylindrus* (PAYKULL, 1800)
Bagous argillaceus GYLLENHAL, 1836		A	0		DIECKMANN 1983b	
Bagous binodulus (HERBST, 1795)		s	2		DIECKMANN 1983b	
Bagous claudicans BOHEMAN, 1845		s	1		DIECKMANN 1990b	
Bagous collignensis (HERBST, 1797)		s	1		DIECKMANN 1990b	
Bagous diglyptus BOHEMAN, 1845		s	1		DIECKMANN 1983b	
Bagous frit (HERBST, 1795)		A	0		DIECKMANN 1983b	
Bagous glabrirostris (HERBST, 1795)		s	1		DIECKMANN 1983b	
Bagous limosus (GYLLENHAL, 1827)		s	1		DIECKMANN 1983b	
Bagous longitarsis THOMSON, 1868		s	3		SCHOLZE 1991	
Bagous lutosus (GYLLENHAL, 1813)		s	1		DIECKMANN 1983b	
Bagous lutulentus (GYLLENHAL, 1813)		s	2		DIECKMANN 1983b	
Bagous lutulosus (GYLLENHAL, 1827)		s	1		DIECKMANN 1983b	
Bagous nodulosus GYLLENHAL, 1836		s	2		DIECKMANN 1983b	
Bagous puncticollis BOHEMAN, 1845		s	1		DIECKMANN 1983b	
Bagous robustus CH. BRISOUT, 1863		s	1		DIECKMANN 1983b	
Bagous subcarinatus GYLLENHAL, 1836		v	2		DIECKMANN 1983b	
Bagous tempestivus (HERBST, 1795)		v	P		DIECKMANN 1983b	
Baris analis (OLIVIER, 1790)		s	1		BORCHERT 1951	
Baris artemisiae (HERBST, 1795)		v			coll. H	
Baris atramentaria (BOHEMAN, 1836)		A	0		coll. H	
Baris chlorizans GERMAR, 1824		v	2		BORCHERT 1951	
Baris coerulescens (SCOPOLI, 1763)		v	3		coll. GRASER leg. 1993	
Baris cuprirostris (F., 1787)	H	s	2		coll. H	
Baris fallax (CH. BRISOUT, 1870)		s	2		coll. H	
Baris laticollis (MARSHAM, 1802)		v	P		SCHOLZE 1991	
Baris lepidii GERMAR, 1824		h			coll. H	
Baris morio (BOHEMAN, 1844)	H	s	3		SCHOLZE 1991	
Baris picicornis (MARSHAM, 1802)		s	3		SCHOLZE 1991	
Baris scolopacea GERMAR, 1824		A	0		BORCHERT 1951	
Barynotus moerens (F., 1792)		v	3		DIECKMANN 1980	
Barynotus obscurus (F., 1775)		h			DIECKMANN 1980	
Barypeithes araneiformis (SCHRANK, 1871)		A	0		DIECKMANN 1980	
Barypeithes maritimus FORMANEK, 1904		A	0		DIECKMANN 1980	
Barypeithes mollicomus (AHRENS, 1812)		h	P		DIECKMANN 1980	
Barypeithes pellucidus (BOHEMAN, 1834)		h			DIECKMANN 1980	
Barypeithes trichopterus (GAUTIER, 1863)		s	3		DIECKMANN 1980	
Bothynoderes puncticentris (GERMAR, 1824)		v			DIECKMANN 1983b	
Brachonyx pineti (PAYKULL, 1792)		h			DIECKMANN 1988	
Brachyderes incanus (L., 1758)		h			DIECKMANN 1980	
Brachysomus echinatus (BONSDORFF, 1785)		h			DIECKMANN 1980	

Art	BR	BS	RL	Bm	Nachweis	Synonyme
Brachysomus hirtus (BOHEMAN, 1845)		A	0		DIECKMANN 1980	
Brachysomus setiger (GYLLENHAL, 1840)		v			DIECKMANN 1980	
Brachytemnus porcatus (GERMAR, 1824)		s	P		DIECKMANN 1983b	
Bradybatus fallax GERSTÄCKER, 1860		s	3		DIECKMANN 1988	
Bradybatus kellneri BACH, 1854		s	P		DIECKMANN 1988	
Byctiscus betulae (L., 1758)		v			DIECKMANN 1974	*Bytiscus betulae* (L., 1758)
Byctiscus populi (L., 1758)		v	3		DIECKMANN 1974	*Bytiscus populi* (L., 1758)
Caenorhinus aeneovirens (MARSHAM, 1802)		v			DIECKMANN 1974	*Coenorhinus aeneovirens* (MARSHAM, 1802)
Caenorhinus aequatus (L., 1767)		h			DIECKMANN 1974	*Coenorhinus aequatus* (L., 1767)
Caenorhinus germanicus (HERBST, 1797)		h			DIECKMANN 1974	*Coenorhinus germanicus* (HERBST, 1797)
Caenorhinus interpunctatus (STEPHENS, 1831)		s	2		DIECKMANN 1974	*Coenorhinus interpunctatus* (STEPHENS, 1831)
Caenorhinus pauxillus (GERMAR, 1824)		v			DIECKMANN 1974	*Coenorhinus pauxillus* (GERMAR, 1824)
Calosirus terminatus (HERBST, 1795)		s	3		DIECKMANN 1972	
Camptorhinus statua (ROSSI, 1792)		A	0		FREUDE et al. 1983	*Camptorrhinus statua* (ROSSI, 1792)
Catapion meieri (DESBROCHERS, 1910)		v	P		coll. BEHNE	*Apion meieri* (DESBROCHERS, 1910)
Catapion pubescens (KIRBY, 1811)		v	3		BORCHERT 1951	*Apion pubescens* (KIRBY, 1811)
Catapion seniculus (KIRBY, 1808)		v			DIECKMANN 1977	*Apion seniculus* (KIRBY, 1808)
Ceratapion armatum (GERSTÄCKER, 1854)		A			coll. H	*Apion armatum* GERSTÄCKER, 1854
Ceratapion basicorne (ILLIGER, 1807)		s	2		BORCHERT 1951	*Apion alliariae* (ILLIGER, 1807)
Ceratapion gibbirostre (GYLLENHAL, 1813)		h			DIECKMANN 1977	*Apion carduorum* (KIRBY, 1802)
Ceratapion penetrans (GERMAR, 1817)		v	3		DIECKMANN 1977	*Apion penetrans* (GERMAR, 1817)
Ceutorhynchus aeneicollis GERMAR, 1824		v	3		JUNG 1982	
Ceutorhynchus alliariae CH. BRISOUT, 1860		v			DIECKMANN 1972	
Ceutorhynchus angustus DIECKMANN et SMRECZYNSKI, 1972		s	1		coll. JUNG, leg. 1994	
Ceutorhynchus atomus BOHEMAN, 1845		v	2		DIECKMANN 1972	
Ceutorhynchus barbareae SUFFRIAN, 1847		s	2		JUNG 1982	
Ceutorhynchus carinatus GYLLENHAL, 1837		s	1		DIECKMANN 1972	
Ceutorhynchus chalybaeus GERMAR, 1824		v	2		DIECKMANN 1972	
Ceutorhynchus chlorophanus ROUGET, 1857		s			coll. HUTH, leg. 1975	
Ceutorhynchus coarctatus GYLLENHAL, 1837		s	1		coll. H	
Ceutorhynchus cochleariae (GYLLENHAL, 1813)		v	P		DIECKMANN 1972	
Ceutorhynchus constrictus (MARSHAM, 1802)		v			DIECKMANN 1972	
Ceutorhynchus contractus (MARSHAM, 1802)		h			DIECKMANN 1972	
Ceutorhynchus erysimi (F., 1787)		h			DIECKMANN 1972	
Ceutorhynchus floralis (PAYKULL, 1792)		h			DIECKMANN 1972	*Neosirocalus floralis* (PAYKULL, 1792)
Ceutorhynchus gallorhenanus SOLARI, 1949		v	2		DIECKMANN 1972	
Ceutorhynchus gerhardti SCHULTZE, 1899		v	3		DIECKMANN 1972	*Ceutorhynchus granulicollis* (THOMSON, 1865)
Ceutorhynchus griseus CH. BRISOUT, 1869		s	2		DIECKMANN 1972	

Art	BR	BS	RL	Bm	Nachweis	Synonyme
Ceutorhynchus hampei CH. BRISOUT, 1869		v		N	DIECKMANN 1972	*Neosirocalus hampei* (CH. BRISOUT, 1869)
Ceutorhynchus hirtulus GERMAR, 1824		s	1		DIECKMANN 1972	
Ceutorhynchus ignitus GERMAR, 1824		v	3		DIECKMANN 1972	
Ceutorhynchus inaffectatus GYLLENHAL, 1837		v	3		DIECKMANN 1972	
Ceutorhynchus leprieuri CH. BRISOUT, 1881		s	1		DIECKMANN 1972	
Ceutorhynchus nanus GYLLENHAL, 1837		s	2		DIECKMANN 1972	
Ceutorhynchus napi GYLLENHAL, 1837		h			DIECKMANN 1972	
Ceutorhynchus nigritulus SCHULTZE, 1896		s	1		DIECKMANN 1972	
Ceutorhynchus obstrictus (MARSHAM, 1802)		h			DIECKMANN 1972	*Ceutorhynchus assimilis* (PAYKULL, 1792)
Ceutorhynchus pallidactylus (MARSHAM, 1802)		h			DIECKMANN 1972	*Ceutorhynchus quadridens* (PANZER, 1795)
Ceutorhynchus parvulus CH. BRISOUT, 1869		s	3		JUNG 1982	
Ceutorhynchus pectoralis WEISE, 1895		s	2		DIECKMANN 1972	
Ceutorhynchus picitarsis GYLLENHAL, 1837		v			DIECKMANN 1972	
Ceutorhynchus pleurostigma (MARSHAM, 1802)		h			DIECKMANN 1972	
Ceutorhynchus plumbeus CH. BRISOUT, 1869		s	1		DIECKMANN 1972	
Ceutorhynchus posthumus GERMAR, 1824		v	3		DIECKMANN 1972	*Neosirocalus posthumus* (GERMAR, 1824)
Ceutorhynchus pulvinatus GYLLENHAL, 1837		v			DIECKMANN 1972	*Neosirocalus pulvinatus* (GYLLENHAL, 1837)
Ceutorhynchus pumilio (GYLLENHAL, 1827)		v			DIECKMANN 1972	*Neosirocalus pumilio* (GYLLENHAL, 1827)
Ceutorhynchus puncticollis BOHEMAN, 1845		s	2		DIECKMANN 1972	
Ceutorhynchus pyrrhorhynchus (MARSHAM, 1802)		v				*Neosirocalus pyrrhorhynchus* (MARSHAM, 1802)
Ceutorhynchus querceti (GYLLENHAL, 1813)		s	2		DIECKMANN 1972	
Ceutorhynchus rapae GYLLENHAL, 1837		v			DIECKMANN 1972	
Ceutorhynchus resedae (MARSHAM, 1802)		v		N	DIECKMANN 1972	
Ceutorhynchus rhenanus SCHULTZE, 1895		v	3		coll. H	*Neosirocalus rhenanus* SCHULTZE, 1895
Ceutorhynchus roberti GYLLENHAL, 1837		s	2	N	coll. H	
Ceutorhynchus scapularis GYLLENHAL, 1837		v	3		DIECKMANN 1972	
Ceutorhynchus scrobicollis NERESHEIMER et WAGNER, 1924		s	1		JUNG 1982	
Ceutorhynchus sisymbrii (DIECKMANN, 1966)		v	2		DIECKMANN 1972	*Neosirocalus sisymbrii* DIECKMANN, 1966
Ceutorhynchus sophiae (STEVEN, 1829)		s	1		DIECKMANN 1972	
Ceutorhynchus sulcicollis (PAYKULL, 1800)		v	3		DIECKMANN 1972	
Ceutorhynchus syrites GERMAR, 1824		v	3		DIECKMANN 1972	
Ceutorhynchus turbatus SCHULTZE, 1903		v	3		JUNG 1982	
Ceutorhynchus unguicularis THOMSON, 1871		s	1		JUNG 1982	
Chlorophanus viridis (L., 1758)		v			DIECKMANN 1983b	
Chromoderus affinis (SCHRANK, 1781)		s	3		SCHOLZE 1991	*Chromoderus fasciatus* (MÜLLER, 1776)
Cimberis attelaboides (F., 1787)		v		P	DIECKMANN 1974	*Rhinomacer attelaboides* (F., 1787)
Cionus alauda (HERBST, 1784)		v		P	SCHNEIDER 1987	
Cionus ganglbaueri WINGELMÜLLER, 1914		v			coll. H	
Cionus hortulanus (FOURCROY, 1785)		h			coll. H	
Cionus leonhardi WINGELMÜLLER, 1914		s	1		DIECKMANN 1961	

Art	BR	BS	RL	Bm	Nachweis	Synonyme
Cionus longicollis CH. BRISOUT, 1863		s	1		coll. H	
Cionus nigritarsis REITTER, 1904		v			coll. STROBL, leg. 1984	
Cionus scrophulariae (L., 1758)		h	P		SCHNEIDER 1987	
Cionus thapsus (F., 1792)		v	P		coll. BEHNE	*Cionus thapsi* (F., 1792)
Cionus tuberculosus (SCOPOLI, 1763)		h			coll. H	
Cleonis pigra (SCOPOLI, 1763)		h			DIECKMANN 1983b	*Cleonis piger* (SCOPOLI, 1763)
Cleopus pulchellus (HERBST, 1795)		v	3		SCHNEIDER 1984	
Cleopus solani (F., 1792)		s	3		coll. H	
Coeliastes lamii (F., 1792)		v			DIECKMANN 1972	
Coeliodes dryados (GMELIN, 1790)		v			DIECKMANN 1972	
Coeliodes erythroleucos (GMELIN, 1790)		v			DIECKMANN 1972	*Coeliodes cinctus* (FOURCROY, 1785)
Coeliodes nigritarsis HARTMANN, 1895		s	2		SCHNEIDER 1984	
Coeliodes ruber (MARSHAM, 1802)		v	3		DIECKMANN 1972	
Coeliodes rubicundus (HERBST, 1795)		v			DIECKMANN 1972	
Coeliodes trifasciatus BACH, 1854		v	1		DIECKMANN 1972	
Comasinus setiger (BECK, 1817)		h			DIECKMANN 1986	*Orthochaetes setiger* (BECK, 1817)
Coniocleonus hollbergi (FAHRAEUS, 1842)		v	3		DIECKMANN 1983b	*Coniocleonus glaucus* (F., 1787)
Coniocleonus nebulosus (L., 1758)		A	0		DIECKMANN 1983b	
Coniocleonus nigrosuturatus (GOEZE, 1777)		A			DIECKMANN 1983b	
Coryssomerus capucinus (BECK, 1817)		v			DIECKMANN 1972	
Cossonus cylindricus SAHLBERG, 1835		v	3		DIECKMANN 1983b	
Cossonus linearis (F., 1775)		h			DIECKMANN 1983b	
Cossonus parallelepipedus (HERBST, 1795)		v	3		DIECKMANN 1983b	
Cryptorhynchus lapathi (L., 1758)		v			coll. H	
Curculio betulae (STEPHENS, 1831)		v	3		DIECKMANN 1988	*Curculio cerasorum* (PAYKULL, 1792)
Curculio crux F., 1776		h			DIECKMANN 1988	
Curculio elephas (GYLLENHAL, 1836)		A	0		DIECKMANN 1988	
Curculio glandium MARSHAM, 1802		v			DIECKMANN 1988	
Curculio nucum L., 1758		v			DIECKMANN 1988	
Curculio pellitus (BOHEMAN, 1843)		h			DIECKMANN 1988	
Curculio pyrrhoceras MARSHAM, 1802		h			DIECKMANN 1988	
Curculio rubidus GYLLENHAL, 1836		v			DIECKMANN 1988	
Curculio salicivorus PAYKULL, 1792		v			DIECKMANN 1988	
Curculio venosus (GRAVENHORST, 1807)		v			DIECKMANN 1988	
Curculio villosus F., 1781		v			DIECKMANN 1988	
Cyanapion afer (GYLLENHAL, 1833)		v	3		DIECKMANN 1977	*Apion afer* (GYLLENHAL, 1833)
Cyanapion columbinum (GERMAR, 1817)		h			DIECKMANN 1977	*Apion columbinum* (GERMAR, 1817)
Cyanapion gyllenhalii (KIRBY, 1808)		v	1		DIECKMANN 1977	*Apion gyllenhali* KIRBY, 1808
Cyanapion platalea (GERMAR, 1817)		h			DIECKMANN 1977	*Apion platalea* (GERMAR, 1817)
Cyanapion spencii (KIRBY, 1808)		h			DIECKMANN 1977	*Apion spencei* KIRBY, 1808
Cycloderes pilosus (F., 1792)		v	3		DIECKMANN 1983b	
Cyphocleonus dealbatus (GMELIN, 1790)		h			DIECKMANN 1983b	*Cyphocleonus tigrinus* (PANZER, 1789)
Cyphocleonus trisulcatus (HERBST, 1795)		s	2		DIECKMANN 1983b	
Datonychus angulosus (BOHEMAN, 1845)		v	3		SCHOLZE 1991	*Ceutorhynchus angulosus* (BOHEMAN, 1845)
Datonychus arquatus (HERBST, 1795)		v	3		DIECKMANN 1972	*Ceutorhynchus arquatus* (HERBST, 1795)
Datonychus magnini (HOFFMANN, 1939)		s	2		DIECKMANN 1972	*Ceutorhynchus magnini* HOFFMANN, 1939
Datonychus melanostictus (MARSHAM, 1802)		v	P		DIECKMANN 1972	*Ceutorhynchus melanostictus* (MARSHAM, 1802)

Art	BR	BS	RL	Bm	Nachweis	Synonyme
Datonychus paszlavszkyi (KUTHY, 1890)		s	2		DIECKMANN 1972	*Ceutorhynchus paszlavszkyi* KUTHY, 1890
Datonychus urticae (BOHEMAN, 1845)		s	2		DIECKMANN 1972	*Ceutorhynchus urticae* BOHEMAN, 1845
Deporaus betulae (L., 1758)		h			DIECKMANN 1974	
Deporaus mannerheimi (HUMMEL, 1823)		s	1		DIECKMANN 1974	
Deporaus tristis (F., 1794)		v	3		DIECKMANN 1974	
Dicranthus elegans (F., 1801)		s	1		DIECKMANN 1983b	
Diplapion confluens (KIRBY, 1808)		v	2		DIECKMANN 1977	*Apion confluens* (KIRBY, 1808)
Diplapion detritum (MULSANT et REY, 1859)		s	1		DIECKMANN 1977	*Apion detritum* (MULSANT et REY, 1859)
Diplapion stolidum (GERMAR, 1817)		v	2		DIECKMANN 1977	*Apion stolidum* (GERMAR, 1817)
Donus ovalis (BOHEMAN, 1842)		s	P		coll. MÜLLER, leg. 1988	
Donus tessellatus (HERBST, 1795)		v	3		SCHNEIDER 1984	
Dorytomus affinis (PAYKULL, 1800)		v			DIECKMANN 1986	
Dorytomus dejeani FAUST, 1882		v			DIECKMANN 1986	
Dorytomus dorsalis (L., 1758)	A		0		DIECKMANN 1986	
Dorytomus filirostris (GYLLENHAL, 1836)		v			DIECKMANN 1986	
Dorytomus hirtipennis (BEDEL, 1884)		v			DIECKMANN 1986	
Dorytomus ictor (HERBST, 1795)		h			DIECKMANN 1986	
Dorytomus longimanus (FORSTER, 1771)		h			DIECKMANN 1986	
Dorytomus majalis (PAYKULL, 1792)	A		0		DIECKMANN 1986	
Dorytomus melanophthalmus (PAYKULL, 1792)		h			DIECKMANN 1986	
Dorytomus nebulosus (GYLLENHAL, 1836)		v	2		DIECKMANN 1986	
Dorytomus nordenskioeldi FAUST, 1882		s		N	DIECKMANN 1986	
Dorytomus occalescens (GYLLENHAL, 1836)	A		0		DIECKMANN 1986	
Dorytomus rufatus (BEDEL, 1888)		h			DIECKMANN 1986	
Dorytomus salicinus (GYLLENHAL, 1827)	A		0		DIECKMANN 1986	
Dorytomus salicis WALTON, 1851	A		0		DIECKMANN 1986	
Dorytomus suratus (GYLLENHAL, 1836)		s	2		DIECKMANN 1986	
Dorytomus taeniatus (F., 1781)		h			DIECKMANN 1986	
Dorytomus tortrix (L., 1761)		h			DIECKMANN 1986	
Dorytomus tremulae (F., 1787)		v			DIECKMANN 1986	
Dorytomus villosulus (GYLLENHAL, 1836)		s	1		DIECKMANN 1986	
Doydirhynchus austriacus (OLIVIER, 1807)		v	3		DIECKMANN 1974	
Drupenatus nasturtii (GERMAR, 1824)		s	P	N	SCHOLZE 1991	
Dryophthorus corticalis (PAYKULL, 1792)		v	3		DIECKMANN 1983b	
Ellescus bipunctatus (L., 1758)		v	3		DIECKMANN 1988	
Ellescus infirmus (HERBST, 1795)		v	3		DIECKMANN 1988	
Ellescus scanicus (PAYKULL, 1792)		v			DIECKMANN 1988	
Ethelcus denticulatus (SCHRANK, 1781)		s	1		DIECKMANN 1972	*Ceutorhynchus denticulatus* (SCHRANK, 1781)
Eubrychius velutus (BECK, 1817)		v	2		DIECKMANN 1972	
Eusomus ovulum GERMAR, 1824		h			coll. H	
Eutrichapion ervi (KIRBY, 1808)		h			DIECKMANN 1977	*Apion ervi* (KIRBY, 1808)
Eutrichapion melancholicum WENCKER, 1866		s			DIECKMANN 1977	*Apion melancholicum* WENCKER, 1866
Eutrichapion punctigerum (PAYKULL, 1792)		s	1		DIECKMANN 1977	*Apion punctigerum* (PAYKULL, 1792)
Eutrichapion viciae (PAYKULL, 1800)		h			DIECKMANN 1977	*Apion viciae* (PAYKULL, 1800)
Eutrichapion vorax (HERBST, 1797)		v	P		DIECKMANN 1977	*Apion vorax* (HERBST, 1797)
Exapion compactum (DESBROCHERS, 1888)		s	3		DIECKMANN 1977	*Apion compactum* (DESBROCHERS, 1888)
Exapion difficile (HERBST, 1797)		v	3		DIECKMANN 1977	*Apion difficile* (HERBST, 1797)

Art	BR	BS	RL	Bm	Nachweis	Synonyme
Exapion formaneki (WAGNER, 1929)		v	P		DIECKMANN 1977	*Apion formaneki* (WAGNER, 1929)
Exapion fuscirostre (F., 1775)		v	3		DIECKMANN 1977	*Apion fuscirostre* (F., 1775)
Foucartia ptochoides (BACH, 1856)		s	2		DIECKMANN 1980	
Foucartia squamulata (HERBST, 1795)		h			DIECKMANN 1980	
Furcipus rectirostris (L., 1758)		h			DIECKMANN 1988	
Gasterocercus depressirostris (F., 1792)		s	2		coll. H	
Glocianus distinctus (CH. BRISOUT, 1870)		v	2		DIECKMANN 1972	*Ceutorhynchus marginatus* (PAYKULL, 1792)
Glocianus moelleri (THOMSON, 1868)		s	1		DIECKMANN 1972	*Ceutorhynchus moelleri* THOMSON, 1868
Glocianus punctiger (GYLLENHAL, 1837)		h			DIECKMANN 1972	*Ceutorhynchus punctiger* GYLLENHAL, 1837
Gronops inaequalis BOHEMAN, 1842		v		N	coll. H	
Gronops lunatus (F., 1775)		v	3		coll. H	
Grypus brunnirostris (F., 1792)		s	2		DIECKMANN 1986	*Grypus brunneirostris* (F., 1792)
Grypus equiseti (F., 1775)		v			DIECKMANN 1986	
Gymnetron antirrhini (PAYKULL, 1800)		h			coll. H	
Gymnetron asellus (GRAVENHORST, 1807)		s	3		BORCHERT 1951	
Gymnetron beccabungae (L., 1761)		s	1		coll. H	
Gymnetron collinum (GYLLENHAL, 1813)		s	1		coll. H	
Gymnetron hispidum BRULLE, 1832		s	2		coll. H	
Gymnetron labile (HERBST, 1795)		h			coll. H	
Gymnetron linariae (PANZER, 1792)		v			coll. H	
Gymnetron melanarium (GERMAR, 1821)		s	2		BORCHERT 1951	
Gymnetron melas BOHEMAN, 1838		s	2		BORCHERT 1951	
Gymnetron netum (GERMAR, 1821)		v			coll. H	
Gymnetron pascuorum (GYLLENHAL, 1813)		v			coll. H	
Gymnetron rostellum (HERBST, 1795)		v	2		SCHNEIDER 1984	
Gymnetron stimulosum (GERMAR, 1821)		s	2		BORCHERT 1951	
Gymnetron tetrum (F., 1792)		h			coll. H	
Gymnetron thapsicola (GERMAR, 1821)		A	0		coll. H	
Gymnetron veronicae (GERMAR, 1821)		v	P		BORCHERT 1951	
Gymnetron villosulum GYLLENHAL, 1838		v	3		BORCHERT 1951	
Hadroplontus litura (F., 1775)		v	3		DIECKMANN 1972	*Ceutorhynchus litura* (F., 1775)
Hadroplontus trimaculatus (F., 1775)		h			DIECKMANN 1972	*Ceutorhynchus trimaculatus* (F., 1775)
Helianthemapion aciculare (GERMAR, 1817)		A	0		DIECKMANN 1977	*Apion aciculare* (GERMAR, 1817)
Helianthemapion velatum (GERSTÄCKER, 1854)		s	1		JUNG 1982	*Apion velatum* (GERSTÄCKER, 1854)
Hemitrichapion lanigerum (GEMMINGER, 1871)		s			DIECKMANN 1977	*Apion lanigerum* GEMMINGER, 1871
Hemitrichapion pavidum (GERMAR, 1817)		v			DIECKMANN 1977	*Apion pavidum* (GERMAR, 1817)
Hemitrichapion reflexum (GYLLENHAL, 1833)		v	3		DIECKMANN 1977	*Apion reflexum* (GYLLENHAL, 1833)
Hemitrichapion waltoni (STEPHENS, 1839)		v	P		DIECKMANN 1977	*Apion curtisi* STEPHENS, 1831
Holotrichapion aestimatum (FAUST, 1891)		s	3		DIECKMANN 1977	*Apion aestimatum* (FAUST, 1891)
Holotrichapion aethiops (HERBST, 1797)		h			DIECKMANN 1977	*Apion aethiops* (HERBST, 1797)
Holotrichapion ononis (KIRBY, 1808)		h			DIECKMANN 1977	*Apion ononis* (KIRBY, 1808)
Holotrichapion pisi (F., 1801)		h			DIECKMANN 1977	*Apion pisi* (F., 1801)
Hydronomus alismatis (MARSHAM, 1802)		v	P		DIECKMANN 1983b	
Hylobius abietis (L., 1758)		h			coll. H	
Hylobius piceus (DE GEER, 1775)		v	3		SCHOLZE 1991	

Rüsselkäfer (Coleoptera: Curculionidae)

Art	BR	BS	RL	Bm	Nachweis	Synonyme
Hylobius pinastri (GYLLENHAL, 1813)		s	1		BORCHERT 1951	
Hylobius transversovittatus (GOEZE, 1777)		s	1		BORCHERT 1951	
Hypera adspersa (F., 1792)		v			coll. H	*Phytonomus adspersus* (F., 1792)
Hypera arator (L., 1758)		h			coll. H	*Phytonomus arator* (L., 1758)
Hypera arundinis (PAYKULL, 1792)		s	1		coll. H	*Phytonomus arundinis* (PAYKULL, 1792)
Hypera contaminata (HERBST, 1795)		s	3		BORCHERT 1951	*Phytonomus contaminatus* (HERBST, 1795)
Hypera dauci (OLIVIER, 1807)		s	1		BORCHERT 1951	*Phytonomus fasciculatus* (HERBST, 1795)
Hypera denominanda (CAPIOMONT, 1868)		s	P		coll. JUNG, leg. 1994	*Phytonomus denominandus* (CAPIOMONT, 1868)
Hypera diversipunctata (SCHRANK, 1798)		s	2		coll. H	*Phytonomus elongata* (PAYKULL, 1792)
Hypera fuscocinerea (MARSHAM, 1802)		s	1		RAPP 1934	*Phytonomus murina* (F., 1792)
Hypera meles (F., 1792)		s	3		coll. H	*Phytonomus meles* (F., 1792)
Hypera nigrirostris (F., 1775)		h			coll. H	*Phytonomus nigrirostris* (F., 1775)
Hypera plantaginis (DE GEER, 1775)		v	P		coll. H	*Phytonomus plantaginis* (DE GEER, 1775)
Hypera postica (GYLLENHAL, 1813)		h			coll. H	*Phytonomus variabilis* (HERBST, 1795)
Hypera rumicis (L., 1758)		v			coll. H	*Phytonomus rumicis* (L., 1758)
Hypera suspiciosa (HERBST, 1795)		v			coll. H	*Phytonomus pedestris* (PAYKULL, 1792)
Hypera venusta (F., 1781)		v	3		JUNG 1982	*Phytomus trilineata* (MARSHAM, 1802)
Hypera viciae (GYLLENHAL, 1813)		h			coll. H	*Phytonomus viciae* (GYLLENHAL, 1813)
Hypera zoilus (SCOPOLI, 1763)		v			coll. H	*Phytonomus punctatus* (F., 1775)
Ischnopterapion fallens (MARSEUL, 1889)	A		0		DIECKMANN 1977	*Apion fallax* WENCKER, 1864
Ischnopterapion loti (KIRBY, 1808)		v			DIECKMANN 1977	*Apion loti* (KIRBY, 1808)
Ischnopterapion modestum (GERMAR, 1817)		v	2		DIECKMANN 1977	*Apion sicardi* DESBROCHERS, 1893
Ischnopterapion virens (HERBST, 1797)		h			DIECKMANN 1977	*Apion virens* (HERBST, 1797)
Kalcapion pallipes (KIRBY, 1808)		v	3		DIECKMANN 1977	*Apion pallipes* (KIRBY, 1808)
Larinus brevis (HERBST, 1795)		v	3		DIECKMANN 1983b	
Larinus jaceae (F., 1775)		h		N	DIECKMANN 1983b	
Larinus planus (F., 1792)		h			DIECKMANN 1983b	
Larinus turbinatus GYLLENHAL, 1836		v			DIECKMANN 1974	
Lasiorhynchites cavifrons (GYLLENHAL, 1833)		v			DIECKMANN 1974	
Lasiorhynchites coeruleocephalus (SCHALLER, 1783)		v			DIECKMANN 1974	
Lasiorhynchites olivaceus (GYLLENHAL, 1833)		v			DIECKMANN 1974	
Lasiorhynchites sericeus (HERBST, 1797)		v			DIECKMANN 1974	
Leiosoma cribrum (GYLLENHAL, 1834)		s	2		BORCHERT 1951	
Leiosoma deflexum (PANZER, 1795)		v	P		coll. JUNG, leg. 1995	
Lepyrus capucinus (SCHALLER, 1783)		h			coll. H	
Lepyrus palustris (SCOPOLI, 1763)		v			coll. H	
Leucosomus pedestris (PODA, 1761)		s	1		DIECKMANN 1983a	
Lignyodes enucleator (PANZER, 1798)		s	1		DIECKMANN 1988	
Limnobaris dolorosa (GOEZE, 1777)		v	P		coll. H	*Limnobaris pilistriata* (STEPHENS, 1831)
Limnobaris t-album (L., 1758)		s	P		coll. H	

Art	BR	BS	RL	Bm	Nachweis	Synonyme
Limobius borealis (PAYKULL, 1792)		v	P		coll. H	
Liophloeus tessulatus (MÜLLER, 1776)		h			DIECKMANN 1980	
Liparus coronatus (GOEZE, 1777)		h			coll. H	
Liparus dirus (HERBST, 1795)		A	0		BORCHERT 1951	
Liparus germanus (L., 1758)		v			coll. H	
Liparus glabrirostris KÜSTER, 1849	H	v	P		BORCHERT 1951	
Lixus albomarginatus BOHEMAN, 1843		v	3		DIECKMANN 1983b	
Lixus angustatus (F., 1775)		s	1		DIECKMANN 1983b	Lixus algirus (L., 1758)
Lixus bardanae (F., 1787)		s	1		DIECKMANN 1983b	
Lixus filiformis (F., 1781)		v	3		SCHOLZE 1991	Lixus elongatus (GOEZE, 1777)
Lixus iridis OLIVIER, 1807		s	1		DIECKMANN 1983b	
Lixus myagri OLIVIER, 1807		v	3		SCHOLZE 1991	
Lixus ochraceus BOHEMAN, 1843		s	1		DIECKMANN 1983b	
Lixus paraplecticus (L., 1758)		v	2		DIECKMANN 1983b	
Lixus punctiventris BOHEMAN, 1836		v	3		DIECKMANN 1983b	
Lixus rubicundus ZOUBKOFF, 1833		v	P	N	SCHOLZE 1991	
Lixus sanguineus (ROSSI, 1790)		A	0		DIECKMANN 1983b	
Lixus subtilis BOHEMAN, 1836		v	P		DIECKMANN 1983b	
Magdalis armigera (FOURCROY, 1785)		v			coll. H	
Magdalis barbicornis (LATREILLE, 1804)		v	2		BORCHERT 1951	
Magdalis carbonaria (L., 1758)		s	1		BORCHERT 1951	
Magdalis caucasica (TOURNIER, 1872)		v	3		BORCHERT 1951	
Magdalis cerasi (L., 1758)		h			coll. H	
Magdalis duplicata GERMAR, 1819		v			coll. H	
Magdalis exarata (CH. BRISOUT, 1862)		v	P		BORCHERT 1951	
Magdalis flavicornis (GYLLENHAL, 1836)		v	3		BORCHERT 1951	
Magdalis frontalis (GYLLENHAL, 1827)		h			coll. H	
Magdalis fuscicornis DESBROCHERS, 1870		s	2		BORCHERT 1951	
Magdalis linearis (GYLLENHAL, 1827)		v	2		BORCHERT 1951	
Magdalis memnonia (GYLLENHAL, 1837)		v	3		SCHNEIDER 1984	
Magdalis nitida (GYLLENHAL, 1827)		s	2		BORCHERT 1951	
Magdalis nitidipennis (BOHEMAN, 1843)		v	2		BORCHERT 1951	
Magdalis phlegmatica (HERBST, 1797)		v			coll. H	
Magdalis ruficornis (L., 1758)		h			coll. H	
Magdalis violacea (L., 1758)		v			coll. H	
Malvapion malvae (F., 1775)		s	2		DIECKMANN 1977	Apion malvae (F., 1775)
Marmaropus besseri GYLLENHAL, 1837		v	P		SCHOLZE 1991	
Mecaspis alternans (HERBST, 1795)		v	2		DIECKMANN 1983b	
Mecaspis caesus GYLLENHAL, 1834		A	0		DIECKMANN 1961	
Mecinus collaris GERMAR, 1821		v	3		BORCHERT 1951	
Mecinus heydeni WENCKER, 1866		v	3		SCHNEIDER 1984	
Mecinus janthinus (GERMAR, 1817)		v	P		BORCHERT 1951	
Mecinus pyraster (HERBST, 1795)		v			coll. H	
Melanapion minimum (HERBST, 1797)		A	0		DIECKMANN 1977	Apion minimum (HERBST, 1797)
Miarus ajugae (HERBST, 1795)		v	P		coll. H	
Miarus campanulae (L., 1767)		h			coll. H	
Miarus graminis (GYLLENHAL, 1813)		v	P		BORCHERT 1951	
Miarus micros (GERMAR, 1821)		s	2		coll. H	
Miarus monticola PETRI, 1912		v	P		coll. H	
Micrelus ericae (GYLLENHAL, 1813)		v	P		DIECKMANN 1972	
Microplontus campestris (GYLLENHAL, 1837)		s	2		DIECKMANN 1972	Ceutorhynchus campestris (GYLLENHAL, 1837)
Microplontus millefolii (SCHULTZE, 1897)		v	P		SCHOLZE 1991	Ceutorhynchus millefolii (SCHULTZE, 1897)
Microplontus rugulosus (HERBST, 1795)		h			DIECKMANN 1972	Ceutorhynchus rugulosus (HERBST, 1795)
Microplontus triangulum (BOHEMAN, 1845)		s	1		coll. BEHNE, leg. 1977	Ceutorhynchus triangulum (BOHEMAN, 1845)

Art	BR	BS	RL	Bm	Nachweis	Synonyme
Mitoplinthus caliginosus (F., 1775)		v	3		BORCHERT 1951	*Epipolaeus caliginosus* (F., 1775)
Mogulones abbreviatulus (F., 1792)		v	3		DIECKMANN 1972	*Ceutorhynchus abbreviatulus* (F., 1792)
Mogulones albosignatus (GYLLENHAL, 1837)		s	2		DIECKMANN 1972	*Ceutorhynchus albosignatus* (GYLLENHAL, 1837)
Mogulones asperifoliarum (GYLLENHAL, 1813)		h			DIECKMANN 1972	*Ceutorhynchus asperifoliarum* (GYLLENHAL, 1813)
Mogulones borraginis (F., 1792)		s	2		SCHOLZE 1991	*Ceutorhynchus borraginis* (F., 1792)
Mogulones cruciger (HERBST, 1784)		v			DIECKMANN 1972	*Ceutorhynchus cruciger* (HERBST, 1784)
Mogulones geographicus (GOEZE, 1777)		v			DIECKMANN 1972	*Ceutorhynchus geographicus* (GOEZE, 1777)
Mogulones javeti (CH. BRISOUT, 1869)		s	2		DIECKMANN 1972	*Ceutorhynchus javeti* (CH. BRISOUT, 1869)
Mogulones larvatus (SCHULTZE, 1896)		s	1		DIECKMANN 1972	*Ceutorhynchus larvatus* (SCHULTZE, 1896)
Mogulones ornatus (GYLLENHAL, 1837)		s	2		DIECKMANN 1972	*Ceutorhynchus ornatus* (GYLLENHAL, 1837)
Mogulones pallidicornis (CH. BRISOUT, 1860)		s	2		DIECKMANN 1972	*Ceutorhynchus pallidicornis* (CH. BRISOUT, 1860)
Mogulones symphyti (BEDEL, 1885)		v			DIECKMANN 1972	*Ceutorhynchus symphyti* (BEDEL, 1885)
Mogulones trisignatus (GYLLENHAL, 1837)		s	2		coll. BEHNE	*Ceutorhynchus trisignatus* (GYLLENHAL, 1837)
Mononychus punctumalbum (HERBST, 1784)		v			DIECKMANN 1972	
Nanophyes globulus (GERMAR, 1821)		s	1		DIECKMANN 1963	
Nanophyes marmoratus (GOEZE, 1777)		h			coll. H	
Nedyus quadrimaculatus (L., 1758)		h			coll. H	*Cidnorhinus quadrimaculatus* (L., 1758)
Nemonyx lepturoides (F., 1801)		v	2		DIECKMANN 1974	
Neoglocianus maculaalba (HERBST, 1795)		v			DIECKMANN 1972	*Ceutorhynchus maculaalba* (HERBST, 1795)
Neophytobius muricatus (CH. BRISOUT, 1867)		s	1		coll. HEIDENREICH, leg. 1924	*Phytobius muricatus* (CH. BRISOUT, 1867)
Neophytobius quadrinodosus (GYLLENHAL, 1813)		s	1		BORCHERT 1951	*Phytobius quadrinodosus* GYLLENHAL, 1813
Notaris acridulus (L., 1758)		h			DIECKMANN 1986	
Notaris bimaculatus (F., 1787)		v			DIECKMANN 1986	
Notaris maerkeli (BOHEMAN, 1843)		A	0		DIECKMANN 1986	
Notaris scirpi (F., 1792)		v			DIECKMANN 1986	
Omiamima mollina (BOHEMAN, 1834)		v		P	DIECKMANN 1980	
Omias rodundatus (F., 1792)		h			DIECKMANN 1980	*Mylacus rodundatus* (F., 1792)
Omphalapion buddebergi (BEDEL, 1885)		s	1		DIECKMANN 1977	*Apion buddebergi* (BEDEL, 1885)
Omphalapion dispar (GERMAR, 1817)		A	0		DIECKMANN 1977	*Apion dispar* (GERMAR, 1817)
Omphalapion hookeri (KIRBY, 1808)		h			DIECKMANN 1977	*Apion hookeri* (KIRBY, 1808)
Omphalapion laevigatum (PAYKULL, 1792)		s			DIECKMANN 1977	*Apion laevigatum* (PAYKULL, 1792)
Oprohinus consputus (GERMAR, 1824)		v	3		DIECKMANN 1972	*Ceutorhynchus consputus* GERMAR, 1824
Oprohinus suturalis (F., 1775)		v			DIECKMANN 1972	*Ceutorhynchus suturalis* (F., 1775)
Orobitis cyaneus (L., 1758)		v	3		DIECKMANN 1972	
Oryxolaemus flavifemoratus (HERBST, 1797)		v	2		DIECKMANN 1977	*Apion flavofemoratum* (HERBST, 1797)

Art	BR	BS	RL	Bm	Nachweis	Synonyme
Otiorhynchus atroapterus DE GEER, 1775					DIECKMANN 1980	
Otiorhynchus conspersus (HERBST, 1795)		s	3		DIECKMANN 1980	
Otiorhynchus dieckmanni MAGNANO, 1979		s	P	N	DIECKMANN 1980	
Otiorhynchus fullo (SCHRANK, 1781)		h			DIECKMANN 1980	
Otiorhynchus fuscipes (OLIVIER, 1807)		v			DIECKMANN 1980	
Otiorhynchus laevigatus (F., 1792)		h			DIECKMANN 1980	
Otiorhynchus lepidopterus (F., 1794)	H	s	P		DIECKMANN 1980	*Otiorhynchus salicis* (STRÖM, 1788)
Otiorhynchus ligustici (L., 1758)		h			DIECKMANN 1980	
Otiorhynchus lugdunensis BOHEMAN, 1843		s	P	N	DIECKMANN 1980	
Otiorhynchus morio (F., 1781)		s	1	N	DIECKMANN 1980	
Otiorhynchus niger (F., 1775)	H	v			DIECKMANN 1980	
Otiorhynchus nodosus (MÜLLER, 1764)	H	h			DIECKMANN 1980	*Otiorhynchus dubius* (STRÖM, 1765)
Otiorhynchus ovatus (L., 1758)		h			DIECKMANN 1980	
Otiorhynchus pinastri (HERBST, 1795)		A	0		DIECKMANN 1980	
Otiorhynchus porcatus (HERBST, 1795)		v			DIECKMANN 1980	
Otiorhynchus raucus (F., 1777)		h			DIECKMANN 1980	
Otiorhynchus rugifrons (GYLLENHAL, 1813)	H	s	1		DIECKMANN 1980	
Otiorhynchus rugosostriatus (GOEZE, 1777)		h			DIECKMANN 1980	
Otiorhynchus scaber (L., 1758)		h			DIECKMANN 1980	
Otiorhynchus singularis (L., 1767)		v			DIECKMANN 1980	
Otiorhynchus smreczynskii CMOLUCH, 1968		v		N	DIECKMANN 1980	
Otiorhynchus sulcatus (F., 1775)		v			DIECKMANN 1980	
Otiorhynchus tristis (SCOPOLI, 1763)		v	P		DIECKMANN 1980	
Otiorhynchus uncinatus GERMAR, 1824		s	2		DIECKMANN 1980	
Otiorhynchus velutinus GERMAR, 1824		s	2		DIECKMANN 1980	
Oxystoma cerdo (GERSTÄCKER, 1854)		v			DIECKMANN 1977	*Apion cerdo* (GERSTÄCKER, 1854)
Oxystoma craccae (L., 1767)		h			DIECKMANN 1977	*Apion craccae* (L., 1767)
Oxystoma dimidiatum (DESBROCHERS, 1897)		v	P		DIECKMANN 1977	*Apion pseudocerdo* DIECKMANN, 1971
Oxystoma ochropus (GERMAR, 1818)		v	3		DIECKMANN 1977	*Apion ochropus* (GERMAR, 1818)
Oxystoma opeticum (BACH, 1854)		v			DIECKMANN 1977	*Apion opeticum* (BACH, 1854)
Oxystoma pomonae (F., 1798)		h			DIECKMANN 1977	*Apion pomonae* (F., 1798)
Oxystoma subulatum (KIRBY, 1808)		v	3		DIECKMANN 1980	*Apion subulatum* (KIRBY, 1808)
Pachycerus cordiger (GERMAR, 1819)		s	1		DIECKMANN 1983	
Pachytychius haematocephalus (GYLLENHAL, 1836)		h	1		DIECKMANN 1986	
Pachytychius sparsutus (OLIVIER, 1807)		A	0		DIECKMANN 1986	
Parethelcus pollinarius (FORSTER, 1771)		v			DIECKMANN 1972	*Ceutorhynchus pollinarius* (FORSTER, 1771)
Pelenomus canaliculatus (FAHRAEUS, 1843)		v	3		DIECKMANN 1972	*Phytobius canaliculatus* (FAHRAEUS, 1843)
Pelenomus comari (HERBST, 1795)		v			DIECKMANN 1972	*Phytobius comari* (HERBST, 1795)
Pelenomus quadricorniger (COLONNELLI, 1986)		s	2		DIECKMANN 1972	*Phytobius quadricornis* (GYLLENHAL, 1813)
Pelenomus quadrituberculatus (F., 1787)		v			DIECKMANN 1972	*Phytobius quadrituberculatus* (F., 1787)
Pelenomus velaris (GYLLENHAL, 1827)		s	1		BORCHERT 1951	*Phytobius velaris* (GYLLENHAL, 1827)
Pelenomus waltoni (BOHEMAN, 1843)		s	2		SCHOLZE 1991	*Phytobius waltoni* (BOHEMAN, 1843)
Perapion affine (KIRBY, 1808)		A	0		BORCHERT 1951	*Apion affine* (KIRBY, 1808)

Art	BR	BS	RL	Bm	Nachweis	Synonyme
Perapion curtirostre (GERMAR, 1817)		h			DIECKMANN 1977	*Apion curtirostre* (GERMAR, 1817)
Perapion marchicum (HERBST, 1797)		h			DIECKMANN 1977	*Apion marchicum* (HERBST, 1797)
Perapion oblongum (GYLLENHAL, 1839)		s	3		DIECKMANN 1977	*Apion oblongum* (GYLLENHAL, 1839)
Perapion violaceum (KIRBY, 1808)		h			DIECKMANN 1977	*Apion violaceum* (KIRBY, 1808)
Peritelus leucogrammus GERMAR, 1824		v			DIECKMANN 1980	
Philopedon plagiatus (SCHALLER, 1783)		v			DIECKMANN 1980	
Phloeophagus lignarius (MARSHAM, 1802)		v		P	DIECKMANN 1983b	
Phloeophagus thomsoni (GRILL, 1896)		s	1		DIECKMANN 1983b	
Phrissotrichum rugicolle (GERMAR, 1817)		s	2		DIECKMANN 1977	*Apion rugicolle* (GERMAR, 1817)
Phrydiuchus topiarius (GERMAR, 1824)		v	3		DIECKMANN 1972	
Phyllobius arborator (HERBST, 1797)		v			DIECKMANN 1980	
Phyllobius argentatus (L., 1758)		h			DIECKMANN 1980	
Phyllobius betulinus (BECHSTEIN et SCHARFENBERG, 1805)		v			DIECKMANN 1980	*Phyllobius betulae* (F., 1801)
Phyllobius calcaratus (F., 1792)		v			DIECKMANN 1980	
Phyllobius cinerascens (F., 1792)		s	1		DIECKMANN 1980	
Phyllobius cloropus (L., 1758)		h			DIECKMANN 1980	*Phyllobius viridicollis* (F., 1792)
Phyllobius maculicornis GERMAR, 1824		h			DIECKMANN 1980	
Phyllobius oblongus (L., 1758)		h			DIECKMANN 1980	
Phyllobius pomaceus GYLLENHAL, 1834		h			DIECKMANN 1980	*Phyllobius urticae* (DE GEER, 1775)
Phyllobius pyri (L., 1758)		h			DIECKMANN 1980	
Phyllobius roboretanus GREDLER, 1882		v			DIECKMANN 1980	*Phyllobius parvulus* (OLIVIER, 1807)
Phyllobius sinuatus (F., 1801)		s	1		DIECKMANN 1980	
Phyllobius vespertinus (F., 1792)		h			DIECKMANN 1980	
Phyllobius virideaeris (LAICHARTING, 1781)		h			DIECKMANN 1980	
Phytobius leucogaster (MARSHAM, 1802)		v	2		SCHOLZE 1991	*Litodactylus leucogaster* (MARSHAM, 1802)
Pirapion immune (KIRBY, 1808)		A	0		DIECKMANN 1977	*Apion immune* (KIRBY, 1808)
Pissodes castaneus (DE GEER, 1775)		v			coll. H	*Pissodes notatus* (F., 1787)
Pissodes harcyniae (HERBST, 1795)		A	0		BORCHERT 1951	
Pissodes piceae (ILLIGER, 1807)		s	3		BORCHERT 1951	
Pissodes pini (L., 1758)		v			coll. H	
Pissodes piniphilus (HERBST, 1795)		s	2		SCHNEIDER 1984	
Pissodes scabricollis MILLIERE, 1859		h	2		BORCHERT 1951	
Pissodes validirostris (SAHLBERG, 1834)		s	2		BORCHERT 1951	
Polydrusus amoenus (GERMAR, 1824)		h			DIECKMANN 1980	
Polydrusus cervinus (L., 1758)		h			DIECKMANN 1980	
Polydrusus confluens STEPHENS, 1831		s	3		DIECKMANN 1980	
Polydrusus corruscus GERMAR, 1824		s	1		DIECKMANN 1980	
Polydrusus flavipes (DE GEER, 1775)		s	2		DIECKMANN 1980	
Polydrusus impar GOZIS, 1882		v			DIECKMANN 1980	
Polydrusus impressifrons GYLLENHAL, 1834		v	2		JUNG 1982	
Polydrusus marginatus STEPHENS, 1831		v			DIECKMANN 1980	
Polydrusus mollis (STRÖM, 1768)		v			DIECKMANN 1980	
Polydrusus pallidus GYLLENHAL, 1834		h			DIECKMANN 1980	*Polydrusus atomarius* (OLIVIER, 1807)
Polydrusus picus (F., 1792)		A	0		DIECKMANN 1980	
Polydrusus pilosus GREDLER, 1866		h			DIECKMANN 1980	
Polydrusus pterygomalis BOHEMAN, 1840		v	3		DIECKMANN 1980	
Polydrusus sericeus (SCHALLER, 1783)		v			DIECKMANN 1980	

Art	BR	BS	RL	Bm	Nachweis	Synonyme
Polydrusus undatus (F., 1781)		v			DIECKMANN 1980	
Poophagus hopffgarteni TOURNIER, 1874		A	0		DIECKMANN 1972	
Poophagus sisymbrii (F., 1777)		v			DIECKMANN 1972	
Procas armillatus (F., 1801)		s	1		DIECKMANN 1986	
Protapion apricans (HERBST, 1797)		h			DIECKMANN 1977	*Apion apricans* (HERBST, 1797)
Protapion assimile (KIRBY, 1808)		h			DIECKMANN 1977	*Apion assimile* (KIRBY, 1808)
Protapion dissimile (GERMAR, 1817)		v			DIECKMANN 1977	*Apion dissimile* (GERMAR, 1817)
Protapion filirostre (KIRBY, 1808)		v			DIECKMANN 1977	*Apion filirostre* (KIRBY, 1808)
Protapion fulvipes (FOURCROY, 1785)		h			DIECKMANN 1977	*Apion flavipes* (PAYKULL, 1792)
Protapion gracilipes (DIETRICH, 1857)		s	1		DIECKMANN 1977	*Apion gracilipes* (DIETRICH, 1857)
Protapion interjectum (DESBROCHERS, 1895)		s	3		JUNG 1982	*Apion interjectum* (DESBROCHERS, 1895)
Protapion nigritarse (KIRBY, 1808)		v			DIECKMANN 1977	*Apion nigritarse* (KIRBY, 1808)
Protapion ononidis (GYLLENHAL, 1827)		v			DIECKMANN 1977	*Apion ononicola* (BACH, 1854)
Protapion ruficrus (GERMAR, 1817)		v	P		DIECKMANN 1977	*Apion ruficrus* (GERMAR, 1817)
Protapion trifolii (L., 1768)		v			DIECKMANN 1977	*Apion trifolii* (L., 1768)
Protapion varipes (GERMAR, 1817)		v	P		DIECKMANN 1977	*Apion varipes* (GERMAR, 1817)
Protopirapion atratulum (GERMAR, 1817)		v			DIECKMANN 1977	*Apion striatum* (MARSHAM, 1802)
Pselactus spadix (HERBST, 1795)		s	P	N	DIECKMANN 1983b	
Pselaphorhynchites longiceps (THOMSON, 1888)		v			DIECKMANN 1974	
Pselaphorhynchites nanus (PAYKULL, 1792)		v			DIECKMANN 1974	
Pselaphorhynchites tomentosus (GYLLENHAL, 1839)		v			DIECKMANN 1974	
Pseudapion rufirostre (F., 1775)		v	3		DIECKMANN 1977	*Apion rufirostre* (F., 1775)
Pseudocleonus cinereus (SCHRANK, 1781)		v	3		SCHOLZE 1991	
Pseudocleonus grammicus (PANZER, 1789)		s			DIECKMANN 1983b	
Pseudoperapion brevirostre HERBST, 1797		v			DIECKMANN 1977	*Apion brevirostre* (HERBST, 1797)
Pseudoprotapion astragali (PAYKULL, 1800)		v			DIECKMANN 1977	*Apion astragali* (PAYKULL, 1800)
Pseudoprotapion elegantulum (GERMAR, 1818)		v	3		DIECKMANN 1977	*Apion elegantulum* (GERMAR, 1818)
Pseudostenapion simum GERMAR, 1817		v			DIECKMANN 1977	*Apion simum* (GERMAR, 1817)
Pseudostyphlus pillumus (GYLLENHAL, 1836)		v			DIECKMANN 1986	*Pseudostyphlus pilumnus* (GYLLENHAL, 1836)
Ranunculiphilus faeculentus (GYLLENHAL, 1837)		s	1		DIECKMANN 1972	*Ceutorhynchus faeculentus* (GYLLENHAL, 1837)
Ranunculiphilus obsoletus (GERMAR, 1824)		s	1		DIECKMANN 1972	*Ceutorhynchus obsoletus* (GERMAR, 1824)
Rhamphus oxyacanthae (MARSHAM, 1802)		v			coll. H	
Rhamphus pulicarius (HERBST, 1795)		v			coll. H	
Rhamphus subaeneus ILLIGER, 1807		s	1		BORCHERT 1951	
Rhinocyllus conicus (FRÖLICH, 1792)		v			DIECKMANN 1983	
Rhinomias forticornis (BOHEMAN, 1843)		s	2		DIECKMANN 1980	
Rhinoncus albicinctus GYLLENHAL, 1837		s	2		DIECKMANN 1972	
Rhinoncus bosnicus SCHULTZE, 1900		s	3		DIECKMANN 1972	
Rhinoncus bruchoides (HERBST, 1784)		v			DIECKMANN 1972	
Rhinoncus castor (F., 1792)		h			DIECKMANN 1972	
Rhinoncus henningsi WAGNER, 1936		s	2		DIECKMANN 1972	
Rhinoncus inconspectus (HERBST, 1795)		v			DIECKMANN 1972	*Rhinoncus gramineus* (F., 1792)
Rhinoncus pericarpius (L., 1758)		h			DIECKMANN 1972	
Rhinoncus perpendicularis (REICH, 1797)		h			DIECKMANN 1972	
Rhynchaenus alni (L., 1758)		s	1		BORCHERT 1951	
Rhynchaenus angustifrons (WEST, 1917)		s	2		BORCHERT 1951	
Rhynchaenus decoratus (GERMAR, 1821)		s	2		BORCHERT 1951	
Rhynchaenus ermischi DIECKMANN, 1958		s	2		JUNG 1982	

Art	BR	BS	RL	Bm	Nachweis	Synonyme
Rhynchaenus fagi (L., 1758)		v			coll. H	
Rhynchaenus jota (F., 1787)		s	2		BORCHERT 1951	
Rhynchaenus pilosus (F., 1781)		s	1		BORCHERT 1951	
Rhynchaenus populicola SILFVERBERG, 1977		h			coll. H	*Rhynchaenus populi* (F., 1792)
Rhynchaenus pratensis (GERMAR, 1821)		v	2		DIECKMANN 1963	
Rhynchaenus quercus (L., 1758)		h			coll. H	
Rhynchaenus rufitarsis (GERMAR, 1821)		s	1		BORCHERT 1951	
Rhynchaenus rufus (SCHRANK, 1781)		s	2		SCHNEIDER 1987	
Rhynchaenus rusci (HERBST, 1795)		v			coll. H	
Rhynchaenus salicis (L., 1758)		v	3		coll. H	
Rhynchaenus signifer (CREUTZER, 1799)		s	2		SCHNEIDER 1987	*Rhynchaenus avellanae* (DONOVAN, 1797)
Rhynchaenus stigma (GERMAR, 1821)		h			coll. H	
Rhynchaenus subfasciatus GYLLENHAL, 1836		A			coll. H	
Rhynchaenus testaceus (MÜLLER, 1776)		s	2		BORCHERT 1951	
Rhynchites aethiops BACH, 1854		s	2		DIECKMANN 1974	
Rhynchites auratus (SCOPOLI, 1763)		v	3		DIECKMANN 1974	
Rhynchites bacchus (L., 1758)		v	3		DIECKMANN 1974	
Rhynchites caeruleus (DE GEER, 1775)		v	2		DIECKMANN 1974	*Rhynchites coeruleus* (DE GEER, 1775)
Rhynchites cupreus (L., 1758)		v	3		DIECKMANN 1974	
Rhynchites pubescens (F., 1775)		s	2		DIECKMANN 1974	
Rhyncolus ater (L., 1758)		h		P	SCHOLZE 1991	*Rhyncolus chloropus* (L., 1758)
Rhyncolus elongatus (GYLLENHAL, 1827)		s	2		DIECKMANN 1983b	
Rhyncolus punctatulus BOHEMAN, 1838		s	2		DIECKMANN 1983b	
Rhyncolus reflexus BOHEMAN, 1838		A	0		DIECKMANN 1983b	
Rhyncolus sculpturatus WALTL, 1839		s	1		coll. H	
Rutidosoma fallax (OTTO, 1897)		h	2		SCHOLZE 1991	
Rutidosoma globulus (HERBST, 1795)		s	1		SCHOLZE 1991	
Sciaphilus asperatus (BONSDORFF, 1875)		h			DIECKMANN 1980	
Sciaphobus scitulus (GERMAR, 1824)		A	0		DIECKMANN 1980	
Scytrophus mustela (HERBST, 1797)		v	P		DIECKMANN 1980	
Sibinia pellucens (SCOPOLI, 1772)		h			DIECKMANN 1988	
Sibinia phalerata (GYLLENHAL, 1836)		v			DIECKMANN 1988	
Sibinia primita (HERBST, 1795)		s	1		DIECKMANN 1988	
Sibinia pyrrhodactyla (MARSHAM, 1802)		h			DIECKMANN 1988	*Sibinia potentillae* GERMAR, 1824
Sibinia sodalis GERMAR, 1824		v			DIECKMANN 1988	
Sibinia subelliptica (DESBROCHERS, 1873)		v	3		DIECKMANN 1988	
Sibinia tibialis GYLLENHAL, 1836		s	2		DIECKMANN 1988	
Sibinia unicolor (FAHRAEUS, 1843)		s	2		DIECKMANN 1988	
Sibinia variata (GYLLENHAL, 1836)		s	2		SCHOLZE 1991	
Sibinia viscariae (L., 1761)		v	3		DIECKMANN 1988	
Simo hirticornis (HERBST, 1847)		v			DIECKMANN 1980	*Homorhythmus hirticornis* (HERBST, 1847)
Sirocalodes nigrinus (MARSHAM, 1802)		v			DIECKMANN 1972	*Sirocalodes depressicollis* (GYLLENHAL, 1813)
Sirocalodes quercicola (PAYKULL, 1792)		v	3		DIECKMANN 1972	
Sitona ambiguus GYLLENHAL, 1834		v			DIECKMANN 1980	
Sitona cambricus STEPHENS, 1831		s	2		DIECKMANN 1980	
Sitona cinerascens (FAHRAEUS, 1840)		s	1		DIECKMANN 1980	
Sitona cylindricollis (FAHRAEUS, 1840)		v			DIECKMANN 1980	
Sitona gressorius (F., 1792)		h		N	DIECKMANN 1980	
Sitona griseus (F., 1775)		v			DIECKMANN 1980	
Sitona hispidulus (F., 1777)		h			DIECKMANN 1980	

Art	BR	BS	RL	Bm	Nachweis	Synonyme
Sitona humeralis STEPHENS, 1831		h			DIECKMANN 1980	
Sitona inops GYLLENHAL, 1832		v	3		SCHOLZE 1991	
Sitona intermedius KÜSTER, 1847		s	1		DIECKMANN 1980	
Sitona languidus GYLLENHAL, 1834		s	2		DIECKMANN 1980	
Sitona lepidus GYLLENHAL, 1834		h			DIECKMANN 1980	*Sitona flavescens* (MARSHAM, 1802)
Sitona lineatus (L., 1758)		h			DIECKMANN 1980	
Sitona macularius (MARSHAM, 1802)		h			DIECKMANN 1980	*Sitona crinitus* (HERBST, 1795)
Sitona ononidis SHARP, 1866		v		P	DIECKMANN 1980	
Sitona puncticollis STEPHENS, 1831		v			DIECKMANN 1980	
Sitona regensteinensis (HERBST, 1797)		v			DIECKMANN 1980	
Sitona striatellus GYLLENHAL, 1834		v		P	DIECKMANN 1980	*Sitona tibialis* (HERBST, 1795)
Sitona sulcifrons (THUNBERG, 1798)		v			DIECKMANN 1980	
Sitona suturalis STEPHENS, 1831		v			DIECKMANN 1980	
Sitona waterhousei WALTON, 1846		s	3		JUNG 1982	
Sitophilus granarius (L., 1758)		v			coll. H	
Sitophilus oryzae (L., 1763)		v			coll. H	
Sitophilus zeamais MOTSCHULSKY, 1855		v			coll. H	
Smicronyx coecus (REICH, 1797)		v			DIECKMANN 1986	
Smicronyx jungermanniae (REICH, 1797)		v		P	DIECKMANN 1986	
Smicronyx reichi (GYLLENHAL, 1836)		s	1		DIECKMANN 1990a	
Smicronyx smreczynskii SOLARI, 1952		v	2		DIECKMANN 1986	
Sphenophorus striatopunctata (GOEZE, 1777)		A	0		BORCHERT 1951	
Squamapion atomarium (KIRBY, 1808)		v	2		DIECKMANN 1977	*Apion atomarium* (KIRBY, 1808)
Squamapion cineraceum (WENCKER, 1864)		s	1		RAPP 1934	*Apion millum* BACH, 1864
Squamapion elongatum (GERMAR, 1817)		s	2		DIECKMANN 1977	*Apion elongatum* (GERMAR, 1817)
Squamapion flavimanum (GYLLENHAL, 1833)		s	1		DIECKMANN 1977	*Apion flavimanum* (GYLLENHAL, 1833)
Squamapion hoffmanni (WAGNER, 1930)		s	3		DIECKMANN 1977	*Apion hoffmanni* (WAGNER, 1930)
Squamapion oblivium (SCHILSKY, 1902)		s	1		DIECKMANN 1977	*Apion oblivium* (SCHILSKY, 1902)
Squamapion vicinum (KIRBY, 1808)		v	2		DIECKMANN 1977	*Apion vicinum* (KIRBY, 1808)
Stenocarus cardui (HERBST, 1784)		A	0		DIECKMANN 1972	
Stenocarus ruficornis (STEPHENS, 1831)		h			DIECKMANN 1972	*Stenocarus fuliginosus* (MARSHAM, 1802)
Stenopelmus rufinasus GYLLENHAL, 1836		A	0		DIECKMANN 1983b	
Stenopterapion intermedium (EPPELSHEIM, 1875)		s	3		JUNG 1982	*Apion intermedium* (EPPELSHEIM, 1875)
Stenopterapion meliloti (KIRBY, 1808)		v			DIECKMANN 1977	*Apion meliloti* (KIRBY, 1808)
Stenopterapion tenue (KIRBY, 1808)		v			DIECKMANN 1977	*Apion tenue* (KIRBY, 1808)
Stereocorynes truncorum (GERMAR, 1824)		h		P	DIECKMANN 1983b	
Stereonychus fraxini (DE GEER, 1775)		v			coll. H	
Strophosoma capitatum (DE GEER, 1775)		h			DIECKMANN 1980	
Strophosoma faber (HERBST, 1785)		v			DIECKMANN 1980	
Strophosoma fulvicorne WALTON, 1846		s	1		DIECKMANN 1980	
Strophosoma melanogrammum (FORSTER, 1771)		v			DIECKMANN 1980	
Strophosoma sus STEPHENS, 1831		s	1		DIECKMANN 1980	*Strophosoma laterale* (PAYKULL, 1792)
Synapion ebeninum (KIRBY, 1808)		v		P	DIECKMANN 1977	*Apion ebenium* (KIRBY, 1808)
Taeniapion rufulum WENCKER, 1864		s	1		DIECKMANN 1977	*Apion rufulum* (WENCKER, 1864)
Taeniapion urticarium (HERBST, 1784)		v			DIECKMANN 1977	*Apion urticarium* (HERBST, 1784)
Tanymecus palliatus (F., 1787)		h			DIECKMANN 1983b	

Art	BR	BS	RL	Bm	Nachweis	Synonyme
Tanysphyrus ater BLATCHLEY, 1928		s	2		DIECKMANN 1983b	*Tanysphyrus makolskii* SMRECZYNSKI, 1957
Tanysphyrus lemnae (PAYKULL, 1792)		v			DIECKMANN 1983b	
Taphrotopium sulcifrons (HERBST, 1797)		s	1		DIECKMANN 1977	*Apion sulcifrons* (HERBST, 1797)
Tapinotus sellatus (F., 1794)		v			DIECKMANN 1972	
Thamiocolus pubicollis (GYLLENHAL, 1837)		s	1		DIECKMANN 1972	
Thamiocolus signatus (GYLLENHAL, 1837)		v	2		DIECKMANN 1972	
Thamiocolus viduatus (GYLLENHAL, 1813)		v	3		DIECKMANN 1972	
Thryogenes festucae (HERBST, 1795)		v	3		DIECKMANN 1986	
Thryogenes nereis (PAYKULL, 1800)		v	3		DIECKMANN 1986	
Thryogenes scirrhosus (GYLLENHAL, 1836)		s	1		DIECKMANN 1986	
Trachodes hispidus (L., 1758)		v	3		SCHNEIDER 1987	
Trachyphloeus alternans GYLLENHAL, 1834		v			DIECKMANN 1980	
Trachyphloeus angustisetulus HANSEN, 1915		v	3		DIECKMANN 1980	
Trachyphloeus aristatus (GYLLENHAL, 1827)		h			DIECKMANN 1980	
Trachyphloeus bifoveolatus (BECK, 1817)		h			DIECKMANN 1980	
Trachyphloeus heymesi HUBENTHAL, 1934		s	2		DIECKMANN 1980	
Trachyphloeus olivieri BEDEL, 1883		v			DIECKMANN 1980	
Trachyphloeus parallelus SEIDLITZ, 1868		v	3		DIECKMANN 1980	
Trachyphloeus rectus THOMSON, 1865		s	1		DIECKMANN 1980	*Trachphloeus laticollis* (BOHEMAN, 1843)
Trachyphloeus scabriusculus (L., 1771)		v			DIECKMANN 1980	
Trachyphloeus spinimanus GERMAR, 1824		v			DIECKMANN 1980	
Trichapion simile (KIRBY, 1811)		v			DIECKMANN 1977	*Apion simile* (KIRBY, 1811)
Trichosirocalus barnevillei (GRENIER, 1866)		v	3		DIECKMANN 1972	*Ceutorhynchidius barnevillei* (GRENIER, 1866)
Trichosirocalus hassicus (SCHULTZE, 1903)		s	1		DIECKMANN 1972	*Ceutorhynchidius hassicus* (SCHULTZE, 1903)
Trichosirocalus horridus (PANZER, 1801)		v	3		DIECKMANN 1972	*Ceutorhynchidius horridus* (PANZER, 1801)
Trichosirocalus thalhammeri (SCHULTZE, 1906)		s	1		DIECKMANN 1972	*Ceutorhynchidius thalhammeri* (SCHULTZE, 1906)
Trichosirocalus troglodytes (F., 1787)		h			DIECKMANN 1972	*Ceutorhynchidius troglodytes* (F., 1787)
Tropiphorus elavatus (HERBST, 1795)		v	3		DIECKMANN 1983b	*Tropiphorus carinatus* (MÜLLER, 1776)
Tropiphorus terricola (NEWMAN, 1838)		s	2		DIECKMANN 1983b	*Tropiphorus tomentosus* (MARSHAM, 1802)
Tychius aureolus KIESENWETTER, 1851		v			DIECKMANN 1988	
Tychius breviusculus DESBROCHERS, 1873		h			DIECKMANN 1988	*Tychius micaceus* REY, 1895
Tychius crassirostris KIRSCH, 1871		s	3		DIECKMANN 1988	
Tychius junceus (REICH, 1797)		v			DIECKMANN 1988	
Tychius lineatulus STEPHENS, 1831		h	1		DIECKMANN 1988	
Tychius medicaginis CH. BRISOUT, 1862		s	3		SCHOLZE 1991	
Tychius meliloti STEPHENS, 1831		h			DIECKMANN 1988	
Tychius parallelus (PANZER, 1794)		v			DIECKMANN 1988	*Tychius venustus* (F., 1787)
Tychius picirostris (F., 1787)		h			DIECKMANN 1988	
Tychius pumilus CH. BRISOUT, 1862		s	3		DIECKMANN 1988	
Tychius pusillus GERMAR, 1842		v			DIECKMANN 1988	
Tychius quinquepunctatus (L., 1758)		h			DIECKMANN 1988	
Tychius schneideri (HERBST, 1795)		v			DIECKMANN 1988	
Tychius sharpi TOURNIER, 1873		s	2		DIECKMANN 1988	
Tychius squamulatus GYLLENHAL, 1836		v	3		DIECKMANN 1988	*Tychius flavicollis* STEPHENS, 1831
Tychius stephensi SCHÖNHERR, 1836		h			DIECKMANN 1988	*Tychius tomentosus* (HERBST, 1795)

Art	BR	BS	RL	Bm	Nachweis	Synonyme
Tychius trivialis BOHEMAN, 1843		s	2		DIECKMANN 1988	*Tychius kiesenwetteri* TOURNIER, 1873
Zacladus geranii (PAYKULL, 1800)		h			DIECKMANN 1972	*Zacladus affinis* (PAYKULL, 1792)

Hinweise auf Synonyme

Apion aciculare → *Helianthemapion aciculare*
Apion aeneum → *Aspidapion aeneum*
Apion aestimatum → *Holotrichapion aestimatum*
Apion aethiops → *Holotrichapion aethiops*
Apion afer → *Cyanapion afer*
Apion affine → *Perapion affine*
Apion alliariae → *Ceratapion basicorne*
Apion apricans → *Protapion apricans*
Apion armatum → *Ceratapion armatum*
Apion assimile → *Protapion assimile*
Apion atomarium → *Squamapion atomarium*
Apion astragali → *Pseudoprotapion astragali*
Apion brevirostre → *Pseudoperapion brevirostre*
Apion buddebergi → *Omphalapion buddebergi*
Apion carduorum → *Ceratapion gibbirostre*
Apion cerdo → *Oxystoma cerdo*
Apion columbinum → *Cyanapion columbinum*
Apion compactum → *Exapion compactum*
Apion confluens → *Diplapion confluens*
Apion craccae → *Oxystoma craccae*
Apion curtirostre → *Perapion curtirostre*
Apion curtisi → *Hemitrichapion waltoni*
Apion intermedium → *Stenopterapion intermedium*
Apion laevigatum → *Omphalapion laevigatum*
Apion lanigerum → *Hemitrichapion lanigerum*
Apion loti → *Ischnopterapion loti*
Apion malvae → *Malvapion malvae*
Apion marchicum → *Perapion marchicum*
Apion meieri → *Catapion meieri*
Apion melancholicum → *Eutrichapion melancholicum*
Apion meliloti → *Stenopterapion meliloti*
Apion millum → *Squamapion cineraceum*
Apion miniatum → *Apion frumentarium*
Apion minimum → *Melanapion minimum*
Apion nigritarse → *Protapion nigritarse*
Apion oblivium → *Squamapion oblivium*
Apion oblongum → *Perapion oblongum*
Apion ochropus → *Oxystoma ochropus*
Apion ononicola → *Protapion ononidis*
Apion ononis → *Holotrichapion ononis*
Apion onopordi → *Acanephodus onopordi*
Apion opeticum → *Oxystoma opeticum*
Apion pallipes → *Kalcapion pallipes*
Apion pavidum → *Hemitrichapion pavidum*
Apion penetrans → *Ceratapion penetrans*
Apion pisi → *Holotrichapion pisi*
Apion platalea → *Cyanapion platalea*
Apion pomonae → *Oxystoma pomonae*
Apion pseudocerdo → *Oxystoma dimidiatum*
Apion pubescens → *Catapion pubescens*
Apion punctigerum → *Eutrichapion punctigerum*
Apion radiolus → *Aspidapion radiolus*
Apion reflexum → *Hemitrichapion reflexum*
Apion ruficrus → *Protapion ruficrus*
Apion rufirostre → *Pseudapion rufirostre*

Apion detritum → *Diplapion detritum*
Apion difficile → *Exapion difficile*
Apion dispar → *Omphalapion dispar*
Apion dissimile → *Protapion dissimile*
Apion ebenium → *Synapion ebeninum*
Apion elegantulum → *Pseudoprotapion elegantulum*
Apion elongatum → *Squamapion elongatum*
Apion ervi → *Eutrichapion ervi*
Apion fallax → *Ischnopterapion fallens*
Apion filirostre → *Protapion filirostre*
Apion flavimanum → *Squamapion flavimanum*
Apion flavipes → *Protapion fulvipes*
Apion flavofemoratum → *Oryxolaemus flavifemoratus*
Apion formaneki → *Exapion formaneki*
Apion frumentarium → *Apion haematodes*
Apion fuscirostre → *Exapion fuscirostre*
Apion gracilipes → *Protapion gracilipes*
Apion gyllenhali → *Cyanapion gyllenhalii*
Apion hoffmanni → *Squamapion hoffmanni*
Apion hookeri → *Omphalapion hookeri*
Apion immune → *Pirapion immune*
Apion interjectum → *Protapion interjectum*
Apion rufulum → *Taeniapion rufulum*
Apion rugicolle → *Phrissotrichum rugicolle*
Apion sanguineum → *Apion rubiginosum*
Apion sedi → *Aizobius sedi*
Apion seniculus → *Catapion seniculus*
Apion sicardi → *Ischnopterapion modestum*
Apion simile → *Trichapion simile*
Apion simum → *Pseudostenapion simum*
Apion spencei → *Cyanapion spencii*
Apion stolidum → *Diplapion stolidum*
Apion striatum → *Protopirapion atratulum*
Apion subulatum → *Oxystoma subulatum*
Apion sulcifrons → *Taphrotopium sulcifrons*
Apion tenue → *Stenopterapion tenue*
Apion trifolii → *Protapion trifolii*
Apion urticarium → *Taeniapion urticarium*
Apion validum → *Aspidapion validum*
Apion varipes → *Protapion varipes*
Apion velatum → *Helianthemapion velatum*
Apion viciae → *Eutrichapion viciae*
Apion vicinum → *Squamapion vicinum*
Apion violaceum → *Perapion violaceum*
Apion virens → *Ischnopterapion virens*
Apion vorax → *Eutrichapion vorax*
Anthonomus pubescens → *Anthonomus pinivorax*
Anthonomus varians → *Anthonomus phyllocola*
Bagous cylindrus → *Bagous angustus*
Bytiscus betulae → *Byctiscus betulae*
Bytiscus populi → *Byctiscus populi*
Camptorrhinus statua → *Camptorhinus statua*
Ceutorhynchidius barnevillei → *Trichosirocalus barnevillei*
Ceutorhynchidius hassicus → *Trichosirocalus hassicus*
Ceutorhynchidius horridus → *Trichosirocalus horridus*

Ceutorhynchidius thalhammeri → *Trichosirocalus thalhammeri*
Ceutorhynchidius troglodytes → *Trichosirocalus troglodytes*
Ceutorhynchus abbreviatulus → *Mogulones abbreviatulus*
Ceutorhynchus albosignatus → *Mogulones albosignatus*
Ceutorhynchus angulosus → *Datonychus angulosus*
Ceutorhynchus arquatus → *Datonychus arquatus*
Ceutorhynchus asperifoliarum → *Mogulones asperifoliarum*
Ceutorhynchus assimilis → *Ceutorhynchus obstrictus*
Ceutorhynchus borraginis → *Mogulones borraginis*
Ceutorhynchus campestris → *Microplontus campestris*
Ceutorhynchus consputus → *Oprohinus consputus*
Ceutorhynchus cruciger → *Mogulones cruciger*
Ceutorhynchus denticulatus → *Ethelcus denticulatus*
Ceutorhynchus faeculentus → *Ranunculiphilus faeculentus*
Ceutorhynchus geographicus → *Mogulones geographicus*
Ceutorhynchus granulicollis → *Ceutorhynchus gerhardti*
Ceutorhynchus javeti → *Mogulones javeti*
Ceutorhynchus larvatus → *Mogulones larvatus*
Ceutorhynchus litura → *Hadroplontus litura*
Ceutorhynchus maculaalba → *Neoglocianus maculaalba*
Ceutorhynchus magnini → *Datonychus magnini*
Ceutorhynchus marginatus → *Glocianus distinctus*
Ceutorhynchus melanostictus → *Datonychus melanostictus*
Ceutorhynchus millefolii → *Microplontus millefolii*
Ceutorhynchus moelleri → *Glocianus moelleri*
Ceutorhynchus obsoletus → *Ranunculiphilus obsoletus*
Ceutorhynchus ornatus → *Mogulones ornatus*
Ceutorhynchus pallidicornis → *Mogulones pallidicornis*
Ceutorhynchus paszlavszkyi → *Datonychus paszlavszkyi*
Ceutorhynchus pollinarius → *Parethelcus pollinarius*
Ceutorhynchus punctiger → *Glocianus punctiger*
Ceutorhynchus quadridens → *Ceutorhynchus pallidactylus*
Ceutorhynchus rugulosus → *Microplontus rugulosus*
Ceutorhynchus suturalis → *Oprohinus suturalis*
Ceutorhynchus symphyti → *Mogulones symphyti*
Ceutorhynchus triangulum → *Microplontus triangulum*
Ceutorhynchus trimaculatus → *Hadroplontus trimaculatus*
Ceutorhynchus trisignatus → *Mogulones trisignatus*
Ceutorhynchus urticae → *Datonychus urticae*
Chromoderus fasciatus → *Chromoderus affinis*
Cidnorhinus quadrimaculatus → *Nedyus quadrimaculatus*
Cionus thapsi → *Cionus thapsus*
Cleonis piger → *Cleonis pigra*
Coeliodes cinctus → *Coeliodes erythroleucos*
Coenorhinus aeneovirens → *Caenorhinus aeneovirens*
Coenorhinus aequatus → *Caenorhinus aequatus*
Coenorhinus germanicus → *Caenorhinus germanicus*
Coenorhinus interpunctatus → *Caenorhinus interpunctatus*
Coenorhinus pauxillus → *Caenorhinus pauxillus*
Coniocleonus glaucus → *Coniocleonus hollbergi*
Curculio cerasorum → *Curculio betulae*
Cyphocleonus tigrinus → *Cyphocleonus dealbatus*
Epipolaeus caliginosus → *Mitoplinthus caliginosus*
Grypus brunneirostris → *Grypus brunnirostris*
Homorhythmus hirticornis → *Simo hirticornis*
Limnobaris pilistriata → *Limnobaris dolorosa*
Litodactylus leucogaster → *Phytobius leucogaster*
Lixus algirus → *Lixus angustatus*
Lixus elongatus → *Lixus filiformis*
Mylacus rodundatus → *Omias rodundatus*
Neosirocalus floralis → *Ceutorhynchus floralis*
Neosirocalus hampei → *Ceutorhynchus hampei*
Neosirocalus posthumus → *Ceutorhynchus posthumus*
Neosirocalus pulvinatus → *Ceutorhynchus pulvinatus*
Neosirocalus pumilio → *Ceutorhynchus pumilio*
Neosirocalus pyrrhorhynchus → *Ceutorhynchus pyrrhorhynchus*
Neosirocalus rhenanus → *Ceutorhynchus rhenanus*
Neosirocalus sisymbrii → *Ceutorhynchus sisymbrii*
Orthochaetes setiger → *Comasinus setiger*
Otiorhynchus dubius → *Otiorhynchus nodosus*
Otiorhynchus salicis → *Otiorhynchus lepidopterus*
Phyllobius betulae → *Phyllobius betulinus*
Phyllobius parvulus → *Phyllobius roboretanus*
Phyllobius urticae → *Phyllobius pomaceus*
Phyllobius viridicollis → *Phyllobius cloropus*
Phytobius canaliculatus → *Pelenomus canaliculatus*
Phytobius comari → *Pelenomus comari*
Phytobius muricatus → *Neophytobius muricatus*
Phytobius quadricornis → *Pelenomus quadricorniger*
Phytobius quadrinodosus → *Neophytobius quadrinodosus*
Phytobius quadrituberculatus → *Pelenomus quadrituberculatus*
Phytobius velaris → *Pelenomus velaris*
Phytobius waltoni → *Pelenomus waltoni*
Phytonomus adspersus → *Hypera adspersa*
Phytonomus arator → *Hypera arator*
Phytonomus arundinis → *Hypera arundinis*
Phytonomus contaminatus → *Hypera contaminata*
Phytonomus denominandus → *Hypera denominanda*
Phytonomus elongata → *Hypera diversipunctata*
Phytonomus fasciculatus → *Hypera dauci*
Phytonomus meles → *Hypera meles*
Phytonomus murina → *Hypera fuscocinerea*
Phytonomus nigrirostris → *Hypera nigrirostris*
Phytonomus pedestris → *Hypera suspiciosa*
Phytonomus plantaginis → *Hypera plantaginis*
Phytonomus punctatus → *Hypera zoilus*
Phytonomus rumicis → *Hypera rumicis*
Phytomus trilineata → *Hypera venusta*
Phytonomus variabilis → *Hypera postica*
Phytonomus viciae → *Hypera viciae*
Pissodes notatus → *Pissodes castaneus*
Polydrusus atomarius → *Polydrusus pallidus*
Pseudostyphlus pilumnus → *Pseudostyphlus pillumus*
Rhinomacer attelaboides → *Cimberis attelaboides*
Rhinoncus gramineus → *Rhinoncus inconspectus*
Rhynchaenus avellanae → *Rhynchaenus signifer*
Rhynchaenus populi → *Rhynchaenus populicola*
Rhynchites coeruleus → *Rhynchites caeruleus*
Rhyncolus chloropus → *Rhyncolus ater*
Sibinia potentillae → *Sibinia pyrrhodactyla*
Sirocalodes depressicollis → *Sirocalodes nigrinus*
Sitona crinitus → *Sitona macularius*
Sitona flavescens → *Sitona lepidus*
Sitona tibialis → *Sitona striatellus*
Stenocarus fuliginosus → *Stenocarus ruficornis*
Strophosoma laterale → *Strophosoma sus*
Tanysphyrus makolskii → *Tanysphyrus ater*
Trachyphloeus laticollis → *Trachyphloeus rectus*
Tropiphorus carinatus → *Tropiphorus elavatus*
Tropiphorus tomentosus → *Tropiphorus terricola*
Tychius flavicollis → *Tychius squamulatus*
Tychius kiesenwetteri → *Tychius trivialis*
Tychius micaceus → *Tychius breviusculus*
Tychius tomentosus → *Tychius stephensi*
Tychius venustus → *Tychius parallelus*
Zacladus affinis → *Zacladus geranii*

7.8 Bestandsentwicklung der Bockkäfer (Coleoptera: Cerambycidae)

Volker Neumann

Horion (1974) gibt für die Familie der Bockkäfer (Coleoptera: Cerambycidae) in Mitteleuropa 256 vermutlich vorkommende Arten an. Harde & Severa (1988) nennen 231 (247) Arten aus 85 (90) Gattungen. Die Zahlen in den Klammern geben die maximale Anzahl möglicherweise zu erwartender Arten und Gattungen an. In Deutschland sind insgesamt 188 Bockkäferarten nachgewiesen. Von diesen sind 107 Arten (56,9%) als gefährdet bzw. als ausgestorben oder verschollen zu bewerten (Geiser 1998). Eine Übersicht der Bockkäfer Europas gibt Bense (1995).

Zur autochthonen Fauna Sachsen-Anhalts gehören 133 und zur allochthonen 23 uns bisher bekannte Arten. In der Roten Liste Sachsen-Anhalts erscheinen hiervon 101 Arten (76%)! Die Einschätzung und Wertung der aus der Literatur bekannten, aber aufgrund fehlender Belege strittigen Meldungen (z.B. *Chlorophorus varius, Leptura fulva, Strangalia pubescens*) ist unsicher. Auch bei einigen allochthonen Arten (u.a. *Plagionotus floralis, Stenopterus ater*) bezweifelt u. a. Horion (1974) die Richtigkeit der Fundortangaben. Für das Sachsen-Anhalt benachbarte Thüringen berichtet Nüssler (1982) über bisher nicht bekannte Funde von *Plagionotus floralis*. Bei der Fundortmeldung von *Stromatium fulvum* für das NSG "Kreuzhorst" (südöstlich von Magdeburg) vom 24.06.1977 (Heinig 1982) handelt es sich um eine Fälschung (Bringmann 1983, 1989). Die alten Angaben für ein Auffinden von *Acanthocinus reticulatus* werden von Horion (1974) als unrichtig bezeichnet.

Die Einschätzungen zum gegenwärtigen Artenbestand und der Gefährdungssituation der Bockkäfer stützen sich auf Angaben von O. Blochwitz, W. Ciupa, E. Grill, W. Gruschwitz, I. Klosz, R. Klosz, H. Kühnel, W. Malchau, K. Neumann, A. Rössler, G. Schmiedtchen und P. Schnitter (vergl. Neumann 1993). Hinzu kommen Angaben von T. Pietsch, S. Schellhorn, V. Schmidt, S. Schornack und M. Trost. Ihre Fundortkenntnisse seltener Arten sind in der Checkliste nicht ausdrücklich erwähnt. Materialien aus Sammlungen von Museen und des Zoologischen Institutes Halle sowie Angaben lokaler faunistischer Erhebungen wurden ausgewertet. Die Nomenklatur folgt im wesentlichen Harde (1966). Die Zuordnung der Synonyme bezieht sich auf Bense (1995). Synonyme der älteren Literatur sind Junk & Schenkling (1912-1913, 1922-1923) zu entnehmen. Bei den Populärnamen werden Bezeichnungen von Klausnitzer & Sander (1981), Harde & Severa (1988), Geiser (1992) und Weigel (1993) genutzt.

Grundlagen für die Checkliste sind die faunistischen Arbeiten von Wahnschaffe (1883), Borchert (1951), und Horion (1974, 1975) sowie eine Reihe von lokalen faunistischen Erhebungen der älteren (u.a. Schreiber 1887, Nebel 1894, Eggers 1901, Feuerstacke 1913) und neueren (u.a. Kühnel & Neumann 1977, Weidlich 1987, Jentzsch 1992, Malchau 1992, Zuppke 1993) Literatur. Als „Nachweise" werden in der Checkliste nur Literaturzitate genannt.

Für *Stenostola dubia* (Laicharting) und *Stenostola ferrea* Schrank fehlen aufgrund systematischer Probleme und Determinationsschwierigkeiten weitgehend exakte Angaben zum Vorkommen. Deshalb wird zunächst der Auffassung von Bringmann (1989) gefolgt, daß ein sicherer Nachweis von *S. ferrea* für das Gebiet der neuen Bundesländer noch zu erbringen ist.

Die meisten Bockkäfer sind Sekundärbesiedler von physiologisch geschwächtem, absterbendem oder totem Holz.

Für viele Arten sind gut strukturierte Altholzbestände mit hohem Totholzanteil und Bereiche mit entsprechender Sonnenexposition für die Entwicklung lebensnotwendig. So stellen ehemalige Hutewälder, Parkanlagen, Alleen, Baumgruppen und auch Einzelbäume essentielle Refugien dar.

Kräuterreiche Wiesen und Sträucher (z.B. Weißdorn) sind notwendige Lebensgrundlagen für die blütenbesuchenden Arten. Einige Arten leben phytophag bzw. von Wurzeln. Eine zusammenfassende Darstellung über die Entwicklung der Bockkäfer gibt Demelt (1966).

Weckwerth (1954) erwähnt ein Vorkommen des Alpenbockes (*Rosalia alpina*) in den Buchenwäldern zwischen Helmstedt und Weferlingen, über welches Wahnschaffe (1883) und Feuerstacke (1913) bereits berichteten. *Rosalia alpina* entwickelt sich meist in alten, absterbenden und bereits abgestorbenen Rotbuchenstämmen in aufgelockerten Bergmischwäldern. Seit Jahren konnten trotz intensiver Nachsuche keine neuen Nachweise erbracht werden. Offensichtlich wurde die Art in Sachsen-Anhalt durch forstwirtschaftliche Maßnahmen ausgelöscht.

Nüssler (1976) erwähnt als boreomontane Arten der neuen Bundesländer für unser Faunengebiet (vorwiegend Harz) *Acmaeops pratensis, Callidium coriaceum* (s.a. HORION 1975), *Leptura maculicornis, Leptura virens, Monochamus sutor, Pachyta lamed, Pachyta quadrimaculata* und *Strangalia nigripes*. Für *Leptura virens* und *Strangalia nigripes* stellt der genannte Autor ein autochthones Vorkommen in Frage und vermutet zufällige, mehrmals importierte Exemplare. *Acmaeops pratensis* wäre erneut nachzuweisen. Dies gilt nach unserer Sicht auch für *Callidium coriaceum*.

Bemerkenswert ist auch das Vorkommen von *Oxymirus cursor*. Die Käfer entwickeln sich nur im toten morschen Holz von liegenden Nadelbäumen. In dem durch das Waldsterben großflächig vorhandenen Totholz im Harz hat die Art günstige Entwicklungsbedingungen gefunden und ist hier nicht selten. HORION (1974, 1975), KLAUSNITZER & SANDER (1981) und CONRAD (1985) erwähnen diese Art für unser Gebiet nicht.

Dorcadion fuliginator, der in der Bundesrepublik Deutschland in seiner Existenz stark bedroht ist, gilt als Charakterart von Trockenstandorten. Diese Art ist vom Harz bis zum Stadtgebiet von Halle noch stellenweise verbreitet.

Als besonders artenreich haben sich im Biosphärenreservat "Mittlere Elbe", in dem ein Großteil der in Sachsen-Anhalt bekannten Arten in bisher stabilen Populationen zu finden ist, die Auwaldreste mit ihren Alteichenbeständen und Solitäreichen erwiesen (KÜHNEL & NEUMANN 1977). So konnten für den Elbebereich Sachsen-Anhalts gegenwärtig 100 Bockkäferarten registriert und nachgewiesen werden. Hinzu kommen 26 verschollene Arten, die mindestens 10 Jahre nicht mehr bestätigt wurden und 8 allochthone. Bei der Größe des Gebietes, der geringen Zahl der Bearbeiter und den Schwierigkeiten der Nachweisführung ist mit dem Wiederauffinden einzelner Arten (z.B. *Leiopus punctulatus, Obrium cantharinum, Pogonocherus ovatus*) zu rechnen. Einige Arten gelten als Urwaldrelikte. So entwickeln sich in der Stamm- und Wipfelregion von Eichen u.a. noch *Cerambyx cerdo, Akimerus schäfferi, Axinopalpis gracilis* und *Phymatodes pusillus*. Auch der äußerst seltene, in Salweiden monoxene, *Xylotrechus pantherinus* kommt hier vor.

Der Heldbock (*Cerambyx cerdo*) ist wesentlich an die Verbreitung der Stieleiche gebunden, die bevorzugt in den Ebenen und Flußauen als Bestandteil der Hartholzauenwälder vorkommt, und hat im Biosphärenreservat „Mittlere Elbe" einen Vorkommensschwerpunkt. Diese Art gehört zu den vom Aussterben bedrohten Tierarten unserer Heimat.

Zum Erhalt einer artenreichen Bockkäferfauna ist der Schutz und eine Gestaltung entsprechender Biotope notwendig. Dies erfordert auch ein Umdenken in der Durchführung forstwirtschaftlicher und baumchirurgischer Sanierungsmaßnahmen. Besonders bei alten Bäumen im Siedlungs- und Erholungsbereich des Menschen "erwächst dem Gesetzgeber durch Änderung der Haftungspraxis für herabfallende Holzteile eine sehr dringende Aufgabe" (GEISER 1981).

Verkehrswegebau, Bebauung, Zersiedlungsmaßnahmen, Agrartechnik, Biozideinsatz, Fallenwirkung nächtlicher Beleuchtungsquellen, Straßentod, die Beseitigung von Straßenbäumen, Alleen, Feldgehölzen, Hecken und Streuobstwiesen, großräumige Landschaftszerstörung und Grundwasserabsenkung (Tagebau) sind weitere wesentliche Gefährdungsursachen. Ausführlich gehen auf diese Problematik u.a. GEISER (1980, 1981), MÖLLER & SCHNEIDER (1992) und WEIGEL (1993) ein.

Die holzbewohnenden Käfer weisen den höchsten Gefährdungsgrad unter den Coleopteren auf. Für mehrere europäisch verbreitete Holzkäferarten muß bei Anhalten der gegenwärtigen Nutzungsprinzipien mit Ausrottung gerechnet werden. GEISER (1992) empfiehlt zum Erhalt von Xylobioten die Einrichtung von Naturwaldreservaten und ein repräsentatives System von Altholzinseln sowie von linearen Altholzschonbezirken.

Literatur

BENSE, U. (1995): BOCKKÄFER. ILLUSTRIERTER SCHLÜSSEL ZU DEN CERAMBYCIDEN UND VESPERIDEN EUROPAS. MARGRAF VERL., WEIKERSHEIM.

BORCHERT, W. (1935): Wichtige Käferfunde aus der weiteren Umgebung von Magdeburg. Ent. Bl. 31, 197-202.

BORCHERT, W. (1951): Die Käferwelt des Magdeburger Raumes. Magd. Forsch. Bd. II, Hrsg.: Rat d. Stadt Magdeburg, Mitteldt. Druck- & Verlagsanst. GmbH Halle (Saale).

BRINGMANN, D. (1983): Zum Nachweis von *Stromatium fulvum* VILLERS im Gebiet der DDR. Ent. Nachr. 27(4), 182.

BRINGMANN, D. (1989): Verzeichnis der allochthonen Bockkäferarten für das Gebiet der DDR (Col., Cerambycidae) 1. Beitrag zur Cerambycidenfauna der DDR. Ent. Nachr. Ber. 33(4), 155-159.

CIUPA, W. (1982): Erneuter Nachweis von *Rhamnusium bicolor* (SCHR.) (Col., Cerambycidae) im Kreis Staßfurt. Ent. Nachr. Ber. 26, 125.

CONRAD, R. (1985): Zum Vorkommen geschützter und seltener Bockkäfer (Cerambycidae) in Thüringen und Maßnahmen zu ihrem Schutz. Veröffentl. Mus. Stadt Gera. 11, 23-31.

DEMELT, C. VON (1966): Die Tierwelt Deutschlands. II. Bockkäfer oder Cerambycidae. Gustav Fischer, Jena.

EGGERS, H. (1901): Die in der Umgebung von Eisleben beobachteten Käfer. Sonderabdruck Insektenb. XVIII, 1-106.

FEUERSTACKE, R. (1913): Verzeichnis der in der Umgebung Magdeburgs aufgefundenen Cerambycidae. Mitt. Ent. Ges. Halle/S. 3/4, 75-88.

FRANZ, H. (1974): Die Nordost - Alpen im Spiegel ihrer Landtierwelt. Bd. 4., Universitätsverl. Wagner, Innsbruck, München.

GEISER, R. (1980): Grundlagen und Maßnahmen zum Schutz der einheimischen Käferfauna. Schriftenr. Landschaftspfl. Natursch. 12, 71-80.

GEISER, R. (1981): Artenschutz bei Insekten und anderen wirbellosen Tierarten. Tagungsber. Akad. Natursch. Landschaftspfl. Laufen/Salzach. 9, 29-32.

GEISER, R. (1992): Rote Liste gefährdeter Bockkäfer (Cerambycidae) Bayerns. Schriftenr. Bayer. Landesamt Umweltsch. 111, 127-131.

GEISER, R. (1998): Rote Liste der Käfer (Coleoptera). Cerambycidae (Bockkäfer). In: Bundesamt für Naturschutz (Hrsg.): Rote Liste gefährdeter Tiere Deutschlands. Schriftenreihe für Landschaftspflege und Naturschutz H. 55.

GRASER, K. (1995): Cerambyciden - Funde um Magdeburg. Ent. Nachr. Ber. 39(4), 233-236.

HARDE, K.W. (1966): Cerambycidae, Bockkäfer. In: FREUDE, H., HARDE, K.W., LOHSE, G.A. (Hrsg.): Die Käfer Mitteleuropas. Bd. 9. Goecke & Evers, Krefeld.

HARDE, K.-W., SEVERA, F. (1988): Der Kosmos-Käferführer. Kosmos, Stuttgart.

HEINIG, U. (1982): *Stromatium fulvum* VILLERS in der DDR (Col., Cerambycidae). Ent. Nachr. 26(4), 180.

HORION, A. (1974): Faunistik der mitteleuropäischen Käfer. Bd. 12: Cerambycidae. Verlagsdruckerei Ph.C.W. Schmidt, Neustadt a.d. Aisch, Überlingen-Bodensee.

HORION, A. (1975): Nachtrag zur Faunistik der mitteleuropäischen Cerambyciden (Col.). Nachrichtenbl. Bayer. Entomol. 24, 97-115.

JENTZSCH, M. (1991): Die Bockkäfer einer Feldhecke in der Goldenen Aue. Ent. Nachr. 35(1), 66-67.

JENTZSCH, M. (1992): Kenntnisstand zum Vorkommen der Bockkäfer (Col., Cerambycidae) im Landkreis Sangerhausen. Ent. Nachr. 36(2), 130-131.

JUNK, W., SCHENKLING, S. (1912-1913): Coleopterorum Catalogus. Cerambycidae 1. Vol. 22, W. Junk, Berlin.

JUNK, W., SCHENKLING, S. (1922-1923): Coleopterorum Catalogus. Cerambycidae 2. Vol. 23, W. Junk, Berlin.

KLAUSNITZER, B., SANDER, F. (1981): Die Bockkäfer Mitteleuropas. 2. Aufl. Die Neue Brehm-Bücherei. A. Ziemsen Verl., Wittenberg.

KÜHNEL, H., NEUMANN, V. (1977): Zum gegenwärtigen Vorkommen ausgewählter Käferfamilien im Gebiet um Köthen, Bezirk Halle. 1. Mitteilung: Bockkäfer (Cerambycidae). Ent. Nachr. 21, 145-159.

KÜHNEL, H., NEUMANN, V. (1979): Der Südrand des Ochsenbusches bei Diebzig – ein Flächennaturdenkmal zum Schutze seltener Käfer. Heimatforsch. Bez. Halle und Magdeburg 16(1), 51-54.

LAMM, R.(1991): Bemerkenswerte Käferfunde verschiedener Familien in einer kleinen Parkanlage im Vorharz. Ent. Nachr. 35(2), 278.

MALCHAU, W. (1992): Zum Vorkommen der Bockkäfer (Cerambycidae) im Gebiet um Schönebeck. Ent. Nachr. Ber. 36(3), 191-196.

MÖLLER, G., SCHNEIDER, M. (1992): Koleopterologisch-entomologische Betrachtungen zu Alt- und Totholzbiotopen in der Umgebung Berlins. Teil 1. Ent. Nachr. 36, 73-86.

NEBEL, L. (1894): Die Käfer des Herzogtums Anhalt. I. Cerambycidae. E. Kahle Verlag Dessau.

NEUMANN, V. (1993): Rote Liste der Bockkäfer des Landes Sachsen-Anhalt. Ber. Landesamt. Umweltsch. Sachsen-Anhalt. 9, 48-52.

NEUMANN, V. (1996): Anmerkungen zu den Roten Listen und zur Gefährdungssituation ausgewählter Gruppen der Kiemen- und Blattfüßer sowie der Bock- und Buntkäfer. Ber. Landesamt. Umweltsch. Sachsen-Anhalt. 21, 52-62.

NEUMANN, V. (1998): Die Tierwelt der Karstlandschaft Südharz. Bockkäfer. Natursch. Im Land Sachsen-Anhalt 35 (Sonderheft),40-41.

NEUMANN, V., NEUMANN, K. (1992): Nachweis von *Cerambyx scopolii* FUESSLY (Coleoptera, Cerambycidae) für das Stadtgebiet von Halle/Saale (Sachsen-Anhalt). Ent. Nachr. 36(2), 139.

NEUMANN, V., NEUMANN, K. (1998): Bockkäfer. In: Arten- und Biotopschutzprogramm Sachsen-Anhalt: Stadt Halle(Saale). Ber. Landesamt. Umweltsch. Sachsen-Anhalt Sonderheft 4/1998, 199-202.

NÜSSLER, H. (1976): Boreomontane Bockkäfer aus den Gebirgen der Deutschen Demokratischen Republik (Coleoptera, Cerambycidae). Ent. Nachr. 20, 177-185.

NÜSSLER, H. (1988): Geschützte heimische Bockkäfer. Naturschutzarbeit in Sachsen. 30, 49-54.

PALM, T. (1959): Die Holz- und Rindenkäfer der süd- und mittelschwedischen Laubbäume. Opusc. Suppl. 16. Lund.

RAPP, O. (1934): Die Käfer Thüringens unter besonderer Berücksichtigung der faunistisch-oekologischen Geographie. Bd. 2. Selbstverl., Erfurt.

RAPP, O. (1935): Die Käfer Thüringens unter besonderer Berücksichtigung der faunistisch-oekologischen Geographie. Bd. 3. Selbstverl., Erfurt.

SCHREIBER, K. (1887): Die Käfer der Mosigkauer Haide. Berl. Ent. Z. XXXI.(II), 335-346.

SEEGLITZ, W., MÜLLER, F. (1886): Verzeichnis der im Gebiet der Sektion Stendal im Jahr 1885 gesammelten Bockkäfer. Korrespondenz - Blatt des Ent. Vereins zu Halle. 1, 34.

STROBL, P. (1983): Bemerkenswerte Insektenfunde 1983. Ent. Nachr. 27(5), 229.

WAHNSCHAFFE, M. (1883): Verzeichnis der im Gebiet des Aller-Vereins zwischen Helmstedt und Magdeburg aufgefundenen Käfer. C. A. Eyraud Verl. Neuhaldensleben.

WECKWERTH, W. (1954): Unsere bekanntesten Bockkäfer. Neue Brehm - Bücherei. A. Ziemsen Verlag, Wittenberg.

WEIDLICH, M. (1987): Lepidopterologische und coleopterologische Beobachtungen aus den mittleren und nördlichen Teilen des Bezirkes Halle/S. unter besonderer Berücksichtigung von Gefährdungsursachen. Faun. Abh. Staatl. Mus. Tierk. Dresden 14(9), 131-160.

WEIGEL, A. (1993): Rote Liste der Bockkäfer (Coleoptera: Cerambycidae) Thüringens. Naturschutzreport. 5, 96-100.

ZUPPKE, H. (1993): Untersuchungen zum Vorkommen und zur Lebensweise des Großen Eichenbocks (*Cerambyx cerdo* L.) in der Elbaue zwischen Wittenberg und Dessau. Natursch. im Land Sachsen-Anhalt 30(2), 31-36.Anschrift des Verfassers

Anschrift des Verfassers
Dr. Volker Neumann
Kopernikusstr. 21
D - 06118 Halle (Saale)

Art	RL	Ges.	Bm	Nachweis	Synonyme, Deutscher Name
Acanthocinus aedilis (L., 1758)		§		NEUMANN 1998	Zimmermannsbock
Acanthocinus griseus (F., 1792)	2	§		WEIDLICH 1987	Braunbindiger Zimmerbock
Acanthoderes clavipes (SCHRANK, 1781)	2	§		MALCHAU 1992	Scheckenbock
Acmaeops collaris (L., 1758)		§		NEUMANN 1998	*Dinoptera collaris* (L., 1758), Blauschwarzer Kugelhalsbock
Acmaeops marginata (F., 1781)	0	§		HORION 1974	*Acmaeops marginatus* (F., 1781), Gelbrandiger Kugelhalsbock
Acmaeops pratensis (LAICHARTING, 1784)	0	§		NÜSSLER 1976	Gelbbrauner Kugelhalsbock
Agapanthia cardui (L., 1767)		§	G	BORCHERT 1951	Weißstreifiger Distelbock
Agapanthia villosoviridescens (DE GEER, 1775)		§		NEUMANN 1998	Scheckhorn-Distelbock
Agapanthia violacea (F., 1775)	1	§		NEUMANN 1993	Metallfarbener Distelbock
Akimerus schaefferi (LAICHARTING, 1784)	1	§	V	MALCHAU 1992	Breitschulterbock
Alosterna tabacicolor (DE GEER, 1775)		§		NEUMANN 1998	
Anaesthetis testacea (F., 1781)	1	§		WEIDLICH 1987	Kragenbock
Anaglyptus mysticus (L., 1758)		§		NEUMANN 1998	Zierbock
Arhopalus ferus (MULSANT, 1839)		§		MALCHAU 1992	
Arhopalus rusticus (L., 1758)		§		MALCHAU 1992	Halsgrubenbock
Aromia moschata (L., 1758)	P	§		JENTZSCH 1992	Moschusbock
Asemum striatum (L., 1758)		§		MALCHAU 1992	Düsterbock
Axinopalpis gracilis (KRYNICKI, 1832)	1	§		KÜHNEL, NEUMANN 1979	Messerbock
Callidium aeneum (DE GEER, 1775)	3	§		KÜHNEL, NEUMANN 1977	Metallischer Scheibenbock
Callidium coriaceum (PAYKULL, 1800)	0	§		NÜSSLER 1976	Platter Fichten-Scheibenbock
Callidium violaceum (L., 1758)	P	§		MALCHAU 1992	Blauer Scheibenbock

Bockkäfer (Coleoptera: Cerambycidae)

Art	RL	Ges.	Bm	Nachweis	Synonyme, Deutscher Name
Callimellum angulatum (SCHRANK, 1789)		§	G	RAPP 1934	*Callimus angulatus* (SCHRANK, 1789)
Cartallum ebulinum (L., 1767)		§	G	BRINGMANN 1989	*Certallum ebulinum* (L., 1767)
Cerambyx cerdo L., 1758	1	§, BK FFH2	V	MALCHAU 1992	Heldbock
Cerambyx scopolii FUESSLINS, 1775)	3	§		JENTZSCH 1992; NEUMANN, NEUMANN 1992	Kleiner Spießbock
Chlorophorus figuratus (SCOPOLI, 1763)		§	G	BORCHERT 1951	
Chlorophorus herbsti (BRAHM, 1790)	0	§		HORION 1974	Wollkraut-Widderbock
Chlorophorus sartor (MÜLLER, 1766)	0	§		HORION 1974	Weißbindiger Widderbock
Chlorophorus varius (MÜLLER, 1766)	0	§		HORION 1974	Variabler Widderbock
Clytus arietis (L., 1758)		§		NEUMANN 1998	Gemeiner Widderbock
Clytus lama MULSANT, 1847		§	G	HORION 1974	Schmalfühleriger Widderbock
Clytus rhamni GERMAR, 1817		§	G	coll. Museum Gotha	
Clytus tropicus (PANZER, 1795)	2	§	V	GRASER 1995	Wendekreis-Widderbock
Cortodera femorata (F., 1787)	2	§		KÜHNEL, NEUMANN 1977	Schwarzer Tiefaugenbock
Cortodera humeralis (SCHALLER, 1783)	3	§	V	WEIDLICH 1987	Eichen-Tiefaugenbock
Dorcadion fuliginator (L., 1758)	1	§	A	WEIDLICH 1987	Grauflügliger Erdbock
Ergates faber (L., 1767)	3	§		MALCHAU 1992	Mulmbock
Evodinus clathratus (F., 1792)	3	§		HORION 1974	Fleckenbock
Exocentrus adspersus MULSANT, 1846	P	§		MALCHAU 1992	Weißgefleckter Wimperhornbock
Exocentrus lusitanus (L., 1767)	2	§		NEUMANN, NEUMANN 1998	Wimperhornbock
Exocentrus punctipennis MULSANT et GUILLEBEAU, 1856	1	§		NEUMANN, NEUMANN 1998	
Gaurotes virginea (L., 1758)		§		NEUMANN, NEUMANN 1998	Blaubock
Gracilia minuta (F., 1781)		§	G	KÜHNEL, NEUMANN 1977	Weidenböckchen
Grammoptera ruficornis (F., 1781)		§		NEUMANN 1998	Mattschwarzer Blütenbock
Grammoptera ustulata (SCHALLER, 1783)	3	§		MALCHAU 1992	Eichen-Blütenbock
Grammoptera variegata (GERMAR, 1824)	1	§		GRASER 1995	*Grammoptera abdominalis* (STEPHENS, 1831), Schwarzer Blütenbock
Hylotrupes bajulus (L., 1758)	P			NEUMANN 1998	Hausbock
Isotomus speciosus (SCHNEIDER, 1787)		§	G	BRINGMANN 1989	
Judolia cerambyciformis (SCHRANK, 1781)		§		NEUMANN 1998	*Pachytodes cerambyciformis* (SCHRANK, 1781)
Lamia textor (L., 1758)	1	§		MALCHAU 1992	Weberbock
Leiopus nebulosus (L., 1758)		§		NEUMANN 1998	Braungrauer Splintbock
Leiopus punctulatus (PAYKULL, 1800)	0	§		KÜHNEL, NEUMANN 1977	
Leptura dubia SCOPOLI, 1763	0	§		BORCHERT 1951	*Anastrangalia dubia* (SCOPOLI, 1763)
Leptura fulva DE GEER, 1775	0	§		HORION 1974	*Corymbia fulva* (DE GEER, 1775) Schwarzspitziger Halsbock
Leptura livida F., 1776		§		NEUMANN 1998	*Pseudovadonia livida* (F., 1776) Kleiner Halsbock
Leptura maculicornis DE GEER, 1775	P	§		HORION 1974	*Corymbia maculicornis* (DE GEER, 1775)

Art	RL	Ges.	Bm	Nachweis	Synonyme, Deutscher Name
Leptura rubra L., 1758		§		NEUMANN 1998	*Corymbia rubra* (L., 1758), Roter Schmalbock
Leptura rufipes SCHALLER, 1783	3	§		MALCHAU 1992	*Anoplodera rufipes* (SCHALLER, 1783), Rotbeiniger Halsbock
Leptura sanguinolenta L., 1761	P	§		NEUMANN, NEUMANN 1992	*Anastrangalia sanguinolenta* (L., 1761)
Leptura scutellata F., 1781	1	§		KÜHNEL, NEUMANN 1977	*Corymbia scutellata* (F., 1781), Haarschildiger Halsbock
Leptura sexguttata F., 1775	P	§		LAMM 1991	*Anoplodera sexguttata* (F., 1775) Gefleckter Halsbock
Leptura virens L., 1758		§	G	NÜSSLER 1976	*Lepturobosca virens* (L., 1758), Dichtbehaarter Halsbock
Menesia bipunctata (ZOUBKOFF, 1829)	1	§		KÜHNEL, NEUMANN 1977	Schwarzbock
Mesosa curculionides (L., 1761)	2	§		MALCHAU 1992	Großer Augenfleckenbock
Mesosa nebulosa (F., 1781)	2	§		NEUMANN 1998	Binden-Augenfleckenbock
Molorchus kiesenwetteri MULSANT et REY, 1861	0	§		HORION 1974	
Molorchus minor (L., 1758)		§		NEUMANN 1998	Dunkelschenkliger Kurzdeckenbock
Molorchus umbellatarum (SCHREBER, 1759)	2	§		JENTZSCH 1991	
Monochamus galloprovincialis (OLIVIER, 1795)	2			MALCHAU 1992	Bäckerbock
Monochamus sartor (F., 1787)			G	HORION 1974	
Monochamus sutor (L., 1758)	0			MALCHAU 1992	Schusterbock
Morimus funereus MULSANT, 1863		FFH2	G	coll. ROSENBAUM	Trauerbock
Nathrius brevipennis (MULSANT, 1839)		§	G	BORCHERT 1935	Kleiner Kurzdeckenbock
Necydalis major L., 1758	1	§		STROBL 1983	*Necydalis maior* L., 1758 Großer Wespenbock
Necydalis ulmi CHEVROLAT, 1838	0	§		HORION 1974	Panzers Wespenbock
Nothorhina punctata (F., 1798)	0	§		HORION 1974	Trommler
Oberea erythrocephala (SCHRANK, 1776)	1	§		NEUMANN 1998	Rotköpfiger Linienbock
Oberea linearis (L., 1761)	2	§		KÜHNEL, NEUMANN 1977	Haselbock
Oberea oculata (L., 1758)	3	§		KÜHNEL, NEUMANN 1977	Rothalsiger Weidenbock
Oberea pupillata (GYLLENHAL, 1817)	1	§		BORCHERT 1951	Geißblatt-Linienbock
Obrium brunneum (F., 1792)	2	§		BORCHERT 1951	Gemeiner Reisigbock
Obrium cantharinum (L., 1767)	0	§		NEUMANN 1998	Dunkelbeiniger Flachdeckenbock
Oplosia fennica (PAYKULL, 1800)	1	§		HORION 1974	Lindenbock
Oxymirus cursor (L., 1758)	1	§	V	BORCHERT 1951	Schulterbock
Pachyta lamed (L., 1758)	0	§		NÜSSLER 1976	Schwarzrandiger Vierfleckenbock
Pachyta quadrimaculata (L., 1758)	2	§		NÜSSLER 1976	Vierfleckenbock
Phymatodes alni (L., 1767)	P	§		WEIDLICH 1987	Kleiner Schönbock
Phymatodes fasciatus (VILLERS, 1789)		§	G	coll. STIELER	
Phymatodes pusillus (F., 1787)	1	§		NEUMANN 1993	Kleiner Scheibenbock
Phymatodes rufipes (F., 1776)	0	§		HORION 1974	Rotbeiniger Scheibenbock
Phymatodes testaceus (L., 1758)		§		GRASER 1995	Veränderlicher Scheibenbock
Phytoecia coerulescens (SCOPOLI, 1763)		§		NEUMANN 1998	Dichtpunktierter Walzenhalsbock
Phytoecia cylindrica (L., 1758)	3	§		GRASER 1995	Zylindrischer Walzenhalsbock
Phytoecia icterica (SCHALLER, 1783)	2	§		NEUMANN 1998	Pastinakböckchen
Phytoecia molybdaena (DALMAN, 1817)		§	G	HORION 1974	
Phytoecia nigricornis (F., 1781)	3	§		JENTZSCH 1991	Schwarzgrauer Walzenhalsbock

Art	RL	Ges.	Bm	Nachweis	Synonyme, Deutscher Name
Phytoecia pustulata (SCHRANK, 1776)	1	§		HORION 1974	Schafgarbenböckchen
Phytoecia virgula (CHARPENTIER, 1825)		§	G	HORION 1974	Südlicher Wanzenhalsbock
Pidonia lurida (F., 1792)	2	§		HORION 1974	Schnürhalsbock
Plagionotus arcuatus (L., 1758)		§	V	GRASER 1995	Eichenwidderbock
Plagionotus detritus (L., 1758)		§	V	GRASER 1995	Hornissenbock
Plagionotus floralis (PALLAS, 1773)		§	G	HORION 1974	
Pogonocherus decoratus FAIRMAIRE, 1855	3	§		MALCHAU 1992	Kiefernwipfelbock
Pogonocherus fasciculatus (DE GEER, 1775)	P	§		MALCHAU 1992	Kiefernzweigbock
Pogonocherus hispidulus (PILLER, 1783)	3	§		BORCHERT 1951	Doppeldorniger Wimperbock
Pogonocherus hispidus (L., 1758)	3	§		NEUMANN 1998	Dorniger Wimperbock
Pogonocherus ovatus (GOEZE, 1777)	0	§		HORION 1974	Dunkelbeiniger Büschelfleckenbock
Prionus coriarius (L., 1758)	3	§		WEIDLICH 1987	Sägebock
Purpuricenus kaehleri (L., 1758)		§	G	HORION 1974	Blutbock
Pyrrhidium sanguineum (L., 1758)	2	§		MALCHAU 1992	Rothaarbock
Rhagium bifasciatum F., 1775		§		BORCHERT 1951	Gelbbindiger Zangenbock
Rhagium inquisitor (L., 1758)		§		NEUMANN 1998	Schrotbock
Rhagium mordax (DE GEER, 1775)		§		NEUMANN 1998	Schwarzfleckiger Zangenbock
Rhagium sycophanta (SCHRANK, 1781)	3	§	V	GRASER 1995	Eichenzangenbock
Rhamnusium bicolor (SCHRANK, 1781)	1	§		CIUPA 1982	Beulenkopfbock
Rhopalopus clavipes (F., 1775)	0	§		HORION 1974	*Ropalopus clavipes* (F., 1775) Großer Ahornbock
Rhopalopus femoratus (L., 1758)	2	§	V	WEIDLICH 1987	*Ropalopus femoratus* (L., 1758) Mattschwarzer Scheibenbock
Rhopalopus macropus (GERMAR, 1824)		§	G	Museum Dessau (leg. NEBEL)	*Ropalopus macropus* (GERMAR, 1824)
Rhopalopus spinicornis (ABEILLE, 1869)	0	§		BORCHERT 1951	*Ropalopus spinicornis* (ABEILLE, 1869), Dornhörniger Scheibenbock
Rhopalopus ungaricus (HERBST, 1784)		§	G	FEUERSTACKE 1913	*Ropalopus ungaricus* (HERBST, 1784)
Rosalia alpina (L., 1758)	0	§,BK FFH2		NEUMANN 1993	Alpenbock
Saperda carcharias (L., 1758)	3	§		NEUMANN 1998	Großer Pappelbock
Saperda octopunctata (SCOPOLI, 1772)	1	§		BORCHERT 1951	Achtpunktierter Pappelbock
Saperda perforata (PALLAS, 1773)	1	§		HORION 1974	Gefleckter Espenbock
Saperda populnea (L., 1758)		§		NEUMANN 1998	Kleiner Pappelbock
Saperda punctata (L., 1767)	1	§	V	NEUMANN, NEUMANN 1998	
Saperda scalaris (L., 1758)		§		NEUMANN 1998	Leiterbock
Saperda similis LAICHARTING, 1784	0	§		HORION 1974	Zitterpappelbock
Saphanus piceus (LAICHARTING, 1784)		§	G	HORION 1974	Schwarzer Bergbock
Spondylis buprestoides (L., 1758)		§		MALCHAU 1992	Waldbock
Stenidea genei (ARAGONA, 1830)		§	G	HORION 1974	
Stenocorus meridianus (L., 1758)	3	§	V	GRASER 1995	Variabler Stubbenbock
Stenocorus quercus (GOETZ, 1783)	2	§	V	GRASER 1995	Schwarzer Buntschienenbock
Stenopterus ater (L., 1767)		§	G	HORION 1974	
Stenopterus rufus (L., 1767)	0	§		HORION 1974	Spitzdeckenbock
Stenostola dubia (LAICHARTING, 1784)	2	§		WEIDLICH 1987	Metallfarbener Lindenbock
Strangalia aethiops (PODA, 1761)	P	§		MALCHAU 1992	*Leptura aethiops* PODA, 1761 Mohren-Schmalbock

Art	RL	Ges.	Bm	Nachweis	Synonyme, Deutscher Name
Strangalia arcuata (PANZER, 1793)	2	§	V	BORCHERT 1951	*Leptura arcuata* PANZER, 1793 Bogenförmiger Halsbock
Strangalia attenuata (L., 1758)	2	§		HORION 1974	
Strangalia bifasciata (MÜLLER, 1776)		§		NEUMANN 1998	*Stenurella bifasciata* (MUELLER, 1776)
Strangalia maculata (PODA, 1761)		§		NEUMANN 1998	*Leptura maculata* PODA, 1761 Gefleckter Schmalbock
Strangalia melanura (L., 1758)		§		NEUMANN 1998	*Stenurella melanura* (L., 1758), Gemeiner Schmalbock
Strangalia nigra (L., 1758)	P	§		NEUMANN 1998	*Stenurella nigra* (L., 1758) Schwarzer Schmalbock
Strangalia nigripes (DE GEER, 1775)		§	G	NÜSSLER 1976	*Lepturalia nigripes* (DE GEER, 1775)
Strangalia pubescens (F., 1787)	0	§		BORCHERT 1951	*Pedostrangalia pubescens* (F., 1787), Filzhaariger Halsbock
Strangalia quadrifasciata (L., 1758)		§		NAUMANN 1998	*Leptura quadrifasciata* L., 1758, Vierbindiger Schmalbock
Strangalia revestita (L., 1767)	1	§		GRASER 1995	*Pedostrangalia revestita* (L., 1767) Rotgelber Buchen-Halsbock
Tetropium castaneum (L., 1758)				NEUMANN 1998	Gemeiner Fichtensplintbock
Tetropium fuscum (F., 1787)	3			KÜHNEL, NEUMANN 1977	Brauner Fichtensplintbock
Tetropium gabrieli (WEISE, 1905)	3			HORION 1974	Lärchen-Splintbock
Tetrops praeusta (L., 1758)		§		GRASER 1995	Gelber Pflaumenbock
Tetrops starkii CHEVROLAT, 1859	3	§		BORCHERT 1951	Pflaumenbock
Xylotrechus antilope (SCHÖNHERR, 1817)	P	§	V	WEIDLICH 1987	Zierlicher Widderbock
Xylotrechus arvicola (OLIVIER, 1795)	P	§	V	NEUMANN, NEUMANN 1998	Sauerkirschen-Widderbock
Xylotrechus pantherinus (SAVENIUS, 1825)	1	§	R	NEUMANN 1995	Panther-Holzwespenbock
Xylotrechus rusticus (L., 1758)	2	§	V	WEIDLICH 1987	Grauer Espenbock

Hinweise auf Synonyme

Acmaeops marginatus → *Acmaeops marginata*
Anastrangalia dubia → *Leptura dubia*
Anastrangalia sanguinolenta → *Leptura sanguinolenta*
Anoplodera rufipes → *Leptura rufipes*
Anoplodera sexguttata → *Leptura sexguttata*
Callimus angulatus → *Callimellum angulatum*
Certallum ebulinum → *Cartallum ebulinum*
Corymbia fulva → *Leptura fulva*
Corymbia maculicornis → *Leptura maculicornis*
Corymbia rubra → *Leptura rubra*
Corymbia scutellata → *Leptura scutellata*
Dinoptera collaris → *Acmaeops collaris*
Grammoptera abdominalis → *Grammoptera variegata*
Leptura aethiops → *Strangalia aethiops*
Leptura arcuata → *Strangalia arcuata*
Leptura maculata → *Strangalia maculata*
Leptura quadrifasciata → *Strangalia quadrifasciata*
Lepturalia nigripes → *Strangalia nigripes*
Lepturobosca virens → *Leptura virens*
Necydalis maior → *Necydalis major*
Pachytodes cerambyciformis → *Judolia cerambyciformis*
Pedostrangalia pubescens → *Strangalia pubescens*
Pedostrangalia revestita → *Strangalia revestita*
Pseudovadonia livida → *Leptura livida*
Ropalopus clavipes → *Rhopalopus clavipes*
Ropalopus femoratus → *Rhopalopus femoratus*
Ropalopus macropus → *Rhopalopus macropus*
Ropalopus spinicornis → *Rhopalopus spinicornis*
Ropalopus ungaricus → *Rhopalopus ungaricus*
Stenurella bifasciata → *Strangalia bifasciata*
Stenurella melanura → *Strangalia melanura*
Stenurella nigra → *Strangalia nigra*

Hinweise auf deutsche Namen

Ahornbock → *Rhopalopus*
Alpenbock → *Rosalia*
Augenfleckenbock → *Mesosa*
Bäckerbock → *Monochamus*
Bergbock → *Saphanus*
Beulenkopfbock → *Rhamnusium*

Blaubock → *Gaurotes*
Blütenbock → *Grammoptera*
Blutbock → *Purpuricenus*
Breitschulterbock → *Akimerus*
Büschelfleckenbock → *Pogonocherus*
Buntschienenbock → *Stenocorus*
Distelbock → *Agapanthia*
Düsterbock → *Asemum*
Erdbock → *Dorcadion*
Espenbock, Gefleckter → *Saperda perforata*
Espenbock, Grauer → *Xylotrechus rusticus*
Flachdeckenbock → *Obrium*
Fleckenbock → *Evodinus*
Halsbock → *Leptura, Pidonia, Strangalia*
Halsgrubenbock → *Arhopalus*
Haselbock → *Oberea*
Hausbock → *Hylotrupes*
Heldbock → *Cerambyx*
Holzwespenbock → *Xylotrechus*
Hornissenbock → *Plagionotus*
Kiefernbock → *Pogonocherus*
Kragenbock → *Anaesthetis*

Kugelhalsbock → Acmaeops
Kurzdeckenbock → *Molorchus, Nathrius*
Leiterbock → *Saperda*
Lindenbock → *Oplosia, Stenostola*
Linienbock → *Oberea*
Messerbock → *Axinopalpis*
Moschusbock → *Aromia*
Mulmbock → *Ergates*
Pappelbock → *Saperda*
Pastinakböckchen → *Phytoecia icterica*
Pflaumenbock → *Tetrops*
Reisigbock → *Obrium*
Rothaarbock → *Pyrrhidium*
Sägebock → *Prionus coriarius*
Schafgarbenböckchen → *Phytoecia pustulata*
Scheckenbock → *Acanthoderes*
Scheibenbock → *Callidium, Phymatodes, Rhopalopus*
Schmalbock → *Leptura, Strangalia*
Schönbock → *Phymatodes*
Schusterbock → *Monochamus*
Spießbock → *Cerambyx*
Spitzdeckenbock → *Stenopterus*

Splintbock → *Leiopus, Tetropium*
Schrotbock → *Rhagium*
Schulterbock → *Oxymirus*
Schwarzbock → *Menesia*
Stubbenbock → *Stenocorus*
Tiefaugenbock → *Cortodera*
Trauerbock → *Morimus*
Trommler → *Nothorhina*
Vierfleckenbock → *Pachyta*
Waldbock → *Spondylis*
Walzenhalsbock → *Phytoecia*
Weberbock → *Lamia*
Weidenbock → *Oberea*
Weidenböckchen → *Gracilia*
Wespenbock → *Necydalis*
Widderbock → *Chlorophorus, Clytus, Plagionotus, Xylotrechus*
Wimperbock → *Pogonocherus*
Wimperhornbock → *Exocentrus*
Zangenbock → *Rhagium*
Zierbock → *Anaglyptus*
Zimmerbock → *Acanthocinus griseus*
Zimmermannsbock → *Acanthocinus aedilis*
Zitterpappelbock → *Saperda*

7.9 Bestandsentwicklung der Buntkäfer (Coleoptera: Cleridae)

VOLKER NEUMANN

Der Verbreitungsschwerpunkt der Buntkäfer liegt in den Tropen und Subtropen. CORPORAAL (1950) nennt für die Welt 3366 Arten. LOHSE (1979) führt für Mitteleuropa 28 Arten der Buntkäfer (Cleridae) an. HARDE & SEVERA (1988) trennen die bisherige Familie Cleridae in die beiden Familien Cleridae (Buntkäfer) und Korynetidae (Jagdraubkäfer). Nach KOLIBÁČ (1992) ist die bisherige Unterfamilie Thaneroclerinae der Cleridae möglicherweise näher mit den Trogossidae verwandt und bildet eine eigene Familie, die Thanerocleridae. Nach GERSTMEIER (1998), dem hier hinsichtlich Systematik und Nomenklatur gefolgt wird, gehören zu den Buntkäfern die Familien der Cleridae (mit der UF Korynetidae) und Thanerocleridae. *Opilo germanus* (CHEVR.) zählt LOHSE (1979) trotz Erstbeschreibung aus Hamburg nicht zur deutschen Fauna. Ebenso dürfte es sich bei *Enoplium serraticorne* (VILL.), *Tarsostenus univittatus* (ROSSI), *Thaneroclerus buqueti* LEF. (jetzt Familie Thanerocleridae), *Tilloidea transversalis* (CHARP.), *Tillus pallidipennis* BIELZ und *Trichodes favarius* (ILL.) nicht um heimische Arten handeln. *Thanasimus rufipes* (BRAHM 1797) und *Th. pectoralis* (FUSS 1863) sind synonym. Entsprechend der Regeln der Internationalen Nomenklatur-Kommission erhielten die bisherigen zwei Arten den Namen *Th. femoralis* ZETTERSTEDT 1828 (GERSTMEIER 1992). Damit reduziert sich die Artenzahl für Deutschland auf 20, wobei nach LOHSE (1975) *Korynetes coeruleus* (DE GEER) und *K. rufipes* (STURM) als getrennte Arten gerechnet werden.

Angaben zur Gesamtverbreitung der Buntkäfer geben HORION (1953), WINKLER (1961), LOHSE (1979), GERSTMEIER (1987, 1988) sowie ERBELING & HELLWEG (1989). Zusammenfassende Buntkäfernachweise für Sachsen-Anhalt sind bei WAHNSCHAFFE (1883), RAPP (1933), BORCHERT (1951), HORION (1953) und SCHWIER (1979) aufgeführt. In der Tabelle wurde bei „Nachweis" die aktuellste Literaturstelle mit einem Vorkommen in Sachsen-Anhalt genannt.

Die Larven und Imagines der meisten Buntkäferarten ernähren sich räuberisch von anderen Insekten und deren Entwicklungsstadien in Bäumen und verarbeitetem Holz. So wurde u. a. mit dem häufigen *Thanasimus formicarius* ein gezielter Einsatz gegen Forstschädlinge versucht. Einige Arten (Gattung: *Necrobia*) leben auch an Vorräten (Speck bzw. Schinken, ölhaltige Sämereien usw.). So bezeichnet man *Necrobia rufipes* auch als "Schinkenkäfer" oder in der angelsächsischen Literatur als "ham-beetle".

Diese kosmopolitische Art tritt in Amerika häufig als Fleischvorratsschädling auf.

Tillus elongatus findet sich in alten Laubholzbeständen (meist Buche, Eiche), wo die Käfer und ihre Larven Entwicklungsstadien anderer Insekten (besonders *Ptilinus*-Larven) nachstellen.

Tilloidea unifasciata ist eine wärmeliebende Art, die sich von holzfressenden Insekten und ihren Entwicklungsstadien ernährt. Als Entwicklungsorte werden in der Literatur Rebholz, Eiche, Birke, Fichte genannt. Die Imagines wurden auch auf Blüten (Weißdorn) vorgefunden. Nachweise gelangen insbesondere im Juni an Eichenholzklafter im Biosphärenreservat "Mittlere Elbe".

Allonyx quadrimaculatus lebt carnivor vorwiegend an kranken, von Schädlingen verschiedenster Art (z.B. Scolytidae, *Magdalinus*-Arten, *Phaenops cyanea*) befallenen Kiefern. HORION (1953) zitiert FORMANEK, der als Beute von *Allonyx* die Wanze *Aradus cinnamomeus* PANZ. angibt. Weiterhin wurden die Käfer auf Fichte und verschiedenen Laubbaumarten (Eiche, Buche, Linde, Kirsche) nachgewiesen.

Bei *Opilo pallidus* handelt es sich nach HEIDENREICH (1934) und HORION (1953) um eine an alte Eichen gebundene Art, an denen sie in schon fast zerfallenen Astresten, die sich direkt am Stamm befinden, lebt. LOHSE (1984) teilt für den nachtaktiven Käfer auch Funde aus Ulme, Zitterpappel und Efeu mit. Die Imagines von *Opilo mollis* und ihre Larven leben von den verschiedensten holzbewohnenden Insekten. Der zumeist synanthrope Buntkäfer *Opilo domesticus* kommt auch im Freien vor (GERSTMEIER 1987). Die Larven und die nachtaktiven Käfer leben an altem, trockenen Holz mit Insektenbefall (Anobiidae, *Hylotrupes bajulus*, Lymexylidae, Scolytidae) und nach STEINER (1938) auch von Lepidoptera).

Thanasimus formicarius findet man regelmäßig in Nadelwäldern, besonders auf gefällten Bäumen und Klafterholz, wo sie nach Borkenkäfern jagen. Er gilt als der wichtigste Gegenspieler von 20 rinden- oder holzbrütenden Borkenkäfern (LANGEWALD 1989). Eine vergleichbare Biologie hat *Thanasimus femoralis*.

Für *Clerus mutillarius* nennt schon BORCHERT (1951) keine neuen Funde mehr, obwohl sich der Fundort der Typen im Stadtgebiet von Halle befand. Mit dem Verschwinden der größeren Eichenwälder mit Altholzbestand und einer Klimaverschlechterung (GERSTMEIER 1987) starb auch dieser große Cleride aus.

Die Arten der Gattung *Trichodes* sind Blütenbesucher (vorwiegend Umbelliferen), wo sie Jagd auf andere Insekten machen und auch Blütenstaub zu sich nehmen sollen (GERSTMEIER 1987). Die Larven leben räuberisch in den Bauten von Wildbienen (*Osmia, Megachile, Antophora*), werden aber auch in den Stöcken der Honigbiene vorgefunden, wo sie sich von den Entwicklungsstadien der Bienen ernähren. Daher rührt auch die Bezeichnung Bienenwolf. Im vorigen Jahrhundert wurden die beiden vorkommenden *Trichodes*-Arten häufiger nachgewiesen. Mit dem Rückgang der Wildbienen nahmen auch die Funde dieser Käferarten ab.

Bei *Dermestoides sanguinicollis* handelt es sich um ein sehr seltenes Urwaldrelikt, das in Mitteleuropa noch an einigen wenigen Stellen mit alten Eichenbeständen, besonders in vom Heldbock (*Cerambyx cerdo*) angegriffenen Bäumen, vorkommt (HORION 1953, PALM 1959). Die Käfer fliegen auch Klafter- und Langholz an.

Die Entwicklung beider *Korynetes*-Arten findet in verschiedenen Holzarten, auch in verbautem, statt. Dort leben Larven und Imagines räuberisch von anderen Insekten, vor allem von *Anobium*.

Die *Necrobia*-Arten repräsentieren die Aasbesucher. *Necrobia ruficollis* ernährt sich jedoch nicht von Aas, sondern von Insekten, die dort ihre Eier ablegen und deren Larven (GERSTMEIER 1987). Die Art wurde an Knochen, Tierhäuten, Fellen und Aas vorgefunden. HARDE (1964) gibt als hauptsächliche Nahrung Insektenlarven (Fliegenmaden, Pelz-, Speckkäfer-, Pochkäferlarven, Kleidermottenraupen usw.) an. *Necrobia rufipes* nennt man außer "Schinkenkäfer" auch "Koprakäfer", da man den Käfer oft in Massen in den Tropen an Kopra (getrocknetes Kokosfleisch) findet. Der "Koprakäfer" wird oft mit Schiffsladungen importiert und kann dann beim Entladen in der Umgebung der Häfen in großer Menge gefunden werden (HARDE 1964, LOHSE 1979).

In unserem Faunengebiet kommen sehr seltene Arten (z.B. *Opilo pallidus, Dermestoides sanguinicollis*) vor, die naturnahe, ursprüngliche Eichenbestände mit alten Bäumen, z.T. mit Heldbockbefall bevorzugen. Kranke, bereits mit Insekten unterschiedlichster Art befallene Kiefern und auch Eichen bewohnt *Allonyx quadrimaculatus*. Das Biosphärenreservat "Mittlere Elbe" stellt ein exquisites Refugium der genannten Arten dar. Eine Gefährdung der Populationsdichte bzw. der Existenz der Arten selbst kann durch forstliche Maßnahmen (Alteicheneinschlag, Entfernung kränkelnder Bäume) eintreten.

Von den 17 Arten Sachsen-Anhalts erscheinen 11 in der Roten Liste des Landes.

Zusätzliche Abkürzungen in der Tabelle
Nachweis:
K	KÜHNEL
N	NEUMANN
SCH	SCHWIER 1979

Bemerkungen (Bm):
U	unbeständig

Literatur

BORCHERT, W. (1951): Die Käferwelt des Magdeburger Raumes. Magd. Forsch. Bd. II, Hrsg.: Rat d. Stadt Magdeburg, Mitteldt. Druck- & Verlagsanst. GmbH Halle (Saale).

CIUPA, W. (1986): Neuer und westlichster Fundort von Opilo pallidus (OLIVIER) für die DDR aus dem Bezirk Magdeburg (Col., Cleridae). Ent. Nachr. Ber. 30(3), 125.

CORPORAAL, J.B. (1950): Cleridae. Coleopterorum Catalogus, Supplementa Pars 23, Gravenhage.

ERBELING, L., HELLWEG, K. (1989): Coleoptera Westfalica: Familiae Cleridae, Derodontidae et Lymexylidae (Lymexylonidae). Abh. Westf. Mus. Naturk. 51(4), 3-18.

GERSTMEIER, R. (1987): Biologie und Verbreitung der Buntkäfer in Bayern (Coleoptera, Cleridae). Schriftenr. Bayer. Landesamt Umweltsch. 77, 7-16.

GERSTMEIER, R. (1992): Rote Liste gefährdeter Buntkäfer (Cleridae und Korynetidae) Bayerns. Schriftenr. Bayer. Landesamt Umweltsch. 111, 135-136.

GERSTMEIER, R. (1998): Buntkäfer. Illustrierter Schlüssel zu den Cleridae und Thanerocleridae der West-Paläarktis. Margraf, Weikersheim.

HARDE, K.W. (1964): Nützliches Ungeziefer. Franckh`sche Verlagshandlung, Stuttgart.

HARDE, K.W., SEVERA, F. (1988): Der Kosmos-Käferführer. 3. Aufl. Bearb. von MÖHN, E. Kosmos, Stuttgart.

HEIDENREICH, E. (1934): Kleine coleopterologische Mitteilungen. 785. *Opilo pallidus* OLIV. Ent. Bl. Krefeld 30(2), 90.

HEIDENREICH, E. (1953): Kleine coleopterologische Mitteilungen. *Opilo pallidus* OLIV. Ent. Bl. Krefeld 49, 190.

HORION, A. (1953): Faunistik der mitteleuropäischen Käfer, Bd. 3, Eigenverlag, München.

KÜHNEL. H. (1994): Zur Biologie und zur Verbreitung von Orthopleura sanguinicollis (F.) (Col. Cleridae) im Mittelelbegebiet. Ent. Nachr. Ber. 38(1), 53-54.

KÜHNEL. H., MAI, A. (1985): Massenauftreten von Allonyx quadrimaculatus (Col. Cleridae) im Mittelelbegebiet. Ent. Nachr. Ber. 29(6), 281-282.

KOLIBÁČ, J. (1992): Revision of Thanerocleridae n. st. (Coleoptera, Cleroidea). Mitt. Schweiz. Ent. Ges. 65, 303-340.

LANGEWALD, J. (1989): Ein Beitrag zur Habitatselektion des Ameisenbuntkäfers, *Thanasimus formicarius* L. (Col., Cleridae). Anz. Schädlingskde., Pflanzenschutz, Umweltschutz 62, 88-90.

LOHSE, G.A. (1975): Neuheiten der deutschen Käferfauna IX. *(Korynetes coeruleus* DE GEER und *K. ruficornis* STURM). Ent. Bl. 71(3), 129-134.

LOHSE, G.A. (1979): 31. Familie: Cleridae. In: FREUDE, H., HARDE, K.W., LOHSE, G.A.: Die Käfer Mitteleuropas, Bd. 6, Goecke & Evers, Krefeld.

LOHSE, G.A. (1984): Kleine Mitteilungen. 2028. *Tillus elongatus* (L.) (Cleridae). Ent. Bl. 80(1), 55.

NEUMANN, V. (1993): Rote Liste der Buntkäfer des Landes Sachsen-Anhalt. Ber. Landesamt. Umweltsch. Sachsen-Anhalt 9, 46-47.

NEUMANN, V., NEUMANN, K. (1992): Nachweis von *Cerambyx scopolii* FUESSLI (Coleoptera, Cerambycidae) für das Stadtgebiet von Halle/Saale (Sachsen-Anhalt). Ent. Nachr. Ber. 36(2), 139.

NEUMANN, V., NEUMANN, K. (1998): Arten- und Biotopschutzprogramm Sachsen-Anhalt Stadt Halle (Saale). Buntkäfer (Cleridae et Korynetidae). Ber. Landesamt. Umweltsch. Sachsen-Anhalt 4 (Sonderheft), 196-199.

PALM, T. (1959): Die Holz- und Rinden-Käfer der süd- und mittelschwedischen Laubbäume. Opuscula Entomologica Supplementum XVI. Entomologiska Sällskapet I, Lund.

RAPP, O. (1933): Die Käfer Thüringens unter besonderer Berücksichtigung der faunistisch-oekologischen Geographie. 1. Bd, Selbstverl., Erfurt.

SCHWIER, H.-J. (1979): Zum gegenwärtigen Vorkommen ausgewählter Käferfamilien im Gebiet um Köthen, Bezirk Halle. 2. Mitteilung: Buntkäfer (Cleridae). Entomol. Nachr. 23(4), 55-59.

STEINER, P. (1938): Hausbockuntersuchungen (2. Mitteilung). Über einen wirksamen Feind des Hausbocks, den Hausbuntkäfer *Opilo domesticus* L. Z. angew. Ent. 25 (1938/39), 81-91.

WAHNSCHAFFE, M. (1883): Verzeichnis der im Gebiete des Aller-Vereins zwischen Helmstedt und Magdeburg aufgefundenen Käfer. C. A. Eyraud Verl., Neuhaldensleben.

WINKLER, J.R. (1961): Die Buntkäfer (Cleridae). A. Ziemsen Verl., Wittenberg.

Anschrift des Verfassers
Dr. Volker Neumann
Kopernikusstr. 21
D - 06118 Halle (Saale)

Buntkäfer (Coleoptera: Cleridae)

Art	BS	UV	RL	Ges.	Bm	Nachweis	Synonyme
Allonyx quadrimaculatus (SCHALLER, 1783)	ss	SO TO	1		V	K et al., 1985	*Clerus maculatus* GEOFFREY, 1785
Clerus mutillarius (F., 1775)		A	0	§		BORCHERT, 1951	*Pseudoclerops fasciatus* GEOFFREY, 1799
Dermestoides sanguinicollis (F., 1787)	ss	SO TO	1		W	K, 1994	*Orthopleura sanguinicollis* F., 1787
Korynetes caeruleus (DE GEER, 1775)		SO TO				SCH	*Korynetes meridionalis* OBENBERGER, 1916
Korynetes ruficornis STURM, 1837		SO TO				SCH	*Korynetes coeruleus* OBENBERGER, 1916, *Korynetes rufipes* (STURM, 1837)
Necrobia ruficollis (F., 1775)	s				U	SCH	
Necrobia rufipes (DE GEER, 1775)	s				U	N et al., 1998	*Necrobia pilifera* REITTER, 1893
Necrobia violacea (L., 1758)	h					N et al., 1998	*Dermestes violaceus* L., 1758
Opilo domesticus (STURM, 1837)		A	0			SCH	*Opilo hladilorum* WINKLER, 1984
Opilo mollis (L., 1758)	s	SO TO	2			N et al., 1998	*Opilo carinatus* LEWIS, 1892
Opilo pallidus (OLIVIER, 1795)	ss	SO TO	1		V	CIUPA, 1986	*Opilo centromaculatus* (CRISTOFORI, 1842)
Thanasimus femoralis (ZETTERSTEDT, 1828)	s		3			SCH	*Thanasimus rufipes* (BRAHM, 1797), *Thanasimus pectoralis* (FUSS, 1863)
Thanasimus formicarius (L., 1758)	h					SCH	*Attelabus formicarius* L., 1758
Tilloidea unifasciata (F., 1787)	ss	SO TO	1		V	SCH	*Tillus unifasciatus* F., 1787
Tillus elongatus (L., 1758)	s	SO TO	2			SCH	*Chrysomela elongata* L., 1758
Trichodes alvearius (F., 1792)	s	WI	3	§		N et al., 1992	*Clerus alvearius* F., 1792
Trichodes apiarius (L., 1758)	s	WI	2			SCH	*Trichodes corallinus* MENETRIESI, 1832

Hinweise auf Synonyme

Attelabus formicarius → *Thanasimus formicarius*
Chrysomela elongata → *Tillus elongatus*
Clerus alvearius → *Trichodes alvearius*
Clerus maculatus → *Allonyx quadrimaculatu*
Dermestes violaceus → *Necrobia violacea*
Korynetes caeruleus → *Korynetes ruficornis*
Korynetes meridionalis → *Korynetes coeruleus*
Korynetes rufipes → *Korynetes ruficornis*
Necrobia pilifera → *Necrobia rufipes*

Opilo carinatus → *Opilo mollis*
Opilo centromaculatus → *Opilo pallidus*
Opilo hladilorum → *Opilo domesticus*
Orthopleura sanguinicollis → *Dermestoides sanguinicollis*
Pseudoclerops fasciatus → *Clerus mutillarius*
Thanasimus pectoralis → *Thanasimus femoralis*
Thanasimus rufipes → *Thanasimus femoralis*
Tillus unifasciatus → *Tilloidea unifasciata*
Trichodes corallinus → *Trichodes apiarius*

7.10 Bestandsentwicklung der Schröter (Coleoptera: Lucanidae)

WERNER MALCHAU

Nur wenige Fachleute haben sich in Sachsen-Anhalt speziell mit den Lucaniden beschäftigt. Häufiger werden diese Arten "nebenbei" mitgefangen. Deshalb tragen Artnachweise eher zufälligen Charakter. So ist es nicht verwunderlich, daß (z.T. erhebliche) Wissensdefizite zu Faunistik, Biologie und Ökologie dieser Käferfamilie existieren, obwohl auch der Hirschkäfer, der wohl bekannteste und imposanteste heimische Käfer, zu den Lucaniden gehört.

In der Literatur verwendete Verbreitungs- und Häufigkeitsangaben sind nur bedingt vergleichbar, weil der quantitative Hintergrund dieser Einschätzungen kaum mehr rekonstruiert werden kann (vgl. APPEL 1968). Auch aus der Revision alter Sammlungsbestände sind Häufigkeitsangaben nur mit Vorbehalten abzuleiten.

Im Gegensatz zu einigen anderen Insektenordnungen werden für Lucaniden keine standardisierten Sammelmethoden angewandt. Die Vergleichbarkeit auch aktueller Ergebnisse ist damit stark limitiert. Große regionale Unterschiede der Bearbeitungsintensität innerhalb des Betrachtungsgebietes erschweren eine Auswertung zusätzlich. Insofern können die nachfolgenden Ergebnisse lediglich den ersten Versuch einer Analyse der Bestandssituation der Schröter oder Hirschkäfer (Lucanidae) im Bundesland Sachsen-Anhalt darstellen.

Aus der Familie Lucanidae sind weltweit etwa 1.300 Arten bekannt. In Deutschland und ganz Mitteleuropa wurden bisher 7 Arten nachgewiesen (KLAUSNITZER 1995a), von denen 6 auch für Sachsen-Anhalt gemeldet wurden (MALCHAU 1995).

Alle heimischen Vertreter der Familie entwickeln sich mehrere Jahre in sich zersetzendem Holz verschiedener (meist Laub-) Bäume. Häufig werden Eichen und Buchen angenommen. Auch Nadelholz kann von einigen Arten als Entwicklungssubstrat genutzt werden (KLAUSNITZER 1982). Von manchen Arten ist bekannt, daß die fertigen Käfer austretende Baumsäfte, vor allem von Eichen, zu sich nehmen. An den Austrittsstellen können die Tiere gelegentlich in größerer Anzahl beobachtet werden. Beschrieben ist für einige Arten auch Blattfraß.

Das Vorkommen der Arten konzentriert sich primär auf ursprüngliche, gut strukturierte Laubwaldgesellschaften mit Alt- und Totholzanteilen. Ist geeignete Brutsubstanz vorhanden, können auch Feldgehölze, Gärten, Parkanlagen und Alleen selbst innerhalb von Städten besiedelt werden.

Die nachfolgende Analyse basiert neben älteren Literaturangaben bei WAHNSCHAFFE (1883), EGGERS (1901), HILLECKE (1907), PETRY (1914), RAPP (1934), POLENTZ (1949/50), BORCHERT (1951) und HORION (1958) auf eigenen Sammelergebnissen und Fundmitteilungen von K. GRASER (Magdeburg), E. GRILL (Bernburg), H. KÜHNEL (Köthen), V. NEUMANN (Halle), A. RÖSSLER (Köthen), E. RÖSSNER (Schwerin), P.H. SCHNITTER (Halle), H.-J. SCHWIER (Köthen) und G. SCHUMANN (Quedlinburg), denen an dieser Stelle recht herzlich gedankt sein soll. In der Tabelle wurde jeweils nur ein, möglichst aktueller, Fund mitgeteilt. Weiterhin wurden die Sammlungsbestände des Kulturhistorischen Museums Magdeburg, des Kreismuseums Schönebeck, des Museums für Naturkunde und Vorgeschichte Dessau, des Museums der Natur Gotha und der Martin-Luther-Universität Halle-Wittenberg ausgewertet. Ergebnisse einer 1994/95 durchgeführten Umfrage unter den Unteren Naturschutzbehörden (UNB) und Forstämtern (FoA) zum Vorkommen des Hirschkäfers fanden ebenfalls Berücksichtigung. Durch die späte Trennung der beiden *Platycerus*-Arten war die Verwendung von Fundortmeldungen aus der älteren faunistischen Lucaniden-Literatur zur Klärung der ehemaligen Verbreitung von *P. caprea* und *P. caraboides* nicht bzw. nur bedingt möglich. Die Nomenklatur orientiert sich an MACHATSCHKE (1969) sowie an KRELL & FERY (1992).

Aus dem Gebiet nördlich von Genthin und Magdeburg liegen nahezu keine Fundortmeldungen vor (Ausnahme *L. cervus*: Klötze und Havelberg), obwohl die großen Waldgebiete im Norden von Sachsen-Anhalt das Auftreten einiger Hirschkäferarten erwarten lassen. *Ceruchus chrysomelinus* HOCHENWARTH, 1775 konnte noch nicht für Sachsen-Anhalt nachgewiesen werden. In Sachsen (KLAUSNITZER 1995b)) und Niedersachsen (HORION (1958)) wurde die Art jedoch gefunden, so daß auch Vorkommen in Sachsen-Anhalt nicht ganz auszuschließen sind.

Wird in der älteren Literatur darauf verwiesen, daß bis auf *Aesalus scarabaeoides* die vorkommenden Lucaniden nicht selten sind, ist in den letzten Jahrzehnten wie bei den meisten xylobionten Käfern ein, zum Teil deutlicher, Rückgang zu verzeichnen (KÜHNEL & NEUMANN 1981, GREBENSCIKOV 1982, KLAUSNITZER 1982).

Die im Vergleich zu den anderen Arten hohe Zahl an Fundortmeldungen für den Hirschkäfer *Lucanus cervus* ist im Zusammenhang mit der Größe, dem Bekanntheitsgrad und der Aktivität der Tiere zu sehen. Aktuelle Verbreitungsschwerpunkte sind das mittlere Elbtal mit seinen ausgedehnten Auwäldern, der Harz, die Dübener Heide und das Gebiet um Naumburg. Die große Anzahl an Fundmeldungen für das Gebiet um Weferlingen (WAHNSCHAFFE 1883) und für den Eislebener Raum (RAPP 1934) sowie die bei HEMPEL & SCHIEMENZ (1975) dargestellten, geschlossenen Vorkommensgebiete um Haldensleben konnten weder durch KÜHNEL & NEUMANN (1981) noch durch neuere Funde bestätigt werden.

Für das Elbtal kann die Bestandssituation des Balkenschröters *Dorcus parallelopipedus* als leicht rückläufig eingeschätzt werden, im Hügel- und Bergland ist der Bestand rückläufig.

Beim Kopfhornschröter *Sinodendron cylindricum* lassen sich im Elbtal und in den angrenzenden Gebieten ebenfalls Bestandsrückgänge feststellen. In der Harzregion sprechen die aktuellen Belege für eine gleichbleibende Bestandsdichte.

Als Ursache für die Bestandsabnahme bei Lucaniden ist in erster Linie die Beseitigung von möglichem Entwicklungssubstrat aus den Wäldern in Betracht zu ziehen. Durch Maßnahmen wie Verringerung der Umtriebszeiten, Monokultur schnellwachsender Nadelholzarten und besonders die Entnahme von Baumruinen, Stubben und anderen Totholzbestandteilen wird den Tieren eine wesentliche Lebensgrundlage entzogen. Hinzu kommen in mehr oder weniger starkem Maße noch Waldrodungen (z. B. für Bebauung, Bergbau, Verkehrswegebau), Vernichtung von Streuobstwiesen und alten Obstbäumen in Gartenanlagen, Nährstoffeintrag und der Einsatz von Pflanzenschutzmitteln in der Land- und Forstwirtschaft. Auch auf die in neuerer Zeit oft praktizierte Sanierung alter, hohler Bäume innerhalb der Parkanlagen und Alleen sei verwiesen.

Dauerhafter Schutz kann den Schrötern nur über die Erhaltung bestehender und vor allem die Entwicklung neuer naturnaher Laubwaldbestände mit hohem Alt- und Totholzanteil gewährleistet werden. Im Sinne des Biotopverbundes sind derartige Wälder bzw. Waldbereiche inselartig zu erhalten und über lineare Altholzschonbezirke zu vernetzen (GEISER 1992).

Erläuterungen zur Tabelle
Zur adäquaten Darstellung der Verbreitung der Schröter in den einzelnen Großlandschaften wurde folgende stratigraphische Gliederung gewählt:
Berugsraum (BR)

Tiefland (T)		bis 200 m NN
Hügelland (H)		zwischen 200 und 300 m NN
Bergland (B)		über 300 m, Harz NN

Literatur
APPEL, H.-D. (1968): Häufig, nicht häufig, selten, sehr selten. Decheniana 120, 17-22.

BARTSCH, A. (1980): "Aktion Hirschkäfer" im Kreis Wernigerode. Der Harz, Schriftenreihe des Harzmuseums Wernigerode 3, 17.

BORCHERT, W. (1951): Die Käferwelt des Magdeburger Raumes. Magd. Forsch. Bd. II, Hrsg.: Rat d. Stadt Magdeburg, Mitteldt. Druck- & Verlagsanst. GmbH Halle(Saale).

CONRAD, R. (1992): Zur Verbreitung und Gefährdung der Hirschkäferarten (Col., Lucanidae) Thüringens. Naturschutzreport 4, 123-132.

EGGERS, H. (1901): Verzeichnis der in der Umgebung von Eisleben beobachteten Käfer. Insekten-Börse 18, 110 S.

GEISER, R. (1992): Rote Liste gefährdeter Bockkäfer (Cerambycidae) Bayerns. In: Schriftenreihe Bayrisches Landesamt für Umweltschutz 111, 127-131.

GREBENSCIKOV, I. (1982): Die Fauna der Blatthornkäfer (Cloeoptera, Lamellicornia) des nördlichen Harzvorlandes. Hercynia N.F. 19, 16-41.

HEMPEL, W., SCHIEMENZ, H. (1975): Unsere geschützten Pflanzen und Tiere. Urania Verl., Leipzig, Jena, Berlin.

HILLECKE, C. (1907): Verzeichnis der Käfer des nördlichen Harzrandes. Entomol. Verein Quedlinburg und Umg. (Hersg.), Quedlinburg.

HORION, A. (1958): Faunistik der mitteleuropäischen Käfer. Bd. 6, Lamellicornia. Verlagsdruckerei Ph.C.W. Schmidt, Neustadt a.d. Aisch, Überlingen-Bodensee.

JUNG, M. (1983): Zur Fauna der Lamellicornia des Nordharzvorlandes. Ent. Nachr. 27, 184-185.

KLAUSNITZER, B. (1995a): Die Hirschkäfer (Lucanidae). Neue Brehm-Bücherei H. 551. Magdeburg.

KLAUSNITZER, B. (1995b): Kommentiertes Verzeichnis der Blatthornkäfer und Schröter (Coleoptera, Irogidae, Geotrupidae, Scarabaeidae, Lucanidae) des Freistaates Sachsen. Mitt. Sächs. Ent. 31, 4-10.

KRELL, F.-T., FERY, H. (1992): Familienreihe Lamellicornia. In: LOHSE, G.A., LUCHT, W.: Die Käfer Mitteleuropas. 2. Supplementband. Goecke & Evers, Krefeld.

KÜHNEL, H., NEUMANN, V. (1981): Die Lebensweise des Hirschkäfers (*Lucanus cervus* L.). Naturschutzarb. Halle - Magdeburg 18, 7-14.

KUTTIG, G. (1985): Ein Beitrag zur Käfer-Fauna (Coleoptera) in Feldgehölzen des Kreises Prenzlau. Zoolog. Rundbrief für den Bezirk Neubrandenburg 4, 53-56.

MACHATSCHKE, J.W. (1969): 85. Familie Scarabaeidae. In: FREUDE, H., HARDE, K.W. LOHSE, G.A.: Die Käfer Mitteleuropas. Bd. 8, Goecke & Evers, Krefeld.

MALCHAU, W. (1995): Rote Liste der Hirschkäfer des Landes Sachsen-Anhalt. Ber. Landesamt. Umweltsch. Sachsen-Anhalt 18, 11-12.

PETRY, A. (1914): Über die Käfer des Brockens unter besonderer Berücksichtigung der biographischen Verhältnisse. Ent. Mitt. III(1-4), 11-17, 49-57, 65-72, 97-102.

POLENTZ, G. (1949-1950): Beiträge zur Kenntnis der Käfer des Harzes. Ent. Blätter 45-46, 10-12.

RAPP, O. (1934): Die Käfer Thüringens Bd. II, Selbstverlag, Erfurt.

RÖSSNER, E. (1991): Zur Fauna der Scarabaeoidea (Coleoptera) des Kyffhäusergebirges. Ent. Nachr. 35, 122-124.

SCHWIER, C., SCHWIER, H.-J. (1966): Erfassung einiger Käferfamilien des Lödderitzer Forstes unter Berücksichtigung des jahreszeitlichen Aspektes und der bevorzugten Aufenthaltsorte. Staatsexamensarbeit Pädagogisches Institut Köthen.

WAHNSCHAFFE, M. (1883): Verzeichniss der im Gebiet des Aller-Vereins zwischen Helmstedt und Magdeburg aufgefundenen Käfer. Druck u. Verl. C. A. Eyraud, Neuhaldensleben.

Anschrift des Verfassers:
Dr. Werner Malchau
Republikstr. 38
D - 39218 Schönebeck

Art	BR	BS	BE	RL	Ges.	Nachweis	Deutscher Name
Aesalus scarabaeoides (PANZER, 1794)		ss	↘	1	§	1991 BLÜMEL	Kurzschröter
Dorcus parallelopipedus (L., 1758)	T	v	↘	P	§	1994 MALCHAU	Balkenschröter
	H	s	↘				
	B	ss	↘				
Lucanus cervus L., 1758	T	v	↘	2	§,BK	KÜHNEL,	Hirschkäfer
	H,B	s			FFH2	NEUMANN 1981	
Platycerus caprea DE GEER, 1774		ss		1	§	1993 SACHER	Großer Rehschröter
Platycerus caraboides (L., 1758)	T,H	s		3	§	1994 SCHUMANN	Kleiner Rehschröter
	B	v					
Sinodendron cylindricum (L., 1758)	T	v	↘	3	§	1993 SCHNITTER	Kopfhornschröter
	H	s	↘				
	B	v		0			

7.11 Bestandssituation der Marienkäfer (Coleoptera: Coccinellidae)

WERNER WITSACK

Der größte Teil der Marienkäferarten ernährt sich entomophag (Blattläuse, Schildläuse u.a.) oder acariphag (Spinnmilben), andere sind phytophag, palinophag oder auch fungiphag.

Die Marienkäfer (Coleoptera: Coccinellidae) sind in Sachsen-Anhalt mit 66 Arten vertreten. Dies entspricht 88% der insgesamt 75 in Deutschland nachgewiesenen Arten (KLAUSNITZER 1993). Unter ihnen gibt es eine größere Anzahl meist euryöker Arten, die verbreitet sind, häufiger vorkommen und deren Bestände nicht gefährdet sind. Die übrigen - meist stenöken - Arten sind seltener bis sehr selten oder den unterschiedlichen Gefährdungsstufen der Roten Liste (vgl. WITSACK et al. 1995) zuzuordnen. Über diesen Anteil der Marienkäferarten sind die faunistischen Kenntnisse derzeitig teilweise nicht befriedigend. Gezielte faunistische Untersuchungen sind insbesondere im Nordteil Sachsen-Anhalts notwendig.

Grundlage für die vorliegende Checkliste sind die "klassischen" faunistischen Arbeiten von RAPP (1933-1935), BORCHERT (1951) und HORION (1961), die wesentliche Ergebnisse bis zu den fünfziger Jahren zusammengefaßt haben. Für die Einschätzung der neueren Zeit (nach 1950) wurden Funde aus der eigenen fast vierzigjährigen Sammeltätigkeit, aus Sammlungen bzw. Meldungen Dritter (z.B. von W. BÄSE, I. GREBENSCIKOV, W. GRUSCHWITZ, M. JUNG, B. KLAUSNITZER und K. SCHNEIDER) und neuerer Literatur (z.B. KLAUSNITZER 1985, 1986, WITSACK 1970/71, 1977) sowie aus Bestimmungssendungen verwendet.

Die Nomenklatur richtet sich nach LOHSE & LUCHT (1992), KLAUSNITZER (1993) und FÜRSCH (1967). Obwohl die weitaus größte Anzahl der Arten sich durch die klassische ältere Literatur bestimmen läßt, gibt es aus älterer Zeit Determinationsprobleme innerhalb der Gattungen *Scymnus* und *Hyperaspis*, die erst durch CANEPARI et al. (1985), FÜRSCH (1967), HORION (1961) bzw. KLAUSNITZER (1985) geklärt werden konnten.

Von den für Sachsen-Anhalt bisher nachgewiesenen 66 Arten gehören 25 (38%) zu den in Sachsen-Anhalt gefährdeten Arten. Vier Arten können als "ausgestorben oder verschollen" gelten, da von ihnen Funde nach 1950 fehlen. Eine Art (*Hyperaspis inexpectata*) wurde 1988 durch GRUSCHWITZ für Sachsen-Anhalt neu nachgewiesen.

Von den vier zur Kategorie 1 gezählten Arten (6%) liegen letzte Funde teilweise längere Zeit zurück. Die Zuordnung zu den übrigen Gefährdungsgruppen (17 Arten, 26%) erfolgte eher zurückhaltend. Aktuell wurden 10 Arten (15%) als häufig bis gemein (h), 18 Arten (27%) als verbreitet (v) und 33 Arten (50%) als selten eingestuft.

Folgende Hauptursachen können für die Gefährdung der Arten angenommen werden:
- Beseitigung von Trockenstandorten (Halb- und Trockenrasen, Binnendünen, Brach- und Ödländer) oder Nutzungsänderung (Auflassung der Beweidung, Verbuschung, Vermüllung etc.)
- Intensivierung der Forstwirtschaft in den Wäldern (Monokulturen, Abbau der Waldsäume, Forstschutzmaßnahmen etc.)
- Umnutzung von Heiden, Bergwiesen, Restgehölzen usw. (Aufforstung, Intensivnutzung, Beseitigung)
- Beeinträchtigung von Feuchtgebieten, Mooren und Gewässerufern (Melioration, Beweidung, Vermüllung, Eutrophierung etc.)
- Beseitigung oder Beeinträchtigung von Salzstellen (Degradation oder Beseitigung, Eutrophierung, Gülleeintrag, Vermüllung etc.)
- Chemisierung in der Land- und Forstwirtschaft (mit Abdriftungseffekten)

Da die Kenntnisse über die Bestandssituation der Marienkäfer in Sachsen-Anhalt territorial noch große Lücken aufweisen, kann die hier vorgestellte Checkliste nur als ein erster Entwurf gelten.

Der Autor bittet um Meldungen von Fundorten möglichst aller seltenen Arten zur weiteren Komplettierung der Fundortdatei Sachsen-Anhalts.

Die Einschätzung der Bestandssituation erfolgte unter Benutzung der genannten Quellen folgendermaßen:

A   verschollene bzw. ausgestorbene Art, von der seit 1950 keine Funde mehr bekannt geworden sind

s   selten, von Einzelfunden bis zu neun Nachweisen im Gebiet

v   verbreitet, aber nur mäßig häufig, 10 bis 20 Nachweise im Gebiet

h   häufig, weit verbreitet, mehr als 20 Nachweise im Gebiet

Als Quellen für die Nachweise wurden zumeist die Autoren der klassischen faunistischen Werke verwendet, nur in Ausnahmefällen neuere Publikationen.

Wichtige Synonyme
Aus praktischer Sicht muß auf einige in der Literatur noch verwendete Synonyme hingewiesen werden:
Adonia variegata (GOEZE, 1777)
→ *Hippodamia variegata* (GOEZE, 1777)
Coccinella distincta FALDERMANN, 1837
→ *Coccinella magnifica* REDTENBACHER, 1843
Neomysia oblongoguttata (L., 1758)
→ *Myzia oblongoguttata* (L., 1758)
Propylaea quatuordecimpunctata (L., 1758)
→ *Propylea quatuordecimpunctata* (L., 1758)
Semiadalia notata (LAICHARTING, 1781)
→ *Hippodamia notata* (LAICHARTING, 1781)
Synharmonia conglobata (L., 1758)
→ *Oenopia conglobata* (L., 1758)
Synharmonia lyncea (OLIVIER, 1808)
→ *Oenopia lyncea* (OLIVIER, 1808)
Thea vigintiduopunctata (L., 1758)
→ *Psyllobora vigintiduopunctata* (L., 1758)

Danksagung
Für die Unterstützung der Arbeiten an der Checkliste insbesondere durch Bereitstellung von Daten und Informationen möchte ich mich besonders bei Frau Dr. K. SCHNEIDER und Herrn Prof. Dr. B. KLAUSNITZER sowie den Herren W. BÄSE und W. GRUSCHWITZ bedanken.

Literatur
BORCHERT, W. (1951): Die Käferwelt des Magdeburger Raumes. Magdeburger Forsch., Bd. 2, Hrsg.: Rat d. Stadt Magdeburg, Mitteldt. Druck- & Verlagsanst. Halle(Saale).
CANEPARI, C., FÜRSCH, H., KREISSL, E. (1985): Die *Hyperaspis*-Arten von Mittel-, West- und Südeuropa. Systematik und Verbreitung (Coeloptera Coccinellidae). G. it. Ent. 2, 223-252.
FÜRSCH, H. (1967): Coccinellidae. In: FREUDE, H., HARDE, K.W., LOHSE, G.A.: Die Käfer Mitteleuropas, Goecke & Evers, Krefeld, 227-278.
HORION, A. (1961): Faunistik der mitteleuropäischen Käfer, Bd. 8. Verlagsdruckerei Ph.C.W. Schmidt, Neustadt a.d. Aisch, Überlingen-Bodensee, 283-365.
KLAUSNITZER, B. (1985): Zur Kenntnis der *Hyperaspis*-Arten der DDR (Col., Coccinellidae). Ent. Nachr. 29, 271-274.
KLAUSNITZER, B. (1986): Zur Kenntnis der Coccinellidenfauna der DDR (Col.). Ent. Nachr. 30, 237-341.
KLAUSNITZER, B. (1993): Zur Eignung der Marienkäfer (Coccinellidae) als Bioindikatoren (Indikatoren, Zeigergruppe) für Landschaftsplanung und UVP in Deutschland. Insecta 1, 184-194.
LOHSE, G.A., LUCHT, W.H. (1992): Die Käfer Mitteleuropas. 2. Suppl.-Bd. Goecke & Evers, Krefeld.
RAPP, O. (1933-35): Die Käfer Thüringens unter besonderer Berücksichtigung der faunistisch-ökologischen Geographie. Bd. 1-3, Selbstverl., Erfurt.
SCHNEIDER, K. (1989): Zur Struktur der Coccinellidenfauna immissionsgeschädigter Kiefernforste der Dübener Heide. Verhandlungen 9. SIEEC, 1986, 102-108.
WITSACK, W. (1970/71): Neufunde und zur Verbreitung von *Synharmonia lyncea* (OL.), einem sehr seltenen Marienkäfer (Coccinellidae, Coleoptera). Naturk. Jber. Mus. Heineanum 5/6, 53-57.
WITSACK, W. (1977): Zur Verbreitung und Ausbreitung von *Henosepilachna argus* (GEOFFR.) (Col., Coccinellidae) in der DDR. Ent. Nachr. 21, 1-7.
WITSACK, W., KLAUSNITZER, B., SCHNEIDER, K. (1995): Rote Liste der Marienkäfer des Landes Sachsen-Anhalt. Ber. Landesamt. Umweltsch. Sachsen-Anhalt 18, 8-11.

Anschrift des Verfassers
Doz. Dr. habil. Werner Witsack
Institut für Zoologie der Martin-Luther-Universität
Kröllwitzer Str. 44
D - 06120 Halle (Saale)

Art	BS	RL	Nachweis
Adalia bipunctata (L., 1758)	h		BORCHERT 1951
Adalia conglomerata (L., 1758)	s		BORCHERT 1951
Adalia decempunctata (L., 1758)	h		BORCHERT 1951
Anatis ocellata (L., 1758)	v		BORCHERT 1951
Anisosticta novemdecimpunctata (L., 1758)	v		BORCHERT 1951
Aphidecta obliterata (L., 1758)	v		BORCHERT 1951
Calvia decemguttata (L., 1767)	s		BORCHERT 1951
Calvia quatuordecimguttata (L., 1758)	s		BORCHERT 1951
Calvia quindecimguttata (F., 1777)	A	0	BORCHERT 1951
Chilocorus bipustulatus (L., 1758)	v		BORCHERT 1951
Chilocorus renipustulatus (SCRIBA, 1790)	v		BORCHERT 1951
Clitostethus arcuatus (ROSSI, 1794)	A	0	BORCHERT 1951
Coccidula rufa (HERBST, 1783)	v		BORCHERT 1951
Coccidula scutellata (HERBST, 1783)	v		BORCHERT 1951
Coccinella hieroglyphica L., 1758	s	3	BORCHERT 1951
Coccinella magnifica REDTENBACHER, 1843	s	3	BORCHERT 1951
Coccinella quinquepunctata L., 1758	h		BORCHERT 1951
Coccinella septempunctata L., 1758	h		BORCHERT 1951
Coccinella undecimpunctata L., 1758	v		BORCHERT 1951
Coccinula quatuordecimpustulata (L., 1758)	h		BORCHERT 1951
Cynegetis impunctata (L., 1767)	v		BORCHERT 1951
Epilachna argus (GEOFFROY, 1762)	s		WITSACK 1977
Exochomus nigromaculatus (GOEZE, 1777)	s	3	BORCHERT 1951
Exochomus quadripustulatus (L., 1758)	v		BORCHERT 1951
Halyzia sedecimguttata (L., 1758)	s	3	BORCHERT 1951
Harmonia quadripunctata (PONTOPPIDAN, 1763)	v		BORCHERT 1951
Hippodamia notata (LAICHARTING, 1781)	s	P	BORCHERT 1951
Hippodamia septemmaculata (DE GEER, 1775)	s		BORCHERT 1951
Hippodamia tredecimpunctata (L., 1758)	v		BORCHERT 1951
Hippodamia undecimnotata (SCHNEIDER, 1792)	s	1	BORCHERT 1951
Hippodamia variegata (GOEZE, 1777)	h		BORCHERT 1951
Hyperaspis campestris (HERBST, 1783)	s		KLAUSNITZER 1985/86
Hyperaspis concolor SUFFRIAN, 1843	s	2	KLAUSNITZER 1985/86
Hyperaspis inexpectata GÜNTHER, 1959	s		coll. GRUSCHWITZ 1988
Hyperaspis reppensis (HERBST, 1783)	s	3	KLAUSNITZER 1985/86
Myrrha octodecimguttata (L., 1758)	v		BORCHERT 1951
Myzia oblongoguttata (L., 1758)	s		BORCHERT 1951
Nephus bipunctatus (KUGELANN, 1794)	A	0	BORCHERT 1951
Nephus quadrimaculatus (HERBST, 1783)	s	3	BORCHERT 1951
Nephus redtenbacheri MULSANT, 1846	s	3	BORCHERT 1951
Novius cruentatus (MULSANT, 1846)	s	1	SCHNEIDER 1989
Oenopia conglobata (L., 1758)	s		BORCHERT 1951
Oenopia lyncea (OLIVIER, 1808)	s	2	WITSACK 1970/71
Platynaspis luteorubra (GOEZE, 1777)	s	P	BORCHERT 1951
Propylea quatuordecimpunctata (L., 1758)	h		BORCHERT 1951
Psyllobora vigintiduopunctata (L., 1758)	h		BORCHERT 1951
Rhyzobius chrysomeloides (HERBST, 1792)	s		BORCHERT 1951
Rhyzobius litura (F., 1787)	v		BORCHERT 1951
Scymnus abietis PAYKULL, 1798	s	2	BORCHERT 1951
Scymnus ater KUGELANN, 1794	s	2	BORCHERT 1951
Scymnus auritus (THUNBERG, 1795)	v		BORCHERT 1951
Scymnus ferrugatus (MOLL, 1785)	s		BORCHERT 1951

Art	BS	RL	Nachweis
Scymnus frontalis (F., 1787)	s		BORCHERT 1951
Scymnus haemorrhoidalis HERBST, 1797	s	3	BORCHERT 1951
Scymnus impexus MULSANT, 1850	s	1	KLAUSNITZER 1986
Scymnus interruptus (GOEZE, 1777)	s	3	BORCHERT 1951
Scymnus limbatus STEPHENS, 1831	A	0	KLAUSNITZER 1986
Scymnus mimulus CAPRA et FÜRSCH, 1967	s	2	KLAUSNITZER 1986
Scymnus nigrinus KUGELANN, 1794	v		BORCHERT 1951
Scymnus rubromaculatus (GOEZE, 1777)	v		BORCHERT 1951
Scymnus suturalis (THUNBERG, 1795)	v		BORCHERT 1951
Sospita vigintiguttata (L., 1758)	s	P	BORCHERT 1951
Stethorus punctillum WEISE, 1891	s		BORCHERT 1951
Subcoccinella vigintiquatuorpunctata (L., 1758)	h		BORCHERT 1951
Tytthaspis sedecimpunctata (L., 1761)	h		BORCHERT 1951
Vibidia duodecimguttata (PODA, 1761)	s	1	BORCHERT 1951

7.12 Bestandsentwicklung der Glanz- oder Glattkäfer (Coleoptera: Phalacridae)

KLAUS GRASER

Die Phalacriden gehören zu jenen Käfergruppen, deren Verbreitung nur unzureichend bekannt ist. Das liegt einerseits an der geringen Zahl von faunistisch tätigen Bearbeitern für diese Familie und andererseits an den Schwierigkeiten, die sich bei der Bestimmung der einzelnen Arten ergeben. Dadurch werden Aussagen über die gegenwärtige Bestandssituation sehr schwierig und die hier gegebene Darstellung kann nur einen ersten Versuch einer Einschätzung darstellen.

Die Glanzkäfer sind mit Ausnahme von *Olibrus aeneus* und *Stilbus testaceus* im gesamten mitteleuropäischen Raum eher selten. Das steht oft im Gegensatz zur Häufigkeit ihrer potentiellen Lebensstätten. Manche Arten leben zudem sehr versteckt und werden daher leicht übersehen. So halten sich z.B. die *Olibrus* - Arten oft tief in den Blüten ihrer Entwicklungspflanzen auf.

In Sachsen-Anhalt konnten bisher 21 Phalacriden-Arten nachgewiesen werden. Von vier Arten gibt es bisher keine Nachweise aus neuerer Zeit (nach 1950). Drei davon müssen als ausgestorben angesehen werden. Bei *Phalacrus substriatus*, der nur in WAHNSCHAFFE (1883) aufgeführt wird, spricht vieles dafür, daß eine Fehlbestimmung vorliegt. Bis zur Klärung dieser Frage wird die Art aber noch als für Sachsen-Anhalt nachgewiesen geführt.

Zwei Arten haben in jüngster Zeit ihr Verbreitungsgebiet deutlich ausgedehnt. Die Verbreitung von *Phalacrus championi* wird in VOGT (1967) noch mit - auf die Rheininsel Kühkopf westlich von Darmstadt beschränkt - angegeben. Jetzt wird die Art aus nahezu ganz Deutschland gemeldet. *Phalacrus brisouti* hat sich wohl ursprünglich mit der Zunahme hoher Müllkippen, an deren warmen Hängen er offenbar ebenso günstige Lebensbedingungen fand wie auf besonnten Ödlandflächen, ausgedehnt. Nach Aufnahme moderner Deponieverfahren erscheint die Entwicklung wieder leicht rückgängig.

Die meisten Arten der Familie sind wärmeliebend, dadurch beschränkt sich ihr Vorhommen häufig auf Wärmeinseln im Tief- oder Hügelland.

Grundlage der vorliegenden Liste sind die „klassischen" faunistischen Arbeiten von WAHNSCHAFFE (1883), EGGERS (1901), RAPP (1933–1935 und 1953) sowie BORCHERT (1951), in denen wesentliche Ergebnisse bis zu den vierziger Jahren zusammengefaßt wurden. Für die Beurteilung der Bestandssituation in jüngerer Zeit wurden insbesondere die Ergebnisse der eigenen Sammeltätigkeit sowie die Arbeit von KÖHLER & KLAUSNITZER (1998) herangezogen.

Nomenklatur und Systematik richten sich nach VOGT, (1967) sowie LOHSE & LUCHT (1992).

Ursachen für die Gefährdung der Glanzkäfer lassen sich nur in Einzelfällen konkret fassen. Die Arten der Gattung *Phalacrus* sind an Gräser mit Brandpilzbefall gebunden. Die Bekämpfung dieser Pilze bedingt, besonders im Kulturland, den Rückgang zumindest einiger Arten. Auf Brachen und Ödland, wo keine Bekämpfungsmaßnahmen durchgeführt werden, können sie sich jedoch halten oder gar ausbreiten.

Die *Olibrus* - Arten sind an Pflanzen aus den Familien Compositae und Asteraceae gebunden, wo sie sich in den Blütenköpfen entwickeln. Die Wirtspflanzen sind in der Regel weit verbreitet und oftmals häufig (z.B. Kamille oder Schafgarbe), was aber für die daran lebenden *Olibrus*arten nicht zutrifft. Welche Sonderbedingungen die Käfer für ihr Vorkommen zusätzlich benötigen, ist unbekannt. Wahrscheinlich spielen mikroklimatische Faktoren eine wesentliche Rolle.

Über Entwicklung und Lebensweise der *Stilbus*-Arten ist sehr wenig bekannt. Vermutlich ernähren sich sowohl Käfer als auch Larven von Algen. Die häufigste (*S. testaceus*) läßt sich an verschiedenen Orten nachweisen, wenn es nur feucht (nicht naß) genug ist. Die seltenste Art, *S. oblongus*, ist an Schilfstandorte gebunden.

Wichtige Synonyme
Aus praktischer Sicht muß auf zwei wichtige Synonyme hingewiesen werden:

Phalacrus brisouti RYE
 → *Phalacrus fimetarius* (F. 1775)
Phalacrus dieckmanni VOGT
 → *Phalacrus grossus* ERICHSON 1845

Literatur

BORCHERT, W. (1951): Die Käferwelt des Magdeburger Raumes. Magdeburger Forschungen II, Hrsg.: Rat d. Stadt Magdeburg, Mitteldt. Druck- & Verlagsanst. GmbH Halle(Saale).

EGGERS, H. (1901): Die in der Umgegend von Eisleben beobachteten Käfer. Separatdruck aus der „Insekten-Börse" Band XVIII.

GRASER, K. (1992): Faunistische Notizen: Zwei neue Käfer für Magdeburg im Hitzesommer 1992 (Col.). Ent. Nachr. Ber. 36. 1992(4): 277.

GRASER, K. (1998): Rote Liste der Glanzkäfer des Landes Sachsen-Anhalt. Ber. Landesamt. Umweltsch. Sachsen-Anhalt 30, 52-54.

HORION, A. (1960): Faunistik der mitteleuropäischen Käfer, Band 7, Clavicornia 1. Teil. Kommisionsverlag Buchdruckerei Aug. Feyel, Überlingen, Bodensee.

KOCH, K. (1989): Die Käfer Mitteleuropas, Ökologie Band 2. Goecke & Evers, Krefeld.

KÖHLER, F., KLAUSNITZER, B. (1998): Entomofauna Germanica, Verzeichnis der Käfer Deutschlands. Ent. Nachr. Ber., Beiheft 4.

LOHSE, G.A., LUCHT, W. (1992): Die Käfer Mitteleuropas, Band 13, Supplement 2, 56. Familie Phalacridae. Goecke & Evers, Krefeld.

RAPP, O. (1933–1935): Die Käfer Thüringens unter besonderer Berücksichtigung der faunistisch-ökologischen Geographie. Bd.I-III, Selbstverlag, Erfurt.

RAPP, O. (1953): Die Käfer Thüringens unter besonderer Berücksichtigung der faunistisch-ökologischen Geographie. Nachtrag 1, Manuskript, Erfurt (aufbewahrt im Deutschen Entomologischen Institut, Eberswalde).

REITTER, E. (1911): Fauna Germanica, Die Käfer. Band 3. K.G. Lutz Verlag, Stuttgart.

VOGT, H. (1967): 56. Familie Phalacridae. In: FREUDE, H., HARDE, K.W., LOHSE, G.A. (Hrsg.): Die Käfer Mitteleuropas Band 7 Clavicornia. Goecke & Evers Krefeld.

WAHNSCHAFFE, M. (1883): Verzeichnis der im Gebiete des Aller-Vereins zwischen Helmstedt und Magdeburg aufgefundenen Käfer Druck u. Verl. C. A. Eyraud, Neuhaldensleben.

ZWOLINSKI, J. B. (1989): Notes on Schizotus pectinicornis (L.) (Col., Pyrochroidae) and its significance to forest biocenosis. Polskie Pismo Ent. 58, 821–826.

Anschrift des Verfassers

Klaus Graser
Wedringer Str. 17
D - 39124 Magdeburg

Art	BS	BE	UV	SM	RL	Nachweis
Phalacrus caricis (STURM, 1807)	ss	↘	SO,Wi	a	3	coll. JUNG
Phalacrus hampioni GUILLEBBEAU, 1892	ss	↗		a,t	1	KÖHLER, KLAUSNITZER 1998
Phalacrus coruscus (PANZER, 1797)	s	↘	SO,Wi	a,t	2	coll. GRASER
Phalacrus fimetarius (F., 1775)	s	↘	SO	a,t	3	coll. GRASER
Phalacrus grossus ERICHSON, 1845	s	↘	SO,Wi	a,t	2	coll. GRASER
Phalacrus substriatus GYLLENHAL, 1813	A				0	WAHNSCHAFFE 1883
Olibrus aeneus (F., 1792)	h	0				coll. GRASER
Olibrus affinis (STURM, 1807)	s	0			3	coll. JUNG
Olibrus baudueri FLACH, 1888	A				0	HORION 1960
Olibrus bicolor (F., 1792)	s	↘	SO	a,t		coll. GRASER
Olibrus bimaculatus KÜSTER, 1848	A				0	BORCHERT 1951
Olibrus bisignatus (MENETRIESI, 1849)	s	↘	SO	a,t	2	GRASER 1992
Olibrus corticalis (PANZER, 1897)	V	0				coll. GRASER
Olibrus flavicornis (STURM, 1807)	s	↘	SO	a,t	0	coll. JUNG
Olibrus gerhardti FLACH, 1888	ss	↘	SO	a,t	2	coll. GRASER
Olibrus liguidus ERICHSON, 1845	ss	↘	SO	a,t	1	coll. GRASER
Olibrus millefolii (PAYKULL, 1800)	v	0				coll. GRASER
Olibrus pygmaeus ERICHSON, 1845	A				0	HORION 1960
Stilbus atomarius (L., 1762)	v	0			P	coll. GRASER
Stilbus oblongus (ERICHSON, 1845)	s	0			P	coll. GRASER
Stilbus testaceus (PANZER, 1797)	V	0				coll. GRASER

7.13 Bestandsentwicklung der Rindenglanzkäfer (Coleoptera: Rhizophagidae)

Klaus Graser

Aus der Familie der Rindenglanzkäfer (Rhizophagidae) wurden im Gebiet von Sachsen-Anhalt bisher 13 Arten nachgewiesen. Von vier dieser Arten liegen jedoch keine neueren Nachweise (nach 1950) vor. Nach Köhler & Klausnitzer (1998) erscheint auch das Vorkommen einer weiteren Art (*Rhizophagus simplex*) unsicher. Nur zwei Arten scheinen bisher nicht gefährdet zu sein.

Lange Zeit war die Familie eindeutig beschrieben und für unser Gebiet nur mit der Gattung *Rhizophagus* vertreten. Die Untergattung *Cyanostolus* wurde dann zur Gattung erhoben. In neuester Zeit gab es wiederum Veränderungen in der Systematik. Dies betrifft für unsere Fauna die Gattung *Monotoma* aus der Unterfamilie Monotominae der Familie Cucujidae. Von verschiedenen Autoren wird sie als dritte heimische Gattung zu den Rhizophagidae gestellt, andere sehen sie als eigene Familie an. Nach Köhler & Klausnitzer (1998) ist die Familie Rhizophagidae einzuziehen und aus Prioritätsgründen die Familie Monotomidae mit den Gattungen *Monotoma, Rhizophagus* und *Cyanostolus* zu begründen. In dieser Problematik ist allerdings das letzte Wort noch nicht gesprochen. Deshalb wird in diesem Beitrag der Nomenklatur und Systematik von Vogt, H. (in Freude et al. 1967) und Lohse & Lucht (1992) gefolgt.

Grundlage für den vorliegenden Beitrag sind die klassischen faunistischen Arbeiten von Wahnschaffe (1883), Eggers (1901), Rapp (1933–1935) und Borchert (1951). Die Erfassung des gegenwärtigen Bestandes der Rindenglanzkäfer beruht auf eigenen Sammlungen und Mitteilungen von M. Jung, Athenstedt. Beachtet man, daß ein erheblicher Teil Sachsen-Anhalts coleopterologisch-faunistisch kaum bearbeitet ist, kann diese Arbeit nur einen ersten Versuch einer Bestandsbewertung dieser Familie darstellen. Die Altmark, große Teile des Landes östlich der Elbe, Gebiete im äußersten Süden und selbst Teile des Harzes sind gegenwärtig noch unbearbeitet.

Die Lebensweise der Rhizophagiden ist, soweit überhaupt nähere Angaben vorliegen, recht einheitlich. Die Tiere leben unter der Borke von Laub- und Nadelbäumen, wo sie ebenso wie ihre Larven anderen Insekten nachstellen. Eine Ausnahme könnte *Rhizophagus parallelocollis* machen, der häufig auf Friedhöfen (Erdbestattungen) nachgewiesen wird. Er scheint dort günstige Entwicklungsbedingungen zu finden. Nachweise erfolgten auch an schimmelndem Holz. Einige Arten bevorzugen an Bäumen mehr den Stamm-, andere mehr den Wurzelbereich (Koch 1989).

Der gegenwärtige Datenbestand reicht für Aussagen zu Verbreitungsunterschieden in den drei Großlandschaften (Flach-, Hügel- und Bergland) nicht aus. Eine solche Aussage erscheint auch von fraglichem Wert für die Rindenglanzkäfer. Das Vorkommen der Rhizophagiden ist an Tot- und Altholz gebunden. Für die flugfähigen Imagines muß es möglich sein, neue Entwicklungsstätten aufzusuchen. Damit ist zugleich die wichtigste Aussage zum Schutz und zu Schutzmaßnahmen getroffen, die auch für alle anderen Tot- und Altholzbewohner zutrifft: Erhalt eines hohen und gut vernetzten Bestandes an Alt- und Totholz in Forsten, Feldgehölzen und Parkanlagen.

Zu den Arten, von denen neue Nachweise fehlen, ist zu bemerken, daß die Stellen eines möglichen Vorkommens in Sachsen-Anhalt noch nicht gezielt untersucht werden konnten. Aus diesem Grund sind sie im Bestand als „sehr selten" eingestuft worden.

Wichtige Synonyme

Aus praktischer Sicht muß auf zwei wichtige Synonyme hingewiesen werden:

Rhizophagus simplex Ritter
  → *Rhizophagus oblongicollis* Blatch, 1892
Rhizophagus politus Hellwig
  → *Rhizophagus picipes* (Olivier, 1790)

Literatur

Borchert, W. (1951): Die Käferwelt des Magdeburger Raumes. Magdeburger Forschungen II, Hrsg.: Rat d. Stadt Magdeburg, Mitteldt. Druck- & Verlagsanst. GmbH Halle(Saale).
Brauns, A. (1964): Taschenbuch der Waldinsekten. Gustav Fischer, Jena.
Eggers, H. (1901): Die in der Umgegend von Eisleben beobachteten Käfer. Separatdruck aus der „Insekten-Börse", Band XVIII.
Graser, K. (1994): Käferbeobachtungen an einem brandgeschädigten Ahorn (Acer spec.) im Biederitzer Busch, einem Auwald-nahen Wirtschaftsforst nordöstlich von Magdeburg. Mitteilungsbl. Entomologenverb. Sachsen-Anhalt e.V. 2(1), 20-21.

GRASER, K. (1998): Rote Liste der Rindenglanzkäfer des Landes Sachsen-Anhalt. Ber. Landesamt. Umweltsch. Sachsen-Anhalt 30, 55-56.

HORION, A. (1960): Faunistik der mitteleuropäischen Käfer. Band VII. Kommissionsverlag Buchdruckerei Auf. Feyel, Überlingen - Bodensee.

KOCH, K. (1989): Die Käfer Mitteleuropas. Ökologie Band 2. Goecke & Evers, Krefeld.

KÖHLER, F., KLAUSNITZER, B. (1998): Entomofauna Germanica. Verzeichnis der Käfer Deutschlands. Ent. Nachr. Ber. Beihefte 4.

LOHSE, G.A., LUCHT, W. (1992): Die Käfer Mitteleuropas, Band 13, Supplement 2, 52. Familie Rhizophagidae. Goecke & Evers, Krefeld.

PALM, TH. (1959): Die Holz- und Rindenkäfer der Süd- und Mittelschwedischen Laubbäume. Opuscula entomologica, Supplement XVI. Lund.

RAPP. O. (1933–1935): Die Käfer Thüringens unter besonderer Berücksichtigung der faunistisch-ökologischen Geographie. Bd. I-III, Selbstverlag, Erfurt.

RAPP. O., (1953): Die Käfer Thüringens unter besonderer Berücksichtigung der faunistisch-ökologischen Geographie. Nachtrag 1, Manuskript, Erfurt (aufbewahrt im Deutschen Entomologischen Institut, Eberswalde).

REITTER, E. (1911): Fauna Germanica, Die Käfer. Band 3. K.G. Lutz Verlag, Stuttgart.

VOGT, H. (1967): 52. Familie Rhizophagidae. In: FREUDE, H., HARDE, K.W., LOHSE, G.A.: Die Käfer Mitteleuropas, Band 7 Clavicornia. Goecke & Evers, Krefeld.

WAHNSCHAFFE, M. (1883): Verzeichnis der im Gebiet des Allervereins zwischen Helmstedt und Magdeburg aufgefundenen Käfer. Druck u. Verl. C. A. Eyraud, Neuhaldensleben.

Anschrift des Verfassers
Klaus Graser
Wedringer Str. 17
D - 39124 Magdeburg

Art	BS	BE	UV	SM	RL	Nachweis
Cyanostolus aeneus (RICHTER, 1820)	ss	∾∾	TO	a	0	HORION 1960
Rhizophagus cribratus (GYLLENHAL, 1827)	s	∾	TO	a	2	coll. GRASER
Rhizophagus bipustulatus (F., 1792)	h	0	TO	a		coll. GRASER
Rhizophagus depressus (F., 1797)	ss	∾∾	TO	a	0	BORCHERT 1951
Rhizophagus dispar (PAYKULL, 1800)	v	∾	TO	a		coll. GRASER
Rhizophagus ferrugineus (PAYKULL, 1800)	s	∾	TO	a	3	coll. GRASER
Rhizophagus grandis GYLLENHAL, 1827	ss	∾∾	TO	a	0	BORCHERT 1951
Rhizophagus nitidulus (F., 1798)	ss	∾∾	TO	a	0	HORION 1960
Rhizophagus oblongicollis BLATCH, 1892						KÖHLER, KLAUSNITZER 1998
Rhizophagus parallelocollis (GYLLENHAL, 1827)	ss	∾∾	TO	a	0	HORION 1960
Rhizophagus parvulus (PAYKULL, 1800)	s	∾	TO	a	2	KÖHLER, KLAUSNITZER 1998
Rhizophagus perforatus ERICHSON, 1845	s	∾	TO	a	3	coll. GRASER
Rhizophagus picipes (OLIVIER, 1790)	s	∾	TO	a	3	coll. GRASER

7.14 Bestandsentwicklung der Feuerkäfer (Coleoptera: Pyrochroidae)

Klaus Graser

Die Feuerkäfer (Coleoptera: Pyrochroidae) sind in Sachsen-Anhalt mit 3 Arten in 2 Gattungen vertreten. Dies ist zugleich der Artenbestand für ganz Mitteleuropa. Die Darstellung der gegenwärtigen Verbreitung in Sachsen-Anhalt basiert auf Vorarbeiten zur Insektenfauna der DDR (GRASER 1992). Meine Sammlung mit dem, durch vielerlei Zusendungen reichen Belegmaterial, gehört inzwischen dem Museum der Natur in Gotha/Thüringen.

Für die einzelnen Regionen des Landes ist der Wissensstand von der Verbreitung sehr unterschiedlich. So ist sowohl die Altmark als auch das östliche Grenzgebiet noch weitgehend ein weißer Fleck. Recht gut bekannt ist das Gebiet des Harzes und seines Vorlandes, die Umgebung von Dessau, Halle und Magdeburg sowie die Elbauen von der Landesgrenze abwärts bis Magdeburg, ähnliches gilt auch für den Süden des Landes.

Grundlage für den vorliegenden Beitrag sind die für Sachsen-Anhalt klassischen faunistischen Werke (WAHNSCHAFFE 1883, EGGERS 1901, RAPP 1933-1935, BORCHERT 1951).

In der Nomenklatur wird KASZAB 1964 gefolgt. Die einzige Änderung gegenüber REITTER 1911 ist, daß die Untergattung *Pyrochroella* REITTER den Rang einer Gattung erhielt, die aus nomenklatorischen Gründen *Schizotus* NEWMAN heißen muß.

Die Lebensweise der drei Arten ist weitgehend bekannt und einander sehr ähnlich. Die Larven leben im Mulm unter der Borke verschiedener Laubbäume, wo sie sich von Insekten ernähren. Kannibalismus ist nicht selten, bei Zuchtversuchen tritt er regelmäßig auf. Die Aufnahme von Mulm wurde beobachtet, doch dienen daraus nur Kleinlebewesen (z.B. Amöben) und Wasser als Nahrung. Die Feuerkäfer finden sich in der Krautschicht und gelegentlich auf Blüten.

In der Verbreitung ist eine Besonderheit zu beachten: *Pyrochroa coccinea* (L.) kommt vom Tiefland bis zum Bergland vor und scheint nur die oberen Lagen des Harzes zu meiden. *Pyrochroa serraticornis* (SCOP.) ist überwiegend im Tiefland, besonders den Elbauen verbreitet und dort oft häufig, fehlt aber in gebirgigen Gegenden. Im Gegensatz dazu steht *Schizotus pectinicornis* (L.), der das Tiefland völlig zu meiden scheint, dagegen im Harz bis nahe an die Baumgrenze vorkommt.

Die Besonderheit in der Verbreitung wirkt sich auf den Gefährdungsgrad der Arten aus. Die alle Arten betreffende Gefährdung besteht im Entzug der Lebensstätten (Entfernung des Totholzanteils in Forsten, Gehölzen und Parkanlagen). *P. coccinea* (L.) ist aus diesem Grund überall potentiell gefährdet. *P. serraticornis* (SCOP.) ist in den Flußauen von Elbe und Saale potentiell gefährdet bis gefährdet, in anderen Gebieten stark gefährdet bis vom Aussterben bedroht. *Sch. pectinicornis* (L.) ist dagegen im Harz gefährdet bis stark gefährdet, außerhalb des Harzes aber stark gefährdet bis vom Aussterben bedroht.

Daraus leitet sich ab, daß als Schutzmaßnahme und Artenhilfsprogramm für ein gleichmäßiges Angebot an Lebensstätten zu sorgen ist, also genügend starkes Totholz (vorwiegend liegende, ungeschälte Stämme) zurückbleibt. Es dient zugleich auch anderen Tieren als Lebensstätte.

Literatur

BORCHERT, W. (1951): Die Käferwelt des Magdeburger Raumes. Magdeburger Forschungen Band II, Hrsg.: Rat d. Stadt Magdeburg, Mitteldt. Druck- & Verlagsanst. GmbH Halle(Saale).
BRAUNS, A. (1964): Taschenbuch der Waldinsekten. Gustav Fischer, Jena.
EGGERS, H. 1901: Die in der Umgegend von Eisleben beobachteten Käfer. Separatdruck aus der „Insekten-Börse", Band XVIII.
GRASER, K. (1990): Beiträge zur Käferfauna der DDR. Coleoptera: Pyrochroidae (mit einer Bestimmungstabelle für die Larven von B. KLAUSNITZER). Ent. Nachr. Ber. 34(2), 49–56.
GRASER, K. (1998): Rote Liste der Glanzkäfer des Landes Sachsen-Anhalt. Ber. Landesamt. Umweltsch. Sachsen-Anhalt 30, 57.
HORION, A. (1956): Faunistik der mitteleuropäischen Käfer. Band V. In: Entomologische Arbeiten aus dem Museum G. FREY. Sonderband. Eigenverlag, Tutzing bei München.
KASZAB, Z. (1969): Familie Pyrochroidae. In: FREUDE, H., HARDE, K.W., LOHSE, G.A. (Hrsg.): Die Käfer Mitteleuropas. Band 8. Goecke & Evers, Krefeld.
KLAUSNITZER, B. (1996): Die Käfer Mitteleuropas, Larven. Band 3, Polyphaga Teil 2. Goecke & Evers Verlag Krefeld im Gustav Fischer Verlag Jena und Stuttgart.

KOCH, K. (1989): 72. Familie Pyrochroidae. In: Die Käfer Mitteleuropas, Ökologie. Band 2. Goecke & Evers, Krefeld.

KÖHLER, F., KLAUSNITZER, B. (1998): Entomofauna Germanica. Verzeichnis der Käfer Deutschlands. Ent. Nachr. Ber. Beiheft 4.

PALM, TH. (1959): Die Holz- und Rindenkäfer der Süd- und Mittelschwedischen Laubbäume. Opuscula Entomologica, Supplement XVI, Lund.

RAPP. O. (1933-35): Die Käfer Thüringens unter besonderer Berücksichtigung der faunistisch-ökologischen Geografie. Bd.I-III, Selbstverlag, Erfurt.

RAPP. O. (1953): Die Käfer Thüringens unter besonderer Berücksichtigung der faunistisch-ökologischen Geographie. Nachtrag 1, Manuskript, Erfurt (aufbewahrt im Deutschen Entomologischen Institut, Eberswalde).

REITTER, E. (1911): Fauna Germanica. Die Käfer. Band 3. K.G. Lutz, Stuttgart.

WAHNSCHAFFE, M. (1883): Verzeichnis der im Gebiet des Allervereins zwischen Helmstedt und Magdeburg aufgefundenen Käfer. Druck u. Verl. C. A. Eyraud, Neuhaldensleben.

ZWOLINSKI, J.B. (1989): Notes on *Schizotus pectinicornis* (L.) (Col., Pyrochroidae) and its significance to forest biocenosis. Polskie Pismo Ent. 58, 821–826.

Anschrift des Verfassers
Klaus Graser
Wedringer Str. 17
D - 39124 Magdeburg

Art	BR	BS	BE	UV	SM	RL	Nachweis
Pyrochroa coccinea (L., 1761)		v	0	TO	a	P	coll. Graser
Pyrochroa serraticornis (SCOPOLI, 1763)	T	s	↘	TO	a	2	coll. Graser
Schizotus pectinicornis (L., 1761)	H,B	s	↘	TO	a	2	coll. Graser

7.15 Bestandssituation der Weichkäfer i.w.S. (Cantharoidea – Familien Cantharidae, Drilidae, Lampyridae, Lycidae, Malachiidae, Melyridae, Omalisidae und Phloiophilidae)

Werner Witsack

Zur Gruppe der Weichkäfer i.w.S., die neuerdings als eigene Superfamilie Cantharoidea, betrachtet wird (vgl. Lohse & Lucht 1992), gehören die Familien Lycidae und Omalisidae (Rotdeckenkäfer), Lampyridae (Leuchtkäfer), Cantharidae (Weichkäfer), Drilidae (Schneckenhauskäfer), Malachiidae (Malachitenkäfer) Melyridae (=Dasytidae, Wollhaarkäfer) und Phloiophilidae.

Obwohl die faunistische Erforschung der Weichkäfer im weiteren Sinne - wie auch vieler anderer Käfergruppen - deutliche Lücken aufweist, soll eine Darstellung des Artenbestandes gewissermaßen als Checkliste dieser Gruppe versucht werden.

Ältere zusammenfassende faunistischen Angaben über das Gebiet von Borchert (1951), Horion (1953) und Rapp (1934) sind eine brauchbare Basis für den Vergleich mit der heutigen Bestandssituation. Die aktuellen Kenntnisse über die Faunistik dieser Gruppen im Lande Sachsen-Anhalt sind sehr unterschiedlich. Während der südliche Raum relativ gut durchforscht erscheint, sind der Oberharz und der Norden mit meist nur wenigen neueren Funden belegt. Aktuelle Nachweise entstammen einerseits der eigenen Sammeltätigkeit in den letzten vier Jahrzehnten, andererseits der Determination von Aufsammlungen u.a. von W. Bäse, W. Ciupa, L. Dieckmann, W. Gruschwitz, J. Müller und H. Rudolph.

Eigene Determinationen erfolgten anhand Freude et al. (1979) und Lohse & Lucht (1992), deren taxonomischer Auffassung hier gefolgt wird.

Probleme bei der faunistischen Erforschung ergeben sich aus den weiter unten dargestellten taxonomisch-nomenklatorischen Veränderungen, aber auch durch die teilweise sehr schwierige Determination bestimmter Gattungen oder Artengruppen und die relativ kurze Vorkommenszeit der Adulten vieler Arten. Durch die Seltenheit einer Reihe von Arten ist die Nachweiswahrscheinlichkeit vielfach sehr gering, wodurch die Bestätigung älterer Funde stark erschwert wird. Ältere Angaben einiger Arten sind teilweise als problematisch anzusehen, da in taxonomischer Hinsicht - insbesondere durch das Bekanntmachen bisher verkannter Arten in neuerer Zeit - nun Unklarheiten über frühere Vorkommen bestehen. Arten der Gattungen *Malthodes*, *Malthinus* oder *Ebaeus* beispielsweise werden wegen ihrer Kleinheit, der schwierigen Determination und Unauffälligkeit selten gesammelt. Scheinbare "Massentiere" aus den Gattungen *Cantharis*, *Rhagonycha* oder *Malachius* zählen meist auch nicht zu den bevorzugt gesammelten Käfern, obwohl bei einer genaueren Analyse Seltenheiten zu erwarten sind. Aus diesen Gründen besteht für praktisch alle "seltenen" Arten und für manche Gattungen (z.B. *Malthodes*, *Dasytes*) noch ein hoher faunistischer Forschungsbedarf.

Von der Art *Cantharis tristis* liegen nur zweifelhafte Funde vor. Sie wurde deshalb hier nicht aufgeführt.

Die Gründe für die Gefährdungen sind - in Abhängigkeit von den Habitatansprüchen - offensichtlich sehr unterschiedlich. Es lassen sich aber folgende Hauptgefährdungsursachen hervorheben:

- Durch die Vernichtung, Verbuschung, Eutrophierung und Nutzungsintensivierung sind Arten der Halbtrocken- und Trockenrasen-Habitate besonders gefährdet.
- Vernichtung, Melioration und Eutrophierung haben Arten der Feuchtwiesen zurückgedrängt.
- Durch Intensivierung der Forstwirtschaft (z.B. Monokulturen, Forstschutzmaßnahmen) sind Arten der naturnahen Wälder gefährdet.
- Die Immissionen von Bioziden und anderen toxischen Stoffen in die Ökosysteme dürften, obwohl dies zumeist direkt kaum nachprüfbar ist, beträchtliche negative Einflüsse auf die Arten aufweisen.

Die Einschätzung der Bestandssituation erfolgte unter Benutzung der genannten Quellen und der eigenen Nachweise sowie von Determinationssendungen wie folgt:

A ausgestorbene bzw. verschollene Art von der mindestens seit 1950 keine Funde mehr bekannt geworden sind

s selten, von Einzelfunden bis zu neun Nachweisen im Gebiet

v verbreitet, aber nur mäßig häufig, 10 bis 20 Nachweise im Gebiet

h häufig, weit verbreitet, mehr als 20 Nachweise im Gebiet

Zumeist wurde auf die Autoren der klassischen faunistischen Bearbeitungen zurückgegriffen und nur bei Neunachweisen für Sachsen-Anhalt wurden die

Sammler (z.B. coll. MÜLLER) bzw. andere Quellen genannt.

Wichtige Synonyme
Zum besseren Verständnis älterer faunistischer Literatur soll auf folgende taxonomisch-nomenklatorische Veränderungen hingewiesen werden:
Die Familie Omalisidae ist als eigene Familie aus den Lycidae herausgelöst worden. Aus nomenklatorischen Gründen wurde die Gattungsbezeichnung von *Homalisus* auf *Omalisus* geändert.
Die Familie Phloiophilidae ist als eigene Familie aus den Melyridae herausgelöst und die Schreibweise der Gattung geändert worden.
Durch Zuordnung zu anderen Gattungen bzw. durch neuere taxonomische Arbeiten kam es in den letzten Jahren zu folgenden Synonymisierungen:

Cantharis abdominalis F., 1798
→ *Ancistronycha abdominalis* (F., 1798)
Cantharis bicolor (HERBST, 1784)
→ *Cantharis thoracica* (OLIVIER, 1790)
Cantharis cyanipennis (FALDERMANN, 1835)
→ *Ancistronycha cyanipennis* (FALDERMANN, 1835)
Cantharis discoidea AHRENS, 1812
→ *Metacantharis discoidea* (AHRENS, 1812)
Cantharis erichsoni (BACH, 1852)
→ *Ancistronycha erichsoni* (BACH, 1852)

Cantharis haemorrhoidalis (F., 1792)
→ *Metacantharis clypeata* (ILLIGER, 1798)
Danacaea nigritarsis (KÜSTER, 1850)
→ *Danacaea nigritarsis* (KÜSTER, 1850)
Danacaea pallipes (PANZER, 1793)
→ *Danacea pallipes* (PANZER, 1793)
Haplocnemus impressus (MARSHAM, 1802)
→ *Aplocnemus impressus* (MARSHAM, 1802)
Haplocnemus nigricornis (F., 1792)
→ *Aplocnemus nigricornis* (F., 1792)
Malachius elegans OLIVIER, 1790
→ *Clanoptilus elegans* (OLIVIER, 1790)
Malachius marginellus OLIVIER, 1790
→ *Clanoptilus marginellus* (OLIVIER, 1790)
Malachius spinipennis GERMAR, 1824
→ *Clanoptilus spinipennis* (GERMAR, 1824)
Malachius strangulatus ABEILLE, 1885
→ *Clanoptilus strangulatus* (ABEILLE, 1885)
Malachius viridis F., 1787
→ *Cordylepherus viridis* (F., 1787)
Malthinus flaveolus (HERBST, 1786)
→ *Malthinus punctatus* (FOURCROY, 1785)
Phloeophilus edwardsi STEPHENS, 1830
→ *Phloiophilus edwardsi* STEPHENS, 1830
Podistra pilosa (PAYKULL, 1798)
→ *Absidia schoenherri* (DEJEAN, 1837)
Podistra rufotestacea (LETZNER, 1845)
→ *Absidia rufotestacea* (LETZNER, 1845)

Literatur

BORCHERT, W. (1951): Die Käferwelt des Magdeburger Raumes, Magd. Forsch. Bd. II, Hrsg.: Rat d. Stadt Magdeburg, Mitteldt. Druck- & Verlagsanst. Halle(Saale).
FREUDE, H., HARDE, W., LOHSE, A. (Hrsg., 1979): Die Käfer Mitteleuropas. Band 6, Diversicornia, Goecke & Evers, Krefeld.
HORION, A. (1953): Faunistik der mitteleuropäischen Käfer. Band 3. Eigenverlag, München.
LOHSE, G.A., LUCHT, W.H. (1992): Die Käfer Mitteleuropas. 2. Supplementband, Goecke & Evers, Krefeld.
RAPP, O. (1934): Die Käfer Thüringens. Band 2. Selbstverlag, Erfurt.
WITSACK, W. (1993): Rote Liste der Weichkäfer i.w.S. des Landes Sachsen-Anhalt. Ber. Landesamt. Umweltsch. Sachsen-Anhalt 9, 40-42.

Anschrift des Verfassers
Doz. Dr. habil. Werner Witsack
Institut für Zoologie der Martin-Luther-Universität
Kröllwitzer Str. 44
D - 06120 Halle (Saale)

Art	BS	RL	Nachweis
Absidia rufotestacea (LETZNER, 1845)	s	2	HORION 1953
Absidia schoenherri (DEJEAN, 1837)	s	3	BORCHERT 1951
Ancistronycha abdominalis (F., 1798)	s	3	BORCHERT 1951
Ancistronycha cyanipennis (FALDERMANN, 1835)	s	3	BORCHERT 1951
Ancistronycha erichsoni (BACH, 1852)	s	1	BORCHERT 1951
Anthocomus bipunctatus (HARRER, 1784)	s		BORCHERT 1951
Anthocomus coccineus (SCHALLER, 1783)	v		BORCHERT 1951

Art	BS	RL	Nachweis
Anthocomus fasciatus (L., 1758)	s		BORCHERT 1951
Aplocnemus impressus (MARSHAM, 1802)	s	3	BORCHERT 1951
Aplocnemus nigricornis (F., 1792)	s		BORCHERT 1951
Axinotarsus marginalis (CASTELNAU, 1840)	h		BORCHERT 1951
Axinotarsus pulicaris (F., 1775)	h		BORCHERT 1951
Axinotarsus ruficollis (OLIVIER, 1790)	v		BORCHERT 1951
Cantharis cryptica ASHE, 1947	s		coll. WITSACK
Cantharis decipiens BAUDI, 1871	s		coll. WITSACK
Cantharis figurata MANNERHEIM, 1843	s		BORCHERT 1951
Cantharis fulvicollis F., 1792	s		BORCHERT 1951
Cantharis fusca L., 1758	h		BORCHERT 1951
Cantharis lateralis L., 1758	v		BORCHERT 1951
Cantharis livida L., 1758	h		BORCHERT 1951
Cantharis nigricans MÜLLER, 1776	h		BORCHERT 1951
Cantharis obscura L., 1758	h		BORCHERT 1951
Cantharis pagana ROSENHAUER, 1847	s	3	coll. RUDOLPH
Cantharis pallida GOEZE, 1777	s		BORCHERT 1951
Cantharis paludosa FALLEN, 1807	s		BORCHERT 1951
Cantharis pellucida F., 1792	h		BORCHERT 1951
Cantharis pulicaria F.,1781	s	3	BORCHERT 1951
Cantharis quadripunctata (MÜLLER, 1776)	A	0	BORCHERT 1951
Cantharis rufa L., 1758	s		BORCHERT 1951
Cantharis rustica FALLEN, 1807	h		BORCHERT 1951
Cantharis sudetica LETZNER, 1847	s	1	BORCHERT 1951
Cantharis thoracica (OLIVIER, 1790)	s	3	BORCHERT 1951
Cerapheles terminatus (MENETRIES, 1832)	s	2	HORION 1953
Charopus concolor (F., 1801)	s	P	HORION 1953
Charopus flavipes (PAYKULL, 1798)	h		BORCHERT 1951
Clanoptilus elegans (OLIVIER, 1790)	s	3	BORCHERT 1951
Clanoptilus marginellus (OLIVIER, 1790)	s	3	BORCHERT 1951
Clanoptilus spinipennis (GERMAR, 1824)	s	3	coll. WITSACK
Clanoptilus strangulatus (ABEILLE, 1885)	s	P	coll. MÜLLER
Cordylepherus viridis (F., 1787)	h		BORCHERT 1951
Danacea nigritarsis (KÜSTER, 1850)	s		BORCHERT 1951
Danacea pallipes (PANZER, 1793)	s	3	BORCHERT 1951
Dasytes aerosus KIESENWETTER, 1867	s	3	BORCHERT 1951
Dasytes caeruleus (DE GEER, 1774)	s	3	BORCHERT 1951
Dasytes flavipes (OLIVIER, 1790)	v		BORCHERT 1951
Dasytes fusculus ILLIGER,1801	s	3	BORCHERT 1951
Dasytes niger (L., 1761)	s		BORCHERT 1951
Dasytes nigrocyaneus MULSANT et REY, 1868	s		HORION 1953
Dasytes obscurus GYLLENHAL, 1813	s	3	BORCHERT 1951
Dasytes plumbeus (MÜLLER, 1776)	h		BORCHERT 1951
Dasytes subaeneus SCHÖNHERR, 1817	s	3	BORCHERT 1951
Dictyoptera aurora (HERBST, 1784)	s		BORCHERT 1951
Dolichosoma lineare (ROSSI, 1794)	v		BORCHERT 1951
Drilus concolor AHRENS, 1812	s	2	BORCHERT 1951
Ebaeus appendiculatus ERICHSON, 1840	s	1	BORCHERT 1951
Ebaeus flavicornis ERICHSON, 1840	s	1	HORION 1953
Ebaeus pedicularis (F., 1777)	s	1	BORCHERT 1951
Ebaeus thoracicus (FOURCROY, 1785)	s	2	BORCHERT 1951
Hypebaeus flavipes (F., 1787)	s	3	BORCHERT 1951

Art	BS	RL	Nachweis
Lamprohiza splendidula (L., 1767)	v		BORCHERT 1951
Lampyris noctiluca (L., 1758)	s		BORCHERT 1951
Lygistopterus sanguineus (L., 1758)	v		BORCHERT 1951
Malachius aeneus (L., 1758)	s		BORCHERT 1951
Malachius bipustulatus (L., 1758)	h		BORCHERT 1951
Malachius rubidus ERICHSON, 1840	s	3	HORION 1953
Malachius scutellaris ERICHSON, 1840	s	3	HORION 1953
Malthinus balteatus SUFFRIAN, 1851	s		coll. WITSACK
Malthinus biguttatus (L., 1758)	s		HORION 1953
Malthinus facialis THOMSON, 1864	s	3	HORION 1953
Malthinus fasciatus (OLIVIER, 1790)	s	P	HORION 1953
Malthinus frontalis (MARSHAM, 1802)	s	3	HORION 1953
Malthinus glabellus KIESENWETTER, 1852	s	3	RAPP 1933
Malthinus punctatus (FOURCROY, 1785)	v		BORCHERT 1951
Malthinus seriepunctatus KIESENWETTER, 1850	s		BORCHERT 1951
Malthodes brevicollis (PAYKULL, 1798)	s		BORCHERT 1951
Malthodes crassicornis (MÄRKEL, 1846)	s	2	BORCHERT 1951
Malthodes debilis KIESENWETTER, 1852	s	2	HORION 1953
Malthodes dispar (GERMAR, 1824)	s		BORCHERT 1951
Malthodes fibulatus KIESENWETTER, 1852	s	3	BORCHERT 1951
Malthodes flavoguttatus KIESENWETTER, 1852	s	3	HORION 1953
Malthodes fuscus (WALTL, 1838)	s		BORCHERT 1951
Malthodes guttifer KIESENWETTER, 1852	s	3	BORCHERT 1951
Malthodes hexacanthus KIESENWETTER, 1852	s		BORCHERT 1951
Malthodes holdhausi KASZAB, 1955	s		HORION 1953
Malthodes marginatus (LATREILLE, 1806)	s		BORCHERT 1951
Malthodes maurus (CASTELNAU, 1840)	s		BORCHERT 1951
Malthodes minimus (L., 1758)	s		BORCHERT 1951
Malthodes mysticus KIESENWETTER, 1852	s		BORCHERT 1951
Malthodes pumilus (BREB., 1835)	s		BORCHERT 1951
Malthodes spathifer KIESENWETTER, 1852	s		BORCHERT 1951
Metacantharis clypeata (ILLIGER, 1798)	s	3	BORCHERT 1951
Metacantharis discoidea (AHRENS, 1812)	s		BORCHERT 1951
Omalisus fontisbellaquaei FOURCROY, 1785	s	P	BORCHERT 1951
Phloiophilus edwardsi STEPHENS, 1830	s	1	BORCHERT 1951
Phosphaenus hemipterus (GOEZE, 1777)	s	P	BORCHERT 1951
Platycis cosnardi (CHEVROLAT, 1829)	0	0	HORION 1953
Platycis minutus (F., 1787)	s		BORCHERT 1951
Podabrus alpinus (PAYKULL, 1798)	s		BORCHERT 1951
Pyropterus nigroruber (DE GEER, 1774)	s	3	BORCHERT 1951
Rhagonycha atra (L., 1767)	s	2	BORCHERT 1951
Rhagonycha fulva (SCOPOLI, 1763)	h		BORCHERT 1951
Rhagonycha lignosa (MÜLLER, 1764)	h		BORCHERT 1951
Rhagonycha limbata THOMSON, 1864	v		BORCHERT 1951
Rhagonycha lutea (MÜLLER, 1764)	s	2	BORCHERT 1951
Rhagonycha testacea (L., 1758)	v		BORCHERT 1951
Rhagonycha translucida KRYNICKI, 1832	s	3	BORCHERT 1951
Rhagonycha elongata (FALLEN, 1807)	s	3	BORCHERT 1951
Silis nitidula (F., 1792)	A	0	HORION 1953
Silis ruficollis (F., 1775)	s	3	BORCHERT 1951
Trichoceble memnonia (KIESENWETTER, 1861)	s	1	BORCHERT 1951
Troglops albicans (L., 1767)	s	3	BORCHERT 1951

7.16 Bestandssituation der Kurzflügler, Raubkäfer (Coleoptera, Staphylinidae)

PAUL SCHOLZE

Durch verkürzte Flügeldecken, bemerkenswerte Flugleistung und freie Beweglichkeit des Abdomens haben die Kurzflügler (Coleoptera, Familie Staphylinidae) im Verlaufe ihrer Stammesgeschichte einen Lebensformtyp entwickelt, der sie als sehr agile Mikrohabitatbewohner in besonderem Maße prädestiniert. Pflanzlicher Detritus, Aas in allen Zersetzungszuständen und Strukturen, sowie Nester sub- und extraterricol lebender Säuger, Vögel und Insekten sind bevorzugte Lebensstätten, die sie nur bei hohem Populationsdruck und zur Partnersuche verlassen. Bis auf wenige Arten, die sich von abgestorbenem pflanzlichen Substrat, Algen oder Pilzsporen ernähren, sind alle Kurzflügler räuberisch, manche leben auch raubparasitisch in Larven und Puppen von Dipteren. Stenotopie in bezug auf Temperatur, Feuchtigkeit, Chemismus des Untergrundes sowie den Sukzessionsgrad der Habitatstrukturen ist vielfältig ausgeprägt, jedoch besitzen die meisten Arten eine hohe ökologische Flexibilität, die sie zu Ubiquisten und Kosmopoliten mit hoher Dispersionspotenz machen. Die Differenziertheit der Lebensansprüche sowie die nahezu unbegrenzte Verfügbarkeit zusagender Lebensräume haben bei den Staphyliniden zu einer Artenzahl geführt, die im Weltmaßstab auf etwa 30.000 zu veranschlagen ist und innerhalb der Coleoptera nur noch von den Rüsselkäfern übertroffen wird. Nach UHLIG (1981) ist im europäischen Raum mit 4.000 und in Deutschland mit ca. 1.360 Arten in 22 Unterfamilien zu rechnen.

Die Arterfassung für das Gebiet von Sachsen-Anhalt hat eine Tradition, die bis in die Mitte des 18. Jahrhunderts (J.A.E. GOEZE in Quedlinburg) und die erste Hälfte des 19. Jahrhunderts (HORNUNG in Aschersleben) zurückreicht. Kurz nach der Jahrhundertwende erschienen Artenlisten von EGGERS (1901), HILLECKE (1907) und, im besonderen die Staphyliniden betreffend, die vorzüglichen Publikationen von HEIDENREICH (1906, 1907) und URBAN (1915). Etwa zur gleichen Zeit wurde auch der Brokken intensiv besammelt: PETRY (1914) sowie HEINEMANN & IHSSEN (1914). In den darauffolgenden Dezennien, etwa bis Mitte der vierziger Jahre, wird die Sammeltradition namentlich durch FEHSE (Thale), BORCHERT (Schönebeck) und WALLIS (Dessau), erfolgreich fortgesetzt. BORCHERT veröffentlichte 1951 sein bekanntes Werk über die Käfer des Magdeburger Raumes, das, wenn auch systematisch-taxonomisch und faunistisch in größeren Teilen überholt, heute noch zu den wichtigsten Nachschlagewerken für die sachsen-anhaltinischen Regionalfaunisten gehört. Die Liste der Staphyliniden verzeichnet für das gesamte Mittelelbegebiet (einschließlich Harz, aber mit Ausschluß des Kreises Naumburg, welcher damals zu Thüringen gehörte) bereits 931 Arten bzw. Unterarten. Die erzielten Fortschritte bei der Artenerfassung waren nicht zuletzt auf parallel laufende Vervollständigungen der systematisch-taxonomischen Kenntnisse zurückzuführen. Erst die konsequente Anwendung der Genitalpräparation ermöglichte es, vor allem in der Unterfamilie Aleocharinae, die einige Taxa mit einem hohen Anteil kleiner z.T. sehr ähnlicher Arten (Athetini, Oxypodini) enthält, Unsicherheiten bei der Artdiagnose im wesentlichen zu beseitigen. Die neuesten Erkenntnisse wurden in LOHSE (1964) und BENICK & LOHSE (1974) berücksichtigt. Zusammen mit den drei Bänden zur Faunistik der Staphyliniden in Mitteleuropa, bearbeitet von HORION (1963, 1965, 1967), waren nunmehr solide Voraussetzungen für die Weiterführung und taxonomisch-nomen-klatorische Überarbeitung des Standes der Arterfassung gegeben.

Für die Erarbeitung der Checkliste für Sachsen-Anhalt stand eine umfangreiche Anzahl faunistischer Daten zur Verfügung, die im Zeitraum der letzten 25 Jahre im wesentlichen von Freizeitentomologen zusammengetragen wurden. Der Autor beschäftigt sich seit Beginn der siebziger Jahre (bevorzugt in der Umgebung Quedlinburgs) mit der Faunistik speziell der Kurzflügler. Frau M. LÜBKE-AL HUSSEIN, die im Rahmen von Forschungsaufgaben an der Universität Halle Artbestände in der Umgebung von Halle und Eisleben mittels Bodenfallen ermittelte, stellte umfangreiche Artenlisten zur Verfügung und war bei der Beschaffung von Fachliteratur hilfreich. M. JUNG sammelte überaus erfolgreich in der Umgebung von Athenstedt/Landkreis Halberstadt. B. HEINZE (Havelberg) sind erste Ergebnisse von Bodenfallenfängen aus den coleopterofaunistisch bislang vernachlässigten Feuchtgebieten der Havelniederung zu verdanken. Die von R. GEITER und W. GRUSCHWITZ (Staßfurt) übermittelte Artenliste (det. J. RUSCH, Altdöbern) stellt einen wichtigen Beitrag zur Staphylinidenfauna einiger Salzstellen dar. Weitere Fundangaben sind W. BÄSE (Wittenberg), K. GRASER (Magdeburg) und H. OHLE (Gatersleben) zu verdanken. Mehr oder weniger umfangreiche Artenlisten konnten auch Veröffentlichungen (VOGEL 1982, FRITZLAR 1990,

HOFMANN 1993, BOTHE 1994, SCHOLZE 1997a SCHOLZE & JUNG 1993, 1994), sowie einer Artenliste, die freundlicherweise H. KLIMA (Sonneberg), der zeitweilig für Sammler aus Sachsen-Anhalt determinierte, zur Verfügung stellte, entnommen werden.

A. KLEEBERG (Berlin) führte im Auftrag der Bundesanstalt für Gewässerschutz in den Jahren 1991/92 entomofaunistische Untersuchungen am Mittellandkanal durch und übermittelte Artenlisten der festgetellten Kurzflügler. Bemerkenswerte Fortschritte bei der Bestandserfassung erbrachten die vom Landesamt für Umweltschutz Halle (Koordinierung P. SCHNITTER) seit 1994 an ausgewählten Standorten von Sachsen-Anhalt durchgeführten systematischen Fallenfänge (SCHOLZE 1996, 1997b, 1998). Vom Regierungspräsidium Halle, Untere Naturschutzbehörde Naumburg (Koordinierung T. PIETSCH), eingeleitete Recherchen in verschiedenen NSG des Unstruttales sowie in den Kreisen Merseburg-Querfurt und Sangerhausen erbrachten neue Informationen über Kurzflüglerbestände in bislang noch nicht bzw. wenig besammelten Landesgebieten. Am Gipfel des Brockens werden seit 1994 unter wissenschaftlicher Betreuung des Nationalparks Hochharz (Koordinierung P. SACHER) Bestandserfassungen zur Arthropodenfauna mit Bodenfallen durchgeführt. Durch weitere Erstfunde konnte dort die Anzahl bislang nachgewiesener Staphylinidenarten auf 140 erhöht werden (SCHOLZE et al. im Druck).

Eine erste Checkliste für unsere Region wurde 1996 im Rahmen der Aufstellung eines vorläufigen Käferverzeichnisses von Deutschland zusammengestellt. Sie diente auch als Grundlage für die Erstellung der Roten Liste der Kurzflügler von Sachsen-Anhalt (SCHOLZE et al. 1998). Die im folgenden präsentierte Liste ist eine Neubearbeitung. Auf dem Gebiet von Sachsen-Anhalt wurden bislang 961 Kurzflüglerarten (71% des Gesamtartenbestandes in Deutschland) aus 18 Unterfamilien hinreichend sicher nachgewiesen, wobei sich der Anteil von Erst- bzw. Wiederfunden nach 1950 auf 756 Arten (78%) beläuft. Es ist allerdings zu berücksichtigen, daß alle Angaben bis 1950 ausschließlich auf publizierten Artenlisten beruhen.

Die Nomenklatur der Arten folgt LOHSE & LUCHT (1989).

Für die Bewertung der Bestandssituation konnten leider nur wenige Angaben aus dem Gebiet nördlich von Magdeburg einbezogen werden. Als sehr selten (ss) wurden Arten eingestuft, die bislang ein bis zweimal in einem oder ganz wenigen Exemplaren nachgewiesen und auch in anderen Bundesländern sowie in der einschlägigen Literatur als selten oder sehr selten eingestuft worden sind.

In der Spalte Nachweis wurden möglichst Meldungen nach 1950 berücksichtigt, da hierfür in jedem Fall Belegexemplare vorhanden sind.

Zusätzliche Abkürzungen in der Tabelle
Nachweis:
LAU Arten, die unter Koordination des Landesamtes für Umweltschutz belegt wurden (vgl. SCHOLZE 1996, 1997b, 1998)
NPHH Arten, die unter Koordination des Nationalparks Hochharz belegt wurden (vgl. SCHOLZE et al. im Druck)

Danksagung
Allen genannten Faunisten sei hier nochmals für ihre Unterstützung herzlichst gedankt. Dank gebührt auch M. UHLIG, M. SCHÜLKE (beide Berlin), L. ZERCHE (Eberswalde), J. VOGEL (Görlitz) und V. ASSING (Hannover) für Überprüfung bzw. Bestimmung einiger schwer unterscheidbarer Arten sowie für faunistische und systematisch-taxonomische Hinweise.

Literatur
BENICK, G., LOHSE, G.A. (1974): Tribus 14 (Callicerini). In: FREUDE, H., HARDE, K.W., LOHSE, G.A. Die Käfer Mitteleuropas Bd. 5, 72-220, Goecke & Evers, Krefeld.

BORCHERT, W. (1951): Die Käferwelt des Magdeburger Raumes. Magd. Forsch. Bd. II, Hrsg.: Rat d. Stadt Magdeburg, Mitteldt. Druck- & Verlagsanst. GmbH Halle(Saale).

FEIGE, C., KÜHLHORN, F. (1924): In der Umgebung von Eisleben gefundene Käfer, welche im Verzeichnis von Eggers nicht aufgeführt sind. Ent. Bl. 20, 17-26.

FRITZLAR, F. (1990): Edaphische Coleopteren- und Collembolengemeineschaften in Flurgehölzen der Mitteldeutschen Agrarlandschaft. Dissert. Math.-Nat. Fak. Päd. Hochschule Köthen.

BOTHE, S. (1994): Untersuchungen zur Erfassung und Bedeutung von Kurzflügelkäfern (Coleoptera, Staphylinidae) unter Berücksichtigung der Blattlauspopulationen in Winterweizen. Dissert. Landwirtsch. Fak. Universität Halle.

EGGERS, H. (1901): Verzeichnis der in der Umgebung von Eisleben beobachteten Käfer. Insektenbörse 18, 110 S.

HEIDENREICH, E. (1906): Verzeichnis der zwischen Saale, Elbe und Mulde beobachteten Staphylinen. Ent. Wochenbl. 23, 194-195, 199.

HEIDENREICH, E. (1907): Verzeichnis der zwischen Saale, Elbe und Mulde beobachteten Staphylinen. Ent. Wochenbl. 24, 8-18.

HEINEMANN, R., IHSSEN, G. (1914): Ein neues Sammelgebiet arktisch-alpiner Käfer. Ent. Bl. 10, 9-12.

HILLECKE, C. (1907): Verzeichnis der Käfer des nördlichen Harzrandes. Hrsg.: Ent. Verein Quedlinburg und Umg., Quedlinburg.

HOFMANN, G. (1993): Kurzflügler (Staphylinidae). In: EBEL, F. & SCHÖNBRODT, R. (Hrsg.) Pflanzen- und Tierarten der Naturschutzobjekte im Saalkreis, 2. Ergänzungsband. Landratsamt des Saalkreises und Landesamt für Umweltschutz, Halle.

HORION, A. (1963): Faunistik der mitteleuropäischen Käfer, Bd. IX Staphylinidae, 1. Teil: Micropeplinae bis Euaesthetinae. Verlagsdruckerei Ph.C.W. Schmidt, Neustadt a.d. Aisch, Überlingen-Bodensee.

HORION, A. (1965): Faunistik der mitteleuropäischen Käfer, Bd. X Staphylinidae, 2. Teil: Paederinae bis Staphylininae. Verlagsdruckerei Ph.C.W. Schmidt, Neustadt a.d. Aisch, Überlingen-Bodensee.

HORION, A. (1967): Faunistik der mitteleuropäischen Käfer, Bd. XI Staphylinidae, 3. Teil: Habrocerinae bis Aleocharinae (ohne Subtribus Athetae). Verlagsdruckerei Ph.C.W. Schmidt, Neustadt a.d. Aisch, Überlingen-Bodensee.

JUNG, M. (1987): Ein weiterer Fund von *Philonthus spinipes* SHP. (Coleoptera, Staphylinidae). Ent. Nachr. Ber. 31, 176-177.

JUNG, M. (1990): Interessante Käferfunde aus verrottendem Gras. Ent. Nachr. Ber. 34, 42-43.

LOHSE, G.A. (1964): Staphylinidae I (Micropeplinae bis Tachyporinae). In: FREUDE, H., HARDE, K.W., LOHSE, G.A. Die Käfer Mitteleuropas Bd. 4, 7-247, Goecke & Evers, Krefeld.

LOHSE, G.A., LUCHT, W.H. (1989): Ergänzungen und Berichtigungen zu Bd. 4 und 5. In FREUDE, H., HARDE, K.W., LOHSE, G.A. Die Käfer Mitteleuropas 1. Supplementband, 121-240, Goecke & Evers, Krefeld.

MESSNER, B. (1970): Zum bemerkenswerten Vorkommen von *Ancyrophorus aureus* FAUVEL (Coleoptera, Staphylinidae) in der Heimkehle (Südharz). Ent. Ber. H. 1, 8-11.

PETRY, A. (1914): Über die Käfer des Brockens unter besonderer Berücksichtigung der biogeographischen Verhältnisse. Ent. Mitt. 3, 11-17, 49-57, 65-72, 97-102.

RAPP, O. (1933): Die Käfer Thüringens unter besonderer Berücksichtigung der faunistisch-ökologischen Geographie I. Bd., Selbstverl., Erfurt.

SCHOLZE, P. (1988): Über *Philonthus sparsus* LUCAS – einen für die DDR neuen Kurzflügler (Col., Staphylinidae). Ent. Nachr. Ber. 32, 182-183.

SCHOLZE, P. (1993): *Aleochara lata* GRAV. – eine neue Adventivart im nordöslichen Harzvorland. Ent. Nachr. Ber. 37, 29-31.

SCHOLZE, P. (1996): Faunistische Untersuchungen in ausgewählten Trockenrasen und Zwergstrauchheiden in Sachsen-Anhalt (Untersuchungsräume Harslebener Berge, Königerode, Rübeland, Klietz, Wulkau und Scharlibbe). Abschlußbericht des Landesamtes für Umweltschutz Sachsen-Anhalt, Mskr. Halle.

SCHOLZE, P. (1997a): Zur Kurzflüglerfauna (Coleoptera, Staphylinidae) unter besonderer Berücksichtigung einiger Trocken- und Feuchtstandorte der unteren Havelniederung. Untere Havel - Naturkundliche Berichte (Stendal) H. 6/7, 111-119.

SCHOLZE, P. (1997b): Faunistische Untersuchungen in ausgewählten Trockenrasen und Zwergstrauchheiden in Sachsen-Anhalt (Untersuchungsräume Eckertal, Wolferode, Wimmelburg und Unstrut-Trias-Land). Abschlußbericht des Landesamtes für Umweltschutz Sachsen-Anhalt, Mskr. Halle.

SCHOLZE, P. (1998): Faunistische Untersuchungen in ausgewählten Trockenrasen und Zwergstrauchheiden in Sachsen-Anhalt (Untersuchungsräume Sonnenberg bei Timmenrode, Mühlenberg bei Thale, Ziegenberg bei Heimburg, Struvenburg bei Benzingerode, Halbtrockenrasen bei Zilly). Abschlußbericht des Landesamtes für Umweltschutz Sachsen-Anhalt, Mskr. Halle.

SCHOLZE, P., JUNG, M. (1993): Beiträge zur Faunistik der Kurzflügler (Coleoptera, Staphylinidae) in Nordharz und Vorland I. Unterfamilien Micropeplinae bis Tachyporinae. Ent. Nachr. Ber. 37, 225-234.

SCHOLZE, P., JUNG, M. (1994): Beiträge zur Faunistik der Kurzflügler (Coleoptera, Staphylinidae) in Nordharz und Vorland II. Unterfamilie Aleocharinae. Ent. Nachr. Ber. 38, 7-12.

SCHOLZE, P., LÜBKE-AL HUSSEIN, M., JUNG, M. (1998): Rote Liste der Kurzflügler des Landes Sachsen-Anhalt. Ber. Landesamt. Umweltsch. Sachsen-Anhalt, 30, 30-43.

SCHOLZE, P., UHLIG, M., VOGEL, J. (1999): Kommentierte Artenliste der Kurzflügler des Brockens. Abh. u. Ber. für Naturkd. 22, Magdeburg.

UHLIG, M. (1981): Coleoptera, Familie Staphylinidae-Kurzflügler, Raubkäfer. In: Stresemann, E. Exkursionsfauna Bd. 2/1 Wirbellose, Insekten 1. Teil, 224-243, Volk und Wissen Verlag Berlin.

URBAN, C. (1915): Verzeichnis der in der Umgebung von Magdeburg aufgefundenen Staphyliniden. Mitt. Ent. Ges. Halle H. 8/9, 12-39.

VOGEL, J. (1982): Ökofaunistische Untersuchungen an der Staphylinidenfauna (Coleoptera, Staphylinidae) des Hakelwaldes im Bezirk Halle/S. (DDR). Hercynia N.F. 19, 146-170.

Anschrift des Verfassers
Dr. Paul Scholze
Albert-Schweitzer-Straße 8
D - 06484 Quedlinburg

Art	BS	RL	Bm	Nachweis
Achenium depressum (GRAVENHORST, 1802)	ss	1		1996 LÜBKE-AL HUSSEIN
Achenium humile (NICOLAI, 1822)	s			SCHOLZE, JUNG 1993
Acidota crenata (F., 1792)	v			1994 NPHH
Acidota cruentata (MANNERHEIM, 1831)	h			1994 NPHH
Acrotona aterrima (GRAVENHORST, 1802)	h			1976 JUNG
Acrotona exigua ERICHSON, 1837	s	1		RAPP 1933
Acrotona muscorum (BRISOUT, 1860)	A	0		BORCHERT 1951
Acrotona parvula (MANNERHEIM, 1831)	s	3		VOGEL 1982
Acrotona pygmaea (GRAVENHORST, 1802)	v			1975 SCHOLZE
Acrotona silvicola KRAATZ, 1856	s	2		SCHOLZE, JUNG 1994
Acrulia inflata (GYLLENHAL, 1813)	v			1983 SCHOLZE
Acylophorus glaberrimus (HERBST, 1784)	A	0		RAPP (1933)
Alaobia scapularis (SAHLBERG, 1831)	v	2		1994 LAU
Aleochara albovillosa BERNHAUER, 1901	s			1978 JUNG
Aleochara bilineata GYLLENHAL, 1810	h			1995 LAU
Aleochara binotata KRAATZ, 1856	s	3		1997 LÜBKE-AL HUSSEIN
Aleochara bipustulata (L., 1761)	h			1995 LAU
Aleochara brevipennis GRAVENHORST, 1806	v			HOFMANN 1993
Aleochara cuniculorum KRAATZ, 1858	s	2		URBAN 1915
Aleochara curtula (GOEZE, 1777)	h			1969 SCHOLZE
Aleochara erythroptera GRAVENHORST, 1806	A	0		HILLECKE 1907
Aleochara fumata GRAVENHORST, 1802	A	0		HEIDENREICH 1906
Aleochara heeri LIKOVSKY, 1982	A	0		HILLECKE 1907
Aleochara inconspicua AUBÉ, 1850	s	2		SCHOLZE, JUNG 1994
Aleochara intricata MANNERHEIM, 1831	v			1991 GRASER
Aleochara kamila LIKOVSKY, 1984	A	0		BORCHERT 1951
Aleochara laevigata GYLLENHAL, 1810	h			1974 SCHOLZE
Aleochara lanuginosa GRAVENHORST, 1802	v			1992 GRASER
Aleochara lata GRAVENHORST, 1802	v		P	SCHOLZE, JUNG 1994
Aleochara laticornis KRAATZ, 1856	A	0		RAPP 1933
Aleochara lygaea KRAATZ, 1862	s			SCHOLZE, JUNG 1994
Aleochara major FAIRMAIRE, 1857	s	2		1995 JUNG
Aleochara moerens GYLLENHAL, 1827	s	2		1991 BÄSE
Aleochara moesta GRAVENHORST, 1802	A	0		HILLECKE 1907
Aleochara peusi WAGNER, 1949	A	0		1921 HEIDENREICH
Aleochara puberula KLUG, 1833	s	1		SCHOLZE, JUNG 1994
Aleochara ruficornis GRAVENHORST, 1802	v			1997 OHLE
Aleochara sanguinea (L., 1758)	s	1		URBAN 1915
Aleochara sparsa HEER, 1839	h			1997 OHLE
Aleochara tristis GRAVENHORST, 1806	s	1		1992 KLEEBERG
Aleochara vagepunctata KRAATZ, 1856	A	0		URBAN 1915
Aleochara villosa MANNERHEIM, 1831	v			1992 GRASER

Art	BS	RL	Bm	Nachweis
Alevonota egregia (REY, 1875)	s	1		HOFMANN 1993
Alevonota gracilenta (ERICHSON, 1839)	v	2		1989 SCHOLZE
Alevonota rufotestacea (KRAATZ, 1856)	s	2		FRITZLAR 1990
Alianta incana (ERICHSON, 1837)	v	P		1991 GRASER
Aloconota cambrica (WOLLASTON, 1855)	A	0		URBAN 1915
Aloconota currax (KRAATZ, 1856)	s	2		1995 JUNG
Aloconota debilicornis (ERICHSON, 1839)	A	0		RAPP 1933
Aloconota eichhoffi (SCRIBA, 1867)	A	0		BORCHERT 1951
Aloconota gregaria (ERICHSON, 1839)	h			1975 SCHOLZE
Aloconota insecta (THOMSON, 1856)	v			1992 SCHOLZE
Aloconota languida (ERICHSON, 1837)	s	1		1995 HEINZE
Aloconota longicollis (MULSANT et REY, 1852)	s	1		1996 LÜBKE-AL HUSSEIN
Aloconota planifrons (WATERHOUSE, 1864)	s	1		1996 LAU
Aloconota sulcifrons (STEPHENS, 1832)	s	1		1996 JUNG
Amarochara forticornis (BOISDUVAL et LACORDAIRE, 1835)	v	2		SCHOLZE, JUNG 1994
Amarochara umbrosa (ERICHSON, 1837)	A	0		HILLECKE 1907
Amidobia talpa (HEER, 1841)	v			1989 JUNG
Amischa analis (GRAVENHORST, 1802)	h			1992 LÜBKE-AL HUSSEIN
Amischa cavifrons (SHARP, 1869)	s	2		SCHOLZE, JUNG 1994
Amischa decipiens (SHARP, 1869)	v			VOGEL 1982
Amischa soror (KRAATZ, 1856)	v			SCHOLZE, JUNG 1994
Anomognathus cuspidatus (ERICHSON, 1839)	v			1981 JUNG
Anotylus affinis (CZWALINA, 1870)	ss			1998 FISCHER
Anotylus clypeonitens PANDELLÉ, 1867	A	0		HILLECKE 1907
Anotylus complanatus ERICHSON, 1839	v			1995 SCHOLZE
Anotylus hamatus FAIRMAIRE et LABOULBÉNE, 1856	ss	1		1958 ERMISCH
Anotylus insecatus GRAVENHORST, 1806	v			1976 SCHOLZE
Anotylus inustus GRAVENHORST, 1806	v			SCHOLZE, JUNG 1993
Anotylus mutator LOHSE, 1963	v			VOGEL 1982
Anotylus nitidulus GRAVENHORST, 1802	s	1		FRITZLAR 1990
Anotylus rugifrons HOCHHUTH, 1849	s	1		HOFMANN 1993
Anotylus rugosus (F., 1775)	g			1973 SCHOLZE
Anotylus rugosus pulcher (GRAVENHORST, 1806)	h			1980 SCHOLZE
Anotylus saulcyi PANDELLÉ, 1867	s	1		1985 SCHÖNE
Anotylus sculpturatus GRAVENHORST, 1806	h			1973 SCHOLZE
Anotylus tetracarinatus (BLOCK, 1799)	h			1978 JUNG
Anthophagus angusticollis (MANNERHEIM 1831)	v			1983 RUDOLPH
Anthophagus bicornis (BLOCK, 1799)	v	2		1981 JUNG
Anthophagus caraboides (L., 1758)	s	1		1982 JUNG
Anthophagus omalinus ZETTERSTEDT, 1828	ss	0		HORION 1963
Anthophagus praeustus MÜLLER, 1821	s			HILLECKE 1907
Aploderus caelatus (GRAVENHORST, 1802)	v			1973 SCHOLZE
Aploderus caesus (ERICHSON, 1839)	s	2		1997 LÜBKE-AL HUSSEIN
Arpedium quadrum (GRAVENHORST, 1806)	v	2		1981 JUNG
Astenus gracilis (PAYKULL, 1789)	v			1981 JUNG
Astenus immaculatus STEPHENS, 1833	A	0		BORCHERT 1951
Astenus longelytratus PALM, 1936	s	1		HOFMANN 1993
Astenus procerus (GRAVENHORST, 1806)	v	3		1991 BÄSE
Astenus pulchellus (HEER, 1839)	v	3		SCHOLZE, JUNG 1993
Atheta aegra (HEER, 1841)	v	2		1991 LÜBKE-AL HUSSEIN
Atheta aeneicollis SHARP, 1869	v			1994 NPHH

Art	BS	RL	Bm	Nachweis
Atheta aeneipennis THOMSON, 1856	A	0		HILLECKE 1907
Atheta amicula (STEPHENS, 1832)	s	1		1982 JUNG
Atheta amplicollis (MULSANT et REY, 1873)	s	P		HOFMANN 1993
Atheta aquatica (THOMSON, 1852)	s	1		1995 OHLE
Atheta arctica (THOMSON, 1856)	v	2		1983 JUNG
Atheta atramentaria (GYLLENHAL, 1810)	v	P		VOGEL 1982
Atheta autumnalis (ERICHSON, 1839)	A	0		RAPP 1933
Atheta basicornis (MULSANT et REY, 1852)	A	0		RAPP 1933
Atheta boehmei LINKE, 1934	ss	1	R	SCHOLZE, JUNG 1994
Atheta boletophila (THOMSON, 1856)	ss	1		URBAN 1915
Atheta britanniae BERNHAUER, 1926	h			1989 SCHOLZE
Atheta brunneipennis (THOMSON, 1852)	v			1989 SCHOLZE
Atheta cadaverina (BRISOUT, 1860)	v			SCHOLZE, JUNG 1994
Atheta canescens (SHARP, 1869)	s	1		1997 OHLE
Atheta castanoptera (MANNERHEIM, 1831)	s	1		HILLECKE 1907
Atheta cauta (ERICHSON, 1837)	A	0		URBAN 1915
Atheta celata (ERICHSON, 1837)	v			1982 JUNG
Atheta cinnamoptera (THOMSON, 1856	v			1984 SCHOLZE
Atheta clientula (ERICHSON, 1839)	A	0		BORCHERT 1951
Atheta coriaria (KRAATZ, 1856)	v			1993 GRASER
Atheta corvina (THOMSON, 1856)	s	3		1983 JUNG
Atheta crassicornis (F., 1792)	h			1995 LAU
Atheta cribrata (KRAATZ, 1856)	A	0		BORCHERT 1951
Atheta dadopora (THOMSON, 1867)	v			1989 JUNG
Atheta debilis (ERICHSON, 1837)	s	1		1992 GRASER
Atheta deformis (KRAATZ, 1856)	s	1		1989 JUNG
Atheta dilaticornis (KRAATZ, 1856)	A	0		HILLECKE 1907
Atheta divisa (MÄRKEL, 1844)	v			HILLECKE 1907
Atheta elongatula (GRAVENHORST, 1802)	h			1996 LAU
Atheta episcopalis BERNHAUER, 1910	v			1976 JUNG
Atheta ermischi G. BENICK, 1934	A	0		BORCHERT 1951
Atheta europaea LIKOVSKY, 1984	v			1996 PIETSCH
Atheta euryptera (STEPHENS, 1832)	A	0		URBAN 1915
Atheta excellens (KRAATZ, 1856)	A	0		BORCHERT 1951
Atheta fehsei G. BENICK, 1970	A	0		BENICK, LOHSE 1974
Atheta fimorum (BRISOUT, 1860)	A	0		RAPP 1933
Atheta fungi (GRAVENHORST, 1806)	g			1995 LAU
Atheta fungicola (THOMSON, 1852)	ss	0		SCHOLZE, JUNG 1994
Atheta fungivora (THOMSON, 1867)	s	1		1997 LÜBKE-AL HUSSEIN
Atheta gagatina (BAUDI, 1848)	v			1995 LAU
Atheta ganglbaueri BRUNDIN, 1948	ss	1		SCHOLZE, JUNG 1994
Atheta graminicola (GRAVENHORST, 1806)	h			1997 LAU
Atheta gyllenhali (THOMSON, 1856)	A	0		BORCHERT 1951
Atheta hansseni STRAND, 1943	s	1		VOGEL 1982
Atheta harwoodi WILLIAMS, 1930	v			SCHOLZE, JUNG 1994
Atheta heymesi HUBENTHAL, 1913	s	1		1986 NAUMANN
Atheta hybrida (SHARP, 1869)	v	2		1995 OHLE
Atheta hygrotopora (KRAATZ, 1856)	v			1982 JUNG
Atheta hypnorum (KIESENWETTER, 1850)	v	2		1994 NPHH
Atheta incognita (SHARP, 1869)	A	0		1993 NPHH
Atheta indubia (SHARP, 1869)	A	0		RAPP 1933
Atheta inquinula (GRAVENHORST, 1802)	s	2		1982 JUNG

Art	BS	RL	Bm	Nachweis
Atheta intermedia (THOMSON, 1852)	v			1992 PIETSCH
Atheta laevana (MULSANT et REY, 1852)	v	2		SCHOLZE, JUNG 1994
Atheta laticeps (THOMSON, 1856)	A	0		1909 HEIDENREICH
Atheta laticollis (STEPHENS, 1832)	v			1978 JUNG
Atheta liliputana BRISOUT, 1860	A	0		RAPP 1933
Atheta liturata (STEPHENS, 1832)	A	0		BORCHERT 1951
Atheta longicornis (GRAVENHORST, 1802)	v			1974 SCHOLZE
Atheta luridipennis (MANNERHEIM, 1831)	v			1995 LÜBKE-AL HUSSEIN
Atheta luteipes (ERICHSON, 1837)	s	2		1996 SCHOLZE
Atheta malleus JOY, 1913	h			1982 JUNG
Atheta marcida (ERICHSON, 1837)	h			1995 LAU
Atheta melanaria (MANNERHEIM, 1831)	s	1		HEIDENREICH 1906
Atheta melanocera (THOMSON, 1856)	s	0		1995 SCHOLZE
Atheta monticola (THOMSON, 1852)	A	0		1936 FEHSE
Atheta mortuorum THOMSON, 1867	A	0		BORCHERT 1951
Atheta myrmecobia (KRAATZ, 1856)	v	2		HOFMANN 1993
Atheta nidicola (JOHANSEN, 1914)	s	1		1990 BÄSE
Atheta nigra (KRAATZ, 1856)	h			1975 SCHOLZE
Atheta nigricornis (THOMSON, 1852)	v			1997 OHLE
Atheta nigripes (THOMSON, 1852)	s	1		1981 SCHOLZE
Atheta nigritula (GRAVENHORST, 1802)	A	0		HILLECKE 1907
Atheta oblita (ERICHSON, 1839)	v	P		1989 JUNG
Atheta obtusangula JOY, 1913	A	0		BORCHERT 1951
Atheta occulta (ERICHSON, 1837)	v			HOFMANN 1993
Atheta orbata (ERICHSON, 1837)	v			1992 LÜBKE-AL HUSSEIN
Atheta orphana (ERICHSON, 1837)	v	3		1992 LÜBKE-AL HUSSEIN
Atheta palleola (ERICHSON, 1837)	A	0		HEIDENREICH 1907
Atheta pallidicornis (THOMSON, 1856)	v	2		1988 JUNG
Atheta palustris (KIESENWETTER, 1844)	v	2		1997 LAU
Atheta paracrassicornis BRUNDIN, 1954	s	1		SCHOLZE, JUNG 1994
Atheta picipes (THOMSON, 1856)	v			1995 OHLE
Atheta pilicornis (THOMSON, 1852)	A	0		HILLECKE 1907
Atheta pittionii SCHEERPELTZ, 1950	v			1975 SCHOLZE
Atheta putrida (KRAATZ, 1856)	v			1995 OHLE
Atheta ravilla (ERICHSON, 1839)	h			1974 SCHOLZE
Atheta ripicola HANSSEN, 1932	A	0		BENICK. LOHSE 1974
Atheta sequanica (BRISOUT, 1856)	s	2		1991 GRASER
Atheta sodalis (ERICHSON, 1837)	v			1997 LAU
Atheta sordidula (ERICHSON, 1837)	v	1		1987 SCHOLZE
Atheta subsinuata (ERICHSON, 1839)	A	0		URBAN 1915
Atheta subtilis (SCRIBA, 1866)		1		URBAN 1915
Atheta terminalis (GRAVENHORST, 1806)	s	1		1997 LAU
Atheta tmolosensis BERNHAUER, 1940	ss			1997 LAU
Atheta testaceipes HEER, 1841	A	0		RAPP 1933
Atheta tibialis (HEER, 1841)	h		V	1994 NPHH
Atheta triangulum (KRAATZ, 1856)	h			1995 LAU
Atheta trinotata (KRAATZ, 1856)	h			1975 SCHOLZE
Atheta vilis (ERICHSON, 1837)	s			1998 LAU
Atheta volans (SCRIBA, 1859)	s	1		BORCHERT 1951
Atheta xanthopus (THOMSON, 1856)	s	3		SCHOLZE, JUNG 1994
Atheta zosterae (THOMSON, 1856)	s	1		1987 SCHOLZE
Atrecus affinis (PAYKULL, 1789)	v			1977 JUNG

Art	BS	RL	Bm	Nachweis
Atrecus longiceps (FAUVEL, 1872)	v	3	V	SCHOLZE, JUNG 1993
Autalia impressa (OLIVIER, 1795)	v			1997 LAU
Autalia rivularis (GRAVENHORST, 1802)	v			1997 LAU
Bledius atricapillus (GERMAR, 1825)	A	0		1896 FEUERSTACKE
Bledius baudii FAUVEL, 1870	s	1		1992 SCHOLZE
Bledius bicornis (GERMAR, 1822)	s	1		1989 GEITER, GRUSCHWITZ
Bledius crassicollis BOISDUVAL et LACORDAIRE, 1835	A	0		HILLECKE 1907
Bledius cribricollis HEER, 1839	A	0		RAPP 1933
Bledius denticollis FAUVEL, 1870	A	0		1884 QUEDENFELDT
Bledius erraticus ERICHSON, 1839	v	3		SCHOLZE, JUNG 1993
Bledius femoralis (GYLLENHAL, 1827)		1		1919 MAERTENS
Bledius furcatus (OLIVIER, 1811)	s	0		1986 GRUSCHWITZ
Bledius gallicus (GRAVENHORST, 1806)	v	3		1995 HEINZE
Bledius limicola TOTTENHAM, 1940	s	1		1983 GEITER, GRUSCHWITZ
Bledius longulus ERICHSON, 1839	A	0		1896 POHL
Bledius nanus ERICHSON, 1840	A	0		1896 FEUERSTACKE
Bledius opacus (BLOCK, 1799)	v			1978 JUNG
Bledius pallipes (GRAVENHORST, 1806)	A	0		URBAN 1915
Bledius procerulus ERICHSON, 1840	v	2		1995 LAU
Bledius pusillus ERICHSON, 1839	A	0		1941 FEHSE
Bledius pygmaeus ERICHSON, 1839	s	2	R	1995 LAU
Bledius spectabilis KRAATZ, 1857	A	0		1919 FEIGE
Bledius subterraneus ERICHSON, 1839	A	0		URBAN 1915
Bledius talpa (GYLLENHAL, 1810)	A	0		1883 WAHNSCHAFFE
Bledius tricornis (HERBST, 1784)	v			SCHOLZE, JUNG 1993
Bledius unicornis (GERMAR, 1825)	s	1	V	1989 GEITER, GRUSCHWITZ
Bolitobius castaneus (STEPHENS, 1832)	v			SCHOLZE, JUNG 1993
Bolitobius cingulatus (MANNERHEIM, 1831)	v			SCHOLZE, JUNG 1993
Bolitobius formosus (GRAVENHORST, 1806)	s	1		1987 SCHMIEDTCHEN
Bolitobius inclinans (GRAVENHORST, 1806)	v			SCHOLZE, JUNG 1993
Bolitochara bella MÄRKEL, 1844	s	1		1996 SCHOLZE
Bolitochara lucida (GRAVENHORST, 1802)	s	1		SCHOLZE, JUNG 1994
Bolitochara mulsanti SHARP, 1875	v			SCHOLZE, JUNG 1994
Bolitochara obliqua ERICHSON, 1837	h			1990 GRASER
Bolitochara pulchra (GRAVENHORST, 1806)	v			1995 SCHOLZE
Borboropora kraatzii FUSS, 1862	ss	1		1953 DORN
Boreophilia hercynia RENKONEN, 1936	s	2		1994 NPHH
Brachida exigua (HEER, 1839)	v	3		HOFMANN 1993
Brachyusa concolor (ERICHSON, 1839)	s	1		1989 RUDOLPH
Brundinia marina (MULSANT et REY, 1853)	A	0		BORCHERT 1951
Brundinia meridionalis (MULSANT et REY, 1853)	ss	1		1983 JUNG
Bryoporus cernuus (GRAVENHORST, 1806)	v			HOFMANN 1993
Bryoporus crassicornis (MÄRKLIN, 1847)	s	1		SCHOLZE, JUNG 1993
Bryoporus rufus (ERICHSON, 1839)	s	1		1996 NPHH
Callicerus obscurus GRAVENHORST, 1802	v	3		VOGEL 1982
Callicerus rigidicornis (ERICHSON, 1839)	A	0		URBAN 1915
Calodera aethiops (GRAVENHORST, 1802)	s	1		1997 LAU
Calodera nigrita MANNERHEIM, 1831	s	1		SCHOLZE, JUNG 1994
Calodera protensa MANNERHEIM, 1831	s	1		1989 JUNG
Calodera riparia ERICHSON, 1837	s	1		1989 JUNG
Calodera rufescens KRAATZ, 1856	A	0		1916 BISCHOFF
Calodera uliginosa ERICHSON, 1837	v	1		1996 LAU

Art	BS	RL	Bm	Nachweis
Carpelimus bilineatus (STEPHENS, 1834)	v			1991 LÜBKE-AL HUSSEIN
Carpelimus corticinus (GRAVENHORST, 1806)	h			1991 LÜBKE-AL HUSSEIN
Carpelimus elongatulus ERICHSON, 1839	h			1991 LÜBKE-AL HUSSEIN
Carpelimus exiguus ERICHSON, 1839	A	0		URBAN 1915
Carpelimus foveolatus (SAHLBERG, 1832)	v			1989 GEITER
Carpelimus fuliginosus (GRAVENHORST, 1802)	A	0		1908 URBAN
Carpelimus gracilis (MANNERHEIM, 1831)	s	1		HOFMANN 1993
Carpelimus halophilus (KIESENWETTER, 1844)	s	2		1989 GEITER
Carpelimus heidenreichi (L. BENICK, 1934)	A	0		1928 HEIDENREICH
Carpelimus impressus BOISDUVAL et LACORDAIRE, 1835	v			SCHOLZE, JUNG 1993
Carpelimus lindrothi PALM, 1942	v	2		SCHOLZE, JUNG 1993
Carpelimus nitidus BAUDI, 1848	s	0		1914 BISCHOFF
Carpelimus obesus KIESENWETTER, 1844	v	1		SCHOLZE, JUNG 1993
Carpelimus pusillus (GRAVENHORST, 1802)	s	1		SCHOLZE, JUNG 1993
Carpelimus rivularis MOTSCHULSKY, 1860	h			1982 SCHOLZE
Carpelimus subtilis ERICHSON, 1839	A	0		1850 KIESENWETTER
Carphacis striatus (OLIVIER, 1794)	s	1		1985 GRASER
Chloeocharis debilicornis WOLLASTON, 1857	s	1		SCHOLZE, JUNG 1993
Cilea silphoides (L., 1767)	v			SCHOLZE, JUNG 1993
Coprophilus piceus (SOLSKY, 1867)	A	0		HEIDENREICH 1907
Coprophilus striatulus (F., 1792)	v			1978 JUNG
Cordalia obscura (GRAVENHORST, 1802)	h			1975 SCHOLZE
Coryphium angusticolle STEPHENS, 1834	v			1996 NPHH
Crataraea suturalis (MANNERHEIM, 1831)	v			1992 GRASER
Creophilus maxillosus (L., 1758)	v			1988 BÄSE
Cryptobium fracticorne (PAYKULL, 1800)	v			1996 LAU
Cypha discoidea ERICHSON, 1839	s	2		SCHOLZE, JUNG 1994
Cypha laeviuscula MANNERHEIM, 1831	s	1		SCHOLZE, JUNG 1994
Cypha longicornis (PAYKULL, 1800)	v			1994 LÜBKE-AL HUSSEIN
Cypha pulicaria (ERICHSON, 1839)	s	1		SCHOLZE, JUNG 1994
Cypha seminulum ERICHSON, 1839	A	0		RAPP 1933
Cyphaea curtula (ERICHSON, 1837)	s	1		1992 GRASER
Dacrila fallax (KRAATZ, 1856)	A	0		FEIGE, KÜHLHORN 1924
Dadobia immersa (ERICHSON, 1837)	s	2		SCHOLZE, JUNG 1994
Dasygnypeta velata (ERICHSON, 1837)	s	1		SCHOLZE, JUNG 1994
Deinopsis erosa (STEPHENS, 1832)	s	1		1990 BÄSE
Deleaster dichrous (GRAVENHORST, 1802)	s	P		1972 JUNG
Deliphrum algidum ERICHSON, 1840	A	0		BORCHERT 1951
Deubelia picina (AUBÉ, 1850)	v			SCHOLZE, JUNG 1994
Devia prospera (ERICHSON, 1839)	A	0		HEIDENREICH 1906
Dexiogya corticina (ERICHSON, 1837)	v	3		1977 JUNG
Dianous coerulescens (GYLLENHAL, 1810)	s	1		1995 JUNG
Dinaraea aequata (ERICHSON, 1837)	v			1989 GRASER
Dinaraea angustula (GYLLENHAL, 1810)	v			1995 LAU
Dinaraea linearis (GRAVENHORST, 1802)	s			1990 BÄSE
Dinarda dentata (GRAVENHORST, 1806)	v			1996 LAU
Dinarda hagensi WASMANN, 1889	s	1		SCHOLZE, JUNG 1994
Dinarda maerkelii (KIESENWETTER, 1843)	A	0		HILLECKE 1907
Dinothenarus pubescens (DE GEER, 1774)	s	1		1993 SCHÖNE
Dochmonota clancula (ERICHSON, 1839)	A	0		URBAN 1915
Dochmonota rudiventris (EPPELSHEIM, 1886)	A	0		BENICK, LOHSE 1974

Art	BS	RL	Bm	Nachweis
Domene scabricollis (ERICHSON, 1840)	v			1973 SCHOLZE
Drusilla canaliculata (F., 1787)	h			1995 LAU
Elonium minuta (OLIVIER, 1795)	v			1976 JUNG
Elonium pliginskii BERNHAUER, 1913	s	1		1984 GRASER
Elonium sulcula (STEPHENS, 1834)	v	3		SCHOLZE, JUNG 1993
Emus hirtus (L., 1758)	A	0		URBAN 1915
Enalodroma hepatica (ERICHSON, 1839)	v			1994 OHLE
Encephalus complicans STEPHENS, 1832	s	P		1992 LÜBKE-AL HUSSEIN
Erichsonius cinerascens (GRAVENHORST, 1802)	v			1991 SCHOLZE
Erichsonius signaticornis (MULSANT et REY, 1863)	s	1		1983 JUNG
Euaesthetus bipunctatus (LJUNGH, 1804)	s	1		1989 GEITER
Euaesthetus laeviusculus MANNERHEIM, 1844	v			1987 BÄSE
Euaesthetus ruficapillus BOISDUVAL et LACORDAIRE, 1835	v			1989 JUNG
Euaesthetus superlatus PEYERIMHOFF, 1937	s	1		HOFMANN 1993
Eucnecosum brachypterum (GRAVENHORST, 1802)	h			1994 NPHH
Euryporus picipes (PAYKULL, 1800)	v	2		HOFMANN 1993
Euryusa castanoptera KRAATZ, 1856	A	0		URBAN 1915
Euryusa coarctata MÄRKEL, 1844	A	0		1927 HEIDENREICH
Euryusa optabilis HEER, 1839	s	1		SCHOLZE, JUNG 1994
Euryusa sinuata ERICHSON, 1837	A	0		HEIDENREICH 1907
Eusphalerium luteum (MARSHAM, 1802)	s	2		HILLECKE 1907
Eusphalerum abdominale (GRAVENHORST, 1806)	v			1973 SCHOLZE
Eusphalerum alpinum (HEER, 1838)	A	0		PETRY 1914
Eusphalerum anale (ERICHSON, 1840)	v	2		1994 NPHH
Eusphalerum atrum (HEER, 1838)	v	2		SCHOLZE, JUNG 1993
Eusphalerum florale (PANZER, 1793)	s	2		1979 JUNG
Eusphalerum limbatum (ERICHSON, 1840)	A	0		BORCHERT 1951
Eusphalerum longipenne (ERICHSON, 1839)	s	2		BORCHERT 1951
Eusphalerum marshami (FAUVEL, 1868)	A	0		PETRY 1914
Eusphalerum minutum (F., 1792)	h			1982 SCHOLZE
Eusphalerum primulae (STEPHENS, 1834)	s	1		SCHOLZE, JUNG 1993
Eusphalerum pseudaucupariae (STRAND, 1916)	A	0		PETRY 1914
Eusphalerum rectangulum (FAUVEL, 1869)	v			1981 SCHOLZE
Eusphalerum signatum (MÄRKEL, 1857)	s	1		1983 JUNG
Eusphalerum sorbi (GYLLENHAL, 1810)	s			1976 JUNG
Eusphalerum stramineum (KRAATZ, 1857)	s	2		BORCHERT 1951
Eusphalerum torquatum (MARSHAM, 1802)	s	1		SCHOLZE, JUNG 1993
Falagria caesa (ERICHSON, 1837)	s	P		HILLECKE 1907
Falagria nigra (GRAVENHORST, 1802)	v	3		1995 LAU
Falagria sulcatula (GRAVENHORST, 1806)	s	1		1992 LÜBKE-AL HUSSEIN
Falagrioma thoracica (CURTIS, 1833)	v			1992 KLEEBERG
Gabrius astutus (ERICHSON, 1840)	s	1		URBAN 1915
Gabrius exiguus (NORDMANN, 1837)	A	0		1883 WAHNSCHAFFE
Gabrius lividipes (BAUDI, 1848)	A	0		BORCHERT 1951
Gabrius nigritulus (GRAVENHORST, 1802)	v			1978 JUNG
Gabrius osseticus KOLENATI, 1846	v			1992 LÜBKE-AL HUSSEIN
Gabrius pennatus SHARP, 1910	v			1983 PIETSCH
Gabrius splendidulus (GRAVENHORST, 1807)	h			1973 SCHOLZE
Gabrius subnigritulus (REITTER, 1909)	h			SCHOLZE, JUNG 1993
Gabrius trossulus (NORDMANN, 1837)	v			SCHOLZE, JUNG 1993
Gabrius velox SHARP, 1910	s	1		SCHOLZE, JUNG 1993

Art	BS	RL	Bm	Nachweis
Gabronthus thermarum (AUBÉ, 1850)	A	0		1944 HEIDENREICH
Gauropterus fulgidus (F., 1787)	v			1991 SCHOLZE
Geodromicus nigrita (MÜLLER, 1821)	v	2		SCHOLZE, JUNG 1993
Geodromicus plagiatus (F., 1798)	A	0		1908 HUBENTHAL
Geostiba circellaris (GRAVENHORST, 1806)	h			1997 LAU
Gnypeta carbonaria (MANNERHEIM, 1831)	v			1982 JUNG
Gnypeta ripicola (KIESENWETTER, 1844)	A	0		HEIDENREICH 1906
Gnypeta rubrior TOTTENHAM, 1939	s	1		SCHOLZE, JUNG 1994
Gymnusa brevicollis (PAYKULL, 1800)	s	1		1994 NPHH
Gymnusa variegata KIESENWETTER, 1845	s	1		1994 NPHH
Gyrohypnus angustatus STEPHENS, 1833	v			HILLECKE 1907
Gyrohypnus atratus (HEER, 1839)	s	1		SCHOLZE, JUNG 1993
Gyrohypnus fracticornis (MÜLLER, 1776)	v			1975 SCHOLZE
Gyrohypnus liebei SCHEERPELTZ, 1926	h			1976 SCHOLZE
Gyrohypnus scoticus JOY, 1913	h			1974 SCHOLZE
Gyrophaena affinis MANNERHEIM, 1831	v			1980 JUNG
Gyrophaena angustata (STEPHENS, 1832)	s			1995 SCHOLZE
Gyrophaena bihamata THOMSON, 1867	v			1981 JUNG
Gyrophaena boleti (L., 1758)	v			SCHOLZE, JUNG 1994
Gyrophaena fasciata (MARSHAM, 1802)	s	1		SCHOLZE, JUNG 1994
Gyrophaena gentilis ERICHSON, 1839	h			SCHOLZE, JUNG 1994
Gyrophaena joyioides WÜSTHOFF, 1937	v			1981 JUNG
Gyrophaena lucidula ERICHSON, 1837	s	1		1994 LÜBKE-AL HUSSEIN
Gyrophaena minima ERICHSON, 1837	s	1		SCHOLZE, JUNG 1994
Gyrophaena nana (PAYKULL, 1800)	s	1		1981 JUNG
Gyrophaena polita (GRAVENHORST, 1802)	A	0		HILLECKE 1907
Gyrophaena poweri CROTCH, 1866	A	0		BORCHERT 1951
Gyrophaena pulchella HEER, 1839	s	1		SCHOLZE, JUNG 1994
Gyrophaena strictula ERICHSON, 1839	s	1		1988 JUNG
Habrocerus capillaricornis (GRAVENHORST, 1806)	v			1991 LÜBKE-AL HUSSEIN
Hapalaraea pygmaea (PAYKULL, 1800)	s	1		1883 WAHNSCHAFFE
Haploglossa gentilis (MÄRKEL, 1844)	s	1		URBAN 1915
Haploglossa marginalis (GRAVENHORST, 1806)	s	1		URBAN 1915
Haploglossa nidicola (FAIRMAIRE, 1852)	s	1		URBAN 1915
Haploglossa picipennis (GYLLENHAL, 1827)	A	0		1930 HEIDENREICH
Haploglossa villosula (STEPHENS, 1832)	s	1		SCHOLZE, JUNG 1994
Hesperus rufipennis (GRAVENHORST, 1802)	A	0		HEIDENREICH 1907
Heterothops dissimilis (GRAVENHORST, 1802)	h			1992 LÜBKE-AL HUSSEIN
Heterothops niger KRAATZ, 1868	h			SCHOLZE, JUNG 1993
Heterothops praevius ERICHSON, 1839	v			1979 JUNG
Heterothops quadripunctulus (GRAVENHORST, 1806)	v			1995 LAU
Heterothops stiglundbergi ISRAELSON, 1979	s	1		1986 GRASER
Holobus flavicornis (BOISDUVAL et LACORDAIRE, 1835)	s	1		1989 JUNG
Homalota plana (GYLLENHAL, 1810)	v			1994 NPHH
Homoeusa acuminata (MÄRKEL, 1842)	A	0		1883 WAHNSCHAFFE
Hydrosmecta fluviatilis (KRAATZ, 1854)	A	0		RAPP 1933
Hydrosmecta fragilis (KRAATZ, 1854)	A	0		RAPP 1933
Hydrosmecta longula HEER, 1839	s	1		1995 SCHOLZE
Hygronoma dimidiata (GRAVENHORST, 1806)	v	2		1990 BÄSE
Hygropora cunctans (ERICHSON, 1837)	A	0		HEIDENREICH 1906
Hypnogyra glaber (NORDMANN, 1837)	v	2		1992 BÄSE

Art	BS	RL	Bm	Nachweis
Ilyobates nigricollis (PAYKULL, 1800)	s	1		HOFMANN 1993
Ilyobates propinquus (AUBÉ, 1850)	A	0		URBAN 1915
Ilyobates subopacus PALM, 1935	v			SCHOLZE, JUNG 1994
Ischnoglossa prolixa (GRAVENHORST, 1802)	A	0		URBAN 1915
Ischnopoda atra (GRAVENHORST, 1806)	v			1982 SCHOLZE
Ischnopoda coarctata ERICHSON, 1837	v			1986 SCHOLZE
Ischnopoda constricta ERICHSON, 1837	v			SCHOLZE, JUNG 1994
Ischnopoda leucopus (MARSHAM, 1802)	v			SCHOLZE, JUNG 1994
Ischnopoda scitula ERICHSON, 1837	A	0		EGGERS 1901
Ischnopoda umbratica ERICHSON, 1837	v			SCHOLZE, JUNG 1994
Ischnosoma longicorne (MÄRKEL, 1847)	s	1		1997 LAU
Ischnosoma splendidum (GRAVENHORST, 1806)	v			1978 JUNG
Ityocara rubens (ERICHSON, 1837)	A	0		1918 BISCHOFF
Lamprinodes haematopterus (KRAATZ, 1857)	A	0		BORCHERT 1951
Lamprinodes saginatus (GRAVENHORST, 1806)	v			1989 GEITER, GRUSCHWITZ
Lamprinus erythropterus (PANZER, 1796)	s	1		HOFMANN 1993
Lathrimaeum atrocephalum (GYLLENHAL, 1827)	h			1973 SCHOLZE
Lathrimaeum fusculum (ERICHSON, 1840)	A	0		1948 SCHWENKE
Lathrimaeum melanocephalum (ILLIGER, 1794)		2		SCHOLZE, JUNG 1993
Lathrimaeum unicolor (MARSHAM, 1802)	h			1975 SCHOLZE
Lathrobioum laevipenne HEER, 1839	s	1		SCHOLZE, JUNG 1993
Lathrobium brunnipes (F., 1792)	h			1974 SCHOLZE
Lathrobium castaneipenne KOLENATI, 1846	s	1		1910 BISCHOFF
Lathrobium dilutum ERICHSON, 1839	v	3		1989 JUNG
Lathrobium elongatum (L., 1767)	v			1995 HEINZE
Lathrobium fennicum RENKONEN, 1938	ss	0		1988 SCHMIEDTCHEN
Lathrobium fovulum STEPHENS, 1833	v			1991 BÄSE
Lathrobium fulvipenne (GRAVENHORST, 1806)	h			1974 SCHOLZE
Lathrobium impressum HEER, 1841	v			1977 JUNG
Lathrobium longulum GRAVENHORST, 1802	v			1991 LÜBKE-AL HUSSEIN
Lathrobium multipunctum GRAVENHORST, 1802	v			SCHOLZE, JUNG 1993
Lathrobium pallidum NORDMANN, 1837	v	2		1991 LÜBKE-AL HUSSEIN
Lathrobium quadratum (PAYKULL, 1789)	v			1995 HEINZE
Lathrobium ripicola CZWALINA, 1888	A	0		1908 BISCHOFF
Lathrobium rufipenne GYLLENHAL, 1813	A	0		HILLECKE 1907
Lathrobium sodale KRAATZ, 1857	A	0		1934 BEHR
Lathrobium terminatum GRAVENHORST, 1802	v			1979 JUNG
Lathrobium volgense HOCHHUTH, 1851	v			1986 SCHOLZE
Leptacinus batychrus (GYLLENHAL, 1827)	v			SCHOLZE, JUNG 1993
Leptacinus formicetorum MÄRKEL, 1841	v			1982 JUNG
Leptacinus intermedius DONISTHORPE, 1936	v			SCHOLZE, JUNG 1993
Leptacinus othioides BAUDI, 1869	s	P		HOFMANN 1993
Leptacinus pusillus (STEPHENS, 1833)	s	2		SCHOLZE, JUNG 1993
Leptusa fumida (ERICHSON, 1839)	v			SCHOLZE, JUNG 1994
Leptusa pulchella (MANNERHEIM, 1831)	v			1983 SCHOLZE
Leptusa ruficollis (ERICHSON, 1839)	v	2		SCHOLZE, JUNG 1994
Lesteva longelytrata (GOEZE, 1777)	h			1978 JUNG
Lesteva nivicola FAUVEL, 1872	s	1		1998 SACHER
Lesteva monticola KIESENWETTER, 1847	h			1994 NPHH
Lesteva pubescens MANNERHEIM, 1831	A	0		HILLECKE 1907
Lesteva punctata ERICHSON, 1839	s	2		1987 JUNG
Lesteva sicula heeri FAUVEL, 1872	A	0		BORCHERT 1951

Art	BS	RL	Bm	Nachweis
Liogluta alpestris nitidula (KRAATZ, 1856)	h			1995 LAU
Liogluta granigera (KIESENWETTER, 1859)	v			1995 OHLE
Liogluta longiuscula (GRAVENHORST, 1802)	s	1		1978 JUNG
Liogluta micans MULSANT et REY, 1852	v	3		1994 OHLE
Liogluta microptera THOMSON, 1867	v	2		VOGEL 1982
Liogluta oblongiuscula SHARP, 1869	A	0		RAPP 1933
Liogluta pagana (ERICHSON, 1839)	v			VOGEL 1982
Liogluta wüsthoffi G.BENICK, 1938	h			1994 NPHH
Lithocharis nigriceps (KRAATZ, 1859)	h			1975 SCHOLZE
Lithocharis ochraceus (GRAVENHORST, 1802)	s	1		SCHOLZE, JUNG 1993
Lomechusa emarginata (PAYKULL, 1789)	h			SCHOLZE, JUNG 1994
Lomechusa paradoxa (GRAVENHORST, 1806)	s	1		RAPP 1933
Lomechusa pubicollis (BRISOUT, 1860)	ss	0		1995 LÜBKE-AL HUSSEIN
Lomechusoides strumosus (F., 1792)	s	1		SCHOLZE, JUNG 1994
Lordithon bicolor (GRAVENHORST, 1806)	A	0		1944 HEINEMANN
Lordithon exoletus ERICHSON, 1839	v			1976 JUNG
Lordithon lunulatus (L., 1761)	v			1985 RUDOLPH
Lordithon pulchellus MANNERHEIM, 1831	s	1		1986 GRASER
Lordithon thoracicus (F., 1777)	h			1981 SCHOLZE
Lordithon trinotatus ERICHSON, 1839	v			1975 SCHOLZE
Lyprocorrhe anceps (ERICHSON, 1837)	h			1982 JUNG
Manda mandibularis (GYLLENHAL, 1827)	s	P		1965 ZOERNER
Medon apicalis (KRAATZ, 1857)	ss	0		1992 KLEEBERG
Medon brunneus (ERICHSON, 1839)	s	1		1976 JUNG
Medon castaneus (GRAVENHORST, 1802)	s	1		SCHOLZE, JUNG 1993
Medon dilutus (ERICHSON, 1839)	A	0		1908 BISCHOFF
Medon fusculus (MANNERHEIM, 1831)	s	1		SCHOLZE, JUNG 1993
Medon piceus (KRAATZ, 1858)	A	0		1915 BISCHOFF
Medon rufiventris (NORDMANN, 1837)	A	0		HEIDENREICH 1907
Megaloscapa punctipennis (KRAATZ, 1856)	ss	1		1995 LAU
Megarthrus affinis (MILLER, 1852)	s	2		SCHOLZE, JUNG 1993
Megarthrus denticollis (BECK, 1817)	v			1980 SCHOLZE
Megarthrus depressus (PAYKULL, 1789)	s	1		1976 JUNG
Megarthrus hemipterus (ILLIGER, 1794)	A	0		BORCHERT 1951
Megarthrus nitidulus KRAATZ, 1858	s	1		SCHOLZE, JUNG 1993
Megarthrus sinuatocollis (BOISDUVAL et LACORDAIRE, 1835)	v			1982 JUNG
Meotica exilis (ERICHSON, 1837)	A	0		PETRY 1914
Meotica foveolata G. BENICK, 1954	A	0		1917 BISCHOFF
Metopsia clypeata (MÜLLER, 1821)	v			1984 JUNG
Micropeplus caelatus ERICHSON, 1840	A	0		1920 FEIGE
Micropeplus fulvus ERICHSON, 1840	s	1		SCHOLZE, JUNG 1993
Micropeplus porcatus (F., 1798)	s	1		1987 JUNG
Micropeplus tesserula CURTIS, 1828	A	0		PETRY 1914
Mniusa incrassata (MULSANT et REY, 1852)	s	1		1994 NPHH
Mycetoporus ambiguus LUZE, 1901	A	0		FRITZLAR 1990
Mycetoporus angularis MÄRKEL, 1853	A	0		HEIDENREICH 1906
Mycetoporus baudueri MULSANT et REY, 1875	s	1		HOFMANN 1993
Mycetoporus bimaculatus BOISDUVAL et LACORDAIRE, 1835	ss	0		1993 LÜBKE-AL HUSSEIN
Mycetoporus clavicornis (STEPHENS, 1832)	v			1994 NPHH
Mycetoporus eppelsheimianus FAGEL, 1965	ss	0		FRITZLAR 1990

Art	BS	RL	Bm	Nachweis
Mycetoporus erichsonanus FAGEL, 1965	h			1995 LAU
Mycetoporus forticornis FAUVEL, 1872	v			SCHOLZE, JUNG 1993
Mycetoporus lepidus (GRAVENHORST, 1802)	v			1995 LAU
Mycetoporus longulus MANNERHEIM, 1831	v			1981 SCHOLZE
Mycetoporus mulsanti GANGLBAUER, 1895	v	3		1994 OHLE
Mycetoporus niger FAIRMAIRE et LABOULBÉNE, 1856	A	0		1909 BISCHOFF
Mycetoporus nigricollis STEPHENS, 1835	v			1995 LAU
Mycetoporus piceolus REY, 1882	ss	0		HOFMANN 1993
Mycetoporus punctus (GYLLENHAL, 1810)	v			1994 NPHH
Mycetoporus rufescens (STEPHENS, 1832)	v			SCHOLZE, JUNG 1993
Mycetoporus solidicornis reichei PANDELLÉ, 1869	A	0		HEINEMANN, IHSSEN 1914
Myllaena brevicornis (MATTEWS, 1838)	s	1		HOFMANN 1993
Myllaena dubia (GRAVENHORST, 1806)	v			SCHOLZE, JUNG 1994
Myllaena elongata (MATTHEWS, 1838)	s	1		SCHOLZE, JUNG 1994
Myllaena gracilis (MATTHEWS, 1838)	v	2		1997 LAU
Myllaena infuscata KRAATZ, 1853	A	0		URBAN 1915
Myllaena intermedia ERICHSON, 1837	v			1982 JUNG
Myllaena kraatzi SHARP, 1841	A	0		PETRY 1914
Myllaena minuta (GRAVENHORST, 1806)	s	1		1988 JUNG
Myrmoecia plicata (ERICHSON, 1837)	s	2	V	HOFMANN 1993
Nehemitropia sordida (MANNERHEIM, 1831)	h			1975 SCHOLZE
Neobisnius lathrobioides (BAUDI, 1848)	s	1		SCHOLZE, JUNG 1993
Neobisnius procerulus (GRAVENHORST, 1806)	v			SCHOLZE, JUNG 1993
Neobisnius prolixus (ERICHSON, 1840)	A	0		HILLECKE 1907
Neobisnius villosulus (STEPHENS, 1832)	v			SCHOLZE, JUNG 1993
Neohilara subterranea (MULSANT et REY, 1853)	s	2		HOFMANN 1993
Nothotecta confusa MÄRKEL, 1844	A	0		HEIDENREICH 1907
Nothotecta flavipes (GRAVENHORST, 1806)	v			1978 JUNG
Nudobius lentus (GRAVENHORST, 1806)	v			1983 JUNG
Ocalea badia ERICHSON, 1837	h			1995 LAU
Ocalea concolor KIESENWETTER, 1847	A	0		1919 FEHSE
Ocalea picata (STEPHENS, 1832)	s	1		1992 SCHOLZE
Ocalea rivularis MILLER, 1851	v	3		SCHOLZE, JUNG 1994
Ochthephilus aureus FAUVEL, 1871	ss	1		MESSNER 1970
Ocypus aeneocephalus (DE GEER, 1774)	v			1995 LAU
Ocypus ater (GRAVENHORST, 1802)	v			1983 BÄSE
Ocypus brunnipes (F., 1781)	h			1992 LÜBKE-AL HUSSEIN
Ocypus compressus (MARSHAM, 1802)	s	1		1997 OHLE
Ocypus fulvipennis ERICHSON, 1840	h			1995 LAU
Ocypus fuscatus (GRAVENHORST, 1802)	v			1972 SCHOLZE
Ocypus globulifer (FOURCROY, 1785)	s	1		1998 LAU
Ocypus macrocephalus (GRAVENHORST, 1802)	v		V	SCHOLZE, JUNG 1993
Ocypus melanarius (HEER, 1839)	h			1973 JUNG
Ocypus nero FALDERMANN, 1835	h			1986 SCHOLZE
Ocypus olens (MÜLLER, 1768)	h			1969 NEUMANN
Ocypus ophthalmicus (SCOPOLI, 1763)	h			1987 JUNG
Ocypus pedator (GRAVENHORST, 1802)	h			1992 LÜBKE-AL HUSSEIN
Ocypus picipennis picipennis (ERICHSON, 1840)	h			1995 PIETSCH
Ocypus tenebricosus (GRAVENHORST, 1846)	A	0		RAPP 1933
Ocypus winkleri (BERNHAUER, 1906)	h			1995 LAU
Ocyusa maura (ERICHSON, 1837)	v			SCHOLZE, JUNG 1994
Ocyusa nigrata FAIRMAIRE et LABOULBÉNE, 1856	A	0		BORCHERT 1951

Art	BS	RL	Bm	Nachweis
Ocyusa nitidiventris (FAGEL, 1958)	s	1		1996 PIETSCH
Oligota granaria ERICHSON, 1837	s	2		1989 GEITER
Oligota inflata MANNERHEIM, 1838	s	1		1989 GEITER
Oligota parva KRAATZ, 1862	s	1		FEIGE, KÜHLHORN 1924
Oligota pumilio KIESENWETTER, 1858	s	2		FRITZLAR 1990
Oligota pusillima (GRAVENHORST, 1806)	v			SCHOLZE, JUNG 1994
Oligota ruficornis SHARP,	v			HOFMANN 1993
Oligota rufipennis KRAATZ, 1862	A	0		1883 WAHNSCHAFFE
Olophrum assimile (PAYKULL, 1800)	h			SCHOLZE, JUNG 1993
Olophrum fuscum (GRAVENHORST, 1806)	v			1997 LAU
Olophrum piceum (GYLLENHAL, 1810)	h			1975 SCHOLZE
Olophrum rotundicolle (SAHLBERG, 1830)	A	0		BORCHERT 1951
Omalium caesum GRAVENHORST, 1806	g			1982 SCHOLZE
Omalium excavatum STEPHENS, 1834	v			HILLECKE 1907
Omalium exiguum GYLLENHAL, 1810	v			SCHOLZE, JUNG 1993
Omalium ferrugineum KRAATZ, 1857	h			1996 NPHH
Omalium oxyacanthae (GRAVENHORST, 1806)	s	2		1987 GRASER
Omalium rivulare (PAYKULL, 1789)	g			1973 SCHOLZE
Omalium rugatum MULSANT et REY, 1880	s	3		1994 NPHH
Omalium septentrionis THOMSON, 1856	s	1		SCHOLZE, JUNG 1993
Omalium validum KRAATZ, 1857	v			1997 LAU
Ontholestes murinus (L., 1758)	h			1970 SCHOLZE
Ontholestes tesselatus (FOURCROY, 1785)	s	1		1983 BÄSE
Orochares angustatus (ERICHSON, 1840)	A	0		1913 URBAN
Othius angustus STEPHENS, 1833	v			1979 SCHOLZE
Othius lapidicola KIESENWETTER, 1884	A	0		RAPP 1933
Othius punctulatus (GOEZE, 1777)	h			1975 SCHOLZE
Othius subuliformis STEPHENS, 1833	h			1975 SCHOLZE
Ousipalia caesula (ERICHSON, 1839)	h			1995 LAU
Oxypoda abdominalis MANNERHEIM, 1831	h			1995 LAU
Oxypoda alternans (GRAVENHORST, 1802)	h			1997 LAU
Oxypoda annularis MANNERHEIM, 1831	h			1996 NPHH
Oxypoda bicolor MULSANT et REY, 1853	v			1995 NPHH
Oxypoda brachyptera (STEPHENS, 1832)	h			1995 LAU
Oxypoda doderoi BERNHAUER, 1902	A	0		PETRY 1914
Oxypoda elongatula AUBÉ, 1815	v			1997 LAU
Oxypoda exoleta ERICHSON, 1839	v	3		1989 JUNG
Oxypoda ferruginea ERICHSON, 1840	s	P	R	1992 LÜBKE-AL HUSSEIN
Oxypoda filiformis REDTENBACHER, 1849	s	1		FRITZLAR 1990
Oxypoda flavicornis KRAATZ, 1856	s	1		SCHOLZE, JUNG 1994
Oxypoda formiceticola MÄRKEL, 1841	s	1		1987 JUNG
Oxypoda formosa KRAATZ, 1856	A	0		RAPP 1933
Oxypoda funebris KRAATZ, 1856	s	2		1995 NPHH
Oxypoda haemorrhoa (MANNERHEIM, 1831)	h			1975 SCHOLZE
Oxypoda induta MULSANT et REY, 1861	s	1		1989 JUNG
Oxypoda lentula ERICHSON, 1837	A	0		HORION 1967
Oxypoda lividipennis MANNERHEIM, 1831	v			1976 JUNG
Oxypoda longipes MULSANT et REY, 1861	v			1982 JUNG
Oxypoda lugubris KRAATZ, 1856	v		R	1995 NPHH
Oxypoda miranda ROUBAL, 1929	A	0		1913 URBAN
Oxypoda nigrocincta MULSANT et REY, 1874	ss	0		1997 LAU
Oxypoda opaca (GRAVENHORST, 1802)	h			1997 LAU

Art	BS	RL	Bm	Nachweis
Oxypoda praecox ERICHSON, 1839	s	P		1997 LÜBKE-AL HUSSEIN
Oxypoda procerula MANNERHEIM, 1831	v			1995 SCHOLZE
Oxypoda recondita KRAATZ, 1856	A	0		1880 NEBEL
Oxypoda riparia FAIRMAIRE, 1859	s	1		1992 BÄSE
Oxypoda rufa KRAATZ, 1856	s	1		1990 GRASER
Oxypoda sericea HEER, 1839	s	1		VOGEL 1982
Oxypoda skalitzkyi BERNHAUER, 1902	A	0		1939 LINKE
Oxypoda soror THOMSON, 1855	v			1995 LAU
Oxypoda spectabilis MÄRKEL, 1844	v			1995 LAU
Oxypoda testacea ERICHSON, 1837	s	0		BORCHERT 1951
Oxypoda tirolensis GREDLER, 1863	A	0		HEINEMANN, IHSSEN 1914
Oxypoda togata ERICHSON, 1837	s	2		1995 LAU
Oxypoda umbrata (GYLLENHAL, 1810)	h			1997 LAU
Oxypoda vicina KRAATZ, 1858	v			1995 LAU
Oxypoda vittata MÄRKEL, 1842	v			1975 SCHOLZE
Oxyporus maxillosus F., 1792	s	1		SCHOLZE, JUNG 1993
Oxyporus rufus (L., 1758)	v			1976 JUNG
Oxytelus fulvipes ERICHSON, 1839	A	0		BORCHERT 1951
Oxytelus laqueatus (MARSHAM, 1802)	v	2		1978 JUNG
Oxytelus migrator FAUVEL, 1904	v			SCHOLZE, JUNG 1993
Oxytelus piceus (L., 1767)	A	0		HEIDENREICH 1907
Oxytelus sculptus GRAVENHORST, 1806	v			1978 JUNG
Pachnida nigella (ERICHSON, 1837)	v			1986 JUNG
Paederidius rubrothoracicus (GOEZE, 1777)	A	0		HILLECKE 1907
Paederidius ruficollis F., 1781	A	0		HILLECKE 1907
Paederus brevipennis BOISDUVAL et LACORDAIRE, 1835	s	1		SCHOLZE, JUNG 1993
Paederus caligatus ERICHSON, 1840	A	0		BORCHERT 1951
Paederus fuscipes CURTIS, 1835	v			1983 GRUSCHWITZ
Paederus limnophilus ERICHSON, 1840	A	0		1884 QUEDENFELDT
Paederus litoralis GRAVENHORST, 1802	h			1982 SCHOLZE
Paederus riparius (L., 1758)	h			1990 BÄSE
Parocyusa longitarsis (ERICHSON, 1837)	v	2		1990 GRASER
Parocyusa rubicunda (ERICHSON, 1837)	v	2		1994 LÜBKE-AL HUSSEIN
Phacophallus parumpunctatus (GYLLENHAL, 1827)	v			SCHOLZE, JUNG 1993
Philonthus addendus SHARP, 1867	v			SCHOLZE, JUNG 1993
Philonthus agilis (GRAVENHORST, 1806)	s	1		HOFMANN 1993
Philonthus albipes (GRAVENHORST, 1802)	v	3		1982 JUNG
Philonthus atratus (GRAVENHORST, 1802)	v			1979 JUNG
Philonthus carbonarius (GRAVENHORST, 1802)	v			1992 LÜBKE-AL HUSSEIN
Philonthus caucasicus NORDMANN, 1837	s	1		1997 STOLLE
Philonthus cephalotes (GRAVENHORST, 1802)	v			1978 JUNG
Philonthus coerulescens (BOISDUVAL et LACORDAIRE, 1835)	ss		V	1997 PIETSCH
Philonthus cognatus STEPHENS, 1832	h			1975 SCHOLZE
Philonthus concinnus (GRAVENHORST, 1802)	v			1992 LÜBKE-AL HUSSEIN
Philonthus coruscus (GRAVENHORST, 1802)	v			1996 OHLE
Philonthus corvinus ERICHSON, 1839	v			SCHOLZE, JUNG 1993
Philonthus cruentatus (GMELIN, 1789)	s	2		SCHOLZE, JUNG 1993
Philonthus debilis (GRAVENHORST, 1802)	v			1975 SCHOLZE
Philonthus decorus (GRAVENHORST, 1802)	g			1993 GRASER
Philonthus discoideus (GRAVENHORST, 1802)	v			1993 GRASER

Art	BS	RL	Bm	Nachweis
Philonthus ebeninus (GRAVENHORST, 1802)	s	1		1992 LÜBKE-AL HUSSEIN
Philonthus fimetarius (GRAVENHORST, 1802)	h			1993 GRASER
Philonthus fumarius (GRAVENHORST, 1806)	v			1992 OHLE
Philonthus immundus (GYLLENHAL, 1810)	s	1		1992 KLEEBERG
Philonthus intermedius (BOISDUVAL et LACORDAIRE, 1835)	v	3		HOFMANN 1993
Philonthus jurgans TOTTENHAM, 1937	v			1976 SCHOLZE
Philonthus laevicollis (BOISDUVAL et LACORDAIRE, 1835)	v			1995 OHLE
Philonthus laminatus (CREUTZER, 1799)	h			1979 JUNG
Philonthus lepidus (GRAVENHORST, 1802)	h			1975 SCHOLZE
Philonthus longicornis STEPHENS, 1832	v			1992 KLEEBERG
Philonthus mannerheimi FAUVEL, 1869	s	1		1993 LÜBKE-AL HUSSEIN
Philonthus marginatus (STRÖM, 1768)	s	2		1983 BÄSE
Philonthus micans (GRAVENHORST, 1802)	v			1995 HEINZE
Philonthus nigrita (GRAVENHORST, 1806)	v			1995 NPHH
Philonthus nitidicollis LACORDAIRE, 1835	A	0		HEIDENREICH 1907
Philonthus nitidulus (GRAVENHORST, 1802)	h			SCHOLZE, JUNG 1993
Philonthus nitidus (F., 1787)	s	1		1995 SCHÖNE
Philonthus politus (L., 1758)	h			1976 JUNG
Philonthus pseudovarians STRAND, 1961	v	2		SCHOLZE, JUNG 1993
Philonthus puella NORDMANN, 1837	ss	0		1983 GRASER
Philonthus punctus (GRAVENHORST, 1802)	v			1995 HEINZE
Philonthus quisquiliarius (GYLLENHAL, 1810)	h			1976 SCHOLZE
Philonthus rectangulus SHARP, 1874	v			1976 SCHOLZE
Philonthus rotundicollis (MÉNETRIES, 1832)	v			1993 LÜBKE-AL HUSSEIN
Philonthus rubripennis (STEPHENS, 1832)	v			1976 SCHOLZE
Philonthus rufimanus ERICHSON, 1840	A	0		1884 QUEDENFELDT
Philonthus salinus KIESENWETTER, 1844	s	2		1983 GRUSCHWITZ
Philonthus sanguinolentus (GRAVENHORST, 1802)	v			1979 JUNG
Philonthus scribai FAUVEL, 1867	s	2	V	1992 OHLE
Philonthus sordidus (GRAVENHORST, 1802)	h			1975 SCHOLZE
Philonthus sparsus LUCAS, 1849	ss	1		SCHOLZE 1988
Philonthus spermophili GANGLBAUER, 1897	s	2		1992 LÜBKE-AL HUSSEIN
Philonthus spinipes SHARP, 1874	v	2		JUNG 1987
Philonthus splendens (F., 1792)	v			1994 PIETSCH
Philonthus subuliformis (GRAVENHORST, 1802)	v			1978 JUNG
Philonthus succicola THOMSON, 1860	v			1997 LÜBKE-AL HUSSEIN
Philonthus temporalis MULSANT et REY, 1853	A	0		1931 IHSSEN
Philonthus tenuicornis MULSANT et REY, 1857	v			1978 SCHOLZE
Philonthus umbratilis (GRAVENHORST, 1802)	v			1976 SCHOLZE
Philonthus varians (PAYKULL, 1789)	v			1983 JUNG
Philonthus ventralis (GRAVENHORST, 1802)	A	0		URBAN 1915
Phloeocharis subtilissima MANNERHEIM, 1831	v			1981 JUNG
Phloeonomus punctipennis THOMSON, 1867	v			SCHOLZE, JUNG 1993
Phloeonomus pusillus (GRAVENHORST, 1806)	v			1991 SCHOLZE
Phloeopora corticalis (GRAVENHORST, 1802)	v			1989 GRASER
Phloeopora nitidiventris FAUVEL, 1900	A	0		1944 WEISE
Phloeopora teres (GRAVENHORST, 1802)	v	2		1990 GRASER
Phloeopora testacea (MANNERHEIM, 1831)	v	2		1981 SCHOLZE
Phloeostiba lapponica (ZETTERSTEDT, 1838)	s	2		1991 BÄSE
Phloeostiba plana (PAYKULL, 1792)	A	0		HEIDENREICH 1907

Art	BS	RL	Bm	Nachweis
Phyllodrepa floralis (PAYKULL, 1789)	v			1974 SCHOLZE
Phyllodrepa ioptera (STEPHENS, 1834)	v			1977 JUNG
Phyllodrepa linearis (ZETTERSTEDT, 1828)	A	0		1925 UHMANN
Phyllodrepa melanocephala (F., 1787)	A	0		1936 JÜNGER
Phyllodrepa nigra (GRAVENHORST, 1806)	s	1		SCHOLZE, JUNG 1993
Phyllodrepa salicis (GYLLENHAL, 1810)	s			1996 PIETSCH
Phyllodrepoidea crenata (GRAVENHORST, 1802)	v	2		1996 SCHOLZE
Placusa atrata (SAHLBERG, 1831)	s	1		1991 BÄSE
Placusa complanata ERICHSON, 1839	A	0		1934 HEIDENREICH
Placusa depressa ERICHSON, 1845	s	1		SCHOLZE, JUNG 1994
Placusa pumilio (GRAVENHORST, 1802)	A	0		HEIDENREICH 1907
Placusa tachyporoides (WALTL, 1838)	v	2		1997 OHLE
Planeustomus palpalis (ERICHSON, 1839)	s	1		1995 LAU
Plataraea brunnea (F., 1798)	h			SCHOLZE, JUNG 1994
Plataraea nigrifrons (ERICHSON, 1839)	A	0		BORCHERT 1951
Platydracus chalcocephalus (F., 1810)	h	2		1982 PIETSCH
Platydracus fulvipes (SCOPOLI, 1763)	s	1		1996 OHLE
Platydracus latebricola (GRAVENHORST, 1806)	ss	1		1995 LAU
Platydracus stercorarius (OLIVIER, 1795)	h			1995 LAU
Platystethus alutaceus THOMSON, 1861	s	1		1988 SCHMIEDTCHEN
Platystethus arenarius (FOURCROY, 1785)	v			1978 JUNG
Platystethus capito HEER, 1839	s	1		SCHOLZE, JUNG 1993
Platystethus cornutus (GRAVENHORST, 1802)	v			1991 LÜBKE-AL HUSSEIN
Platystethus nitens (SAHLBERG, 1832)	v	P		SCHOLZE, JUNG 1993
Platystethus nodifrons MANNERHEIM, 1831	s	P		1996 LAU
Pronomaea rostrata ERICHSON, 1837	A	0		URBAN 1915
Proteinus atomarius ERICHSON, 1840	s	1		SCHOLZE, JUNG 1993
Proteinus brachypterus (F., 1792)	h			1976 JUNG
Proteinus crenulatus PANDELLÉ, 1867	s	2		1995 OHLE
Proteinus macropterus (GRAVENHORST, 1806)	v			1978 JUNG
Proteinus ovalis STEPHENS, 1834	s	2		SCHOLZE, JUNG 1993
Pseudomedon obscurellus (ERICHSON, 1840)	A	0		BORCHERT 1951
Pseudomedon obsoletus (NORDMANN, 1837)	A	0		1913 URBAN
Pycnota paradoxa (MULSANT et REY, 1861)	v			1988 SCHOLZE
Quedius aridulus JANSSEN, 1939	v			1995 LAU
Quedius assimilis NORDMANN, 1837	s	1		SCHOLZE, JUNG 1993
Quedius boopoides MUNSTER, 1923	h			1994 NPHH
Quedius boops (GRAVENHORST, 1802)	h			1983 ZERCHE
Quedius brevicornis THOMSON, 1860	s	1		SCHOLZE, JUNG 1993
Quedius brevis ERICHSON, 1840	s	1		SCHOLZE, JUNG 1993
Quedius cinctus (PAYKULL, 1790)	v			1976 SCHOLZE
Quedius cruentus (OLIVIER, 1795)	v			1992 KLEEBERG
Quedius curtipennis BERNHAUER, 1908	v	P		1977 JUNG
Quedius fuliginosus (GRAVENHORST, 1802)	h			1997 LAU
Quedius fulvicollis (STEPHENS, 1833)	v	2		1994 NPHH
Quedius fumatus (STEPHENS, 1833)	v			1983 JUNG
Quedius infuscatus ERICHSON, 1840	s	1		1997 OHLE
Quedius invreai GRIDELLI, 1924	s	1		VOGEL 1982
Quedius lateralis (GRAVENHORST, 1802)	v			SCHOLZE, JUNG 1993
Quedius limbatus (HEER, 1834)	s	2		1997 LAU
Quedius longicornis KRAATZ, 1857	v			SCHOLZE, JUNG 1993
Quedius lucidulus ERICHSON, 1839	s	1		SCHOLZE, JUNG 1993

Art	BS	RL	Bm	Nachweis
Quedius maurorufus (GRAVENHORST, 1806)	v			1978 JUNG
Quedius maurus (SAHLBERG, 1830)	v	2		SCHOLZE, JUNG 1993
Quedius mesomelinus mesomelinus (MARSHAM, 1802)	v			1975 SCHOLZE
Quedius mesomelinus skoraszewskyi KORGE, 1961	ss	1		1992 KLEEBERG
Quedius microps GRAVENHORST, 1847	v	3		1986 GRASER
Quedius molochinus (GRAVENHORST, 1806)	h			1992 LÜBKE-AL HUSSEIN
Quedius nemoralis BAUDI, 1848	v			SCHOLZE, JUNG 1993
Quedius nigriceps KRAATZ, 1857	v	2		1995 LAU
Quedius nigrocoeruleus FAUVEL, 1874	s	2		1984 SCHMIEDTCHEN
Quedius nitipennis (STEPHENS, 1833)	v			1989 GEITER
Quedius ochripennis (MÉNETRIES, 1832)	v			1995 LAU
Quedius ochropterus ERICHSON, 1839	A	0		RAPP 1933
Quedius picipes (MANNERHEIM, 1831)	v	2		VOGEL 1982
Quedius plagiatus MANNERHEIM, 1843	v			SCHOLZE, JUNG 1993
Quedius puncticollis THOMSON, 1867	v			SCHOLZE, JUNG 1993
Quedius scintillans (GRAVENHORST, 1806)	v	2		SCHOLZE, JUNG 1993
Quedius scitus (GRAVENHORST, 1806)	v			SCHOLZE, JUNG 1993
Quedius semiaeneus (STEPHENS, 1833)	s	1		1996 LAU
Quedius subunicolor KORGE, 196	v		V	1994 NPHH
Quedius suturalis KIESENWETTER, 1847	s	1		HILLECKE 1907
Quedius tristis (GRAVENHORST, 1802)	v			SCHOLZE, JUNG 1993
Quedius truncicola (FAIRMAIRE et LABOULBÉNE, 1856)	s	1		SCHOLZE, JUNG 1993
Quedius umbrinus ERICHSON, 1839	v			1977 SCHOLZE
Quedius vexans EPPELSMEIM, 1881	v		V	1992 LÜBKE-AL HUSSEIN
Quedius xanthopus ERICHSON, 1839	v			1988 SCHMIEDTCHEN
Rabigus tenuis (F., 1792)	A	0		HILLECKE 1907
Rheochara spadicea (ERICHSON, 1837)	s	P		1982 SCHOLZE
Rugilus angustatus (FOURCROY, 1785)	v	1		1984 UHLIG
Rugilus erichsoni (FAUVEL, 1867)	v			1991 LÜBKE-AL HUSSEIN
Rugilus geniculatus (ERICHSON, 1839)	A	0		HEIDENREICH 1907
Rugilus mixtus (LOHSE, 1956)	s	1		BOTHE 1994
Rugilus orbiculatus (PAYKULL, 1789)	h			1973 SCHOLZE
Rugilus rufipes (GERMAR, 1836)	h			1974 SCHOLZE
Rugilus similis (ERICHSON, 1839)	A	0		1910 URBAN
Rugilus subtilis (ERICHSON, 1840)	s	1		1997 OHLE
Schistoglossa curtipennis (SHARP, 1869)	v	3		SCHOLZE, JUNG 1994
Schistoglossa viduata (ERICHSON, 1837)	s	1		BORCHERT 1951
Scopaeus laevigatus (GYLLENHAL, 1827)	A	0		URBAN 1915
Scopaeus minimus (ERICHSON, 1839)	ss	1		1997 JUNG
Scopaeus minutus ERICHSON, 1840	v			1992 LÜBKE-AL HUSSEIN
Scopaeus pusillus KIESENWETTER, 1843	s	1		HOFMANN 1993
Scopaeus sulcicollis STEPHENS, 1833	s	1		1982 JUNG
Sepedophilus bipunctatus (GRAVENHORST, 1802)	s	1		SCHOLZE, JUNG 1993
Sepedophilus bipustulatus (GRAVENHORST, 1802)	A	0		BORCHERT 1951
Sepedophilus immaculatus (STEPHENS, 1832)	v			1978 JUNG
Sepedophilus littoreus (L., 1758)	s	1		1979 JUNG
Sepedophilus lividus (ERICHSON, 1839)	s			1996 SCHÖNE
Sepedophilus marshami (STEPHENS, 1832)	h			SCHOLZE, JUNG 1993
Sepedophilus obtusus (LUZE, 1902)	h			1995 LAU
Sepedophilus pedicularius (GRAVENHORST, 1802)	v			1997 LAU

Art	BS	RL	Bm	Nachweis
Sepedophilus testaceus (F., 1792)	v			1990 BÄSE
Siagonium quadricorne KIRBY, 1815	v	2		SCHOLZE, JUNG 1993
Silusa rubiginosa ERICHSON, 1837	s	1		1989 GRASER
Silusa rubra ERICHSON, 1839	A	0		HILLECKE 1907
Staphylinus caesareus CEDERHJELM, 1798	h			1994 PIETSCH
Staphylinus dimidiaticornis GEMMINGER, 1851	ss	0		1998 STOLLE
Staphylinus erythropterus L., 1758	v			1997 LAU
Staphylinus fossor (SCOPOLI, 1774)	v			1992 PIETSCH
Stenus argus GRAVENHORST, 1806	A	0		HEIDENREICH 1907
Stenus ater MANNERHEIM, 1831	A	0		HILLECKE 1907
Stenus aterrimus ERICHSON, 1839	A	0		URBAN 1915
Stenus atratulus ERICHSON, 1839	ss	0		1984 JUNG
Stenus bifoveolatus GYLLENHAL, 1827	s	1		HILLECKE 1907
Stenus biguttatus (L., 1758)	s	1		1978 JUNG
Stenus bimaculatus GYLLENHAL, 1810	h			1976 SCHOLZE
Stenus binotatus LJUNGH, 1804	s	1		1976 JUNG
Stenus boops LJUNGH, 1804	h			1992 KLEEBERG
Stenus brevipennis THOMSON,	s			1996 SCHOLZE
Stenus brunnipes STEPHENS, 1833	s	1		1982 JUNG
Stenus calcaratus SCRIBA, 1864	v	2		1995 HEINZE
Stenus canaliculatus GYLLENHAL, 1827	s	1		1982 JUNG
Stenus carbonarius GYLLENHAL, 1827	s	1		URBAN 1915
Stenus cautus ERICHSON, 1839	A	0		1921 KÜHLHORN
Stenus cicindeloides (SCHALLER, 1783)	v			1976 JUNG
Stenus circularis GRAVENHORST, 1802	A	0		URBAN 1915
Stenus clavicornis (SCOPOLI, 1763)	h			1973 JUNG
Stenus comma LECONTE, 1863	v			1974 JUNG
Stenus crassus STEPHENS, 1833	s	1		1982 JUNG
Stenus flavipalpis THOMSON, 1860	A	0		1883 WAHNSCHAFFE
Stenus flavipes STEPHENS, 1833	v			1974 JUNG
Stenus formicetorum MANNERHEIM, 1846	s	2		1980 JUNG
Stenus fornicatus STEPHENS, 1833	A	0		1908 URBAN
Stenus fossulatus ERICHSON, 1840	s	1		SCHOLZE, JUNG 1993
Stenus fulvicornis STEPHENS, 1833	s	1		BORCHERT 1951
Stenus fuscicornis ERICHSON, 1840	A	0		RAPP 1933
Stenus fuscipes GRAVENHORST, 1802	A	0		URBAN 1915
Stenus gallicus FAUVEL, 1872	v	3		1996 LAU
Stenus geniculatus GRAVENHORST, 1806	v			1995 LAU
Stenus guttula MÜLLER, 1821	A	0		HILLECKE 1907
Stenus humilis ERICHSON, 1839	v			1986 SCHOLZE
Stenus impressus GERMAR, 1824	v			1976 SCHOLZE
Stenus incanus ERICHSON, 1839	A	0		1920 KÜHLHORN
Stenus incrassatus ERICHSON, 1839	v			1982 JUNG
Stenus juno (PAYKULL, 1789)	h			1979 JUNG
Stenus kiesenwetteri ROSHER, 1856	s	1		1997 LAU
Stenus latifrons ERICHSON, 1839	s			1979 JUNG
Stenus longitarsis THOMSON, 1851	s	1		SCHOLZE, JUNG 1993
Stenus ludyi FAUVEL, 1885	s	1		HOFMANN 1993
Stenus lustrator ERICHSON, 1839	A	0		BORCHERT 1951
Stenus melanarius STEPHENS, 1833	s	1		SCHOLZE, JUNG 1993
Stenus melanopus (MARSHAM, 1802)	s	1		SCHOLZE, JUNG 1993
Stenus morio GRAVENHORST, 1806	s	1		SCHOLZE, JUNG 1993

Art	BS	RL	Bm	Nachweis
Stenus nanus STEPHENS, 1833	s	1		HEINEMANN, IHSSEN 1914
Stenus nigritulus GYLLENHAL, 1827	s	1		1997 LÜBKE-AL HUSSEIN
Stenus nitens STEPHENS, 1833	s	1		1989 GEITER
Stenus nitidiusculus STEPHENS, 1833	v			SCHOLZE, JUNG 1993
Stenus niveus FAUVEL, 1865	A	0		HORION 1963
Stenus ochropus KIESENWETTER, 1858	v			1991 LÜBKE-AL HUSSEIN
Stenus opticus GRAVENHORST, 1806	v	3		1992 LÜBKE-AL HUSSEIN
Stenus pallipes GRAVENHORST, 1802	v			SCHOLZE, JUNG 1993
Stenus pallitarsis STEPHENS, 1833	A	0		HILLECKE 1907
Stenus palposus ZETTERSTEDT, 1838	s	1		SCHOLZE, JUNG 1993
Stenus palustris ERICHSON, 1839	A	0		1905 URBAN
Stenus picipennis ERICHSON, 1840	A	0		1920 KÜHLHORN
Stenus picipes STEPHENS, 1833	s	1		1996 LAU
Stenus proditor ERICHSON, 1839	A	0		RAPP 1933
Stenus providus ERICHSON, 1839	s	2		1984 GRASER
Stenus pubescens STEPHENS, 1833	s	2		1989 GEITER
Stenus pumilio ERICHSON, 1839	A	0		1900 HEIDENREICH
Stenus pusillus STEPHENS, 1833	s	1		1982 JUNG
Stenus scrutator ERICHSON, 1839	A	0		URBAN 1915
Stenus similis (HERBST, 1784)	s	2		1977 JUNG
Stenus solutus ERICHSON, 1840	s	1		SCHOLZE, JUNG 1993
Stenus stigmula ERICHSON, 1840	A	0		1884 QUEDENFELDT
Stenus sylvester ERICHSON, 1839	A	0		BORCHERT 1951
Stenus tarsalis LJUNGH, 1804	A	0		HILLECKE 1907
Stichoglossa semirufa (ERICHSON, 1839)	A	0		BORCHERT 1951
Sunius bicolor (OLIVIER, 1795)	s	2		SCHOLZE, JUNG 1993
Sunius melanocephalus (F., 1792)	v			SCHOLZE, JUNG 1993
Syntomium aeneum (MÜLLER, 1821)	v			1984 SCHOLZE
Tachinus bipustulatus (F., 1792)	A	0		URBAN 1915
Tachinus corticinus GRAVENHORST, 1802	h			1992 LÜBKE-AL HUSSEIN
Tachinus elongatus GYLLENHAL, 1810	v			1995 OHLE
Tachinus fimetarius GRAVENHORST, 1802	h			1987 SCHOLZE
Tachinus humeralis GRAVENHORST, 1802	v			SCHOLZE, JUNG 1993
Tachinus laticollis GRAVENHORST, 1802	h			1992 KLEEBERG
Tachinus lignorum (L., 1758)	s	2		HOFMANN 1993
Tachinus marginellus (F., 1781)	v			1994 NPHH
Tachinus pallipes GRAVENHORST, 1806	s			SCHOLZE, JUNG 1993
Tachinus proximus KRAATZ, 1855	s	1		1983 GRUSCHWITZ
Tachinus rufipennis GYLLENHAL, 1810	s	1		1994 NPHH
Tachinus scapularis STEPHENS, 1832	s	1		SCHOLZE, JUNG 1993
Tachinus signatus GRAVENHORST, 1802	h			1997 LAU
Tachinus subterraneus (L., 1758)	v			1992 LÜBKE-AL HUSSEIN
Tachyporus abdominalis (F., 1781)	v			1987 BÄSE
Tachyporus atriceps STEPHENS, 1832	v			SCHOLZE, JUNG 1993
Tachyporus chrysomelinus (L., 1758)	g			1995 LAU
Tachyporus corpulentus SAHLBERG, 1876	A	0		HEIDENREICH 1907
Tachyporus dispar (PAYKULL, 1802)	s	P		1989 GRUSCHWITZ
Tachyporus hypnorum (L., 1758)	g			1995 LAU
Tachyporus nitidulus (F., 1781)	h			1995 LAU
Tachyporus obtusus (L., 1767)	v			1969 SCHOLZE
Tachyporus pusillus GRAVENHORST, 1806	v			1975 SCHOLZE
Tachyporus quadriscopulatus PANDELLÉ, 1869	s	3		1995 LAU

Art	BS	RL	Bm	Nachweis
Tachyporus ruficollis GRAVENHORST, 1802	s	1		1996 LAU
Tachyporus scitulus ERICHSON, 1839	A	0		HILLECKE 1907
Tachyporus solutus ERICHSON, 1839	v			1975 SCHOLZE
Tachyporus tersus ERICHSON, 1839	A	0		1883 WAHNSCHAFFE
Tachyporus transversalis GRAVENHORST, 1806	v			1978 JUNG
Thamiaraea cinnamomea (GRAVENHORST, 1802)	A	0		URBAN 1915
Thamiaraea hospita (MÄRKEL, 1844)	A	0		BORCHERT 1951
Thiasophila angulata (ERICHSON, 1837)	v	2		1982 JUNG
Thiasophila canaliculata MULSANT et REY, 1874	A	0		BORCHERT 1951
Thiasophila inquilina (MÄRKEL, 1842)	A	0		HILLECKE 1907
Thinobius brevipennis KIESENWETTER, 1850	A	0		URBAN 1915
Thinobius brunneipennis KRAATZ, 1858	A	0		URBAN 1915
Thinobius flagellatus LOHSE, 1984	ss		V	1998 SCHÖNE
Thinobius longipennis (HEER, 1841)	A	0		URBAN 1915
Thinobius pusillimus (HEER, 1839)	ss	0	V	1998 SCHÖNE
Thinodromus arcuatus (STEPHENS, 1834)	s	1		BORCHERT 1951
Thinodromus dilatatus ERICHSON, 1839	A	0		HORION 1963
Tinotus morion (GRAVENHORST, 1802)	v			1976 JUNG
Tomoglossa luteicornis (ERICHSON, 1837)	A	0		BORCHERT 1951
Trichiusa immigrata LOHSE, 1984	s	2		JUNG 1990
Trichophya pilicornis (GYLLENHAL, 1810)	s	1		1992 KLEEBERG
Velleius dilatatus (F., 1787)	s	0		1986 KELLNER
Xantholinus flavocinctus HOCHHUTH, 1849	ss		V	1996 SCHÖNE
Xantholinus glabratus (GRAVENHORST, 1802)	v			SCHOLZE, JUNG 1993
Xantholinus laevigatus JACOBSON, 1847	s			1995 LAU
Xantholinus linearis (OLIVIER, 1795)	g			1973 SCHOLZE
Xantholinus longiventris HEER, 1839	v			1974 SCHOLZE
Xantholinus meridionalis NORDMANN, 1837	v			1984 SCHMIEDTCHEN
Xantholinus rhenanus COIFFAIT, 1962	v			1985 HEINZE
Xantholinus roubali COIFFAIT, 1956	v			1923 MAERTENS
Xantholinus tricolor (F., 1787)	v			1985 SCHMIEDTCHEN
Xylodromus affinis GERHARD, 1877	s	1		HOFMANN (1993)
Xylodromus concinnus (MARSHAM, 1802)	s	1		1990 JUNG
Xylodromus depressus (GRAVENHORST, 1802)	s	1		FRITZLAR (1990)
Xylodromus testaceus (ERICHSON, 1840)	A	0		HEIDENREICH 1907
Xylostiba monilicornis (GYLLENHAL, 1810)	s	1		1996 SCHOLZE
Zyras cognatus (MÄRKEL, 1842)	s	1		HILLECKE 1907
Zyras collaris (PAYKULL, 1800)	s	2		1994 LÜBKE-AL HUSSEIN
Zyras erraticus (HAGENS, 1863)	ss	1	V	1994 LAU
Zyras fulgidus (GRAVENHORST, 1806)	s	1	V	1995 PIETSCH
Zyras funestus (GRAVENHORST, 1806)	v			SCHOLZE, JUNG 1994
Zyras haworthi (STEPHENS, 1832)	v	3		FRITZLAR 1990
Zyras humeralis (GRAVENHORST, 1802)	h			1982 RUDOLPH
Zyras laticollis (MÄRKEL, 1844)	s	1		1995 LAU
Zyras limbatus (PAYKULL, 1789)	h			1995 LAU
Zyras lugens (GRAVENHORST, 1802)	A	0		URBAN 1915
Zyras similis (MÄRKEL, 1844)	s	0		HILLECKE 1907

7.17 Bestandssituation der Sandlaufkäfer und Laufkäfer (Coleoptera: Cicindelidae et Carabidae)

PEER SCHNITTER & MARTIN TROST

Seit Erscheinen der 1. Fassung der Checkliste der Laufkäfer Sachsen-Anhalts (SCHNITTER et al. 1994) sind zahlreiche Änderungen aufgrund von Neu- und Wiedernachweisen sowie kritischen Revisionen zu verzeichnen, die in die hier vorgelegte Liste Eingang gefunden haben.

Eine wesentliche Grundlage der systematischen Erfassung aller erreichbaren Angaben zu Laufkäferfunden bildet bezüglich Sachsen-Anhalt die Bibliographie von GRASER & SCHNITTER (1998). Insbesondere die historische Literatur dürfte hier ziemlich lückenlos erfaßt sein. Berücksichtigt wurden neben vielen Arbeiten mit Angaben zu einzelnen Arten u.a. folgende zusammenfassende Veröffentlichungen und Werke: ARNDT (1989), BORCHERT (1951), DIETZE (1936-57), CIUPA (1992, 1998), EGGERS (1901), FEIGE (1918), FEIGE & KÜHLHORN (1924), HORION (1941), KLAUSNITZER (1983), PETRY (1914), RAPP (1933-35), TROST & SCHNITTER (1997), TROST et al. (1998) und WAHNSCHAFFE (1883).

Seit 1994 hat sich die Einstellung der Autoren zur Arbeit von BORCHERT (1951) etwas gewandelt. Ein Teil der dort mit Vorbehalt notierten Arten wurde inzwischen an den historischen Fundorten belegt. Trotzdem verbleiben Unklarheiten, so daß weiterhin einige wenige Arten keine Aufnahme in die Checkliste fanden (*Agonum dahli, Asaphidion caraboides, Bembidion conforme, Bembidion ruficorne, Harpalus attenuatus, Ophonus parallelus, Poecilus koyi, Trechus amplicollis*).

Aktuell sind in folgenden Privatsammlungen eine größere Zahl von Belegen für Sachsen-Anhalt vorhanden, die komplett (*) bzw. partiell (**) geprüft und aufgenommen wurden: coll. BÄSE (Wittenberg)*, coll. CIUPA (Staßfurt)*, coll. GRASER (Magdeburg)*, coll. GRILL (Bernburg)**, coll. GRUSCHWITZ (Staßfurt), coll. KELLNER (Dessau)*, coll. LÜBKE-AL HUSSEIN (Halle)**, coll. MÜLLER-MOTZFELD (Greifswald)**, coll. PIETSCH (Halle/Saale)*, coll. SCHMIEDTCHEN (Weißandt-Gölzau), coll. SCHNITTER (Halle)**, coll. SCHORNACK (Wolmirsleben)**, coll. SPRICK (Langenhagen), coll. TROST (Halle)* und coll. WRASE (Berlin)**.

Auch die Museumssammlungen werden schrittweise durchgesehen. Die coll. KÖLLER sowie die coll. GREBENSCIKOV in den Entomologischen Sammlungen des Zoologisches Institutes der Martin-Luther Universität Halle-Wittenberg (H; Dr. K. SCHNEIDER) liegen als Datenbank vor. In der Coleopterensammlung des Zoologischen Forschungsinstitutes des Museums Berlin (ZMB; Dr. F. HIEKE, B. JAEGER) wurden durch WRASE Sammlungsteile durchgesehen, gleiches geschieht für die Bestände in den Entomologischen Sammlungen des Museums für Naturkunde und Vorgeschichte Dessau (D; T. KARISCH) durch GRILL, TROST und SCHNITTER. In beiden Fällen dürfte ca. ¼ der Sammlungsbestände gesichtet sein. Es verbleibt noch das Museum für Naturkunde Magdeburg (coll. BORCHERT) sowie die coll. FEHSE (derzeitiger Standort Tharandt).

Systematik und Nomenklatur orientieren sich aus Gründen der Kontinuität an den in der Checkliste von 1994 gegebenen Hinweisen. Hier wurden die Arbeiten von AUKEMA (1990a/b), FREUDE et al. (1976), LUCHT (1987), MÜLLER-MOTZFELD et al. (1989), SCIAKY (1991a/b) und SCHMIDT (1994) berücksichtigt. Für eine bessere Lesbarkeit neuerer Publikationen bzw. zur Anpassung an die in jüngster Zeit wiederholt überarbeitete Nomenklatur sind gängige Synonyme und neue Namen als "Synonyme" in der Tabelle eingefügt. Hier wurden Angaben u.a. aus KRYZHANOVSKIJ et al. (1995), TRAUTNER, MÜLLER-MOTZFELD (1995) und TRAUTNER et al. (1997) eingearbeitet.

Generell besitzt die Rote Liste von SCHNITTER et al. (1993) Gültigkeit und findet in der Checkliste Verwendung. Ausgespart wurden die vorgeschlagenen und inzwischen z.T. wiederum überarbeitungswürdigen Neueinstufungen von SCHNITTER & TROST (1996). Die neue Checkliste zeigt die Mängel der Roten Liste, geschuldet dem damaligen Kenntnisstand, deutlich auf. Eine Überarbeitung ist somit dringend erforderlich und wird spätestens 2001/2002 im Rahmen der Herausgabe einer neuen Roten Liste der gefährdeten Tiere und Pflanzen Sachsen-Anhalts erfolgen. Auch dann werden zweifelsohne wieder neue Erkenntnisse vorliegen.

Derzeit sind 414 Laufkäfer-Arten für Sachsen-Anhalt aufgeführt (Literatur und aktuelle Belege). Das sind 75% der für Deutschland insgesamt nachgewiesenen 553 Arten (TRAUTNER et al. 1995). Vier Arten werden davon aber wohl über kurz oder lang zu streichen sein (s. Anmerkungen zu *Agonum atratum, Bembidion foraminosum, Carabus linnei, Cychrus attenuatus*). Aktuell sind, nach kritischer Prüfung, 378 Arten nachgewiesen. Gegenüber 1994 bedeutet dies immerhin 20 Neu- bzw. Wiedernachweise. In der Tabelle wird in der Spalte "Nachweis" Bezug auf die 1994er Checkliste genommen - ansonsten wird auf die entsprechende Literatur verwiesen. Für nicht publizierte Daten erfolgte der Hinweis auf den Sammler und/oder die Sammlung. Fußnoten erhalten Angaben zu Arten, wo Unklarheiten bestehen bzw. Erläuterungen notwendig erscheinen.

Derzeit wird an der Komplettierung einer Datenbank für die Erfassung aller Laufkäferfunde für Sachsen-Anhalt gearbeitet, in die ausschließlich geprüfte Funde eingehen. Hier sollen auch sukzessive Angaben aus der sogenannten "grauen" Literatur, d.h. aus Planungsunterlagen, nach sorgfältiger Plausibilitätskontrolle eingehen. Basis dieser Datenbank sind die im Rahmen der Arten- und Biotopschutzprogramme "Landschaftsraum Harz" (TROST & SCHNITTER 1997) und "Halle" (TROST et al. 1998) erstellten Fundlisten.

Anmerkungen zur Checkliste

[1] RAPP (1933-35) führt einen Fund von Halle an (NICOLAI 1822), der aber bereits von HUBENTHAL bezweifelt wurde, BORCHERT (1951) weist mit "Halle (Ni.)?" wahrscheinlich ebenfalls auf diesen fraglichen Nachweis hin. Keine aktuellen Meldungen.

[2] HIEKE (1999, mündl. Mitt.) plädiert inzwischen dafür, A. pseudostrenua nicht mehr als ssp. von A. tricuspidata aufzufassen, sondern als eigenständige Art. A. pseudostrenua kommt ausschließlich an Salzstellen vor (u.a. CIUPA 1992, 1998, TROST et al. 1996). Die historischen Angaben bei HAHN (1886/87), RAPP (1933-35), BORCHERT (1951) sowie HORION (1941) beziehen sich auf den "Artenkomplex" der A. tricuspidata. Eine Trennung der Fundorte kann aber anhand der entsprechenden Habitatansprüche der Arten erfolgen. Die Angaben von RAPP (1933-35) vom Salzigen See dürften sich auf A. pseudostrenua beziehen, alle anderen auf A. tricuspidata. Insbesondere aus der Dübener Heide liegen eine Vielzahl von Funden für letztgenannte Art vor (u.a. DIETZE 1936-1961).

[3] Erstmals von GRILL für Sachsen-Anhalt belegt, wird neu in die Checkliste aufgenommen.

[4] Alle bisher anhand des Genitals geprüften aktuellen und historischen Belege erwiesen sich als B. collaris oder B. dilatatus. Somit stehen sichere Funde aus.

[5] Schon von HORION (1941) wird der Fund von NICOLAI 1822 (zit. in HORION 1941), s.a. RAPP (1933-35) bezweifelt. Allerdings meldet auch BORCHERT (1951) die Art von Aschersleben. Keine aktuellen Nachweise.

[6] MÜLLER-MOTZFELD (1996, briefl. Mitt.) führt mehrere Funde aus dem Westharz an, z.T. direkt an Sachsen-Anhalt grenzend. Somit könnte bei intensiver Nachsuche die Art auch im sachsen-anhaltinischen Harz in geeigneten Habitaten gefunden werden.

[7] MÜLLER-MOTZFELD (1996, briefl. Mitt.) besitzt ein Tier (ohne Datum) mit Fundort Köthen, leg. F. BAUMGARTEN, in seiner Sammlung.

[8] HORION (1941) führt einen Fund vom Ostrand des Harzes (nach HORNUNG 1844, zit. in HORION 1941) an, da aber bis dahin keine weiteren Belege bekannt wurden, bezweifelt er diese Angabe. In BORCHERT (1951) ist der Oberharz als Fundort verzeichnet. Keine aktuellen Meldungen.

[9] C. linnei wurde von PANZER aus dem Harz beschrieben. HORION (1941) zitiert SCHAUM (1860) und PETRY (1914), die diese Angabe ablehnen. Allerdings werden von HORION (1941) Belegexemplare vom Fundort Mönchshof/Bodetal (leg. FÜGE, um 1900) aufgeführt. BORCHERT (1951) benennt ebenfalls den Harz als Fundort. Im ZMB existieren 2 Exemplare aus der coll. STORMANN, die als "C. sylvestris" determiniert sind (teste WRASE). ARNDT (1989) diskutiert das Vorkommen für den Ostharz insgesamt negativ. Aktuelle Funde fehlen.

[10] Sichere Nachweise stehen aus, alle späteren Angaben scheinen sich auf die vagen Hinweise von SAXESEN (1834), "soll einzeln unter Steinen bei Harzburg vorkommen", zu beziehen (s.a. SCHNITTER, TROST 1995).

[11] Von SCHNITTER et al. (1994) bislang übergangen, allerdings führt HORION (1941) die Art ohne nähere Ortsangabe für den Harz und BORCHERT (1951) für Heringen (Helme/Thüringen) an. WRASE fand nun im ZMB zwei sicher sehr alte Stücke, bezettelt mit "Harz", ohne weitere Angaben. Somit muß das frühere Vorkommen auch im Ostharz vermutet werden. Die Art wird neu in die Checkliste aufgenommen. Keine aktuellen Funde.

[12] Von HORION (1941) und BORCHERT (1951) gemeldet, wobei HORION bemerkt, daß die Angaben in RAPP (1933-35) größtenteils auf H. caspius ssp. roubali (von RAPP als „Synonym" zu dimidiatus geführt) zu beziehen seien. Die älteren Belege sind demzufolge noch sämtlich zu prüfen. Bisher konnte für Sachsen-Anhalt ausschließlich H. caspius ssp. roubali nachgewiesen werden.

[13] Die Angaben in BORCHERT (1951) bedürfen der Revison. RAPP (1933-35) gibt aber Funde aus Thüringen an, so daß ein Vorkommen der Art in Sachsen-Anhalt durchaus möglich erscheint.

[14] Erstmals von MEINEKE (1998) für Sachsen-Anhalt belegt, wird neu in die Checkliste aufgenommen.

[15] HAHN (1886/87) benennt einen Fundort bei Weferlingen (leg. WAHNSCHAFFE); RAPP (1933-35) den Ort Zeyern - Frankenwald (leg. DORN) s. HORION (1941); BORCHERT (1951) bezieht sich wohl auf HAHN. HORION (1941) führt neben den Angaben für

Weferlingen weitere Funde aus dem Unstrut-Gebiet an. Diese wurden von MAERTENS auf dem "Rötel bei Naumburg" (Rödel-Plateau) getätigt und liegen im ZMB zahlreich aus den Jahren 1920-1929 vor (teste WRASE). Daneben sammelte DORN (1954-55) auf dem "Kärrlingsberg (Kahler Berg?) bei Thale 1954/55 einige Exemplare, die bisher nicht publiziert wurden. Aktuelle Funde fehlen bislang.

[16] HORION (1941) führt einen Fundort - Dehlitz b. Weißenfels - an (leg. DORN 1914/1937), bemerkt aber, daß die Art in West- und Mitteldeutschland bis in die Elbe-Gegend vorkomme. BORCHERT (1951) benennt nur den Harz. Aktuelle Nachweise liegen nun von WOLF (1970) und SCHORNACK sowie TROST (1997, unveröff. - Halle, Peißnitz) vor.

[17] Für Sachsen-Anhalt nicht genannt. DORN muß um 1954 zahlreiche Exemplare bei Thale gefunden, aber nicht publiziert haben, da in mehreren Sammlungen entsprechendes Material vorhanden ist. Intensive Nachsuchen am vermeintlichen historischen Fundort erbrachten keine aktuellen Nachweise.

[18] CIUPA (1992) wies die Art erstmals für Deutschland nach. Zunächst wurde eine gewisse Halophilie vermutet. Inzwischen gibt es zwei neue Nachweise aus dem Magdeburger Raum im Elbe-Überschwemmungsbereich (leg. FEDERSCHMIDT, leg. GRILL), die diese Auffassung relativieren. Es handelt sich hierbei um „Ödländer" (Rotstraußgrasflur, bzw. Ruderal inmitten von Ackerflächen) ohne offensichtliche Salzbeeinflussung.

[19] Zu *P. australis* zählen auch früher zu *Patrobus septentrionis* DEJEAN, 1828 gestellte Nachweise. Letzterer ist aber nach TRAUTNER et al. (1995) kein Synonym, sondern eine eigenständige Art mit circumpolarer Verbreitung, die aus Deutschland nicht belegt ist.

[20] In allen Faunenwerken für Sachsen-Anhalt mit alten Nachweisen präsent, nach 1951 (BORCHERT) aber nicht mehr gefunden. In den letzten Jahren wird *P. kugelanni* vereinzelt zwischen *P. lepidus* bei Bodenfallenfängen insbesondere auf früheren und noch "aktiven" Truppenübungspätzen (Sandheiden, Sandtrockenrasen), aber auch außerhalb auf Sandäckern nachgewiesen (u.a. SCHNITTER & TROST 1996). Der erste Wiederfund datiert von 1993 aus der Glücksburger Heide.

[21] Die in HORION (1941) zitierten und von MAAß gesammelten Stücke vom Salzigen See bei Eisleben liegen im Museum Gotha vor und wurden von BELLSTEDT (mündl. Mitt.) auf Bitten der Verfasser nochmals geprüft. Trotz intensivster Nachsuchen (1994-98) im Zusammenhang mit dem möglichen Wiederentstehen des Salzigen Sees muß wohl in diesem Falle HORIONS Aussagen "wo sie sicherlich mit den anderen Halophilen heute verschwunden ist" gefolgt werden - keine aktuellen Funde.

[22] RAPP (1933-35) führt die Funde von DORN (1927 - Zeddembacher (= Zeddenbacher) Wehr b. Freyburg/Unstrut) an, auch HORION (1941) zitiert diese. HIEKE (mündl. Mitt.) überprüfte die Belege im ZMB und bestätigte die Angaben. Hiernach liegt ein weiteres Belegexemplar von DORN aus dem Naumburger Gebiet im ZMB vor. Keine aktuellen Funde.

[23] Schon bei HAHN (1886/87) für den Magdeburger Raum als "nicht zu selten" beschrieben, u.a. wird der "Rothe Horn"-Park als Fundort benannt. Auch bei HORION (1941) und BORCHERT (1951) mit zahlreichen Fundorten aufgeführt. Bei einer Recherche im Museum für Naturkunde und Vorgeschichte Dessau (D) wurden zahlreiche ältere (1952-55), bisher nicht erkannte Expl. in der coll. Dr. WALLIS aus dem Dessauer Gebiet registriert. Keine neueren Nachweise.

[24] HAHN (1886/87) bezeichnet die Art als im Magdeburger Raum "stellenweise recht häufig". Auch bei HORION (1941) und BORCHERT (1951) aufgeführt. Danach über einen längeren Zeitraum keine neuen Funde. Erst GRASER (leg. 1991 und 1998) konnte die Art im Stadtpark Rote-Horn bzw. nördlich des Herrenkruges wieder nachweisen.

[25] Alle Literaturangaben (PETRY 1914, HORION 1941, BORCHERT 1951) bedürfen der Überprüfung (Sammlungsrevisionen). Sichere neue Funde stehen bisher aus (s.a. SCHNITTER & TROST 1995).

Zusätzliche Abkürzungen in der Tabelle

Nachweis:

B	BORCHERT (1951)
coll.	Privatsammlungen
HA	HAHN (1886/87)
HO	HORION (1941)
D	Entomologische Sammlungen des Museums für Naturkunde und Vorgeschichte Dessau
R	RAPP (1933-35)
S	SCHNITTER et al. 1994
ZMB	Coleopterensammlung des Zoologischen Forschungsinstitutes des Museums Berlin
[1] - [24]	Erläuterungen, die für einzelne Arten notwendig sind (s. unter Anmerkungen zur Checkliste)

Danksagung

Die Autoren danken allen beteiligten Kollegen für ihre Mitarbeit bzw. kritische Hinweise, insbesondere Frau Dr. M. LÜBKE-AL HUSSEIN (Halle) sowie den Herren W. BÄSE (Wittenberg), W. CIUPA (Staßfurt), K. GRASER (Magdeburg), Dr. E. GRILL (Bernburg),

Prof. G. MÜLLER-MOTZFELD (Greifswald), D.W. WRASE, B. JAEGER und Dr. F. HIEKE (Berlin).

Literatur

ARNDT, E. (1989): Beiträge zur Insektenfauna der DDR: Gattung *Carabus* LINNÉ (Coleoptera: Carabidae). Beitr. Ent. 39(1), 63-03.

AUKEMA, B. (1990a): The nomenclature of the *Calathus melanocephalus* group of the genus *Calathus* (Coleoptera, Carabidae). Ent. Ber. 50(10), 143-145.

AUKEMA, B. (1990b): Taxonomy, life history and distribution of three closely related species of the genus *Calathus* (Coleoptera, Carabidae). Tijdschrift voor Entomologie 133(2), 121-141.

BORCHERT, W. (1951): Die Käferwelt des Magdeburger Raumes. Magd. Forsch. Bd. II, Hrsg.: Rat d. Stadt Magdeburg, Mitteldt. Druck- & Verlagsanst. GmbH Halle(Saale).

DIETZE, H. (1936-41): Die Cicindelidae und Carabidae des Leipziger Gebietes. Teil I-V, Mitt. Ent. Ges. Halle, 14, 37-52 (I), 15, 55-72 (II), 16, 41-48 (III), 17, 44-61 (IV), 20, 20-23 (V).

DIETZE, H. (1957): Die Cicindelidae und Carabidae des Leipziger Gebietes. Teil VI. unveröfftl. Manuskript, 10 S.

DORN, K. (1964): Käferfunde in der Umgebung von Freiburg a. U. Ent. Blätter 60, 188-191.

CIUPA, W. (1992): Kommentierte Carabiden - Artenliste für das NSG Salzstelle Hecklingen (Col.). Ent. Nachr. Ber. 36(4), 249-154.

CIUPA, W. (1998): Kommentierte Laufkäfer-Artenliste (Col., Carabidae) der Salzstelle bei Hohenerxleben im Landkreis Aschersleben-Staßfurt (Sachsen-Anhalt). Ent. Nachr. Ber. 42(1/2), 51-54.

CIUPA, W., GRUSCHWITZ, W. (1998): Käfer: Neu- und Wiederfunde in Sachsen-Anhalt. Halophila 36, 8.

EGGERS, H. (1901): Die in der Umgebung von Eisleben beobachteten Käfer. Sonderabdruck, Insektenbörse XVIII, 1-106.

FEIGE, C. (1918): In der Umgegend von Eisleben gefundene Käfer, welche in dem Verzeichnis von EGGERS nicht aufgeführt sind. Ent. Blätter 14(7-9), 203-209.

FEIGE, C., KÜHLHORN, F. (1924): In der Umgebung von Eisleben gefundene Käfer, welche in dem Verzeichnis von EGGERS nicht aufgeführt sind. Ent. Blätter 20(1), 17-26.

FREUDE, H., HARDE, K.W., LOHSE, G.A. (1976): Die Käfer Mitteleuropas. Bd. 2, Adephaga 1. Goecke & Evers, Krefeld. 302 S.

GRASER, K., SCHNITTER, P. (1998): Bibliographie der Literatur zur Käferfauna Sachsen-Anhalts und angrenzender Landesteile, besonders des Harzes. Ent. Mitt. Sachsen-Anhalt 6(1/2), 3-56.

HAHN, H. (1886/87): Verzeichniss der in der Umgegend von Magdeburg und den angrenzenden Bezirken aufgefundenen Käfer. Ein Beitrag zur Insectenfauna Norddeutschlands. Teil I Jahresber. Abh. Naturwiss. Ver. Magdeburg 1985, 97-121 Faber´sche Buchdruckerei (1886), Teil II Jahresber. Abh. Naturwiss. Ver. Magdeburg 1986, 99-123 Faber´sche Buchdruckerei (1887).

HIEKE, F. (1970): Die paläarktischen Amara-Arten des Subgenus *Zezea* CSIKI (Carabidae, Coleoptera). Dtsch. Ent. Z. N.F. 17 (I-III), 119-214.

HORION, A. (1941): Faunistik der deutschen Käfer: Bd. I Adephaga-Caraboidea. Komm.-Verl. H. Goecke, Krefeld.

KLAUSNITZER, B. (1983): Carabidae aus der Sammlung DIETZE. Ent. Nachr. Ber., 27(1), 25-27.

KRYZHANOVSKIJ, O.L., BELOUSOV, I.A., KABAK, I.I., KATAEV, B.M., MAKAROV, K.V., SHILENKOV, V.G. (1995): A Checklist of the Ground-Beetles of Russia and Adjacent lands (Insecta, Coleoptera, Carabidae). Pensoft Series faunistica 3, 1-271.

LUCHT, W.H. (1987): Die Käfer Mitteleuropas. Katalog. Goecke & Evers, Krefeld.

MEINEKE, T. (1998): Forschungs- und Naturschutzprojekt zur Wiederherstellung von Magerrasen auf gestörten Trockenstandorten. Tl. 2. Dokumentation der Entwicklung nach Durchführung von Erstpflegemaßnahmen auf dem Abatassinenberg im Saalkreis (Sachsen-Anhalt). Gutachten i.A. der Mitteldeutschen Baustoffe GmbH Sennewitz, unveröffentlicht.

MÜLLER-MOTZFELD, G., HIEKE, F., WRASE, D.W., JAEGER, B., ARNDT, E. (1989): Liste der Carabiden-Arten der DDR (Stand 1987). Ent. Nachr. Ber. 33(2), 49-57.

NÜSSLER, H. (1969): Funde von *Carabus marginalis* F. aus der Muldeaue (Col. Carabidae). Ent. Nachr. 12(12), 137-138.

PETRY, A. (1914): Über die Käfer des Brockens unter besonderer Berücksichtigung der biographischen Verhältnisse. Ent. Mitt. III (1-4), 11-17, 49-57, 65-72, 97-102.

RAPP, O. (1933-1935): Die Käfer Thüringens unter besonderer Berücksichtigung der faunistisch-ökologischen Geographie. Bd. I-III, Selbstverlag Erfurt.

SAXESEN, W. (1834): Von den Thieren und Pflanzen des Harzgebirges und der Jagd. In: ZIMMERMANN, C.: Das Harzgebirge. Darmstadt.

SCIAKY, R. (1991a): Revisione dei *Philorhizus* della regione palearctica con descricione di quattro nuovi taxa (Coleoptera, Carabidae). Mem. Soc. ent. ital. 69, 53-78.

SCIAKY, R. (1991b): Bestimmungstabellen der westpaläarktischen *Ophonus*-Arten. Acta coleopterologica, 7(1), 1-45.

SCHAUM, A. (1860): Naturgeschichte der Insekten Deutschlands. 1. Abt. Coleoptera, 1. Bd., 1. Hälfte. Berlin.

SCHMIDT, J. (1994): Revision der mit *Agonum* (s.str.) *viduum* (PANZER, 1797) verwandten Arten (Coleoptera, Carabidae). Beitr. Ent., 44(1), 3-51.

SCHNITTER, P., TROST, M. (1995): Beitrag zur Laufkäferfauna (Coleoptera, Carabidae) des Ostharzes - Zusammenstellung im Rahmen des Arten- und Biotopschutzprogrammes "Harz" des Landes Sachsen-Anhalt. Mitt. Dtsch. Ges. Allg. Angew. Ent. 10, 379-382.

SCHNITTER, P., TROST, M. (1996): Zur Fortschreibung der Roten Liste der Laufkäfer Sachsen-Anhalts - Probleme und neue Ansätze. Ber. Landesamt. Umweltsch. Sachsen-Anhalt 21, 80-88.

SCHNITTER, P., GRILL, E., TROST, M. (1994): Checkliste der Laufkäfer (Coleoptera, Carabidae) des Landes Sachsen-Anhalt. Ent. Nachr. Ber. 39/2. 81-93.

SCHNITTER, P., GRILL, E., BLOCHWITZ, O., CIUPA, W., EPPERLEIN, K., EPPERT, F., KREUTER, T., LÜBKE-AL HUSSEIN, M., SCHMIDTCHEN G. (1993): Rote Liste der Laufkäfer des Landes Sachsen-Anhalt. Ber. Landesamt. Umweltsch. Sachsen-Anhalt 9, 29-34.

TRAUTNER, J., MÜLLER-MOTZFELD, G. (1995): Checkliste der Laufkäfer Deutschlands. I-XII, Beilage zu: TRAUTNER, J., MÜLLER-MOTZFELD, G. (1995): Faunistisch-ökologischer Bearbeitungsstand, Gefährdung und Checkliste der Laufkäfer. Eine Übersicht für die deutschen Bundesländer. Naturschutz und Landschaftsplanung 27(3), 96-105.

TRAUTNER, J., MÜLLER-MOTZFELD, G., BRÄUNICKE, M. (1997): Rote Liste der Sandlaufkäfer und Laufkäfer Deutschlands (Coleoptera: Cicindelidae et Carabidae), 2. Fassung, Stand Dezember 1996. Naturschutz und Landschaftsplanung 29(9), 261-273.

TROST, M., SCHNITTER, P. (1997): Laufkäfer (Coleoptera: Carabidae). In: Arten- und Biotopschutzprogramm Sachsen-Anhalt. Landschaftsraum Harz. Ber. Landesamt. Umweltsch. Sachsen-Anhalt, Sonderheft 4/1997, 192-199, 349-350.

TROST, M., SCHNITTER, P., GRILL, E. (1996): Zur Bedeutung von Salzhabitaten am ehemaligen Salzigen See aus entomofaunistischer Sicht am Beispiel der Laufkäfer (Coleoptera, Carabidae). Mitteilungsbl. d. Entomologenverb. Sachsen-Anhalt e. V., 4(1/2), 22-27.

TROST, M., SCHNITTER, P., LÜBKE-AL HUSSEIN, M., TIETZE, F. (1998): Laufkäfer (Coleoptera: Carabidae). In: Arten- und Biotopschutzprogramm Sachsen-Anhalt. Stadt Halle. Ber. Landesamt. Umweltsch. Sachsen-Anhalt, Sonderheft 4/1998, 203-211, 388-390.

WAHNSCHAFFE, M. (1883): Verzeichnis der im Gebiete des Aller-Vereins zwischen Helmstedt und Magdeburg aufgefundenen Käfer. Druck u. Verl. C. A. Eyraud, Neuhaldensleben.

WOLF, E. (1970): Ökologisch-faunistische Untersuchungen über den Einfluß klimatologischer Faktoren auf die Carabidenfauna von Schacht- und Stollenhalden sowie der angrenzenden Feldflur. Dissertation, Martin-Luther-Univ. Halle-Wittenberg.

Anschrift der Verfasser

Dr. Peer Schnitter
Gartenstadtstraße 23
D - 06126 Halle (Saale)

Martin Trost
Gräfestraße 10
D - 06110 Halle (Saale)

Art	BR	BS	RL	Ges.	Nachweis	Synonym
Abax carinatus (DUFTSCHMID, 1812)	T	ss	2		S	
Abax ovalis (DUFTSCHMID, 1812)	H,B	v			S	
Abax parallelepipedus PILLER et MITTERPACHER, 1783		h			S	*A. ater* (VILLIERS, 1789)
Abax parallelus (DUFTSCHMID, 1812)		v			S	

Art	BR	BS	RL	Ges.	Nachweis	Synonym
Acupalpus brunnipes (STURM, 1825)	T	ss	1		coll./leg. SCHNITTER	
Acupalpus dubius SCHILSKY, 1888	T,H	s			S	
Acupalpus elegans (DEJEAN, 1829)	T,H	v	3		S	
Acupalpus exiguus (DEJEAN, 1829)	T,H	v			S	
Acupalpus flavicollis (STURM, 1825)	T,H	s			S	
Acupalpus interstitialis REITTER, 1884	H	ss			S	
Acupalpus maculatus SCHAUM, 1860	T,H	ss	2		coll./leg. CIUPA	
Acupalpus meridianus (L., 1761)		v			S	
Acupalpus parvulus (STURM, 1825)		v			S	*A. dorsalis* F., 1787
Agonum afrum (DUFTSCHMID, 1812)		h	2		S	*A. moestum* auct.
Agonum atratum (DUFTSCHMID, 1812) [1]					R, B	*A. monachum* (DUFTSCHMID, 1812)
Agonum dolens (SAHLBERG, 1827)	T,H	v	2		S	
Agonum duftschmidi SCHMIDT, 1994	T	s			S	nom. nov. für *moestum* (DUFTSCHMID, 1812)
Agonum ericeti (PANZER, 1809)	T,B	ss	1		S	
Agonum gracilipes (DUFTSCHMID, 1812)	T,H	s	P		S	
Agonum impressum (PANZER, 1797)	T,H	A	1		R, HO, B	
Agonum lugens (DUFTSCHMID, 1812)	T,H	s	2		S	
Agonum marginatum (L., 1758)	T,H	h			S	
Agonum muelleri (HERBST, 1784)	T,H	v			S	
Agonum quadripunctatum (DE GEER, 1774)	T,H	ss	P		S	*Sericoda quadripunctatum* (DE GEER, 1774)
Agonum sexpunctatum (L., 1758)		v			S	
Agonum versutum STURM, 1824	T,H	v	3		S	
Agonum viduum (PANZER, 1787)	T,H B	s v			S	
Agonum viridicupreum (GOEZE, 1777)	T	ss			coll. CIUPA (leg. KOTSCH), coll./leg. SPRICK	
Amara aenea (DE GEER, 1774)		g			S	
Amara anthobia VILLA et VILLA, 1833	T,H	ss	P		S	
Amara apricaria (PAYKULL, 1790)		h			S	
Amara aulica (PANZER, 1797)		h			S	
Amara bifrons (GYLLENHAL, 1810)		h			S	
Amara brunnea (GYLLENHAL, 1810)	T,H	s			S	
Amara communis (PANZER, 1797)		v			S	
Amara consularis (DUFTSCHMID, 1812)	T,H	v			S	
Amara convexior STEPHENS, 1828		g			S	
Amara convexiuscula (MARSHAM, 1802)	T,H	s			S	
Amara crenata DEJEAN, 1828	T,H	ss			S	
Amara cursitans ZIMMERMANN, 1831		s	P		S	
Amara curta DEJEAN, 1828		s			S	
Amara equestris (DUFTSCHMID, 1812)		v			S	
Amara erratica (DUFTSCHMID, 1812)	B	ss	1		S	
Amara eurynota (PANZER, 1797)	T,H	v			S	
Amara famelica ZIMMERMANN, 1832	T,H	ss	2		S	
Amara familiaris (DUFTSCHMID, 1812)		h			S	
Amara fulva (O.F. MÜLLER, 1776)	T,H	v			S	
Amara fusca DEJEAN, 1828	T,H	ss			S	

Art	BR	BS	RL	Ges.	Nachweis	Synonym
Amara infima (DUFTSCHMID, 1812)	T,H	ss	3		S	
Amara ingenua (DUFTSCHMID, 1812)	T,H	v	P		S	
Amara littorea THOMSON, 1857	T,H	s	2		S	
Amara lucida (DUFTSCHMID, 1812)	T,H	ss			S	
Amara lunicollis SCHIØDTE, 1837		h			S	
Amara majuscula CHAUDOIR, 1850		s			S	
Amara montivaga STURM, 1825	H,B	s	3		S	
Amara municipalis (DUFTSCHMID, 1812)	T,H	s	P		S	
Amara nitida (STURM, 1825)	T,H	ss			HA, R, HO, B	
Amara ovata (F., 1792)		h			S	
Amara plebeja (GYLLENHAL, 1810)		h			S	
Amara praetermissa (SAHLBERG, 1827)	T,H	s	2		S	
Amara quenseli ssp. *silvicola* ZIMMERMANN, 1832	T,H	ss	2		S	*A. silvicola* ZIMMERMANN, 1832
Amara sabulosa AUDINET-SERVILLE, 1821	T,H	ss	1		S	
Amara similata (GYLLENHAL, 1810)		v			S	
Amara spreta DEJEAN, 1831	T	v			S	
Amara strenua ZIMMERMANN, 1832	T	ss	1		S	
Amara tibialis (PAYKULL, 1798)		v			S	
Amara tricuspidata ssp. *pseudostrenua* KULT, 1946 [2)]	T,H	ss	3		S	*A. pseudostrenua* KULT, 1946
Amara tricuspidata ssp. *tricuspidata* DEJEAN, 1831 [2)]	T,H	ss			HIEKE (1970)	
Anisodactylus binotatus (F., 1787)		h			S	
Anisodactylus nemorivagus (DUFTSCHMID, 1812)	T,H	ss			S	
Anisodactylus poeciloides (STEPHENS, 1828)	T,H	ss	2		S	
Anisodactylus signatus (PANZER, 1797)	T,H	A			HO, B	
Anthracus consputus (DUFTSCHMID, 1812)	T,H	h			S	
Asaphidion austriacum SCHWEIGER, 1975 [3)]	T	ss			coll./leg. GRILL	
Asaphidion curtum HEYDEN, 1870	T,H	s			S	
Asaphidion flavipes (L., 1761)	T,H	v			S	
Asaphidion pallipes (DUFTSCHMID, 1812)	T,H	s			S	
Badister bullatus (SCHRANK, 1798)		h			S	*B. bipustulatus* (F., 1792)
Badister collaris MOTSCHULSKY, 1844	T,H	v	3		S	*B. anomalus* (PERRIS, 1866)
Badister dilatatus (CHAUDOIR, 1837)	T,H	v			S	
Badister dorsiger (DUFTSCHMID, 1812)	T,H	ss	2		S	
Badister lacertosus STURM, 1815		v			S	
Badister meridionalis PUEL, 1925	T,H	s			S	*B. kineli* MAKOLSKI, 1952
Badister peltatus (PANZER, 1797) [4)]	T,H	ss	3		S	
Badister sodalis (DUFTSCHMID, 1812)	T,H	v			S	
Badister unipustulatus BONELLI, 1813	T,H	v	P		S	
Bembidion argenteolum AHRENS, 1812	T	s	2		S	
Bembidion articulatum (PANZER, 1796)		h			S	
Bembidion ascendens DANIEL, 1902	B	ss			S	
Bembidion aspericolle GERMAR, 1812	T,H	ss	2		S	
Bembidion assimile GYLLENHAL, 1810	T,H	s			S	
Bembidion atrocoeruleum STEPHENS, 1828	B	ss			S	
Bembidion azurescens DALLA TORRE, 1877	H	s			S	
Bembidion biguttatum (F., 1779)		g			S	

Art	BR	BS	RL	Ges.	Nachweis	Synonym
Bembidion bipunctatum ssp. *bipunctatum* (L., 1761)	T	A			HO	
Bembidion bruxellense WESMAEL, 1835	H,B	v			S	*B. rupestre* auct.
Bembidion decorum ZENKER in PANZER, 1801	B	v			S	
Bembidion deletum AUDINET-SERVILLE, 1821	H,B	v			S	*B. nitidulum* (MARSHAM, 1802)
Bembidion dentellum (THUNBERG, 1787)		g			S	
Bembidion doris (PANZER, 1797)		v			S	
Bembidion fasciolatum (DUFTSCHMID, 1812)	B	A			coll. MÜLLER-MOTZFELD, leg. DIETZE (1942), B	
Bembidion femoratum STURM, 1825		v			S	
Bembidion fluviatile DEJEAN, 1831	T	ss			coll./leg. SCHNITTER	
Bembidion foraminosum STURM, 1825 [5]	H	A			R, HO, B	
Bembidion fumigatum (DUFTSCHMID, 1812)	T,H	s			S	*B. adustum* (SCHAUM, 1860)
Bembidion geniculatum HEER, 1837	B	v			S	*B. redtenbacheri* K. DANIEL, 1902
Bembidion gilvipes STURM, 1825	T,H	v			S	
Bembidion guttula (F., 1792)		v			S	
Bembidion humerale STURM, 1825	H,B	ss	2		S	
Bembidion lampros (HERBST, 1784)		g			S	
Bembidion litorale (OLIVIER, 1791)	T	ss			ZMB, leg. WEISE (1943), coll./leg. GRASER	
Bembidion lunatum (DUFTSCHMID, 1812)	H	ss			S	
Bembidion lunulatum GEOFFROY in FOURCROY, 1785	T,H	v			S	
Bembidion mannerheimii SAHLBERG, 1827		v			S	*B. unicolor* CHAUDOIR, 1850
Bembidion milleri JACQELIN DU VAL, 1851	T,H	ss	P		S	
Bembidion millerianum HEYDEN, 1883 [6]	B	-			coll. MÜLLER-MOTZFELD	
Bembidion minimum (F., 1792)	T,H	v			S	*B. pusillum* GYLLENHAL, 1827
Bembidion modestum (F., 1801)	T,H	v			S	
Bembidion monticola STURM, 1825 [7]	B	ss			coll. MÜLLER-MOTZFELD (leg. BAUMGARTEN)	
Bembidion nigricorne GYLLENHAL, 1827	T,H	s	2		S	
Bembidion obliquum STURM, 1825		v			S	
Bembidion obtusum AUDINET-SERVILLE, 1821		h			S	
Bembidion octomaculatum (GOEZE, 1777)	T,H	h			S	
Bembidion prasinum (DUFTSCHMID, 1812) [8]	B	A			HO, B	
Bembidion properans (STEPHENS, 1828)		g			S	
Bembidion punctulatum DRAPIEZ, 1820	T	v			S	
Bembidion pygmaeum (F., 1792)	T,H	s			S	
Bembidion quadrimaculatum (L., 1761)		h			S	*B. quadriguttatum* (F., 1775)

Art	BR	BS	RL	Ges.	Nachweis	Synonym
Bembidion quadripustulatum AUDINET-SERVILLE, 1821		v			S	*B. quadriguttatum* (OLIVIER, 1795)
Bembidion ruficolle (PANZER, 1797)	T	ss			HA, HO, ZMB	
Bembidion schueppelii DEJEAN, 1831	T,H	s			S	
Bembidion semipunctatum DONOVAN, 1806	T,H	g			S	
Bembidion stephensi CROTCH, 1869	H,B	s	P		S	
Bembidion stomoides DEJEAN, 1831	B	s			S	
Bembidion striatum (F., 1792)	T	ss	1		S	
Bembidion tenellum ERICHSON, 1837	T,H	ss	2		S	
Bembidion testaceum (DUFTSCHMID, 1812)	T,H	ss			S	
Bembidion tetracolum SAY, 1823		h			S	*B. ustulatum* auct.
Bembidion tetragrammum ssp. *illigeri* NETOLITZKY, 1914		v			S	*B. quadriguttatum* (ILLIGER, 1798)
Bembidion tibiale (DUFTSCHMID, 1812)	B	h			S	
Bembidion varium (OLIVIER, 1795)		h			S	
Bembidion velox (L., 1761)	T	s	2		S	
Blethisa multipunctata (L., 1758)	T,H	v	3		S	
Brachinus crepitans (L., 1758)	T,H	v	3		S	
Brachinus explodens DUFTSCHMID, 1812	T,H	v			S	
Bradycellus caucasicus CHAUDOIR, 1846		v	3		S	*B. collaris* (PAYKULL, 1798)
Bradycellus csikii LACZO, 1912	T,H	v			S	
Bradycellus harpalinus AUDINET-SERVILLE, 1821		v			S	
Bradycellus ruficollis STEPHENS, 1828		s	3		S	*B. similis* (DEJEAN, 1829)
Bradycellus verbasci (DUFTSCHMID, 1812)		v			S	
Broscus cephalotes (L., 1758)	T,H	v			S	
Calathus ambiguus (PAYKULL, 1790)		h			S	
Calathus cinctus (MOTSCHULSKY, 1850)	T,H	v			S	*C. mollis* ssp. *erythroderus* GEMMINGER et HAROLD, 1868
Calathus erratus (SAHLBERG, 1827)	T,H	h			S	
Calathus fuscipes (GOEZE, 1777)		g			S	
Calathus melanocephalus (L., 1758)		g			S	
Calathus micropterus (DUFTSCHMID, 1812)		v			S	
Calathus rotundicollis DEJEAN, 1828		v			S	*C. piceus* (MARSHAM, 1802)
Callistus lunatus (F., 1775)	T,H	s	2		S	
Calodromius spilotus (ILLIGER, 1785)		s			S	*Dromius quadrinotatus* (PANZER, 1800)
Calosoma inquisitor (L., 1758)		v	3	§	S	
Calosoma maderae ssp. *auropunctatum* (HERBST, 1784)	T,H	v		§	S	
Calosoma reticulatum (F., 1787)	T	ss	1	§	S	
Calosoma sycophanta (L., 1758)	T,H	ss	1	§	S	
Carabus arvensis HERBST, 1784		s	3	§	S	
Carabus auratus L., 1761		v		§	S	
Carabus auronitens F., 1792	B	v		§	S	
Carabus cancellatus ILLIGER, 1798	T,H	s	3	§	S	
Carabus clathratus L., 1761	T,H	ss	1	§	S	
Carabus convexus F., 1775		v	3	§	S	
Carabus coriaceus L., 1758		v		§	S	

Art	BR	BS	RL	Ges.	Nachweis	Synonym
Carabus glabratus PAYKULL, 1790		s		§	S	
Carabus granulatus L., 1758		g		§	S	
Carabus hortensis L., 1758		v		§	S	
Carabus intricatus L., 1761	H,B	ss	3	§	S	
Carabus irregularis F., 1792	B	ss	P	§	S	
Carabus linnei PANZER, 1810 [9]	B	A		§	HO, B, ZMB	
Carabus marginalis F., 1794	T	A	0	§	NÜSSLER (1969)	
Carabus monilis F., 1792	T,H	A	1	§	S	
Carabus nemoralis MÜLLER, 1764		g		§	S	
Carabus nitens L., 1758	T	A	0	§	HA, HO, B, ZMB	
Carabus problematicus HERBST, 1786		v		§	S	
Carabus purpurascens F., 1787		s		§	S	
Carabus silvestris PANZER, 1796	B	h		§	S	*C. sylvestris* auct.
Carabus violaceus L., 1758		v		§	S	
Chlaenius nigricornis (F., 1787)		v			S	
Chlaenius nitidulus (SCHRANK, 1781)	T,H	A			S	
Chlaenius sulcicollis (PAYKULL, 1798)	T,H	A	0		HA, R, HO, B	
Chlaenius tristis (SCHALLER, 1783)	T,H	s	2		S	
Chlaenius vestitus (PAYKULL, 1790)	T,H	v			S	
Cicindela arenaria ssp. *viennensis* (SCHRANK, 1781)	H	ss		§	S	*Cicindina arenaria* ssp. *viennensis* SCHRANK, 1781
Cicindela campestris L., 1758		h		§	S	
Cicindela germanica L., 1758	H	ss	1	§	S	*Cylindera germanica* L., 1758
Cicindela hybrida ssp. *hybrida* L., 1758	T,H	v		§	S	
Cicindela silvicola DEJEAN, 1822	H	ss		§	S	*C. sylvicola* auct.
Cicindela sylvatica L., 1758	T,H	ss	3	§	S	*C. sylvatica* auct.
Clivina collaris (HERBST, 1784)	T,H	s			S	*C. contracta* (GEOFFROY in FOURCROY 1785)
Clivina fossor (L., 1758)		h			S	
Cychrus attenuatus F., 1792 [10]	B				SAXESEN (1838) HO, B	
Cychrus caraboides L., 1758		v			S	
Cymindis angularis GYLLENHAL, 1810	T,H	s	P		S	
Cymindis axillaris (F., 1794)	H	ss	1		S	
Cymindis humeralis (GEOFFROY in FOURCROY, 1785)		s			S	
Cymindis macularis MANNERHEIM in FISCHER VON WALDHEIM, 1824	T	ss	2		coll./leg. SCHNITTER	
Cymindis vaporariorum (L., 1758)	T,H	A	1		R, HO, B	
Demetrias atricapillus (L., 1758)		v			S	
Demetrias imperialis (GERMAR, 1824)	T,H	v			S	
Demetrias monostigma SAMOUELLE, 1819	T,H	v			S	
Diachromus germanus (L., 1758)	T,H	s	2		S	
Dicheirotrichus gustavii CROTCH, 1871	T,H	ss	1		S	*D. pubescens* (PAYKULL 1798)
Dicheirotrichus obsoletus (DEJEAN, 1829)	T,H	ss	2		S	
Dicheirotrichus rufithorax (SAHLBERG, 1827)	T,H	s	2		S	
Dolichus halensis (SCHALLER, 1783)	T,H	s	1		S	

Art	BR	BS	RL	Ges.	Nachweis	Synonym
Dromius agilis (F., 1787)		v			S	
Dromius angustus BRULLE, 1834		s	P		S	
Dromius fenestratus (F., 1794)		ss			S	
Dromius linearis (OLIVIER, 1795)	T,H	v			S	*Paradromius linearis* (OLIVIER, 1795)
Dromius longiceps DEJEAN, 1826	T,H	ss	P		S	*Paradromius longiceps* (DEJEAN, 1826)
Dromius quadrimaculatus (L., 1758)		h			S	
Dromius schneideri CROTCH, 1871	T	s	2		coll./leg. GRUSCHWITZ	*D. marginellus* (F., 1784)
Dyschirius aeneus (DEJEAN, 1825)	T,H	v			S	
Dyschirius angustatus (AHRENS, 1830)	T,H	s	3		S	
Dyschirius bonellii PUTZEYS, 1846	H	ss			S	
Dyschirius chalceus ERICHSON, 1837	T,H	ss	2		S	
Dyschirius digitatus (DEJEAN, 1825)	T	A	0		HA, HO, B	
Dyschirius extensus PUTZEYS, 1846	T,H	ss	0		coll. LÜBKE-AL HUSSEIN (leg. SÜBMUTH)	
Dyschirius globosus (HERBST, 1784)		g			S	
Dyschirius intermedius PUTZEYS, 1846	T,H	ss	2		S	
Dyschirius laeviusculus PUTZEYS, 1846	T,H	ss	0		coll./leg. GRASER, coll./leg. GRILL	
Dyschirius luedersi WAGNER, 1915	T,H	h			S	*D. tristis* STEPHENS, 1827
Dyschirius nitidus (DEJEAN, 1825)	T,H	ss			S	
Dyschirius politus (DEJEAN, 1825)	T,H	ss			S	
Dyschirius salinus SCHAUM, 1843	T,H	ss	3		S	
Dyschirius thoracicus (ROSSI, 1790)	T,H	v			S	*D. arenosus* STEPHENS, 1827
Elaphrus aureus MÜLLER, 1821	T,H	ss	2		S	*E. smaragdinus* REITTER, 1887
Elaphrus cupreus DUFTSCHMID, 1812		h			S	
Elaphrus riparius (L., 1758)		h			S	
Elaphrus uliginosus F., 1792	T,H	ss	2		S	
Elaphrus ullrichi REDTENBACHER, 1842 [11]	H	A			ZMB	
Epaphius rivularis (GYLLENHAL, 1810)	T	s			S	
Epaphius secalis (PAYKULL, 1790)		v			S	
Europhilus fuliginosus (PANZER, 1809)		h			S	*Agonum fuliginosum* (PANZER, 1809)
Europhilus gracile (STURM, 1824)		s			S	*Agonum gracile* STURM, 1824
Europhilus micans (NICOLAI, 1822)		h			S	*E. pelidnus* (DUFTSCHMID, 1812), *Agonum micans* NICOLAI, 1822
Europhilus piceus (L., 1758)		s	P		S	*Agonum piceum* L., 1758
Europhilus scitulus (DEJEAN, 1828)	B	ss	1		S	*Agonum scitulum* DEJEAN, 1828
Europhilus thoreyi (DEJEAN, 1828)		v			S	*E. pelidnus* PAYKULL, 1798, *Agonum thoreyi* DEJEAN, 1828
Harpalus affinis (SCHRANK, 1781)		g			S	*H. aeneus* (F., 1775)
Harpalus albanicus REITTER, 1900	H	ss			S	

Art	BR	BS	RL	Ges.	Nachweis	Synonym
Harpalus anxius (DUFTSCHMID, 1812)		v			S	
Harpalus atratus LATREILLE, 1804	H,B	s			S	
Harpalus autumnalis (DUFTSCHMID, 1812)	T,H	s			S	
Harpalus caspius ssp. *roubali* SCHAUBERGER, 1928	H	s			S	
Harpalus dimidiatus (ROSSI, 1790) [12]	H	A			HO, B	
Harpalus distinguendus (DUFTSCHMID, 1812)		h			S	
Harpalus flavescens (PILLER et MITTERPACHER, 1783)	T	s	3		S	*H. rufus* BRÜGGEMANN, 1873
Harpalus froelichii STURM, 1818	T,H	v	3		S	
Harpalus hirtipes (PANZER, 1797)	T,H	s	3		S	
Harpalus honestus (DUFTSCHMID, 1812)	H,B	s			S	
Harpalus latus (L., 1758)		v			S	
Harpalus luteicornis (DUFTSCHMID, 1812)	T,H	v			S	
Harpalus melancholicus DEJEAN, 1829	T	ss	2		S	
Harpalus modestus DEJEAN, 1829	H	ss	2		S	
Harpalus neglectus AUDINET-SERVILLE, 1821	T	ss	2		S	
Harpalus picipennis (DUFTSCHMID, 1812)	T	v	2		S	
Harpalus politus DEJEAN, 1829	H	A			R, HO, B	
Harpalus progrediens SCHAUBERGER, 1922 [13]	T	A			HO, B	
Harpalus pumilus STURM, 1818	T,H	v			S	*H. vernalis* (DUFTSCHMID, 1801)
Harpalus quadripunctatus DEJEAN, 1829		v			S	*H. laevipes* ZETTERSTEDT, 1828
Harpalus rubripes (DUFTSCHMID, 1812)		h			S	
Harpalus rufipalpis STURM, 1818		v			S	*H. rufitarsis* (F., 1812)
Harpalus serripes (QUENSEL, 1806)	T,H	v			S	
Harpalus servus (DUFTSCHMID, 1812)	T	s			S	
Harpalus smaragdinus (DUFTSCHMID, 1812)	T,H	v	P		S	
Harpalus solitaris DEJEAN, 1829	T,B	ss			S	*H. fuliginosus* (DUFTSCHMID, 1812)
Harpalus subcylindricus DEJEAN, 1829	T,H	s	2		S	
Harpalus tardus (PANZER, 1797)	T,H	h			S	
Harpalus tenebrosus DEJEAN, 1829	T,H	A			HA, R, HO, B	
Harpalus xanthopus ssp. *winkleri* SCHAUBERGER, 1923	T,H	ss	P		S	
Harpalus zabroides DEJEAN, 1829	T,H	s	3		S	
Lasiotrechus discus (F., 1792)	T,H	s	P		S	
Lebia chlorocephala (HOFFMANN, 1803)	T,H	s			S	
Lebia cruxminor (L., 1758)		s	2		S	
Lebia cyanocephala (L., 1758)	T,H	A			HA, R, HO, B	
Lebia marginata (GEOFFROY in FOURCROY, 1785)	T,H	A			HO, B	
Leistus ferrugineus (L., 1758)	T,H	h			S	
Leistus piceus FROELICH, 1799	B	s	P		S	
Leistus rufomarginatus DUFTSCHMID, 1812		s	P		S	
Leistus spinibarbis (F., 1775)	H,B	s	2		S	
Leistus terminatus (HELLWIG, 1793)		v			S	*L. rufescens* (F., 1775)
Licinus cassideus (F., 1792)	H	ss	2		S	
Licinus depressus (PAYKULL, 1790)	T,H	s	P		S	
Licinus punctatulus (F., 1792)	H	A	1		coll. KÖLLER	
Lionychus quadrillum (DUFTSCHMID, 1812)	T,H	s			S	

Art	BR	BS	RL	Ges.	Nachweis	Synonym
Loricera pilicornis (F., 1775)		h			S	
Masoreus wetterhallii (GYLLENHAL, 1813)	T,H	v	3		S	
Microlestes fissuralis REITTER, 1900 [14]	H	ss			MEINEKE (1998)	
Microlestes maurus (STURM, 1827)		h			S	
Microlestes minutulus (GOEZE, 1777)		h			S	
Miscodera arctica (PAYKULL, 1798)	T,H	ss	1		S	
Molops elatus (F., 1801)	H,B	v			S	
Molops piceus (PANZER, 1793)	H,B	v			S	
Nebria brevicollis (F., 1792)		h			S	
Nebria livida f. *livida* s. str. (L., 1758)	T	s	2		S	
Nebria salina FAIRMAIRE et LABOULBÉNE, 1854	H,B	s	0		coll./leg. TROST, SCHNITTER	
Notiophilus aesthuans MOTSCHULSKY, 1864	T,H	ss	P		S	*N. aestuans* MOTSCHULSKY, 1864, *N. pusillus* WATERHOUSE, 1833
Notiophilus aquaticus (L., 1758)		v			S	
Notiophilus biguttatus (F., 1779)		h			S	
Notiophilus germinyi FAUVEL, 1863		s	3		S	*N. hypocrita* CURTIS, 1829
Notiophilus laticollis CHAUDOIR, 1850 [15]	H	A			HA, R, HO, B, ZMB	
Notiophilus palustris (DUFTSCHMID, 1812)		h			S	
Notiophilus rufipes CURTIS, 1829	H	s			S	
Ocys harpaloides AUDINET-SERVILLE, 1821 [16]	T,H	ss			coll./leg. SCHORNACK	
Ocys quinquestriatus GYLLENHAL, 1810	T,H	ss			S	
Odacantha melanura (L., 1767)	T,H	v	3		S	
Olisthopus rotundatus (PAYKULL, 1790)		v	3		S	*O. rotundicollis* (MARSHAM, 1802)
Olisthopus sturmi (DUFTSCHMID, 1812)	H	A	0		DORN (1964)	
Omophron limbatum (F., 1776)	T,H	v			S	
Oodes gracilis VILLA et VILLA, 1833	T,H	ss	1		S	
Oodes helopioides (F., 1792)		h			S	
Ophonus azureus (F., 1775)	T,H	v			S	
Ophonus cephalotes (FAIRMAIRE et LABOULBÉNE, 1856) [17]	H	A			coll. SCHNITTER, leg. DORN	*Harpalus cephalotes* (FAIRMAIRE et LABOULBÉNE, 1856)
Ophonus cordatus (DUFTSCHMID, 1812)	H	ss	2		S	
Ophonus diffinis DEJEAN, 1829 [18]	T,H	ss	1		S	
Ophonus melletii (HEER, 1837)	T,H	s	P		S	
Ophonus nitidulus STEPHENS, 1828	T,H	v			S	*O. punctatulus* (DUFTSCHMID, 1812)
Ophonus puncticeps STEPHENS, 1828	T,H	v			S	
Ophonus puncticollis (PAYKULL, 1798)	H	s			S	
Ophonus rufibarbis (F., 1792)	T,H	h			S	
Ophonus rupicola (STURM, 1818)	H	s	P		S	
Ophonus sabulicola (PANZER, 1796)	H	ss			S	
Ophonus schaubergerianus PUEL, 1937	T,H	v			S	
Ophonus signaticornis (DUFTSCHMID, 1812)	T,H	v	P		S	*Harpalus signaticornis* (DUFTSCHMID, 1812)
Ophonus stictus STEPHENS, 1828	H	ss			S	*O. obscurus* (F., 1792)

Art	BR	BS	RL	Ges.	Nachweis	Synonym
Ophonus subsinuatus (REY, 1886)	H	ss	1		S	
Panagaeus bipustulatus (F., 1775)	T,H	v			S	
Panagaeus cruxmajor (L., 1758)	T,H	s			S	
Patrobus assimilis CHAUDOIR, 1844	B	ss	2		S	
Patrobus atrorufus (STROEM, 1768)		v			S	P. excavatus PAYKULL, 1790
Patrobus australis J. SAHLBERG, 1875 [19]	T,H	ss	2		S	
Perigona nigriceps (DEJEAN, 1831)		ss			S	
Perileptus areolatus (CREUTZER, 1799)	T	A	0		HA, R, HO, B	
Philorhizus melanocephalus (DEJEAN, 1825)	T,H	ss			S	Dromius melanocephalus DEJEAN, 1825
Philorhizus notatus (STEPHENS, 1827)	T,H	v			S	Domius notatus STEPHENS, 1827, D. nigriventris THOMSON, 1857
Philorhizus sigma (ROSSI, 1790)	T,H	v			S	Dromius sigma (ROSSI, 1790)
Platynus albipes (F., 1796)		v			S	P. ruficornis GOEZE, 1777; Paranchus albipes (F., 1796)
Platynus assimilis (PAYKULL, 1790)		g			S	
Platynus dorsalis (PONTOPPIDAN, 1763)		g			S	Anchomenus dorsalis (PONTOPPIDAN, 1763)
Platynus krynickii (SPERK, 1835)	T	ss	1		coll./leg. SCHNITTER	
Platynus livens (GYLLENHAL, 1810)	T,H	ss	3		S	
Platynus longiventris MANNERHEIM, 1825	T,H	s	1		S	
Platynus obscurus (HERBST, 1784)	T,H	h			S	Oxypselaphus obscurus (HERBST, 1784)
Poecilus cupreus (L., 1758)		g			S	
Poecilus kugelanni (PANZER, 1797) [20]	T,H	ss			coll./leg. SCHNITTER	P. dimidiatus auct.
Poecilus lepidus (LESKE, 1785)		v			S	P. virens (O.F. MÜLLER, 1776)
Poecilus punctulatus (SCHALLER, 1783)	T,H	v	3		S	
Poecilus sericeus FISCHER VON WALDHEIM, 1823	T,H	A			HO	P. marginalis (DEJEAN, 1828)
Poecilus versicolor (STURM, 1824)		g			S	P. coerulescens (L., 1758)
Pogonus chalceus (MARSHAM, 1802)	T,H	ss	2		S	
Pogonus iridipennis NICOLAI, 1822	T,H	ss	1		S	
Pogonus luridipennis (GERMAR, 1822)	T,H	ss	1		S	
Polystichus connexus (GEOFFROY in FOURCROY, 1785)	T	A	0		HA, R, HO, B	
Pristonychus terricola (HERBST, 1784)	T,H	s	3		S	Laemostenus terricola (HERBST, 1784)
Pseudoophonus calceatus (DUFTSCHMID, 1812)	T,H	s	P		S	
Pseudoophonus griseus (PANZER, 1797)	T,H	s			S	
Pseudoophonus rufipes (DE GEER, 1774)		g			S	Pseudophonus pubescens MÜLLER, 1776
Pterostichus aethiops (PANZER, 1797)	B	v			S	
Pterostichus anthracinus (ILLIGER, 1798)		v			S	
Pterostichus aterrimus (HERBST, 1784)	T,H	ss	0		S	

Art	BR	BS	RL	Ges.	Nachweis	Synonym
Pterostichus burmeisteri HEER, 1841	H,B	v			S	*P. metallicus* (F., 1792)
Pterostichus cursor (DEJEAN, 1828) [21]	H	A			R	
Pterostichus diligens (STURM, 1824)		v			S	
Pterostichus gracilis (DEJEAN, 1828)	T,H	v			S	*P. guentheri* (STURM, 1824)
Pterostichus longicollis (DUFTSCHMID, 1812)	T,H	ss	P		S	*P. inaequalis* (MARSHAM, 1802)
Pterostichus macer (MARSHAM, 1802)	T,H	s		3	S	
Pterostichus madidus (F., 1775)	H,B	s			S	
Pterostichus melanarius (ILLIGER, 1798)		g			S	*P. vulgaris* auct.
Pterostichus minor (GYLLENHAL, 1827)		h			S	*P. brunneus* (STURM, 1824)
Pterostichus niger (SCHALLER, 1783)		g			S	
Pterostichus nigrita (PAYKULL, 1790)		h			S	
Pterostichus oblongopunctatus (F., 1787)		h			S	
Pterostichus ovoideus (STURM, 1824)	H	ss			S	
Pterostichus quadrifoveolatus LETZNER, 1852	T,H	ss			S	*P. angustatus* (DUFTSCHMID, 1812)
Pterostichus rhaeticus HEER, 1838		v			S	
Pterostichus strenuus (PANZER, 1797)		h			S	
Pterostichus taksonyis CSIKI, 1930 [22]	H	A			R	*P. tarsalis* APFELBECK, 1904
Pterostichus vernalis (PANZER, 1796)		h			S	
Sphodrus leucophthalmus (L., 1758)	T,H	ss		1	S	
Stenolophus mixtus (HERBST, 1784)		g			S	
Stenolophus skrimshiranus (STEPHENS, 1828)	T,H	s		3	S	
Stenolophus teutonus (SCHRANK, 1781)		s			S	
Stomis pumicatus (PANZER, 1796)		v			S	
Syntomus foveatus (GEOFFROY in FOURCROY, 1785)	T,H	v			S	
Syntomus obscuroguttatus (DUFTSCHMID, 1812) [23]	T	A		0	HA, HO, B, D	
Syntomus pallipes (DEJEAN, 1825) [24]	T	ss			coll./leg. GRASER	
Syntomus truncatellus (L., 1761)		h			S	
Synuchus vivalis (ILLIGER, 1798)		v			S	*S. nivalis* (PANZER, 1797)
Tachys bistriatus (DUFTSCHMID, 1812)	T,H	s			S	
Tachys bisulcatus (NICOLAI, 1822)	B	ss			CIUPA, GRUSCHWITZ (1998)	*Porotachys bisulcatus* (NICOLAI, 1822)
Tachys fulvicollis (DEJEAN, 1831)	H	ss		1	S	
Tachys micros (FISCHER VON WALDHEIM, 1828)	T,H	ss			S	
Tachys parvulus (DEJEAN, 1831)	T,H	s			S	*Elaphropus parvulus* (DEJEAN, 1831)
Tachys quadrisignatus (DUFTSCHMID, 1812)	T,H	A			R, HO, B	*Elaphropus quadrisignatus* (DUFTSCHMID, 1812)
Tachys scutellaris STEPHENS, 1828	T,H	ss		2	S	
Tachyta nana (GYLLENHAL, 1810)	T,H	s			S	
Thalassophilus longicornis (STURM, 1825)	H,B	ss		1	S	
Trechoblemus micros (HERBST, 1784)		s	P		S	
Trechus obtusus ERICHSON, 1837		v			S	
Trechus quadristriatus (SCHRANK, 1781)		g			S	
Trechus rubens (F., 1792)	H,B	ss	P		S	

Art	BR	BS	RL	Ges.	Nachweis	Synonym
Trichocellus cognatus (GYLLENHAL, 1827) [25]	T	ss			S	
Trichocellus placidus (GYLLENHAL, 1827)		v			S	
Trichotichnus laevicollis ssp. *laevicollis* (DUFTSCHMID, 1812)	H,B	v			S	
Zabrus tenebrioides (GOEZE, 1777)	T,H	v			S	

Hinweise auf Synonyme

Abax ater → *Abax parallelepipedus*
Acupalpus dorsalis → *Acupalpus parvulus*
Agonum fuliginosum → *Europhilus fuliginosus*
Agonum gracile → *Europhilus gracile*
Agonum micans → *Europhilus micans*
Agonum moestum → *Agonum afrum*
Agonum moestum → *Agonum duftschmidi*
Agonum monachum → *Agonum atratum*
Agonum piceum → *Europhilus piceus*
Agonum scitulum → *Europhilus scitulus*
Agonum thoreyi → *Europhilus thoreyi*
Amara pseudostrenua → *Amara tricuspidata* ssp. *pseudostrenua*
Amara silvicola → *Amara quenseli* ssp. *silvicola*
Anchomenus dorsalis → *Platynus dorsalis*
Badister anomalus → *Badister collaris*
Badister bipustulatus → *Badister bullatus*
Badister kineli → *Badister meridionalis*
Bembidion adustum → *Bembidion fumigatum*
Bembidion nitidulum → *Bembidion deletum*
Bembidion pusillum → *Bembidion minimum*
Bembidion quadriguttatum → *Bembidion quadrimaculatum*
Bembidion quadriguttatum → *Bembidion tetragrammum* ssp. *illigeri*
Bembidion quadriguttatum → *Bembidion quadripustulatum*
Bembidion redtenbacheri → *Bembidion geniculatum*
Bembidion rupestre → *Bembidion bruxellense*
Bembidion unicolor → *Bembidion mannerheimii*
Bembidion ustulatum → *Bembidion tetracolum*
Bradycellus collaris → *Bradycellus caucasicus*
Bradycellus similis → *Bradycellus ruficollis*
Calathus mollis ssp. *erythroderus* → *Calathus cinctus*
Calathus piceus → *Calathus rotundicollis*
Carabus sylvestris → *Carabus silvestris*
Cicindina arenaria ssp *viennensis* → *Cicindela arenaria* ssp. *viennensis*
Cylindera germanica → *Cicindela germanica*
Cicindela sylvatica → *Cicindela sylvatica*
Cicindela sylvicola → *Cicindela silvicola*
Clivina contracta → *Clivina collaris*
Dicheirotrichus pubescens → *Dicheirotrichus gustavii*
Dromius marginellus → *Dromius schneideri*
Dromius melanocephalus → *Philorhizus melanocephalus*
Dromius nigriventris → *Philorhizus notatus*
Domius notatus → *Philorhizus notatus*
Dromius quadrinotatus → *Calodromius spilotus*
Dromius sigma → *Philorhizus sigma*
Dyschirius arenosus → *Dyschirius thoracicus*
Dyschirius tristis → *Dyschirius luedersi*
Elaphropus parvulus → *Tachys parvulus*
Elaphropus quadrisignatus → *Tachys quadrisignatus*
Elaphrus smaragdinus → *Elaphrus aureus*
Europhilus pelidnus → *Europhilus micans*

Europhilus pelidnus → *Europhilus thoreyi*
Harpalus aeneus → *Harpalus affinis*
Harpalus cephalotes → *Ophonus cephalotes*
Harpalus fuliginosus → *Harpalus solitaris*
Harpalus laevipes → *Harpalus quadripunctatus*
Harpalus rufitarsis → *Harpalus rufipalpis*
Harpalus rufus → *Harpalus flavescens*
Harpalus signaticornis → *Ophonus signaticornis*
Harpalus vernalis → *Harpalus pumilus*
Laemostenus terricola → *Pristonychus terricola*
Leistus rufescens → *Leistus terminatus*
Notiophilus aestuans → *Notiophilus aesthuans*
Notiophilus hypocrita → *Notiophilus germinyi*
Notiophilus pusillus → *Notiophilus aesthuans*
Olisthopus rotundicollis → *Olisthopus rotundatus*
Ophonus obscurus → *Ophonus stictus*
Ophonus punctatulus → *Ophonus nitidulus*
Oxypselaphus obscurus → *Platynus obscurus*
Paradromius linearis → *Dromius linearis*
Paradromius longiceps → *Dromius longiceps*
Paranchus albipes → *Platynus albipes*
Patrobus excavatus → *Patrobus atrorufus*
Platynus ruficornis → *Platynus albipes*
Poecilus coerulescens → *Poecilus versicolor*
Poecilus dimidiatus → *Poecilus kugelanni*
Poecilus marginalis → *Poecilus sericeus*
Poecilus virens → *Poecilus lepidus*
Porotachys bisulcatus → *Tachys bisulcatus*
Pseudophonus pubescens → *Pseudoophonus rufipes*
Pterostichus angustatus → *Pterostichus quadrifoveolatus*
Pterostichus brunneus → *Pterostichus minor*
Pterostichus guentheri → *Pterostichus gracilis*
Pterostichus inaequalis → *Pterostichus longicollis*
Pterostichus metallicus → *Pterostichus burmeisteri*
Pterostichus tarsalis → *Pterostichus taksonyis*
Pterostichus vulgaris → *Pterostichus melanarius*
Sericoda quadripunctatum → *Agonum quadripunctatum*
Synuchus nivalis → *Synuchus vivalis*

7.18 Bestandsentwicklung der wasserbewohnenden Käfer (Coleoptera: Hydradephaga, Palpicornia et Dryopoidea)

Dietmar Spitzenberg

Für die in der Artengruppe "wasserbewohnende Käfer" abzuhandelnden Spezies erfolgt eine Zusammenfassung von Arten aus verschiedenen Familien und Gattungen, deren ökologische Ansprüche lediglich im Bezug auf den bevorzugten Lebensraum - die limnischen Habitate - homogen sind. Im herkömmlichen Sinn werden darunter charakteristische Familien der Unterordnung
    Adephaga: Hygrobiidae, Haliplidae, Noteridae, Dytiscidae, Gyrinidae,
der Unterordnung
    Polyphaga: Spercheidae, Georissidae, Eubriidae, Scirtidae, Hydraenidae, Hydrochidae, Helophoridae und Hydrophilidae
sowie der Überfamilie
    Dryopoidea: Dryopidae und Elmidae
verstanden.

Auf Grund der geringen Bearbeitungsintensität und des dadurch bedingten dürftigen Kenntnisstandes muß für Sachsen-Anhalt an dieser Stelle eine Einbeziehung der Familien Eubriidae, Scirtidae und Dryopidae unterbleiben.

Die verwendete Systematik und Nomenklatur richtet sich im wesentlichen nach den neueren Werken von ANGUS (1992), VONDEL & DETTNER (1997), HEBAUER et KLAUSNITZER (1998), wobei jedoch die Helophoridae als eigene Familie geführt werden (vgl. HANSEN 1991). Bei den Hydradephaga wird der Auffassung von BEUTEL & ROUGHLEY (1988) sowie BEUTEL (1993) gefolgt.

Trotz der recht guten Nachweismöglichkeit aquatischer Coleopteren - die Aufsammlung ist das gesamte Jahr über möglich und bereitet auch bei Frost- oder Regenwetter kaum Schwierigkeiten - hält sich deutschlandweit die Anzahl der Bearbeiter dieser Käferarten in Grenzen. Vielfach werden aquatische Coleopteren lediglich als Beifänge erfaßt. Aus eben diesem Grund ist auch der Kenntnisstand über das Vorkommen aquatischer Coleopteren in Sachsen-Anhalt sehr lückenhaft. Insbesondere große Teile der Altmark sowie der südlichen und östlichen Landesteile sind praktisch unbearbeitet.

Bei der Aufarbeitung älterer Daten kann auf einige lokal begrenzte Aufsammlungen und Auswertungen (überwiegend im näheren Umkreis ansässiger Entomologen) zurückgegriffen werden. Es waren die Entomologen BORCHERT (1951 - Raum Schönebeck/Magdeburg), FEHSE (1933 - Raum Thale), HILLECKE (1907 - Quedlinburg) und HORNUNG (1844, 1847 - nordöstliches Harzvorland, Harzrandgebiete), die maßgeblich das damals vorliegende Datenmaterial zusammenfaßten. Ferner können ältere Angaben den Werken von WAHNSCHAFFE (1861, 1883), PETRY (1914), RAPP (1933), oder auch HORION (1941, 1949) entnommen werden. All diesen Autoren ist gemein, daß sie sich überwiegend mit der gesamten Käferfauna beschäftigten und Angaben zu wasserbewohnenden Arten oftmals nur spärlich zu entnehmen sind. Insbesondere trifft dieses auf detaillierte Verbreitungs- und Häufigkeitsangaben zu.

Neuere zusammenfassende Darstellungen der Verbreitung und der Häufigkeit aquatischer Coleopteren geben FICHTNER (1981a, 1981b, 1983, 1984, 1987) sowie FICHTNER & BELLSTEDT (1990) in den Werken zur Beitragsreihe "Fauna der DDR". Die Zuordnung der dort publizierten Angaben zum Land Sachsen-Anhalt bereitet allerdings durch die zum damaligen Zeitpunkt erfolgte Einteilung in Bezirke (hier Halle, Leipzig und Magdeburg) ohne Überprüfung der Fundortdaten Schwierigkeiten. Die Angaben von KLAUSNITZER (1984) basieren zum großen Teil auf diesen Ausführungen.

Obwohl in der "Roten Liste wasserbewohnender Käfer" (SPITZENBERG 1993) bislang weder als verschollen noch als ausgestorben eingestuft, dürften einige wenige der genannten Arten nicht (mehr) in Sachsen-Anhalt vorkommen. Da sich diese (überwiegend alten) Angaben heute kaum noch überprüfen lassen und bislang auch keine neueren Nachweise erfolgten, muß das Vorkommen dieser Arten in Zweifel gezogen werden. Offen bleibt dabei vielfach die Frage nach den Gründen des Rückganges. Auch sollte in Einzelfällen eine eventuelle Fehldetermination nicht völlig ausgeschlossen werden.

Es handelt sich im wesentlichen um folgende Arten: *Agabus conspersus*, *Agabus erichsoni*, *Dytiscus latissimus*, *Elmis obscura*, *Gyrinus minutus*, *Haliplus apicalis*, *Helophorus tuberculatus*, *Hydraena pulchella*, *Hydroporus rufifrons*, *Hydroporus scalesianus*, *Hydraena excisa*, *Limnebius nitidus*, *Limnius opacus* und *Ochthebius gibbosus*.

Andererseits konnten in den letzten Jahren Nachweise einiger als ausgestorben bzw. verschollen eingestuften Arten erbracht werden, die bei der nächsten Überarbeitung der Roten Liste ebenfalls zu berücksichtigen sind. Es trifft dies für die Arten *Agabus labiatus* BRAHM, *Brychius elevatus* (PANZER) und *Gyrinus natator* L. zu.

Darüber hinaus sind einige Arten entweder auf Grund taxonomischer Revisionen (z.B. *Helophorus paraminutus, Hydrochus megaphallus*) oder aktueller Funde (*Berosus geminus*) neu für Sachsen-Anhalt anzuführen bzw. infolge Einziehung des Artstatus (*Agabus solieri* – ssp. von *Agabus bipustulatus*) oder inkorrekter Angabe in der Roten Liste (fehlende Nachweise für *Agabus wasastjernae, Ochtebius metallescens*) für Sachsen-Anhalt zu streichen.

In Korrektur der kürzlich erfolgten Veröffentlichung „Verzeichnis der Käfer Deutschlands" (KÖHLER & KLAUSNITZER 1998) macht sich eine Streichung der für Sachsen-Anhalt gemeldeten Art *Hydrochara flavipes* erforderlich. Die von FICHTNER gemeldeten Belegexemplare stellten sich nach zwischenzeitlich erfolgter Überprüfung als *Hydrochara caraboides* heraus.

Die nachfolgende Einschätzung zur Bestandssituation und -entwicklung beruht überwiegend auf den seit 1980 intensiv betriebenen Erfassungen des Autors. Zuarbeiten z.B. der Herren K. GRASER, M. JUNG, T. KARISCH, J. MÜLLER und W. GRUSCHWITZ tragen zur Erweiterung des Kenntnisstandes bei.

Hinsichtlich der Auswertung zur Verbreitung aquatischer Coleopteren ist auffallend, daß die verfügbaren Angaben zu den "klassischen" Wasserkäfern (Dytiscidae bzw. Gyrinidae) noch recht umfangreich sind, bei den übrigen Artengruppen jedoch erhebliche Defizite erkennbar werden, die sich wieder überwiegend mit der äußerst geringen Bearbeiterzahl auf dem Gebiet Sachsen-Anhalts erklären lassen.

Ein weiteres, gravierendes Defizit offenbart sich bei den Kenntnissen über die Vorkommen rheophiler Coleopteren. Neben den wenigen sporadischen Aufsammlungen, z.B am Nordrand des Harzes und im Bereich der Saale, fehlen Angaben eingehender Erfassungen fast völlig. Die Aufsammlungen der Hydraenidae und Elmidae aus Fließgewässern des Harzes durch den Autor (bislang unveröffentlicht) gehören zu den wenigen zielgerichteten Aufsammlungen rheophiler Coleopteren in Sachsen-Anhalt.

Generell läßt sich - trotz punktueller Stabilisierung oder auch Verbesserung - eine weiterhin anhaltende Beeinträchtigung limnischer Lebensräume hinsichtlich der Bedingungen für aquatische Coleopteren konstatieren. Ursachen sind insbesondere die in der Vergangenheit erfolgten Begradigungen und Verbauungen der Gewässer, das Verschwinden zahlreicher, überwiegend kleinerer limnischer Habitate (Tümpel, Sölle, temporäre Kleingewässer) durch Verfüllen oder Wasserstandsregulierungen sowie eine anhaltende Eutrophierung der Gewässer insbesondere in Bereichen landwirtschaftlich intensiv genutzter Flächen. Aus dem Einwirken dieser Faktoren resultiert neben einer quantitativen Abnahme in erster Linie auch ein qualitativer Artenrückgang, der sich wiederum bei den "anspruchsvolleren" (stenöken) Arten bemerkbar macht. Unter diesen sind es überwiegend Arten mit tyrphophilen Ansprüchen, die einer weiterhin zunehmenden Beeinträchtigung unterliegen.

Eine auf die Verschlechterung der limnischen Verhältnisse in den letzten Jahrzehnten hinweisende Tatsache ist z.B. beim Studium der Angaben von RAPP (1933) und HORION (1941) festzustellen. In diesen Veröffentlichungen sind verschiedentlich Artangaben aus der Umgebung von Halle enthalten, die in neuerer Zeit, trotz einiger aktueller Struktur- und Lebensraumverbesserungen, nicht mehr bestätigt werden konnten.

Andererseits ist jedoch auch eine Verbesserung der Bedingungen für die rheophilen Arten der Fließgewässer (Bäche und überwiegend kleinere Flüsse) erkennbar. Dieses ist eine Folge zunehmender Entlastung durch den Anschluß moderner Kläranlagen im urbanen Bereich. Aber auch die durch wirtschaftliche Umstrukturierungen (Betriebsstillegungen) bedingten rückläufigen Einleitungen industrieller Abwässer sind als ursächlich anzusehen.

Positiv für typische Erstbesiedler unter den wasserbewohnenden Käfern kann sich die seit dem Beginn der 90er Jahre gesteigerte Aufschluß- und Abbautätigkeit von Kies- und Sandlagerstätten und die vielfach damit verbundene Neuschaffung von Gewässern herausstellen. Wenngleich die Bewertung auch von der jeweils vertretenen Ansicht und Einstellung abhängig ist, dürfte nach dem Einsetzen der Sukzession für silicophile und subhalophile Arten ein in Teilbereichen günstigeres Lebensraumangebot entstehen.

Der Schutz der aquatischen Coleopterenfauna läßt sich, unter Berücksichtigung der Ursachen für die Gewässerbeeinträchtigungen, nur über den Schutz der entsprechenden Lebensräume verwirklichen. Dem Erhalt vor allem flachgründiger (perennierender als auch temporärer) Gewässer mit ausgeprägten Pflanzenbeständen, der weiteren Verbesserung der Wasserqualität durch Vermeidung von Nährstoffeintrag sowie der Verhinderung von Schadstoffeinleitungen (Abwässer) in die (Fließ-) Gewässer ist weiterhin verstärkt Augenmerk zu widmen.

Aus ökologischer Sicht betrachtet sind aquatische Coleopteren neben Köcher- und Eintagsfliegen als Indikatoren limnischer Lebensräume bestens geeignet (HENDRICH & BALKE 1993), zumal die Palette ökologischer Ansprüche sehr weit gefaßt ist und die Entwicklung der larvalen Stadien ausschließlich limnisch erfolgt.

Trotz des vielfach nicht flächendeckend vorliegenden Datenmaterials lassen sich zwischen einzelnen Landschaftsteilen innerhalb Sachsen-Anhalts erhebliche Unterschiede in der vorhandenen Coleopterenzönose erkennen. So ist z.b. ein merkliches qualitatives Gefälle zwischen den Vorkommen aquatischer Coleopteren im Bereich der Flächen nördlich des Mittellandkanales (Altmark, Drömling, Havelniederung) und den südlich davon liegenden Bereichen (Magdeburger Börde, Harzvorland) zu verzeichnen. Sowohl die Beeinträchtigung durch Nährstoffeintrag aus den mehr intensiv genutzten landwirtschaftlichen Flächen um Magdeburg als auch der dort vorherrschende Lößboden bieten (vor allem den stenöken) aquatischen Coleopteren offensichtlich weniger zusagende Lebensräume als die unberührteren und weniger stark der Nutzung unterliegenden Gebiete des nördlichen Sachsen-Anhalt.

Zusätzliche Abkürzungen in der Tabelle
Nachweis:
BE BELLSTEDT
BO BORCHERT 1951
FE FEUERSTAKE
FG FG FAUNISTIK UND ÖKOLOGIE
FI FICHTNER
HE HESS et al. 1999
SP SPITZENBERG
TA TAPPENBECK
WA WAHNSCHAFFE

Danksagung
Für wertvolle Zuarbeiten sei an dieser Stelle den Herren KLAUS GRASER, MANFRED JUNG, TIMM KARISCH, JOACHIM MÜLLER und WOLFGANG GRUSCHWITZ sowie allen anderen, an dieser Stelle nicht ausdrücklich genannten Übermittlern von Daten sehr herzlich gedankt.

Literatur

ANGUS, R.B. (1992): Insecta, Coleoptera, Hydrophilidae, Helophorinae. Süßwasserfauna von Mitteleuropa, 20/10-2. Gustav Fischer, Stuttgart, New York, 144 S.

BELLSTEDT, R., SPITZENBERG, D. (1994): Neue Nachweise des Wasserkäfers *Anacaena bipustulata* (MARSHAM, 1802) in Ostdeutschland (Col.; Hydrophilidae). Ent. Nachr. Ber. 38, 203-204.

BERGE-HENNEGOUVEN, A. VAN (1986): Revision of the European species of *Anacaena* THOMSON (Col., Hydrophilidae). Ent. scand. 17, 393-407.

BEUTEL, R.G. (1993): Phylogenetic analysis of Adephaga (Coleoptera) based on characters of the larval head. Systematic Entom. 18, 127-147.

BEUTEL, R.G., ROUGHLEY, R.E. (1988): On the systematic position of the family Gyrinidae (Coleoptera: Adephaga). Z. zool. Syst. Evolutionsforsch. 26, 380-400

BORCHERT, W. (1951): Die Käfer des Magdeburger Raumes. Magdeburger Forschungen Bd. 2, Hrsg.: Rat d. Stadt Magdeburg, Mitteldt. Druck- & Verlagsanst. GmbH Halle (Saale).

Fachgruppe „FAUNISTIK UND ÖKOLOGIE STAßFURT" (1992): Das Naturschutzgebiet Stauberg im Naturpark Drömling: Eine floristisch-faunistisch-ökologische Bestandsanalyse zur Rahmenplanung für die Pflege und Entwicklung des Naturschutzgebietes. (unveröffentlicht).

Fachgruppe „FAUNISTIK UND ÖKOLOGIE STAßFURT" (1999): Die Salzstelle bei Hecklingen. Eine Darstellung der derzeit bedeutendsten Binnenlandsalzstelle in Deutschland. (im Druck).

FEHSE, O. (1933): Käferarten von Thale. Ent. Bl., 93 S.

FICHTNER, E. (1981a): Beiträge zur Insektenfauna der DDR: Coleoptera - Hygrobiidae. Beitr. Ent., 30(2), 315-317.

FICHTNER, E. (1981b): Beiträge zur Insektenfauna der DDR: Coleoptera - Haliplidae. Beitr. Ent., 31(2), 319-329.

FICHTNER, E. (1983): Beiträge zur Insektenfauna der DDR: Coleoptera - Dytiscidae. Faun. Abh. Mus. Tierkd. Dresden, 11(1), 1-48.

FICHTNER, E. (1984): Beiträge zur Insektenfauna der DDR: Coleoptera - Gyrinidae. Ent. Nachr. Ber. 28(2), 49-55.

FICHTNER, E. (1987): Beiträge zur Insektenfauna der DDR: Coleoptera - Spercheidae. Ent. Nachr. Ber. 31(5), 229-230.

FICHTNER, E., Bellstedt, R. (1990): Beiträge zur Insektenfauna der DDR: Coleoptera - Dryopidae und Elmidae. Veröff. Naturkundemuseum Leipzig 8, 69-81.

HANSEN, M. (1991): The Hydrophiloid Beetles. Phylogeny, Classification, and a Revision of the Genera (Coleoptera, Hydrophiloidea). Biologiske Skrifter, The Royal Danish Academy of Sciences and Letters, Copenhagen 40, 1-367.

HEBAUER, F., KLAUSNITZER, B. (1998): Insecta, Coleoptera, Hydrophiloidea (exkl. *Helophorus*). Süßwasserfauna von Mitteleuropa 20/7,8,9,10-1, Gustav Fischer, Stuttgart, New York, 134 S.

HENDRICH, L., BALKE, M. (1993): Bewertungsschema zur Eignung einer Insektengruppe "Wasserkäfer" als Bioindikator/Indikator/Zielgruppe für Landschaftsplanung und UVP in Deutschland. Insecta 1(2), 147-154.

HESS, M, HECKES, U., SKALE, A., SONDERMANN, W., SPITZENBERG, D. (1999): Die erste Gemeinschaftsexkursion der AG Wasserkäfer: Sammelergebnisse aus dem Biosphärenreservat „Mittlere Elbe" bei Aken (Sachsen-Anhalt). Informationsbl. Arbeitsgr. Wasserkäfer 2, 1-5.

HESS, M., HECKES, U. (1996): Verbreitung, Status und Ökologie von *Stenelmis canaliculata* (GYLLENHAL, 1808) in Deutschland. Koleopt. Rndsch. 66, 191-198.

HILLECKE, C. (1907): Verzeichnis der Käfer des nordöstlichen Harzrandes. Ent. Verein Quedlinburg und Umg. (Hrsg.), Quedlinburg.

HORION, A. (1941): Faunistik der deutschen Käfer. Band I. Komm.-Verl. H. Goecke, Krefeld.

HORION, A. (1949): Faunistik der mitteleuropäischen Käfer. Band 2: Palpicornia-Staphylinoidea. V. Klostermann Verl. Frankfurt/M.

HORNUNG, E.G. (1844): Grundlage zu einem Verzeichnisse der Käfer des Harzes und seiner Umgebungen. 1. Abt. Lauf- u. Schwimmkäfer. Aschersleben.

HORNUNG, E.G. (1847): Nachträge zu der 1. Abt. des Verzeichnisses der Käfer des Harzes. Ber. naturw. Ver. Harz., 14-15.

JÄCH, M. (1988): Revisional Notes on the *Hydraena riparia* Species Complex (Coleoptera: Hydraenidae). Aquatic Insects, 10(3), 125-139.

KLAUSNITZER, B. (1984): Käfer im und am Wasser. Neue Brehm Bücherei, A. Ziemsen Verl., Wittenberg.

Köhler, F., Klausnitzer, B. Hrsg. (1998): Verzeichnis der Käfer Deutschlands. Ent. Nachr. Ber. Beiheft 4, 1-185.

NILSON, A.N. (1981): The Fennoscandian species of the genus *Hydaticus* Leach (Coleoptera: Dytiscidae). Ent. scand. 12, 103-108.

PETRY, A. (1914): Über die Käfer des Brockens unter besonderer Berücksichtigung der biogeographischen Verhältnisse. Ent. Mitt. 1-4, Berlin, 11-17, 49-57, 65-72, 97-102.

RAPP, O. (1933-35): Die Käfer Thüringens unter besonderer Berücksichtigung der faunistisch-ökologischen Geographie. Band I-III, Selbstverlag, Erfurt.

SCHAEFLEIN, H. (1971): Dytiscidae In: FREUDE, H., HARDE, K.W., LOHSE, G.A. (Hrsg.): Die Käfer Mitteleuropas, Bd. 3, Goecke & Evers, Krefeld.

SCHÖDL, S. (1991): Revision der Gattung *Berosus* LEACH. 1. Teil: Die paläarktischen Arten der Untergattung *Enoplurus*. Koleopt. Rundsch. 61, 111-135.

SCHÖPKE, H. (1998): Wasserlebende Käfer (Hydradephaga, Palpicornia et Macrodactyla). In: Arten- und Biotopschutzprogramm Sachsen-Anhalt Stadt Halle (Saale). Berr. Landesamt. Umweltsch. Sachsen-Anhalt Sonderheft 4/1998, 212-218, 390-393.

SCHÖPKE, H. (1999): Aktuelle Nachweise interessanter aquatischer Coleopteren im Süden Sachsen-Anhalts. Informationsbl, Arbeitsgr. Wasserkäfer 2, 5-6.

SPITZENBERG, D. (1985): Beiträge zur Insektenfauna der Naturschutzgebiete im Bezirk Magdeburg. 2. Aquatile Coleopteren der Naturschutzgebiete Jeggauer Moor, Jävenitzer Moor und Mahlpfuhler Fenn. Abh. Ber. Naturkd. Vorgesch. Magdeburg, XII(6), 59-66.

SPITZENBERG, D. (1987): Die aquatilen Coleopteren des Naturschutzgebietes "Schollener See". Abh. Ber. Mus. Naturkd. Vorgesch. Magdeburg, XIII, 77-84.

SPITZENBERG, D. (1988): Bemerkenswerte Wasserkäferfunde (Col., Palpicornia) aus dem Bezirk Magdeburg. Ent. Nachr. Ber. 32, 207-210.

SPITZENBERG, D. (1989): Die aquatilen Coleopteren des FND Westerwiese Unseburg (Kreis Stassfurt). Abh. Ber. Mus. Naturkd. Vorgesch. Magdeburg, XIV, 25-36.

SPITZENBERG, D. (1993): Rote Liste der wasserbewohnenden Käfer des Landes Sachsen-Anhalt. Ber. Landesamt. Umweltsch. Sachsen-Anhalt 9, 35-39.

SPITZENBERG, D. (1994a): Die aquatilen Coleopteren des Drömling. Untersuchungen zur Wasserkäferzönose des Drömling zur Erstellung eines Pflege- und Entwicklungsplanes (unveröff.).

SPITZENBERG, D. (1994b): Faunistisch-ökologische Untersuchungen der Wasserkäferfauna (Coleoptera, Hydradephaga et Palpicornia) ausgewählter Moore des Nationalpark Hochharz. Abh. Ber. Mus. Heineanum Halberstadt 2, 115-124.

SPITZENBERG, D. (1998a): Nachweis seltenerer Arten für das Land Sachsen-Anhalt. Informationsbl. Arbeitsgr. Wasserkäfer 1, 4-5.

SPITZENBERG, D. (1998b): Wasserbewohnende Käfer. In: SCHNITTER, P. et al. Die Tierwelt der Karstlandschaft Südharz. Naturschutz im Land Sachsen-Anhalt (35) Sonderheft.

VONDEL, B. VAN, DETTNER, K. (1997): Insecta: Coleoptera: Haliplidae, Noteridae, Hygrobiidae. Süßwasserfauna von Mitteleuropa 20/2,3,4, Gustav Fischer, Stuttgart, New York, 147 S.

WAHNSCHAFFE, M. (1861): Über einige salzhaltige Lokalitäten und des Vorkommens von Salzkäfern. Berliner Ent. Z. 5, 185-187.

WAHNSCHAFFE, M. (1883): Verzeichnis der im Gebiete des Aller-Vereins zwischen Helmstedt und Magdeburg aufgefundenen Käfer. Druck und Verlag C. A. Eyraud, Neuhaldensleben 456 S.

Anschrift des Verfassers
Dietmar Spitzenberg
Zur Ziegelei 12
D - 39444 Hecklingen

Art	BR	BS	BE	RL	Ges.	Nachweis	Synonym
Gyrinidae							
Gyrinus distinctus AUBÉ, 1836		A		0		BO	
Gyrinus marinus GYLLENHAL, 1808		v		0		HE	
Gyrinus minutus F., 1798		ss	☙	1		FI 1984	
Gyrinus natator (L., 1758)		ss	☙	0		coll./leg. REMUS 1978	
Gyrinus paykulli OCHS, 1927		v	☙	3		HE	
Gyrinus substriatus STEPHENS, 1829		h		0		SP 1985, 1987	
Orectochilus villosus (MÜLLER, 1776)		ss	☙			BO	
Haliplidae							
Brychius elevatus (PANZER, 1794)		ss	☙	0		coll. SP, leg. TA 1997	
Haliplus apicalis THOMSON, 1868		ss		I		FI 1981b	
Haliplus confinis STEPHENS, 1829		s	☙	3		SP 1985	
Haliplus flavicollis STURM, 1834		v		0		SP 1989	
Haliplus fluviatilis AUBÉ, 1836		v		0		SP 1989	
Haliplus fulvicollis ERICHSON, 1837		ss	☙	2		BO	
Haliplus fulvus (F., 1801)		s	☙	2		FG 1992	
Haliplus furcatus SEIDLITZ, 1887		ss	☙	2		coll./leg. SP 1983	
Haliplus heydeni WEHNCKE, 1875		v		0		SP 1989	
Haliplus immaculatus GERHARDT, 1877		h		0		SP 1989	
Haliplus laminatus (SCHALLER, 1783)		v		0		SP 1989	
Haliplus lineatocollis (MARSHAM, 1802)		h		0		SP 1989	
Haliplus lineolatus MANNERHEIM, 1844		ss	☙	2		FI 1981b	
Haliplus obliquus (F., 1787)		v	☙			coll./leg. SP 1988	
Haliplus ruficollis (DE GEER, 1774)		h		0		SP 1989	
Haliplus variegatus STURM, 1834		s	☙	1		SP 1998a	
Haliplus varius NICOLAI, 1822		A		0		BO	
Haliplus wehnckei GERHARDT, 1877		v		0		SP 1985	
Peltodytes caesus (DUFTSCHMID, 1805)		v		0		SP 1989	
Hygrobiidae							
Hygrobia hermanni F., 1775		A		0		FI 1981a	
Noteridae							
Noterus clavicornis (DE GEER, 1774)		h		0		SP 1989	
Noterus crassicornis (MÜLLER, 1776)		v		0		SP 1987	

Art	BR	BS	BE	RL	Ges.	Nachweis	Synonym
Dytiscidae							
Acilius canaliculatus (NICOLAI, 1822)		h	0			SP 1985	
Acilius sulcatus (L., 1758)		h	0			SP 1989	
Agabus affinis (PAYKULL, 1798)		v	↘	3		SP 1985	
Agabus bipustulatus (L., 1767)		h	0			SP 1994b	*Agabus solieri* AUBÉ
Agabus chalconatus (PANZER, 1796)		v	0			SP 1987	*Agabus chalconotus* (PANZER, 1796)
Agabus congener (THUNBERG, 1794)	T	v	0			SP 1994b	
	H,B	h	0				
Agabus conspersus (MARSHAM, 1802)		ss	↘↘	1		FI 1983	
Agabus didymus (OLIVIER, 1795)		v	0			SP 1989	
Agabus erichsoni GEMMINGER et HAROLD, 1868		ss		1		WA 1883 vid. FI 1983	
Agabus fuscipennis (PAYKULL, 1798)		ss		1		FI 1983	
Agabus guttatus (PAYKULL, 1798)	T	v	↘			SP 1994b	
	H,B	h	0				
Agabus labiatus (BRAHM, 1790)		ss	↘↘	0		coll./leg. M. HESS 1995	
Agabus melanarius AUBÉ, 1837	H,B	h	0			SP 1994b	
Agabus nebulosus (FORSTER, 1771)		v	0			SP 1994b	
Agabus neglectus ERICHSON, 1837		s	0	3		HE	
Agabus nitidus (F., 1801)		s	↘	3		coll./leg. SP 1998	*Agabus biguttatus* var. *nitidus* (OLIVIER, 1795)
Agabus paludosus (F., 1801)		v	0			SP 1985	
Agabus sturmii (GYLLENHAL, 1808)		h	0			SP 1994b	
Agabus subtilis ERICHSON, 1837		s	0	P		SP 1987	
Agabus uliginosus (L., 1761)		v	0			SP 1989	
Agabus undulatus (SCHRANK, 1776)		h	0			SP 1989	
Agabus unguicularis (THOMSON, 1867)		v	↘	3		SP 1987	
Bidessus unistriatus (SCHRANK, 1781)		v	↘			SP 1989	
Colymbetes fuscus (L., 1758)		h	0			SP 1989	
Colymbetes paykulli ERICHSON, 1837		s	↘	P		SP 1985	
Copelatus haemorrhoidalis (F., 1787)		v	↘			SP 1989	
Cybister lateralimarginalis (DE GEER, 1774)		s	↘	2		SP 1989	
Deronectes latus (STEPHENS, 1829)		s	↘	3		FI 1983	
Deronectus platynotus (GERMAR, 1834)		s	↘	3		FI 1983, coll./leg. SP 1986	
Dytiscus circumcinctus AHRENS, 1811		s	↘			FI 1983	
Dytiscus circumflexus F., 1801		v	↘			SP 1989	
Dytiscus dimidiatus BERGSTRÄSSER, 1778		h	0			SP 1989	
Dytiscus latissimus L., 1758		ss	↘↘	1	§,BK FFH2	FI 1983	
Dytiscus marginalis L., 1758		h	0			SP 1989	
Dytiscus semisulcatus MÜLLER, 1776		s	↘	2		FI 1983, leg. MÜLLER 1987	
Graphoderus austriacus (STURM, 1834)		s	0	2		FI 1983, coll./leg. SCHÖPKE 1996	
Graphoderus bilineatus (DE GEER, 1774)		ss	↘↘	1	§,BK FFH2	FI 1983	
Graphoderus cinereus (L., 1758)		v	0			SP 1985	

Art	BR	BS	BE	RL	Ges.	Nachweis	Synonym
Graphoderus zonatus (HOPPE, 1795)		s	⇘	3		SP 1989	
Graptodytes bilineatus (STURM, 1835)		s	⇘	3		SP 1989	
Graptodytes granularis (L., 1767)		v	0			SP 1989	
Graptodytes pictus (F., 1787)		h	0			SP 1989	
Hydaticus continentalis BALFOUR-BROWN, 1944		s	⇘	3		SP 1989	*Hydaticus stagnalis* (F., 1787), *Hydaticus modestus* SHARP, 1882
Hydaticus seminiger (DE GEER, 1774)		h	0			SP 1989	
Hydaticus transversalis (PONTOPPIDAN, 1763)		v	0			SP 1989	
Hydroglyphus geminus (F., 1792)		h	0			SP 1985	*Guignotus pusillus* (F., 1781)
Hydroporus angustatus STURM, 1835		h	0			SP 1989	
Hydroporus discretus FAIRMAIRE et BRISOUT, 1859		v	0			SP 1989	
Hydroporus elongatulus STURM, 1835		A		0		HORION 1941, BO	
Hydroporus erythrocephalus (L., 1758)		h	0			SP 1994b	
Hydroporus ferrugineus STEPHENS, 1828	H,B	v	0			SP 1994b	
Hydroporus fuscipennis SCHAUM, 1868		s	⇘	2		SP 1985	
Hydroporus gyllenhalii SCHIÖDTE, 1841		v	0	3		SP 1994b	
Hydroporus incognitus SHARP, 1869		v	⇘			SP 1994b	
Hydroporus kraatzii SCHAUM, 1868	B	A		0		PETRY 1914	
Hydroporus longicornis SHARP, 1871	B	v	⇗	2		SP 1994b	
Hydroporus longulus MULSANT et REY, 1860	B	v	0	2		SP 1994b	
Hydroporus marginatus (DUFTSCHMID, 1805)		v	0	P		FI 1983, coll./leg. SP 1996	
Hydroporus melanarius STURM, 1835	T,H B	v h	⇘ 0			SP 1994b	
Hydroporus memnonius NICOLAI, 1822		v	⇘			SP 1994b	
Hydroporus morio AUBÉ, 1838	B	v	0	2		SP 1994b	*Hydroporus melanocephalus* (MARSHAM, 1802)
Hydroporus neglectus SCHAUM, 1845		s	⇘	2		FI 1983, coll./leg. SP 1991	
Hydroporus nigrita (F., 1792)	T H,B	s v	⇘ 0			SP 1994b	
Hydroporus notatus STURM, 1835		A		0		WA 1883 vid. FI 1983	
Hydroporus obscurus STURM, 1835		v	⇘	3		SP 1994b	
Hydroporus palustris (L., 1761)		g	0			SP 1989	
Hydroporus planus (F., 1781)		g	0			SP 1994b	
Hydroporus pubescens (GYLLENHAL, 1808)		s	⇘			coll./leg. GRASER 1987	
Hydroporus rufifrons (MÜLLER, 1776)		ss	⇘⇘	2		FI 1983	
Hydroporus scalesianus STEPHENS, 1828		ss	⇘⇘	1		FI 1983	
Hydroporus striola (GYLLENHALL, 1826)		v	0			SP 1989	
Hydroporus tristis (PAYKULL, 1798)		v	⇘			SP 1994b	
Hydroporus umbrosus (GYLLENHAL, 1808)		v	⇘	3		SP 1985	
Hydrovatus cuspidatus (KUNZE, 1818)		ss	⇘	1		FI 1983	

Art	BR	BS	BE	RL	Ges.	Nachweis	Synonym
Hygrotus confluens (F., 1787)		v	0			FI 1983, coll./leg. GRASER 1986	*Coelambus confluens* (F., 1787)
Hygrotus decoratus (GYLLENHAL, 1810)		v	↘			SP 1987	
Hygrotus enneagrammus (AHRENS, 1833)		A		0		HORNUNG 1844 vid. BO	*Coelambus enneagrammus* (AHRENS, 1833)
Hygrotus impressopunctatus (SCHALLER, 1783)		h	0			SP 1989	*Coelambus impressopunctatus* (SCHALLER, 1783)
Hygrotus inaequalis (F., 1777)		g	0			SP 1989	
Hygrotus nigrolineatus (STEVEN, 1808)		s	0	P		HE	*Coelambus lautus* (SCHAUM, 1843)
Hygrotus novemlineatus (STEPHENS, 1829)		A		0		WA 1883	*Coelambus novemlineatus* (STEPHENS, 1829)
Hygrotus parallelogrammus (AHRENS, 1812)		v	0	3		SP 1989	*Coelambus parallelogrammus* (AHRENS, 1812)
Hygrotus versicolor (SCHALLER, 1783)		h	0			SP 1989	
Hyphydrus ovatus (L., 1761)		h	0			SP 1989	
Ilybius aenescens THOMSON, 1870		s	↘	2		SP 1994b	
Ilybius ater (DE GEER, 1774)		v	0			SP 1985	
Ilybius fenestratus (F., 1781)		h	0			SP 1989	
Ilybius fuliginosus (F., 1792)		v	↘			SP 1989	
Ilybius guttiger (GYLLENHAL, 1808)		s	↘	2		FI 1983, SP 1994a	
Ilybius quadriguttatus (LACORDAIRE, 1835)		h	0			SP 1989	
Ilybius similis THOMSON, 1856		A		0		FI 1983	
Ilybius subaeneus ERICHSON, 1837		s	↘			SP 1989	
Laccophilus hyalinus (DE GEER, 1774)		h	0			SP 1989	
Laccophilus minutus (L., 1758)		h	0			SP 1989	
Laccophilus ponticus SHARP, 1882		s	↘	1		FI 1983 HE	*Laccophilus variegatus* (GERMAR, 1812)
Laccornis oblongus (STEPHENS, 1835)		s	0	2		SP 1994a	
Nebrioporus canaliculatus (LACORDAIRE, 1835)		s	↗	P		SP 1994a	*Potamonectes canaliculatus* (LACORDAIRE, 1835)
Nebrioporus elegans (PANZER, 1794)		v	0			SP 1985	*Potamonectes depressus elegans* (PANZER, 1775)
Oreodytes sanmarkii (SAHLBERG, 1826)	H,B	h	↘			SP 1998b	
Oreodytes septentrionalis (GYLLENHAL, 1826)	H,B	s	↘	2		FI 1983	
Platambus maculatus (L., 1758)		v	0			SP 1994b, 1998	
Porhydrus lineatus (F., 1775)		h	0			SP 1989	
Rhantus bistriatus (BERGSTRÄSSER, 1778)		s	↘	3		FI 1983, coll./leg. GRASER 1987	
Rhantus exsoletus (FORSTER, 1771)		h	0			SP 1985	

Art	BR	BS	BE	RL	Ges.	Nachweis	Synonym
Rhantus frontalis (MARSHAM, 1802)		v	0			SP 1985	*Rhantus notatus* (F., 1781)
Rhantus grapii (GYLLENHAL, 1808)		s	↘			SP 1985	*Nartus grapei* (GYLLENHAL, 1808)
Rhantus latitans SHARP, 1882		s	↘	2		FI 1983, HE	
Rhantus notaticollis (AUBÉ, 1836)		ss	↘	2		FI 1983	
Rhantus suturalis (MCLEAY, 1825)		h		0		SP 1985	*Rhantus pulverosus* (STEPHENS, 18269
Rhantus suturellus (HARRIS, 1828)		ss	↘	2		FI 1983	
Scarodytes halensis (F., 1787)		v		0		SP 1985	
Stictotarsus duodecimpustulatus (F., 1792)		s	↘			SCHÖPPKE, 1999	
Suphrodytes dorsalis (F., 1787)		v		0		SP 1989	
Helophoridae							
Helophorus aequalis THOMSON, 1868		v		0		HE	
Helophorus aquaticus (L., 1758)		v		0		SP 1989	
Helophorus arvernicus MULSANT, 1846		v	↘	2		SP 1998b	
Helophorus asperatus REY, 1885		ss				SP 1998a	
Helophorus brevipalpis BEDEL, 1881		v		0		coll./leg. SP 1997	
Helophorus croaticus KUWERT, 1886		s	↗	P		SP 1988	
Helophorus flavipes F., 1792		h		0		SP 1994b	
Helophorus grandis ILLIGER, 1798		g		0		SP 1989	
Helophorus granularis (L., 1761)		v		0		SP 1989	
Helophorus griseus HERBST, 1793		v		0		SP 1989	
Helophorus minutus F., 1775		g		0		SP 1994b	
Helophorus nanus STURM, 1836		v	↗	3		SP 1988	
Helophorus nubilus F., 1776		v		0		coll./leg. JUNG 1995	
Helophorus obscurus MULSANT, 1844		h		0		SP 1985	
Helophorus paraminutus ANGUS, 1986						HE	
Helophorus pumilio ERICHSON, 1837		s	↘			HE	
Helophorus redtenbacheri KUWERT, 1885		s	↘			1984 MELZER, HE	
Helophorus strigifrons THOMSON, 1868		v	↘	3		SP 1988	
Helophorus tuberculatus GYLLENHAL, 1808		ss	↘↘	1		BO	
Georissidae							
Georissus crenulatus (ROSSI, 1794)		v		0		coll./leg. GRUSCHWITZ 1997	
Hydrochidae							
Hydrochus brevis (HERBST, 1793)		s	↘	3		HE	
Hydrochus carinatus GERMAR, 1824		v		0		SP 1989	
Hydrochus elongatus (SCHALLER, 1783)		v	↘			SP 1989	
Hydrochus ignicollis (MOTSCHULSKY, 1860)		v	↘			SP 1989	
Hydrochus megaphallus BERGE-HENEGOUWEN, 1988		s				coll./leg. JUNG 1989	
Spercheidae							
Spercheus emarginatus (SCHALLER, 1783)		s	↘			FI 1987	
Hydrophilidae							

Art	BR	BS	BE	RL	Ges.	Nachweis	Synonym
Anacaena bipustulata (MARSHAM, 1802)		v	0	2		BE, SP 1994	
Anacaena globulus (PAYKULL, 1798)		h	0			SP 1994b	
Anacaena limbata (F., 1792)		g	0			SP 1989	
Anacaena lutescens (STEPHENS, 1829)		g	0			SP 1994b	
Berosus geminus REICHE et SAULCY 1856		ss				HE	
Berosus luridus (L., 1761)		v	↘	3		SP 1989	
Berosus signaticollis (CHARPENTIER, 1825)		s	0	2		SP 1994a	
Berosus spinosus (STEVEN, 1808)		s	↘			SCHÖDL 1991	
Cercyon analis (PAYKULL, 1798)		s	↘			RAPP 1933, coll./leg. JUNG 1982	
Cercyon atricapillus (MARSHAM, 1802)		s	↘			BO	
Cercyon bifenestratus KÜSTER, 1851		v	↘			coll./leg. KARISCH 1995	
Cercyon convexiusculus STEPHENS, 1829		v	0			HE	
Cercyon granarius ERICHSON, 1837		s	0			BO	
Cercyon haemorrhoidalis (F., 1775)		g	0			SP 1994b	
Cercyon impressus (STURM, 1807)		h	0			SP 1994b	
Cercyon laminatus SHARP, 1873		v	↗			coll./leg. KARISCH 1995	
Cercyon lateralis (MARSHAM, 1802)		h	0			SP 1989	
Cercyon marinus THOMSON, 1853		h	0			SP 1987, 1994a	
Cercyon melanocephalus (L., 1758)	H,B	v	0			SP 1994b	
Cercyon obsoletus (GYLLENHAL, 1808)		s	0			FG 1999	
Cercyon pygmaeus ((ILLIGER, 1891)		g	0			SP 1989	
Cercyon quisquilius (L., 1761)		g	0			SP 1994b	
Cercyon sternalis SHARP, 1918		h	0			FG 1999	
Cercyon terminatus (MARSHAM, 1802)		s	↘			BO	
Cercyon tristis (ILLIGER, 1801)		h	0			HE	
Cercyon unipunctatus (L., 1758)		h	0			FG 1999	
Cercyon ustulatus (PREYSSLER, 1790)		v	0			HE	
Chaetarthria seminulum (HERBST, 1797)		v	0			HE	
Coleostoma orbiculare (F., 1775)		h	0			HE	
Cryptopleurum crenatum (PANZER, 1794)		s				BO	
Cryptopleurum minutum (F., 1775)		h				SP 1994b	
Cryptopleurum subtile SHARP, 1884		v				coll./leg. PIETSCH 1996	
Cymbiodyta marginella (F., 1792)		g	0			SP 1985	
Enochrus affinis (THUNBERG, 1794)		v	↘			SP 1994b	
Enochrus bicolor (F., 1792)		v	↗			SP 1989	
Enochrus coarctatus (GREDLER, 1863)		v	↘	3		SP 1992	
Enochrus halophilus (BEDEL, 1878)		s		P		BE 1988	
Enochrus melanocephalus (OLIVIER, 1792)		v	0			SP 1987	
Enochrus ochropterus (MARSHAM, 1802)		v	↘			SP 1994b	
Enochrus quadripunctatus (HERBST, 1797)		g	0			SP 1989	
Enochrus testaceus (F., 1801)		h	0			SP 1989	
Helochares obscurus (MÜLLER, 1776)		h	0			SP 1989	
Helochares lividus (FORSTER, 1771)		s	↘			HE	
Hydrobius fuscipes (L., 1758)		g	0			SP 1994b	
Hydrochara caraboides (L., 1758)		v	0			SP 1989	

Art	BR	BS	BE	RL	Ges.	Nachweis	Synonym
Hydrophilus atterimus ESCHSCHOLTZ, 1822		s	↷	2	§	SP 1987	
Hydrophilus piceus (L., 1758)		s	↷↷	2	§	SP 1989	
Laccobius colon (STEPHENS, 1829)		s	↷			BO	*Laccobius biguttatus* GERHARDT, 1877
Laccobius bipunctatus (F., 1775)		g	0			SP 1989	
Laccobius minutus (L., 1758)		v	0			SP 1989	
Laccobius obscuratus ROTTENBERG, 1874		s	↷			BO, coll./leg. SP 1996	
Laccobius sinuatus MOTSCHULSKY, 1849		h	0			FG 1999	
Laccobius striatulus (F., 1801)		h	0			FG 1999	
Limnoxenus niger (ZSCHACH, 1788)		v	↷	3		SP 1988, HE	
Megasternum obscurum (MARSHAM, 1802)		h	0			SP 1994b	
Paracymus aeneus (GERMAR, 1824)		s	↷	2		SP 1988	
Sphaeridium bipustulatum F., 1781		h	0			FG 1999	
Sphaeridium lunatum F., 1792		h	0			SP 1989	
Sphaeridium scarabaeoides (L., 1758)		g	0			SP 1987	
Hydraenidae							
Hydraena angulosa MULSANT, 1844	H,B	ss		2		SP 1988	
Hydraena assimilis REY, 1835	H,B	h				SP 1988, JÄCH 1988	
Hydraena belgica D´ORCHYMONT, 1930	H,B	v	↷	3		coll./leg. SP 1996	
Hydraena britteni JOY, 1907	H,B	s	↷			coll./leg. SP 1989	
Hydraena dentipes GERMAR, 1844	H,B	v	↷			SP 1998b	
Hydraena excisa KIESENWETTER, 1849		ss	↷↷			leg. FE vid. BO	
Hydraena gracilis GERMAR, 1824	H,B	h	0			SP 1998b	
Hydraena melas DALLA TORRÉ, 1877	H,B	s	↷	3		Jäch 1988, SP 1998b	
Hydraena minutissima STEPHENS, 1829	H,B	v	↷			SP 1998b	
Hydraena nigrita GERMAR, 1824	H,B	v	↷			coll./leg. SP 1997	
Hydraena palustris ERICHSON, 1837		s	↷			HE	
Hydraena pulchella GERMAR, 1824		ss	↷↷			WA 1883	
Hydraena pygmaea WATERHOUSE, 1833	H,B	v	↷	3		SP 1998b	
Hydraena reyi KUWERT, 1888	H,B	s	↷	3		coll./leg. SP 1997	
Hydraena riparia KUGELANN, 1794	T H,B	s ss	↷ ↷			coll./leg. SP 1996	
Hydraena subimpressa REY, 1884	H	ss	0	2		Leg. u. Coll. SP 1987	
Ochthebius auriculatus REY, 1885		ss	↷			SP 1998a, leg. GRUSCHWITZ 1990	
Ochthebius bicolon GERMAR, 1824		v	↷			SP 1998b	
Ochthebius gibbosus GERMAR, 1824		ss	↷↷			WA 1883 vid. BO	
Ochthebius marinus (PAYKULL, 1798)	T	v	0	P		FG 1999	
Ochthebius minimus (F., 1792)		h	0			SP 1989	

Art	BR	BS	BE	RL	Ges.	Nachweis	Synonym
Limnebius aluta BEDEL, 1881		v	ᘛ	3		coll./leg. SP 1988	
Limnebius atomus (DUFTSCHMID, 1805)		s	ᘛ	2		HE	
Limnebius crinifer REY, 1885		h		0		SP 1985	
Limnebius nitidus (MARSHAM, 1802)		ss	ᘛᘛ			BO	
Limnebius papposus MULSANT, 1844		s	ᘛ			SP 1987	
Limnebius parvulus (HERBST, 1797)		v	ᘛ			SP 1994a	*Limnebius truncatulus* THOMSON, 1853
Limnebius truncatellus (THUNBERG, 1794)	H,B	h		0		SP 1992, 1998b	
Elmidae							
Elmis aenea (MÜLLER, 1806)	T H,B	v h	ᘛᘛ ᘛ			SP 1998b	
Elmis latreillei BEDEL, 1878		s	ᘛ	3		BO	
Elmis maugetii LATREILLE, 1798		h	ᘛ			SP 1998b	
Elmis obscura (MÜLLER, 1806)		ss	ᘛᘛ			vid. BO, leg. URBAHN 1909	
Elmis rioloides (KUWERT, 1890)	H,B	v	ᘛ			SP 1998b	
Esolus angustatus (MÜLLER, 1821)	H,B	v	ᘛ			SP 1998b	
Esolus parallelepipedus (MÜLLER, 1806)	H,B	s	ᘛ	3		coll./leg. SP 1987	
Limnius opacus MÜLLER, 1806		ss	ᘛᘛ			FI, BE 1990	
Limnius perrisi (DUFOUR, 1843)	H,B	v	ᘛ			SP 1998b	
Limnius volckmari (PANZER, 1793)		s	ᘛ	3		SP 1998b	
Macronychus quadrituberculatus MÜLLER, 1806		A		0		BO	
Oulimnius tuberculatus (MÜLLER, 1806)		s	ᘛᘛ	2		coll./leg. SP 1996	
Potamophilus acuminatus (F., 1792)		A		0		FI, BE 1990	
Riolus cupreus (MÜLLER, 1806)		ss	ᘛᘛ			FI, BE 1990	
Riolus subviolaceus (MÜLLER, 1817)		v	ᘛ	3		coll./leg. SP 1996	
Stenelmis canaliculata (GYLLENHAL, 1808)		A		0		BO, HESS, HECKES 1996	

Hinweise auf Synonyme

Dytiscidae
Agabus biguttatus var. *nitidus* → *Agabus nitidus*
Agabus chalconotus → *Agabus chalconatus*
Agabus solieri → *Agabus bipustulatus*
Coelambus confluens → *Hygrotus confluens*
Coelambus enneagrammus → *Hygrotus enneagrammus*
Coelambus impressopunctatus → *Hygrotus impressopunctatus*
Coelambus lautus → *Hygrotus nigrolineatus*
Coelambus novemlineatus → *Hygrotus novemlineatus*
Coelambus parallelogrammus → *Hygrotus parallelogrammus*
Guignotus pusillus → *Hydroglyphus geminus*
Hydaticus modestus → *Hydaticus continentalis*
Hydaticus stagnalis → *Hydaticus continentalis*
Hydroporus melanocephalus → *Hydroporus morio*
Laccophilus variegatus → *Laccophilus ponticus*
Nartus grapei → *Rhantus grapii*
Potamonectes canaliculatus → *Nebrioporus canaliculatus*
Potamonectes depressus elegans → *Nebrioporus elegans*
Rhantus notatus → *Rhantus frontalis*
Rhantus pulverosus → *Rhantus suturalis*
Hydrophilidae
Laccobius biguttatus → *Laccobius colon*
Hydraenidae
Limnebius truncatulus → *Limnebius parvulus*

7.19 Bestandsentwicklung der Netzflügler i.w.S. (Neuropterida)

WIELAND RÖHRICHT

Am 01. August 1998 verstarb völlig unerwartet der Vater der ostdeutschen Neuropterologie, Herr Dr. rer. nat. Erich KLEINSTEUBER. Ohne seine umfassende Vorarbeit wäre der Beitrag nicht möglich gewesen. Seinem Gedenken sei daher diese Arbeit gewidmet.

Als Grundlage für die vorliegende Bestandseinschätzung dienten neben der Auswertung publizierter Nachweise über Netzflügler i.w.S. (vgl. Literatur in RÖHRICHT 1996), einer in den letzten Jahren erfolgten Materialdurchsicht an verschiedenen Museen: Leipzig (nur Raphidioptera), Halle/Saale, Dessau und Berlin sowie Mitteilungen von Nachweisen durch T. KARISCH (Halle/Saale, Dessau), E. KLEINSTEUBER † (Chemnitz), J. MÜLLER (Magdeburg), P. SACHER (Wernigerode), E. J. TRÖGER (Freiburg i. Breisgau) und G. A. ZILLER (Hainspitz i. Thüringen), vor allem eigene Aufsammlungen. Für die Unterstützung gilt allen Mitwirkenden mein herzlichster Dank.

Als vergleichsweise gut neuropterologisch besammelt kann, neben Halle(Saale) und seiner Umgebung sowie dem Gebiet der Mittleren Elbe, das Harzgebiet mit seinem nördlichen Vorland gelten. In letzter Zeit sind daneben zwar verstärkt Aufsammlungen im Norden Sachsen-Anhalts erfolgt, doch liegen von dort, wie auch aus dem südlichen und östlichen Bereich des Landes nur wenige Fundortmeldungen vor.

Mittlerweile sind die Verbreitungsdaten aus dem mittleren und südlichen Teil Sachsen-Anhalts in RÖHRICHT (1996) publiziert worden. Neuere oder dort nicht genannte Nachweise sind in der tabellarischen Übersicht mit ihrem Sammlungsverbleib angegeben, dahinter steht das Fundjahr. In jedem Falle ist jedoch der letzte, bzw. der sicherste Nachweis angegeben.

Die Beurteilung der Bestandsentwicklung ist vergleichsweise unsicher. Es fehlen weitgehend Verbreitungsdaten aus den vergangenen Jahrzehnten. Deshalb müssen viele Arten ohne genauere Angaben bleiben. Aus diesem Grunde wird auch auf die Angabe von Bezugsräumen verzichtet, auch wenn z.B. bei *Hemerobius atrifrons*, *H. pini*, *Peyerimhoffina gracilis* und *Wesmaelius malladai* eine deutliche Konzentration des Vorkommens auf den Harz zu beobachten ist. Die Basis für die Einschätzung der Gefährdungsfaktoren ist oft ungenügend. Daher würde ich mich über weitere Zuarbeiten in jeder Hinsicht sehr freuen.

Systematisch folgt die vorliegende Übersicht weitgehend ASPÖCK et al. (1980), für die Raphidioptera ASPÖCK et al. (1991).

Die Nomenklatur ist dem neuesten Stand angepaßt und folgt verschiedensten Autoren.

Die Gefährdungsangaben der Roten Liste entstammen RÖHRICHT (1995). Weitere Bemerkungen sowie eine genauere Fundortübersicht sind RÖHRICHT (1996) zu entnehmen.

Literatur

ASPÖCK, H., ASPÖCK, U., HÖLZEL, H. (1980): Die Neuropteren Europas. 2. Bd, Goecke & Evers, Krefeld.

ASPÖCK, H., ASPÖCK, U., RAUSCH, H. (1991): Die Raphidiopteren der Erde. 2 Bd, Goecke & Evers, Krefeld.

DAEHNE, C. (1915): Aus den Sitzungen der Entomologischen Gesellschaft zu Halle a.S. (e.V.). Mitt. Ent. Ges. Halle a.S. 9, 1-72.

RÖHRICHT, W. (1995): Rote Liste der Netzflügler i.w.S. (Neuropteroidea) des Landes SachsenAnhalt. Ber. Landesamt. Umweltsch. Sachsen-Anhalt 18, 25-28.

RÖHRICHT, W. (1996): Netzflügler und Schnabelfliegen aus Mitteldeutschland. Naturwiss. Beitr. d. Mus. Dessau 9, 135-156.

ROSTOCK, M. (1888) unter Mitarbeit von H. KOLBE: Neuroptera germanica. Die Netzflügler Deutschlands mit Berücksichtigung auch einiger ausserdeutschen Arten. Jahresber. Ver. Naturk. Zwickau 1887, R. Zückler, Zwickau, 1-200.

Anschrift des Verfassers
Wieland Röhricht
Straße 43 Nr. 48
D - 13125 Berlin

Art	BS	BE	UV	SM	RL	Ges.	Nachweis
Aleuropteryx loewii KLAPÁLEK, 1894	s		SO		3		coll. RÖHRICHT 1993
Chrysopa abbreviata CURTIS, 1834	s		SO		3		RÖHRICHT 1996
Chrysopa dorsalis BURMEISTER, 1839	v		SO		3		RÖHRICHT 1996
Chrysopa formosa BRAUER, 1850	v	0					RÖHRICHT 1996
Chrysopa pallens (RAMBUR, 1838)	h	0					RÖHRICHT 1996
Chrysopa perla (L., 1758) s. SCHNEIDER, 1851	g	⇗			-		RÖHRICHT 1996
Chrysopa phyllochroma WESMAEL, 1841	g	⇗			-		RÖHRICHT 1996
Chrysopa walkeri McLACHLAN, 1893	ss		SO	as	0		RÖHRICHT 1996
Chrysoperla carnea (STEPHENS, 1836)	g	⇗	BA		-		coll. RÖHRICHT 1998
Chrysopidia ciliata (WESMAEL, 1841)	s	⇘	SO, EN	as	3		RÖHRICHT 1996
Coniopteryx borealis TJEDER, 1930							coll. RÖHRICHT 1998
Coniopteryx pygmaea ENDERLEIN, 1906	h	0		-			RÖHRICHT 1996
Coniopteryx tineiformis CURTIS, 1834							coll. RÖHRICHT 1998
Conwentzia pineticola ENDERLEIN, 1905							coll. RÖHRICHT 1998
Conwentzia psociformis (CURTIS, 1834)							coll. RÖHRICHT 1998
Cunctochrysa albolineata (KILLINGTON, 1935)	h	0					RÖHRICHT 1996
Dichochrysa flavifrons (BRAUER, 1850)	v	0					RÖHRICHT 1996
Dichochrysa prasina (BURMEISTER, 1839)	h	0					RÖHRICHT 1996
Dichochrysa ventralis (CURTIS, 1834)	s						RÖHRICHT 1996
Drepanepteryx phalaenoides (L., 1758)	v	0					RÖHRICHT 1996
Euroleon nostras (FOURCROY, 1785)	h	⇗	BA			§	RÖHRICHT 1996
Helicoconis lutea (WALLENGREN, 1871)	s				3		RÖHRICHT 1996
Hemerobius atrifrons McLACHLAN, 1852	s				3		RÖHRICHT 1996
Hemerobius humulinus L., 1758	g	0		-			RÖHRICHT 1996
Hemerobius lutescens F., 1793	v	0			3		RÖHRICHT 1996
Hemerobius marginatus STEPHENS, 1836	s				3		RÖHRICHT 1996
Hemerobius micans OLIVIER, 1972	v	0					RÖHRICHT 1996
Hemerobius nitidulus F., 1777	v	0					RÖHRICHT 1996
Hemerobius pini STEPHENS, 1836	v	0					RÖHRICHT 1996
Hemerobius stigma STEPHENS, 1836	h	0					RÖHRICHT 1996
Hypochrysa elegans (BURMEISTER, 1839)	ss				3		RÖHRICHT 1996
Inocellia crassicornis (SCHUMMEL, 1832)	s				3		RÖHRICHT 1996
Mantispa styriaca (PODA, 1761)	A		SO, BA	a	0		DAEHNE 1915
Micromus paganus (L., 1767)	v	0					coll. RÖHRICHT 1998
Micromus variegatus (F., 1793)	v	0					RÖHRICHT 1996
Myrmeleon bore (TJEDER, 1941)	s	⇘	SO, AU	1	2	§	RÖHRICHT 1996
Myrmeleon formicarius L., 1767	s	⇘	SO	1	3	§	1997 TRÖGER
Nineta flava (SCOPOLI, 1763)	v						RÖHRICHT 1996
Nineta pallida (SCHNEIDER, 1851)					3		1995 MÜLLER
Nineta vittata (WESMAEL, 1841)	A				3		RÖHRICHT 1996
Nothochrysa capitata (F., 1793)	A				0		ROSTOCK 1888
Nothochrysa fulviceps (STEPHENS, 1836)	A				0		RÖHRICHT 1996
Osmylus fulvicephalus (SCOPOLI, 1763)	v						RÖHRICHT 1996
Peyerimhoffina gracilis (SCHNEIDER, 1851)	s						RÖHRICHT 1996
Phaeostigma major (BURMEISTER, 1839)	ss				2		RÖHRICHT 1996
Phaeostigma notata (F., 1781)	h	0					RÖHRICHT 1996
Puncha ratzeburgi (BRAUER, 1876)	ss				3		RÖHRICHT 1996
Raphidia ophiopsis ophiopsis L., 1758	v	0					RÖHRICHT 1996
Semidalis aleyrodiformis (STEPHENS, 1836)	v	0					RÖHRICHT 1996
Sialis fuliginosa PICTET, 1836	v	⇘	WA	g	3		RÖHRICHT 1996
Sialis lutaria (L., 1758)	h						RÖHRICHT 1996
Sisyra fuscata (F., 1793)	v	0					RÖHRICHT 1996

Art	BS	BE	UV	SM	RL	Ges.	Nachweis
Sisyra terminalis CURTIS, 1854	ss	↘	WA	g, as	0		RÖHRICHT 1996
Subilla confinis (STEPHENS, 1836)	ss						RÖHRICHT 1996
Symphereobius pellucidus (WALKER, 1853)	ss				0		RÖHRICHT 1996
Symphereobius pygmaeus (RAMBUR, 1842)	s						RÖHRICHT 1996
Wesmaelius concinnus (STEPHENS, 1836)	s						RÖHRICHT 1996
Wesmaelius malladai (NAVÁS, 1925)	ss	↘	SO		3		RÖHRICHT 1996
Wesmaelius nervosus (F., 1793)	v	0					RÖHRICHT 1996
Wesmaelius quadrifasciatus (REUTER, 1894)	v						RÖHRICHT 1996
Wesmaelius subnebulosus (STEPHENS, 1836)	v	↗	BA				coll. RÖHRICHT 1998
Xanthostigma xanthostigma (SCHUMMEL, 1832)	h	0		-			RÖHRICHT 1996

7.20 Bestandssituation der Zikaden (Auchenorrhyncha)

Werner Witsack

Die Zikaden (Auchenorrhyncha) sind Pflanzensaftsauger, die ihre Nahrung aus dem Phloem, Xylem oder den Parenchymzellen nehmen. Durch Saftzug und vor allem durch die Übertragung von Pflanzenviren sind eine Reihe von Arten als Pflanzenschädlinge von großer Bedeutung. Ihre teilweise enge Bindung an spezielle Wirtspflanzen, aber auch ihre spezifischen Habitatsansprüche lassen sie als gute Bioindikatoren erscheinen. Es lassen sich Gilden für die unterschiedlich naturnahen Rasen- und Feuchtwiesenhabitate zusammenstellen und für Umweltgutachten u. ä. bioindikatorisch gut nutzen.

Die Artenzahl der Zikaden in Deutschland kann mit etwa 597 Arten angenommen werden (Remane & Fröhlich 1994). Davon sind bisher in Sachsen-Anhalt 394 Arten (66%) nachgewiesen worden. Grundlage für die vorliegende Liste ist einmal die relativ aktuelle und sehr umfassende faunistische Bearbeitung der Zikadenfauna der östlichen Bundesländer durch Schiemenz (1988, 1989, 1990) und Schiemenz et al. (1996). Anderseits sind die eigenen Funde der letzten Jahrzehnte, aber auch Nachweise aus Bestimmungssendungen Dritter und einigen Publikationen für die Einschätzung der Bestandssituation mit herangezogen worden. Besonders danke ich Frau Dr. Walter und den Herren T. Funke, Dr. W. Fröhlich und H. Nickel, die mir Funddaten von bisher in Sachsen-Anhalt noch nicht nachgewiesenen oder seltenen Arten mitgeteilt haben.

Die Nomenklatur richtet sich - bis auf Ausnahmen - nach Nast (1987) und Remane & Fröhlich (1994). Geeignete deutschsprachige Bestimmungsliteratur existiert zur Zeit leider nicht. Deshalb ist die Determination eine Sache von Spezialisten, die mit französischen (Ribaut 1936, 1952) und skandinavischen (Ossiannilsson 1978-1983) Bearbeitungen, umfangreicher Speziallitteratur und der eigenen Vergleichssammlung zum Ziel gelangen. Ältere Literaturangaben sind zumeist kritisch zu beurteilen, zumal für eine Reihe von Arten bzw. Artengruppen der Artstatus noch nicht eindeutig geklärt ist (vgl. Remane & Fröhlich 1994).

Die erste Bearbeitung der Roten Liste des Landes Sachsen-Anhalt (Witsack 1995) enthält 176 Rote-Liste-Arten von insgesamt 385 Arten.

Durch den Übertritt des Kreises Artern und damit des Kyffhäusergebietes nach Thüringen gehören folgende Arten nicht mehr zum Faunenbestand des Landes Sachsen-Anhalt in den derzeitigen Grenzen (vgl. Witsack 1996): *Chlorionidea flava* (Löw, 1885), *Hardya signifer* (Then, 1897), *Laburrus pellax* (Horvath, 1903), *Psammotettix inexpectatus* Remane, 1965 und *Psammotettix pallidinervis* (Dahlbohm, 1850).

Auf folgende Synonymisierung (im Vergleich zur Roten Liste der Zikaden Sachsen-Anhalts) wird hingewiesen:
Populicerus fulgidus (F., 1775)
→ *Tremulicerus fulgidus* (F., 1775)

Neuere Prüfungen haben ergeben, daß die von Schiemenz (1987 und 1990) sowie Schiemenz et al. (1996) für Sachsen-Anhalt gemachten Angaben zu den folgenden Arten fraglich sind und diese Arten folglich nicht zum Artbestand gezählt werden können: *Criomorphus moestus* (Boheman, 1847), *Eupteryx collina* (Flor, 1861), *Psammotettix putoni* (Then, 1898) und *Platymetopius henribauti* Dlabola, 1961. Dadurch wird zunächst der Artbestand verringert. Die reduzierte Artenzahl wird aber reichlich kompensiert durch neu nachgewiesene Arten, die in der Tabelle durch die Namen der Nachweisenden (coll. Fröhlich, Funke, Nickel, Schöpke, Walter, Witsack) charakterisiert sind. So ergibt sich ein aktueller Gesamtbestand von 394 Arten. Davon sind 11 Arten (3%) „vom Aussterben bedroht", 60 Arten (15%) „stark gefährdet", 64 Arten (16%) „gefährdet" und 32 Arten (8%) „potentiell gefährdet".

Von den neu nachgewiesenen Arten sind 14 (in der Tabelle mit + gekennzeichnet) aus der Sicht des Naturschutzes schutzbedürftig. Die Mehrzahl der betreffenden Arten ist auch in der inzwischen erschienenen Roten Liste der Bundesrepublik Deutschland enthalten (vgl. Remane et al. 1997). Damit ist für 46% der in Sachsen-Anhalt nachgewiesenen Arten von einer Gefährdung auszugehen. Hierzu gehören zumeist Trockenrasen-, aber auch Moor- und Feuchthabitatbesiedler.

Bezogen auf die Nachweishäufigkeit sind 293 Arten (74%) selten, 69 Arten (18%) verbreitet und 32 (8%) Arten häufig.

Die Kenntnisse über die Verbreitung der Zikaden sind in Sachsen-Anhalt (wie auch in Deutschland insgesamt) noch sehr lückenhaft. Relativ gut bearbeitet ist das Gebiet südöstlich von Halle. Deutliche Reserven gibt es im Harz und dem nördlichen Harzvorland. Der gesamte Norden Sachsen-Anhalts weist die größten Bearbeitungslücken auf. Deshalb kann die hier dargestellte Checkliste nur als ein erster Entwurf gelten. Es ist mit dem Nachweis weiterer Arten bzw. Artvorkommen zu rechnen.

Als Hauptursachen für die Gefährdung der Arten kommen folgende Aspekte in Betracht:
- Beeinflussung von Trockenstandorten (Halb- und Trockenrasen, Binnendünen, Brach- und Ödländer) durch Nutzungsänderung (Auflassung der Beweidung, Verbuschung, Vermüllung etc.)
- Intensivierung der Forstwirtschaft in den Wäldern (Monokulturen, Abbau der Waldsäume, Forstschutzmaßnahmen etc.)
- Umnutzung von Heiden, Bergwiesen, Restgehölzen usw. (Aufforstung, Intensivnutzung, Beseitigung)
- Beeinträchtigung von Feuchtgebieten, Mooren und Gewässerrändern (Melioration, Beweidung, Vermüllung, Eutrophierung etc.)
- Beseitigung oder Beeinträchtigung von Salzstellen (Degradation oder Beseitigung, Eutrophierung, Gülleeintrag, Vermüllung etc.)

Die Einschätzung der Bestandssituation erfolgte unter Benutzung der genannten Quellen und der eigenen Nachweise wie folgt:

s selten, vom Einzelfund bis zu neun Nachweisen im Gebiet
v verbreitet, aber nur mäßig häufig, 10 bis 20 Nachweise im Gebiet
h häufig, weit verbreitet, mehr als 20 Nachweise im Gebiet

Zusätzliche Abkürzungen in der Tabelle
Bemerkungen (Bm):
+ schutzwürdige, seit 1996 nachgewiesene Art

Literatur

NAST, J. (1987): The Auchenorrhyncha (Homoptera) of Europe. Ann. Zool., Warszawa 40(15), 535-661.

NEUMANN, S. (1997): Der Einfluß von Immissionen auf ausgewählte Insektengruppen (Homoptera, Auchenorrhyncha; Coleoptera, Carabidae) verschiedener Trophieebenen. Diss., Philipps-Universität Marburg, UFZ-Bericht 11, 139 S.

OSSIANNILSSON, F. (1978-1983): The Auchenorrhyncha (Homoptera) of Fennoscandia and Denmark. Part 1-3. - Fauna Ent. Scand. 7 (1-3), Klampenborg, 979 S.

REMANE, R., FRÖHLICH, W. (1994): Vorläufige, kritische Artenliste der im Gebiet der Bundesrepublik Deutschland nachgewiesenen Taxa der Insekten-Gruppe der Zikaden (Homoptera, Auchenorrhyncha) Marburger Ent. Publ., 2(8), 189-232.

REMANE, R., ACHTZIGER, R., FRÖHLICH, W., WITSACK, W. (1997): Rote Liste der Zikaden Deutschlands (Homoptera, Auchenorrhyncha). Beitr. Zikadenkunde (Halle). 1, 63-70.

RIBAUT, H. (1936): Homopteres Auchenorhynchques (1, Typhlocybidae). Faune de France 31, Paris, 228 S.

RIBAUT, H. (1952): Homopteres Auchenorhynchques (2. Jassidae). Faune de France 57, Paris, 474 S.

SCHIEMENZ, H. (1987): Beitrag zur Insektenfauna der DDR: Homoptera - Auchenorrhyncha (Cicadina) (Insecta). Teil I: Allgemeines, Artenliste, Überfamilie Fulgoroidea. Faun. Abhandl. Staatl. Mus. Tierkd. Dresden 15(8), 41-108.

SCHIEMENZ, H. (1988): Beitrag zur Insektenfauna der DDR: Homoptera - Auchenorrhyncha (Cicadina) (Insecta). Teil II: Überfamilie Cicadoidea excl. Typhlocybinae et Deltocephalinae. Faun. Abhandl. Staatl. Mus. Tierkd. Dresden 16(6), 37-93.

SCHIEMENZ, H. (1990): Beitrag zur Insektenfauna der DDR: Homoptera - Auchenorrhyncha (Cicadina) (Insecta). Teil III: Unterfamilie Typhlocybinae. Faun. Abhandl. Staatl. Mus. Tierkd. Dresden 17, 141-188.

SCHIEMENZ, H., EMMERICH, R., WITSACK, W. (1996): Beitrag zur Insektenfauna Ostdeutschlands: Homoptera - Auchenorrhyncha (Cicadina, Insecta). Teil IV: Unterfamilie Deltocephalinae. Faun. Abhandl. Staatl. Mus. Tierkd. Dresden 20(10), 153-258.

WITSACK, W. (1995): Rote Liste der Zikaden des Landes Sachsen-Anhalts. Ber. Landesamt. Umweltsch. Sachsen-Anhalt 18, 29-34.

WITSACK, W. (1996): Rote Liste der Zikaden – Bearbeitungsstand und Probleme. Ber. Landesamt. Umweltsch. Sachsen-Anhalt 21, 89-94.

Anschrift des Verfassers
Doz. Dr. habil. Werner Witsack
Institut für Zoologie der Martin-Luther-Universität
Kröllwitzer Straße 44
D - 06120 Halle (Saale)

Art	BS	RL	Bm	Nachweis
Acanthodelphax denticauda (BOHEMAN, 1857)	s	3		SCHIEMENZ 1987
Acanthodelphax spinosus (FIEBER, 1866)	v			SCHIEMENZ 1987
Acericerus heydenii (KIRSCHBAUM, 1868)	s	3		SCHIEMENZ 1988
Acericerus rotundifrons (KIRSCHBAUM, 1868)	s	2		SCHIEMENZ 1988
Acericerus vittifrons (KIRSCHBAUM, 1868)	s	P		SCHIEMENZ 1988
Adarrus multinotatus (BOHEMAN, 1847)	h			SCHIEMENZ et al. 1996
Agallia brachyptera (BOHEMAN, 1847)	s			SCHIEMENZ 1988
Agallia consobrina CURTIS, 1833	s	2		SCHIEMENZ 1988
Aguriahana stellulata (BURMEISTER, 1841)	s			SCHIEMENZ 1990
Alebra albostriella (FALLÉN, 1826)	v			SCHIEMENZ 1990
Alebra neglecta WAGNER, 1940	s			SCHIEMENZ 1990
Alebra wahlbergi (BOHEMAN, 1845)	s			SCHIEMENZ 1990
Allygidius atomarius (F., 1794)	s	3		SCHIEMENZ et al. 1996
Allygidius commutatus (FIEBER, 1872)	v			SCHIEMENZ et al. 1996
Allygus maculatus RIBAUT, 1948	s	2		SCHIEMENZ et al. 1996
Allygus mixtus (F., 1794)	s			SCHIEMENZ et al. 1996
Allygus modestus SCOTT, 1876	s			SCHIEMENZ et al. 1996
Alnetoidia alneti (DAHLBOM, 1850)	s			SCHIEMENZ 1990
Anaceratagallia ribauti (OSSIANNILSSON, 1938)	v			SCHIEMENZ 1988
Anaceratagallia venosa (FOURCROY, 1785)	v	P		SCHIEMENZ 1988
Anakelisia fasciata (KIRSCHBAUM, 1868)	v	P		SCHIEMENZ 1987
Anakelisia perspicillata (BOHEMAN, 1845)	s	3		SCHIEMENZ 1987
Anoscopus albifrons (L., 1758)	v			SCHIEMENZ 1988
Anoscopus albiger (GERMAR, 1821)	s	2		SCHIEMENZ 1988
Anoscopus flavostriatus (DONOVAN, 1799)	v			SCHIEMENZ 1988
Anoscopus histrionicus (F., 1794)	v			SCHIEMENZ 1988
Anoscopus serratulae (F., 1775)	v			SCHIEMENZ 1988
Aphrodes bicinctus (SCHRANK, 1776)	s			SCHIEMENZ 1988
Aphrodes makarovi ZACHVATKIN, 1948	h			SCHIEMENZ 1988
Aphrophora alni (FALLÉN, 1805)	h			SCHIEMENZ 1988
Aphrophora corticea GERMAR, 1821	s			SCHIEMENZ 1988
Aphrophora salicina (GOEZE, 1778)	v			SCHIEMENZ 1988
Arboridia parvula (BOHEMAN, 1845)	s	3		SCHIEMENZ 1990
Arboridia pusilla (RIBAUT, 1936)	s	2		SCHIEMENZ 1990
Arboridia simillima (WAGNER, 1939)	s	2		SCHIEMENZ 1990
Arboridia velata (RIBAUT, 1952)	s	2		SCHIEMENZ 1990
Arocephalus languidus (FLOR, 1861)	v	P		SCHIEMENZ et al. 1996
Arocephalus longiceps (KIRSCHBAUM, 1868)	v			SCHIEMENZ et al. 1996
Arocephalus punctum (FLOR, 1861)	v			SCHIEMENZ et al. 1996
Arthaldeus arenarius REMANE, 1960	s			SCHIEMENZ et al. 1996
Arthaldeus pascuellus (FALLÉN, 1826)	h			SCHIEMENZ et al. 1996
Arthaldeus striifrons (KIRSCHBAUM, 1868)	s			SCHIEMENZ et al. 1996
Artianus interstitialis (GERMAR, 1821)	h			SCHIEMENZ et al. 1996
Asiraca clavicornis (F., 1794)	v	3		SCHIEMENZ 1987
Athysanus argentarius METCALF, 1955	h			SCHIEMENZ et al. 1996
Athysanus quadrum BOHEMAN, 1845	s	2		SCHIEMENZ et al. 1996
Austroasca vittata (LETHIERRY, 1884)	s	3		SCHIEMENZ 1990
Balcanocerus larvatus (HERRICH-SCHÄFFER, 1837)	s			SCHIEMENZ 1988
Balclutha calamagrostis OSSIANNILSSON, 1961	s			coll. NICKEL u.a.
Balclutha punctata (F., 1775)	v			SCHIEMENZ et al. 1996
Balclutha rhenana WAGNER, 1939	s			SCHIEMENZ et al. 1996
Batracomorphus irroratus LEWIS, 1834	s	3		SCHIEMENZ 1988

Art	BS	RL	Bm	Nachweis
Centrotus cornutus (L., 1758)	v			SCHIEMENZ 1988
Cercopis sanguinolenta (SCOPOLI, 1763)	s	3		SCHIEMENZ 1988
Cercopis vulnerata ROSSI, 1807	h			SCHIEMENZ 1988
Chloriona dorsata EDWARDS, 1898	s		+	coll. FRÖHLICH
Chloriona glaucescens FIEBER, 1866	s	3		SCHIEMENZ 1987
Chloriona smaragdula (STAL, 1853)	s			SCHIEMENZ 1987
Chloriona vasconica RIBAUT, 1934	s	2		SCHIEMENZ 1987
Chlorita paolii (OSSIANNILSSON, 1939)	h			SCHIEMENZ 1990
Cicadella viridis (L., 1758)	h			SCHIEMENZ 1988
Cicadetta montana (SCOPOLI, 1772)	s	2		SCHIEMENZ 1988
Cicadula albingensis WAGNER, 1940	s			SCHIEMENZ et al. 1996
Cicadula frontalis (HERRICH-SCHÄFFER, 1835)	s	P		SCHIEMENZ et al. 1996
Cicadula persimilis (EDWARDS, 1920)	s			SCHIEMENZ et al. 1996
Cicadula quadrinotata (F., 1794)	v			SCHIEMENZ et al. 1996
Cicadula saturata (EDWARDS, 1915)	s	3		SCHIEMENZ et al. 1996
Cixius beieri WAGNER, 1939	s	2		SCHIEMENZ 1987
Cixius cambricus CHINA, 1935	s	3		SCHIEMENZ 1987
Cixius cunicularius (L., 1767)	s			SCHIEMENZ 1987
Cixius distinguendus KIRSCHBAUM, 1868	s	3		SCHIEMENZ 1987
Cixius dubius WAGNER, 1939	s	3		SCHIEMENZ 1987
Cixius nervosus (L., 1758)	v			SCHIEMENZ 1987
Cixius similis KIRSCHBAUM, 1868	s	3		SCHIEMENZ 1987
Cixius simplex (HERRICH-SCHÄFFER, 1835)	s	3		SCHIEMENZ 1987
Cixius stigmaticus (GERMAR, 1818)	s	2		SCHIEMENZ 1987
Conomelus anceps (GERMAR, 1821)	v			SCHIEMENZ 1987
Conomelus lorifer ssp. *dehneli* NAST, 1966	s		+	coll. FUNKE
Conosanus obsoletus (KIRSCHBAUM, 1858)	v			SCHIEMENZ et al. 1996
Cosmotettix caudatus (FLOR, 1861)	s	2		SCHIEMENZ et al. 1996
Cosmotettix panzeri (FLOR, 1861)	s	2		SCHIEMENZ et al. 1996
Criomorphus albomarginatus CURTIS, 1833	v			SCHIEMENZ 1987
Criomorphus borealis (J. SAHLBERG, 1871)	s		+	coll. WITSACK
Delphacinus mesomelas (BOHEMAN, 1850)	v			SCHIEMENZ 1987
Delphacodes capnodes (SCOTT, 1870)	s	2		SCHIEMENZ 1987
Delphacodes venosus (GERMAR, 1830)	s	3		SCHIEMENZ 1987
Delphax crassicornis (PANZER, 1796)	s	3		SCHIEMENZ 1987
Delphax pulchellus (CURTIS, 1833)	s	3		SCHIEMENZ 1987
Deltocephalus maculiceps BOHEMAN, 1847	s	1		SCHIEMENZ et al. 1996
Deltocephalus pulicaris (FALLÉN, 1806)	v			SCHIEMENZ et al. 1996
Dicranotropis hamata (BOHEMAN, 1847)	v			SCHIEMENZ 1987
Dictyophara europaea (L., 1767)	v			SCHIEMENZ 1987
Dikraneura variata HARDY, 1850	s			SCHIEMENZ 1990
Diplocolenus bohemani (ZETTERSTEDT, 1840)	v			SCHIEMENZ et al. 1996
Ditropis pteridis (SPINOLA, 1839)	s			SCHIEMENZ 1987
Doliotettix lunulatus (ZETTERSTEDT, 1840)	s	3		SCHIEMENZ et al. 1996
Doratura exilis HORVATH, 1903	v	3		SCHIEMENZ et al. 1996
Doratura homophyla (FLOR, 1861)	v	3		SCHIEMENZ et al. 1996
Doratura horvathi WAGNER, 1939	s	3		SCHIEMENZ et al. 1996
Doratura impudica HORVATH, 1897	s	2		SCHIEMENZ et al. 1996
Doratura stylata (BOHEMAN, 1847)	h			SCHIEMENZ et al. 1996
Edwardsiana candidula (KIRSCHBAUM, 1868)	s			SCHIEMENZ 1990
Edwardsiana crataegi (DOUGLAS, 1876)	s			SCHIEMENZ 1990
Edwardsiana diversa (EDWARDS, 1914)	s	3		SCHIEMENZ 1990

Art	BS	RL	Bm	Nachweis
Edwardsiana flavescens (F., 1794)	s			SCHIEMENZ 1990
Edwardsiana frustrator (EDWARDS, 1908)	s			SCHIEMENZ 1990
Edwardsiana geometrica (SCHRANK, 1801)	s			SCHIEMENZ 1990
Edwardsiana gratiosa (BOHEMAN, 1852)	s	3		SCHIEMENZ 1990
Edwardsiana hippocastani (EDWARDS, 1888)	s			SCHIEMENZ 1990
Edwardsiana lamellaris (RIBAUT, 1931)	s	P		SCHIEMENZ 1990
Edwardsiana lethierryi (EDWARDS, 1881)	s			SCHIEMENZ 1990
Edwardsiana nigroloba (EDWARDS, 1924)	s	3		SCHIEMENZ 1990
Edwardsiana plebeja (EDWARDS, 1914)	s	2		SCHIEMENZ 1990
Edwardsiana prunicola (EDWARDS, 1914)	s			SCHIEMENZ 1990
Edwardsiana rhodophila (CERUTTI, 1937)	s		+	coll. WITSACK
Edwardsiana rosae (L., 1758)	v			SCHIEMENZ 1990
Edwardsiana salicicola (EDWARDS, 1885)	s			SCHIEMENZ 1990
Edwardsiana tersa (EDWARDS, 1914)	s			SCHIEMENZ 1990
Elymana kozhevnikovi (ZACHVATKIN, 1938)	s	3		SCHIEMENZ et al. 1996
Elymana sulphurella (ZETTERSTEDT, 1828)	v			SCHIEMENZ et al. 1996
Emelyanoviana mollicula (BOHEMAN, 1845)	v			SCHIEMENZ 1990
Empoasca affinis NAST, 1937	s	P		SCHIEMENZ 1990
Empoasca decipiens PAOLI, 1930	v			SCHIEMENZ 1990
Empoasca pteridis (DAHLBOM, 1850)	h			SCHIEMENZ 1990
Empoasca vitis (GÖTHE, 1875)	s			SCHIEMENZ 1990
Enantiocephalus cornutus (HERRICH-SCHÄFFER, 1838)	v			SCHIEMENZ et al. 1996
Endria nebulosa (BALL, 1900)	s		+	coll. WITSACK u.a.
Erotettix cyane (BOHEMAN, 1845)	s	1		coll. WALTER u.a.
Errastunus ocellaris (FALLÉN, 1806)	h			SCHIEMENZ et al. 1996
Errhomenus brachypterus FIEBER, 1866	s	3		SCHIEMENZ 1988
Erythria aureola (FALLÉN, 1806)	s	3		SCHIEMENZ 1990
Erythria manderstjernii (KIRSCHBAUM, 1868)	s			SCHIEMENZ 1990
Euconomelus lepidus (BOHEMAN, 1847)	s	3		SCHIEMENZ 1987
Euides speciosa (BOHEMAN, 1845)	s		+	coll. FRÖHLICH
Eupelix cuspidata (F., 1775)	h			SCHIEMENZ 1988
Eupterycyba jucunda (HERRICH-SCHÄFFER, 1837)	s			SCHIEMENZ 1990
Eupteryx adspersa (HERRICH-SCHÄFFER, 1838)	s	2		SCHIEMENZ 1990
Eupteryx artemisiae (KIRSCHBAUM, 1868)	s	2		SCHIEMENZ 1990
Eupteryx atropunctata (GOEZE, 1778)	h			SCHIEMENZ 1990
Eupteryx aurata (L., 1758)	v			SCHIEMENZ 1990
Eupteryx calcarata OSSIANNILSSON, 1936	s			SCHIEMENZ 1990
Eupteryx cyclops MATSUMURA, 1906	s			SCHIEMENZ 1990
Eupteryx florida RIBAUT, 1936	s			SCHIEMENZ 1990
Eupteryx melissae CURTIS,1837	s	P		SCHIEMENZ 1990
Eupteryx notata CURTIS, 1937	v			SCHIEMENZ 1990
Eupteryx stachydearum (HARDY, 1850)	s			SCHIEMENZ 1990
Eupteryx tenella (FALLÉN, 1806)	s	3		SCHIEMENZ 1990
Eupteryx urticae (F., 1803)	v			SCHIEMENZ 1990
Eupteryx vittata (L., 1758)	v			SCHIEMENZ 1990
Eurhadina concinna (GERMAR, 1831)	s			SCHIEMENZ 1990
Eurhadina loewii (THEN, 1886)	s			SCHIEMENZ 1990
Eurhadina pulchella (FALLÉN, 1806)	s			SCHIEMENZ 1990
Eurhadina ribauti WAGNER, 1935	s	P		SCHIEMENZ 1990
Eurybregma nigrolineata SCOTT, 1875	v			SCHIEMENZ 1987
Eurysa brunnea MELICHAR, 1896	s	1		SCHIEMENZ 1987
Eurysa lineata (PERRIS, 1857)	s			SCHIEMENZ 1987

Art	BS	RL	Bm	Nachweis
Eurysula lurida (FIEBER, 1866)	s			SCHIEMENZ 1987
Euscelidius schenckii (KIRSCHBAUM, 1868)	s			SCHIEMENZ et al. 1996
Euscelidius variegatus (KIRSCHBAUM, 1858)	s	P		SCHIEMENZ et al. 1996
Euscelis distinguendus (KIRSCHBAUM, 1858)	s	2		SCHIEMENZ et al. 1996
Euscelis incisus (KIRSCHBAUM, 1858)	h			SCHIEMENZ et al. 1996
Euscelis venosus (KIRSCHBAUM, 1868)	s	2		SCHIEMENZ et al. 1996
Evacanthus acuminatus (F., 1794)	s			SCHIEMENZ 1988
Evacanthus interruptus (L., 1758)	v			SCHIEMENZ 1988
Fagocyba douglasi (EDWARDS, 1878)	s			SCHIEMENZ 1990
Fieberiella septentrionalis WAGNER, 1963	s			SCHIEMENZ et al. 1996
Fieberiella florii (STAL, 1864)	s		+	coll. FUNKE
Florodelphax leptosoma (FLOR, 1861)	s	P		SCHIEMENZ 1987
Florodelphax paryphasma (FLOR, 1861)	s		+	coll. WITSACK
Forcipata citrinella (ZETTERSTEDT, 1828)	s			SCHIEMENZ 1990
Forcipata forcipata (FLOR, 1861)	s			SCHIEMENZ 1990
Gargara genistae (F., 1775)	s			SCHIEMENZ 1988
Goniagnathus brevis (HERRICH-SCHÄFFER, 1835)	s	2		SCHIEMENZ et al. 1996
Graphocraerus ventralis (FALLÉN, 1806)	h			SCHIEMENZ et al. 1996
Grypotes puncticollis (HERRICH-SCHÄFFER, 1834)	s	3		SCHIEMENZ et al. 1996
Handianus ignoscus (MELICHAR, 1896)	s	1		SCHIEMENZ et al. 1996
Hardya tenuis (GERMAR, 1821)	s	2		SCHIEMENZ et al. 1996
Hephathus nanus (HERRICH-SCHÄFFER, 1835)	s	3		SCHIEMENZ 1988
Hesium domino (REUTER, 1880)	v			SCHIEMENZ et al. 1996
Hyalesthes obsoletus SIGNORET, 1865	s	1		SCHIEMENZ 1987
Hyledelphax elegantulus (BOHEMAN, 1847)	v			SCHIEMENZ 1987
Iassus lanio (L., 1761)	v			SCHIEMENZ 1988
Iassus scutellaris (FIEBER, 1868)	s	3		SCHIEMENZ 1988
Idiocerus herrichii (KIRSCHBAUM, 1868)	s	3		SCHIEMENZ 1988
Idiocerus lituratus (FALLÉN, 1806)	s			SCHIEMENZ 1988
Idiocerus similis KIRSCHBAUM, 1868	s			SCHIEMENZ 1988
Idiocerus stigmaticalis LEWIS, 1834	v			SCHIEMENZ 1988
Idiodonus cruentatus (PANZER, 1799)	s			SCHIEMENZ et al. 1996
Issus coleoptratus (F., 1781)	s	P		SCHIEMENZ 1987
Jassargus allobrogicus (RIBAUT, 1936)	s			SCHIEMENZ et al. 1996
Jassargus alpinus (THEN, 1896)	s	3		SCHIEMENZ et al. 1996
Jassargus flori (FIEBER, 1869)	s			SCHIEMENZ et al. 1996
Jassargus obtusivalvis (KIRSCHBAUM, 1868)	v			SCHIEMENZ et al. 1996
Jassargus pseudocellaris (FLOR, 1861)	v			SCHIEMENZ et al. 1996
Jassargus sursumflexus (THEN, 1902)	s	P		SCHIEMENZ et al. 1996
Jassidaeus lugubris (SIGNORET, 1865)	s	P		SCHIEMENZ 1987
Javesella discolor (BOHEMAN, 1847)	s			SCHIEMENZ 1987
Javesella dubia (KIRSCHBAUM, 1868)	v			SCHIEMENZ 1987
Javesella forcipata (BOHEMAN, 1847)	s	3		SCHIEMENZ 1987
Javesella obscurella (BOHEMAN, 1847)	s			SCHIEMENZ 1987
Javesella pellucida (F., 1794)	h			SCHIEMENZ 1987
Javesella salina (HAUPT, 1924)	s	2		SCHIEMENZ 1987
Kelisia guttula GERMAR,1818)	s	3		SCHIEMENZ 1987
Kelisia guttulifera (KIRSCHBAUM, 1868)	s	2		SCHIEMENZ 1987
Kelisia haupti WAGNER, 1939	s	2		SCHIEMENZ 1987
Kelisia monocerus RIBAUT, 1934	s	2		SCHIEMENZ 1987
Kelisia pallidula (BOHEMAN, 1847)	s	2		SCHIEMENZ 1987
Kelisia praecox HAUPT, 1935	s	2		SCHIEMENZ 1987

Art	BS	RL	Bm	Nachweis
Kelisia punctulum (KIRSCHBAUM, 1868)	s			SCHIEMENZ 1987
Kelisia ribauti WAGNER, 1938	s	3		SCHIEMENZ 1987
Kelisia sabulicola WAGNER, 1952	s	3		SCHIEMENZ 1987
Kelisia vittipennis (J. SAHLBERG, 1868)	s	3		SCHIEMENZ 1987
Kosswigianella exigua (BOHEMAN, 1847)	h			SCHIEMENZ 1987
Kyboasca bipunctata (OSHANIN, 1871)	s	1		SCHIEMENZ 1990
Kybos betulicola WAGNER, 1956	s			coll. FUNKE
Kybos populi (EDWARDS, 1908)	s			SCHIEMENZ 1990
Kybos rufescens MELICHAR, 1896	s			SCHIEMENZ 1990
Kybos smaragdulus (FALLÉN, 1806)	s			SCHIEMENZ 1990
Kybos virgator (RIBAUT, 1933)	s			SCHIEMENZ 1990
Laburrus impictifrons (BOHEMAN, 1852)	s			SCHIEMENZ et al. 1996
Lamprotettix nitidulus (F., 1787)	s	3		SCHIEMENZ et al. 1996
Laodelphax striatellus (FALLÉN, 1826)	s			SCHIEMENZ 1987
Ledra aurita (L., 1758)	s			SCHIEMENZ 1988
Lepyronia coleoptrata (L., 1758)	s			SCHIEMENZ 1988
Limotettix striola (FALLÉN, 1806)	s			SCHIEMENZ et al. 1996
Linnavuoriana sexmaculata (HARDY, 1850)	s			SCHIEMENZ 1990
Macropsidius sahlbergi (FLOR, 1861)	s	1		SCHIEMENZ 1988
Macropsis cerea (GERMAR, 1837)	s			SCHIEMENZ 1988
Macropsis fuscula (ZETTERSTEDT, 1828)	s			SCHIEMENZ 1988
Macropsis glandacea (FIEBER, 1868)	s	2		SCHIEMENZ 1988
Macropsis graminea (F., 1798)	s			SCHIEMENZ 1988
Macropsis gravesteini WAGNER, 1953	s	1		SCHIEMENZ 1988
Macropsis infuscata (J. SAHLBERG, 1871)	s			SCHIEMENZ 1988
Macropsis marginata (HERRICH-SCHÄFFER, 1836)	s			SCHIEMENZ 1988
Macropsis megerlei (FIEBER, 1868)	s	2		SCHIEMENZ 1988
Macropsis notata (PROHASKA, 1923)	s			SCHIEMENZ 1988
Macropsis prasina (BOHEMAN, 1852)	s			SCHIEMENZ 1988
Macropsis scutellata (BOHEMAN, 1845)	s			SCHIEMENZ 1988
Macropsis viridinervis WAGNER, 1950	s	2		SCHIEMENZ 1988
Macrosteles alpinus (ZETTERSTEDT, 1828)	s	2		SCHIEMENZ et al. 1996
Macrosteles cristatus (RIBAUT, 1927)	s			SCHIEMENZ et al. 1996
Macrosteles fieberi (EDWARDS, 1889)	s	2		SCHIEMENZ et al. 1996
Macrosteles frontalis (SCOTT, 1875)	s	3		SCHIEMENZ et al. 1996
Macrosteles horvathi (WAGNER, 1935)	s			SCHIEMENZ et al. 1996
Macrosteles laevis (RIBAUT, 1927)	v			SCHIEMENZ et al. 1996
Macrosteles lividus (EDWARDS, 1894)	s	2		SCHIEMENZ et al. 1996
Macrosteles maculosus (THEN, 1897)	s	3		SCHIEMENZ et al. 1996
Macrosteles quadripunctulatus (KIRSCHBAUM, 1868)	s	3		SCHIEMENZ et al. 1996
Macrosteles septemnotatus (FALLÉN, 1806)	s			SCHIEMENZ et al. 1996
Macrosteles sexnotatus (FALLÉN, 1806)	v			SCHIEMENZ et al. 1996
Macrosteles sordidipennis (STAL, 1858)	s	3		SCHIEMENZ et al. 1996
Macrosteles variatus (FALLÉN, 1806)	s			SCHIEMENZ et al. 1996
Macrosteles viridigriseus (EDWARDS, 1922)	s			SCHIEMENZ et al. 1996
Macustus grisescens (ZETTERSTEDT, 1828)	v			SCHIEMENZ et al. 1996
Megadelphax sordidulus (STAL, 1853)	s			SCHIEMENZ 1987
Megamelodes quadrimaculatus (SIGNORET, 1865)	s	2		SCHIEMENZ 1987
Megamelus notula (GERMAR, 1830)	s	P		SCHIEMENZ 1987
Megophthalmus scanicus (FALLÉN, 1806)	v			SCHIEMENZ 1988
Mendrausus pauxillus (FIEBER, 1869)	s	2		SCHIEMENZ et al. 1996
Metalimnus formosus (BOHEMAN, 1845)	s	2		SCHIEMENZ et al. 1996

Art	BS	RL	Bm	Nachweis
Metidiocerus elegans (FLOR, 1861)	s	3		SCHIEMENZ 1988
Metidiocerus rutilans (KIRSCHBAUM, 1868)	s			SCHIEMENZ 1988
Micantulina stigmatipennis (MULSANT et REY, 1855)	s	3		SCHIEMENZ 1990
Mirabella albifrons (FIEBER, 1879)	s	P		SCHIEMENZ 1987
Mocuellus collinus (BOHEMAN, 1850)	v			SCHIEMENZ et al. 1996
Mocuellus metrius (FLOR, 1861)	s			SCHIEMENZ et al. 1996
Mocydia crocea (HERRICH-SCHÄFFER, 1837)	h			SCHIEMENZ et al. 1996
Mocydiopsis attenuata (GERMAR, 1821)	s			SCHIEMENZ et al. 1996
Mocydiopsis intermedia REMANE, 1961	s	3		SCHIEMENZ et al. 1996
Mocydiopsis longicauda REMANE, 1961	v	3		SCHIEMENZ et al. 1996
Mocydiopsis parvicauda RIBAUT, 1939	s	3		SCHIEMENZ et al. 1996
Muellerianella brevipennis (BOHEMAN, 1847)	s			SCHIEMENZ 1987
Muellerianella extrusa (SCOTT, 1871)	s	P		SCHIEMENZ 1987
Muirodelphax aubei (PERRIS, 1857)	v			SCHIEMENZ 1987
Myndus musivus (GERMAR, 1825)	s	1		SCHIEMENZ 1987
Neoaliturus fenestratus (HERRICH-SCHÄFFER, 1834)	v	3		SCHIEMENZ et al. 1996
Neophilaenus albipennis (F., 1798)	s	P		SCHIEMENZ 1988
Neophilaenus campestris (FALLÉN, 1805)	v			SCHIEMENZ 1988
Neophilaenus infumatus (HAUPT, 1917)	s	2		SCHIEMENZ 1988
Neophilaenus lineatus (L., 1758)	h			SCHIEMENZ 1988
Neophilaenus minor (KIRSCHBAUM, 1868)	v	P		SCHIEMENZ 1988
Neophilaenus exclamationis (THUNBERG, 1784)	v			SCHIEMENZ 1988
Notodelphax albocarinatus (STAL, 1858)	s	2		SCHIEMENZ 1987
Notodelphax distinctus (FLOR, 1861)	s	2		SCHIEMENZ 1987
Notus flavipennis (ZETTERSTEDT, 1828)	s			SCHIEMENZ 1990
Ommatidiotus dissimilis (FALLÉN, 1806)	s	2		SCHIEMENZ 1987
Oncodelphax pullulus (BOHEMAN, 1852)	s	2		SCHIEMENZ 1987
Oncopsis alni (SCHRANK, 1801)	s			SCHIEMENZ 1988
Oncopsis appendiculata WAGNER, 1944	s	3		SCHIEMENZ 1988
Oncopsis carpini (J. SAHLBERG, 1871)	s			SCHIEMENZ 1988
Oncopsis flavicollis (L., 1761)	h			SCHIEMENZ 1988
Oncopsis subangulata (J. SAHLBERG, 1871)	s			SCHIEMENZ 1988
Oncopsis tristis (ZETTERSTEDT, 1840)	s			SCHIEMENZ 1988
Ophiola cornicula (MARSHALL, 1866)	s	P		SCHIEMENZ et al. 1996
Ophiola decumana (KONTKANEN, 1949)	s	P		SCHIEMENZ et al. 1996
Ophiola russeola (FALLÉN, 1826)	s	P		SCHIEMENZ et al. 1996
Ophiola transversa (FALLÉN, 1826)	s	3		SCHIEMENZ et al. 1996
Opsius stactogalus FIEBER, 1866	s	2		SCHIEMENZ et al. 1996
Ossiannilssonola callosa (THEN, 1886)	s			SCHIEMENZ 1990
Paluda flaveola (BOHEMAN, 1845)	s			SCHIEMENZ et al. 1996
Paraliburnia adela (FLOR, 1861)	s	2		SCHIEMENZ 1987
Paralimnus phragmitis (BOHEMAN, 1847)	s		+	coll. FRÖHLICH
Paramesus obtusifrons (STAL, 1853)	s	3		SCHIEMENZ et al. 1996
Pediopsis tiliae (GERMAR, 1831)	s			SCHIEMENZ 1988
Pentastiridius leporinus (L., 1761)	s	2		SCHIEMENZ 1987
Penthimia nigra (GOEZE, 1778)	s	3		SCHIEMENZ 1988
Perotettix pictus (LETHIERRY, 1880)	s	2		SCHIEMENZ et al. 1996
Philaenus spumarius (L., 1758)	h			SCHIEMENZ 1988
Pithyotettix abietinus (FALLÉN, 1806)	s			SCHIEMENZ et al. 1996
Planaphrodes bifasciatus (L., 1758)	s			SCHIEMENZ 1988
Planaphrodes nigritus (KIRSCHBAUM, 1868)	s			SCHIEMENZ 1988
Planaphrodes trifasciatus (FOURCROY, 1785)	s			SCHIEMENZ 1988

Art	BS	RL	Bm	Nachweis
Platymetopius guttatus FIEBER, 1869	s	2		SCHIEMENZ et al. 1996
Platymetopius major (KIRSCHBAUM, 1868)	s	3		SCHIEMENZ et al. 1996
Platymetopius undatus (DE GEER, 1773)	s	2		SCHIEMENZ et al. 1996
Populicerus albicans (KIRSCHBAUM, 1868)	s	3		SCHIEMENZ 1988
Populicerus confusus (FLOR, 1861)	v			SCHIEMENZ 1988
Populicerus laminatus (FLOR, 1861)	s			SCHIEMENZ 1988
Populicerus nitidissimus (HERRICH-SCHÄFFER, 1835)	s			SCHIEMENZ 1988
Populicerus populi (L., 1761)	v			SCHIEMENZ 1988
Psammotettix albomarginatus WAGNER, 1941	s	2		SCHIEMENZ et al. 1996
Psammotettix alienus (DAHLBOM, 1850)	h			SCHIEMENZ et al. 1996
Psammotettix cephalotes (HERRICH-SCHÄFFER, 1834)	h			SCHIEMENZ et al. 1996
Psammotettix confinis (DAHLBOM, 1850)	h			SCHIEMENZ et al. 1996
Psammotettix excisus (MATSUMURA, 1908)	s	3		SCHIEMENZ et al. 1996
Psammotettix helvolus (KIRSCHBAUM, 1868)	h			SCHIEMENZ et al. 1996
Psammotettix kolosvarensis (MATSUMURA, 1908)	s	3		SCHIEMENZ et al. 1996
Psammotettix nodosus (RIBAUT, 1925)	s			SCHIEMENZ et al. 1996
Psammotettix poecilus (FLOR, 1861)	s		+	coll. SCHÖPKE
Recilia coronifera (MARSHALL, 1866)	s			SCHIEMENZ et al. 1996
Reptalus panzeri (LÖW, 1883)	s	2		SCHIEMENZ 1987
Rhopalopyx adumbrata (C. SAHLBERG, 1842)	s			SCHIEMENZ et al. 1996
Rhopalopyx preyssleri (HERRICH-SCHÄFFER, 1838)	h			SCHIEMENZ et al. 1996
Rhopalopyx vitripennis (FLOR, 1861)	v	P		SCHIEMENZ et al. 1996
Rhytidodus decimusquartus (SCHRANK, 1776)	s			SCHIEMENZ 1988
Rhytistylus proceps (KIRSCHBAUM, 1868)	s	P		SCHIEMENZ et al. 1996
Ribautiana scalaris (RIBAUT, 1931)	s		+	coll. WITSACK
Ribautiana tenerrima (HERRICH-SCHÄFFER, 1834)	s			SCHIEMENZ 1990
Ribautiana ulmi (L., 1758)	s	3		SCHIEMENZ 1990
Ribautodelphax angulosus (RIBAUT, 1953)	s	2		SCHIEMENZ 1987
Ribautodelphax collinus (BOHEMAN, 1847)	s			SCHIEMENZ 1987
Ribautodelphax pungens (RIBAUT, 1953)	v			SCHIEMENZ 1987
Ribautodelphax albostriatus (FIEBER, 1866)	h			SCHIEMENZ 1987
Ribautodelphax vinealis (BIEMAN, 1987)	s		+	coll. WITSACK
Sagatus punctifrons (FALLÉN, 1826)	s	P		SCHIEMENZ et al. 1996
Sorrhoanus assimilis (FALLÉN, 1806)	s	P		SCHIEMENZ et al. 1996
Sorrhoanus xanthoneurus (FIEBER, 1869)	s	P		SCHIEMENZ et al. 1996
Speudotettix subfusculus (FALLÉN, 1806)	h			SCHIEMENZ et al. 1996
Stenidiocerus poecilus (HERRICH-SCHÄFFER, 1835)	s	3		SCHIEMENZ 1988
Stenocranus fuscovittatus (STAL, 1858)	s	P		SCHIEMENZ 1987
Stenocranus major (KIRSCHBAUM, 1868)	v			SCHIEMENZ 1987
Stenocranus minutus (F., 1787)	h			SCHIEMENZ 1987
Stictocoris picturatus (C. SAHLBERG, 1842)	s	P		SCHIEMENZ et al. 1996
Stiroma affinis FIEBER, 1866	s			SCHIEMENZ 1987
Stiroma bicarinata (HERRICH-SCHÄFFER, 1835)	s			SCHIEMENZ 1987
Streptanus aemulans (KIRSCHBAUM, 1868)	v			SCHIEMENZ et al. 1996
Streptanus marginatus (KIRSCHBAUM, 1858)	v			SCHIEMENZ et al. 1996
Streptanus sordidus (ZETTERSTEDT, 1828)	h			SCHIEMENZ et al. 1996
Stroggylocephalus agrestis (FALLÉN, 1806)	s	P		SCHIEMENZ 1988
Stroggylocephalus livens (ZETTERSTEDT, 1840)	s	2		SCHIEMENZ 1988
Struebingianella lugubrina (BOHEMAN, 1847)	s	P		SCHIEMENZ 1987
Tachycixius pilosus (OLIVIER,1791)	v			SCHIEMENZ 1987
Tettigometra atra HAGGENBACH, 1825	s	1		SCHIEMENZ 1987
Tettigometra obliqua (PANZER, 1799)	s	2		SCHIEMENZ 1987

Art	BS	RL	Bm	Nachweis
Tettigometra impressopunctata DUFOUR, 1846	s	1		SCHIEMENZ 1987
Thamnotettix confinis ZETTERSTEDT, 1840	s			SCHIEMENZ et al. 1996
Thamnotettix dilutior (KIRSCHBAUM, 1868)	v			SCHIEMENZ et al. 1996
Tremulicerus distinguendus (KIRSCHBAUM, 1868)	s			SCHIEMENZ 1988
Tremulicerus fulgidus (F., 1775)	s	2		SCHIEMENZ 1988
Tremulicerus tremulae (ESTLUND, 1796)	s			SCHIEMENZ 1988
Tremulicerus vitreus (F., 1803)	s			SCHIEMENZ 1988
Trigonocranus emmeae FIEBER, 1876	s		+	coll. FUNKE
Turrutus socialis (FLOR, 1861)	v			SCHIEMENZ et al. 1996
Typhlocyba quercus (F., 1777)	s			SCHIEMENZ 1990
Ulopa reticulata (F., 1794)	s			SCHIEMENZ 1988
Ulopa trivia GERMAR, 1821	s	2		SCHIEMENZ 1988
Verdanus abdominalis (F., 1803)	h			SCHIEMENZ et al. 1996
Wagneriala minima (J. SAHLBERG, 1871)	s	2		SCHIEMENZ 1990
Wagneripteryx germari (ZETTERSTEDT, 1840)	s			SCHIEMENZ 1990
Xanthodelphax flaveolus (FLOR, 1861)	s	2		SCHIEMENZ 1987
Xanthodelphax stramineus (STAL, 1858)	s	P		SCHIEMENZ 1987
Xerochlorita dumosa (RIBAUT, 1933)	s	2		SCHIEMENZ 1990
Zonocyba bifasciata (BOHEMAN, 1851)	s			SCHIEMENZ 1990
Zygina angusta LETHIERRY, 1874	s			SCHIEMENZ 1990
Zygina flammigera (FOURCROY, 1785)	v			SCHIEMENZ 1990
Zygina hyperici (HERRICH-SCHÄFFER, 1836)	v			SCHIEMENZ 1990
Zygina ordinaria (RIBAUT, 1936)	s			SCHIEMENZ 1990
Zygina rubrovittata (LETHIERRY, 1869)	s	3		SCHIEMENZ 1990
Zygina nigritarsis REMANE, 1994	s			NEUMANN 1997
Zygina schneideri (GÜNTHART, 1974)	s		+	coll. NICKEL
Zygina suavis REY, 1891	s			SCHIEMENZ 1990
Zygina tiliae (FALLÉN, 1806)	s			SCHIEMENZ 1990
Zyginidia mocsaryi (HORVATH, 1910)	s	2		SCHIEMENZ 1990
Zyginidia scutellaris (HERRICH-SCHÄFFER, 1838)	s	3		SCHIEMENZ 1990

7.21 Bestandsentwicklung der Heuschrecken (Saltatoria)

MICHAEL WALLASCHEK
unter Mitarbeit von GÜNTER GREIN, THOMAS MEINEKE, JOACHIM MÜLLER, ROLAND SCHWEIGERT, ROSMARIE STEGLICH & MICHAEL UNRUH

Im August 1996 lag die Zahl der aus Sachsen-Anhalt bekannten Heuschreckenarten bei 58 (WALLASCHEK 1996a). Inzwischen konnte *Tettigonia caudata* (CHARPENTIER, 1845) neu für Sachsen-Anhalt nachgewiesen werden (Umgebung Bernburg, Sommer 1996, mehrere singende Männchen; leg., det. & coll. A. TIMM, W. SCHÜLER, M. OSCHMANN, E. GRILL, alle Bernburg; SCHÜLER, briefl. Mitt.). Damit erhöht sich die Zahl der Heuschreckenarten Sachsen-Anhalts auf 59 (25 Ensifera, 34 Caelifera). Jüngst wurde ein neuer Fund von *Psophus stridulus* (L., 1758) beigebracht (Dessau, 1986, ein Weibchen aus einer individuenreichen Population; leg. H.-J. SCHWAHN, det. & coll. W. SCHÜLER; SCHÜLER, briefl. Mitt.). Von *Phaneroptera falcata* (PODA 1761), die sich in Mitteldeutschland z.Z. in einer Phase der Arealexpansion befindet (WALLASCHEK 1995b), konnte vor kurzem je ein Fund im Nördlichen Harzvorland (Ditfurt, Seitental der Bode - "Ebertal", 31.7.1995, leg. & det. R. SCHWEIGERT) und im Dessauer Raum registriert werden (Dessau-Törten, 19.8.1996, Soolbruchwiese, nicht selten; leg. & det. A. SCHÖNE & T. KARISCH). Diese Fundorte sind die nördlichsten derzeit aus Mitteldeutschland bekannten.

Die beiden bisher als "unsicher" bezeichneten Arten *Oecanthus pellucens* und *Calliptamus italicus* (vgl. WALLASCHEK 1996a) werden als nachgewiesen behandelt. Zwar fehlen von beiden Arten Belegtiere, doch kann das frühere Vorkommen *von Calliptamus italicus* "in Thüringen auf dürren Kalkbergen, Eckartsburg und Freiburg a.U." (RUDOW 1873) sowohl existenzökologisch als auch hinsichtlich der Verbreitung wohl kaum bezweifelt werden. Leider konnte das in HEYNE (1989) genannte Belegtier von *Oecanthus pellucens* trotz Nachsuche nicht im Staatlichen Museum für Tierkunde Dresden unter dem Sammlungsmaterial von H. SCHIEMENZ, an den die Heuschreckenbeifänge aus HEYNES Bodenfallen gegangen sind, aufgefunden werden. Das SCHIEMENZ das Tier verkannt haben sollte, hält der Verfasser für unmöglich. Die Fundumstände (16.8.1986, stark verbuschter, südexponierter Steppenrasen 1 km östlich Steinbach bei Bad Bibra) sprechen ebenfalls für den Fund. Auch RUDOW (1873) hatte die Art schon für eine genau bezeichnete Lokalität am Südabhang der Finne bei Eckartsberga, nur 7 km von HEYNES Fundort entfernt, genannt. Zudem dürfen ausbreitungsökologische Gesichtspunkte nicht vernachlässigt werden, wie z.B. auch der Einzelfund von *Gomphocerus sibiricus* bei Bitterfeld (WEIDNER 1940) zeigt.

Hingegen kann *Bryodema tuberculata* (F., 1775), von der WEIDNER (1938) ein Tier mit den Fundortangaben Coswig 7.92 SCHMIDT leg. im Institut für Zoologie der Universität Halle fand, nicht zur Fauna Sachsen-Anhalts gezählt werden, da noch ein Ort gleichen Namens in Sachsen existiert.

Bisher übersehene bzw. neue, noch nicht bei WALLASCHEK (1996a) aufgenommene Publikationen über die Heuschreckenfauna Sachsen-Anhalts sind: BILLWITZ et al. (1982), BLISCHKE et al. (1997), BÖGE & JENTZSCH (1997), GHARADJEDAGHI (1997), HAHN (1997), KÄSTNER (1980), KLEBB (1984), LANDESAMT FÜR UMWELTSCHUTZ SACHSEN-ANHALT (1997), OHST (1997), SACHER (1996), SCHÄDLER (1998), SCHÖPKE et al. (1997), SCHULZE (1998), SCHUMACHER (1919), SEELIG et al. (1997), STEGLICH (1996a, 1996b), WALLASCHEK (1996c, 1996d, 1997a, 1997b, 1997c, 1997d, 1998), WALLASCHEK et al. (1996) und ZUPPKE & JURGEIT (1997). Von den in GEIßLER-STROBEL et al. (1998) genannten Arten liegen keine genauen Fundortangaben vor, so daß auch die Landeszugehörigkeit (Sachsen oder Sachsen-Anhalt) dieser Funde unklar ist.

Trotz der durch die steigende Zahl von Veröffentlichungen sichtbaren Tendenz zur Verbesserung des faunistischen Kenntnisstandes bestehen weiterhin eine Reihe "weißer Flecken" (vgl. WALLASCHEK 1996a). In erster Linie ist hier der Norden des Landes zu nennen. Aber auch aus dem anhaltischen Raum und dem Süden und Südosten des Landes liegen nur wenige Publikationen und Fundortmeldungen vor. Relativ gut erforscht sind hingegen das östliche Harzvorland, der Harz und das untere Unstruttal.

Die Bestandsentwicklung (Faunenveränderung) wird wegen der oft mangelhaften Datenlage nur mit einer reduzierten Skala (↘ = rückgängig, 0 = konstant, ↗ = zunehmend) und nicht für alle Arten eingeschätzt.

Faunenveränderungen bei Heuschrecken werden durch ein breites Spektrum natürlicher und anthropogener Einflüsse bedingt, die jeweils historische Komponenten enthalten, untereinander eine erhebliche Verflechtung aufweisen sowie eine intensitäts-, raum- und zeitabhängige Wirkung hinterlassen. Dabei sind, bezogen auf ein bestimmtes Gebiet, Artenabnahme, Artenzunahme und Artenaustausch zu unterscheiden

(KÖHLER 1990). Zusammenhänge zwischen der Landschaftsgeschichte des mitteldeutschen Raumes und dem Wandel der Heuschreckenfauna wurden in WALLASCHEK (1996b) dargestellt.

Einen Überblick über Gefährdungsfaktoren für den Fortbestand von Heuschreckenarten geben u.a. ADLBAUER (1987) und KÖHLER (1990, 1991). Eine auf Sachsen-Anhalt zugeschnittene entsprechende Übersicht findet sich in WALLASCHEK (1993).

Ein Großteil der in Sachsen-Anhalt vorkommenden Heuschreckenarten (Phaneropterinae, Caelifera) nehmen als Primärkonsumenten bzw. als Nahrung für Sekundärkonsumenten (u.a. Vögel, Eidechsen, Spinnen) eine wichtige Stellung im Nahrungsnetz ihrer Lebensräume (meist Rasenökosysteme) ein. Eine Reihe von Ensifera-Arten leben auch zoophag oder pantophag. Wegen ihrer oft sehr spezifischen Biotopansprüche, ihrer guten Erfaßbarkeit und Bestimmbarkeit auf der Basis einer recht weit ausgearbeiteten Systematik und Taxonomie der heimischen Arten werden Heuschrecken zunehmend zur Landschaftsbewertung herangezogen. Nicht vergessen werden darf, daß auch in Sachsen-Anhalt wirtschaftlich und gesundheitlich bedeutsame Heuschreckenarten vorkommen (Gewächshausschrecke, Heimchen, Maulwurfsgrille) oder gelegentlich vorkamen (Europäische Wanderheuschrecke).

In der Systematik und Nomenklatur der Heuschreckenarten richten wir uns unter Berücksichtigung von DETZEL (1995) nach HARZ (1969, 1975). Hier finden sich auch die Synonyme und Beschreibungen der bekannten Unterarten und Formen. Die deutschen Namen der Arten können BELLMANN (1985) entnommen werden.

Danksagung
Herzlicher Dank gebührt allen Mitarbeiterinnen und Mitarbeitern, die mit Literaturhinweisen, kritischen Einschätzungen der Bestandssituation der Heuschreckenarten in den von ihnen bearbeiteten Regionen und hilfreichen Kommentaren zum Manuskript an der Fertigstellung dieses Beitrages wesentlichen Anteil haben.

E. GRILL, M. OSCHMANN, W. SCHÜLER und A. TIMM (Bernburg), R. SCHWEIGERT (Ditfurt) sowie T. KARISCH und A. SCHÖNE (Dessau) danken wir für die Mitteilung und Überlassung der o.g. neuesten Funde.

Gedankt sei auch den vielen hier ungenannten Entomologen, die in den vergangenen Jahren Fundorte von Heuschreckenarten uneigennützig mitteilten und so an der Erweiterung unseres Wissens über die Heuschreckenfauna des Landes Sachsen-Anhalt mitwirkten.

Wichtige Synonyme
Aus praktischer Sicht muß auf einige häufig verwendete Synonyme hingewiesen werden:

Aeropus sibiricus (L., 1767)
→ *Gomphocerus sibiricus* (L., 1767)
Chrysochraon brachyptera (OCSKAY, 1826)
→ *Euthystira brachyptera* (OCSKAY, 1826)
Gomphocerus rufus (L., 1758)
→ *Gomphocerippus rufus* (L., 1758)
Mecostethus grossus (L., 1758)
→ *Stethophyma grossum* (L., 1758)

Literatur
ADLBAUER, K. (1987): Untersuchungen zum Rückgang der Heuschreckenfauna im Raum Graz (Insecta, Saltatoria). Mitt. naturwiss. Ver. Steiermark 117, 111-165.

BELLMANN, H. (1985): Heuschrecken. Beobachten - Bestimmen. Neumann-Neudamm, Melsungen, Berlin, Basel, Wien.

BILLWITZ, K., BRÄUTIGAM, S., BUSCHENDORF, J., EIGENFELD, F., GEIßLER, H., GNIELKA, R., KÖRNIG, G., PIECHOCKI, W., REUTER, B., TAUCHERT, K.-H. (1982): Natur und Umwelt. Das Saaletal in Halle. Geschichte und Gegenwart. Rat d. Stadt Halle, Halle.

BLISCHKE, H., BRAUNS, C., KISSLING, O., VEEN, C. (1997): Beitrag zum Pflege und Entwicklungsplan für den Rödel. Naturschutz Land Sachsen-Anhalt 34(1), 25-38.

BÖGE, J., JENTZSCH, M. (1997): Maulwurfsgrillen *Gryllotalpa gryllotalpa* (LINNAEUS, 1758) in Halle/Saale (Saltatoria, Gryllotalpidae). Ent. Nachr. Ber. 41(3), 206.

DETZEL, P. (1995): Zur Nomenklatur der Heuschrecken und Fangschrecken Deutschlands. Articulata 10(1), 3-10.

GHARADJEDAGHI, B. (1997): Die Heuschreckenfauna dreier Schutzgebiete zwischen Naumburg und Rödigen (Burgenlandkreis, Sachsen-Anhalt). Ent. Mitt. Sachsen-Anhalt 5(2), 14-20.

GEIßLER-STROBEL, S., BUGNER, J., FELDMANN, R., GÜNTHER, K., GRAS, J., HERBST, F., SELUGA, K. (1998): Bergbaufolgelandschaften in Ostdeutschland - durch Sanierung bedrohte Sekundärlebensräume. Vorkommen hochgradig gefährdeter Tierarten im Tagebau Goitsche bei Bitterfeld. Naturschutz und Landschaftsplanung 30(4), 106-114.

HAHN, S. (1997): Zur Dynamik der Heuschrecken und Zikadenfauna am Sukzessionsbeginn auf unterschiedlich bewirtschafteten Brachflächen, Altbrachen und naturnahen Flächen im NSG

"Porphyrlandschaft bei Gimritz" nordwestlich von Halle/Saale (Saltatoria, Auchenorrhyncha). Diss., Halle.

HARZ, K. (1957): Die Geradflügler Mitteleuropas. Gustav Fischer, Jena.

HARZ, K. (1969): Die Orthopteren Europas I. (Unterord. Ensifera). Ser. Ent., Vol. 5., Junk, The Hague.

HARZ, K. (1975): Die Orthopteren Europas II. (Unterord. Caelifera). Ser. Ent., Vol. 11., Junk, The Hague.

HEYNE, T. (1989): Ökofaunistische Untersuchungen an Arthropoden in ausgewählten Habitaten der stark strukturierten Agrarlandschaft des unteren Unstrut- Berg- und Hügellandes bei Bad Bibra unter besonderer Berücksichtigung der Laufkäfer (Coleoptera, Carabidae). Diss., Pädagog. Hochschule Halle-Köthen.

KÄSTNER, A. (1980): Floristisch-faunistische Beobachtungen im Amselgrund bei Halle-Kröllwitz im Dienste der Lehre. Naturschutzarb. Bezirke Halle Magdeburg 17(2), 31-36.

KLEBB, W. (Hrsg.; bearbeitet von: BRAUER, P., KIESEWETTER, K., KLEBB, W., SENF, H., ERNST, W., GIRBIG, G., KOSCHKAR, K., GEHLHAAR, H., SENF, J., STURM, H.) (1984): Die Vögel des Saale-Unstrut-Gebietes um Weißenfels und Naumburg. - Apus 5(5/6), 209-304.

KÖHLER, G. (1990): Biogeographisch-ökologische Hintergründe der Faunenveränderung bei Heuschrecken (Saltatoria). Articulata 5(1), 3-22.

KÖHLER, G. (1991): Rote Liste der Heuschrecken des Landes Thüringen. Landschaftspfl. Natursch. Thür. 28, 29-40.

LANDESAMT FÜR UMWELTSCHUTZ SACHSEN-ANHALT (Hrsg.) (1997): Die Naturschutzgebiete Sachsen-Anhalts. Gustav Fischer, Jena, Stuttgart, Lübeck, Ulm.

MEINEKE, T. (1990): Kritische Sichtung der Literaturangaben zur Geradflügler-Fauna des Naturraumes Harz (Orthoptera, Dictyoptera, Dermaptera). Göttinger Naturk. Schr. 2, 17-39.

MEINEKE, T., Menge, K. (1993): *Tetrix ceperoi* (BOLIVAR, 1887) und andere bemerkenswerte Heuschrecken in Sachsen-Anhalt gefunden (Orthoptera: Tettigoniidae, Tetrigidae, Acrididae). Entomol. Z. 103(20), 367-375.

MEINEKE, T., Menge, K., Grein, G. (1994): Der Steppengrashüpfer, *Chorthippus vagans* (EVERSMANN, 1848), (Insecta: Orthoptera) im und am Harz gefunden. Göttinger Naturk. Schr. 3, 45-53.

OHST, J. (1993): Übersicht über die Heuschreckenfauna der Stadt Magdeburg. Mitt.bl. Ent. Ver. Sachsen-Anhalt e.V. 1(1), 4-8.

OHST, J. (1997): Dritter Nachweis von *Metrioptera bicolor* (PHILIPPI 1830) in Sachsen-Anhalt. Entomol. Mitt. Sachsen-Anhalt 5(2), 13.

RUDOW, F. (1873): Systematische Übersicht der Orthopteren Nord- und Mitteldeutschlands. Z. ges. Naturwiss. Halle 42, 281-317.

SACHER, P. (1996): Funde der Ameisengrille (*Myrmecophilus acervorum*) im Nordharzvorland. Abh. Ber. Mus. Heineanum 3, 79-80.

SCHÄDLER, M. (1998): Aasfressen und Prädation bei mitteleuropäischen Heuschrecken (*Orthoptera*). Articulata 13(1), 25-28.

SCHÖPKE, H., BLISS, P., HOEBEL, W.-D., MÜHLHAUS, A., WALLASCHEK, M. (1997): Beiträge zur Fauna des Naturparkes "Unteres Saaletal". In: DAMISCH, W., VILLWOCK, G. (Hrsg.): Beiträge zur Natur, Landnutzung und Wirtschaft des Naturparks "Unteres Saaletal". Arbeiten aus dem Naturpark "Unteres Saaletal", H. 5, 58-85.

SCHULZE, M. (1998): Neue Funde von *Isophya kraussii* BRUNNER VON WATTENWYL, 1878 und weiteren seltenen Heuschreckenarten in Sachsen-Anhalt. Articulata 13(1), 47-51.

SCHUMACHER, F. (1919): Herr Schumacher hat das Heimchen... Dtsch. Entomol. Z. (Sitzungsberichte) 1919, 201-202.

SEELIG, J., SIMON, B., ZUPPKE, U. (1997): Vegetationskundliche und faunistische Untersuchungen im NSG "Untere Schwarze Elster". Teil II: Fauna. Naturschutz Land Sachsen-Anhalt 34(2), 3-12.

STEGLICH, R. (1996a): Die Gestreifte Zartschrecke *Leptophyes albovittata* (Ins., Saltatoria) im Elbtal Sachsen-Anhalts und im Landkreis Meißen (Sachsen). Ent. Mitt. Sachsen-Anhalt 4(1/2), 10-14.

STEGLICH, R. (1996b): Erstnachweis der Plumpschrecke *Isophya kraussii* (Ensifera) im NSG "Tote Täler", Burgenlandkreis. Ent. Nachr. Ber. 40(4), 259.

WALLASCHEK, M. (1992): Stand der faunistischen Erfassung der Geradflügler (Orthoptera s.l.) in Sachsen-Anhalt. Articulata 7, 5-18.

WALLASCHEK, M., GREIN, G., MEINEKE, T., MÜLLER, J., NEUHÄUSER, P., OHST, J., SCHWEIGERT, R., STEGLICH, R. (1993): Rote Liste der Heuschrecken des Landes Sachsen-Anhalt. Ber. Landesamt. Umweltsch. Sachsen-Anhalt, 9, 25-28.

WALLASCHEK, M. (1995a): Saltatoria Heuschrecken. In: BUSCHENDORF, J., KLOTZ, S. (Hrsg.): Geschützte Natur in Halle (Saale). Flora und Fauna der Schutzgebiete. Teil I. Fauna der Schutzgebiete. Umweltamt, Halle (Saale).

WALLASCHEK, M. (1995b): Untersuchungen zur Zoozönologie und Zönotopbindung von Heuschrecken (Saltatoria) im Naturraum "Östliches Harzvorland". Articulata-Beih. 5, 1-153.

WALLASCHEK, M. (1996a): Kenntnisstand zur Roten Liste der Heuschrecken des Landes Sachsen-Anhalt. Ber. Landesamt. Umweltsch. Sachsen-Anhalt 21, 73-81.

WALLASCHEK, M. (1996b): Tiergeographische und zoozönologische Untersuchungen an Heuschrecken (Saltatoria) in der Halleschen Kuppenlandschaft. Articulata-Beih. 6, 1-191.

WALLASCHEK, M. (1996c): Beitrag zur Heuschreckenfauna (Saltatoria) des Dün/Thüringen. Thüringer Faun. Abh. 3, 84-112.

WALLASCHEK, M. (1996d): Zur Heuschreckenfauna (Saltatoria) der Naturschutzgebiete "Forstwerder" und "Pfingstanger" in der Stadt Halle (Saale). Ent. Mitt. Sachsen-Anhalt 4(1/2), 3-9.

WALLASCHEK, M. (1997a): Zur Heuschreckenfauna (Saltatoria) ausgewählter Sandtrockenrasen und Zwergstrauchheiden im Elb-Havel-Winkel (Sachsen-Anhalt). Untere Havel, Naturk. Ber. 6/7, 87-94.

WALLASCHEK, M. (1997b): Heuschrecken (Saltatoria). In: Arten und Biotopschutzprogramm Sachsen-Anhalt. Landschaftsraum Harz. Ber. Landesamt. Umweltsch. Sachsen-Anhalt Sonderheft 4/1997, 188-192, 349.

WALLASCHEK, M. (1997c): Beitrag zur Heuschreckenfauna (Saltatoria) der Glücksburger Heide im Südlichen Flämighügelland. Ent. Mitt. Sachsen-Anhalt 5(1), 3-16.

WALLASCHEK, M. (1997d): Insektenfunde (Dermaptera, Blattoptera, Ensifera, Caelifera) in Mitteldeutschland. Ent. Nachr. Ber. 41(3), 149-156.

Wallaschek, M. (1998): Heuschrecken (Saltatoria). In: BLISS, P., STÖCK, M. (Hrsg.): Das Naturschutzgebiet Brandberge. Calendula, Hallesche Umweltblätter, 1. Sonderheft, 149-151, 241-242.

WALLASCHEK, M., NEUNZ, C, HAHN, S (1996): Heuschrecken Saltatoria. In: WALLASCHEK, M, BLISS, P., SCHÖPKE, H., WITSACK, W. (1996): Beiträge zur Erfassung der Biodiversität im Unteren Saaletal. Phytozönosen, Pflanzenarten und Tierarten von Landschaftselementen der Halleschen Kuppenlandschaft. Arbeiten aus dem Naturpark "Unteres Saaletal", H. 3.

WALTER, S., BÖHNERT, W (1993): Erstnachweis der Gestreiften Zartschrecke (*Leptophyes albovittata* (KOLL.)) im Regierungsbezirk Magdeburg. Naturschutz Land Sachsen-Anhalt 30(2), 51-52.

WEIDNER, H. (1938): Die Geradflügler (Orthopteroidea und Blattoidea) Mitteldeutschlands. Z. Naturwiss. Halle 92, 123-181.

WEIDNER, H. (1940): Nachträge zur Orthopterenfauna Mitteldeutschlands. Z. Naturwiss. Halle 94, 121-128.

WEIDNER, H. (1953): Die Wanderheuschrecken. NBB 96. Geest & Portig, Leipzig.

ZUPPKE, U., JURGEIT, F. (1997): Tierwelt der Muldeaue. In: Muldeaue in Sachsen-Anhalt. Naturschutz Land Sachsen-Anhalt 34 (Sonderheft), 17-24.

Anschriften der Verfasser

Dr. Michael Wallaschek
Agnes-Gosche-Straße 43
D - 06120 Halle (Saale)

Günter Grein
Blücherstraße 3
D - 30175 Hannover

Dr. Thomas Meineke
Rosenweg 26
D - 37434 Bodensee

Dr. Joachim Müller
Frankefelde 3
D - 39116 Magdeburg

Roland Schweigert
Bahnstraße 1
D - 06484 Ditfurt

Rosmarie Steglich
Quittenweg 53
D - 39118 Magdeburg

Michael Unruh
Max-Planck-Straße 11
D - 06712 Zeitz

Art	BR	BS	BE	UV	SM	RL	Ges.	Bm	Nachweis
Acheta domesticus L., 1758								N	WALLASCHEK 1992
Anacridium aegyptium (L., 1764)								G	WALLASCHEK 1992
Barbitistes serricauda (F., 1798)	B	s	⟲	NM	t	1			MEINEKE et MENGE 1993
Calliptamus italicus (L., 1758)	H					0	§		WALLASCHEK 1992
Chorthippus albomarginatus (DE GEER, 1773)	T,H B	h s	0 ⟳						WALLASCHEK 1992 MEINEKE 1990
Chorthippus apricarius (L., 1758)	T,H B	v ss	0 ⟳			3		V	WALLASCHEK 1992 WALLASCHEK 1996c
Chorthippus biguttulus (L., 1758)		g	0						WALLASCHEK 1992
Chorthippus brunneus (THUNBERG, 1815)		h	0						WALLASCHEK 1992
Chorthippus dorsatus (ZETTERSTEDT, 1821)	T,H	v s	0						WALLASCHEK 1992 MEINEKE 1990
Chorthippus mollis (CHARPENTIER, 1825)	T,H	v	0		t				WALLASCHEK 1992
Chorthippus montanus (CHARPENTIER, 1825)		s	⟲	EN	a,as t	2			WALLASCHEK 1992
Chorthippus parallelus (ZETTERSTEDT, 1821)		g	0						WALLASCHEK 1992
Chorthippus vagans (EVERSMANN, 1848)		s	⟲	SO	a,as t	2			MEINEKE et al. 1994
Chrysochraon dispar (GERMAR, 1831-1835)	T,H	v			t,as	2			MEINEKE, MENGE 1993
Conocephalus discolor THUNBERG, 1815	T,H	v	⟳			3			WALLASCHEK 1992
Conocephalus dorsalis (LATREILLE, 1804)	T,H B	v s		EN,WA EN,WA	t,as t,as	3			WALLASCHEK 1992 1995 MEINEKE
Decticus verrucivorus (L., 1758)		s	⟲		t	2			WALLASCHEK 1992
Euthystira brachyptera (OCSKAY, 1826)	T,B	s	⟲		a,as	2			MEINEKE, MENGE 1993
Gampsocleis glabra (HERBST, 1786)	T	ss					§		WALLASCHEK 1997a
Gomphocerippus rufus (L., 1758)		s	0						WALLASCHEK 1992
Gomphocerus sibiricus (L., 1767)	T,B					0			HARZ 1957
Gryllotalpa gryllotalpa (L., 1758)		s	⟲	EN	t	2			BÖGE et JENTZSCH 1997
Gryllus campestris L., 1758	T,H B	s ss	0		t	3			WALLASCHEK 1992 MEINEKE 1990
Isophya kraussii BRUNNER VON WATTENWYL, 1878	H,B	s	⟲		t	1			MEINEKE, MENGE 1993
Leptophyes albovittata (KOLLAR, 1833)	T	s				2			STEGLICH 1996a
Leptophyes punctatissima (BOSC, 1792)	T,H	s				2			WALLASCHEK 1995a
Locusta migratoria L., 1758								G	WEIDNER 1953
Meconema thalassinum (DE GEER, 1773)		h	0						WALLASCHEK 1992
Metrioptera bicolor (PHILIPPI, 1830)	T	s			t	1			OHST 1997
Metrioptera brachyptera (L., 1761)	T,H B	s s	⟲ ⟲		t t				WALLASCHEK 1992 MEINEKE 1990
Metrioptera roeselii (HAGENBACH, 1822)		g	0						WALLASCHEK 1992
Myrmecophilus acervorum (PANZER, 1799)	T,H	s				2			WALLASCHEK 1992
Myrmeleotettix maculatus (THUNBERG, 1815)		v	0		t	3			WALLASCHEK 1992
Nemobius sylvestris (BOSC, 1792)	H	v							WALLASCHEK 1992

Art	BR	BS	BE	UV	SM	RL	Ges.	Bm	Nachweis
Oecanthus pellucens (SCOPOLI, 1763)	H					1			WALLASCHEK 1992
Oedipoda caerulescens (L., 1758)	T,H B	v ss	0 ⟲	SO	as t,as	3	§		WALLASCHEK 1992 1995 MEINEKE
Oedipoda germanica (Latreille, 1804)	H	ss	⟲	SO,AN NA	a,as t	1	§		MEINEKE, MENGE 1993
Omocestus haemorrhoidalis (CHARPENTIER, 1825)	T,H	s			t,as	3			WALLASCHEK 1992
Omocestus viridulus (L., 1758)	T,H B	s h	0		t				WALLASCHEK 1992 MEINEKE 1990
Phaneroptera falcata (PODA, 1761)	T,H	s	⟲			3			MEINEKE, MENGE 1993
Pholidoptera griseoaptera (DE GEER, 1773)		g	0						WALLASCHEK 1992
Platycleis albopunctata (GOEZE, 1778)	T,H	v	0						WALLASCHEK 1992
Podisma pedestris (L., 1758)	B					0			WALLASCHEK 1992
Psophus stridulus (L., 1758)		ss				0	§		1996 SCHÜLER
Sphingonotus caerulans (L., 1767)	T,H	s	⟲	SO,AN	a,as	2	§		MEINEKE, MENGE 1993
Stenobothrus crassipes (CHARPENTIER, 1825)	H	ss	0		as,t	P			MEINEKE, MENGE 1993
Stenobothrus lineatus (PANZER, 1796)		v			t				WALLASCHEK 1992
Stenobothrus nigromaculatus (HERRICH-SCHÄFFER, 1840)	H,B	ss	⟲		a,as t	1			MEINEKE et MENGE 1993
Stenobothrus stigmaticus (RAMBUR, 1838)		s			as,t	2			WALLASCHEK 1992
Stethophyma grossum (L., 1758)		s	⟲	EN,WA	a,as t	2			WALLASCHEK 1992
Tachycines asynamorus ADELUNG, 1902								N	OHST 1993
Tetrix bipunctata (L., 1758)		s	⟲		t	2			WALLASCHEK 1992
Tetrix ceperoi (BOLIVAR, 1887)	T	s	0						MEINEKE, MENGE 1993
Tetrix subulata (L., 1758)	T,H B	v s			t				WALLASCHEK 1992 MEINEKE 1990
Tetrix tenuicornis SAHLBERG, 1893	T,H	v	⟲	SO		2			WALLASCHEK 1992
Tetrix undulata (SOWERBY, 1806)		v				3			WALLASCHEK 1992
Tettigonia cantans (FUESSLY, 1775)	T,H B	s h	0 0		t				WALLASCHEK 1992 WALLASCHEK 1992
Tettigonia caudata (CHARPENTIER, 1845)	T	ss							1996 SCHÜLER
Tettigonia viridissima L., 1758	T,H B	h s	0 0						WALLASCHEK 1992 WALLASCHEK 1992

7.22 Checkliste der Schaben (Blattoptera)

MICHAEL WALLASCHEK

Von den ca. 4000 rezenten Schabenarten der Welt (GÜNTHER 1989) wurden bisher mindestens 15 Arten in Deutschland gefunden (BOHN 1989, GÖTZ 1965, HARZ 1960, SCHIEMENZ 1978, VATER & LÖFFLER 1989, WALLASCHEK 1998). Aus dem Land Sachsen-Anhalt liegen Fundortangaben von acht Arten vor. Synanthrope, kosmopolitisch verbreitete Arten sind *Blatta orientalis*, *Periplaneta americana*, *P. australasiae* und *Blattella germanica*. Aus der Neotropis wird gelegentlich *Blaberus craniifer* eingeschleppt. Von den drei freilebenden, indigenen Schabenarten des Landes Sachsen-Anhalt zeigen *Ectobius sylvestris* und *Ectobius lapponicus* eine europäische Verbreitung. Das Areal von *Phyllodromica maculata* umfaßt Mittel- und Südosteuropa, ist also vergleichsweise klein. Außerdem befinden sich die Bestände der Art im Land Sachsen-Anhalt an der nördlichen Arealgrenze (WALLASCHEK 1997).

Bei den von KÜHLHORN (1955) mitgeteilten Funden von mit Bananenbündeln aus Westindien nach Eisleben eingeschleppten *Panchlora viridis* BURMEISTER (Panchloridae) ist es unklar, ob die Art richtig determiniert wurde, da die Bestimmung von *Panchlora*-Arten sehr schwer ist und immer noch nicht ganz sicher möglich ist (WEIDNER, briefl. 1992). Daher wird die Art nicht in die Checkliste aufgenommen.

Von den freilebenden Schabenarten liegen nur wenige ältere bzw. aktuelle Fundortdaten aus Sachsen-Anhalt vor (ältere Literatur vgl. WALLASCHEK 1992; WALLASCHEK 1997a, 1997b). Konkrete Aussagen über die Bestandssituation von Vertretern dieser Artengruppe können derzeit nicht getroffen werden. Allerdings muß davon ausgegangen werden, daß *Phyllodromica maculata* wesentlich seltener ist als die beiden *Ectobius*-Arten (WALLASCHEK 1997).

Die von WEIDNER (1983) für dieses Jahrhundert konstatierte Verschiebung des Mengenverhältnisses zwischen *Blattella germanica* und *Blatta orientalis* scheint auch für die Stadt Halle (Saale) zuzutreffen (WALLASCHEK 1998). Die große Zahl von gegen *Blattella germanica* gerichteten Bekämpfungsaktionen in den 1980er Jahren weist auf eine weite Verbreitung und große Häufigkeit dieser synanthropen Art in den Ortschaften Sachsen-Anhalts hin (WALLASCHEK 1998). Daran dürfte sich bis heute wenig geändert haben. Von allen anderen synanthropen Schabenarten des Landes Sachsen-Anhalt liegen nur wenige ältere bzw. aktuelle Meldungen vor.

Um genauere Aussagen zur Verbreitung der Schabenarten im Land Sachsen-Anhalt zu erhalten, wird um Fundortmitteilungen gebeten. Blattopterenbeifänge aus Fallenfangprogrammen werden gern entgegengenommen.

Die synanthropen Schabenarten erlangen vor allem als Überträger von Krankheitserregern, daneben auch als Vorrats-, Material- und Pflanzenschädlinge Bedeutung (BEIER 1961, VATER et al. 1992).

In der Allgemeinheit ist wenig bekannt, daß es freilebende Schabenarten (*Ectobius*, *Phyllodromica*) bei uns gibt, die in keiner Weise mit den Interessen des Menschen kollidieren. Es zeichnet sich im Gegenteil ab, daß diese Artengruppe recht gut zur Indikation ökologischer Faktoren wie Temperatur, Feuchtigkeit und Vegetationsstruktur sowie des Ausmaßes anthropogenen Einflusses geeignet ist und damit durchaus auch zur Bewertung von Landschaften (insbesondere von Waldlandschaften) im Zuge von Planungen des Naturschutzes und der Landschaftspflege herangezogen werden kann (WALLASCHEK 1997). Keine der Schabenarten unterliegt gesetzlichem Schutz.

Systematik, Reihenfolge und Nomenklatur der Schabenarten richten sich nach HARZ & KALTENBACH (1976). Diesem Werk können auch die Synonyme und die Beschreibungen der Unterarten und Formen entnommen werden. Deutsche Namen finden sich bei HARZ (1960).

Literatur

BEIER, M. (1961): Überordnung: Blattopteroidea Martynov, 1938. Ordnung: Blattodea Brunner, 1882. In: BRONNS Klassen und Ordnungen des Tierreichs, 5. Bd: Arthropoda, III. Abt.: Insecta, 6. Buch, 4. Lieferung, Blattopteroidea, Blattodea. Geest & Portig K.-G., Leipzig.

BOHN, H. (1989): Revision of the Sylvestris Group of *Ectobius* Stephens in Europe (Blattaria: Blattellidae). Entomol. Scand. 20(3), 317-342.

GÖTZ, W. (1965): Orthoptera, Geradflügler. In: BROHMER, P., EHRMANN, P., ULMER, G.: Die Tierwelt Mitteleuropas 4. Quelle & Meyer, Leipzig.

GÜNTHER, K. K. (1989): Ordnung Blattoptera (Blattodea) Schaben. In: Urania-Tierreich in sechs Bänden. Insekten. Urania-Verl., Leipzig, Jena, Berlin, 85-92.

HARZ, K. (1960): Geradflügler oder Orthopteren (Blattodea, Mantodea, Saltatoria, Dermaptera). In:

DAHL, F.: Die Tierwelt Deutschlands und der angrenzenden Meeresteile nach ihren Merkmalen und nach ihrer Lebensweise. 46. Teil, Gustav Fischer, Jena.

HARZ, K., KALTENBACH, A. (1976): Die Orthopteren Europas 3. Ser. Ent., Vol. 12, Junk, The Hague.

KÜHLHORN, F. (1955): Beitrag zur Verbreitung und Ökologie der Geradflügler des Harzes und seines südlichen und östlichen Vorlandes. Dtsch. Ent. Z. N.F. 2, 279-295.

SCHIEMENZ, H. (1978): Blattodea Schaben. In: STRESEMANN, E. (Hrsg.): Exkursionsfauna für die Gebiete der DDR und der BRD. Bd. 2/1, Volk und Wissen, Berlin.

VATER, G., LÖFFLER, H. (1989): Ersteinschleppung der Braunen Großschabe (Periplaneta brunnea; Blattoptera, Blattidae) in das Gebiet der DDR. Ent. Nachr. Ber. 33 (6), 267-271.

VATER, G., VATER, A., SORGE, O. (1992): Schädlingsbekämpfung in Ostdeutschland, Teil 3. Prakt. Schädlingsbek. 44, 152-161.

WALLASCHEK, M. (1992): Stand der faunistischen Erfassung der Geradflügler (Orthoptera s.l.) in Sachsen-Anhalt. Articulata 7, 5-18.

WALLASCHEK, M. (1997a): Beitrag zur Schabenfauna (Blattoptera) der Glücksburger Heide im Südlichen Flämighügelland. Entomol. Mitt. Sachsen-Anhalt 5(2), 21-43.

WALLASCHEK, M. (1997b): Insektenfunde (Dermaptera, Blattoptera, Ensifera, Caelifera) in Mitteldeutschland. Ent. Nachr. Ber. 41(3), 149-156.

WALLASCHEK, M. (1998): Schaben (Blattoptera). In: Arten- und Biotopschutzprogramm Sachsen-Anhalt. Stadt Halle (Saale). Ber. Landesamt. Umweltsch. Sachsen-Anhalt Sonderheft 4/1998.

WALLASCHEK, M. (1998): Rote Liste der Schaben des Landes Sachsen-Anhalt. Ber. Landesamt. Umweltsch. Sachsen-Anhalt 30, 60-61.

WEIDNER, H. (1938): Die Geradflügler (Orthopteroidea und Blattoidea) Mitteldeutschlands. Z. Naturwiss. Halle 92, 123-181.

WEIDNER, H. (1983): Neue Untersuchungen über Vorkommen und Verbreitung der Schaben in der DDR und einige Bemerkungen über die relative Häufigkeitszunahme der Deutschen Schabe. Der praktische Schädlingsbekämpfer 35, 151-153.

Anschrift des Verfassers
Dr. Michael Wallaschek
Agnes-Gosche-Straße 43
D - 06120 Halle (Saale)

Art	RL	Bm	Nachweis	Synonyme
Blaberus craniifer BURMEISTER, 1838		G	WALLASCHEK (1998)	*Blaberus fuscus* (BURMEISTER, 1838)
Blatta orientalis L., 1758			WALLASCHEK (1998)	
Blattella germanica (L., 1767)			WALLASCHEK (1998)	
Ectobius sylvestris (PODA, 1761)			WALLASCHEK (1997a)	
Ectobius lapponicus (L., 1758)			WALLASCHEK 1997a)	
Periplaneta americana (L., 1758)		N	WALLASCHEK (1998)	
Periplaneta australasiae (F., 1775)		N	WEIDNER (1938)	
Phyllodromica maculata (SCHREBER, 1781)	3	A	WALLASCHEK (1997a)	

7.23 Checkliste der Ohrwürmer (Dermaptera)

MICHAEL WALLASCHEK

In Deutschland wurden bisher sieben der weltweit ca. 1300 Ohrwurm-Arten nachgewiesen (GÖTZ 1965, SCHIEMENZ 1978). Unter ihnen befindet sich die in den Tropen und Subtropen weit verbreitete Adventivart *Euborellia annulipes* (LUCAS, 1847), deren nächstes bekanntes Vorkommen in Leipzig (Sachsen) liegt (JOOST & KLAUSNITZER 1986). Bei einer Fundmeldung aus dem Braunkohletagebau Geiseltal (EPPERLEIN et al. 1993) handelt es sich vermutlich um eine Verwechslung mit *Labidura riparia* (EPPERLEIN, mdl. Mitt. 1995).

Zur Dermapterenfauna Sachsen-Anhalts zählen nach bisheriger Kenntnis fünf Arten, die drei Familien angehören. *Labia minor*, *Labidura riparia* und *Forficula auricularia* sind kosmopolitisch, *Chelidurella acanthopygia* und *Apterygida media* sind europäisch verbreitet (HARZ 1960, HARZ & KALTENBACH 1976).

Über Ohrwürmer liegen nur wenige ältere (vgl. WALLASCHEK 1992) und aktuelle Fundortdaten (MATZKE & KLAUS 1996, WALLASCHEK 1996, 1997 sowie eigene unveröffentlichte Funde) aus Sachsen-Anhalt vor. Aussagen über die Bestandssituation können nicht getroffen werden.

Labidura riparia ist als Besiedler sandiger Rohböden bekannt. Die Art ist in den Braunkohle-Bergbaugebieten Sachsen-Anhalts weit verbreitet. Möglicherweise wird *Labidura riparia* durch die meist ausschließlich an technischen Standards orientierten Rekultivierungsmaßnahmen einen großen Teil seiner Lebensräume im Land verlieren.

Um genauere Aussagen zur Verbreitung dieser Art und auch der anderen Dermapterenarten im Land Sachsen-Anhalt zu erhalten, wird um Fundortmitteilungen gebeten. Dermapterenbeifänge aus Fallenfangprogrammen werden gern entgegengenommen. Systematik, Reihenfolge und Nomenklatur der Arten richten sich nach Harz & Kaltenbach (1976). Diesem Werk können auch die Synonyme und die Beschreibungen der Unterarten und Formen entnommen werden. Deutsche Namen finden sich in Harz (1960) und Schiemenz (1978).

Literatur

EPPERLEIN, K., LESSIG, D., SCHWALBE, R. (1993): Untersuchungen zum Vorkommen epigäischer Arthropoden einer Bergbaufolgelandschaft im Geiseltal (Sachsen-Anhalt). D.G.a.a.E.-Tagung Jena, 21-22.

GÖTZ, W. (1965): Orthoptera, Geradflügler. - In: P. Brohmer, P. Ehrmann & G. Ulmer: Die Tierwelt Mitteleuropas 4, Quelle & Meyer, Leipzig.

HARZ, K. (1960): Geradflügler oder Orthopteren (Blattodea, Mantodea, Saltatoria, Dermaptera). In: F. DAHL: Die Tierwelt Deutschlands und der angrenzenden Meeresteile nach ihren Merkmalen und nach ihrer Lebensweise. 46. Teil, Gustav Fischer, Jena.

HARZ, K., KALTENBACH, A. (1976): Die Orthopteren Europas 3. Ser. Ent., Vol. 12, Junk, The Hague.

JOOST, W., KLAUSNITZER, B. (1986): Wiederentdeckung von *Euborellia annulipes* (Lucas, 1847) auf dem Neuen Müllberg Leipzig-Möckern (Dermaptera, Carcinophoridae). Entomol. Nachr. 30(6), 271-272.

MATZKE, D., KLAUS, D. (1996): Zum Vorkommen des Sandohrwurms (*Labidura riparia* PALLAS) auf Abgrabungsflächen Nordwest-Sachsens und angrenzender Gebiete (Insecta, Dermaptera, Labiduridae). Mauritiana 16(1), 57-70.

SCHIEMENZ, H. (1978): Dermaptera - Ohrwürmer. In: E. STRESEMANN (Hrsg.): Exkursionsfauna für die Gebiete der DDR und der BRD. Bd. 2/1, Volk und Wissen, Berlin.

WALLASCHEK, M. (1992): Stand der faunistischen Erfassung der Geradflügler (Orthoptera s.l.) in Sachsen-Anhalt. Articulata 7, 5-18.

WALLASCHEK, M. (1995): Rote Liste der Ohrwürmer des Landes Sachsen-Anhalt. Ber. Landesamt. Umweltsch. Sachsen-Anhalt 18, 40-41.

WALLASCHEK, M. (1996): Ohrwürmer - Dermaptera. In: WALLASCHEK, M., BLISS, P., SCHÖPKE, H., WITSACK, W. (Hrsg.): Beiträge zur Erfassung der Biodiversität im Unteren Saaletal. Phytozönosen, Pflanzenarten und Tierarten von Landschaftselementen der Halleschen Kuppenlandschaft. Arbeiten aus dem Naturpark "Unteres Saaletal" 3, Halle.

WALLASCHEK, M. (1997): Insektenfunde (Dermaptera, Blattoptera, Ensifera, Caelifera) in Mitteldeutschland. Ent. Nachr. Ber. 41 (3), 149-156.

WEIDNER, H. (1938): Die Geradflügler (Orthopteroidea und Blattoidea) Mitteldeutschlands. Z. Naturwiss. Halle 92, 123-181.

Anschrift des Verfassers:
Dr. Michael Wallaschek
Agnes-Gosche-Straße 43
D - 06120 Halle (Saale)

Art	RL	Nachweis
Apterygida media (HAGENBACH, 1822)		WALLASCHEK (1997)
Chelidurella acanthopygia (GENE, 1832)		WALLASCHEK (1992)
Forficula auricularia L., 1758		WALLASCHEK (1997)
Labia minor (L., 1758)		WALLASCHEK (1992)
Labidura riparia (PALLAS, 1773)	2	MATZKE, KLAUS (1996)

7.24 Bestandsentwicklung der Libellen (Odonata)

JOACHIM MÜLLER

Im Verlaufe der letzten etwa 10 Jahre haben sowohl Bemühungen um einen verbesserten Umweltschutz als auch die einschneidenden Veränderungen der Industriestrukturen in Sachsen-Anhalt zu einer Verbesserung der Lebensräume beigetragen. So hat insbesondere die anthropogen bedingte Verunreinigung der Gewässer abgenommen. Gleichzeitig kam es zu einer großräumigen Erwärmung um (mindestens) +1 bis 2°C (JEDICKE 1996, MÜLLER 1996d, OTT 1996). Im Lebensraum der Libellen wurde somit das Wasser entscheidend sauberer und etwas wärmer. Bei gleichbleibend guter oder sogar verbesserter Ökomorphologie der Gewässer sind entscheidende Veränderungen der Lebensbedingungen einiger Libellenarten eingetreten, wie bereits durch MÜLLER (1996d) für die Libellenfauna Sachsen-Anhalts belegt wird.

Für die Libellenvorkommen sind spezifische Habitat-Strukturen (Ökomorphologie) der Gewässer meist wichtiger als die Qualität des Wassers (vgl. FÖRSTER 1994). Letztere kann oft in größerer Breite schwanken (z.B. hinsichtlich pH-Wert oder Güteklasse - ab ß-mesosaprob meist gut verträglich). Die Temperatur des Gewässers als Lebensraum der Larven spielt demgegenüber eine entscheidende, z.T. sogar begrenzende, Rolle für deren Entwicklung.

Die in der aktuellen Roten Liste für Deutschland (OTT & PIPER 1998) erkennbaren Bestandsänderungen können für Sachsen-Anhalt (noch) nicht in allen Fällen bestätigt werden. Dies betrifft beispielsweise *Coenagrion pulchellum, Aeshna grandis, Cordulia aenea* und *Erythromma najas*.

Auf mögliche Gefährdungsursachen und allgemein gültige Schutzmaßnahmen wird hier nicht grundsätzlich eingegangen. Diesbezüglich wird auf (MÜLLER & BUSCHENDORF 1993) verwiesen. Hier werden in der Spalte UV nur Ursachen genannt, die für die jeweilige Art spezifische sind. Für Sachsen-Anhalt besitzen die vielfältigen Biotopstrukturen der Bergbau-, insbesondere der Braunkohlen-Tagebau-Folgelandschaften, für die Populationsdynamik einiger Libellenarten eine - im Verlaufe der Sukzession zumindest vorübergehende - besondere Bedeutung. Bei der Rekultivierung sollte dies durch besondere Schutzmaßnahmen berücksichtigt werden (HUTH et al. 1998, UNRUH 1988, 1996).

Systematik und Nomenklatur richten sich nach JÖDICKE (1992), bei den deutschen Namen wird WENDLER et al. (1995) gefolgt.

Anmerkungen zu ausgewählten Arten

Aeshna affinis (Südliche Mosaikjungfer). Bisher nur als gelegentlicher Vermehrungsgast in Deutschland bekannt, siedelt *A. affinis* als stenöke Tümpel-Art mit Bindung an austrocknendes, lockeres Ufer- und Wasserried seit mindestens 1993 ständig in Sachsen-Anhalt. Die wärmeliebenden Imagines leben insbesondere an temporären Kleingewässern des Elbtales, in denen die Gelege auch erfolgreich überwintern. Zur Sicherung der Populationsentwicklung sind in einigen Naturschutzgebieten des Biosphärenreservates Flußlandschaft Elbe Schutzmaßnahmen eingeleitet worden.

Aeshna viridis (Grüne Mosaikjungfer). Die stenöke Weiher-Art ist mit der stark rückgängigen Krebsschere *Stratiotes aloides*, ihrer Eiablage-Pflanze, ebenfalls rückgängig. Als „streng zu schützende Art von gemeinschaftlichem Interesse" gemäß FFH-Richtlinie besitzen die wenigen bekannten Vorkommen im Elbe- und Havelbereich (MÜLLER 1996a, MÜLLER et al. 1982) besondere überregionale Bedeutung. Ihre Vorkommen in den Naturschutzgebieten Schollener See (soweit noch *S. aloides* vorhanden ist) und Garbe-Aland-Niederung sowie im Biosphärenreservat Flußlandschaft Elbe (bei Wörlitz und Magdeburg) sind ausreichend geschützt, wenn die Krebsscheren-Bestände erhalten werden können.

Anax parthenope (Kleine Königslibelle). Für die an Grund- und Tauchrasen gebundene stenöke See-Art hat Sachsen-Anhalt besondere Verantwortung, da im mittleren bis südlichen Teil des Bundeslandes ein Verbreitungsschwerpunkt liegt, der Teile des Braunschweigischen, das Nordharz-Vorland, Bodeniederung und Großes Bruch, Elbe- und Saale-Niederung mit den flankierenden Ackerlandschaften sowie die südliche Braunkohlen-Tagebaufolgelandschaft und Teile Thüringens umfaßt. Die Bestände von *A. parthenope* sind hier seit mehr als drei Jahrzehnten ungefährdet.

Calopteryx splendens (Gebänderte Prachtlibelle). Der Bestand der rheophilen, an Schwimmrasen und Wasserried gebundenen, Gebänderten Prachtlibelle zeigt seit wenigen Jahren zunehmende Tendenz. Die Art ist inzwischen auch in ehemals stark belasteten Flüssen wie Elbe, Saale und Bode (vgl. LANDESAMT FÜR UMWELTSCHUTZ DES LANDES SACHSEN-ANHALT 1993, 1997, LOTZING 1996, TAPPENBECK 1997, MÜLLER 1998b) vermehrt und regelmäßig anzutreffen. Die Neubesiedlung bzw. Abundanzerhöhung wurde, bei gegebener passender Ökomorphologie der

Fließgewässer, durch die Verbesserung der Wasserqualität möglich. Im Schweinitzer Fließ östlich Jessen konnte der Verfasser 1995 auf 2 km Gewässerlänge 100.000 Induviduen (!) feststellen.

Calopteryx virgo (Blauflügel-Prachtlibelle). Für die rheophile, an Uferried mit überhängendem Blattwerk und Ufergehölz gebundene Art mehrten sich in den letzten Jahren an einigen Fließen ebenfalls die Nachweise bzw. erhöhten sich die Abundanzen, während andere Vorkommen, wie z.B. am Rödelbach bei Straßberg, offenbar wegen Verschmutzung des Gewässers erloschen (FÖRSTER 1994) sind. So wurde die Blauflügel-Prachtlibelle im Harz (FÖRSTER 1994, FLEISCHER et al. 1995) auch bis in die Ortschaften hinein (z.B. Trautenstein, MÜLLER 1998b), in der Dübener Heide (JAKOBS 1987, 1991, 1992), im Vorfläming, sowie im Bereich des Dessauer Kapengrabens (MÜLLER 1998b) und den Tagebau-Folgelandschaften im Süden Sachsen-Anhalts (HUTH et al. 1998) festgestellt.

Coenagrion mercuriale (Helm-Azurjungfer). Die thermophile, an Quellwasserzutritt und lockeres Wasserried gebundene Art, deren wenige sachsen-anhaltische Vorkommen SELUGA & MAMMEN (1995) zusammengestellt haben, stellt eine Problemart dar. *C. mercuriale* ist einerseits als „Art von gemeinschaftlichem Interesse" gemäß FFH-Richtlinie der EU eingestuft, für deren Erhaltung besondere Schutzgebiete ausgewiesen werden müssen. Andererseits sind aber die hiesigen Vorkommensgebiete in einigen Fällen nur kleinflächig und als isolierte Sonderstandorte schwer zu schützen. Geringer Quellwasserzutritt genügt oftmals, um einer kleinen Population inmitten einer intensiv bewirtschafteten Landschaft Überlebensmöglichkeiten zu bieten. So bedürfen ausgewählte Standorte in der Krumbek südl. Etingen am Rand des Flechtinger Höhenzuges dringend der Unterschutzstellung.

Cordulegaster boltonii (Zweigestreifte Quelljungfer). Die im Gegensatz zu *Aeshna viridis* euryhyps vorkommende rheophile Art, mit Bindung an detritusreichen Feingrund, wurde im letzten Jahrzehnt im Harz (BUTTSTEDT 1997, FÖRSTER 1994, FLEISCHER et al. 1995, MÜLLER 1994, 1995b), in der Dübener Heide (JAKOBS 1991) und im Burger Vorfläming (MÜLLER 1998b) vermehrt autochthon festgestellt.

Erythromma viridulum (Kleines Granatauge). Die thermophile, an Schwimmrasen gebundene stenöke Weiher-Art profitiert ganz offensichtlich seit wenigstens zwei Jahrzehnten von der allgemeinen Temperaturerhöhung (MÜLLER 1996d) und besiedelt inzwischen als indigene Art die wärmebegünstigten Weiher der Fluß- und Bergbaufolgelandschaften.

Gomphus flavipes (Asiatische Keiljungfer). Seit der Wiederentdeckung in der sachsen-anhaltischen Elbe (1992) ist die Fließwasser-Art bis heute im Elbelauf über 400 km zwischen Strom-km 168 (Sachsen) und 568 (Schleswig-Holstein) zahlreich nachgewiesen worden (MÜLLER 1997b). Das Vorkommen der gemäß FFH-Richtlinie „streng zu schützenden Art von gemeinschaftlichem Interesse" besitzt europaweite Bedeutung und hat als Indikator für ökologisch intakte, beruhigte Gleithangzonen natürlich mäandrierender Flußabschnitte oder für naturnahe, strömungsarme Buhnenfelder (als Sekundärbiotope) eine besondere Relevanz. Die Wiederbesiedlung ist bei gleich gebliebener Ökomorphologie der Elbe wahrscheinlich mit der Verbesserung der Wasserqualität zu erklären, und ging vermutlich von kleineren, übersehenen Reliktvorkommen in ß-mesosaproben Elbe-Abschnitten und der Havel aus. Da die Art gegenwärtig auch in anderen großen Flüssen oder deren Einzugsbereichen wieder gefunden wird (Einzugsbereich des Rheins, Weser, Donau; Zusammenfassung in MÜLLER 1997b), ist ihr Entwicklungstrend und Gefährdungsstatus z.Z. nicht ausreichend einschätzbar.

Gomphus pulchellus (Westliche Keiljungfer). Die stenöke See-Art konnte als Neusiedler in Kiesgruben mit wenigen Funden (MÜLLER 1994) nachgewiesen werden.

Gomphus vulgatissimus (Gemeine Keiljungfer). Die detritusreichen Feingrund und Ufergehölz bevorzugende, stenöke Fließwasser-Art ist in Sachsen-Anhalt insbesondere im Mittelland-Kanalbereich des Drömling (MÜLLER 1996b), in der Havel, dem Tanger (MÜLLER 1994), in Fließgewässern der Dübener Heide (JAKOBS 1992) und in der Elbe (erste Exuvienfunde) anzutreffen. Die notwendige Wasserbewegung für die "Art des bewegten Wassers" erzeugt dabei insbesondere im nicht fließenden Mittelland-Kanal die Schifffahrt.

Lestes barbarus (Südliche Binsenjungfer). Die thermophile, an lockeres Ufer- und Wasserried gebundene Tümpel-Art profitiert offenbar von dem derzeitigen Trend zur Erhöhung der Jahresmitteltemperatur, denn sie wird seit den 1960er Jahren in den wärmebegünstigten Bergbaufolgelandschaften und Flußniederungen immer häufiger und in letzter Zeit regelmäßig festgestellt. Inzwischen ist sie insbesondere in den Elbe-, Bode- und Saaleniederungen, der Altmark und den Bergbaufolgelandschaften sowie mitten in der Colbitz-Letzlinger Heide verbreitet. Für Binnenlandsalzstellen (z.B. Hecklingen und Sülldorf) sowie temporäre Tümpel und Weiher der Flutrinnen von Flußniederungen entwickelte sie sich zur Charakterart. Dabei wurde sie regelmäßig zusammen mit *Aeshna affinis* nachgewiesen (MÜLLER 1996d).

Ophiogomphus cecilia (Grüne Flußjungfer, Grüne Keiljungfer). Die an kiesigen Grund und Ufergehölz gebundene rheophile Art war bisher mit Vorkommen im NSG Mahlpfuhler Fenn (MÜLLER 1981) und in der Dübener Heide (JAKOBS 1991, 1992) als sehr selten für Sachsen-Anhalt einzustufen. Die in letzer Zeit festgestellten Vorkommen der Art in Elbe (Weser, Donau; MÜLLER 1998a) und Mulde (MÜLLER 1998b) lassen aber eine weitere Verbreitung der "streng zu schützenden Art von gemeinschaftlichem Interesse, für deren Erhaltung besondere Schutzgebiete ausgewiesen werden müssen" (FFH-Richtlinie), auch in Sachsen-Anhalt vermuten. Die notwendige Unterschutzstellung der bekannten Vorkommen ist bereits durch NSG-Status gesichert.

Wie bei *Gomphus flavipes* bereits erörtert, profitiert vermutlich auch *O. cecilia* von der Verbesserung der Wasserqualität der Elbe. Sie siedelt dort stellenweise unmittelbar neben *G. flavipes* in den Buhnenfeldern. Wann die Neubesiedlung oder Abundanzerhöhung erfolgte, ist nicht mehr zu klären, da für die Bestandssituation an der Elbe um 1990 keine genauen Beobachtungsergebnisse vorliegen. Es erscheint jedoch wenig wahrscheinlich, daß auch diese Art bisher nur übersehen wurde.

Orthetrum coerulescens (Kleiner Blaupfeil). Für die offenen Feingrund und lockeres Uferried liebende thermophile Fließwasser-Art gibt es offenbar infolge verbesserter Wasserqualität (durch bessere ländliche Wasserklärung) eine Anzahl neuer Funde im Ohre-Aller-Hügelland, im Nördlichen Harzvorland, in der Dübener Heide und dem Fläming bzw. Vorfläming (JAKOBS 1992, MÜLLER 1998b) sowie in der Zeitzer Bergbau-Folgelandschaft (UNRUH 1996). Diese sollten durch Maßnahmen zur Sicherung der Habitat-Strukturen geschützt werden.

Sympetrum pedemontanum (Gebänderte Heidelibelle). Bis in die 80er Jahre in Meliorationsgräben der Altmark weit verbreitet (MÜLLER 1978, MÜLLER et al. 1982) ist die an lockeres Wasserried gebundene thermophile Fließwasser-Art zur Zeit rückgängig. Hauptursache ist die Sukzession in den (ehemals besiedelten) nicht mehr offen gehaltenen Meliorationsgräben. Gegenwärtig ist sie hauptsächlich in den Grabensystemen der Dübener Heide (Jakobs 1992) sowie in den Tagebau-Folgelandschaften (HUTH et al. 1998) anzutreffen. Schutzmaßnahmen sind durch streckenweise vorsichtige Pflege der Grabensyteme möglich.

Wichtige Synonyme
Aus praktischer Sicht muß auf zwei wichtige Synonyme hingewiesen werden:

Ophiogomphus serpentinus (CHARPENTIER, 1825)
→ *Ophiogomphus cecilia* (FOURCROY, 1785)
Stylurus flavipes (CHARPENTIER, 1825)
→ *Gomphus flavipes* (CHARPENTIER, 1825) bzw. *Gomphus (Stylurus) flavipes* (CHARPENTIER, 1825)

Zusätzliche Abkürzungen in der Tabelle
Ursachen für Veränderungen der Bestandssituation (UV):
  KÄ   Klimaänderung
  tU   technischer Umweltschutz
  WQV   Wasser-Qualitäts-Verbesserung
Bemerkungen (Bm):
  VWL   Vorwarnliste bundesweit (gemäß OTT, J., PIPER, W. (1998)
Nachweis:
  MÜ   J. MÜLLER, Aktueller Nachweis

Literatur

BLISCHKE, H., BRAUNS, C., KISSLING, O., VEEN, C. (1997): Beitrag zum Pflege- und Entwicklungsplan für den Rödel. Naturschutz im Land Sachsen-Anhalt 34(1), 25-38. (1.)

BUTTSTEDT, L. (1997): Faunistische Untersuchungen in der Gipskarstlandschaft Südharz. Das Durchbruchstal der Nasse. Gipskarst im Landkreis Sangerhausen Heft 1997, 75-84. (2.)

KLAUSNITZER, H.-J., PRETSCHER, P., SCHMIDT, E. (1984): Rote Liste der Libellen. In: BLAB, J., NOWAK, E., TRAUTMANN, W., SUKOPP, H. (Hrsg.): Rote Liste der gefährdeten Tiere und Pflanzen in der Bundesrepublik Deutschland. Naturschutz aktuell Kilda-Verlag, Greven 1, 116-118. (3.)

FEDERSCHMIDT, A. (1997): Die Libellen des Kühnauer Sees. Naturw. Beitr. Mus. Dessau, Sonderheft 1997, 78-84. (4.)

FLEISCHER, B., JEBRAM, J., SCHUMACHER, A., TREMP, K. (1995): Vegetationskundliche und faunistische Untersuchungen im einstweilig gesicherten NSG "Harzer Bachtäler". Naturschutz im Land Sachsen-Anhalt 32(2), 3-18. (5.)

FÖRSTER, S. (1994): Die Odonatenfauna des einstweilig sichergestellten NSG "Wilslebener See" und ihre Bedeutung für den Naturschutz. Naturschutz im Land Sachsen-Anhalt 31(1), 27-36. (6.)

FÖRSTER, S. (1997): Libellen (Odonata). In: Arten- u. Biotopschutzprogramm Sachsen-Anhalt. Landschaftsraum Harz. Ber. Landesamt. Umweltsch. Sachsen-Anhalt Sonderheft 4/1997, 183-187, 348. (7.)

HUTH, J., OELERICH, H.-M., REUTER, M. (1998): Zur faunistischen Charakterisierung der Biotoptypen in der Braunkohlenfolgelandschaft Sachsen-Anhalts. Ber. Landesamt. Umweltsch. Sachsen-Anhalt, Sonderheft 1/1998, 32-41. (8.)

JAKOBS, W. (1987): Ergänzung zur Libellenfauna der Dübener Heide. Ent. Nachr. Ber. 31(2), 90. (9.)

JAKOBS, W. (1991): Zum Vorkommen von Fließwasserlibellen in der Dübener Heide. Ent. Nachr. Ber. 35(2), 135. (10.)

JAKOBS, W. (1992): Die derzeitige Libellenfauna im Landkreis Wittenberg und Empfehlungen zu ihrem Schutz. Naturschutz im Land Sachsen-Anhalt 29(2), 25-30. (11.)

JEDICKE, E. (1996): Klimaänderung: welche Folgen ergeben sich für Flora und Fauna?. NatSchutz LandschaftsPfl. 28(10), 316-318. (12.)

LANDESAMT FÜR UMWELTSCHUTZ DES LANDES SACHSEN-ANHALT (Hrsg.) (1993): Gewässergütebericht Sachsen-Anhalt 1992, Halle. (13.)

LANDESAMT FÜR UMWELTSCHUTZ DES LANDES SACHSEN-ANHALT (Hrsg.) (1997): Gewässergütebericht Sachsen-Anhalt 1996, Halle. (14.)

JENTZSCH, M., NORGALL, T. (1988): Drei seltene Libellenarten in der Goldenen Aue südlich von Sangerhausen. Naturschutzarbeit Bez. Halle, Magdeburg 25(2), IV-VI. (15.)

JÖDICKE, R. (1992): Die Libellen Deutschlands Eine systematische Liste mit Hinweisen auf aktuelle nomenklatorische Probleme. Libellula 11(3/4), 89-112. (16.)

LOTZING, K. (1994): Bemerkenswertes gemeinsames Auftreten von 6 Heidelibellenarten in den "Salzwiesen" bei Hohenerxleben (Odonata). Ent. Nachr. Ber. 39 (2), 129-131. (17.)

LOTZING, K. (1995): Zum Vorkommen der Keilflecklibelle (*Aeshna isoscelis* MÜLL.) (Insekta, Odonata) am südlichen Rand der Magdeburger Börde. Ent. Mitt. Sachsen-Anhalt 3(1/2), 17-20. (18.)

LOTZING, K. (1996a): Die Verbreitung der Gebänderten Prachtlibelle (*Calopteryx splendens* HARRIS) im Bereich der Bodeniederung des Altkreises Staßfurt - die Chronik einer Wiederbesiedlung? Ent. Mitt. Sachsen-Anhalt 4(1/2), 32-35. (19.)

LOTZING, K. (1996b): Ein Beitrag zum aktuellen Kenntnisstand der Verbreitung von *Calopteryx splendens* HARRIS (Odonata) in Sachsen-Anhalt. Ent. Nachr. Ber. 40(1), 23-26. (20.)

LOTZING, K. (1998): *Libellula fulva* O.F. MÜLLER, 1764 in Sachsen-Anhalt. halophila, Mitt.-Bl. FG Faun. u. Ökol. Staßfurt 35, 3. (21.)

MÜLLER, J. (1978): Nachweise von *Sympetrum pedemontanum* (ALLIONI) (Odonata) im Bezirk Magdeburg. Abh. Ber. Naturkd. Vorgesch. Magdeburg XII(1/1977), 11-12. (22.)

MÜLLER, J. (1980): Libellenfunde (Insecta, Odonata) in Naturschutzgebieten des Bezirkes Magdeburg, DDR. Arch. Natursch. Landschaftsforsch. 20(3), 145-153. (23.)

MÜLLER, J. (1981): Die Grüne Keiljungfer *Ophiogomphus serpentinus* (Insecta, Odonata) im NSG Mahlpfuhler Fenn, Kreis Tangerhütte (Bez. Magdeburg). Abh. Ber. Naturkd. Vorgesch. Magdeburg XII(4), 85-86. (24.)

MÜLLER, J. (1984): DDR-Erstnachweis der Späten Adonislibelle *Ceriagrion tenellum* (DE VILLERS) im Naturschutzgebiet Mahlpfuhler Fenn, Kreis Tangerhütte (Bez. Magdeburg) (Insecta, Odonata, Coenagrionidae). Faun. Abh. Staatl. Mus. Tierkd. Dresden 12(3), 39-43. (25.)

MÜLLER, J. (1987): Nachweise der boreo-alpinen *Somatochlora alpestris* (SELYS, 1840) (Ins., Odonata) im Brockenhochmoor des NSG Oberharz. Ent. Nachr. Ber. 31(5), 230-232. (26.)

MÜLLER, J. (1994): Die Libellenfauna (Odonata) und deren Gefährdungsstatus im Land Sachsen-Anhalt ("Rote Liste-Korrektur"). Mitteilungsblatt der EVSA e.V. 2(2), 39-52. (27.)

MÜLLER, J. (1995a): Vorläufige Mitteilung zum Vorkommen der Südlichen Mosaikjungfer *Aeshna affinis* (Odonata) im Jahre 1995 in Sachsen-Anhalt. Ent. Mitt. Sachsen-Anhalt 3(1/2), 21-22. (28.)

MÜLLER, J. (1995b): *Cordulegaster bidentatus* SELYS, 1843 (Odonata) im Jahre 1995 im Ostharz wiederentdeckt. Ent. Mitt. Sachsen-Anhalt 3(1/2), 23-24. (29.)

MÜLLER, J. (1996a): Beurteilung der Libellenvorkommen (Insecta, Odonata) in den FFH-Gebieten Sachsen-Anhalts gemäß FFH-Richtlinie. Bericht an Landesamt für Umweltschutz LSA, unveröff. Mnskr. 13.08.1996 (30.)

MÜLLER, J. (1996b): Zum Vorkommen der Gemeinen Keiljungfer *Gomphus vulgatissimus* L. (Odonata) im Mittellandkanal (Naturpark Drömling, Sachsen-Anhalt). Abh. Ber. Naturkd., Magdeburg 19, 13-18. (31.)

MÜLLER, J. (1996c): Zoogeographische und ökologische Analyse der Libellen-Fauna (Insecta, Odonata) des Landes Sachsen-Anhalt. Abh. Ber. Naturkd., Magdeburg 19, 3-11. (32.)

MÜLLER, J. (1996d): Fortschreibung der Roten Listen, dargestellt am Beispiel der Kenntnis- und Bestandsentwicklung der Libellenfauna Sachsen-Anhalts. Ber. Landesamt. Umweltsch. Sachsen-Anhalt 21, 66-70. (33.)

MÜLLER, J. (1996e): Ökofaunistische Übersicht zum Vorkommen der Federlibelle *Platycnemis pennipes* (Odonata) in Sachsen-Anhalt. Ent. Mitt. Sachsen-Anhalt 4(1/2), 28-31, 47. (34.)

MÜLLER, J. (1997a): Mittellandkanal und Elbe als Refugien gefährdeter Keiljungferarten. Naturschutz im Land Sachsen-Anhalt 34(1),52-56. (35.)

MÜLLER, J. (1997b): *Gomphus (Stylurus) flavipes* (CHARPENTIER) in der Elbe von Sachsen, Sachsen-Anhalt, Brandenburg, Mecklenburg-Vorpommern, Niedersachsen und Schleswig-Holstein sowie in der Weser bei Bremen (Anisoptera: Gomphidae). Libellula 16(3/4), 69-180. (36.)

MÜLLER, J. (1998a): Neuigkeiten zum Vorkommen von *Gomphus (Stylurus) flavipes* und *Ophiogomphus cecilia* in Elbe und Weser. Tagungsband 17. Jahrestagung der GdO in Bremen, 20.-22. März 1998, Kurzfassungen der Vorträge, 10-11. (37.)

MÜLLER, J. (1998b): Beobachtungsprotokolle in Datenbank FAUNDAT. unveröff. Manuskr. (38.)

MÜLLER, J., BUSCHENDORF, J. (1993): Rote Liste der Libellen des Landes Sachsen-Anhalt. Ber. Landesamt. Umweltsch. Sachsen-Anhalt 9, 13-16. (39.)

MÜLLER, J., LOTZING, K., CIUPA, W., CONRAD, F. SPITZENBERG, D. (1982): Beiträge zur Insektenfauna der Naturschutzgebiete im Bezirk Magdeburg. 1. Einleitung und Libellenfunde (Odonata) am Schollener See (Kr. Havelberg). Naturschutzarb. Bez. Halle u. Magdeburg 19(1), 25-38. (40.)

OTT, J. (1996): Zeigt die Ausbreitung der Feuerlibelle in Deutschland eine Klimaänderung? Mediterrane Libellen als Indikatoren für Änderung in Biozönosen. NatSchutz LandschPfl. 28(2), 53-61. (41.)

OTT, J., PIPER, W. (1998): Rote Liste der Libellen. In: BINOT, M., BLESS, R., BOYE, P., GRUTTKE, H., PRETSCHER, P. (Hrsg.): Rote Liste gefährdeter Tiere Deutschlands. Schriftenreihe für Landschaftspflege u. Naturschutz Heft 55, 260-263. (42.)

PETZOLD, F. (1994): Bemerkenswerte Libellenfunde in der Muldeniederung bei Dessau. Libellula 13(1/2), 33-36. (43.)

SELUGA, K., MAMMEN, U. (1995): Nachweis der Helm-Azurjungfer *Coenagrion mercuriale* (CHARP.) im Köthener Ackerland. Ent. Mitt. Sachsen-Anhalt 3(1/2), 25-26. (44.)

TAPPENBECK, L. (1997): Die Entwicklung der aquatischen Lebensgemeinschaften in der Bode nach industrieller Einleitung und natürlicher Aufsalzung im Bereich der Ortschaft Staßfurt 1992 - 1995 im Landkreis Aschersleben-Staßfurt/Sachsen-Anhalt (Deutschland). Limnologica 27(1), 129-141. (45.)

UNRUH, M. (1988): Vergleichende Betrachtungen zur Libellenfauna ausgewählter Abgrabungsgebiete des Zeitzer Gebietes, Bez. Halle, DDR. Libellula 7(3/4), 111-128. (46.)

UNRUH, M. (1992): *Anaciaeshna isosceles* (MÜLLER, 1767) im Zeitzer Gebiet (Odonata). Ent. Nachr. Ber. 36, 140. (47.)

UNRUH, M. (1996): Libellen und Bergbaufolgelandschaft. Mitteldeutsche Braunkohlenges. mbH, (Hrsg.) Zeitz, 1-16. (48.)

WENDLER, A., MARTENS, A., MÜLLER, L. SUHLING, F. (1995): Die deutschen Namen der europäischen Libellenarten (Insecta: Odonata). Ent. Z. 105(6), 97-116. (49.)

Anschrift des Verfassers
Dr. Joachim Müller
Frankefelde 3
D - 39116 Magdeburg (Ottersleben)

Art	BR	BS	BE	UV	SM	RL	Ges.	Bm	Nachweis
Aeshna affinis VANDER LINDEN, 1820	T	s	♂	KÄ,NA	as		§		1, 4, 8, 28, 32, 38
Aeshna cyanea (O.F. MÜLLER, 1764)		g	0				§		Mü
Aeshna grandis (L., 1758)		g	0				§		Mü
Aeshna isosceles (O.F. MÜLLER 1767)	T,H	s	0	SO	as	2	§		6, 8, 18, 43, 47, 48
Aeshna juncea (L., 1758)		s	0	SO	as	2	§		5, 8, 11, 46, 48
Aeschna mixta LATREILLE, 1805		g	0				§		Mü
Aeshna subarctica elisabethae DJAKONOV, 1922	B	ss	0	SO	as	1	§		7
Aeshna viridis EVERSMANN, 1836	T	s	↶	SO,WI	as	1	§,BK FFH4		30, 40
Anax imperator LEACH, 1815		g	0				§		Mü
Anax parthenope (SELYS, 1839)	T	v	0			3	§	V	4, 6, 8, 27, 32, 38, 46, 48
Brachytron pratense (O.F. MÜLLER, 1764)		g	0				§		6
Calopteryx splendens (HARRIS, 1782)		h	↭	WQV	tU	3	§	VWL	8, 11, 19 20, 33, 48

Art	BR	BS	BE	UV	SM	RL	Ges.	Bm	Nachweis
Calopteryx virgo (L.,1758)		s	↗	WQV	tU	1	§		5, 7, 8, 9, 10, 11, 33, 46
Ceriagrion tenellum (DE VILLERS, 1789)	T	ss	0			1	§		25
Coenagrion hastulatum (CHARPENTIER, 1825)	T,H	ss	0			3	§		8, 11, 27, 38
Coenagrion lunulatum (CHARPENTIER, 1840)	T,H	ss	0	SO	as	2	§		11, 27, 38, 46,
Coenagrion mercuriale (CHARPENTIER, 1840)	T	ss	0	SO	as	1	§,BK FFH2		15, 27, 30, 44
Coenagrion ornatum (SELYS, 1850)	T	ss	0			1	§		11, 27, 40, 46, 48
Coenagrion puella (L., 1758)		g	0				§		Mü
Coenagrion pulchellum (VANDER LINDEN, 1825)	T,H	g	0				§	VWL	6, 42
Cordulegaster bidentata SELYS, 1843	B	ss	0			0	§		7, 29
Cordulegaster boltonii (DONOVAN, 1807)		s	↗			1	§		2, 5, 7, 10, 27, 29, 33, 46
Cordulia aenea (L., 1758)		h	0				§		6
Enallagma cyathigerum (CHARPENTIER, 1840)		g	0				§		Mü
Epitheca bimaculata (CHARPENTIER, 1825)	T	ss	0			0	§		43
Erythromma najas (HANSEMANN, 1823)	T,H	v	0				§		Mü
Erythromma viridulum (CHARPENTIER, 1840)	T	s	↗	KÄ		2	§		4, 8, 11, 27, 33, 40, 43, 48
Gomphus flavipes (CHARPENTIER, 1825)	T	v	↗↗	WQV,KÄ	tU as	1	§,BK FFH4	V	27, 30, 33, 36, 37
Gomphus pulchellus SELYS, 1840	T	ss	↗			3	§		27
Gomphus vulgatissimus (L., 1758)	T	s	↗	WQV	tU	1	§		11, 27, 31, 33, 35
Ischnura elegans (VANDER LINDEN, 1820)		g	0				§		Mü
Ischnura pumilio (CHARPENTIER, 1825)	T,H	s	0			2	§		1, 8, 11, 27, 33, 40, 48
Lestes barbarus (F., 1798)	T	s	↗	KÄ	as	3	§		1, 8, 11, 23, 28, 33, 46, 48
Lestes dryas KIRBY, 1890	T,H	v	0			3	§		Mü
Lestes sponsa (HANSEMANN, 1823)	T,H	h	0				§		Mü
Lestes virens vestalis RAMBUR, 1842	T	s	0			2	§		1, 8, 11, 48
Lestes viridis (VANDER LINDEN, 1825)		h	0				§		Mü
Leucorrhinia albifrons (BURMEISTER, 1839)	H	ss	0	SO	as	1	§,BK FFH4		30
Leucorrhinia dubia (VANDER LINDEN, 1825)		s	0	SO	as	3	§		5, 8, 11, 32, 46, 48
Leucorrhinia pectoralis (CHARPENTIER, 1825)	T	ss	0	SO	as	2	§,BK FFH2		8, 11, 27, 30, 46, 48
Leucorrhinia rubicunda (L., 1758)	T,H	s	0	SO	as	3	§		11, 32, 46
Libellula depressa L., 1758	T,H	v	0				§		Mü
Libellula fulva O.F. MÜLLER, 1764	T,H	s	0	SO	as	1	§		6, 21, 43
Libellula quadrimaculata L., 1758		g	0				§		Mü
Ophiogomphus cecilia FOURCROY, 1785	T	ss	↗	WQV,KL	as	1	§,BK FFH2		9, 10, 11, 24, 30, 37

Art	BR	BS	BE	UV	SM	RL	Ges.	Bm	Nachweis
Orthetrum brunneum (FONSCOLOMBE, 1837)	T	ss	0	SO	as	1	§		8, 23, 48
Orthetrum cancellatum (L., 1758)	T,H	h	0				§		Mü
Orthetrum coerulescens (F., 1798)	T,H	s	↗	WQV		2	§		8, 11, 32, 48
Platycnemis pennipes (PALLAS, 1771)		h	0				§		11, 34
Pyrrhosoma nymphula (SULZER, 1776)		g	0				§		6
Somatochlora alpestris (SELYS, 1840)	B	ss	0	SO	as	1	§	V	7, 26
Somatochlora arctica (ZETTERSTEDT, 1840)	T,B	ss	0	SO	as	1	§	V	7, 38
Somatochlora flavomaculata (VANDER LINDEN, 1825)	T	s	0	SO	as	3	§		11, 38, 40, 46
Somatochlora metallica (VANDER LINDEN, 1825)		h	0				§		Mü
Sympecma fusca (VANDER LINDEN, 1820)		v	0				§		Mü
Sympetrum danae (SULZER, 1776)		v	0				§		8, 17, 40
Sympetrum depressiusculum (SELYS, 1841)	T	ss	0	SO	as		§		9, 27, 32
Sympetrum flaveolum (L., 1758)	T,H	h	0				§		17
Sympetrum fonscolombii (SELYS, 1840)	T	ss	0			I	§		8, 27, 32, 38, 48
Sympetrum pedemontanum (ALLIONI, 1766)		s	↘	AN,AU	t	3	§		6, 8, 11, 17, 22, 43, 46, 48
Sympetrum sanguineum (O.F. MÜLLER, 1764)		g	0				§		17
Sympetrum striolatum (CHARPENTIER, 1840)	T,H	s	0			3	§		6, 8, 11, 17, 43, 48
Sympetrum vulgatum (L., 1758)		g	0				§		17

Hinweise auf deutsche Namen

Adonislibelle → *Pyrrhosoma*
Azurjungfer → *Coenagrion*
Becherjungfer → *Enallagma*
Binsenjungfer → *Lestes*
Blaupfeil → *Orthetrum*
Falkenlibelle → *Cordulia aenea*
Federlibelle → *Platycnemis*
Flußjungfer → *Ophiogomphus*

Granatauge → *Erythromma*
Heidelibelle → *Sympetrum*
Keiljungfer → *Gomphus, Ophiogomphus*
Königslibelle → *Anax*
Moosjungfer → *Leucorrhinia*
Mosaikjungfer → *Aeshna, Brachytron*
Pechlibelle → *Ischnura*
Plattbauch → *Libellula depressa*

Prachtlibelle → *Calopteryx*
Quelljungfer → *Cordulegaster*
Smaragdlibelle → *Somatochlora*
Vierfleck → *Libellula quadrimaculata*
Weidenjungfer → *Lestes viridis*
Winterlibelle → *Sympecma*

7.25 Bestandsentwicklung der zehnfüßigen Krebse (Decapoda: Atyidae, Astacidae und Grapsidae)

WOLFGANG WENDT

Von den etwa 55 in Deutschland vorkommenden Arten der Ordnung der zehnfüßigen Krebse lebt die Mehrzahl in marinen Gewässern. Das potentielle Artenspektrum der „Großkrebse" ist für Binnenländer schon aufgrund dieser naturgegebenen Rahmenbedingung stark limitiert. Mit ursprünglich nur einem heimischen Vertreter, dem Edelkrebs *Astacus astacus* (L.), ist das Arteninventar jedoch selbst gegenüber den süddeutschen Ländern ungewöhnlich klein. Bewußte und unbewußte menschliche Einflußnahme führte in den zurückliegenden 110 Jahren in Sachsen-Anhalt zu der in der heimischen Fauna wohl einmaligen Situation, daß von einer Tierordnung inzwischen deutlich mehr allochthone als autochthone Arten vorkommen. Neben dem autochthonen Edelkrebs besiedeln derzeitig 4 Vertreter fremder Faunen unsere Gewässer.

In der Reihenfolge ihrer Einbürgerung bzw. Einschleppung sind dies:
Amerikanischer Flußkrebs, *Orconectes limosus*
Galizischer Sumpfkrebs, *Astacus leptodactylus*
Chinesische Wollhandkrabbe, *Eriocheir sinensis*
Süßwassergarnele, *Atyaephyra desmaresti*.
Den Signalkrebs, *Pacifastacus leniusculus* DANA können wir darüber hinaus in absehbarer Zeit wohl als fünften Neubürger in heimischen Gewässern antreffen. Einzelfälle angeblich stattgefundener künstlicher Einbürgerung im Ohrekreis nennen unter Berufung auf ENGELCKE erstmals WÜSTEMANN & WENDT (1995).

Der Edelkrebs ist als einzige autochthone zehnfüßige Krebsart in der Roten Liste von Sachsen-Anhalt als „Stark gefährdet" ausgewiesen. Bundesweit wird er seit nunmehr 15 Jahren in der Gefährdungskategorie 1 geführt (BLAB, J., NOWAK, E., TRAUTMANN, W., SUKOPP, H., 1984) und genießt als besonders geschützte und vom Aussterben bedrohte Art einen hohen gesetzlichen Schutzstatus (Bundesartenschutzverordnung 1989).

Die Einfuhr und Aussetzung der Großkrebsarten *Orconectes limosus* und *Astacus leptodactylus* ist in Deutschland eine unmittelbare Folge des am Ende des letzten Jahrhunderts stattgefundenen Edelkrebsmassensterbens durch die sogenannte Krebspest. Das Infektionsgeschehen mit dem Fadenpilz *Aphanomyces astaci* SHIKORA raffte seinerzeit lawinenartig nahezu alle Edelkrebse von der Lombardei bis nach Schweden, Finnland und Rußland dahin. Nur in isoliert gelegenen Refugialräumen konnten Edelkrebsbestände vereinzelt überleben. Als vermeintlich gegenüber dem Erreger der Krebspest resistente fremdländische Krebsarten wurden 1890 100 Exemplare des Amerikanischen Flusskrebses aus Pennsylvania und um 1900 der aus dem pontokaspischen Raum eingeführte Galizische Sumpfkrebs ausgesetzt (ALBRECHT 1983). Letztere Art erwies sich jedoch nicht als „krebspestresistent" und erfuhr daher keine starke Verbreitung. Der Amerikanische Flußkrebs konnte hingegen die durch das Seuchengeschehen frei gewordene ökologische Nische optimal nutzen. Von seinem Erstansiedlungsort 50 km nördlich von Frankfurt/Oder breitete er sich mit jährlich etwa 5 km neu besiedelter Flußstrecke aus (PIEPLOW 1938). Parallel zu dieser eigenständigen Arealerweiterung erfolgten vielfach Umsetzungen in noch unbesiedelte Gewässer. Die bis in die jüngere Vergangenheit vor allem im Gefolge der Sportangelei praktizierte unkritische und gesetzwidrige Verfrachtung der Art hat in zahlreichen Gewässern, insbesondere im Harz, zur endgültigen Vernichtung von Reliktvorkommen des Edelkrebses geführt. Ob das lokale Aussterben in diesen Fällen eine Folge des Erregereintrags mit den Besatzkrebsen war oder sich allein aus dem erheblich größeren Reproduktionspotential des Amerikanischen Flußkrebses herleiten läßt (HOFMANN 1980), ist heute nur schwer abklärbar. Auf Verschmutzung und Ausbau seines Wohngewässers reagiert der Edelkrebs ohnehin empfindlicher als der inzwischen in den Niederungsfließ-, Teich- und Abgrabungsgewässern Sachsen-Anhalts weit verbreitete Amerikanische Flußkrebs.

Zahlenmäßig wird der Amerikanische Flußkrebs heute in der Elbe und ihren Nebenflüssen jedoch deutlich von der Chinesischen Wollhandkrabbe übertroffen. Diese europäische Neubürgerin wurde vermutlich im Larvenstadium mit Ballastwasser von Südostasienschiffen aus dem Gelben oder Ostchinesischen Meer eingeschleppt. Das von jahresperiodischen Wanderungen geprägte Auftreten der Wollhandkrabbe ist an der Unterelbe seit etwa 1922 belegt. Im mittleren Elbeabschnitt gelang 1926 ein im Magdeburger Naturkundemuseum ausgestellter Erstnachweis (MRLU 1997).

Die Bestandszahlen der flußauf wandernden Jungkrabben unterlagen in der Vergangenheit mehrfach erheblichen Schwankungen. Neben der von Niederschlägen und Wasserstand der Fließgewässer abhängigen Einwanderungsquote setzte mit Beginn der

50er Jahre ein nachhaltiger Bestandsrückgang aufgrund massiver Gewässerbelastung ein. Erst nachdem etwa 30 Jahre später die Schadstofffracht reduziert wurde, kam es erneut zu Massenwanderungen der Wollhandkrabben (PAEPKE 1984). Mit der nachhaltigen Verbesserung der Gewässergüte ab 1990/91 sind die Faunenfremdlinge wieder millionenfach in der Elbe und deren Zuflüsse unterwegs. Traditionell ist die Havel besonders stark besiedelt, aber auch aus Saale, Mulde und Schwarzer Elster sind die Chinesischen Wollhandkrabben vielfach belegt. Bei den Flußfischern ist der Neubürger ob seiner Schäden gefürchtet. Schließlich werden gefangene Fische, Fanggeräte und die gesamte Biozönose geschädigt. In der Havel haben die Wollhandkrabben im Rahmen einer Nahrungs- und Raumkonkurrenz bzw. eines regelrechten Räuber-Beute-Verhältnisses zur spürbaren Verringerung der Bestände des Amerikanischen Flußkrebses geführt. Die in vielen Fließgewässern ursprünglich vom Edelkrebs besetzte Nische wird gegenwärtig von den beiden allochthonen Dekapoden umkämpft. Eine dauerhafte Verdrängung der einen oder anderen Art wird jedoch nicht stattfinden, da beide über ein großes Vermehrungspotential und eine hohe Resistenz gegenüber anthropogener Umweltbelastung verfügen.

Schließlich ist als vorerst letzte allochthone Dekapodenart unserer Gewässer die Süßwassergarnele anzuführen. Ursprünglich in Gewässern der mediterranen Länder beheimatet, wurde auch sie zu Beginn unseres Jahrhunderts eingeschleppt. Aufgrund ihrer nur rund 3 cm umfassenden Körpergröße und der bei den „Großkrebsen" einmaligen Durchsichtigkeit des Körpers sind über Einbürgerung und Arealausweitung nur wenige Hinweise auffindbar. Erstmalig wurde die Art im Oberrhein entdeckt. Von dort hat sie sich über Kanäle und natürliche Fließgewässer inzwischen bis in den Berliner Raum ausgebreitet. Zu den langjährig und traditionell besiedelten Gewässern zählt in Sachsen-Anhalt der Mittellandkanal.

Literatur

ALBRECHT, H. (1983): Besiedlungsgeschichte und ursprünglich holozäne Verbreitung der europäischen Flußkrebse. SPIXIANA 6, 61-77.

BLAB, J., NOWAK, E., TRAUTMANN, W., SUKOPP, H. (1984): Rote Liste der gefährdeten Tiere in der Bundesrepublik Deutschland. 4. Auflage, Kilda Verlag, Greven.

HAASE, T., HEIDECKE, D., KLAPPERSTÜCK, J. (1989): Zur Ökologie und Verbreitung des Edelkrebses *Astacus astacus* in der DDR. Hercynia N. F. 26, 36-57.

HOFMANN, J. (1980): Die Flusskrebse. 2. neubearb. Auflage, Verlag Paul Parey, Hamburg und Berlin.

MRLU (Ministerium für Raumordnung, Landwirtschaft und Umwelt des Landes Sachsen-Anhalt) /Hrsg.: Die Fischfauna von Sachsen-Anhalt - Verbreitungsatlas. 1. Auflage, Magdeburg.

PAEPKE, H.-J. (1984): Zur aktuellen Verbreitung von *Eriocheir sinensis* (Crustacea, Decapoda, Grapsidae) in der DDR. Mitt. Zool. Mus. Berl. 60, 103-113.

PIEPLOW, U. (1938): Fischereiwissenschaftliche Monographie von *Cambarus affinis* SAY. Z. Fischerei 36, 349-440.

WÜSTEMANN, O., WENDT, W. (1995): Rote Liste der Flußkrebse des Landes Sachsen-Anhalt. Ber. Landesamt. Umweltsch. Sachsen-Anhalt 18, 48-49.

Anschrift des Verfassers
Dr. Wolfgang Wendt
Finkenlust 3a
D - 06449 Aschersleben

Art	BS	BE	RL	Ges.	Bm	Nachweis	Synonym/Deutscher Name
Astacus astacus (L.,1758)	s	↘	2	§,BK FFH5		HAASE et al. 1989	*Astacus fluviatilis*, (ROND.) Edelkrebs
Astacus leptodactylus (ESCHSCHOLZ, 1823)	ss	0				N	MRLU 1997 Sumpfkrebs
Atyaephyra desmaresti (MILLET, 1831)	v	0				N	Süßwassergarnele
Eriocheir sinensis (MILNE-EDWARDS, 1854)	h	↗↗				N	PAEPKE 1984 Wollhandkrabbe
Orconectes limosus (RAFINESQUE, 1817)	h	0				N	*Cambarus affinis* (SAY) Amerikanischer Flußkrebs

7.26 Checkliste der Asseln (Isopoda)

Jörg Haferkorn

Zur deutschen Fauna gehören ca. 85 der weltweit 6000 Asselarten. Asseln (Isopoda) besiedeln marine, limnische und terrestrische Ökosysteme. Einige Arten leben sogar im Grundwasser. Die Landasseln (Unterordnung Oniscidea) sind die einzigen Krebse, die zu echten Landbewohnern wurden. Sie sind in allen terrestrischen Lebensräumen Sachsen-Anhalts vertreten und spielen im Ökosystem eine bedeutende Rolle beim Streuabbau.

Mit zwei Wasser- und 26 Landasseln wurden im Bundesland Sachsen-Anhalt bisher 28 Isopodenarten nachgewiesen. Damit sind mindestens 80% des potentiell zu erwartenden Artenspektrums bekannt. Bei einer intensiven Bearbeitung dieser Tiergruppe sind weitere Arten in Sachsen-Anhalt zu erwarten. Für Hessen nennt ALLSPACH (1992) 32 Landasselarten. Aus dem artenreicheren Bayern, in dem einige Arten mit isolierten Vorkommen in Süddeutschland auftreten, beschreibt GRÜNWALD (1988) 39 Landasseln. In Nordböhmen wurden bisher zwei Wasser- und 25 Landasseln (FLASAROVÁ 1995) nachgewiesen.

Im niedersächsischen Harz lebt bzw. lebte im Grundwasser die Höhlenassel *(Proasellus cavaticus)*, die in mehreren Stollen des Westharzes gefunden wurde (LENGERSDORF 1932). Eventuell existiert die Art auch im Grundwasser des sachsen-anhaltinischen Harzes.

Die Asseln gehören traditionell zu den wenig bearbeiteten Tiergruppen, dies trifft nicht nur für Sachsen-Anhalt zu. Dennoch liegen einige Untersuchungen aus dem Bundesland vor. BEYER (1964) führte faunistische Isopodenaufsammlungen im mitteldeutschen Raum südlich der Linie Wernigerode - Dessau durch und stellte die Ergebnisse auf Punktkarten dar. Beachtung fanden die Isopoden in jüngerer Zeit in ökologischen Untersuchungen, z.B. zum Hochwassereinfluß in Auen (HAFERKORN 1996) sowie in Qualifizierungsarbeiten an der Martin-Luther-Universität Halle-Wittenberg, die in mehreren NSG (MÜLLER 1993, RIETHIG 1994, SCHNEIDER & REIKOWSKY 1998), im Stadtgebiet von Halle (KARISCH 1991) und in der Bergbaufolgelandschaft (BERGMANN 1998) entstanden. In der naturschutzrelevanten Planung wurden die Asseln erstmals im Arten- und Biotopschutzprogramm der Stadt Halle (Saale) berücksichtigt (HAFERKORN 1998a).

In die Rote Liste zu dieser Tiergruppe wurden drei Arten (11%) aufgenommen (HAFERKORN 1998b). Zwei der drei Rote-Liste-Arten sind an xerophile Standorte gebunden. Keine Isopodenart wird durch die Bundesartenschutzverordnung bzw. die FFH-Richtlinie geschützt. Die verwendete Systematik lehnt sich an GRUNER (1966) an.

Eine vollständige Arterfassung für Sachsen-Anhalt wäre wünschenswert. Dabei sollten die Habitatansprüche der einzelnen Arten sowie ihre Vergesellschaftungen besonders berücksichtigt werden.

Wichtige Synonyme
Aus praktischer Sicht muß auf einige wichtige Synonyme hingewiesen werden:
Asellus (Proasellus)coxalis DOLLFUS, 1892
  → *Proasellus coxalis* DOLLFUS, 1892
Protracheoniscus saxonicus VERHOEFF, 1927
  → *Protracheoniscus politicus* (C.L. KOCH, 1841)
Trachelipus rathkei (BRANDT 1833)
  → *Trachelipus rathkii* (BRANDT 1833)

Zusätzliche Abkürzungen in der Tabelle
Bemerkungen (Bm):
  Gew Vorkommen ausschließlich in Gewächshäusern

Literatur

ALLSPACH, A. (1992): Die Landasseln (Crustacea: Isopoda: Oniscidea) Hessens. Naturschutz heute 12, 1-146.

BERGMANN, S. (1998): Untersuchungen zur Isopodenfauna (Unterordnung Oniscidea) verschiedener Habitattypen von Bergbaufolgelandschaften im Land Sachsen-Anhalt. Diplomarbeit, Martin-Luther-Universität Halle-Wittenberg.

BEYER, R. (1964): Faunistisch-ökologische Untersuchungen an Landisopoden in Mitteldeutschland. Zool. Jb. Syst. 91, 341-402.

FLASAROVÁ, M. (1995): Die Isopoden Nordwestböhmens (Crustacea: Isopoda: Asellota et Oniscidea). Acta Sc. Nat. Brno 29(2-4), 1-156.

GRUNER, H.-E. (1966): Die Tierwelt Deutschlands und der angrenzenden Meeresteile nach ihren Merkmalen und nach ihrer Lebensweise, 53. Teil, Krebstiere oder Crustacea, V. Isopoda, 2. Lieferung. Gustav Fischer, Jena.

GRÜNWALD, M. (1988): Die Landasseln Bayerns (Isopoda, Oniscoidea) - Verbreitung, Gefährdung und Schutz. Schriftenreihe Bayer. Landesamt für Umweltschutz 83, 97-99.

HAFERKORN, J. (1996): Der Einfluß von Hochwasser auf die Landasseln (Isopoda) in mitteldeutschen Auenwäldern. Verh. Ges. f. Ökol. 26, 333-337.

HAFERKORN, J. (1998a): Asseln (*Isopoda*). In: Arten- und Biotopschutzprogramm der Stadt Halle (Saale). Ber. Landesamt. Umweltsch. Sachsen-Anhalt Sonderheft 4/1998, 311.

HAFERKORN, J. (1998b): Rote Liste der Asseln des Landes Sachsen-Anhalt. Ber. Landesamt. Umweltsch. Sachsen-Anhalt 30, 28-29.

HERBST, H.V. (1956): Deutsche Wasserasseln aus der Coxalis-Gruppe (Crustacea Isopoda). Gewässer und Abwässer 3, 48-78.

KARISCH, T. (1991): Ökosystemanalysen in und um Halle (Saale). Ökofaunistische Untersuchungen an Isopoda und Lycosidae s.l. in Gehölzflächen im Raum Halle (S.)-Neustadt. Diplomarbeit, Martin-Luther-Universität Halle-Wittenberg.

Landesamt für Umweltschutz Sachsen-Anhalt (Hrsg.) (1994): Gewässergütebericht Sachsen-Anhalt. Halle (Saale).

LENGERSDORF, F. (1932): Die lebende Tierwelt der Harzer Höhlen. Mitt. über Höhlen- u. Karstforschung, 53– 66.

MÜLLER, K. (1993): Freilandökologische Untersuchungen an Asseln (Isopoda, Crustacea). Manuskript, Martin-Luther-Universität Halle-Wittenberg.

RIETHIG, D. (1994): Untersuchung zur Besiedlung von Brachflächen durch Isopoden (Asseln). Manuskript, Martin-Luther-Universität Halle-Wittenberg.

SCHNEIDER, K., REIKOWSKY, S. (1998): Landasseln (Crustacea: Isopoda: Oniscidea). In: BLISS, P., STÖCK, M. (Hrsg): Das Naturschutzgebiet Brandberge. calendula, Sonderheft 1, 131-134.

Anschrift des Verfassers
Dr. Jörg Haferkorn
Schützenhofstr. 90
D - 07743 Jena

Art	BR	BS	UV	SM	RL	Bm	Nachweis	Deutscher Name
Armadillidium nasatum BUDDE-LUND, 1885						Gew	coll. HAFERKORN	
Armadillidium opacum (C.L. KOCH, 1841)		s					BAYER 1964	
Armadillidium pictum BRANDT, 1833							BAYER 1964	
Armadillidium pulchellum (ZENKER, 1798)							BAYER 1964	
Armadillidium vulgare (LATREILLE, 1804)		g					BAYER 1964	Gemeine Kugelassel
Asellus aquaticus (L., 1758)		h					Landesamt für Umweltschutz Sachsen-Anhalt 1994	Gemeine Wasserassel
Bifrontonia feminina RADU, 1960		ss				Gew	coll. HAFERKORN det. FLASAROVÁ	
Cylisticus convexus (DE GEER, 1778)							BAYER 1964	
Haplophthalmus danicus BUDDE-LUND, 1880						Gew	coll. HAFERKORN	
Hyloniscus riparius (C.L. KOCH, 1838)							BAYER 1964	
Lepidoniscus minutus (C.L. KOCH, 1838)							GRUNER 1966	
Ligidium hypnorum (CUVIER, 1792)		v	EN	g			BAYER 1964	Sumpfassel
Metoponorthus purinosus (BRANDT, 1833)		s					BAYER 1964	
Oniscus asellus L., 1758		g					BAYER 1964	Mauerassel
Philoscia muscorum (SCOPOLI, 1763)		h					HAFERKORN 1996	
Platyarthrus hoffmannseggii (BRANDT, 1833)							coll. HAFERKORN	Ameisenassel
Porcellio dilatatus BRANDT, 1833							coll. HAFERKORN	
Porcellio montanus BUDDE-LUND, 1885		s			3		BAYER 1964	
Porcellio scaber LATREILLE, 1804		h					BAYER 1964	Kellerassel
Porcellio spinicornis SAY, 1818							BAYER 1964	
Porcellium conspersum (C.L. KOCH, 1841)							BAYER 1964	
Proasellus coxalis DOLLFUS, 1892		s					HERBST 1956	
Protracheoniscus politicus (C.L. KOCH, 1841)							BAYER 1964	
Trachelipus nodulosus (C.L. KOCH, 1838)	T,H	s	SO	t	3		BAYER 1964	
Trachelipus rathkii (BRANDT, 1833)		h					BAYER 1964	
Trachelipus ratzeburgii (BRANDT, 1833)	T H,B	s h					BAYER 1964	
Trichoniscus pusillus pusillus BRANDT, 1833		g					BAYER 1964	
Trichoniscus pygmaeus G.O. SARS, 1898		ss			P		coll. HAFERKORN	

7.27 Bestandssituation der Kiemenfüßer (Anostraca) und ausgewählter Gruppen der Blattfüßer (Phyllopoda)

VOLKER NEUMANN

Die Kiemenfüßer (Anostraca) und die Blattfüßer (Phyllopoda) bilden nach HANNEMANN et al. (1992) Unterklassen der Klasse der Krebse (Crustacea). Zu den Phyllopoda gehören die Ordnungen der Rückenschaler (Notostraca) und Zweischaler (Diplostraca). Die Diplostraca werden in die Unterordnungen der Muschelschaler (Conchostraca) und Wasserflöhe (Cladocera) unterteilt. Auf die Cladocera wird nicht näher eingegangen. Eine etwas andere systematische Einteilung als die genannten Autoren geben VOLLMER (1952) und FLÖSSNER (1972). In der Bezeichnung der Arten wurde FLÖSSNER (1972) gefolgt.

Bei den Anostraca und Phyllopoda handelt es sich um „ursprünglich organisierte" Krebse. Sie besiedeln seit rund 500 Millionen Jahren die Erde. Die älteste Gruppe unter ihnen bilden die Conchostraca. Im Devon eroberten die Knochenfische die Meere und Süßwasserflächen. Die ursprünglichen Krebse waren willkommene Nahrungstiere. Ökologische Nischen sicherten ein Überleben der Tiere in nahezu unveränderter Form bis zur heutigen Zeit. Es handelt sich um lebende Fossilien (HEIDECKE & NEUMANN 1987, EDER & HÖDER 1995). *Triops cancriformis* trat bereits im Keuper vor rund 180 Millionen Jahren auf und stellt nach ERBEN (1952) die älteste rezente Tierart dar.

SIMON (1998) gibt für die genannten Taxa in Deutschland 12 Arten an, von denen acht derzeit bestätigte Vorkommen aufweisen. Für Sachsen-Anhalt konnten sechs Arten festgestellt werden.

Branchipus schaefferi bevorzugt warme, lehmige Wasseransammlungen des offenen Landes. Die Art wurde besonders in wassergefüllten Fahrspuren und Gräben ehemaliger Truppenübungsplätze gefunden. *Siphonophanes grubei* erscheint im zeitigen Frühjahr in Schmelzwassersenken, Gräben, Überflutungsbereichen und Druckwasseransammlungen. Zahlreiche Vorkommen befinden sich im Bereich der Elbe, Havelniederung, Saale-Elster-Aue, oft in Tümpeln und Gräben von Niederungswäldern oder Grünlandsenken. Für die sich im Wald befindenden Standorte ist eine Laubschicht auf dem Grund der Wasseransammlungen charakteristisch (FLÖSSNER 1972). *Streptocephalus torvicornis* gilt als Sommerform. Er besiedelt Tümpel und kleine Dorfteiche mit stark schwankender Wasserführung im offenen Gelände der Niederungen (FLÖSSNER 1972). An gleicher Stelle wird als einziger sicherer deutscher Fundort der sogenannte Ruchtendorfer Tümpel (Zörbig/Kr. Bitterfeld) genannt, wo die Art 1914 vereinzelt angetroffen wurde. Das Vorkommen erscheint erloschen. Die Art, mit wenigen und räumlich sehr begrenzten Vorkommen, bedarf für das gesamte Gebiet von Deutschland der Wiederbestätigung. Ebenso wie *Siphonophanes grubei* ist *Lepidurus apus* eine Frühjahrsform. Beide Arten sind mitunter vergesellschaftet, da sie den gleichen Biotop bevorzugen. Meist treten nur Weibchen auf. Dieser Notostrake schwankt in seinem Vorkommen stark. Mitunter kann er an bekannten Fundplätzen Jahre nicht beobachtet werden. Die Verbreitung dieser Art ist ähnlich der von *Siphonophanes*. *Triops cancriformis* gilt wie *Branchipus schaefferi* als Sommerform. Beide Arten können auch gemeinsam vorkommen und vertragen auch niedrigere Temperaturen. *Triops*-Eier benötigen zur Entwicklung nicht unbedingt eine Austrocknungsphase. So können sich mehrere Generationen hintereinander entwickeln. *Lynceus brachyurus* kann man von April bis Oktober in periodischen Gewässern mit Lehm- oder Satanduntergrund auf Wiesen, Feldern und an Waldrändern vorfinden.

Das Salzkrebschen bzw. der Salinenkrebs *Artemia salina* (L., 1758) kommt in stark salzhaltigen, stehenden oder langsam fließenden Binnegewässern und Küstenlagunen vor. FÖCKLER (1937) gibt Nachweise vom September 1935 bis zum Februar 1936 für zwei salzhaltige Teiche bei Leopoldshall (jetzt Ortsteil von Staßfurt) an. FLÖSSNER (1972) erwähnt dieses Vorkommen nicht. Die Vorkommensgebiete sind in der damaligen Gegebenheit nicht mehr existent. Belegexemplare der Art sind dem Autor bisher unbekannt, so daß auf diese Angabe nur hingewiesen werden kann.

In der Tabelle wurde bei Nachweis die aktuellste Literaturstelle mit einem Vorkommen in Sachsen-Anhalt genannt.

Aus der Aufstellung ist ersichtlich, daß Sachsen-Anhalt für vier Arten (*Branchipus schaefferi*, *Siphonophanes grubei*, *Lepidurus apus* und *Triops cancriformis*) gesicherte Fundorte aufweist. Verschollen oder ausgestorben sind *Streptocephalus torvicornis* und *Lynceus brachyurus*.

Sämtliche Arten Sachsen-Anhalts kommen sporadisch an Stellen mit meist periodischer Wasserführung vor. Die Gewässer sind oft nur wenige Quadratmeter groß.

Eine extreme Anpassung an diese außergewöhnlichen Bedingungen sichert den Tieren das Überleben. Die Zeit zwischen den Überschwemmungen überstehen die Kleinkrebse als Dauereier. Solche Trockenperioden können wahrscheinlich Jahrzehnte überstanden werden. Bedingungen wie Trockenheit, Frost, Tierfraß usw. ermöglichen bei einigen Arten erst den Schlupf der Larven aus den Eiern bei erneutem Kontakt mit Wasser. Vögel, die solche Krebse als Nahrung aufnehmen, sorgen neben Windverdriftung und Hochwasser für eine Ausbreitung. Die Eier der gefressenen Krebse werden nach Darmpassage unbeschadet mit dem Kot ausgeschieden und können unter entsprechenden Bedingungen wieder zur Ausbildung von Populationen führen.

Die Lebensweise der Urkrebse, ihre relative Seltenheit und eine lückenhafte faunistische Erfassung gestalten eine Zuordnung in die Gefährdungskategorien der Roten Liste sowie eine Einschätzung der Bestandesentwicklung schwierig. So fand z.B. der seltene Kiemenfuß *Triops cancriformis* in den Ländern Brandenburg und Sachsen in periodisch abgelassenen und bespannten Fischteichen mit Fischbrut zusagende Lebensbedingungen. Es kam zeitweilig zu einem Massenauftreten und Schäden in der Fischbrutaufzucht. Im Land Sachsen-Anhalt sind alle bisher nachgewiesenen Arten in ihrer Existenz gefährdet.

Bauliche, landschaftsverändernde und landwirtschaftliche Maßnahmen gefährden zur Zeit im besonderen Maße die Existenz dieser urtümlichen Krebse. Bedeutsam könnten geplante und diskutierte wasserbauliche Maßnahmen werden, wie Staustufenbau in Saale und Elbe, die die auentypischen Wasserstandsschwankungen beeinträchtigen. Sie würden Hauptvorkommen der Arten vernichten. Es reichen Bodenveränderungen von wenigen Metern (z.B. Auffüllungen usw.), um Vorkommen zum Erlöschen zu bringen. In wassergefüllten Fahrspuren ehemaliger Truppenübungsplätze wurden in den letzten Jahren besonders *Branchipus schaefferi* und *Triops cancriformis* nachgewiesen. Durch eingestellte militärische Nutzung dieser Wege könnte Bewuchs (Gras, Sträucher) diese Standorte gefährden (NICOLAI 1994). Biologische und chemische Schädlingsbekämpfungsaktionen führen auch zu erhöhter Sterblichkeit bei Branchiopoden. Dies beobachtete SIMON (1987) z.B. bei Einsatz von BTI (*Bacillus thuringiensis var. israelensis*).

EDER & HÖDL (1995) schreiben: „Urzeitkrebse stehen stellvertretend für eine intakte, seit Millionen von Jahren unberührte Natur. Wenn - entwicklungsgeschichtlich betrachtet - selbst die Dinosaurier für sie nur „kleine Fische" waren, sollte sich heute der Mensch nicht anmaßen, ihren Lebensraum zu zerstören".

Literatur

BUCHHOLZ, W. (1962): Interessanter Fund eines Kiemenfußes (*Triops cancriformis*) bei Halberstadt. Aquarien Terrarien 9, 85-86.

ERBEN, H.K. (1952): Ein Methusalem unter den Krebsen. Kosmos, Stuttgart 48, 571-573.

EDER, E., HÖDL, W. (1995): Wiederentdeckung seltener "Urzeitkrebse". DATZ 48, 395-397.

FLÖSSNER, D. (1972): Kiemen- und Blattfüßer, Branchiopoda, Fischläuse, Branchiura. Gustav Fischer, Jena.

FÖCKLER, H. (1937): Neuer Fundort von *Artemia salina* (L.) in Mitteldeutschland. Z. Naturwiss. 91, 99-100.

HAHN, T., JOOST, W., ENGELMANN, M. (1997) Wiederentdeckung von *Branchipus schaefferi* FISCHER im Außeralpinen Wiener Becken. Biologie und Gesamtverbreitung der Art in Deutschland und Österreich (Crustacea: Anostraca: Branchiopodidae). Faun. Abh. Staatl. Mus. Tierk. Dresden 21, 1-12.

HANNEMANN, H.-J., KLAUSNITZER, B., SENGLAUB, K. (1992): Exkursionsfauna von Deutschland. Bd. 1. Wirbellose, 8. Aufl. Volk und Wissen, Berlin.

HEIDECKE, D., NEUMANN, V. (1987): Zur Verbreitung und Ökologie von *Triops cancriformis* BOSC und *Lepidurus apus* L. in der DDR. Hercynia N. F. 24, 107-118.

JACOBS, W. (1995): Zum Vorkommen des Kiemenfußes, *Siphonophanes grubei* (DYBOWSKI, 1860), (Crustacea; Anostraca) im Landkreis Wittenberg. unveröff. Mskr.

J.M. (1992): Redaktionelle Anmerkungen zum Artikel von Herrn von Bülow. Naturschutz im Land Sachsen-Anhalt 29, 36.

NEUMANN, V., HEIDECKE, D. (1989): Die Verbreitung von *Lepidurus apus* L. und *Triops cancriformis* BOSC in der DDR. Hercynia N. F. 26, 387-399.

NEUMANN, V. (1995): Rote Liste der Kiemenfüßer und ausgewählter Gruppen der Blattfüßer des Landes Sachsen-Anhalt. Ber. Landesamt. Umweltsch. Sachsen-Anhalt 18, 45-47.

NEUMANN, V. (1996): Das Biosphärenreservat „Mittlere Elbe", ein Schwerpunktgebiet für den Artenschutz – Anmerkungen zu den Roten Listen und zur Gefährdungssituation ausgewählter Gruppen der Kiemen- und Blattfüßer sowie der Bock- und Buntkäfer. Ber. Landesamt. Umweltsch. Sachsen-Anhalt 21, 52-62.

NICOLAI, B. (1994): Zum Vorkommen der Krebse *Branchipus schaefferi* FISCHER, 1934, und *Triops cancriformis* (BOSC, 1801) in Sachsen-Anhalt (Crustacea: Anostraca, Notostraca). Abh. Ber. Mus. Heineanum Halberstadt. 2, 83-89.

RIEDER, N. (1984): Rote Liste ausgewählter Gruppen der Blattfußkrebse (Phyllopoda). In: BLAB, J., NOWAK, E., TRAUTMANN, W., SUKOPP, H.: Rote Liste der gefährdeten Tiere und Pflanzen in der Bundesrepublik Deutschland. Kilda Verlag, Greven, 121-122.

SIMON, L. (1987): Untersuchungen zu Vorkommen, Habitat und Gefährdung der Blattfußkrebse (Branchiopoda: Anostraca, Notostraca, Conchostraca) in Rheinland-Pfalz. Naturschutz Ornithol. Rhld. 4, 853-871.

SIMON, L. (1998): Rote Liste ausgewählter Gruppen der Blattfußkrebse (Branchiopoda: Anostraca, Notostraca, Conchostraca). In: Bundesamt für Naturschutz (Hrsg.): Rote Liste gefährdeter Tiere Deutschlands. Schriftenreihe für Landschaftspflege und Naturschutz H. 55.

SPITZENBERG, D. (1994): Briefliche Mitteilung über bisher zum Teil unpublizierte Funde von *Triops cancriformis*, *Branchipus schaefferi*, *Lepidurus apus* und *Siphonophanes grubei* in Sachsen-Anhalt der Jahre 1993 und 1994.

TASCHENBERG, O. (1909): Die Tierwelt. In: ULE, W.: Heimatkunde des Saalkreises und des Mansfelder Seekreises. Halle.

VOLLMER, C. (1952): Kiemenfuss, Hüpferling und Muschelkrebs. Akademische Verlagsgesellschaft Geest & Portig K.-G., Leipzig.

ZUPPKE, U., HENNIG, R. (1993): Der Schuppenschwanz *Lepidurus apus* (L.) im Mittelelbegebiet. Naturschutz im Land Sachsen-Anhalt. 30, 48-49.

Anschrift des Verfassers
Dr. Volker Neumann
Kopernikusstr. 21
D - 06118 Halle (Saale)

Art	BS	SM	RL	Ges.	Nachweis	Synonyme
Branchipus schaefferi FISCHER, 1834	ss	as, t	1	§	HAHN et al. 1997	*Branchipus stagnalis* (LATRAILLE, 1817)
Lepidurus apus (L., 1758)	s	as	3		NEUMANN 1996	*Apus productus* BOSC, 1801
Lynceus brachyurus MÜLLER, 1776	A		0	§	FLÖSSNER 1972	*Limnetis brachyurus* GRUBE, 1853
Siphonophanes grubei (DYBOWSKI, 1860)	s	as	3		NEUMANN 1996, J.M. 1992	*Eubranchipus grubii* (DYBOWSKI, 1860)
Streptocephalus torvicornis (WAGA, 1842)	A	g	0		FLÖSSNER 1972	*Branchipus torvicornis* WAGA, 1842
Triops cancriformis (BOSC, 1801)	s	as, t	2		NEUMANN 1996	*Apus cancriformis* BOSC, 1801

7.28 Bestandsentwicklung der Weichtiere (Mollusca)

GERHARD KÖRNIG

Mollusken sind durch ihre geringe Mobilität eng an ihren Lebensraum - Land oder Wasser - gebunden. Sie halten sich dauerhaft nur dort auf, wo ihre speziellen ökologischen Nischen gesichert sind. Damit eignen sich vor allem stenotope Arten, aber auch Artenkombinationen als Bioindikatoren. In diesem Indikatoreffekt spiegeln sich selten einzelne Umweltparameter wider, sondern eher das komplexe Faktorengefüge, das in einem Ökosystem gegeben ist. So läßt sich durchaus von einer Molluskengemeinschaft auf die Qualität eines Biotopes schließen.

Kombinationen besonders von Landschneckenarten korrespondieren in der Regel mit definierten Vegetationseinheiten. So siedelt z.B. in den thermophilen Eichenmischwäldern des herzynischen Trockengebietes eine entsprechende Gastropodenfauna mit *Aegopinelle minor* und *Euomphalia strigella* als Charakterarten. Nimmt der Säuregrad des Bodens zu, verarmt die Gesellschaft und *Columella aspera* tritt als Differentialart auf.

Wassermollusken gelten als Anzeiger für die Qualität eines Gewässers. Einige Arten werden zur Bestimmung des Saprobienindexes herangezogen. Entscheidend dabei sind deren Ansprüche an den Sauerstoffgehalt des Wassers. Neben einem unterschiedlichen Toleranzbereich gegenüber Sauerstoff bestimmen Ansprüche an Temperatur, Fließgeschwindigkeit, Bodensubstrat und biotische Bedingungen das Vorkommen von Arten in den Gewässern.

Aussagen über den Wandel der Molluskenfauna im Gebiet sind nur begrenzt möglich. Erste gesicherte Fundortangaben stammen von A. SCHMIDT aus dem Jahre 1851. Um die Jahrhundertwende haben sich GOLDFUSS (1900, 1904) und HONIGMANN (1906, 1909, 1910, 1911) durch Zusammenfassung des Fundortmaterials verdient gemacht. Mit ihren Angaben haben sie das Territorium bis in den Raum Magdeburg erfaßt. Meldungen über Molluskenvorkommen im nördlichen Teil des Landes liegen nicht vor. Vergleicht man die relativ spärlichen Fundortangaben vor 100 Jahren mit dem heute bekannten Vorkommen der Arten, so läßt sich erkennen, daß sich die Faunenstruktur und das Arteninventar der Landschnecken seitdem bis auf den Verlust einiger Standorte nicht wesentlich verändert haben. Die aktuell größere Artenzahl ergibt sich aus einer besseren Standortkenntnis, aus Neubeschreibungen von damals nicht erkannten, aber auch durch Ausbreitung neuer Arten. Es ist seitdem keine gesicherte bodenständige Spezies verschollen.

Im Gegensatz dazu erlebte die Wassermolluskenfauna, beginnend in den dreißiger Jahren, verstärkt aber nach 1950, einen landesweit gravierenden Zusammenbruch. Ursache waren die zunehmende Wasserbelastung durch die Industrie und Kommunen und der Eintrag von Mineralien und Pestiziden durch die Landwirtschaft. Durch die seit 1990 einsetzende Verbesserung der Wasserqualität beobachten wir zur Zeit eine Revitalisierung der Gewässer und ein Wiederausbreiten von Arten, die sich in zahlreichen Refugialräumen erhalten hatten. Allerdings muß befürchtet werden, daß zahlreiche Standorte einzelner Wassermolluskenarten für lange Zeit erloschen bleiben. Als verschollen müssen drei Wasserschnecken- und eine Muschelart gelten.

Wir können jedoch auch eine Bereicherung durch mindestens 5 Adventivarten bei Landschnecken und 6 Arten bei Wassermollusken verzeichnen. Während sich die Landschnecken vorwiegend im ruderalen, anthropogen beeinflußten Bereich konzentrieren, breiten sich die Wassermollusken stärker aus und verändern durchaus das Bild der Gewässerfauna.

Durch die Standortgebundenheit und die leichte Fossilierbarkeit der Schalen läßt sich anhand der Mollusken in begrenztem Rahmen die erdgeschichtliche Entwicklung rekonstruieren. Im konkreten Fall unseres Landes ist aus den Artenkombinationen die Dynamik der quartären Klima- und Faunenveränderung ableitbar (MANIA, 1967, 1973). Da die nacheiszeitliche Entwicklung mit Veränderung der Areale der Arten verbunden ist, sagt die Molluskengemeinschaft auch etwas über die derzeitige zoogeografische Situation im Lande aus. Ein Vergleich der Arealtypen läßt für Sachsen-Anhalt mit den Schnittpunkten zahlreicher verschiedener Areale so etwas wie eine Faunenscheide erkennen. Von den Landschnecken lebt etwa ein Drittel im Arealgrenzbereich.

Ost-, Südost-, Nordostgrenze von: 10 Arten mit atlantischer, westmediterraner Verbreitung; z.B. *Azeka goodalli, Balea perversa, Macrogastra attenuata, Helicella itala*.

West-, Nordwestgrenze von: 10 Arten mit südosteuropäischer, pontischer, karpatischer Verbreitung; z.B. *Bulgarica cana, Chondrula tridens, Euomphalia strigella, Semilimax semilimax*.

Nordgrenze von: 13 Arten mit alpischer, mediterraner Verbreitung; z.B. Arten der Felsheide wie *Clausilia rugosa, Pupilla sterri, Zebrina detrita* und Waldarten wie *Helicodonta obvoluta, Isognomostoma isognomostoma, Vitrea diaphana, Tandonia rustica*.

Die ökologische Begründung dieser Arealgrenzen liegt in der klimatischen, geografischen und edaphischen Situation des Landes, die unterschiedlichen Ansprüchen gerecht wird. Der Harz als nördlichstes Mittelgebirge bietet als Grenzbereich zahlreicher Waldarten Nischen für Vorposten, aber auch Refugien für regressiver Formen. Das herzynische Trockengebiet ermöglicht an wärmebegünstigten Felshängen besonders entlang der Flußläufe mediterranen Arten wie Pupilla sterri und Zebrina detrita die Ausweitung ihres Areals nach Norden. Die trockenwarmen Standorte im lößbeeinflussten Flach- und Hügelland bieten Steppenheidearten aus Südwesteuropa und aus dem pontischen Raum gleichzeitig Lebensbedingungen. Die thermophilen Eichenmischwälder beherbergen eine subkontinental geprägte Schneckenfauna, die sich weiter nordwestlich nicht mehr zusammenfindet.

Der Übergang zum glazial geprägten Norden des Landes mit ausgedehnten Sandböden erweist sich für viele Arten als Ausbreitungsschranke.

Wir zählen zur Zeit in Sachsen-Anhalt 190 Molluskenarten. Dazu gehören 121 Land-, 44 Wasserschnecken und 25 Muscheln. Bezogen auf die Fauna Deutschlands sind das bei Landschnecken rund 56%, bei Wasserschnecken 65% und bei Muscheln 78% der Arten.

Der Kenntnisstand über die Molluskenfauna ist im Norden von Sachsen-Anhalt und besonders bei den Wassermollusken noch relativ lückenhaft. Es ist durchaus damit zu rechnen, daß mit einem verbesserten Durchforschungsgrad sich nicht nur das Faunenbild verschärft, sondern auch noch weitere Arten gefunden werden könnten.

Der Artenschutz kann sich bei den Mollusken auf zwei Maßnahmenkomplexe beschränken. Generell betrifft das die Sicherung der aktuellen Standorte mit der Möglichkeit der Vernetzung. Zum Schutz und zur Restaurierung der Wassermolluskenfauna ist die weitere Verbesserung der Wasserqualität notwendig und die Sicherung bzw. Wiederherstellung naturnaher Fließgewässer. Auch hier sollten Möglichkeiten der Korrespondenz von Gewässern erhalten oder geschaffen werden.

Zusätzliche Abkürzungen in der Tabelle
Bemerkungen (Bm):
M   nur in Gebäuden vorkommen

Nachweis:
Kö   KÖRNIG, G.

Literatur

EHRMANN, P. (1933): Mollusca. In: BROMER, EHRMANN, ULMER: Die Tierwelt Mitteleuropas 2, Leipzig.

FALKNER, G., FALKNER, M. (1997): Systematisch-malakologische Untersuchungen an ausgewählten Auegebieten der Mittleren Elbe. Auftragsarbeit für die Umweltstiftung WWF-Deutschland, WWF-Elbe-Projektbüro.

HONIGMANN, H. (1906): Beitrag zur Molluskenfauna von Bernburg a.S. Abh. Ber. Mus. Natur- u. Heimatk. Magdeburg I (3), 188-195.

HONIGMANN, H. (1909): Verzeichnis der im Zoologischen Museum der Universität Halle befindlichen Goldfußschen Mollusken-Lokalsammlung. Z. Naturwiss. Halle 81 (4), 287-300.

HONIGMANN, H. (1910): Beitrag zur Molluskenfauna von Magdeburg. Abh. Ber. Mus. Natur- u. Heimatk. Magdeburg, 31-48.

HONIGMANN, H. (1911): Beiträge zur Molluskenfauna von Magdeburg nebst variationsstatistischen Untersuchungen über einige Arten. Abh. Ber. Mus. Natur- u. Heimatk. Magdeburg, 113-161.

GLOER, P., MEIER-BROOK, C. (1989): Süßwassermollusken. DJN, Hamburg.

GOLDFUSS, O. (1900): Die Binnenmollusken Mittel-Deutschlands mit besonderer Berücksichtigung der Thüringer Lande, der Provinz Sachsen, des Harzes, Braunschweigs und der angrenzenden Landesteile. Leipzig.

GOLDFUSS, O. (1904): Nachtrag zur Binnenmolluskenfauna Mittel-Deutschlands. Zeitschr. Naturwiss. 77, 231-310.

GRABOW, K., MARTENS, A. (1995): Vorkommen von Corbicula fluminea (O.F. MÜLLER, 1774) im östlichen Mittellandkanal (Bivalvia: Corbiculidae). Mitt. dtsch. malak. Ges. 56-57, 19-23.

KERNEY, M.P., CAMERON, R.D.A., JUNGBLUTH, J.H. (1983): Die Landschnecken Nord- und Mitteleuropas. Parey, Hamburg, Berlin.

KÖRNIG, G. (1966): Die Molluskengesellschaften des mitteldeutschen Hügellandes. Malak. Abh. Staatl. Mus. Tierk. Dresden 2, 1-112.

KÖRNIG, G. (1984): Die Gastropodenfauna der Eichenmischwälder im herzynischen Raum. Arch. Natursch. Landschaftsforschung 24 (1), 57-77.

KÖRNIG, G. (1985): Die Landgastropoden des Unterharzes. Malak. Abh. Staatl. Mus. Tierk. Dresden 11, 57-85.

KÖRNIG, G. (1987): Die Landschneckenfauna des Hakelwaldes im Nordharzvorland. Hercynia N.F. 24, 79-77.

KÖRNIG, G. (1989): Die Mollusken der Biosphärenreservate Steckby-Lödderitzer Forst und Vessertal. Dipl. Arb., Manuskr. MLU Halle.

KÖRNIG, G. (1992): Rote Liste der Mollusken des Landes Sachsen-Anhalt. Ber. Landesamt. Umweltsch. Sachsen-Anhalt 1, 22-23.

KÖRNIG, G. (1997): Weichtiere (Mollusca). In: Landschaftsraum Harz, Arten- und Biotopschutzprogramm Sachsen-Anhalt. Ber. Landesamt. Umweltsch. Sachsen-Anhalt 4, 158-163.

KÖRNIG, G. (1998): Rote Liste der Wassermollusken des Landes Sachsen-Anhalt. Ber. Landesamt. Umweltsch. Sachsen-Anhalt 30, 24-27.

MANIA, D. (1967): Der ehemalige "Ascherslebener See" (Nordharzrand) in spät- und postglazialer Zeit. Hercynia N.F. 4, 200-260.

MANIA, D. (1973): Paläökologie, Faunenentwicklung und Stratigraphie des Eiszeitalters im mittleren Elbe-Saalegebiet auf Grund von Molluskengesellschaften. Beih. Zeitschr. Geol. 78, 79.

MATZKE, M. (1994): Funde von *Arion lusitanicus* (MABILE) und *Monacha cartusiana* (O.F. MÜLLER) in Halle an der Saale. Mitt. dtsch. malk. Ges. 53, 29.

REGIUS, K. (1930): Die Weichtiere in der näheren Umgebung von Magdeburg. Abh. Ber. Mus. Natur- u. Heimatk. Magdeburg 6 (2), 63-81.

REGIUS, K. (1936): Die Weichtiere in der näheren Umgebung von Magdeburg. 1. Nachtrag. Abh. Ber. Mus. Natur- u. Heimatk. Magdeburg 6 (3), 223-232.

REGIUS, K. (1964): Schnecken und Muscheln des Kreises Haldensleben. Zeitschr. Kreismus. Haldensleben 5, 51-114.

REGIUS, K. (1968): Die Pisidien-Vorkommen um Magdeburg. (Für den Druck bearbeitet von H. ZEISSLER, Weimar). Malak. Abh. Staatl. Mus. Tierk. Dresden 2, 159-168.

REGIUS, K. (1969): Malakologische Miscellen (Mollusca) - Die Elbe von Schönebeck bis Hohenwarthe aus malakologischer Sicht. Abh. Ber. Naturkd. Vorgesch. Magdeburg 11, 151-159.

REINHARDT, O. (1874): Die Binnenmollusken Magdeburgs. Abh. Naturwiss. Vereins Magdeburg 6, 19-34.

SCHMIDT, A. (1851): Die Mollusken des Harzes und seiner näheren Umgebung. Ber. naturwiss. Vereins Harz, 5-9.

Anschrift des Verfassers
Dr. Gerhard Körnig
Pestalozzistraße 54
D - 06128 Halle (S.)

Arten	BR	BS	BE	UV	SM	RL	Ges.	Bm	Nachweis	Deutscher Name
Acanthinula aculeata (O.F. MÜLLER, 1774)		h	0						Kö	Stachelschnecke
Acroloxus lacustris (L., 1758)		v	0						Kö	Teichnapfschnecke
Aegopinella epipedostoma (FAGOT, 1879)	T	ss			s				FALKNER 1997	Verkannte Glanzschnecke
Aegopinella minor (STABILE, 1864)		v	0					A	Kö	Wärmeliebende Glanzschnecke
Aegopinella nitens (MICHAUD, 1831)		s	↘		s				1998 UNRUH	Weitmündige Glanzschnecke
Aegopinella nitidula (DRAPARNAUD, 1805)		h	0						Kö	Rötliche Glanzschnecke
Aegopinella pura (ALDER, 1830)		v	0						Kö	Kleine Glanzschnecke
Ancylus fluviatilis O.F. MÜLLER, 1774		v	↗						Kö	Flußnapfschnecke
Anisus leucostoma (MILLET, 1813)		v	0						Kö	Weißmündige Tellerschnecke
Anisus spirorbis (L., 1758)		s			as g	2			Kö	Gelippte Tellerschnecke

Arten	BR	BS	BE	UV	SM	RL	Ges.	Bm	Nachweis	Deutscher Name
Anisus vortex (L., 1758)		v	0		s				Kö	Scharfe Tellerschnecke
Anodonta anatina (L., 1758)		v	⇗	WA	g	3	§		Kö	Entenmuschel
Anodonta cygnea (L., 1758)		v	⇗	WA	g	3	§		Kö	Große Teichmuschel
Aplexa hypnorum (L., 1758)		v	⇘	WA	g	3			Kö	Moosblasenschnecke
Arianta arbustorum (L., 1758)		h	0						Kö	Gefleckte Schnirkelschnecke
Arion circumscriptus JOHNSTON, 1828		v	0						KÖRNIG 1987	Graue Wegschnecke
Arion distinctus MABILLE, 1868		h	⇗						KÖRNIG 1987	Garten-Wegschnecke
Arion fasciatus (NILSSON, 1823)		v	0						KÖRNIG 1987	Gelbstreifige Wegschnecke
Arion intermedius NORMAND, 1852		v	0						KÖRNIG 1987	Kleine Wegschnecke
Arion lusitanicus MABILE, 1868		s	⇗					N	MATZKE 1994	Spanische Wegschnecke
Arion rufus (L., 1758)		h	0						KÖRNIG 1987	Große Wegschnecke
Arion silvaticus LOHMANDER, 1937		h	0						KÖRNIG 1987	Wald-Wegschnecke
Arion subfuscus (DRAPARNAU, 1805)		g	0						KÖRNIG 1987	Braune Wegschnecke
Azeka goodalli (FERUSSAC, 1821)		s	⇘		as	P		A	Kö	Bezahnte Achatschnecke
Balea biplicata (MONTAGU, 1803)		v	0						Kö	Gemeine Schließmundschnecke
Balea perversa (L., 1758)		s	⇘	SO	as	3		A	Kö	Zahnlose Schließmundschnecke
Bathyomphalus contortus (L., 1758)		v	0						Kö	Riementellerschnecke
Bithynia leachii (SHEPPARD, 1823)		v	0		as g	3			Kö	Bauchige Schnauzenschnecke
Bithynia tentaculata (L., 1758)		h	0						Kö	Gemeine Schnauzenschnecke
Boettgerilla pallens SIMROTH, 1912		v	0						Kö	Wurmnacktschnecke
Bulgarica cana (HELD, 1836)		ss	⇘⇘	SO	s	1		A	Kö	Graue Schließmundschnecke
Candidula gigaxii (L. PFEIFFER, 1850)		ss	⇘⇘	HE	s	1		A	Kö	Helle Heideschnecke
Candidula intersecta (POIRET, 1801)		ss	⇘⇘					A	REGIUS 1964	Gefleckte Heideschnecke
Candidula unifasciata (POIRET, 1801)		ss	⇘⇘	HE	s	0			Kö	Quendelschnecke
Carychium minimum O.F. MÜLLER, 1774		h	0						Kö	Bauchige Zwerghornschnecke
Carychium tridentatum (RISSO, 1826)		v	0						Kö	Schlanke Zwerghornschnecke
Cecilioides acicula (O.F. MÜLLER, 1774)		v	0						Kö	Blindschnecke
Cepaea hortensis (O.F. MÜLLER, 1774)		g	0						Kö	Garten-Schnirkelschnecke
Cepaea nemoralis (L., 1758)		v	0						Kö	Hain-Schnirkelschnecke

Arten	BR	BS	BE	UV	SM	RL	Ges.	Bm	Nachweis	Deutscher Name
Cernuella neglecta (DRAPARNAUD, 1805)		v	0					A	Kö	Rotmündige Heideschnecke
Chondrula tridens (O.F. MÜLLER, 1774)		s	↶	BA SO		3		A	Kö	Dreizahnturmschnecke
Clausilia bidentata (STRÖM, 1765)		v	0						Kö	Zweizähnige Schließmundschnecke
Clausilia cruciata (STUDER, 1820)		s	↶	SO TO	s	2		A	Kö	Scharfgerippte Schließmundschnecke
Clausilia dubia DRAPARNAUD, 1805		s	↶	SO TO	s				Kö	Gitterstreifige Schließmundschnecke
Clausilia pumila C. PFEIFFER, 1818		s	↶	SO EN	s	3			Kö	Keulige Schließmundschnecke
Clausilia rugosa (DRAPARNAUD, 1801)		v	0					A	Kö	Kleine Schließmundschnecke
Cochlicopa lubrica (O.F. MÜLLER, 1774)		g	0						Kö	Gemeine Achatschnecke
Cochlicopa lubricella (ROSSMAESSLER, 1835)		v	0						Kö	Kleine Achatschnecke
Cochlicopa nitens (GALLENSTEIN, 1848)		ss	↶	SO EN	s	2			Kö	Glänzende Achatschnecke
Cochlodina laminata (MONTAGU, 1803)		v	0						Kö	Glatte Schließmundschnecke
Columella aspera WALDÉN, 1966		v	0				P		Kö	Rauhe Windelschnecke
Columella edentula (DRAPARNAUD, 1805)		v	0						Kö	Zahnlose Windelschnecke
Corbicula fluminea (O.F. MÜLLER, 1774)		ss	↗					N	GRABOW, MARTENS 1995	Grobgestreifte Körbchenmuschel
Daudebardia brevipes (DRAPARNAUD, 1805)		ss		SO	s			A	1998 UNRUH	Kleine Daudebardie
Daudebardia rufa (DRAPARNAUD, 1805)		ss	↶	SO	s	2		A	Kö	Rötliche Daudebardie
Deroceras agreste (L., 1758)		g	↗						Kö	Einfarbige Ackerschnecke
Deroceras laeve (O.F. MÜLLER, 1774)		v	0						KÖRNIG 1991	Wasserschnegel
Deroceras panormitanum (LESSONA et POLLONERA, 1882)		s						N	1998 UNRUH	Mittelmeer-Ackerschnecke
Deroceras reticulatum (O.F. MÜLLER, 1774)		g	↗						KÖRNIG 1991	Genetzte Ackerschnecke
Deroceras sturanyi (SIMROTH, 1894)		s	0						KÖRNIG 1991	Hammerschnegel
Discus rotundatus (O.F. MÜLLER, 1774)		h	0						Kö	Gefleckte Schüsselschnecke
Discus ruderatus (FERUSSAC, 1821)		ss	↶	SO	s	2			Kö	Braune Schüsselschnecke
Dreissena polymorpha (PALLAS, 1771)		v	↗						Kö	Wandermuschel
Drobacia banaticum (ROSSMAESSLER, 1838)		s						N	1998 CLAUSS	
Ena montana (DRAPARNAUD, 1801)		s	0	SO	s	P		A	Kö	Bergturmschnecke

Arten	BR	BS	BE	UV	SM	RL	Ges.	Bm	Nachweis	Deutscher Name
Eucobresia diaphana (Draparnaud, 1805)		v	0					A	Kö	Ohrförmige Glasschnecke
Euconulus alderi (Gray, 1840)		v	0						Kö	Dunkles Kegelchen
Euconulus fulvus (O.F. Müller, 1774)		h	0						Kö	Helles Kegelchen
Euomphalia strigella (Draparnaud, 1801)		v	0					A	Kö	Große Laubschnecke
Ferrissia wautieri (Mirolli, 1960)		s	↗					N	1998 Gohr, Otto	Flache Mützenschnecke
Fruticicola fruticum (O.F. Müller, 1774)		v	0						Kö	Genabelte Strauchschnecke
Galba truncatula (O.F. Müller, 1774)		v	0						Kö	Kleine Sumpfschnecke
Granaria frumentum (Draparnaud, 1801)		s	0			P		A	Kö	Wulstige Kornschnecke
Gyraulus albus (O.F. Müller, 1774)		v	↗		g				Kö	Weißes Posthörnchen
Gyraulus chinensis (Dunker, 1848)		ss						N	Gloer 1998	Chinesisches Posthörnchen
Gyraulus crista (L., 1758)		h	0						Kö	Zwergposthörnchen
Gyraulus laevis (Alder, 1838)		ss	↘	WA	g	1			Kö	Glattes Posthörnchen
Gyraulus parvus (Say, 1817)		s	↗					N	Kö	Kleines Posthörnchen
Gyraulus rossmaessleri (Auerswald, 1852)		ss	↘	WA	g	1			Kö	Rossmässler's Posthörnchen
Hebetodiscus inermis (H.B. Baker, 1929)		s							1998 Menzel-Harloff	
Helicella itala (L., 1758)		v	0	BA SO HE		P		A	Kö	Gemeine Heideschnecke
Helicigona lapicida (L., 1758)		v	0					A	Kö	Steinpicker
Helicodonta obvoluta (O.F. Müller, 1774)		v	0					A	Kö	Riemenschnecke
Helicopsis striata (O.F. Müller, 1774)		ss	↘↘	BA SO HE		2		A	Kö	Gestreifte Heideschnecke
Helix pomatia L., 1758		h	0				§,BK FFH5		Kö	Weinbergschnecke
Hippeutis complanatus (L., 1758)		s	↘		g	3			Kö	Linsenförmige Tellerschnecke
Isognomostoma isognomostoma (Schröder, 1784)		v	0					A	Kö	Maskenschnecke
Laciniaria plicata (Draparnaud, 1801)		v	0						Kö	Faltenrandige Schließmundschnecke
Lehmannia marginata (O.F. Müller, 1774)		h	0						Körnig 1985	Baumschnegel
Limax cinereoniger Wolf, 1803		v	0						Körnig 1985	Schwarzer Schnegel
Limax flavus (L., 1758)		ss	↘↘			1		M	Kö	Bierschnegel
Limax maximus L., 1758		v	0						Körnig 1985	Großer Schnegel
Lithoglyphus naticoides (C. Pfeiffer, 1828)		ss	↘		g	1			Kö	Flußsteinkleber

Weichtiere (Mollusca)

Arten	BR	BS	BE	UV	SM	RL	Ges.	Bm	Nachweis	Deutscher Name
Lymnea stagnalis (L., 1758)		h	↗						Kö	Spitzhornschnecke
Macrogastra attenuata (ROSSMAESSLER, 1835)		s	0			3		A	Kö	Mittlere Schließmundschnecke
Macrogastra plicatula (DRAPARNAUD, 1801)		v	0						Kö	Gefältelte Schließmundschnecke
Macrogastra ventricosa (DRAPARNAUD, 1801)		s	↘	SO EN			P		Kö	Bauchige Schließmundschnecke
Malacolimax tenellus (O.F. MÜLLER, 1774)		h	0						KÖRNIG 1985	Pilzschnegel
Marstoniopsis scholtzi (A. SCHMIDT, 1856)		ss	↘↘	WA	g	1			Kö	Schöngesichtige Zwergdeckelschnecke
Menetus dilatatus (GOULD, 1841)		s						N	1998 GOHR	Amerikanische Posthornschnecke
Merdigera obscura (O.F. MÜLLER, 1774)		v	0						Kö	Kleine Turmschnecke
Monacha cartusiana (O.F. MÜLLER, 1774)		s	↗					N	Kö	Kartäuserschnecke
Monachoides incarnatus (O.F. MÜLLER, 1774)		h	0						Kö	Rötliche Laubschnecke
Musculium lacustre (O.F. MÜLLER, 1774)		v	0						Kö	Häubchenmuschel
Nesovitrea hammonis (STRÖM, 1765)		g	0						Kö	Braune Streifenglanzschnecke
Nesovitrea petronella (L. PFEIFFER, 1853)		s	↘	SO EN		2			Kö	Weiße Streifenglanzschnecke
Oxychilus alliarius (MILLER, 1822)		s	0						Kö	Knoblauchschnecke
Oxychilus cellarius (O.F. MÜLLER, 1774)		h	0						Kö	Kellerglanzschnecke
Oxychilus draparnaudi (BECK, 1837)		v	↗						Kö	Große Glanzschnecke
Oxyloma elegans (RISSO, 1826)		v	0						Kö	Schlanke Bernsteinschnecke
Oxyloma sarsii (ESMARK, 1886)		s	0		as				Kö	Rötliche Bernsteinschnecke
Perforatella bidentata (GMELIN, 1791)		s	↘	SO EN	as	3			Kö	Zweizähnige Laubschnecke
Physa fontinalis (L., 1758)		v	0						Kö	Quell-Blasenschnecke
Physella acuta (DRAPARNAUD, 1805)		v	0						Kö	Spitze Blasenschnecke
Pysella heterostropha (SAY, 1817)		s	↗					N	Kö	Amerikanische Blasenschnecke
Pisidium amnicum (O.F. MÜLLER, 1774)		s	↗	WA	g	3			Kö	Große Erbsenmuschel
Pisidium casertanum (POLI, 1791)		h	0						Kö	Gemeine Erbsenmuschel
Pisidium henslowanum (SHEPPARD, 1823)		s	↗	WA	g	3			Kö	Kleine Faltenerbsenmuschel
Pisidium milium HELD, 1836		s	0	WA	g	3			Kö	Eckige Erbsenmuschel
Pisidium moitessierianum PALADILHE, 1866		ss	↘	WA	g	1			Kö	Winzige Faltenerbsenmuschel
Pisidium nitidum (JENYNS, 1832)		v	0						Kö	Glänzende Erbsenmuschel

Weichtiere (Mollusca)

Arten	BR	BS	BE	UV	SM	RL	Ges.	Bm	Nachweis	Deutscher Name
Pisidium obtusale (LAMARCK, 1818)		s	↘	WA	g	3			Kö	Stumpfe Erbsenmuschel
Pisidium personatum MALM, 1855		v	0						Kö	Quellerbsenmuschel
Pisidium pseuosphaerium FARVE, 1927		ss	↘	WA	g				Kö	Kugelige Erbsenmuschel
Pisidium pulchellum JENYNS, 1832		ss	↘↘	WA	g	1			Kö	Schöne Erbsenmuschel
Pisidium subtruncatum MALM, 1855		v	0						Kö	Schiefe Erbsenmuschel
Pisidium supinum A. SCHMIDT, 1851		s	↗	WA	g	3			Kö	Dreieckige Erbsenmuschel
Pisidium tenuilineatum STELFOX, 1918		ss	↘	WA	g	1			Kö	Kleinste Erbsenmuschel
Planorbarius corneus (L., 1758)		v	0						Kö	Posthornschnecke
Planorbis carinatus (O.F. MÜLLER, 1774)		s	0	WA	g	3			Kö	Gekielte Tellerschnecke
Planorbis planorbis (L., 1758)		g	0						Kö	Gemeine Tellerschnecke
Platyla polita (HARTMANN, 1840)		ss	↘	SO	as	2			Kö	Glatte Nadelschnecke
Pomatias elegans (O.F. MÜLLER, 1774)		s	↘	SO	as	2		A	Kö	Schöne Landdeckelschnecke
Potamopyrgus antipodarum (GRAY, 1843)		g	↗						Kö	Neuseeländische Zwergdeckelschnecke
Pseudotrichia rubiginosa (ROSSMAESSLER, 1838)		v	0			P			Kö	Uferlaubschnecke
Punctum pygmaeum (DRAPARNAUD, 1801)		h	0						Kö	Punktschnecke
Pupilla muscorum (L., 1758)		h	0						Kö	Moospuppenschnecke
Pupilla sterri (VOITH, 1840)		s	↘	SO		2		A	Kö	Gestreifte Puppenschnecke
Radix ampla (HARTMANN, 1821)		s	0	WA	g	2			Kö	Weitmündige Schlammschnecke
Radix auricularia (L., 1758)		v	0						Kö	Ohr-Schlammschnecke
Radix ovata (DRAPARNAUD, 1805)		h	0						Kö	Eiförmige Schlammschnecke
Radix peregra (O.F. MÜLLER, 1774)		s	0			P			Kö	Gemeine Schlammschnecke
Ruthenica filograna (ROSSMAESSLER, 1836)		ss	↘	SO	s	1		A	Kö	Zierliche Schließmundschnecke
Segmentina nitida (O.F. MÜLLER, 1774)		s	↘	WA	g	2			Kö	Glänzende Tellerschnecke
Semilimax semilimax (FERUSSAC, 1802)		s	0					A	Kö	Weitmündige Glasschnecke
Sphaerium corneum (L., 1758)		h	0						Kö	Gemeine Kugelmuschel
Sphericum nucleus (STUDER, 1820)		ss	↘	WA	G				Kö	
Sphaerium rivicola (LAMARCK, 1818)		s	↘	WA	g	1			Kö	Flußkugelmuschel
Sphaerium solidum (NORMAND, 1844)		ss	↘↘	WA	g	1			Kö	Dickschalige Kugelmuschel

Arten	BR	BS	BE	UV	SM	RL	Ges.	Bm	Nachweis	Deutscher Name
Sphyradium doliolum (BRUGUIERE, 1792)		s	↘	SO	as	2			Kö	Kleine Fäßchenschnecke
Stagnicola corvus (GMELIN, 1791)		v	0						Kö	Große Sumpfschnecke
Stagnicola fuscus (C. PFEIFFER, 1821)		s							FALKNER 1997	Braune Sumpfschnecke
Stagnicola palustris (O.F. MÜLLER, 1774)		v	0						Kö	Gemeine Sumpfschnecke
Stagnicola turricula (HELD, 1836)		v	0						Kö	Schlanke Sumpfschnecke
Succinea oblonga (DRAPARNAUD, 1801)		h	0						Kö	Kleine Bernsteinschnecke
Succinea putris (L., 1758)		h	0						Kö	Gemeine Bernsteinschnecke
Tandonia rustica (MILLET, 1843)		s	0					A	Kö	Großer Kielschnegel
Theodoxus fluviatilis (L., 1758)		s	↗	WA	g	2			Kö	Kahnschnecke
Trichia hispida (L., 1758)		g	0						Kö	Gemeine Haarschnecke
Trichia sericea (DRAPARNAUD, 1801)		v	0					A	Kö	Seidenhaarschnecke
Trichia striolata (C. PFEIFFER, 1818)		s							REGIUS 1964	Gestreifte Haarschnecke
Trochoidea geyeri (SOOS, 1926)		s	↘	HE	as	2		A	Kö	Zwergheideschnecke
Truncatellina costulata (NILSSON, 1823)		s	0			P		A	Kö	Wulstige Zylinderwindelschnecke
Truncatellina cylindrica (FÉRUSSAC, 1807)		v	0						Kö	Zylinderwindelschnecke
Unio crassus PHILIPSSON, 1788		ss	↘↘	WA	g, m	1	§ FFH2		Kö	Kleine Flußmuschel
Unio pictorum (L., 1758)		v	↗	WA	g	3	§		Kö	Malermuschel
Unio tumidus PHILIPSSON, 1788		s	↘	WA	g	2	§		Kö	Große Flußmuschel
Urticicola umbrosus (C. PFEIFFER, 1828)		s	↗					A	Kö	Schattenlaubschnecke
Vallonia costata (O.F. MÜLLER, 1774)		g	0						Kö	Gerippte Grasschnecke
Vallonia enniensis (GREDLER, 1856)		ss	↘↘	SO EN	s	1			Kö	Feingerippte Grasschnecke
Vallonia excentrica STERKI, 1893		v	0						Kö	Schiefe Grasschnecke
Vallonia pulchella O.F. MÜLLER, 1774		g	0						Kö	Glatte Grasschnecke
Valvata cristata O.F. MÜLLER, 1774		v	0		g				Kö	Flache Kiemenschnecke
Valvata macrostoma MÖRCH 1864		s	↘	WA	g				Kö	Sumpf-Federkiemenschnecke
Valvata piscinalis (O.F. MÜLLER, 1774)		v	↗		g				Kö	Gemeine Kiemenschnecke
Vertigo alpestris ALDER, 1838		s	↘	SO	s	2			Kö	Alpen-Windelschnecke

Arten	BR	BS	BE	UV	SM	RL	Ges.	Bm	Nachweis	Deutscher Name
Vertigo angustior JEFFREYS, 1830		s	↶	SO EN	s	3	FFH2		Kö	Schmale Windelschnecke
Vertigo antivertigo (DRAPARNAUD, 1801)		s	↶	SO EN	s	3			Kö	Sumpf-Windelschnecke
Vertigo pusilla O.F. MÜLLER, 1774		s	0						Kö	Linksgewundene Windelschnecke
Vertigo pygmaea (DRAPARNAUD, 1801)		v	0						Kö	Gemeine Windelschnecke
Vertigo substriata (JEFFREYS, 1833)		s	↶	SO	s	3			Kö	Gestreifte Windelschnecke
Vitrea contracta (WESTERLUND, 1871)		v	0						Kö	Weitgenabelte Kristallschnecke
Vitrea crystallina (O.F. MÜLLER, 1774)		h	0						Kö	Gemeine Kristallschnecke
Vitrea diaphana (STUDER, 1820)		v	↶	SO		P		A	Kö	Ungenabelte Kristallschnecke
Vitrina pellucida (O.F. MÜLLER, 1774)		h	0						Kö	Kuglige Glasschnecke
Viviparus contectus (MILLET, 1813)		s	↶	WA	g	3			Kö	Spitze Sumpfdeckelschnecke
Viviparus viviparus (L., 1758)		s	↶	WA	g	2			Kö	Stumpfe Sumpfdeckelschnecke
Xerolenta obvia (MENKE, 1828)		v	0						Kö	Weiße Heideschnecke
Zebrina detrita (O.F. MÜLLER, 1774)		s	↶	SO		P		A	Kö	Weiße Turmschnecke
Zonitoides nitidus (O.F. MÜLLER, 1774)		h	0						Kö	Glänzende Dolchschnecke

Hinweise auf deutsche Namen

Achatschnecke → *Azeka, Cochlicopa*
Ackerschnecke → *Deroceras*
Bernsteinschnecke → *Oxyloma, Succinea*
Blasenschnecke → *Aplexa, Physa, Pysella*
Blindschnecke → *Cecilioides*
Daudebardie → *Daudebardia*
Deckelschnecke → *Pomatias*
Dolchschnecke → *Zonitoides*
Entenmuschel → *Anodonta anatina*
Erbsenmuschel → *Pisidium*
Fäßchenschnecke → *Sphyradium*
Flußmuschel → *Unio*
Flußsteinkleber → *Lithoglyphus*
Glanzschnecke → *Aegopinella, Oxychilus*
Glasschnecke → *Eucobresia, Semilimax, Vitrina*
Grasschnecke → *Vallonia*
Kielschnegel → *Tandonia*
Haarschnecke → *Trichia*
Häubchenmuschel → *Musculium*
Hammerschnegel → *Deroceras sturanyi*
Heideschnecke → *Candidula, Cernuella, Helicella, Helicopsis, Trochoidea, Xerolenta*
Kahnschnecke → *Theodoxus fluviatilis*
Kartäuserschnecke → *Monacha*
Kegelchen → *Euconulus*

Kiemenschnecke → *Valvata*
Knoblauchschnecke → *Oxychilus alliarius*
Körbchenmuschel → *Corbicula*
Kornschnecke → *Granaria*
Kristallschnecke → *Vitrea*
Kugelmuschel → *Sphaerium*
Laubschnecke → *Euomphalia, Monachoides, Perforatella, Pseudotrichia, Urticicola*
Malermuschel → *Unio piscinalis*
Maskenschnecke → *Isognomostoma*
Mützenschnecke → *Ferrissia*
Nacktschnecke → *Boettgerilla*
Nadelschnecke → *Platyla*
Napfschnecke → *Ancylus*
Posthörnchen → *Gyraulus*
Posthornschnecke → *Menetus, Planorbarius*
Punktschnecke → *Punctum*
Puppenschnecke → *Pupilla*
Quendelschnecke → *Candidula*
Riemenschnecke → *Helicodonta*
Schlammschnecke → *Radix*
Schließmundschnecke → *Balea, Bulgarica, Clausilia, Cochlodina, Laciniaria, Macrogastra, Ruthenica*
Schnauzenschnecke → *Bithynia*

Schnegel → *Deroceras, Lehmannia, Limax, Malacolimax*
Schnirkelschnecke → *Arianta, Cepaea*
Schüsselschnecke → *Discus*
Spitzhornschnecke → *Lymnea*
Stachelschnecke → *Acanthinula*
Steinpicker → *Helicigona*
Strauchschnecke → *Fruticicola*
Streifenglanzschnecke → *Nesovitrea*
Sumpfdeckelschnecke → *Viviparus*
Sumpfschnecke → *Galba, Stagnicola*
Teichmuschel → *Anodonta*
Teichnapfschnecke → *Acroloxus*
Tellerschnecke → *Anisus, Bathyomphalus, Hippeutis, Planorbis, Segmentina*
Turmschnecke → *Chondrula, Ena, Merdigera, Zebrina*
Wandermuschel → *Dreissena*
Wegschnecke → *Arion*
Weinbergschnecke → *Helix*
Windelschnecke → *Columella, Vertigo*
Zwergdeckelschnecke → *Marstoniopsis, Potamopyrgus*
Zwerghornschnecke → *Carychium*
Zylinderwindelschnecke → *Truncatellina*

8 Statistische Übersicht

Kapitel	Artengruppe	Anzahl der aufgeführten Taxa	Davon Anzahl Neubürger (N, G)	Auch Unterteilung der Bezugsräume	Darstellung der Bestandsentwicklung
5.1	Farn- und Blütenpflanzen exkl. Brombeeren (Pteridophyta et Spermatophyta exkl. Rubus)	2159	567	x	x
5.2	Brombeeren (Rubus)	105	5	x	
5.3	Moose (Bryophyta)	680			
5.4	Armleuchteralgen (Characeae)	10			
6.1	Säugetiere exkl. Fledermäuse (Mammalia exkl. Chiroptera)	59	13		
6.2	Fledermäuse (Chiroptera)	19	1	x	x
6.3	Vögel (Aves)	269	77		x
6.4	Kriechtiere (Reptilia)	8		x	x
6.5	Lurche (Amphibia)	18		x	x
6.6	Rundmäuler (Cyclostomata) und Fische (Pisces)	58	7	x	x
7.1	Schwebfliegen (Diptera: Syrphidae)	247			
7.2	Langbeinfliegen (Diptera, Dolichopodidae)	219			
7.3	Raupenfliegen (Diptera, Tachinidae)	263			
7.4	Schmetterlinge (Lepidoptera)	2332	33	x	x
7.5	Schnabelfliegen (Mecoptera)	8			x
7.6	Bienen (Hymenoptera, Apoidea)	384			
7.7	Rüsselkäfer (Coleoptera: Curculionidae)	709	14	x	
7.8	Bockkäfer (Coleoptera: Cerambycidae)	156	23		
7.9	Buntkäfer (Coleoptera: Cleridae)	17	2		
7.10	Schröter (Coleoptera: Lucanidae)	6		x	
7.11	Marienkäfer (Coleoptera: Coccinellidae)	66			
7.12	Glanz- oder Glattkäfer (Coleoptera: Phalacridae)	21			
7.13	Rindenglanzkäfer (Coleoptera: Rhizophagidae)	13			x
7.14	Feuerkäfer (Coleoptera: Pyrochroidae)	3		x	x
7.15	Weichkäfer i.w.S. (Cantharoidea – Familien Cantharidae, Drilidae, Lampyridae, Lycidae, Malachiidae, Melyridae, Omalisidae und Phloiophilidae)	111			
7.16	Kurzflügler, Raubkäfer (Coleoptera, Staphylinidae)	961			
7.17	Sandlaufkäfer und Laufkäfer (Coleoptera, Cicindelidae et Carabidae)	414			
7.18	Wasserbewohnende Käfer (Coleoptera: Hydradephaga, Palpicornia et Dryopoidea)	271		x	x
7.19	Netzflügler i.w.S. (Neuropterida)	62			x
7.20	Zikaden (Auchenorrhyncha)	394			
7.21	Heuschrecken (Saltatoria)	59	4	x	x
7.22	Schaben (Blattoptera)	8	2		
7.23	Ohrwürmer (Dermaptera)	5			
7.24	Libellen (Odonata)	70		x	x
7.25	Zehnfüßige Krebse (Decapoda: Atyidae, Astacidae und Grapsidae)	5	4		x
7.26	Asseln (Isopoda)	28	3	x	
7.27	Kiemenfüßer (Anostraca) und ausgewählte Gruppen der Blattfüßer (Phyllopoda)	6			
7.28	Weichtiere (Mollusca)	190	11	x	x
	Alle behandelten 38 Artengruppen:	10413	766	15x	17x

9 Literatur zu den Kapiteln 1-3

BENKERT, D., FUKAREK, F., KORSCH, H. (1996): Verbreitungsatlas der Farn- und Blütenpflanzen Ostdeutschlands. Fischer, Jena.

BINOT, M., BLESS, R., BOYE, P., GRUTTKE, H., PRETSCHER, P. (1998): Rote Liste gefährdeter Tiere Deutschlands. Schr.-R. Landschaftspflege Natursch. 55.

ELLENBERG, H., WEBER, H.E., DÜLL, R., WIRTH, V., WERNER, W., PAULIßEN, D. (1992): Zeigerwerte von Pflanzen in Mitteleuropa. 2. verb. u. erw. Aufl., Scripta Geobotanica 18

FRANK, D. (1991): Interpretation biologisch-ökologischer Indikatormerkmale der Gefäßpflanzenflora Ostdeutschlands. Diss. Halle.

FRANK, D. (1992): Die Bestandsentwicklung der Gefäßpflanzenflora Ostdeutschlands. Schr.-R. f. Vegetationskunde 23, 205-121.

FRANK, D., KLOTZ, S. (1990): Biologisch-ökologische Daten zur Flora der DDR. 2. völlig neu bearb. Aufl. Halle. (Wiss. Beitr. Martin-Luther-Univ. Halle-Witt. 1990, 32)

GEDEON, K. (1994): Monitoring Greifvögel und Eulen. Grundlagen und Möglichkeiten einer langfristigen Überwachung von Bestandsgrößen und Reproduktionsdaten. Jahresber. Monitoring Greifvögel Eulen Europas (Halle), 1. Ergebnisband, 1-118.

GIGON, A., LANGENAUER, R., MEIER, C., NIEVERGELT, B. (1995): Listen erfolgreich erhaltener oder geförderter Tier- und Pflanzenarten der Roten Listen, ein neues Instrument des Technology Assessment ("Blaue Listen"). Schweiz. Wissenschaftsrat, Bern.

GIGON, A., LANGENAUER, R., MEIER, C. (1996): Blaue Listen der erfolgreich erhaltenen oder geförderten Arten der Roten Listen; Probleme und Chancen. Verh. Ges. Ökologie 25: 295-300.

GNIELKA, R., ZAUMSEIL, J. (1997): Atlas der Brutvögel Sachsen-Anhalts. Kartierung des Südteils von 1990-1995. Halle/Saale.

KALLMEYER, H., ZIESCHE, H. (1996): Die Orchideen Sachsen-Anhalts. Fischer, Jena.

KAMMERAD, B., ELLERMANN, S., MENCKE, J., WÜSTEMANN, O., ZUPPKE, U. (1997): Die Fischfauna von Sachsen-Anhalt - Verbreitungsatlas (Hrsg.): Ministerium für Raumordnung, Landwirtschaft und Umwelt des Landes Sachsen-Anhalt - 1. Aufl.

KORNECK, D., SCHNITTLER, M., VOLLMER, I. (1996): Rote Liste der Farn- und Blütenpflanzen (Pteridophyta et Spermatophyta) Deutschlands. In: Bundesamt für Naturschutz (Hrsg.): Rote Liste gefährdeter Pflanzen Deutschlands. Schriftenr. f. Vegetationskunde 28, 21-187.

KORNECK, D., SCHNITTLER, M., KLINGENSTEIN, F., LUDWIG, G., TAKLA, M., BOHN, U., MAY, R. (1998): Warum verarmt unsere Flora? Auswertung der Roten Liste der Farn- und Blütenpflanzen Deutschlands. Schr.-R. f. Vegetationskunde 29, 299-444.

LAU Landesamt f. Umweltschutz Sachsen-Anhalt (Hrsg., 1992, 1993, 1995, 1998): Rote Listen Sachsen-Anhalt. Ber. Landesamt. Umweltsch. Sachsen-Anh. 1, 9, 18, 30.

LAU Landesamt f. Umweltschutz Sachsen-Anhalt (Hrsg., 1996): Rote Listen Sachsen-Anhalt Eine Bilanz. Ber. Landesamt. Umweltsch. Sachsen-Anh. 21, 1-110.

PEDERSEN, A., STOHR, G., WEBER, H.E. (1999): Atlas der Brombeeren von Sachsen-Anhalt (Gattung *Rubus* L. subgenus *Rubus*). Mitt. Florist. Kart. Sachsen-Anhalt 1. Sonderheft, 1-128.

SCHNITTER, P. et al. (in Vorb.): Tierökologische Untersuchungen in gefährdeten Biotoptypen Sachsen-Anhalts. I. Zwergstrauchheiden, Trocken- und Halbtrockenrasen.

SCHNITTLER, M., LUDWIG, G (1996): Zur Methodik der Erstellung Roter Listen. Schriftenreihe f. Vegetationskunde. Bonn-Bad Godesberg 28, 709-739.

SCHNITTLER, M., LUDWIG, G., PRETSCHER, P., BOYE, P. (1994): Konzeption der Roten Listen der in Deutschland gefährdeten Tier- und Pflanzenarten – unter Berücksichtigung der neuen internationalen Kategorien. Natur u. Landsch. 69(10), 451-459.

SCHNITTLER, M., BOHN, U., KLINGENSTEIN, F. (1998): Handlungsbedarf beim Artenschutz von Wildpflanzen – eine Zusammenfassung der Symposiumsergebnisse. Schr.-R. f. Vegetationskunde 29, 277-286.

STARK, A. (1996): Eine neue brachyptere Tachydromia aus Deutschland und Diskussion ihres Indikatorwertes für alte Dünengebiete im Binnenland (Diptera, Empidoides, Hybotidae). Studia dipterologica 3, 300-310.

STEININGER, F. (Hrsg., 1996): Agenda Systematik 2000: Erschließung der Biosphäre; eine weltspannende Initiative zur Entdeckung, Beschreibung und Klassifizierung aller Arten der Erde. Kramer, Frankfurt am Main (Kleine Senckenberg-Reihe; Nr. 22).

SUKOPP, H. (1998): 25 Jahre Untersuchungen des Rückganges von Wildpflanzen und Maßnahmen zur Erhaltung der Artenvielfalt – Rückblick und Ausblick. Schr.-R. f. Vegetationskunde 29, 287-295.

TÄGLICH, U. unter Mitwirkung von DÖRFELT, H., HUTH, M., HUTH, W., NOTHNAGEL, U., RICHTER, U., RUßWURM, H., SCHULTZ, T., THIEL, H. (1999): Checkliste der Pilze Sachsen-Anhalts. Ber. Landesamt. Umweltsch. Sachsen-Anh. Sonderh. 1/1999.

Epilog

Immer wieder wird auf den schonenden Umgang mit der Natur und den Erhalt der Artenvielfalt hingewiesen.

Derzeit sind ca. 1,4 Millionen Arten lebender Organismen beschrieben worden, davon sterben weltweit jährlich wenigstens 17 500 Arten aus (MAY 1995). Der Artenschwund hat Ausmaße erreicht, die es niemals zuvor auf der Erde gab. Wesentlichen Anteil daran hat der Mensch, durch immensen Verbrauch der natürlichen Ressourcen Wasser, Luft und Boden, Raubbau an der Natur wie z.B. Versiegelung von Boden, Abholzen der Regenwälder, Verschmutzen der Gewässer sowie in unserem Bundesland das Schlagen alter Eichen, Verkehrswegebau nur unter ökonomischen Aspekten, Kanalisation von Wasserläufen, Vorarbeiten zum Staustufenbau usw.

Die zunehmende Bevölkerungsexplosion läßt zusätzlich weltweit nachhaltige Naturzerstörungen erwarten, darum werden umwelterhaltende Maßnahmen immer bedeutungsvoller.

Erste Schritte zum Erhalt der Arten sind Kenntnis und Bestandsaufnahme. Wir haben versucht, unter Mitarbeit ausgewiesener Spezialisten die Pflanzen und Tiere Sachsen-Anhalts so vielfältig wie möglich zu erfassen und Angaben zur Bestandssituation, Bestandsentwicklung sowie Gefährdungsursachen anzugeben.

WEINITSCHKE (1985) nannte als eine der wichtigsten Aufgaben des Naturschutzes „die Vielfalt und Schönheit der Natur zu schützen und zu pflegen, ihren Reichtum zu wahren", denn Artenreichtum ist Lebensqualität. Einen „stummen Frühling" (CARSON 1981) wollen wir alle nicht erleben. Möge das vorliegende Werk in diesem Sinne verstanden sein.

Noch mehr Literatur zum...

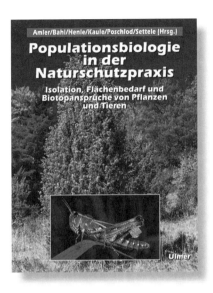

Der Verlust der biologischen Vielfalt in Deutschland ist nach wie vor alarmierend. Unter den wichtigsten Gründen hierfür sind der Verlust von Lebensräumen, die Verinselung der verbliebenen Resthabitate und eine schleichende Verschlechterung der Habitatqualität zu nennen. Bereits seit längerem war klar, daß die im praktischen Naturschutz verwendeten Ansätze und wissenschaftlichen Methoden nicht ausreichen, den Flächenbedarf des Naturschutzes und die Auswirkungen der Lebensraumverinselung genügend präzise zu quantifizieren und daraus die Forderungen des Naturschutzes zu begründen. Das Buch liefert eine Übersicht über die Hauptaufgaben der Populationsbiologie im Kontext von Naturschutz und Landschaftsplanung in Form von Übersichtsbeiträgen und spezifischen Fallstudien.
Populationsbiologie in der Naturschutzpraxis. *Karin Amler u.a. 336 S. 100 sw-Abb. ISBN 3-8001-3516-7.*

Auf einen Nenner gebracht lautet das in Naturschutzgesetzen verankerte Grundprinzip der Eingriffsregelung: Was der Natur und Landschaft infolge einer Baumaßnahme an einer Stelle verloren geht, soll möglichst ähnlich und möglichst in der Nähe wieder entstehen können. Zwar liegen einige theoretisch-methodische Leitfäden zur Eingriffsregelung vor, eine praxisorientierte Gesamtschau fehlte jedoch bislang. Diese Lücke soll dieses Buch schließen.
Praxis der Eingriffsregelung. *Johann Köppel u.a. 1998. 397 Seiten. ISBN 3-8001-3501-9.*

Tagfalter werden im Rahmen der Naturschutzforschung und bei der Landschafts- und Eingriffsplanung als wichtige Artengruppe regelmäßig kartiert und bearbeitet. Dennoch war bislang für Deutschland kein Werk verfügbar, das zum einen die sichere Identifikation der Arten ermöglichte und zum anderen fundierte Informationen zur Ökologie der Tagfalter, zur aktuellen Gefährdungssituation, zur Erfassungsmethodik und zur Bewertung lieferte. Diese Lücke wird jetzt geschlossen. Der hohe praktische Nutzwert macht das Buch für Freilandökologen und Planer, aber auch für Hobby-Entomologen unentbehrlich.
Aus dem Inhalt:
Arteninventar, Verbreitung und Gefährdungseinstufung. Zur Bedeutung von Systematik und Belegsammlung im Kontext von Ökologie und Naturschutz – erläutert am Beispiel der Tagfalter. Ökologie der Tagfalter Deutschlands: Grundlagen und Schutzaspekte. Methoden der qualitativen Erfassung von Tagfaltern. Methoden der quantitativen Erfassung von Tagfaltern. Bewerten mit Tagfaltern im Naturschutz. Vom Forschungsergebnis zur integrierten Planung. Fallbeispiel integrierter Planung auf Landesebene – Tagfalter im Kontext des Zielartenkonzeptes Baden-Württemberg.
Die Tagfalter Deutschlands. *Josef Settele, Reinart Feldmann, Rolf Reinhardt (Hrsg.). Etwa 280 Seiten, 300 Farbfotos auf 28 Farbtafeln, 25 sw-Abbildungen. ISBN 3-8001-3519-1.*

...praktischen Naturschutz.

Diese Synopse sämtlicher verfügbaren Roten Listen der gefährdeten Pflanzen, Tiere, Pflanzengesellschaften und Biotoptypen Deutschlands und der Bundesländer ermöglicht es, mit einem Blick die Gefährdungssituation zu vergleichen. Zu jeder Artengruppe werden ausführliche Hinweise auf Bearbeitungsstand und Ausmaß der Gefährdung, auf Lebensräume, Gefährdungsursachen und Handlungsbedarf gegeben. Die auf einer CD-ROM beiliegende Datenbank erlaubt eine komfortable und effiziente Nutzung und Weiterverarbeitung der Informationen.

Die CD-ROM bietet zahlreiche Such- und Verknüpfungsmöglichkeiten sowie Statistikfunktionen. So läßt sich beispielsweise ermitteln, wieviel Arten einer Artgruppe (z. B. Säugetiere) in einem bestimmten Bundesland vom Aussterben bedroht sind und um welche Arten es sich handelt. Man kann herausfiltern, ob der Gefährdungsgrad einer bestimmten Tier- oder Pflanzenart in allen Bundesländern gleich ist und wie die Gefährdung eingestuft ist. Ein kleines Booklet erläutert die Installation der CD-ROM und die wichtigen Menü-Funktionen. Alle diese Filterlisten sind in andere EDV-Programme (z. B. Word oder Excel) übertragbar. Eine einfache Kartierfunktion erlaubt die Eingabe eigener Kartierungsdaten.

Die Roten Listen. Gefährdete Pflanzen, Tiere, Pflanzengesellschaften und Biotoptypen in Bund und Ländern. Eckhard Jedicke (Hrsg.) 1997. 581 Seiten, 11 Abbildungen, 41 Tabellen und 33 Artenlisten. ISBN 3-8001-3353-9.

Aufgelassene Abbaustellen können unter geeigneten Rahmenbedingungen als Rückzugsräume für Tiere und Pflanzen fungieren. Häufig bieten sie mit ihren Felswänden, Tümpeln und anderen abbautypischen Standorten Lebensräume, die in der umgebenden Kulturlandschaft nicht mehr vorhanden sind. Leider führen mangelnde Kenntnisse über vorhandene Potentiale, fehlende naturschutzfachliche Zielvorgaben und konkurrierende Folgenutzungsinteressen dazu, daß die mit der Abbautätigkeit verbundenen Chancen für Arten und Lebensgemeinschaften nicht ausreichend berücksichtigt werden. Anhand zahlreicher Beispiele werden im vorliegenden Buch die Voraussetzungen, aber auch die Grenzen für die spontane Besiedlung von Abbaustellen verdeutlicht, typische Standorte und Teillebensräume erläutert und ihre Lebensgemeinschaften vorgestellt. Das Buch vermittelt dem Leser damit das nötige Wissen, um hinter der „Wunde in der Landschaft" potentielle Lebensräume für Pflanzen und Tiere zu erkennen. Argumente, die für die Renaturierung sprechen, werden sachgerecht aufbereitet und nachvollziehbar dargestellt. Typische Konfliktsituationen - z.B. mit anderen Folgenutzungen - werden thematisiert. Ein umfangreicher Zielkatalog sowie Hinweise für den Abbau und Gestaltungsvorschläge für einzelne Teillebensräume runden das Buch ab.

Renaturierung von Abbaustellen. Sabine Gilcher u.a. 1999. 355 S. 32 Farbf. und Karten auf Tafeln, 81 Zeichn. 72 Tab. ISBN 3-8001-3505-1.